Burhop/Kißener/
Schäfer/Scholtyseck
Merck

Carsten Burhop/Michael Kißener/
Hermann Schäfer/Joachim Scholtyseck

Merck

Von der Apotheke zum Weltkonzern

C.H.Beck

Projektkoordination:
Judith Michel und Nina Schnutz

Mit 138 Abbildungen, 2 Diagrammen und 4 Stammbäumen

© Verlag C.H.Beck oHG, München 2018
Satz: Janß GmbH, Pfungstadt
Umschlaggestaltung: Kunst oder Reklame, München,
unter Verwendung eines Bildes aus dem Merck-Archiv
Druck und Bindung: CPI – Ebner & Spiegel, Ulm
Gedruckt auf säurefreiem, alterungsbeständigem Papier
(hergestellt aus chlorfrei gebleichtem Zellstoff)
Printed in Germany
ISBN 978 3 406 70037 8

www.chbeck.de

Inhalt

Einleitung 9
Quellen 21
Das Merck-Archiv 22
Weitere Archive 27
Literatur 28

I. URSPRÜNGE UND AUSGANGSLAGEN EINES CHEMISCH-PHARMAZEUTISCHEN UNTERNEHMENS

1. Anfänge 31
   1.1 Herkunft der Familie 31
   1.2 Der erste Merck-Apotheker in Darmstadt:
       Jacob Friedrich Merck (1621–1678) 35
   1.3. Der Neffe als Nachfolger: Georg Friedrich Merck (1647–1715)
       und die Fortführung der Darmstädter Apotheke 44
   1.4. Die Etablierung von Apotheke und Familie in Darmstadt:
       Johann Franz Merck (1687–1741) 50
   1.5. Vormundschaft und Verwaltung: Elisabeth Catharina Merck,
       geb. Kayser (1706–1786) 57

**2. 1758–1805: Pharmazie und Geldverleih:
Die Säulen des Merck-Geschäfts im Zeitalter
der Aufklärung** 60
   2.1. Die Familie Merck als Kreditgeber 60
   2.2. Geistig-kulturelle und gesellschaftliche Einflüsse:
       Die Rolle Johann Heinrich Mercks 69
   2.3. Ein neuer Apothekertypus: Johann Anton Merck (1756–1805) . 74

3. **1805–1827: Der Aufbruch in die Moderne: Emanuel Merck und die «Sattelzeit» der Merckschen Apotheke** 83
   3.1. Die Familie Merck und die Apotheke an der Wende zum 19. Jahrhundert 83
   3.2. Emanuel Merck 84
   3.3. Apotheke und Darmstädter Gesellschaft 89
   3.4. Neue Geschäftsfelder 93
   3.5. Der Wissenschaftler Emanuel Merck 95

II. IM BANN DER INDUSTRIALISIERUNG (1827–1914)

1. **1827–1850er-Jahre: Von der Apotheke zur Fabrik** 101
   1.1. In drei Schritten zum Industriebetrieb 101
   1.2. Das wissenschaftliche Netzwerk und der Ausbau der industriellen Fabrikation 108
   1.3. Nebentätigkeiten, Diversifizierung und Investments 114
   1.4. Sozial-patriarchalische Aspekte, Familienzusammenhalt und politische Hintergründe 117

2. **1850er- bis 1880/90er-Jahre: Sozietät, langsamer Ausbau, erste Probleme** 124
   2.1. Gründung der Sozietät E. Merck 124
   2.2. Wirtschaftlich-politische Hintergründe, Tod Emanuel Mercks, Traditionsorientierung 128
   2.3. Die Apotheke, das «Haus», der Drei-Fabriken-Betrieb – Organisations- und Strukturprobleme 135
   2.4. Soziale Entwicklung und Umweltfragen 143

3. **1880/90er-Jahre bis 1914: Konflikte, Modernisierung, Paternalismus, Expansion** 149
   3.1. Die industrielle Enkelgeneration – ein Gesellschaftsvertrag (1888) 149
   3.2. Modernisierungsdruck und Gewinnrückgang 153
   3.3. Familienkonflikte und Erneuerung des Gesellschaftsvertrags (1899) 159
   3.4. Modernisierungen, der Bau der neuen Fabrik und Expansion . 163
   3.5. Regulierungskämpfe auf dem Pharmamarkt, Forschung und Entwicklung 170
   3.6. Fabrikordnung, soziale Fragen, Paternalismus und Gewerkschaften 185
   3.7. Nationale und internationale Expansion 198

III. IM ZEITALTER DER WELTKRIEGE (1914–1948)

1. 1914–1923: Das Familienunternehmen in der Krise 219
- 1.1. Allgemeine Entwicklung 219
- 1.2. Der Verlust von Merck & Co. 230
- 1.3. Konkurrenzen und Kooperationen 233
- 1.4. Marketing 240
- 1.5. Belegschaft und Unternehmenskultur 244
- 1.6. Merck in der Ernährungs- und Landwirtschaftsindustrie 249

2. 1924–1935: Wirtschaftliche Konsolidierung 253
- 2.1. Allgemeine Entwicklung 253
- 2.2. Auslandsgeschäft 258
- 2.3. Wirtschaft und Politik: Die Mercks im «Dritten Reich» 266
- 2.4. Forschung 278
- 2.5. Vitamine 285

3. 1933–1948: Forschungsstagnation und Rüstungsgeschäfte 293
- 3.1. Allgemeine Entwicklung 293
- 3.2. Antisemitismus und «Judenfrage» 302
- 3.3. Zwangsarbeit 307
- 3.4. Die Palastrevolution des Jahres 1942 313
- 3.5. Wasserstoffperoxid: Vom Desinfektionsmittel zum Raketentreibstoff 323
- 3.6. Niedergang, Kriegsende, Entnazifizierung und Neuanfang ... 332

IV. VOM WIRTSCHAFTSWUNDER ZUM GLOBAL PLAYER (1948–2018)

1. Wiederaufbau im Wirtschaftswunder 351
- 1.1. Im Wirtschaftswunderland 351
- 1.2. Merck 1948 353
- 1.3. Unternehmensverfassung, Unternehmensorganisation und die Familie 357
- 1.4. Die Belegschaft in der Zeit des Wirtschaftswunders 368
- 1.5. Die Produkte zwischen Kostendruck und Überalterung 378
- 1.6. Die Forschung im Wiederaufbau 386
- 1.7. Die Rückkehr auf den Weltmarkt 395

2. Die Ära Langmann 405
- 2.1. Zwischen Stagflation und Europäisierung 405
- 2.2. Neujustierung von Unternehmensverfassung und Organisation . 407

2.3. Die Belegschaft 423
2.4. Forschung und Entwicklung 432
2.5. Der langsame Abschied von der Massenware 444
2.6. Auf dem Weg zum globalen Unternehmen 450
2.7. Akquisitionen als Wachstumsstrategien 460
2.8. Verkauf und Werbung 463
2.9. Der Schutz der Umwelt 468

3. **Eine Unternehmensgeschichte der Gegenwart** 473

Schlussbetrachtung 484

Nachwort und Dank 501

ANHANG

Anmerkungen 507

Stammbäume 651

Abkürzungsverzeichnis 659

Archivverzeichnis 663

Literaturverzeichnis 665

Bildnachweis 703

Personenverzeichnis 705

Firmenverzeichnis 715

Einleitung

Auf eine 350-jährige Tradition können sich die wenigsten Unternehmen berufen. Die Keimzelle der pharmazeutisch-chemischen Firma Merck liegt in einer 1668 erworbenen, eher unscheinbaren Apotheke in Darmstadt. Sie ist der Ursprung des industriellen Unternehmens in der 1827 artikulierten Vision des Apothekers Emanuel Merck. Seit der Mitte des 19. Jahrhunderts lassen sich die Konturen eines Familienunternehmens klar erkennen, das schon früh internationale Bedeutung erlangte und heute, allen Herausforderungen und Krisen zum Trotz, zu den Global Playern zählt. Wenn Merck sich als das älteste pharmazeutisch-chemische Unternehmen der Welt bezeichnet und sich dies im Jahr 2003 sogar von der Académie Internationale d'Histoire de la Pharmacie bestätigen ließ, zeugt dies davon, wie sehr sich die Firma über ihre Geschichte definiert. Und weil der Name Merck eine traditionsreiche Marke bezeichnet, deren Bedeutung sich auch aus ihrer Geschichte erklärt, hat die Frage nach Alter, Herkunft und Tradition maßgebliches Identifikations- und Orientierungspotenzial.[1] Nicht nur wegen ihres langen Bestehens, sondern auch nach Eigentümerstruktur sowie Unternehmenskultur und -verfassung zählt Merck zu den besonders traditionsbewussten Firmen. Die Bewahrung familiärer Vermögensressourcen war in allen Epochen ebenso wichtig wie die Weitergabe fachlichen Wissens und unternehmensethischer Werte.

Wie viel «Familiensinn»[2] war und ist nötig, um ein Unternehmen über inzwischen insgesamt 13 Generationen, einen ebenso spektakulären wie singulären Zeitraum, im Familienbesitz zu halten? Der gefürchtete «Buddenbrooks-Effekt», die Annahme, dass spätestens in der dritten Generation die unternehmerischen Kräfte einer Familie erlahmen, trat bei den Mercks bekanntlich nicht ein.[3] Lange Zeit hat die wirtschafts- und unternehmensgeschichtliche Forschung Familienunternehmen als «eine Art Auslaufmodell» betrachtet.[4] Der Wandel vom paternalistischen Familien- zum Managerunternehmen wurde als fast zwangsläufiger Weg zur Aktiengesellschaft interpretiert. Diese namentlich von Alfred D. Chandler[5] beeinflusste Interpretation ist – so nützlich sie heuristisch bleibt – zu deterministisch.[6] Inzwischen wird eher eine «neue Wertschätzung des familiengebundenen Unternehmens» konstatiert.[7] Die Existenz von Merck über diesen langen Zeitraum widerlegt die immer wieder gerne herangezogene These, Familienunternehmen seien ein anachronistisches Relikt des 19. Jahrhunderts. In den 1920er-Jahren führte der bekannte englische Reeder Sir Walter Runciman geradezu apodiktisch aus: «It is almost a law of nature that a business of any kind rarely passes beyond the third generation of those who founded it.»[8]

Die Frage, wie die entscheidenden Faktoren für die Kontinuität über dreieinhalb Jahrhunderte so erfolgreich bis in das 21. Jahrhundert tradiert werden konnten, dass Merck sich auch in der Gegenwart zu mehr als zwei Dritteln in Familienbesitz und zudem in einer wirtschaftlich komfortablen Lage befindet, ist Leitmotiv dieser Untersuchung. Sie kann hier gewissermaßen in einer Langzeitstudie untersucht und zudem vor dem Hintergrund der wechselvollen deutschen Geschichte beantwortet werden. Wenn ein Unternehmen über alle politischen Umbrüche hinweg jahrhundertelang überlebt, prosperiert, der «permanenten Bestandsbedrohung»[9] trotzt und so dem Schicksal gleichsam ein Schnippchen schlägt, spielen nicht nur Können und Beharrlichkeit eine Rolle. Der Weg von Merck war von vielerlei Einflüssen bestimmt, von den handelnden Personen, deren Geschick und Talent, von Schicksalsschlägen ebenso wie von Standortfaktoren, Konkurrenzen und Kooperationen sowie dem immer notwendigen Quentchen Glück. Aber Glück über 350 Jahre hinweg? Weil dieser Weg von Brüchen und Kontinuitäten gekennzeichnet und weder immer geradlinig noch strategisch geplant bzw. planbar war, gibt es auch für die Merck-Geschichte «keinen Königsweg für die Unternehmensgeschichtsschreibung».[10] Die Frage nach der Resilienz, also der «Krisenrobustheit», und danach, warum es Organisationen schaffen, nicht unterzugehen, begleitet die Geschichte von Merck über den gesamten Zeitraum.[11]

In der vorliegenden Untersuchung wird die Merck-Geschichte erstmals in ihrer Gesamtheit über die Dauer ihres Bestehens hinweg wissenschaftlich und auf solider Quellengrundlage dargestellt und analysiert. Dabei bleibt stets die übergeordnete Frage, warum das Unternehmen aus allen Krisen letztlich gestärkt hervorging. Hier gilt es als Erstes, die Familie zu betrachten: Handelte die Familie bewusst anders als andere Unternehmer, die beispielsweise seit dem 19. Jahrhundert ihre Firmen in Aktiengesellschaften umwandelten? Der Blick auf die Rolle der Familie zieht sich wie ein Ariadnefaden durch diese Geschichte, nicht nur hinsichtlich Geschäftspolitik und Gesellschaftsverträgen, sondern auch das unternehmerische Ethos und seine Kultur betreffend. Die Untersuchung ist daher nicht nur Ereignisgeschichte, sondern auch eine Verhaltensgeschichte in einem Zeitraum, der nicht wenige politische und wissenschaftliche Systemzäsuren umfasst.

Der Anspruch, stets bescheiden aufzutreten, vielleicht auch abgeleitet aus protestantischer Ethik, spielte und spielt im Selbstverständnis der Familie eine wichtige Rolle. Seit Ende des 19. Jahrhunderts nahmen aber familienfremde «Manager» eine zunehmend wichtigere Rolle ein. Dies lag zwar im Trend der Zeit, aber trug die familiäre Grundsatzentscheidung zur Beschäftigung von Managern dazu bei, dass es nicht zu einem – theoretisch niemals ausgeschlossenen – Auseinanderfallen des Familienunternehmens kam? Welche Veränderungen durchlebte Merck, und ist die Firma auch heute noch ein Familienunternehmen im klassischen Sinne?

Das heutige Unternehmen Merck hat, trotz manch nostalgischer Reminiszenzen, natürlich nichts mehr mit der Apotheke des Jahres 1668 gemeinsam. Ohne ausreichendes Kapital und Reserven für Krisenzeiten kann kein Unternehmen auf den in der Regel unsicheren und risikobehafteten Märkten überleben. Auf welche Weise hat das Familienunternehmen Merck über 350 Jahre hinweg das Kapital beschafft, gesichert und vermehrt? Diese Fragen stellen sich schon für die Anfangsjahre, zumal Merck stärker als bislang bekannt, bereits in dieser Zeit nicht nur eine erfolgreiche Heiratspolitik verfolgte, sondern neben der Apotheke auch Geld- und Bankgeschäfte betrieb. Auch im 19. Jahrhundert pflegte Emanuel Merck neben der Heiratspolitik nicht nur die kluge, systematische Ausbildung seiner Söhne und Nachfolger; mit seinem ausgeprägten Forscherinstinkt und seinen kaufmännischen Fähigkeiten war er in der Lage, die Chancen der sich industrialisierenden Welt zu nutzen. Lagen diesen Entscheidungen langfristig und bewusst getroffene strategische Überlegungen zugrunde? Warum gelang es den Mercks immer wieder, diejenigen zu finden, die aus der Familie heraus zum richtigen Zeitpunkt an der richtigen Stelle einsprangen – bei der Übergabe von Emanuel Merck an seine Söhne ebenso wie an die Enkel und an die folgenden Generationen? Was war der Antrieb, seit dem 20. Jahrhundert auf Hilfe von außen zu vertrauen und sich dann jeweils in kluger Selbstbeschränkung aus dem operativen Geschäft zurückzuziehen?

Diese Frage erscheint umso wichtiger, als es schließlich in der zweiten Hälfte des 20. Jahrhunderts auch kein Problem mehr darstellte, dass «angeheiratete» Experten genauso wie gebürtige Mercks agieren und an die Unternehmensspitze treten konnten. Mit dem Ausscheiden der letzten Mercks aus der Führungsverantwortung im operativen Geschäft am Ende des 20. Jahrhunderts fand eine wichtige Familientradition ihren Abschluss. Wurde dies in der Familie als eine Zäsur empfunden? In den Akten finden sich immer wieder Hinweise auf die Intensität, mit der sich die Mercks mit der eigenen Familientradition identifizierten. Aber wann setzte diese Reflexion ein, wann begann sich die Familie ihrer Besonderheit bewusst zu werden? Eher spekulativ und auf Aktenbasis nur schwer zu beantworten ist die Frage, ob es schon immer eine Art «Familienkultur» gegeben hat, die historisch so wirksam war, dass die Familie in Krisensituationen rechtzeitig eingriff, um den Untergang ihres Unternehmens zu verhindern.

Weil bei einer ständig wachsenden Familie auch die Ansprüche und Begehrlichkeiten größer wurden und der Verlust des Erworbenen drohte, stellt sich die Frage nach einer langfristigen Geschäftsstrategie. Diese wurde umso nötiger, seit sich die Firma im 19. Jahrhundert von einer Apotheke zu einem Industriebetrieb wandelte und sich mit einer wachsenden Vielfalt neuer Produkte diversifizierte. Wurde diese Entwicklung bewusst betrieben, oder entsprang sie eher pragmatischem Handeln? Welche Rolle spielten Innovationen, gerade in einer Zeit, in der Konkurrenzunternehmen wie Pilze aus dem Boden schossen? Entsprach der Aufbau eines breiten Sortiments an Arzneien und Chemikalien einer bewussten Entscheidung, oder war der Weg zum sprichwörtlichen «Tausendfüßler» mit seiner Vielzahl von Produkten ein Prozess, der heute mit dem Begriff der Kontingenz umschrieben wird, also etwas, das weder zwangsläufig noch unumgänglich war?[12]

Damit ist ein weiterer Themenkreis angesprochen: In dem Maß, wie das Unternehmen Merck zu einem Industriebetrieb wurde, spielte auch die Politik eine immer größere Rolle und beeinflusste die Entwicklung des Familienunternehmens. Unterlag schon die Apotheke des späten 17. Jahrhunderts den Unwägbarkeiten der Politik der Landgrafschaft bzw. des Großherzogtums Hessen, galt dies umso mehr seit dem 19. Jahrhundert für den Einfluss überregionaler historisch-wirtschaftlicher Ereignisse: den Wegfall von Zollgrenzen, die Revolution von 1848/49, die Gründung des Deutschen Reiches 1871 und erst recht die Umwälzungen des 20. Jahrhunderts, Erster Weltkrieg, Inflationszeit, Weltwirtschaftskrise, Nationalsozialismus und Zweiter Weltkrieg, Teilung Deutschlands, der Zusammenschluss Europas und schließlich die Wiedervereinigung Deutschlands. Hatten die Mercks ein politisches «Credo», und wie veränderte es sich gegebenenfalls? Welche Engagements lassen sich identifizieren, gegenüber dem großherzoglichen Hof der Residenzstadt, an der Wende vom Kaiserreich zur Republik, im «Dritten Reich» und seit 1945 in der Bundesrepublik? Ging es den Mercks darum, eine mögliche Beschränkung ihrer unternehmerischen Freiheit durch äußere Umstände – die Politik – zu verhindern oder doch zu begrenzen? Sah die Familie die Gefahren, die damit verbunden waren, sich auf das Politikfeld zu begeben, das mit zahlreichen Unwägbarkeiten und Risiken versehen war, die nicht im Geschäftsinteresse sein konnten?

Vergleichbare Fragen stellen sich auch auf wirtschaftlichem Gebiet. Wie verhielt sich das Unternehmen Merck gegenüber Kooperationspartnern bzw. Konkurrenten, in der Anfangszeit zunächst gegenüber Apothekern, später gegenüber industriellen Rivalen? Welche Auswahlkriterien gab es für eine Zusammenarbeit? Gab es Überlegungen, im Sinn eines «If you can't beat them, join them?» den Status eines über lange Zeit nur mittelgroßen Pharma- und Chemieunternehmens auszunutzen? Oder wurden die Entscheidungen für eine Kooperation doch eher sporadisch und pragmatisch getroffen, sodass es wenig sinnvoll ist, eine systematische, langfristige Strategie ausmachen zu wollen? Um hier Klarheit zu schaffen, muss auf die vielfältigen Kooperationen eingegangen werden, die seit dem späten 19. Jahrhundert zunehmend in Form von Kartellen und «Interessengemeinschaften» gepflegt wurden.

Fragen stellen sich auch hinsichtlich der Produkte, beispielsweise ob der Weg von der Apotheke zur «Großapotheke», von einem industriellen Pharmahersteller zu einem diversifizierten und global agierenden Wissenschafts- und Technologieunternehmen vorgezeichnet war, oder ob nicht erneut Glück und Zufälle eine Rolle spielten. Reicht es aus, den Topos von der «Reinheit der Merck-Produkte» herauszustellen, um den langen Atem des Unternehmens zu erklären?

Die Berufung auf die Qualität der Arzneien, der vielen Traditionsprodukte, Medikamente und Chemikalien ist zwar berechtigt, aber sie kann nicht alles erklären: Dies zeigt allein der Blick auf das Generikageschäft, das einem mehrfachen Wandel unterlag. Hinzu kommt, noch sehr viel bedeutender, dass Merck immer wieder für längere Zeit aufgrund seiner geringen Größe, aber auch durch Versäumnisse keineswegs forschungsstark war und sich diese Expertise von außen zukaufen musste. Joseph A. Schumpeters Modell dynamischer und schöpferischer Unternehmer, die zwar keine neuen Technologien schaffen, das Vorhandene aber weiterentwickeln und innovativ anwenden, erscheint für Merck durchaus anwendbar.[13] Die Frage muss dennoch gestellt werden, warum das Unternehmen trotz einer partiellen Rückständigkeit so erfolgreich sein konnte.

Eine Teilantwort liegt sicherlich in den schon früh erkennbaren Bemühungen zur Internationalisierung: Bereits die Auslandsreisen Johann Anton Mercks (1756–1805) waren keine reinen «Kavaliersreisen», sondern dienten der Ausbildung und dem Anknüpfen von Forschungskontakten, die seit Ende des 18. Jahrhunderts substanziell wurden und bei denen es sich um Vorformen einer «Internationalisierung» handelte. Hierzu zählte auch die schon im zweiten Drittel des 19. Jahrhunderts identifizierbare Schaffung eines Netzwerks von in- und ausländischen Handelsvertretern. Im Zuge der «Verwandlung der Welt» (Jürgen Osterhammel)[14] im 19. Jahrhundert wurde Merck ein zunehmend global handelndes Familienunternehmen, zunächst in Europa, dann vor allem auf dem amerikanischen Kontinent, während Asien erst später folgte. Die verschiedenen Farbenfabriken werden häufig als Vorreiter der Expansion globaler und transnationaler Marktbeziehungen angesehen,[15] aber die Geschichte von Merck lehrt, dass Pharmaunternehmen ihnen in dieser Hinsicht vorangingen.

Im 20. Jahrhundert wurde, nachdem diese Verbindungen in den Weltkriegen jeweils gewaltsam zerschlagen worden waren, das Auslandsnetz auf geradezu atemberaubende Weise rekonstruiert: Hier sind die roten Fäden – und eine Auslandsstrategie – mit Händen zu greifen, obwohl sich die Schwerpunkte auf den Weltmärkten verschoben und beispielsweise die wichtigen Märkte Russland und USA nach dem Ersten Weltkrieg aufgegeben werden mussten. Letztlich muss auch nach den Arbeitsbeziehungen und der Kultur eines Familienunternehmens in der «longue durée» von 350 Jahren gefragt werden, auch wenn es schwerfällt, von der Vormoderne bis in das postindustrielle Zeitalter eine Verbindungslinie zu ziehen.

Die Teilhaber des Familienunternehmens sind nicht mit der Firma gleichzusetzen. Denn die Bedeutung der Unternehmensleitungen wird überschätzt, wenn man strikt an der Vorstellung festhält, es handle sich stets um «rationale Entscheidungsprozesse einer Gruppe weit blickender Männer, die das Richtige zur richtigen Zeit tun».[16] Das Langzeitbeispiel der Merck-Geschichte erlaubt auch eine Antwort auf die durchaus provozierend-skeptisch gemeinte Frage, ob denn die «innerwirtschaftliche Umwelt» überhaupt für «Möglichkeiten des Lernens und Bewährens» hinreichend stabil sei.[17] Die neuere Forschung berücksichtigt dies, indem sie auf einer überindividuellen Analyseebene das jeweilige Unternehmen als einen «quasi autonome[n] Organismus» ansieht, «der wie aus sich selbst heraus zu funktionieren scheint und dessen einziges Ziel und Lebensprinzip (…) offenbar darin besteht, ein unaufhörliches Wachstum zu generieren».[18] Die Perspektive «von oben» wird ergänzt durch den Blick auf die Arbeits- und Lohnstrukturen, die Betriebs- und Sozialpolitik, das Verhältnis zwischen Management, Angestellten und Arbeitern, also die «Mikropolitik im Unternehmen».[19] Der breite Untersuchungszeitraum bietet die Möglichkeit, auch jüngeren Forschungsansätzen der Wirtschafts- und Unternehmensgeschichte, sowohl organisations- und institutionsgeschichtlichen Fragestellungen[20] als auch solchen der Unternehmenskultur, nachzugehen.[21]

Dass ein Großunternehmen wie Merck im Zentrum einer Studie steht, ist an und für sich nicht ungewöhnlich. Zahlreiche deutsche Traditionsbetriebe ließen in den letzten zwanzig Jahren ihre Geschichte nicht mehr, wie das lange Zeit üblich war, aus der Binnensicht in einer «Festschrift» darstellen, sondern auf eine breitere Quellenbasis gestützt wissenschaftlich erforschen. Eine fundierte, historisch-kritische Aufarbeitung der Unternehmensgeschichte muss daher immer zugleich manche über Jahrhunderte tradierte «Meistererzählungen» – eine «Erfolgsgeschichte» von einer kleinen Apotheke in einer Residenzstadt zu einem heute weltweit tätigen Unternehmen auf fortwährendem Expansionskurs – anhand der Quellen kritisch überprüfen.

Neben der Unternehmens- und Familiengeschichte in ihrem Wechselverhältnis werden daher die Wirtschafts-, Sozial-, Politik- sowie die Wissenschaftsgeschichte der jeweiligen Perioden in die Untersuchung integriert. Die Entwicklungen in der Medizin, der Pharmazie und der Chemie sind untrennbar mit der

Merck-Geschichte verbunden. Allerdings können im vorgegebenen Rahmen bei Weitem nicht alle Aspekte behandelt werden; dies gilt besonders für viele pharmaziegeschichtliche Aspekte. Die Darstellung beruht vor allem auf bislang kaum ausgewerteten Archivquellen, sie berücksichtigt aktuelle historiografische Methoden und Ansätze, ohne jedoch die Merck-Historie in das Prokrustesbett von Theorien einzuspannen. Abstrakte Erklärungsmuster über «einen ‹allgemeinen Wirtschaftsmenschen›»[22] helfen nicht weiter, denn sie ermöglichen keine allgemeingültige Aussage darüber, wie sich «individuelle Bewusstseinsoperationen» vollziehen.[23] Unternehmerische Entscheidungsprozesse können zudem nicht allein mit Geschäftsberichten, Bilanzen und statistisch-quantifizierendem Material, geschweige denn ökonometrischen Methoden erschöpfend erklärt werden. Mit anderen Worten: Die Aporien, die auf vielen Seiten der Unternehmensgeschichte auftauchen, lassen sich nicht lediglich durch die Erkundung ökonomischer Eigenlogiken verstehen. Die «empirische Vielfalt und Widersprüchlichkeit gelebten Lebens»[24] lässt sich nicht «herausrechnen». Dennoch ist ein Blick auf diese «innere ökonomische Logik unternehmerischen Handelns» in Gesellschaft wie Politik unabdingbar und verlangt eine Untersuchung der Voraussetzungen und Folgen des Prozesses der «Institutionalisierung» eines modernen Unternehmens wie Merck.[25]

Aus dieser Ausgangslage ergibt sich die Anlage von vier Hauptkapiteln. Im ersten Kapitel zur Frühen Neuzeit wird in Anlehnung an die Familiengeschichte und die Entwicklung der Darmstädter Apotheke das bislang Tradierte zur Frühgeschichte der Firma Merck kritisch geprüft. Hier wird vor allem der Frage nachgegangen, auf welchen Wegen und in welchen Formen in der Vormoderne die Grundlagen geschaffen wurden, auf denen seit dem 19. Jahrhundert die industrielle Entwicklung des Unternehmens Merck erfolgen konnte. Dabei wird in die Betrachtung auch die «Sattelzeit» einbezogen, in der sich durch den gesellschaftlich-politischen Umbruch im Gefolge der Französischen Revolution von 1789 und der Napoleonischen Kriege die Rahmenbedingungen für das wirtschaftliche Handeln in der Landgrafschaft bzw. ab 1806 im Großherzogtum Hessen-Darmstadt wesentlich veränderten. Die Herkunft des Käufers der erst später so genannten Engel-Apotheke, Jacob Friedrich Merck, aus einer bereits vermögenden Familie stammend, die im 17. Jahrhundert zum Kreis der etablierten lutherischen Exulanten in der Reichsstadt Schweinfurt gehörte, wird ebenso beleuchtet wie zahlreiche eher spekulative Überlegungen der älteren Forschung. Die Weiterentwicklung der Apotheke verlief im 18. Jahrhundert unter schwierigen Bedingungen, da infolge des frühen Todes designierter Nachfolger immer wieder Krisensituationen entstanden, die das Familienvermögen gefährdeten. Wie gelang es, trotz aller Brüche in der Generationenfolge, vor allem den bedeutenden Ehefrauen der Verstorbenen, das Vermögen zusammenzuhalten und die Apotheke im Familienbesitz zu bewahren, ja ihre «Marktstellung» in der Residenzstadt Darmstadt sowie ihrer Umgebung zu sichern und auszubauen? Auf drei zentrale Faktoren wird hier eingegangen: Erstens den Umstand, dass die Apotheke als wirtschaftliche Grundlage durch die Anstellung von Provisoren und konsequente Sparsamkeit erhalten werden konnte; zweitens wie – selbst in Krisenzeiten – durch ein geschicktes Heiratsverhalten sowie eine konsequente Vererbungspolitik das Familienvermögen bewahrt und sogar gemehrt wurde; drittens auf welche Weise die «Wohlstandswahrung» durch ein von Anfang an in der Familie betriebenes Kreditgeschäft vorsichtig abwägend weiterbetrieben und ausgebaut wurde. Die Apotheke, das Heiratsverhalten und die Kreditvergabe an Privatleute und «öffentliche» Institutionen wie Kommunen und landgräfliche Kassen verwurzelten die Familie Merck tief in der Region und banden sie eng an die stets hoch verschuldeten Territorialherren. In diesem Zusammenhang wird auch die Bedeutung des durch seine vielseitigen Begabungen bekannten Kriegsrates Johann Heinrich Merck (1741–1791) für die Apotheke und das wirtschaftliche Fortkommen der Familie Merck untersucht werden. Für diesen Literaten, Naturforscher und Goethefreund war die Darmstädter Apotheke sicher kein zentraler Bezugspunkt seines Lebens, doch lassen sich vielfältige Verbindungen zu den verwandten Apothekern, insbesondere zu Johann Anton Merck, nachweisen, die der Apotheke und ihrer Entwicklung zugutekamen. Die Verheiratung seiner Tochter Adelheid mit Johann Anton Merck wurde schließlich zu einer entscheidenden Grundlage für die Fortentwicklung der wirtschaftlichen Basis der Merck-Familie. Auf welche Weise das vorhandene Kapital zusammengeführt wurde und fortan dem gemeinsamen Sohn Emanuel (1794–1855) zur Verfügung stand, wird ebenso zu analysieren sein wie die auf dieser Grundlage ermöglichte solide und moderne naturwissenschaftliche Ausbildung, mit der dieser die Geschicke von Apotheke und Familie in die Hand nahm. Nicht zuletzt ist in diesem Kapitel die Rolle der Merck-Frauen bemerkenswert und besonders herauszuarbeiten.

Allerdings blieb das Innovationspotenzial der Merckschen Apotheke auch unter Johann Anton und Emanuel zunächst noch beschränkt. Warum weitete sich das Geschäft der Apotheke aus, blieb aber zunächst noch sehr dem traditionellen ökonomischen Verhalten und der üblichen Produktpalette einer Apotheke der Frühen Neuzeit verhaftet? Um diese Fragen zu beantworten, soll das Zusammentreffen sowohl «endogener» wie «exogener» Faktoren gedeutet werden, mit deren Hilfe gerade diese Familie und diese Apotheke den Sprung in ein neues Zeitalter und eine neue Dimension wirtschaftlicher Tätigkeit schaffte: Auf der Basis einer jahrhundertelangen soliden Kapitalbewirtschaftung in der Familie, die keine größeren Ausfälle zuließ und das Familienvermögen mit aller Konsequenz zusammenzuhalten und zu vermehren bestrebt war, wurde eine moderne, naturwissenschaftliche Ausbildung des Familiennachwuchses sichergestellt, die im aufkommenden

«Zeitalter der Verwissenschaftlichung» Zukunft verhieß. Emanuel hatte von seinem Vater das naturwissenschaftliche Interesse geerbt und bei seinerzeit bedeutenden Lehrern der Pharmazie und Chemie seine wissenschaftliche Kompetenz erworben. Einer von diesen, Johann Bartholomäus Trommsdorff, hatte ihn zudem gelehrt, ökonomisch zu denken, sodass er aus den ersten negativen Erfahrungen in seiner eigenen Familie mit protoindustriellen Fertigungsweisen Lehren ziehen konnte. Aber erst als sich im Gefolge der napoleonischen Umwälzungen und Reformen die gesellschaftlichen und ökonomischen Rahmenbedingungen langsam auch im 1806 zum Großherzogtum erhobenen Hessen-Darmstadt zu ändern begannen, waren die Voraussetzungen geschaffen, um, ausgestattet mit Kapital, pharmazeutischer Kompetenz und ökonomischem Sachverstand, den Aufbruch in eine neue Zukunft wagen zu können. Was Emanuel in dieser Situation gegenüber anderen auszeichnete, war am Ende sein Mut, es wirklich zu tun.

Das zweite Kapitel behandelt das Unternehmen in der Epoche der Industrialisierung des 19. Jahrhunderts. Die allgemein üblichen Periodisierungen dieses Zeitraums sehen die chemische Industrie neben Maschinenbau und elektrotechnischer Industrie als eine der Leitbranchen der dritten Welle der Industrialisierung seit dem Ende des 19. Jahrhunderts. Die pharmazeutisch-chemische Industrie hatte ihre Wurzeln aber bereits in der Frühindustrialisierung, als Textil- und Eisenindustrie sowie Bergbau und Eisenbahn die Leitsektoren waren. Was die einschlägige Forschung zwar «Industrialisierungsschübe» der pharmazeutischen Industrie nannte,[26] waren zunächst eher Gründungsimpulse für protoindustrielle Betriebe bzw. Manufakturen, die dann – zum Teil – mit der Einführung der Dampfmaschine allmählich zu Industriebetrieben wurden. Die Entdeckung der Alkaloide brachte einen «Paradigmenwechsel in der Pharmazie» mit sich, weil nun zunehmend chemisch zu definierende Stoffe an die Stelle von pflanzlichen Drogen traten.[27] Diese Entwicklung stand im Hintergrund, als Emanuel Merck die Großherstellung von Alkaloiden begann.

In diesem Kapitel interessiert, ab wann und unter welchen Bedingungen die Mercksche Apotheke zu einem industriellen Unternehmen und ihr Inhaber Emanuel Merck zu einem industriellen Unternehmer wurden. 1827 startete Merck einen «Take-off» in drei Schritten. Er wird mit Blick auf technologische Bedingungen, das pharmazeutisch-chemisch-wissenschaftliche und verfahrenstechnische Know-how sowie die Netzwerke erläutert und findet letztlich seinen organisationslogischen Abschluss in der Gründung der Familiensozietät E. Merck im Jahr 1850. Die Darstellung des Wandels von der Apotheke zum Industriebetrieb bedingt auch einen Blick auf die Mitarbeiter, die mit der Entstehung des industriellen Betriebs aus der Apothekertradition heraus immer wichtiger wurden. Ob und wie sich Unternehmensstrukturen organisch entwickelten, zusammenwirkten und sich veränderten, wie lange beispielsweise der Prinzipal der Apotheke die «Fäden» allein in der Hand hielt, wann und wie er zu delegieren begann, ob und wie sich die staatlich regulierte Preisbildung der Apotheken in die Praxis der Massenfabrikation transferieren ließ, sind weitere für die Markt- und Konkurrenzfähigkeit eines Betriebs wie Merck wesentliche Fragen. Im Vordergrund dieser Phase steht die nachhaltig lenkende und alle Entscheidungen dominierende Persönlichkeit von Emanuel Merck als Apotheker, Wissenschaftler, Netzwerker und industrieller Unternehmer, aber auch als Vater, der durch die Erziehung der Söhne zielstrebig die Grundlagen für eine Erweiterung des Familienunternehmens legte.

Die drei Jahrzehnte der 1850er- bis in die 1880er-Jahre wirken wie eine Übergangsphase. Während die formelle Gründung des Familienunternehmens 1850 eine klare Zäsur vorgibt, lässt sich das Ende dieser Phase – auch infolge der Quellenprobleme für diesen Zeitraum – nicht genauer bestimmen, es bleibt im Jahrzehnt der 1880er-Jahre fließend. Der Tod von Emanuel Merck 1855 hinterließ zwar kein äußerlich erkennbares Vakuum, weil er selbst noch die Weichen für den Bestand der Firma gestellt hatte. Umso mehr muss nach den Ursachen für die seit den 1870er-Jahren offenkundig werdenden wirtschaftlichen, technologischen und organisatorischen Problemen gefragt werden, die eine Stagnation in dieser Übergangsphase mit sich brachten.

Welche Rolle das Netzwerk der Wissensgesellschaft seit der Frühindustrialisierung, die gegenseitige Beeinflussung durch Forschungen und Forscher dabei spielten, ist ebenso wichtig wie die Frage, ob und wie dieses Wissen bei zunehmender Konkurrenz und daraus folgenden Konzentrations- und Kartellierungstendenzen seit Ende des 19. Jahrhunderts gesichert und weiterentwickelt wurde. Das Jahrhundert der vor allem durch die wachsende Verkehrsinfrastruktur beschleunigten «Globalisierung»[28] brachte nicht nur eine – rohstoff- wie absatzbezogene – Ausdehnung der Märkte mit sich, sondern auch Konkurrenz für Merck. Warum aber wurde die Firma, inzwischen als E. Merck firmierend, ein «*very early mover*» und Global Player, lange bevor die deutsche Industrie auf dem Weltmarkt eine zunehmend wichtigere Rolle zu spielen begann?

Das sukzessive Eintreten der Enkelgeneration von Emanuel Merck seit den 1880er-Jahren und die Einstellung einer neuen Generation pharmazeutisch, chemisch und kaufmännisch geschulter Mitarbeiter bewirkten eine Revitalisierung, die mit einer erheblichen Ausweitung auf die Auslandsmärkte einherging. Aber warum genau waren die beiden Jahrzehnte vor dem Ersten Weltkrieg von einem starken, seit dem Bau und Bezug der neuen Fabrik 1903/04 sogar rasanten Wachsen des Unternehmens begleitet? Wäre die Expansion, die notwendigerweise die Apothekentradition in den Schatten stellte, ohne die Beteiligung an weitgehenden Marktabsprachen nicht möglich gewesen? Wie veränderte die Ausdehnung die patriarchalische Unternehmenskultur?

Einleitung

Der Aufstieg des Unternehmens Merck wurde erst durch den Ausbruch des Ersten Weltkriegs abrupt unterbrochen, wie im dritten Kapitel deutlich werden soll. Die folgenden drei Jahrzehnte stellen zwar keine Degenerationsgeschichte dar, waren aber durch Dauerkrisen gekennzeichnet. Das alle Kontinente umspannende, im Krieg verloren gegangene Exportgeschäft musste mühsam wiederaufgebaut werden. Was waren die Gründe, dass dies innerhalb nur eines Jahrzehnts erstaunlich gut gelang? Erklärt die Hereinnahme firmen- und branchenfremder Manager in den 1920er-Jahren, warum das Unternehmen schließlich in den späten 1920er-Jahren und auch im «Dritten Reich» Gewinne machte? Warum arrangierte sich die Firma im «Dritten Reich» mit dem NS-Regime, warum beteiligten sich Karl Merck und der von außen in die Firma geholte Bernhard Pfotenhauer sogar an geheimen Rüstungsprojekten? Sollte die Schwächung des Familienunternehmens verhindert werden? Fürchteten die Mercks, gegenüber den mächtigeren Konkurrenten der Chemie- und Pharmabranche zu kurz zu kommen, die sich – wie die I. G. Farben – dem Regime bereits angedient hatten? Die Schilderung der Arbeits- und Lebensbedingungen der Kriegsgefangenen sowie der Fremd- und Zwangsarbeiter in Darmstadt soll zudem eine Antwort auf die Frage nach den Motiven und Verantwortlichkeiten liefern. Ebenso werden die Strategien der Firma in der letzten Phase des Krieges verfolgt, als es in erster Linie darum ging, den bevorstehenden Untergang des «Dritten Reiches» zu überleben. Das Kriegsende 1945 wiederum bedeutete keineswegs eine «Stunde Null». Daher bieten die juristische Verfolgung der NS-Verbrechen durch die Alliierten und die Entnazifizierung eine Möglichkeit, den Umgang der Mercks mit dem fatalen Erbe des NS-Regimes zu analysieren. Die Rekonstruktion des Geschäftsgebarens des Unternehmens nach 1945 ermöglicht zudem einen Blick auf die Frage nach Kontinuität und Brüchen in den Jahren vor dem «Wirtschaftswunder».

Mehr noch als im zweiten und dritten verlagert sich im vierten Kapitel über die Zeit seit dem Zweiten Weltkrieg der Schwerpunkt von der Familien- zur Unternehmensgeschichte. Rückblickend betrachtet waren die Jahre seit Gründung der Bundesrepublik Deutschland erfolgreich für Merck. Stets wurde ein Bilanzgewinn ausgewiesen, Mitarbeiter- und Umsatzziffern wuchsen fast durchgängig. Warum aber wurde der Umsatz zunächst fast ausschließlich in Deutschland erzielt, während dieser heute zu über 90 Prozent mit im Ausland ansässigen Kunden erwirtschaftet wird? Wie erklärt sich die enorme Internationalisierung der letzten Jahrzehnte? Auf welche Weise gelang es, die im Zweiten Weltkrieg verlorenen Tochtergesellschaften im Ausland nach und nach zurückzuerwerben? Was war die Ursache für den Internationalisierungsschub der 1960er-Jahre und die Gründung von Tochtergesellschaften in den USA, in Frankreich und in Japan? Wozu dienten die weiteren Erwerbungen und Beteiligungen in Großbritannien und Italien, später die Unternehmensübernahmen wie der französischen

Lipha sowie der US-amerikanischen Sigma-Aldrich? Warum griff die Firma wie in der Zwischenkriegszeit auf die Schweizer Holdingkonstruktion zur Finanzierung und Verwaltung der ausländischen Tochtergesellschaften zurück, und warum gab man dieses Modell mit der Verschmelzung aller operativen Einheiten auf die heutige Merck KGaA im Jahr 1995 auf?

Merck zog sich aus der bewährten Massenproduktion von Vitaminen und Pflanzenschutzmitteln zurück und konzentrierte sich auf pharmazeutische «Spezialitäten». Warum jedoch dachte die Unternehmensleitung trotz einiger Rückschläge in der Produktentwicklung offenbar nie an die Aufgabe des Pharmabereichs? Waren Unternehmensübernahmen und Kooperationen mit anschließender erfolgreicher Produktion von Medikamenten (wie beispielsweise Glucophage gegen Zuckerkrankheit, das Krebsmittel Erbitux und Rebif gegen Multiple Sklerose) Teil einer langfristigen Unternehmensstrategie? Warum entwickelte sich die Chemiesparte, heute unter dem Signum «Performance Materials», mit den Flüssigkristallen zuletzt zu wahren Verkaufsschlagern? Wie erklärt sich der Erfolg beim Geschäft mit Pigmenten, die vor allem in der Automobil- und Kosmetikindustrie verwendet werden? Die dritte Säule des «Tausendfüßlers» Merck bildet das modernisierte Laborgeschäft, heute unter dem Label «Life Science». Die Mitarbeiter dieses Bereiches verkaufen heute Tausende von Chemikalien, die hauptsächlich in der Erforschung, Entwicklung und Produktion von Arzneimitteln, aber auch in anderen Branchen, etwa der Nahrungsmittelindustrie, verwendet werden. Dieses Geschäft kann auf eine lange Tradition im Hause Merck zurückblicken, denn seit vielen Jahrzehnten stellt Merck derartige Waren her. Insbesondere die großen Übernahmen der letzten Jahre – Millipore und Sigma-Aldrich – verhalfen dem Bereich zu neuer Bedeutung.

Die Steuerung dieses vielseitigen, rasch wachsenden und inzwischen großen Unternehmens erfordert Managementkapazitäten, die jenseits der Fähigkeiten einer Familie liegen. Der Neuaufbau gelang, zunächst mit Karl Merck, später mit Hans Joachim Langmann an der Spitze. Freilich gab es auch Perioden, in denen die Entwicklung weniger geradlinig verlief. Insbesondere die späten 1950er- und frühen 1960er- sowie die späten 1980er- und frühen 1990er-Jahre bargen Herausforderungen. In beiden Fällen ging die unbefriedigende Entwicklung der Umsatz- und Ertragsziffern mit einem mühsamen Umbruch an der Unternehmensspitze einher. Im Sommer 1959 trat Karl Merck vom Vorstandsvorsitz zurück, aber erst zwei Jahre später in den Aufsichtsrat ein. Selbst danach dauerte es noch ein paar Jahre, bis das Unternehmen unter der Leitung von Langmann zunächst stabilisiert und, trotz eines Übernahmegesuchs der BASF, später als selbständiges Familienunternehmen ausgebaut wurde. Kritisch wurde es erneut, als Langmann 1989 das 65. Lebensjahr erreichte und innerhalb der Familie vor dem Hintergrund einer schwächelnden Unternehmensentwicklung die Nachfolgefrage offen diskutiert wurde. War die Umwandlung in eine Kommanditgesellschaft auf Aktien und die Kapitalerhöhung an der Börse, in deren Folge die Familie noch 75 Prozent der Anteile hielt, eine Voraussetzung, um die Chancen von Europäisierung und Globalisierung ergreifen und Merck von einem deutschlandzentrierten zu einem globalen Unternehmen umzubauen? Warum zogen sich die Familienmitglieder allmählich aus der operativen Geschäftsleitung zurück? Ist Merck seit der Jahrtausendwende mit bereits dem vierten familienfremden Geschäftsleitungsvorsitzenden noch ein klassisches Familienunternehmen? Hat sich die Familie Merck in die Rolle eines passiven Großaktionärs zurückgezogen, oder spielt sie mit ihren inzwischen 155 Gesellschaftern über den Familien- und Gesellschafterrat noch eine entscheidende Rolle? Daher wird auch untersucht, wie die informelle Entscheidungsfindung unter den Teilhabern und die formelle Steuerung der Besitzwahrung ablaufen, die dazu dient, die Fortexistenz von Merck als selbständigem Familienunternehmen zu sichern.

Quellen

Familienunternehmen sind in der Regel mehr als Unternehmen mit anderen Besitz- und Organisationsstrukturen an ihrem eigenen Herkommen und ihrer Geschichte interessiert. Dies zeigt sich meist im Aufbau und der Pflege eines professionell geführten Archivs. Auch für die gute Darmstädter Überlieferung ist das über Jahrhunderte gegebene Interesse vor allem der Familie und der Firmenleitung ursächlich. Die Bedingungen für die Erforschung der Geschichte der heute global agierenden Merck-Gruppe mit zentralem Firmensitz in Darmstadt sind insgesamt betrachtet und im Vergleich zu anderen Unternehmen der chemisch-pharmazeutischen Industrie günstig, da einschlägige archivalische Quellen in bemerkenswert großer Dichte vorhanden sind. Diese Aussage gilt im Prinzip für die gesamte Zeitspanne seit 1668 – jenem Jahr, in dem Jacob Friedrich Merck die Darmstädter Apotheke am Schlossgraben erwarb, auf deren Tradition sich das moderne Unternehmen beruft. Daher bilden die Bestände des Merck-Archivs auch für alle Kapitel dieser ersten wissenschaftlichen Gesamtdarstellung der Unternehmensgeschichte die wichtigste und am ausgiebigsten genutzte Überlieferung. Das Merck-Archiv vor allem kann folglich – neben dem Firmenmuseum, den Ausstellungsbereichen und dem Bibliotheksbestand – innerhalb wie außerhalb des Unternehmens als der zentrale und wichtigste Erinnerungsort der exzeptionell langen Firmengeschichte bezeichnet werden.

Wie inzwischen bei Projekten dieser Art üblich, wurde den Verfassern der unbeschränkte Aktenzugang im Merck-Archiv ebenso zugesagt und vereinbart wie der Verzicht auf jeglichen inhaltlichen Eingriff in Manuskript und Buch. Die Finanzierung erfolgte über ein Drittmittelprojekt an der Universität Bonn. So erfreulich es ist, dass die Quellen im Merck-Archiv eine umfassend Binnensicht der Merck-Geschichte ermöglichen, gibt es doch zahlreiche Lücken, die durch eine systematisch ergänzte Überlieferung aus auswärtigen Archiven geschlossen werden mussten. Auch die Sicht von außen – sei es jene der Konkurrenten, sei es staatlicher Akteure – wurde in erster Linie durch externe Archivalien möglich. Zudem war es notwendig, die Apotheken-Vorgeschichte der Firma Merck regionalgeschichtlich zu betrachten, weil die spezifischen landeshistorischen Rahmenbedingungen für die ökonomische Entwicklung von der Vormoderne bis heute von ausschlaggebender Bedeutung waren. Insgesamt wurden über 56 Archive im In- und Ausland auf relevante Quellen angefragt und schließlich Aktenmaterial aus über zwei Dutzend Archiven ausgewertet.

Das Merck-Archiv

Das heutige Firmenarchiv von Merck geht einerseits auf das 1905 gegründete Familienarchiv zurück, andererseits auf Bestände des Unternehmens, die 1959 in einem «Haus-Archiv» zusammengeführt wurden. Diese Provenienz muss in Verbindung mit unterschiedlichen bzw. wechselnden Funktionen und Schwerpunktsetzungen beider Bestände bei allen Recherchen bedacht werden. Nach der Gründung 1905 stand zunächst eine intensive Familiengeschichtsforschung im Vordergrund, die auch archivalisch lange Zeit dominant blieb und mit spezifischen Traditionsbildungen einherging. Die Bestände für die Zeit vor 1800 etwa sind durch diese intendierte Traditionsbildung stark beeinflusst, denn sie stellen nur z. T. eine gewachsene Überlieferung dar. Viel mehr noch sind sie das Ergebnis einer intensiven Such- und Sammeltätigkeit, die teilweise umfängliches Material unterschiedlichster Herkunft zusammenführte, um Aufschluss über Tätigkeit und Schicksale der Familienvorfahren zu erlangen. Die Erträge dieser Sammeltätigkeit wurden dann zu personengeschichtlich sortierten Pertinenzbeständen gebündelt. Das ältere Signaturensystem des Familienarchivs zeigte diese Vorgehensweise noch, denn es folgte der Systematik des genealogischen Tafelwerks für die Familie Merck. Genau dieses Interesse an der Familientradition spiegelt auch die 1913 ins Leben gerufene «Merkcksche Familien-Zeitschrift»[29] wider. Sie schloss bewusst an familiengeschichtliche Forschungen an und intensivierte sie insbesondere in den Jahren vor dem Ersten Weltkrieg. Populäres Interesse an der Erforschung familiärer Ursprünge ging einher mit neu aufkommender methodisch-reflektierter, wissenschaftlicher Familienforschung, wie sie seit dem ausgehenden 19. Jahrhundert nicht mehr nur von adeligen, sondern auch von bedeutenden bürgerlichen Familien betrieben wurde.

Typischerweise engagierten sich dafür evangelische Pfarrer, die im Allgemeinen treibende Kräfte der genealogischen Bewegung waren. Der erste Archivar der Familie Merck war seit etwa 1907 Pfarrer Karl Spieß (1873–1921),[30] ihm folgte 1921 der Theologe und Archivar Fritz Herrmann (1871–1938).[31] Nach seinem Tod übernahm Otfried Praetorius (1878–1964) die Schriftleitung der Familien-Zeitschrift und die Beratung des Hausarchivs, zunehmend ergänzt durch Friedrich Wilhelm Euler (1908–1995), der sich schon vor dem «Dritten Reich» der antisemitischen Genealogie und Rassenhygiene gewidmet hatte.[32] Zwar wurde der Nationalsozialismus in den Jahren des «Dritten Reiches» in der «Merckschen Familien-Zeitschrift» kaum thematisiert, aber in der Nachkriegszeit wurde das Thema in Archiv und Firma für lange Zeit zum Tabu.

1960 wurde Euler durch Protektion des Merck-Aufsichtsratsvorsitzenden Dr. Fritz Groos (1889–1971) und, wohl gegen den Willen von Fritz Merck (1889–1969), Nachfolger des inzwischen über 80-jährigen Praetorius. Dass er dann in seiner Heimatstadt Bensheim mit finanzieller Hilfe des Hauses Merck das Institut für Personengeschichte, vormals Institut zur Erforschung historischer Führungsschichten, gründen konnte,[33] unterstreicht das zu dieser Zeit nach wie vor dominante und bestandsprägende genealogische Interesse im damaligen Archiv. Euler blieb zwar nur drei Jahre Archivleiter, behielt aber die Schriftleitung der Familien-Zeitschrift bis zu deren Einstellung im Jahr 1975. Mit der Gründung einer eigenen Abteilung Öffentlichkeitsarbeit 1963 und der Übernahme der Archivleitung durch Dr. Fritz Ebner (1922–2010), vor allem aber seit der Professionalisierung des Archivs Ende der 1970er-Jahre (Archivleitung 1979–2001 Dr. Ingunn Possehl, seit 2001 Dr. Sabine Bernschneider-Reif) wurden die traditionellen Schwerpunktsetzungen überwunden und eine konsequente Bestandsbildung jenseits spezifischer Interessen im Sinn moderner Archivpflege durchgesetzt. Dazu gehörten auch die systematische Bestandserschließung in einer elektronischen Datenbank und die Vergabe entsprechender Signaturen. Eine neue, selbstkritische Auseinandersetzung mit der eigenen Geschichte begann 1998 unter anderem mit der Initiative zur Aufnahme von Zeitzeugengesprächen mit ehemaligen Zwangsarbeiterinnen und dem Beitritt Mercks zur Stiftung «Erinnerung, Verantwortung und Zukunft» (EVZ), einem Entschädigungsfonds der deutschen Wirtschaft, im Februar 2000.

Die langjährigen Prägungen der älteren Bestandsbildung bleiben jedoch ein Spezifikum des Archivs und müssen quellenkundlich kritisch beachtet werden.[34] Für die Zeit bis etwa 1800 ist zwar eine mengenmäßig umfangreiche, inhaltlich aber nur bedingt substanzielle Überlieferung im Merck-Archiv vorhanden (Bestände A, B und C), die sich stark auf einzelne Personen und wenig bis gar nicht auf die Geschichte der Merckschen Apotheke erstreckt. Zusammenhängend überlieferte Geschäftskorrespondenz und serielle Quellen liegen nicht vor. Die Überlieferungsdichte ist gering und durch eine Vielzahl unsystematisch überkommener Einzelakten aus unterschiedlichen Provenienzen gekennzeichnet. Unterlagen der 1668 von Jacob Friedrich Merck gekauften Apotheke sind nur noch in Einzelstücken vorhanden. Erst ab etwa 1800 liegen einzelne Geschäftsbücher vor, die einen gewissen Einblick in das unternehmerische Handeln der Familie Merck und die innovative Qualität der von ihnen hergestellten pharmazeutischen Produkte erlauben. Vor diesem Hintergrund spielen für diesen Zeitabschnitt Splitterüberlieferungen in den regionalen staatlichen und kommunalen Archiven sowie an den verschiedenen Wirkungsorten der frühen Merck-Apotheker (Danzig, Schweinfurt etc.) eine wichtige Rolle, um Lebensstationen oder geschäftliche Tätigkeiten quellenbasiert absichern zu können. Auch die mittlerweile edierten Korrespondenzen etwa Johann Heinrich Mercks und vor allem des Lehrers von Emanuel Merck, Johann Bartholomäus Trommsdorff, gewähren wichtige Einblicke.

Ein solcher Befund gilt partiell ebenfalls für das Kapitel, das sich mit dem 19. Jahrhundert befasst.[35] Auch dieses schöpft noch zum Teil und vor allem für die Zeit bis 1890 aus dem überwiegend aus personengeschichtlich motivierter Sammelleidenschaft erwachsenen Beständen. Deshalb darf die punktuell erhalten gebliebene Überlieferung von Kontokorrent- und Kopierbüchern als Glücksfall angesehen werden, weil deren großteils hier erstmals geleistete, quellenkritisch schwierige Auswertung es ermöglicht, die weltweiten Verbindungen Emanuel Mercks ebenso wie die zunehmende Produktdiversifizierung zu verdeutlichen. Für den Zeitraum zwischen 1850 und der zweiten Hälfte der 1890er-Jahre klafft eine besonders eklatante, bereits von den Zeitzeugen beklagte Überlieferungslücke,[36] weil wahrscheinlich mit dem Umzug in die neue Fabrik im Norden Darmstadts zahlreiche für die laufenden Geschäfte nicht mehr benötigte Unterlagen entsorgt wurden oder verloren gingen. Nachdem im September 1897 zunächst das Wissenschaftliche Laboratorium und dann die Leiter aller Betriebe von der Unternehmensleitung aufgefordert worden waren, rückwirkend ab dem Geschäftsjahr 1896/97 jährliche Berichte über ihre Arbeit einzureichen,[37] verbesserte sich die Überlieferungslage erheblich.[38] Unerlässlich sind für diese Zeit sowie für die folgenden Jahrzehnte die Korrespondenzen der Teilhaber (Bestand B), die Materialien zur Gründung der «Interessengemeinschaft» sowie deren Arbeit (Bestand H 20), zur Internationalisierung des Unternehmens (weitere H-Bestände), zu Personal und Sozialwesen (Bestand J), zur Betriebsorganisation und zum Fabrikbau (Bestände J und O) sowie Verträge (Bestand R).

Die bis nach dem Ersten Weltkrieg wenig formalisierten Leitungsstrukturen bzw. -gremien und das Fehlen von Aufzeichnungen über deren Entscheidungen bringen das Problem mit sich, dass die Rolle der Teilhaber, dann auch im Zusammenwirken mit den leitenden Mitarbeitern, meist nur indirekt erschließbar ist. Entscheidungsprozesse bleiben trotz unterschiedlich umfänglichen Aktenmaterials häufig unklar, weil wichtige Absprachen vermutlich mündlich getroffen wurden und Besprechungsprotokolle vor allem zur Zusammenarbeit in der Pharma-Interessengemeinschaft, in der Merck eine führende Rolle spielte, nur als Ergebnisprotokolle erhalten sind. Das ausdrücklich als «geheim» gekennzeichnete Buch «Protokolle der Geschäftsabende» bietet für den Zeitraum zwischen 1894 bis 1900 einen punktuellen Einblick in Entscheidungen der Teilhaber. Deren Korrespondenz untereinander ermöglicht ebenfalls partielle Einblicke in Entscheidungsprozesse, doch ist sie so ungleichgewichtig überliefert, dass daraus nur mit Vorsicht Rückschlüsse gezogen werden können. Schließlich gilt es zu beachten, dass die an sich sehr wertvollen Jahresberichte der Arbeitsbereiche, die auch für den nachfolgenden Zeitraum überliefert sind, gelegentlich mit der Intention geschrieben sein können, Erfolge vorzuweisen und die Bedeutung der eigenen Arbeit hervorzuheben. Dies gilt noch mehr für die Tätigkeitsberichte, die anlässlich von Dienstjubiläen erbeten wurden, auch wenn sie – insbesondere im Einzelfall von leitenden Mitarbeitern – eine facettenreiche, sehr wichtige Ergänzung der Überlieferung bieten. Über Arbeitsverträge, Gehälter, Löhne und andere soziale Themen ermöglicht das Archivmaterial punktuell interessante Aussagen, während serielles quantitatives Material zur Geschäftsentwicklung erst ab den 1890er-Jahren zur Verfügung steht. Auch zu einigen wichtigen Personen wie Louis Hoffmann (1825–1892), dem ersten Prokuristen, findet sich keine Überlieferung mehr.

Für die erste Hälfte des 20. Jahrhunderts kommt zu den bereits für das 19. Jahrhundert genannten Quellengattungen mit den beschriebenen quellenkritischen Problemen eine reichhaltige Geschäftskorrespondenz und dichter werdende Privatkorrespondenz der Familie hinzu. Dieses mehrere Hundert Archivsignaturen umfassende Material wurde für diese Studie erstmals umfassend ausgewertet. Zudem wurde auch auf eine in den 1970er- bis 1980er-Jahren entstandene Überlieferung von Zeitzeugenbefragungen zurückgegriffen, die trotz ihrer quellenkritischen Problematik wertvolle Aufschlüsse über Themen gibt, zu denen keine schriftlichen Quellen mehr vorhanden sind. Einzelne Themenbereiche wie etwa die «Palastrevolution» des Geschäftsführers Bernhard Pfotenhauer im Jahr 1942, die beinahe das Ende des Familienunternehmens bedeutet hätte, sind außerordentlich gut dokumentiert und können daher wegen ihrer zentralen Bedeutung eingehend dargestellt und analysiert werden. Dünn ist hingegen die Überlieferung zu den zeitweilig existenziell wichtigen Bankenbeziehungen des Unternehmens wie auch zur Wasserstoffperoxid-Produktion, die Merck in die Kriegswirtschaft des «Dritten Reiches» verstrickte. Während die

Unterlagen zur Beschäftigung von Fremd- und Zwangsarbeitern recht aussagekräftig sind, fehlen vor allem die Akten zu der wesentlich durch Karl Merck und Bernhard Pfotenhauer gesteuerten «Geheimgesellschaften», die bei Kriegsende offenbar systematisch vernichtet wurden und selbst durch Parallelüberlieferungen nicht mehr befriedigend rekonstruiert werden können. In der Nachkriegszeit fand eine Beschäftigung mit den NS-Jahren kaum statt. Die «Palastrevolution» Pfotenhauers wurde gelegentlich, so in einer Ansprache Fritz Mercks, verschlüsselt als für den Familienzusammenhalt «sehr trauriges Ereignis» erwähnt.[39] So wenig, wie von 1933 bis 1945 der Nationalsozialismus in der «Merckschen Familien-Zeitschrift» thematisiert wurde, spielte die NS-Zeit in den folgenden Jahrzehnten eine Rolle. Typischerweise finden sich dort stattdessen umfangreiche Artikel wie «Kriegsrat Merck fördert den Kupferstecher Johann Leonhard Zentner (1761–1802)».[40] Selbst bei der 300-Jahr-Feier im Jahr 1968 blieb die Periode des «Tausendjährigen Reiches» vollkommen ausgespart.[41]

Eine aus vergleichbaren Untersuchungen bekannte, spezifische Situation ergibt sich mit Blick auf die Vorgänge in der 350-jährigen Unternehmenshistorie für jene Zeit, in der die Geschichte – mit den Worten Barbara Tuchmans – «noch qualmt».[42] Angesichts der Quellendichte konzentriert sich das Kapitel für die Zeit nach 1945 auf Unterlagen von Geschäftsführung und Vorstand. Etwa 400 Aktenbände, vor allem Protokolle, wurden umfänglich ausgewertet. Allerdings musste auf diese Überlieferung ab dem Geschäftsjahr 2006 verzichtet werden, da diese für den Geschäftsgang teilweise noch wichtigen Unterlagen noch nicht im Archiv verfügbar sind. Zudem lassen die meist als Ergebnisprotokolle abgefassten Texte die Intentionen der einzelnen Entscheidungsträger kaum erkennen. Um diesem Manko einigermaßen abzuhelfen, wurden weitere Korrespondenzen und einige Handakten ausgewertet. Aus diesen Materialien lassen sich spezifische Ereignisse der Firmengeschichte, wie beispielsweise der Wiedererwerb der im Zweiten Weltkrieg verlorenen ausländischen Tochterunternehmen, die Gründung der AG 1953 und deren Rückabwicklung 1970, die Hintergründe und Folgen des Streiks 1971 sowie der Börsengang 1995 auf guter Aktengrundlage nachvollziehen. Auch die Organisation des Unternehmens, seine Sozialpolitik und die Internationalisierung des Geschäftes können angemessen nachgezeichnet werden.

Als eine besonders ertragreiche Quelle erwiesen sich verschiedene Berichte von Wirtschaftsprüfungsgesellschaften und Unternehmensberatungen, die in alle relevanten Unternehmensbereiche leuchten, freilich besonders quellenkritisch gelesen werden müssen, weil zeitbedingte ökonomische Sichtweisen die Wahrnehmung ihrer Autoren bestimmen. Gleiches trifft auch auf einige überlieferte Erinnerungsberichte leitender Angestellter oder Spartenleiter zu, die für die Analyse interner Vorgänge und die Arbeitsschwerpunkte hilfreich, aber natürlich subjektiv gefärbt sind. Während auswärtiges Archivgut zur jüngsten Unternehmensgeschichte nur in Ausnahmefällen zur Verfügung steht und beispielsweise Bestände etwa des hessischen Wirtschaftsministeriums noch gar nicht benutzbar sind, findet sich in einschlägigen Wochenzeitungen und Magazinen ergänzendes Material. Aufschlussreich waren auch die Interviews, die mit einigen führenden Mitarbeitern geführt wurden. Trotz der umfänglichen zeitgeschichtlichen Überlieferung mussten allerdings auch für die jüngste Zeit einige zentrale Fragestellungen und Problembereiche unbearbeitet bleiben, weil das dazu notwendige Quellenmaterial nicht vorhanden ist. So sind beispielsweise kaum Daten zu Umsatz und Gewinn, zu Renditen, Krediten, Rücklagen oder stillen Reserven verfügbar, auch wenn solche Daten in offiziellen, gedruckten Geschäftsberichten auftauchen – die hier vorgelegten Daten sind für die historische Analyse entweder zu lückenhaft oder nicht validierbar. Zur Holding Merck AG in Zug, die als Finanzierungsinstrument der OHG zentral wichtig war, ist zwar Material vorhanden. Die Überlieferung der ausländischen Tochterfirmen im Konzernarchiv hingegen ist noch unvollständig. Schließlich bleibt festzuhalten, dass zeithistorische unternehmensgeschichtliche Forschungen an Grenzen des Aktenzugangs stoßen, weil bestimmte Personalakten den Datenschutzbedingungen unterliegen und Nach- und Vorlässe nur in eingeschränktem Maße zugänglich sind.

Weitere Archive

Neben dem Merck-Archiv wurden weitere Archive benutzt. Für den Zeitraum 1827 bis 1914 fanden sich im Haus der hessischen Geschichte Darmstadt (in dem Staatsarchiv, Hessisches Wirtschaftsarchiv und Stadtarchiv untergebracht sind) sowie in den Unternehmensarchiven der BASF, von Schering sowie von Bayer und schließlich im Bundesarchiv vereinzelt ergänzende Unterlagen. Insgesamt hat aber die Überlieferung aus externen Archiven geringere Bedeutung: Im Bayer-Archiv findet sich Material zur Zusammenarbeit von Bayer und Merck unter anderem bei Veronal, in der Staatsbibliothek Berlin waren ebenfalls Nachlässe relevant. Für den Zeitraum ab 1914 halten auswärtige Archive wie das Bayer-Archiv oder das Archiv der Firma Hoffmann-La Roche (Kooperationen, Konkurrenzsituation), die Bundesarchive in Bern (Holding-Gesellschaften in der Schweiz) und Berlin, das Institut für Zeitgeschichte (NL Albert Pietzsch) und das Hessische Wirtschaftsarchiv wie das Hauptstaatsarchiv Wiesbaden (Entnazifizierung nach dem Zweiten Weltkrieg) relevante ergänzende Unterlagen bereit. Aus den Beständen der National Archives in Washington, D. C. lassen sich wichtige Hinweise auf die Besatzungszeit nach 1945 und die amerikanischen Strategien gegenüber der chemischen Industrie in Deutschland und Merck entnehmen.

Literatur

Die ausführlichste Darstellung der Merck-Geschichte des 19. Jahrhunderts stammt aus der Feder des langjährigen leitenden Mitarbeiters Carl Löw und geht auf eine Anregung der damaligen Teilhaber zurück. Sie ist unter dem Titel «Heinrich Emanuel Merck» vor allem dem industriellen Gründer gewidmet, auch wenn sie einleitend zeitlich zurückgreift. Sie beruht – allerdings weitgehend ohne Quellensignaturen – auf Archivmaterialien, enthält zahlreiche Faksimiles von Dokumenten, doch hat Löw sie als Pharmazeut und ganz ohne den Blick des kritisch-systematisierenden Historikers verfasst. Da er das Manuskript im Juli 1944, noch vor der Bombardierung Darmstadts im September dieses Jahres, abschloss, konnte er wohl noch Quellen benutzen, die heute nicht mehr vorhanden sind;[43] das Buch erschien 1951. Ein Jahr später ließ Löw eine knapp gefasste Gesamtdarstellung der Unternehmensgeschichte folgen.[44] Sorgfältig transkribiert, hilfreich kommentiert und durch Register erschlossen ist die Edition von Fritz Herrmann.[45] Die dreibändige Studie von Wilhelm Vershofen verwertet einige wichtige Aktenstücke, verzichtet jedoch wie die vorgenannten auf genaue Quellenangaben.[46]

Viele historische Publikationen zur chemischen Industrie im 19. Jahrhundert erwähnen Merck nur am Rande,[47] während die pharmaziehistorische Fachliteratur die Bedeutung der aus Apotheken entstandenen Industriebetriebe durchaus würdigt.[48] Inzwischen gibt es jedoch etliche, an unterschiedlichsten Stellen veröffentlichte Untersuchungen zu Einzelthemen, die Bestände des Merck-Archivs für ihre Fragestellungen nutzten oder zu einzelnen Aspekten ausgewertet haben.[49] Auch ältere Studien wurden berücksichtigt, weil sie Öffentlichkeitsarbeit und Wissenschaftlichkeit miteinander verbanden und gelegentlich selbst kritische Aspekte nicht aussparten. Zwar verfügen sie über keinen wissenschaftlichen Apparat, aber sie geben doch einen Eindruck über viele Aspekte der Geschichte und manche Probleme des Unternehmens.[50] In der frühen Nachkriegszeit wurden die erwähnten Darstellungen Carl Löws veröffentlicht, aber eine Beschäftigung mit den NS-Jahren ist in Archiv und Firma nicht erkennbar. Auch in den 1948 wiederbelebten Ansprachen an die Mitarbeiter blieben die NS-Jahre weitgehend ausgespart, wenn man von der Erwähnung der Leiden der Soldaten an der Front und der Zerstörung des Darmstädter Werks durch die Großangriffe im Jahr 1944 absieht.[51]

Als Überblicksdarstellung aus jüngerer Zeit ist vor allem die 1989 erschienene Arbeit von der damaligen Leiterin des Merck-Archivs, Ingunn Possehl, «Modern aus Tradition», zu nennen,[52] die seit 2002 unter dem Titel «Was der Mensch thun kann …» in der 3. überarbeiteten und erweiterten Auflage vorliegt.[53]

I.
Ursprünge und Ausgangslagen eines chemisch-pharmazeutischen Unternehmens

von Michael Kißener
unter Mitarbeit von Ludolf Pelizaeus
und Frank Kleinehagenbrock

1. Anfänge

Wer nach den Ursprüngen des heute weltweit bekannten chemisch-pharmazeutischen Großunternehmens Merck sucht, wird sie nicht allein zwischen Mörsern, Phiolen und Waagen einer kleinen Darmstädter Apotheke im 17. Jahrhundert finden. Die Anfänge der jahrhundertealten Firma liegen vielmehr in sehr differenzierten unternehmerischen Ansätzen und familiären Strategien der Darmstädter Familie Merck. Zwar spielte dabei das Apothekengeschäft stets eine zentrale Rolle, ebenso wichtig waren aber eine gezielte Heiratspolitik und das geschickte Verleihen von Geld. Dadurch entstand über lange Zeit hinweg jene finanzielle Grundlage, mit der zu Beginn des Industriezeitalters in Hessen die ersten Schritte hin zum erfolgreichen Aufbau eines großen Pharmakonzerns gewagt werden konnten.

1.1 Herkunft der Familie

Ursprünglich stammt die Familie Merck aus Hammelburg, wo die Geburt von Jacob Merck (1520–1579) als Sohn von Antonius Merck (1480–1532) und seiner Ehefrau Anna, einer geborenen Kuhn, nachweisbar ist.[1] Einzelne Hinweise über bis ins 15. Jahrhundert zurückreichende Wurzeln der Familie, die gelegentlich schon in einschlägiger Literatur formuliert wurden, müssen als unsicher, wenn nicht spekulativ gelten.[2] Von Jacob Merck ist bekannt, dass er im Rat der Stadt aktiv und in zweiter Ehe mit Amalia Hartlaub aus Fulda, der Tochter des Rates Johann Hartlaub, sowie in dritter Ehe mit Katharina Wolff verheiratet war.[3] Sein Sohn Johann Merck (1573–1642) trat in den Dienst des Riedeselschen Rats und

Abbildung 1 Kugelfisch aus der Objektsammlung des Merck-Archivs.

Fig. 191. Rathhaus in Schweinfurt.

Abbildung 2 Die Ratsapotheke, in der Jacob Friedrich Merck gelernt hat, ist bis heute unten links im Rathaus der Stadt Schweinfurt untergebracht. Der Holzstich eines unbekannten Künstlers zeigt den Bauzustand vor 1856 (?).

Amtmanns Werner Crispinus, kämpfte dann als Soldat im habsburgischen Heer gegen die Türken in Kroatien und erwarb sich später im Rat (1601) und als Bürgermeister (1602) in Hammelburg Ansehen.

Dennoch wurde er zum Begründer der Schweinfurter Linie der Familie Merck, denn zu Beginn des 17. Jahrhunderts, 1604, zog die lutherische Familie in die nahe Reichsstadt. Der Grund für diesen Ortswechsel war der Versuch des Territorialherrn von Hammelburg, des Fuldaer Fürstabtes Balthasar von Dernbach, sein Territorium im Zeitalter der Konfessionalisierung nach den Regelungen des Augsburger Religionsfriedens von 1555 («cuius regio, eius religio») bekenntnismäßig zu vereinheitlichen, was zur Auswanderung der standhaft lutherischen Bürger und Einwohner, insbesondere der Amtsträger, führte.[4] Diese Entwicklung hielt Johann Merck (1573–1642) in seinen ab 1598 entstandenen Aufzeichnungen zu Geburten und Heiraten in der Familie fest: «Als im Augusto Anno 1602. die Endtuhrteil [des Reichshofrats] zwischen H. Julio Bischoffen zu Wirzburgk und H. Balthasarn [von Dernbach] abbten des Stiffts Fuldae publiciret, und dardurch der Abbt zur restitution des Stiffts widerumb gelanget, ist doruff die Enderung der Religion Sobalten nach beschehener Introtuction im ganzen Stifft Fulda Vorgenommen worden, derowegen ich mich durch Gottes Hilff mit Weib und Kindern erhoben, und durch ehrlicher leuthe beförderung nach Wetzhaußen Zum Vogteydienst doselbsten begeben, und meine gütter wein und anders zu Hammelburg so gut ich vermöcht, nacheinander verkaufft, bin zu meinem Dienst Ufgezogen Petri [29.6.]1604.»[5] Damit nahm Johann Merck ein im Augsburger Religionsfrieden von 1555 verbürgtes Recht wahr. Seiner Gewissensfreiheit folgend, durfte er auswandern, hatte aber seinen fuldischen Besitz zu veräußern.

Vor der endgültigen Niederlassung in Schweinfurt trat Johann Merck 1604 also in die Dienste von Hans Eitel Truchsess von Wetzhausen, einem lutherischen Ritter. Seit 1598 war er mit Anna, der Tochter des Hammelburger Ratsherrn Jakob Brehm, eines führenden Vertreters der lutherischen Partei in Hammelburg, verheiratet. Von ihr hieß es später, sie sei sehr glaubensstreu gewesen, und diese Standhaftigkeit im lutherischen Bekenntnis sei ihr von ihrem Vater vermittelt worden.[6] Sie kann als prägendes und öffentlich wahrgenommenes Merkmal dieser Exulantenfamilie des frühen 17. Jahrhunderts betrachtet werden. In Wetzhausen übte Johann Merck das Amt des Vogts des Truchsessen aus. Da er seine angestammten Güter hatte veräußern können, vermochte er dort seine wirtschaftlich vergleichsweise gut gestellte Existenz zu sichern. Vier Jahre lang amtierte er in Wetzhausen, doch weil, so Johann Merck in seinen Aufzeichnungen weiter, «die bestallung ettwas gering und allerhand beschwerung mit untergelaffen, hab ich mich wider zu bestendiger Haußhaltung gesehnet, daruff im Nahmen Gottes Hans Pfisters wittiben ihr Hauß zu Schweinfurt in der Zehendtgassen mit dem Ercker abkaufft, meinen Dienst resigniert».[7]

Kurz vor seiner Abreise aus Wetzhausen starb jedoch seine erste Frau 1608, «doruff ich mich folgenden Petri mit 3 stieff und 3. rechten Kindern trawrig nacher Schweinfurt begeben, und eine newe Haußhl. angerichtet».[8] Schon im folgenden Jahr 1609 machte er erneut eine «gute Partie», indem er Anna Margarethe Ruprecht (1586–1612), die Tochter eines Dr. jur. Johann Ruprecht, heiratete.[9] Und auch als seine zweite Frau nur wenige Jahre später, 1612, starb, konnte er durch die 1613 erfolgte Heirat mit Anna Maria Scheffer, der Tochter des vormaligen fürstäbtlichen Küchenmeisters und späteren Hammelburger Kellners Johann Hartmann Scheffer, der ebenfalls zum Kreis der in Schweinfurt zusammengekommenen lutherischen Exulanten aus Fulda und Würzburg zählte, seine neue Existenz in Schweinfurt absichern, wo er 1611 zusätzlich zum Haus in der Zehntgasse das Gasthaus zum «Schwarzen Bären» erworben hatte. Dieses hatte sich in der zweiten Hälfte des 16. Jahrhunderts zu einem der führenden Gasthäuser der Reichsstadt entwickelt und diente vor allem dem Adel des Umlands als Unterkunft in der Stadt. 1622 verkaufte Johann Merck das Gasthaus an einen seiner Schwiegersöhne und widmete sich fortan dem Weinhandel. Schon 1609 war er in den reichsstädtischen Rat gewählt worden. 1637 wurde ihm das Amt des Reichsvogts übertragen, des Stellvertreters des Kaisers in der Stadt,[10] – eine Würde, die stets dem Ältesten aus dem Bürgermeister-Kollegium verliehen wurde.[11] Am Ende seines Lebens war Johann Merck damit voll und ganz in die bürgerliche Gesellschaft der fränkischen Reichsstadt integriert.

Schon hier werden die Rahmenbedingungen einer bürgerlichen Existenz in der Frühen Neuzeit deutlich: vorteilhafte Heiraten, die Schaffung und Nutzung von Netzwerken sowie die Sicherung und Ausweitung des erworbenen Vermögens durch ertragreiche Stellungen und Geschäfte.[12] Zusätzlich kann bei Johann Merck ein Verhalten beobachtet werden, das für vermögende Bürger in dieser Epoche gängige soziale Praxis war: Er verlieh sein Geld. So genossen Adelige aus der Umgebung – wohl auch aufgrund von offenen Gasthausrechnungen –, aber auch die Reichsstadt während des Dreißigjährigen Krieges bei ihm Kredit.

Drei Töchter und vier Söhne konnte er in der Folgezeit wiederum durchaus vorteilhaft verheiraten, ein geschwisterliches Netzwerk von herrschaftlichen Dienern einschließlich Pfarrern und geografisch weit gespannt tätigen Kaufleuten begründen, die ihre Karrieren bereits auf einem hohen Bildungsstand aufbauten. Unter diesen Geschwistern sind im Hinblick auf die Unternehmensgeschichte Merck der älteste Sohn aus zweiter Ehe Georg (1611–1683) von Bedeutung, weil er als Erster die Apothekerkunst in der Schweinfurter Ratsapotheke lernte,[13] dann aber vor allem Jacob Friedrich[14] (1621–1678).

1.2. Der erste Merck-Apotheker in Darmstadt: Jacob Friedrich Merck (1621–1678)

Jacob Friedrich Merck entstammte der dritten Ehe Johann Mercks mit Anna Maria Scheffer und wurde am 18. Dezember 1621 geboren. Auch er war zum Apotheker ausersehen worden und hatte ebenfalls eine Lehrzeit an der Schweinfurter Ratsapotheke absolviert, bevor er 1641 die Stadt als «Geselle» verließ.

Der Beruf des Apothekers fußte im 17. und 18. Jahrhundert noch nicht auf einem akademischen Studium, sondern setzte wie in einem Handwerk eine mehrjährige Lehrzeit als Geselle bei einem etablierten Apotheker voraus.[15] In Frankreich war die Akademisierung des Pharmazeutenberufs schon im 17. Jahrhundert vorangeschritten, indem etwa in Montpellier eine Professur für Pharmazie existierte, im Reich hingegen galt der Beruf des Apothekers noch eher als eine Kunst. Ebendeshalb gehörten Apotheker im Unterschied zu anderen europäischen Ländern hier in der Regel auch nicht wie die Handwerker einer Zunft an, die ihren wirtschaftlichen Aktivitäten enge Grenzen setzte, sondern waren zumeist auf ihren Sonderstatus außerhalb der Zünfte bedacht.[16] Die Lehre endete mit einer Prüfung und einem Gesellenbrief, die den Ausgebildeten befähigte, an einer Apotheke z. B. als «Provisor», also quasi als deren Geschäftsführer, zu arbeiten oder aber, bei entsprechendem Vermögen, nach Examen und Vereidigung ein Apothekenprivileg oder andere Rechtsgrundlagen für den Betrieb einer Apotheke zu erwerben.

Die Tätigkeit als Apotheker garantierte nicht gleichsam automatisch ein auskömmliches Leben – je nach Größe der Stadt, der örtlichen Konkurrenz, der jeweiligen landesherrlichen Privilegierung, der Zahlkraft der Kundschaft und den wirtschaftlich-politischen Rahmenbedingungen konnten Apotheker reich werden oder aber am Rande einer prekären Existenz leben. In einer Großstadt wie Wien gab es schon im 17. und 18. Jahrhundert prachtvoll ausgestattete Apotheken, die von dem Wohlstand ihrer Besitzer zeugten. Im Norden des Reiches hingegen mussten Apotheker vor allem in kleineren Landstädten besorgt sein, ihre Ausgaben für den Erwerb teurer Grundstoffe wie Arzneidrogen durch den Verkauf ihrer Arzneien rasch wieder zu erwirtschaften, weil sie andernfalls vor dem Ruin standen.[17] Kein Wunder daher, dass sich durch die gesamte Frühe Neuzeit bei der Visitation von Apotheken auch in der Landgrafschaft Hessen-Darmstadt Klagen über unzureichende und schlecht gelagerte Grund- und sogar Giftstoffe finden, waren die Apotheker doch bemüht, ihre Kosten zu verringern.[18] In der Regel gehörten Apotheker jedoch spätestens im 18. Jahrhundert den oberen Gesellschaftsschichten der Städte an, verfügten allen immer wieder geäußerten Klagen entgegen über zumindest auskömmliche Einnahmen und bekleideten nicht selten auch Ämter in der städtisch-patrizischen Selbstverwaltung.

Der Berufsweg, auf den Jacob Friedrich Merck mitten im Dreißigjährigen Krieg geschickt wurde, hätte also durchaus wirtschaftlich aussichtsreich werden können, verlief jedoch keineswegs geradlinig. Jacob Friedrich scheint zunächst in der Fremde sein Glück gesucht zu haben, denn in Schweinfurt fand sich in seinem Beruf für ihn keine dauerhafte Verwendung. Auch sein älterer Bruder Georg erhielt vom Rat der Stadt keine Apothekerzulassung.[19] So verschlug es ihn an die Ostsee, wo er nach eigenen Angaben 1658 als «der Königl. Pollnischen Apeteke Officin zu Danzig bestellter Provisor» fungierte.[20] Dies dürfte ihm insofern leichtgefallen sein, als sich die Stadt an den Apothekenordnungen und -gewohnheiten im Heiligen Römischen Reich orientierte.[21] 1658, als der Danziger Handel während des Nordischen Krieges von 1655 bis 1660 darniederlag[22] und die Stadt zunehmend in einen Kriegszustand mit Militärpräsenz, Krankheiten, erhöhter Sterblichkeit und regelmäßigen Buß- und Bettagen als Zeichen höchster Not geriet,[23] muss die Lage vor Ort für ihn so fürchterlich geworden sein, dass er einen letzten Versuch unternahm, in seiner Heimatstadt Schweinfurt doch noch als Apotheker wirken zu können – jedoch wiederum vergeblich.[24] Wann Jacob Friedrich Merck Danzig verließ, ist genauso wenig zu bestimmen wie das Datum seiner Ankunft dort.[25] Mitte der 1660er-Jahre hielt er sich, so viel ist immerhin sicher festzustellen, in Franken auf und war wohl nicht unvermögend, weil er 1665 dem Rat der Stadt Schweinfurt sein Testament übergeben ließ. Da er ebenfalls 1665 in den Matrikeln der Universität Altdorf nachweisbar ist,[26] muss man davon ausgehen, dass er an diesem Ort in der Folgezeit ein berufliches Auskommen gefunden hat; studiert hat er in dem vorgerückten Alter von 44 Jahren dort wohl kaum, die Immatrikulation dürfte mit der Absicht erfolgt sein, die daraus resultierenden Vorzüge, u. a. eine gewisse Steuerfreiheit, zu genießen.[27] Geholfen haben dürfte dabei, dass der damalige Rektor der Universität mit der Familie Merck in Schweinfurt vielfach verbunden war. Kurze Zeit später nahm er möglicherweise die Gelegenheit wahr, eine Apotheke im Kirchspiel Wesselburen im Herzogtum Holstein zu erwerben. Einziger Beleg dafür ist eine einem wohl 1730 verfassten Bericht des Etatrats Paulsen aus Heide beigefügte Liste mit den in Wesselburen tätigen Apothekern, auf welcher der Name «Jacob Friedrich Merck» verzeichnet ist. Ob dies der hier behandelte Schweinfurter Apotheker ist oder eine ganz andere Person gleichen Namens, ist nicht sicher festzustellen.[28]

In jedem Fall wäre die Übernahme einer solchen Apotheke ein hochriskantes Geschäft gewesen, denn diese in Norderdithmarschen gelegene Apotheke bestand noch nicht so lange: Sie war erst 1636 als zweite Apotheke neben der angestammten Apotheke in Heide errichtet worden. Diese wurde zwar von der Dithmarscher Landschaft und aus dem Kirchspiel heraus unterstützt, da die

Notwendigkeit einer zusätzlichen Apotheke zur Verbesserung des Medizinalwesens und wegen schlechter Wegeverhältnisse in Norderdithmarschen erkannt wurde, doch war die Apotheke klein und wenig ertragreich. Sie geriet gegen Ende des Jahrhunderts sogar in finanzielle Probleme. So kann als gesichertes Wissen nur festgehalten werden, dass der Schweinfurter Jacob Friedrich Merck 1668 definitiv nach Darmstadt übersiedelte und dort heimisch wurde – wo sich von dem völlig ungeklärten Zwischenspiel in Wesselburen[29] dann auch keine Spuren erhalten haben.

In Darmstadt übernahm er die damals so wohl noch nicht benannte Engel-Apotheke. Am 20. Oktober 1668 heiratete er Maria Magdalena Hübner, die Tochter eines Frankfurter Kaufmanns.[30] Die Familie Hübner war in Hamburg zu Reichtum gelangt.[31] Die Verbindung zu der betuchten Familie Hübner sollte in der Folgezeit noch mehrfach von Bedeutung werden und half vielleicht schon beim Erwerb der Apotheke in Darmstadt.[32] Auch die Schwiegermutter seines Neffen und späteren Darmstädter Nachfolgers, Georg Friedrich Merck, entstammte ihr. Vor allem aber: Durch eine familiäre Verbindung der Familie Hübner zu dem Pfarrer Johann Heinrich Vietor, der in Nieder-Ramstadt, unweit von Darmstadt, lebte, könnte der entscheidende Hinweis auf die Verfügbarkeit der Darmstädter Apotheke nach dem Tod des Inhabers, Hofapotheker Samuel Böckler, gekommen sein.[33] Aber auch Dr. jur. Justus Friedrich Schöner, der bis 1644 als hessen-darmstädtischer Rat in Darmstadt, dann in Schweinfurt lebte, könnte als Hinweisgeber infrage kommen.[34] Aber dies alles ist Spekulation, gewiss ist allein, dass sich auf diese Apotheke in der hessen-darmstädtischen Residenzstadt um 1668 das Interesse Jacob Friedrich Mercks konzentrierte.

Um erfolgreich zu sein, waren in der Frühen Neuzeit neben der Familie solche Netzwerke und Verbindungen von ausschlaggebender Bedeutung. Sie aufrechtzuerhalten war eine familiäre Aufgabe. Wie das funktionieren konnte, dokumentieren auch eine Almosen- und eine Stipendienstiftung in der Reichsstadt Schweinfurt, von denen die Darmstädter Mercks aufgrund ihrer vermögenden Situation freilich nicht profitierten.[35] Jacob Friedrich Mercks Bruder, Johann Christoph Merck (1614–1679), hatte in Schweinfurt Sabine Magdalena Rüfer geheiratet, die die «Rüfersche Stiftung» begründet hatte, aus der Erfolg versprechenden, jedoch mittellosen Familienangehörigen ein halbjährliches Stipendium von 50 fl. (= Gulden) für ein Universitätsstudium ausgezahlt wurde. Dies war ein zeittypischer Vorgang innerhalb einer vermögenden Familie. Die Antragsteller hatten ihre Ansprüche mit Stammbäumen zu begründen, da das Stipendiengeld nur an den jeweils nächsten Verwandten der Stifterin ausgehändigt werden sollte. Diese Stammbäume und die Antragsbegründungen stellen ein wichtiges Dokument für die Geschichte der weitverzweigten Familie bis ins 20. Jahrhundert dar.[36]

Geradezu exemplarisch zeigt sich hier, wie die Fundierung einer aussichtsreichen wirtschaftlichen Existenz in der Frühen Neuzeit – einer Zeit, die nur eine im Vergleich zu heute einfacher organisierte und langsamere Mobilität und Kommunikation kannte, deren gewerbliches Finanzsystem für risikobehaftete Existenzgründungen nur bedingt hilfreich war und in der einzig die Familie als soziales Auffangbecken zur Verfügung stand – gelingen konnte. Es bedurfte als Grundlage der soliden Ausbildung Jacob Friedrich Mercks und beruflicher Erfahrung, in seinem Fall an mehreren Orten in- und außerhalb des Alten Reiches, was keineswegs unüblich war. Wir wissen etwa aus der Analyse von Leichenpredigten für verstorbene Apotheker aus dem 17. Jahrhundert, dass Reisen und Ausbildungszeiten an von der Heimat weit entfernten Orten nicht selten waren.[37] Hinzukommen musste aber auch ein entsprechendes Grundkapital, das die Familie stellte oder durch Heirat zu sichern war. Zugleich war aber auch ein möglichst weit gespanntes familiäres und durch Bekanntschaften erweitertes Netzwerk vonnöten, um relevante Chancen und Optionen in Erfahrung bringen zu können und schließlich zum Erfolg zu kommen.

Und dieser Erfolg stellte sich nun mit der Übernahme einer Apotheke am Schlossgraben in Darmstadt im Jahre 1668 ein. Freilich – ob die Darmstädter Apotheke auch ein wirklicher wirtschaftlicher Erfolg werden würde, war 1668 keineswegs absehbar. Die Rahmenbedingungen für eine gewinnbringende Entwicklung mussten zumindest als unsicher angesehen werden. Zu bedenken ist dabei auch das bereits vorgerückte Alter, in dem Jacob Friedrich Merck heiratete und die Darmstädter Apotheke erwarb. Wie in allen frühneuzeitlichen Familien stellte sich so auch die Frage nach möglichen Erben und damit der Weitergabe des Vermögens innerhalb der Familie.

Langfristige Erfahrungen mit dem Apothekenwesen gab es in Darmstadt damals nicht. Erste Hinweise auf einen Apotheker, der den Landgrafen von Hessen-Darmstadt und seinen Hof versorgte, datieren aus dem Jahr 1569, ein dezidierter «Stadtapotheker», der eine gleichsam öffentliche Apotheke in Darmstadt führte, ist allerdings erst ab 1629 nachweisbar. Dieser hatte offensichtlich ein gutes Verhältnis zum Landgrafen, musste allerdings auch Medikamente an die Armen der Stadt abgeben. Daneben gab es immer auch sachkundige Frauen, die Puder und Salben für die Landgräfin zubereiteten, sowie Barbiere, Bader und Krämer, die der Bevölkerung Wunderheilmittel anpriesen, als «Laienpharmazeuten» Teil eines noch unzureichenden medizinischen Versorgungssystems waren und dabei dennoch den gelernten Ärzten und Apothekern eine unliebsame Konkurrenz bereiteten.[38] Die Darmstädter «Hofapotheker» hatten es in der kleinen Residenzstadt nie lange ausgehalten oder waren früh verstorben. 1654 erst hatte dann der Hofapotheker Samuel Böckler das Privileg zur Errichtung einer zweiten Apotheke in der Stadt, der schließlich von Merck übernommenen Apotheke am Schloss-

Anfänge

Abbildung 3 Die spätere Engel-Apotheke, für die Merck 1668 das Privileg erhielt, befand sich am Schlossgraben. Auf dieser Zeichnung nach einer zeitgenössischen Abbildung von 1661 handelt es sich um das Eckgebäude hinten links mit den beiden Barockgiebeln.

graben, erhalten. Das mit einer vergleichsweise geringen Jahresbesoldung von 60 fl. dotierte Hofapothekeramt führte er weiter, was ihm der Landgraf gegen die Entrichtung von fünf Albus monatlich konzedierte.[39] Er war berechtigt, in der Stadt und auf dem Lande seine Arzneien zu verkaufen, und solange er Hofapotheker war, war er von allen bürgerlichen Lasten befreit. Von der Darmstädter Hofapotheke ist zudem bekannt, dass sie bis weit ins 18. Jahrhundert immer wieder in wirtschaftliche Schwierigkeiten geriet.[40]

Die Einwohnerzahlen in Darmstadt entwickelten sich im Verlauf der Frühen Neuzeit höchst ungleichmäßig, sie erreichten jedoch im Verlaufe des Dreißigjährigen Krieges einen Tiefpunkt.[41] Mut verlangte die Investition in Darmstadt schon, in einer Stadt mit nicht einmal 1500 Einwohnern zur Mitte des 17. Jahrhunderts, nicht nur aufgrund ziemlich ungewisser wirtschaftlicher Zukunftsaussichten, sondern auch wegen der allgemeinen Gesundheitslage vor Ort.[42] Waren schon durch das durchziehende Militär im Dreißigjährigen Krieg immer wieder schwere Epidemien in der Landgrafschaft Hessen-Darmstadt ausgebrochen, setzten sich nicht zuletzt bedingt durch fortgesetzte französische Truppeneinfälle solche Belastungen fort, der auch immer wieder Ärzte und Apotheker zum Opfer fielen. Die Notwendigkeit, einen Ersatz für den 1663 verstorbenen Apotheker Böckler in einer angespannten Gesundheitslage zu besorgen, erklärt, dass Jacob Friedrich Merck am 26. August 1668 sein Apotheken-

Diagramm 1   Entwicklung der Einwohnerzahl in Darmstadt

privileg von Landgraf Ludwig VI. erhielt, und zwar nicht, wie gelegentlich fälschlich in der einschlägigen Literatur behauptet wird, «ad personam», d. h. nur für seine Person, sondern dauerhaft, d. h. übertragbar auf seine Nachkommen, wie das üblicherweise im frühneuzeitlichen Apothekenwesen geregelt war. Der in der Literatur tradierte Fehler beruht auf einem Lesefehler der Urkunde, in der die entscheidenden Passagen eben nicht gestrichen, sondern unterstrichen sind.[43] So heißt es im letzten Absatz des Privilegs, dass Jacob Friedrich Merck, «seine Erben und rechtmäßige inhabere solcher Apoteck sich vorgeschriebenes masen und sonsten der gebühr verhalten» würden, sie unbeschwert in deren Besitz bleiben würden.[44]

Im Übrigen ist dieses Dokument im Entwurf erhalten geblieben, auf dem sich der Vermerk befindet, dass er so ausgefertigt worden sei. Zunächst wird die Vorgeschichte des Rechtsaktes erwähnt. Nach dem Tod des Apothekers Böckler hätten dessen Erben «desselben Haus und Hof an Friedrich Jacob [sic!] Mercken, Apothekern von Schweinfurth verkaufft». Dieser habe nun um die Übertragung des Apothekenprivilegs des Vorgängers gebeten. Das Privileg lässt die typischen Rahmenbedingungen einer frühneuzeitlichen Apothekengründung erkennen: Jacob Friedrich Merck wurde der Betrieb einer Apotheke in der Residenzstadt Darmstadt erlaubt, und zwar unter Beachtung der «fürstlich hessischen Apothekerordnung», deren wichtigste Bestimmungen sicher in die 1639 erlassene erste hessen-darmstädtische Medizinalordnung eingeflossen sind, die praktisch wortgleich 1669 erneuert wurde. Das zeigen einige schon in Mercks Privilegium enthaltene Forderungen, die der Medizinalordnung entsprechen: Diese sah unter anderem vor, dass Apotheker von Ärzten zu examinieren seien, sich deren Visitation regelmäßig zu unterziehen und die Heilmittel, vor allem Gifte, sorg-

Anfänge

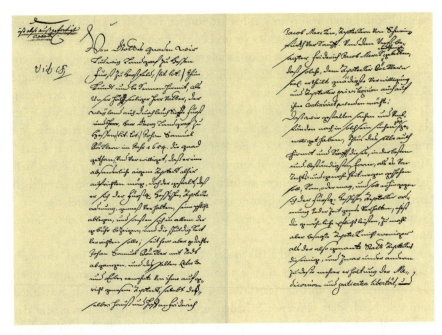

Abbildung 4 Ausschnitt aus dem Apothekenprivileg von Landgraf Ludwig VI. von Hessen-Darmstadt für Jacob Friedrich Merck und seine Erben vom 26. August 1668. Das Dokument ist nur als – schmuckloser – Entwurf mit Ausfertigungsvermerk erhalten geblieben.

sam zu verwahren hätten sowie Lehrlinge und Vertreter nur nach einer Approbation durch ein ärztliches Kollegium aufnehmen dürften. Ferner war darin geregelt, dass die verwendeten Maße und Gewichte geprüft sein mussten und nur angemessene Preise nach der Frankfurter Taxordnung für Medikamente verlangt werden durften.[45] Den Sinn dieser Privilegierung eines zweiten Darmstädter Stadtapothekers gibt Mercks Rechtsverbriefung ebenso offen an: Es ging dem Landgrafen darum, eine für ihn wie für das Publikum schädliche Monopolisierung von Heilmitteln in Darmstadt durch Schaffung von Konkurrenz zu vermeiden.

Dieses Anliegen teilten die Stadträte von Darmstadt natürlich ebenso wenig wie der eingesessene erste Hofapotheker.[46] Dem Landesherrn ging es darum, den Markt dauerhaft mit «guten frischen, zu ein- und anderen Curen dienlichen heilsamen Medicamentis und wahren also genugsamlich [zu] versehen» und deren Qualität zu gewährleisten. Der Stadtrat und die Zünfte in der Stadt sahen hingegen in Konkurrenz eine Unterwanderung auskömmlicher Existenzgrundlagen für die den Beruf ausübenden Alt-Bürger der Stadt und machten

Neuankömmlingen wie Merck zunächst einmal das Leben schwer, indem sie ihm den Bezug der Apotheke des verstorbenen Samuel Böckler verweigerten.[47] Erst auf Mercks Beschwerde beim Landgrafen hin, die Stadt möge ihm sein erworbenes Eigentum sowie die durch Konzession und Privileg genehmigte Berufsausübung gestatten, konnte er tatsächlich mit der Arbeit in seiner neuen Apotheke beginnen.[48] Strittig blieb allerdings, ob die Merck üblicherweise im Rahmen von gewährten Apothekenkonzessionen zustehende Befreiung von bürgerlichen Lasten wie Wach- und Räumdienste zuerkannt werden sollte.[49] Auch hier musste er sich erst mühsam in seiner neuen Heimat gegen Benachteiligungen und Zurücksetzungen wehren – ein Umstand, der ihm vermutlich aber auch von anderen Orten bekannt war, denn gerade solche Befreiungen von Neubürgern stellten vielerorts einen Streitgegenstand zwischen Privilegierten und Stadtrat dar.[50]

Den Gefährdungen und Risiken der Apothekenübernahme in Darmstadt standen um 1668 allerdings auch einige regionale Entwicklungen gegenüber, die sich für die Zukunft der jetzt Merckschen Apotheke vorteilhaft auswirken konnten. Nach den schweren Schäden und Bevölkerungsverlusten, die der Dreißigjährige Krieg in Hessen angerichtet hatte, blieben die Landgrafen bemüht, Menschen ins Land zu locken. So bestand 1682 die bescheidene Aussicht, französische Hugenotten und vor allem Waldenser nahe bei Darmstadt ansiedeln zu können, die mit ihrer Finanzkraft und ihrem technischen Wissen einen wirtschaftlichen Aufschwung erhoffen ließen. Die französischen Einfälle in das hessen-darmstädtische Gebiet im Zuge der Ludovizianischen Kriege vertrieben allerdings diese Siedler 1688 wieder. Auch spätere gleichgerichtete Versuche hatten innerterritorialen Widerständen zu begegnen und waren nur von begrenztem Erfolg.[51]

Sodann waren Landgraf Ludwig VI. (1661–1678) wie sein Sohn und Nachfolger Ernst Ludwig (1688–1739) bemüht, Darmstadt zu einer respektablen Residenz auszubauen.[52] 1663 war mit dem Neubau des Darmstädter Schlosses begonnen worden – eines Barockschlosses, das ab 1715 nach den Plänen des Architekten Remy de la Fosse ergänzt wurde.[53] Ein kostspieliges Glockenspiel aus den Niederlanden wurde angeschafft. Die Hofkapelle und das Theater erfreuten sich nun einer intensiven landgräflichen Förderung. Die Hofbeamtenschaft und das Gesinde vermehrten sich. Auch mit dem Ausbau der Vorstadt wurde begonnen. 1678 entstand der «Birngarten» als Neusiedlung, 1695 erfuhr die einfach als «Vorstadt» bezeichnete Neusiedlung eine Erweiterung. Da diese Bezirke unmittelbar an die Stadtmauer angrenzten, also günstig zur Apotheke am Schlossgraben, einem gleichsam eleganten Viertel,[54] gelegen waren, versprachen diese Entwicklungen und die vielen Bauhandwerker in der Stadt eine Erweiterung der Kundenbasis für die Apotheke.[55]

Abbildung 5 Das Gemälde von Jan Pieter Rodingh zeigt recht detailgetreu die Residenzstadt Darmstadt zur Zeit des Erwerbs der Apotheke durch Jacob Friedrich Merck. Deutlich zu erkennen ist das von einer Stadtmauer umschlossene Areal der Stadt sowie das Residenzschloss mit Glockenbau und die Kirche.

Für die kleine Landgrafschaft bedeuteten freilich diese Investitionen angesichts einer durch den Dreißigjährigen Krieg ohnehin schon schwierigen Finanzlage eine permanente Überanstrengung. So geriet der Staatshaushalt bereits Ende des 17. Jahrhunderts in eine dramatische Schieflage, aus der er sich trotz mancher Reformbemühungen nicht befreien konnte. Allein in der Regentschaft der Landgräfin Elisabeth Dorothea für ihren Sohn Ernst Ludwig 1678–1688 wurden ernsthafte Sanierungsmaßnahmen erwogen, und eine strenge Haushaltung hielt Einzug in den landgräflichen Hof. Doch kaum war der junge Landgraf regierungsfähig, sah er nicht mehr ein, sparsamer zu haushalten als seine Vorgänger: 400 000 Gulden jährlicher Einnahmen aus dem «Domanium» (d. i. der landesfürstliche Grundbesitz, Grundabgaben, Münze, Zoll und andere Regalien) und dem «Contributionale» (d. s. die von den Landständen zu bewilligenden Steuereinnahmen, die aber nie vollständig eingetrieben werden konnten) standen Ausgaben, vor allem für die Hofhaltung, im Umfang von 600 000 Gulden zu Beginn des 18. Jahrhunderts gegenüber. So hatte sich schon zu dieser Zeit ein Schuldenberg der Landgrafen in Millionenhöhe aufgetürmt.[56]

Angesichts der zunehmend aussichtsloser werdenden Finanzlage verlegte sich Landgraf Ernst Ludwig, wie nicht wenige andere deutsche Fürsten mit Finanzsorgen, auf die Schatzsuche und alchemistische Experimente, stellte

Laboranten und «Chymici» an, die den «Stein der Weisen» finden sollten, der angeblich Metall zu Gold machen konnte. Die dazu notwendigen Laboratorien wurden an verschiedenen Orten angelegt, u. a. auch in der alten Hofapotheke auf dem Schlosswall. Sie verschlangen Unsummen Geldes, bisweilen geht die einschlägige Forschung von rund 2 Mio. Gulden aus, ohne dass sich der von Ernst Ludwig so ersehnte Erfolg einstellte.[57] Parallel dazu nahm Ernst Ludwig auch noch gegen die Empfehlung seines Geheimen Rates immer wieder Geld vor allem bei jüdischen Geldleihern, die sich in Darmstadt niedergelassen hatten, auf. So kam er auch mit Joseph Süß Oppenheimer ins Geschäft. Zudem ließ er gegen das Reichsrecht, aber durchaus im Einklang mit anderen Reichsständen, die den gleichen Weg beschritten, schlechte Goldmünzen mit einem niedrigen Goldgehalt prägen, um sich so neue Einnahmequellen zu verschaffen.[58] Auch dieser Versuch scheiterte letztlich. Die Landesherrschaft und ihre Institutionen blieben daher in der Folgezeit weiterhin darauf angewiesen, Kapital aufzunehmen.

1.3 Der Neffe als Nachfolger: Georg Friedrich Merck (1647–1715) und die Fortführung der Darmstädter Apotheke

All das erlebte Jacob Friedrich Merck aber nicht mehr: Er starb am 25. Mai 1678 in seiner neuen Heimat Darmstadt kinderlos. Die weitverzweigte Familie Merck wusste dieses Problem unschwer zu lösen, indem nun Jacob Friedrichs Neffe, der Sohn seines Bruders Georg, sein Erbe in Darmstadt übernahm. Der neue Besitzer, Georg Friedrich Merck, kann als derjenige gelten, der den neu erworbenen Besitz trotz schwieriger Zeitumstände konsolidierte und dafür sorgte, dass sich die Apotheke, die vermutlich auch in dieser Zeit noch nicht den Namen Engel-Apotheke trug,[59] behaupten konnte. Das wenige, was über ihn bekannt ist, lässt jedenfalls erkennen, dass er die Apotheke trotz vielfältiger kriegerischer Auseinandersetzungen im Gefolge der Ludovizianischen Kriege durchbrachte, vielleicht sogar angesichts der Krankheiten, die die frühneuzeitlichen Heere mit sich schleppten, und des kriegsbedingten Ansteigens des Medikamentenbedarfs die sonst sicher nicht üppige Ertragslage verbessern konnte.[60]

Auf diese Aufgabe war Georg Friedrich gut vorbereitet: Der am 16. Dezember 1647 in Schweinfurt Geborene hatte seine Apothekerausbildung in seiner Geburtsstadt erhalten. In Darmstadt wurde er zunächst Provisor der Apotheke. 1680 erfolgte dann eine Visitation durch eine ärztliche Kommission, die bemerkenswerterweise keine Mängel feststellen konnte. Daher und weil mittlerweile auch die Frau seines Onkels gestorben war, erfolgte am 10. Juli 1682 die Privilegierung der Apotheke durch Landgräfin Elisabeth Dorothea, die zu dieser Zeit noch die Regentschaft für ihren minderjährigen Sohn, den späteren Landgrafen Ernst Ludwig, ausübte.[61]

Man wird sich die Darmstädter Apotheke Georg Friedrich Mercks kaum wesentlich anders ausgestattet vorstellen dürfen als diejenigen anderer vergleichbar großer und ähnlich strukturierter Städte. Nahezu überall bestanden zu dieser Zeit die Apotheken aus einem großen Apothekenraum, der «Offizin», abgeleitet vom lateinischen «officina» (= Werkstätte). Er diente der Zubereitung und Abgabe von Arzneimitteln, in seiner Mitte stand der Rezepturtisch. Dort wurden Rezepte entgegengenommen. Vermutlich fanden chemische Operationen zur Herstellung der Arzneien im 17. Jahrhundert schon in einem gesonderten Laboratorium statt, das man sich allerdings nicht allzu üppig ausgestattet vorstellen darf. Die zur Anwendung kommenden Grundstoffe, vor allem Heildrogen, wurden oft nicht nur in dekorativen Gefäßen, die in der Offizin auf Regalen aufgereiht standen, aufbewahrt, sondern mussten häufig in einer gesonderten Materialkammer gelagert und vor dem Verderben geschützt werden. Hier wurden auch die selbst gezüchteten Heilkräuter aus dem Apothekengarten verarbeitet. Einen solchen Garten hat es wohl auch bei der Merckschen Apotheke gegeben.[62]

Aber auch «magische» Substanzen fanden Einsatz bei der Arzneizubereitung, die sogar dem menschlichen Körper entstammen konnten, wie etwa Mumia vera aegyptiaca. Noch auf Preislisten der Firma Merck findet sich dieser Grundstoff bis ins frühe 20. Jahrhundert.[63] Eher selten dürfte es in Apotheken der Merckschen Größe vorgekommen sein, dass sich, wie in der Berliner Hofapotheke – einer Lehrapotheke –, umfängliche chemische und mechanische Installationen in einem Labor befunden haben, in mehreren großen Glaskolben zubereitet und in einer eigenen Schneidekammer gearbeitet wurde. Auch der von Berlin überlieferte stetige Zufluss von frischem Wasser war in Darmstadt damals wohl kaum zu leisten.[64] Insgesamt wird man sich die Darmstädter Apotheke wohl sparsamer ausgestattet vorstellen dürfen, als es in der idealisierten Darstellung des Kupferstechers Wolfgang Kilian (1581–1662) gezeigt wird, und schon gar nicht darf man davon ausgehen, dass sich eine umfängliche Bibliothek, wie sie dort zu sehen ist, in einem Nebenzimmer befand. Schon eher spiegelt da wohl die überlieferte Tuschzeichnung von Christoph Meixner aus dem Jahre 1798 die Darmstädter Zustände wider, wenngleich die Räumlichkeiten noch schlichter gewesen sein dürften (vgl. die Abbildungen auf S. 47 u. 48).[65]

Georg Friedrich Merck gelang es, zum Lieferanten für das kleine, 1613 in Darmstadt gegründete Hospital zu werden, was durch eine überlieferte Rechnung aus dem Jahr 1684 belegt ist. Damit war ein gewisser sicherer Absatz seiner Zubereitungen und folglich ein halbwegs kalkulierbarer Verdienst garantiert.[66] Späteren Rechnungen zufolge entwickelte sich dieses Geschäft positiv, und man

Abbildung 6   Apothekergarten der Benediktinerabtei Seligenstadt, 1999 nach altem Vorbild im Zustand des späten 18. Jahrhunderts restauriert. Der als idealtypisch anzusehende Garten wurde so angelegt, dass die Pflanzen nach Wirkung auf bestimmte Organe geordnet wachsen. Er wurde unter anderem auch von bürgerlichen Apothekern betreut.

darf auch davon ausgehen, dass Georg Friedrich wie sein Vorgänger als Hoflieferant Einnahmen vom landgräflichen Hof erzielen konnte.[67] Die Tatsache, dass er auch Kühe und Schweine in größerer Zahl hielt, ist kein Beweis für eine schlechte Gesamtlage der Apotheke: Dies war in einem bürgerlichen Haushalt in der Frühen Neuzeit durchaus üblich.[68]

Wie andere Apotheker suchte Georg Friedrich sein Apothekengeschäft durch den Verkauf von Wein, Champagner, Lichtern,[69] aber auch von besonderen «exotischen» Produkten noch zu bereichern und zu verbessern. Einer Rechnung aus dem Jahr 1708 ist zu entnehmen, was die Darmstädter Merck-Apotheke auf diesem Gebiet zu bieten in der Lage war. Für die Einführungsfeier eines neuen evangelischen Pfarrers namens Cobius in Seeheim lieferte er: 3 Loth «Nägeldken» (= Nelken), 3 Loth «Muscath Blumen», 1 Loth «Gantze Zimmet» 2 Pfund «Huth Zucker», 2 Pfund «Kleine Rosin» und 2 Pfund «Grosse Rosin».[70] Alleine die Beschaffung von Muskatblüten und Muskatnüssen war dabei ein aufwendiges Unterfangen, hatte doch zu Beginn des 18. Jahrhunderts der holländische Überseehandel quasi ein Monopol auf den Handel mit Muskat inne, nachdem er den «König von Macassar» gezwungen hatte, nur noch niederländischen Händlern

Anfänge

Abbildung 7 Kupferstich eines idealtypischen Innenraums einer Apotheke des 17. Jahrhunderts von Wolfgang Kilian. Deutlich zu erkennen sind der notwendige Buchbestand (hinten links) mit einschlägigen Fachwerken, die in den Regalen verwahrten Standgefäße mit Zutaten für Arzneien sowie ein Rezepturtisch mit Waagenhalter, an dem die Arzneien hergestellt wurden.

Muskat zu verkaufen und die Zahl der Muskatbäume begrenzt zu halten, um so einen hohen Preis zu erzielen. Der aufwendige Anbau, der lange Seetransport von Madagaskar und die schwierige Lagerung des Gewürzes bedingten zusätzliche Kosten.[71] Doch all diese Probleme nahm man gerne auf sich und beugte sich den holländischen Handelsvorgaben, weil Muskatblüten eben nicht nur als Gewürz, sondern als vielseitig einsetzbares Heilmittel galten, das in der Schwangerschaft zur Stärkung des Kindes ebenso eingesetzt werden konnte, wie es Magenbeschwerden kurieren sollte.[72]

Insgesamt dürfte sich die Darmstädter Apotheke in dieser Zeit etabliert haben, aber keineswegs ein gleichsam selbstlaufendes Geschäft geworden sein. Vielmehr war unternehmerischer Geist auf verschiedenen Gebieten gefragt, um sie langfristig abzusichern. Darauf deutet auch ein erhaltener Lehrbrief aus dem Jahr 1714 hin, der zeigt, dass die Darmstädter Apotheke zwar immerhin so bekannt und wirtschaftlich tragfähig war, dass ein junger Mann aus Friedberg sich dort um die Aufnahme als Lehrling bemühte. Der Lehrbrief, den Georg Friedrich Merck ausstellte, war jedoch auffällig schmucklos, ohne das ansonsten eigentlich übliche ornamentale Dekor, das Lehrbriefe der Merckschen Familienmitglieder aus anderen Apotheken aufweisen. Die Ausstellung aufwendiger Zeugnisse konnte oder wollte man sich in Darmstadt offensichtlich nicht leisten.[73] Hinter-

Abbildung 8 Tuschzeichnung des idealtypischen Inneren einer barocken Apotheke von Christoph Meixner. Neben den Standgefäßen und Dosen mit den Zutaten für Arzneien fallen die Laborgeräte wie Mörser und Pfannen deutlicher auf. Im Zentrum steht nach wie vor der Rezepturtisch mit Waagenhalter.

lassen konnte Georg Friedrich seiner zweiten Frau und seinen Kindern denn auch nicht viel mehr als das, was er mühsam erworben und erhalten hatte: Wie aus dem Testament seiner Frau Anna Elisabeth (1661–1736) hervorgeht, übergab diese seinem Sohn die Apotheke mit ihrem Inventar, den beiden Töchtern aber sollte nach dem Tod der Mutter ein Umschlag mit einer gewissen Summe Geldes ausgehändigt werden, vor allem aber sollten die Töchter den Bruder in ungestörtem Besitz der Apotheke belassen.[74] Die störungsfreie Übergabe der Apotheke bei gleichzeitiger Abfindung der übrigen Erbberechtigten ist ein Prinzip, das sich in allen Testamenten der Darmstädter Apothekerfamilie Merck, aber auch in den Eheverträgen findet.

Das Heiratsverhalten der Kinder Georg Friedrich Mercks zeugt von einer Integration der Familie in die Darmstädter Gesellschaft, indem Verbindungen

Anfänge

Abbildung 9 Die Einrichtung der Merckschen Apotheke wurde neben dem Inventar anderer Apotheken zunächst im Hessischen Landesmuseum in Darmstadt präsentiert, der Rezepturtisch ist mittlerweile in der Ausstellung der Abteilung Corporate History von Merck ausgestellt.

mit der territorialen und städtischen Funktionselite geschlossen wurden. Er selbst hatte mit seiner ersten Ehe mit der Pfarrerstochter Susanna Magdalena Vietor (1656–1680) zwar eine gute Partie gemacht, doch stammte seine Frau eben nicht aus der Darmstädter Oberschicht, sondern aus Ober-Ramstadt. Seine zweite Ehe mit Anna Elisabeth Storck (1661–1736) brachte ihm dann die Verbindung zur Darmstädter Gesellschaft, weil sein Schwiegervater Hofschneider war. Seine Tochter Catharina Magdalena (1680–1698) konnte er mit dem Kriegskassierer und Zollbereiter Ludwig Wenck verehelichen, die zweite Tochter Anna Catharina (1682–1713) heiratete den Komponisten und Hofkapellmeister Ernst Christian Hesse, einen Mann aus alter Darmstädter Familie, aber wohl ohne großes öffentliches Ansehen, zumal der Landgraf die Hofkapelle nach 1720 aus Kostengründen drastisch reduzierte. Allerdings wurde er 1714 Kriegskommissär, 1726 dann Kriegsrat und verfügte seinerseits über relevante gesellschaftliche Verbindungen und Verwandtschaften. Eine dritte Tochter, Anna Regina (1684–1735), wurde mit einem Heidelberger Apotheker namens Philipp Männer verheiratet, der für die weitere Ausbildung der nachfolgenden Darmstädter Merck-Apotheker aber keine Rolle spielte.[75] Als Georg Friedrich am 2. Mai 1715 starb, hatte er die Existenz seiner Familie in der hessen-darmstädtischen Residenzstadt abgesichert.

1.4. Die Etablierung von Apotheke und Familie in Darmstadt: Johann Franz Merck (1687–1741)

Glücklicherweise stand beim Tod von Georg Friedrich Merck sofort sein Sohn Johann Franz Merck bereit, um die Darmstädter Apotheke zu übernehmen und fortzuführen. Johann Franz war der erste in Darmstadt geborene Merck-Apotheker. Auch über ihn ist nur wenig bekannt: Von 1715 bis 1718 bildete er einen Johann Burckhardt Caspari aus Trarbach an der Mosel aus, was darauf schließen lässt, dass die Apotheke überregional Ansehen genoss und sich die Ausbildung eines «Gesellen» leisten konnte. Der von ihm ausgestellte Ausbildungsbrief erscheint schon aufwendiger als der seines Vaters – ein Hinweis auf eine zumindest hinlängliche finanzielle Grundlage der Apotheke.[76] Glaubt man der Aufschrift auf einem im Firmenarchiv erhaltenen wertvollen Mörser, der ihm 1707 übereignet worden sein könnte, so lässt dies darauf schließen, dass nicht nur sein beruflicher Lebensweg vorgezeichnet war, sondern dass die finanziellen Verhältnisse der Familie solide gewesen sein müssen.[77] Vieles spricht dafür, dass die Zeit Johann Franz Mercks für die Merck-Familiengeschichte als eine Art Scharnierzeit angesehen werden kann: In vielen Bereichen müssen sich die Dinge zwar mühsam, aber letztlich doch positiv entwickelt haben, sodass die schon relativ vermögende Familie Merck in der Mitte des 18. Jahrhunderts wirtschaftlich und gesellschaftlich noch besser gestellt und die Grundlage für den weiteren Aufstieg gegen Ende des 18. Jahrhunderts gelegt war.

Dies deuten schon die Verehelichungen der Kinder von Johann Franz aus erster Ehe mit Elisabeth Catherina Münch (1698–1737) an, die wie bei seinem Vater natürlich von dem Bemühen zur sozialen Absicherung getragen waren: Die Tochter Elisabeth Barbara (1722–1759) heiratete 1741 den Konsistorialsekretär Friedrich Daniel Müller, die Tochter Anna Elisabeth (1726–1751) ging mit dem Amtmann in Zwingenberg, Johann Philipp Wißmann, die Ehe ein, Anna Maria (1729–1808) ehelichte den Arzt Dr. Wilhelm Christian Hoffmann, Anna Regina (1730–1759) den Regierungssekretär Christian Ludwig Hoffmann, und Anna Catharina (geb. 1731) wurde schließlich mit dem Landgräflichen Sekretär Conrad Friedrich Hesse verheiratet.

Kanzlei- und Kammersekretäre, Amtleute, evangelische Pfarrer oder auch Ärzte bildeten zu dieser Zeit eine herausgehobene soziale Gruppe, deren Einkommenssituation in der Regel überdurchschnittlich war und deren Habitus sich abhob. Ein Aufstieg über diesen privilegierten Personenkreis hinaus gelang schließlich dem Sohn von Johann Franz aus der zweiten Ehe mit Elisabeth Catharina Kayser, dem später so bekannten Goethefreund Johann Heinrich Merck (1741–1791). 1767 wurde er als Sekretär bei der geheimen Kanzlei in Darmstadt ange-

Anfänge

stellt, 1768 beförderte ihn der Landgraf zum Kriegszahlmeister, 1774 wurde er schließlich Kriegsrat.[78] Dabei war der im 17. Jahrhundert in Hessen-Darmstadt wieder verstärkte Usus, in höhere Beamtenpositionen nur Adelige gelangen zu lassen, zu überwinden. Erst Landgraf Ludwig IX. (1768–1790) sollte diese Privilegierung des Adels wirklich brechen. In jedem Fall war das Vordringen Johann Heinrichs in den Kreis der landgräflichen Räte ein erheblicher Fortschritt, weil diese sehr auf Netzwerkbildung und Exklusivität achteten und sich so ganz neue Kontakte und weitere Entwicklungsmöglichkeiten eröffneten.[79]

Auch die berufliche Karriere des Sohnes aus erster Ehe Franz Christian (1732–1804) wurde zu einem Baustein des gesellschaftlichen Aufstiegs der Familie Merck. Der am 29. September 1732 in Darmstadt Geborene studierte in Jena und Straßburg Medizin und wurde zum Doktor der Medizin promoviert. Dabei ist zu bedenken, dass ein bis zum höchsten Abschluss, der Promotion, betriebenes Studium in der Frühen Neuzeit sehr kostspielig war.[80] 1759 erhielt er die licentia practicandi in Darmstadt und wurde 1764 zum Hofmedicus erhoben, womit sich nicht nur Einfluss am Hofe des Landgrafen verband, sondern auch die Möglichkeit, die Familienapotheke zu fördern. Allerdings wurde er schon 1764 vom Landgrafen nach Alsfeld versetzt.[81] Und auch die Einheirat der Tochter Anna Regina in die Familie Hoffmann nach dem Tod von Johann Franz Merck 1747 muss als günstig gewertet werden, verfügte diese doch über ein beträchtliches eigenes Vermögen. Bei ihrem Tod 1759 wies eine «Schlussrechnung» über ihr privates Vermögen einen beachtlichen Kapitalstand auf, aus dem sie auch eine Reihe von Krediten vergeben hatte. Laut Ehevertrag stand dieses Vermögen den Kindern nach ihrem Ableben zur ungehinderten Nutzung zu.[82]

Über das Apothekengeschäft von Johann Franz Merck ist kaum etwas bekannt – allein ein Zwischenfall, der seinen guten Ruf als Apotheker in Darmstadt gefährdete, ist aktenkundig geworden. Allerdings sind die Archivalien über diesen Vorfall während des Zweiten Weltkriegs verlorengegangen, sodass diese Geschichte nur noch aus Exzerpten eines ehemaligen Darmstädter Stadtarchivars und älterer, vor 1945 verfasster Literatur in den Grundzügen rekonstruierbar ist: 1720 wurde nämlich Johann Franz Merck zu 75 Gulden Strafe verurteilt. Er soll einem «alten einfältigen Mann ohne einiges Attestum Gift gegeben» haben, das schließlich zum Tod der «Andreaeischen Wittib» (= Witwe) führte, die dieses Gift eingenommen hatte.[83] Zwar reduzierte der Landesherr die Strafe, es ist aber durchaus wahrscheinlich, dass Johann Franzens Apothekerruf durch diesen Vorfall Schaden erlitten hat.[84] Denn was hier passiert war, war nichts Geringeres als ein schwerwiegender Verstoß gegen die hessen-darmstädtische Medizinalordnung von 1669, die es den Apothekern zur besonderen Auflage machte, gerade Gifte sorgsam zu verwahren und keinesfalls ohne Anweisung eines Arztes herauszugeben.

Dass ihn solches Unglück schwer getroffen haben und er um seinen guten Ruf besorgt gewesen sein mag, lässt noch sein Grabstein erahnen, der zwar nicht auf diesen konkreten Fall Bezug nimmt, aber doch immerhin folgende bemerkenswerte Inschrift zeigt:

»Funera Hac in Mole / Quam / De arte pharmaceutica / bene merentissimus / Jo. Franciscus Merckius / Uxori / placide jam jam Dormienti / vius sibi / et posteris suis / protum quites pie devovit eidem / V. Cal. Apr. MDCCVLI / Feretrum subjacenti / Desolatissima viuda / amore olim concors / nunc excors dolore / liberique Moerentes / Ineluctabili iactura parentis hoc / ex sua voluntate / Epitaphium Ded. / Vixit ann. LIII Mens IIII D XII» (Auf diesem Leichenstein, den der um die pharmazeutische Kunst hochverdiente Joh. Franz Merck seiner schon gar lange friedlich schlummernden Gattin bei seinen Lebzeiten für sich und für seine Nachkommen als Hafen der Ruhe in frommer Gesinnung weihte, haben demselben, den am 18. März 1741 die Leichenbahre trug, die untröstliche Witwe, in Liebe ihm einst innig verbunden, jetzt fassungslos vor Schmerz und die Kinder trauernd über den unvermeidlichen Verlust des Vaters diese Grabschrift auf seinen Wunsch geweiht. Er lebte 53 Jahre, 4 Monate, 12 Tage.)[85]

Bemerkenswert ist, dass auf dem Grabstein eigens auf seine Verdienste mit den Worten «de arte pharmaceutica bene merentissimus» verwiesen wird. Üblicherweise wird in der einschlägigen Literatur diese Stelle so verstanden, dass ihm wegen seiner großen pharmazeutischen Verdienste dieses Lob von Nachfahren und Zeitgenossen zuerkannt worden sei. Doch dabei wird übersehen, dass Johann Franz selbst genau diesen Text auf seinem Grabstein eingemeißelt haben wollte, wie der weitere Text belegt, wo es heißt: «ex sua voluntate Epitaphum ded.» Forschungen über die frühneuzeitliche Sepulkralkultur belegen jedenfalls, dass derartige Inschriften im 18. Jahrhundert gezielt und wohl bedacht ausgewählt wurden.[86] Es muss ihm also noch im Tod darum gegangen sein, den guten Ruf der Familie Merck zu schützen.

Die Inschrift zierte die Abbildung einer mittelalterlich gekleideten Figur, die einen Blütenzweig hält. Diese Figur, die die Kenntnis der Heilpflanzen symbolisiert, wurde in der Merck-Geschichte zum Vorbild für das «Kamillenmännchen», das Eingang in das Familienwappen fand und im 20. Jahrhundert als Bildmarke für die Firmenprodukte genutzt wurde.[87]

Eine solche Betonung der Integrität als Apotheker mag letztlich auch vor dem Hintergrund der Zeitumstände verständlich werden, denn die wirtschaftliche Gesamtsituation hatte sich bis in die 1740er-Jahre für alle Darmstädter Apotheken als schwierig erwiesen. Wie eine an den Landgrafen übersandte Rechtfertigungsschrift aus den 1720er-Jahren zeigt, die Johann Franz Merck und Anna Katharina Weissein, die Witwe des verstorbenen Apothekers der Darmstädter Einhorn-Apotheke, unterschrieben haben, musste man sich stets gegen Einkom-

Anfänge

Abbildung 10 Im Mittelpunkt des Epitaphs für Johann Franz Merck steht die seine Memoria prägende Inschrift. Darüber befindet sich eine Figur, die einen Blütenzweig in er Hand hält – das Vorbild für das später von Merck als Firmenzeichen verwendete Kamillemännchen.

menseinbußen und üble Nachrede zur Wehr setzen. Ärzte hatten die Darmstädter Apotheker vor dem Landgrafen beschuldigt, ihre Medikamente nicht nach der Frankfurter Taxe, wie es die Medizinalordnung vorsah, abzurechnen. Beide aber beteuerten, dass dies eine bösartige Unterstellung sei, dass sie lediglich bei Medikamenten, deren Herstellung durch drastische Verteuerung der Grundsubstanzen nicht zum Frankfurter Taxpreis abzugeben seien, Aufschläge berechnet hätten, was aber durch die Taxordnung auch expressis verbis gestattet sei. Sie verlangten daher, sich vor dem Landgrafen gegen solch bösartige Unterstellungen zu rechtfertigen, und regten an, dass landgräfliche Beamte, und nicht nur einseitig urteilende Ärzte, künftig bei der Beurteilung der Apotheken gehört würden.[88]

Ab 1730 stieg außerdem der Konkurrenzdruck, weil mit der Hirsch-Apotheke eine weitere Apotheke gegründet worden war, die im Wesentlichen auch noch von dem Medikamentenbedarf einer nunmehr rund 3000 Einwohner zählenden Stadtbevölkerung leben musste. Der erste Besitzer der Hirsch-Apotheke, ein gewisser Johann Simon Stübler, starb zwar schon 1732. Aber seine Witwe

Abbildung 11 Das Kamillemännchen wurde im 19. und 20 Jahrhundert als Markenlogo des Unternehmens Merck verwendet. Das Produktmarketing mit diesem Symbol war so erfolgreich, dass es bis heute mit Merck in Verbindung gebracht wird.

heiratete kurze Zeit später den Apotheker Johann Ludwig Dietz, der die Apotheke bis 1778 führte und ihr eine gewisse Beständigkeit und Tradition verleihen konnte.[89] Daneben existierte immer noch eine nichtprofessionelle Konkurrenz, die den Apothekern das Geschäft verdarb, indem sie den Wunderglauben der einfachen Bevölkerung bediente: fahrende «Heilkundige», «Olitätenhändler», ja sogar Henker praktizierten noch im gesamten 18. Jahrhundert, teils geduldet, teils auch immer mal wieder verboten durch die Obrigkeit, auf dem Sektor der Heilkunde und richteten nicht selten gesundheitlichen Schaden bei «ihren Patienten» an.[90]

Die politischen Rahmenbedingungen waren ebenso über weite Strecken hinweg wirtschaftlich wenig förderlich: Der polnische Thronfolgekrieg wie auch der Österreichische Erbfolgekrieg und der Siebenjährige Krieg brachten erhebliche Belastungen und Truppendurchzüge, die wiederum den Erwerb an Heildrogen und medizinischen Substanzen erschwerten.[91] Von der Darmstädter Hofapotheke, dem Konkurrenten der Merckschen Apotheke, ist überliefert, wie diese Zeitumstände den wirtschaftlichen Erfolg der Apotheke beeinträchtigten: Obwohl dort Amadeus Christian Megerlin, der seit 1731 in der Hofapotheke mit

Anfänge   **55**

einem «Expectanz Dekret» arbeitete und 1734 offiziell die Nachfolge antrat, 150 Gulden jährlich seit 1740 als Jahresbesoldung mit freier Kost erhielt, vermochte auch er die Apotheke erst nach 1747 aus den roten Zahlen zu führen und erst 1749 einen Gewinn von 200 Gulden zu verbuchen.[92]

Die Darmstädter Apotheke unter Johann Franz Merck hatte aber nicht nur wirtschaftlich schwere Zeiten zu überstehen und sich in einem schwieriger werdenden geschäftlichen Umfeld mit den traditionellen Mitteln frühneuzeitlicher Wirtschaftsführung, einschließlich eines strategischen Heiratsverhaltens, zu behaupten. Sie musste, wenn sie zukunftsfähig sein wollte, auch den sich nun allmählich wandelnden Rahmenbedingungen in der Wissenskultur und der naturwissenschaftlichen Forschung Rechnung tragen. Gegen Ende des 17. Jahrhunderts wurde eine Neuorientierung in der Pharmazie immer spürbarer: Zum Verständnis menschlicher Krankheiten und deren Heilung durch Arzneimittel nahm man nun immer mehr die Naturwissenschaften, vor allem die Chemie und die Physik in Dienst. Die Pharmazie begann damit, langsam ihre Stellung als ars servilis der Medizin zu überwinden, sich durch die Anwendung naturwissenschaftlicher Methoden zu professionalisieren, um schließlich zu einer eigenen Wissenschaft werden zu können. Mit dem «Lexicon pharmaceutico-chymicum» legte Johann Christoph Sommerhoff 1701 ein erstes Kompendium des damals verfügbaren pharmazeutischen Wissens vor.[93] 1737 begann man an der Universität Göttingen mit der Lehre der res pharmaceuticae als eigenständiges Fach und durfte damit beanspruchen, die erste deutsche Universität zu sein, die den wissenschaftlichen Wandel erkannt und in das akademische Programm einer Universität integriert hatte. In Preußen trat 1725 das Königlich-preußische und churfürstlich-brandenburgische allgemeine und neu geschaffene Medizinaledikt in Kraft, das für Apotheker einen Processus Pharmaceutico-Chimicus am Collegium medico-chirurgicum verlangte. Wer diesen Kurs besuchte und erfolgreich bestand, konnte sich fortan Apotheker 1. Klasse nennen und durfte, wie es ein weiteres Edikt von 1727 vorsah, eine größere Stadtapotheke führen. Alle anderen, die bei der klassischen Lehrzeit in einer Apotheke blieben, waren fortan nur noch befugt, als Apotheker 2. Klasse Landapotheken zu führen. Wichtig für den Apothekerberuf wurde auch ein sich immer weiter ausdehnendes Spezialwissen auf dem Gebiet der Botanik. Auch hier wurde die naturwissenschaftliche Betrachtung der Phänomene immer wichtiger und schlug sich nieder in Materialienbüchern für Apotheker, von denen das des Apothekers Christoph Vielheuer von wegweisender Bedeutung wurde.[94] So entfaltete sich im 18. Jahrhundert eine immer reichhaltigere Publizistik von Apothekern, die bemüht waren, durch pharmazeutische Lehrwerke den Kenntnisstand in der Medizinalkunde festzuhalten und durch innovative naturwissenschaftliche Ansätze fortzuführen. Dabei wurde das 1778 erstmals veröffentlichte und bis ins 19. Jahrhundert hinein vielfach wieder aufgelegte Lehrbuch der

Apothekenkunst des Königsberger Apothekers und Medizinprofessors Karl Gottfried Hagen geradezu zukunftsweisend, weil es breit rezipiert wurde und der naturwissenschaftlichen Fundierung der Pharmazie immer mehr den Weg ebnete.[95] Diese Entwicklung spiegelte sich auch an der sehr gut geführten Darmstädter Hofbibliothek wider, die eine Vielzahl moderner naturwissenschaftlicher Werke umfasste, allerdings erst 1817 allgemein zugänglich wurde.[96]

Die nur noch in geringem Umfang erhaltene Bibliothek der Merckschen Apotheke zeigt, dass schon Georg Friedrich Merck die Anschaffung moderner Apothekerliteratur für sein Geschäft als notwendig ansah: So finden sich im Bestand des Merck-Archivs die «Animadversiones In Pharmacopoeiam Augustanam» des in Wien tätigen Arztes und Apothekers Johannes Zwelfer.[97] Etwa in der Zeit des Sohnes und Nachfolgers von Johann Franz Merck oder kurz nach seinem Tod 1758 muss die achte Auflage des 1709 erstmals erschienenen pharmazeutischen Werkes «Gazophylacium Medico-Physicum oder Schatz-Kammer Medizinisch und natürlicher Dinge» des Königsberger Arztes Johann Jakob Woyt angeschafft worden sein, weil sich auf dem Titelblatt die handschriftliche Angabe «J. J. Merck 1759» erhalten hat.[98] Die übrigen im Firmenarchiv vorhandenen Pharmakopoen und sonstigen pharmazeutischen Schriften des 18. Jahrhunderts stellen evtl. spätere Ankäufe vor allem aus den 1930er-Jahren dar. Ihr ursprüngliches Vorhandensein in der Merckschen Apothekenbibliothek kann vermutet, aber nicht bewiesen werden. Dass spätestens sein Enkel Johann Anton Merck über Neuerscheinungen auf dem pharmazeutischen Buchmarkt gut unterrichtet gewesen sein muss und wohl auch eine größere Fachbibliothek besessen hat, lässt sich aus einem Brief des Arztes und Naturforschers Jean Hermann an Johann Heinrich Merck aus dem Jahr 1784 schließen.[99]

Dass gerade Johann Franz Merck die Zeichen der Zeit verstanden und den Weg hin zu einer neuen, stärker auf die Naturwissenschaft gestützten Pharmazie zu gehen begonnen hatte, belegt die oben geschilderte wissenschaftliche Ausbildung seines Sohnes, des Mediziners Franz Christian, wie auch die seiner Söhne Johann Justus und Johann Heinrich. Als ihr Vater 1741 starb, war noch keiner von ihnen reif für die Nachfolge in der Apotheke, sodass ihr Fortbestand unsicher schien. In dieser Situation rettete seine zweite Ehefrau, Elisabeth Catharina Merck (1706–1786), das Mercksche Apothekengeschäft.

1.5. Vormundschaft und Verwaltung: Elisabeth Catharina Merck, geb. Kayser (1706–1786)

Als Ehefrau des verstorbenen Apothekers hatte Elisabeth Catharina Merck, geb. Kayser,[100] das Recht, das Apothekenprivileg für die Familie zu erhalten, bis der für die Übernahme vorgesehene Sohn Johann Justus (1727–1758) aus der ersten Ehe ihres Mannes mit Elisabeth Catharina Münch mit seiner Ausbildung fertig war. Sie musste dazu allerdings einen Provisor anstellen, den sie in den nicht näher bestimmbaren Herren Seyfried (1741–1748) und Matthäus (1748–1754) fand, die beide unter der Aufsicht der Erbengemeinschaft standen.[101]

Elisabeth Catharina Merck war eine außergewöhnliche Frau mit besonderen Gaben für das Familiengeschäft. Sie kümmerte sich nicht nur um ihr eigenes Kind mit Johann Franz, Johann Heinrich, sondern auch um die Kinder ihres Ehemannes aus seiner ersten Ehe. Letzterer wurde freilich auch von seinem Patenonkel, dem Bickenbacher Pfarrer Johann Andreas Kayser, geprägt.[102] Zugleich führte sie zwischen 1741 und 1754, und dann wieder nach dem frühen Tod ihres Stiefsohnes Johann Justus ab 1758 die Familiengeschäfte, bis sie 1780 die Apotheke in die Hand ihres (Stief-)Enkels Johann Anton Merck übergeben konnte. Wie in der Frühen Neuzeit üblich, wurde ihr ein männlicher Vormund zur Seite gestellt,[103] wobei sich nicht sagen lässt, in welcher Weise sie gemeinsam das Vermögen der Kinder verwalteten.[104] Wohl aber darf man davon ausgehen, dass sich Elisabeth Catharina Merck von ihrem Vater und ihrem Onkel beraten ließ, um ihre eigenen Interessen zu verfolgen. Sie hatte bereits erhebliche Kapitalien in die Ehe eingebracht, über deren Verwaltung im «Heiratscontract» aus dem Jahre 1738 klare Regelungen getroffen worden waren: Sie sollte ihr bestehendes und womöglich durch Erbschaften später noch vergrößertes Vermögen «zu Ihrem eigen besten und Nutzen als ein besonderes und wahres Eigenthum bey sich behalten, und selbsten darüber eigenes Gefallens und ohne Ihres Herrn Ehe Consortes wißen oder zuthun schalten und walten».[105] Bei vorzeitigem Ableben ihres Gatten sollte sie hinwiederum nach sofortiger Barauszahlung eines Leibgedings in der beachtlichen Höhe von 1200 fl. alle Ansprüche an seinem Eigentum aufgeben. Entsprechend wurde dann auch in der undatierten Dokumentation ihrer eigenen Vermögensverwaltung in einer Notiz festgehalten: «Das Hauß, Apotheke und Güther hat bekanntl. H. Mit-Vormund Dr. Jungsien[!] in seiner Verwaltung, und legt wegen desfalsiger Einkünffte separate Rechnung ab.»[106] Es ist nachweisbar, dass sie als Verantwortliche für die «Merckischen Capitalien» im Jahr 1765 zeichnete, also in die Finanzgeschäfte der Familie einbezogen war.[107] Ihren eigenen Vermögensanteil von über 10 000 fl. verwaltete sie in zeittypischer Weise und durchaus nicht verschwenderisch, wobei sie einen Großteil ihres Kapitals verlieh, allerdings ohne dadurch erhebliche Zinseinnahmen zu haben.[108] Das Gros des entliehenen Geldes war in Beträgen von 100 fl. oder 200 fl. an verschiedene Schuldner in der Umgebung Darmstadts geflossen. Der erste Kredit, der sich in der Aufstellung der bereits zitierten Vormundschaftlichen Schlussrechnung Elisabeth Catharina Merck finden lässt, ist jener an «Wendel Glöckners Erben» von 1723. 1739 erfolgte dann ein zweiter an den Hofagenten Bär Löw Isaac. Die Mehrzahl der nicht besonders ertragreichen Kredite wurde in den 1740er-Jahren ausgegeben.[109]

Zur Behebung eigener Liquiditätsengpässe – wohl zum Erwerb teurer Kleidungsstücke – musste sie selber eine Geldsumme von 450 fl. aufnehmen.[110] Für die Jahrzehnte zwischen 1741 und dem Ende des 18. Jahrhunderts gilt es deshalb, einerseits die durch den mehrfach frühen Tod ausersehener Apothekennachfolger problematische Lage der Darmstädter Apotheke zu sehen und andererseits anzuerkennen, dass durch die verantwortliche Geschäftsführung sowie die gewissenhafte Verwaltung des nun doch schon beträchtlichen Familienvermögens durch Elisabeth Catharina Merck und ihren Mitvormund für die zukünftige Entwicklung der Familie Merck ein stabiles Fundament gelegt wurde.

Zunächst musste die ganze Sorge der Darmstädter Merck-Familie der Ausbildung des designierten Apothekennachfolgers Johann Justus gelten.[111] 1744 wurde der 17-Jährige zur Apothekerlehre in die kursächsische lutherische Residenzstadt Dresden geschickt, wo er bis 1748 in der Apotheke von Gotthold Christian Meyer ausgebildet wurde. Sein Lehrvertrag wie auch sein Abschlusszeugnis sind nicht sehr aussagekräftig, verweisen aber immerhin darauf, dass die Ausbildung «durch Hilffe meiner herren Vormünder aus meinem Vermögen» finanziert wurde.[112] Wo er sich nach der Ausbildung bis 1751 aufgehalten hat, ist nicht bekannt. Erst ab 1751 ist er an der Apotheke des württembergischen Hofapothekers Friedrich Ludwig Gmelin in Stuttgart nachzuweisen, wo er bis 1753 blieb. Gmelin war in Apothekerkreisen kein Unbekannter: Seine Kompetenz auch auf medizinischem Gebiet konnte er in einem Streit mit der Professorenschaft der Tübinger medizinischen Fakultät beweisen.[113] Man kann daher davon ausgehen, dass der künftige Darmstädter Merck-Apotheker eine gute Ausbildung erhielt, die aufgrund der Prägung seines Lehrmeisters auch schon wissenschaftliche Elemente enthalten haben dürfte. Die Examinierung fand 1754 statt und wurde offenkundig bestanden.[114]

Nach der Darmstädter Prüfung übernahm er die väterliche Apotheke, musste allerdings die Erbengemeinschaft, die die Geschwister gebildet hatten, mit 9000 Gulden auszahlen.[115] Doch in dieser Position verblieben Johann Justus nur vier Jahre – zu wenig Zeit, um eigene Akzente in der Geschichte der Merck-Apotheke zu setzen. 1758 verstarb er, und noch im selben Jahr verstarb auch seine Frau, Adolphine Dern, die Tochter eines Arztes gewesen war. Nun musste erneut ein

Provisor für die Apotheke gefunden werden: Diese Aufgabe übernahm ein nicht näher zu bestimmender Mann namens Wiedhaus zwischen 1758 und 1782.

Für den Wohlstand der Familie zu diesem Zeitpunkt spricht die Tatsache, dass bei dem Leichenbegängnis im Jahre 1758 die Witwe um die Genehmigung bei Hof bitten konnte, angesichts ihres schlechten Gesundheitszustandes den Leichenzug mit Kutschen durchführen zu dürfen, was sehr kostspielig war.[116] Die Darmstädter Familie Merck konnte sich also zur Mitte des 18. Jahrhunderts nicht allein einen vermögenden Bürgern angemessenen Lebensstil mit zeittypischen Luxusgütern leisten. Über die von ihr ausgeliehenen Geldmittel – alleine 31 Schuldner wurden von Elisabeth Catharina Merck mit Geld versorgt – war ein Netzwerk entstanden, das Privatleute, in geringerem Maße auch ganze Gemeinden und sogar die sich eben in dauernder Finanznot befindlichen landgräflichen Behörden, einschloss. Zudem ist eine Münz- und Medaillensammlung und schließlich neben der Apotheke auch noch eine als «Dornheimer Gut» bezeichnete Immobilie zu nennen.[117]

2. 1758–1805: Pharmazie und Geldverleih: Die Säulen des Merck-Geschäfts im Zeitalter der Aufklärung

2.1. Die Familie Merck als Kreditgeber

Während sich die Vermögensverhältnisse der Familie Merck während der Frühen Neuzeit, von der Schweinfurter Herkunft über die Etablierung als Apotheker in Darmstadt hinaus, positiv entwickelten, galt dies nicht für die landgräflichen Kassen. Die Geldnot der Landgrafen von Hessen-Darmstadt erreichte im 18. Jahrhundert katastrophale Ausmaße. Hatte Landgraf Ernst Ludwig (1688–1739) in seiner Verzweiflung schon bei Alchimisten Zuflucht gesucht, um seine Finanzen aufzubessern, verlegte sich sein Nachfolger Landgraf Ludwig VIII. (1739–1768) darauf, die Finanzmisere, über deren Ausmaß er anfänglich schockiert war, in der Folgezeit einfach zu ignorieren und seiner Jagdleidenschaft, der Parforcejagd, zu frönen. Das Hetzen der Beutetiere durch Hunde und berittene Jäger verursachte erhebliche Flurschäden und brachte die Bauern nicht selten um die Früchte ihrer mühevollen Arbeit. Die Jagd ließ den Hofstaat wachsen und erforderte Anschaffung und Unterhalt eines großen Marstalls. Um nicht täglich nach Darmstadt zurückkehren zu müssen, ließ Ludwig VIII. Jagdschlösser in der Landgrafschaft bauen, so etwa die Dianenburg in der Jagdschlossanlage Kranichstein. Wirkliche Sparanstrengungen unternahm er zu keinem Zeitpunkt.

Dass nicht schon in den 1740er-Jahren eine kaiserliche Schuldenverwaltung über eine sogenannte Debitkommission eingesetzt wurde, lag nur daran, dass Ludwig VIII., obwohl evangelischer Reichsstand, im Rahmen seiner Möglichkeiten dem Haus Habsburg treu war. Maria Theresias Sohn Joseph II. war allerdings nicht mehr so nachsichtig wie die Mutter und forderte schon 1767 ein Reichshofratsgutachten zum Schuldenstand Hessen-Darmstadts ein, um die Situation in diesem Territorium zu stabilisieren, aber sicher auch, um politischen Nutzen für Wien daraus zu schlagen. In diesem Gutachten wurde zwar einerseits hervorgehoben, wie wichtig es sei, sich einen evangelischen Hof «verbindlich und nutzbar» zu machen, andererseits aber auch betont, dass Landgraf Ludwig VIII. eben nie ernsthafte Versuche zur Schuldentilgung unternommen habe.[1] Infolgedessen drängte Kaiser Joseph II. auf die Einsetzung einer Debitkommission. Nicht einmal den von Reichsvizekanzler Rudolf Joseph Graf von Colloredo, dem Leiter der Wiener Reichskanzlei, empfohlenen Weg, einen Entschuldungsplan durch einen Barzuschuss einzuleiten und umzusetzen, wollte er genehmigen. Während der Verhandlungen der kaiserlichen «Mediations Commission» zum hessen-darmstädtischen Debitwesen hatte sich Landgraf Ludwig VIII. mehrfach vom Reichsvizekanzler schwerste Vorwürfe machen lassen müssen, da er sein Finanzdebakel nicht zu entschuldigen vermochte.[2]

Im Oktober 1769 konnte, schon unter der Regentschaft seines Sohnes und Nachfolgers Ludwig IX., dann endlich ein Schuldentilgungsplan des hessen-darmstädtischen Geheimen Rates Jakob Christian Klipstein vorgelegt werden – ein Mann, der als Naturforscher Beziehungen zum Hause Merck unterhielt, sodass dieses möglicherweise recht gut über die Finanzlage der Landgrafschaft unterrichtet war.[3] Jedenfalls gehörte von Klipstein zu den Verhandlern in Wien und vertrat dort zusätzlich gebündelt die Interessen acht privater Kreditoren des Landgrafen,[4] das heißt ganz überwiegend von Inhabern landgräflicher Obligationen aus früheren Jahrzehnten. Die Mercks, die solche Obligationen besaßen, traten dabei nicht direkt in Erscheinung. Der im Sommer 1772 geschlossene Vergleich bedeutete einen massiven Einschnitt, da Tilgungszahlungen aus den Einnahmen bestimmter Ämter festgelegt wurden. Um diesem Plan zur Ausführung zu verhelfen, hatten die Amtmänner und andere fürstliche Diener einen Eid abzulegen. Die Administration dieser Vorgänge in Darmstadt oblag fortan einer Debitkommission. Der Vergleich, der sich auf die fürstliche Kammer und die Kriegskasse bezog,[5] wurde veröffentlicht, sodass auch der Schuldenstand und die Creditoren des Landgrafen publik wurden.

Landgraf Ludwig IX. (1768–1790) war anders als sein Vater ein begeisterter Anhänger des preußischen Königs Friedrich II. und hatte für ihn im Feld gestanden, woraus sich gewiss auch die Abneigung des Kaisers erklären lässt, Hessen-Darmstadt einfach weiter gewähren zu lassen.[6] Als er nach dem Tode seines Vaters zur Regierungsübernahme zurückkehrte, war er entsetzt über dessen Haushaltung und ordnete drakonische Sparanstrengungen an, die freilich angesichts des nicht mehr zu bewältigenden Schuldenbergs im Grunde aussichtslos waren. Es war seine Ehefrau Henriette Caroline, die in Friedrich Karl von Moser 1772 einen kundigen Ökonomen fand, der Hessen-Darmstadt durch ein umfängliches Reformprogramm aus der finanziellen Misere führen sollte. Der Landgraf zog sich bald vollständig in die Stadt Pirmasens in der von ihm in Personalunion beherrschten Grafschaft Hanau-Lichtenberg zurück, wo er mit einer großen Garnison sein eigenes «Klein-Potsdam» zu errichten suchte.

Moser versuchte die Tilgung von mehr als 4 Mio. fl. Schulden, die das ganze Land bedrückten, durch den Einsatz von jährlich 245 000 fl. für Zins und Tilgung von zum Teil sehr alten Schuldbriefen. An deren Abwicklung war das Bankhaus Gebrüder Bethmann in Frankfurt seit dem Debitvergleich verstärkt beteiligt; Moser unterhielt entsprechende Kontakte in die nahe Reichsstadt.[7] Zugleich war er in aufklärerischem Geist bemüht, die Verwaltung effektiver zu gestalten, die öffentlichen Bildungsanstalten zu modernisieren und durch Landesvermessung der 5900 Quadratkilometer großen Landgrafschaft und Erfassung ihrer 166 000 Einwohner einen exakten Überblick über die Wirtschafts- und Steuerkraft des Gebietes zu erhalten.[8] Gegen Mosers Reformenthusiasmus und seine Regierungsführung regte sich allerdings bald schon Widerstand in der traditionellen hessen-darmstädtischen Beamtenschaft, die sich in ihrer Entscheidungsbefugnis, ja Existenz bedroht fühlte und dem leitenden Minister Despotismus vorwarf. Ihr gelang es unter Führung nun gerade des Kriegsrates Johann Heinrich Merck, jenes Sohnes aus der Ehe von Johann Franz Merck mit Elisabeth Catharina Merck, 1780 Mosers Abberufung bei Landgraf Ludwig IX. durchzusetzen. Zeitweilig war sogar davon die Rede, Johann Heinrich Merck begebe sich nach Pirmasens zum Landgrafen, um seine Nachfolge im Amte Mosers zu betreiben.[9] Tatsächlich erhielt er aber vom Landgrafen den Auftrag, ein Pamphlet gegen Moser zu schreiben, einen später als «Anti-Necker» betitelten, aber nie veröffentlichten Text, der seine Freundschaft zu Johann Wolfgang Goethe merklich abkühlen ließ.[10]

Der heute wegen der durch den Zweiten Weltkrieg bedingten Verluste nicht mehr vorhandene Text zeichnete sich einer Beschreibung aus dem 19. Jahrhundert zufolge durch schneidende Schärfe aus, die Moser zum «Pasquillant, [...] Verleumder, [...] Lügner, [...] ehrlose[n] Mensch» abstempelte. Vor allem geißelte Johann Heinrich Merck, «Mosers ganze Wirtschaft sei wie das Treiben eines unsoliden Handelshauses gewesen. Er mache prunkenden Aufwand seines Kredites wegen, und unerfahrene, gutmütige Menschen liessen sich durch solchen Betrug täuschen. Bis endlich der Konkurs kommt, und der politische Betrüger gezwungen ist, seinen Kram zu verlassen und seine Boutique zu schliessen.»[11] Sogar dem Herzog Carl August von Sachsen-Weimar berichtete er entrüstet über Mosers Misswirtschaft: Moser habe «in diesen 8 Jahren 350/m fl. neue Schulden gemacht, das Land mit 32/m fl. neuen unnützen Besoldungen belastet, ein *Vacuum* in der *Generalkasse* von 40/m fl. mehr Ausgabe als Einnahme jährlich hinterlassen. Die meiste Bedienungen sind mit Fremden besezt, die alle Banqueroutmäßig sind, und worunter sehr vile durch ihre Schuppereyen an den Unterthanen Galgen und Rad verdienen.»[12] Inwieweit sich persönliche Abneigung gegen seinen Vorgesetzten Moser, der Ärger, bei bedeutenden Berufungen von ihm übergangen worden zu sein, mit der Sorge um von Angehörigen der Familie Merck besessene landgräfliche Obligationen hier in dem vernichtenden Urteil Mercks verbanden, lässt sich nicht mehr rekonstruieren.[13] Ohne dass die Zusammenhänge klar wären, ist jedenfalls zu konstatieren, dass die Witwe Johann Heinrich Mercks noch 1809 darum bemüht war, Gelder und Schuldverschreibungen in Höhe von über 40 000 fl. von Prinz Georg Karl von Hessen-Darmstadt einzutreiben.[14]

Mosers Umgang mit der landgräflichen Schuldenproblematik war Johann Heinrichs Hauptkritikpunkt im «Anti-Necker».[15] Doch augenfällig ist: Merck kritisierte Herzog Carl August gegenüber auch das unverantwortliche Finanzgebaren und die Lebensführung seines Landesherrn selbst.[16] Und um diesen zu alimentieren wie auch zur Umsetzung seines Reformprogramms war Moser nach wie vor auf kurzfristig verfügbare Kredite angewiesen. Er musste bemüht sein, private Geldgeber für solch risikobehaftete Kredite zu finden, war doch eine komplette Zahlungsunfähigkeit Hessen-Darmstadts nie ganz auszuschließen. Insofern ging es Merck um einen verantwortungsvolleren Umgang mit Geld und um zielführendere Maßnahmen zur landgräflichen Schuldentilgung.

So lässt sich resümieren, dass die Merckschen Kredite, um die es hier geht, vor allem zahlreichen Privatpersonen gewährt, jedoch eben auch an landesfürstliche Institutionen vergeben wurden, und zwar in der Regel in Form von Obligationen, also einer Art Wertpapier, das dem Gläubiger Rückzahlung und Zinsen versprach. Zu diesen zählten die fürstliche Rheinbaukasse und die fürstliche Rentkammer, die auf diese Weise Anfang der 1740er-Jahre 2000 fl. beziehungsweise 900 fl. erhielten. Insgesamt handelt es sich nicht um Summen, die dazu angetan waren, die fürstliche Kreditkrise zu überwinden, die sehr wohl aber namhafte Summen auch für die Familie Merck darstellten. Sie gewährte Kredit übrigens nicht nur in Form von Obligationen. Johann Franz Merck hat zum Beispiel auch Silbergeschirr im Wert von rund 600 fl. als Sicherheit genommen, das er und seine Erben bis zu einem Streit und dem folgenden Vergleich mit den Erben seines Schuldners im Jahre 1747 in einem gewogenen und versiegelten Sack verwahrten.[17]

Dass Elisabeth Catharina Merck das Geld trotz etlicher inflationärer Schübe und Währungskrisen im Siebenjährigen Krieg[18] insgesamt gut verwaltete, belegt der nächste überlieferte Ehevertrag in der Familie Merck, dem gleichsam «innerfamiliären» Bündnis zwischen Johann Anton Merck (1756–1805), Sohn des so früh verstorbenen Johann Justus Merck (gest. 1758), mit Adelheid Merck, der Tochter des Kriegsrates Johann Heinrich Merck aus seiner Ehe mit Françoise Louise (Luise) Charbonnier.[19] Eine lückenlose Dokumentation der Vermögensentwicklung ist freilich nicht möglich, doch fällt an diesem 1789 geschlossenen Ehevertrag auf, dass es um viel größere Summen ging als noch bei Elisabeth Catharina Merck oder Anna Regina Merck, verh. Hoffmann. Adelheid Merck sollte gem. § 4 dieses Vertrages 12 000 Gulden «zu ihrer eigenen Disposition» erhalten, falls ihr Ehemann vor ihr stürbe und keine Kinder vorhanden wären. Zudem bekam sie gem. Teil II § c von ihren Eltern 5000 Gulden als «Capital» als

«Jungfern Braut». Selbst wenn man eine beträchtliche Inflationsrate in Rechnung stellt, so hatte sich bei dieser Merckheirat das Kapital, über das hier Regelungen getroffen wurden, ganz erheblich vergrößert.

Ein «Handbuch über Capital und Interessen Ausstände» aus der Zeit von Johann Anton Merck zeigt mit seinen insgesamt aufgeführten 302 Schuldverschreibungen, dass die Familie Merck auch in der Zeit von Johann Anton Merck, als mit ihm ab 1780 wieder ein Mitglied der Familie die Apotheke führen konnte, weiterhin Kredite vergab.[20] Diese Kreditvergabe überstieg die bisher bekannten Dimensionen. Zum einen gewährt dieses Kapitalienbuch einen Überblick über die gesamte Kreditvergabe durch Johann Anton Merck, zum anderen zeigt es, dass offenkundig auch mehr Geld dafür zur Verfügung stand. Dieses wurde nun auch nicht mehr schwerpunktmäßig an Privatleute ausgegeben. Es fällt auf, dass zu Beginn der 1790er-Jahre viele ältere, lang laufende Schuldverschreibungen, die zum Teil 70 Jahre früher ausgestellt worden waren, übernommen wurden. Die Verwaltung dieser Kredite erscheint nun professionalisierter, besonders sticht hervor, dass die Schuldner ihre Kredite in einem überschaubaren Zeitraum abtrugen. Während die Verzinsung der von Elisabeth Catharina Merck ausgegebenen Kredite unklar bleibt und für das Jahr der Rechnungslegung lediglich geringe Einnahmen daraus verzeichnet werden können, wurde das von Johann Anton Merck verliehene Geld definitiv mit 4 Prozent verzinst. Erst 1817 waren wegen der eingetretenen Hungersnot einige Ausstände zu verzeichnen.

Generell gilt es für dieses Geschäft zu bedenken: Der in der Frühen Neuzeit den Kreditmarkt dominierende Geldverleih unter Bürgern, der kaum Kontrollen durch Dritte oder policeyliche Maßnahmen kannte, barg Gefahren. Denn Kreditoren oder Käufer von Obligationen trugen – oft wohl wissentlich – das Risiko, dass sie länger als ursprünglich vereinbart auf ihr Geld warten mussten, es unter Umständen auch verlieren konnten. Noch in den Jahren 1793 bis 1795 machten beispielsweise die Erben des Kriegsrats Johann Heinrich Merck gegen die Erben des vormaligen, offenkundig überschuldeten Amtskellers Seippel in Fränkisch Crumbach gerichtlich eine Schuldforderung für verkauftes Holz in Höhe der erheblichen Summe von 588 fl. geltend. Bemühungen, an das Geld heranzukommen, hatte es bereits zwei Jahrzehnte zuvor gegeben. Das Geld benötigten Mercks Erben aber nun ihrerseits, um eigene Ausstände abtragen zu können; mehr als Vertröstungen erhielten sie zunächst freilich nicht.[21]

Mit Blick auf die Gesamtverteilung der von Johann Anton Merck und seiner Frau Adelheid vergebenen Kredite sind folgende Feststellungen zu treffen: Mit sehr hohen Beträgen standen die fürstliche Debitkasse und die landgräfliche Generalkasse bei Johann Anton Merk in der Kreide. Hinzu traten die hessen-darmstädtischen Landstände. Das hatte eine enge Verbindung der Familie Merck mit dem landgräflichen Hause und in revolutionären Zeiten, wie sie im Übergang vom 18.

Diagramm 2 Gesamtübersicht über die Kreditvergabe durch Johann Anton Merck und seine Witwe

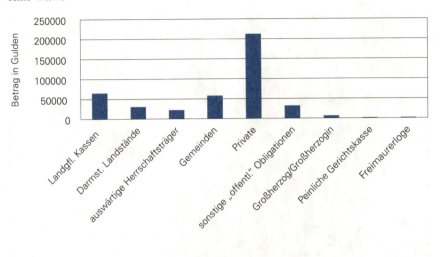

zum 19. Jahrhundert vorherrschten, mit der bestehenden politischen Ordnung zur Folge. Denn andere auswärtige Herrschaftsträger sind auch unter den Kreditnehmern zu vermerken, so die niederösterreichischen und die bayerischen Landstände. Auch Kurbayern wurde mit Krediten bedacht, ebenso die Fürsten von Leiningen und der Markgraf von Baden. Die Vergabe solcher Kredite war angesichts der politischen Instabilität des Alten Reiches zu Beginn des 19. Jahrhunderts und der vielen Wandlungsprozesse, die schließlich in den Deutschen Bund mündeten, gewiss nicht ohne Risiko. Die meisten der «öffentlichen» Kreditnehmer haben diese Umbrüche jedenfalls überstanden, womit auch die Rückzahlung der Kredite gesichert war. Zu bedenken ist in diesem Zusammenhang, dass es in Deutschland, anders als etwa in den Niederlanden oder in England, wo diese Entwicklung bereits im 17. Jahrhundert eingesetzt hatte, bis ins frühe 19. Jahrhundert keine institutionell abgesicherten Banken gab, was Fürsten, Landstände und Gemeinden automatisch auf den verbreiteten bürgerlichen Kreditmarkt trieb.[22]

Darüber hinaus hat Johann Anton Merck auch ganzen Gemeinden Kredite gewährt. Städte wie die Reichsstadt Frankfurt und die Residenzstadt Darmstadt bilden darunter eine Ausnahme, zumeist waren es kleinere Gemeinden. Dabei fällt auf, dass diese ganz überwiegend im Herrschaftsbereich der Landgrafen von Hessen-Darmstadt vor dem Reichsdeputationshauptschluss lagen. In der Regel erhielten die Gemeinden Summen von 1000 bis 2000 fl. So liehen etwa «Oberschultheiß, Gericht und Vorsteher» der Gemeinde Wolfskehlen am 22. Februar 1805 die Summe von 1000 fl. zu 4 Prozent Zinsen, um «gemeine Ausgaben» und ältere Schulden abtragen zu können. Die Zinsen wurden in den folgenden Jah-

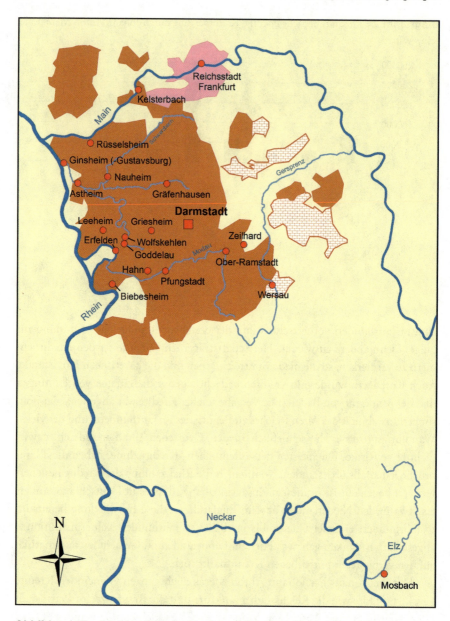

Abbildung 12 Die Verteilung der Kredite erfolgte weitgehend im Territorium der frühneuzeitlichen Landgrafschaft Hessen-Darmstadt. Außerhalb lagen nur Mosbach und Frankfurt. Der historische Verlauf des Rheins ist nur dort berücksichtigt, wo er an das hessen-darmstädtische Territorium grenzte, ansonsten ist der gegenwärtige Flusslauf dargestellt.

ren, wie das Rechnungsbuch der Gemeinde belegt, regelmäßig bedient, der Kreditbetrag schließlich am 5. Januar 1835 zurückgezahlt.[23] Insofern stabilisierte Merck mit diesen Krediten auch die landesherrliche Kassensituation. Die meisten dieser Kredite wurden bis in die 1820er-Jahre hinein zurückgezahlt. Neuvergaben durch die Witwe Adelheid Merck fanden in dieser Zeit nur noch in geringerem Maße statt. Bis zur Mitte der 1830er-Jahre waren alle Außenstände getilgt.

Wenn auch etwas mehr als die Hälfte des in Krediten ausgegebenen Geldbetrags an «öffentliche» Schuldner vor allem innerhalb und zu einem bescheideneren Anteil auch außerhalb der Landgrafschaft Hessen-Darmstadt ging, waren doch zahlenmäßig die meisten Kreditnehmer um 1800 Privatleute, die oft mit kleineren dreistelligen Guldenbeträgen bedacht wurden, mitunter wurden aber auch vierstellige Summen an diesen Personenkreis ausgegeben. Der zeitliche Rahmen der Tilgung gleicht dabei dem für die Gemeinden festgestellten Befund. Auch der Raum, in dem die Kreditvergabe stattgefunden hat, entspricht cum grano salis dem alten hessen-darmstädtischen Gebiet. Allerdings besaßen Darmstädter Bürger dabei durchaus ein besonderes Gewicht. Auch dies zeigt die soziale und ökonomische Verwurzelung der Familie Merck in Hessen-Darmstadt.

Woher kam dieser enorme Kapitalzufluss, dessen Zinsen der Familie einen offensichtlich beträchtlichen Vermögenszuwachs ermöglichten, der so beim Tod des Apothekers Johann Franz Merck 1741 und nach dem frühen Tod seines Sohnes Johann Justus 1758 sicher noch nicht denkbar gewesen war? Dass die Darmstädter Apotheke allein so viel Geld abwarf, dass daraus ein florierendes Kreditgeschäft hätte entwickelt werden können, muss als ausgeschlossen gelten, zumal sie gerade in jenen Jahren bis zur Geschäftsfähigkeit des nächsten Merck-Apothekers Johann Anton 1780 durch den Provisor Wiethaus geführt wurde. Dieser stellte dem Geheimen Rat Schultz zum Beispiel für die Belieferung mit Medikamenten vom 1. März bis 20. August 1774 eine Rechnung über 26 Gulden und 36 Kreutzer aus.[24] Von solchen Summen war nach Abzug der eigenen Unkosten selbst bei guter Geschäftslage kein solches Vermögen zu erwirtschaften, wie es bei der Hochzeit von Johann Anton und Adelheid Merck 1789 zur Verfügung stand. Auch angesichts der Konkurrenz der übrigen Apotheken in Darmstadt und trotz der Ende des 18. Jahrhunderts auf über 5000 gestiegenen Einwohnerzahl der kleinen Residenzstadt muss dies als fraglich gelten.

Größere Summen für das Familienvermögen erbrachte da schon der glückliche Ausgang eines Erbrechtsstreites mit dem «Hesseschen und Männerischen Stamm als Miterben der älteren Georg Friedrich Merckschen Verlassenschaft». Dabei ging es um mehrere Tausend Gulden strittiger Erbschaft aus der Zeit von Georg Friedrich Merck (1647–1715), die 1753 ein Gericht dem Darmstädter Merckzweig, dessen Finanzgeschäfte Elisabeth Catharina Merck zu dieser Zeit führte, zugesprochen hatte.[25]

Hinzu kamen sicherlich auch weitere vorteilhafte Erbschaften und Ehebündnisse, in die die Angeheirateten weiteres Kapital einbrachten. Wichtig erscheint in diesem Zusammenhang der mit Anna Regina Merck, einer Tochter des Apothekers Johann Franz Merck, verheiratete Christian Ludwig Hoffmann, der als Geheimer Sekretär von Landgraf Ludwig IX. fungierte und einen guten Überblick über die Schulden der Landgrafschaft Hessen-Darmstadt besaß.[26] Auch sein Erbe dürfte ein Baustein für das Familienkapital gewesen sein.[27] Ähnlich der Fall von Barbara Merck. Sie war die älteste Tochter des Apothekers Johann Franz Merck und wurde mit dem Juristen Friedrich Daniel Müller verheiratet. Barbara Merck brachte zwei Töchter zur Welt, die das von ihren Eltern erwirtschaftete Kapital nach deren Tod zu großen Teilen in das Mercksche Familienvermögen einbringen mussten.[28] Und auch die zweite Tochter von Johann Franz Merck, Anna Elisabeth, die mit dem Zwingenberger Amtmann Johann Philipp Wißmann verheiratet war, könnte hilfreich gewesen sein, kannte doch ihr Ehemann als dortiger Steuerpächter die Finanzverhältnisse diverser Personen und konnte bei Kreditvermittlungen in diesen Raum wertvolle Auskünfte erteilen. Spätere Kredite in diesem von ihm bis zur Mitte des 18. Jahrhunderts verwalteten Territorium zeigen jedenfalls, dass man auch hierhin Geld verliehen hat.[29] Schließlich wird man als wichtigen Zuwachs zum Familienvermögen auch die mit der ersten Heirat von Johann Anton verbundenen Kapitalien ansehen müssen. Der Sohn des früh verstorbenen Johann Justus Merck heiratete nämlich in erster Ehe eine gewisse Christiane Elwert, die ein beträchtliches Vermögen, vor allem Kreditbriefe mit in die Ehe einbrachte. Christiane Elwert, deren intensive Liebe Johann Anton nur mäßig erwidern konnte, starb bereits 1783, sodass wiederum ein erhebliches Kapital an das Mercksche Familienvermögen ging.[30]

So dürfte es am Ende eine Kombination mehrerer Faktoren gewesen sein, die das Anwachsen des Merckschen Vermögens seit dem Tod von Johann Franz Merck begünstigt haben. Die Grundlage bildete offensichtlich die Darmstädter Apotheke, die für einen zwar überschaubaren, aber doch stetigen Zufluss an Kapital sorgte. Erhebliche Aufstockungen des Vermögens geschahen aber vor allem durch eingeheiratetes Kapital und Erbschaften, d. h., die Heiratspolitik, die Johann Franz Merck für sich und seine Kinder betrieben hatte, zahlte sich langfristig aus. Das so erworbene Vermögen wurde beständig vermehrt. Dabei spielten Kredite an das landgräfliche Haus und die Stände in der Landgrafschaft Hessen-Darmstadt, aber auch an Privatleute eine zentrale Rolle. Die Bindung an die territoriale Herrschaft stieg damit. Hinzu kam dabei auch, dass das Vermögen eben nicht von den Familienmitgliedern verzehrt wurde und dass es zu keinen größeren, wie auch immer bedingten Kreditausfällen kam. Ein generationenübergreifendes, hohes Maß an Haushaltsdisziplin wie auch der Wille, sozial und wirtschaftlich aufzusteigen, ja ökonomisch erfolgreich zu sein, waren

1758–1805: Pharmazie und Geldverleih 69

für dieses «Geschäftsmodell» fraglos eine unabdingbare Voraussetzung. So wuchs das Vermögen bis in die Zeit um 1800 durch eine geschickte und vermutlich mit guten «Marktkenntnissen» abgesicherte Anlagepolitik. Wachsender Wohlstand und Reichtum aber eröffneten neue gesellschaftliche Verbindungen und damit wiederum neue wirtschaftliche Möglichkeiten.

2.2. Geistig-kulturelle und gesellschaftliche Einflüsse: Die Rolle Johann Heinrich Mercks

Die Sorge Elisabeth Catharina Mercks galt nicht nur dem Erhalt der Apotheke in nachfolgeloser Zeit und der Sicherung des Familienvermögens, sondern naturgemäß auch der Förderung ihres eigenen Sohnes, den sie mit Johann Franz Merck hatte. Johann Heinrich Merck war im Sterbejahr ihres Mannes 1741 geboren worden. Er erfuhr seine schulische Bildung und Erziehung auf dem Darmstädter Pädagog von Johann Martin Wenck, mit dem er über eine Tante verwandt war. Wenck – wie auch sein Sohn und Nachfolger Helfrich Bernhard Wenck – war alles andere als ein gewöhnlicher Schulmeister.[31] Vielmehr gilt er als wichtiger Reformator des Schulwesens in Hessen-Darmstadt, der in aufgeklärtem Geist seine Schüler zu erziehen und vor allem naturwissenschaftliche Bildung zu fördern suchte.[32] Schon 1757 begann Johann Heinrich ein Studium der Theologie in Gießen, das er 1759 in Erlangen fortsetzte, aber nicht wirklich weiterführte, da er sich von ihr abwandte. So ging er 1762 auf die Zeichenschule in Dresden und anschließend auf die traditionsreiche Universität in Leipzig, wo ihn die poetologischen Vorlesungen von Christian Fürchtegott Gellert lockten.[33] Als Reisebegleiter für den 15-jährigen Heinrich Wilhelm von Bibra gelangte er sodann in die Eidgenossenschaft, wo er 1767 die Tochter des Gutsbesitzers und Gerichtsbeisitzers Jean Emanuel Charbonnier (1710–1785) und seiner Frau Marie Antoinette, geb. Muret (1723–1785), Françoise Luise Charbonnier (1743–1810), in Morges kennenlernte und, weil sie kurz darauf von Johann Heinrich schwanger wurde, rasch heiratete.

Es ist nicht bekannt, wie man in Darmstadt über diese Eskapade des Jünglings dachte, immerhin war damit die Möglichkeit verbaut, in die bessere Darmstädter Gesellschaft einzuheiraten und den weiteren Aufstieg der Familie zu befördern.[34] Obendrein war Françoise Luise Merck noch Calvinistin, wurde mithin in der mehrheitlich lutherischen Darmstädter Umwelt von daher sicher kritisch beäugt. Auch eine spätere außereheliche Schwangerschaft seiner jungen Frau (1774) wird solche Vorbehalte bekräftigt haben. Aber andererseits sollte sich diese Ehe in vielerlei Hinsicht als durchaus vorteilhaft für die Darmstädter Familie erweisen, denn

Françoise Louise (im Folgenden Luise) Merck brachte immerhin einiges Geld mit in die Ehe ein und verfügte durch ihren Vater über gute Kontakte zur eidgenössischen Bankenwelt. Mercks Mutter, Elisabeth Catharina Merck, empfing sie jedenfalls sehr freundlich in Darmstadt. Diese positive Stimmung blieb, denn obwohl sich Luise in Darmstadt keineswegs wohlfühlte und sich nicht selten in ihre alte Heimat zurücksehnte, wurde sie durch das einflussreiche Hoffräulein Margarethe Katharina Ravanel nach umfänglichen Erkundigungen über ihre Person als Französischlehrerin der hessen-darmstädtischen Prinzessinnen angeworben. So kam sie mit Hofkreisen in engeren Kontakt, den auch Johann Heinrich Merck nutzen konnte. Einige der Hofdamen wurden sogar Patinnen ihrer Kinder.[35]

Mag sein, dass die gesellschaftliche Gewandtheit seiner Ehefrau auch Johann Heinrichs Karriere unterstützt hat: 1767 als Sekretär bei der Geheimen Kanzlei des Landgrafen von Hessen-Darmstadt auf Vermittlung des mit ihm verwandten Ministers Andreas Peter von Hesse angestellt, arbeitete er sich rasch hoch: 1768 wurde er Kriegszahlmeister und nach einer kurzen Entlassungszeit 1774 Kriegsrat, 1782 wirklicher Kriegsrat.[36] In diesen Funktionen hatte er vornehmlich mit der Finanzverwaltung des hessen-darmstädtischen Militärs zu tun, konnte also in Finanzfragen reichlich Erfahrungen sammeln.

Freilich füllten ihn diese Verwaltungsämter nie aus: Johann Heinrich unterhielt Verbindungen zu zahlreichen Gelehrten seiner Zeit und arbeitete auf vielen Wissensgebieten. Mit Johann Wolfgang von Goethe war er ebenso befreundet wie mit anderen herausragenden Schriftstellern und naturwissenschaftlich interessierten Gelehrten. So wurde er nicht nur Mitherausgeber des «Teutschen Merkur», sondern trat 1786 angelegentlich einer Reise ins Waadtland auch der 1783 von dem Mediziner François Verdeil gegründeten Societé des sciences physiques de Lausanne bei. Seine vielfältigen Kontakte und seine Tätigkeit am Darmstädter Hof ermöglichten es ihm, einen Kreis von Dichtern und Denkern zu gründen, in dessen Mitte sogar die Landgräfin Henriette Caroline persönlich stand. Zum «Musenhof» in Weimar und zur dortigen Herzogin Anna Amalia unterhielt er ebenso enge Kontakte.[37] Seine Frau Françoise Louise stand in dieser Hinsicht ihrem Mann in nichts nach und knüpfte ihrerseits literarisch-künstlerische Verbindungen etwa zum Leibarzt Johann Wilhelm von Leuchsenring, zu Johann Gottfried Herder, Caroline Flachsland, Christoph Martin Wieland oder dem Dichter Johann Wilhelm Ludwig Gleim.[38] Zwar beeinträchtigte ihre Schwangerschaft im Gefolge einer Affäre mit dem Offizier von Grafenried und der Selbstmord ihres Mannes Johann Heinrich 1791 ihre gesellschaftliche Position, doch vermochte sie ihre sozialen Kontakte letztlich doch zu halten, sodass sie für ihren Sohn Carl Rudolph (1786–1835) durch Beziehungen zum späteren großherzoglich hessen-darmstädtischen Premierminister von Oyen eine Karriere im Landesdienst anbahnen konnte und für die wirtschaftliche Fortentwicklung der Familie

Abbildung 13 Luise Merck, geb. Charbonnier (Angaben zum Bild können nicht gemacht werden, Privatbesitz).

hilfreich war. Denn wenn auch zu konstatieren ist, dass weder Johann Heinrich noch seine Frau sich direkt in das Geschäft der Darmstädter Apotheke einbrachten, so sind indirekte Bezüge und Beeinflussungen doch nicht zu übersehen und von einer nicht zu unterschätzenden Bedeutung.

Zunächst ist festzuhalten, dass Johann Heinrich durchaus die Apotheke im Blick behielt und seine Verbindungen gegebenenfalls für sie zu nutzen wusste. So ist etwa überliefert, dass er Georg Melber aus Frankfurt, einen Vetter Johann Wolfgang Goethes, zur Ausbildung in die Mercksche Apotheke nach Darmstadt vermittelt hat.[39] Mit Johann Anton Merck stand er noch vor dessen Verehelichung mit seiner Tochter Adelheid in engem Kontakt, war offensichtlich häufiger bei ihm in der Apotheke und nahm an seinen pharmazeutischen Experimenten teil. Immer wieder vermittelte oder hielt er Kontakte für den Apotheker zu anderen Gelehrten wie Georg Forster oder sorgte für die Weitergabe von Medizin, die Johann Anton hergestellt hatte, an hochgestellte Persönlichkeiten.[40]

Sodann förderte Johann Heinrich durch seine naturwissenschaftlichen Interessen den Trend zur Verwissenschaftlichung auch des Apothekerhandwerks in der Familie. Zwar lässt sich nicht belegen, dass seine Kontakte zu Naturwissenschaftlern einen direkten und wirtschaftlich relevanten Einfluss auf die tägliche Arbeit in der Apotheke gehabt hätten. Gleiches gilt im Übrigen auch für einen weiteren Gelehrten aus dem Alsfelder Stamm der Familie Merck, den Arzt und Sibirienforscher Carl Heinrich Merck (1761–1799), für den Johann Heinrich eine Verbindung nach Russland hergestellt hatte, um seine Karriere zu fördern. Auch seine Forschungsergebnisse, Erfahrungen und Kontakte flossen nicht direkt der

Abbildung 14 Johann Heinrich Merck war der Sohn des 1741 verstorbenen Apothekers Johann Franz Merck. Er stieg in der landgräflichen Administration in Hessen-Darmstadt zum wirklichen Kriegsrat auf. Das hier abgedruckte Bildnis von August Weger entstand etwa Mitte des 19. Jahrhunderts nach einer Porträtzeichnung von Georg Friedrich Schmoll, die dieser 1778 als Kupferstich veröffentlicht hatte.

Apotheke zu, hatten keine sichtbare Auswirkung auf das Geschäft der Apotheke.[41] Aber sicher hat die zunehmend wissenschaftlich fundierte Betrachtung der Welt, die durch Johann Heinrich nicht weniger als durch den Naturforscher Carl Heinrich Merck in der Familie Wurzeln schlug, dazu beigetragen, dass die künftigen Apothekergenerationen eine noch solidere wissenschaftliche Ausbildung als zuvor erhielten. Überliefert ist auch, dass Johann Heinrich Merck für den landgräflichen Hof mehrfach in Kreditgeschäften tätig war. Von den dabei gemachten Erfahrungen und intimen Kenntnissen der Finanzlage der Landgrafschaft dürfte die Familie profitiert haben.[42]

Ein weiterer Gesichtspunkt sind die von Johann Heinrich unternommenen Versuche, eine Art protoindustrieller Fertigung in Darmstadt zu installieren.[43] 1787 schlug er dem Erbprinzen von Hessen-Darmstadt den Bau einer Baumwollspinnerei vor. Dabei ging es vordergründig nicht um ein aus kameralistischem Denken erwachsenes Industrialisierungsprojekt, sondern – ganz im utilitaristischen Denken der Zeit – um eine soziale Maßnahme, die zugleich dem Aufgabenbereich Mercks zuzuordnen ist. Er hatte vor, die verwaisten Kinder beiderlei Geschlechts, vor allem auch Soldatenkinder, von den Straßen zu holen, ihnen eine nützliche Aufgabe zu verschaffen und als Arbeitskräfte in dem Betrieb einzusetzen. Ein Vorbild dafür hatte er auf einer Reise in die Eidgenossenschaft in Süddeutschland gesehen. Größter finanzieller Posten für dieses Vorhaben war die Anwerbung eines eidgenössischen Experten samt seiner Frau als Leiter der Produktion und von einigen Textilfachleuten. Auch wenn der Versuch letztlich wegen des fehlenden Absatzmarktes scheiterte, waren dadurch doch schon erste Erfahrungen im Familienverband mit den Risiken einer industriellen Fertigung gemacht, die seinem Enkel Emanuel (1794–1855) bei seinem Weg in die industrielle Fertigung von Arzneimitteln geholfen haben mögen. Johann Heinrich, der sich selbst und seine Familie im Scheitern des Spinnereiprojekts aufgrund betrügerischer Machenschaften seiner Geschäftspartner existenziell bedroht sah, erholte sich indessen rascher von dem Fehlschlag, als er selbst gedacht hatte, zumal der Landgraf das Projekt von Beginn an unterstützt hatte und seiner Bewilligung den Zusatz zugefügt hatte: «und übernehme den etwaigen Schaden». Außerdem standen ihm Freunde beiseite, nicht zuletzt Johann Wolfgang von Goethe.[44] Weitere Projekte Johann Heinrich Mercks, wie etwa auch ein Buchhandelsgeschäft, erfüllten die Erwartungen ebenfalls nicht.[45]

Und schließlich darf nicht verkannt werden, dass auch aus der engeren Familie von Johann Heinrich und Françoise Luise Merck der Merckfamilie insgesamt weiteres Kapital zufloss. Schon 1774 kaufte er ein erstes Haus in Darmstadt, 1781 unter, bedingt durch den Weggang von Moser, besonders günstigen Konditionen ein zweites.[46] Aus dem Vermögen der verstorbenen Schwiegereltern konnte Johann Heinrich ein großes Grundstück in Vufflens-le-Château erwerben. Gemeinsam mit seiner Schwägerin besaß er schon seit 1779 ein großes Anwesen in Mont-sur-Rolle am Genfer See, das ihnen die Familie Charbonnier vorzeitig übertragen hatte.[47] Als er sich 1791 das Leben nahm, hinterließ er, wohl auch bedingt durch Einnahmen aus seiner schriftstellerischen wie seiner Verlagstätigkeit und durch die Erbschaft seiner verstorbenen Schwiegereltern, ein Vermögen von 40 000 fl. Seine Frau vermehrte diese Summe noch, vor allem durch den Verkauf von mobilem wie immobilem Vermögen und einen sehr bescheidenen Lebensstil wie auch durch einige weitere sehr vorteilhafte Erbschaften, für die sie auch gerichtliche Auseinandersetzungen in Kauf nahm.[48] So verkaufte sie 1793 das von ihr bewohnte Haus an Prinz Friedrich von Hessen-Darmstadt für die nicht unerhebliche Summe von 15 000 fl., wovon 8000 fl. zu 5 Prozent verzinst als Schuld zurückblieben; Adelheid Merck musste noch in den 1820er-Jahren dieses Geld mühsam vor Gericht von den Erben des Prinzen einfordern, nachdem offenbar auch die Zinszahlungen nur unregelmäßig eingegangen waren.[49] Und hinzu kam schließlich über viele Jahre hinweg eine jährliche Zahlung von 320 Francs, die Luises Eltern laut Ehevertrag leisten sollten, auch wenn diese wohl gelegentlich ausfielen.⁵⁰ Bei ihrem Tod 1810 hinterließ sie über 59 000 Gulden, die wegen des frühen Todes oder fehlender Nachkommen ihrer Kinder bis auf die Tochter Adelheid letztlich zu beträchtlichen Teilen ihrem Enkel, dem Darmstädter Apotheker Emanuel Merck, zugutekommen sollten.⁵¹

Wie bewusst all dies geplant war, kommt in einem kleinen Gedicht zum Ausdruck, das Luise Merck in ein Stammbuch schrieb, das sie Emanuel schenkte und zeittypisch in Lautsprache und mit vielen Fehlern verfasste:

> «Destiné à étudier les Secrets de la Nature
> Et à soutenir par votre application
> La prospérité Future
> De votre ancient Maison;
> Si, chér Emanuel! Vous joignes à ce Don
> Les Talents d'être juste, et sage et vertueux
> Vous serez pour certain, complètement heureux.
> C'est les voeux de la Grand Mère qui sera
> Bien content, si elle vit assé longtemps
> Pour en être temoin et pour dire de bouche
> Combien elle t'aime
> Merck née Charbonnier.»⁵²

Deutlich werden hier familiäres Traditionsbewusstsein und familiäre Zuneigung zugleich, ferner dass die Großmutter den Enkel für seine besonderen Begabungen bewunderte und dass sie Respekt gegenüber der Familie Merck und damit auch gegenüber seiner Urgroßmutter, Elisabeth Catharina Merck, zeigte, was deren besondere Stellung in der Familiengeschichte unterstreicht.

2.3. Ein neuer Apothekertypus: Johann Anton Merck (1756–1805)

Zunächst aber war der 1756 geborene Sohn von Johann Justus Merck, Johann Anton Merck, in der Pflicht, die Apothekentradition in Darmstadt fortzuführen. 1769, Johann Anton war gerade 14 Jahre alt, wurde das Darmstädter Apothekenprivileg auf ihn übertragen, doch konnte er aufgrund seiner Minderjährigkeit die Apotheke natürlich noch nicht führen, sodass seine (Stief-)Großmutter Elisabeth Catharina Merck die Aufsicht vor allem über die Finanzen der Familie vorerst behielt und der Apotheker Wiethaus die Apotheke als Provisor weiterführte.⁵³

Bemerkenswert ist, wie zielgerichtet und auf der Höhe der wissenschaftlichen Entwicklung der Pharmazie Johann Anton ausgebildet wurde: 1772–1776 ging er in die Frankfurter Schwanen-Apotheke zu Johann Jacob Salzwedel in die Lehre, der die alte Apothekentradition der Familie Salzwedel fortgeführt und durch seine Heirat mit einer Bankierstochter die Stellung der 1753 neu erbauten Apotheke beträchtlich verbessert hatte. Salzwedel war seinen Zeitgenossen durch seine naturwissenschaftlichen Sammlungen und seinen besonderen botanischen Garten als «Naturae Curiosus» bekannt.[54] An diesen klassisch zu nennenden Ausbildungsbeginn schloss sich ein Studium bei Jakob Reinbold Spielmann an, Arzt und Professor an der Universität Straßburg, der sich aufgrund seiner Herkunft aus einer traditionsreichen Apothekerfamilie auch um die Ausbildung von Apothekern kümmerte und dem ein bedeutender Beitrag zur Entwicklung der modernen wissenschaftlichen Pharmazie zugesprochen wird.[55] Spielmann war für seine Vorlesungen in dem Labor seiner Straßburger Hirsch-Apotheke berühmt, auch Johann Wolfgang von Goethe besuchte sie während seines Jurastudiums in Straßburg. Man kann davon ausgehen, dass Spielmanns Renommee die Wahl des Studienortes bestimmt hat, möglicherweise war es aber auch der Verwandte Dr. Franz Christian Merck (1732–1804), ein Arzt, der Kontakte nach Straßburg und ins Elsass unterhielt, der Johann Antons Weg dorthin unterstützt hat.[56] Sodann ging Johann Anton nach Berlin, wo mittlerweile die fortschrittlichste pharmazeutische Ausbildung stattfand und akademisch gebildete Apotheker praktizierten. In Berlin war es die Rosesche Apotheke, bekannt durch die dort praktizierten chemischen Herstellungs- und Untersuchungsverfahren, zur Zeit Johann Antons von Martin Heinrich Klaproth geführt, in der er seine Kenntnisse vertiefen konnte.[57] Zu der bekannten Apothekerfamilie Rose sollte ein lebenslanger Kontakt bestehen bleiben, den auch sein Sohn Emanuel weiter pflegte.[58]

Neben solche Ausbildungsstationen traten ausgedehnte Reisen ins Ausland, bei denen er seinen naturwissenschaftlichen Neigungen nachgehen konnte und herausragende Forscher der Zeit traf. 1779 führte ihn eine solche Reise nach Italien und in die Schweiz. Dabei kam er mit Alessandro Volta in Como und mit Lazarro Spalanzani in Pavia in Kontakt. Sie arbeiteten zum menschlichen Körper, zur Elektrizität und den Zusammenhängen von Elektrizität und Muskelkontraktionen sowie zu Körperfunktionen. Spalanzani besaß zudem ein Interesse an Vulkanologie, was Johann Antons Leidenschaft für Mineralogie entgegenkam. Seine Erlebnisse schilderte der 23-Jährige 1779 unter dem Titel «Auszug aus dem Tagebuch eines Naturforschers» im «Teutschen Merkur» – man wird nicht fehlgehen, dabei auch einen Einfluss seines späteren Schwiegervaters Johann Heinrich Merck zu vermuten.[59] Der Text ähnelt einer Reisebeschreibung, die vor allem auf botanische und mineralogische Auffälligkeiten am Wegesrand abhebt,

Abbildung 15 Die von ihm selbst ordentlich katalogisierte Mineraliensammlung von Johann Anton Merck zeugt von empirischer Forschung als Ausdruck aufgeklärten Denkens im 18. Jahrhundert.

aber auch praktische Hinweise für Reisende offeriert. Begegnungen mit Gelehrten und Sammlern von Raritäten werden dabei ausführlich geschildert. Zudem erweist sich Johann Anton Merck als kundig in der naturwissenschaftlichen Literatur und ihr gegenüber kritikfähig.[60] 1780 schloss er dann seine Ausbildung mit einer Dissertation ab: Die Doktorarbeit hatte den Titel «Dissertatio de comparatione plantarum et animalium» und stellt eine kommentierte Neuausgabe eines älteren Werkes dar.[61]

So war Johann Anton Merck gut ausgebildet, als er um 1780 die Darmstädter Apotheke übernahm, und damit nach dem Tod von Johann Franz Merck 1741 und der nur kurzen Zeit, in der sein Vater Johann Justus die Apotheke zwischen 1754 und 1758 hatte führen können, nun endlich wieder ein Familienmitglied das Haus leitete.[62]

Seine Neigung zu naturwissenschaftlicher Forschung sollte er auch in Zukunft beibehalten. So legte er eine umfängliche Mineraliensammlung an und katalogisierte diese.[63] Zu dem Botaniker Georg Forster und dem Mineralogen Johann Karl Wilhelm Voigt unterhielt er gelehrte Kontakte und experimentierte in einem eigenen Laboratorium der Darmstädter Apotheke ständig weiter.[64] Seine erworbe-

1758–1805: Pharmazie und Geldverleih

Abbildung 16 Schattenrisse und Scherenschnitte kamen im späten 18. Jahrhundert als besondere Kunstform in Mode und faszinierten vor allem gelehrte bürgerliche Kreise. Der Künstler des zeitgenössischen Scherenschnitts von Johann Anton Merck ist unbekannt, ebenso wie der Verbleib des Originals.

nen Qualifikationen führten ihn sogar in wichtige Wissenschaftsorganisationen seiner Zeit: 1798 wurde er korrespondierendes Mitglied der Jenaer Mineralogischen Societät, veröffentlichte in naturwissenschaftlichen Zeitschriften, in der Heimat gehörte er bald dem hessen-darmstädtischen Medizinalkolleg an.[65]

Wissenschaftliche Forschung und Gelehrsamkeit waren eines – die Alltagsrealität einer Apotheke in einer kleinen Residenzstadt war eine ganz andere Herausforderung, der sich der junge 24-jährige Apotheker nun stellen musste. Seit dem Regierungsantritt Landgraf Ludwigs IX. 1768 war die Situation für die Apotheker in der Stadt schwieriger geworden. Die alte Hofapotheke ließ der Landgraf aufheben, deren bisheriger Inhaber Ehrhardt musste an den Marktplatz umziehen und lange gerichtlich darum kämpfen, sich weiter als Hofapotheker bezeichnen zu dürfen.[66] Dieses Vorgehen deutet schon an, dass der neue Landgraf von Pharmazeuten nicht eben viel hielt. 1772 wurde dies deutlich, als er der Witwe des Darmstädter Henkers in einer Art Rückfall in finstere Zeiten und gegen die Scharfrichterordnung gestattete, Knochenbrüche und offene Wunden zu behandeln, ja sogar Salben herzustellen und zu verkaufen. Dagegen hatten sich auch die Barbiere verwahrt, allerdings erfolglos.[67] Hinter diesem Verhalten stand eine Neigung des Landgrafen zum Mystischen, er glaubte an Wunder und Gespenster, erlaubte einem Ehepaar aus Büttelborn die Wahrsagerei sowie den Gebrauch einer Kristallkugel und hatte eine Vorliebe für volksmedizinische Vorstellungen.[68] Eine Anordnung Ludwigs IX. aus dem Jahr 1774 zeigte seine Skepsis gegenüber Apothekern sehr deutlich. Darin legte er fest, dass «die Praxis medica» des Darmstädter Scharfrichters sich auf jene Personen erstrecken dürfe, «als welche aus Unvermögen die theure Apotheken nicht bezahlen können». Von der Schulmedizin hieß es darin sogar, «und es heißt mit Wahrheit: Wenn dem Kranken noch so weh, wann er nur stirbt methodice, und in keiner Wissenschaft gibt's weniger Ignoranten als in der Medicin, weil jeder Recht haben will.»[69]

Dies waren keine guten Voraussetzungen für den wissenschaftlich fundierten Betrieb einer Apotheke, und doch gelang es, die Officin weiter zu festigen. Die Merck-Apotheke wurde 1790 zum ausschließlichen Lieferanten für das landgräfliche Chauveleger-Regiment, ein Kavallerie-Regiment, in Darmstadt bestellt und konnte sich auch auf dem Gebiet der Veterinärmedizin etablieren.[70] Hartnäckig suchte Johann Anton die Befugnis zur Lieferung von Medikamenten an das Darmstädter Hospital zu verteidigen. Mit der Einstellung eines Armenarztes namens Heinrich Ludwig Leonhard Bader 1791 entwickelte sich ein Streit um die Kosten der Armenfürsorge, die nach Meinung des Stadtrates zu hoch waren. Der Armenarzt erklärte sich für unschuldig und verwies auf die hohen Kosten der von den Apothekern zubereiteten Medikamente. Er forderte, dass die Apotheker bei Lieferungen an das Hospital und die Hausarmen wenigstens 10 Prozent Preisnachlass gewähren müssten. Zwar war die Mercksche Apotheke nicht einmal der Hauptlieferant des Hospitals, wie die nachfolgende zeitgenössische Aufstellung zeigt, doch war Johann Anton Merck bereit, noch höhere Rabatte zu gewähren. Als von der Regierung 32 Prozent Preisnachlass gefordert wurden mit dem Hinweis darauf, dass man ansonsten in Mainz oder Wiesbaden zu besseren Konditionen die Medikamente besorgen werde, griff Merck als Erster zu und räumte den erheblichen Rabatt ein, um im Hospitalgeschäft beteiligt zu bleiben, ja vielleicht sogar sein Liefervolumen auszubauen.[71]

Anteil der örtlichen Apotheken an den Lieferungen für das Darmstädter Hospital 1791[72]

Apotheke	Zeitraum der Lieferungen	Summe der Einnahmen
Hofapotheke	2 Monate	64 fl.
Mercksche Apotheke	2 Monate	29 fl. 24 x
Hirsch-Apotheke	2 Monate	76 fl. 24 x
Einhorn-Apotheke	4 Monate	317 fl. 20 x

So blieb Merck im Geschäft und konnte offenbar auch die Zahl der Auszubildenden in der Apotheke erhöhen: Neben dem bereits erwähnten Goethe-Vetter Georg Melber lassen sich etwa ein Herr Waldeck und ein Herr Kiesling sowie weitere Mitarbeiter nachweisen, denen nun sogar «Stosser» zuarbeiteten.[73] Ein Rechnungsbuch, datierend um die Jahrhundertwende, zeigt einen deutlich gestiegenen Umfang der Geschäfte. Bei Grossisten und Materialisten, von denen man Grundstoffe für die pharmazeutische Fertigung einkaufte, wurden teils beträchtliche Einnahmen wie Ausgaben gemacht. Den Rechnungen zufolge muss es zu dieser Zeit auch diverse Zulieferer wie etwa «Kräuterfrauen» gegeben haben. Die Apparaturen in der Apotheke wurden offensichtlich erweitert, und auch Verpackungen, vor allem Gläser für das Abfüllen der Medizin, wurden in großen Mengen gekauft – dies lässt auf einen erweiterten Kundenkreis schließen.[74]

Insgesamt wird man sich also das Alltagsgeschäft und vor allem das Privatkundengeschäft der Apotheke auch im ausgehenden 18. Jahrhundert noch nicht viel anders als in den Jahrhunderten zuvor vorstellen dürfen; nur die Lieferumfänge vergrößerten sich. So wurden die traditionellen Simplicia, Primärprodukte, verkauft, die Anwendung ebenso in der Küche finden konnten, wie sie als Medizin herangezogen wurden. Hinzu kamen die Herstellung und der Verkauf von Composita, nach Rezeptur hergestellten «zusammengesetzten» Arzneien. Diese traditionelle Medizin, deren Wirkung kaum geprüft war, hielt sich noch lange und bildete in der Vormoderne durchgängig die Basis des Apothekengeschäfts. Das zeigt noch eine Privatrechnung aus dem Jahr 1826/1827, die für einen Hofrat Hoffmann ausgestellt wurde. Er erhielt unter anderem Brechmittel, Bittertropfen, Magentropfen, Blutegel, Brusttee und diverse ähnliche Mittel, wie es eh und je das Geschäft der Apotheke gewesen war.[75] Und auch darüber hinaus bot die Mercksche Apotheke Dinge an, die heute wohl eher in anderen Geschäften als in einer Apotheke zu erwarten wären, die aber den Umsatz der Apotheke verbesserten: Alkohol und Öle, Chemikalien und Chinarinde, Schmalz und Weinessig wurden noch gegen Ende des 18. Jahrhunderts in dieser Apotheke verkauft.

Das erhaltene Rezeptbuch von Johann Anton Merck[76] enthält, obwohl er in seiner Ausbildung wie durch seine persönlichen Interessen einen bemerkenswerten Grad an wissenschaftlicher Ausrichtung erkennen lässt, keine wirkliche Innovation, keine Neuorientierung der Apothekerkunst: Hier, in der Alltagspraxis einer Apotheke in einer kleinen Residenzstadt, bewegte sich auch in den 1790er-Jahren noch nach wie vor alles in den traditionellen Bahnen. Es finden sich im Rezeptbuch Anleitungen für das Zubereiten traditioneller Balsame (Balsamum vulnerarium, Balsamum vitae etc.), die im Barock und Rokoko, als man Perücken, Haare und Haut mit wohlriechenden Essenzen einrieb, guten Absatz fanden.[77] Auch Salben bereitete Johann Anton für den Verkauf, vor allem aber Arzneipflaster-Zubereitungen, die man sich als hart werdende Salben vorstellen muss.[78] Sodann findet sich im Rezeptbuch auch Glaubersalz, das als Abführmittel genutzt wurde, und auch eine ganze Reihe von Räucherpulvern. Sie dienten traditionell zur Vertreibung von schlechten, als ansteckend angesehenen Gerüchen, den «Miasmen».[79]

Das Rezeptbuch Johann Antons belegt auch, dass traditionelle Medizin nicht nur für Menschen, sondern auch für Tiere bereitet wurde. Schließlich war Merck privilegierter Lieferant für die hessen-darmstädtische Kavallerie, das knapp

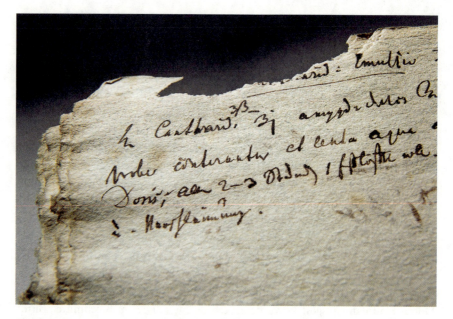

Abbildung 17 Das Rezeptbuch von Johann Anton Merck ist ein schmuckloser Gebrauchsgegenstand ohne Deckblatt. Die von ihm in schwer lesbarer Schrift auf unpaginierten Seiten notierten Rezepte folgen einer alphabetischen Ordnung und verzeichnen Zutaten, Wirkungen und Hinweise zur Einnahme.

200 Mann starke Regiment der Chauvelegers, für die «Pferde Pulver» zur Behandlung von Pferdekoliken hergestellt wurde. Allerdings darf man sich den daraus zu erzielenden Verdienst nicht allzu üppig vorstellen, war doch medizinischer Aufwand immer in Relation zum Wert der Pferde zu sehen. Und die Soldaten selbst stellten stets eine problematische Kundschaft dar, weil sie meist nicht über viel Geld verfügten und der Landgraf die vom Geheimen Rat angedachte Schaffung eines Gesundheitsfonds für Soldaten ablehnte.[80]

Johann Anton notierte sorgfältig Dosis und Wirkung seiner Arzneien. Bei der «Canthariden Emulsio Herwegii», einer aus Spanischen Fliegen hergestellten Arznei, ist etwa verzeichnet, dass «alle 2–3 Stunden 1 Eßlöffel voll» eingenommen werden solle. Die Emulsion «dient in Wassersucht, großer Atonie [= Muskelerschlaffung] u[nd] Verschleimung».[81]

Die von Johann Anton hergestellten Composita setzten zweifellos einen fortgeschrittenen, wenn auch keinesfalls außergewöhnlichen Kenntnisstand in der Arzneimittelzubereitung voraus: so etwa das ebenso aufgeführte «Laudanum», eine Opiumzubereitung, die als Ingredienz in einer Zubereitung «Mixtur für die Nachwehen der Kindbetterinnen» gebraucht wurde.[82] Für manche der aufgeführten Composita muss es aufwendigere Apparaturen in der Apotheke gegeben haben: Geräte zur Destillation oder das «Balneum Mariae» («Marienbad»), ein Wasserbad zur Erwärmung von Retorten, das für Präparate, die unter hoher Temperatur verarbeitet werden mussten, notwendig war. Die technischen Vorrichtungen wurden freilich auch anderweitig, etwa zur Herstellung von Kartoffelbranntwein, genutzt.

Für diese Composita wurden augenscheinlich die damals gängigen, durchaus auch als innovativ angesehenen Pharmacopoen wie die Pharmacopoea Borussica oder die Pharmacopoea Wirtenbergica von Johann Anton genutzt.[83] Während allerdings sein Sohn und Nachfolger in der «Borussica» Nachträge und Korrekturen handschriftlich vornahm, finden sich von Johann Anton solche Eingriffe in den überlieferten, traditionellen Rezeptbestand nicht. Sein Rezeptbuch zeigt nur, dass er Variationen alter Rezepte vermerkte, d. h. Vereinfachungen traditioneller Herstellungsverfahren versuchte bzw. weitere mögliche Reaktionen der verwendeten Stoffe festhielt.[84] Man wird von daher nicht fehlgehen, nicht in wirklichen Innovationen, die Johann Anton aufgrund seiner Ausbildung und seiner Reisen vielleicht theoretisch möglich gewesen wären, sein Verdienst zu sehen, sondern vielmehr in der Ordnung, in der Beobachtung von Wirkungen, der Aufzeichnung von Prozessen, die sein Rezeptbuch kennzeichnen und seine Erfahrungen schnell für den Alltag verfügbar machten.

In dieses Bild einer solchermaßen partiell innovativen Apothekertätigkeit passt auch der regional beschränkte Kundenkreis der Darmstädter Apotheke dieser Zeit. Kunden wie Demoiselle Plätzer, Mademoiselle Ravanelle, Schleiermacher, Tochter Hesse, G. R. Klippstein, Dr. Allemer, Geh. Rat Miltenberg, Müller und Hofrat Hoffmann waren alle Bürger aus Darmstadt.[85] Über den weiteren Kreis dieser Darmstädter Bürger reichten die Lieferungen der Apotheke in dieser Zeit nur in den seltensten Fällen hinaus. Ein besonders guter Kunde war der Rechnungsrat Johann Jakob Bojanus, ehemals Rentmeister und Forstregistrator für die Grafschaft Hanau-Lichtenberg zu Buchsweiler, der zwischen 1805 und 1811 regelmäßig größere Mengen an Heilmitteln in der Merckschen Apotheke einkaufte – und vor allem auch immer pünktlich bezahlte.[86] Das heißt freilich nicht, dass Johann Anton nicht über Darmstadt hinausgehende Kontakte unterhalten hätte: So ist etwa für das Jahr 1785 belegt, dass der russische Resident in Frankfurt, der Kammerherr und Geheime Rat Nikolaus Graf von Romanzow, in Johann Antons Haus logiert hat.[87] Umgekehrt nahm man im Hause Merck auch Dienstleistungen lokaler Anbieter in Anspruch, so etwa die der namentlich bekannten Ärzte Dr. Winkler, Dr. Bader, Dr. Engel.[88]

Sonderlich innovativ war die Mercksche Apotheke auch auf dem Feld der Produktwerbung unter Johann Anton noch nicht. Überliefert sind gedruckte Aufkleber, auf denen die Arznei handschriftlich vermerkt wurde, bevor der Zettel auf die damals üblichen Spanschachteln oder sonstige Gefäße geklebt wurde. Dabei ist allerdings nicht sicher, ob die Aufkleber zeitgenössisch angebracht wurden. Immerhin tragen die Deckel Aufschriften – auch unter Verwendung alchemistischer Zeichen –, die durchaus der Materia Medica der Zeit entsprachen. Werbezettel für die Apotheke finden sich nicht, Rechnungsvordrucke, die andere Apotheken, so etwa auch die konkurrierende Darmstädter Hirsch-Apotheke, schon verwendeten, waren noch am Ende des 18. Jahrhunderts bei Merck offenbar nicht üblich.

Wenn auch unter Johann Anton Merck so keine direkte geschäftliche Umsetzung seiner schon wissenschaftlich fundierten Ausbildung und seiner naturwissenschaftlichen Interessen in das Alltagsgeschäft der Darmstädter Apotheke nachweisbar ist, so wird man jedoch nicht fehlgehen, in ihm schon einen Vorbereiter des unter seinem Sohn Emanuel dann erfolgten steilen Aufstiegs der Familie Merck und seiner Apotheke zu sehen. Das war freilich 1805 bei seinem frühen Tod so noch nicht absehbar. Erneut kam es zu einer Vakanzzeit in der Nachfolge der Apotheke, denn sein Sohn Emanuel war damals gerade einmal elf Jahre alt. So musste seine zweite Frau, Adelheid Merck (1771–1845), erneut einen Pächter suchen, den sie ab 1807 in Louis Bonati fand,[89] und dafür sorgen, dass die Familie und ihr Vermögen wie auch die Apotheke ein volles Jahrzehnt ohne männliche Führung und ohne Verluste überstand. Das war freilich vom materiellen Standpunkt aus betrachtet mittlerweile weit weniger schwierig als in früheren Zeiten: In ihrem 1805 abgefassten Testament formulierte Adelheids Mutter nämlich, dass «meine Tochter Adelheid durch ihre glückliche Verheyrathung mit dem verstorbenen KammerAss Merck sich in dem besten – und über alle Nahrungssorgen für sich und ihre Kinder erhabenen Vermögens Zustand befindet».[90]

3. 1805–1827: Der Aufbruch in die Moderne: Emanuel Merck und die «Sattelzeit» der Merckschen Apotheke

3.1. Die Familie Merck und die Apotheke an der Wende zum 19. Jahrhundert

Die beharrliche Weiterführung der Darmstädter Apotheke, ein sich ausdehnendes Kreditgeschäft und eine kluge, berechnende Heiratspolitik hatte die Familie Merck im Laufe des 18. Jahrhunderts zu einigem Wohlstand kommen lassen. Besitzinventare, nach dem Ableben von Familienangehörigen erstellt, belegen dies eindrücklich.[1] Wenn man auch im Alltag eher bescheiden lebte, so deuten doch überlieferte Einkaufslisten für Festtafeln auf eine wohlhabende Bürgerfamilie hin: Aus Frankreich bezog man Wein wie Hautes Sauternes oder Roussillon, als Digestiv wurde Malagawein oder Jamaicarum mit Kaffee gereicht. Die Hauptspeisen bestanden bei solchen Gelegenheiten aus viel Fleisch, aber auch «königliches Gemüse», den Spargel, konnte man sich schon leisten.[2] Selbst auf kostspielige Zerstreuung wie Bälle oder Theaterbesuche musste man nicht verzichten.[3]

Dies stärkte das Selbstbewusstsein und den Zusammenhalt in der Familie: Davon zeugt noch manch ein unbeachtetes Dokument im Merck-Archiv, etwa Gedichte anlässlich von Heiraten, die den Familiensinn als Basis des wirtschaftlichen Wohlergehens beschwören.[4] Zugleich wird man aber weder den Wohlstand der Familie noch die Existenz der Apotheke als gleichsam konsolidiert, als selbstverständliche Größe annehmen dürfen. Um beides musste jede Generation aufs Neue, den Herausforderungen der Zeit begegnend, kämpfen. Die städtischen Konkurrenten beispielsweise suchten jede Gelegenheit zu nutzen, um der Merckschen Apotheke ihre Lieferprivilegien streitig zu machen.[5] Die vielen Jahre, in denen kein erwachsener und hinlänglich ausgebildeter Familienvorstand die Darmstädter Apotheke hatte führen können, hatten sicher die gemeinschaftliche Sorge um die wirtschaftliche Weiterentwicklung von Familie und Apotheke wachsen lassen und in einer Art «Familienrat» institutionalisiert.[6] Wenn dieser in den Zeiten Johann Anton Mercks sicher in den Hintergrund trat, so war die beständige Sorge um einen geeigneten Nachfolger im Apothekengeschäft doch eine Konstante. Für diese Aufgabe wurde gegen Ende des Jahrhunderts Johann Antons Sohn aus seiner zweiten Ehe mit Adelheid Merck, Emanuel, ausersehen. Dieses gleichsam innerfamiliäre Heiratsbündnis des Apothekers mit seiner Cousine, der Tochter seines Großonkels Johann Heinrich und Luise Merck, hielt nicht nur das Familienvermögen zusammen, sondern führte zu einer überaus glücklichen Verbindung von Fähigkeiten in dem 1794 geborenen Sohn Emanuel, die für die weitere Entwicklung der Familie und ihres bald schon über die Apotheke hinauswachsenden Unternehmens kaum überschätzt werden kann.

3.2. Emanuel Merck

Sorgsam wurde der Nachfolger auf dem für seine naturwissenschaftliche Bildung bekannten Darmstädter Pädagog beschult, um dann höhere Bildung an einem Genfer Internat zu erfahren. Die Ausbildung hier war umfangreich und ging über eine einfache Schulbildung weit hinaus: Auf Französisch wurden die Fächer Physik und analytische wie allgemeine Chemie gelehrt, auch Mineralogie und Biologie – gelegentlich fand auch mal eine Stunde in Deutsch statt.[7] So wurde der Junge befähigt, naturwissenschaftliche Diskurse auch in französischer Sprache zu verstehen und zu führen. Nach der eher theoretischen und mit einem Examen abgeschlossenen Genfer Internatsausbildung kehrte Emanuel im Frühjahr 1809 nach Darmstadt zurück.[8] Doch sein Aufenthalt in der Merckschen Apotheke währte nicht lange: 1810 bereits verließ er Darmstadt wieder, um bei keinem Geringeren als dem berühmten Johann Bartholomäus Trommsdorff in Erfurt eine Ausbildung zu beginnen.[9]

Der 1770 geborene Trommsdorff gilt bis heute als der «Vater der wissenschaftlichen Pharmazie», der seit 1795 in seiner Erfurter Schwan-Ring-Apotheke eine «Chemisch-physikalisch-pharmazeutische Pensionsanstalt» unterhielt, in der er künftige Apotheker auf völlig neue Weise und auf wissenschaftlicher Grundlage ausbildete. Trommsdorffs Lebensziel war es, «die Pharmacie von den Fesseln zu befreien, die sie niederdrücken», er wollte sie «aus dem Stande eines empirischen Handwerks zur wissenschaftlichen Kunst [...] erheben». Denn die Pharmazie wurde, so Trommsdorff in einer rückschauenden Betrachtung, zu Beginn des 19. Jahrhunderts «im Ganzen genommen, noch sehr handwerksmäßig, nach einem alten Schlendrian getrieben; ihr hoher Werth und ihre große Wichtigkeit wurden noch sehr verkannt. [...] Man betrachtete die Apotheker als Zünftlinge gleich den achtbaren Schneider- und Schustermeistern.»[10]

1805–1827: Der Aufbruch in die Moderne

Abbildung 18 Die als Jugendbildnis Emanuel Mercks hinterlassene Kreidezeichnung datiert einer Schätzung zufolge aus der Zeit um 1816. Verbleib des Originals unbekannt.

Der 1795 zum außerordentlichen und 1811 zum ordentlichen Professor der medizinischen Fakultät an der Universität Erfurt berufene und zweifach promovierte Naturwissenschaftler pflegte in seiner «Pensionsanstalt» ein enges, kollegiales Verhältnis zu seinen Auszubildenden, denen er Anleitung zum selbständigen wissenschaftlichen Forschen und Denken geben wollte. Als ausgebildeter Kaufmann hatte er nicht zuletzt auch einen Blick auf wirtschaftlich relevante Zusammenhänge der Arzneimittelherstellung. Wichtige Ergebnisse seiner Forschungen und der seiner Schüler veröffentlichte er in dem von ihm gegründeten «Journal der Pharmacie» bzw. «Neuen Journal der Pharmacie», das nicht zuletzt einer Internationalisierung des wissenschaftlichen Austausches über die Heilmittelkunde diente. Emanuel Merck kam somit nicht in irgendeine «Lehr-Apotheke», sondern in das seinerzeit wohl weltweit führende Institut für die Ausbildung von Pharmazeuten.[11] Aber auch für Emanuel war der Anfang hier schwer: Seinem Sohn berichtete er viel später, wie ihm die ersten Prüfungen bei Trommsdorff gar nicht gelingen wollten, er geradezu «baaren Unsinn» geredet habe, was aber nur noch mehr seinen Ehrgeiz geweckt habe, nicht nur seine Sache gut zu machen, sondern gar der beste Schüler Trommsdorffs zu werden. So habe er mit Willensstärke am Ende doch sein Ziel erreicht.[12] Der beste Beleg dafür dürfte seine erste Veröffentlichung «Chemische Analyse des gemeinen Erdrauchs» sein, die er 1811 in Trommsdorffs «Journal der Pharmacie» veröffentlichen durfte.[13] Sein Lehrer konnte ihn am Ende gegenüber dem Onkel Wilhelm Christian Jacob Merck (1782–1820) gar nicht genug loben: Emanuel sei für ihn wie eine «Belohnung, die ich um kein Gold umtauschen würde; der junge Mann ist das gewor-

Abbildung 19 Adelheid Merck (Angaben zum Bild können nicht gemacht werden).

den, was ich von ihm erwartete, ja ich darf Ihnen sagen, daß er meine Erwartungen noch übertroffen hat. Er wird mein Haus verlaßen als reiner, durchaus unverdorbener Jüngling, für deßen Sittlichkeit ich mich verbürgen kann; er hat sich alle diejenigen Kenntniße erworben, die man von einem wissenschaftlich gebildeten Apotheker nur immer verlangen kann und dürfte manchen beschämen, der sich vielleicht auf seine Kenntniße etwas zu Gute thut. Ich habe ein sehr strenges Examen mit ihm gehalten, und er hat ehrenvoll bestanden, und kann sich kühn jedem Examinator stellen.»[14]

Nach seinem zweijährigen Erfurter Aufenthalt setzte er seine Ausbildung an diversen Apotheken fort: So kam er zunächst auf Vermittlung Trommsdorffs an die Hof- und Stadtapotheke nach Eisenach zu dem dortigen Apotheker Wilhelm Dammann.[15] Dann ging er nach Frankfurt am Main und schließlich nach Straßburg, wo er zeitweilig an der renommierten Hirsch-Apotheke des berühmten Professors Jakob Reinbold Spielmann, bei dem schon sein Vater Vorlesungen gehört hatte, arbeiten durfte. Spielmann selbst war bereits 1783 gestorben, sein Sohn Karl Friedrich führte das bekannte Haus in dieser Zeit weiter.[16] 1815 immatrikulierte er sich an der Universität Berlin und studierte dort Chemie, Technologie, Botanik und Mineralogie. Kurse und Vorlesungen belegte er auch in der dortigen Pharmazeutischen Gesellschaft bei Martin Heinrich Klaproth, der sechs neue chemische Elemente entdeckt hatte, Professor der Chemie an der

1805–1827: Der Aufbruch in die Moderne **87**

Artillerieschule sowie später an der Universität und unter anderem Vorsitzender der Berliner Apotheker-Conferenz war. Ende der 1770er-Jahre hatte Johann Anton Merck bei ihm noch kurzzeitig die traditionelle Apothekerausbildung erfahren. Er hatte die Pharmacopoea Borussica bearbeitet und war der Verfasser der Revidierten Apothekerordnung von Berlin aus dem Jahre 1801.[17] Auch bei dem Botaniker Friedrich Gottlob Hayne, dem Mineralogen Christian Samuel Weiß und bei Sigismund Friedrich Hermbstädt, der die Hauptwerke des französischen Chemikers Lavoisier übersetzt hatte, jenes Mannes, der durch die Entdeckung des Oxidationsvorgangs die moderne Chemie beachtlich vorangebracht hatte, besuchte er Lehrveranstaltungen.[18] Berlin und seine Gelehrten gehörten damals gleichsam zur Spitze des Fortschritts in der Pharmazie, sodass auch hier besondere Kapazitäten zu den Lehrern des zukünftigen Darmstädter Apothekers wurden. Und sie alle bescheinigten ihm ein hohes Maß nicht nur an Fleiß, sondern auch an Selbständigkeit im Lösen komplizierter Aufgaben.[19] Mit dem 1816 schließlich in Berlin absolvierten Provisorexamen war sein Tatendrang noch nicht gestillt. Es zog den jungen Pharmazeuten nun nach Wien, doch hier ereilte ihn 1816 die Nachricht vom Tod des Pächters der Darmstädter Apotheke, Ludwig Bonati, sodass seine Rückkehr in die Heimatstadt unumgänglich wurde.

Für die tatsächliche Übernahme der väterlichen Apotheke bedurfte es freilich noch der Ableistung des hessen-darmstädtischen Apothekerexamens und der landgräflichen Privilegierung, die unschwer erfolgten.[20] Seine Mutter Adelheid schilderte den nun notwendigen, keineswegs einfachen Start in Darmstadt später so: «Allein schon nach einem halben Jahr wurde er [Emanuel Merck] durch den schnellen Tod des Pächters seiner Apotheke in die Vaterstadt abgerufen. Durch die ohne Beispiel gewissenlose Verwaltung des verstorbenen Pächters war das Geschäft ganz zurückgegangen, das Vertrauen des Publikums, was die Apotheke früher besessen, war gänzlich geschwunden. E. M. verlor aber den Muth nicht, mit dem größten Eifer der strengsten Gewissenhaftigkeit im Geschäft, verband er die liebenswürdigste Gefälligkeit und Zuvorkommenheit im Betragen. Überraschend schnell gewann er die Achtung und Freundschaft aller mit denen er durch sein Geschäft in Berührung kam und eine allgemeine lobende Anerkennung im Publikum war der Lohn seiner rastlosen Thätigkeit.»[21]

Ob die Ausgangssituation für Emanuel wegen der schlechten Verwaltung des Pächters Bonati tatsächlich so schwierig und der Wiederaufstieg der Apotheke nun alleine das Verdienst des jungen Apothekers war, muss bei dieser Lobrede der Mutter auf den Sohn quellenkritisch hinterfragt werden. Hilfreich mag beim Anfang Emanuels jedenfalls gewesen sein, dass es seiner Mutter Adelheid in den vorangegangenen Jahren trotz der schlechten Verwaltung des Pächters Bonati[22] gelungen war, den Liefervertrag für Arzneimittel an die hessen-darmstädtischen

Chevaux-Legers zu verlängern und auch die Belieferung der Hofkapelle und des Theaters mit Medikamenten im Jahr 1810 sicherzustellen.[23]

Hinsichtlich der Belieferung des Hospitals gefährdete der Provisor jedoch den guten Ruf der Apotheke tatsächlich. Dies kam jedoch erst nach seinem Tod ans Licht, als die Rechnungen für die Jahre 1815 und 1816, die seitens der Apotheke an das Hospital gestellt worden waren, geprüft wurden.[24] Diese Überprüfung hatte zur Folge, dass weitere derartige Rechnungen, rückgehend bis zum Jahre 1807, ebenfalls einer Nachkontrolle unterzogen wurden. Das Großherzoglich Hessische Medizinal-Colleg meldete der Großherzoglich-Hessischen Policey-Deputation schließlich als Ergebnis, dass diese Überprüfungen ergeben hätten, «wie sehr der Steller jener Rechnungen darauf ausging, nicht allein zu betrügen, sondern den Betrug zu verstecken». Bonati hatte wohl unter fingierten Patientennamen und Verordnungen ‹Luftnummern› verbucht, den Rechnungsbetrag um rund ein Drittel zu seinen Gunsten erhöht und am Ende angesichts der steigenden Umsätze mit dem Hospital erhebliche Summen erschleichen können (so etwa 1812: 371 fl. 42 kr., 1813: 434 fl. 15 kr., 1814: 271 fl. 56 kr.). Seine Erben wurden 1822 dazu verpflichtet, 1601 fl. 3 kr. zurückzuzahlen.

Dabei hatte Adelheid Merck 1811 noch darum gekämpft, die alleinige Lieferberechtigung für das Darmstädter Spital zu erhalten, die sie von Großherzog Ludewig am 21. März 1811 auch tatsächlich zugesprochen bekam.[25] Zudem ist zu berücksichtigen, dass sich das geschäftliche Umfeld für Apotheken zeitbedingt schlecht entwickelte: Durch die Kontinentalsperre, die England im Kampf gegen Napoleon eingerichtet hatte, konnten viele medizinisch wichtige Stoffe nicht mehr eingeführt werden, die veränderten Grenzen und neuen Zollbestimmungen führten zur Entstehung ganz neuer Märkte. Die durchziehenden Soldaten der napoleonischen Heere wie die ihrer Gegner brachten Krankheiten in die Stadt, die zu behandeln waren, ohne dass es dafür eine adäquate Vergütung für die Apotheken gegeben hätte, vielmehr war zusätzlich noch eine Kriegssondersteuer ab 1803 zu zahlen. Andererseits lässt ein Visitationsbericht aus dem Dezember des Jahres 1810 erkennen, dass die Mercksche Apotheke hinsichtlich ihrer Größe mittlerweile doch auch weit über ihre bescheidenen Anfänge hinausgewachsen war.[26] Dieser Bericht erwähnte ein sehr gut ausgestattetes Laboratorium, wohl schon aus der Zeit von Johann Anton stammend, einen Kellerraum zur Aufbewahrung von destillierten, flüssigen Substanzen, eine Haupt-Vorratskammer, eine Neben-Materialkammer, einen Kräuterboden, eine Glaskammer und schließlich die eigentliche Offizin mit immerhin schon zwei Rezepturtischen und einem eigenen Buchhaltungszimmer – man kann also davon ausgehen, dass der Betrieb zu Beginn des 19. Jahrhunderts gleichsam eine Art «Großapotheke» geworden war.[27] Sie brachte auch durchaus respektable Einnahmen ein, wie schon die zwar falschen, aber doch aussagekräftigen Abrechnungen des Provisors Bonati angezeigt haben. Emanuel Mercks Rechnungen an das Hospital, die für die Jahre 1826 bis 1828 überliefert sind, waren dafür penibel und hielten, abgesehen von marginalen Rechenfehlern, allen Überprüfungen stand.[28] Die Abgabe vieler kleiner Einzelmengen an Medikamenten erbrachte in der Summe einen stattlichen Betrag. So konnte die Apotheke für den Juli 1828 beispielsweise eine Forderung 602 fl. und 2 kr. stellen.[29] Diese Summe entspricht in etwa dem bereinigten Durchschnittswert aus den fehlerhaften Rechnungen der Bonatizeit.

3.3. Apotheke und Darmstädter Gesellschaft

Für das Apothekengeschäft selbst galten für Emanuel wie für seinen Vater trotz besonderer Ausbildung sowie wissenschaftlicher Kompetenz und trotz einer räumlich wachsenden Offizin allerdings zunächst einmal die Gegebenheiten der kleinen landgräflichen/großherzoglichen Residenzstadt, die auch noch um die Wende vom 18. zum 19. Jahrhundert als vergleichsweise rückschrittlich galt und mittlerweile um 17 000 Einwohner zählte, das Militär eingerechnet.

Zwar hatte Hessen-Darmstadt mit dem Tod des «Soldaten-Landgrafen» Ludwig IX. in seinem Sohn Ludewig X., der sich als Großherzog dann Ludewig I. nannte, 1790 einen energischen, gut ausgebildeten Regenten erhalten. Schon bei seiner Regierungsübernahme machte er seinen Reformwillen deutlich, indem er in aufgeklärtem Geist nun auch den Katholiken die Religionsausübung in der Residenzstadt erlaubte, die Judenemanzipation vorantrieb, eine Armenanstalt gründete und die Landgräfin eine Industrieschule für arme Mädchen errichten ließ.[30] Aber die Rahmenbedingungen blieben doch zunächst schwierig: Die Staatsverschuldung wurde im Gefolge der napoleonischen Kriege nicht geringer. Doch dann ergab sich durch die mehr als großzügige Entschädigung für verlorenes linksrheinisches Territorium mittels rechtsrheinisch säkularisierter Ländermasse 1803 eine neue, langfristig positive finanzpolitische Perspektive für die nunmehr zum Großherzogtum erhobene Landgrafschaft.[31] Diese wurde durch Ludewigs radikales Vorgehen gegen die reformunwilligen Landstände, die schließlich einfach aufgehoben wurden,[32] und Modernisierungsmaßnahmen in der Verwaltung ausgebaut. Steuerprivilegien wurden abgeschafft, der moderne Steuerstaat und 1813 auch eine Gewerbesteuer eingeführt. Dadurch verbesserte sich die Finanzsituation Hessen-Darmstadts entscheidend. Das neue Steuersystem wirkte leistungssteigernd, es förderte den Übergang zu modernen Produktionsweisen, weil die Steuerlast durch rationalisierende Investitionen gesenkt werden konnte. Zwar bedurfte Hessen-Darmstadt im Zeitalter der napoleonischen Kriege auch immer wieder neuer Kredite, doch veränderte sich das Kreditwesen deutlich: Die traditionellen persönlichen Schuldverschreibungen verschwanden mehr und mehr und machten den über Banken gehandelten Staatspapieren Platz, die auch den Kapitalgebern größere Sicherheiten verbürgten. Der Staatskredit wurde somit gleichsam kommerzialisiert.[33] Als 1815/16 die Franzosen- und Rheinbundzeit zu Ende ging und im Gefolge des Wiener Kongresses eine territoriale Neuordnung des Raumes erfolgte, bekam Hessen-Darmstadt eine dreiteilige, nunmehr kohärentere Struktur. Es bestand fortan aus den Provinzen Starkenburg und Oberhessen sowie dem neuen linksrheinischen Gebiet «Rheinhessen» (so genannt seit 1818), für das Ludewig seine westfälischen Besitzungen hatte herausgeben müssen. Infolgedessen nannte er sich fortan «Großherzog von Hessen und bei Rhein». Das neue Großherzogtum Hessen hatte nunmehr rund 630 000 Einwohner. Im Besitzergreifungspatent vom Juli 1816 garantierte Ludewig den neuen hessischen Bürgern links des Rheins ihre in der Franzosenzeit erworbenen Freiheiten und demonstrierte damit seine Reformbereitschaft.

Solch positiven, modernisierenden Elementen der Herrschaft Großherzog Ludewigs I. standen allerdings auch im ersten Drittel des 19. Jahrhunderts noch eine Reihe von Desideraten gegenüber: Hessen-Darmstadt blieb zunächst ein rückständiger Wirtschaftsraum, der höchst krisenanfällig war. Darmstadt im Speziellen war abgeschnitten von den großen Verkehrsadern, Personen- und Frachtbeförderung dauerten daher lange und waren sehr kostspielig. Die Residenzstadt lebte nach wie vor vom Hof, dem größten Verbraucher, hatte wenig Händler, die hergestellten Produkte waren äußerst begrenzt und ohne Arbeitsteilung gefertigt, ein Großhandel fehlte völlig.[34] Es war allenfalls ein ganz kleiner bürgerlicher Kreis, der die neu geschaffenen Optionen nutzen konnte, die Mehrheit der Bevölkerung blieb dem alten System und den alten Wirtschaftsweisen verhaftet, schaute unsicher und eher tatenlos den Veränderungen der Zeit zu.[35] Dort, wo der Versuch zum wirtschaftlichen Aufbruch gewagt wurde und erste industrielle Fertigungen begannen, scheiterte man: Eine Plüschfabrik, eine Schnupftabakfabrik gingen ebenso bankrott wie eine mechanische Werkstatt oder eine Wachsfabrik, teils wegen mangelnder Kapitalausstattung, teils weil man Dampfmaschinen noch nicht traute.[36]

Auch im Medizinalwesen entwickelte sich vieles, aber langsam und mit mancherlei Einschränkungen. So wurde am 28. November 1801 die fortschrittliche Pharmacopoea Borussica für Hessen-Darmstadt verbindlich gemacht.[37] Eine umfassende Neuordnung des Medizinalwesens erfolgte aber erst 1822, in deren Gefolge das Land in Physikate eingeteilt wurde. 1827 beendete eine neue Gewerbeordnung das alte System der Apothekenprivilegien, 1828 schloss man sich endlich dem preußischen Zollsystem an.[38]

Vor diesem Hintergrund musste es auch für Emanuel Merck zunächst einmal darum gehen, das traditionelle Apothekengeschäft aufrechtzuerhalten und

Privilegien zu schützen, die seit altersher für den Betrieb der Apotheke wichtig gewesen waren. Erst mit dem eintretenden politischen und gesellschaftlichen Wandel konnte er dann allmählich auch die sich bietenden neuen Chancen nutzen.

Darmstadt war im 18. Jahrhundert gewachsen, aber die Stadt war für ein wirklich einträgliches Apothekengeschäft alten Stils immer noch zu klein, denn auch die Darmstädter Konkurrenz hatte die Zeichen der Zeit erkannt. Der Inhaber der Darmstädter Hirsch-Apotheke, Ernst Ludwig Rube Sen., hatte 1799/1800 ebenfalls bei Trommsdorff in Erfurt gelernt ebenso wie der Inhaber der Löwen-Apotheke Johann Wilhelm Eberhard, der 1815/16 «Pensionist» in Erfurt gewesen war.[39] Eine Rechnung von 1805 zeigt zwar, dass sich die Mercksche Apotheke gut behaupten konnte und für das örtliche Hospital immerhin schon zwei bis drei Zubereitungen pro Tag lieferte – eine sichere und relevante Einnahmequelle.[40] Als 1823 im Zuge der allgemeinen Gewerbeliberalisierung in der hessischen Ständeversammlung aber über die Zulassung einer weiteren, neuen Apotheke diskutiert und überhaupt die Frage gestellt wurde, ob Apothekenzulassungen noch zeitgemäß seien, erhob Emanuel zusammen mit seinen Berufskollegen nachdrücklichen Protest.[41] Seine Argumentation verlief ganz in den Bahnen der Diskussion vorangegangener Jahrhunderte: Apotheker betrieben ein schwieriges und wirtschaftlich riskantes Geschäft, das unter den vorwaltenden Restriktionen für das Apothekenwesen nur dann rentabel sei, wenn man sicher auf einen hinreichenden Kundenstamm bauen könne. In Darmstadt seien das bei vier Apotheken und rund 20 000 Einwohnern etwa 5000 Einwohner pro Apotheke, andernorts werde ein Verhältnis von 6000 bis 8000 Einwohnern pro Apotheke als angemessen angesehen, wobei zusätzliche Verdienstmöglichkeiten durch die Ansiedlung weiterer Apotheken im Umland geschwunden seien. Zwar wird man eine gewisse Dramatisierung der Wirtschaftslage der Darmstädter Apotheken bei dieser Eingabe voraussetzen dürfen, doch zeigt der Vorgang deutlich, dass von einer gleichsam selbstverständlichen Existenz der Merckschen Apotheke auch zu diesem Zeitpunkt nicht die Rede sein kann, sondern Emanuel unter den Verhältnissen eines nach wie vor noch fast zunftmäßig betriebenen Apothekengeschäfts darauf achten musste, dass die Existenzgrundlage der Apotheke gesichert blieb.[42] Und das sollte noch lange so bleiben: Bereits in den frühen 1790er-Jahren hatten die Apotheker in Hessen-Darmstadt dem landesherrlichen Druck, die Arzneimittelpreise zu senken, zu begegnen.[43] Und noch 1832 verhandelte Emanuel Merck zum Beispiel hart mit der großherzoglichen Regierung um einen zehnprozentigen Preisnachlass, der für seine Medikamente gefordert wurde, wenn Arme zu behandeln waren. Die 1818 entstandene «Armen-Pharmakopöe» von D. C. W. Hufeland veranlasste die Regierung nämlich, gemäß den darin gemachten Vorschlägen für eine preiswerte Zubereitung von Medikamenten die Kosten für die Armenfürsorge zu senken.[44] Diesen Preisnachlass wollte Emanuel wie die anderen Apotheker in Darmstadt aber nicht gewähren mit der Begründung, dass ihre Einkaufskosten in Frankfurt hoch seien. Lediglich 5 Prozent Rabatt war er bereit einzuräumen, und das auch nur, wenn die Arzneitaxe unverändert bliebe und pünktlich bezahlt würde.[45]

Emanuel konnte sich ein solch hartes Verhandeln leisten, weil es ihm gelungen war, die Familie immer weiter in der Darmstädter Gesellschaft zu etablieren und gute Kontakte auch zum großherzoglichen Hof aufzubauen. Schon 1815 war er in Frankfurt Freimaurer geworden und gehörte 1816 im Grad des Lehrlings zu den Stiftern der Darmstädter Loge «Johannes der Evangelist zur Eintracht», die unter dem Protektorat des Fürstenhauses gegründet wurde und für die sich der Bruder Ludewigs I., Christian, besonders einsetzte. In dieser Loge versammelte sich alles, was Rang und Namen hatte in Darmstadt, hohe Beamte und Offiziere, auch der großherzogliche Leibarzt Georg Wedekind war Mitglied ebenso wie der Architekt Georg Moller (1784–1852).[46] Emanuel Merck konnte so etwaige Standesschranken überwinden und in einem Maße Teil der Gesellschaft werden, wie das zuvor wohl nicht der Fall gewesen war. Allerdings gelang es ihm nicht, schneller als dies die Satzungen vorsahen, höhere Logengrade zu erlangen.[47]

Die Früchte solch geschickter gesellschaftlicher Integration und überragender fachlicher Kenntnisse bescherten ihm dann im Laufe der Zeit auch etliche öffentliche Ämter: 1828 wurde er Stadtrat in Darmstadt.[48] In diesem Gremium traf er regelmäßig auf den Vater seines Freundes Justus Liebig, Johann Georg Liebig, der seit 1825 als Beigeordneter des Magistrats fungierte. Wegen der besonderen Stellung der Apotheker in der frühneuzeitlichen Stadt und wegen der langen Phasen von Vormundschaften waren die Mercks ja bislang nicht in öffentlichen Ämtern der Stadt vertreten gewesen. Als Mitglied des Rates wurde er 1834 auch zur Huldigungsfeier des Großherzogs anlässlich seiner Verheiratung eingeladen.[49] 1835 wurde er zum Medizinalrat (1853 zum Obermedizinalrat) ernannt, 1847 Mitglied im großherzoglichen Medizinalkollegium, 1854 erhielt er schließlich das Ritterkreuz des Verdienstordens Philipps des Großmütigen.[50] Aus alledem wie auch aus seinem Fernbleiben von bürgerlichen Vereinen,[51] die eine gewisse politische Neuerung befürworteten, erweist sich seine Nähe zum großherzoglichen Hause, die ja schon seinen Großvater Johann Heinrich Merck ausgezeichnet hatte, der freilich gegen Ende seines Lebens mit der Französischen Revolution sympathisiert hatte.[52]

1805–1827: Der Aufbruch in die Moderne

Abbildung 20 Zur Opiumgewinnung wird die Samenkapsel des Schlafmohns angeritzt. Der austretende Saft wird getrocknet und verfärbt sich durch Oxidation schwarz. Um 1800 wurde das Rohopium zum Transport aus den asiatischen Erzeugerländern zu Kugeln geformt.

3.4. Neue Geschäftsfelder

Es werden wohl die eben nur engen Entwicklungsperspektiven der Darmstädter Engel-Apotheke, verbunden mit seinen Ausbildungserfahrungen jenseits der Residenzstadt, gewesen sein, die den jungen Apotheker nach 1816 immer wieder veranlasst haben, nach neuen und größeren Absatzchancen für die eigenen Produkte zu suchen, aber auch nach neuen wirtschaftlich lukrativen Betätigungsfeldern Ausschau zu halten. Ein gleichermaßen als Liefer- wie Einkaufsnachweis fungierendes Geschäftsbuch, das Emanuel wohl auf der Frankfurter Herbst- und Ostermesse zwischen 1822 und 1831 führte,[53] zeigt, wie eifrig er bemüht war, Kunden über den engen Darmstädter Raum hinaus in Frankfurt, Augsburg, Basel oder Stuttgart, weniger noch im Ausland, zu finden und zugleich möglichst preiswert für seine Apotheke Gefäße, Verpackungen, Feinkostartikel (Champagner) oder Spezialsalze einzukaufen. Die Lieferaufträge, die er in diesen Jahren auf den Messen einwerben konnte, zeigen in ihrer Zusammensetzung noch ganz überwiegend das traditionelle Lieferspektrum einer frühneuzeitlichen Apotheke. Allerdings stiegen die Liefermengen schon recht beachtlich. An die Baseler Firma Geigy lieferte er z. B. 1822 für 121,97 fl. unverarbeitete pflanzliche Drogen, für 80,54 fl. Öle, für 35,15 fl. chemiatrische Präparate und für 24 fl. Rohopium. Im folgenden Jahr kaufte Geigy bei ihm für 85,06 fl. unverarbeitete pflanzliche Drogen, für 2 fl. Öle und für 119,72 fl. chemiatrische Präparate. 1822 kam so z. B. auf den Messen ein Absatz im Wert von 720,60 fl. zustande. Der Verkauf von Alkaloiden wie Chinin begann in nennenswerten Mengen erst knapp ein Jahrzehnt später.

Als sich 1824 die Ludwigs-Saline zu Wimpfen, eine Stadt, die gerade erst durch den Reichsdeputationshauptschluss von 1803 an Hessen-Darmstadt gefallen war, an ihn mit der Bitte um gutachterlichen Rat wandte, konnte Emanuel erste unmittelbare Erfahrungen mit der Umsetzung wissenschaftlicher Erkenntnisse in eine wirtschaftlich ertragreiche Produktion machen. Schon 1823 hatte er für die Stadt eine Soleprobe auf ihre Eignung zur Sodaherstellung hin untersucht. Nun sollte er ein Verfahren beurteilen, das der Apotheker Carl August Kölreuter aus Bretten der Stadt anbot, mit dem er Soda aus Kochsalz gewinnen wollte. Emanuel Merck beurteilte dabei nicht nur das voraussichtliche Verfahren Kölreuters (Einzelheiten dazu wollte Kölreuter nie darlegen), sondern auch seine Absatzkalkulationen und den projektierten Personaleinsatz. Dabei kam heraus, dass Kölreuter nicht nur Lieferkapazitäten und Preise für die einzusetzenden Grundstoffe unzureichend berechnet, sondern auch den Personaleinsatz erheblich unterschätzt hatte. Die weitere Entwicklung des Wimpfener Projektes zeigte darüber hinaus, wie schwerfällig und damit hinderlich, ja sogar gefährlich für riskante wirtschaftliche Investitionen die hessen-darmstädtische Bürokratie war.[54]

Nur wenige Monate, von Oktober bis Dezember 1831 nämlich, versuchte sich Emanuel Merck auch selbst an einer gleichsam industriellen Herstellung von Chlorkalk zusammen mit dem Apothekerkollegen Friedrich Moldenhauer in einem Garten vor den Toren Darmstadts. Der Anlass dafür war eine Choleraepidemie, die Darmstadt 1830/31 heimzusuchen drohte. Obwohl der Absatz des Chlorkalks schnell stieg, musste die Produktion jedoch bald schon eingestellt werden, weil sich eine zentrale Grundsubstanz, die Salzsäure, deutlich verteuerte. Auch fehlte es für einen dauerhafteren Absatz an einer Textilindustrie in Darmstadt, wurde doch der Chlorkalk vornehmlich zum Bleichen von Textilien eingesetzt. Zudem lieferte das von ihm entwickelte Produktionsverfahren keine großen Mengen.[55]

All diese Erfahrungen dürften Emanuel Merck zu dieser Zeit noch darin bestärkt haben, eine größere Produktion über den Raum der Apotheke hinaus noch nicht zu wagen. Wirklich erfolgreich und zum Ausgangspunkt der modernen Pharmaproduktion von Merck sollte dann erst die Herstellung von Alkaloiden sein, die aus Emanuels wissenschaftlichen Studien hervorging.

3.5. Der Wissenschaftler Emanuel Merck

Vom Beginn seiner Apothekertätigkeit in Darmstadt 1816 an behielt Emanuel wie sein Vater sein wissenschaftliches Forschungsinteresse bei und experimentierte in der Apotheke, nur dass er, anders als sein Vater, dabei stets auch die Vermarktung neuer Erkenntnisse im Blick hatte und mitkalkulierte. Auf diesen Weg hatte ihn Trommsdorff gebracht, und ihn verfolgte er konsequent weiter.

Schon länger wurde zum Beispiel Opium in der Merckschen Apotheke verkauft.[56] Nun aber nahm Emanuel Merck eine Schrift von François Magendie über die Anwendung von Arzneistoffen[57] und eine Forschungsarbeit des Apothekergehilfen Friedrich Wilhelm Adam Sertürner, die in Trommsdorffs «Journal der Pharmacie» veröffentlicht worden war, zur Kenntnis und entwickelte sie weiter.[58] Sertürner war bei der Suche nach dem «Principium soniferium», der Wirksubstanz des Opiums, die Fällung der Mekonsäure gelungen. Auch der Franzose Charles Louis Derosne hatte in eine ähnliche Richtung experimentiert und war bereits auf die kristallisierbare Substanz des Opiums gestoßen (Sel de Derosne). Aber weder er noch Sertürner vermochten aus ihrem Wissen eine Anwendungsorientierung zu generieren.[59] Hier ist Emanuel Mercks bahnbrechende wissenschaftliche Leistung zu verorten: 1826 konnte er in einer Publikation «Über die Bearbeitung des Morphiums» dessen Herstellung aufzeigen und ein Jahr später das «Pharmazeutisch chemische Novitäten Cabinett» publizieren, in dem er die Gewinnung von insgesamt 16 Alkaloiden darlegte, was ihm hohe Anerkennung in der Fachwelt eintrug.[60]

Dieser Schritt ist nicht zuletzt auch kulturgeschichtlich von einiger Bedeutung: Der Umgang mit Opium war zu Beginn des 19. Jahrhunderts zwar nicht eigentlich verboten, aber Opium war von alters her und auch noch in dieser Zeit mit magischen Vorstellungen verbunden. Seine Wirkung war nicht wirklich kalkulierbar, die Einnahme konnte leicht zu Rauschzuständen, bei Überdosierung auch zum Tode führen.[61] Das Besondere an Mercks Forschungen in dieser Hinsicht war nun, dass es mit seinen Verfahren möglich wurde, sehr reine und damit gut zu dosierende, in ihrer Wirkung besser zu kalkulierende Opium-Alkaloide herzustellen. So begann Merck 1827 mit einer Produktion im Sinne von Isolierung größerer Mengen von Morphium, 1828 fing die Produktion von Veratrin aus Veratrum album an und in der Folgezeit auch von anderen Alkaloiden.[62]

Es verwundert daher nicht, dass der so erfolgreiche Chemiker und Pharmazeut in enger Verbindung mit den zeitgenössischen Koryphäen seines Faches stand: Zu seinem Lehrer Trommsdorff blieb der Kontakt stets bestehen, zu dem Darmstädter Justus Liebig, der ab 1824 an der Universität Gießen lehrte, entwickelte sich schon vor 1820 eine Freundschaft und ein enges Arbeitsverhältnis, sodass Liebig sogar das Labor der Apotheke gelegentlich genutzt haben soll.[63] Welches Vertrauen man in Emanuel Merck setzte, belegt dabei nicht zuletzt, dass sowohl Trommsdorff wie auch Liebig ihre Söhne später in die Darmstädter Engel-Apotheke zur Ausbildung schickten.[64]

Es muss gleichsam auf der Hand gelegen haben, angesichts eines solchen Geschäfts eine Weiterentwicklung zu einer professionellen, spezialisierten Fertigungsweise anzustreben, war doch gerade die Erfahrung in der Produktion eines wirklich reinen Alkaloids für dessen Wirkung von entscheidender Bedeutung.[65] In den Anfängen bedeutete das noch nicht den Schritt hin zu einer modernen Fabrik, den Emanuel Merck erst in den 1840er-Jahren ging, sondern konnte Ausdruck finden in einer positiven Bewertung des Vorschlags hessischer Apotheker zu einem Produktionszusammenschluss von Apotheken, die jeweils spezialisierte Produkte herstellen, die zum Verkauf gegenseitig ausgetauscht werden sollten.[66]

In jedem Fall zeigt all dies, dass die zu Beginn des 19. Jahrhunderts auf Zuwachs angelegte Alkaloidproduktion der Darmstädter Engel-Apotheke in ihren Anfängen ein Geschäft war, dessen bislang unbekannte Risiken Emanuel Merck kreativ zu minimieren versuchte, das er letztlich aber nur wagen konnte, weil er über hinreichend Kapital verfügte, um solche Risiken einzugehen. Immer bedachte Emanuel Merck daher die wirtschaftliche Seite seines Vorhabens, kalkulierte Einkaufspreise und Herstellungskosten.[67] Die finanzielle Voraussetzung für alles war aber letztlich das über Generationen hinweg aufgebaute Geschäftskapital der Familie, das bei diesen Anfängen und neuen Aufbrüchen eine entscheidende Rolle spielte.

Emanuel Merck bewegte sich selbst ganz in den von der Familientradition vorgezeichneten Bahnen der Besitzstandswahrung, wie vor allem auch seine eigene Hochzeit zeigt. 1820 heiratete er nämlich Magdalena Hoffmann, womit nicht nur die Bande zur Familie Hoffmann weiter verstärkt wurden, sondern auch ein erheblicher Kapitalzufluss verbunden war. Welche Auswirkungen das hatte, lässt sich durch einen Haushaltsplan der Familie Emanuel Merck für das Jahr 1825 erahnen, der von einer verfügbaren Summe von 8643,30 Gulden p. a. nur für die Familie ausging und nach wie vor erheblich von den Kreditgeschäften gespeist wurde, wie er umgekehrt auch belegt, dass das Kreditgeschäft in den ersten Jahren unter Emanuel Merck weiter betrieben wurde.[68] Die Apotheke war und blieb wichtig, sie lieferte aber nur zum Teil jenes Kapital, das für Investitionen gleich welcher Art genutzt werden konnte.[69] Eine wichtige Einnahmequelle blieben auch in dieser Zeit die Kredite, die zum Teil an staatliche Institutionen, überwiegend aber an Gemeinden und Einzelpersonen in der Umgebung Darmstadts vergeben wurden und mit denen noch immer in frühneuzeitlicher Tradition das Vermögen breit gestreut wurde. All diese Kredite banden Merck stark an die Region und ihre politische Führung und belegen, dass die Familie zu Beginn des

1805–1827: Der Aufbruch in die Moderne

19. Jahrhunderts unter den Darmstädter Honoratioren und in der sozialen Elite im Großherzogtum Darmstadt einen festen Platz einnahm. Zugleich ist allerdings auch nicht zu verkennen, dass sich die bürgerliche Kreditpraxis veränderte und vom sich immer mehr entwickelnden Bankenwesen verdrängt wurde. Dies förderte gewiss die Risikobereitschaft zum Ausbau einer spezialisierten, ertragreichen Alkaloidproduktion.

Emanuel Merck wird man so nicht nur eine entscheidende Rolle für das Werden des modernen Unternehmens Merck zuschreiben, weil er die erste Fabrik in den 1840er-Jahren in Darmstadt errichtete, sondern weil er, tief in der Tradition der Familie Merck wurzelnd, im Übergang zum Industriezeitalter jene Komponenten zusammenfügte, die für den wirtschaftlichen Erfolg in der rasanten Beschleunigung, die die Moderne mit sich brachte, von entscheidender Bedeutung waren: Auf der Basis einer profunden fachlichen Kompetenz entwickelte er neue Produkte, für deren Vermarktung er auch einen hinlänglichen wirtschaftlichen Sachverstand besaß. Möglich wurden Entwicklung und Vermarktung durch den relativen Wohlstand, der im Wesentlichen durch Heiratspolitik und Kreditgeschäft sowie die Fähigkeit der Familie, umsichtig und bewahrend mit dem von Generation zu Generation weitergegebenen Vermögen umzugehen, entstanden war. Nicht zuletzt aber – und das unterschied Emanuel Merck von all seinen Vorgängern – besaß er den Mut und die Risikobereitschaft, die ihm zur Verfügung stehenden Mittel nun auch produktiv zu nutzen.

II.
Im Bann der Industrialisierung
(1827–1914)

Von Hermann Schäfer
Unter Mitarbeit von Tania Rusca,
Nina Schnutz und Wolfgang Treue

1. 1827–1850er-Jahre:
Von der Apotheke zur Fabrik

1.1. In drei Schritten zum Industriebetrieb

Der Prozess der Industrialisierung verlief – länder- und branchenbezogen – über unterschiedlich lange Zeiträume, dabei setzten vor allem in der gewerblichen Wirtschaft neue technische und organisatorische Entwicklungen ein: Arbeitsteiligkeit, mechanische Antriebskräfte, neue Produktionsverfahren, zunehmende Durchsetzung des Fabriksystems und Massenproduktion gelten als seine wesentlichen Indikatoren und sind auch den Untersuchungen der chemisch-pharmazeutischen Gewerbe zugrunde zu legen.[1]

Die Ankündigung Emanuel Mercks[2] in seinem 1827 herausgegebenen «Pharmazeutisch-chemischen Novitäten-Cabinet», mit der Herstellung seiner Präparate «im Grossen» zu beginnen, gilt als sein unternehmerischer Schritt in die Industrialisierung. Merck hatte – in einer «ersten Lieferung» dieses Angebotskataloges – 16 Alkaloide und Alkaloidsalze zusammengestellt, um eine «Classe von Arzneykörpern» vorzustellen, die «mit Ausnahme der China-Alcalien noch wenig in Gebrauch» seien. Sein Ziel sei es, diese Heilmittel «mehr zur allgemeinen Kenntnis [zu] bringen, und vorzüglich […] Arzt und Apotheker mit wenigen Kosten in den Stand [zu] setzen, Versuche damit anzustellen». Aus diesen Gründen, so schrieb er im Vorwort, habe er sich «bewogen gefunden, dieselben im Grossen darzustellen und in Sammlungen zu vereinigen».[3] Mit einem klug zusammengestellten Angebot von Schmerz-, Fieber-, Bronchial-, Magen-, Darm- und Schlafmitteln sowie entzündungshemmenden Präparaten deckte er vor allem wichtige Felder der damaligen medizinischen Therapie ab, auch wenn die Wirkung der einzelnen Stoffe und deren Toxizität für den Organismus noch nicht immer genau bekannt war.[4]

Abbildung 21 Aus den in der Natur vorkommenden Alkaloiden entwickelte Merck seine meisten Produkte. Hier die älteste erhaltene Sammlung mit 48 Präparaten aus dem Jahr 1838.

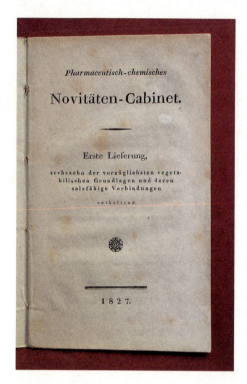

Abbildung 22 Titelseite des Novitäten-Cabinets (1827), dem ersten Angebot Mercks mit der Ankündigung einer Herstellung von Alkaloiden «im Großen».

Merck hatte einen Absatzmarkt erkannt, denn das in der Preußischen Pharmakopöe 1799 noch allgemein verbindliche Gebot der Selbstbereitung pharmazeutischer Präparate durch Apotheker war sukzessive aufgeweicht worden. Die vierte, 1828/29 veröffentlichte, auch in Hessen geltende Pharmacopoea Borussica stieß deswegen auf viele Proteste von Apothekern, die sich auf die Rolle von «bloßen Dispensieranstalten» reduziert sahen.[5] Da sich aber die Herstellung von Alkaloiden mit ihren hohen fachlichen und apparativen Anforderungen für den einzelnen Apotheker immer weniger rentierte, kauften sie diese zunehmend von – meist französischen – Großherstellern.[6] Günstig für Mercks Vorhaben war die Aussicht auf eine räumliche Erweiterung des Absatzmarkts durch den Abschluss des preußisch-hessischen Zollvertrags 1828.[7] Die Residenzstadt Darmstadt wuchs in den folgenden beiden Jahrzehnten von etwa 21 000 Einwohnern (1828) auf 27 000 (1852), blieb jedoch geprägt vom großherzoglichen Hof mit seinen über 4400 Hof- und Staatsbeamten sowie fast 3000 Militärpersonen (1826).[8]

Merck startete mit einer deutlich breiteren Produktpalette als andere Hersteller, indem er die wichtigsten bekannten Alkaloide anbot.[9] Wahrscheinlich widmete er sich dieser Herstellung zunächst vor allem aus wissenschaftlich-pharmazeutischem Interesse. Ab wann er an eine kommerzielle Nutzung

Abbildung 23/24 Die Société de Pharmacie, Paris, verlieh Merck 1830 diese goldene «Médaille d'encouragement» (Vorderseite li., Rückseite re.) mit einer Urkunde.

dachte, ist letztlich nicht zu klären.[10] Allerdings gab er schon 1826 bekannt, dass er «seit mehreren Jahren […] Morphium aus dem orientalischen Opium, theils zum eigenen Gebrauch, theils zum Verkauf an Materialisten» herstelle.[11] Da er im September dieses Jahres bereits verschiedene Morphiumsalze und das Brechmittel Emetin an eine Großhandlung verkaufte, wird mit Recht angenommen, dass Merck diese Fabrikationen «schon mehrere Jahre vor 1826 betrieb» und damit der älteste deutsche Alkaloidfabrikant mit einem umfassenden Angebot war.[12]

Die Qualität seiner Produkte sprach sich schnell herum. Die auf ihrem Gebiet international führende Société de Pharmacie in Paris verlieh ihm deshalb im April 1830 die goldene «Médaille d'encouragement». Ein Hauptpreis wurde nicht an ihn vergeben – zu Unrecht, wie anschließende Untersuchungen sowohl des berühmten Stockholmer Chemikers Jöns Jakob Berzelius[13] als auch von Justus Liebig[14] erwiesen. Merck hätte den Preis verdient gehabt, denn seine Alkaloide waren reiner, als die Jury in Paris überhaupt prüfen konnte.

Wenn die beiden Darmstädter, Liebig (1803–1873) und Merck, sich nicht bereits vorher kannten,[15] so dürften sie sich spätestens nach Liebigs Rückkehr vom Studium in Bonn, Erlangen und Paris (1820–1823) kennengelernt haben.[16] Der 20-jährige Liebig konnte nun die Qualität der Merckschen Apotheke und die Fähigkeiten ihres Inhabers noch besser beurteilen. Liebig, der seit 1825 als Ordinarius an der Universität Gießen Chemie lehrte, unterbreitete Merck im April 1831 einen Plan,[17] über den «beyde schon vielfach gesprochen» hatten. Liebig wollte mit dem Heidelberger Pharmazeuten und Universitätsprofessor Philipp Lorenz Geiger einen «Tauschverein» von «chemischen Präparaten und Droguen in der größten Allgemeinheit» gründen, an dem «jeder fleißige Apotheker theilnehmen kann und Vortheil findet».[18] Dessen Mitglieder sollten ihre durch regionale Herkunft, fachliche Kenntnisse oder vorteilhafte Einkäufe erworbenen Präparate, Arzneidrogen, Öle etc. einreichen, die zu einem «limitirten Preiße angenommen, und mit 20 Prozent ihres Werthes belastet und verkauft» würden. Jeder Einsender sollte wiederum aus diesem «Tauschcomptoir» seinen eigenen Bedarf decken und der Preisaufschlag die Kosten der Geschäftsführung tragen. Diese «Direction» und Lagerhaltung sollte Merck übernehmen, «in der praktischen Ausführung [sei] niemand besser» geeignet, Liebig hielt ihn für «geradezu unentbehrlich».[19] Merck wäre damit eine zentrale Rolle zugefallen, mit der sich seine eigenen Absichten für eine Produktion «im Grossen» wiederum gut hätten verbinden lassen.

Die Idee war in ihrer «Mischung von Zentrallabor und Apothekereinkaufsgenossenschaft» zukunftsweisend und hätte Arzneimittelherstellung und -versorgung überregional verbessern können. Doch meldeten sich auf zwei Aufrufe im Mai 1831 und im April 1832 nur 19 Interessenten. Woran das Projekt letztlich scheiterte, muss Spekulation bleiben: Sei es, dass die Apotheker die angekündigten Reinheitstests von Geiger und Liebig mehr fürchteten, als sie das Qualitätssiegel des Vereinsstempels begehrten; sei es, dass sie generell nicht in eine Abhängigkeit von den Initiatoren des Tauschvereins geraten wollten. Letztlich war es wohl eine Mischung unterschiedlicher Faktoren vom Individualismus der Apotheker bis zu fehlenden finanziellen Anreizen.[20] Wäre die Idee realisiert worden, so hätte das Unternehmen Merck möglichweise eine ganz andere Entwicklung genommen und Liebig, der sich tatsächlich früh für Fabriken interessierte, als deren Initiator gelten können. Die gelegentlich aufgestellte Behauptung, dass Merck erst «auf Anregung Liebigs die fabrikmäßige Darstellung der Alkaloide unternommen» habe,[21] wäre allerdings selbst dann nicht zutreffend.[22]

Auch wenn es nicht zur Gründung des Tauschvereins kam, produzierte Merck ab 1831 tatsächlich in zunehmenden Mengen und erweiterte sukzessive sein Angebot, so bis 1832 um Codein, Coffein, Elaterin, Salicin, Santonin, Solanin und Veratrin. Gleichzeitig wuchs die Nachfrage so stark, dass Merck mit den Lieferungen kaum nachkam.[23] Ein zeitgenössischer Bericht von 1835 zeigt einen Teil seiner Produktpalette in der ältesten gedruckt überlieferten Preisliste des Unternehmens. Sie umfasste insgesamt 25 Artikel; sie seien – so hieß es – von einer «fast mehr als eleganten Schönheit». Am teuersten und gewinnbringendsten waren das aus Sabadillsamen gewonnene Veratrin für Salben vor allem gegen Fieber und Läusebefall, das auf Herz und Zentralnervensystem wirkende Strychnin sowie Morphinsalze und Narcotin.[24] 1837 stellte Merck seine Präparate auf der ersten hessischen Gewerbeausstellung aus, allerdings außer Konkurrenz und ohne Prämierung, weil er selbst Mitglied der offiziellen Beurteilungskommission war. Wenige Jahre später wurden sie auf der Allgemeinen deutschen Industrieausstellung 1842 in Mainz gewürdigt.[25] Die Produkte mit der Aufschrift «Chemisches Laboratorium von E. Merck in Darmstadt»[26] genossen weithin einen guten Ruf, der bis nach St. Petersburg reichte, wo Emanuel Merck Ehrenmitglied der pharmazeutischen Gesellschaft wurde.[27]

Zwar fand bei Merck zu diesem frühen Zeitpunkt noch keine Massenproduktion im industriellen Sinne statt, wohl aber eine Fabrikation in – weit über Apothekenverhältnisse hinaus – arbeitsteilig organisierter Herstellung. Dem Apotheker bzw. Prinzipal unterstanden üblicherweise in einer hierarchischen Ordnung Rezeptarius und Defectarius,[28] Gehilfen, Lehrlinge und ungelerntes Hilfspersonal, darunter Stößer für das Zerkleinern von Drogen im Mörser.[29] Merck beschäftigte im September 1831 acht Mitarbeiter,[30] im Mai 1833 hatte er allein vier Gehilfen, auch wenn unsicher war, ob sie alle weiter beschäftigt würden.[31] Insgesamt scheint er zwischen Ostern 1832 und Weihnachten 1833 sogar 23 Mitarbeiter beschäftigt zu haben, eine beträchtliche Zahl, selbst wenn die Arbeiter in der ausgelaufenen Chlorkalkproduktion eingeschlossen gewesen sein sollten.[32]

Der räumliche Ausbau der Apotheke ging mit dieser Entwicklung einher: Seit spätestens Herbst 1832 bestand Renovierungsbedarf. Hermann Trommsdorff, der 1832 als Defectarius bei Merck tätig war, erwähnt, dass die «Arbeitslocale [des] weitläufigen Laboratoriums» im Winter kalt waren, «die Apotheke dagegen durch den Ofen des Nebenzimmers mitgeheizt [werde] und stets angenehm warm» sei.[33] Kein halbes Jahr später wurde umgebaut und das Laboratorium «bedeutend erweitert», indem Räume im Hinterhaus und im Seitenbau des Hofes der Apotheke hinzugenommen wurden. Danach bot es «hinlänglichen Raum [...], die mannigfaltigen Arbeiten [...] bequem vornehmen zu können».[34] Allerdings waren damit die Erweiterungsmöglichkeiten auf dem zwischen Schloss und Altstadthäusern eingeengten Grundstück der Apotheke erschöpft. Vier Jahre später wurde die Apotheke in das Anwesen Ecke Louisenplatz/Rheinstraße verlegt, wo sie 24 Jahre bleiben sollte. Das große Wohnhaus mit seinen Nebengebäuden sowie einem Garten boten Platz für Erweiterungen.[35]

Seit 1839 hatte das Laboratorium mit Th. E. Götz einen eigenen Vorsteher. Die Verwaltungsaufgaben hatten so zugenommen, dass ein Jahr später ein Apothekergehilfe in der Buchhaltung beschäftigt wurde, der dieser Aufgabe schon bald nicht mehr gewachsen war, zumal er auch noch einpacken und Rechnungen schreiben sollte.[36] Im Herbst 1841 wurde daher für Buchhaltung und Korrespondenz ein junger Kaufmann eingestellt.[37] Aus Platzmangel musste Mercks Bibliothek im Oktober 1838 in das Gartenhaus verlagert werden,[38] seine Präparate-Sammlung wanderte in die «Stube» des Laboratoriums-Vorstehers. Angesichts der zunehmenden Versandaufgaben wurde ein «Cabinet» als Packstube eingerichtet.[39] Im Herbst 1841 wurde Mercks Arbeitszimmer aufgeteilt, um Raum für ein «eigentliches Comptoir» zu schaffen, damit die Arbeit der Buchhaltung nicht durch die zahlreichen Besucher gestört wurde.[40] Parallel zu diesem Ausbau des Unternehmens wurde ein Teil der Produktion an den östlichen Stadtrand verlegt, wo eine Ölmühle als Hilfsbetrieb zum Zerkleinern und Mahlen von Samen, Rinden, Wurzeln etc. diente.[41] Produktion und Verwaltungsaufwand hatten so zugenommen, dass die Buchhaltung sich mit zahlreichen Unterkonten einschließlich Vermögensaufstellungen etc. erheblich differenzierte und verselbständigte.[42] Die «vormoderne» Organisation einer Apotheke hatte sich zu einer fortgeschrittenen Wirtschaftsorganisation und mit der angeschlossenen Fabrikation zu einem Unternehmen gewandelt; die grundlegenden Merkmale seiner Institutionalisierung waren weithin sichtbar.[43]

Bis 1840 hatte Merck seine Produktpalette gegenüber 1835 praktisch verdoppelt und bot rund 50 verschiedene Artikel an.[44] Aber mit nur drei von ihnen machte er mehr als zwei Drittel seines in diesem Jahr etwas über 30 000 Gulden betragenden Absatzes: An der Spitze stand Morphin mit rund 42 Prozent, mit Abstand gefolgt von den beiden Wirkstoffen Veratrin (13 Prozent) und Strychnin (elf Prozent). Es folgten Codein (sechs Prozent), Salicin (fünf Prozent) und Santonin.[45] Ein Vergleich seiner Preise zwischen 1827, 1835 und 1840 zeigt, dass Merck die meisten seiner Artikel zunehmend günstiger verkaufte und vermutlich auch Rabatte gewährte. Morphium war 1840 um die Hälfte günstiger als 1835, die verschiedenen Strychninsalze um 24 bis 57, Veratrin um 40 und Salicin um 43 Prozent günstiger, nur zwei Artikel von den ingesamt Vergleichbaren waren teurer geworden.[46] Offensichtlich waren Mercks Fabrikationsverfahren eingeübt und ökonomisch, die Qualität anerkannt, die Nachfrage sehr gut, und er kam mit seinem immer breiter gewordenen Angebot bestens an. Sein Vertrieb funktionierte – früher als der vergleichbarer Hersteller – vor allem über Großhandlungen für Drogen und Heilmittel, außerdem über Fabrikanten und meist größere Apotheken. Deren Rollen waren nicht immer scharf zu trennen, die Übergänge insbesondere zwischen Großhändlern und Fabrikanten fließend, weil die einen auch durch Weiterverarbeitung Produkte herstellten und die anderen sich zugleich als Zwischenhändler engagierten. Merck lieferte – in einer Momentaufnahme der größeren Abnehmer – über Aachen, Basel, Berlin, Erfurt, Frankfurt, Freudenstadt, Hamburg, Heidelberg, Koblenz, Köln, London, Mannheim, Nürnberg, St. Petersburg, Stuttgart, Triest, Wien und am meisten über fünf Kunden in Paris. Diese wiederum hatten zum Teil eigene Reisende für den Weitervertrieb.[47]

Das Unternehmen boomte, und dies schlug sich auch in Mercks Vermögensbilanz nieder: Ende 1832 wurden ihm rund 10 799 Gulden an Zins und Gewinn aus der Apotheke gutgeschrieben; das war ein Plus von rund zehn Prozent im

Vergleich zum Vorjahr. Als Gewinne aus pharmazeutischer Fabrikation lassen sich aus dieser Summe in den Jahren 1833 und 1834 jeweils über acht- und zehntausend Gulden schätzen. Mercks Vermögensbilanz stieg in fünf Jahren von 90 493 Gulden (1832) auf 155 904 (1837), im Jahr 1838 aber – vermutlich infolge der Fehlinvestitionen in eine Stearinfabrikation – nur noch geringfügig auf 156 292 Gulden (1838).[48]

Der Bruttoumsatz von Apotheke und Fabrik in den Jahren 1840 und 1841 kann nach dem Geschäftsbuch 1840/41 näherungsweise berechnet werden und betrug danach in jedem der beiden Jahre rund 31 000 Gulden. Abzüglich der Zulieferungen von jeweils 18 900 Gulden blieben netto 12 100 Gulden, was einer Wertschöpfung aus der Merckschen Produktion in Höhe von rund 40 Prozent entspräche. Seine Rohstoffe bezog Merck von 65 Lieferanten, von denen 60 Prozent ihren Sitz in Deutschland hatten, die wichtigsten ausländischen saßen in Paris, London, Smyrna, Rotterdam, Basel und Triest. Opium war der auch nach dem Umsatzwert wichtigste Bezugsstoff.[49] An Abnehmern sind rund 90 namentlich identifizierbar, davon 61 Prozent in deutschen Staaten. Unter den ausländischen Beziehern dominierte Frankreich (22 Prozent), mit großem Abstand gefolgt von Russland (5 Prozent) und Österreich (4 Prozent), ferner Großbritannien, Italien, die Schweiz, die Niederlande und das Osmanische Reich. Tatsächlich war Merck bereits während der Phase des «Take-off» seines Unternehmens und noch ohne Maschinenantrieb in das bisherige Monopol der Pariser Fabrikanten eingedrungen, einige von ihnen kauften inzwischen bei ihm, weil sie – wie es bereits unter den Zeitgenossen hieß – «diese Stoffe bei gleichem Preise nicht in demselben Grade von Reinheit liefern» konnten.[50]

Angesichts dieser guten Geschäftssituation, die lediglich durch seinen erfolglosen Ausflug in die Stearinkerzenfabrikation getrübt wurde, traf Merck die Entscheidung für technische Investitionen. Besonders der ein Jahrzehnt zuvor für die Chlorkalkproduktion genutzte sogenannte Große Garten bot sich dafür an.[51] Hier ließ er im Mai 1843 zwar nicht als erster Chemieunternehmer,[52] aber doch mehrere Jahre vor den meisten anderen pharmazeutischen Unternehmen,[53] seine erste Dampfmaschine installieren. In der chemisch-pharmazeutischen Industrie war die Ausarbeitung spezieller Verfahrenstechniken wichtiger als der Einsatz krafterzeugender Maschinen. Wenn Dampfkraft genutzt wurde, so vor allem für Zerkleinerungs-, Mahl- und Misch- bzw. Rührvorgänge; auch Merck dürfte eine Maschine mit vielleicht drei PS ausgereicht haben.[54] Sie gehe «sehr schön», schrieb er zuversichtlich, aber er wolle nichts überstürzen und sie erst im Herbst in Betrieb nehmen, «um die Leute erst richtig einzuschießen».[55] Kaum war sie installiert, war sie bereits zu klein.[56]

In drei Schritten hatte sich aus der Apotheke eine industriell-pharmazeutische Produktion und ein Unternehmen entwickelt: von der Ankündigung der

Herstellung «im Großen» (1827), über Mengenfabrikation (nachweislich seit 1831, wahrscheinlich früher) und zunehmende Arbeitsteiligkeit bis schließlich zum Maschineneinsatz (1843). In einer insgesamt rund 16 Jahre währenden «Take-off»-Phase realisierte Emanuel Merck seine Vision einer pharmazeutischen Großproduktion. Wenn der von Chandler für Pionierunternehmen verwendete Begriff eines «first mover»[57] in der Geschichte der chemisch-pharmazeutischen Industrie auf ein deutsches Unternehmen angewandt werden darf, dann auf Merck mit dem Zusatz «*very* first mover». Emanuel Merck kann nach Schumpeter-Kriterien als dynamischer Unternehmer in dreifacher Hinsicht angesehen werden: Er schuf – substanziell und qualitativ – neue Produkte, entwickelte effiziente Produktionsmethoden, gab das Beispiel für vergleichbare Unternehmensgründungen, namentlich Trommsdorff in Erfurt, und erschloss – nicht zuletzt – neue und internationale Absatzmärkte.[58]

1.2. Das wissenschaftliche Netzwerk und der Ausbau der industriellen Fabrikation

«Je mehr ich arbeitete desto ausgedehnter wurde meine Arbeit», berichtete Merck im November 1829 seinem ehemaligen Lehrer Trommsdorff in Erfurt, der ihn um einen Aufsatz für das von ihm herausgegebene «Journal der Pharmacie» gebeten hatte. Mit den Ergebnissen seiner Forschungen war er zufrieden: «Ich bin jetzt schon im Stande, 10 verschiedene Pflanzenbasen im *reinen* Zustand voneinander zu unterscheiden, und wenn sie gemischt sind wieder zu trennen.» Merck hatte bei seinen Untersuchungen «der vorzüglichsten vegetabilischen Alcalien [...] mehrere nicht ganz uninteressante Erfahrungen gemacht» und wollte seine Ergebnisse wohl gerne bei Trommsdorff publizieren, aber diese «Bekanntmachung noch einige Zeit verschieben, um nicht [...] etwas halbes liefern zu müßen». Apothekenalltag, Fabrikation und Forschung waren zeitaufwendig: «Mein Geschäft beschäftigt mich so daß ich nur selten einige Stunden den Wißenschaften widmen kann.»[59] Mit der Fertigstellung des erbetenen Aufsatzes beeilte er sich dennoch, sodass er noch 1830 publiziert werden konnte und die ausdrückliche Anerkennung des Herausgebers fand: «eine schwierige Aufgabe sehr glücklich gelöst».[60]

Merck und Trommsdorff kamen in noch engeren Kontakt, als dessen Sohn Hermann (1811–1884) seine Laufbahn als Apothekergehilfe bei Merck fortsetzte. Merck begegnete ihm im September 1831 in Frankfurt, bot ihm «mit großem Vergnügen» die Stelle des Defectarius ab Ostern 1832 an[61] und lud ihn im Oktober zu sich nach Darmstadt ein.[62] Trommsdorff lernte dort noch seinen Vorgänger kennen, Carl Christian Conrad Zimmer (1808–1878), einen «tüchtigen jungen Mann», mit dem er zwar nur wenige Tage, aber so gut zusammenarbeitete, dass beide verabredeten, künftig «einander Alles was uns bei unseren Arbeiten bemerkenswerthes aufstösst brieflich mitzutheilen». Zimmer wechselte von Merck zu dem seit etwa 1828 auf Chininproduktion spezialisierten Friedrich Jobst nach Stuttgart, konzentrierte sich dort «hauptsächlich» auf Chinin und führte – wie Trommsdorff bereits im August 1833 wusste – «in dieser Fabricaton schon manche hübsche Verbesserung» ein.[63] 1836 gründete er in Frankfurt die Chemische Produktenfabrik, in die er noch im ersten Jahr den Darmstädter Ernst Carl Sell aufnahm. Seit 1838 stand Merck mit dem Unternehmen nachweislich in einer kontinuierlichen Geschäftsbeziehung,[64] die ein halbes Jahrhundert später in eine Merck-Beteiligung an Zimmer mündete.[65] Merck gab die Chininherstellung, ein damals höchst spekulatives «Modegeschäft»,[66] im Herbst 1831 auf und setzte stattdessen auf das aus Weidenrinde hergestellte Salicin, dessen fiebersenkende Wirkung bestätigt war. In der bei Merck geplanten Fabrikationsmenge sollte es ein billiges «Chininsurrogat» werden.[67] Zwar verkaufte Merck weiter auch Chinin, wenn es von seinen Kunden nachgefragt wurde, bezog es aber von anderen Herstellern.[68]

Einige Jahre später gab es allerdings eine verwickelte, letztlich gescheiterte und kaum aufklärbare «Chinin-Chinoidin-Spekulation».[69] Liebig hatte sie 1845 initiiert und ein Konsortium für den Aufkauf von Chinoidin, einem ungereinigten Gemenge verschiedener Alkaloide, in ganz Europa zusammengestellt,[70] sich aber dann zurückgezogen. Merck nahm gemeinsam mit Zimmer von Frankfurt aus «große Ankäufe» vor und lud seinerseits Liebig zur Beteiligung ein.[71] Dieser sagte ab, wünschte aber «von Herzen, daß sich die Hoffnungen realisieren möchten die Sie und Herr Zimmer auf diese Spekulation setzen».[72] Merck hatte in den 1830er-Jahren bereits Kunden in Großbritannien[73] und unterhielt spätestens seit Mitte der 1840er-Jahre rege Geschäftsbeziehungen mit F. W. Roller in London; im Rahmen der Spekulation fungierte dieser als eine Art Vermittler, Finanztransakteur und Briefträger.[74] Mercks Sohn Georg (1825–1873) arbeitete übrigens zu dieser Zeit in London bei Liebigs wichtigstem Schüler, August Wilhelm Hofmann, und eine solche internationale, auch spekulative Zusammenarbeit schien nicht außergewöhnlich.[75]

Die bis Dezember 1833 andauernde, anderthalbjährige Mitarbeit Trommsdorffs bei Merck legte den Grundstein für eine persönliche und geschäftliche Verbindung, die über Generationen hielt. Trommsdorff übernahm 1837 die väterliche Apotheke in Erfurt und gründete «nach dem Vorbild» Mercks ein eigenes pharmazeutisches Unternehmen.[76] Unter Emanuel Mercks Söhnen blieben die Geschäftskontakte intensiv, seine Enkel übernahmen schließlich das Erfurter Unternehmen 1892.[77]

Die Pflege beruflicher Kontakte und Netzwerke spielte für Merck eine große Rolle. Zu seinen Gesprächspartnern gehörten: Johann Christian Poggendorff, ein gelernter Apotheker und renommierter Physiker, Herausgeber der «Annalen der Physik und Chemie»; Rudolf Brandes, Vorgänger von Ludwig Franz Bley im Vorsitz des Norddeutschen Apothekervereins;[78] Friedrich Fikentscher, ein Glashütten-Unternehmer;[79] Karl Wilhelm Gottlob Kastner, Lehrer Liebigs und einer der bedeutendsten deutschen Chemiker jener Jahre;[80] schließlich auch einer seiner älteren Darmstädter Apothekerkollegen, Ernst Ludwig Rube, der Inhaber der Hirsch-Apotheke, den er bei der auf Anregung Liebigs 1830 errichteten Zuckerrübenfabrik in Pfungstadt unterstützte.[81] Am wichtigsten war der ebenso rege wie freundschaftliche, wissenschaftliche Austausch mit Liebig über chemische Stoffe, Präparate und Erfahrungen. Liebigs Kollegen und Mitarbeiter wussten, wenn sie sich auf ihn beriefen, half Merck auch ihnen gerne.[82] Die Freundschaft zwischen Liebig und Merck war bekannt, sodass – wie sein Gießener Kollege Friedrich Wöhler schrieb – bei Anfragen an Merck «ein Wort von Dir [Liebig] mehr gilt, als hundert Briefe von mir».[83] Zahlreiche Kollegen machten auch immer wieder gerne Station bei Merck, der mit seiner Frau ein gastfreundliches Haus führte.[84]

Über sein Netzwerk und «eine ziemliche Menge technischer Zeitschriften» hielt sich Merck über die aktuellen Forschungen auf dem Laufenden.[85] Eigene Publikationen hingegen waren eher Nebenprodukte, und auch seine nach dem Tod Geigers 1836 auf Liebigs Bitte hin übernommene Mitherausgeberschaft bei den «Annalen der Pharmazie» gab er im folgenden Jahr wieder auf.[86] Mit Trommsdorff und Liebig tauschte er sich über anstehende Veröffentlichungen aus, auch über Robiquets Opium-Untersuchungen 1833 und dessen Entdeckung des Codeins.[87] Kurze Zeit danach gehörte es bereits zu den Produkten in Mercks Angebot.[88]

Ebenso selbstverständlich war ein gegenseitiger Austausch über wichtige Forschungsideen, Publikationen, neue Geräte und deren Bezugsquellen,[89] über Versuche mit anderen Präparaten,[90] Mengenangaben und Mischungen sowie über ärztliche Anwendungen und Rückmeldungen von Medizinern.[91] Während Merck stärker von Liebigs Forschungsergebnissen und dessen Austausch mit der Gelehrtenwelt profitierte, lagen die Vorteile für Liebig in Mercks Herstellungen und Geschäftskontakten. Durch sie bezog er Stoffe für seine Forschung, die anderen nicht zur Verfügung standen. Wie wichtig dies insbesondere vor dem Hintergrund der unzulänglichen Ausstattung seines Instituts war,[92] wird in vielen seiner Briefe an Merck deutlich. So schrieb er zum Beispiel 1846: «Sie beschämen mich wahrhaft mein theurer Freund durch Ihre große Güte, der ich gar nichts entgegenzusezen weis als meine Bereitwilligkeit Ihnen gleiche Gegendienste zu erweisen.»[93]

Die pharmazeutisch-chemische Forschung war praxisorientiert, sodass Hermann Trommsdorff seinem Vater bemerkenswert ausführlich berichtete, dass Liebig im Herbst 1833 mehrere Versuche bei Merck durchgeführt hatte, unter anderem eine organische Analyse. Dies war Neuland,[94] Liebig hatte zwei Jahre zuvor zur Elementaranalyse organischer Verbindungen publiziert,[95] aber den praktischen Versuch mit dem neuen «Fünf-Kugel-Apparat» bei Merck übertrug er seinem Schüler Ernst Carl Sell, mit dem Merck auch später – trotz gelegentlicher Unstimmigkeiten – im Geschäft blieb.[96] Auch wenn Sells Experiment unter den Augen von Liebig, Merck und dem jungen Trommsdorff in diesem Fall erfolglos blieb,[97] erwies sich, wie wichtig Verfahrenstechnik und praktische Erfahrungen waren. Trommsdorff war sogar der Ansicht, bei diesem Versuch «mehr als bei einem glücklichen Ausgang gelernt» zu haben, denn ihm sei seitdem «nie wieder auf diese Weise eine Analyse verdorben».[98] Das Beispiel belegt nicht nur die experimentelle Zusammenarbeit des praxisorientierten Hochschullehrers Liebig mit Merck als «dem führenden Praktiker»,[99] sondern zeigt die Anfänge «des modernen, arbeitsteiligen Forschungslabors», dessen Durchsetzung Liebig berühmt machte und der Universität Gießen seit 1835 internationales Ansehen verschaffte.

Merck tauschte sich mit Liebig über berufliche wie private Themen aus, dieser wiederum, ein großer Vernetzer von Akteuren und Aktionsfeldern, hatte etwa 2000 Korrespondenzpartner, davon 40 Prozent im nicht-deutschsprachigen Ausland, und machte die kleine Landesuniversität weithin zu einem Magneten für Chemiestudenten. Bis er 1852 von Gießen an die Universität München wechselte, waren etwa 700 Studenten von ihm ausgebildet worden. Die «Liebigschule» war ein international effizientes «System zur Genese und Distribution von Reputation», auch über sie verbreitete sich – wie schon früher über Trommsdorff – der gute Ruf des Darmstädter Unternehmens.[100]

Die Rahmenbedingungen für die Pflege dieses Netzwerkes bis hin zu Handels- und Absatzverflechtungen verbesserten sich in jenen Jahren vor allem durch die Gründung des Deutschen Zollvereins und die Eröffnung der Taunus-Eisenbahnstrecke (1839/40), auch wenn Darmstadt erst 1846 über die Main-Neckar-Bahn an dieses Netz angeschlossen und mit Frankfurt, Mainz und Wiesbaden verbunden wurde.[101] Damit wurde auch die Lieferung des für Merck besonders wichtigen Rohstoffs Opium leichter, mit dem er sich seit Langem besonders intensiv beschäftigte.[102] Merck gelangen wesentliche Verbesserungen in der Herstellung von Morphium, was den erfreulichen Effekt beträchtlicher Ertragssteigerungen mit sich brachte.[103] Verarbeitete Merck 1831 20 Pfund und 1832 bis 1834 jährlich fast 100 Pfund Opium, so stieg diese Menge seit 1835 auf etwa 312 Pfund, danach auf 882 (1839) und ab 1840 bis 1842 auf über 1500 Pfund. Merck bezog Opium von unterschiedlichen Lieferanten. Die besseren Qualitäten kamen aus dem Ausland, hauptsächlich über Triest,[104] deutsche Lieferungen vor allem über

Abbildung 25 Mercks interne Kalkulation für die Herstellung von Morphium sah kräftige Gewinne vor: «…10 Pf. bestes Opium zu f 14 geben 15 Unz. Morphium, theils purum theils aceticum – im Durchschnitt die Menge Morphium zu f 15 gerechnet ist ein Gewinn von f 85 von welchem jedoch noch die Fabrikationskosten abzuziehen sind» (ca. 1830).

Stuttgart und Heidelberg.[105] Merck kalkulierte Gewinnspannen weit über den damals festgelegten Apothekertaxen, die eine Verdoppelung bis maximal Verdreifachung des Verkaufspreises auf den jeweiligen Rohstoff vorsahen.[106] Seine Morphiumberechnung «in Geld» entsprach einer mehr als fünffachen Wertschöpfung auf das Rohmaterial und lautete «10 Pf. bestes Opium zu f 14 geben 15 Unz. Morphium, theils purum theils aceticum – im Durchschnitt die Menge Morphium zu f 15 gerechnet ist ein Gewinn von f 85 von welchem jedoch noch die Fabrikationskosten abzuziehen sind».[107] Grundsätzlich waren die Gewinnspannen für Opiumpräparate beträchtlich,[108] wenn auch nicht so hoch wie bei Mercks persönlicher Kalkulation. Der Markt gab solche Preise her, denn schon seit 1840 nahm der Bedarf an Morphin deutlich zu und stieg später insbesondere in Kriegszeiten weiter.[109]

Die Herstellung von Morphium war kompliziert und erforderte viel Erfahrung und Praxis: Merck hatte sie, denn schon 1840 bis 1843 stellte er Morphin und seine Salze durchschnittlich jährlich fast 30 Mal her.[110] 1842 fertigte er in 35 Produktionsgängen aus 1750 Pfund Opium insgesamt 2632 Unzen (ca. 79 kg) Morphin und Morphinsalze. Wie kompliziert diese Prozeduren waren, wusste jeder Apotheker nicht erst seit Friedrich Mohrs für die pharmazeutische Praxis wichtigem Kommentar zur Preußischen Pharmakopöe aus dem Jahr 1849: Dieser betonte ausdrücklich, wie groß die Verluste auch bei nur kleinsten Verfahrensfehlern sein konnten, und gab – singulär herstellerbezogen – den persönlich-fachmännischen Rat: «Ich würde auf einer Reise in einer kleinen Landstadt lieber Merck'sches Morphium, als das von einem Unbekannten selbst bereitete einnehmen wollen.»[111] Eine bessere Werbung als diese prominente Empfehlung hätte

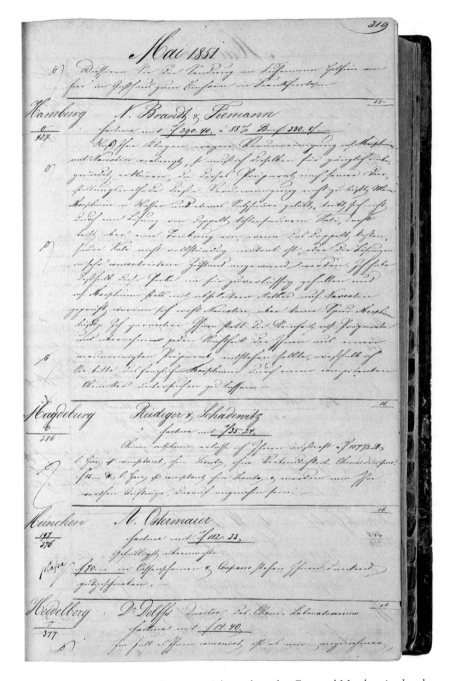

Abbildung 26 Bereits seit den 1840er-Jahren übernahm Emanuel Merck weitgehende Garantien für die Reinheit seiner Produkte, hier gegenüber einem Hamburger Kunden, 15. Mai 1851.

Merck sich nicht wünschen können. Er selbst war freilich von der Qualität seiner Produkte ohnehin überzeugt und scheute kein fachmännisches Gutachten.[112] Eine Beschwerde über angeblich verunreinigtes Morphium wies er 1851 geradezu empört zurück: «Ich garantire Ihnen stets die Reinheit m[einer] Präparate und übernehme jeden Nachtheil der Ihnen aus einem verunreinigten Präparat entstehen sollte, weßhalb ich Sie bitte das fragliche Morphium durch einen compitenten [sic!] Chemiker untersuchen zu lassen.»[113] Dies kam einer im Rückblick bemerkenswert «weitgehende[n] Garantie – mit [...] unbeschränkter Produkthaftung» gleich.[114]

1.3. Nebentätigkeiten, Diversifizierung und Investments

Apotheker verstanden sich im 19. Jahrhundert als «Diener des Staates» zum Wohle der Menschheit.[115] Die Engagements von Emanuel Merck gingen über das standesübliche Maß zusätzlicher Tätigkeiten hinaus, wie nicht nur seine Mitgliedschaft im Stadtgemeinderat seit 1828 belegt.[116] Humanitäre und geschäftliche Interessen konnten dabei durchaus miteinander einhergehen. Nachdem sich seit 1830 infolge einer drohenden Choleraepidemie wachsender Bedarf des Desinfektionsmittels Chlorkalk abgezeichnet hatte, bereitete Merck dessen Großfabrikation vor.[117] Für die Produktion war Chlorgas notwendig, für dessen Erzeugung wiederum große Mengen von Salzsäure erforderlich waren. Diese war leicht von Sodafabriken aus der Nähe zu beschaffen, und mit den komplizierten Herstellungsverfahren hatte Merck sich bereits seit Längerem beschäftigt, darüber insbesondere mit seinem Lehrer Trommsdorff korrespondiert.[118] Unterstützung fand er bei seinem Apothekerkollegen Friedrich Moldenhauer, mit dem er am 1. Oktober einen Gesellschaftsvertrag schloss. Die Chlorkalkfabrik sollte demnach auf «gemeinschaftliche Rechnung unter der Firma ‹Emanuel Merck in Darmstadt›» geführt werden, Merck stellte die erforderlichen Liegenschaften, die Investitionen sollten gemeinsam aufgebracht werden, das dann erforderliche Betriebskapital sollte Merck allein stellen.[119] Ein Bauantrag war schon ein halbes Jahr vorher bewilligt worden, denn tatsächlich hatte die Choleragefahr inzwischen bedrohliche Ausmaße angenommen.[120] Das Projekt musste – auch wenn es als «besonders gewagt» galt – schneller als geplant realisiert werden, denn inzwischen gingen «so bedeutende und ängstlich geforderte Aufträge ein», dass die Produktionskapazitäten erhöht und auf täglich drei bzw. jährlich fast 1000 Zentner ausgelegt werden mussten.[121] Der im ehemaligen Stall und in der Scheune des Merckschen Gartengeländes vor der Stadt eingerichtete Chlorkalkbetrieb arbeitete von Oktober bis Ende Dezember 1831. Die Qualität war deutlich besser als die – allerdings kostengünstigere – Ware französischer Hersteller. Das Produkt wurde sogar über die Grenzen des Großherzogtum Hessens hinaus verkauft.[122]

Die Furcht vor der Cholera in Darmstadt verflog ebenso rasch, wie sie gekommen war.[123] Da sich zudem die von der 1828 gegründeten Großherzoglich Hessisch konzessionierten Chemischen Fabrik Neuschloß bei Worms bezogene Salzsäure ständig verteuerte, wurde die Herstellung «schnell unrentabel» und daher eingestellt. Die restlichen Warenbestände wurden bis 1832 abgesetzt.[124] Nach dieser Erfahrung, die Merck viel Arbeit, aber nur Verluste gebracht hatte,[125] engagierte er sich wenige Jahre später – finanziell eher symbolisch, persönlich mit hohem Arbeitsaufwand – bei der 1837 mit großen Hoffnungen gegründeten Gesellschaft für Zuckerfabrikation im Großherzogtum Hessen, einem der seit der napoleonischen Kontinentalsperre zunehmend aufgekommenen Betriebe zur Verarbeitung von Rübenzucker. Er erwarb 1837/38 nur fünf der insgesamt 1200 Aktien und erhielt zunächst knapp fünf Prozent Zinsen.[126] Seine finanzielle Zurückhaltung erwies sich als begründet. Das von Anfang an fehlkonstruierte Unternehmen scheiterte 1843; selbst seine eigenen Bemühungen konnten es nicht mehr retten.[127]

Mit größeren Hoffnungen baute er fünf Jahre nach der Chlorkalk-Erfahrung ein innovatives Geschäftsfeld im Beleuchtungsmarkt auf, das gut in die Residenzstadt zu passen schien: In Frankreich war ein neues Verfahren zur Herstellung von Stearinkerzen entwickelt worden. Seit 1837 produzierte in Berlin die Filiale eines französischen Herstellers. Es lag nahe, in Darmstadt Vergleichbares zu versuchen. Mit Georg Friedrich Pabst, einem seit 1836 in seiner Nachbarschaft angesiedelten Unternehmer mit einem kleinen Betrieb für chemisch-technische Artikel, gründete er die Firma Merck & Pabst.[128] Weil sich die Lieferung der Maschinen verzögerte, war die Fabrikation erst Anfang März 1839 in «regelmäßigem Betrieb». Die Kerzen, die gutachterlich bestätigt «vollkommen frey von allen schädlichen Stoffen» waren, wurden auf der Darmstädter Gewerbeausstellung im Herbst 1839 präsentiert und prämiert. Sie fanden so «viel Beyfall», dass «kaum genug» hergestellt werden konnten. Der Verbrauch bei Hof und im Theater war groß. Allein anlässlich von Festlichkeiten im Juni 1839 sollen «in wenigen Tagen an 10 Zentner Lichter» verbraucht worden sein. Die Lieferungen gingen weit über Hessen hinaus.[129]

So vielversprechend dieses Geschäft begonnen hatte, so enttäuschend stellte sich die Lage zwei Jahre später dar. «Mit bedeutenden Opfern» hatte Merck die Fabrikation aufgebaut, er hielt sie für ein «schönes Geschäft» und war im August 1841 noch überzeugt, dass sie sich «unter guter kaufmännischer und technischer Leitung rentiren würde». Er hatte zwar ein entsprechendes Angebot eines Frankfurter Geschäftsmannes, jedoch – wie er schrieb – eine so «gewaltige Scheu vor allen Associés, dass ich mich nicht dazu entschließen» kann.[130] Einen Monat später war er schon «recht froh», die Stearinfabrik «los» zu sein und hoffte, wenn er «Leben und Gesundheit behalte, bald wieder den Verlust ersetzt zu haben». So rasch und zielstrebig er diesen Betrieb aufgebaut hatte, so entschlossen trennte er sich von ihm: Er wurde Ende 1841 aufgelöst, Maschinen und Geräte an eine Fabrik in Heilbronn verkauft, sodass Merck von seinen auf rund 10 000 Gulden geschätzten Investitionen vermutlich 90 Prozent zurück erhielt. Das unternehmerische Abenteuer hatte sich als Nullsummenspiel erwiesen: Auf der Haben-Seite standen nach der vollständigen Abwicklung gerade einmal 165,40 Gulden.[131] Offenbar hatte sein Partner Pabst als Kaufmann versagt, Merck wiederum die Zeit gefehlt, denn seine Apotheke und die Pharmafabrikation hatten für ihn Priorität. Diese Erfahrungen mögen mit dazu beigetragen haben, dass Merck in den folgenden Jahrzehnten keine familienfremden Partner aufnahm, sich vor allem auf pharmazeutische Produktionen konzentrierte und später als andere Unternehmen mit der chemisch-technischen Fabrikation begann.

Zu den berufsnahen, aufgrund seines Renommees viel gefragten Nebentätigkeiten[132] gehörten etliche Gutachteraufgaben. Im April 1835 untersuchte er beispielsweise im Rahmen seiner besoldeten Funktion als Medizinalrat[133] die Frage, ob eine Darmstädter Zündholzfabrikation aus Gefahrengründen geschlossen werden müsse. Merck votierte für die Erhaltung, zumal die Firma mehr als 60 Arbeiter beschäftigte und für die Stadt wichtig war.[134] 1839 oblag ihm die Prüfung der Satzung des neu gegründeten Apothekervereins im Großherzogtum Hessen, der ihm selbst am Herzen lag. Die Verleihung des Titels Obermedizinalrat und der Ehrenmitgliedschaft des Vereins 1853 waren Dank und Anerkennung dafür.[135] Im Februar 1844 führte er amtliche Laboruntersuchungen zu Arsenvergiftungen durch,[136] 1845 ging es um die Prüfung von Brot- und Mehlsorten sowie der Biere von 30 Brauereien in Mainz,[137] 1852 um Informationen für ein Gutachten über den Strychnin-Gehalt englischer Biere,[138] 1853 um die Einführung einer Gasbeleuchtung, und selbst bei einem Darmstädter Glockenspiel war sein Rat gefragt.[139] Spektakulär war der Prozess gegen den Mörder der Darmstädter Gräfin von Görlitz. Mercks Schwager, Georg Hoffmann, der älteste Bruder seiner Frau, war als Kriminalrichter für die Untersuchung des Falles zuständig.[140] Der Diener hatte die Gräfin im Juni 1847 erwürgt, konnte aber erst in einem aufsehenerregenden Prozess 1850 unter anderem aufgrund der Gutachten von Merck und Liebig überführt werden, welche die Möglichkeit der Selbstentzündung des Körpers der Gräfin widerlegten; es war einer der ersten empirisch-naturwissenschaftlichen Indizienprozess der modernen Rechtsgeschichte.[141]

Anders als Mercks Engagements in Chlorkalk, Rübenzucker und Stearin sowie seine Gutachtertätigkeiten waren seine Finanzgeschäfte nicht berufsnah. Merck investierte, wie es seine Vorfahren getan hatten, weiter in Staatspapiere und einige Kommunalkredite.[142] Die Bindung der Familie Merck an das Großherzogtum wurde auf diese Weise bestätigt, zumal einige Mitglieder des großherzoglichen Hauses und der Regierung zu seinen Schuldnern zählten.[143] In den Jahren 1835 bis 1837 verbuchte Merck Zinseinnahmen, die auf derartige Vermögensanlagen in Höhe von mindestens 52 000 bis 62 000 Gulden schließen lassen.[144] Doch ist diese Schätzung lediglich eine Momentaufnahme: Zahlreiche, teilweise erhebliche Investitionen in Privatkredite ebenso wie in Aktien sind auch für die folgenden Jahrzehnte zusätzlich belegt.[145] Dennoch verlor Merck trotz aller Diversifikation nie den Überblick über sein Hauptunternehmen.[146] Seine Erfahrungen bei den «Ausflügen» in andere Geschäftsfelder, vor allem der Stearin-Misserfolg, hatten ihn gelehrt, sich auf die Familie zu verlassen. Finanzgeschäfte der Teilhaber gehörten weiterhin zur Tradition des Familienunternehmens und wurden bis zum Ersten Weltkrieg gewissermaßen als nebenberufliche «Geheimarbeiten» von den für die Finanzen zuständigen Prokuristen miterledigt.[147]

1.4. Sozial-patriarchalische Aspekte, Familienzusammenhalt und politische Hintergründe

«Ich lernte ihn als einen anspruchslosen sehr biederen und gediegenen Mann kennen, der in jeder Hinsicht wenig aufs Äusere giebt, sondern nach dem inneren Werth beurteilt», schrieb der 20-jährige Hermann Trommsdorff im Oktober 1831 nach seiner ersten Begegnung mit dem 17 Jahre älteren Emanuel Merck. Es sei ihm «viel werth unter die Leitung eines so gründlichen tüchtigen Chemikers zu kommen, für den ich H. Merck schon längst aus seinen Abhandlungen und Arbeiten kenne».[148] Sein Vater, der frühere Lehrer Mercks, war inzwischen über 60 Jahre alt, eine «zentrale Figur» im internationalen pharmazeutischen Wissenstransfer, und kannte die damalige Apothekenszene in Deutschland wie kein anderer.[149] Er wusste um die Fähigkeiten seines «vormaligen Zöglings» und dass «an andern Orten am Rhein […] nicht viel zu lernen» war.[150] Diese persönlichen Charakterisierungen wurden gleichsam amtlich bestätigt. Die offiziellen staatlichen Visitationen der Merckschen Apotheke in den Jahren 1833, 1840, 1846 und 1851 resultierten in Beurteilungen wie «höchst zufrieden», «sehr gewissenhaft», «musterhaft» und «ungewöhnlich tadelfrei».[151]

Nach der französischen Julirevolution 1830 herrschte im Großherzogtum Hessen-Darmstadt, anders als im benachbarten Kurhessen, zunächst äußerlich politische Ruhe. Auf den nach fast 40 Regierungsjahren verstorbenen Großherzog Ludwig I. (1753–1830) war im April 1830 sein Sohn Ludwig II. (1777–1848) gefolgt.[152] Dessen Forderung, seine immensen privaten Schulden von rund zwei Millionen Gulden auf den Staat zu übertragen, löste jedoch einen Dauerkonflikt mit der Ständeversammlung aus. In dieser Zeit erlebte Georg Büchner (1813–1837) die obrigkeitlichen Schikanen spätabsolutistischer Regierungspolitik, propagierte mit

Gleichgesinnten seine sozialrevolutionären Ideen, prangerte seit Mitte 1834 in Flugschriften die Verschwendung des «darm-hessischen»[153] Hofes an und rief die hessische Landbevölkerung zur Revolution gegen die Unterdrückung auf.[154] Emanuel Merck unterhielt als Hoflieferant gute Beziehungen zum Hofe.[155] Merck und Georg Büchners Vater dürften sich im Übrigen gekannt haben. Dessen zweiter Sohn, Georgs jüngerer Bruder Wilhelm, legte im November 1838 die pharmazeutische Staatsprüfung bei Merck ab.[156] Dass Georg seit August 1834 polizeilich gesucht wurde und während des folgenden Winters in seinem Versteck im Elternhaus in Darmstadt das Revolutionsdrama «Dantons Tod» verfasste, bevor er im März 1835 nach Straßburg flüchtete,[157] gehört insofern zum Hintergrund dieses Jahrzehnts.

Emanuel Merck nahm sich des Sohnes seines Lehrers Trommsdorff besonders an. Zwischen beiden entwickelte sich ein «sehr inniges Lehrer-Schülerverhältnis».[158] Merck hatte selbst nie vergessen, dass er seine erste Prüfung durch Vater Trommsdorff «sehr schlecht bestand und zum Theil baaren Unsinn zu Tage brachte», weil er damals – wie er sich erinnerte – «sehr schwer begriff und ein sehr schwaches Gedächtnis hatte». Dass er von seinen Mitschülern «sehr zum besten gehalten und häufig geneckt wurde», hatte ihn geärgert und Ehrgeiz geweckt,[159] Erfahrungen, die wohl auch seinen eigenen Erziehungsstil prägten.[160] Die Mitarbeit von Hermann Trommsdorff verlief für beide Seiten äußerst zufriedenstellend: Der 21-Jährige konnte sich bei Merck viele «practische Fertigkeit und […] Kenntnisse […] bei den mannigfaltigen chemischen Arbeiten» aneignen,[161] wurde von seinem Prinzipal zu eigenen Publikationen motiviert und war darüber hinaus fast Teil der Familie.[162] Merck bedauerte, dass es ihm nicht gelang, ihn – obwohl er sich durch Herkunft und Vermögensverhältnisse aus der Schicht der Gehilfen heraushob[163] – in die residenzstädtische Gesellschaft einzuführen: Einem «Apothekergehülfen, sey er auch von noch so guter Familie [bleiben] unßere ersten Zirkel u. dergl. verschlossen».[164]

Bewerbermangel gab es bei Merck nicht, auch wenn gelegentlich Anzeigen geschaltet wurden.[165] Das gut gehende Geschäft zog Interessenten an, mit denen ein halbes Jahr im Voraus Einstellungsvereinbarungen getroffen wurden.[166] Merck wiederum hatte klare Erwartungen an den «accuraten, sorgsamen, fleißigen und soliden» Mitarbeiter, der ihn auch selbständig vertreten konnte, wenn er sich – wie es öfter vorkam – «mehrere Tage und selbst Wochen» nicht um die laufenden Arbeiten kümmern konnte.[167] Ungeeignete Bewerber wurden abgelehnt, auch Trommsdorffs offenbar weniger fähiger Neffe.[168] Einige Jahre später verbrachte der 21-jährige Sohn von Johann Daniel Riedel, mit dem Emanuel Merck vermutlich seit seinem Berliner Jahr (1816) bekannt war, 1837 ein Gehilfenjahr bei Merck. Sein Abschlusszeugnis galt als so wichtig, dass es als «Meilenstein» in die Annalen des Berliner Unternehmens einging.[169] Geschäftsbeziehungen zwischen Merck und Riedel, der bereits seit 1826 Chinin in großem Maßstab herstellte, sind seit 1836 nachweisbar.[170] Aus dieser über die Generationen hinweg fortgesetzten Freundschaft ergab sich eine wechselseitige Ausbildungsbetreuung der Söhne: Der 23-jährige Georg Merck stand während seines Studiums in Berlin 1848 in Verbindung mit Gustav Riedel,[171] Louis Merck, Georgs Neffe, wiederum konditionierte 1878 ein halbes Jahr in einer Riedel-Apotheke in Berlin.[172]

Üblicherweise blieben die Gehilfen bei einer Wanderzeit von fünf bis zehn Jahren ein oder zwei Jahre in einer Apotheke, bevor sie sich andernorts zu verbessern suchten. Die Zeit um Ostern war im Jahresrhythmus in den 1830/40er-Jahren die «Wechselzeit».[173] Merck tauschte sein Personal ungern «ohne große Noth» aus.[174] Die Verweildauer seiner pharmazeutischen Mitarbeiter war daher relativ hoch. Sie wohnten traditionell im Hause des Prinzipals, dessen Haushalt patriarchalisch geführt wurde.[175] Merck kannte nicht nur die Namen, sondern auch die Charaktereigenschaften und Qualifikationen seiner pharmazeutischen Mitarbeiter bestens,[176] ein Zeichen des «ursprünglichen, ‹gewachsenen› Patriarchalismus», der aus der vorindustriellen Zeit stammte,[177] in dem Familie und Unternehmen identisch waren und der sich im Apothekerwesen lange hielt. Die Apotheke hatte bei Merck noch mindestens bis in die 1880er-Jahre ihre «eigene Haushaltung», der Verwalter bekam Wohnung, Kost etc. gestellt und brauchte auch nicht selbst für die Verpflegung der Gehilfen zu sorgen.[178] Mit dem Wachsen der Fabrikbetriebe wurden diese Verhältnisse «weitgehend, wenn auch nicht ganz abgebaut».[179] Bei den Arbeitern hingegen waren die Fluktuationsraten sehr hoch. Sie wechselten meist nach nur wenigen Monaten, wozu möglicherweise die Gesundheitsgefahr in chemisch-pharmazeutischen Betrieben zusätzlich beitrug.[180] Veratrin beispielsweise war «ein äußerst heftiges Gift» und durfte bei Merck «nur unter einer Gesichtsmaske» und «mit größter Vorsicht» bearbeitet werden.[181]

Gute Mitarbeiter wurden ordentlich entlohnt. Einem seiner wichtigsten und langjährigen Gehilfen, dessen «Treue, Fleiß und Sachkenntnis» er lobte, sagte Merck 1840 ein auf drei Jahre festes Salär von jährlich 560 Gulden zu.[182] So schwer solche individuellen Angaben vergleichbar sind, bot Merck in diesem Fall eines Laboratoriumsvorstehers jedoch deutlich mehr als allgemein üblich.[183] Ansonsten scheinen sich seine Löhne, die leistungs- und qualifikationsabhängig waren,[184] im üblichen Rahmen bewegt zu haben.[185] Zum Vergleich: Ein junger Drogistengehilfe und Kollege Carl Mercks verfügte 1840 über insgesamt 180 Gulden.[186] Ein Jahrzehnt später lagen die Eingangsgehälter für Laborarbeiter zwischen 144 und 192 Gulden, und wer sich bewährte, erhielt meist nach einem halben Jahr 240 Gulden jährlich.[187] So wenig über Sozialmaßnahmen jener Zeit bekannt ist, erscheint es doch bemerkenswert, dass Merck bereits 1836 und 1837 Beiträge in dreistelliger Höhe an eine Witwenkasse zahlte.[188]

Es entsprach dem Muster frühindustrieller Erziehung, wenn Unternehmersöhne schon im jugendlichen Alter auf ihre spätere Tätigkeit vorbereitet wurden.[189] Dennoch ist es durchaus beachtlich, wie früh und konsequent die Merck-Eltern dies geradezu choreografierten: Carl (1823–1885) sollte Kaufmann werden und absolvierte ab 1838 eine vierjährige Lehre in Heidelberg.[190] Dorthin folgte ihm – auf Carls Vorschlag – ebenfalls mit 15 Jahren im April 1840 Georg, der die Apothekertradition der Familie fortsetzen sollte. Die gemeinsame Zeit der beiden dort endete aber schon nach einem halben Jahr, weil Georg dem Teilhaber seiner Lehrapotheke nach Speyer folgte, der sich dort selbständig machte.[191]

Georg bereitete seinen Eltern in diesen Jahren einigen Kummer: Sie hielten ihn für «maulfaul und verstockt», sorgten sich – abgesehen von seiner labilen Gesundheit[192] – wegen seiner «Zerstreutheit und Vergesslichkeit»[193] und monierten seine auch von seinem Lehrherrn kritisierte «Indolenz und Gleichgültigkeit». Es klang verzweifelt, als der Vater seinem ältesten Sohn im Mai 1842 über dessen zwei Jahre jüngeren Bruder schrieb, er sei «fest entschlossen, wenn er [Georg] auch bei mir so wenig Liebe zu unserem Fach an den Tag legen sollte, ihn lieber unter die Soldaten zu stecken als zuzugeben, das, was ich mit so vielem Fleiß und Mühe zu Stande gebracht habe, dereinst durch ihn wieder vergeudet zu sehen».[194] Freilich war der Ärger der Eltern rasch verflogen, als Georg im Sommer seine Prüfungen «vorzüglich» bestand.[195] Im folgenden Winter (1842/43) arbeitete er im väterlichen Geschäft und konditionierte ab April für je ein Jahr in einer Hanauer, danach in einer Frankfurter Apotheke.[196]

Die Korrespondenz wurde nun kollegialer, aber der Wechsel nach Frankfurt – «zum erstenmal als selbständiger Gehilfe» – war doch begleitet von dem «wohlgemeinten, väterlichen Rath», der dem Sohn «nicht nur die Zufriedenheit [seines] Prinzipals, sondern auch das Zutrauen des Publikums erwerben und [ihm] selbst den größten Nutzen leisten» werde.[197] Die väterlichen Briefe enthielten – von der morgendlichen Pünktlichkeit über die Arbeitspraxis bis zur Freundlichkeit gegenüber dem Publikum – viele traditionsbildende Aspekte, die im Sinne Merckscher Familien- und Unternehmensethik langfristig aktuell blieben. Ebenso geschichtsbewusst wie pädagogisch gemeint, wurde ein Brief vom März 1844 noch 91 Jahre später allen Merck-Mitarbeitern zur Lektüre angeboten.[198]

Die umfassende Ausbildung der Söhne war den Eltern ein großes Anliegen, und dazu gehörten – zeit- und standesgemäß[199] – Auslandsaufenthalte, die neben der Lehre in französischen und englischen Sprachkursen vorbereitet wurden. Zeitweise waren Carl und Georg gleichzeitig in Paris (1845/46) und London (1846/47).[200] Carl kehrte nach einjähriger Abwesenheit im Juni 1846 nach Darmstadt zurück, nicht ohne den «kleinstädtischen engherzigen» Charakter seiner Heimatstadt wahrzunehmen.[201] Georg studierte seit März 1846 für ein Jahr am neu gegründeten Royal College of Chemistry bei dessen Leiter August Wilhelm Hofmann, den Merck gut kannte.[202] Das Musterland der Industrialisierung war ein beliebtes Ziel nicht nur für Chemieindustrielle.[203] Von dort brachte Georg sowohl weitere chemisch-pharmazeutische Fachkenntnisse mit als auch Eindrücke und Erfahrungen von einer Reise in die «Fabrikorte Englands». Hofmann hatte die Reise mit Empfehlungen begleitet, Georg sollte auf seines Vaters ausdrückliche Bitte hin alles «aufs ausführlichste» notieren, Zeichnungen von Apparaten machen, Bezugsquellen und sonst Wissenswertes notieren. Die Realisierung eigener Reisepläne dorthin schaffte der Vater nicht,[204] obwohl er sogar zeitweise selbst Unterricht in Englisch nahm.[205] Auf Hofmanns und Liebigs nachdrückliche Empfehlung ging Georg, anders als ursprünglich vom Vater vorgesehen, anschließend nach Gießen. Merck sah sich «mit Liebig zu liiert, um hier nicht nachzugeben», zumal Liebig versprochen hatte, sich um Georg besonders zu kümmern.[206]

Zurück in Deutschland nahm Georg im März 1847 sein Studium bei Liebig auf. Sein Vater begleitete diese Phase intensiv. An keine Ausbildungsstation seiner Söhne schrieb er so detailliert über pharmazeutische Fragen, in keiner anderen Phase gab er so viele protokollarische Hinweise wegen Antrittsbesuchen, an keinen anderen Ort gingen so viele Sendungen von Präparaten, Hinweise und Fragen zu Geräten etc. Abgesehen von den häufigen Ermahnungen vor allem bezüglich Fleiß und Examina, wirkt der pharmazeutische Teil der Korrespondenz fast kollegial. Als Liebig Merck mitteilte, sein Sohn habe in Opiumrückständen «eine neue organische Basis entdeckt»,[207] mochte dieser es zunächst fast nicht glauben und stellte selbst entsprechende Versuche an.[208] Georg Merck hatte das Papaverin entdeckt,[209] aber der Vater blieb trotzdem ungeduldig: «Wie sieht es mit Deinem Doctor aus?», schrieb er nach Gießen.[210] Umso erfreuter wird er mit dem Ergebnis gewesen sein, weil der Unternehmer den Doktorvater auch kritisch sah:[211] Er hatte die «leider vielfache Erfahrung, daß die jungen Leute bei Liebig nichts wesentliches arbeiten» – der Unternehmer hatte in mancher Hinsicht wohl andere Erwartungen an die Ausbildung. Sein Sohn wurde die «Ausnahme», auf die er gehofft hatte.[212]

Merck konnte sich bei Liebig revanchieren: In diesem März 1848, als Georg besonders intensiv an seiner Promotion arbeitete, gab Liebig seinen zweiten Sohn Hermann bei Merck in die Lehre, weil dieser sein Sorgenkind war.[213] Tatsächlich hatte Hermann kein Interesse an Chemie und Pharmazie, erfüllte weder seines Vaters noch des Lehrherrn Erwartungen[214] und flüchtete sogar vor der Gehilfenprüfung.[215] Dass Merck Verständnis zeigte und ihm eine zweite Chance gab, waren für Liebig «Beweise wahrer Freundschaft».[216]

Die Promotion Georgs im März 1848 wurde teilweise überlagert vom politischen Geschehen: Ende Februar hatten die Nachrichten aus Paris über den Sturz der Juli-Monarchie Darmstadt erreicht. Soziale Proteste von Handwerkern und Arbeitern vermischten sich mit denen der Landbevölkerung und der nationalen und liberalen Verfassungsbewegung des Bürgertums. Ludwig III., Hoffnungsträger der Liberalen, wurde Regent und sorgte unter Berufung auf die «Märzforderungen» für die Ernennung des Oppositionsführers Heinrich von Gagern zum Regierungschef.[217] Die Märzrevolution verlief in den hessischen Staaten unblutig, und Darmstadt war von den Unruhen weniger betroffen als andere Städte. Auch wenn es von Emanuel Merck wenig Stellungnahmen zu den politischen Ereignissen gibt, so nahm er doch lebhaften Anteil und informierte seine Söhne in Grundzügen über politische Ereignisse.[218] 1848 war er selbst einer der wenigen Unternehmer auf der Wahlmännerliste und setzte Georg in Berlin über die lokalen Ereignisse in Kenntnis.[219] Mit der Mobilisierung der Bürgergarde Anfang März wurden sein Sohn Carl sowie einzelne Mitarbeiter eingezogen, eine Woche später schien die «Ruhe wieder ganz hergestellt».[220] Ende März war das Unternehmen mit der Füllung der Arzneikisten für die Mobilmachung des Militärs beschäftigt[221] und hatte Einquartierungen. Die am 30. März erwarteten Revolutionäre sollten in Darmstadt entwaffnet werden, bevor sie in Frankfurt die Republik proklamieren konnten.[222] Die persönliche Teilnahme an der Eröffnung des Vorparlaments am 31. März 1848 in Frankfurt war Merck wichtig genug, um in diesen unruhigen Tagen dorthin zu reisen.[223] Ausdrücklich missbilligte er die Wahl eines radikaldemokratischen Republikaners für Darmstadt in die Paulskirche,[224] er hoffte vermutlich schon aus wirtschaftlichen Gründen – ähnlich wie Liebig[225] – auf ein einheitliches Deutschland und dachte bürgerlich-liberal.[226] Merck ließ sich durch die politische Entwicklung jedenfalls nicht von seinen Geschäften ablenken. Selbst als der Mai unruhig wurde, ihm gerüchteweise eine Plünderung angedroht war, blieb er gelassen.[227] Er und mehr noch seine Frau sorgten sich eher um ihren Sohn Georg in Berlin, wo die Lage unruhiger war.[228] Sie informierten ihn über die lokalen Ereignisse und nahmen ihm das Versprechen ab, «sich in keine politischen Demonstrationen zu mischen».[229]

Die umfangreiche Korrespondenz der Jahre 1838 bis 1848, vor allem die Briefe der Eltern,[230] bieten einen aufschlussreichen Einblick in das Familienleben der Mercks und die großbürgerliche «pharmazeutische Erziehung» Mitte des 19. Jahrhunderts.[231] Sie zeigt die Sorge der Eltern um das Wohlergehen ihrer Kinder[232] und dokumentiert die wohlüberlegte, geradezu systematische Planung der Karriere der Söhne bei deren grundsätzlich verschiedener Ausrichtung auf kaufmännische bzw. pharmazeutisch-chemische Fragen. Früh und intensiv wurden beide ebenso in Geschäftsangelegenheiten einbezogen wie über familien- und residenzgesellschaftliche Themen informiert. Sie erhielten aber auch eine Fülle von gelegentlich sogar kleinlich anmutenden Ermahnungen über Charakter- und Benimmfragen. Nicht einmal die Mahnung an Carl fehlt, seine Unterschrift – «Carl Merck» – «immer gleich und schön» zu schreiben.[233] Vereinzelt deuten sich auch Charakterzüge, Neigungen, Besonderheiten etc. der Söhne an: Carls Gutmütigkeit, dass er wohl kurzsichtig war und eine Brille trug;[234] Georgs Zerstreutheit, seine Nachlässigkeit, dass er den Eltern weniger gefügig war als sein Bruder; beider großbürgerliche Interessen wie Schwimmen, Fechten, Tanzen, immer auch mit Unterricht, und gesellschaftliche wie Bälle.[235] Sie erfuhren eine großbürgerliche Ausbildung,[236] hatten für ‹normale› Apotheker bzw. Gehilfen unerschwingliche Auslandsaufenthalte,[237] waren wohlhabend ausgestattet, doch wurden sie von den Eltern an einem erzieherisch ‹kurzen Zügel› geführt. Dabei spannte Merck beide für geschäftliche Fragen ein, und auch die Auslandsreisen lagen im geschäftlichen Interesse.

Somit war – wie in den meisten Biografien von Unternehmensnachfolgern[238] – der gesamte Ausbildungsweg der beiden älteren Söhne, wenig später auch des 1833 geborenen Wilhelm, in zielstrebiger Planung und bemerkenswerter Konsequenz in den Dienst des Unternehmens gestellt: Carl schloss seine Ausbildung im September 1842 in Heidelberg ab und arbeitete ab Juni wieder im Darmstädter Unternehmen, in das er an seinem 23. Geburtstag im Dezember 1846 aufgenommen wurde.[239] Zwei Jahre später folgte ihm Georg an seinem 24. Geburtstag im Januar 1849. Von nun an erhielten die Söhne – solange sie bei den Eltern wohnten – ein jährliches «Taschengeld» von 400 Gulden und «ein Siebentheil des reinen Gewinnes an dem Geschäft, wie solcher nach Abzug der Haushaltungskosten verbleibt».[240] Carl heiratete 1848,[241] Georg 1852,[242] der jüngste Bruder Wilhelm (1833–1899) besuchte zu dieser Zeit noch das Gymnasium und wollte Landwirt werden.[243] Ihr Vater plante inzwischen bereits den nächsten unternehmerischen Schritt.

2. 1850er- bis 1880/90er-Jahre: Sozietät, langsamer Ausbau, erste Probleme

2.1. Gründung der Sozietät E. Merck

Am 1. Januar 1850 wurde aus der inhabergeführten Apotheke mit angeschlossener Fabrikation eine Familiengesellschaft. Unter dem Namen «E. Merck» gründete Emanuel Merck eine «Geschäftssozietät»: «Meine beiden Söhne Carl & Georg habe ich mit Beginn des Jahres 1850 als Associés mit gleichem Antheil an Gewinn & Verlust in meine Apotheke & Fabrik-Geschäft aufgenommen. Dieser Akt macht eine Aufnahme & Feststellung meiner & meiner beiden Söhne in beiden Geschäften steckenden Vermögen nothwendig.»[1] Die Vermögensaufstellung vom Jahresende 1849 führte Wechsel (7000 Gulden), Bargeld (2000), Fabrikutensilien (5285) sowie Inventar (1200) auf und ergab einschließlich – sehr hoher – Warenbestände (72 690) mit Außenständen (40 414) abzüglich Schulden (10 130) «Activa des Geschäftes» in Höhe von 118 459 Gulden. Den inzwischen am Mühlweg entstandenen und teilweise noch im Bau befindlichen Fabrikbetrieb wollte der Vater noch auf seine Kosten fertigstellen. Dieser wurde einschließlich des Grundstücks auf 20 000 Gulden veranschlagt und in den väterlichen Anteil eingerechnet, sodass dieser rund 85 Prozent der Gesamtsumme von 138 459 Gulden ausmachte, während die Anteile der Söhne infolge ihrer Auslagen für Einkäufe zehn (Carl) bzw. fünf Prozent (Georg) betrugen. Alle Einlagen sollten ab Geschäftsbeginn, also ab dem 1. Januar 1850, mit vier Prozent verzinst werden. Was nach Jahresende an Investitionen verbucht wurde, ging auf Rechnung der Sozietät:[2] Ausstattung des Comptoirs, Geräte und Einrichtung von Labor, Magazinen, Packräumen, Keller, «Fabrikutensilien im Haus» und Maschinen «im Garten» etc., bis zu einem «eisernen feuerfesten Geldschrank».[3]

Sowohl die Konzession als auch Inventar und Warenlager der Apotheke blieben, wie Merck ausdrücklich verfügte, getrennt von der Fabrik und «bis auf weiteres» sein Eigentum. Die Sozietät sollte die Apotheke gegen eine jährliche Pacht von 1650 Gulden betreiben und hatte sämtliche diesbezüglichen Betriebs-

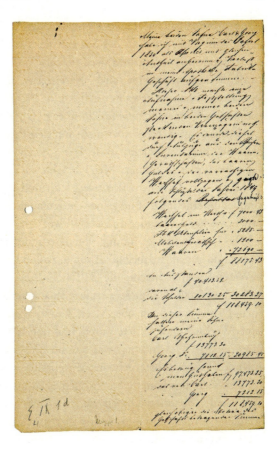

Abbildung 27 Vertrag (erstes Blatt) über die Gründung der Geschäftssozietät Emanuel Merck und Söhne (1850).

und Personalkosten «aus eigenen Mitteln zu stellen und zu ergänzen». Hinzu kam eine Jahresmiete von 1300 Gulden für die beiden Stadthäuser, in denen sich auch die Apotheke befand; im Fall von Umbauten und Renovierungen durfte sie um fünf Prozent erhöht werden.

Die Unternehmensgründung bezweckte kurzfristig die Entlastung des Gründers, der die Mitarbeit seiner Söhne seit Langem ungeduldig erwartete,[4] und zielte langfristig auf die Sicherung des Familienunternehmens. Es war der «Normalfall» einer Besitzweitergabe, bei der in der Regel die Töchter ausgeschlossen blieben.[5] Testamentarisch war festgelegt, dass die Apotheke nach seinem Tode «nebst Zubehör [...] aber ohne Haus» gegen Zahlung von mit vier Prozent verzinslichen 33 000 Gulden an die Sozietät verkauft werden sollte.[6] Für den Todesfall hob Merck ausdrücklich «zur Beseitigung jeglichen Mißverständnisses [...] hervor, daß mit Ausnahme der Apotheke & deren Zubehör sämmtliche auf das Geschäft resp. die Fabrik Bezug habenden Activa [...] Eigenthum der dermalen unter der Firma ‹E. Merck› bestehenden Geschäftssocietät sind & daher nicht in meine Erbschaftsmasse fallen können». Merck plante eine langfristige Gründung, denn sein Anteil an der Sozietät fiel zwar in sein Erbe, aber die Gesellschaft stand im Vordergrund, weil sie entschied, wann ein Erbanteil ausgezahlt wurde. Er legte sogar eine lange «Karenzzeit»[7] fest, die das neue Unternehmen vor Kapitalentnahme bewahren sollte: Eine Erbauszahlung durfte sich «ohne Zustimmung aller meiner Erben nicht über 10 Jahre [...] hinausziehen». Erben sollten also versorgt werden, aber nicht um den Preis einer kurz- oder mittelfristig unerwünschten Kapitalentnahme. Die Sozietät sollte langfristig und auf eigener Kapitalbasis planen können. Merck brachte auf diese Weise – wie seinerzeit nicht unüblich, aber doch bemerkenswert früh und konsequent – die Interessen des Familienunternehmens und seiner eintretenden Söhne in Einklang mit den Ansprüchen erbender Kinder und der Witwe.[8]

Die Gesellschaftsgründung von 1850 stand mit einem Umlaufkapital von 124 223 und einem Anlagekapital von 6485 Gulden auf solidem Grund. Der Wert der Warenbestände machte die Hälfte der Bilanz aus, war aber vor dem Hintergrund des Merck-Renommees realistisch angesetzt. Die Außenstände waren mit einem Drittel zwar hoch, aber Merck kannte seine Kunden als vertrauenswürdig. Seine Wechsel und Aktien waren traditionell nicht riskant; die Barbestände waren niedrig. Das Inventar war bezahlt und stieg im Wert, zumal Merck den laufenden Fabrikausbau nicht aus Mitteln der Sozietät finanzierte.

Der Wert des Unternehmens, gemessen an seinem Gewinnpotenzial,[9] war hoch: Zu den quantifizierbaren Werten kamen noch die praktisch unschätzbaren Faktoren pharmazeutisch-produktionstechnischen und kaufmännischen Wissens, Marktkenntnisse und Marktansehen. Deren Bedeutung war Emanuel Merck ebenso bewusst, wie er auf gesetzeskonformes Verhalten Wert legte. So gerne und viel Merck beispielsweise nach Frankreich verkaufte, die Zollvorschriften wollte er eingehalten wissen; zudem empfahl er in Anbetracht gegebener Schmuggelgefahren bestimmte, ihm vertraute Zwischenhändler bzw. Transporteure und lehnte eine Mitverantwortung für die Abwicklung von Grenzformalitäten ab.[10] Auch seine Erfahrungen mit Industriespionage hatten ihn Vorsicht gelehrt: Es war vermutlich nicht das erste Mal, als er im Juni 1847 einen Besucher aus Philadelphia/USA durch sein Laboratorium führte, aber an dessen «versteckten Fragen» und «anderen Indizien [...] wiewohl etwas spät» bemerkte, dass dieser ihn lediglich besuchte «um sich etwas in der Fabrikation abzusehen». Er habe ihn daraufhin – so schrieb er Georg mit der Ermahnung zur Vorsicht – «ziemlich bestimmt und kalt ab[ge]fertigt».[11]

Es war eine Konsequenz aus diesen und ähnlichen Erfahrungen, wenn Merck eine förmliche Mitarbeiterverpflichtung zur Geheimhaltung entwickelte. Das älteste überlieferte und notariell beglaubigte Formblatt eines solchen «Revers» stammt aus dem Oktober 1851; es galt ausdrücklich für «Arbeiter», vermutlich aber

1850er- bis 1880/90er-Jahre: Sozietät
127

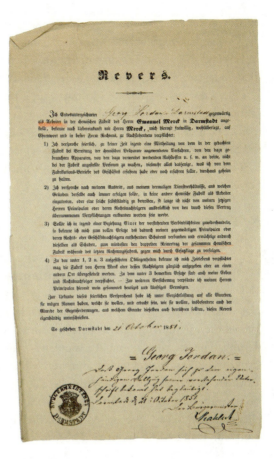

Abbildung 28 Früh verpflichtete Merck alle Mitarbeiter auf strenge Geheimhaltung. Diesen Revers unterzeichnete Georg Jordan am 21. Oktober 1851, vom Bürgermeister wurde er notariell beglaubigt.

in dieser oder ähnlicher Form für alle Mitarbeiter, beinhaltete ein Branchenverbot nach Austritt, die Pflicht zur Geheimhaltung und war mit hohen Sanktionen verbunden. «Freiwillig, wohlüberlegt, auf Ehrenwort und in bester Form Rechtens» hatte jeder Unterzeichner praktisch sein und seiner Erben gesamtes Vermögen zu verpfänden: «Sollte ich in irgend einer Beziehung E i n e r der vorstehenden Verbindlichkeiten [Geheimhaltung der Verfahren, Apparate, Rohstoffe etc., Branchenverbot] zuwiderhandeln, so bekenne ich mich zum vollen Ersatz des […] Schadens […] und ermächtige [den Prinzipal und seine Rechtsnachfolger] zum mindesten den doppelten Reinertrag der gesammten chemischen Fabrik während des letzten Rechnungsjahres, gegen mich durch Ersatzklage zu verfolgen.»[12] Selbst wenn derartiges nicht einklagbar war, allein die Drohung war abschreckend genug. Die Kenntnisse der komplexen Verfahren bei der Herstellung von pharmazeutischen Präparaten waren von hohem, mit dem Fortgang der Industrialisierung noch zunehmendem Wert. Solange es keinen staatlichen Patentschutz gab und Arzneimittel von der Patentierung ausgeschlossen waren, mussten Unternehmer selbst für die Geheimhaltung sorgen.[13] Allerdings handelt es sich hier um einen besonders frühen und singulären Fall dieser Art,[14] der auch weit hinausgeht über andere aus dieser oder späterer Zeit bekannte Konventionalstrafen.[15]

Der Gesellschaftsvertrag von 1850 wurde für fast vier Jahrzehnte die Richtschnur des Familienbetriebs und wirkte sogar noch längerfristig traditionsbildend. Nach dem Tode des Unternehmensgründers 1855 war lediglich die Anpassung erforderlich, dass dessen Witwe «an seiner Stelle Teilhaberin» wurde. Drei Jahre später wurde auch der jüngste Sohn Wilhelm gleichberechtigter Partner der Sozietät.[16]

2.2. Wirtschaftlich-politische Hintergründe, Tod Emanuel Mercks, Traditionsorientierung

Das wirtschaftliche Umfeld der neuen Sozietät veränderte sich in den folgenden Jahrzehnten signifikant. Darmstadt begann seinen Weg in die Hochindustrialisierung, Hessen wurde vom Auswanderer- zum Zuwandererland. Die Sozialstruktur der Residenzstadt blieb zwar von Militär und Beamten geprägt, aber die Zahl der in Industrie und Gewerbe Beschäftigten nahm deutlich zu. Die Einwohnerzahl stieg von 27 000 (1852) auf 49 000 (1880). 1853/55 entstand mit Mercks Unterstützung eine Gaswerks-Aktiengesellschaft;[17] 1853 wurde die Darmstädter Bank für Handel und Industrie konzessioniert,[18] die auch eine wichtige Rolle spielte bei der Vollendung der 1858 eröffneten Eisenbahnstrecke Mainz-Darmstadt-Aschaffenburg[19] sowie bei der Entwicklung der Darmstädter Maschinenindustrie, als deren «Take-off»-Phase die 1860er-Jahre gelten.[20] Merck erwarb sowohl Aktien des Gaswerks als auch der Darmstädter Maschinenfabrik und Eisengießerei.[21]

Auch politisch begann für das Großherzogtum Hessen eine neue Ära: Es nahm im Vorfeld der Gründung des Deutschen Reiches eine Zwitterstellung ein: Einerseits wurde es Mitglied des Norddeutschen Bundes, andererseits blieb es antipreußisch und frankreichfreundlich. Den Ausbruch des Deutsch-Französischen Krieges 1870/71 erlebte man im Großherzogtum mit den im deutschen Südwesten bekannten gemischten Gefühlen. Nicht nur bei Merck arbeiteten kurz darauf französische Kriegsgefangene; den Familienerinnerungen zufolge wurden sie gut behandelt.[22] Der Kaiserproklamation im Januar 1871 blieb Großherzog Ludwig III. ostentativ fern und entsandte seinen propreußischen Neffen Ludwig (1837–1892), der nun Repräsentationspflichten übernahm und 1877 als Ludwig IV. sein Nachfolger wurde. Dessen Heirat mit der Princess Alice (1862), einer Tochter der britischen Königin Victoria, und die Vermählungen der großherzoglichen Töchter mit dem europäischen Hochadel gaben Hessen-Darmstadt eine zumindest protokollarisch «besondere Stellung» unter den Bundesfürsten und der Residenzstadt eine internationale Reputation und Vernetzung.[23]

Die Geschäftsaussichten der jungen Sozietät E. Merck hätten zu Beginn dieses Zeitraums – abgesehen von den hohen Steuern des für viele pharmazeutische Herstellungen benötigten Branntweins[24] – nicht besser sein können: Der Jahresumsatz war 1851 und schätzungsweise auch 1852 mit jeweils rund 130 000 Gulden um das Vierfache höher als ein Jahrzehnt zuvor, die internationale Ausrichtung noch gewachsen. Nur 13 der 101 Kunden zwischen Januar 1851 und Mai 1852 waren Deutsche.[25] Die meisten Auftraggeber saßen in Österreich (27), es folgten Frankreich (22), die Länder des Deutschen Zollvereins (13), Holland und die Schweiz (je 11), Russland (7), das Osmanische Reich (3), England und Italien (je 2) sowie Belgien, Mexiko und die USA (je 1). Das gesamte Auftragsvolumen (172 143 Gulden) der auf Quellenbasis bewertbaren 16 Monate der Jahre 1851/52 entsprach dem zweieinhalbfachen Umschlag des Warenlagers der Sozietät bei ihrer Gründung. Die Aufträge kamen zu fast einem Drittel (56 529 Gulden) aus Frankreich, mit Abstand gefolgt von Österreich (31 822), England (20 118), den Ländern des Deutschen Zollvereins (17 435), Russland (14 236), Italien (13 614), Holland (8270), Schweiz (5382), USA (2338), Belgien (1732), ferner dem Osmanischen Reich (420) und Mexiko (247).[26] Auch in den folgenden Jahrzehnten machte Merck zwei Drittel seines Umsatzes außerhalb Deutschlands.[27]

Die Qualität der Merckschen Produkte hatte sich inzwischen bis nach Amerika herumgesprochen: Salicin, das herzwirksame Glykosid Digitalin und das Kaliumsalz «Potassium» wurden zunächst noch von der in Paris ansässigen Firma Wm. Conrad über Köln «zur prompten Weiterbeförderung vermittelst Eisenbahn par grande vitesse» nach Paris und von dort über Le Havre in die Neue Welt verschifft. Aber im Juli 1851 bot Merck seinem Zwischenhändler an, bereits in Darmstadt Zolletiketten mit der Aufschrift «E. Merck» anzubringen.[28] Nachdem im Sommer 1851 Amerikaner wiederholt direkte Exportanfragen gestellt hatten,[29] nahm Merck im Herbst Gespräche mit der New Yorker Importfirma Haskell, Merrick & Bull auf. Bislang war Merck aus Rücksicht auf seine «Abnehmer auf dem Continent» in den USA nicht unter eigenem Namen aufgetreten. Nun wurde dieser Schritt erwogen, wenn «das Geschäft [mit Haskell, Merrick & Bull] in der Folge eine bedeutende Ausdehnung erreichen & unser gegenseitiges Interesse es verlangen» sollte.[30] 1853 zeigte Merck seine Alkaloide schon auf der – durchaus noch eher amerikanischen als internationalen – Weltausstellung in New York, als der Nutzen solcher Präsentationen in Deutschland noch bezweifelt wurde.[31] Die Teilnahme an den Weltausstellungen 1862 in London,[32] 1867 in Paris und folgenden war bereits eine Selbstverständlichkeit.[33] Die «Vorzeigeprodukte» des Unternehmens waren weiterhin die Alkaloide, vor allem Morphium, von dem 1857 Morphinum purum und sechs seiner Salze angeboten wurden. Erneut hatte Merck eine große Zahl von weiteren Angeboten entwickelt, die Preisliste dieses Jahres enthielt viermal so viele Hauptprodukte wie das Angebot von 1840 und umfasste insgesamt 638 Präparate. Die teuersten unter ihnen waren weiterhin Morphium, Strychnin und Veratrin. Allerdings waren die Preise seit den 1840er-Jahren mit wachsender Konkurrenz gesunken. Die grundsätzlichen Produktentscheidungen von Emanuel Merck 1827 waren weitsichtig gewesen, denn seine Erstlingsartikel wurden praktisch alle weiterhin vertrieben.[34]

Inzwischen war die Arbeitsteilung zwischen Senior- und Juniorgesellschaftern eingespielt, auch wenn Emanuel Merck die ‹Zügel› fest in der Hand behielt. Während Carl in Darmstadt die kaufmännischen Fragen bearbeitete, widmete Georg sich eher den pharmazeutischen Themen; er reiste auch im Mai 1854 nach London, um über einen größeren Ankauf von Opium zu verhandeln und die Ware zu prüfen. Schon 24 Stunden nach seiner Ankunft berichtete er nach Darmstadt, sodass der Vater durchaus noch Weisungen geben konnte, bevor Entscheidungen getroffen wurden: Am Tage nach seiner Ankunft hatte er mit Mercks Londoner Geschäftspartner, F. W. Roller,[35] wegen einer bevorstehenden größeren Opiumauktion einen Broker aufgesucht, um frei verkäufliche Ware zu erwerben.[36] Tatsächlich erhielt Georg sogar noch umgehende Handlungsanweisungen aus Darmstadt bezüglich Prüfung, Vorkaufspreisen und Auktionsteilnahme.[37] Dass er seinen Lehrer Hofmann bei dieser Gelegenheit traf, belegt seine anhaltende Verbindung zum Liebig-Hofmann-Netzwerk.[38]

Das Unternehmen Merck war längst international renommiert, sein Gründer und Hauptteilhaber stand auf dem Höhepunkt seines Ansehens und war Mitglied und Ehrenmitglied zahlreicher Gesellschaften.[39] 1853 wurde Merck zum Obermedizinalrat ernannt, 1854 verlieh ihm der Großherzog anlässlich des 60. Geburtstages das Ritterkreuz des Hessischen Verdienstordens.[40] Seit 1851 stand er in Kontakt mit dem renommierten Louis Pasteur, seit 1849 Professor für Chemie in Straßburg, der ihn im Mai 1852 in Darmstadt besuchte, von ihm unter anderem Calciummalat für seine Apfelsäureuntersuchungen bezog, aber mehrmals an die Zahlung erinnert werden musste.[41] Liebigs wiederholten Einladungen nach München kam Merck aus Zeitgründen selten nach.[42]

Auf den wenigen von ihm erhaltenen Bildnissen wirkt er mittelgroß, schlank, beweglich und lebendig; seitdem er Mitte vierzig war, trug er eine Perücke.[43] Gewiss hatte Merck kleinere gesundheitliche Probleme, kurte 1850 in Ostende wegen eines Augenleidens, für dessen Ursache ein Berliner Spezialist im folgenden Jahr «ein reines Nervenleiden» hielt, das sich vielleicht im Umgang mit «reizenden Alkaloiden» wie Veratrin gebildet habe – nach zeitgenössischem Verständnis also eine Berufskrankheit.[44] Aber nichts deutete darauf hin, dass eine Lungenentzündung

Abbildung 29 Emanuel Merck, Ölgemälde von Heinrich Hofmann um 1850.

ihm kaum fünf Jahre später nach elftägiger Krankheit im Alter von sechzig Jahren, am 14. Februar 1855, den frühen Tod bringen würde.[45] Die Anteilnahme war groß.[46]

Der Tod des Seniorchefs traf das Unternehmen unerwartet. Seinerzeit lagen zwischen der Aufnahme von Nachfolgern in die Teilhaberschaft und dem Rückzug eines Seniorchefs meist «gut zehn Jahre oder mehr», und dieser hatte dann oft das 70. Lebensjahr überschritten.[47] Nach diesen Erwartungen hätte Emanuel Merck sein Unternehmen noch über ein Jahrzehnt, also bis in die 1860er-Jahre, leiten sollen. Der Verlust des zielstrebigen industriellen Gründers, des unternehmerisch-planenden Geistes, des forschenden und verfahrensentwickelnden Wissenschaftlers und Apothekers, des umsichtigen Netzwerkers und Kaufmanns und – nicht zuletzt – des die Erziehung seiner Söhne ebenso konsequent wie dominant lenkenden Vaters dürfte für die Familie wie für das Unternehmen einen tiefen Einschnitt mit sich gebracht haben.

Dieser Bruch mag – zumindest nach außen – weniger sichtbar gewesen sein, weil Emanuel Merck die Weichen strategisch gestellt hatte: Carl und Georg Merck standen seit acht bzw. sechs Jahren in der Prokuraverantwortung, der Vater hatte schon mit der Ausrichtung ihrer Erziehung langfristig vorentschieden, dass der eine nun Verantwortung für alle kaufmännischen, der andere für die pharmazeutischen Fragen tragen würde. Auf den Werdegang von Wilhelm, dem jüngsten der Söhne, hatte der Tod des Vaters unmittelbare Auswirkungen. Lange hatte er damit geliebäugelt, Landwirt zu werden, sich aber dann doch umentschlossen – wenn nicht «gezwungen», wie in der Familie überliefert[48] –, zu-

Abbildung 30 Carl, Georg und Wilhelm Merck (von rechts), Foto um 1865.

nächst 1852/53 ein Praktikum im Landwirtschaftlichen Institut des Liebig-Schülers Carl Remigius Fresenius in Wiesbaden zu absolvieren[49] und ab 1854 in Breslau bei Carl Löwig im dortigen Chemischen Laboratorium das Studium aufzunehmen.[50] Dies brach er anscheinend nach dem Tode seines Vaters ab und arbeitete danach noch je ein halbes Jahr in London bei Hofmann und in Paris bei Charles Adolphe Wurtz, ebenfalls Liebig-Schüler, wo er eine chemische Untersuchung fertigstellte.[51] Das Muster seiner Ausbildung entsprach einschließlich der Auslandsstationen dem seiner Brüder, ihre Dauer war nur erheblich kürzer. Seit 1856 arbeitete er im Darmstädter Unternehmen, wurde zugleich Teilhaber mit zunächst eingeschränkten Rechten und 1858, mit 25 Jahren, dritter gleichberechtigter Partner; er widmete sich vor allem dem technischen Fabrikbetrieb.[52]

Bereits bestehende Pläne zur Erweiterung der Fabrik wurden nahtlos weiterentwickelt. Ein Baugesuch für ein Kessel- und Maschinenhaus mit Kamin und einem 14 Meter tiefen Schacht stammt aus dem August 1856, die Installationen folgten im November. Die Wasser- und Dampfversorgung wurde acht Jahre später durch einen zusätzlichen Röhrenkessel erweitert. Von Anfang der 1850er- bis Mitte der 1860er-Jahre wurden offenbar fast 40 000 Gulden investiert.[53]

Die Zunahme der Geschäfte bedingte auch Neueinstellungen: 1851 ein Apotheker und Chemiker, 1854 ein Magazinvorsteher[54] und von 1856 bis Ende der 1860er-Jahre weitere sieben Angestellte, damals sogenannte (Privat-)Beamte, davon drei Apotheker/Chemiker, zwei Kaufleute sowie ein Magazinmitarbeiter und ein Lehrling. Zusammen mit den in der Apotheke zu vermutenden mindestens drei, möglicherweise auch sechs Beschäftigten hätte das Unternehmen dann Mitte der 1850er-Jahre ein rundes Dutzend Angestellte und somit – bei der überlieferten Zahl von insgesamt 60 Mitarbeitern – durchaus 50 Arbeiter haben können. In den 1860er-Jahren folgten sechs Angestellte: drei Apotheker bzw. Chemiker, ein Mitarbeiter für die Expedition und zwei für das Kontor. In den 1870er-Jahren gab es 13 Neueinstellungen, darunter drei Apotheker, fünf Mitarbeiter für das Kontor, drei für die Magazine sowie je ein Maschinenmeister und ein Platzmeister. Die meisten von ihnen waren deutlich unter 30 Jahre alt und blieben fast ihr gesamtes Berufsleben bei Merck.[55]

Ein wichtiger unternehmensorganisatorischer Schritt war die Einstellung eines ersten Prokuristen der Sozietät am 18. Februar 1863: Louis Hoffmann (1825–1892), Neffe des Gründers, Sohn von Karl Hoffmann, dem Bruder von Emanuel Mercks Frau, der in Altenburg bei Alsfeld eine Fabrik besaß.[56] Zunächst vermutlich mit Einzelprokura, ab Juli 1879 mit voller Zeichnungsberechtigung ausgestattet, war er bis zu seinem Ausscheiden im Mai 1882 der einzige «Nichtträger des Namens Merck» mit einer solchen Vollmacht.[57] Er war mit dem gleichaltrigen Georg befreundet, und seine ältere Schwester heiratete 1848 Carl.[58] In seiner Jugend lebte er über ein Jahr bei den Mercks und besuchte in Darmstadt die Realschule.[59] Louis wurde wahrscheinlich Kaufmann, machte berufliche Erfahrungen unter anderem in England und lebte 1848 in Heidelberg, wo Hermann Liebig bei ihm Zuflucht suchte, nachdem er vor seiner bei Merck anstehenden Apothekerprüfung «durchgebrannt» war.[60] Wie deren Vater hatten auch Carl und Georg Merck zu Louis Hoffmann ein überaus vertrauensvolles Verhältnis.[61] Da Carl Merck 1864 einzelne seiner Funktionen krankheitsbedingt abgab,[62] könnte Hoffmann vielleicht sowohl als Entlastung für ihn, möglicherweise als «Kassier»,[63] als auch zur Unterstützung Georgs in das Unternehmen aufgenommen worden sein.

Der Fabrikbetrieb wuchs kontinuierlich von der Fabrik I über die Mühlstraße hinaus in das Areal zwischen Blumenstraße im Norden und Mühlweg im Süden, der sogenannten Fabrik II, und über den Mühlweg hinaus nach Süden bis zur Soderstraße, der Fabrik III nördlich der Blumenstraße. Es war typisch für die chemische Industrie dieser Jahrzehnte, dass die Bausubstanz mit der Produktion wuchs, einzelne Betriebe für spezielle Produkte blockweise gegeneinander abgegrenzt und die Bauformen neutral waren. In den 1860er-Jahren dominierte der langgestreckte Kubus mit stützenlosen Innenräumen, seit den 1880er-Jahren wurden die Gebäude vielfältiger, die modernen Shedbauten kamen hinzu, aber nur

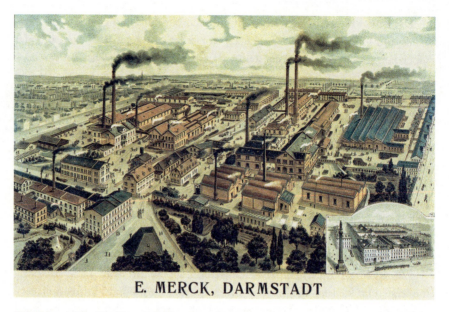

Abbildung 31 Der Drei-Fabriken-Betrieb in einer idealisierten Darstellung von 1892.

langsam ersetzten Stahl- und Eisenkonstruktionen die vorherigen Massiv- und Fachwerkbauten.[64] Die Gebäude des Merckschen Drei-Fabriken-Betriebs wirkten wie «mehr oder weniger hingewürfelt»,[65] weil über die Jahre «vielerlei Bauwerke, Shedbauten, kleine niedrige Hallen, massive Stockwerksgebäude, Leichtbauten aus Holz oder mit Stahl- und Holzfachwerkswänden, viele Schuppen, Anbauten, Schutzdächer usw. entstanden und mehr in Fabrikhöfe mit leichter und massiver Randbebauung verstreut, als in geplanter Ordnung in Straßen aufgereiht» waren.[66] So bedarfsorientiert wie diese baulichen Erweiterungen erfolgte die Beschäftigung von technischem Personal. Baumaßnahmen und allfällige Reparaturarbeiten wurden jahrzehntelang von Darmstädter Betrieben erledigt und nur für besondere Aufgaben spezialisierte Unternehmen beauftragt. Eine zentrale Betriebswerkstatt entstand erst allmählich, und der erste Meister für den Kessel- und Maschinenbetrieb wurde 1873 eingestellt.[67] Lange Zeit waren – wie sich auch ältere Mitarbeiter erinnerten – die «Herren Teilhaber bzw. Fabrikleiter [...] im allgemeinen selber sich die Ingenieure und Techniker», und dies entsprach durchaus gängiger Praxis. Den Betrieben jener Jahre war die «Herkunft aus dem Apotheken-Laboratorium» anzumerken. Sie hatten noch lange eine «denkbar einfache» Einrichtung, denn mit wachsender Fabrikation wurden lediglich die ursprünglichen Anlagen ergänzt.[68] Was sich in einem imposanten, teils dokumentarischen, teils idealisierten Gemälde[69] mit industrieromantisch aufgeräumten Straßen und dampfenden Schornsteinen als florierendes Unternehmen darstellte, behielten Zeitgenossen als «unglauliche[s] Gewirr von altmodischen, ungeordneten, baufälligen Gebäuden und Schuppen» in Erinnerung.[70]

2.3. Die Apotheke, das «Haus», der Drei-Fabriken-Betrieb – Organisations- und Strukturprobleme

Das Unternehmen erfüllte seit der Installation der ersten Dampfmaschine 1843 alle Merkmale industrieller Fabrikation, bewahrte aber bis zum Abschluss des Umzugs in die neue Fabrik 1905 eine Besonderheit seiner räumlichen und organisatorischen Struktur, die imageprägend wirkte. Die Fabrikation «im Großen» hatte in der Apotheke begonnen und sich – dann industriell-fabrikatorisch – vom Garten an der Mühlstraße zum Drei-Fabriken-Betrieb ausgeweitet. Entgegen einer «viel verbreitete[n] Annahme» hatte das Industrieunternehmen Merck seinen Ursprung aber nicht «in einem Gartenhaus vor den Mauern Darmstadts»,[71] sondern wuchs in einem fließenden Übergang aus der Apotheke heraus und erweiterte sich kontinuierlich im Stadtzentrum ebenso wie im ausgelagerten Fabrikationsbetrieb. Die Entwicklungen an zwei Standorten bedingten sich gegenseitig und liefen praktisch bis zum Bau der neuen Fabrik Anfang des 20. Jahrhunderts parallel. Organisatorisches Zentrum, gewissermaßen Leitzentrale des gesamten Unternehmens, blieb bis dahin das intern so genannte «Haus»: In diesem Areal an der Rheinstraße befanden sich die Apotheke, bis zum Umzug in die neue Fabrik auch alle Büros, das Kontor, die allmählich entstehenden Abteilungen und die meisten Magazine, Konfektionierung sowie Versand.

Die Apotheke war und blieb der Nukleus des Unternehmens, auch wenn seit Mitte des 19. Jahrhunderts Fabrikation und Verwaltung an Bedeutung gewannen. Sie wurde 1860 in das bereits zehn Jahre zuvor erworbene Haus Rheinstraße 7 verlegt.[72] Dort blieb sie bis zum Umzug in die Rheinstraße 9 im Jahr 1905. Die Offizin war nun doppelt so groß und modern gestaltet.[73] Die Arbeitsweise der Apotheken veränderte sich allmählich im Laufe des 19. Jahrhunderts. Seit 1862 durften Apotheken nach der Pharmacopoe Borussica VII fertige Präparate aus pharmazeutisch-chemischen Fabriken beziehen, deren Qualität sie lediglich noch prüfen mussten; seit 1872 enthielten die Arzneibücher zunehmend weniger Herstellungsanweisungen und mehr Prüfvorschriften. Merck reagierte darauf mit ausdrücklichen Hinweisen in seinen Preislisten.[74] Die Apotheke hatte damals mindestens drei ständige Gehilfen und eigens – auch später – für die Buchhaltung ältere, ehemalige Apothekenbesitzer.[75] Öffnungszeiten von 15 bis 17 Stunden täglich waren üblich, einschließlich Nachtbereitschaften, bei denen

Abbildung 32 Blick von der Eingangstüre in das Innere der Engel-Apotheke (nach Renovierung 1905).

sich die Apothekergehilfen abwechselten.[76] Auch die Engel-Apotheke war von sechs bis 22 Uhr geöffnet, die Gehilfen hatten jeden zweiten Sonntag sowie einen Nachmittag in der Woche frei und alle zwei Tage einen freien Abend ab 18 Uhr.[77]

Georg Merck leitete die Engel-Apotheke, er pflegte auch die Kontakte zum Liebig-Netzwerk und beteiligte sich beispielsweise Mitte der 1850er-Jahre an einem industriellen «Gemeinschaftsprojekt» einiger Liebig-Schüler, der Schwarzwälder Chemiefabrik Oedenwald.[78] Aber er war herzkrank[79] und zog sich in seinen letzten Lebensjahren häufiger in seine Villa an der Bergstraße zurück, verbrachte längere Urlaube im milderen Klima von Menton an der Côte d'Azur und konnte schließlich seine Aufgaben nur noch eingeschränkt wahrnehmen. Er starb im März 1873 im Alter von nur 48 Jahren.[80] Auf seine Witwe, Anna, geb. Schenck (1830–1908), ging die Realkonzession der Apotheke über, und sie führte sie anschließend ein Jahrzehnt mithilfe von Verwaltern weiter.[81] Die Mitarbeiter nahmen sie zwar lediglich wahr, wenn sie «die nötigen Handtücher für die Apotheke herausgab», doch galt sie noch 1883 als die «eigentliche Prinzipalin», während die Tageskasse vom zuständigen Prokuristen geleert wurde.[82]

Die Verwalterzeit verlief nicht ohne Probleme, wie eine Neubesetzung der Leiterposition nach überregionaler Ausschreibung im März 1883 zeigt, nachdem es Beanstandungen von Kunden und wohl auch einen schweren Rezepturfehler gegeben hatte.[83] Die Konkurrenz der inzwischen fünf Darmstädter Apotheken untereinander war hart. Die Mitbewerber belauerten sich gegenseitig und versuchten gleichzeitig, «hintenherum En-Gros Präparate» von Merck zu beschaffen. Die Kundschaft der Residenzstadt konsumierte auffallend viel Arrak bzw. Cognac. Das Getränk wurde in Fässern zwischen 300 bis 600 Litern bezogen, und allein an einem Tage vor dem Weihnachtsfest um die Mitte der 1880er-Jahre sollen 100 Flaschen verkauft worden sein. Die Mercksche Apotheke führte darüber hinaus als einzige Apotheke in Darmstadt echten Franzbranntwein.[84] Die über zehnjährige Verwaltung der Apotheke im Auftrag der Witwe Georgs endete im November 1883 mit der Übernahme durch ihren Sohn Emanuel August. Mit dieser Übertragung der Konzession wurde die Engel-Apotheke erstmals in einem offiziellen Schriftstück so genannt.[85]

Der Drei-Fabriken-Betrieb war bis in die 1880er-Jahre in seiner Grundstruktur weitgehend ausgebildet, dabei hatte jede der drei Fabriken ein eigenes Kesselhaus mit jeweils eigenem Kraft- und Dampfverteilungsnetz. Die Fabrik I diente dem Alkaloid- bzw. Pflanzenwirkstoffbetrieb, in der Fabrik II wurden vor allem Extrakte und galenische Hilfsmittel, die vielfältig pharmazeutisch und technisch eingesetzten Tannine und Milchsäure hergestellt, in der Fabrik III organische und anorganische Präparate. Die Fabriken II und III hatten gemeinsame großzügige Magazine.[86] Wilhelm Merck leitete den Fabrikbetrieb und hatte einen eigenen Arbeitsraum für kleinere pharmazeutische Versuche.[87] Seine «rechte Hand» war der Apotheker und Chemiker Emil Herrmann, ein «außerordentlich gescheiter und fähiger Herr» und «hervorragender Forscher». Allerdings hatte Herrmann bei seinen vielfältigen Aufgaben nicht nur wenig Unterstützung, sondern fiel auch selbst infolge Krankheit längere Zeit aus.[88] Er galt als «genial», aber wenig organisiert und machte offenbar «nicht die geringsten Notizen» über seine Arbeit.[89] Überhaupt scheint die Tradierung des Know-how um die «wichtigsten Merck'schen Präparate» weder nachhaltig gepflegt noch deren Herstellungstechnologie hinreichend verbessert worden zu sein. Zu ihnen zählten damals – neben Morphin, Codein, Salicin, Strychnin und Veratrin – Santonin, Tannin, Milchsäure sowie Atropin.[90] Aufzeichnungen über die Herstellungen in Merck-Qualität wären umso wichtiger gewesen, als zwar die allgemeinen Herstellungsvorschriften zugänglich, aber deren Produktion in der entsprechenden Reinheit das «Produkt eigener oft mühsamer Werksarbeit» waren.[91] Zu einem wirklichen Problem wurde der Rückstand, als Herrmann im August 1882 unerwartet starb.[92]

Neben diesen betriebsinternen Defiziten hatten sich allmählich auch strukturelle Probleme entwickelt. Merck war zwar immer noch einer der führenden Hersteller von Alkaloiden und Pflanzenwirkstoffen, aber seine langjährige Dominanz war inzwischen durch das Aufkommen von Konkurrenzunternehmen und einem auch hieraus folgenden kontinuierlichen Preisdruck nicht mehr unange-

Abbildung 33 Arbeiter in der alten Fabrik, um 1886.

fochten.[93] Unter der zunehmenden Überproduktion litten auch vergleichbare Unternehmen, hinzu kam in den Jahren 1873 bis 1875 ein «Preissturz» bei Rohchemikalien.[94] Fortschritte in den Fabrikationsmethoden genügten nicht mehr, mit steigenden Transportkosten zeigten sich auch die Nachteile der ungünstigen Darmstädter Verkehrsanbindung. Wichtige Verkaufsartikel waren aus diesen Gründen nicht mehr wettbewerbsfähig. Sogar die Produktion des teuren Santonins, einer der Merckschen «Goldgruben»,[95] musste 1882 aufgegeben werden,[96] weil die Frachtkosten für die in großen Mengen benötigten Wurmsamenpflanzen aus Turkestan und Taschkent zu teuer wurden[97] und neu entstandene russische Unternehmen billiger produzierten.[98] Selbst eigene Mitarbeiter wunderten sich, dass die Geschäftsleitung nicht auf diese Herausforderungen reagierte und beispielsweise selbst im Zarenreich eine Produktion hochzog oder sich an ausländischen Unternehmen beteiligte.[99] Das für vielfältige neurologisch begründete Indikationen verwendete Strychnin, jahrzehntelang ein «Hauptpräparat»,[100] wurde inzwischen in England und den USA deutlich billiger hergestellt. Merck war mit seinen «gänzlich veralteten Verfahren» nicht mehr konkurrenzfähig und musste auch diese Produktion 1886 einstellen.[101] Ähnlich problematisch wurde die Lage sogar bei der Morphium-Produktion, bei Salicin und weiteren, seit vielen Jahrzehnten bewährten Produkten wie Atropin.[102] In Darmstadt war – wie ein leitender Mitarbeiter und Zeitzeuge im Nachhinein beklagte – jahrelang «so gut wie nichts geschehen». Vordergründige Maßnahmen, wie beispielsweise der Aufkauf des ganzen Angebots bestimmter Rohstoffe, ersetzten keine wissenschaftlichen bzw. verfahrenstechnischen Anstrengungen.[103] Während Hoechst und Bayer schon seit 1870 ein analytisches Labor mit qualifizierten Chemikern aufbauten,[104] gab es bei Merck zu dieser Zeit keine vergleichbaren Bemühungen in Richtung Forschung und Entwicklung.

Merck war Anfang der 1880er-Jahre bereits in eine «recht kritische» Lage geraten,[105] und die «Gründerkrise» der Jahre ab 1873 verschärfte das Problem wahrscheinlich noch.[106] Innerhalb der Branche wurde 1878 sogar kolportiert, «Merck habe […] sein Geschäft herzlich satt».[107] Es wirft ebenso ein bezeichnendes Licht auf die strukturellen Probleme der ganzen Pharmabranche in diesen schwierigen Jahren wie auf die Situation von Merck, wenn dieselben Insider notierten, dass Merck vor allem im Westen Deutschlands unumstritten «obenan» stehe und dass gegen das Darmstädter Unternehmen «in Alkaloiden […] selbstredend gar nichts zu machen» sei.[108] Der gute Name von Merck, das Ansehen seiner Fabrikate überdeckte interne Probleme, bis 1884 galt das Darmstädter Unternehmen als «die wissenschaftlich profilierteste und vermutlich umsatzstärkste Pharmafirma».[109]

Das prosperierende Unternehmen hatte in vielerlei Hinsicht noch den Charakter einer Apotheke bewahrt, allerdings mit wachsender industrieller Produktion. Alle Verwaltungsvorgänge fanden im «Haus» statt, also in einem im Laufe der Jahre nach Bedarf erweiterten und umgebauten engen Innenstadtareal aus mehreren Häusern, wo sich auch das Kontrolllaboratorium, die Magazine, Verpackungs- und Versandräume befanden. Ende der 1880er-Jahre war es dort bereits eng geworden. Die Büros machten einen «kanzleimäßige[n] Eindruck» und waren «nichts weniger als behaglich». Sein erstes «trübseliges langes Zimmer mit 3 Fenstern, Aussicht auf einen Lichthof und die Mauer eines gegenüberliegenden grossen Kontors» blieb einem langjährigen Mitarbeiter unvergesslich. In den Wandschränken waren die wissenschaftliche Bibliothek, Drogensammlungen sowie alte chemische und physikalische Apparate untergebracht. Für die Beleuchtung gab es Gaslampen und in der Zimmermitte einen eisernen Ofen, bis einige Jahre später eine Zentralheizung installiert wurde.[110] Ein langer Raum diente als Kontor mit Pulten an beiden Seiten, dazwischen lange Tische mit aufgeschlagenen Kopier- und Verkaufsbüchern, die «stets von Nachschlagenden umlagert» waren und «jederzeit den Eindruck starker Tätigkeit und grosser Emsigkeit» vermittelten.[111]

Räumlichkeiten und Arbeitsweise waren von pharmazeutischer Tradition geprägt.[112] Die Arbeitsabläufe waren formalisiert und eingespielt: Eingehende Aufträge wurden täglich bis 11 Uhr in die Versandbücher eingetragen. Auf den Ruf «Auf zur Kollatur!» erschienen die Magazinvorstände bei den Kontoristen

Abbildung 34 Aufräum- und Verpackungsarbeiten im Freien (1886).

zum Vergleich der Eingangs- und Auftragsbücher. Die Ein- und Verkaufsrechnungen wurden «vorwärts und rückwärts registriert»; aus ihnen übertrugen die Buchhalter Rechnungsbeträge in Verkaufsbücher, die wiederum die Grundlage weiterer Verbuchungen waren. Aus Sicht der Kontormitarbeiter war die Nähe zu den Vorrats- und Versandmagazinen ein Vorteil, doch wurde die Entfernung zur Fabrik mit wachsender Produktion zum Nachteil. Denn die meisten Bestellungen umfassten mehrere Artikel, sodass oft «viel Zeit verging, bis alle Waren beisammen waren», zumal «Restanten» vermieden werden sollten. Die Fakturisten hatten die Originalaufträge bis zur Expedition in ihren Pulten aufzubewahren, Rechnungen und Sendungen wurden nämlich nochmals abgeglichen und gingen zur abschließenden Preiskontrolle erneut an die Kundenkorrespondenten. All dies und die gesamte Registratur machten viel Arbeit, «mancher Brief wurde vergeblich gesucht»,[113] die Unternehmensorganisation galt als veraltet, die Buchhaltung «altväterlich»,[114] und die Expedition war noch lange bei anderen Unternehmen schneller.[115]

In einem aufwendigen Verfahren wurden die Verkaufspreise festgelegt: Im Frühjahr und Herbst gab es sechs bis acht Wochen lang von 17 bis 19 Uhr «zum Sterben langweilige, ermüdende» sogenannte Listensitzungen mit den Vorständen der Ein- und Verkaufsabteilungen «unter dem Präsidium des Herrn J. H. E.

Abbildung 35 Personal des alten Kontors, Rheinstraße 7, um 1886
(v. li.), vordere Reihe: Braun, Oeser, Lamparter, Lettermann, Möser.
Mittlere Reihe: Holzmeister, Spengler, Creter, Heusel, Bloedt, Seip, Spamer, Hollerbach, Hisserich, Laux, Ruoff, Schuh, Grosse, Rouge, Dörner, Adrian.
Hintere Reihe: Frölich, Ohlenschlager, Stein, Aßmuth, Kottler, Hisgen, Simon, Dr. Rahn, Dr. Roenius, Schneider.

[Johann Heinrich Emanuel Merck], 9 bis 10 Herren, an einem langen Tisch». Jeder einzelne der damals 3–4000 Artikel wurde dort «in alphabetischer Reihenfolge» aufgerufen, die Konkurrenz «sehr berücksichtigt» und «nach oft sehr langen Bedenken die Verkaufspreise mit ihren verschiedenen Stufen vom Präsidium festgesetzt», und zwar «durchaus mit der Tendenz nach unten». Nach diesen Sitzungsrunden waren manche Preise schon wieder überholt, aber «jeder atmete auf, wenn diese entsetzliche Zeit endigte und der schwerfällige Apparat […] zur Ruhe kam».[116] Diese Abläufe der Unternehmensverwaltung waren zwar strukturiert, aber auch überbürokratisiert und nicht mehr effizient.[117] Die Trennung zwischen «Haus» und Fabrik war sogar bis zum Einzug in die neue Fabrik so «vollständig», dass die Kommunikation meist schriftlich stattfand und die wenigsten «Haus»-Mitarbeiter je in der Fabrik waren.[118]

Unterhalb der Führungsebene der Teilhaber Carl und Wilhelm Merck trugen als Prokuristen Louis Hoffmann (seit 1862) und Carls Sohn, Johann Heinrich Emanuel (1851–1904), Verantwortung. Auf diesem ältesten Enkel mögen nach den Vorstellungen der «Primogenitur» vielleicht Erwartungen eines – ersten – Stammhalters in der nachwachsenden Generation geruht haben.[119] Er trug beide Vornamen seines Großvaters, zudem den über mehrere Vorgenerationen tradierten Namen Johann, und er war mehr als drei Jahre lang der einzige zu dessen Lebzeiten geborene Enkel.[120] Er wurde seit 1872 von seinem Vater innerhalb des Unternehmens zum Kaufmann ausgebildet – übrigens, wie in der Lehrzeit üblich, ohne Gehaltszahlungen.[121] Erst seit November 1877 erhielt er mit monatlich 60 M. (ab Mitte 1878 80 M.) ein Berufsanfängern nach der Lehre vergleichbares Gehalt. Im Alter von 28 Jahren wurde ihm die Einzel- und mit dem Ausscheiden von Louis Hoffmann am 1. Mai 1882 die volle Prokura verliehen. Sein Gehalt verdoppelte sich nun auf jährlich 1800 M. und erreichte 1886 sein Maximum von 12 000 M.[122] 1882 wurde die Geschäftsleitung ergänzt, indem drei Nichtfamilienmitglieder zu gesamtverantwortlichen Prokuristen ernannt wurden: für die Buchhaltung Wilhelm Möser,[123] für Einkauf und Kasse Wilhelm Oeser sowie Ernst Lettermann, ein studierter Apotheker.[124] Von den Prokuristen hatte nur Lettermann berufliche Erfahrungen außerhalb von Merck, er galt Ende der 1880er-Jahre als der «erste Prokurist» und der «massgebende Fachmann des Büros».[125]

Keinem der Verantwortlichen war aber bewusst, dass sie mit einer aus Apothekerdenken tradierten Unternehmensorganisation den Gegebenheiten des zunehmend industrialisierten Betriebs nicht mehr gerecht wurden. Denn «die Kaufleute, die den Dingen hätten nachgehen können, waren zumeist auch in der Firma [Merck] ausgebildet worden, auch sie wussten es nicht anders und – es blieb ja immer noch etwas übrig!»[126] Effiziente Arbeitsteilung und strukturierte Delegationsprinzipien entwickelten sich nur langsam.

Aus der Sicht der 1880er-Jahre bleibt festzuhalten, dass der Tod des früh verstorbenen Georg 1873 eine Lücke in die Generation der Söhne des industriellen Gründers gerissen hatte. Denn er hatte als Pharmazeut und Chemiker unter den Brüdern die Freundschaft zu Liebig und Hofmann sowie darüber hinaus die Kontakte zu deren großem Netzwerk gepflegt.[127] Das Unternehmen und seine Teilhaber standen in hohem öffentlichen Ansehen. Carl hatte erstaunlich früh, im Alter von Ende 50, mit der Delegation seiner Kaufmannsaufgaben an seinen ältesten Sohn begonnen. Das väterliche Unternehmen war zwar zunächst nicht die Leidenschaft des jüngsten der Brüder, Wilhelm, gewesen, doch galt er als fleißig, bodenständig, von großer Menschenkenntnis und hatte sich seit seinem Eintritt vor allem Fabrik und Produktionsverfahren gewidmet.[128] Zudem war er seit 1873 nicht nur als Stadtverordneter vielfach öffentlich sichtbar: als Mitglied der Kommissionen für Wasser-, Gas- und Elektrizitätswerk, seit 1879 als Handelsrichter und seit 1882 – der erste Industrielle in dieser Rolle – als Präsident der Handelskammer Darmstadt. Der Großherzog hatte ihm schon im Alter von 43 Jahren das Ritterkreuz des hessischen Verdienstordens verliehen.[129] Die langfristig planende, strategische Kompetenz ihres Vaters scheinen aber weder Carl noch Wilhelm geerbt zu haben, freilich hatte dieser seine Söhne auch nicht in diesem Sinne erzogen. 25 Jahre nach seinem Tod hatte sich die pharmazeutische Konkurrenz so stark entwickelt, dass der unter ihm gewonnene Vorsprung teils verloren ging, teils auf dem Spiel stand. Hinter der Fassade des international hochangesehenen Unternehmens deuteten sich Defizite an: in der internen Fabrik- und Forschungsorganisation, in der Verwaltung, in den Erträgen der Fabrik. Aber das Ansehen der Firma Merck als eines der führenden pharmazeutischen Unternehmen vor allem bei Alkaloiden und insbesondere bei seinen Morphium-Produkten war ungebrochen, wenn auch die industrielle Herstellung gewissermaßen im Hintergrund der Apotheke wahrgenommen wurde, über die bzw. das «Haus» die Auslieferung ihrer Produkte erfolgte.

2.4. Soziale Entwicklung und Umweltfragen

Kurz nach der Gründung der Sozietät hatte Merck zur Jahrhundertmitte einen für die damalige chemische Industrie typischen klein- bis mittelbetrieblichen Charakter[130] mit insgesamt etwa 55 Beschäftigten.[131] Anfang der 1880er zählte das Unternehmen bereits rund 300 Mitarbeiter, darunter etwa 250 Arbeiter.[132] Dieser allmähliche personelle Ausbau über fast drei Jahrzehnte machte weitere Formalisierungen des Verhältnisses zwischen Unternehmen und Belegschaft erforderlich. Vergleichsweise früh,[133] vielleicht schon seit der Sozietätsgründung, aber spätestens 1853 wurden Arbeitsverträge eingeführt.[134] Darin wurden eine Reihe von seit der zweiten Hälfte des 19. Jahrhunderts in den meisten Industriebetrieben üblich werdenden Vorschriften als «Bedingungen» fixiert. Dazu gehörten die Verpflichtung der Arbeiter einerseits «durch Fleiß, Treue und ordentlichen Lebenswandel die Zufriedenheit seines Herrn zu erwerben», andererseits ihre Unterwerfung unter Strafbestimmungen bei «Untreue» bzw. «Nachlässigkeiten, Verleumdungen, Grobheiten untereinander oder gegen den Herrn» und bei «offene[r] Widersetzlichkeit, verbunden mit Thätlichkeit gegen Menschen oder Gegenstände»; weiterhin ein Branchenverbot nach Austritt, das Geheimhaltungsgebot; schließlich waren Rauchen und das Trinken von Branntwein verboten. Mit seiner Unterschrift unter diese sogenannten Bedingungen einer Beschäftigung[135] lieferte der Arbeitnehmer sich praktisch «gänzlich dem Wohlwollen des Arbeitgebers aus», denn der «freie, individuelle Arbeitsvertrag […] war unter den herrschenden Bedingungen eine Illusion». Die große Mehrheit der Arbeiter hatte sich den «einseitig von den Arbeitgebern vorgeschriebenen Bedingungen zu unterwerfen».[136]

Die Apothekergehilfen gehörten nach wie vor zum Haushalt und standen in enger Verbindung zur Familie.[137] Das patriarchalische Verhältnis bestand auch noch für die «Privatbeamten», die sowohl formal durch Qualifikation, Stellung und vor allem Gehaltszahlung aus der Arbeiterschaft herausgehoben waren als auch gesellschaftlich durch die im Begriff des «Amtes» mitschwingenden Bedeutungen von Würde, Respekt, Pflicht und Ehre, nicht zuletzt auch durch Treue gegenüber den Familienbesitzern.[138] Deren Beziehungen zu den Arbeitern waren dagegen zunehmend unpersönlich und stärker jovial-autoritär geprägt.[139] Zu dem sich nun entwickelnden Paternalismus[140] gehörte, dass die Beamten ein «Neujahrsgeld» erhielten.[141] Wilhelm Merck duzte viele der Arbeiter, und diesen blieb er als leutseliger «Vater Merck» in Erinnerung.[142]

Die Arbeitszeit war lang, sie betrug unter Abzug der einstündigen Mittags- sowie den halbstündigen Frühstücks- und Vesperpausen 72 bzw. 78 Stunden; einschließlich «Ess- und Ruhestunden» waren die Arbeiter also – durchaus branchenüblich – im Winter 14 und im Sommer 15 Stunden täglich im Betrieb.[143] Wie in anderen Regionen[144] bewegte sich die Arbeitszeit seit den 1850er-Jahren in Richtung auf einen zwölfstündigen Gesamtarbeitstag und – unter Abzug der Pausen – auf eine etwas über zehnstündige reine Arbeitszeit, wie sie ab 1884 dann in der Fabrikordnung von Merck festgeschrieben wurde.[145] Allerdings wurden die Regeln im Einzelfall durchaus flexibler gehandhabt.[146] Seit 1879 bzw. 1883 wurden Aufseher für Transportarbeiten und Fabrikhof eingestellt.[147] Dass in diesen Jahren militärische Vorbilder an Einfluss gewannen,[148] zeigt auch die Rolle des 1871 eingestellten ehemaligen – aber intern weiter so genannten – «Hauptmann» Creter für Fuhrwesen, Postbestellung und Krankenkassenverwaltung.[149]

Die Löhne wurden individuell und handschriftlich auf jedem Arbeitsvertrag eingetragen und wöchentlich ausgezahlt, Mehrarbeit musste «jederzeit» geleistet werden und wurde gesondert vergütet. Nach Lohndaten aus der Zeit von 1861 bis 1874 erhielten Arbeiter einen Wochenlohn von durchschnittlich knapp vier bis etwas über sechs Gulden, mit einer geringen Tendenz zum Anstieg. Diese Durchschnittszahlen sind lediglich Richtwerte, denn die damals nicht unübliche Spreizung der Löhne war groß. Am besten verdienten die Arbeiter der Fabrik I (Alkaloide und andere vegetabilische Wirkstoffe) mit durchschnittlich 5,61 Gulden wöchentlich, sodann die Arbeiter in der Fabrik III mit 5,27; die Löhne im «Haus» waren mit 4,20 Gulden am niedrigsten. Individuell betrachtet waren die Unterschiede noch größer, an der Spitze der Lohnskala erhielten Arbeiter wöchentlich neun bis zehn Gulden, an deren Ende 1,30 bis 4 Gulden;[150] Hoch- und Niedriglöhne lagen ähnlich weit auseinander wie in anderen Industriezweigen.[151] Nur die bestverdienenden Arbeiter kamen an das Monatsgehalt unterer Angestellter heran.[152] Insgesamt blieben die Löhne der Merck-Arbeiter deutlich unter den Durchschnittslöhnen in der Maschinenindustrie,[153] auch unter denen von Bayer[154] und noch deutlicher unter denen von Hoechst.[155] Eine Neujahrszulage war in den 1860er-Jahren bereits üblich.[156] Besondere Zulagen erhielten jene Arbeiter, die die schmutzigsten und auch gefährlichen Arbeiten übernahmen, nämlich vier Gulden extra für die Reinigung der Feuerkanäle und sogar 30 Gulden für die der Dampfkessel.[157]

Die Gehälter der Angestellten lagen weit darüber: Carl Lamparter, Korrespondent für Französisch und Italienisch, war 1873 nicht nur der «Längstgediente», sondern auch Bestverdiener mit jährlich 2296,80 Gulden (1875 umgerechnet und aufgerundet auf 4000 M.); zwölf weitere Mitarbeiter hatten Jahreseinkommen von über 1000 Gulden.[158] Rund zwei Drittel der Gehaltsbezieher verdienten 1873 zwischen 200 und 950 Gulden (ab 1875 umgerechnet und aufgerundet 342 bis 1625 M.), die niedrigsten Gehälter lagen monatlich zwischen 29 und 40 Gulden (1875: 50–70 M.). Besondere Gehaltssteigerungen fallen bis Anfang der 1880er-Jahre nicht auf, außer dass zwei der drei «werdenden» Prokuristen, Lettermann und Moeser, zwischen 1875 und der Verleihung der Gesamtprokura im Juni 1882 Gehaltserhöhungen in mehreren zehn- bzw. zwanzigprozentigen Schritten erhielten, nämlich von 300 auf 470 M. (Lettermann) bzw. von 160 auf 400 M. (Moeser), während Oesers Monatsgehalt von 300 M. nicht mehr stieg. Auch rein pekuniär gesehen war Lettermann gewissermaßen der «Primus» unter den Prokuristen. Über ihnen standen nur Wilhelm und Carl (bis zu seinem Tode 1885) als die beiden Seniorchefs; außerdem mit Einzelprokura bis zu seinem Ausscheiden 1882 Louis Hoffmann sowie Johann Heinrich Emanuel Merck.

Die Teilhaber wurden unter den Gehaltsempfängern geführt.[159] Carl, Georg (bis 1873) und Wilhelm Merck hatten Jahreseinkommen von jeweils 7000 Gulden (1875 umgestellt auf 12 000 M.), Louis Hoffmann erhielt 4649,20 Gulden (1875: 9200 M.). Es fällt auf, dass Carl und Wilhelm – nach Georgs Tod – ihre Bezüge innerhalb der folgenden drei Jahre verdoppelten (1877: 16 000 M., 1878: 24 000 M.), obwohl das Unternehmen zunehmenden Konkurrenzdruck verspürte.[160]

Während die Betriebstreue der Angestellten hoch war, gab es – wie bei allen Unternehmen nicht nur der Chemiebranche[161] – auch bei Merck eine hohe Fluktuation der Arbeiterschaft, der mit einer Mischung von Maßnahmen betrieblicher Sozialpolitik und Disziplinierung begegnet wurde.[162] Wenn im Arbeitsvertrag «Ansprüche auf Arbeit [...] so lange die chemische Fabrik besteht» zugesichert wurden, so war dies ein nicht einklagbares, theoretisches Versprechen, um die Arbeiter an das Unternehmen zu binden. Als Kaution, wie ein Pfand des «Fabrikherrn» für Firmentreue und Wohlverhalten, und explizit, um «den Arbeiter auch pecuniär abzuhalten, ohne Erlaubnis wegzugehen oder untreu zu seyn», wurden von jeder Lohnauszahlung zwölf Kreuzer bis zur Gesamtsumme von 25 Gulden einbehalten. Bei einem mittleren Durchschnittswochenlohn von fünf Gulden entsprach dies einem vierprozentigen Lohnabzug über die Dauer von fast zweieinhalb

Jahren. Erst nach weiteren zweieinhalb Jahren, und wenn der Arbeiter «fünf Jahre zur Zufriedenheit gearbeitet» hatte, durfte er das Geld ‹mitnehmen›.[163] Diese Maßnahmen verband Merck mit Unterstützungsleistungen: Jedem Merck-Arbeiter war «bei Altersschwäche», wenn er «mindestens Zwanzig Jahre in der Fabrik mit Zufriedenheit gearbeitet» hatte und «wenn er arm [war,] bis zu seinem Ende 8 bis 12 Kreuzer Lohn mindestens» versprochen. Ähnlich bei Krankheit: Wurde er durch «Arbeiten oder besondere Zufälligkeiten im Geschäft krank, und ist diese Krankheit nicht durch eigene Unvorsichtigkeit herbeigeführt, dauert mindestens vier Tage», so erhielt er – ohne eine andernorts übliche lange Wartezeit[164] – «seinen vollen Lohn fort»; allerdings musste die Krankheit «vom jezeitigen Fabrikarzt [...] wirklich als solche erkannt» werden.[165] So schmal diese Leistungen waren, sie «linderten [...] die größte Not, während der Staat noch untätig war».[166] So früh sie bei Merck eingeführt wurden und so selten sie im Vergleich anderer Unternehmen waren, so zählen sie doch schon zu den «Wegbereitern» der späteren, im Kaiserreich eingeführten Sozialversicherungen.[167] Eine national-politisch motivierte Sonderleistung war die Weiterzahlung des halben Lohnes an die Familien der Einberufenen im Deutsch-Französischen Krieg 1870/71.[168] Mit dem Wachsen der Fabrik erwies sich auch eine Versicherung gegen Betriebsunfälle als sinnvoll, wie sie von Merck 1876 abgeschlossen wurde.[169]

Da der aufkommende Mangel an Arbeitskräften während des «Industrialisierungsschubs» seit Mitte der 1850er und vor allem in den 1860er-Jahren in Darmstadt[170] nur durch die Zuwanderung ländlicher Arbeitskräfte vielfach aus dem Odenwald gedeckt werden konnte,[171] engagierte Merck sich im Arbeiterwohnungsbau. Georg Merck war einer der Mitinitiatoren und das Unternehmen einer der Investoren des im Oktober 1864 nach englischem Beispiel und als eines «der frühesten gemeinnützigen Wohnungsunternehmen in Deutschland»[172] – unter dem Protektorat des Erbprinzenpaares und mit Unterstützung des Hofes – gegründeten Bauvereins für Arbeiterwohnungen, dessen Zweck es war, «in geeigneten Lagen hießiger Stadt gesunde und billige Wohnungen für Arbeiterfamilien zu beschaffen».[173] Die ersten 64 Sozialwohnungen dieser Art waren 1866/68 bezugsfertig,[174] und einige Jahre später, 1872 und 1880 errichtete Merck selbst am Rande seiner Fabrik III, Ecke Soder-/Stiftstraße, die ersten acht eigenen Arbeiterwohnhäuser. Eine Generation später erbaute das Unternehmen eine größere Arbeiterkolonie.[175]

Die mit dem Herauswachsen der pharmazeutischen Herstellung aus der Apotheken- in die Fabrikproduktion verbundenen Probleme arbeitsbedingter Erkrankungen wurden durch individuelle Vorsorge für beherrschbar gehalten, entsprechende Auflagen in Arbeitsordnungen bzw. Arbeitsverträgen festgelegt und sanktioniert. Zwar war die ausreichende Wasserversorgung der Fabrik ein zunehmend wichtiges Thema, die Entsorgung von Fabrikabwasser in die natürlichen Gewässer dagegen üblich, und sie wurde nicht als problematisch angesehen,

Abbildung 36 Die Probleme sowohl wegen der Reinheit als auch der Menge des für die Herstellung erforderlichen Wassers sowie der verschmutzten Abwässer wuchsen zunehmend. Der 1896 erbaute Wasserturm hatte sieben Lagergeschosse.

schon gar nicht, solange die Wohnbebauung weit genug von der Fabrikation entfernt war.[176] Das Mercksche Gartengrundstück war auch deswegen als Standort einer Fabrikation geeignet, weil es am Darmbach lag. Merck hatte 1855 einen Kanal zur Abwasserversorgung genehmigen lassen, die damalige «Prüfung» ließ sogar offen, ob die Abwässer nicht vielleicht sogar «Dungkraft» hätten.[177] Fabrik I hatte seit 1856 einen eigenen Brunnenschacht, Fabrik III seit 1871, sodass sowohl hier als auch – nach Wasseranfall – aus Darm- und Soderbach «Fabrikwasser» für Kessel, Kühlung und Reinigung gewonnen wurde, zusätzlich kam es nach 1890 aus dem städtischen Leitungsnetz.[178] Letzteres war qualitativ besser, aber teuer und wurde daher möglichst sparsam genutzt.[179]

Gesundheitsgefahren und Umweltfragen wie etwa Geruchsbelästigungen[180] und Flussverschmutzung spielten in der damaligen öffentlichen Diskussion nur eine untergeordnete Rolle. Die Einwendungen gegen die Abwassereinleitungen der chemischen Industrie in den Main nahmen zwar seit den 1880er-Jahren zu. Aber solange die Färbungen oder Trübungen durch Chemikalien weniger auffielen als die von den Städten abgeleiteten Abwässer einschließlich Fäkalien, obsiegten die Argumente der Chemievertreter, zumal Flüsse allgemein und in der Rechtsprechung als natürliche Abwasserleiter angesehen und eine chemische Selbstreinigungskraft der Natur unterstellt wurde. Darmstadt hatte mit dem 1880 in Betrieb genommenen städtischen Wasserwerk auch ein Entwässerungsprojekt geplant und westlich der Stadt begonnen.[181] Mercks alte Fabrik lag am östlichen Stadtrand und leitete Abwasser über einen Kanal in den nach Westen fließenden Darmbach.[182]

Die Wasserver- und -entsorgung bei Merck blieb eines der Probleme sowie dessen Lösung eine der «Merkwürdigkeiten» der alten Fabrik.[183] Wie sehr auf die Ersparnis von Wasser geachtet wurde, zeigen auch die Bemühungen um Rückgewinnung und Wiedereinspeisung von Kühlwasser in den Wasserkreislauf: In Fabrik I und II wurde je ein eigener Wasserteich in den felsigen Boden getrieben, um das Kühlwasser zu sammeln. 1896 wurde ein Wasserturm mit siebengeschossigem Lager gebaut; daneben entstand eine Gradieranlage zur Abkühlung des Kesselwassers vor erneuter Verwertung,[184] und schließlich wurde das Regenwasser von den Dächern gesammelt und in die Eigenversorgung eingeleitet. Bis zum Bau der neuen Fabrik musste immer mehr sauberes, wenn auch teures Stadtwasser bezogen werden.[185] Das Thema bereitete auch den Merck-Chemikern große Sorgen.[186] Ein öffentlich wirksames Problembewusstsein gegenüber der Wasserverschmutzung kam aber erst langsam auf. Noch 1912 konnte Carl Duisberg unter dem Motto «Freiheit der fließenden Welle» für die Chemie- und Pharmaindustrie die Forderung nach «unbeschränkter industrieller Nutzung der Wasserläufe» erheben.[187]

3. 1880/90er-Jahre bis 1914: Konflikte, Modernisierung, Paternalismus, Expansion

3.1. Die industrielle Enkelgeneration – ein Gesellschaftsvertrag (1888)

In den 1880/90er-Jahren übernahm die Generation der Enkel Emanuel Mercks Verantwortung für die Geschicke des Familienunternehmens. Carl Merck hatte seine Nachfolge in der kaufmännischen Leitung bereits früh geregelt und seinen Sohn Johann Heinrich Emanuel selbst ausgebildet. Seit Juli 1879 entlastete dieser ihn gewissermaßen als «Junior»-Prokurist. Beim Ausscheiden seines Großonkels Louis Hoffmann 1882 übernahm er dessen volle Prokura, seit Juli 1885 war er «gleichberechtigter Gesellschafter».[1] Als Ältester unter ihnen, zudem mit über zehnjähriger kontinuierlicher Mitarbeit im Unternehmen, konnte er als der «Primus» der industriellen Enkelgeneration gelten. Sein Vater war 59 Jahre alt und hatte 27 Jahre die Verantwortung des Seniorchefs getragen, als er 1882 «mit Rücksicht auf [s]ein hohes Alter» testamentarisch bestimmte, dass seine drei Söhne seinen Anteil am Unternehmen übernehmen sollten, denn – so notierte er ausdrücklich – sie «haben sich nun für das Geschäft besonders ausgebildet bzw. sind im Begriffe, dies zu thun».[2] Im folgenden Februar 1883 schrieb er seinem Sohn Louis: «Onkel Wilhelm läßt Dich & Menes [Georgs Sohn Emanuel August] wißen, daß er Euren Eintritt in das Geschäft resp. Fabrik *unmittelbar* nach vollendetem Doctor-Examen wünscht. – Ich schließe mich dem aus voller Überzeugung, daß es wohlgethan, an & erwarte daß Ihr keine Schwierigkeiten macht.»[3]

Louis (1854–1913) und sein Vetter Emanuel August (gen. «Menes», 1855–1923) waren fast gleichaltrig, dreieinhalb Jahre jünger als Johann Heinrich Emanuel, und hatten einen sehr ähnlichen, Merck-typischen Werdegang mit Apothekerlehre und -examen, praktischen Berufserfahrungen zu Hause und außerhalb sowie mit Auslandsaufenthalten. Louis hatte seine Apothekerlehre in Frankfurt 1872–1875, Emanuel August in Bad Nauheim 1873–1875 absolviert, 1878/79 sam-

Abbildung 37 Fünf von sieben Enkeln der achten Generation (v. li.): Emanuel August, Johann Heinrich Emanuel, Louis, Carl, Willy auf einer Bank im Garten, um 1889.

melten sie erste Studienerfahrungen: Emanuel August während seiner Würzburger Gehilfenzeit, Louis durch den Besuch des Chemischen Laboratoriums Fresenius in Wiesbaden. Die beiden folgenden Semester verbrachten sie gemeinsam an der Straßburger Universität. Emanuel August kehrte danach in die Mercksche Apotheke zurück und studierte in Würzburg weiter, während Louis in Straßburg blieb; 1881 schlossen beide ihre Studien ab und erhielten die Approbation.[4] Ihre fast parallele Ausbildung mündete 1881 bis 1883 in ein Freiburger Chemie-Studium, das beide mit der Promotion abschlossen.[5] Im Alter von Ende 20 traten sie im August 1883 in das Unternehmen ein. Louis übernahm die Zuständigkeit für wissenschaftliche und Fabrikationsfragen, Emanuel August leitete in der Nachfolge seines Vaters die Engel-Apotheke und kümmerte sich auch um Magazine und Versand.[6]

Ein Jahr nach ihnen (1884) trat Carl Merck (1856–1936), der jüngste Bruder von Johann Heinrich Emanuel und Louis, in das Unternehmen ein. Er erhielt eine kaufmännische Ausbildung (1877–1880) im Unternehmen, die er anschließend drei Jahre in Sevilla und Florenz erweiterte; in der Darmstädter Verwaltung arbeitete er besonders eng mit seinem ältesten Bruder zusammen.[7]

1886 und 1888 folgten Willy Merck (1860–1932) und sein Vetter Carl Emanuel Merck (1862–1909), deren Lebensläufe erneut Merck-typisch waren. Ge-

Abbildung 38/39 Die beiden jüngsten Enkel der achten Generation (v. li.): Carl Emanuel (um 1890) und George Merck (undatiert).

meinsam war ihr Interesse an Chemie, deren Studium Willy gleich nach dem Abitur anstrebte und – unterbrochen durch den Militärdienst – in Heidelberg begann, in Straßburg und Aachen fortsetzte und 1886 in Kiel abschloss.[8] Dorthin folgte ihm 1884 Carl Emanuel nach Apothekerlehre, Militärdienst und Fresenius-Studium.[9] Beide wurden in Kiel bei Karl Ladenburg über Kokainthemen promoviert: Willy 1886, Carl Emanuel 1888.[10] In diesen beiden Jahren traten sie ins Unternehmen ein und wurden Teilhaber:[11] Carl Emanuel übernahm nach einem Londonjahr die Leitung der Sozialabteilungen,[12] Willy unternahm 1887/88 eine anderthalbjährige, ihn nachhaltig beeindruckende Weltreise, um vor allem im Fernen Osten die Absatzmöglichkeiten für die Erzeugnisse der Firma zu prüfen;[13] anschließend leitete er die Fabrik.[14]

Der siebte Enkel, George (1867–1926), hatte 1883/84 bis 1886 eine kaufmännische Ausbildung in Frankfurt absolviert, dann als «Commis» im Unternehmen gearbeitet und anschließend Erfahrungen bei den Merck-Repräsentanten in Paris und London gesammelt. Ab 1888 erhielt er Gehalt, ging 1889/90 nach London und unterschrieb dort im Herbst 1890 den Vertrag für die Gründung der New Yorker Merck-Niederlassung Merck & Co. 1891 reiste George nach New York, und Merck & Co. etablierte sich öffentlich als – wie man es zu dieser Zeit ausdrückte – «new branch», als ein nach außen selbständiges Unternehmen. Nach dem Militärdienst in der Heimat und seiner Heirat wechselte er im Herbst 1892 endgültig nach New York.[15] George soll später bedauert haben, dass er kein Abitur gemacht und nicht Chemie studiert hatte.[16]

Einerseits erinnern diese Abläufe an die von Emanuel Merck gesetzten Standards der Heranführung der nächsten Generation an die Mitarbeit im Unternehmen, und sie entsprachen erneut den typischen Mustern des 19. Jahrhunderts.[17] Andererseits unterschied die Situation sich erheblich von jener zur Jahrhundertmitte, weil nun nicht drei Söhne einer Familie ins Unternehmen strebten, sondern sieben Enkel aus drei Familien. Spätestens seit dem Tod von Carl Merck am 1. März 1885 wurde immer klarer, dass die Familiengesellschaft einer vertraglichen Regelung bedurfte. Die Witwe von Georg hatte ihre Söhne Emanuel August und Willy als Teilhaber benannt; Carl hatte seine drei Söhne testamentarisch zu seinen erbenden Teilhabern bestimmt; die Regelung der Rolle seiner eigenen beiden Söhne lag auch in Wilhelms Interesse. Er war zwar erst Mitte 50 und nun Seniorchef, hatte sich aber viele Ämter aufgebürdet und zog sich 1886 auf eine beratende Rolle zurück.[18]

Der zwischen Wilhelm und der jungen Generation vereinbarte Gesellschaftsvertrag von 1888 nahm die Intentionen des Gründers aus dem Jahr 1850 ebenso auf wie einige grundsätzliche Aspekte des Testaments von Carl. Auf elf Seiten legte er Eckpunkte fest, welche die Tradition des Familienunternehmens Merck langfristig für die Zukunft begründen sollten:[19] Das Denken in den drei Stämmen der achten Generation seit 1668, die Nachfolge im «Mannesstamm», dabei deren Begrenzung auf die noch überschaubare Zahl von zwei aktiven Teilhabern pro Stamm,[20] die Einstimmigkeit bei wichtigen Entscheidungen, den Vorrang Älterer bei Stimmengleichheit sowie die gleichmäßige Aufteilung von Gewinnen und Verlusten auf die Stämme.[21] Alle Teilhaber erhielten einen gleichen, von den aktiven Teilhabern festzulegenden Anteil am Reingewinn, Letztere bekamen für ihre Arbeit eine «Remuneration»: Beginnend mit 100 M. Monatsgehalt erhielt jeder – unabhängig von seiner Aufgabe – bei jährlichen Steigerungsraten von 100 M. nach zwölf Jahren das mögliche Jahresmaximum von 12 000 M.; tatsächlich war dies für alle 1897 der Fall.[22]

Dass der Stamm von Carl Merck zur Zeit des Vertragsabschlusses mit drei aktiven Teilhabern vertreten war, sollte eine absolute Ausnahme bleiben, wenn einer seiner drei Söhne wegfiele, durfte niemand nachrücken. Der Vertrag legte den Vorrang der Familie und des Familienunternehmens gegenüber allen anderen Optionen fest. Die Teilhaber wurden verpflichtet, «ausdrücklich durch Testament, Vertrag oder in sonst rechtlich möglicher Weise, dafür zu sorgen, dass […] die Einmischung Dritter unmöglich gemacht wird». Der Name Merck sollte langfristig mit dem Unternehmen verbunden bleiben, denn Töchter wurden von der Nachfolge – in der Tradition der bisherigen Festlegungen – als aktive Teilhaber «ein für allemal» ausgeschlossen; sie wurden abgefunden, in Carls Testament beispielsweise durch hohe Freilegate, und partizipierten an den Zinsen. Diese von der achten Generation so ausdrücklich und «für alle Zeiten» getroffene Regelung wurde zwar formell nie aufgehoben, mit der historischen Entwicklung aber obsolet.[23]

Die Zugehörigkeit zur Familie war das oberste Kriterium für eine Nachfolge als aktiver Teilhaber, gefolgt von Eignungskriterien.[24] Weil mittlerweile sieben Enkel, alle zwischen 1851 und 1867 geboren, als potenzielle Teilhaber bereitstanden, war es für die Gesellschafter offensichtlich unvorstellbar, dass einmal nicht genügend Bewerber zur Verfügung stehen könnten. «Nur zwei» aus jedem Stamm konnten zum Zuge kommen, sie sollten «infolge Ausbildung und Alters [...] die Thätigkeit, die von einem Theilhaber gefordert wird», leisten können.[25] Hatte ein Teilhaber keine Söhne oder Enkel, so endete seine Beteiligung an der Gesellschaft mit seinem Tode. Dass inzwischen in kürzeren Fristen gedacht wurde, zeigen die in Carls Testament 1882 noch auf sechs und nun auf fünf Jahre verkürzten Karenzzeiten für die Auszahlung von Vermögensanteilen im Todes- oder Erbfall.[26] Wie schon bei Emanuel Merck – allerdings noch mit Zehnjahresfrist – intendiert, diente diese Regelung vor allem dazu, das Familienvermögen im Unternehmen zu halten.

Abgeschlossen zwischen Wilhelm, dem jüngsten Sohn von Emanuel Merck, mit dessen fünf volljährigen Enkeln, mit Geltung für die ganze Generation der sieben Enkel Emanuels, trat dieser Gesellschaftsvertrag am 1. Juli 1888 in Kraft. Er gab dem Familienunternehmen 38 Jahre nach Gründung der Sozietät E. Merck eine neue unternehmensrechtliche Basis.[27] 1882 hatte Carl im letzten Paragraphen seines Testamentes formuliert, er erwarte «ganz besonders von seinen Söhnen [...], dass sie stets einig bleiben und sich gegenseitig ihre geschwisterliche Liebe und Treue erhalten».[28] Anderthalb Jahrzehnte nach diesem «Letzten Willen» Carls, zehn Jahre nach Abschluss des Gesellschaftsvertrags von 1888, stand diese Hoffnung tatsächlich auf der Probe, und der Gesellschaftsvertrag bedurfte einer Anpassung.

3.2. Modernisierungsdruck und Gewinnrückgang

Seit den 1870er-Jahren eröffneten die Fortschritte der Pharmakologie und physiologischen Chemie «ganz neue Gedanken [...] bzw. Möglichkeiten der medizinischen und pharmazeutischen Forschung». Sie zielten auf die Herstellung synthetischer Substanzen, die den Arzneimittelschatz «revolutionieren» sollten.[29] Bevölkerungswachstum, Industrialisierung und Urbanisierung, erst recht die im Dezember 1884 in Kraft tretende Bismarcksche Krankenversicherung und die damit begonnenen gesundheitspolitischen Maßnahmen erhöhten die Erwartungen an ein geregeltes und umfassendes Angebot an Arzneimitteln; hinzu kam die Konkurrenz der Farbenfabriken, weil deren ursprüngliches Hauptgeschäft zurückging. Die Chemiker der großen Teerfarbenfabriken nahmen nämlich seit Anfang der 1880er-Jahre die Forschung nach der synthetischen Herstellung von Alkaloiden für pharmazeutische Anwendungen auf und wurden eine großbetriebliche Konkurrenz der meist kleineren, aus Apotheken hervorgegangenen Pharmaunternehmen.[30] Insbesondere der Eintritt von Hoechst und Bayer in den pharmazeutischen Markt in den 1880er-Jahren wird als Zäsur gesehen, nach der sich der Wettbewerb zunehmend verschärfte.[31]

Merck geriet dadurch – wie vergleichbare Pharmaunternehmen mit ähnlicher Entstehungsgeschichte – in Rückstand und musste versuchen, «das verlorne [sic!] Terrain wiederzugewinnen [...] durch intensives Arbeiten zur Verbesserung der Fabrikation und der Methoden».[32] So erinnerte sich noch viele Jahre später der seit 1881 in der Firma tätige Apotheker und Chemiker Carl Scriba (1854–1929), selbst eine «ausgesprochene Forschernatur».[33] Die Weichen zur Zusammenarbeit mit aufstrebenden Universitätsforschern waren gestellt, so mit dem in Kiel Chemie lehrenden Albert Ladenburg (1842–1911). Er war einer der «namhaftesten Chemiker seiner Zeit» und entwickelte 1879 eine Teilsynthese des Atropins. Wenige Jahre später gelang ihm mit der Darstellung des Coniin, eines seinerzeit als physiologisch hochwirksam angesehenen Arzneistoffs,[34] die erste Synthese eines pflanzlichen Alkaloids überhaupt.[35] Es war also kein Zufall, dass Carl Emanuel (ab 1884) und dessen Vetter Willy Merck (1886) bei Ladenburg studierten und bei ihm promoviert wurden.[36]

Anders als – jedenfalls auf pharmazeutischem Gebiet – der BASF, die ihr Thallin-Patent an Merck verkaufte,[37] gelang es Merck schon 1879/80 und damit vergleichsweise früh und erfolgreich, Kompetenz und Wissen renommierter Hochschullehrer der Chemie an sich zu ziehen. Aber die Übertragung der Laborergebnisse in die industrielle Fertigung war schwierig: Ein 1880 eigens zur Herstellung von Atropin eingestellter Schüler Ladenburgs scheiterte ebenso wie andere, teils bereits in den 1870er-Jahren von Merck verfolgte Bemühungen.[38]

Mit der synthetischen Herstellung von Salicylsäure experimentierte Merck nach dem 1878 bekannt gewordenen Verfahren von Hermann Kolbe (1818–1884). Die Fabrikation im großen Stil war bereits vorbereitet, aber nach langwierigen Gerichtsprozessen gegen die Salicylsäure-Fabrik Friedrich von der Heyden, deren Teilhaber Kolbe geworden war, durfte Merck seit 1881 «nur nach Maßgabe seiner vorhandenen Apparate» fabrizieren.[39] Immerhin gelang allein durch Verfahrensverbesserungen sowie Tag- und Nachtarbeit eine Verdoppelung der Produktion auf 30 000 Kilogramm jährlich. Die bis dahin lukrative Herstellung wurde 1889 wieder aufgegeben, weil andere Unternehmen kostengünstigere Verfahren entwickelt hatten, zu denen Merck erst 1909 Zugang erhielt.[40]

Abbildung 40 Chemiker der alten Fabrik, um 1886 (v. li.), vordere Reihe: Goes, Dr. Freund, Dr. Stamm, Dr. Schlapp, Dr. Oeser, Dr. Graeve. Hintere Reihe: Dr. Tonn, Dr. Pfersdorf, Scriba, Dr. v. d. Becke, Dr. Krauch, Göbel, Pohl, Hochsteder, Laun, Dr. Strecker.

Angesichts des spürbaren Innovationsdrucks suchte Merck 1883 dringend mindestens drei neue Chemiker.[41] Vor dem Hintergrund, dass das Unternehmen in den beiden Jahrzehnten seit 1850 nur etwa ein halbes Dutzend Chemiker und Apotheker in der Fabrik eingestellt hatte, dann 1880/82 vier,[42] war dies geradezu eine Einstellungsoffensive: Von 1883 bis 1889 wurden allein in der Fabrik insgesamt weitere zehn Chemiker angeheuert.[43] Seit 1882 baute der an der Universität Münster einschlägig qualifizierte Chemiker Carl Krauch (1853–1934) bei Merck das Kontrolllaboratorium auf.[44] 1910 waren allein hier bereits neun Chemiker tätig.[45] Innovativ war Krauchs 1888 erstmals erschienenes Standardwerk zur Vergleichbarkeit chemischer Untersuchungen, mit dem er zum «Schöpfer» internationaler Reinheitskriterien für chemische Reagenzien und Chemikalien wurde.[46] Anknüpfend an Emanuel Mercks Ruf seit der Pariser Medaille von 1830 und seine Garantieerklärung von 1851, gab dies der Firma die Gelegenheit, sich im Vorwort zu Krauchs Buch ausdrücklich auf «die Reinheit der Reagentien, welche sie in den Handel bringt», zu verpflichten.[47] Dies wurde für die Apothekenkunden umso wichtiger, je mehr seit den 1870er-Jahren nicht nur die Herstellung von Arzneimitteln, sondern auch deren standardisierte galenische Aufbereitung für Patienten zunehmend von der Pharmaindustrie übernommen wurden.[48]

Abbildung 41 Die Realität der «Alten Fabrik» in ihrer bereits engen innerstädtischen Lage, die eine Verlegung erforderlich machte (um 1904).

Merck setzte weiterhin in erster Linie auf die Qualität seiner Produkte, verdoppelte aber auch sein Sortiment allein in dem Jahrzehnt von 1880 bis 1890 auf fast 5000 Produkte.[49] Bei einem Drittel von ihnen handelte es sich inzwischen um Fremdprodukte, die Merck von anderen Herstellern rabattiert bezog und wie ein Zwischenhändler an den Großhandel weiterreichte, weil die Abnehmer eine umfassende Merck-Belieferung erwarteten.[50] In der Hauptsache wurden pharmazeutische Produkte verkauft: Salicyl- und Jodpräparate, Kokain, Morphium, Codein sowie das Desinfektionsmittel Kaliumpermanganat, weiterhin technische Artikel, Tannin, Gallus- und Pyrogallussäure, Eisenammoncitrat, seit Mitte der 1890er-Jahre auch Thoriumnitrat für Glühstrümpfe von Gaslaternen und Cumarin für pharmazeutische Präparate.[51]

Die zunehmende Menge und Vielfalt der Herstellungen brachte betriebliche Probleme mit sich. Je enger es in der alten Fabrik wurde und je größer die durch die innerstädtische Lage bedingten Probleme wurden, da Umweltbelastung, Lärm und Gestank auf wachsende Ablehnung der gutbürgerlichen Anwohner im Darmstädter Woogsviertel stießen, desto näher lag der Gedanke einer Verlegung des Unternehmens. Auch ein direkter Bahnanschluss und die Lösung der Wasserprobleme wurden immer dringlicher. So waren 1884 Klagen laut geworden über durch die Fabrikabwässer verursachte Schäden für die Landwirtschaft.[52] Die räumliche Trennung des Drei-Fabriken-Betriebs vom «Haus» in der Rheinstraße mit Kontor und Magazinen erwies sich ebenfalls als Hemmschuh. Inzwischen hatte die Stadt 1887 ein neues Industriegelände an der sogenannten Hammelstrift im Norden ausgewiesen, das Schienenanbindung bot und etlichen Betrieben eine Verlagerung ermöglichte.[53] Dies kam auch den Wünschen des Fürstenhauses entgegen, denn Großherzog Ernst Ludwig (1868–1937) plante die Verschönerung der Residenzstadt.

Mit Zollverein und Eisenbahnnetz änderten sich die Ausgangsbedingungen des Marktvertriebs, überregionale Preisunterschiede spielten eine zunehmende Rolle, einzelne Hersteller versuchten Absprachen.[54] 1851 finden sich bei Merck Korrespondenzen über die Preislisten der Konkurrenten, die mit Geschäftsfreunden wie Trommsdorff in Erfurt und Engelmann & Boehringer in Stuttgart geführt wurden: Ersterer ging auf die Vorschläge aus Darmstadt ein und schlug seinerseits eine Preisminderung vor.[55] Merck lehnte ab, womit er vor allem meinte, mit stabil höheren Preisen in der «bisherigen Weise fortzulavieren», um Preisdrücker auszuschalten.[56] Zwar gab es schon Mitte der 1860er-Jahre vereinzelt kurzfristige Herstellerkonventionen,[57] doch nahm die Tendenz zu diesen – legalen – Konventionen genannten, kartellartigen Absprachen in den 1880er-Jahren «sprunghaft zu mit dem Ziel, das Marktgeschehen kalkulierbarer zu gestalten».[58] Meist handelte es sich um mehr oder weniger formalisierte Preisabsprachen unter den wichtigsten Herstellern eines Produkts, oft ging es aber auch um die Neutralisierung oder Vereinnahmung sogenannter Outsider, also Firmen, die außerhalb der Konventionen standen und die Preise drückten,[59] um die Festlegung von Anteilen bzw. sogenannten Quoten für Herstellungs- oder Verkaufsmengen, die bei Über- oder Unterschreitung verrechnet oder kompensiert wurden. Merck schloss sich seit 1887/88, also vergleichsweise früh,[60] ersten Konventionen und Preisvereinbarungen an und spielte dabei nach eigener Ansicht eine «hervorragende Rolle».[61] Bis 1892/94 entstanden unter Merck-Beteiligung Jod-, Salicyl-, Natrium-, Permanganat-, Santonin-, Brom- und Lithiumkonventionen, doch wurde die Wirksamkeit der meisten dieser und der weiteren Übereinkünfte unterschiedlich, oft eher skeptisch beurteilt.[62]

Neben solchen Preisabsprachen waren Firmenübernahmen ein strategisches Mittel im Wettbewerb. Dies galt auch für den Kauf der Fabrik des Erfurter Konkurrenten Hermann Trommsdorff. Mit diesem selbst hatte das Darmstädter Unternehmen seit dessen Gehilfenzeit in Darmstadt persönlich und geschäftlich Kontakt gepflegt: Seit der Gründung von Trommsdorffs Fabrik 1836 aus seiner Erfurter Apotheke heraus gab es einen regen beidseitigen Warenverkehr.[63] 1841/42 hatte Trommsdorff in Erfurt eine Fabrikanlage und 1871/72 im nahen Gispersleben einen Zweigbetrieb errichtet und konkurrierte mit einem Merck-verwandten umfangreichen Angebot an Pharmaka, Substanzen und Apparaturen. Trommsdorff versuchte in transparent ausgetragenem Wettbewerb in den 1860er-Jahren auch Merck-Kunden in Frankreich zu gewinnen. Carl Merck hatte als Kind Hermann Trommsdorff im elterlichen Hause erlebt und später gelegentlich dem schwer erkrankten Kollegen Präparate angeboten, solange dieser nicht selbst produzieren konnte.[64] Nach dessen Tod 1884 kam die Fabrik infolge von Erbstreitigkeiten 1885 in fremde Hände und war bald so heruntergewirtschaftet, dass sie Merck zum Kauf angeboten wurde.[65] Merck zahlte inklusive Anlagen, Fabrikationsverfahren und Warenbeständen zwar rund 72 000 M. mehr, als die Trommsdorff-Erben acht Jahre früher erhalten hatten, aber durch Abschreibungen und Restverkäufe wurde dieser Preis offenbar in kurzer Zeit kompensiert.[66] Merck übernahm Trommsdorff im August 1892, stellte die Produktion in Erfurt und Gispersleben ein, übernahm die Restwaren nach Darmstadt und bereitete sie mit hohem Aufwand für den eigenen Verkauf auf.[67] Auch wenn sich nach der Übernahme herausstellte, dass deren Potenzial vielleicht überschätzt worden war, überwogen die Vorteile für Merck: Ein Konkurrent war ausgeschaltet, dessen Kunden wurden übernommen, und mehrere Fachleute wechselten nach Darmstadt, darunter Alexander Ehrenberg (1857–1937), der bald Mercks wichtigster Chemiker wurde, sowie Fritz Rothhardt, der in der Buchhaltung eine bedeutende Rolle spielen sollte; sie erhielten 1903 bzw. 1910 Prokura.[68]

Aus der Übernahme von Trommsdorff ergaben sich interessante Erkenntnisse zur Preisgestaltung. Die Erfurter Firma hatte Merck in den Vorjahren immer wieder unterboten, jedoch nicht, weil dort billiger oder effizienter produziert worden war, sondern weil sie sich auf einen ruinösen Preiskampf eingelassen hatte: Der letzte Erfurter Inhaber bekannte im Nachhinein: «Ich sagte mir: Die Firma E. Merck kann rechnen (!), und wenn ich da etwas unter die gehe, verdiene ich immer noch.»[69] Tatsächlich war und blieb es Mercksche Unternehmensstrategie, nicht nur die Qualität seiner Produkte zu gewährleisten und zu garantieren, sondern auch die Preise möglichst stabil zu halten, doch ließ sich Letzteres mit zunehmender Konkurrenz immer weniger durchhalten.

Die Umsätze der Fabrik waren damals «noch nicht sehr groß», zumal die Gewinnmargen außer bei Kokain geringer geworden waren,[70] sodass die Erträge der Apotheke in der Gesamtrechnung des Unternehmens immer noch eine wichtige, tatsächlich sogar zunehmende Rolle spielten. Dies würde auch den Hinweis von Carl Merck im Vorstellungsgespräch mit dem neuen Provisor 1883 erklären, «die Apotheke [sei] das Einzige, warum wir uns erhalten können».[71] Die Jahresumsätze der Engel-Apotheke beliefen sich – nach Vermutungen der Darmstädter Konkurrenten – 1882/83 auf 75 000 Reichsmark.[72] Sie hätte danach zu den umsatzstärksten Apotheken in Deutschland gehört.[73] Tatsächlich waren die – erst seit 1893/95 getrennt von der Fabrik ausgewiesenen[74] – Gewinnprozente der Engel-Apotheke dreimal so hoch wie die der Fabrik. Der Jahresumsatz der Apotheke betrug (1895–1900) jährlich fast 110 000 M., die Gewinnspanne 23 Prozent.[75] Die Fabrik hingegen musste sich «mit kleinerem Gewinn [...] begnügen und dafür im erhöhten Umsatz einen Gegenwerth» finden.[76] Die Gewinne waren bis 1890 stetig gesunken und lagen – nach Einführung bereinigter Inventare etwa Anfang der 1890er-Jahre – wahrscheinlich nur bei vier Prozent,[77] auf jeden Fall – ausweislich der ältesten verfügbaren Daten – noch Mitte der 1890er-Jahre unter sieben Prozent.[78] Während bei der mit Merck vergleichbaren Schering AG im Durchschnitt der 1880er-Jahre 16, in den 1890ern rund 14,[79] bei der BASF (1870–1900) jährlich rund fünf Prozent Aktiendividende[80] und bei Bayer zehn bis 20 Prozent und mehr gezahlt wurden,[81] erhielten die Anteilseigner von Merck vielleicht drei bis vier Prozent auf ihr Kapital.[82]

Das Fabrikunternehmen E. Merck hatte sich lange auf seine dominanten Gewinnbringer verlassen, vor allem auf Morphium und andere seit Emanuel Merck mit besonderem Erfolg und entsprechendem Gewinn vertriebene Produkte. Es hatte aber zugleich die interne pharmazeutisch-chemische Entwicklung nicht genug vorangetrieben und es an Modernisierungsmaßnahmen fehlen lassen. Die strukturellen Probleme der Branche, vor allem wachsende Konkurrenz und Preisdruck, hatten die Situation noch verschärft.[83] Als diese Erkenntnis langsam eintrat, war die Konkurrenz am Markt stark genug geworden, um auch gegen den jahrzehntelangen Marktführer für Alkaloide anzutreten.

3.3. Familienkonflikte und Erneuerung des Gesellschaftsvertrags (1899)

Vor diesem Hintergrund wurde die Zusammenarbeit der wachsenden Zahl von Teilhabern komplizierter. Bis zu acht von ihnen waren seit 1889 an den Entscheidungen des Unternehmens beteiligt, alle sieben Enkel und Wilhelm als beratender Seniorteilhaber.[84] Es ist nachvollziehbar, dass sie begannen, ihre Absprachen zu formalisieren, indem sie sich seit August 1894 zu mehr oder weniger intensiv protokollierten «Geheimen Geschäftsabenden» trafen; zu einzelnen Besprechungspunkten wurden leitende Mitarbeiter hinzugebeten. Die unterschiedliche Frequenz dieser «Abende» in den Jahren bis 1900 deutet auf einigen Abstimmungs- und Entscheidungsbedarf bei einem gewissen Konfliktpotenzial.[85] Merckscher Familiensinn bewährte sich in dieser Phase durchaus, wenn es um die Abwehr fremder Einflüsse ging, aber es zeigten sich auch unterschiedliche Temperamente und Vorstellungen über die Strategien des Hauses.

Der größte Konflikt entzündete sich an der Geschäftspolitik in den USA. Theodor(e) Weicker hatte durchaus erfolgreich seit 1887 die New Yorker Niederlassung von Merck aufgebaut[86] und fungierte als «Empowered Attorney and General Business Manager for E. Merck in the US».[87] 1889 war in Abstimmung mit dem Darmstädter Mutterhaus die Gründung einer offenen Handelsgesellschaft unter dem Namen Merck & Co. vereinbart worden mit George Merck und Theodor(e) Weicker als Teilhabern. Dieser Vereinbarung sollten bald eine Reihe detaillierter Verträge zur Unternehmensstruktur folgen. Zunächst bestand zwischen beiden offenbar gutes Einvernehmen, George ließ dem Älteren und Erfahreneren «freie Hand».[88] Weicker strebte nach einer Aufwertung des US-Geschäfts und auch seiner eigenen Position. Aber als er 1894 das Ansinnen äußerte, Teilhaber zu werden, wurde dies von der Darmstädter Familie geradezu entsetzt zurückgewiesen. Sie wollte «grundsätzlich keine Fremden und kein fremdes Geld im Geschäft dulden» und ausdrücklich allein über die Gewinne bestimmen.[89] Weicker wurde mit einer Erhöhung von Gehalt und Gewinnanteil (von zehn auf 15 Prozent) zufriedengestellt. Trotz des inzwischen aufgekommenen Verdachts, er habe sich des Namens Merck für eigene Geschäfte und Spekulationen bedient,[90] war er in New York unersetzlich, und besonders George versicherte, wie viel er ihm «verdanke».[91]

Zwei Jahre später gab es erhebliche Unstimmigkeiten über die New Yorker Geschäftspolitik, weil die von George vorgelegten Bilanzen und Berichte auf dem Geschäftsabend im August 1896 «einstimmig beanstandet» wurden.[92] Es war unstreitig, dass Merck Geld benötigte, sowohl für Um- und Neubauten in Darmstadt, aber vor allem zur Deckung der in New York – allein bis 1896 – angelaufenen Verbindlichkeiten gegenüber dem Mutterhaus in Höhe von fast einer Million M. Eine Kapitalerhöhung wurde erörtert und der Verkauf der Anteile an den Vereinigten Chininfabriken Zimmer & Co. erwogen, an der Merck seit mindestens 1886 rund 22 Prozent hielt und jährlich gute Gewinne bezog.[93] Sogar an den Verkauf der Häuser an der Rheinstraße, also des familiären «Tafelsilbers», wurde zeitweise gedacht. Dies erwies sich letztlich als unnötig, aber in Darmstadt sahen die Teilhaber sich Mitte 1896 wegen der wirtschaftlichen Lage ihres New Yorker Hauses «keine Stunde sicher [...] vor der Nothlage, den Reservefonds angreifen zu müssen».[94] Die Familie blieb völlig einig in der Ablehnung jeder Kreditaufnahme. Sie entzweite sich allerdings im Konflikt über den Kurs gegenüber New York: Johann Heinrich Emanuel war für eine harte Gangart und plädierte für die Sperrung aller Lieferungen bis gezahlt würde, Louis und andere waren konzilianter. Nachdem Louis sich – ausdrücklich auf Georges Bitte – gemeinsam mit Wilhelm Conzen persönlich ein Bild der Lage in New York verschafft hatte und von Darmstadt aus in einer Art eigener Abteilung die US-Geschäfte betreuen wollte, kündigte Johann Heinrich Emanuel entnervt 1897 seinen Rücktritt als aktiver Teilhaber an,[95] sein jüngster Bruder Carl tat es ihm gleich.[96]

Johann Heinrich Emanuel sah sich – wie er Juli 1897 verärgert schrieb – als «Opfer zweier Bankerotteure [sic!; Weicker und George], die mich noch dazu um einen berechtigten Gewinnantheil betrogen haben, indem sie ihnen nicht gehörende Mittel, ohne die leiseste Andeutung und ohne jegliche Berechtigung verschleuderten!»[97] Louis wollte den Konflikt zwar nicht weiter eskalieren lassen, sah aber die «Urheber dieser Krise» in New York und in der «unglückselige[n] Verschleierungspolitik» der dortigen Geschäftsrealitäten.[98] George waren die heftigen Konflikte sehr wohl bewusst: «Es ist schade, wenn Brüder verschiedener Meinung sind, dass man aber einem *kranken* Bruder gegenüber eine Meinung *verfechten* und *durchkämpfen muss*, ist ein Unglück. [...] Lieber Louis, ich danke Dir, dass Du soweit die Zügel energisch in die Hand genommen hast [...]. Um J. H. E. persönlich thut es mir herzlich leid.» George behielt aber auch seine aus der US-Perspektive geprägte, distanziertere Sicht der Darmstädter Situation und sah die Krankheit seines ältesten Cousins dramatisch: «J. H. E., wie er seit Jahren war, bedeutete eine *Gefahr* für das Haus [...]. Schaffe in D[armstadt] die ‹Schreckensherrschaft› u. ‹Lakaienwirthschaft›, die ohne je erwünscht oder beabsichtigt zu sein, aber doch thatsächlich besteht, ab.»[99]

Der Konflikt zwischen den Teilhabern zeigt einerseits die Dominanz des Familiensinns – die ausscheidenden Enkel Emanuels ließen ihre Einlagen im Unternehmen –, andererseits offenbart er den schwelenden Generationenkonflikt über den Stil der Unternehmensführung. Noch im Herbst 1896 hatten die Teilhaber Johann Heinrich Emanuel gebeten, sich anstelle von Wilhelm Merck in die Handelskammer wählen zu lassen,[100] jetzt übernahm Louis die Rolle des «Primus» in der industriellen Enkelgeneration. Er besaß nach dem Ausscheiden seiner beiden Brüder bei Abstimmungen im Sinne des Gesellschaftsvertrags beide Voten seines Stammes, und er wurde 1898 Mitglied und ab 1901 Vizepräsident der Handelskammer.[101] Johann Heinrich Emanuel blieb in Erinnerung als «Mann von großer Arbeitskraft und starkem Willen», der aber «leider nur zuviel selbst erledigen wollte».[102] Das Delegieren von Aufgaben scheint nicht seine Stärke gewesen zu sein.[103]

Die bisherige «eher eng gebundene» Unternehmens- und Arbeitskultur wandelte sich,[104] manche Entscheidungen wurden leichter und schneller getroffen. 1899 wurde vor dem Hintergrund andauernden Kapitalbedarfs und des anstehenden Fabrikneubaus sogar ein Nichtfamilienmitglied als stiller Teilhaber aufgenommen: Statt Bankkredite zu beantragen und einen – wie die Teilhaber übereinstimmend meinten – im Hause fehlenden Finanzfachmann einzustellen, wurde nach Abwägung aller Argumente das schon länger auf dem Tisch liegende Beteiligungsangebot von Friedrich Broicher angenommen. Er galt selbst als «Finanzmann ersten Ranges»,[105] war zudem ein «alter und zuverlässiger Freund des Hauses» mit einer eigenen Firma in London und hatte «reiche, vielleicht auch für die Firma zu verwertende Geschäftserfahrungen».[106] Broicher wurde ab 1. Juli 1899 mit der Einlage von einer halben Million Mark stiller Teilhaber und erhöhte damit das Kapital auf insgesamt über 10,3 Mio. M.[107] Broicher blieb Merck mit dieser Einlage bis Ende 1912 verbunden, seit 1907 zusätzlich mit einem Darlehen von 100 000 M.[108]

Die Aufnahme stiller Teilhaber, die schwierige Situation des New Yorker Geschäfts und der Tod Wilhelms am 12. Januar 1899 führten zu neuen Überlegungen über die Gesellschaftsform und eine eventuelle Umwandlung in eine GmbH.[109] George hatte nach dem Tode seines Vaters das Anrecht auf eine Berufung als offener Teilhaber. Da er aber Hauptinhaber von Merck & Co. war, ließ das 1890 in den USA erlassene antimonopolistische Sherman-Gesetz es als «zweckmäßig» erscheinen, ihn – nach außen jedenfalls – in Darmstadt nur als stillen Teilhaber zu führen.[110] Zu den wichtigen Änderungen des Gesellschaftsvertrages von 1899 zählte, dass nun bei Einstimmigkeit der aktiven Teilhaber «dritte Personen» als offene Teilhaber aufgenommen werden konnten.[111]

Der Anteil Georges wurde in den Büchern bis 1904 mit 425 000 M. beziffert; der von Johann Heinrich Emanuel (bzw. seit 1905 seiner Witwe) betrug 1903 900 000 M. und stieg bis 1914 auf 1,5 Mio. M.[112] Der Anteil des 1909 im Alter von nur 47 Jahren verstorbenen Carl Emanuel Merck[113] stand 1910 mit dem Betrag von 2,9 Mio., seit 1912 exakt 3 Mio. M. als stille Einlage seiner Witwe in den Büchern.[114] Nach dem Tode des im September 1913 im Alter von 58 Jahren verstorbenen Louis Merck[115] wurde auch dessen Anteil am Unternehmen als stille Einlage in Höhe von 5,6 Mio. M. geführt:

Anteile (immer Mio. M.)	Bis Juni 1899	Seit Juli 1899	1903	1904	1905	1909	1910	1911	1912	1913
Aktive Teilhaber Stämme Carl, Georg, Wilhelm zusammen	9,8[1]	9,8	10,8	11,3	12,5	14,0	14,2	16,1	16,1	18,3
Stille Teilhaber										
George Merck			0,425	0,425						
J. H. E. Merck †			0,9	0,9	0,95	0,96	1,0	1,0	1,0	1,5
C. E. Merck †						2,9	3,0	3,0	3,0
Louis Merck †[2]										
F. Broicher[3]		0,5	0,5	0,5	0,5	0,5	0,5	0,5	0,5	
Summe	9,8	10,3	12,625	13,125	13,95	15,46	18,6	20,6	20,6	22,8

1 Davon entfielen auf die Stämme: Carl 3,3, Georg 3,2, Wilhelm Merck 3,3 Mio. M., Abschlussbücher, Merck-Archiv, S 1/15 und 16.
2 Louis Merck (5,6 Mio. M.) wurde 1914 stiller Teilhaber.
3 Broicher schied mit Ende 1912 aus, Merck-Archiv, S 5/109 b.

Die Entwicklung der Anteile der Teilhaber zeigt, dass von 1899 bis 1913 die Dominanz der Familie in keiner Weise durch die Aufnahme eines stillen Teilhabers von außerhalb der Familie geschmälert wurde, sie nahm im Gegenteil zu.[116]

3.4. Modernisierungen, der Bau der neuen Fabrik und Expansion

«Die Mercksche Fabrik war eben auch im Laufe der Zeit *ein grosses Unternehmen* geworden und über den ursprünglichen Rahmen, selbst einer großen Apotheke, weit hinaus gewachsen.» Einer der leitenden Beamten erinnerte sich, der Seniorchef Wilhelm Merck habe den Anstoß für eine Modernisierung der Verwaltung gegeben: «Nun muss etwas geschehen, so geht es nicht weiter.»[117] Der Aufbau eines Kalkulationswesens und einer Organisationsstruktur waren ebenso Ausdruck des nun begonnenen Modernisierungsprozesses wie der Bau der neuen Fabrik.

Umsatzrückgang, Konkurrenzdruck sowie erste Erfahrungen bei den aufkommenden Versuchen zu Preisabsprachen mögen zu der Erkenntnis beigetragen haben, dass eine pharmazeutische Fabrikation nicht mehr wie eine «große Apotheke» betrieben und erst recht deren Preise nicht mehr «ganz receptmäßig» berechnet werden konnten, indem Bestandteile und Kosten «auf einem Blatt zusammengetragen, ein geringer Aufschlag für Unkosten zugerechnet [wurde], und der Gestehungspreis war fertig».[118] In der selbstkritischen Erkenntnis dieser Lage schuf das Unternehmen eine neue Stelle für Preiskalkulation und stellte im Oktober 1888 Wilhelm Conzen (1850–1934) für die entsprechenden langwierigen Reformen ein.[119]

Seit Sommer 1897 lief schließlich der «schwerfällige Apparat» der früheren Preisbildung aus, und es gab grundlegend neue Preislisten mit einer «Tendenz nach oben».[120] Der Erfolg blieb nicht aus: Tatsächlich war die sogar rund siebzigprozentige Erhöhung des «Reingewinns» der Fabrik im Geschäftsjahr 1898/99 nicht nur auf gestiegenen Umsatz zurückzuführen, sondern «auf die schon lange erstrebte und nun zur Geltung kommende» neue Preispolitik.[121] Nicht ohne Stolz adressierten darum die zuständigen Mitarbeiter wenige Monate später, im April 1900, eine Postkarte an Conzen nach Berlin, die nichts anderes enthielt als die Ziffer des ersten Monatsumsatzes über eine Million Mark.[122]

Auch wenn diese – vor allem pragmatisch, noch ohne wissenschaftliche Grundlagen durchgeführte[123] – kalkulationsorganisatorische Modernisierung bei Merck deutlich später begann als in anderen Branchen,[124] so war Merck hier chemisch-pharmazeutischen Unternehmen ein rundes Jahrzehnt voraus, denn bei der BASF fehlten sogar bis 1904 einheitliche innerbetriebliche Kalkulationsmethoden, was im Wettbewerb gegen Ende des 19. Jahrhunderts zunehmend Probleme bereitete.[125] Auch dort machten die Betriebsleiter ihre jeweils eigene Kalkulation und gaben «möglichst hoch, damit der Betrieb günstig abschnitt»,[126] gerechnete Preise an die Verkaufsabteilungen weiter. Diesen wiederum waren die vorherigen Margen nicht bekannt, sodass sie kaum kostendeckende und konkurrenzfähige Preise ermitteln konnten. Die Korrektur dieser im Nachhinein als «absurde» Praxis angeprangerten Methode, bei der weder Kontor noch Betriebsleiter die wahren Gestehungspreise kannten, war offenbar in der ganzen Branche überfällig.[127] Diese aufwendige Kalkuationsreform war allerdings nicht leicht durchzusetzen. Noch Jahrzehnte später erinnerten sich Verantwortliche bei Merck an die «Summe von Unverstand, bösem Willen und überheblicher Kritik», auf die sie vor allem bei unteren Beamten stießen.[128] Nachjustierungen der Kalkulationspraxis blieben allerdings nicht nur bei Merck und insbesondere in Jahren schlechter Konjunktur erforderlich.[129]

Seit 1882 hatten Wilhelm Oeser, Ernst Lettermann und Wilhelm Möser Gesamtprokura, 1896 erhielten erstmals Nichtfamilienmitglieder Einzelprokura: Die beiden inzwischen 57- bzw. 46-jährigen Prokuristen, Lettermann und Möser, waren beide bereits 25 Jahre bei Merck und rückten auf. Neu erhielten Gesamtprokura Louis Hisserich[130] für den Einkauf (bald auch für Konventionsfragen) und Karl Schneider[131] für die Buchhaltung.[132] Ein Jahr später wurde auch Conzen Mitglied der Geschäftsleitung und erhielt ab April 1898 Kollektivprokura. Er hatte sich sowohl durch seine Reformen in Buchhaltung und Preiskalkulation als auch die Begutachtung des New Yorker Hauses 1897, zu der er gemeinsam mit Louis gereist war, als unersetzlicher Fachmann erwiesen.[133] Nach Lettermanns Tod rückten 1903 Hisserich und Conzen zu Einzelprokuristen auf, sodass diese Verantwortungsebene unterhalb der Teilhaber auf drei Manager erweitert wurde. 1908 kam Scriba hinzu, 1909 Ehrenberg, 1911 Wilhelm Seip. Unterhalb der Ebene der Teilhaber gab es also seit 1908 meist vier Einzelvertretungsberechtigte. Die Zahl der Kollektivprokuristen stieg von drei (1898) auf zwölf (1913).[134] Diese Entwicklung trug dem rasanten Wachsen des Unternehmens und der Vielfalt an inner- und außerbetrieblich gewachsener Aufgaben Rechnung. Jedoch fällt auf, dass mit Ehrenberg und Scriba 1903 erstmals Vertreter der chemisch-pharmazeutischen Forschungspraxis bzw. der Produktion mit Einzelprokura in die Geschäftsleitung aufgenommen wurden. Kaufmännisches Denken dominierte also in der Unternehmensspitze, während chemisch-pharmazeutische Themen offenbar in der leitenden Obhut der Familienvertreter verharrten. Merck blieb auch bei wachsender Arbeitsteilung sowohl seiner Apothekentradition treu als auch Entscheidungsstrukturen, die weitgehend auf die Familie und deren Entscheider zugeschnitten waren. Ähnliches gilt für die Technischen Dienste des Unternehmens, die erst

Abbildung 42 Prokuristen, 1908 (v. li.):
Conzen, Offenbächer (hinten), Dr. Flimm (vorne), Geißler, Schumacher (hinten), Deutsch (vorne), Schneider (hinten), Hisserich (vorne), Prof. Ehrenberg (vorne), Seip (hinten), Scriba (hinten), Möser (vorne).

1922 mit Dipl. Ing. Werner Pfarr, einem angeheirateten Familienmitglied, ihre Vertretung in der Geschäftsleitung fanden.[135]

Umbauten, Vergrößerungen, Ergänzungen der Gebäude der alten Fabrik sowie auch Fragen der Feuersicherheit standen nicht erst 1894 zur Debatte.[136] Als im folgenden Jahr die Errichtung einer Fabrikation von stechend riechendem, giftigem Ammoniak beschlossen wurde, war dies nur außerhalb der Stadt realisierbar. Nordwestlich von Darmstadt in der Gräfenhäuser Straße fand sich am städtischen Abwasserkanal (Darmbach) nahe der Kreis-Kadaver-Verwertungsanstalt ein stadtfernes Grundstück, wo 1896 diese Herstellung und die Verarbeitung des Urins der Darmstädter Artilleriepferde zu Hippursäure begannen.[137]

Spätestens seit diesem Zeitpunkt wurde über die Verlagerung der ganzen Fabrik und deren Neubau nachgedacht. Im April 1899 beauftragten die Teilhaber Emanuel August mit der Suche nach einem geeigneten Terrain und Sondierungen zum Verkauf des Grundstücks der alten Fabrik.[138] Neben dem rund 20 km entfernten hessischen Gernsheim war als Standort der neuen Fabrik auch das bayerische Aschaffenburg im Gespräch, und beide boten Verkehrsvorteile mit ihrer Lage an

Rhein bzw. Main. Die Exportorientierung des Unternehmens ließ auch Spekulationen über eine Verlegung nach Hamburg aufkommen,[139] was zu heftigen Protestschreiben aus der Bevölkerung führte, die Stadt würde dadurch «ruiniert, total ruiniert».[140] Noch im selben Herbst fiel die Entscheidung für den – äußerst günstigen – Tausch des Geländes der Fabrik I gegen 150 000 qm an der Hammelsdrift, bei dem Merck sogar noch 30 000 M. herausbekam.[141] Zudem wurde die Benutzung des städtischen Abwasserkanals, die Verlegung eines Gleisanschlusses nach Arheilgen, ferner eine dreijährige weitere Nutzung der alten Fabrik bis zum Abschluss des Umzugs vereinbart.

Ein als Möglichkeit immer drohender Weggang von Merck, der für Darmstadt und die hessische Wirtschaft einen herben Verlust dargestellt hätte, wurde damit vermieden. Ausschlaggebende Faktoren für den Verbleib in Darmstadt waren die traditionelle und inzwischen weltweite Verknüpfung des Namens Merck mit Darmstadt und das Entgegenkommen der Stadt beim Grundstückstausch.[142]

Nach erfolgreichen Probebohrungen und dem Abschluss der Wasserrechtsverträge im März 1901[143] begann in Zusammenarbeit mit dem Mannheimer Architekturbüro Jelmoli & Blatt[144] der Bau der ersten Labore und eines Schmalspur-Gleissystems für die werkseigene Kleinbahn.[145] Das hauseigene, technische Büro lieferte nach den Vorgaben der Betriebsleiter Handskizzen für alle Planungen.[146] Emanuel August betreute die Einrichtungsfragen, Willy Merck organisierte den Umzug, bei dem der Fabrikbetrieb möglichst wenig unterbrochen werden sollte.[147] Die Darmstädter Planungen wirkten im Vergleich zu den – Merck gewiss bekannten – Neubauprojekten von Bayer in Leverkusen kurzfristiger, pragmatischer und weniger systematisch, aber doch konsequent und zielstrebig.[148] Eine wichtige Grundsatzentscheidung zentrierte – sehr bewusst anders als in der alten Fabrik – die Kraftzentralen der neuen Produktionsstätte, um Energieverluste zu vermeiden. Zwar galt die Transmissionsanlage zwei Jahrzehnte später bereits als Anachronismus und «gänzlich verfehlt»,[149] aber bei ihrem Einbau war noch nicht bekannt, welches Antriebssystem sich langfristig durchsetzen würde.[150] Seit 1913 wurde auf Drehstrom umgestellt.[151]

Die Entwürfe zu den repräsentativen Bauteilen zur Frankfurter Straße wurden nach einer Überarbeitung durch Friedrich Pützer realisiert, mit der dieser – möglicherweise auf Veranlassung des Großherzogs – im Frühjahr 1902 betraut worden war.[152] Er übernahm Grundrisse und Geschosshöhen, machte durch Sheddächer an der Straßenfront die industrielle Nutzung erkennbar und überarbeitete die Fassade des Verwaltungsgebäudes. Seine wichtigste und markanteste Neuerung war ein sechsstöckiger Turmbau, in dem auch eine Unfall- und Krankenstation und ein Feuerlösch-Geräteraum untergebracht waren. Pützer kannte die Berichte über amerikanische Hochhäuser seit Mitte der 1890er-Jahre

1880/90er-Jahre bis 1914: Konflikte, Modernisierung

Abbildung 43 Mit ihrer modernen, von Friedrich Pützer gestalteten, repräsentativen Vorderfront (Turm, Eingang, Verwaltungsgebäude, Shedbauten, von li. n. re.) wurde die neue Fabrik bald zu einem «Vorzeigeprojekt» des Unternehmens (Luftbild 1912).

und realisierte hier erstmals in Deutschland ein freistehendes Turmgebäude, das nicht nur technische Funktionen hatte oder verkleidete, sondern als eigenständiges Gebäude ein «neuer Bautyp» war. Tatsächlich erreichte Pützer die Turmhöhe von 39,70 Metern nur, indem er auf die zulässige Traufhöhe ein 18 Meter hohes Dach mit Uhrentürmchen setzte,[153] das klassische Symbol der arbeitszeitintensiven industriellen Welt in einem repräsentativen Verwaltungsgebäude für die Privatbeamten des Unternehmens, die aufstrebende neue Schicht der Angestellten.[154] Dieser damals so genannte Beamtenturm wurde Blickfang und Erkennungszeichen des Unternehmens und gilt als architekturgeschichtliches Wahrzeichen.[155]

Der etappenweise Umzug mithilfe von Dampfstraßenbahn und Pferdefuhrwerken begann im Oktober 1902, hatte seinen festlichen Höhepunkt in einem Umzug unter Begleitung des «Merck'schen Liederbaums»[156] und war im Februar 1905 abgeschlossen. Er gilt als logistische «Glanzleistung»,[157] danach begann der Abriss der alten Fabrik.[158] Die neue Fabrik und ihre Gesamtanlage wurden zum Vorzeigeobjekt für alle Besucher und deren Abbildungen gerne, vielfach und weltweit versandt.

Ohne den Bau der neuen Fabrik wäre die rasante Expansion des Unternehmens insbesondere ab 1909 nicht möglich gewesen. Zwar ließ das Umsatzwachstum seit der Jahrhundertwende nach, nahm dann aber wieder Fahrt auf und kletterte – außer nach der Rezession 1907, die auch Merck deutlich traf[159] – immens bis auf 26,1 Mio. M. im Jahr 1913, also auf mehr als das Doppelte seit dem

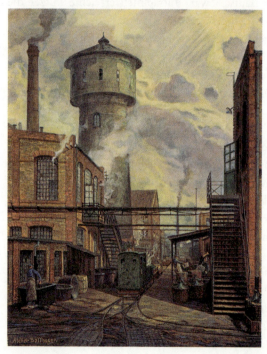

Abbildung 44/45 Die beiden Gemälde von Otto Bollhagen aus den 1920er-Jahren geben Eindrücke vom Werksgelände der 1904 bezogenen neuen Fabrik.

Abbildung 46 Sprengung eines der Schornsteine der alten Fabrik durch eine Pionierabteilung.

Umzug. Der Neubau stand nach seinem Abschluss mit Investitionen in Höhe von 3,6 Mio. M. in der Bilanz[160] und machte sich tatsächlich «binnen weniger Jahre glänzend bezahlt».[161] Vor dem Hintergrund der mageren Gewinne der Vorjahre waren die Dividenden der Geschäftsjahre 1902/03 mit zehn und 1903/04 mit neun Prozent erfreulich, wenn auch fast ausschließlich auf Skalengewinne durch erhöhte Produktion zurückzuführen.[162] Wenige Jahre nach dem Umzug stiegen die Gewinne weiter auf zwölf (1907), 14 (1908), 19 (1909), 22 (1910) und auf ein Maximum von 25 Prozent (1911) vor dem Ersten Weltkrieg und blieben mit 24 (1912) und 20 Prozent (1913) in dieser Höhe.[163] Sie waren damit um etwa ein Drittel höher als beispielsweise die Schering-Dividenden.[164]

3.5. Regulierungskämpfe auf dem Pharmamarkt, Forschung und Entwicklung

a) Marktabsprachen und zunehmende Konzentration

Regulierungskämpfe und Konzentrationstendenzen hatten in der chemisch-pharmazeutischen Industrie später eingesetzt als in anderen Branchen, aber besonders seit den 1890er-Jahren stark zugenommen. Merck gehörte um 1900 insgesamt 21 Konventionen an und war zusätzlich an 13 Preisvereinbarungen für verschiedene Artikel beteiligt.[165] Merck spielte dabei sehr unterschiedliche Rollen: Führend beispielsweise gelang es Merck ab 1900, mit den Phenacetin- und Sulfonal-Konventionen zwei Schweizer Firmen den Verkauf zu entziehen[166] und die Preise dieser Produkte um ein Fünftel bzw. ein Drittel zu erhöhen.[167] Ähnliche Spannen wurden auch bei anderen Konventionen erzielt.[168] Sogenannte Patent- und Spezialpräparate bzw. Fertigarzneimittel, bei denen Wirkstoffe und deren Kombinationen unter Warenzeichen verkauft wurden,[169] benötigten nur in Ausnahmefällen Konventionen, so das wichtige Veronal, für das Merck und Bayer 1903 eine Konvention abschlossen.[170] Um die Jahrhundertwende initiierte Merck die Kokainkonvention, die allerdings nur bis 1907 hielt.[171] Auch die 1901 gebildeten Codein- und Theobromin-Konventionen entstanden aus bisherigen eher informellen Preisvereinbarungen.[172] Der Chinin-Konvention schloss sich Merck um 1900 als «Anhänger» an: Dieser Interessenausgleich brachte den Produzenten die Merck-Zusage, diese – in Darmstadt längst aufgegebene – Produktion nicht wieder aufzunehmen, und Merck eine Liefergarantie mit vierprozentigem Extrarabatt auf die billigsten Preise der Konventionsmitglieder.[173] Tatsächlich vertrieb Merck sogar 97 Prozent der auf diesem Wege bezogenen Menge von 10 000 Kilo unter eigenem Namen. Die Kunden wussten nicht, dass Merck das Produkt nicht herstellte, erwarteten es aber im Darmstädter Angebot. Chinin blieb so für Merck «nicht nur ein sogenannter Leader [...], sondern [warf] auch einen recht schönen Nutzen aus», sodass Darmstadt – vor allem gegen das Interesse des Konventionsführers Boehringer & Söhne – noch eine wesentliche Ausdehnung seines Chininverkaufs anstrebte.[174]

Die Zahl der unterschiedlich formalisierten und selbst für Eingeweihte schwer zu durchschauenden Absprachen, an denen Merck beteiligt war und bei denen das Unternehmen häufig von Louis Merck vertreten wurde,[175] wuchs ständig an und schwankte in den Jahren bis 1914 zwischen 16 und 25 Konventionen und 15 bis 26 Preisvereinbarungen.[176] Auch die sprunghafte Zunahme der Produkte, bei denen Merck an Absprachen beteiligt war, von etwa 20 (bis 1900) auf ungefähr 50 (bis 1914), belegt die rasante Zunahme der Marktregulierungen.[177] Mit diesen Vereinbarungen war ein immenser bürokratischer Aufwand verbunden, weil «die schwierigsten und compliciertesten Rechnungs-Verhältnisse [...] mitunter einen Ueberblick über den voraussichtlichen Gang, oder über die Gestaltung des Geschäftes überhaupt nicht mehr zulassen,» stöhnten 1905 zuständige Merck-Mitarbeiter.[178] Von 1906 bis 1912 stieg der Anteil des Gewinns durch Konventionsprodukte im Vergleich zum Gesamtumsatz bei Merck von 10,7 (486 547 M.) auf 18,9 Prozent (1 356 526 M.). Dies war vor allem eine Folge der seit 1904 zwischen Merck, Boehringer in Mannheim-Waldhof, Knoll & Co. in Ludwigshafen und dem Dresdner Unternehmen Gehe aufgebauten Pharma-Interessengemeinschaft, der ab 1907 auch die Firma Riedel in Berlin angehörte. Höchstgewinne erzielten Jodpräparate und Kokain, die größten Verluste gab es infolge international wachsender Konkurrenz bei diesem lukrativen Geschäft unter anderem mit Morphium 1906/1907. Im Übrigen ging es bei den Absprachen nicht immer ausschließlich um Gewinne, sondern auch um viel Konventionspolitik, also Marktabsprachen unterschiedlichster Art. An der 1903 bestehenden, englisch dominierten Morphium-Konvention war Merck beispielsweise vor allem beteiligt, um den Fortbestand der für Merck lukrativeren Codein-Konvention zu sichern, denn dieses Präparat war längst preislich instabil.[179]

Das Konventions- und Absprachewesen in der chemisch-pharmazeutischen Industrie nahm von Jahr zu Jahr so stark zu, war so fließend-unstet, so schwankend in seinem Erfolg, dass Veränderungen, Scheitern und Gelingen geradezu als eine Konstante der Marktverhältnisse angesehen werden können. Die Produzenten konkurrierten, misstrauten sich und suchten dennoch in variierenden Konstellationen die Zusammenarbeit. Nur einzelne Firmen blieben für Merck fast durchgängig Konkurrenten, so Boehringer in Ingelheim vor allem bei Codein- und Chloralhydrate-Präparaten,[180] und das Basler Unternehmen Hoffmann-La Roche, gegenüber dem die Darmstädter eine Zusammenarbeit und erst recht eine Aufnahme in die IG ablehnten.[181] Erst eine unter Federführung von Merck 1912 abgeschlossene Alkaloid-Konvention zwischen der IG und Hoffmann-La Roche neutralisierte partiell diesen ungeliebten Schweizer Konkurrenten.[182]

b) Die Interessengemeinschaft (IG) – Gründung, Ziele und Bedeutung

Zwischen Merck und Boehringer-Mannheim hatten sich im Netz der Marktabsprachen besonders viele und enge Konventionen entwickelt.[183] Deswegen und vor dem Hintergrund ihrer traditionell engen Geschäftsbeziehungen lag eine verstärkte Zusammenarbeit nahe.[184] Früher als bisher angenommen machte das Waldhofer Unternehmen den ersten Schritt und schlug Merck 1903 eine bilaterale Kooperation vor, die allerdings am Widerspruch der amerikanischen Merck & Co. und der vorgeschlagenen, für Merck wenig lukrativen hälftigen Gewinnteilung scheiterte.[185] Nach Umzug der Merck-Verwaltung in die neue Fabrik machte Boehringer 1904, nun gemeinsam mit Knoll & Co., einen erneuten Vorstoß und schlug die Gründung einer «Interessengemeinschaft» vor. Der Gedanke zu solchen Zusammenschlüssen war verbreitet, weil die gesamtwirtschaftliche Lage ihn nahelegte.[186] Die Partner erhofften sich positive Effekte unter anderem durch Ersparnisse im Einkauf, effizientere Produktion, die Ausschaltung von Konkurrenz, Verteilung der Kosten für Neu-/Umbauten sowie die Aufteilung von Verlusten und schließlich auch koordinierte und damit bessere politische Einflussmöglichkeiten.[187] In dieser Hochzeit der Absprachen der chemisch-pharmazeutischen Unternehmen schlossen sich einerseits auch BASF, Bayer und Agfa zum «Dreibund», andererseits Hoechst und Cassella zunächst zu einem «Zweibund» (ab 1907 mit Kalle zum «Dreiverband») zusammen.[188] Damit traten sie auch den zunehmenden Kooperationen von Drogisten und Apotheken entgegen, aus denen unter anderem die Einkaufsgenossenschaft Handelsgesellschaft deutscher Apotheker (Hageda) entstanden war.[189]

In die 1904 begonnenen Verhandlungen zwischen Boehringer, Merck und Knoll wurde Mitte 1905 Gehe & Co. AG einbezogen – ein wichtiger Merck-Kunde[190] – und 1906 ein Vierer-IG-Vertrag unterschrieben.[191] Seit Herbst 1905 waren auch die Berliner Unternehmen Schering und Riedel als IG-Partner im Gespräch. Riedel galt als «Preisdrücker und Geschäftsverderber», und – so hieß es seitens Merck – «wenn wir den kalt stellen können, ist das ein großer Gewinn».[192] Nach schwierigen Verhandlungen wurde die IG durch die Aufnahme Riedels im August 1907 zu einer Fünfer-Gemeinschaft.[193] Die Unternehmen brachten ihre Produktpaletten nur theoretisch als Ganzes in die IG ein. Tatsächlich ging es ihnen vor allem um die «führenden Marktartikel [...] besonders in der Alkaloidenreihe» und um «Spezialpräparate».[194]

Während der Zusammenschluss zur IG in Darmstadt «fast eine Lebensfrage» genannt wurde, hatte die New Yorker Tochter Bedenken, vor allem weil der 1890 erlassene Sherman Act Kartellierungen ausdrücklich verboten hatte. Aber die internationale handelspolitische Lage, drohende Expansionen der Konkurrenz überzeugten schließlich: Wenn beide Merck-Unternehmen, Darmstadt und New York, sich der IG verweigerten, drohte einerseits ein Zusammenschluss von Boehringer und Knoll, andererseits deren Expansion mit eigenen Fabriken in die USA.[195] Der Zusammenschluss in der Interessengemeinschaft schien ein logischer Schritt auf dem Wege der bisherigen wirtschaftlichen Konzentrationen und Regulierungen,[196] und er lag nahe, weil die Produktpaletten sich ergänzten und darüber hinaus viele Verflechtungen gegeben waren.[197]

Die IG war keine juristische Person, und der relativ unverbindlich klingende Begriff «Interessengemeinschaft» lässt nicht erkennen, dass der Vertrag für eine bemerkenswert lange Dauer von 30 Jahren geschlossen wurde.[198] Von den Kooperationsvereinbarungen der IG sollten möglichst wenig Details bekannt werden, und der Gesamtvorgang sollte sogar «geheim» bleiben.[199] Im IG-Rat als entscheidendem Gremium hatte Merck 1907 als bei Weitem stärkster Partner ein Drittel aller Stimmen.[200] Die Konstruktion war kompliziert und nur mit immensem Aufwand und noch mehr gegenseitigem Vertrauen zu koordinieren. Dies wurde ebenso schnell deutlich wie Divergenzen in den Zielen der Partner: Riedel, seit 1905 eine Aktiengesellschaft, sah den «Grundgedanken» der IG in einer «vollständige[n] Gemeinschaft der fünf Firmen» und drängte auf eine «engere Verschmelzung [...] zu einem homogenen Ganzen».[201] Dabei standen unterschiedliche Modelle zur Debatte: 1908 schlug Riedel die Bildung von drei Konzernen vor (Merck-Boehringer, Gehe-Knoll und Riedel), die über ihre Aktien «verschmolzen» sein sollten,[202] 1911 hieß es, Merck solle seine Gesellschaftsform in eine Aktiengesellschaft umwandeln und «als solche die anderen vier Firmen der IG in sich» aufnehmen.[203] Eine solche Gesellschaft, eventuell als Aktiengesellschaft konstituiert, wäre mit einem Kapitalwert von 50 bis 60 Mio. M. zu jener Zeit das größte chemisch-pharmazeutische Unternehmen Deutschlands geworden, größer als jeweils Bayer, Hoechst und die BASF.[204] Boehringer war als Familienunternehmen kategorisch dagegen,[205] während Louis Merck diese Option bemerkenswerterweise für die Zukunft nicht völlig ausschloss. Aber: «Wir fühlen uns noch nicht so als geschlossenes Ganzes, wie es wohl sein sollte. [...] Wir handeln noch nicht selbstlos genug und gehen nicht im Ganzen auf, was eben auf die langen Jahre, wo wir scharfe Concurrenten waren, zurückzuführen ist.» Die für eine AG nötige «Homogenität, [...] die Grundlage für die einheitliche Leitung eines so grossen Unternehmens» sei, sei «noch nicht erreicht».[206]

Die unterschiedlichen Unternehmenskulturen waren allerdings inkompatibel: Riedel mit seiner Erfahrung als Aktiengesellschaft und Managern stand gegen die Familientradition vor allem von Boehringer und Merck.[207] Im Übrigen hatte Louis Merck längst mehrere Gründe für seine Skepsis, und es handelte sich dabei nicht nur um Abnutzungserscheinungen in der so optimistisch begonnenen Zusammenarbeit: So hatte Boehringer beispielsweise seine Forschungs- und Entwicklungsaufwendungen in der Ausgangsbilanz der IG viel zu hoch veranschlagt und damit seine IG-Quote, also auch den Gewinnanteil, «gehörig» hinaufgeschraubt.[208] Zudem waren der Modernisierungsbedarf von Riedel, die Defizite bei Boehringer und Gehe sowie der Kapitalbedarf aller IG-Partner im Vorfeld der Gründung unterschätzt bzw. beschönigt worden, ebenso der immense bürokratische Aufwand, das immer größere «Labyrinth der Zahlen», die zeit- und nervenzehrenden Sitzungen.[209] Besonders intensiv waren die Auseinandersetzungen über Quoten: 1909 beispielsweise eskalierte ein Streit zwischen Merck und Boehringer bis hin zur Drohung Engelhorns mit dem Austritt seines Unternehmens.[210]

Letztlich blieben die Partner – trotz aller Auseinandersetzungen – bei ihrer Zusammenarbeit, weil sie ihnen mehr Vor- als Nachteile brachte.[211] Alle Beteiligten waren sich einig, weitere Mitgliedsaspiranten abzulehnen. Wie nach dem ungeschriebenen Gesetz des «Divide et impera» wahrten sie so viel Selbständigkeit wie möglich. In der Außenwahrnehmung wirkte das schwer durchschaubare IG-Gebilde mächtig, in der Binnenstruktur blieben die Partner hingegen untereinander misstrauisch und beließen vieles bewusst intransparent.[212] Merck wurde schon nach wenigen Jahren «IG-Müdigkeit» unterstellt.[213] Die – wie sie sich untereinander gerne nannten – IG-«Freunde» standen sich, wie Conzen auf einer Sitzung des IG-Rats 1913 offen äußerte, vor allem in Preisfragen «trotz sechsjährigen Zusammenarbeiten[s ...] immer noch zu sehr als Konkurrenten gegenüber».[214] Selbstkritisch fragten sich die Darmstädter später, ob sie in dieser Zeit nicht zu «igistisch» agiert hätten, ob «etwas mehr ‹Merckisch› [...] öfter besser gewesen» wäre.[215]

Diese Zweifel waren durchaus berechtigt, aber Merck hatte als größtes der fünf IG-Unternehmen mit fast 49 Prozent die beste IG-Quote, das größte Gewicht und die höchsten Gewinnanteile,[216] und dies entsprach den eigenen «Ansprüchen, Erwartungen und den Verhältnissen».[217] Vor allem in der Preispolitik hatte Merck die Führungsrolle und in den Fabrikationsverfahren, im Kalkulations-, Magazin- und Organisationswesen fühlte man sich den anderen Partnern überlegen. Im Ergebnis führte die Konzentration der Produktion seit 1906 zu einer Verlagerung eines großen Teils der Alkaloid-Produktionen der IG nach Darmstadt.[218] Dort wurden weiterhin eine «fast unbegrenzte Anzahl» von Produkten sowie «Spezialpräparate» und eine beträchtliche Zahl reiner «Handelsartikel», aber relativ wenige «groß-pharmazeutische Fabrikationen» hergestellt.[219]

Unternehmenskooperationen wie die IG werden heute unter volkswirtschaftlichen Gesichtspunkten negativ bewertet, und ihr betriebswirtschaftlicher Nutzen ist schwer einzuschätzen.[220] Aber allein durch Verkäufe an Gehe und Riedel wuchs der Merck-Umsatz nach der IG-Gründung um rund eine Mio. M. (7,7 Prozent).[221] In den acht IG-Jahren von 1907 bis 1913 erzielte Merck jeweils durchschnittlich zehn Prozent mehr aus dem IG-Gewinn, als seiner Quote von 49 Prozent entsprach. Über die IG erwirtschaftete Merck rund ein Fünftel des Umsatzes, zwischen 16 (1913) und 23 Prozent (1909 und 1911).[222] In der zeitgenössischen Betrachtung verdoppelte Merck seinen Quotengewinn in den sieben IG-Jahren, ohne dass dies «auf Kosten der IG-Freunde» geschah.[223]

c) Forschung und Entwicklung

Seit den 1880er-Jahren verstärkte Merck seine Anstrengungen zur Findung neuer Produkte. Im Nachgang der bereits erwähnten Einstellungsoffensive seit 1883 kamen 1892/93 fünf weitere Chemiker mit der Übernahme von Trommsdorff hinzu, und bis 1911 folgten sogar insgesamt 30.[224] Neben manchen Fortentwicklungen auf dem Alkaloidgebiet[225] zählte beispielsweise Phenolphtalein als Abführarznei zu den Erfolgen.[226] Die kontinuierliche Weiterentwicklung der Angebotspalette ist auffallend, in etlichen Fällen von Produkten, mit denen sich schon Emanuel Merck beschäftigt hatte. Hierzu zählte die Weiterentwicklung des Emetin, eines der ältesten, von Merck bereits 1832 aus der Ipecacuanha-Wurzel gewonnenen Präparate, das in seiner Reinform später eine nicht vorhergesehene Bedeutung gegen die Dysenterie erlangen sollte.[227] Entscheidende Fortschritte brachten vor allem Verbesserungen der Verfahren zur Isolierung der einzelnen Pflanzenwirkstoffe.[228]

Im besonderen Maße galt dies für die Gewinnung von Kokain, das 1860 von Albert Niemann aus Cocablättern isoliert und 1862 von Merck in den Handel gebracht und weiterentwickelt wurde.[229] Bis in die 1880er-Jahre wurde das teure Mittel nur in kleinen Mengen hergestellt, seit Mitte der 1880er-Jahre als «Cocain Merck» vermarktet und war daher noch weitgehend unbekannt, als Sigmund Freud es 1884 in einer Wiener Apotheke erwarb,[230] um dessen psychische und physische Wirkungen in einem sechswöchigen Selbstversuch zu erproben. Unter völliger Unterschätzung der Folgeschäden und Suchtgefahren verfasste er anschließend eine umfangreiche Studie über die «wunderbare stimulierende Wirkung der Coca».[231] Als Merck daraufhin eine bezahlte Zusammenarbeit anbot, sagte Freud zu und erhielt für die physiologische Untersuchung von Ecgonin 100 Gramm dieses Nebenalkaloids des Kokain. Die Kooperation scheiterte aber, weil der internationale Marktführer für Kokain, Parke, Davis & Co. aus Detroit, gegen das als «bedeutend zuverlässiger» geltende Merck-Präparat ankämpfte[232] und seinerseits Freud mit einer vergleichenden Untersuchung beider Produkte beauftragte. Freuds Gefälligkeitsgutachten behauptete, Merck könne nicht liefern und sei zu teuer,[233] was die Darmstädter in einem offenen Brief dementierten und zugleich Freuds Gutachten als interessengeleitete Veröffentlichung anprangerten.[234]

Ungeachtet dieses Konflikts wurde Kokain bald zum «Vorbild für die gezielte Entwicklung» von Lokalanästhetika.[235] Durch ständige Optimierung der Verfahren[236] steigerte Merck die jährliche Produktion von anderthalb Kilo Kokain (1883/84) erheblich. Die Menge der bald schon großindustriell verarbeiteten Cocablätter stieg ab 1885/86 sprunghaft an und verdoppelte sich allein von 1896/97 auf 1897/98. Das entsprach einer Versechsfachung seit Mitte der 1880er-Jahre.[237] 1913 wurde in Tag-und-Nacht-Produktion ein Maximum der Verarbei-

Abbildung 47 Kokain wurde seit den 1880er-Jahren eines der wichtigsten Präparate von Merck; Sigmund Freud testete es 1884. Produktwerbung 1900.

tung von 800 000 Kilo erreicht.[238] Seit etwa 1905 kamen die Cocablätter aus einer Plantage auf Java, an der Merck beteiligt war.[239] Kokain wurde *das* Mercksche «Standardpräparat»[240] und erzielte, obwohl es immer wieder nachgeahmt bzw. gefälscht wurde,[241] den konstant höchsten Anteil am Gesamtumsatz (1911/12/13 jeweils sechs bis sieben Prozent) und dementsprechend beim Gewinn.[242] Die Rolle des führenden Lieferanten für Deutschland und große Teile des Auslandsmarkts verlor Merck mit dem Ersten Weltkrieg.[243]

Nach Robert Kochs bahnbrechender Identifizierung des Erregers der Tuberkulose (1882) und der 1890 ebenso geschickt inszenierten wie euphorisch begleiteten Vorstellung seines Tuberkulin begann Merck als drittes deutsches Unternehmen mit der Suche nach Impfstoffen gegen die unterschiedlichsten Erreger.[244] Nachdem der «Tuberkulinrausch» abgeklungen war, blieben zwar Zweifel an der Wirksamkeit von Kochs Heilmittel, aber wer daran glaubte, arbeitete damit, weil der «weiße Tod» die häufigste Sterblichkeitsursache im Erwachsenenalter war; tatsächlich blieb Tuberkulin bis nach dem Ersten Weltkrieg eine der therapeutischen Empfehlungen.[245] Hoechst nutzte 1892 die Gelegenheit eines kommerziellen Nie-

1880/90er-Jahre bis 1914: Konflikte, Modernisierung

Abbildung 48 Die Arbeit der Serumabteilung war Anfang des 20. Jahrhunderts von großen Hoffnungen begleitet, Foto um 1900.

dergangs des Mittels, um preiswert an das Wissen zum Aufbau einer bakteriologischen Forschungsabteilung zu kommen, indem es die Rechte daran von Koch erwarb.[246] Schering begann 1893 mit der Herstellung eines Diphterieserums und erzielte im folgenden Jahr bereits erste Erfolge.[247] Merck übernahm 1894 den Vertrieb eines in Bologna entwickelten Tetanus-Heilserums[248] und beschloss nach Gesprächen mit Spezialisten noch im selben Jahr den Aufbau einer ausdrücklich auch mit Forschungsaufgaben betrauten bakteriologischen Abteilung; die medizinische Bakteriologie galt mittlerweile als Zukunftsdisziplin.[249]

Diese Abteilung nahm 1895 unter Dr. Gustav Landmann ihren Betrieb auf und galt als Hoffnungsträger des Unternehmens.[250] 1895 brachte Merck eigene Diphterie-Antitoxine auf den Markt, kurz darauf ein nach Kochs Verfahren hergestelltes diagnostisches Tuberkulin zur Früherkennung der Tuberkulose bei Tieren. Gleichzeitig wurde an haltbarer Pockenlymphe und an Heilmitteln gegen Lepra und Tuberkulose sowie an der Verbesserung des Diphterieserums gearbeitet. Als es nach der Jahrhundertwende gelang, neben den Sera mit bis zu 300-facher Stärke (bezogen auf festgelegte Immunisierungseinheiten) ein 1000-faches Serum zu entwickeln, sah das Unternehmen sich «mit einem Ruck an die Spitze der Konkurrenz» treten. Das von Landmann entwickelte Tuberkulol-Merck, in neuartig isolierten Fläschchen zur Jahrhundertwende auf den Markt gebracht, sollte sowohl zur Immunisierung als auch zur therapeutischen Anwendung dienen. Aber es blieb – wie viele dieser hoffnungsvoll begonnenen Versuche – ein letztlich vergeblicher Heilversuch, wurde allerdings wie Tuberkulin ein wichtiges bakteriologisches Diagnoseinstrument. Die Darmstädter Abteilung wurde vergrößert[251] und Ende 1901 der Hallenser Milzbrand-Spezialist und Robert-Koch-Schüler Georg Sobernheim für zehn Jahre verpflichtet.[252] Am dortigen Hygienischen Institut wurde 1902 eine kleine Merck-Forschungsfiliale eingerichtet und ein Milzbrandserum entwickelt.[253] Diese Standortentscheidung hatte vornehmlich sicherheitstechnische und organisatorische, aber wohl auch unternehmenspolitische Gründe: Wegen der Gefährlichkeit der Milzbranderreger wollte Merck den Eindruck vermeiden, «derartig gefährliche Körper» würden neben den Pharmazeutika produziert.[254]

Eigene Forschungen im Forschungsverbund mit externen Wissenschaftlern ließen in den Jahren seit 1895 eine breite Palette von Merck-Sera entstehen, die stetig verbessert und am Markt relativ erfolgreich wurden.[255] Auch wenn die Möglichkeiten der Serumtherapie in vieler Beziehung überschätzt wurden, so schien die Arbeit der Merckschen Serumabteilung recht erfolgversprechend. Dagegen konnten die Organtherapeutika zur Behandlung von beispielsweise Schilddrüsenerkrankungen, Diabetes oder Epilepsie die Erwartungen nicht lange erfüllen.[256] Das Unternehmen stellte für seine Serumentwicklungen die aus Kostengründen aufgekommene Skepsis über Ausstellungen zurück[257] und präsentierte – übrigens auch auf Vorschlag des Kaiserlichen Gesundheitsamtes – die Erfolge der Serumabteilung auf der Weltausstellung in St. Louis 1904.[258] Erst gegen Ende der 1930er-Jahre ermöglichten neue Untersuchungstechniken realistischere Einblicke in biochemische Vorgänge.

Die Sondierung von Verbindungen zu «namhaften» Chemikern, Laboratorien und Ärzten wurde mit seinem Wechsel von Erfurt nach Darmstadt eine der Aufgaben von Ehrenberg.[259] Sein Büro war – etwas später als bei vergleichbaren Unternehmen[260] – der Nukleus für das Entstehen einer wissenschaftlichen Forschungsabteilung[261] und wurde im Oktober 1897 mit dem seit Mitte der 1890er-Jahre vorhandenen kleinen wissenschaftlichen Laboratorium zusammengelegt. Unter Ehrenbergs Leitung wurden recht heterogene Aufgaben von Forschung und Entwicklung über rechtlich-organisatorische Patentfragen bis zur Werbung gebündelt.[262] Ehrenberg setzte, als er 1898 ein attraktives Angebot eines anderen Chemieunternehmens bekam, ein deutlich höheres Einkommen und eine Kompetenzerweiterung durch.[263] Sein Laboratorium erhielt vier Unterabteilungen, die dann 1904/05 ihre auf Jahre geltende, komplizierte Struktur entwickelten. Die Betriebsorganisation wirkt in dieser Phase mehr durch das Wachsen des Unternehmens, auch den Neubau, pragmatisch-kontinuierlich entwickelt, als auf einer vorausschauenden, systematischen Gesamtplanung beruhend.

Der «Versuchsabteilung» waren in erster Linie Forschungs- und Entwicklungsaufgaben zugedacht, sie war in einen organischen und einen anorganischen Teil untergliedert mit anfangs drei, schließlich mit insgesamt fünf bis sechs Chemikern, doch nie der von ihrem Leiter wiederholt geforderten doppelten Zahl.[264] Alle Aufgabengebiete hatten eigene Leiter – nach denen die Betriebe meist auch benannt wurden –, und deren Berichte, Vorschläge und Fragen gingen über Ehrenberg an die Teilhaber.[265] Die ursprünglich – ebenfalls im Rahmen des Wissenschaftlichen Laboratoriums – der «Betriebsabteilung» zugedachte Beaufsichtigung der Fabrikbetriebe erwies sich als unpraktikabel und wurde nach dem Umzug in die neue Fabrik aufgegeben; fortan war sie eine Art übergeordnetes Labor der Fabrikationsbetriebe.[266]

Hauptaufgabe der Versuchsabteilung war die Überprüfung «eingekaufter» Forschungsideen auf ihre Fabrikationsreife sowie deren Umsetzung in die industrielle Herstellung sowie die Verbesserung der Herstellungsmethoden.[267] Merck hatte bereits wichtige Forschungspartner gewonnen und mit ihnen eine ganze Reihe von Produkten entwickelt.[268] Eine Pionierrolle in der Biotechnologie übernahm Merck wohl früher als andere Unternehmen. Schon 1881 ist die Herstellung von Milchsäure belegt. Als chemischer Grundstoff, auch für die Herstellung verschiedener Arzneimittel, zählte sie zu den wichtigeren Präparaten. Seit 1888 wurde sie nach einem neuen Verfahren durch Umsetzung von Rohrzucker mit Kalkmilch unter Druck und bei erhöhter Temperatur und um 1890 in einem «Gärlocal» in industriellem Maßstab biotechnologisch hergestellt.[269]

Nach dem ersten Patent von 1885 für ein Verfahren zur Herstellung von Pepton für Bakterienkulturen[270] baute Merck vor allem seit der Reform des Patentwesens (1891) seine Patentpolitik erheblich aus, begann weitere Forschungskooperationen und richtete Anfang der 1890er-Jahre eine eigene Patentabteilung ein.[271] Diese hatte auch die Zuständigkeit für Warenzeichen und ließ 1894 das seit den 1870er-Jahren als Fabrikzeichen gebräuchliche, aus dem Wappen des hessischen Zweiges der Familie Merck entnommene, scherzhaft so genannte Kamillemännchen als rechtlich geschütztes Warenzeichen eintragen; 1900 folgte «E. Merck» als Wortmarke.[272]

1909 verfügte Merck über weltweit insgesamt 270 Patente, die meisten davon in Deutschland (105).[273] Die Hälfte aller – gemäß deutschem Recht immer auf Verfahren bezogenen – Patente betraf das 1903 patentierte, vielversprechende Schlafmittel Veronal (weltweit 135, in Deutschland 39), um es vor Nachahmungen der Konkurrenz zu schützen.[274] Es gehörte zu den zehn erfolgreichsten neuen Produkten.[275] Der Berliner Chemiker Emil Fischer und der Hallenser Mediziner Joseph von Mering hatten die Herstellung des von ihnen erfundenen Veronal 1903 an Merck übertragen, sie erhielten 25 bis 30 Prozent vom Reingewinn; das Präparat wurde weltweit für lange Zeit eines der wichtigsten Sedativa und machte seine

Abbildung 49 Der Extraktbetrieb, in dessen Erdgeschoss wohl auch Milchsäure hergestellt wurde (1886).

Erfinder bzw. deren Erben reich.[276] Nachdem Merck das Präparat nicht so rasch serienreif herstellen konnte wie erhofft, nahm Fischer auch Kontakt mit anderen Unternehmen auf, so auch mit Carl Duisberg. Da es Bayer gelang, den Wirkstoff Diäthylbarbitursäure mithilfe eines anderen Verfahrens zu entwickeln, schlossen die beiden Unternehmen zur Vermeidung eines Preiskampfes einen Konventionsvertrag ab und vertrieben das Produkt fortan in unterschiedlichen Darreichungsformen:[277] Bayer in Form von bitter schmeckenden und wasserlöslichen Pillen, Merck als Tabletten mit Schokoladengeschmack, die in heißer Milch aufgelöst wurden.[278] Für diese Produktentwicklung stellte Merck eigens zwei Chemiker im Wissenschaftlichen Laboratorium ein.[279] Im Grunde arbeiteten von 1903 bis 1906 sogar fast alle Merck-Chemiker der Betriebs- und Versuchsabteilung an diesem Produkt.[280] Das Labor stöhnte, Veronal mache wissenschaftlich und rechtlich «mehr Arbeit […], als die Erfinder […] sich je hätten träumen lassen».[281]

Es entsprach gängiger Praxis,[282] wenn bei Merck 88 Prozent der patentierten Prozessverbesserungen innerhalb des Wissenschaftlichen Laboratoriums erreicht wurden und nur sechs von Universitätsforschern oder freien Erfindern stammten. Auch Hoechst beispielsweise erwarb 21 seiner 24 erfolgreichsten Produkte extern

Abbildung 50 Das in unterschiedlichen Dosierungen angebotene Schlafmittel Veronal wurde eines der wichtigsten Fertigarzneimittel für Merck.

und entwickelte sie intern zur Fabrikation.[283] Forschung und Entwicklung im Wissenschaftlichen Laboratorium und seiner Versuchsabteilung waren vor allem auf die Herstellungsverfahren und die Suche nach neuen Stoffen ausgerichtet. Die oft zeitaufwendigen Untersuchungen einer Vielzahl von dem Unternehmen angebotenen Substanzen, unter ihnen Hunderte aus den Kolonien des Kaiserreichs, führten aber nur bei wenigen daraus entwickelbaren Präparaten zu einem «dauernden Erfolg».[284]

Alle Indikatoren zur vergleichenden Messung des Stellenwerts der Laboratorien deuten darauf hin, dass Merck in dieser Hinsicht weniger engagiert war als andere Unternehmen: In Darmstadt arbeiteten in der Vorkriegszeit zwischen sieben und neun Wissenschaftler im Versuchslaboratorium, bei der BASF, Bayer und Hoechst hingegen die doppelte bis dreifache Zahl.[285] Merck selbst veranschlagte seine Ausgaben für Forschung sogar in der wichtigen Ausgangsbilanz der IG niedriger als Boehringer.[286] Dass dies den Merck-Verantwortlichen erst im Nachhinein auffiel, spricht ebenfalls nicht für den Stellenwert von Forschungsfragen im Unternehmensbewusstsein.[287]

Merck hatte traditionell seinen Schwerpunkt auf pharmazeutische Produkte gelegt und sich weniger mit technischen Chemikalien beschäftigt.[288] Nachdem seit den 1890er-Jahren allgemein die Forschungen zu elektrochemischen Themen und zu den Metallen der Seltenen Erden zugenommen hatten, wurden auch in Darmstadt die entsprechenden Forschungs- und Entwicklungsaufgaben intensiviert.[289] Einen Betrieb für die Untersuchung Seltener Erden, der intern so genannte Erdenbetrieb, richtete Merck 1890 ein, ein elektrolytischer Versuchsraum folgte 1898, zusammen mit der Einstellung eines Elektrochemikers.[290] Es gab Erwartungen, dass die auf diesen Gebieten «kostspieligen Versuche bald praktische verwertbare Ergebnisse liefern».[291] Tatsächlich schien sich «ein bedeutend erhöhter Absatz an seltenen Erden» anzubahnen, nachdem der Physikochemiker

Walther Nernst eine 1897 patentierte, mit großem Erfolg auf der Weltausstellung in Paris 1900 präsentierte neue Glühlampe vorgestellt hatte; für die Herstellung des «Nernst-Stiftes» erwartete Merck einen höheren Absatz seiner einschlägigen Erden-Produkte. Die Hoffnungen zerschlugen sich jedoch, weil Nernst sein Patent an die AEG verkaufte und Merck-Konkurrenten einen Vorsprung hatten.[292] Merck investierte offenbar ungern in Risikoinnovationen, oder wenn der Absatz nicht gesichert war, und seine Laboratorien waren auch in anderer Hinsicht im Rückstand. Der Erdenbetrieb wurde bis 1912 zwar vergrößert,[293] weitere Investitionen mit Blick auf eine erwartete hohe Nachfrage nach Cerium-Mischmetall, einem Ausgangsstoff für unter anderem Zündsteinprodukte,[294] verzögerten sich bis zum Krieg.[295]

Auf eine andere eigene Entwicklung, wenn auch kurze Kooperation aus der Zeit vor dem Ersten Weltkrieg konnte Merck sich ein ganzes Jahrhundert später mit Stolz berufen: Der Physiker und Kristallograf Otto Lehmann, seinerzeit Professor an der TH Karlsruhe, hatte 1905 – an Entdeckungen Friedrich Reinitzers anknüpfend – für seine Forschungen wiederholt Substanzen mit flüssigkristallinen Eigenschaften aus dem Merck-Katalog angefordert. Merck stellte sie nach Bedarf speziell für ihn her und lieferte sie für dessen wissenschaftliche Experimente. Für Lehmann waren sie – wie er im Juni 1905 an Merck schrieb – «manchmal ausgezeichnet brauchbar […], manchmal absolut unbrauchbar», wenn sie dann nicht die von ihm erhofften Effekte zeigten; doch zugleich signalisierte er wiederholt sein Interesse an einer Fortsetzung der Zusammenarbeit. Freilich kam der Durchbruch dieser Forschung erst in den 1960er-Jahren, als Anwendungsgebiete für diese Grundlagenarbeiten erkannt wurden.[296] Aber die Tradition des Unternehmens seit Emanuel Merck in der Unterstützung wissenschaftlicher Forschung, die bereits Liebig, dessen Schüler und in den folgenden Jahren weitere Wissenschaftler geschätzt hatten, bewährte sich auch hier.[297]

Eine von Produktions- und Vermarktungsfragen losgelöste Forschung hatte – wie bei anderen reinen Pharmaunternehmen[298] – auch bei Merck keine Priorität. Länger als andere Unternehmen und zusätzlich bestärkt durch die IG-Politik, blieb Merck bei der traditionell auf die Naturstoff-, insbesondere die Alkaloidchemie orientierten Strategie.[299] Merck war, was die Herstellung von Produkten anbelangt, allerdings – wie vergleichbare Unternehmen[300] – ein pharmazeutischer «Tausendfüßler» mit extrem breiter Vielfalt.[301] Nach wie vor stand Kokain mit jährlich 1,5 Mio. M. (1912/13) bzw. sechs bis sieben Prozent des Jahresumsatzes an der Spitze. Nächststärkste Artikel waren die auf der Alkaloidisolierung aus Opium beruhenden Morphiumpräparate mit 976 000 M. (4,3 Prozent), gefolgt von dem Opiat Codein (653 000 M., d. h. 2,8 Prozent). Nur etwas mehr als sieben Prozent des Jahresumsatzes entfielen – zusammen – auf die jüngsten und gewinnträchtigsten Präparate: Stypticin, die Perhydrole, Dionin, Jodipin,

Abbildung 51 Substanzen mit flüssigkristallinen Eigenschaften, seit 1904/05 nach Bedarf hergestellt für Forschungszwecke.

Tannoform und Veronal machten – zusammen – erst etwas mehr als sieben Prozent des gesamten Jahresumsatzes aus.[302] Auch wenn Veronal mit der immens hohen Umsatzrentabilität von 55 Prozent das mit Abstand profitabelste Einzelprodukt war,[303] so beliefen sich sein Jahresbruttowert und sein Umsatzanteil 1913 erst auf ein Viertel desjenigen für Kokain.[304] Der Wert des von Merck verkauften Kokains betrug 1912 1,5 Mio. M. (6,6 Prozent des Jahresumsatzes). Das Geschäft mit den Fertigpräparaten war gegen dieses Standardpräparat noch neu und überhaupt erst im Kommen. Es scheint sogar, dass die klassische Pharmaindustrie im Vergleich zu den Farbenfabriken überhaupt «zögerlich» auf diese Spezialitäten setzte.[305]

An warnenden Hinweisen vor einer einseitigen Konzentration auf Alkaloide und pflanzliche Extraktionsfabrikation hatte es allerdings nicht gefehlt. Seitdem Walter Beckh 1903/04 die Leitung der Labore von Ehrenberg übernommen hatte, forderte er nicht nur mehr Fachchemiker und apparative Ressourcen, sondern plädierte auch für eine Umorientierung auf Syntheseverfahren nach dem Vorbild der Farbenchemie: «Dieser Uebergang […] wird auch uns nicht erspart bleiben. Desto eher wir uns dafür vorbereiten, desto besser!»[306] Wenige Jahre später äußerte er seinen Ärger über die «vielerlei Bedenken» im Unternehmen noch deutlicher: Die Forschung nach synthetischen Arzneien habe nicht die erforderliche Priorität, «Versuche zur Gewinnung neuer synthetischer Arzneimittel [dürften] nicht vollständig aus dem Arbeitsprogramm des wissenschftl. Laboratoriums

Abbildung 52 Morphium, Kokain und Codein blieben über Jahrzehnte die wichtigsten Produkte (Morphinherstellung, 1921).

ausgeschaltet werden». Verfahrensverbesserungen bedeuteten keinen «direkten FORTSCHRITT», zumal die «wirkliche chemische Grossindustrie, die Farben- und Säurefabriken», zu einer immer bedrohlicheren Konkurrenz werde. Sein Rat: Merck solle nicht «aussichtslosen Kleinkram» suchen, sondern «einige gute Specialitäten» herstellen, die «dauernde Rentabilität» garantierten.[307] Wenn der im Unternehmen Autorität genießende[308] Beckh außerdem fehlende Kontakte mit «der medizinischen Welt» bemängelte, so war dies eine deutliche Kritik an der Unternehmensspitze.[309] Auch der Leiter der Deutschland-Abteilung fragte – vorsichtig formulierend – Anfang 1914 nach dem Sinn einer weiteren Vergrößerung der bisherigen Produktpalette und ob nicht die Fabrikation «grosser Produkte» zukunftsorientierter sei.[310] Durchaus unverblümt benannte er Mängel an Organisations- und Aufsichtsstrukturen, das Fehlen wichtiger Aufzeichnungen[311] sowie Defizite in der Zusammenarbeit der Abteilungen Verkauf und Werbung.[312] In all diesen Fragen fehlte es an strategischen Entscheidungen. Nicht nur bei Merck hatte das Denken in Apothekertradition die Unternehmensleitung lange zögern lassen, die notwendigen Schritte zur Modernisierung zu beschreiten.[313] Zwar wurde die Suche nach neuen Erfindungen intensiv weiterbetrieben, wie die zahlreichen im Jahrzehnt vor dem Ersten Weltkrieg angebahnten Kontakte mit Wissenschaftlern zeigen.[314] Aber – wie in anderen Pharmaunternehmen – wurde «zu spät erkannt, dass eine neue pharmazeutische Ära einsetzte».[315]

Ähnliches zeigte sich auch in der zurückhaltenden Einführung der Tablettenherstellung. Zwar hatte Merck 1890 und 1894 erste Tablettenpressen erworben, doch erst 1896 mit Versuchen zur Tablettenproduktion begonnen.[316] Erfolge blieben vorerst aus, weil es an Fachkenntnissen fehlte und die geplante Anwerbung eines britischen Experten wieder aufgegeben wurde. 1903 wurden bei Merck erst 700 Gramm Wirkstoffe tablettiert.[317] Merck nahm Rücksicht auf die Bedenken und den Widerstand der um ihre Herstellungskompetenz fürchtenden Apothekerzunft.[318] Im Rahmen der IG setzte sich 1906 die Überzeugung durch, dass sich «in Zukunft eine vermehrte Aufnahme der Tablettenform nicht vermeiden» lasse.[319] Innerhalb der IG wurden seit 1911 vor allem bei Merck bereits größere Mengen an Fertigarzneimitteln in Tablettenform hergestellt,[320] aber der Durchbruch zur industriellen Produktion wurde tatsächlich erst unter den Bedingungen des Ersten Weltkriegs in größerem Stil realisiert.

3.6. Fabrikordnung, soziale Fragen, Paternalismus und Gewerkschaften

In den 1890er-Jahren überschritt Merck die Schwelle zum Großbetrieb mit über 500 Mitarbeitern. Ein Jahrzehnt später (1901) war die «Tausendermarke» erreicht und 1913 das Vorkriegsmaximum von 2100 Mitarbeitern, von denen ein Fünftel sogenannte Beamte bzw. Angestellte waren.[321] Das Darmstädter Unternehmen zählte damit zu den größten pharmazeutischen Firmen in Deutschland, deutlich vor den vergleichbaren Schering-Werken mit 1230 Mitarbeitern (1913) und Boehringer & Söhne in Mannheim mit knapp 1100 Beschäftigten (1913), doch weit hinter den chemischen Großunternehmen Hoechst mit 6200 Arbeitern (1910), BASF mit 9200 Mitarbeitern (1913) und vor allem Bayer mit insgesamt über 10 600 Arbeitern (1913), davon allein 7900 in Leverkusen.[322]

In diesem Zeitraum bewährte sich der Zusammenhalt der Familie.[323] Nachdem die unternehmenspolitische Auseinandersetzung zwischen dem konservativen Teil der Familie in der Residenzstadt mit dem eher progressiven Vorgehen des New Yorker Hauses erfolgreich beigelegt war, schrieb George Merck 1904: «Die Form muss immer gewahrt bleiben, wenn's auch schwer ankommt. Lasst den esprit de corps in einem Hause wie dem unsrigen aussterben und er ist auf alle Zeiten verschwunden! Ein Haus ohne esprit de corps (nach aussen wenigstens zur Schau getragen) wird bald zum Spielzeug der Erneuerung! Nehmt mir's nicht übel.»[324] Längst waren die Teilhaber auf jene gemeinsamen Werte und Normen eingeschworen, die Emanuel Merck vorgeschwebt hatten. Die Solidarität innerhalb der Familie korrespondierte mit einer paternalistischen Unternehmenskultur gegenüber Angestellten und Arbeitern. Ihre Merkmale, der Einsatz familiärer «Ressourcen und Loyalitäten sowohl der Arbeiter als auch der Unternehmer für geschäftliche Zwecke», gaben Unternehmen jener Zeit eine «überindividuelle, langfristig wirksame Qualität» und begründeten eine «generationsübergreifende Bindung von Unternehmer- und Arbeiterfamilien untereinander und zum Geschäft».[325]

Den formalen Rahmen[326] der Arbeits- und Fabrikverhältnisse bot die im Mai 1884 eingeführte und vergleichsweise detaillierte Fabrikordnung.[327] Sie löste die vorherige Praxis von Einzelverträgen ab,[328] knüpfte an deren Regelungen an und verstetigte sie. Montags war Zahltag, der frühere Lohnabzug hieß nun «Caution», war der Einbehalt jedes Montagslohnes, also eine zusätzliche Absicherung gegen das offenbar auch in Darmstadt beliebte «Blaumachen» nach dem Wochenende; wer am Zahltag unentschuldigt fehlte, erhielt den Lohn erst eine Woche später.[329] Detaillierter und für eine Chemiefabrik wichtig waren die vergleichsweise frühen und ausführlichen[330] – übrigens in den folgenden Novellierungen der Fabrik-Ordnung praktisch nicht veränderten – Arbeitsschutzvorschriften. Dazu gehörten der pflegliche Umgang mit Apparaten und Geräten, die Pflicht, deren Fehler oder Mängel anzuzeigen, Schürzen und Schutzmittel (Brillen, Staubmasken, Gummihandschuhe) «stets, wo nur irgend nöthig, zu benutzen»; auf feuergefährliche Gegenstände (Äther, Benzin, Spiritus) und «genaues Schließen der Gashähne» war besonders zu achten. Die Verantwortung für praktisch alle Folgen eines Unfalls wurde auf die Arbeiter abgewälzt, Verletzungen mussten umgehend gemeldet werden, und «nur bei rechtzeitiger ärztlicher Hülfe und richtiger Pflege» wurden die Kosten von der Unfallversicherung erstattet.[331]

Die Verpflichtung zur Geheimhaltung wurde weiterentwickelt; seit Ende der 1880er-Jahre galt bei der Preisgabe von Betriebsinterna neben dem Schadensersatz eine Konventionalstrafe in Höhe von 10 000 M. sowie ein Beschäftigungsverbot in ähnlichen Betrieben.[332] Die regelmäßigen Überarbeitungen der Fabrikordnung folgten gesetzlichen Anpassungen bzw. unternehmerischen Notwendigkeiten. Es blieb bei einer – bei Merck also vergleichsweise früh eingeführten – grundsätzlich zehnstündigen reinen Arbeitszeit bei einer Anwesenheitspflicht von zwölf Stunden.[333] Die Wochenarbeitszeit unter Abzug der Pausen belief sich für die meisten Arbeiter seit 1906 – ohne immer mögliche Mehrarbeit auch in Nachtschichten[334] – auf 58,5 Stunden und war damit branchenüblich, aber höher als bei manchen anderen Unternehmen.[335] Seit 1909 galt für Arbeiter die 55-stündige, für Arbeiterinnen die 49-stündige Arbeitszeit; kaufmännische Angestellte hatten 1909 bereits eine 43¼-stündige Arbeitswoche.[336] 1892 wurde der Zahltag von Montag auf Freitag verlegt und die 14-tägige Kündigungsfrist in eine tägliche umgewandelt.[337] Über Strafen wurde Buch geführt; ihre Höhe bis zur Hälfte, «eventuell» bis zum vollen Tagessatz bestimmten die Betriebsleiter; Strafzahlungen gingen an die Betriebskrankenkasse. Seit 1906 war bei Neueinstellungen neben auch bisher verlangten Zeugnissen des früheren Arbeitgebers nun ein Attest des betriebsinternen Fabrikarztes erforderlich; dies erledigte der 1900 eingestellte Dr. Landmann neben seinen anderen Aufgaben.[338]

Die seit den 1850er-Jahren eingeführten, im Grundsatz vom Wohlwollen der Firmeninhaber abhängigen, eher almosenähnlichen Unterstützungsleistungen bei Krankheit und Invalidität wurden von der Bismarckschen Sozialgesetzgebung abgelöst. Daneben gab es weiterhin eine Merck-spezifische betriebliche Sozialpolitik. Die Statuten der reichsgesetzlich vorgeschriebenen betrieblichen Krankenkasse traten bei Merck am 1. Dezember 1884 in Kraft;[339] einer der Teilhaber übernahm deren Vorsitz.[340] Alle Beschäftigten – soweit sie nicht mehr als 2000 M. jährlich verdienten[341] – waren Pflichtmitglieder, die Kostenteilung von zwei zu eins zwischen Arbeitnehmern und Arbeitgeber entsprach den reichsgesetzlichen Rahmenbedingungen.[342] In folgenden Leistungen wich Merck erwähnenswert und im Einzelfall über der Norm ab: Die Unterstützungsdauer bei Erwerbsunfähigkeit endete normalerweise «spätestens» nach 13 Wochen und betrug ab dem dritten Arbeitstag der Erkrankung die «Hälfte des ortsüblichen Tagelohnes»,[343] Merck zahlte mehr und doppelt so lange wie es Pflicht war: vom ersten Tag an und für 13 Wochen 60 Prozent und weitere 13 Wochen 40 Prozent des «gewöhnlichen Arbeitsverdienstes».[344] Aus der 1892 bereits bestehenden, «unter Leitung und Aufsicht der Frauen des Hauses», also der Merck-Teilhaber, stehenden Wöchnerinnenkasse gab es eine Unterstützung in Form von kräftiger Nahrung und Wäsche.[345] Auch Familienangehörige der versicherten Arbeitnehmer erhielten für 13 Wochen ärztliche Unterstützung und Arzneien, die natürlich in der Engel-Apotheke gekauft werden sollten und deren Kosten begrenzt waren.[346]

Wie notwendig all diese Leistungen vor dem Hintergrund der betriebsbedingten Arbeitsrisiken waren, zeigen die ältesten verfügbaren Unterlagen (seit 1892) über Erkrankungen: Meist handelte es sich um Erkrankungen der Atmungsorganen, der Lunge, auch um Rheuma und bei jungen Mädchen im «Haus» um Bleichsucht, ferner Augenentzündungen und Schnittwunden durch Glas. Der Krankenstand war zwar niedrig, doch benötigte die Kasse Zuschüsse des Unternehmens zur Deckung ihres Defizits.[347] Übergesetzliche Leistungen waren ein Anreiz zum Verbleib im Unternehmen. Freilich war diese betriebliche Sozialpolitik immer auch mit Kontrollen verbunden, so diente die Wahl von «Krankenbesuchern» ausdrücklich der «Ueberwachung der erkrankten Mitglieder».[348]

Die Kosten der im Oktober 1885 in Kraft getretenen gesetzlichen Unfallversicherung hatte das Unternehmen allein zu tragen, die Leistungen hielten sich ganz im reichsgesetzlich vorgegebenen Rahmen. Älteste Zahlen vermitteln auch einen

Eindruck der Unfallgefahren eines chemisch-pharmazeutischen Unternehmens mit damals fast 700 Arbeitern: 1897/98 gab es 135 Betriebsunfälle, davon über 90 Prozent in der Fabrik, in 32 Fällen reichte eine ambulante ärztliche Behandlung, in 101 Fällen waren die Betroffenen bis zu 13 Wochen erwerbsunfähig und erhielten vollen Lohn, ein Unfall endete tödlich, ein anderer hatte die lebenslange Erwerbsunfähigkeit zur Folge.[349] Die Vorkehrungen von Merck gegen Feuergefahren galten 1898 als vorbildlich,[350] ebenso die wenige Jahre später mit dem Fabrikneubau eingerichtete und 1913 erweiterte Unfallstation.[351] Seit 1903 wurde nach Betriebsunfällen ab der fünften Woche (29. Tag) bis Ende der 13. Woche zwei Drittel des Lohns als Krankengeld gezahlt, den Mehraufwand übernahm das Unternehmen.[352] Ein Viertel über dem gesetzlichen Minimum lag auch das Sterbegeld.[353]

Aus der im Januar 1891 in Kraft getretenen Invaliden- und Altersversicherung bezogen 1898 neun Merck-Arbeiter Altersrente und 20 Arbeiter sowie acht Arbeiterinnen Invalidenrente. Erstere stand 70-Jährigen zu und betrug ein Drittel des Durchschnittslohns, je nach Lohnklasse bei Merck zwischen 162,60 und 191,40 M. jährlich. Letztere schwankte zwischen 114,60 und 154,20 M., jedenfalls lagen sie damit über dem deutschen Durchschnitt.[354] Bei durchschnittlicher Lebenserwartung von wenig mehr als 45 Jahren erreichte allerdings kaum ein Fünftel der Menschen dieses Rentenalter, die Zahlungen sollten aber auch nach dem Willen des Gesetzgebers «nur für den notdürftigen Unterhalt an billigem Orte» ausreichen.[355] Umso wichtiger waren die zusätzlichen, freiwillig gewährten Sozialleistungen des Unternehmens, so die Kostenübernahme für eine 1894 abgeschlossene zusätzliche Betriebsunfallversicherung für Chemiker und Beamte. Sie übernahm ab der 14. Woche einer Erwerbsunfähigkeit – wenn die Berufsgenossenschaft statt vorherigem vollen Verdienst nur noch Unfallrente zahlte – die meist Zweidrittel-Differenz bis zum vollen Gehalt.[356]

Es war guter Brauch, dass die Mitglieder der Familie Merck aus unterschiedlichen, auch privaten Anlässen Gelder für soziale Zwecke spendeten, die im Rahmen der betrieblichen Sozialpolitik eingesetzt wurden.[357] So bestand – 1892 hieß es «seit Jahren» – eine Arbeiter-Vorschuss-Kasse, aus der Darlehen ohne Bürgschaft gewährt wurden, und eine Arbeiter-Unterstützungs- und Pensionskasse, die «pensionierten Arbeitern» zusätzlich zur gesetzlichen Altersversorgung Leistungen zahlte. Außerdem gab es «für einzelne Fälle» bezahlten Urlaub beim Tod von Angehörigen, Sterbegeld für Hinterbliebene, bezahlte Beurlaubung für den «Conduct» bei Beerdigungen, Jubiläumsgratifikationen, Vergütungen für den Reservistendienst, Steinkohlenversorgung zum Selbstkostenpreis etc.[358] 1892, acht Jahre nach ihrer Gründung, wurde der Betriebskrankenkasse – gewissermaßen auch als Vertrauensbeweis für ihre Arbeit – die Verwaltung der Zinsen aus der bis dahin aufgelaufenen Spendensumme der Merck-Familie von 20 000 M. unter Beibehal-

1880/90er-Jahre bis 1914: Konflikte, Modernisierung

Abbildung 53 Feuerwehrübung in der alten Fabrik (1902). Im Vordergrund in Zivil (v. li.) Kräuter, Ing. Dressel, Dr. C. E. Merck (mit Fliege).

tung der bisherigen Zwecke übergeben. Aus diesem «Fonds» sollte «Arbeitern und deren Familien in Nothfällen» geholfen werden. Waren bisher Bedürftige gewissermaßen «aus der Hand» unterstützt worden, so wurden nun Formalia und Kriterien der Vergabe entwickelt und veröffentlicht.[359] Die Leistungen waren vielfältig: zinslose Darlehen nach einem, Pensionen nach 15 Jahren Betriebszugehörigkeit, Erstattung nicht von der Kasse gedeckter Krankheitskosten, Überbrückungsgelder bei Betriebsunfällen, Sterbegelder, Beurlaubungen bei Sterbefällen, Lohnfortzahlungen bei der Teilnahme an Beerdigungen von Kollegen und seit 1906 auch für die Teilnahme an Reichstags-, Landtags- und Gemeindewahlen,[360] Teil-Lohnfortzahlungen bei Reserveübungen etc. und schließlich Jubiläumsgeschenke für langjährige Beschäftigte.[361] Über diese außergesetzlichen Leistungen aus dem rasch wachsenden Kapital des Fonds[362] entschied der Vorstand der Betriebskrankenkasse unter dem Vorsitz eines der Teilhaber.

Dabei war bei allen Entscheidungen neben der Arbeitsleistung die Treue zum Unternehmen ausschlaggebend. Lebenslange Arbeit war das Schicksal der meisten Arbeiter, und nur äußerst selten wurde tatsächlich Alters- oder Invalidenrente gewährt.[363] Ganz abgesehen davon, dass in der Regel nur Arbeiter nach mehr als 15-jähriger Dienstzeit ein außergesetzliches Ruhegehalt aus der Pensionskasse erhalten konnten, machte dieses dann kaum ein Viertel des vorherigen Durchschnittseinkommens aus.[364] Wer die Arbeit allerdings «auch nur für einen einzigen Tag» unentschuldigt unterbrochen hatte, ging «aller Zuwendungen verlustig, auf die er durch die Zahl seiner Dienstjahre ein Anrecht erworben hat».[365] Die Bindung an das Unternehmen bzw. eine entsprechende Disziplinierung der Arbeiterschaft war – nicht nur bei Merck – das Ziel dieser betrieblichen Sozialpolitik.

Weitere Sozialengagements kamen hinzu: 1899 stiftete Wilhelm Mercks Witwe entsprechend dem Willen ihres verstorbenen Mannes 100 000 M. «als Grundstock zu einer Pensions-, Witwen und Waisenkasse der Beamten» und gründete mit weiteren 100 000 M. die Wilhelm-Merck-Stiftung «zu Gunsten der Arbeiter und Arbeiterinnen des Hauses E. Merck», die unabhängig «von anderen, etwa bestehenden Wohlfahrts- und Wohltätigkeits-Einrichtungen» geführt werden sollte. Beide Beträge wurden als Darlehen an das Unternehmen gewährt und von diesem jährlich mit fünf Prozent jährlich festverzinst.[366] Mit erheblichen Zustiftungen seitens Firma und Familie wuchsen beide Summen im Laufe der folgenden Jahre.[367] Die Wilhelm-Merck-Stiftung versorgte die Witwen von Arbeitern mit über 25-jähriger (seit 1910 über zehnjähriger)[368] Betriebszugehörigkeit, indem sie aus den Zinserträgen – nach zehnjähriger Ehe – eine Witwenpension in Höhe von monatlich 30 M. gewährte. Bei der Gründung wurden 14, 1912 etwa 35 Witwen unterstützt.[369] Die Mitgliedschaft in der Pensions-, Witwen- und Waisenkasse der Beamten war – bis zu einer Grenze von 4800 M. Jahresgehalt – für 20–45-Jährige verpflichtend, ihr Beitrag betrug drei Prozent des Monatsgehalts sowie fünf Prozent der Jahreszulagen, das Unternehmen zahlte die gleichen Beträge. Die Mitglieder hatten nach fünfjähriger Beitragszahlung bei Dienstuntauglichkeit – nach Bewilligung ihres diesbezüglichen Antrags – Anspruch auf eine Pension in Höhe von 25 Prozent ihres Gehalts, die mit jedem weiteren Dienstjahr um ein Prozent «bis zum Höchstbetrag von zunächst 50 Prozent», maximal jedoch bis 4800 M. anstieg. Witwen erhielten 40 Prozent der letzten Pension, jedes Kind unter 17 Jahren ein Erziehungsgeld in Höhe von 25 Prozent des Witwengelds, Vollwaisen 25 Prozent des Ruhegehalts des Vaters.[370]

Die Merck-Rieger-Stiftung wurde 1912 von Emanuel August Merck und seiner Frau Elisabeth, geb. Rieger, gegründet. Aus den Zinsen ihres ebenfalls vom Unternehmen verwalteten Kapitals von 50 000 M.[371] wurden Erholungskuren nicht nur für Kinder von Merck-Arbeitern finanziert.[372] Die einzige Stiftung, deren Kapital nicht innerhalb des Unternehmens verwaltet wurde, war eine Spende in Höhe von 25 000 M., die Carl Mercks Witwe, Marie Merck, geb. Hoffmann, mit ihren Kindern nach dessen Tod 1885 zugunsten einer «Krippe für kränkliche und schwächliche Kinder» im Darmstädter Alice-Hospital machte.[373]

Zusammenfassend betrachtet handelte Merck vor dem Hintergrund der in anderen Industrieunternehmen freiwillig gewährten sozialen Maßnahmen allerdings vorbildlich. Bezogen auf seinen Beitrag bekam das Mitglied der Ortskrankenkassen im Deutschen Reich durchschnittlich 99 Prozent (im Großherzogtum Hessen 117 Prozent) heraus für ärztliche Behandlungen, Arznei und Heilmittel, Krankengelder, Kur- und Verpflegungskosten; für Betriebskrankenkassen lag dieser Indikator im Deutschen Reich bei 137. Bei Merck aber erhielt ein Pflicht-Beitragszahler fünf Prozentpunkte höhere Leistungen als Mitglieder von Betriebskrankenkassen in Deutschland und sogar 42 Prozent höhere Leistungen als das durchschnittliche Ortskrankenkassenmitglied; die Leistungen für Arzneimittel waren bei Merck sogar doppelt bis dreimal so hoch wie bei allen anderen Kassen.[374] Einem Arzneimittelfabrikanten stand ein positives Image in dieser Hinsicht besonders gut an, war aber nicht branchenüblich.[375] All diese, zum Teil weit über die reichsgesetzlichen Regelungen hinausgehenden, außergesetzlichen, freiwilligen Leistungen des Unternehmens waren zweifellos geeignet, die Solidarität der Arbeiter zu stärken und die vom Betrieb eingeforderte «Treue» zu fördern.

Autorität und Fürsorge waren die beiden Seiten der bei Merck gewachsenen, bewahrten und bis zum Ende des Ersten Weltkriegs gepflegten Unternehmenskultur des Paternalismus. Persönliche Begegnungen mit Teilhabern blieben den Arbeitern lebenslang im Gedächtnis.[376] Große Firmenfeste stellten ein Gefühl von Zusammengehörigkeit her, besonders bei den Beamten, die lange als Gesamtgruppe eingeladen, also auf diese Weise protokollarisch privilegiert blieben.[377] Die Tradition der kleineren festlichen Anlässe wurde ebenso gepflegt wie die regelmäßigen geselligen Treffen im Rahmen des Merck-Gesangvereins «Liederbaum», des Werksorchesters bzw. Musikzugs[378] und von Kegelrunden;[379] Teilhaber besuchten diese Veranstaltungen nicht selten.[380] Es war und blieb, wie es bei einer Tischrede anlässlich des 25-jährigen Firmenjubiläums von Carl Scriba hieß, «alte Tradition im Hause Merck, dass es nicht nur rein geschäftliche Beziehungen sind, die uns zusammen halten, sondern [...] die Pflege der persönlichen Beziehungen wurde und wird immer hoch gehalten».[381] Geldgeschenke,[382] persönliche Ratschläge[383] und besondere Unterstützung in Krankheitsfällen gehörten zu diesem Gesamtbild; Kritik an Ärzten hatte allerdings ihre Grenzen, denn «die Firma Merck lebe ja von diesen Leuten».[384] Gerade der «Beamtenkörper» entwickelte ein Gefühl der Zusammengehörigkeit[385] und war sich seiner herausgehobenen Stellung bewusst. Lange war es Usus, jeden neu eingestellten Chemiker nicht nur allen Prokuristen, sondern «in der ganzen Fabrik» vorzustellen.[386] Eine der willkommensten Gegenleistungen der Mitarbeiter gegenüber der Firma war die – in der Erinnerung häufig betonte – Bereitschaft zu ständigen Überstunden, die sich in der Lebensaddition Einzelner auf bis zu ein Drittel Mehrarbeit belaufen konnten und längst nicht immer bezahlt wurden.[387]

In den 1890er-Jahren hatten die Mitarbeiter noch das Gefühl, die «Herren Chefs» würden zumindest alle Angestellten kennen und seien über deren Leistungen «genau unterrichtet». Noch aus dem ersten Jahrzehnt des 20. Jahrhunderts wird berichtet, zwischen Vorgesetzten und Angestellten habe «ein vornehmer bzw. herzlicher [Ton], gegründet auf gegenseitiger Achtung» geherrscht, «im Gegensatz zu dem Ton in einigen Aktiengesellschaften».[388] Die Unternehmenskultur des Paternalismus war – ähnlich wie bei anderen Familienunternehmen[389] – bei Merck keine angelernte Managementtechnik, sondern umfassendes, gewachsenes, wenn auch unreflektiertes Leitbild. Den meisten «Merckianern» ging mit ihrem Solidaritätsgefühl fast jede Kritikfähigkeit verloren.[390] Nur gelegentlich wurde dies jedoch als «Geist der Unterwürfigkeit» interpretiert.[391] Der Stolz auf eine vieljährige Unternehmenszugehörigkeit von Familienmitgliedern über mehrere Generationen, eine daraus beanspruchte höhere kollektive, familiär-betriebliche Unternehmenskenntnis verklärte vielmehr die «Merckianer»-Sichtweise.[392] Diese Schönfärbung wurde zusätzlich verstärkt, wenn sie in der Öffentlichkeit gezeigt, ja zur Schau getragen wurde, sei es bei festlichen Umzügen oder bei Begräbnissen, für die jeweils acht bis zehn Arbeiter zum Geleit beurlaubt wurden.[393]

Die harmonisierende paternalistische Unternehmenskultur verhieß sogar eine Chance für den sozialen Aufstieg. Die Verbeamtung wirkte wie die Verleihung einer amtsähnlichen Würde durch die Familienunternehmer und kam einer Beförderung gleich, für die es zwar keine klaren Kriterien gab, aber Qualifikation, Treue zum Unternehmen, Wohlverhalten gegenüber den Teilhabern und Betriebsleitern, Fleiß bei der Arbeit, inner- und außerbetrieblich korrektes Verhalten waren einige der diesen Aufstieg bedingenden Faktoren, und die Fürsprache des unmittelbaren Vorgesetzten war unerlässlich. Chemiker und Pharmazeuten, auch Kontormitarbeiter, wurden in der Regel entweder sofort bei ihrer Einstellung oder doch meist nach spätestens einem Jahr «verbeamtet», bei Arbeitern erfolgte dies nach der Übernahme bestimmter Funktionen oder nach Anciennitäten, jedoch ohne erkennbare Regeln.[394]

Das paternalistische System funktionierte trotz der immensen Gegensätze bei Gehältern und Löhnen. Die Unterschiede zwischen den Maximal- und Minimalgehältern nahmen im Laufe der Jahre immer mehr zu. In der zweiten Hälfte der 1870er- und in den 1880er-Jahren klafften sie um den Faktor vier bis sechs und 1905 um das 21-Fache auseinander.[395] Die niedrigsten Gehälter bewegten sich kaum nach oben, die Höchstgehälter stiegen (im Vergleich zu 1875) bis 1898 auf mehr als das Doppelte (von 335 auf 700 M.) und bis 1905 nochmals um 20 Prozent (835 M.). Die Tagelöhne der Arbeiter lagen weit darunter und stiegen zwischen 1894 und 1906 von durchschnittlich 2,47 M. auf 3,32 M., also jährlich um etwa zwei Prozent.[396] Zwar waren die Löhne in dem die teuersten Produkte her-

Abbildung 54 In den großzügig geplanten Verpackungsräumen der neuen Fabrik wurde es bis 1914 wieder eng (um 1910).

stellenden sogenannten Drogenbetrieb sowie für die Handwerker in den Werkstätten um etwa zehn Prozent höher, jedoch bei den Niedriglöhnen durchaus auch um 40 Prozent tiefer.[397] Auf Lohnforderungen reagierten die Betriebsleiter individuell und flexibel, ebenso auf die mit wachsenden Einstellungszahlen zunehmenden Klagen über die Qualifikation der Arbeiter.[398]

Frauen beschäftigte Merck seit 1897 im Kontor mit Schreib-, Korrespondenz- und Übersetzungsarbeiten.[399] Sie waren wie die meisten Verwaltungsmitarbeiter verbeamtet, begannen mit Einstiegsgehältern von 50 M. und steigerten sich innerhalb weniger Jahre bis auf 140 M.[400] Weit unter ihnen in der Belegschaftshierarchie waren die Arbeiterinnen angesiedelt; sie wurden vermutlich seit spätestens Ende der 1880er-Jahre in den Versandabteilungen beschäftigt. Etwa 50 bis 70 Packerinnen und Expeditientinnen wurden im Oktober 1897 in einem Neubau im Areal an der Luisenstraße aus den bisher getrennten Versandabteilungen, in denen sie schon länger arbeiteten, in einer sogenannten Mädchenzentrale zusammengeführt.[401] Die Verdienste bewegten sich hier am unteren Ende der Lohnskala. Sie erhielten weniger als die Hälfte ihrer männlichen Kollegen, die ihrerseits bis zu acht Prozent weniger bekamen als die Fabrikarbeiter.[402] 80 Prozent der Beschäftigten waren hier unter 21 Jahren alt, ihre Fluktuation war be-

Abbildung 55 Luftbild (1913) der Arbeiterkolonie (unten links) im Hintergrund der neuen Fabrik, neben der Eisenbahnverbindung in die Fabrikanlage.

sonders hoch und vor allem vom Arbeitsanfall abhängig.[403] Zur Beaufsichtigung der Arbeiterinnen im Versand waren seit 1896 mehrere Frauen eingestellt worden.[404] Die Zahl der Arbeiterinnen in der Fabrik war demgegenüber gering und betrug 1909–1912 etwa zwei bis vier Prozent der Fabrikarbeiter, zu denen noch die in Kantine/Kasino und in der Reinigung Beschäftigten kamen. Insgesamt war der Anteil weiblicher Arbeitskräfte (1908–1912) bei Merck mit etwa 17 Prozent (1908–1912) etwas höher als bei Bayer und ähnlich hoch wie bei der BASF; unter den – damals meist sechs – Mitarbeitern der Engel-Apotheke war in einzelnen Jahren vor 1914 bereits ein Drittel weiblichen Geschlechts.[405]

Nach dem Umzug in die neue Fabrik wurden aufgrund der größeren Entfernung zu den Wohnungen für die Beamten ein Kasino und für die Arbeiter eine Kantine auf dem Werksgelände eingerichtet. Für den Einkauf stand ein «Konsum» zur Verfügung, in dem sich alle Mitarbeiter «für billiges Geld» gut versorgen konnten.[406] Etwa ab Mitte der 1890er-Jahre war es schwieriger geworden, gute Arbeitskräfte zu gewinnen und zu halten.[407] Deswegen wurde – ausdrücklich wegen der dort niedrigen Lebenshaltungskosten – um 1898 der Bau von zusätzlichen Werkswohnungen im ländlichen Traisa erwogen; um einen Stamm von Arbeitern zu haben, müsse «mindestens für ein Drittel» der Mitarbeiter Wohnraum angeboten werden.[408]

So lag es nahe, wenn das Unternehmen sich wenige Jahre später an der gemeinnützigen großherzoglichen Initiative zur «Errichtung billiger Wohnungen» im Jahr 1901 beteiligte, indem Carl Emanuel Merck – gewissermaßen in den Fußstapfen seines Onkels – Gründungsmitglied wurde. Das Merck-Projekt einer großzügigen Arbeiterkolonie war ein sozialpolitisches und paternalistisches Signal.[409] Im Zusammenhang mit den Planungen für die neue Fabrik wurden 1900 und 1901 dafür Grundstücke in unmittelbarer Werksnähe erworben[410] und Friedrich Pützer mit der architektonischen Planung beauftragt. Nach der Beilegung kommunalpolitischer Differenzen zwischen Arheilgen und Darmstadt wurden die Bauten errichtet, und im Sommer 1906 konnten zunächst 21 Häuser mit insgesamt 24 Wohnungen bezogen werden.[411] Das Echo auf die architektonische und städtebauliche Qualität der Kolonie sowie ihre Anlehnung an dörfliche Strukturen war überregional beachtlich.[412] Kritik kam hingegen von Sozialdemokraten und Gewerkschaften, die schon 1903 die künftigen Bewohner «Sklaven der Fabrikherren» genannt und die Wohnqualität der «paradiesischen Einfamilienhäuser neben der Giftfabrik des Herrn Merck» verspottet hatten. Das änderte nichts am Erfolg des Merck-Wohnungsbaus in der «Kolonie».[413] Auf eine ursprünglich erheblich größer angelegte Kolonie mit insgesamt 200 Wohnungen bzw. Häusern[414] wurde allerdings noch vor Ausbruch des Ersten Weltkriegs vor allem wegen Genehmigungsschwierigkeiten mit der Gemeinde Arheilgen und aufgrund des zunehmenden Bedarfs an Gelände für die Fabrikerweiterung verzichtet.[415]

Eine Arbeiterbewegung hatte sich in Darmstadt im 19. Jahrhundert erst allmählich entwickelt. Seit 1899 gab es jedoch ein Arbeitersekretariat, und wenige Jahre später konnte die Residenzstadt bereits als ein gewerkschaftliches Zentrum in Südhessen angesehen werden, auch wenn die Mitgliederzahlen noch bescheiden blieben. Gewisse Lohnaufbesserungen waren – auch bei Merck – individuell und ohne Streiks durchsetzbar, und überhaupt vermochten die sozialdemokratischen Gewerkschaften vor dem Hintergrund vergleichsweise guter Löhne und positiver konjunktureller Entwicklung in der chemisch-pharmazeutischen Industrie nur langsam Fuß zu fassen.[416] Seit 1907 verfügte die Bewegung in Darmstadt über eine eigene Zeitung,[417] 1910 vermeldeten die Gewerbeaufsichtsämter eine «beträchtliche Zunahme» des Interesses an Gewerkschaften. Zu ihnen zählten auch die wirtschaftsfriedlichen Deutsch-Vaterländischen Arbeitervereine als eine pseudogewerkschaftliche Randerscheinung, die im Februar 1912 ihr erstes Regionaltreffen abhielten und einen südwestdeutschen Arbeiterverband mit 280 Mitgliedern gründeten.[418]

Merck war mit der gewerkschaftlichen Bewegung und ihren Forderungen auch vor dem Hintergrund seiner paternalistischen Unternehmenskultur noch später als vergleichbare Unternehmen konfrontiert. Bayer beschäftigte nach einem sechswöchigen Streik 1904 keine gewerkschaftlich organisierten Arbeiter mehr,[419] und bei der BASF wurde 1911 anlässlich eines Streiks ein mitgliederstarker, wirtschaftsfriedlicher Arbeiterverein gegründet, dessen Mitglieder gegen Unterstützungsleistungen des Unternehmens auf ihr Streikrecht verzichteten.[420] Bei Merck entstand 1907 ein erster Arbeiterverein. Die Satzung dieses Merckschen Arbeiter-Vereins wies alle Charakteristika einer wirtschaftsfriedlichen und – da gegen die «roten Gewerkschaften» gewandt – nach französischem Beispiel gelegentlich auch «gelbe Gewerkschaften» genannten Organisation auf: Politische und religiöse Aktivitäten waren ausdrücklich untersagt, die «Pflege des Standesbewußtseins» und gesellige Veranstaltungen angestrebt, über einen Ausschuss sollten die Arbeiter mit der Unternehmensleitung kommunizieren. Vor allem aber sollte der Verein mit einem Spar- und Unterstützungsverein verbunden sein, den das Unternehmen fördern wollte, wie es überhaupt die Gründung des Vereins begrüßt, wenn nicht aktiv gefördert hatte.[421] Im zu dieser Zeit sozialpolitisch relativ ruhigen Darmstadt hinterließ dieser Verein mit Ausnahme der Satzung allerdings kaum Spuren und löste sich nach anderthalb Jahren wieder auf.[422]

Als aber 1912 der sozialdemokratisch-gewerkschaftliche Fabrikarbeiterverband in Darmstadt Lohn- und Arbeitszeitforderungen stellte und diese von den meisten Unternehmen abgewiesen wurden, kam es vereinzelt zu Streiks und Aussperrungen. 1913 wurde Merck in diese Auseinandersetzungen hineingezogen, nachdem der Fabrikarbeiterverband seine Forderungen ausdrücklich auch im Namen von Merck-Arbeitern gestellt hatte. Den Merck-Teilhabern fehlte jedes Verständnis für diese – offenbar erstmals massiv auftretenden – gewerkschaftlichen Tarifforderungen. Sie wurden im Mai 1913 brüsk zurückgewiesen. Daraufhin eskalierte die Lage: Der Fabrikarbeiterverband sprach von «ausgeprägtem Unternehmerterrorismus». Merck entließ einen Arbeiter wegen «Agitation» und stellte Gewerkschaftsmitglieder im Betrieb vor die Alternative, entweder aus der Gewerkschaft auszutreten oder zu kündigen. Andernfalls, so lautete das harsche Ultimatum, würden sie entlassen.[423] Als daraufhin 18 Arbeiter in den Streik traten und die Fabrik verließen, wurden sie tatsächlich entlassen.[424] Seitdem hatte jeder neu Eingestellte einen Revers zu unterschreiben, «nicht Mitglied einer sozialdemokratischen Organisation» zu sein.[425] Die erneute Gründung eines «gelben» Werksvereins war leicht initiiert, denn dessen ehemalige Vorsitzende schienen nur auf ein entsprechendes Signal der Unternehmensleitung zu warten.[426]

Die paternalistische Unternehmenskultur bewährte sich, die Gegensätze zum freigewerkschaftlichen Klassengedanken waren – jedenfalls bei Merck – noch nicht überbrückbar.[427] Denn nicht alle Darmstädter Fabrikanten reagierten in der

Abbildung 56/57 Impressionen von den Lebensverhältnissen der zur Zeit ihrer Erbauung als vorbildlich geltenden Arbeiterkolonie (um 1912).

Streiksituation des Jahres 1913 so rigoros wie das Pharmaunternehmen.[428] Als im August 1913 wieder «vollkommene Ruhe» herrschte, blieb Willy Merck, übrigens nicht anders als sein Vetter Louis, konsequent antigewerkschaftlich eingestellt. Er war überzeugt, die Gewerkschaften hätten «die Firma Merck ‹als unverbesserlich› aufgegeben».[429] Merck bewahrte diesen «spätpatriarchalischen ‹Herr-im-Hause›-Standpunkt» länger als andere Unternehmen der Branche[430] und ließ ihn sich etwas kosten: Dem Werksverein war schon vor der Gründung eine finanzielle Unterstützung von zehn Mark je Mitglied zugesagt, weil dieser ja «etwas Bedeutendes» bieten müsse.[431] 360 Interessenten unterschrieben schon vor der ersten Versammlung, den «Machenschaften der Sozialdemokraten» entgegentreten zu wollen, bald zählte die jetzt als Merckscher Arbeiter-Verein firmierende Vereinigung «so ziemlich sämtliche Arbeiter und Arbeiterinnen» und hatte im Februar 1914 bereits 1417 Mitglieder.[432] Der «gelbe» Verein sollte «die nichtsozialdemokratisch eingestellten und nichtorganisierten Angestellten und Arbeiter» zusammenschließen und gewährte «gewisse Unterstützungen» wie Feiertagsentschädigung, Urlaubs-, Kranken-, Wöchnerinnen- sowie Pensionärs-Unterstützungen.[433] Nach Kriegsausbruch versorgte der Verein zudem Einberufene mit Lebensmitteln, organisierte Rationierungen für Schwerarbeiter, sandte Päckchen an die Front, warb für die Zeichnung von Kriegsanleihen und zeichnete diese auch selbst.[434] Der Vorsitzende wurde für seine Arbeit zunächst täglich ein bis zwei Stunden, seit Kriegsbeginn halbtags und schließlich ganz freigestellt.[435] Die Einstellung eines ersten Unternehmensjustiziars erfolgte übrigens in diesem Zusammenhang, er übernahm juristische Aufgaben, betreute aber auch intensiv den eigenen Werksverein und unterstützte die Gründung anderer «Gelber» in der Region.[436]

Merck blieb selbst in der Zeit des «Burgfriedens» bei seiner konsequent antigewerkschaftlichen Haltung. Die Mitgliedschaft im Verein wurde sogar verpflichtend gemacht. Als die Firma anlässlich ihres 250. Jubiläums im August 1918 100 000 M. zur Versorgung von Arbeiterpensionären und -witwen zur Verfügung stellte, sah sich der Merck-Arbeiterverein sogar «auf der Höhe seiner Tätigkeit».[437] Wenige Wochen später fand er mit dem Sturz der Monarchie und der Novemberrevolution ein abruptes Ende. Die Epoche des industriellen Paternalismus war inzwischen längst Vergangenheit.[438]

3.7. Nationale und internationale Expansion

Wieviel Wahrheit an der landläufigen Bemerkung war, Merck sei «besser im Ausland als in Darmstadt» bekannt,[439] zeigt ein Blick auf das Deutschland-Geschäft. Tatsächlich blieb zur Jahrhundertwende nach Merck-internen Berechnungen knapp ein Viertel aller Auftragswerte in Deutschland, über ein Jahrzehnt später war es ein Drittel.[440] Die Prioritäten lagen so eindeutig auf dem internationalen Geschäft, dass in der Darmstädter Verwaltung sogar die Organisation des Ver-

1880/90er-Jahre bis 1914: Konflikte, Modernisierung **199**

Abbildung 58 Blick in die deutsche Abteilung in Darmstadt (1905), die erst nach den entsprechenden für den Auslandsabsatz entstand.

kaufs an deutsche Kunden erst nach dem Aufbau von Auslandsabteilungen strukturiert wurde.⁴⁴¹ Die neue «Deutschland-Abteilung» übernahm gewissermaßen die heterogenen «Restgebiete» und umfasste nicht nur die deutschsprachigen Länder Deutschland, Österreich, Schweiz, sondern auch Holland sowie Dänemark mit den weiteren skandinavischen Staaten. Erst 1903/04 wurde diese Abteilung aufgeteilt.⁴⁴²

Der Konkurrenzkampf war besonders in Deutschland «sehr scharf», Merck arbeitete hier traditionell – außer in Berlin und Hamburg⁴⁴³ – ohne eigene reisende Vertreter und betrieb die Akquise von Darmstadt aus.⁴⁴⁴ Erst eine Neuordnung der Zuständigkeiten im Jahr 1902 bot die Gelegenheit für einen überfälligen Strategiewechsel in der Kundenbetreuung, wie er bei der Konkurrenz längst stattgefunden hatte.⁴⁴⁵ Waren bis dahin allenfalls Reisen ins Ausland gemacht worden,⁴⁴⁶ gewannen nun regelmäßige Vertreterbesuche von Darmstadt aus bei der deutschen Großhändlerkundschaft bzw. Merck-Vertretungen eine größere Bedeutung, was sich rasch als erfolgreich erwies.⁴⁴⁷

Eine weitere wichtige Neuerung war 1897 die Einrichtung einer eigenen Zuständigkeit für Werbung, die bereits in ihrem Namen «Wissenschaftliche Abteilung» andeutete, dass sie eher der pharmazeutisch-medizinischen Aufklärung dienen sollte als Reklamezwecken. Im Anschluss an das «Novitäten-Cabinet» von

1827 hatten Preislisten – wie die von Merck 1835, 1857, 1861 und 1869[448] – zu den ersten Formen systematischer Pharmawerbung gehört. Seit Beginn der 1870er-Jahre sandte Merck «Freunden und Kunden» zu «unbestimmten Terminen» Mitteilungen über neue Präparate.[449] Aus diesen entwickelten sich seit Ende 1885 jährliche Listen[450] inklusive Kurzbeschreibungen von Präparaten, zum Teil sogar Ausstellungskataloge für Fachtagungen[451] und letztlich die berühmt gewordenen «E. Merck's Jahresberichte», für die das Unternehmen sich auch einen hohen personellen Aufwand leistete.[452] Diese waren weniger Reklameschriften als fachorientierte Kundeninformationen, beschränkten sich ausdrücklich nicht nur auf Merck-Produkte und wurden schon deswegen zu einem bis heute als einzigartig geltenden Kompendium. Zu Standardwerken wurden auch die seit 1888 vom Leiter des Merck-Kontrolllabors, Carl Krauch, unter dem Titel «Die Prüfung der chemischen Reagenzien auf ihre Reinheit» herausgegebenen sogenannten Prüfungsbücher, die wie die anderen erwähnten Veröffentlichungen kostenlos abgegeben wurden.[453]

Auch international wurden die Veröffentlichungen bekannt. Seit 1887 publizierte die New Yorker Niederlassung das «Merck's Bulletin»; von einem zunächst wenige Seiten umfassenden Mitteilungsblatt über neue Präparate entwickelte es sich zu einem regelmäßigen Publikationsorgan.[454] Zusätzlich erschien «Merck's Index» 1889 erstmals in New York als Angebotsliste der insgesamt 5000 lieferbaren Produkte;[455] die erste deutsche Auflage kam 1897 heraus.[456]

Soweit im 19. Jahrhundert pharmazeutische Werbeanzeigen publiziert wurden, waren sie schlicht gehalten und enthielten Listen mit den Namen der Präparate und oftmals auch mit Preisen. Nachdem seit 1894 Verpackungen gesetzlich geschützt werden konnten, legten die Produzenten mehr Wert auf deren Gestaltung, auch wenn es noch Jahre dauerte, bis sie vereinheitlicht waren.[457] Grundsätzlich herrschte bei Merck die Überzeugung, dass weder eine «auffällig gehaltene Durchschnittsannonce» noch gedruckte Beilagen oder Kalenderwerbung so wirksam waren wie ein redaktioneller Beitrag in der Fachpresse. Inserate galten noch um die Jahrhundertwende eher als «Schlüssel zum redaktionellen Teil» und blieben bis zum Ersten Weltkrieg mehr informativ-fachlich als breitenorientiert;[458] ganz im Gegensatz etwa zum Konkurrenten Hoffmann-La Roche in der Schweiz, der bereits mit bunten Bildern und aufwendiger Reklame für seine Mittel warb.[459]

Vor allem von der Werbung für die zunehmende Zahl der – 1904 knapp 50[460] – Fertigarzneimittel versprach Merck sich viel, auch wenn sie im Zeitraum von 1911 bis 1914 insgesamt nur 12 bis 14 Prozent des Gesamtumsatzes ausmachten. Rund 10 Prozent des Umsatzes dieser sogenannten Spezialitäten wurde für deren spezifischen «Propaganda»-Aufwand veranschlagt.[461] Deren wichtigstes Absatzgebiet war in enger Absprache mit den Mitgliedern der IG der deutsche Markt. Aber

1880/90er-Jahre bis 1914: Konflikte, Modernisierung 201

Abbildung 59 Die Pharmawerbung blieb lange auf das Fachpublikum konzentriert (Anzeige 1906).

gezielt wurden auch andere Länder beworben.[462] Die Veröffentlichung wissenschaftlicher Abhandlungen über Merck-Präparate galt als besonders wirksam, Gefälligkeitsbesprechungen und «Honorarzahlungen» wurden hingegen strikt abgelehnt.[463] An Ärzte wurden in hoher Auflage wissenschaftliche Broschüren verschickt, diese aber nur selten persönlich aufgesucht.[464] Merck informierte mehr über derartige fachliche Publikationen und beauftragte erst ein Jahrzehnt nach vergleichbaren Unternehmen[465] zwei Merck-Vertreter mit dem unmittelbaren Besuch von Ärzten und Kliniken; der eine seit 1906 von Berlin, der andere seit 1908 von München aus.[466] Dies galt zwar als Verstoß gegen das Standesdenken von Ärzten und Apothekern, doch blieb es trotz einiger Skrupel bei diesem prototypischen Einsatz von Pharmareferenten – wie sie später genannt wurden –, weil die Konkurrenz ebenso vorging.[467] Die Teilnahme an Ausstellungen hatte Merck – in Übereinstimmung mit den IG-Partnern – wegen Zweifeln an deren Kosten-Nutzen-Relation im ersten Jahrzehnt des 20. Jahrhunderts bis auf wenige Ausnahmen aufgegeben. Lediglich die Beteiligung an der Dauerausstellung des 1906 eröffneten Kaiserin-Friedrich-Hauses in Berlin, einer frühen Fortbildungseinrichtung für Ärzte,[468] wurde gepflegt. Im Zentrum der damaligen medizi-

Abbildung 60 Musterkoffer für Fertigarzneimittel, um 1900.

nischen Wissenschaft in Deutschland half dies, Kontakte vor allem mit ausländischen Ärzten zu knüpfen.[469]

Die zunehmende Bedeutung von Werbung[470] ist bei Merck an der rasch wachsenden Mitarbeiterzahl der Abteilung von vier bis fünf (1899/1900)[471] auf 15 (1907)[472] und sogar 36 vor Kriegsausbruch erkennbar.[473] Der Etat verzehnfachte sich auf 445 000 M. im Jahr 1914.[474] Damit entwickelte sich diese Abteilung dynamischer als die anderer Unternehmen,[475] ein vor dem Hintergrund der kostensparend gebauten neuen Fabrik und der unter den Anforderungen ihres Leiters bleibenden Personalressourcen für die wissenschaftliche Forschungsabteilung überraschender Befund. Werbung gewann – vielleicht angeregt durch den in dieser Hinsicht vorpreschenden Konkurrenten Hoffmann La-Roche oder auch amerikanische Pharmawerbung[476] – nicht nur bei Merck eine höhere Priorität als hauseigene Forschung. Das «unausgewogene Verhältnis» zwischen Forschungs- und Werbungsausgaben[477] wurde schon vor dem Ersten Weltkrieg ein «strukturelles Charakteristikum» der Branche.[478]

Da die Deutschland-Abteilung besonders über die zunehmende Konkurrenz geklagt hatte, feierte sie die Bildung der Pharma-IG zunächst als «Beginn einer neuen Epoche».[479] Doch die Erwartungen auf Eindämmung der Konkurrenz und bessere Gewinne wichen bald der Ernüchterung: Zwar stiegen die Umsatzanteile der ehemaligen Konkurrenten Mercks innerhalb des Darmstädter Deutschlandgeschäfts von unter 20 Prozent (1902/03) auf knapp 29 (1907) und sogar 40 Prozent (1911), aber da innerhalb der IG keine Marktpreise, sondern lediglich Gestehungspreise berechnet wurden, brachte dies zwar Umsatz, aber wenig Gewinne. Das sonstige «reguläre Geschäft» mit normalen Preisen wuchs zwar auch, aber sein Anteil am Gesamtumsatz nahm ab.[480] Die IG bedeutete daher aus dem Blickwinkel der Deutschland-Abteilung eine «Schwächung für Merck».[481]

Die Stärke Mercks lag weniger im Deutschland-Geschäft, hier hatte sich auch die Konkurrenz am stärksten entwickelt. Darmstadt versorgte vielmehr «den ganzen Erdkreis» mit Medikamenten.[482] Merck verfügte am Ende des 19. Jahrhunderts über eine so dichte und weltweite Vernetzung wie kaum ein anderes chemisch-pharmazeutisches Unternehmen. Sie hatte mit Emanuel Merck begonnen, wurde unter seinen Söhnen weiterentwickelt und hatte das Unternehmen Merck unter den Enkeln zum «Global Player» aufsteigen lassen. Zusammen mit vielen anderen deutschen Pharmaunternehmen hatte der Darmstädter Familienbetrieb einen wesentlichen Anteil an der «Verwandlung der Welt» im 19. Jahrhundert.[483]

Seit Mitte der 1840er-Jahre wurden über F. W. Roller und über das Netzwerk Liebig-Hofmann die guten Beziehungen nach Großbritannien gepflegt, seit Ende der 1880er-Jahre auch über Friedrich Broicher. Ältestes Indiz für eine eigene Adresse, wenn nicht sogar eine Vertretung in Großbritannien ist ein Brief aus dem Jahre 1871 mit dem Absender E. Merck, 31 Crutched Friars, London.[484] Ein Jahrzehnt später – nachweislich seit März 1883 und mit einem fünfjährigen Vertrag – vertrieb die Londoner Firma Oppenheimer Bros. & Co. Merck-Produkte in «West. Indien, Süd- u- Central Amerika, einschließlich Mexico».[485] Entsprechende Vereinbarungen dürfte es auch für den Vertrieb in Großbritannien gegeben haben. Merck hatte – für die Branche vergleichsweise früh[486] – in London bereits «seit längerer Zeit eine Filiale» mit Lager der in England «gangbaren Artikel» und Zuständigkeit für Großbritannien und Irland, als 1893 Frederick Boehm als deren «Vertreter» formell unter Vertrag genommen wurde; dieser hatte bis dahin Trommsdorff-Produkte vertrieben.[487]

Trotz mancher Konflikte vertrat er das Unternehmen bis zum Ersten Weltkrieg.[488] Infolge der in London vorhandenen internationalen Pharmakonkurrenz war das vergleichsweise begrenzte Geschäft Schwankungen ausgesetzt und von der stetigen Sorge vor einem Ende der britischen Free-Trade-Politik begleitet. Der englische Anteil am Gesamtumsatz lag im gesamten Zeitraum von Mitte der

Abbildung 61 Blick in den Innenraum der 1897 eröffneten, groß dimensionierten und aufwendig gestalteten Merck Pharmacy, New York; sie wurde 1899 wieder geschlossen.

1890er-Jahre bis 1914 zwischen drei und sechs Prozent. Boehm gelang zwar eine Umsatzsteigerung von rund 400 000 M. (1896/97) auf 800 000 M. (1912),[489] aber Darmstadt monierte hohe Kosten, ärgerte sich über Händler, die Konventionspreise unterschritten,[490] und war letztlich alles andere als zufrieden. Londoner Vorschläge zu Büro- oder Lagererweiterungen wurden immer wieder zurückgewiesen.[491] Selbst eine von Boehm lange geforderte Abfüllstation wurde erst 1912 genehmigt; bis sie realisiert wurde, war sie durch den Ausbruch des Weltkriegs obsolet.[492] Sie wäre vielleicht der Beginn einer eigenen Fabrikation in Großbritannien geworden.

Von London aus fand Merck, eingefädelt über die Firma Oppenheimer, den Weg in die britischen Kolonien mit einem allmählich aufgebauten Netz von Vertretungen bis nach Australien.[493] Nachdem der Absatz in die deutschen Kolonien anfangs vor allem aus Aufträgen von Missionsanstalten in der Verwaltung deutscher Ärzte oder Apotheker bestanden hatte,[494] stieg der Umsatz in diese Absatzregionen bis 1898/99 auf über 340 000 M.[495] und wuchs bis 1913 auf fast 1,5 Mio. M.[496] Ihr Anteil am Gesamtumsatz verdoppelte sich. 1914 hätte ohne den Ausbruch des Ersten Weltkriegs ein «glänzendes Recordjahr» werden können.[497]

Ähnlich früh wie in London ließ Merck sich in New York nieder. Die min-

1880/90er-Jahre bis 1914: Konflikte, Modernisierung

destens seit 1874 bestehende Zusammenarbeit mit ihrer New Yorker Agentur Lehn & Fink, über die allein in den Jahren 1883 bis 1887 jeweils für rund eine halbe Million Mark Produkte an die US-Kundschaft exportiert worden waren, löste Merck, als nach 13-jähriger Zusammenarbeit Nachrichten über gefälschte Etiketten und minderwertige Produkte kursierten.[498] Im Februar 1887 eröffnete darum Theodor(e) Weicker im Auftrag von Merck und mit Zeichnungsbefugnis ein eigenes Verkaufsbüro in Lower Manhattan, wo sich bereits zahlreiche, aus Deutschland ausgewanderte Apotheker niedergelassen hatten.[499] Willy Merck war, von England kommend, den ganzen Juni 1887 in New York und berichtete begeistert nach Darmstadt von in den USA glänzenden Geschäftsaussichten; dort sei Merck «zehnmal mehr und besser bekannt als in England». Gemeinsam mit Weicker mietete er damals ab September ein größeres Haus für die Firma an.[500] Im November 1890 wurde – entsprechend Vereinbarungen zwischen George Merck und Weicker vom August des Vorjahres – rückwirkend auf das Datum des 1. Dezember 1889 der Vertrag zur Gründung von Merck & Co. unterzeichnet; das Binnenverhältnis der beiden «copartner in business» regelte ein eigener Vertrag.[501] George Merck brachte ein unbefristetes, ihm zinsfrei vom Mutterhaus in Darmstadt gewährtes Darlehen in Höhe von 200 000 Dollar in die als «new branch» angesehene Tochter Merck & Co. ein.[502] George und Weicker erhielten ein Gehalt, 90 Prozent des New Yorker Gewinns sollte an Darmstadt fließen, der Rest an Weicker.[503]

Die Geschäftspartnerschaft zwischen der Familie Merck und Weicker war im Großen und Ganzen zunächst erfolgreich. Erhebliche zu einem Familienkonflikt führende Spannungen ergaben sich allerdings, als das Mutterhaus 1896 zunehmend zu der Erkenntnis gelangte, dass die New Yorker Niederlassung mehr Kosten verursachte als erwartet. Offensichtlich hatte Weicker mit George relativ eigenständig agiert, vielleicht hatte man auch Weicker zu selbständig agieren lassen. Selbst über die New Yorker Publikationen, das Bulletin und den Index, kam es zum Disput, weil sie nach Darmstädter Meinung «gar keinen Wert» hätten.[504] Die schon 1896 erstmals von New York ventilierte Idee zum Bau einer eigenen Fabrik in den USA wurde auch deswegen in Darmstadt äußerst zurückhaltend aufgenommen. Eine solche Produktion dürfe nur «aus dem Gewinn des amerikanischen Geschäfts» finanziert und überhaupt erst begonnen werden, wenn die damals bestehenden Verbindlichkeiten, darunter vor allem für Warensendungen aus Darmstadt, gegenüber dem Mutterhaus beglichen seien.[505] Eine Fehlinvestition war der Umzug in ein repräsentatives Gebäude am University Place in Manhattan und die Eröffnung einer eigenen «Merck-Pharmacy» im Jahr 1897: Diese erwies sich bald als Konkurrent für Mercks wichtige Apothekerkunden und wurde daher 1899 wieder geschlossen. Lediglich die analytische Arbeit des Labors wurde fortgeführt.[506] Auch wenn

Abbildung 62 Chemikalienlager USA, um 1895.

das Merck-Engagement in den USA sich langfristig als klug und weitsichtig richtig erwies, so blieben die Anfangsjahre und deren Probleme als Weickers «kostspielige Eigenschaften» in Erinnerung.[507]

Während New York expandieren und investieren wollte, sah Darmstadt eher die damit verbundenen Risiken. Eine Kapitalerhöhung fand nur unter der Bedingung Zustimmung, dass George 100 000 Dollar von seinem Vater erhielt und kein «fremdes Capital» in Anspruch nehmen musste. Schließlich gewährte das Mutterunternehmen noch ein zusätzliches Darlehen von 150 000 Dollar, sodass das Kapital von Merck & Co. 1896 einschließlich 50 000 Dollar zulasten des Darmstädter Reservefonds auf insgesamt 500 000 Dollar stieg.[508] Im Konflikt der Teilhaber trafen 1896 «Welten» aufeinander: die Enge der hessischen Residenzstadt gegen das boomende New York. George setzte fast euphorisch auf die «neue Welt» und sah den «Schwerpunkt» des Geschäfts «in absehbarer Zeit» in Amerika. «Wenigstens soweit Vertrieb der Artikel in Betracht kommt. Was Fabrikation anbelangt, wer weiss?» Mehr noch: Für George war «Amerika […] das Land der Zukunft», das «vielleicht erst, wenn wir nicht mehr sind, in vielen Artikeln unserer Branche den Weltmarkt versorgen» wird. Seine Schlussfolgerung: «Nutzen wir darum unsere Chancen aus!»[509] Er strebte mit Weicker mehr an als die Rolle einer Importfirma

Abbildung 63 Kontor, USA um 1895.

von E. Merck, dachte bereits an weitere Kapitalerhöhungen bis auf eine Million Dollar und an «ein eigenes Haus mit Fabrik und Zweiggeschäft in Chicago».[510]

Der New York-Besuch von Louis Merck und Wilhelm Conzen 1897 brachte dem Mutterhaus die Einsicht, dass die Filiale «durchaus gesund und lebensfähig» sei, wenn Weickers «kostspielige Experimente» unterblieben.[511] Der Umsatz hatte sich dort im Jahrzehnt seit 1887 vervierfacht.[512] 1898 gab es erstmals einen kleinen Gewinn[513] und seitdem sukzessive auch Dividendenzahlungen.[514] Das Klima der Zusammenarbeit verbesserte sich zumindest vorübergehend.[515] Die etwa sechswöchige USA-Reise von Louis und Conzen war – ähnlich wie es Carl Duisberg ein Jahr vorher auf seiner Reise für Bayer empfunden hatte[516] – von «allergrößtem Einfluss». Sie habe, wie Conzen noch Jahre später begeistert schrieb, das Unternehmen Merck «fähig gemacht für die Lösung der Aufgaben, die uns schon die nächste Zukunft in Darmstadt stellen sollte».[517]

Im April 1899 bildete Willy Merck sich erneut eine Meinung vor Ort.[518] Merck & Co. erwarb 1900/01 nahe Rahway/New Jersey knapp 120 Hektar Land für den Bau einer Fabrik.[519] Waren bis dahin über New York ausschließlich Importe aus Darmstadt verkauft worden, so begann im August die Produktion von zunächst Morphin, Kokain und Codein. Allmählich wurde die Produktpalette erweitert: 1906 um Dionin und Homatropin, 1907 um Wismut und Jodid, 1911 um Chloral, 1912 um Arsen-Eisen-Verbindungen; auch Firmen der IG-Partner ließen teilweise in Rahway produzieren. Die seit August 1900 in Chicago eröffnete Filiale des New Yorker Hauses wurde schon drei Jahre später nach St. Louis verlegt, wo die chemischen Werke von Herf & Frerichs Chemical Co. übernommen worden waren.[520] Grundstoffe und Unterlagen zu technologischen Verfahren wurden weiter aus Darmstadt nach Amerika geliefert, was die Ertragslage verbesserte, weil für die in USA gefertigten Produkte keine Importzölle anfielen.[521] Da der größere Teil der Gewinne des Amerika-Geschäfts weiterhin nach Darmstadt floss, waren solche Produktions- und Absatzsteigerungen im Interesse des Mutterhauses.

Kurz nach der Inbetriebnahme der Rahway-Fabrik im Jahre 1904 trennten sich Merck und Weicker, offiziell «by mutual agreement».[522] George bewertete die Zusammenarbeit mit ihm inzwischen nur noch einseitig, nannte sie «unerträglich»[523] und im Rückblick «15 schwere Kriegsjahre»: Merck & Co. sei durch die «Narrheiten des Fakirs»[524] verschwenderisch verwaltet worden und habe deswegen in der Vergangenheit geringe Profite erwirtschaftet.[525] Schrittweise verbesserte sich die Lage, die Kapitalrendite an das Mutterhaus stieg auf fünf und sechs Prozent (1904 und 1905): Das in New York «arbeitende freie Kapital» von 656 285 Dollar sei «beinahe dreimal umgesetzt» worden, schrieb George nicht ohne Stolz 1905 und fügte hinzu: «Ist das kein Fortschritt?»[526] Seit 1908 wurde Merck & Co. an der New Yorker Börse notiert,[527] blieb aber – auch wenn Gewinne wohl nicht mehr regelmäßig nach Darmstadt überwiesen wurden – vermutlich bis 1917 eine Beteiligungspartnerschaft von E. Merck mit George Merck als Präsidenten, der selbst an E. Merck und an Merck & Co. beteiligt war.[528] Die Wachstumsjahre zwischen 1905 und 1914[529] waren gekennzeichnet von dem grundsätzlichen Bestreben New Yorks, in Einzelfragen mehr selbständige Entscheidungsmöglichkeiten, bei gleichzeitigem Festhalten an der Bindung zum Mutterhaus in Darmstadt, zu gewinnen.

Auf dem amerikanischen Markt besetzte George Merck mit dem Vertrieb von Feinchemikalien eine Nische. Dabei warb er – konservativ – wie die Muttergesellschaft vor allem mit hochwertigen Produkten, deren Erscheinungsbild in Werbung, Publikationen etc. ähnlich blieb.[530] Trotz vieler Meinungsverschiedenheiten – sei es bezüglich der IG, der Rohstoffkäufe und Produktion in den USA sowie der Preisfestlegungen und Zollfragen oder im Waren- und Rohstoffaustausch[531] – traten Mutter und Tochter nach außen geschlossen auf. George sah es zwar ungern, dass seine Zahlen teilweise auch in der IG bekannt wurden, aber partizipierte andererseits selbst gerne an den vertraulichen Informationen über die Konkurrenz.[532]

Ein weiterer Konflikt drehte sich um das Engagement von Merck & Co. auf dem kanadischen Markt. Während die New Yorker Filiale auf mehr Engagement drängte, bremste Darmstadt,[533] weil es wegen der englischen und französischen Dominanz in Kanada kaum Gewinnerwartungen gab.[534] Seit 1902 hatte Darmstadt einen eigenen Vertreter in Kanada, erst 1912 errichtete Merck & Co. in Montreal eine Filiale mit Lagerhaus, die Verschiffung von New York aus ermöglichte erhebliche Fracht- und Zollersparnisse,[535] sodass Merck nun hier auch Waren absetzen konnte, bei denen es vorher wegen der englischen Vorzugszölle nicht konkurrenzfähig gewesen war.[536] Dies war ein weiterer Schritt auf dem Weg der Ausdehnung von Merck & Co.

Letztlich ging es aber bei den meisten Konflikten um die Frage, wie unabhängig New York von Darmstadt war – ein Problem, vor dem auch andere Unternehmen standen, deren ursprünglich durch Vertreter geführtes Auslandsgeschäft den Weg zur Filiale und schließlich zum autarken Unternehmen mit eigener Produktion genommen hatte.[537] Trotz des Strebens nach Eigenständigkeit blieb Merck & Co. bis 1914 ein eng an das Mutterhaus gebundenes deutsches Unternehmen, das sein Wissen um Forschungsfragen, Verfahrenstechniken, Patente und Produktion, auch sein Führungspersonal zu weiten Teilen aus Darmstadt bzw. von deutschen Firmen und Universitäten erhielt. Selbst die Arbeiterschaft der Fabriken war großenteils deutschstämmig und pflegte deutsche Traditionen. Es war «in every sense a German direct investment in the United States, an extension of E. Merck into America».[538]

Merck war insgesamt auf dem amerikanischen Markt engagierter als alle anderen deutschen Pharmakonkurrenten.[539] Die Firma war in der dortigen Pharmabranche damals auch nach amerikanischer Ansicht «by far the most important factor».[540] Merck & Co. überstand die Jahre der wirtschaftlichen Stagnation vergleichsweise gut:[541] Die Umsatzzahlen verdoppelten sich von ca. 930 000 M. (1896) auf ca. 1 900 000 M. (1913).[542] Erst der Ausbruch des Ersten Weltkriegs und der amerikanische Kriegseintritt 1917 brachten schließlich einen dramatischen Einschnitt.[543]

Die Umsatzanteile auf dem – in Darmstadt organisatorisch als ein Absatzgebiet behandelten – spanisch-portugiesisch-südamerikanischen Markt waren die höchsten des Unternehmens. Von jährlich 100 000 M. (1887) stiegen sie innerhalb von knapp zwanzig Jahren auf das Vierzigfache. Der Anteil am Gesamtumsatz stieg von zehn bis 14 Prozent Ende der 1890er-Jahre auf über 17 Prozent (1913). 1898/99 überstieg er die Millionengrenze, verdoppelte sich bis 1906 und erreichte 1911 über drei Millionen Mark. Über zwei Drittel dieses Umsatzes entfielen auf drei Länder: an der Spitze Brasilien, an zweiter bzw. dritter Stelle abwechselnd Argentinien und Spanien. Alle weiteren Länder hatten deutlich niedrigere Umsätze, die meisten Portugal, gefolgt von – abwechselnd – den Ländergruppen Westindien inklusive des von dort mitbetreuten Manila bzw. Chile/Peru/Bolivien/Ecuador bzw. Mexiko bzw. Uruguay/Paraguay.[544] Die

1903/04 mit einigem Aufwand versuchte Einführung des Merckschen Milzbrandserums, die mit Blick auf die riesigen argentinischen Rinderherden große Erfolgserwartungen genährt hatte, misslang allerdings. Die örtlichen Mitarbeiter erwiesen sich als teurer als erwartet, und die Impftechnik war auf dem Lande wenig bekannt. Auch die Übertragung des Alleinverkaufs des Milzbrandserums an ein Unternehmen in Buenos Aires im Jahr 1908 wurde ein Fehlschlag.[545]

Unter den europäischen Märkten ragte Russland heraus, wo Entstehung und Entwicklung der Pharmazie traditionell eng mit Deutschland verbunden waren.[546] Eine Besonderheit waren die «Semstwo», eine Art Landschaftsverbände, die einen großen Teil der Aufträge, zum Teil bis zu 250 000 M., erteilten. Deren Betreuung verlangte allerdings viel Fingerspitzengefühl.[547] Der russische Anteil am Unternehmensabsatz lag seit Mitte der 1890er-Jahre immer zwischen 13 und 17 Prozent.[548] In Darmstadt wurde deshalb ein fließend Russisch sprechender Mitarbeiter eingestellt[549] und 1898 der bisherige Vertreter in Moskau, Paul Walch, mit der Führung eines «Fabrikkontors» unter dem Namen E. Merck-Moskau mit Generalvollmacht beauftragt.[550] Um dessen Aufbau kümmerte sich Emanuel August Merck, der im Januar 1899 mit einem kleinen Team nach Moskau reiste.[551] Ein zweiter Schritt war im März/April 1901 die Einrichtung einer Vertretung mit einem angeschlossenen Lager im für Regierungsaufträge wichtigen St. Petersburg. Sie wurde von Dr. Max Gallas unter dem Firmennamen Dr. Gallas & Mahr geführt.[552] An der Spitze der vielfältigen Absatzpalette stand meist Dionin, gefolgt von Perhydrol, Stypticin, Jodipin, Veronal und Bromalin.[553] Da die befürchtete russische Wende zum Protektionismus nicht eintrat, zeigte Merck kein Interesse am Aufbau einer eigenen Produktion in Russland.[554] Im letzten Vorkriegsjahr wurde mit einer wiederum zehnprozentigen Steigerung gegenüber dem Vorjahr der Rekordumsatz von 3,14 Mio. M. erzielt.[555]

Der österreichisch-ungarische Markt war in Europa – nach dem russischen – der wichtigste und machte immer rund vier bis sechs Prozent des Gesamtabsatzes aus. Von Mitte der 1890er-Jahre bis vor dem Ersten Weltkrieg verdreifachte er sich auf etwa 1,2 Mio. M. Er wurde über Wien und Budapest bedient. Wien erreichte mit rund 0,7 Mio. M. im Jahr 1912 den mit Abstand höchsten Wert, während über Budapest Waren im Wert von 0,3 Mio. M. flossen, in die übrigen österreichisch-ungarischen Regionen knapp 0,35 Mio. M.[556] Seit 1908 wurde aus patentrechtlichen Gründen von Gehe und im Rahmen der IG die Chemische Fabrik Schönpriesen bei Aussig/Böhmen unter der Leitung eines österreichischen Geschäftsführers gegründet, um unter anderem Veronal für den österreichischen Markt herzustellen.[557]

Der Absatz im Orient und auf dem Balkan war mit unter 100 000 M. Mitte der 1890er-Jahre noch von «ganz untergeordneter Bedeutung»,[558] stieg aber bis 1913 auf über eine Million Mark an. Gemessen am Gesamtabsatz bedeutete dies eine Verdopplung auf über fünf Prozent. Die wichtigsten Absatzregionen waren die europäischen Gebiete des Osmanischen Reiches und Ägypten.[559]

So erfreulich die Entwicklung der Frankreich-Geschäfte in der Frühzeit des Unternehmens war, so enttäuschend und voller Rückschläge war sie in den beiden Jahrzehnten vor dem Ersten Weltkrieg. In den 1890er-Jahren waren wichtige Standorte «vollständig verloren», und zur Jahrhundertwende war von einer «Vertreter-Krise» die Rede. Vorschläge über die «Ausdehnung des französischen Geschäftes» und die Einrichtung eines Depots, letztlich auch einer eigenen Fabrik, beruhten, trotz der großen einheimischen und internationalen Konkurrenz, auf der Hoffnung, «mindestens das Dreifache» umzusetzen.[560] Merck hatte nicht nur mit Zollproblemen zu kämpfen. In Frankreich mussten Apotheken bzw. Pharma-Fabriken im Eigentum eines diplomierten, französischen Apothekers sein. Die Patentierung von Heilmitteln und die Einfuhr medizinischer Präparate in Tabletten- und anderen Darreichungsformen waren verboten.[561] Französische Apotheker konnten deswegen den Markt mit ihren «Labor-Spezialitäten» geradezu überschwemmen.[562]

Merck versuchte, diese Hürden zu überwinden, indem Ende 1903 sowohl die Firma Arrou & Salzer als auch der französische Apotheker Dr. Bousquet unter Vertrag genommen wurden. Unter dessen Namen lieferte Merck Spezialitäten «in Massenpackungen», zudem kannte Darmstadt auch Wege, die von der Einfuhr ausgeschlossenen Präparate nach Frankreich zu transportieren. Die Waren sollten als Spécialités Merck Arrou & Salzer, Dépositaires, Dr. Bousquet Phamacien, vente en détail, Paris etikettiert werden. Arrou & Salzer erhielten 25, Merck 75 Prozent des Gewinns, Bousquet ein Fixum von 6000 Frs. sowie drei Centimes «für jeden verkauften Flacon oder jede verkaufte Schachtel».[563]

Die in Bousquet gesetzten Erwartungen erfüllten sich jedoch nicht und endeten in Auseinandersetzungen.[564] Seit 1904/05 wurde in Darmstadt über die «Errichtung eines eigenen Hauses in Frankreich mit beschränktem fabrikatorischem Betrieb» nachgedacht.[565] Auf diese Idee kam Merck im Oktober 1910 zurück, als der IG-Partner Knoll den Vorschlag machte, in einer weiteren Fabrik das aus Kakaorückständen hergestellte Alkaloid Theobromin – das wie das verwandte Coffein stimulierend auf das Nervensystem wirkt – zu produzieren.[566] 80 Kilometer von Paris an der Yonne an der Bahnstrecke nach Lyon standen die Usines parisiennes de produits chimiques so billig zum Verkauf, dass der Erwerb im Dezember 1910 trotz erkennbarer Mängel der Anlagen «kaum ein Risiko» schien.[567] Diesen «Schritt über die Grenze» sah die IG auch machtpolitisch mit dem Hintergedanken einer Einschüchterung der französischen Konkurrenz.[568] Tatsächlich wurde die Investition bald unabhängig von Rentabilitätserwartungen zu einem Prestigeprojekt.[569]

Die neue Usine de Produits chimiques. W. E. Merck, Montereau (Seine &

Marne)⁵⁷⁰ hatte allerdings bereits einen unglücklichen Start:⁵⁷¹ Die durch Bau- und Qualitätsprobleme verzögerten Aufbauarbeiten wurden teurer und dauerten länger als erwartet.⁵⁷² Als Ende 1912 die Herstellung von Theobromin anlief,⁵⁷³ hätte Montereau etwa die Hälfte des weltweiten Verbrauchs decken können, aber es produzierte von Anfang an zu teuer. Weil immer mehr Hersteller auf diesen Markt drängten, fielen die Preise für Theobromin in zwei Jahren um mehr als ein Drittel. Merck sah sich nun auch noch vom Lieferanten der Rohmaterialien «gründlich hereingelegt».⁵⁷⁴ Bis Mitte 1913 hatte Merck bereits etwa 600 000 M. in das Projekt investiert und blieb doch «fast ohne Hoffnung auf Gewinn».⁵⁷⁵ Das Fazit war mehr als deprimierend. Die Rentabilität von Montereau galt als «so gut wie ausgeschlossen», sodass sogar die Schließung der Fabrik in Betracht gezogen wurde. Davon wurde letztlich abgesehen, weil kein guter Preis für den Verkauf zu erzielen gewesen wäre, die Konkurrenz nicht zum Zuge kommen sollte und auch Prestigedenken eine Rolle spielte.⁵⁷⁶ Die halbherzige Entscheidung, «die Fabrik zu behalten und so gut wie möglich in Schwung zu bringen», verband sich mit dem Eingeständnis, dass die Planungsgrundlage völlig unzureichend gewesen war, weil niemand in Darmstadt genügend über die «chemischen Bedürfnisse Frankreichs» informiert gewesen war.⁵⁷⁷ Im Februar 1914 wurde beschlossen, die Verträge mit Arrou & Salzer auslaufen zu lassen, das Spezialitätengeschäft in Paris zum 1. Oktober 1914 aufzugeben, bei Bousquet ein verkleinertes Lager weiterzuführen und in Montereau Tabletten herzustellen. Hierfür wurden die französischen Patente für Dional, Bromipine, Jodipine, Chineonal, Diogenal, Perhydrit erneuert bzw. eingetragen⁵⁷⁸ und Mitte 1914 ein französischer Apotheker eingestellt.⁵⁷⁹ Montereau stand unter keinem guten Stern. Der Wert der dortigen Fabrikanlagen bei Kriegsausbruch wurde auf rund 901 000 M. geschätzt, praktisch ein Totalverlust.⁵⁸⁰

Unter den Faktoren für den Auslandserfolg steht an erster Stelle der über fast ein Jahrhundert erarbeitete gute Name des Darmstädter Unternehmens. «E. Merck» garantierte die Qualität pharmazeutischer Produkte, die sich weithin bewährt hatten und anerkannt waren. Hinzu kam, dass auch die große Vielfalt und Breite des Angebots hohe Attraktivität hatte, weil Merck eben die meisten Produkte zu liefern in der Lage war und Auftraggeber davon ausgehen konnten, alle ihre Warenwünsche aus einer Hand erfüllt zu bekommen. Das Unternehmen war über die Jahrzehnte, wenn auch unterschiedlich intensiv, bestrebt, das Sortiment eigener Entwicklungen zu erweitern und seine Produkte zu verbessern. Die Anforderungen der Kunden hatten dieses Bestreben mit Wachsen des Unternehmens und besonders seit Ende des Jahrhunderts zusätzlich bestärkt.

Erfolgreich hatte Merck seit den 1830/40er-Jahren seinen Vertrieb über – meist – Großhändler und wenige Fabrikanten organisiert und behutsam ausgedehnt. Versierte Vertreter zu finden war und blieb in vielen Regionen ein Problem. Alles hing von ihrer Zuverlässigkeit ab: Vertreter waren an hohen Umsätzen und ihrer Provision interessiert, während Merck traditionell vor allem Wert auf angemessene Verkaufspreise, zuverlässige Abschlüsse, klare Zahlungsziele und kreditwürdige Kunden legte.[581] Gut eingeführte Vertretungen wie die in London, Moskau und Mailand wurden zu Filialen ausgebaut bzw. durften eigene Merck-Produktlager unterhalten. Andere Vertretungen hingegen mussten als branchenferne Notlösungen gelten und wurden nur mangels besserer Alternativen beibehalten. In Darmstadt wurde auf Qualität und Bonität der Vertreter geachtet[582] und diese zur Schulung ebenso wie zur Berichterstattung gelegentlich auch nach Darmstadt eingeladen.[583] Bewährte Vertreter wurden von Fall zu Fall mit der Erhöhung ihrer meist maximal zweiprozentigen Provision gelockt, wenn beispielsweise die Abwerbung durch Konkurrenten drohte.[584] Andere Vertreter erhielten Sonderzahlungen, Unterstützung bei Krankheit oder besondere ärztliche Hilfe.[585]

Allerdings waren langfristige Bindungen die Ausnahme. In den zwei Jahrzehnten vor dem Ersten Weltkrieg lassen sich mindestens 70 verschiedene Vertreter allein im ibero-amerikanischen Absatzgebiet identifizieren, im Orient wuchs ihre Zahl von 19 (1897/98) auf 26 (1906) und 30 (1907); nach IG-Gründung ging sie auf 26 (1913) zurück.[586] Manche Vertreter arbeiteten nur ein bis zwei Jahre für Merck, Verträge wurden ebenso rasch geschlossen wie gelöst – sei es wegen nicht erfüllter Erwartungen, leichtsinniger Kreditvergabe, Überlastung, Betrug, Vertrauensbruch etc.; selbst die Worte «Unfähigkeit» und «Faulheit» finden sich als Trennungsgründe. All dies erklärt, warum Merck nach dem Ersten Weltkrieg zunehmend auf Vertretungen verzichtete und sukzessive den Aufbau von eigenen Tochtergesellschaften forcierte.

Der Schritt von der Vertretung zur Filiale war in jedem Einzelfall wohl überlegt, wie das Beispiel Mailand zeigt. Auf dem pharmazeutisch-chemisch noch wenig entwickelten italienischen Markt gelang Merck eine Vervierfachung des Umsatzes von rund 224 000 M. (1896/97) auf fast 1,09 Mio. M. (1913). Am besten liefen die Geschäfte in Mailand, wo darum im November 1900 ein eigenes Lager eingerichtet und 1908 sowie erneut 1909 erweitert wurde.[587] 1906 wurde der Schweizer Emil Risch als Firmenrepräsentant für Italien eingestellt, dessen dortige Expansionspläne aber von Darmstadt gebremst und erst 1914 realisiert.[588] Vor allem im Vergleich zu Hoffmann La-Roches frühem Aufbau eines eigenen Filialwesens war diese Strategie konservativ.[589]

Repräsentationsaspekte waren kein vorrangiges Kriterium, und seit den New Yorker Erfahrungen war Merck in dieser Hinsicht besonders vorsichtig.[590] Ab 1889 immer wieder geäußerte Londoner Erweiterungsvorschläge wurden so lange abgelehnt,[591] bis die Räumlichkeiten «des Namens Merck wenig würdig» waren und 1912 eine Vergrößerung unumgänglich wurde.[592] Auf das «eigene Haus» in der französischen Hauptstadt wurde allerdings lange Wert gelegt, obwohl der

Abbildung 64/65 Impressionen der Opiumernte in Asien und ihrer Aufbereitung vor dem Versand nach Darmstadt (Fotos ca. 1910- bzw. 1920er-Jahre).

dortige Vertreter es schon 1912 für verzichtbar hielt, weil Merck, anders als die «neuen Parvenus-Firmen», kein solches «Aushängeschild» benötige.[593]

Bildeten die Firmenvertretungen und deren Reisende über viele Jahrzehnte gewissermaßen die Brückenköpfe vor Ort, so wurden erst seit Ende des 19. Jahrhunderts mit Merck-Reisenden gleichsam eigene Brücken in die Absatzgebiete geschlagen. Diesen bedeutsamen Schritt zur Entwicklung einer eigenen Reisestrategie ging Merck erst nach dem Vorbild der Konkurrenz und relativ spät seit der Jahrhundertwende.[594] Die Aufsicht über die Vertretungen, auch die Kontaktpflege und Akquise bei alten und neuen Kunden übernahmen nun großenteils bzw. zusätzlich die Merck-Reisenden. Die noch 1902/03 bevorzugte Geschäftspolitik, «im Hause eingeübte Fachleute» reisen zu lassen,[595] musste bald ausgeweitet werden, weil solche Spezialisten rar waren. Trotzdem überrascht, dass es beispielsweise für Südamerika und die Iberische Halbinsel bis zum Ersten Weltkrieg offenbar nur insgesamt fünf eigene Reisende gab.[596] Auch im Orient waren nur sechs «tüchtige Reisende beständig unterwegs»[597] und in Russland lediglich drei.[598] Die europäischen Länder wurden überwiegend von Darmstadt aus bereist.[599]

Zusammenfassend stellt sich die Frage nach den Faktoren, die Merck im 19. Jahrhundert zu einer «Weltmarke machten, die auf dem ganzen Erdball honoriert» wurde, wie die Firma schon zeitgenössisch bemerkte.[600] Merck war schon seit den 1840er-Jahren ein international agierendes Unternehmen, seit dem Beginn der eigenen Fabrikation in Rahway/USA 1903 gilt es als multinationales Unternehmen.[601] Besonders rasant war die internationale Expansion in den letzten beiden Jahrzehnten vor dem Ersten Weltkrieg. Der Gesamtumsatz des Unternehmens vervierfachte sich seit Mitte der 1890er-Jahre. Der Auslandsanteil ging mit zunehmender Konkurrenz seit der Jahrhundertwende von über drei Viertel auf etwas mehr als zwei Drittel im Jahr 1912 zurück; in den Vorkriegsjahren gingen 43 Prozent der Aufträge ins europäische, 24 Prozent ins sonstige Ausland.[602] Damit entsprach die Exportquote von Merck mit – insgesamt – 67 Prozent durchaus der vergleichbarer Pharmaunternehmen.[603] Die Erfolglosigkeit in Frankreich trübte das Gesamtbild kaum, weil dies durch den Aufstieg der US-Tochter Merck & Co. mehr als kompensiert wurde, zumal auch die damit verbundenen familiären Streitigkeiten überwunden wurden.

Das Ansehen des Großanbieters Merck beruhte auf seiner Rolle als einer Art «Welt-Apotheke». Die Darmstädter hatten eine ungemein breite Angebotspalette, die bis zur Jahrhundertwende auf 9500 und bis 1914 nochmals auf 10 200 Produkte gewachsen war. Aber nur 125 von ihnen zählte Merck selbst 1913 zu seinen «bedeutendsten Präparaten», sie machten 56 Prozent des Jahresumsatzes aus.[604] Aber unter diesen wiederum waren es nur zehn Artikel, auf die mehr als ein Viertel des Jahresumsatzes zurückzuführen war. Die Bedeutung der Gewinnbringer früherer Jahre hatte erheblich abgenommen. Kokain und Morphium wurden im Jahr 1913 in einem Wert von 1,2 und 1,0 Mio. M. verkauft und waren weiterhin mit Abstand die beiden führenden Produkte; zusammen bedingten sie fast neun Prozent des Umsatzes. Die teuersten Produkte waren Dionin, Atropin, Stypticin und Codein und diese machten insgesamt 5,2 Prozent des Jahresumsatzes aus.[605]

Mit all diesen Artikeln vor allem verdiente Merck, aber ohne sein riesiges Sortiment wäre der Unternehmenserfolg insgesamt kaum möglich gewesen. So bewährte sich das Ansehen einer traditionsreichen Apotheke mit hieraus entwickelter Fabrik – gewissermaßen für die ganze Welt. Der entscheidende Faktor für den weltweiten Erfolg war und blieb die Qualität.[606] Sie ging Hand in Hand mit dem wachsenden Ansehen des Unternehmens und seiner Auslandskompetenz. Bis zum Ausbruch des Ersten Weltkriegs blickten die Mitarbeiter des Darmstädter Unternehmens daher optimistisch in die Zukunft. Merck war – bereits allein mit seiner Darmstädter Fabrik und erst recht zusammen mit Merck & Co. – gemessen am Umsatz, weltweit der zweitgrößte Pharmahersteller.[607]

III.
Im Zeitalter der Weltkriege (1914–1948)

Von Joachim Scholtyseck
Unter Mitarbeit von Patrick Bormann

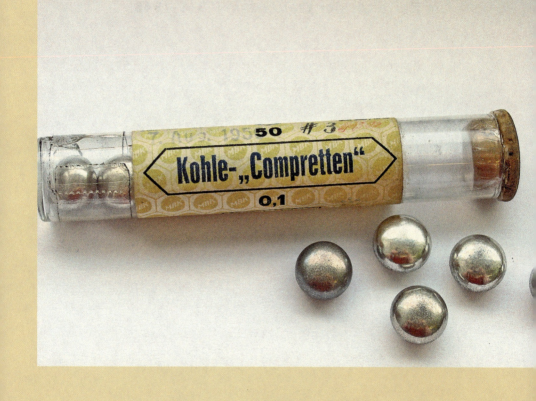

1. 1914–1923: Das Familienunternehmen in der Krise

1.1. Allgemeine Entwicklung

Darmstadts Oberbürgermeister Wilhelm Glässing zeichnete kurz vor dem Beginn des Ersten Weltkriegs das optimistische Bild eines kontinuierlichen wirtschaftlichen Wachstums der Residenzstadt. Als Beleg nannte er unter anderem die Planungen Mercks für eine «außerordentliche Erweiterung ihrer Anlagen».[1] Die deutsche Chemie- und Pharmaindustrie beherrschte als «Apotheke der Welt»[2] den internationalen Markt und hätte ohne einen Krieg zweifellos eine deutlich erfolgreichere Entwicklung genommen.[3]

Diese Perspektiven fanden mit dem Kriegsausbruch 1914, der bei Merck als «ungeheure Katastrophe» wahrgenommen wurde, ein jähes Ende, weil das Geschäft inzwischen international ausgerichtet war: «Zeugte vorher», wie man sich später im Hause Merck erinnerte, «alles von dem Aufschwung der Firma und der Verbreitung ihrer Präparate», so waren nachher «die Grenzen […] gesperrt und der Export unterbunden. […] Wo bisher emsige und durchdachte Arbeit die Produktion und deren Vertrieb regelte, entstand eine große Öde».[4] Die rund 2000 Mitarbeiter mussten sich nun tagelang vorrangig um Mobilisierungsaufträge kümmern.[5] Bereits am Nachmittag des 31. Juli 1914 erging eine Anweisung zur Beladung von Sanitätswagen. Merck rüstete unter anderem die Sanitätsdepots von vier Armee-Korps sowie der Festungen Metz, Straßburg, Koblenz und Mainz aus. Die Fabrikationsabteilungen stellten rohstoff- und nachfragebedingt ihre Produktion erheblich um. Das Unternehmen geriet sofort in Zahlungsschwierigkeiten, da «kein Mensch mehr Geld» schickte, während zugleich Lieferverpflich-

Abbildung 66 Die «Compretten», deren Name gesetzlich geschützt war, wurden mit ihren einfachen Inhaltsstoffen und ihren günstigen Preisen im 20. Jahrhundert zu einem der großen Erfolge bei Merck – in Kriegs- wie in Friedenszeiten.

Abbildung 67 Die Ausrüstung der Sanitätsparks der deutschen Armeen kompensierte bei Beginn des Ersten Weltkriegs den Zusammenbruch des Auslandsgeschäfts: eine von Merck bestückte Feldapotheke.

tungen erfüllt werden mussten. Trotz der Mobilmachungsaufträge stagnierte Ende September 1914 das Geschäft.[6] Der Handel mit den Kriegsgegnern wurde komplett eingestellt, der Verkehr mit den neutralen Staaten in Übersee war bald aufgrund der englischen Seeblockade gestört, und Exportlieferungen mussten gestoppt bzw. umdirigiert werden. Bisherige rentable Verkaufsschlager wie Veronal und Kokain erlebten massive Einbrüche bei den Verkaufszahlen. Zudem beschädigten Stornierungen das Vertrauen: Gerade Kunden in Übersee wollten keine Vorauszahlungen mehr leisten, weil dorthin «nur die französischen und englischen Lügenmeldungen gelangten».[7] Ende 1914 wurden alleine beim Geschäft in den Ländern der Kriegsgegner Schulden von beinahe 1,8 Mio. Mark verzeichnet.[8] Der Gesamtumsatz, der 1913 noch 26 Millionen Mark betragen hatte, ging auf 14,5 Millionen Mark im Jahr 1915 zurück.[9] Als die Darmstädter Bank den Ausgleich des Kontos einforderte, musste George Merck aus den USA über ein Geldinstitut in den Niederlanden Geld überweisen.

Auch die Ausfuhr wurde streng überwacht. Als im November 1914 beispielsweise eine größere Menge Acetylsalicylsäure zur Herstellung von Kopfschmerztabletten nach Schweden geliefert werden sollte, schritten die Behörden ein, weil die Säure durch Umsetzung mit Schwefel- und Salpetersäure zum Sprengstoff Pikrinsäure verarbeitet werden konnte. Da die angeforderte Menge ausgereicht hätte, um «nicht nur die Bewohner von Schweden, sondern die ganze Welt von

Abbildung 68 Der Export nach Übersee war im Ersten Weltkrieg durch die englische Seeblockade schwer gestört. Hier sind Kisten für den Transport mit dem Handels-Unterseeboot «Bremen» für den Transport in die USA zu sehen. Die «Bremen» sank allerdings auf ihrer Fahrt über den Atlantik im Sommer 1916.

Kopfweh [zu] befreien», wurde gegen Merck – allerdings ergebnislos – wegen Landesverrats ermittelt.[10]

An die Stelle der eingezogenen Fachleute traten immer mehr ungelernte Kräfte, erst recht als mit dem Gesetz über den «Vaterländischen Hilfsdienst» vom Dezember 1916 die Mobilisierung aller Arbeitskräfte angeordnet wurde. Zum Teil wurden 12- und 13-jährige Schüler eingesetzt,[11] zudem französische Kriegsgefangene.[12]

Der Einbruch des Auslandsgeschäfts wurde durch kontinuierliche Lieferungen an die Sanitätsdepots kompensiert, die auch die verbündeten Truppen versorgten. Der Umsatzanteil in Deutschland, der bei den «Spezialitäten», also den Merck-Fertigpräparaten, vor dem Krieg 26 Prozent betragen hatte, stieg bis 1917 auf bemerkenswerte 81,9 Prozent.[13] Neben die bewährten Schlaf-, Fieber- und Schmerzmittel und Klassiker wie Veronal, Stypticin, Dionin, Tannoform, Luminal, Perhydrol und Jodipin traten medizinische Kohle, steriler Bolus und Chinintabletten. Auch Morphium und Codein wurden geliefert, was 1915 sogar zu einer Vergrößerung der entsprechenden Betriebsabteilung führte.[14] Dazu kamen Narkoseäther und Chloroform, essigsaure Tonerde, waggonweise verkaufte Bismutsalze für Brandbinden, Jodampullen, Kresotinkresol als Desinfektionsmittel sowie schließlich Cholera- und Typhusimpfstoffe als Prophylaxe gegen «Kriegsseuchen».[15] Als im Sommer 1917 eine Ruhrepidemie ausbrach, produzierte Merck im Tag-und-Nacht-Betrieb täglich 150 Kilogramm Tierkohle.[16] Das zur Entlausung eingesetzte Anisol war hingegen nur kurz im Programm, weil es «nicht ganz ohne Schäden» für die Soldaten war.[17] Für die häufig von Koliken geplagten Militärpferde spielten Veterinärarzneimittel eine große Rolle.[18] Das synthetisch hergestellte Cesol trat an die Stelle des aus tropischen Betelnüssen gewonnenen Alkaloids Arecolin. Incarbon, ein in der bakteriologischen Abteilung entwickeltes Präparat aus Tierblutkohle, diente zur Behandlung infektiöser Pferdekrankheiten, während Pyoktaninstifte bei Oberflächenwunden eingesetzt wurden. Das Fabrikationsprogramm wurde durch spezifische Kriegsprodukte ergänzt. Dazu zählte das Palladiumchlorürpapier, mit dem sich Kohlenstoffmonoxid in Schützengräben nachweisen ließ. Zudem wurden 45 500 mit einer Lösung aus Hexamethylentetramin und Pottasche getränkte Mund- und Atemschutzmasken ausgeliefert – seit dem letzten Kriegsjahr auch für Pferde. An die Drägerwerke, die Einrichtungen für die Kohlendioxidentfernung aus U-Booten herstellten, wurde Ätznatron geliefert.[19] Auch Chemikalien für die Kriegsberichterstatter der Armee standen auf der Bestellliste, denn in Darmstadt war die erste Foto-Abteilung der deutschen Fliegertruppen stationiert.[20] Als Konsequenz aus dem «Hindenburg-Programm» vom August 1916, das die deutsche Rüstungsherstellung effizienter gestalten sollte, produzierte Merck im Auftrag des Berliner Waffen- und Munitionsbeschaffungsamts seit September 1917 in Räumlichkeiten, in denen zuvor Seltene Erden gewonnen worden waren, Phosphorgeschosse. Der Munitionsbetrieb begann mit zunächst 60 Arbeitern und einer Tagesproduktion von 10 000 Stück; sein Fabrikationsmaximum erreichte er im Frühjahr 1918 mit täglich 50 000 Geschossen.[21] Anders als bei der Konkurrenz – man denke etwa an die Errichtung des Bayer-Werks in Dormagen mit einer Belegschaft von 4000 Personen[22] – blieben Großinvestitionen zum Aufbau von Rüstungskapazitäten allerdings aus. Bis Kriegsende stieg der Umsatz, zum Teil allerdings inflationsbedingt, auf 56,6 Millionen Mark.[23] Aufgrund der schwierigen Finanzlage zeichnete Merck, anders als einzelne Teilhaber, keine Kriegsanleihen.[24]

Staatliche Regulierungen waren ein Signum der Kriegswirtschaft. Ein Merck-Buchhalter erinnerte sich später, man habe sich mit 35 000 Verordnungen der deutschen Bundesstaaten, 7000 Verordnungen des Reiches und weiteren 500 städtischen Verordnungen auseinandersetzen müssen.[25] Auf die Zwangsbewirtschaftung reagierte Merck im Januar 1917 mit der Gründung einer «Abteilung Berlin», die den Behördenverkehr mit den Kriegswirtschaftsstellen und Kommissionen koordinierte.[26]

Das Jahr 1918 endete in angstvoller Lähmung. Emanuel August Merck, gemeinsam mit Willy Merck immer noch führender Vertreter der achten Familiengeneration, zeigte sich Mitte Oktober «betrübt und niedergeschlagen» und wollte über die politische Lage «am liebsten gar nicht» sprechen: «Wir blicken ziemlich traurig in die Zukunft.»[27] Die Firma hatte mit Russland und den USA gleich zwei ihrer wichtigsten Märkte verloren. Die Forderungen im Ausland, gut 2,8 Mio. Mark, davon alleine beinahe 2 Mio. Mark an Russland, mussten abgeschrieben werden.[28]

Nach Kapitulation und Novemberrevolution war die Entwicklung erst recht ungewiss. Mit der Abdankung des Großherzogs verlor Darmstadt als «Behördenplatz» an Bedeutung.[29] Im Dezember 1918 besetzten französische Truppen große Teile Südhessens. Das Werksgelände grenzte an den jetzt gegründeten Volksstaat Hessen, dessen Gebiet unmittelbar nördlich des Merck-Areals lag. Hier begann auch der französische Brückenkopf Mainz, in dem das Kriegsrecht galt.[30] Die Zollgrenze schnitt das Unternehmen für einen Monat vollständig von seinem Versand- und Güterbahnhof Arheilgen ab. Auch Post-, Telefon- und Telegrafenverbindungen waren eingestellt.

Im Februar 1919 sah man in der Finsternis «noch wenig Licht».[31] Die Umstellung auf die Friedensproduktion ließ sich zwar einfacher bewerkstelligen als etwa im Maschinenbau. Aber die Bewirtschaftung der Rohstoffe, der Ausfall der zum Kriegsdienst eingezogenen oder gefallenen Chemiker und Facharbeiter sowie die Kapitalnot behinderten die Reorganisation ebenso wie der ubiquitäre Brennstoffmangel. Trotz der Aufhebung von Ausfuhrverboten und Mindestpreisen führte das Ende der Heeresaufträge zu einer «Öde […] wie zu Anfang des Krieges».[32] Das Unternehmen, bis zur «Ratlosigkeit» mit diesen Herausforderungen konfrontiert,[33] hatte kaum noch Reserven. Merck versuchte dies mit der Herstellung von Zündmetall und – allerdings wenig erfolgreich – mit der Produktion von Backpulver zu überbrücken, von dem man sich einen «Schlager» versprach.[34] Neueinrichtungen und sogar Instandsetzungen mussten immer wieder verschoben werden.[35] Die Buchhaltung machte auf einen Berg von Problemen aufmerksam: Die «ungesunden» Verhältnisse, so lautete die Warnung, hatten zu einer «vollkommenen Verwässerung» des Kapitals geführt.[36] Eine Denkschrift, die gemeinsam mit dem Direktor der Darmstädter Bank Georg von Simson verfasst wurde, erörterte drei mögliche Auswege: 1. die Aufnahme von Bankkrediten; 2. die Umwandlung der Firma in eine Aktiengesellschaft; schließlich 3. die Gründung einer auf Goldmark basierenden Finanzgesellschaft im Ausland, mit der sich die Produktion in Darmstadt finanzieren ließ.[37] Nach kontroversen Debatten fiel die Entscheidung zugunsten von Bankkrediten. Die von einigen Geschäftspartnern und stillen Teilhabern angeregte Umwandlung in eine Aktiengesellschaft fand aus Sorge um die Stellung der Familie, aber auch aus steuerlichen Gründen keine Mehrheit.[38] Weil die Bedingungen der Darmstädter Bank als inakzeptabel galten, erhielt die Deutsche Bank den Zuschlag. Sie gab am 1. Dezember 1919 eine 4,5 prozentige Obligationsanleihe über 7 Mio. Mark heraus.

Emanuel August und Willy Merck hafteten persönlich mit ihrem Vermögen, zudem diente der Fabrikbesitz als Pfand.[39] Wahrscheinlich gewährte später die Darmstädter Bank ebenfalls Kredite. Die intensive Beratungstätigkeit von Simsons und der Eintritt von Bernhard Pfotenhauer in das Direktorium von Merck, auf den später noch einzugehen sein wird, sind hierfür jedenfalls starke Indizien. Der Weg war umstritten: Otto Hecht, einer der Finanzexperten der Firma, kritisierte die Entscheidung als unsolide und bemängelte auch die Gefahren infolge der Konstruktion der bestehenden «Interessengemeinschaft» (IG). Bekanntlich hatten sich ab 1906 die Firmen Merck, Knoll, Boehringer Mannheim, Gehe und ab 1907 zusätzlich Riedel zusammengetan, um durch gemeinsamen Einkauf und eine effizientere Produktion und Vermarktung Einsparungen zu ermöglichen und Verluste zu vermeiden. Hecht befürchtete, dass die Deutsche Bank Merck mit der Firma Riedel, die schon vor dem Krieg auf eine Umwandlung in Richtung Aktiengesellschaft gedrängt hatte, «im Guten oder Bösen zusammenschweissen» wolle.[40]

Im November 1922 zogen die Leitung sowie die kaufmännischen und technischen Büros in ein neues Verwaltungsgebäude ein, mit dessen Bau schon während des Krieges begonnen worden war. Wie die gesamte deutsche Industrie bemühte sich Merck um Rationalisierungen, die ein führender Mitarbeiter später auflistete: «Verbesserung der Arbeitsmethoden, Vorarbeitersystem, Arbeitszettel, Arbeitsteilung nach Spezialgebieten, Arbeitsvorbereitungen, Normalisierung der Arbeitssätze, Prämiensystem, vorgerichtetes Hilfsmaterial, Emballagezwischenlager, vereinfachte Packungen, Lagerordnung, eiserne Bestände mit planmässiger Defektur, vorteilhafte Behandlung und Erledigung der Aufträge.»[41] Auch die Tablettenabfüllapparate und Etikettiermaschinen wurden modernisiert. Während vor dem Krieg die Verpackung noch individuell erfolgt war, hatten die Packungen nun für jeden Artikel standardisierte Größen. Auf den einheitlich gestalteten Etiketten waren neben der lateinischen Bezeichnung die Namen gemäß der jeweiligen Ländersprachen auf Deutsch, Englisch, Französisch, Spanisch und Portugiesisch aufgedruckt.[42]

Merck produzierte bekanntlich über Jahrzehnte in erster Linie pharmazeutische relevante Naturstoffe und Chemikalien zur Herstellung von Arzneimitteln. Hauptabnehmer war der Großhandel. Die Zeiten, in der Apotheker die vom Arzt in Auftrag gegebenen Arzneien grundsätzlich selbst herstellten, gingen hingegen allmählich ihrem Ende entgegen,[43] und kunstvoll gearbeitete Mörser wurden eher zum antiquarischen Schaustück. Dies galt auch für die Engel-Apotheke, die für das Selbstverständnis des Unternehmens jedoch trotz komplexer rechtlicher Konstruktionen von symbolischem Wert blieb. Der 1887 geborene Georg Merck übernahm 1923 von seinem Vater Emanuel August Merck die Leitung der Apotheke, die nun rechtlich vom Industrieunternehmen getrennt wurde. Beim

Abbildung 69 Die Verpackung der Medikamente sollte einen hohen Wiedererkennungswert haben und gut transportierbar sein. Zugleich sollte eine geschickt gewählte Verpackungsgröße den Absatz steigern. Abgebildet ist eine Darmstädter Verpackungshalle, 1927.

Bombenangriff im September 1944 erlitt sie einen Totalschaden; die seit 1668 fast ununterbrochen bestehende männliche Erbfolge der Apothekeninhaber erlosch mit dem Tod Georg Mercks 1945, denn wenige Monate zuvor war sein einziger Sohn Georg Friedrich Merck gestorben, der für die Nachfolge vorgesehen gewesen war.[44]

In Darmstadt wurden rund 8000 verschiedene Produkte vorrätig gehalten, von denen aber selbst die wichtigsten nicht mehr als 3 bis 5 Prozent des Umsatzes ausmachten. Die Palette war beeindruckend: neben fertigen Arzneimittelpräparaten chemische Grundstoffe wie Aluminium, Blei, Eisen, Kupfer, Quecksilber, Silber, Wismut, Zink, Kalium, Natrium, Lithium, Barium, Calcium, Magnesium, Brom, Jod und Schwefel sowie ihre Verbindungen. Daneben wurden Hunderte von organischen Verbindungen angeboten, von denen Äther, Äthylchlorid, Chloralhydrat, Chloroform, Lecithin, Pyrogallol, Ameisensäure, Essigsäure, Milchsäure, Weinsäure und Tannin nur einige der wichtigsten waren. Auch Cyanmetallsalze, Stearate, Wolframsalze, Invertinflüssigkeit und Diacetyl waren im weit aufgefächerten Programm. Grundstoffe wurden in verschiedenen Reinheitsgraden, die pharmezeutisch relevanten entsprechend den Vorschriften des amtlichen deutschen Arzneibuchs, vorrätig gehalten. Allein 248 verschiedene Natrium-Verbindungen waren verfügbar. Merck legte großen Wert darauf, diese Palette trotz des enormen Aufwands für die Lagerhaltung jederzeit anbieten zu können: «Wenn man irgendwo in der Welt ein weniger gefragtes Chemikal mit allen Garantien für Reinheit und Güte braucht, so denkt man an Merck Darmstadt.»[45] Allein die Chromsäure, hauptsächlich für Verchromungszwecke, machte in den 1930er-Jahren ein Prozent des Merckschen Gesamtabsatzes aus.[46]

In der Krisensituation nach 1918 übernahm die neunte Generation der Familie aus der Hand der beiden Senioren Willy und Emanuel August Merck das Ruder.[47] Der wichtigste Repräsentant des Generationswechsels war Karl Merck (1886–1968), Sohn von Louis Merck sen., der nach einer kaufmännischen Ausbildung und dem Studium der Chemie in Dresden und Straßburg promoviert worden war. Nach dem Militärdienst bei den «Roten Dragonern» in Darmstadt war er, eher dem familiären Pflichtgefühl als der Neigung folgend, 1912 als offener Teilhaber in die Firma eingetreten. Der Erste Weltkrieg hatte ihn auf einer Ostasienreise überrascht. In Tsingtau geriet er in japanische Kriegsgefangenschaft und kehrte erst im Sommer 1920 nach Darmstadt zurück, um die Leitung der wissenschaftlichen Bereiche zu übernehmen. Er ist «in seiner Ausstrahlung von Ruhe, Gleichmaß, innerer Geschlossenheit und Gelassenheit» von einem Familienmitglied als «geradezu genialer Botschafter Mercks» gewürdigt worden, im Privaten zurückhaltend und genügsam und gleichsam als «Inbegriff einer noblen, durch und durch seriösen deutschen Unternehmerfamilie».[48] Häufige Vorträge zeigten, wie wichtig ihm Kundenbindung und Erfahrungsaustausch waren. Nach dem Tod von Willy Merck trat er 1932 schließlich an die Spitze der Geschäftsleitung.

Louis Merck (1887–1945), der zweitälteste Sohn von Dr. Louis Merck (1854–1913), besuchte das Darmstädter Ludwig-Georgs-Gymnasium. Seine 1905 begonnene kaufmännische Ausbildung entsprach der Familientradition, und seit seinem Eintritt in die Firma im Oktober 1912 deutete sich sein Schwerpunkt im Auslandsgeschäft an, das ihn schließlich in Filialen in aller Welt führte. Nach dem Kriegsdienst beim Hessischen Dragoner-Regiment 23 wurde er Anfang 1920 offener Teilhaber und Leiter der kaufmännischen Abteilungen.

Der Chemiker Dr. Fritz Merck (1889–1969), Sohn von Emanuel August, studierte seit 1910 zunächst an der TH Dresden und wechselte dann nach München. Schon während des Weltkriegs, in dem er als Oberleutnant zuletzt das Kommando über einen Feldluftschiff-Park hatte, bat ihn Willy Merck, «als künftiger Leiter der Fabrik» an wichtigen Besprechungen teilzunehmen.[49] Nach seiner Promotion in Freiburg trat er im November 1919 bei Merck ein und wurde 1922

1914–1923: Das Familienunternehmen in der Krise

Abbildung 70 Die neue Merck-Generation der Zwischenkriegszeit friedlich vereint: Fritz, Louis, Karl und Wilhelm. In Wirklichkeit waren die vier Teilhaber von ganz unterschiedlichem Temperament und Charakter. 1942 kam es zum Zerwürfnis.

offener Teilhaber. 1932, nach dem Tod von Willy Merck, übernahm er die Leitung der Fabrikbetriebe und der Magazine.

Wilhelm Merck (1893–1952), Sohn von Carl Emanuel Merck und nicht zu verwechseln mit Willy Merck, trat nach kaufmännischer und technischer, durch den Weltkrieg unterbrochener Ausbildung 1919 in die Firma ein und wurde 1921 offener Teilhaber. Der begeisterte Rennfahrer leitete den Technikbereich und das Transportwesen.

Was auf den ersten Blick wie ein reibungsloser Übergang aussehen mochte, vollzog sich beim genaueren Hinsehen im Rahmen einer Unternehmenskrise. Die Nachfolgegeneration hatte kriegsbedingt kaum Gelegenheit gehabt, die Firma wirklich kennenzulernen. Wie ungenügend Karl Merck sich vorbereitet fühlte, deutete er selbst an: «Aber auch wir Jungen, die wir durch den Krieg verhältnismässig spät in diesen verwickelten Betrieb hineingestellt worden sind, gleich an verantwortungsvoller Stelle, ohne dass es uns vorher möglich war, durch lange Einzelarbeit innig mit dem Ganzen zu verwachsen, wissen den Wert alter treuer Mitarbeiter wohl zu schätzen.»[50] Wohl um die mangelnde Erfahrung auszugleichen, wurde der neuen Generation im Februar 1920 ein Direktorium aus verdienten Mitarbeitern des Unternehmens zur Seite gestellt. Die Maßnahme war eine Konsequenz der Einsicht, dass der Großbetrieb angesichts der immer komplizierteren Betriebsabläufe auf die verstärkte Einbindung familienfremder «Manager» angewiesen war.[51] Bereits beim Tod von Louis Merck sen. im September 1913 war die kaufmännische Leitung nicht an ein Familienmitglied, sondern an Wilhelm Conzen übergegangen. Der Abschied von den bisherigen Führungsstrukturen wurde nun formalisiert. Der Vorsitz und die Entscheidungskompetenz des Gesamtdirektoriums lagen zwar bei den persönlich haftenden Inhabern. Dem Direktorium gehörten aber acht «in leitender Stellung bei der Firma tätige Herren» an, drei von ihnen für die «spezielle Fabrikleitung»: Professor Dr. Alexander Ehrenberg hatte die gesamte Fabrikleitung unter sich und war zudem bis zu seinem Ruhestand 1923 für das Wissenschaftliche Laboratorium, die Werbung, die Patentabteilung sowie die wissenschaftliche und Erfinderkorrespondenz zuständig. Der Apotheker und langjährige Leiter der Alkaloid-Fabrikbetriebe, Professor Carl Scriba, zeichnete für das Drogenmagazin und die Pflanzenchemie verantwortlich, ging aber Ende 1923 in den Ruhestand.[52] Der Chemiker Dr. Wilhelm Flimm war für Arbeiterfragen, Lohnbuchhaltung, die Krankenkasse und das Kontrolllaboratorium zuständig. Vier weitere Direktoren waren Kaufleute: Wilhelm Seip überwachte Buchhaltung, Finanz- und Steuerangelegenheiten, Albert Schumacher und Otto Hecht teilten sich die Verkaufsabteilungen, Max Geißler war für den Einkauf und der Jurist Dr. Georg Gauß für Rechts- und Personalfragen sowie Verträge verantwortlich. Seit 1922 bis zu seinem Tod 1927 gehörte dem Direktorium zudem der Oberingenieur Werner Pfarr an, der durch die Heirat mit Lisbet Merck zum engeren Familienkreis gehörte.[53]

Die Berufung langjähriger Weggefährten von Emanuel August und Willy Merck entsprach dem Usus bei vielen Familienunternehmen,[54] erwies sich jedoch gerade in der Krisenzeit als ungünstig. Die verdienten Mitarbeiter, in der Regel bereits drei Jahrzehnte bei Merck, waren nur begrenzt in der Lage, sich den rasch wandelnden Verhältnissen anzupassen, zumal in der Familie eine Persönlichkeit fehlte, die eine Gesamtstrategie und Perspektiven entwickelt hätte. Karl Merck, gerade erst nach sechs Jahren Abwesenheit zurück in Darmstadt, war als primus inter pares kaum in der Lage, diese Rolle auszufüllen. Erst mit einer radikalen Umstrukturierung des Direktoriums 1923 und der Etablierung von Bernhard Pfotenhauer als informeller Führungsfigur wurde, wie noch zu zeigen sein wird, der Gordische Knoten durchschlagen.

Die Ruhrkrise 1923, als die französischen Besatzer den Brückenkopf Mainz ausdehnten und neun Monate lang die Darmstädter Bahnanlagen besetzt hielten, war für Merck weniger schmerzhaft als für diejenigen Chemiefirmen, die wie die BASF, Boehringer Mannheim und Knoll ihren Sitz im französischen Machtbereich hatten und zum Teil vom Handel abgeschnürt bzw. beschränkt wurden.

Abbildung 71 In der Zeit der Hyperinflation stellte die Merck-Hausdruckerei Notgeld her. Der aufgedruckte Wert betrug – auf dem Papier – schließlich bis zu 20 Milliarden Mark.

Von der vielfach beklagten Ausspähung der Betriebsanlagen blieb die Firma ebenfalls verschont.[55] Aber im nördlich des Betriebsgeländes gelegenen Arheilgen wurde, wie schon bei Kriegsende 1918, der Bahnhof für Merck-Transporte gesperrt. Anfang Oktober 1923 wurde die Grenze an die Brücke des Nordbahnhofs vorgeschoben, sodass eine provisorische Güterverladung eingerichtet werden musste. Die Gerüchteküche über eine bevorstehende Besetzung der Firma brodelte.[56] Louis Merck befürchtete, «dass die Franzosen bei uns die noch fälligen Reparationslieferungen anfordern» und gleich «noch andere hochwertige Chemikalien mitnehmen».[57] Um der Beschlagnahme zu entgehen, wurden Kasse und Lohnstelle, Lagerhaltung und Versand vorsorglich in Ausweichquartiere verlegt. Im weit entfernt liegenden Schönebeck bei Magdeburg hatte Merck vorausschauend einige Monate zuvor ein Verkaufslager errichtet. Dorthin wurde «in viertägiger, angespannter Arbeit» mit 40 Waggons ein Großteil der Fertigprodukte verfrachtet.[58]

Der passive Widerstand gegen die Ruhrbesetzung verschärfte die Hyperinflation, die zugleich eine Folge des durch Kredite und Anleihen finanzierten Weltkriegs war. Das Haushaltsdefizit mündete schließlich in einen vollständigen

Zusammenbruch des deutschen Finanz- und Währungssystems. Merck musste ständig neue Preislisten ausarbeiten, die meist schon zum Zeitpunkt ihrer Bekanntgabe überholt waren. Bis die Kunden ihre Rechnungen bezahlten, hatte das Unternehmen schon hohe Verluste eingefahren. In der Abteilung für Britisch-Indien und den Fernen Osten wurde nur noch in Britischen Pfund abgerechnet.[59] 1923 trat neben eine Preisliste in Schweizer Franken eine auf den Dollarkurs basierende Liste, deren Wechselkurse täglich neu festgelegt wurden. Im August 1923 sollten von Mercks Hausdruckerei emittierte «Gutscheine» der galoppierenden Geldentwertung Paroli bieten. Diese hatten einen Wert von 100 000, 500 000 und einer Million Mark und erhielten später durch Überdrucken der Scheine einen Wert von 5, 10 und 20 Milliarden.[60] Der Wochenlohn für Merck-Arbeiter betrug im Oktober 1923 103 500 Mark. Mitarbeiter konnten einen Zentner Briketts für 6825 Milliarden Mark kaufen.[61] Selbst einige Auslandsvertretungen wurden zur Valutabeschaffung herangezogen: «Schickt soviel Geld als möglich unter äusserster Inanspruchnahme eures Kredits», lautete eine Anweisung aus dem November 1923.[62] Angesichts der Neigung mancher stiller Teilhaber, sich großzügig aus der Unternehmenskasse zu bedienen, wurde die Dividende für das Jahr 1924, die angesichts des schwachen Ergebnisses ohnehin nur mäßig ausgefallen wäre, gar nicht erst ausbezahlt, sondern mit den Schulden verrechnet.[63]

1.2. Der Verlust von Merck & Co.

Nach Ausbruch des Ersten Weltkriegs florierte das amerikanische Geschäft zunächst trotz der alliierten Seeblockade, zumal einheimische Hersteller nur minderwertige Ersatzprodukte anboten.[64] Der Gewinn blieb bis ins dritte Kriegsjahr fast konstant und betrug 1917 noch 1,24 Millionen Dollar.[65] Die USA traten im April 1917 jedoch als assoziierte Macht in den Weltkrieg ein, und die amerikanische Pharmaindustrie etablierte nun eigene Forschungslabors.[66] Im Oktober 1917 ratifizierte der US-Kongress den «Trading with the Enemy Act» und bestimmte einen sogenannten Alien Property Custodian (APC), dessen Behörde für die Sequestrierung des Auslandsbesitzes zuständig zeichnete. Besonders die deutsche chemische Industrie geriet in ihr Fadenkreuz: Der zuständige Beamte J. Mitchell Palmer beschrieb eine angebliche deutsche Penetrationsstrategie: «Connections more or less close between American and German houses were frequent and obvious.» Der APC sah es als seine Aufgabe an, diese Verbindungen zu beenden, und übernahm das Geschäft von Chemie- und Pharmafirmen wie Bayer, Hoechst, Merck, Röhm & Haas und Heyden – selbst in den Fällen, in denen Geschäftsanteile in Händen bereits amerikanisierter Inhaber waren. Rund 5700 deutsche

Patente, die Mehrzahl aus dem Chemiebereich, gingen verloren.[67] Auch das amerikanische Tochterunternehmen Merck & Co. wurde enteignet – ein traumatisches Ereignis für Familie und Firma.[68] Letztlich war die Konfiszierung von Produktionsstätten und Patenten eine mehr als fragwürdige Angelegenheit, die es der amerikanischen Chemieindustrie ermöglichte, mit einem Schlag ihre technische Rückständigkeit zu kompensieren.[69]

Merck & Co. wurden am 4. April 1918 vom APC beschlagnahmt.[70] Im Bericht der Behörde von 1919 hieß es: «In pharmaceuticals, the most important concern in the world was that of E. Merck of Darmstadt. This was represented in this country by Merck & Co., a New York corporation which had an enormous and very profitable business in all kind of medical preparations. The stock of this company appeared on the books to be owned exclusively by George Merck, a member of the family which owns the house of E. Merck, of Darmstadt. Investigation, however, showed that the profits of this company had always been remitted to the German house in a matter utterly inconsistent with the apparent stock ownership, and it now stands admitted that the stock was paid for with money of the German house and belongs to the latter.»[71] Vom Aktienkapital in Höhe von 1 Million Dollar wurden 80 Prozent als «enemy interest» versteigert und nach einem Bietergefecht von George Merck erworben, der zuvor vergeblich seine Unabhängigkeit von Darmstadt ins Feld geführt hatte. George Mercks Anteil an E. Merck in Höhe von 20 Prozent, die er aus dem Versteigerungserlös herausnehmen durfte, wurde von einem vom APC nach Darmstadt entsandten Sachverständigen auf 1,02 Millionen Dollar berechnet. Vom Versteigerungserlös über 3 750 000 Dollar floss nur ein Teilbetrag vom amerikanischen Staat nach Darmstadt zurück: Etwa 681 000 Dollar wurden als Steuern einbehalten. Zudem wurden Schulden bei Merck & Co. über 538 128 Dollar gegengerechnet. Die erheblichen Anwaltskosten schlugen ebenso zu Buche wie hohe Beträge – knapp 500 000 Dollar –, die nach zähen Verhandlungen an die IG-Partner Gehe, Riedel, Knoll und Boehringer Mannheim ausbezahlt werden mussten.[72] Am Ende blieb für E. Merck ein Betrag in Höhe von 1,5 Millionen Dollar, der als «Washington-Fonds» aus steuerlichen Gründen bei einer schweizerischen Treuhandgesellschaft deponiert wurde, die diesen Betrag in Schweizer Franken anschließend als «Kredit» an E. Merck vergab – ein rechtlich dubioses Verfahren. Erst nach einer deutschen Steueramnestie wurde der Betrag, rund 500 000 Dollar, im Jahr 1930 nach Darmstadt transferiert und den einzelnen Teilhabern gemäß ihrer Anteile gutgeschrieben.[73]

George Merck gab seine innere Bindung an Deutschland nie ganz auf und war «in diesen schwierigen Zeiten» oft mit den Gedanken in seiner Heimatstadt.[74] Nach Gesprächen, die er mit seinen Darmstädter Verwandten in New York führte, hielt er sich für «ganz entschieden zu hoch abgefunden» und war bereit, «billigerweise einen Teil [...] seinen bisherigen Teilhabern» zukommen zu lassen. Allerdings wollte er «angesichts seiner sehr heiklen Position als Deutsch-Amerikaner keine rechtliche, sondern allenfalls nur eine moralisch bindende Verpflichtung eingehen».[75] Mündlich sagte er zu, 400 000 Dollar zurückzuzahlen und nach außen hin als Darlehen zu deklarieren. Bis zum Mai 1923 überwies er 80 000 Dollar.[76] In einer Testamentsänderung verzichtete er zudem auf alle bei E. Merck zu seinen Gunsten aufgelaufenen Schulden.[77] Als er 1926 starb, waren insgesamt etwa 257 000 Dollar dringend benötigte Devisen nach Darmstadt geflossen.[78]

Seit 1921 normalisierten sich die deutsch-amerikanischen Wirtschaftsbeziehungen allmählich.[79] Der Vorsprung der amerikanischen chemischen und pharmazeutischen Industrie wuchs allerdings, sodass nur noch wenige Darmstädter Spezialpräparate wie Vigantol und Ephetonin in den USA überhaupt konkurrenzfähig waren.[80] E. Merck und Merck & Co. verständigten sich über Namensrechte und die Herstellung bestimmter Produkte. Merck & Co. lieferten fortan u. a. Magnesiumperhydrol und Wasserstoffperoxid-Produkte für den amerikanischen Markt. Ähnliche Absprachen erfolgten bei Veronal, dessen Markenrechte für die USA vom APC kassiert worden waren. Die Vereinbarungen boten die Blaupause für zahlreiche weitere Abkommen.[81] Die Gewinne wurden für einen Zeitraum von 15 Jahren hälftig geteilt. Die amerikanischen Ermittler, die nach dem Zweiten Weltkrieg misstrauisch die Beziehungen zwischen E. Merck und Merck & Co. durchleuchteten, beurteilten diese als «extremely cordial»: Gegenseitige Besuche und der wissenschaftliche Erfahrungsaustausch hätten, so ihre zutreffende Analyse, das Bild weiterhin geprägt: «Throughout the period from the end of the First World War to 1932, the companies enjoyed an informal cooperation. Research information was exchanged, the executives of the two companies often visited each other, business information was given to each other.»[82]

Trotz der einvernehmlichen Zusammenarbeit blieben Konflikte über die Gebietsabgrenzungen an der Tagesordnung. Vor dem Weltkrieg war das Geschäft von Merck & Co. bekanntlich auf Nordamerika beschränkt gewesen. Inzwischen waren Merck & Co.-Produkte jedoch auf den südamerikanischen Märkten aufgetaucht. Louis Merck stellte 1920 bedauernd fest, dass Merck & Co. inzwischen eine «vollständig selbständige Firma» sei und man «in der Zukunft auch mit der Konkurrenz von dieser Seite zu rechnen» habe.[83] In Rahway wurde zwar erklärt, das Geschäft «sei keineswegs auf Export zugeschnitten» und die Belieferung Südamerikas sei eine «Kriegserscheinung» gewesen.[84] Die Forderung Darmstadts, Merck & Co. solle auf die Märkte außerhalb der USA und Kanadas verzichten, wurde mit dem Argument gekontert, die amerikanischen Gesetze verböten eine verbindliche Zusage.[85] Es war inzwischen unverkennbar, was für ein herber Verlust die Abschneidung von der amerikanischen Tochtergesellschaft bedeutete, die das Stammhaus in manchen Bereichen bereits überflügelte. George W. Merck, der als Sohn von George Merck 1925 die Leitung der prosperierenden

Abbildung 72 Trotz der erzwungenen Trennung der amerikanischen Tochtergesellschaft von Darmstadt blieben die Familienbande eng. Die amerikanischen Vettern mussten allerdings eine gewisse Distanz wahren, denn den misstrauischen amerikanischen Behörden war die familiäre Verbindung stets suspekt.

Firma Merck & Co. übernahm, bezeichnete manche ausgleichende Floskel in den Verträgen daher zu Recht als «mere window dressing».[86] Offiziell aus dem Weg geräumt wurde der Stolperstein der Abgrenzung der Weltmärkte erst durch einen grundlegenden Vertrag vom 17. November 1932,[87] den Darmstadt am liebsten für einen Zeitraum «bis zum Ende des Jahrhunderts» abgeschlossen hätte.[88] Das Geschäft unter dem Namen «Merck» blieb für das amerikanische Unternehmen weiterhin ausschließlich auf die USA, ihre Einflussgebiete wie Puerto Rico und die Panamakanal-Zone sowie Kanada beschränkt. Auf Kuba – wo sich Merck & Co. einen wichtigen Markt aufgebaut hatten –, den Westindischen Inseln und den Philippinen wurde der Name «Merck» gemeinsam genutzt. Die Vereinbarungen waren an den bewährten technischen Erfahrungsaustausch gekoppelt und boten die Grundlage für zahlreiche weitere Abkommen über den Vertrieb von Chemikalien und «Spezialitäten».[89]

1.3. Konkurrenzen und Kooperationen

Merck hatte lange Zeit zu den «first movers»[90] gezählt, jener Handvoll innovativer Pharma- und Chemieunternehmen entlang der Rheinschiene, die durch ihr Know-how, ihre Fähigkeit zur Großherstellung und ihr Marketing eine weltweite

Vormachtstellung erreicht hatten.[91] Der Erste Weltkrieg erschütterte diese Spitzenstellung, etwa bei den Alkaloiden, und führte zu einer Neuordnung der Wettbewerbsstruktur. Die Pharmabranche wurde nach Kriegsausbruch zunächst von drei Zusammenschlüssen, dem Dreibund (Bayer, BASF und Agfa), dem Dreiverband (Hoechst, Cassella und Kalle) sowie der «Interessengemeinschaft» (IG) der Firmen Merck, Boehringer Mannheim, Knoll & Co., J. D. Riedel AG und Gehe & Co. AG geprägt. Im August 1916 schlossen sich Dreiverband und Dreibund mit den Chemischen Fabriken vorm. Weiler-ter Meer zur Interessengemeinschaft der deutschen Teerfarbenfabriken zusammen, dem Nukleus der 1925 gegründeten I. G. Farbenindustrie AG (I. G. Farben), in der die einzelnen Unternehmen nur noch als unselbständige Werke fungierten.

Von besonderer Bedeutung blieb das Verhältnis zu Bayer. Die Freundschaft zwischen dem Bayer-Generaldirektor Carl Duisberg und Emanuel August Merck gewährleistete im Ersten Weltkrieg ein gedeihliches Mit- und Nebeneinander. Dreibund – bzw. später die daraus entstehende Interessengemeinschaft der deutschen Teerfarbenfabriken – und IG loteten im Kontext der später vollzogenen Bildung der I. G. Farben sogar einmal einen Zusammenschluss aus. Bayer beauftragte im November 1916 gar eine Auskunftei, die Angaben über die finanziellen Verhältnisse der IG-Firmen Boehringer, Knoll und Merck sowie der Chemischen Fabrik von Heyden, Schering, Riedel-de Haën und Gehe einholte.[92] Duisberg hielt das Pharmageschäft – im Gegensatz zur Farbenproduktion – für ein problematisches Feld. Die hohen Gewinnmargen riefen seiner Meinung nach zu viele Konkurrenten auf den Markt. Während Emanuel August Merck und Boehringer Mannheim für ein erweitertes Freia-Abkommen plädierten, das den Schutz pharmazeutischer Originalpräparate garantieren sollte, schwebte Duisberg ein Zusammenschluss auf Basis einer auf die Pharmazeutika beschränkten Interessengemeinschaft vor. Seine Andeutung, eventuell in das Alkaloidgeschäft einsteigen zu wollen, alarmierte die IG-Firmen. Diese zweifelten daran, dass durch einen Zusammenschluss eine bessere Wettbewerbsfähigkeit erreicht werde, und fürchteten den Verlust ihrer Unabhängigkeit. Zur Zusammenarbeit konnte sich die IG nicht entschließen, obwohl Duisberg im Sommer 1917 Merck aufforderte, «Dampf dahinter [zu] machen».[93] Im November 1917 präsentierte die IG eine Denkschrift, um der Konkurrenz mit «Material und Mitteln, mit Händen und Hirnen» eine «überragende Organisation» entgegenzustellen. Durch die Rationalisierung von Arbeitsprozessen, Forschungsoffensiven und die gemeinsame Fabrikation im Ausland sollten nach Kriegsende die verlorenen Exportmärkte zurückerobert werden: «Wir haben für diese Arbeit nicht Jahrzehnte vor uns, sondern sie muss in wenig[en] Jahren geleistet werden.» Gemeinsame Forschung und Kartelle hielt Duisberg jedoch für verfrüht. Mit einem dicken roten Fragezeichen versah er die Prognose, dass weitere Pharmaproduzenten der IG ohnehin «bei dem leisesten Wink freudig in die Arme sinken» würden.[94] Die Gespräche versandeten schließlich nach Kriegsende aufgrund der Gegnerschaft von Hoechst,[95] aber auch Merck fürchtete bei einer Beschränkung auf den Bereich der pharmazeutischen Produkte die Dominanz der später in der I. G. Farben zusammengeschlossenen Firmen.[96]

Die Erfahrungen des Ersten Weltkriegs verstärkten bei Merck die Wertschätzung für Konventionen.[97] Das System der Kartelle, Syndikate, Kooperationen und Preisabsprachen mit dem Ziel, «unwirtschaftliche Konkurrenzkämpfe» zu vermeiden, blieb in Deutschland ein «Strukturmerkmal zur Krisenlösung»,[98] sodass gar von einer «Vertrustung der pharmaindustriellen Wirkstoffproduktion» gesprochen werden kann.[99] Angesichts steigender Forschungs- und Entwicklungskosten wurde auch bei Merck der «Erfahrungsaustausch» vereinbart und damit der Transfer von Information über die wissenschaftliche und technische Herstellung der Produkte geregelt. In einer Zeit, in der Patente als «Waffe im Wirtschaftskampf» dienten, wurden Programme aufeinander abgestimmt, eine gegenseitige Lizenzierung der Patente und Warenzeichen abgesprochen und die Gewinne nach einem bestimmten Schlüssel aufgeteilt.[100] Im hier behandelten Zeitraum unterhielt Merck über 20 Patentvereinbarungen mit ausländischen Partnern, etwa ein Drittel davon als Lizenzabkommen. Daneben bestanden etwa 70 weitere Verträge mit anderen Unternehmen der Chemiebranche.[101] Preisfestsetzungen, Präparatentwicklung und Partnerschaften der Konkurrenten wurden aufmerksam beobachtet. Bei vermuteten Rechtsverletzungen wurde umgehend interveniert. Bei Anfragen aus dem Ausland nach fremden Ersatzpräparaten orientierte sich Merck pragmatisch an der Höhe des Auftrags und kalkulierte mit der Aussicht auf weitere Sortimentsaufträge.[102] Renommierte Forscher band Merck exklusiv an sich, was bisweilen zu wahren Konkurrenzkämpfen mit Wettbewerbern wie Hoechst führte.[103]

Der Krieg beschleunigte den Übergang Mercks zur Herstellung von «Spezialitäten». Der Markt für diese gebrauchsfertig zubereiteten und verpackten Arzneimittel, die durch das 1910 geschlossene sogenannte Freia-Abkommen rechtlich vor Nachahmungen geschützt wurden, war bis dahin vorwiegend von ausländischen Präparaten beherrscht worden: Injektabilia in Ampullenform aus französischer Herstellung und «Tabloids», vornehmlich aus der Produktion der britischen Firma Burroughs Welcome & Co. Als nach Kriegsausbruch Präparate aus deutscher Produktion gefragt waren, schlossen sich die bereits kooperierenden Firmen Merck, Boehringer Mannheim und Knoll zusammen, um unter der Schutzmarke MBK ein Sortiment häufig verordneter Tabletten und Ampullen preisgünstig herstellen und vertreiben zu können. Die MBK-Anteile waren akribisch aufgeteilt; der Hauptanteil – Herstellung und Verpackung aller Präparate – entfiel auf Merck, während Boehringer Mannheim für die Werbung zuständig war. Der Austausch

Abbildung 73 Die preisgünstigen MBK-Produkte waren nicht nur bei den Patienten und Ärzten beliebt, sondern auch bei den Krankenkassen – zum Ärger der Apotheker, die diese «Spezialitäten» als Konkurrenzprodukt fürchteten. Auf diesem Werbeplakat wird die «Kostenübernahme» durch die Krankenkassen angepriesen.

der Herstellungsverfahren war vor allem für den kleinen Partner Knoll vorteilhaft.[104] Die Bezeichnung «Compretten» und «Amphiolen» wurde gesetzlich geschützt. Die Preisliste vom Januar 1915 verzeichnete 68 verschiedene Comprettensorten mit einfachen Inhaltsstoffen bzw. bewährten Arzneistoffkombinationen sowie 23 Sorten Ampullen zur innerlichen, subkutanen und ophthalmologischen Anwendung. Das lukrative MBK-Geschäft führte im ohnehin im Aufschwung begriffenen Pharmazweig von Merck zu außerordentlichen Wachstumsraten. Zwischen 1914 und 1918 stieg die Produktion der Compretten von 64,5 auf 168,5 Millionen, bei Ampullen und Amphiolen von 217 000 auf über eine Million Stück. Die Zahl der in dieser Sparte Beschäftigten wuchs in dieser Zeit von 59 auf 150.[105]

Das Verhältnis zwischen den «Fabrikanten» Knoll (traditionell auf Theobromin spezialisiert), Boehringer Mannheim (mit Vanillin, Coffein, Cumarin, Strychnin sowie Hefe) und Merck auf der einen und den «Händlern» Gehe und Riedel auf der anderen Seite war gespannt. Als Gehe 1916 den gemeinsamen Bau einer Fabrik in Dresden anregte, echauffierte sich Emanuel August Merck, es sei «geradezu komisch, […] wenn die Leute vorschlagen, eine neue Fabrik zu bauen und noch nicht einmal wissen, was darin hergestellt werden soll […]. Bis jetzt

Abbildung 74 Die MBK-Produkte erwiesen sich als Kassenschlager, und die beteiligten Firmen priesen ihre Mittel mit großem Werbeaufwand an. Abgebildet ist ein Ausstellungsstand der Pharma-Gemeinschaft von Boehringer Mannheim, Merck und Knoll im Jahr 1930.

haben gerade die Herren in Dresden darin noch wenig Glück gehabt und uns überhaupt noch wenig bewiesen, dass sie auch die Fähigkeiten besitzen, ein grosses Geschäft gewinnbringend zu leiten.»[106] Die Firma Riedel wiederum, die sich nach Ansicht Darmstadts «an keine Abmachung» hielt,[107] nahm die Beschlagnahmung von Merck & Co. zum Anlass, die Auflösung der IG zu beantragen, deren Ende im April 1920 tatsächlich beschlossen wurde.[108] Die MBK-Firmen gründeten anschließend unter Führung von Merck mit der Süddeutschen IG eine eigene Interessengemeinschaft. Als Knoll 1924 seine Mitgliedschaft aufkündigte, strengte Merck 1925 ein Schiedsgerichtsverfahren an.[109] Knoll und Merck traten 1926 ihre Anteile an die Vereinigten Chininfabriken ab. Merck leistete eine zusätzliche Ausgleichszahlung in Höhe von 350 000 RM an Boehringer Mannheim,[110] gewährte anstelle einer Gewinnbeteiligung eine Umsatzprovision an die MBK-Partner und teilte sich mit Boehringer Mannheim die Verkaufsgebiete: Merck bekam die MBK-Rechte für fast die ganze Welt (wegen der Abtrennung von Merck & Co. mit Ausnahme der USA und Kanadas) zugesprochen, Boehringer Mannheim belieferte China, einige ost- bzw. südosteuropäische Länder und

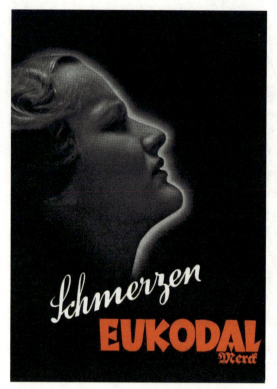

Abbildung 75 Mercks erfolgreiches verschreibungspflichtiges Schmerzmittel Eukodal wurde wegen seiner euphorisierenden Wirkung geschätzt – der drogenerfahrene Klaus Mann sprach gelegentlich sogar von «Schwesterchen Euka».

erhielt für die – ausschließlich von Merck hergestellten – Präparate einen Großhandelsrabatt.

Seit 1930 war auch der neue Chemie- und Pharmariese I. G. Farben an der Vermarktung der gut eingeführten MBK-Produkte beteiligt. Bayer lieferte die früher von Merck hergestellten Kohle für die bewährten Kohle-Compretten und wurde zu 50 Prozent am Gewinn beteiligt. Der Umsatz der MBK-Sparte blieb auf hohem Niveau stabil. Er betrug 1938 2,4 Millionen RM, stieg 1941 auf 3,0 Millionen RM und betrug 1944 immer noch 2,2 Millionen RM.[111]

Zu den wichtigsten Merck-Produkten zählten bekanntlich die u. a. der Schmerzbekämpfung dienenden Alkaloide des Schlafmohns. Als der Opiumimport im Ersten Weltkrieg stockte, erwarben Boehringer Mannheim, Boehringer Ingelheim, Knoll und Merck in Serbien gemeinsam Opium und transportierten dieses in einer Nacht-und-Nebel-Aktion über Konstantinopel nach Berlin. Trotz «unendliche(r) Verhandlungen» misslang allerdings die Gründung einer gemeinsamen deutschen Opium-Einkaufsgesellschaft.[112] Der 1916 aus dem Opium entwickelte Wirkstoff Oxycodon wurde von Merck bereits im Folgejahr vermarktet und war in der Zwischenkriegszeit besonders erfolgreich. Unter dem Namen Eukodal wurde das morphinähnliche verschreibungspflichtige Schmerzmittel allerdings bisweilen eher wegen seiner euphorisierenden Wirkung geschätzt – der drogenerfahrene Klaus Mann sprach gelegentlich sogar von «Schwesterchen Euka».[113]

In den 1920er-Jahre betrug der Umsatz deutscher Firmen zwar immer noch rund 40 Prozent der Weltproduktion an Morphium, aber die schweizerische Konkurrenz hatte auf dem hart umkämpften Morphin- und Codein-Markt entscheidend zugenommen.[114] Die Verteilungskämpfe hatten auch mit den staatlichen Maßnahmen gegen den «Morphinismus» zu tun. Als Konsequenz der Genfer internationalen Opiumkonferenz, die im Jahr 1925 den unkontrollierten nichtmedizinischen Missbrauch eindämmen wollte, wurden 1927 Herstellung und Vertrieb im Einvernehmen mit Reichsinnenministerium und Reichsgesundheitsamt durch einen «Deutschen Opiate-Vertrag» geregelt. Der Handel mit Betäubungsmitteln wurde durch das Opium-Gesetz vom Dezember 1929 wirksam bekämpft.[115] Merck blieb ungeachtet dieser Entwicklung der bedeutendste deutsche Erzeuger. Bei den Verhandlungen über eine Konvention für Morphium, Codein sowie andere Derivate und Nebenalkaloide des Opiums arbeitete der Schweizer Konkurrent Hoffmann-La Roche seit Mitte der 1920er-Jahre gemeinsam mit Boehringer Mannheim gegen Merck, Boehringer Ingelheim und Knoll.[116] Merck lag indessen mit Boehringer Ingelheim, dem zweitwichtigsten Hersteller und größten Opiumimporteur, in einer Dauerauseinandersetzung.[117] Hoffmann-La Roche wiederum nahm Merck ins Visier: Darmstadt verdiene jährlich 400 000 RM mit Kokain, eine Summe, die man «schmälern» müsse, wenn Merck in Morphin- und Kokain-Angelegenheiten eine «unfreundliche Haltung» einnehme – bis hin zur Kündigung der Kokain-Konvention. Die von Hoffmann-La Roche gewünschte Quote für Morphin und Codein (hier war Knoll der Platzhirsch) rief in Darmstadt Empörung hervor. Die Schweizer Firma solle «doch lieber Merck ganz herauslassen» und eine eigene Konvention bilden.[118] Nach harten Verhandlungen kam 1927 eine für zunächst zehn Jahre geltende Konvention zustande. Merck übernahm die Federführung und sicherte sich eine Quote von 20,5 Prozent.[119] Boehringer Ingelheim wurden 25,9 Prozent, Hoffmann-La Roche 24,1 Prozent zugestanden. Der Rest fiel auf Knoll, Boehringer Mannheim und Dr. Karl Thomä.[120]

In der 1931 gegründeten internationalen Opium-Konvention waren deutsche, französische, britische und schweizerische Hersteller zusammengeschlossen. Der gemeinsame Vertrieb erfolgte seit 1934 durch das von Merck geführte Verkaufskontor der deutschen Opiate-Hersteller GmbH mit Sitz in Berlin.[121] Die üblichen Quotenstreitigkeiten, vor allem zwischen Merck, Hoffmann-La Roche und Boehringer Ingelheim, blieben an der Tagesordnung. Als die internationale Opium-Konvention bei Kriegsausbruch auseinanderbrach, führten die deutschen Firmen diese bis Kriegsende in Eigenregie weiter.

Auch die mit Bayer seit 1903 bestehende Konvention über die sogenannte Schlafmittelgruppe war für Merck wichtig. Bei den Derivaten der Barbitursäure, den Barbituraten, wurden die Produkte der beiden Firmen unter einheitlichem Warenzeichen, in gleicher Zusammensetzung, Verpackung und zum gleichen Preis verkauft.[122] Dies galt für Veronal, später auch für die Umsatz- und Gewinnbringer wie Luminal, Prominal und das 1925 gemeinsam mit Bayer auf den Markt gebrachte Phanodorm, ein komplex gebautes Cyclobarbital. Für diese Präparate wurden 1932, 1937 und 1944 Zusatzverträge zu den jeweiligen Hauptverträgen geschlossen. Merck verfügte über Quoten von 40 bzw. 30 Prozent. Diese Artikel machten am Vorabend des Zweiten Weltkriegs immerhin 3,4 Prozent des Merckschen Gesamtabsatzes aus.[123]

Preis- und Gebietsabsprachen waren so lange ertragreich, bis unabhängige Firmen auf den Markt kamen. Als beispielsweise 1924 ausländische Anbieter dem von Merck produzierten und zu einem festen Apothekerpreis verkauften Insulin Konkurrenz machten, wurden zunächst die Preise gesenkt und, als dies nichts nützte, wenig später die Absprache ganz aufgegeben.[124] Auch beim gut verkäuflichen Alkaloid Theobromin, das von Knoll Ende des 19. Jahrhunderts nach einem neuen, wirtschaftlichen Verfahren isoliert worden war, ging der Absatz zurück, als ein niederländischer Konkurrent die Konventionspreise unterbot. Als zudem Boehringer Mannheim – ohne Wissen der IG – in das Theobromin-Geschäft einstieg, kündigte Merck die Konvention auf.[125]

Seit der Gründung der I. G. Farben stellte sich unwillkürlich die Frage, ob Merck als unabhängiges Familienunternehmen bestehen werde oder nicht doch ein Übernahmekandidat sei. Der Pharmabereich der I. G. Farben war zwar noch das «Stiefkind der Chemie»,[126] aber der neue Chemiegigant ließ seine Muskeln spielen. In Darmstadt bekräftigte man zwar, selbständig bleiben zu wollen,[127] als die I. G. Farben jedoch 1929 bei Merck große Mengen Alkaloide und Jodpräparate orderten, um diese unter eigener Marke zu verkaufen, machte sich im Direktorium Resignation breit: Falls man sich weigere, würden die I. G. Farben die Produkte entweder woanders einkaufen oder selbst herstellen. Diese Machtlosigkeit bezeichnete Carl Löw als «das Trostlose der ganzen Situation». Am Ende werde man «Lohnarbeiter für die IG» sein.[128]

1.4. Marketing

Bei Ausbruch des Ersten Weltkriegs wurden die – in der Pharmaindustrie ohnehin bislang zurückhaltend gehandhabten – Werbemaßnahmen zwar vorübergehend eingestellt. Statt über Zeitungs- und Zeitschrifteninserate verschickte die

Abbildung 76   Das auf der Iberischen Halbinsel und dem südamerikanischen Markt als «Agua oxigenada» verkaufte Wasserstoffperoxid war z. B. als Aufhellungsmittel für Zähne heißbegehrt. Erst seit den 1920er-Jahren wurde es in hochprozentiger Form als Raketenantrieb entwickelt. Als solches wurde es während des Zweiten Weltkriegs ein wichtiges Rüstungsgut von Merck.

Abteilung Propaganda nun Tausende von Briefen an Ärzte.[129] Aber dies blieb ein Intermezzo von wenigen Monaten. Vor allem die neu eingeführten MBK-Produkte wurden bald intensiv beworben. Als es nach Kriegsende keinen Grund mehr gab, den Import von Tabletten zu verbieten, wollten sogar Krankenkassen die Compretten verschreiben lassen. Der Erfolg der «Spezial-Präparate» beruhte auf dem stabilen Endpreis für die Kunden, während den Großhändlern, Apothekern und Drogisten (Letztere durften keine verschreibungspflichtigen Präparate abgeben) ausweislich der Preislisten ein Rabatt von rund 15 Prozent gewährt wurde. Für die standesbewussten Apotheker war die industrielle Tablettierung von Standardprodukten allerdings eine Art Kriegserklärung. Den schlechten Ruf bei den Apothekern versuchte Merck zwar durch den Hinweis auf die eigene Apothekertradition zu kontern,[130] aber das Verhältnis blieb belastet.

Der gute Name der Firma, der als «Symbol für absolute Reinheit und Zuverlässigkeit» propagiert wurde, blieb das wichtigste Marketinginstrument.[131] Qualität hatte Vorrang vor dem Preis, auch wenn einige Abteilungen zur Kundenakquise flexiblere Konditionen und sogar Dumpingpreise vorschlugen.[132] Zur Wahrung der Exklusivität wurde bei Nachahmerprodukten sofort eingeschrit-

Abbildung 77 «Mit Sturm gegen Wurm» – so lautete der einschlägige Slogan, mit dem Merck werbewirksam auf eines seiner bekanntesten Schädlingsbekämpfungsmittel aufmerksam machte.

ten.[133] Für Innovationen wie Vigantol, auf das später noch näher eingegangen wird, sowie Ephetonin, ein synthetisches Alkaloid (Ephedrin), das vor allem als Antiasthmatikum eingesetzt wurde und in verschiedenen Darreichungsformen, als Hustensaft oder Salbe, erhältlich war, wurden zunehmend bunte Etiketten entworfen und zeitgemäße Reklame geschaltet.[134] Werbefilme priesen besondere «Schlager» an. In einem 25-minütigen Streifen aus dem Jahr 1921 wurden beispielsweise Apotheker beim Zerkleinern von Drogen gezeigt. Der weltweite Ruf der Firma wurde cineastisch durch Holzkisten mit der Aufschrift von Bestimmungsorten wie Rio de Janeiro, Yokohama und Buenos Aires herausgestellt, der Charakter des Familienunternehmens durch einen kurzen Auftritt Willy Mercks unterstrichen.[135] Auch der Belegschaft wurden Lehrfilme vorgeführt,[136] und in Wien wurde ein Werbefilm für das Heu- und Sauerwurmmittel Esturmit unter dem Titel «Mit Sturm gegen den Wurm» vor Weinbau-Experten präsentiert – insofern ein Novum, als es der erste «Industriefilm» überhaupt war, der in Österreich gezeigt wurde.[137] Mit der zunehmenden Rückgewinnung der internationalen Märkte wurden diese Aktivitäten immer stärker ausgeweitet. Messen in Wien und Prag und auch die Weltausstellungen wie 1929 in Barcelona und 1933 in Chicago waren eine willkommene Gelegenheit, Flagge zu zeigen.[138] In den USA

Abbildung 78 In erstaunlich kurzer Zeit gelang es Merck, die im Zuge des Ersten Weltkriegs verlorenen Märkte zurückzuerobern. Der Stand auf der Weltausstellung in Barcelona im Jahr 1929 dokumentiert diese Rückkehr zur globalen Bedeutung.

war eine gemeinsame Präsentation mit den amerikanischen Vettern von Merck & Co. zwar nicht möglich, aber Merck unterstützte das ehemalige Tochterunternehmen bei der Gestaltung der Ausstellungsräume, zu denen die Nachbildung einer deutschen Apotheke aus dem 17. Jahrhundert gehörte.[139]

Von zentraler Bedeutung blieben die bewährten hauseigenen Handbücher. Die an Laboratorien, Institute und Universitäten gelieferten Merckschen Schriften waren auf den Alltag der Chemiker abgestimmt: Alle für Bestellungen erforderlichen Angaben ließen sich leicht finden – ein simpler Schachzug, der jede Werbebroschüre ersetzte. Neben dem Apothekenverkauf wurde der Besuch von Ärzten und Kliniken durch eigens ausgebildete Vertreter immer wichtiger,[140] eine Entwicklung, die ähnlich wie bei anderen aus Apotheken entstandenen Pharmaunternehmen verhältnismäßig spät einsetzte. Weil Arztbesuche nur von ausgewiesenen Fachleuten durchgeführt werden konnten, wurde in den Stellenausschreibungen auf die wissenschaftliche Qualifikation Wert gelegt und ein Passfoto erbeten – auch die «Vorzeigbarkeit» des Merck-Abgesandten wurde zum Auswahlkriterium. 1928 wurden spezielle Fortbildungskurse eingeführt, in denen Pharmakologie, Bakteriologie, Therapie von Infektionen durch Chemotherapeutika, Arzneimittelsynthese und Literaturwesen unterrichtet wurden und Mitarbeiter des experimentell-therapeutischen und des bakteriologischen Labors Vorträge hielten. 1929 wurden erstmals zwei Kaufleute als Vertreter eingestellt, die eine dreimonatige theoretische Ausbildung erhielten und ein halbes Jahr Erfahrung in der Berliner Filiale sammelten. Die Zahl der Ärztebesuche stieg von jährlich 629 Besuchen im Jahr 1926 auf 13 782 im Jahr 1931.[141]

1.5. Belegschaft und Unternehmenskultur

Der Erste Weltkrieg veränderte das Verhältnis zu Arbeitern und Angestellten fundamental. Als am Mobilmachungstag 1914 Hunderte «in Hast und Eile Abschied» aus Darmstadt nahmen, verkündete Willy Merck: «Sorgt Euch nicht um Eure Frauen und Kinder, diese Sorge übernehmen wir!» Einem auf Heimaturlaub befindlichen Soldaten wurde versichert: «Alle meine Leute müssten wissen – solange ich und meine Familie zu essen habe, habt ihr alle zu essen.»[142] Neben die Familienunterstützung der Einberufenen traten die Kostenübernahme im Falle einer Erkrankung sowie eine Versicherung für Hinterbliebene.[143]

Der Weltkrieg trug zu einem weiteren Wandel der Arbeitsbeziehungen bei. 1915 waren bereits 60 Prozent der Fabrikbeschäftigten einberufen, und die Zahl der Mitarbeiter betrug nur noch 1281.[144] Von den Eingezogenen war zu diesem Zeitpunkt fast jeder Zweite verwundet, fast jeder Fünfte ein Invalide.[145] Schon Ende 1914 mussten einige Abteilungen wieder Überstunden machen.[146] Es war schwierig, neue Arbeiter zu gewinnen, und manche der Neueingestellten blieben nur wenige Tage und suchten sich dann offenbar auf dem durch die Einberufungen leergefegten Arbeitsmarkt eine besser bezahlte Beschäftigung.[147] Der Übergang von der 48- zur 60-Stunden-Woche war nur eine der Folgen. Willy Merck behielt sich weiterhin das Recht vor, mit niemandem außerhalb der Firma «über Angelegenheiten meiner Arbeiter» zu verhandeln,[148] was sich angesichts des bei Merck recht devot auftretenden Verbandes der Fabrikarbeiter Deutschlands bislang problemlos hatte durchsetzen lassen.[149] Dieser «Herr-im-Hause»-Standpunkt, den sich die «Deutsche Arbeitgeberzeitung» noch Ende 1916 «ohne alle Rücksicht»[150] zu eigen machte, war bald schon obsolet, denn durch die kriegsbedingte Fluktuation änderte sich die Zusammensetzung der Merck-Belegschaft signifikant, und die Unruhe wuchs.[151] Als Ausgleich für das «Hindenburg-Programm» wurden in Deutschland die Gewerkschaften de facto als Interessenvertretung anerkannt.

Mit der Novemberrevolution änderte sich das Verhältnis zur Arbeiterschaft erst recht. Mit den Gewerkschaften schien man nach Emanuel August zwar «bis jetzt noch auszukommen», aber der Arbeiter-Verein wurde zu seinem Bedauern aufgelöst: «Was die Leute für Vorteile aufgeben, ist Ihnen natürlich gar nicht klar, es war aber nichts zu machen.»[152] Der gemäßigte Kurs des Darmstädter Arbeiter- und Soldatenrats trug dazu bei, dass alles schnell wieder «in vollkommener Ruhe und Ordnung» war: «Wir haben nur eine Stunde in der Fabrik stilllegen müssen.»[153] Das Stinnes-Legien-Abkommen, eine Art Stillhaltevereinbarung mit den Gewerkschaften, sollte durch einige Konzessionen der Unternehmer die Revolution in geordnete Bahnen lenken; eine halbherzig vereinbarte «Zentrale Arbeitsgemeinschaft» sollte den prekären Sozialfrieden dauerhaft konstruktiv gestalten.[154] Die Freie Gewerkschaft vertrat etwa 1800 Merck-Arbeiter. Die christlich-soziale Gewerkschaft, die gerade einmal 40 bis 50 Arbeiter in ihren Reihen hatte, wurde hingegen an den Rand gedrängt und sah sich im Herbst 1919 gezwungen, sich «freiwillig» den Freien Gewerkschaften anzuschließen.[155] Vor allem ältere Merck-Angestellte beklagten die «neue Welt», die «soziale Umschichtung» und warfen manchen der aus dem Militärdienst zurückkehrenden Arbeitern Disziplinlosigkeit vor.[156] Sie seien, so lautete die Klage, «durch revolutionäre Ideen»[157] verhetzt worden: «An einem Regal war ein Galgen angebracht, und jeder, der einigermaßen arbeitete, wurde dort an den Pranger gestellt und als Verräter der Arbeiter gezeichnet.»[158] Auch von Diebstählen aus dem Magazin war die Rede.[159] Seit dem Dezember 1918 galten der Achtstundentag und das Tariflohnsystem. Der erste Tarifvertrag wurde im Mai 1919 geschlossen.[160] Als Erstes wurden die bislang beschäftigten Frauen gekündigt und verheiratete Kriegsheimkehrer wiedereingestellt.[161] Die Rückkehr von der 60- zur 48-Stunden-Woche und das Verbot von Überstunden stellten angesichts der unsicheren Auftragslage kein Problem dar. Um Streikdrohungen zu entschärfen, bemühte sich die Unternehmensführung um Vertrauensbildung. Lohnkürzungen wurden nur bei «großer Minderwertigkeit oder ähnlichen Ursachen» und nach Rücksprache mit der Fabrikleitung verordnet.[162]

Als Emanuel August Merck den Arbeitern persönlich ein Verfahren zur Beendigung von Preiswucher und Schleichhandel erläuterte, verdeutlichte diese Ansprache das erschütterte Sozialgefüge: Hier sprach nicht mehr ein unangefochtener Patriarch, sondern ein verunsicherter Arbeitgeber: «Ich habe zwar die feste Zuversicht, dass Sie das, was ich Ihnen sage, auch für vollkommen richtig halten, aber es ist vielleicht ganz gut, wenn Sie eine Bestätigung meiner Worte durch den Vorsitzenden des Arbeiter-Ausschusses vernehmen.»[163] Gegenüber Duisberg klagte er im März 1919: «Wir haben eben hier sehr unruhige Zeiten, die Arbeiter sind aufgeregt und aufgehetzt.»[164] Diese Ansicht wurde eine Art Grundtenor der folgenden Jahre. In einer Ansprache an langjährige Mitarbeiter flocht Karl Merck Ende 1922 die Feststellung ein, «dass es sicherlich ein gutes Teil besser um uns stünde, wenn wir alle nur von dem einen Willen beseelt wären, stillschweigend unsere Pflicht zu tun, die, einerlei wie sie geartet sei, in letzter Linie doch immer der Allgemeinheit zugute kommt, anstatt uns über das Notwendige hinaus von unseren kleinen persönlichen Interessen leiten zu lassen und über Parteihader und Klassenkampf das gemeinsame Ziel: den Wiederaufbau unserer schwer leidenden Heimat zu vergessen».[165]

Hyperinflation und Ruhrbesetzung verschärften auch in Darmstadt die Krisenstimmung. Nach Streikdrohungen im Juli 1924 verwies die Firma auf die Wirtschaftslage, die keine Gehaltserhöhungen zulasse. Wenn Kunden zur Konkurrenz abwanderten, müsse dies Entlassungen zur Folge haben.[166] Nachdem im Januar 1925 eine Lohnerhöhung von 20 Prozent gefordert worden war, setzte der staatliche Schlichter lediglich 11 Prozent fest.[167] Während es beim benachbarten Chemieunternehmen Röhm & Haas zu Solidaritätsstreiks kam, blieb es bei Merck erstaunlicherweise ruhig.[168] Der Fabrikarbeiterverband verzeichnete inzwischen einen Organisationsgrad von beinahe 83 Prozent.[169] Im Herbst 1925 traten in ganz Süddeutschland 35 000 Chemiearbeiter in den Ausstand, und Merck erlebte vom 24. Oktober bis zum 27. November den ersten wirklichen Streik seiner Geschichte.[170] Die Arbeitskonflikte jener Zeit als «offene Meuterei» zu bezeichnen, wie ein Merck-Ingenieur es getan hat,[171] wird den Sorgen und Nöten der Arbeiter sicherlich nicht gerecht.[172] An einer Eskalation des Arbeitskampfes bestand auch bei Merck kein Interesse. Nach dem vierwöchigen Streik einigte man sich auf eine Lohnerhöhung von gerade einmal zwei Pfennig pro Stunde, weit weniger als die geforderte Anpassung an die Inflationsrate.[173]

Gleichsam losgelöst und doch eng mit diesem markanten Wandel der Arbeitsbeziehungen verbunden, standen Entwicklungen in dem Bereich, der heute unter «Unternehmenskultur» rubriziert wird. Eine spezifische «invention of tradition» und die explizite Berufung auf das familiäre Erbe, das es zu wahren und erweitern gelte, nahm in diesen politisch unruhigen Jahrzehnten an Fahrt auf. Gerade in Zeiten der Krise diente die Familie als Orientierung und Fixpunkt. Der tröstende Sinnspruch «Die Mercks werden immer die Mercks bleiben» wurde bei der schmerzhaften Abtrennung von Merck & Co. bemüht, und die regionale Verankerung kam eindrucksvoll beim 250-jährigen Firmenjubiläum am 24. August 1918 zum Ausdruck, ein Ereignis, das noch Jahrzehnte später vielen als erinnernswert im Gedächtnis blieb.[174] Willy, Louis und Emanuel August Merck zählten zu den vom Großherzog ernannten «ausgezeichneten Staatsbürgern»[175] und gehörten der ersten Kammer des hessischen Parlaments an. Zum Festakt, der notgedrungen im Schatten der prekären Lage an den Kriegsfronten stattfand, kamen auf dem Betriebsgelände Mitarbeiter und prominente Repräsentanten aus Staat, Wissenschaft, Industrie, Handel und Militär zusammen, neben der Familie des Großherzogs auch Innenminister Friedrich von Hombergk und Oberbürgermeister Glässing.[176] Emanuel August Merck erhielt von der Universität Gießen und der Großherzoglichen Technischen Hochschule zu Darmstadt die Ehrendoktorwürde, zudem vom Großherzog das Komturkreuz II. Klasse des Verdienstordens Philipps des Großmütigen. Willy Merck wurde zum Geheimen Kommerzienrat ernannt.[177] Mitarbeiter, Pensionäre und Witwen erhielten eine Jubiläumsgabe. Eine sechsstellige Summe wurde für «Beamtenpensionszwecke» sowie die Arbeiter-, Pensions- und Unterstützungskasse zur Verfügung gestellt. Die Merck-Rieger-Stiftung für den Ferienaufenthalt von Arbeiterkindern und die Merck-Nothwang-Stiftung für den Besuch von Haushaltsschulen erhielten jeweils 30 000 Mark, und 20 gemeinnützige Einrichtungen wurden ebenfalls bedacht.[178] Wenige Monate später war das Ende der Monarchie besiegelt.

Für Merck bedeutete dies politisch keine Zäsur. Bei Kriegsende distanzierte sich Emanuel August Merck von Carl Duisbergs Ludendorff-Begeisterung.[179] Die Hohenzollernmonarchie hatte sich bei Kriegsende in den Augen der meisten Industriellen diskreditiert. Den Unternehmern, «die in erster Linie an Schornsteine und Schlackehaufen, Eingangsbücher und Gewinnspannen dachten, bedeutete das Schicksal von gekrönten Häuptern wenig», so ist diese Einstellung, das Kaiserreich wie einen schlecht geführten Betrieb dem Konkursverwalter zu überantworten, treffend beschrieben worden.[180] Öffentliche politische Stellungnahmen blieben die Ausnahme. Allerdings zählte hierzu ein besonders brisantes Thema: Wie die meisten Deutschen lehnten die Mercks den Versailler Vertrag entschieden ab. Dieser war mit Reparationszahlungen verbunden und verpflichtete die pharmazeutische Industrie, 50 Prozent der bestehenden Vorräte abzutreten sowie für mehrere Jahre weitere 25 Prozent der laufenden Produktion zu einem festen Preis an die Siegermächte zu verkaufen.[181] Deutschland sei, so Karl Merck, in einen «Wirtschaftskrieg» bislang unbekannten Ausmaßes verwickelt worden.[182] Als die harten Vertragsbedingungen von Paris bekannt wurden, rief die Firma ihre Beschäftigten zur Teilnahme an einer «Volkskundgebung gegen den Gewaltfrieden» auf und gab hierfür den Nachmittag frei.[183]

Einen guten Beleg für das immer noch patriarchalische Denken der Mercks bieten die seit 1921 üblichen Ansprachen bei den Jubilarfeiern für die seit 25 bzw. 40 Jahren Beschäftigten. Die Texte zeigen trotz mancher individueller Züge – Louis Merck sprach z. B. gerne ausführlich über die Exportsituation – eine hohe inhaltliche Homogenität.[184] Die Laudatoren hoben stets das wechselseitige Vertrauen im «Haus Merck» hervor. Die Reden erhielten bald einen nationalen Duktus, häufig mit nostalgischen Reminiszenzen an die Vorkriegszeit. 1922 sprach Karl Merck von dem Ziel des «Wiederaufbau[s] unserer schwer leidenden Heimat»,[185] und Louis Merck würdigte im folgenden Jahr die ergrauten Jubilare als «Männer der guten alten Zeit, wie sie uns heute so bitter not tun, um nicht im Strudel der Zeiten unterzugehen. Helfen Sie unserer Jugend am Aufbau unseres Vaterlandes und lassen Sie den guten Geist, der in Ihnen wohnt, auf die Jugend

Abbildung 79 Der «Familientag» der Mercks im Jahr 1929 bot nicht nur Anlass für ein gesellschaftliches Fest. In schwierigen Zeiten entsprach er auch dem Wunsch, die Familie stärker auf das gemeinsame Erbe einzuschwören.

wirken, auf dass wir wieder besseren, glücklicheren Zeiten entgegen sehen können.»[186] 1927 machte er als Ursache für den «mächtigen Aufschwung Deutschlands» in der Vorkriegszeit «die Regsamkeit, die Arbeitsfreude und de[n] Fleiss unseres Volkes» aus, «gepaart mit einer Gewissenhaftigkeit und Gründlichkeit in Produktion und Technik [...]. Deutsche Qualitätswaren sind immer berühmt und gesucht gewesen, und so hatten auch die Merck'schen Erzeugnisse einen Weltruf erlangt.»[187]

Ähnliche Tendenzen zeigen sich in der seit 1913 in unregelmäßigen Abständen zunächst von Emanuel August und nach dessen Tod 1923 von Fritz Merck herausgegebenen «Merckschen Familien-Zeitschrift», seit 1920 geleitet vom Hausarchivar Fritz Herrmann, nach dessen Tod 1938 von Otfried Praetorius. Sie versammelte, basierend auf umfangreichen Recherchen, unzählige genealogische Berichte, Stammbäume und möglichst vollständige Ahnentafeln, was ebenfalls der selbstvergewissernden Traditionsbildung diente. Im Februar 1926 wurde zudem ein der Familiengeschichte gewidmetes Museum auf dem Werksgelände eingeweiht, das besonders die Zeit Emanuel Mercks als Fabrikgründer würdigte.[188] Louis Merck verknüpfte bei dieser Gelegenheit den Hinweis auf die Nöte der Gegenwart mit der Empfehlung, sich gedanklich «an der guten, alten Zeit zu erfreuen». Wenn die Familie «im Geiste unserer Väter» weiterarbeite und sich deren «eisernen Fleiss, grosses Pflichtgefühl und einfache Lebensweise zum Vorbild» nehme, dann werde sie auch «in den schwersten Zeiten den heftigsten Stürmen trotzen».[189] Im April 1929 wurde erstmals ein Merckscher Familientag abgehalten, mit 65 Vertretern der Darmstädter, Hamburger, Bayerischen und Offenbacher Zweige. Der Führung durch die Fabrik folgte ein Vortrag über den «Stammvater» Reichsvogt Johann Merck. Am folgenden Tag erkundete die Gesellschaft die historischen Familienstätten in Schweinfurt,[190] auch dies im Wunsch, angesichts der wachsenden Komplexität der Großfamilie die «gemeinsame Abstammung» vor Augen zu führen.[191] Das Programm sei eher auf ein älteres Publikum abgestimmt gewesen, kritisierte die 1897 geborene Caroline Reinhold, der auch die 15 Reden beim abendlichen Diner zu viel waren.[192] Ein bezeichnendes Novum war die Erweiterung des Fabrikmuseums mit den historischen Sammlungen und einer «originalgetreu» nachgebildeten frühen Apotheke, die im Zuge des Aufbaus des neuen Hauptlaboratoriums 1931 eingerichtet wurde.[193]

1.6. Merck in der Ernährungs- und Landwirtschaftsindustrie

Seit dem 19. Jahrhundert wurden Lebensmittel zunehmend nicht mehr vom Erzeuger bezogen, sondern Calciumarsenat in technisch-industriellen Verfahren von handwerklichen Betrieben oder der Lebensmittelindustrie verarbeitet.[194] Bisherige Luxusartikel wie Zucker, Bananen und Orangen wurden erschwinglicher, Zusätze wie Farbstoffe und Gewürze fanden Verwendung, neue Produkte wie Margarine oder Kaffee-Ersatz belebten den Markt, und Lebensmittel waren durch innovative Herstellungsverfahren und Konservierungsstoffe länger haltbar.[195] Merck gehörte neben Boehringer Ingelheim zu den ersten pharmazeutischen Unternehmen, die sich der Lebensmittelchemie und der Biotechnologie im industriellen Ausmaß bedienten.[196] Bereits 1916 wurde ein Verfahren vorgestellt, das mit einer Mischung aus Bolus und Paraformaldehyd Kartoffeln, Obst und Gemüse konservierte.[197] Erfolglos blieb aber das zeitgleich entwickelte Vorhaben, auf Kuba Zitronensäure aus der Limette zu gewinnen. Dies sollte den Einstieg in den amerikanischen Weinstein- und Zitronensäuremarkt erleichtern, um «erfrischende Getränke mit Wacholdergeist (Gin)» herzustellen – buchstäblich eine Schnapsidee, die sich mit dem Eintritt der USA in den Weltkrieg erledigt hatte.[198] 1924 wurde ein Verfahren entwickelt, um Bier kältefest zu machen, indem prote-

Abbildung 80   Merck, die Junkers-Flugzeugwerk AG in Dessau und die Forstverwaltungen kooperierten bei der Schädlingsbekämpfung im angehenden Flugzeugzeitalter. Die beim «Merck-Junkers-Arsenbeflug» im Jahr 1926 abgebildete Junkers W-33 diente auch als Sinnbild für die Modernität des Chemieunternehmens.

olytische Enzyme wie Papain, Pepsin, Bromelin oder Malzpeptase beigegeben wurden.[199]

Schädlingsbekämpfungsmittel wurden ebenfalls ein lukrativer Markt. Vor dem Ersten Weltkrieg waren Ansätze zur chemischen Reblausbekämpfung gescheitert, aber seit 1910 hatte man in Kooperation mit einer Wein- und Obstbauschule ein Mittel aus Nikotin und Colophonium gegen Schild- und Blattläuse sowie den Heuwurm entwickelt.[200] Merck übernahm Fabrikation und Vertrieb des Mittels, das als «Vitisan» bzw. als «Dr. Muths Nikotin-Schwefelkohlenstoff-Petroleumseifenemulsion» in den Handel kam.[201] In den Merckschen Speziallaboratorien forschten Botaniker mit Zoologen Hand in Hand.[202] Für den landwirtschaftlichen Pflanzenschutz wurde seit 1922 eine eigene Abteilung aufgebaut – eine Reaktion auf den Siegeszug der wissenschaftlich-technischen Disziplin der «angewandten Entomologie».[203] Zur Bekämpfung von Pilzkrankheiten und Insekten bei Weinstöcken, Obstbäumen, in Baumwollplantagen und Tabakkulturen wurden ebenfalls Mittel entwickelt. In Versuchsgärten, Gewächshäusern und Laboratorien wurden Berührungs- und Kontaktgifte unter verschiedenen Temperatur- und Feuchtigkeitsverhältnissen erforscht.[204] Anders als manche andere Unternehmen hielt man sich von Blausäureverbindungen fern.[205]

Neben aus Pflanzeninhaltsstoffen gewonnenen Schädlingsbekämpfungsmitteln auf der Basis von nikotin- und pyrethrinhaltigen Stoffen entstand das seit 1921 getestete Dr. Sturms Heu- und Sauerwurmmittel Esturmit.[206] Dieses erwies sich auch im Export als «ein Riesengeschäft»[207] und wurde beispielsweise in Spanien gegen eine Heuschreckenplage bei Zuckerrüben verwendet. Merck arbeitete zudem mit der Konservenfabrik Helvetia in Groß-Gerau zusammen, auf deren Obstplantagen das Mittel getestet wurde,[208] ebenso wie mit der Rheinpfälzischen Maschinen- und Metallwarenfabrik Carl Platz in Ludwigshafen, die den Verstäu-

Abbildung 81 1923 brachte Merck das auf allen Märkten erfolgreiche Kupferpräparat Cuprex auf den Markt. Es wirkte gegen blutsaugende, parasitäre Insekten wie Kopf-, Kleider- und Filzläuse. Die wichtige Sparte der Schädlingsbekämpfungsmittel musste kriegsbedingt allerdings 1942 aufgegeben werden.

bungsapparat herstellte.[209] Gegen Blattläuse wurden Mittel wie das Schweinfurter Grün (Kupfer(II)-arsenitacetat) und andere Arsenverbindungen verwendet,[210] gegen Weizensteinbrand und Gerstekrankheiten die «Saatgutbeize Merck».[211] Zur Bekämpfung der Obstmade wurde die Arsenverbindung, weniger gesundheitsgefährlich, in den Fruchtkelch verstäubt.[212] 1926 wurde ein Präparat gegen die Rübenwanze entwickelt und ein weiteres gegen Tannenläuse auf den Markt gebracht. Ein mit Nikotin imprägniertes Papier kam 1929 gegen die Mehlmotte zum Einsatz. Auch das Fraßgift Forst-Ersturmit sowie die Kontaktgifte Forestit und Detal gegen Raupen brachten große Aufträge. In Zusammenarbeit mit den Forstverwaltungen wurde erstmals erfolgreich gegen Schädlinge wie Nonne und Kiefernspanner vorgegangen.[213] Hierfür kooperierte Merck mit der Junkers-Flugzeugwerk AG in Dessau, die mit ihrer W-33 ein passendes Flugzeug anbot. Durch den «Merck-Junkers-Arsenbeflug» wurden seit 1925 auf Hunderten von Flügen etwa 10 000 Hektar Wald bestäubt.[214]

Die Schädlingsbekämpfung brachte Synergieeffekte für die chemisch-pharmazeutische Sparte. Merck brachte 1923 das international erfolgreiche Kupferpräparat

Cuprex als Mittel gegen blutsaugende, parasitäre Insekten wie Kopf-, Kleider- und Filzläuse sowie Flöhe auf den Markt, mit dem nicht nur wie herkömmlich die Parasiten vernichtet, sondern die Eier angegriffen wurden.[215] 1938 wurde die Wirkung des Pyrethrum-Spritzmittels gegen Fliegen, Mücken, Schaben und Silberfische durch die Beigabe eines aktivierten Terpentinöls verbessert.[216] An diese Forschungen wurde nach 1945 erfolgreich angeknüpft.

2. 1924–1935: Wirtschaftliche Konsolidierung

2.1. Allgemeine Entwicklung

Die bereits erwähnte Einsetzung des Direktoriums im Jahr 1920 hatte noch ganz die Handschrift von Emanuel August und Willy Merck getragen. Erst die Unternehmenskrise der Jahre 1923/24 führte zu einer bedeutenden strategischen und personalpolitischen Entscheidung der neunten Familiengeneration der zwischen 1886 und 1903 Geborenen. Bernhard Pfotenhauer, der nach längeren Verhandlungen im Januar 1924 und gegen viele Widerstände zu Merck kam, wurde bis zum Ende des Zweiten Weltkriegs die bestimmende Gestalt des Direktoriums.[1] Die Familie wurde hierdurch in der Firma erstmals weitgehend auf die Funktion von «konstitutionellen Monarchen» reduziert.[2]

Der 1884 im schlesischen Jauer geborene Pfotenhauer, Sohn eines Fabrikdirektors, der mit einer Britin verheiratet war, hatte nach dem Abschluss der mittleren Reife den Weg ins Bankfach eingeschlagen. Nach dem Ende des Ersten Weltkriegs, aus dem der mehrfach ausgezeichnete Frontkämpfer als Hauptmann der Reserve ausschied, hatte er in Kattowitz im Auftrag der Reichsregierung die Interessen der deutschen Oberschlesier vertreten, anschließend für die Darmstädter Bank die Leitung der Filialen Frankfurt an der Oder bzw. Kattowitz übernommen und war 1922 als Leiter in die Zentrale der inzwischen aus einer Fusion entstandenen Darmstädter und Nationalbank (Danat) nach Darmstadt gegangen.

An einem Finanzfachmann wie Pfotenhauer, der von den Banken für die Merck-Sanierung für erforderlich gehalten wurde, führte kein Weg vorbei. Danat und Deutsche Bank finanzierten wesentlich das Merck-Inlandsgeschäft, während man im Ausland mit Banken vornehmlich in Amsterdam und London zusammenarbeitete.[3] Pfotenhauer gelang es dank seiner Beziehungen zur Danat-Bank, Merck über die schwersten Zeiten «mit Krediten hinwegzubringen». Die vom damaligen einflussreichen Danat-Chef Jakob Goldschmidt an Pfotenhauer

Abbildung 82 Internationale Geschäftsleute im Jahr 1937 unter sich: links Wilhelm Merck, in der Mitte der Chef der im Ersten Weltkrieg enteigneten amerikanischen Tochtergesellschaft, George W. Merck, und rechts Elio Bracco, der Besitzer der italienischen Italmerck, an der Darmstadt maßgeblich beteiligt war.

herangetragene Absicht, das Familienunternehmen in eine Aktiengesellschaft umzuwandeln, ließ sich auf diese Weise verhindern.[4]

Hans Harms, der später die «rechte Hand» von Pfotenhauer wurde, hat einmal recht despektierlich gesagt, der chemisch nicht vorgebildete Bankfachmann hätte genauso gut «mit Badewannen gehandelt».[5] Aber in der akuten Finanzkrise brauchte die Firma einen weitsichtigen Manager. Auch Wilhelm Merck versprach sich entscheidende Hilfe: «Ich bin wirklich von Herzen froh, dass wir diesen Pf. gewonnen haben. Wenn ich bedenke, dass er erst 38 Jahre alt ist und finanztechnisch eine aller-allererste Kraft, so glaube ich, dass wir viel von ihm haben werden.»[6] Louis Merck war gleicher Ansicht. Pfotenhauer gefalle ihm «ausgezeichnet» und habe sich schon nach vier Wochen «außerordentlich schnell eingearbeitet».[7] Karl Merck hat die Entscheidung, einen Außenstehenden in einer Zeit der Krise in die Leitung des Familienunternehmens zu berufen, später zur Maxime erhoben: «Wenn jemand wie ich als Familienmitglied in einer Familiengesellschaft an eine leitende Stelle kommt, so kann man von ihm nicht verlangen, dass er ein bedeutender Chemiker oder ein genialer Kaufmann ist. Er hat aber eine andere, genauso wichtige Aufgabe: Er muss sich der Grenzen seines Könnens bewusst sein und sich die richtigen Mitarbeiter holen und selbständig arbeiten lassen.»[8] Andere Chemieindustrielle beklagten jedoch das «unerfreuliche Verhalten» Pfotenhauers und streuten das Gerücht, die Familie Merck sei unglücklich, dass ihnen dieser von der Darmstädter Bank in die Firma «hineingesetzt» worden sei.[9] Der «Salongeneral» Pfotenhauer, so ein anderer Kritiker, fahre Karl und Louis Merck häufig «über den Mund», weshalb der Eindruck entstanden sei, «dass diese gar nichts mehr zu sagen» hätten.[10]

Bei seinem Eintritt bei Merck beurteilte Pfotenhauer die Lage der Firma als dramatisch. Das Werk selbst sei zwar «solide». Man lebe aber «von der Hand in den Mund [...], ohne jedoch mit Sicherheit angeben zu können, ob in der nächsten Woche genügend Gelder eingehen würden, um die notwendigsten Ausgaben decken zu können». Besonders problematisch waren die mangelnde Liquidität und die enormen Außenstände vor allem in Südamerika.[11] Zur Schließung der Liquiditätslücke und zur Exportfinanzierung wurde mit Georg Voigt ein «Sparkommissar»[12] ernannt. Kredite der Hamburger Privatbank Conrad Hinrich Donner und des Londoner Bankhauses J. Henry Schröder, das 30 000 £ zur Verfügung stellte, verschafften eine Atempause. Die Darmstädter Filiale der Deutschen Bank wiederum vermittelte Gelder über 95 000 $ bei der Noord Nederlandsche Exploitatie en Financiële Maatschappij in Amsterdam.[13] Obwohl Pfotenhauer angesichts der Zinslast vor weiteren Schulden warnte, weil dies die ohnehin drückenden Kosten nur weiter erhöhe, stieg die Kreditsumme, bezogen auf das Gesamtkapital, von 21 Prozent im Jahr 1925 auf 38 Prozent im Jahr 1929.[14]

Die Kostenreduzierung ging mit dem massiven Abbau des von Pfotenhauer als aufgebläht identifizierten Personalapparats einher. Rund ein Dutzend leitende Angestellte wurde entlassen und durch vorwiegend jüngere Fachleute ersetzt, was nicht möglich war, «ohne Wunden zu schlagen» und «persönliche Gegensätze zu schaffen».[15] Beschäftigte Merck am Jahresende 1924 noch etwa 3700 Arbeiter und Angestellte, sank diese Zahl im Laufe des Jahres 1925 auf 2847 und blieb, mit Ausnahme von 1929, während der übrigen Weimarer Jahre stets unter der 3000er-Marke.[16] Mit dem Revirement änderten sich auch die Anforderungen an die Spitzenkräfte. Fortan wurde weniger danach gefragt, was ein Mitarbeiter in der Vergangenheit geleistet hatte, sondern ob er für die anstehenden Aufgaben der richtige Mann sei. Abteilungsvorstände und Betriebsleiter mussten nun zur Leistungskontrolle halbjährliche Eignungsberichte der Angestellten abgeben.[17] Dem verdienten, aber überforderten Direktor Ehrenberg wurde nahegelegt, die Firma zu verlassen. Carl Scriba ging in den Ruhestand, Direktoren wie Schaller und Seip wurden versetzt, andere langjährige Mitarbeiter wie etwa Otto Hecht, dem das Direktorium bereits in Aussicht gestellt worden war, wurden übergangen. An die Stelle Ehrenbergs Stelle traten Dr. Flimm für die Fabrik einschließlich der Propaganda-Abteilung und des Kontrolllaboratoriums sowie Dr. Eichholz für die Serumabteilung, das wissenschaftliche Laboratorium und die Patentabteilung.[18]

Der selbstbewusste Pfotenhauer übernahm bereits nach einem Jahr auch die kaufmännische Leitung der Firma und setzte die strikte Sparpolitik fort. Von 1924 an wurden rund 2700 Präparate durch Sortenverringerung aus den Listen gestrichen, was bis 1928 zu einer merklichen wirtschaftlichen Konsolidierung beitrug.[19] Angesichts der knappen Kassen wurden technische Projekte wie die 1924 beschlossene Erneuerung der 20 Jahre alten Dampfkesselanlage bis 1927 zurückgestellt, zahlreiche Abteilungen aufgelöst und Zuständigkeiten verschoben.[20] 1928 wurden einige Auslandsabteilungen zusammengelegt, was nicht immer auf Zustimmung stieß.[21] In einigen Fabrikbetrieben wurde – neben der bereits 1922 eingeführten Zeitmessung – versuchsweise die Prämien- und Akkordarbeit getestet, mit so überzeugenden Ergebnissen, dass diese großflächig eingeführt wurde.[22] In der Einkaufsabteilung bewährte sich ein neues Karteisystem, das statt wie bisher nach Länder- nach Präparatgruppen sortiert war und kontinuierlich durch statistische Angaben über Käufe, Angebote und Lieferanten aktualisiert wurde, um einen Überblick über die Marktlage zu bekommen.[23] Gegenüber den stillen Teilhabern wurde ebenfalls ein harter Kurs gefahren. Als einige von ihnen im Jahr 1926 Einlagen in Höhe von rund 1,3 Millionen RM aus der Firma abziehen wollten, führte Pfotenhauer ein ernstes Gespräch mit dem Teilhaber Dr. Peter Reinhold (1887–1955), der mit einer Schwester von Wilhelm Merck verheiratet und zu diesem Zeitpunkt ausgerechnet Reichsfinanzminister war: Es gehe nicht an, dass er und seine Verwandten in einer Zeit, wo es mit der Firma nicht gerade zum Besten stehe, Gelder entzögen, «ohne auch nur im geringsten dem Gedanken der Familiengesellschaft Rechnung zu tragen».[24] Erst die Besserung der Lage erlaubte es einige Jahre später, den Teilhabern über die normale Ausschüttung hinaus Anteile aus den Gewinnen gutzuschreiben.[25]

Louis Merck würdigte Pfotenhauer 1933 in einem etwas zwiespältigen Glückwunsch als jemanden, der «gleich mächtig in die Speichen des Rades» gegriffen habe, was «manche Erschütterung» hervorgerufen habe: «Der scharfe Kurs brachte damals Maßnahmen mit sich, die mir zuweilen allzu hart erschienen. Hinaus ging es aber bald auf hohe, freie See, weg von Felsen und Klippen, die schon in beängstigende Nähe gekommen waren. [...] Ich selbst bin kein wendiger Mensch, kann mich nicht so leicht umstellen, wie es vielleicht manchmal notwendig wäre und so waren auch die ersten Jahre unseres Zusammenarbeitens nicht so harmonisch, wie sie hätten sein sollen.»[26] Noch nach 1945, als der verstorbene Pfotenhauer in Ungnade gefallen war, erinnerte Karl Merck an dessen «ungeheuren Ehrgeiz» und betonte, dass die Firma diesem «außerordentlich viel» verdanke.[27] Andere Beobachter waren kritischer und verwiesen auf dessen Suggestivkraft: «Wie ein Lassowerfer in wenigen Sekunden einen Mann von Kopf bis Fuß zu fesseln versteht, so besaß Pfotenhauer die unheimliche Kraft und Fähigkeit, viele seiner Mitmenschen fast augenblicklich zu lähmen, dass sie willenlos und weiches Wachs in seinen Händen waren.»[28] «Machthunger» und «Machtdenken» wurden ihm ebenso bescheinigt wie intellektuelle Überlegenheit und rasche Auffassungsgabe.[29]

Die Merck-Fertigpräparate, also die «Spezialitäten», setzten auch dank des Sparkurses ihren Siegeszug fort: Ihnen war wesentlich zu verdanken, dass der Merck-Jahresumsatz im Jahr 1924 mit 26,4 Millionen RM wieder das Vorkriegsergebnis erreichte. Bis 1927 stieg dieser kontinuierlich weiter auf 35,4 Millionen RM, bis 1929 sogar auf 39 Millionen RM,[30] um dann allerdings während der Weltwirtschaftskrise bis 1932 wieder auf 30,6 Millionen RM zu sinken. Vor allem der Einbruch des Exportgeschäfts schlug ins Kontor. Am besten verkauften sich noch die direkt Merck zuzuordnenden «Spezialitäten», während Konventionspräparate und MBK-Produkte Einbußen verzeichneten. Jene Monate waren durch weitere starke Umsatz- und Gewinnrückgänge und zunehmenden Preisdruck gekennzeichnet.[31]

Seit Mai 1930 galt bei Merck eine Einstellungs- und Beförderungssperre; manche Abteilungen arbeiteten kurz oder schlossen vorübergehend ganz.[32] Frauen wurden auch jetzt wieder eher entlassen als Männer, weil sie in der Regel ledig waren und nicht als Familienhauptverdiener galten.[33] Im Oktober 1930 stand die Überlegung im Raum, auch unverheiratete Männer zu entlassen. Louis Merck konnte auf die bange Frage des Betriebsrats, ob weitere Entlassungen anstünden, «überhaupt nichts sagen».[34] Als im Juli 1931 die Danat-Bank, der bewährte Kreditgeber von Merck, die Schalter schloss, wollte es Louis Merck, der sich auf Geschäftsreise in Japan befand, «erst gar nicht glauben» und kehrte überstürzt nach Deutschland zurück.[35] Mitte September 1931 wurde von der 48- auf die 40-Stunden-Woche umgestellt und ab November die Fabrik an den Samstagen ganz geschlossen.[36] Es war bezeichnend, dass selbst Pfotenhauer sich mit der Kürzung seines eigenen Gehalts um vier Prozent einverstanden erklärte.[37] Nichttariflichen Angestellten, die Lohnkürzungen nicht akzeptierten, wurde zum Jahresende 1931 gekündigt, um sie zu einer Neuverhandlung der Gehälter zu zwingen.[38] Die tariflichen Stundenlöhne, die im April 1931 um fünf Prozent gesenkt worden waren, wurden im Januar 1932 um weitere 15 Prozent reduziert. Die Zahl der Beschäftigten sank im Sommer 1932 auf knapp 2800. Am 10. Oktober 1932 wurde die Arbeitszeit erneut verkürzt. Angesichts dieser Hiobsbotschaften bezeichnete Louis Merck zu Jahresende die Lage als «sehr deprimierend».[39]

Die deutsche Industrie war zu diesem Zeitpunkt in sich gespalten und konnte sich auf keinen gemeinsamen politischen Kurs verständigen.[40] Eine aktive Abwehr des Nationalsozialismus und die Verteidigung der republikanischen Ordnung waren von der Wirtschaftselite nicht zu erwarten.[41]

2.2. Auslandsgeschäft

Der Ausbruch des Ersten Weltkriegs und die Isolierung Deutschlands von großen Teilen des internationalen Marktes waren tiefe Zäsuren für das Auslandsgeschäft von Merck. Die gravierenden Veränderungen der internationalen Handelsstruktur waren zunächst auch in der Weimarer Republik eine Belastung. Die ausländischen Gesellschaften, an erster Stelle die amerikanische Tochterfirma, waren verloren. Der traditionell wichtige südamerikanische Markt war von französischen und US-amerikanischen Pharmaunternehmen erobert worden. Länder, die früher Rohstoffe geliefert hatten, begannen mit dem Aufbau einer eigenen Pharmaindustrie. Neben dieser «Selbstindustrialisierung»[42] schirmten sie ihre Märkte durch Schutzzölle vor Konkurrenz ab. Der Wissensvorsprung der deutschen Pharmaindustrie schrumpfte zudem enorm durch den Entzug deutscher Patente, Handelsmarken und Warenzeichen.[43]

Auf diese Enteignungserfahrungen reagierte Merck mit seiner bewährten Strategie, die Qualität der Marke «E. Merck, Darmstadt» in den Vordergrund zu stellen, um verlorene Märkte zurückzuerobern. Louis Merck zeigte sich sogar schon im Frühjahr 1919, als von einem Exportgeschäft noch nicht wieder die Rede sein konnte, recht optimistisch: «Besonders die chemische Industrie wird wie vorher ihr grösstes Absatzgebiet im Ausland haben, trotzdem die Entente und die neutralen Staaten während des Krieges auf diesem Gebiet viel geleistet und erreicht haben. Wir sind nicht so schnell zugrunde zu richten, wir sind zu fest verwurzelt. Es wird noch schwere Monate geben, doch nach und nach müssen andere, bessere Zeiten kommen.»[44] Der Krieg sei, so lautete die Ansicht, letztlich sogar eine «grosse Reklame für Deutschland» gewesen, weil durch ihn dem Ausland «der Unterschied zwischen den guten deutschen Erzeugnissen und den minderwertigen Produkten der Ententestaaten recht deutlich vor Augen geführt» worden sei.[45] Dies war aber nur die halbe Wahrheit. Die zunehmend entwertete Papiermark erwies sich als «das Schmiermittel der Inflation».[46] Weil Waren nun unschlagbar günstig ins Ausland verkauft werden konnten, führte dies zu einer vorübergehenden Export-Sonderkonjunktur.[47]

Die Wiedergewinnung der Märkte orientierte sich entlang der traditionellen persönlichen Verbindungen. Auf staatliche Unterstützung verzichtete Merck, weil man dadurch eine «Sozialisierung des Außenhandels» befürchtete. Von der ministeriellen Sachkompetenz hielt man nicht viel und beschied einem Vertreter des Auswärtigen Amts, man verfüge über «ausgedehnte» eigene Auslandsbeziehungen. Der Erfolg eines Kaufmanns sei «in erster Linie von seinen persönlichen Eigenschaften und persönlichen Beziehungen, eigener Initiative und Tüchtigkeit abhängig». Die Erkundung «wichtiger überseeischer Marktverhältnisse» betrachten die Besitzer «als persönliches Eigentum und Geschäftsgeheimnis».[48] Louis und Wilhelm Merck fuhren regelmäßig selbst ins Ausland, um die Beziehungen zu den Handelsvertretern zu festigen, die Konkurrenzsituation vor Ort zu erkunden und die bisweilen eigenmächtigen Leiter der Niederlassungen zu kontrollieren. Anlässlich der Einrichtung des Direktoriums im Februar 1920 wurden die Regionen den jeweiligen kaufmännischen Direktoren zugeordnet.[49] Bei der umfassenden Reorganisation des Jahres 1924 wurde das Auslandsgeschäft restrukturiert und die «Abteilung Hamburg», die den Export über diesen wichtigsten deutschen Seehafen betreut hatte, wegen mancher Überschneidungen mit den jeweiligen Landesabteilungen ganz abgeschafft.[50]

Trotz scharfer Konkurrenz erzielte Merck 1922 auf den meisten Auslandsmärkten wieder Umsätze wie im letzten Vorkriegsjahr. Bis 1929 erlebte die gesamte Pharmaindustrie einen wahren Exportrausch. Der Anteil der deutschen Chemie am Weltmarkt betrug zu diesem Zeitpunkt bereits wieder 28,3 Prozent, eine unangefochtene Vorrangstellung vor den USA, deren Anteil am Weltexport 18,5 Prozent betrug.[51] Selbst die Weltwirtschaftskrise, die internationale Zoll- und Devisenpolitik – England erhob schließlich sogar einen Schutzzoll von 33,3 Prozent – sowie die Autarkiepolitik des NS-Regimes konnten diesem Trend keinen Einhalt gebieten. Nur die Einschränkungen des Freihandels und der Devisenhunger des NS-Regimes waren ein Hemmnis. 1933 benötigte Merck Devisen in Höhe von 3 Millionen RM, während im selben Zeitraum durch den Export etwa 16 Millionen RM an Devisen nach Deutschland zurückflossen. Pfotenhauer beklagte die geradezu «tragische Rolle», die der «Devisenfrage» zukomme, und machte die Behörden darauf aufmerksam, dass Merck «in großem Umfang [...] Devisenbringerin» sei.[52] Bis 1938 steigerte Deutschland seinen Anteil am pharmazeutischen Weltmarkt auf rund 40 Prozent, während die Anteile der großen Konkurrenten Großbritannien, USA und Frankreich stagnierten oder zurückgingen.[53] Die staatliche Ausfuhrförderung und der Erfolg der Vitaminpräparate sorgten 1938 auch bei Merck für einen neuen Rekord: Vom Gesamtumsatz in Höhe von 43,6 Millionen RM trug das Auslandsgeschäft 16,9 Millionen RM bei. Fast die Hälfte der gesamten Merck-Produktion ging in den Export, wie Karl Merck stolz verkündete.[54] Diese trotz Rohstoffkontingentierung und Devisenbewirtschaftung bemerkenswerte Exportquote entsprach der Entwicklung der deutschen chemischen Industrie.[55]

Auf den meisten Auslandsmärkten war die Verkaufsorganisation einfach strukturiert. Merck baute ähnlich wie die Konkurrenz große Warenlager im Ausland auf, um die Kundschaft stets schnell beliefern zu können.[56] Die dortigen Filialen boten eine breite Palette gebrauchsfertiger pharmazeutischer Produkte an, nicht zuletzt die preisgünstigen MBK-Waren. Hier spiegelte sich also die Verlagerung des Schwerpunkts von den Reagenzien und Chemikalien zu den «Spezialitäten» wider.[57] Diese Kassenschlager waren für den Ertrag besonders wichtig, weil die Darmstädter Erzeugnisse grundsätzlich als teuer galten. In Portugal wurden 47 Prozent des Umsatzes mit Spezialpräparaten erzielt, in Spanien 37 Prozent. Der eindeutige Verkaufsschlager war Ephetonin in verschiedenen Darreichungsformen wie Salbe oder Hustensaft zur «Rundumversorgung» bei allergischen Erkrankungen und Asthma – gefolgt von Vitaminpräparaten.[58]

Merck bemühte sich nach dem Ersten Weltkrieg, den Zwischenhandel zugunsten des Eigengeschäfts auszuschalten.[59] Handelsvertreter, bei deren Rekrutierung Merck traditionell wählerisch war,[60] machten häufig erhebliche Kosten für Werbung geltend und vertrieben zu allem Überfluss bisweilen auch Produkte der Konkurrenz. Daher wurden seit den 1920er-Jahren vermehrt Fremdvertretungen durch eigene Tochtergesellschaften ersetzt. Deren Leiter, häufig langjährige Angestellte des Darmstädter Mutterhauses, wurden am Gewinn beteiligt. Bei den Tochtergesellschaften arbeitete neben den einheimischen Kräften eine große Zahl Deutscher. In Spanien beispielsweise waren in der Mitte der 1930er-Jahre von den 160 Mitarbeitern 25 Deutsche. Aus Angst vor Spionage beschränkten sich die Tochtergesellschaften zunächst auf Umpack- und Abfüllarbeiten. Erst in den 1930er-Jahren wurde angesichts der neuen Zollschranken für Importe die Eigenproduktion im Ausland aufgenommen.

Die strategischen Überlegungen zum Wiederaufbau des Auslandsgeschäfts führten 1922 zur Gründung der in der Schweiz beheimateten Holdinggesellschaft Komet AG.[61] Sie erleichterte den Tochtergesellschaften den Kreditzugang und nutzte die niedrigen kantonalen Steuern in der Eidgenossenschaft, ein Weg, der zu dieser Zeit auch von zahlreichen anderen europäischen Chemie- und Pharmafirmen eingeschlagen wurde.[62] Angesichts des Booms im Auslandsgeschäft trat 1929 an die Stelle der Komet AG die Holding-Aktiengesellschaft für Merck-Unternehmungen (Holding AG),[63] deren Mehrheitsanteile formal von der in Altdorf ansässigen Briefkastenfirma Merck et Cie. KG gehalten wurden, aber fest in deutscher Hand waren.[64] Vorsitzender des Verwaltungsrats der Holding AG, dem auch Bernhard Pfotenhauer und Karl Merck angehörten,[65] war der erfahrene Zürcher Steuer- und Wirtschaftsanwalt Dr. Eugen Keller-Huguenin.[66] Eines seiner Finanzinstrumente, die Mandataria AG, verwaltete seit der Mitte der 1930er-Jahre die ausländischen Merck-Töchter sowie die AG für den Handel in Merck-Produkten, die gleichfalls ganz der Holding AG unterstand. Die Einnahmen der ausländischen Tochterunternehmen wurden zunächst in die Schweiz transferiert, später in RM umgetauscht, nach Berlin überwiesen und flossen danach nach Darmstadt.[67] In der NS-Zeit mit seinem System des bilateralen Clearing-Zahlungsverkehrs verschärfte sich der Streit mit den deutschen Steuer- und Devisenbehörden, denen bewusst war, dass die Holding AG de facto in deutschem Besitz war.[68] Sie wurde schließlich devisenrechtlich als inländisches Unternehmen eingestuft und unterlag der deutschen Rechtsprechung; steuerrechtlich galt sie weiterhin als schweizerische Gesellschaft.[69] Vor allem die Tochtergesellschaften auf der Iberischen Halbinsel und in Lateinamerika erwiesen sich als «cash cows». Ihre Gewinne nahmen, wie Merck nach 1945 zugestand, «ein Ausmaß an, dass diese in der Bilanz nicht mehr offen ausgewiesen werden konnten».[70] Häufig wurde über Scheinrechnungen und mittels fragwürdiger Finanzkonstruktionen ein niedrigerer Geschäftsgewinn für die Steuerbilanz errechnet. Die Handelsbilanz wies hingegen die korrekten Ergebnisse aus. In Italien wurden Lizenzgebühren und Gewinne mittels Sondergenehmigungen des Reichswirtschaftsministeriums über das deutsche Konsulat in Mailand bzw. das Auswärtige Amt verrechnet.[71] In Spanien wurden die Beträge an die Deutsche Botschaft in Madrid und an die Sociedad Hispano-Marroquí de Transportes Limitada (HISMA) bzw. ihren deutschen Gegenpart, die Rohstoff-Waren-Kompensations-Handelsgesellschaft (ROWAK) eingezahlt. Der Gegenwert wurde durch ROWAK, das Auswärtige Amt oder die Deutsche Überseeische Bank ausgezahlt.[72]

Besonders schwer tat sich Merck mit der Wiederaufnahme des Geschäfts in den Ländern der Hauptkriegsgegner, denn der Zugang zum Zarenreich, Frankreich und England war 1914 vollständig verloren gegangen. In der Sowjetunion verzichtete Merck auf eine Erneuerung der Warenzeichen, weil «bei den verworrenen Verhältnissen» niemand glaubte, Verstöße gerichtlich verfolgen zu können.[73] Der abenteuerliche Versuch, in der vom russischen Bürgerkrieg erschütterten Ukraine ein Chemikalienlager zu errichten, wurde wieder aufgegeben. Man war froh, diese Einrichtung in Odessa ohne Verluste wieder abstoßen zu können.[74] Selbst als sich die Verhältnisse in der Sowjetunion stabilisierten, gelang es Merck – im Gegensatz zu vielen anderen deutschen Unternehmen[75] – nicht, sich dort wieder zu etablieren. Das Geschäft lief so schlecht, dass 1928 die Abteilung Russland aufgelöst wurde.[76] Mit Bedauern erinnerte sich Louis Merck daran, dass Russland «für meine Firma vor dem Kriege das beste Absatzgebiet» gewesen sei und «eine große Zukunft» vor sich gehabt habe.[77] Selbst nach dem Hitler-Stalin-Pakt von 1939, der das bilaterale Geschäft anheizte, vermerkte er resigniert, die Sowjetunion interessiere sich zwar für deutsche Maschinen und Kraftanlagen, wolle aber auf dem pharmazeutischen Gebiet «von uns nichts wissen».[78]

Als ähnlich schwierig erwies sich das französische Geschäft. Auf dem dortigen Markt hatte Paris die Erfolge der deutschen Pharma- und Chemieindustrie schon geraume Zeit vor dem Ersten Weltkrieg mit zunehmender Besorgnis registriert. 1914 hatten die französischen Behörden schnell reagiert. Das Werk Montereau war unter Sequester gestellt und Leiter sowie Hauptchemiker als «Spione» verhaftet worden; das konfiszierte Werk produzierte fortan für das französische Kriegsministerium, wurde schließlich demontiert und 1923 versteigert.[79] In der Weimarer Republik umging Merck die prohibitiven französischen Zölle auf dem hart umkämpften Binnenmarkt, indem der Export über die Schweiz gelenkt wurde, was sich während der Ruhrkrise bewährte.[80] Preisabsprachen scheiterten hingegen häufig an der Weigerung französischer Konkurrenten, eine internationale Konvention abzuschließen.[81] Die Umsätze – Merck-Produkte wurden durch die dem Apotheker Jacques Humbert gehörenden Laboratoires Sanomedia und den örtlichen Merck-Vertreter auf den Markt gebracht – blieben relativ bescheiden.[82] Ähnlich unerfreulich war die Lage in Großbritannien. Nach der Beschlagnahme der dortigen Merck-Filiale schienen die britischen Abnehmer Mitte der 1920er-Jahre zwar «durchaus bereit und gewillt», wieder bei Merck zu bestellen, aber die Preise waren nicht konkurrenzfähig, sodass auch die Abteilung England aufgelöst wurde.[83] Selbst als 1927 wieder ein Vertreter nach London entsandt und die Firma H. R. Napp mit der Wahrnehmung der Merck-Interessen beauftragt wurde, tat sich Merck angesichts der britischen Konkurrenz schwer.[84]

Auf dem italienischen Markt, wo es eine heftige öffentliche Kampagne gegen deutsche Pharmaprodukte gegeben hatte,[85] versorgte erneut der Schweizer Emil(io) Risch die Merck-Kundschaft, jetzt allerdings wegen der Beschränkungen des Versailler Vertrags auf eigene Rechnung und über die «Zwischenstation» der Komet AG.[86] Eine grundsätzliche Neuorientierung brachte Bernhard Pfotenhauer auf den Weg. Er gewann 1924 den ihm persönlich bekannten Mailänder Geschäftsmann Elio Bracco für die Vertretung.[87] An dessen Unternehmen, der Società Italiana Prodotti E. Merck, seit 1930 Italmerck S. p. A., war er gemeinsam mit Louis und Wilhelm Merck über die Holding AG beteiligt.[88] Nachdem die Firma aus einer durch die Weltwirtschaftskrise bedingten Schieflage[89] herausgekommen war, wurde sie 1936 in Società Bracco già Italmerck SA umbenannt, weil Mussolinis Regime ausländische Besitzbeteiligungen suspekt waren.[90] Zwar litt das Chemikaliengeschäft, weil die italienische Regierung unter anderem mit dem Konzern Montecatini ein industrielles Pendant zur I. G. Farben aufbaute und die Einfuhr, besonders bei Alkaloiden, einschränkte.[91] Aber das Geschäft mit Bracco blieb grundsätzlich ertragreich: Selbst nachdem Italien im Zweiten Weltkrieg die Seite gewechselt hatte und 1944 Teile der Produktionsanlagen durch einen alliierten Fliegerangriff zerstört worden waren, erhielt Darmstadt bemerkenswerterweise noch Gelder aus Mailand. Clearing-Beträge wurden sogar noch im Januar 1945 von der Reichsbank überwiesen.[92]

Eine besondere Rolle kam der Iberischen Halbinsel aufgrund ihres Marktpotenzials und wegen der Brückenfunktion für das lateinamerikanische Geschäft zu. Spanien wurde Mercks wichtigster europäischer Markt, bei allerdings starker deutscher Konkurrenz. Besonders das Eindringen von Boehringer Mannheim, «unsere lieben Freunde aus Waldhof», machte sich «sehr unangenehm bemerkbar».[93] Im Dezember 1924 wurde in Barcelona unter dem Namen Productos Quimico-Farmacéuticos SA (PQF) die erste Tochtergesellschaft nach Kriegsende gegründet.[94] Angeboten wurden zunächst MBK-Produkte, bald aber auch Ephetonin und Schilddrüsenpräparate. Als die Filiale im Herbst 1936 im Zuge des spanischen Bürgerkriegs von einer kommunistischen «Kontrollkommission» besetzt wurde,[95] siedelte sie nach Vigo über und kehrte erst 1939 wieder nach Barcelona zurück.[96] In Portugal, wo Merck seit den 1860er-Jahren Kunden hatte, trat 1934 die in Lissabon ansässige Tochtergesellschaft Quimica Farmaceutica Ltda. an die Stelle der bisherigen Handelsvertreter.[97]

In Südamerika hatten während des Ersten Weltkriegs englische, französische und vor allem amerikanische Konkurrenten Marktanteile gewonnen.[98] Nach Kriegsende wurden erneut Fachleute nach Südamerika entsandt. 1925 verschaffte sich Louis Merck persönlich während einer mehrmonatigen Reise ein umfassendes Bild über die Lage in Lateinamerika.[99] In den Kernmärkten Argentinien, Brasilien und Mexiko ließen sich neben dem Standardexport von Chemikalien, Reagenzien und Drogen vor allem mit den MBK-Produkten und «Spezialpräparaten» Geschäfte machen. Eucodal und Modenol, ein leicht spritzbares Antisyphilitikum, gehörten zu den gut verkäuflichen Präparaten. Später kamen die klassischen Bestseller wie Ephetonin-Hustensaft, Ultracarbon, Vitaminpräparate wie Cebion und Betabion, Iloban, ein Leberextrakt mit Vitamin B_{12}, insbesondere für schwer zu behandelnde Anämien, die Barbiturate Luminal, Prominal, Veronal und Phanodorm sowie das Vitamin-D-Präparat Vigantol hinzu.[100]

In Brasilien wurde 1924 in Palmira im Staat Minas Gerais eine eigene Fabrikationsstätte unter dem Namen Companhia Chimica Merck Brasil SA gegründet, die unter anderem Formol (eine desinfizierende Formaldehyd-Lösung), die zur Narkose verwendeten Substanzen Chloräthyl und Äther sowie Wasserstoffperoxid – eine Besonderheit des Merck-Geschäfts in Südamerika – herstellte. Die mit Vorschusslorbeeren begonnene Fabrikation krankte allerdings an ihrem Produktionszweig Holzdestillation, weil das Holz im Raubbau gewonnen wurde und bald schon von weit her transportiert werden musste. Die bestehende Merck-Vertretung in Rio de Janeiro, seit 1927 in Productos Merck Ltda. umbenannt, wurde die Basis für den Aufbau der 1933 gegründeten Tochtergesellschaft Merck Brasil SA, die zahlreiche Fabrikationszweige aus Palmira übernahm. In Argentinien wurde die Eigenfabrikation – möglicherweise wegen der zunächst unbefriedigenden brasilianischen Erfahrungen – erst später aufgenommen. Das argentinische Geschäft lief wegen unzuverlässiger Handelsvertreter sowie aufgrund von Einfuhrbeschränkungen lange Zeit schlecht. Dies änderte sich 1930,

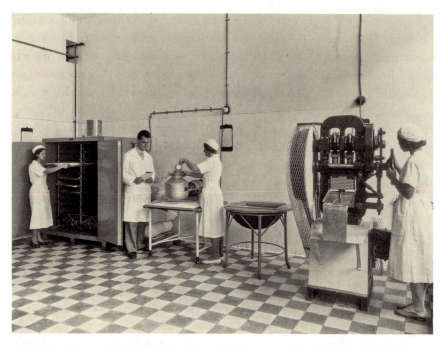

Abbildung 83 Der brasilianische Markt war für Merck von großer Bedeutung. Vor allem die günstigen MBK-Produkte waren Umsatz- und Gewinnbringer. Ein Blick in die Tablettier-Abteilung der Companhia Chimica Merck Brasil.

als die Tochtergesellschaft Merck Quimica Argentina SA in Buenos Aires aus der Taufe gehoben wurde. Diese wurde rasch zur umsatzstärksten südamerikanischen Filiale und glänzte bis in den Krieg hinein mit guten Gewinnen und einer Dividendenausschüttung in Höhe von 14 Prozent.[101] In Mexiko, wo nach Ansicht des Merck-Abteilungsleiters «die Wissenschaft noch in den Kinderschuhen steckt und der Arzt lieber eine gutempfohlene Spezialität verschreibt, als dass er sich auf seine eigenen meist sehr mangelhaften Kenntnisse verlässt»,[102] ließ sich Merck von der Firma Beick, Felix & Co. vertreten, bevor 1930 die in Mexiko-Stadt domizilierte Merck Mexico SA als Niederlassung gegründet und ab 1934 eine bescheidene Eigenfabrikation aufgebaut wurde.[103] In Kolumbien wurde 1938 die Tochtergesellschaft Merck Colombia SA gegründet, in Chile 1939 die Merck Quimica Chilena Soc. Lda. aus der Taufe gehoben.[104] In Uruguay und Nicaragua blieb Merck hingegen weiterhin durch selbständige «Agencias» vertreten.[105]

Auf anderen Kontinenten musste sich Merck seinen Platz nach 1918 erst mühsam zurückerobern.[106] Der geplante Aufbau einer chemisch-pharmazeutischen Fabrik im Osmanischen Reich, das von Knoll, Riedel und Merck seit 1917 betrieben wurde, um einer möglichen Konkurrenz der USA zuvorzukommen,

1924–1935: Wirtschaftliche Konsolidierung

Abbildung 84 Die Koordination des Versands spielte eine immer größere Rolle, weil das Auslandsgeschäft in der Zwischenkriegszeit boomte. Das Versandmagazin – hier eine Fotografie aus dem Jahr 1937 – belieferte inzwischen mehrere Dutzend Merck-Handelsstützpunke weltweit.

hatte sich mit der Kriegsniederlage zerschlagen.[107] Auf dem schwierigen und von englischen Firmen dominierten indischen Markt wurde Merck weiterhin durch einen «Special representative» in der britischen Firma Martin & Harris Ltd. mit Sitz in Kalkutta und Bombay vertreten, von wo aus auch Burma und Ceylon beliefert wurden. Der logistisch gut erschlossene indische Subkontinent galt in den 1930er-Jahren bei Merck als die Region mit den «größten Entwicklungsmöglichkeiten».[108]

Eine immer wichtigere Stellung nahm der Ferne Osten ein. Hier hatte der Name Merck, wie ein zeitgenössischer Beobachter feststellte, «einen fabelhaften Klang, der in manchen Fällen an Mystifikation erinnert».[109] Merck wurde zunächst durch Handelsagenten, seit 1927 durch die im asiatischen Handelszentrum Shanghai ansässige Firma Schmidt & Co. vertreten. Die Weltwirtschaftskrise, die japanische Besetzung der Mandschurei 1931 und der Sturz des britischen Pfunds als regionale Hauptwährung ließen das gesamte Chinageschäft allerdings massiv zurückgehen.[110] Aufgrund mannigfacher Differenzen mit Schmidt & Co. sowie von Rechtsunsicherheiten wurde 1933 die E. Merck Chemical Trading Products Co.

Ltd. mit Sitz in Shanghai ins deutsche Handelsregister eingetragen.[111] Durch das japanische Vordringen in China war die Niederlassung Shanghai seit Frühjahr 1938 faktisch lahmgelegt. Der Warenverkehr musste fortan über den bis dahin weniger bedeutenden Handelsplatz Hongkong abgewickelt werden.

1939 verfügte Merck weltweit über etwa 70 Handelsstützpunkte. An erster Stelle stand der spanische Markt (1,4 Millionen RM), gefolgt vom lateinamerikanischen Subkontinent, wo die US-amerikanischen Chemiefirmen inzwischen wieder zurückgedrängt worden waren.[112] Mercks wichtigste Umsatzträger waren Brasilien (1 Million RM) und Argentinien (950 000 RM). Dass Indien, Ceylon und Burma zusammen 1 Million RM Umsatz machten, zeugte ebenfalls von der Konkurrenzfähigkeit in bisher weniger bedeutenden Weltregionen. In Europa war Merck in denjenigen Ländern besonders erfolgreich, die noch keine eigenständige Pharmaindustrie aufgebaut hatten: Polen (800 000 RM), Belgien/Luxemburg (730 000 RM) und Rumänien (670 000 RM). Allerdings muss man diese Zahlen in Relation zu anderen deutschen Pharmaunternehmen setzen. Vom Marktanteil der deutschen Firmen behauptete Merck etwas über 30 Prozent in Polen, immerhin knapp über 20 Prozent in Frankreich, Belgien und Finnland, aber in den umsatzstarken Ländern Argentinien und Brasilien bestritt man nur knapp 5 resp. 2,5 Prozent des Anteils aller deutschen Anbieter.[113] Der Ausbruch des Zweiten Weltkriegs bedeutete auf fast allen Märkten eine dramatische Wende zum Schlechteren, worauf an anderer Stelle eingegangen wird.

2.3. Wirtschaft und Politik – Die Mercks im «Dritten Reich»

Die Weltwirtschaftskrise und die Massenarbeitslosigkeit, die das Wohlfahrtssystem überforderten, führten zum Scheitern des Konzepts des Präsidialregimes mit seiner «scheinbar streng sachbezogenen, am Notwendigen orientierten Politik».[114] Louis Merck setzte zwar auf internationale Lösungen und hoffte im Jahr 1931, dass sich die «Wirtschaftsführer» zusammensetzten, um «gemeinsam auszuklüngeln, wie aus diesem grossen Schlammassel herauszukommen ist».[115] Aber die anhaltende Krise diskreditierte die Reichsregierung, die Landesregierungen und die Kommunen, deren Notstandsprogramme und Fürsorgemaßnahmen zu einem erheblichen Haushaltsdefizit beitrugen.[116] Bei der Reichstagswahl vom 5. März 1933 erreichten die Nationalsozialisten in der NS-Hochburg Hessen 47,4 Prozent der Stimmen. Im protestantischen Darmstadt wählte sogar jeder Zweite die NSDAP.

Viele Unternehmer strebten eine autoritäre «Papen-Lösung» an.[117] Die Quellen lassen nicht erkennen, welchen politischen Kurs die Mercks zunächst bevorzugten und ob überhaupt von einer einheitlichen Linie gesprochen werden kann. An den verschiedenen Eingaben der Hitlerbefürworter aus der Industrie waren sie nicht beteiligt.[118] Nicht zuletzt das erhoffte Ende der «Schmach von Versailles», die man mit der Erinnerung an die französische Besatzungszeit und den Verlust der Auslandsmärkte verknüpfte, hatte die Mercks aber für die NS-Propaganda anfällig gemacht, wie sich schon bald nach der Machtübernahme Hitlers zeigte. Die Familie gehörte zwar einem Milieu an, in dem zumindest in der Selbstbeschreibung eigentlich «Tugenden wie Initiative, Wagemut und Freiheit vorwalten»,[119] arrangierte sich aber erstaunlich schnell mit dem Regime. Dem ideologisch aufgeladenen Mythos eines Neuanfangs vermochten sie sich nicht zu entziehen.[120] Zahlreiche Familienmitglieder, an erster Stelle Karl, Fritz und Wilhelm Merck, traten, sei es aus Überzeugung, sei es aus Opportunismus, am 1. Mai 1933 in die NSDAP ein, dem letzten Tag vor einem rigiden Aufnahmestopp, mit der die «Bewegung» den Zustrom weiterer «Märzgefallener» verhindern wollte.[121] Gerade Karl Mercks Denken entsprach demjenigen vieler Chemie-Industrieller, die sich 1933 an die «zugleich einschüchternde und erfolgversprechende Nationalrevolution» anhängten.[122] Nach 1945 gab er an, er habe seine wirtschaftliche Position «unter keinen Umständen» aufgeben wollen und sei in die Partei eingetreten, nachdem er von seinem Gewährsmann Albert Pietzsch, einem nationalsozialistischen Chemieindustriellen, auf den noch anderer Stelle näher eingegangen wird, Ende April 1933 gehört habe, dass dies notwendig sei.[123] Dies war allerdings eine wenig überzeugende Entschuldigung, denn trotz mancher Drohgebärden wandten die Nationalsozialisten nur in den wenigsten Fällen Zwang an.[124] Nach dem Rücktritt des bisherigen Präsidenten der örtlichen IHK, Emil Schenk, übernahm Karl Merck im Juli 1933 dessen Posten,[125] was weitere Beiratstätigkeiten in der Reichswirtschaftskammer und den Institutionen der Heilmittelindustrie mit sich brachte. Die Reichsleitung der NSDAP berief ihn im Juni 1934 in den Sachverständigenbeirat des Amts für Volksgesundheit.[126] 1937 wurde er zudem Vorsitzender des einflussreichen Vereins deutscher Chemiker (VdCh). Als dieser in den NS-Bund Deutscher Technik (NSBDT) eingegliedert wurde, wurde Karl Merck Vorsitzender des «Kleinen Rats» und in Personalunion Fachgruppenleiter. Alles spricht dafür, dass er auch dieses politische Amt übernahm, weil er vom NS-Regime «begeistert» war.[127] Bei seiner Amtseinführung beteuerte er in Anwesenheit von Fritz Todt, dem Leiter des NSBDT, sowie Robert Ley, dem Chef der Deutschen Arbeitsfront (DAF), seine «Aufgabe mit allen Kräften und in nationalsozialistischem Sinn in Angriff» nehmen zu wollen. Trotz der Teilnahme an mehreren NSBDT-Fachgruppentagungen, Schulungskursen und Sonderlehrgängen blieben seine offiziellen Auftritte in seiner fünfjährigen Amtszeit aber eher «unspektakulär»; zudem vermied er nationalsozialistische Terminologie meist.[128] Wohl fühlte er sich im Amt augenscheinlich nicht. Schon 1939 wollte er seinen Posten niederlegen, weil er mit der Aufnahme der Chemotechniker in den VdCh nicht einverstanden war und die Berufsbezeichnung «Chemiker» den Hochschulchemikern vorbehalten wissen wollte. Im August 1941 machte er schließlich seinem Bruder Louis die «erfreuliche Mitteilung», dass er sein Amt als Vorsitzender der Fachgruppe Chemie abgebe. Den Vorsitz des VdCh wollte er noch eine Weile fortführen, obwohl ihm dieser «schlaflose Nächte» bereitete.[129] Im Mai 1942 gab er beide Ämter schließlich an Walther Schieber ab, einen nationalsozialistischen Wirtschaftsfunktionär und Gefolgsmann Albert Speers.[130]

Fritz Merck, der gerne Offizier geworden wäre, galt als «einfach und klar»[131] und war, wie in einem Nachruf bemerkt wurde, stärker an genealogischen Forschungen, Kunst und Architektur als an den von ihm geleiteten Fabrikbetrieben interessiert.[132] Unter den Merck-Wissenschaftlern galt er insgeheim als «Vergnügungsdirektor».[133] Nach einem dreijährigen Intermezzo in der Reiterstandarte 50 der SA wechselte er im Mai 1936 als Oberscharführer zur SS, distanzierte sich aber immer mehr vom Regime und war im Zweiten Weltkrieg als Wehrmachtsoffizier nur selten in Darmstadt.[134] Wilhelm Merck wiederum, der von September 1934 bis 1937, zuletzt im Rang eines Hauptsturmführers, ebenfalls Mitglied der SS war, versuchte sich nach 1945 als unpolitischer Schöngeist darzustellen. Der NSDAP sei er im Glauben beigetreten, diese werde Deutschland «in eine bessere Zukunft führen». Zur SS sei er durch «allerhand Zureden von Bekannten» gekommen. Seine Interessen als passionierter Segelflieger hätten eher «auf dem Gebiete des Sports» gelegen.[135] Diese Schutzbehauptung hatte sogar einen wahren Kern, denn er trat, ähnlich wie Fritz Merck, in der Firma nur selten öffentlich in Erscheinung und musste von Karl Merck und Pfotenhauer sogar zu stärkerer Präsenz angehalten werden.[136] Nach Einschätzung des Betriebsrats nach 1945 sei Wilhelm Merck trotz Herkunft und gesellschaftlicher Stellung nicht fähig gewesen, Abstand zum Nationalsozialismus zu halten. Er sei «dabei» gewesen, sei ein schlechtes Vorbild für die Mitarbeiter gewesen und habe «mitgeholfen, das Nazireich aufzubauen».[137] Hierzu passen die Aktivitäten von Mathilde Merck, der Gattin von Willy Merck, deren Tätigkeit während des Ersten Weltkriegs unter anderem in einem Reservelazarett auf der Darmstädter Marienhöhe ihren nationalistisch-mystischen Wesenszug wohl noch verstärkt hatte.[138] Während der NS-Jahre förderte sie völkische Vereine und Verbände, nicht zuletzt Heinrich Himmlers «Forschungsgemeinschaft Deutsches Ahnenerbe». Himmler, der Mathilde Merck wahrscheinlich nie persönlich begegnet ist, unterstützte seine Bewunderin wiederum beim Ausbau ihres Darmstädter Hauses zu einem Museum für «vergleichende Kunstgeschichte», in dem unter Obhut des «Ahnenerbe» familiäre Kunstschätze ausgestellt werden sollten.[139]

Selbst Louis Merck, der unter den offenen Teilhabern dem Nationalsozialismus am fernsten stand und kein «Parteigenosse» wurde, ließ sich von den neuen Machthabern beeindrucken. Von der im Februar 1933 geäußerten Ansicht eines

1924–1935: Wirtschaftliche Konsolidierung   269

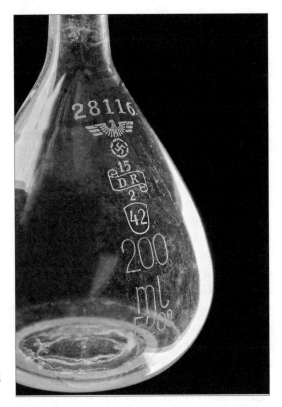

Abbildung 85 Der Nationalsozialismus durchdrang nicht nur Staat und Gesellschaft, sondern auch die Unternehmen: ein Messkolben mit Reichsadler und Hakenkreuz.

der nationalliberalen DVP nahestehenden Verwandten, Hitlers Kurs sei «verderblich»,[140] ließ er sich nicht überzeugen. Vielmehr hoffte er auf eine «neue Zeit» und «den lang ersehnten Aufstieg».[141]

Auch in der Praxis zeigte sich das geschmeidige Arrangement mit den Verhältnissen. Die «Adolf-Hitler-Spende der deutschen Wirtschaft», die durch die Vereinigung der Deutschen Arbeitgeberverbände Anfang Juni 1933 beschlossen wurde und mittels deren sich die Unternehmen verpflichteten, regelmäßig rund 0,05 Prozent der ausbezahlten Lohnsumme abzuführen, bot durch einen festen Schlüssel gegenüber der zunächst chaotischen Spendenpraxis zumindest Planungssicherheit.[142] Die Spenden der Firma an die Organisationen der NSDAP beliefen sich 1933 auf 124 459 RM und stiegen bis 1939 auf 184 796 RM. Im Zweiten Weltkrieg betrug der höchste jährliche Betrag 315 190 RM. Die Gesamthöhe der Spenden in der NS-Zeit belief sich auf rund 21 Millionen RM.[143] Hinzu kamen Privatspenden: Karl Merck beispielsweise überwies im «Dritten Reich» mit 2586 RM vergleichsweise wenig an die NSDAP, während seine «Winterhilfe» mit 65 000 RM recht üppig ausfiel.

Noch am 17. Februar 1933 lautete eine Merck-Anweisung, dass der Betrieb «von jeder politischen Agitation» freigehalten werden müsse. Zuwiderhandlungen waren ein Grund zur fristlosen Kündigung.[144] Als der «Flaggenerlass» Hindenburgs von Mitte März 1933 vorsah, am bevorstehenden Volkstrauertag an allen öffentlichen Gebäuden sowohl die schwarz-weiß-rote wie auch die Hakenkreuzflagge zu hissen, beschloss das Merck-Direktorium «mit Rücksicht auf die Verschiedenheit der politischen Anschauungen der Arbeitnehmer», auf die Beflaggung ganz zu verzichten.[145] Wie zur Bestätigung dieser Einschätzung siegten bei den Betriebsratswahlen vom 28. März 1933 die Freien Gewerkschaften mit neun Sitzen haushoch über die Nationalsozialistische Betriebszellenorganisation (NSBO), die lediglich zwei Sitze erhielt.[146]

Das änderte aber nichts an den tatsächlichen Machtverhältnissen, die diese Ergebnisse zur Makulatur werden ließen. Als der Arbeiter Adam Büdinger, der linken «Revolutionären Gewerkschaftsopposition» (RGO) zugehörig, aus der Firma entlassen und in «Schutzhaft» genommen wurde, hielt der sozialdemokratische Betriebsratsvorsitzende Philipp Ohlemüller einen Protest für «aussichtslos» und verwies auf den Rechtsweg. Ein anderer Gewerkschafter erklärte, «dass man sich mit den gegebenen Tatsachen abfinden müsse, da doch nichts dran zu ändern sei».[147] Das Schicksal der Gewerkschaften war wenig später besiegelt. Der 1. Mai 1933 wurde als «Tag der nationalen Arbeit» erstmals gesetzlicher Feiertag. Der verunsicherte Ohlemüller sah keinen Grund, «uns von der Feier auszuschließen, da wir ja schon immer für den 1. Mai als Feiertag gekämpft haben».[148] Die Beschäftigten, deren Teilnahme «erwartet» wurde,[149] marschierten nach dem «Festakt» mit Ansprachen von Karl Merck und einem NSBO-Vertreter unter dem Absingen des Horst-Wessel-Liedes und der Nationalhymne zum Staatsakt auf dem Exerzierplatz.[150] Der letzte Eintrag zum Arbeiterrat findet sich für den 3. Mai 1933.[151] Die von den Nationalsozialisten bestimmte Nachfolgeeinrichtung, der am 20. April 1934 eingesetzte zehnköpfige «Vertrauensrat», bekundete, mit der Betriebsführung zusammenarbeiten zu wollen.[152] Ein Aufruf Karl Mercks an die Kandidaten, für die «Wahlen» zum Vertrauensrat im April 1935 ihre Auffassungen «in einigen Sätzen schriftlich niederzulegen», führte zu einem schwülstigen Bekenntnis zu Adolf Hitler.[153]

Die Zwangsorganisation DAF, die die bisherigen Gewerkschaften ersetzen sollte, bestimmte fortan den Betriebsalltag, unterstützt von etwa 130 Block- und Zellenwaltern.[154] Bei den Angestellten hatte zwar die Liste des Deutschnationalen Handlungsgehilfen-Verbands die Nase vorn,[155] aber deren Vertreter trat Mitte Mai 1933 zugunsten von Ernst Bohnsack zurück, einem «Alten Kämpfer» und Obersturmbannführer in der SA, der bei Merck als Drogist im Magazin arbeitete und sein demagogenhaftes Auftreten bei Rednerschulungen der NSDAP gelernt hatte.[156] Die lästigen Betriebsappelle und das gemeinsame Anhören von Hitler-

1924–1935: Wirtschaftliche Konsolidierung

Abbildung 86 Bereits am 1. Mai 1933 zeigte sich der Erfolg der «Gleichschaltung». In geschlossener Formation marschierte die Belegschaft zum Betriebsappell durch das Firmengelände.

reden im Rundfunk fanden zunächst noch wenig Anklang, wie eine Firmenbekanntmachung aus dem Herbst 1933 verrät: «Gewisse Vorfälle der letzten Zeit geben mir Veranlassung, mit aller Deutlichkeit darauf hinzuweisen, dass ich weder in der Lage noch willens bin, Werksangehörige, die sich in ungehöriger oder gehässiger Weise über offizielle Veranstaltungen oder Einrichtungen äußern, vor den Folgen eines solchen ebenso undisziplinierten wie unklugen Verhaltens zu schützen.»[157] Der «Deutsche Gruß» im Werk war zwar erwünscht,[158] aber das Direktorium hatte im Sommer 1933 noch «gewisse praktische Bedenken gegen eine offizielle Einführung».[159] Auf einigen Veranstaltungsfotos ist zu erkennen, dass die Arbeiter, anders als Geschäftsführung und Angestellte, beim Hissen der Hakenkreuzfahne fast geschlossen auf den Hitlergruß verzichteten.[160] Noch 1938 klagte der Betriebsobmann, der Hitlergruß werde im Werk «noch nicht so angewendet, wie es eigentlich die Pflicht eines jeden anständigen Deutschen sei».[161] Geschäftsbriefe endeten erst nach einer gewissen Zeit mit dem «Deutschen Gruß» oder mit «Heil Hitler», weil das Merck-Direktorium glaubte, eine entsprechende Empfehlung des Reichsverbandes der Deutschen Industrie gelte für Verbände und nicht für einzelne Firmen.[162]

Abbildung 87 Die zunächst ganz unpolitischen Jubilarfeiern für die langjährigen Mitarbeiter wurden ebenfalls instrumentalisiert und erhielten einen nationalsozialistischen Anstrich – ob die Geehrten wollten oder nicht.

Schon 1933 erhielten die Jubiläumsfeiern einen nationalsozialistischen Anstrich. Karl Merck feierte die «national-sozialistische Revolution, ersehnt und freudig begrüßt von ihren alten Anhängern, mit ungläubigem Staunen und Misstrauen miterlebt von ihren früheren Gegnern. […] Heute ist wohl an seine Stelle bei der überwältigenden Mehrzahl aller Deutschen die Gewissheit getreten, dass diese Revolution die einzig mögliche Rettung für Deutschland war, das ohne sie in allerkürzester Zeit, vielleicht schon in diesem Jahr, dem Bolschewismus und damit der gänzlichen wirtschaftlichen und kulturellen Vernichtung anheim gefallen wäre.» Er verglich die Situation mit dem Kriegsausbruch 1914, «als sich ganz Deutschland zur Verteidigung seiner Grenzen zusammenfand, ohne Unterschied von Parteien und Klassen. […] Noch höher aber zu bewerten ist meines Erachtens die Energie, mit der man an die Wurzeln der alten Übel heranging und vor allem dem Gedanken des unseligen Klassenkampfes auf den Leib rückte und an seine Stelle den Gedanken der Volksgemeinschaft setzte» – ein Versprechen, das er bei Merck schon verwirklicht sah.[163] Das Schlusswort Karl Mercks klang in ein «Sieg Heil» aus, bevor die erste Strophe des Deutschlandliedes und des Horst-Wessel-Liedes intoniert wurde.[164]

Diese stramme Haltung strahlte ins Unternehmen aus. Vor allem leitende Merck-Angestellte traten seit März 1933 der NSDAP bei. Viele von ihnen gaben

1924–1935: Wirtschaftliche Konsolidierung

nach 1945 an, ihnen sei der Parteieintritt nahegelegt worden. Als sich einer von ihnen hartnäckig weigerte, diesem «Rat» der Geschäftsleitung Folge zu leisten, wurde er wenig später aus einem belanglosen Grund pensioniert.[165] Bei Neueinstellungen im Führungskader reichte ein «guter Eindruck» allein bald nicht mehr aus. Als sich der spätere Personalchef Dr. Heinz Landmann bei Merck bewarb, machte Pfotenhauer ihn darauf aufmerksam, dass «die Firma Merck beim Engagement von Herren, die mit Personalpolitik oder Menschenführung zu tun haben, unbedingt Wert darauf lege, dass der betreffende Herr P(artei)g(enosse) sei».[166]

Wie bedingungslos Karl Mercks Identifikation mit der «Bewegung» war, zeigte sich, als er vom Nürnberger Reichsparteitag 1936, den er mit drei Dutzend Mitarbeitern besucht hatte, geradezu beseelt zurückkehrte. Einen Betriebsappell nahm er zum Anlass, um von der «ungeheure[n] Verehrung und Liebe, die alle dem Führer entgegenbringen», zu berichten: «Unübersehbar füllen die braunen und schwarzen Massen von SA, SS und NSKK die Luitpold-Arena schon lange vor dem Erscheinen des Führers. Dann werden die Fahnen und Standarten vorgezogen und auf dem breiten, freigelassenen Mittelstreifen schreitet der Führer von seiner Tribüne zu dem Mahnmal und nach kurzer Andacht dort wieder zurück, um nun seine SA wieder zu begrüßen und die neuen Standarten und Fahnen zu weihen. Und stundenlang steht er am Nachmittag inmitten des festlich geschmückten Nürnberg, um seine braunen Scharen in unabsehbarer Folge an sich vorbeimarschieren zu lassen.»[167] Die Familientradition wurde als Referenzpunkt kurzerhand für die «Volksgemeinschaft» vereinnahmt: «In der Firma Merck haben ja schon früher (...) patriarchalische Verhältnisse geherrscht, die das Gefühl der Zusammengehörigkeit stärkten und formten, und (...) dieses Zusammengehörigkeitsgefühl hat Wurzeln geschlagen und hat schwere und schwerste Zeiten überdauert.»[168] Auch in der Geschäftskorrespondenz fanden sich jetzt hin und wieder politische Bemerkungen. Die Einführung der Wehrpflicht im März 1935, so der begeisterte Pfotenhauer, sei «wie eine Bombe» eingeschlagen.[169] Ein schweizerischer Gesprächspartner hatte in dieser Zeit den Eindruck, Pfotenhauer beurteile die Lage Deutschlands «teils aus Überzeugung, teils aus politischen Gründen nicht schlecht».[170] In der «Sudetenkrise» 1938 hoffte Karl Merck auf den Erfolg der Appeasement-Politik und ein Nachgeben Englands und Frankreichs zulasten der Tschechoslowakei.[171]

Das Arbeitsleben wurde seit 1934 durch das «Gesetz zur Ordnung der nationalen Arbeit» geregelt. Es übertrug das «Führerprinzip» auf die Wirtschaft.[172] An der Unternehmensspitze standen als «Betriebsführer» die Teilhaber Karl, Louis, Wilhelm und Fritz Merck, die gemeinsam mit der Belegschaft, die nun «Gefolgschaft» hieß, die nationalsozialistische Betriebsgemeinschaft bildeten.

1936 stattete Louis Merck in einer Ergebenheitsadresse dem «großen Führer, der Deutschland vor dem Abgrund zurückgerissen hat und es neuen, verheißungsvollen Zeiten entgegengeführt» habe, einen Dank ab.[173] Das 25. Jubiläum des Eintritts von Karl und Louis Merck in die Firmenleitung im Oktober 1937 stand ganz im Zeichen nationaler Erbauung. Eingerahmt von Beethovens «Egmont»-Ouvertüre und dem Choral «Wach auf» aus Wagners «Meistersingern» – Wagner war fraglos der Lieblingskomponist der Familie –, hielten Direktor Löw, Betriebsobmann Sievers und Louis Merck Ansprachen, unterbrochen von Chordarbietungen, unter anderem des Liedes «Du sollst an Deutschlands Zukunft glauben», für das der nationalistische Schriftsteller Albert Matthai den Text verfasst hatte. Der inoffizielle Teil bot ein gemeinsames Abendessen mit einer Tasse Fleischbrühe sowie belegten Brötchen und die abschließende Freigabe der Tanzfläche.[174]

Seit 1935 erschien unter der redaktionellen Verantwortung von Karl Merck die kostenlose Betriebszeitschrift «Das Merck-Blatt». Während die Mercksche Familien-Zeitschrift, völlig unberührt von den Zeitumständen, sich weiterhin ausschließlich den Familienangelegenheiten widmete, war es hier ganz anders: Allerlei scheinbar Harmloses und Unterhaltsames stand neben recht eindeutigen ideologischen Appellen. Die Zeitschrift informierte über die Aktivitäten der betriebseigenen, 1937 ins Leben gerufenen «Werkschar»[175] und des Sportvereins Merck. Ebenso häufig fanden sich Nachrichten über «Kameradschaftsfeste» und «Fahrten ins Blaue», bei denen die Weltanschauung – schaut man sich die Berichte und Fotostrecken zu diesen Ereignissen an – zumindest vordergründig keine große Rolle spielte. Die obligatorischen Gemeinschaftsveranstaltungen erhielten jedoch einen betont politischen Charakter. Dies zeigte sich beispielsweise ebenso bei einer «Werbeveranstaltung» für die Jugendbetriebszelle der NSBO[176] wie bei einer «Kundgebung gegen Miesmacher und Nörgler» am 15. Juni 1934 in der Festhalle Darmstadt.[177] Ansprachen, Appelle und Märsche unter Aufsicht der Meister und Obermeister folgten soldatischen Mustern und mündeten in einem dreifachen «Sieg Heil», dem Deutschland- und dem Horst-Wessel-Lied. In der Regel leitete Karl Merck diesen «betriebspolitischen Gottesdienst».[178] Die 1935 eingeführten «Kameradschaftsabende», bei denen die Belegschaft auf Firmenkosten feierte, nutzte Karl Merck, um die wirtschaftlichen Erfolge und die betriebliche Sozialpolitik vorzustellen. Eher pflichtgemäß verwies er auf Vorgaben und Publikationen der DAF, die unter dem Motto «Wir gehen in die Betriebe» für sich Werbung machte. Von Arzneimittelspenden für SA und SS hielt man sich fern. Man wolle, so hieß es Anfang 1934, «auch in Zukunft die geschäftliche Werbetätigkeit von der bewussten Unterstützung nationaler und sozialer Bestrebungen nach Möglichkeit getrennt» halten.[179] Die Förderung des Sports diente – neben der vom Staat propagierten körperlichen Ertüchtigung – ebenfalls der Stärkung des Gemeinschaftsgefühls. 1935 wurde der alte Merck-Sportplatz an der Maulbeerallee renoviert, erweitert und mit modernen Umkleidekabinen ausgestattet. Sportfeste und -appelle sollten die «großzügige [...] Aktivierung aller

Schaffenden» ermöglichen, wie es in einer Bekanntmachung vom August 1938 hieß. Im selben Jahr erhielt die 1929 gegründete Sportabteilung Merck bzw. der Sportverein Merck e.V. als «Betriebssportgemeinschaft Merck» einen linientreuen Obmann.[180] Als bei Kriegsausbruch ein Großteil der jungen Männer eingezogen wurde, lautete das trotzige Motto: «Der Betriebssport geht weiter!» Als jedoch ein «Sommersporttag der Betriebe» durchgeführt werden sollte, widersetzte sich die Unternehmensspitze, weil dies einen Verlust von drei Arbeitsstunden pro Kopf bedeutet hätte.[181]

Selbst die Betriebsführung kam um Schulungen nicht herum. Louis Merck erhielt 1935 eine mehrtägige «Einberufung zum Lehrgang» der Gauschule der DAF. Der Tagesplan sah um 7 Uhr Wecken vor, gefolgt vom «Frühsport», anschließenden Schulungen über Themen wie «Judentum», «Liberalismus-Marxismus» und den «Begriff der Weltanschauung», bis um 22.30 Uhr der letzte Programmpunkt «Licht aus» lautete.[182] Die Pflichten und Reglementierungen der Beschäftigten wurden an Vergünstigungen für «Parteigenossen» geknüpft: Zuschläge für die Teilnahme an politischen Schulungskursen sowie Zuschüsse für die von der «Zelle Merck» organisierten KdF-Urlauberfahrten, die unter anderem in den norwegischen Sognefjord oder nach Madeira führten bzw. bescheidener mit Rheindampfern der «Köln-Düsseldorfer» nach Sankt Goar.[183] Ein Höhepunkt dieser Veranstaltungen war am 13. August 1939 eine gemeinsame Rheinfahrt aller rund 3500 Werksangehörigen und Pensionäre.[184]

Die nationalsozialistische Lohnpolitik schrieb faktisch den Stand der Weltwirtschaftskrise fest. Unternehmen konnten jedoch noch eine Zeit lang ihre betrieblichen Sozialleistungen als Steuerungselement einsetzen, um auf dem bald leergefegten Arbeitsmarkt andere Firmen auszustechen.[185] Die Betriebskrankenkasse beschränkte zwar 1936 die Kostenübernahme für mitversicherte Familienangehörige auf maximal 14 Tage und reduzierte das Kranken- bzw. Stillgeld,[186] kompensierte dies aber durch die Erhöhung der Sozial- und Leistungszulagen und die Einführung einer «Weihnachtsgratifikation». Der Urlaubsanspruch, der zuvor für vier bis zwölf Tage bestanden hatte, betrug nun eine bis zu drei Wochen. Die Merck-Kantine wurde renoviert, und zusätzliche Aufenthalts-, Wasch- und Baderäume entstanden. Damit sollten die Mitarbeiter am wirtschaftlichen Erfolg der Firma teilhaben und zugleich der «Gedanke der Betriebsgemeinschaft» verankert werden.[187] 1938 waren in den Betrieben, Laboratorien und Magazinen 175 «Jungarbeiter» und 15 Handwerkerlehrlinge beschäftigt, die neben Erziehungsbeihilfen auch ein Exemplar des Buches «Der Führer» als «besonderes Weihnachtsgeschenk» erhielten.[188]

Neben andere Wettbewerbe trat seit 1936 der «Leistungskampf der Betriebe» unter dem Motto: «Unser Vorbild ist der Soldat».[189] Die Beteiligung war zwar offiziell freiwillig, aber kaum ein Unternehmen wagte es, sich zu verweigern. Wer

Abbildung 88 Beim «Leistungskampf der Betriebe» durfte Merck nicht fehlen. Wer nicht mitmachte, riskierte die Kündigung öffentlicher Aufträge. Der «Reichsberufswettkampf», hier eine Aufnahme aus dem Jahr 1938, sollte hingegen die Jugendlichen «ertüchtigen».

sich nicht anschloss, riskierte die Kündigung öffentlicher Aufträge, sodass 1939/40 reichsweit bereits 273 000 Betriebe teilnahmen.[190] Merck beteiligte sich schon 1936/37 mit 115 Betriebsangehörigen. Karl Merck forderte dazu auf, im Sinne einer «echten Betriebsgemeinschaft» mitzuwirken, offenbar mit Erfolg, denn im folgenden Jahr waren bereits 460 «Gefolgschaftsmitglieder» gemeldet.[191] Das Ritual wiederholte sich fortan jährlich. Die Verleihung des «Gaudiploms für hervorragende Leistungen», das die Firma 1942 gemeinsam mit 29 anderen (von insgesamt 5500 Bewerbern aus dem Gau Hessen-Nassau) erhielt, wurde bei einem Betriebsappell verkündet,[192] und nicht anders war es beim «Leistungsabzeichen für vorbildliche Sorge um die Volksgesundheit» in Silber, das im Mai 1943 überreicht wurde.[193] Selbst im Februar 1944 wurde noch ein abgespeckter «Kriegsberufswettkampf» ausgerichtet.[194]

Der Betriebsobmann der Jahre 1937 bis 1940, Joachim Sievers, ein «Alter Kämpfer», galt als besonders scharf und ging, so die Einschätzung des Betriebsrats nach Kriegsende, jedem «Antinazi-Gespräch» nach und drängte auf Entlassung.[195] Andere Beschäftigte haben ihn allerdings in einem etwas milderen Licht gezeichnet: Er habe zwar eine «Berliner Schnauze» gehabt, sei aber kein «Menschenfresser» gewesen.[196] Die bisherige Praxis, das Werk durch Nachtwächter kontrollieren zu lassen, galt inzwischen als unzureichend. 1936 wurde ein «Werkschutz» aus Belegschaftsmitgliedern erwogen.[197] Luftschutzübungen gehörten seit 1939 zum Alltag, und seit Kriegsausbruch wurde die nächtliche Verdunkelung des Werksgeländes angeordnet, von der bereits seit 1935 immer wieder die Rede gewesen war.[198] Hinzu trat nun ein «Abwehrbeauftragter» – dieser sollte «staatsgefährliche Bestrebungen» in Zusammenarbeit mit dem Sicherheitsdienst des Reichsführers SS (SD) und der Geheimen Staatspolizei (Gestapo) bekämpfen. Das Amt übernahm der Chemiker Dr. Erich Siebert, ein langjähriger Direktor und Leiter der technischen Betriebe, der als «preußischer Pflichtmensch»[199] galt, sich aber immer stärker dem Nationalsozialismus verschrieben hatte. Unter ihm überschnitten sich betriebliche und nationalsozialistische Interessen, während die behördlichen Befehle, Erlasse und Ausführungsbestimmungen den immer größeren Einfluss des Reichssicherheitshauptamts zeigten. Siebert meldete verschiedentlich Arbeiter und Angestellte an die Gestapo, was zum Teil zu mehrwöchiger Haft führte. Während Karl Merck ihn als nationalsozialistisches «Aushängeschild» benutzte, wollte Wilhelm Merck nicht mit Siebert zusammenarbeiten.[200]

Bei Ausbruch des Zweiten Weltkriegs konnte von Kriegsbegeisterung bei Merck keine Rede sein. Ende August 1939 erging eine allgemeine Urlaubssperre, am 1. September wurden die ersten 510 Werksangehörige einberufen. Wie bereits im Ersten Weltkrieg zahlte Merck eine freiwillige monatliche Familienunterstützung. Die Gefolgschaft erhielt durch die Akkordarbeit fortan Löhne von bis zu 70 Prozent über dem normalen Stundenlohn,[201] obwohl Lohn- und Gehaltserhöhungen verboten waren, weil «niemand an der ‹Kriegskonjunktur› verdienen» sollte. Die Arbeitszeitregelungen wurden aufgeweicht: Überstunden-, Sonntags- und Nachtzuschläge wurden abgeschafft. Die Streichung des Urlaubsanspruchs löste bei den Beschäftigten Enttäuschung aus, die nicht dadurch gemildert wurde, dass das Urlaubsgeld zur Verfügung des Deutschen Reiches auf ein Sonderkonto der Reichsbank überwiesen wurde.[202] Im November 1939 erhielten die zur Wehrmacht Einberufenen je ein Päckchen Menthol- und Kohle-Compretten. Für die in Darmstadt stationierten Flak-Soldaten organisierte die Firma «bunte Abende»; ein gemeinsames Strümpfestricken der Damen fand unter dem Motto «Wir stricken für unsere Feldgrauen» statt.[203] «Das Lob der Pellkartoffel» in der Werkszeitung wiederum sollte den Rationierungen etwas Positives abgewinnen. Die obligatorischen Reden des NSBO-Obmanns wurden inzwischen häufig durch markige Worte eines Familienmitglieds ergänzt. Wilhelm Merck sprach 1939 beispielsweise vom «Vertrauen auf unseren Führer», der «unüberwindliche[n] Armee» und «vorbildlicher Pflichterfüllung»: «Wir wollen in der Heimat zeigen, daß auch wir kämpfen wollen und können, wenn der Führer ruft. Nur ein geeintes Volk unter den Waffen, wie am Schraubstock, nur ein geschlossener Wille führt zum Sieg.»[204]

Schon die «Kriegsweihnachtsfeier» 1939 war jedoch durch denkbar gedämpfte Töne gekennzeichnet. Sammlungsaufrufe für das Kriegswinterhilfswerk bestimmten fortan die Seiten der Betriebszeitung, in der eine «Ehrentafel» über Orden und Beförderungen der Einberufenen informierte. Der regelmäßige Abdruck von Feldpostbriefen sollte der Heimatfront einen Eindruck vom Kriegsgeschehen vermitteln, aber die Todesanzeigen wurden immer häufiger. Hinterbliebenen gewährte Merck ein Sterbegeld von drei Monatsgehältern. Im Ersten Weltkrieg waren in der Familien-Zeitschrift noch Feldpostbriefe und Kriegsberichte der Familienmitglieder publiziert worden, eine Praxis, an die bemerkenswerterweise im Zweiten Weltkrieg nicht wieder angeknüpft wurde. Nationalsozialistische Bezüge blieben in der Familien-Zeitschrift ausgeblendet. Stattdessen pries 1941 beispielsweise ein Beitrag den «Darmstädter Weltbürger» Johann Heinrich Merck. Der Germanist Helmut Prang stellte dessen «geistige[s] Überschreiten der heimischen Landesgrenzen» der «Heimatenge» gegenüber:[205] Ein bemerkenswertes Plädoyer für Internationalität und Zusammenarbeit, während das Deutsche Reich Europa mit Krieg überzog.

2.4. Forschung

Der Erste Weltkrieg hatte, obwohl sich bestimmte Disziplinen fortan besonders dynamisch entwickelten, aus der Perspektive der medizinischen Forschung keine Zäsur bedeutet.[206] Die Pharmaindustrie hatte zunehmend die Nähe zur Hochschulforschung gesucht,[207] und der Schub der «Verwissenschaftlichung der Industrie»[208] zählt zu den «spektakulärsten Veränderungen» der Forschungswelt.[209] Die systematisierte Forschung in organischer, anorganischer und pharmazeutischer Chemie, in Biologie und Biochemie sowie in Physiologie und Pharmakologie wurde immer wichtiger, ebenso die Kooperation zwischen unternehmenseigenen Forschungs- und Anwendungsabteilungen. Pharmakologen wiesen beispielsweise Laborchemiker auf unerwünschte Nebeneffekte neuer Substanzen hin; präklinische und klinische Untersuchungen wurden essentiell für eine erfolgreiche Markteinführung.[210]

Auch Merck bediente sich des universitären Know-hows, zumal nach 1918 die finanziellen Verhältnisse die eigenen Forschungsmöglichkeiten einschränkten. Die Firma förderte Einrichtungen wie das pharmakologische Institut in Halle an der Saale, deren unmittelbarer Nutzen aber gering blieb, weil die Merck-Chemiker noch ganz mit der Umstellung auf die Friedenswirtschaft beschäftigt waren.[211] Nach und nach gewann die Chemiesparte bei Merck im Vergleich zum bislang dominanten Pharmabereich größeres Gewicht. Die auf Finanzprobleme und strategische Entscheidungen der Vorkriegszeit zurückzuführende Vernachlässigung der Laborforschung machte sich bei Merck jedoch zunehmend bemerkbar. Selbst auf dem gewinnträchtigen Markt der «Spezialitäten» geriet die Firma in Rückstand zu den größeren Chemieunternehmen und drohte lediglich «a big pharmacy» zu bleiben.[212]

Die Bedeutung der Forschung für die Wiedergewinnung ausländischer Märkte wurde zwar erkannt,[213] aber die konkrete Umsetzung erwies sich zunächst als schwierig. Die «Labore» hatten bei Merck damals wenig mit dem gemein, was man heute darunter versteht. Dr. Otto Zima, der als junger Chemiker im Herbst 1919 aus Graz in die «Trostlosigkeit» der damals noch ungepflasterten Frankfurter Straße kam, erinnerte sich Jahrzehnte später an die Arbeitsstätten: «Der Abzug funktionierte nicht, auf einem Holzgestell in der Mitte des Raumes verstaubten die Glasgefäße. Die Tische waren mit Bleiplatten belegt, der Boden asphaltiert, alles grau in grau; das anschließende ‹Büro› war 2 × 2 m groß. Mein Büro hatte nur indirektes Licht vom Nebenlabor. In diesem hauste Dr. Kuhtz, ein schwerhöriger und darum misstrauischer Chemiker. Was er arbeitete, wusste ich nicht, man lebte damals streng abgeschlossen, jeder für sich.»[214]

Wenn Merck überleben wollte, führte am Aufbau einer systematischen Grundlagenforschung kein Weg vorbei, auch wenn dies eine kapitalintensive und finanziell risikoreiche Angelegenheit war.[215] Zur Risikostreuung vertraute man bisweilen auf gemeinsame Einrichtungen mehrerer Firmen. Erfahrungs- und Patentaustauschverträge zur Begrenzung der Forschungskosten und zur Absprache über die Absatzgebiete prägten die in akribischen juristischen Verhandlungen ausgehandelten Zweckbündnisse zwischen den Wettbewerbern, auch wenn die Gefahr des unbeabsichtigten Wissenstransfers und des Übergangs eigener Herstellungsmuster und Verfahren in fremde Hände offenkundig war.[216]

Die Merck-Forschungsabteilungen gingen seit Anfang der 1920er-Jahre neue Wege, die durch drei unterschiedliche Zugänge charakterisiert waren: Erstens die systematischen theoriebasierten zielorientierten Untersuchungen, die allerdings aufwendig waren und bisweilen ergebnislos verliefen. Zweitens breit angelegte Untersuchungen ohne eine bestimmte Zielsetzung, was sich trotz des großen Aufwands durch einige «Zufallsfunde» als durchaus erfolgreich erwies. Drittens der Aufbau eines industriellen Forschungsapparats für Präparate, bei denen das Wissen, wie etwa bei den Vitaminen, noch in den Kinderschuhen steckte.[217]

Karl Merck übernahm 1927 die wissenschaftliche Leitung des Laboratoriums.[218] Um den Kontakt zu Chemikern, Pharmakologen und Physiologen an Universitäten und Instituten zu verbessern, trat der Apotheker Carl Löw, schon seit 1902 bei Merck beschäftigt, ins Direktorium. Er hatte zuvor unter anderem das MBK-Abkommen sowie als Werbefachmann die «Jahresberichte» als wissenschaftliches Aushängeschild des Unternehmens mitgestaltet und übernahm jetzt

Abbildung 89 Erst in den 1920er-Jahren wurde die Grundlagenforschung bei Merck systematisiert. Hier der Blick in eines der alten Labore vor der Einrichtung des neuen Hauptlaboratoriums im Jahr 1931.

die Wissenschaftliche Abteilung,[219] später auch die Forschungsabteilung und das Kontrolllaboratorium. Für das Chemikaliengeschäft zeichnete inzwischen Hans Toelcke verantwortlich, der im Ersten Weltkrieg für die Belieferung der «Sanitätsparks» zuständig gewesen war und nun dazu beitrug, aus der Arzneimittelfabrik Merck noch stärker eine Chemische Fabrik Merck zu machen.[220]

Extern eingekaufte Verfahren wurden in den Laboratorien getestet und verfeinert, vielversprechende Produkte anschließend auf den Markt gebracht. Die Forscher wurden prozentual an den Gewinnen beteiligt, in der Regel in Höhe von 25 Prozent für patentierte und 15 Prozent für unpatentierte Produkte.[221] Dennoch sah Carl Löw Mercks «erhebliche Schwierigkeiten» bei den Spezialpräparaten und plädierte in einem grundlegenden Memorandum im Jahr 1928 für weitere Forschungen. Viele Wissenschaftler sprachen mit ihren Erfindungen nicht Merck, sondern die I. G. Farben «mit ihren imponierenden Einrichtungen» an[222] – kein Wunder, denn den in der I. G. Farben zusammengeschlossenen Firmen standen rund 2000 Chemiker zur Verfügung, während Merck 1930 nur rund 50 Wissenschaftler beschäftigte.[223] Selbst der an und für sich auf Sparsamkeit bedachte Pfotenhauer bevorzugte daher weitere Forschungen auf dem Gebiet

Abbildung 90 Mit dem Bau des 1931 eingerichteten Hauptlaboratoriums begann eine bis dahin unbekannte Forschungsinitiative, die erst bei Kriegsbeginn ein erzwungenes Ende fand. Hier ein Blick auf das Gebäude A 3 im Jahr 1937.

der Spezialpräparate und wischte Bedenken vom Tisch, dass dadurch andere Projekte infrage gestellt würden.[224]

1924 war ein provisorisches pharmakologisches Labor für Untersuchungen eingerichtet worden, die bislang extern durch den Erlanger Pharmakologen Robert Heinz durchgeführt worden waren. 1926 wurde daraus eine eigenständige Pharmakologische Abteilung: ein großzügiges zweistöckiges Gebäude mit Zuchtställen und einem Laboratorium für Bakteriologie und experimentelle Therapie. Im Zusammenhang mit den Vitaminforschungen entstand 1931 ein 1,5 Mio. RM teures neues «Hauptlaboratorium».[225] Es übertraf alle bisherigen Einrichtungen: ein Zweckbau in Form eines U mit einem dreigeschossigen Hauptteil und zwei sechsgeschossigen Flügeln. Über 9000 Quadratmeter Nutzfläche für Versuchsanlagen, insgesamt 17 Labors, zahlreiche Büroräume, die wissenschaftliche Bibliothek mit 24 000 Büchern sowie eine Vielzahl von Zeitschriften standen jetzt zur Verfügung. Ausgestattet mit Aufzügen und Kühlanlagen war das Forschungslaboratorium ein Prunkstück moderner Technik, das die lokale Presse zum Schwärmen brachte: «Eine ganze Reihe von kleineren und größeren Arbeitsräumen dienen der Ausführung von größeren chemischen Versuchsarbeiten und sind dafür mit allen möglichen Apparaten und Maschinen, Destillier- und Eindampfungsapparaturen, Zerkleinerungsmaschinen, Trockeneinrichtungen, Zentrifugen, Filterpressen, Rektifizierapparaten, mit großen Arbeitstischen, Abzügen, Transmissionsriemen und vielen Hilfsmitteln eingerichtet, die es ermöglichen, Versuchsapparaturen jeder Art schnell und bequem aufzubauen.»[226] Leiter des Hauptlaboratoriums wurde Dr. Otto Dalmer, der 1922 bei Merck begonnen und schon 1925 die Leitung des Laboratoriums und der Wissenschaftlichen Abteilung übernommen hatte. Trotz der verbesserten Forschungsbedingungen konnte die Firma manche Experten nicht in Darmstadt halten: 1938 nahm Julius Chun, seit 1930 Prokurist, eine Stelle im Vorstand von Hoffmann-La Roche in Berlin an, was als «schwerer Schlag» galt.[227]

Forschungsrückstände zeigten sich inzwischen besonders eindrücklich im Vergleich mit Merck & Co. In der Fabrik in New Jersey war zwar erst recht spät eine Research-Abteilung gegründet und die universitäre Anbindung gesucht worden,[228] dann jedoch war durch den massiven Ausbau der Vitaminforschung ein Quantensprung gemacht worden. Dalmer berichtete 1936 aus Rahway über die für deutsche Verhältnisse geradezu «phantastisch» anmutenden Dimensionen der dortigen Forschungsabteilungen, und auch über das Marketing konnten die Besucher aus Darmstadt nur staunen.[229] Die ehemalige Tochtergesellschaft avancierte im Zweiten Weltkrieg nach Hoffmann-La Roche zum zweitgrößten Vitaminproduzenten der Welt.[230]

Während bis in die 1920er-Jahre Industrieforschung in erster Linie von den Unternehmen selbst betrieben worden war und der Staat es nicht als seine Aufgabe angesehen hatte, in diesen kostenträchtigen Bereich zu investieren, wurde in der NS-Zeit Forschung zunehmend von militärischen Zwecksetzungen bestimmt. Die Chemie- und Pharmaforschung wurde in Verbindung von «Technikbesessenheit und Verantwortungsvergessenheit»[231] zum Symbol einer verbrecherischen Politik. Vom Rationalisierungs- und Modernisierungsschub des Rüstungsbooms profitierten gerade Branchen wie die Elektrotechnik und Chemie.[232] Auch die Forschung bei Merck geriet in den Sog der wissenschaftlich-industriellen «Selbstmobilisierung».[233]

Die Kriegsplanungen des «Dritten Reiches» bedeuteten unter Forschungsgesichtspunkten für das im Vergleich mit den Branchenriesen kleine Unternehmen Merck allerdings einen herben Rückschlag. Bei Kriegsbeginn wurden weitere rund 900 Präparate aus dem Produktionsprogramm gestrichen. 1944 wurden nur noch etwa 5000 Produkte hergestellt. Die biotechnologische Milchsäureproduktion, die für die pharmazeutische Technologie bzw. die Textil- und Lederhersteller wichtig war und 1938 noch über ein Prozent des Merckschen Gesamtumsatzes ausmachte, wurde wegen des Mangels an Kartoffelstärke eingestellt. Die ohnehin vernachlässigte Sulfonamidforschung musste 1939 «unter den augenblicklichen

Abbildung 91 In der Penicillinforschung blieb Merck nach vielversprechenden Anfängen im Hintertreffen. Das Foto zeigt das Labor von Dr. Theodor Moll im Jahr 1930. Moll und zahlreiche seiner Mitarbeiter kamen 1944 bei einem Bombenangriff auf das Werk ums Leben.

Beschränkungen der Kriegsverhältnisse» überstürzt aufgegeben werden."[234] Auch in der Penicillinforschung zeigte sich, wie stark Merck ins Hintertreffen geraten war. Nach der Entdeckung durch den britischen Bakteriologen Alexander Fleming im Jahr 1928 war die kostspielige Forschung hauptsächlich in Großbritannien und den USA vorangetrieben worden. Bedauernd musste man zur Kenntnis nehmen, dass Merck & Co. auch auf diesem Gebiet Fortschritte machte,[235] aber für vergleichbare Programme, die am einfachsten über Forschungsverbünde hätten organisiert werden können, in Deutschland kein Geld vorhanden war. Ernsthafte bakteriologische Experimente zu Penicillin wurden erst 1943 unter Theodor Moll aufgenommen.[236] Für die biochemischen Forschungen mit mehreren Hundert gezüchteten Schimmelpilzarten sicherte man sich die bewährte Mitarbeit des Göttinger Nobelpreisträgers Adolf Windaus, für die bakteriologische Expertise sorgte der Leiter des Hygienischen Instituts der Universität Jena, Hans Schloßberger. Da sich auch die Heeressanitätsinspektion des OKW für Penicillin interessierte, wurde vom Reichskommissar für das Sanitäts- und Gesundheitswesen, Karl Brandt, eine eigene Forschergruppe zusammengestellt, die in der

«Dienststelle Medizinische Wissenschaft und Forschung» in Berlin mehr als zwanzig inner- und außerwissenschaftliche Forschungseinrichtungen koordinierte.[237] Weil auch Hoechst inzwischen die Penicillinforschung aufgenommen hatte, bat Merck die I. G. Farben im März 1944 dringend um die Ergebnisberichte, um entscheiden zu können, ob «weitere Forschungsarbeiten hiernach noch zu verantworten» seien.[238] Allerdings wurden im mittlerweile vierten Kriegsjahr die Zukunftsaussichten als «sehr ungünstig» eingeschätzt. Geradezu neidisch beobachtete Merck daher «sensationelle Berichte» aus dem Ausland über das neue «Zaubermittel»: «Unverkennbar ist die Tendenz, aus der Penicillin-Angelegenheit ein Ruhmesblatt der angloamerikanischen Wissenschaft und Medizin zu machen.»[239] Moll und zahlreiche seiner Mitarbeiter kamen beim Bombenangriff im Dezember 1944 ums Leben, was das Ende der Penicillinforschung bei Merck besiegelte.[240]

Die Forschungen zur synthetischen Herstellung des Pflanzenschutzmittels DDT, geleitet von Dr. Albert van Schoor, wurden 1941 eingestellt, weil das finanzstarke schweizerische Unternehmen Geigy den Darmstädtern bei der Patentanmeldung einige Wochen zuvorkam – ein weiterer herber Rückschlag, weil gerade dieses Feld als Stärke Mercks gegolten hatte.[241] Besonders ärgerlich nach Ansicht der Darmstädter war, dass das Verfahren – das schließlich über Detal zum DDT führte – nach systematischen Forschungen zur Pantothensäure in umfangreichen Laborverfahren erarbeitet worden war, während Geigy mit einem «Zufallsergebnis» zum Erfolg gekommen sei.[242] Dr. Reinhold Meyer («Mottenmeyer»), der die Bedeutung dieses Zweigs früh erkannt hatte, kam 1944 beim selben Bombenangriff ums Leben, dem auch Moll zum Opfer fiel.

Therapeutische Ovarialpräparate hatte Merck schon zu Anfang des 20. Jahrhunderts hergestellt. Obwohl Darmstadt auch in den 1930er-Jahren Eierstock- und Plazentapräparate produzierte, wurde allerdings Schering der wichtigste deutsche Hersteller von Sexualhormonen.[243] Die oestrogene Wirkung bestimmter Gruppen von Stilbenen wurde 1938 bekannt. Die Forschungen bei Merck zu dem in Tropfen, als Salbe und in Ampullen verabreichten weiblichen Hormonmittel Dioxyäthylstilben (bei Merck seit 1939 unter dem Handelsnamen Oestromon) zur Behandlung u. a. von Menopause-Problemen wurden bei Kriegsbeginn zunächst unterbrochen, dann aber 1940 die letzte Fabrikationsstufe im Labor verbessert und das Medikament auf den Markt gebracht.[244] Produktion und Verpackung der Substanzen fanden unter unzulänglichen Bedingungen statt. Die Substanzen konnten beim Einatmen der Stäube oder beim Kontakt mit Haut und Schleimhäuten je nach Konstitution und Hauttyp unterschiedlich starke lokale oder systemische Wirkungen zur Folge haben. Zur Herstellung wurden auch Zwangsarbeiterinnen – ein Komplex, auf den später noch näher eingegangen wird – herangezogen. Die Fabrikation wäre, so Otto Zima rückblickend, nicht möglich gewesen, «wenn wir nicht die Russenmädchen hätten einsetzen können, die sich einzig und allein gegen Oestromon unempfindlich erwiesen».[245]

2.5. Vitamine

Die seit den 1920er-Jahren entwickelten Vitamine galten in der Öffentlichkeit und Presse beinahe als Allheilmittel gegen zahlreiche Zivilisationskrankheiten.[246] Auf diesem Feld schuf sich Merck einen Weltruf. Besondere Bedeutung hatte das im Juli 1927 unter dem Handelsnamen Vigantol auf den Markt gebrachte Vitamin D, das von dem Göttinger Wissenschaftler und späteren Nobelpreisträger Adolf Windaus entwickelt worden war.[247] Windaus hatte zwar anfänglich nur mit Bayer zusammengearbeitet,[248] aber Merck beteiligte sich gleichsam in letzter Minute am Erwerb der fortan trotz mancher Eifersüchteleien gemeinsam mit Bayer genutzten Patentrechte.[249] Sogleich begann ein Werbefeldzug gegen die vor allem im Kindesalter auftretende Mangelkrankheit Rachitis. Zudem hoffte man, Vigantol unter Anpassung der Wirkstoffkonzentration auch in der Tiermedizin einsetzen zu können.[250] Die schädigende Wirkung bei Überdosierungen wurde durch Versuchsanordnungen minimiert, was man aber gegenüber Bayer geheim hielt, um die Erfolge «zunächst möglichst allein ausnützen» zu können. Erst als man bei den Versuchen nicht weiterkam, wurde Leverkusen eingeweiht.[251] Die Lizenzverfahren waren wie üblich umstritten. Als der US-amerikanische Biochemiker Harry Steenbock im Jahr 1928 für sein Patent einen hohen Gewinnanteil und zusätzlich einen erfolgsabhängigen Betrag forderte, war die I. G. Farben notfalls zum Nachgeben bereit, um nicht vom amerikanischen Markt ausgeschlossen zu werden. Pfotenhauer hingegen wollte angesichts der «völlig ungeklärte(n) Zukunft des Vigantols» lieber ganz auf das «amerikanische Geschäft verzichten».[252] Diese Risikoscheu beruhte wohl weniger auf dem konservativen Geschäftsverständnis der Darmstädter als auf ihrer vergleichsweise geringeren Finanzkraft. Vigantol wurde für Merck und Bayer ein durchschlagender Erfolg. Dank dieser Monopolstellung trug es 1938 immerhin zu 5,6 Prozent des Merckschen Gesamtabsatzes bei.[253] Eine Reichs-Rachitis-Prophylaxe im Zweiten Weltkrieg führte zu großen Aufträgen: Allein im zweiten Halbjahr 1941 wurden 450 000 Flaschen, im ersten Halbjahr 1942 sogar 1,2 Millionen Flaschen Vigantol ausgeliefert.[254]

Das Vigantol-Erfolgsrezept bestätigte sich beim Vitamin C, das 1934 unter dem Markennamen «Cebion» in den Handel kam. Die Ascorbinsäure und ihre Derivate verkörperten auf «ideale Weise das Bedürfnis nach einfach anwendbaren Mitteln der Prophylaxe und der inneren Stärkung».[255] Stolz machte Merck

Abbildung 92 1927 wurde mit dem Vitamin D ein ausgesprochen erfolgreiches Produkt eingeführt. Unter dem Markennamen «Vigantol» diente es der Bekämpfung der vor allem im Kindesalter auftretenden Rachitis.

darauf aufmerksam, dass die bekannteste Vitamin-C-Mangelkrankheit, der gefürchtete Skorbut, nun endgültig besiegt sei. Vitamin C wurde als Mittel zur Optimierung der Gesundheit und geradezu als Jungbrunnen propagiert, das sich «als Dauerprävention gegen jede Form von Leistungsabfall» empfahl.[256] Nach der «Machtergreifung» trat neben dem «Rückkehrwillen zur Natur» der «Leistungsgedanke» noch stärker in den Vordergrund.[257]

Dem späteren Medizin-Nobelpreisträger Albert Szent-Györgyi war es 1928 gelungen, Vitamin C aus Pflanzen- und Gewebeextrakten zu isolieren. 1932 identifizierte er die chemische Struktur, die nun den Namen «Ascorbinsäure» erhielt.[258] In Kooperation mit Szent-Györgyi begannen bei Merck im Oktober 1931 entsprechende Versuche; Ende 1932 wurden erstmals kleine Mengen Vitamin C in kristalliner Form aus Weißkohl- und Zitrusfruchtkonzentrat gewonnen. 1933 meldete Merck «Cebion» als Warenzeichen für das erste reine, natürlich gewonnene Vitamin-C-Präparat an. Zwar hatte Merck schon seit der Jahrhundertwende in anderen Bereichen Erfahrung mit Teil- und Vollsynthesen gesammelt,[259] aber das in Darmstadt angewandte Vitamin-C-Verfahren beruhte zunächst auf der Extraktionsmethode, weil man sich in Darmstadt in guter Apothekertradition besonders mit der Isolierung der Inhaltsstoffe von Heilpflanzen auskannte. Den

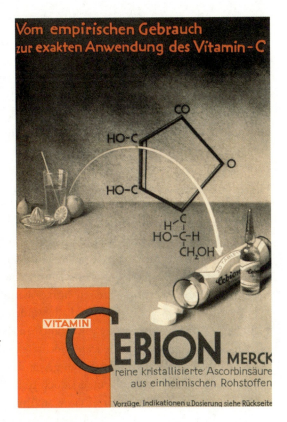

Abbildung 93 Im Zeichen der Verwissenschaftlichung: Diese Cebion-Werbung sollte weniger den Verkauf ankurbeln als den Ärzten die medizinische Wirkung vor Augen führen. Für die Apothekenkunden stand eher die «innere Stärkung» des Körpers durch Vitamin C im Vordergrund.

Trend der chemischen Synthese hatte man verschlafen und musste diesen Innovationsverlust, wie sich bald schon herausstellte, teuer bezahlen. Szent-Györgyi schlug im März 1933 die Gewinnung aus ungarischen Paprikafrüchten vor: «Ich will aber hervorheben, dass ich selber kein finanzielles Interesse habe und es sich um einen Gefallen handelt und der Saft, den ich herzustellen lassen gedenke, ohne Gewinn abgegeben wird.»[260] Im Sommer 1933 wurden in Darmstadt mit den ersten 1000 Kilogramm Paprika-Brei in einem aufwendigen Verfahren 250 Gramm kristallines Vitamin C extrahiert. Als sich herausstellte, dass der Gehalt von Vitamin C in den Blättern der heimischen Gladiolen etwa zehn Mal höher war als bei Paprika, verzichtete Merck im November 1933 auf die ungarischen Paprika, zumal der Transport kostspielig und die Logistik komplex war.[261] Für die Herstellung von etwa 60 Kilogramm Ascorbinsäure, für das der Saft der gepressten Gladiolenblätter vakuumisiert wurde, musste nur eine Ölpresse von Krupp und ein Umlaufverdampfer angeschafft werden.[262]

Der schweizerische Konkurrent Hoffmann-La Roche hatte inzwischen ein Syntheseverfahren angeboten bekommen. Die nach einem ihrer Mitentwickler

Reichstein-Verfahren genannte Methode erwies sich für Hoffmann-La Roche, das ein biotechnologisches Verfahren für die Synthese im Oktober 1933 in der Schweiz und später auch in Deutschland als Patent anmeldete, als kostengünstige Alternative. In Darmstadt ließ man sich aber noch im Dezember 1934 nicht beirren: «Wenn auch die Möglichkeit besteht, dass durch die synthetische Ascorbinsäure eine ernsthafte Konkurrenz erwachsen kann, so wird sich nach der augenblicklichen Auffassung doch betriebsmäßig die Darstellung des Cebions voraussichtlich immer noch so ökonomisch gestalten, dass das natürliche Präparat sich neben dem synthetischen wird behaupten können.»[263] Wenig später sah sich Merck gezwungen, auf das preisgünstigere Reichstein-Syntheseverfahren umzustellen. Allerdings zeigte man sich als schlechter Verlierer und warf Hoffmann-La Roche vor, lediglich ein «Analogieverfahren» zu verwenden, auf das Merck die Patentrechte besitze. Als Merck 1934 Cebion zu Kampfpreisen auf den Markt brachte,[264] platzte dem Hoffmann-La Roche-Generaldirektor Emil C. Barell der Kragen. Ob Pfotenhauer neuerdings zu den Leuten gehöre, «die mit ihren Spezialitäten-Preisen immer heruntergehen, sobald der andere Fabrikant billiger» werde? In diesem Falle werde man sich «nämlich nicht lange vertragen».[265] Beide Seiten stellten sich auf einen «heißen und jedenfalls auch länger dauernden Kampf» um die Patentrechte ein.[266] Merck legte im Juni 1935 beim Deutschen Patentamt Einspruch gegen das Baseler Reichstein-Syntheseverfahren ein. Beide Seiten strebten jedoch trotz aller Querelen die Errichtung eines «Preisrings» um die Ascorbinsäure an, um «einen unnötigen Preiskampf» zu verhindern. Nach einigem Hin und Her boten die Schweizer eine relativ preiswerte Lizenz auf ihr Verfahren an.[267] Hoffmann-La Roche beteiligte jedoch – wie Pfotenhauer bei einem Besuch in Basel im Dezember 1936 bekümmert erfuhr – auch die I. G. Farben, weil man in Erfahrung gebracht hatte, dass diese auf jeden Fall die Fabrikation aufnehmen wolle.[268] Die Darmstädter schlugen Ende 1936 in den Deal ein, was die Lizenzproduktion von Vitamin-C-Tabletten erlaubte, obwohl Merck vertraglich nur geringe Mengen Ascorbinsäure zu «wissenschaftlichen Zwecken» liefern durfte. Die Vereinbarung hatte eine Laufzeit bis 1939, was bald Nachverhandlungen nötig machte. Die ärgerlichen Streitigkeiten mit den Schweizern änderten dennoch nichts am grundsätzlichen Erfolg des Vitamins. Cebion machte 1938 bereits 3,8 Prozent des Gesamtabsatzes aus.[269]

Seit 1934 wusste man in Darmstadt von den Plänen von Merck & Co., die Vitamin C-Sparte auszubauen. Drei Jahre später überschwemmten große Mengen Ascorbinsäure aus den USA zu Dumping-Preisen die europäischen Märkte. Zwar hatte Merck die Firma Pfizer als Lieferanten in Verdacht, mochte jedoch nicht ausschließen, dass Merck & Co. über seine kanadische Filiale dahintersteckte.[270]

Inzwischen wurde in Darmstadt die biotechnologische Herstellung des unerlässlichen Zwischenprodukts Sorbose vorangetrieben, womit Merck über die Auswahl der Mikroorganismen und Fermenterverfahren Neuland betrat.[271] Bei dem unter Einsatz eines Essigsäurebakteriums exakt durchführbaren Teilschritt der Ascorbinsäure – der Umwandlung von D-Sorbit zu L-Sorbose – setzte sich unter dem Tierarzt Dr. Theodor Moll, dem Leiter der Bakteriologischen Abteilung, schließlich 1936 das Hochschicht- oder Submersverfahren durch. Der mehrstufige Gärungsprozess fand in einer mit Aluminiumbehältnissen ausgestatteten Anlage statt. Die aeroben Mikroorganismen befanden sich in einer Nährlösung, der kontrolliert Sauerstoff zugeführt wurde. Ein späterer Mitarbeiter hat das Gefüge «größtenteils offener, brodelnder und schäumender Bottiche, in denen die Essigsäurebakterien den Sorbit zur Sorbose umsetzten», anschaulich beschrieben.[272]

Seit 1939 wurden zusätzliche Ressourcen der ehemaligen Milchsäure-Produktion für die Vitaminherstellung genutzt. Merck inserierte inzwischen: «Cebion-Merck, unbeschränkt lieferbar, da aus inländischen Rohstoffen hergestellt» – zur Verärgerung von Hoffmann-La Roche, weil auch der Begriff «Vitamin C» auf dem Inserat stand. Die Nachfrage nach Cebion stieg nach Ausbruch des Zweiten Weltkriegs noch einmal merklich an. Im November 1939 kündigte die Wehrmacht an, Aufträge über monatlich 1500 Kilogramm Ascorbinsäure zum Ärger von Pfotenhauer auf mehrere Hersteller aufzuteilen. Der ruppige Ton, den Pfotenhauer daraufhin in den Verteilungskämpfen anschlug, verriet, dass sich wirtschaftliche und politische Angelegenheiten kaum noch trennen ließen. In Barell, der – mit Pfotenhauer vom Naturell vergleichbar – Hoffmann-La Roche in den frühen 1920er-Jahren durch harte Einschnitte und Entlassungen vor dem drohenden Konkurs gerettet hatte, fand er jedoch einen ebenbürtigen und robusten Gegner. In Darmstadt kam es im November 1939 zu «dramatischen» Verhandlungen, bei denen Pfotenhauer das Gespräch nach Ansicht der Schweizer «öfters durch politische Erörterungen und sonstige unsachliche Meinungsäußerungen» unterbrach. Pfotenhauer unterstellte Hoffmann-La Roche, gegenüber englischen und französischen Firmen «freundlicher» aufzutreten als gegenüber der I. G. Farben und Merck. Die von dem Baseler Unternehmen vorgeschlagene Aufteilung der Behördengeschäfte – also wesentlich der Wehrmacht – im Verhältnis von 50:50 lehnte Pfotenhauer als «indiskutabel» ab. Dieser deutete sogar an, dass deutsche Dienststellen sich «doch sehr wohl überlegen müssten, ob sie Roche einen Auftrag geben könnten». Die Schweizer reagierten indigniert. Pfotenhauer sei «in seiner völlig einseitigen Betrachtungsweise offenbar bisher nicht auf den Gedanken gekommen [...], dass es für ihn und seine Firma und schließlich auch für das Deutsche Reich eines Tages von Vorteil sein könnte, mit einer Schweizer Weltfirma gut zu stehen».[273] Als Merck eine Verringerung der Lizenzgebühren und ein Pooling im Verhältnis von 60:40 vorschlug, qualifizierten die Männer in Basel dies als «unverschämte Äußerung». Hoffmann-La Roche sah sich der «Willkür» Mercks ausgeliefert, die «auf dem Wege über einen Gewaltakt der Regierung weiter zu kommen» glaube,[274] stimmte aber schließlich der Verlängerung der Reichstein-Lizenz unter der Bedingung zu, dass Darmstadt nicht mehr Ascorbinsäure an die Wehrmacht lieferte als man selbst. Seit Ende 1939 erlaubte Hoffmann-La Roche die Belieferung deutscher Behörden ganz ohne Mengenbeschränkung für die Dauer des Krieges. Merck schlug im Oktober 1940 zudem die Senkung der Lizenzgebühren für öffentliche Auftraggeber vor, was die Schweizer akzeptierten, weil sie zu diesem Zeitpunkt noch weitere deutsche Aufträge in der Zeit nach einem «Endsieg» erhofften.[275] Die hohen Lizenzgebühren an Hoffmann-La Roche – bis Kriegsende jährlich zwischen einer und zwei Millionen Schweizer Franken – blieben für Merck dennoch ein Wermutstropfen.[276] Als das Lizenzabkommen Ende 1951 ablief, hatte es der Schweizer Firma seit 1937 insgesamt über 10 Millionen SFR in die Kassen gebracht.[277]

Vitamin C genoss als «kriegsentscheidendes» Produkt mit der «Dringlichkeitsstufe» S inzwischen eine Sonderstellung. Das vom I. G. Farben-Industriellen Carl Krauch, dessen Vater als Chemiker bei Merck gearbeitet hatte, geleitete Reichsamt für Wirtschaftsausbau bewilligte Gelder für die Modernisierung einer Großanlage in Darmstadt, die im Herbst 1940 in Betrieb ging.[278] Von monatlich 250 Kilogramm Vitamin C zu Kriegsbeginn wurde die Produktion bis zum Frühjahr 1942 auf monatlich 10 000 Kilogramm hochgefahren.[279] Im Sommer 1941 vergab das Reichsinnenministerium einen Auftrag über 650 Millionen Tabletten zur Vitamin-C-Versorgung der Bevölkerung.[280] Das Reichsfinanzministerium orderte im Sommer 1942 weitere 15 Millionen Tabletten für die Abgabe an den Zollgrenzschutz. Weil Wehrmacht und Reichsbehörden große Mengen des Vitamins für Soldaten, Arbeiter und Schulkinder bestellten, arbeitete das Forschungslaboratorium kontinuierlich an der Verbesserung der Verfahren.[281] Mehr als ein Drittel der Produktion ging an das OKW, 48 Prozent an andere öffentliche Abnehmer wie die Reichsbahn und den Reichsarbeitsdienst. Nur 15 Prozent wurden über den freien Verkauf abgesetzt. In einem internen Merck-Memorandum wurde festgehalten, dass selbst die «vorausschauenden Dispositionen durch die stürmische Entwicklung» inzwischen überholt seien. Die Auslastung ging über das hinaus, «was Apparat und Personal zu bieten imstande zu sein scheinen».[282] Die von den Behörden geforderte Erhöhung auf monatlich 15 000 Kilogramm ließ sich nicht erreichen, weil die Sorboseherstellung das Nadelöhr darstellte.[283] Merck blieb noch 1944 eindeutiger Marktführer: Es lieferte den staatlichen Stellen mit inzwischen 144 Tonnen Vitamin C rund 65 Prozent der Gesamtproduktion für Deutschland. Auf den Plätzen folgten Hoffmann-La Roche und die I. G. Farben.[284]

1924–1935: Wirtschaftliche Konsolidierung

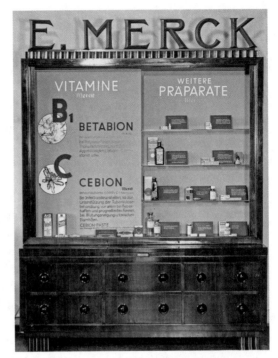

Abbildung 94 Die erfolgreiche Vitaminforschung ermöglichte gute Geschäfte und den Ausbau der Forschungsabteilung. Hier die beeindruckende Vitaminpalette im Jahr 1935. Gegen lästige Konkurrenten wie Hoffmann-La Roche und die I. G. Farben verteidigte Merck eifersüchtig seine Marktanteile.

Wechselhafter war die Erforschung und Vermarktung von Vitamin B_1 (Thiamin). 1929 erfolgten durch Dr. Albert van Schoor erste Versuche zur Isolierung dieses für das Nervensystem wichtigen Vitamins, zunächst aus Hefe, dann aus Reiskleie. 1936 wurden aus 2500 Kilogramm Reisschliff gerade einmal 4,7 Gramm Vitamin B_1 gewonnen – eine recht klägliche Ausbeute, die zur Projektierung einer Großanlage zur Reisschliff-Verarbeitung führte. Zur selben Zeit entwickelte jedoch der amerikanische Biochemiker Robert R. Williams, der sich jahrelang auf eigene Faust der Bekämpfung der Vitaminmangelerscheinung Beriberi gewidmet hatte, mit Unterstützung von Merck & Co. die Synthese von Vitamin B_1.[285] Das ehemalige Tochterunternehmen wollte jetzt die eigene Reiskleie sogar den Darmstädtern gratis überlassen,[286] aber Merck entschied sich, aus Schaden klug geworden, für die Lizenz des kostengünstigeren Syntheseverfahrens von Merck & Co.[287] In den großen Reisschliff-Vorräten hielten fortan «Mäuse und anderes Gewürm Hochzeit».[288]

Bei Besuchen in den USA stellten die Chemiker aus Darmstadt 1937 erneut fest, dass «Merck & Co. in unglaublich kurzer Zeit eine relativ sehr große Produktion aufgebaut» hatte.[289] 1937 wurde Vitamin B_1 unter dem Markennamen «Betabion» auf den Markt gebracht und versprach «ein großer Erfolg» zu werden.[290] Hoffmann-La Roche regte daher sofort an, ähnlich wie bei Cebion

«Marktruhe zu schaffen».[291] Hinderlich war allerdings ein Streit mit der I. G. Farben, die die Eigenständigkeit des Merck-Patents nicht anerkannte und Merck eine Lizenzgebühr in Höhe von 10 Prozent des Vitamin B_1-Gesamtumsatzes vorschlug, was in Darmstadt als «gänzlich indiskutabel» galt und erst «nach langem Hin- und Her» auf 4 Prozent ermäßigt wurde. Gemeinsam mit Hoffmann-La Roche und der I. G. Farben wurde anschließend eine bis 1952 terminierte «Preisverständigung» vereinbart.[292] Im Zweiten Weltkrieg stand auch Betabion mit monatlich über 10 Millionen Tabletten auf der Wunschliste der Behörden.

Insgesamt galt das «Gebiet der Vitamine» bei Merck im Jahr 1940 unter wirtschaftlichen Aspekten als «weitgehend erschöpft».[293] Das unter dem Handelsnamen Vogan 1933 gemeinsam mit Bayer auf den Markt gebrachte standardisierte Vitamin A-Konzentrat stand gegen die anderen Vitamine noch zurück,[294] für das Vitamin E ließ sich 1940 die praktische Bedeutung «noch nicht übersehen».[295] Dennoch wurde auch für das Vitamin E mit Hoffmann-La Roche im Januar 1941 zur Erleichterung der Baseler Vertragspartner eine Preis- und Lizenzvereinbarung getroffen. Merck als der «gefährlichste und wissenschaftlich am weitesten fortgeschrittene» europäische Konkurrent von Hoffmann-La Roche wurde dadurch auf ein bestimmtes Gebiet beschränkt. Dies hinderte die Darmstädter nach Ansicht der Unterhändler aus Basel «an weiteren Angriffen gegen unsere auch nicht auf ganz sicheren Füssen stehenden Patentanmeldungen».[296]

Der Merck-Forschungsleiter warnte trotz aller Erfolgspräparate vor Selbstzufriedenheit: Die Entwicklung habe gezeigt, «dass der mir vom Hörensagen bekannte, angeblich aus der Zeit des Veronals stammende Spruch ‹Wir haben jetzt ein Präparat und dürfen uns mit einem neuen Präparat der gleichen Wirkungsrichtung nicht selbst Konkurrenz machen› falsch ist». Auf «Ur-Präparate» wie Veronal, Ephetonin, Eupaverin und die Sulfonamide, aus denen eine ganze Reihe anderer Artikel mit speziellen Indikationen hervorgegangen seien, könne man sich nicht ausruhen und müsse zukünftig neue «Testmethoden» entwickeln.[297] Dies war allerdings unter Kriegsbedingungen leichter gesagt als getan.

3. 1933–1948: Forschungsstagnation und Rüstungsgeschäfte

3.1. Allgemeine Entwicklung

Unter dem Primat der Politik blieben die Beziehungen zwischen Industrie und Staat im «Dritten Reich» von komplementären Interessen geprägt. Die Unternehmen interpretierten die Wünsche, Erwartungen und Forderungen des NS-Regimes im Sinn ihrer wirtschaftlichen Eigenlogik und weniger der NS-Ideologie. Sie handelten in der Regel zweckrational und opportunistisch. Mehr oder weniger bereitwillig erfüllten sie ihre «Pflichten» im Rahmen des Autarkieprogramms und transformierten die staatlichen Vorgaben «in eigene Entscheidungsprogramme».[1]

Ideologische Linientreue hielten die neuen Machthaber noch nicht einmal für unbedingt notwendig. Ihnen reichte es aus, wenn sie die Privatwirtschaft für ihre eigenen Zwecke nutzen konnten. Sie setzten eher auf Wohlverhalten als auf Zwangsmaßnahmen. Unter diesen Bedingungen besaßen die Unternehmer sogar eine gewisse «Verhandlungsmacht».[2] Die auf «beiderseitigen Zugeständnissen und wirtschaftlicher Interessenkoordination beruhende ‹Symbiose›»[3] zwischen Nationalsozialismus und Industrie wurde durch Anreizsysteme gefördert, die den Unternehmen die Autarkiepolitik und das Aufrüstungsprogramm schmackhaft machten. Die Gewinnerwartung blieb die entscheidende Antriebskraft: Im Sinne des Regimes zu produzieren fiel umso leichter, als die Erträge nicht lange auf sich warten ließen. Verbraucherpreise und Löhne wurden streng kontrolliert,[4] und die Wirtschaft profitierte von der einsetzenden Sonderkonjunktur, in deren Folge sich die Auftragsbücher wieder füllten. Die «Kombination aus wachsender Binnennachfrage, mangelnder Außenkonkurrenz, steigenden Preisen und relativ statischen Löhnen» schuf Voraussetzungen, «unter denen es kaum mehr möglich war, *keine* gesunden Profite einzufahren».[5]

Das Ende der Wirtschaftskrise, die nationalsozialistische Sonderkonjunktur, die Effekte der zunehmenden Verordnungsfreiheit der Medikamente und die steigende Zahl kassenpflichtiger Patienten beflügelten entsprechend auch das Merck-Geschäft. Schon 1933 lag der Gewinn des ersten Halbjahres mit knapp 1,6 Millionen RM um 300 000 RM höher als für den gleichen Zeitraum des Vorjahres – ein überraschendes Ergebnis, zumal die Lage zuvor «doch recht pessimistisch beurteilt» worden war.[6] Im selben Jahr stieg die Zahl der Beschäftigten bei Merck wieder auf über 3000, bis Mitte 1935 sogar auf 3400. Auch die Umsätze wuchsen mit einer kurzen Unterbrechung im Jahr 1935, als einige Abteilungen vorübergehend wieder zur Kurzarbeit zurückkehrten, stetig an. Lediglich bürokratische Hemmnisse trübten das Gesamtbild, wie Louis Merck beklagte: «Gerade der große Papierkrieg mit den Behörden bezüglich Rohstoff- und Devisenfragen benötigt ein zahlreiches unproduktives Personal, was bei rückgehendem Umsatz leider nicht in entsprechendem Maße eingeschränkt werden kann, wie überhaupt die Entlassung von Arbeitern und Angestellten in Deutschland heute auf sehr große Schwierigkeiten stößt. An sich sind die Fortschritte, die wir in den letzten Jahren […] in Deutschland gemacht haben, recht erfreulich, und wir hoffen, dass auch nach und nach in der übrigen Welt die entsprechende Vernunft einzieht, damit sich die ganze Wirtschaftslage dann bessern kann.»[7] 1936 war die 45- bzw. die 48-Stunden-Woche wieder die Regel. Angesichts des Aufschwungs suchte die Firma Außendienstmitarbeiter und Ärztevertreter. Gefragt waren «junge, unverheiratete Chemiker, die mit Rücksicht auf die schlechten Berufsaussichten» bereit waren, im Außendienst zu arbeiten, und denen als Anreiz sogar ein «Kleinwagen» zur Verfügung gestellt wurde.[8]

Die Interessenverbände der Pharmaindustrie schalteten sich nach der Machtübernahme der Nationalsozialisten vergleichsweise schnell gleich. Das Ende des ehrwürdigen Vereins zur Wahrung der Interessen der chemischen Industrie wurde schon im Mai 1933 angekündigt. Wenig später, Ende 1933, löste sich auch die bisherige Interessenvertretung, der Verband der chemisch-pharmazeutischen Großindustrie (Cepha), auf. Er ging in der Reichsfachschaft Pharmazeutische Industrie auf, der späteren Fachgruppe Pharmazeutische Industrie. Grundlage für weitere Umbildungen bot das «Gesetz zur Vorbereitung des organischen Aufbaus der deutschen Wirtschaft» vom Februar 1934. An der Spitze der jetzt insgesamt über 30 nach dem «Führerprinzip» aufgebauten «Wirtschaftsgruppen» standen ausnahmslos treu der NSDAP ergebene bzw. in ihrem Sinn handelnde Personen. Diese übernahmen Aufgaben der «staatlichen Wirtschaftslenkung» und durften in betriebswirtschaftlichen Angelegenheiten sogar Einblick in die Betriebsabläufe nehmen.[9] Pfotenhauer wurde schon im Mai 1934 zum Leiter der im September 1934 geschaffenen Wirtschaftsgruppe Chemische Industrie auserkoren.[10] Für diese Position als Verfechter einer «Selbstverwaltung der Wirtschaft» hatte ihn der parteinahe Unternehmer Albert Pietzsch empfohlen, der aus Protest gegen fortwährende Eingriffe von Parteibonzen das Interesse an Verbandspolitik verloren hatte. Als

Pfotenhauer vom NS-Funktionär und Rechtsanwalt Rüdiger Graf von der Goltz Garantien «für ein vernünftigeres und reibungsloseres Arbeiten» erhalten hatte, war Pietzsch bereit, unter Abgabe der Leitungsfunktion der gesamten Wirtschaftsgruppe wenigstens an die Spitze der Hauptgruppe V zu treten.[11]

Der NSDAP fehlten «präzise und konkrete Vorstellungen» zur zukünftigen Organisation des Gesundheitswesens.[12] Aber gerade bei den Offizin-Apothekern, die unter der Wirtschaftskrise besonders litten, verfingen die nationalsozialistischen Parolen einer «Wiedergeburt» der Pharmazie. Diese wehrten sich unter Berufung auf ihr berufsständisches Monopol bekanntlich seit Langem gegen die preisgünstigen, aber qualitativ keineswegs schlechteren «Spezialitäten». Die Industrie, so lautete ihre für Firmen wie Merck bedenkliche Forderung, sollte sich auf die Herstellung von Simplicia beschränken, «auf keinen Fall aber durch Schaffung überflüssiger Spezialitäten die Rezeptur gefährden».[13] Allerdings scheiterten diese Versuche, den Fertigarzneimitteln der Pharmaindustrie das Wasser abzugraben.[14] 1934 schloss die Reichsfachschaft der pharmazeutischen Chemie (Reipha) mit dem Apothekerverband ein für die Industriefirmen günstiges Abkommen. Noch im selben Jahr wurden die «Zwangsarzneiverordnungsbücher» der Krankenkassen abgeschafft: Ärzte durften jetzt auch teurere Medikamente verschreiben. 1935 erschien das erste «Ärztliche Preisverzeichnis deutscher pharmazeutischer Spezialpräparate», das heute besser als «Rote Liste» bekannt ist und den Siegeszug der «Spezialitäten» ein weiteres Mal dokumentierte.[15]

Die zunehmend unübersichtliche NS-Bürokratie akzentuierte sich mit dem «Neuen Plan» von Hjalmar Schacht.[16] Ein «Gesetz über den Verkehr mit industriellen Rohstoffen und Halbfabrikaten» vom 22. März 1934 schuf nach dem Vorbild der sogenannten Kriegsgesellschaften des Ersten Weltkriegs «Überwachungsstellen», die dem Reichswirtschaftsministerium unterstanden. Die «Überwachungsstelle Chemie» leitete der überzeugte Nationalsozialist Dr. Claus Ungewitter.[17] Die mit dem Autarkiegedanken verbundene Bewirtschaftung ging mit einer «quantitative[n] Einfuhrbeschränkung und Planung des gesamten Einfuhrvolumens» und der Ausfuhrförderung durch Kompensationsgeschäfte, differenzierte Wechselkurse und eine Bevorzugung der Exportindustrie bei der Rohstoffzuteilung einher.[18] Devisenzuteilungen, Preiskontrollen und Kontingentierungen waren untrügliche Signale der zunehmenden Lenkung. Für öffentliche Aufträge wurde ein dirigistisches Lohn- und Preissystem eingeführt, dem mit Blick auf die Kostenrechnung zentrale Elemente freier Verhandlungen zwischen Auftraggebern und -nehmern fehlten. In der Merck-Buchhaltung wurde beispielsweise über die Preisstopp-Verordnung vom Oktober 1936 gestöhnt: Die Preisbildung sei «zur Zeit ein Kapitel für sich». Die der Verordnung «nachfolgenden Ausnahmebewilligungen, Runderlasse und sonstige Verordnungen erfordern ein wahres Rechtsstudium, wenn man nicht gegen sie verstoßen will, und es ist schwierig an den vielen Klippen, die sie bilden, vorbeizukommen, ohne sich strafbar zu machen».[19] Sogar öffentlich machte sich Karl Merck über die mit der Regelungswut einhergehenden «Unbequemlichkeiten und Schwierigkeiten» Luft.[20] Den wohl eher propagandistischen Aufrufen, Rohstoffe zu sparen, schloss man sich an und rief beispielsweise zu einem am 1. Dezember 1937 von der Wirtschaftsgruppe Chemische Industrie mitinitiierten «Hundert-Tage-Kampf» auf. Ob der Appell erfolgreich war, ist nicht bekannt, jedenfalls wurde später darüber nicht mehr berichtet.[21]

Das Jahr 1936 markierte mit dem «Vierjahresplan» eine entscheidende Wegmarke. Nach Hitlers Vorstellungen sollte die deutsche Armee in vier Jahren einsatzfähig, die deutsche Wirtschaft kriegsfähig sein.[22] Die folgende Zeit bis 1939 gilt daher unter den Vorzeichen einer Radikalisierung als die Periode der «nervösen Jahre» der Industrie. Hatte der «Neue Plan» gesamtwirtschaftlich gesehen eine Verbesserung der Handelsbilanz ermöglicht, wäre nun angesichts des Rohstoff- und Devisenmangels eigentlich eine Beschränkung der Rüstungsausgaben und eine Förderung der Exporte dringend notwendig gewesen. Aber dies fand nicht statt. Stattdessen wurde der Chemiesektor von Carl Krauch, der seine Stellung gezielt zum Vorteil der I. G. Farben nutzte, zum «Kardinalstück des Vierjahresplans» auserkoren.[23] Was für die I. G. Farben festgestellt worden ist, gilt genauso für das Darmstädter Unternehmen: Man war innerhalb weniger Jahre «in die Rolle des Pferdes anstelle des Reiters versetzt» worden.[24] Glück im Unglück war allerdings, dass Merck im Branchenvergleich nicht zu den Größten gehörte und als «Tausendfüßler» den Trend zur Entwicklung synthetischer Arzneisubstanzen verschlafen hatte, denn dadurch war man weniger als die I. G. Farben für die Forderungen nach Autarkieprodukten anfällig.

Mit Blick auf Wachstum und Umsatz bedeutete die Umstellung der Wirtschaft auf einen Krieg für Merck zunächst keine Zäsur. Noch im Februar 1938 wurde sogar ein großes Bauprogramm für Forschungs-, Pharma- und Pflanzenschutzmittelbetriebe verabschiedet. Das Werksgelände glich einer permanenten Baustelle: Die Magazine wurden erweitert, zahlreiche Gebäude renoviert, Straßen mit Asphalt befestigt und ein Südausgang geschaffen. Zusätzliche Rasenflächen sollten zu einer freundlicheren Gesamterscheinung beitragen. Allein für den Neubau des Betriebs F 12 wurden 1,5 Millionen RM zurückgestellt, für den Neubau des Kontrolllabors, das bei einer Besichtigung von Schering-Delegierten 1942 als besonders nachahmenswert empfunden wurde,[25] weitere 800 000 RM. Für die Jahre bis 1940 waren insgesamt Investitionen über 4 Millionen RM geplant. Die «lebhafte Bautätigkeit», so Karl Merck 1938, trage dazu bei, dass das Werk innerhalb von fünf Jahren «ein ganz anderes Gesicht» erhalten habe.[26]

Die Zahl der Mitarbeiter stieg bis zum Frühjahr 1939 innerhalb eines Jahres von 3800 auf 4100.[27] Der Verkauf der pharmazeutischen «Spezialitäten», Analysenpräparate und Reagenzien nahm kontinuierlich zu. Zu den Verkaufsschlagern zählte weiterhin Ephetonin, das im Jahr 1938 immerhin 4,9 Prozent des Gesamtumsatzes ausmachte. Ähnlich erfolgreich waren die aus der Gruppe der Barbiturate stammenden Schlaf- und Beruhigungsmittel Phanodorm und Luminal sowie die Vitaminpräparate Betabion, Cebion und Vigantol. Dem standen das Eisen-Leber-Präparat Optonicum, das als starkes Schmerzmittel verschriebene Opioid Eukodal, medizinische Kohle sowie die Schädlingsbekämpfungsmittel nicht nach: Allein diese «Top Ten» machten rund 30 Prozent des Gesamtumsatzes aus.[28] Der Gesamtumsatz lag zu diesem Zeitpunkt um 35 Prozent höher als zur Zeit der Weltwirtschaftskrise. Zwar verlief das Wachstum nicht so sprunghaft wie in der Automobil- oder gar der Rüstungsindustrie, aber Pfotenhauer prognostizierte im Juni 1939 für verschiedene Artikel bereits die baldige «Grenze unserer Leistungsfähigkeit».[29]

Am 1. September 1939 begann mit dem Angriff auf Polen der Zweite Weltkrieg. Die Wirtschaft war darauf zwar besser vorbereitet als 1914, aber in der medizinisch-pharmazeutischen Versorgung und der Gesundheitsfürsorge waren die Defizite unverkennbar. Weil der wortgewaltige, aber durchsetzungsschwache «Reichsgesundheitsführer» Leonardo Conti seinen Bereich nicht angemessen auf die Kriegsbedürfnisse umgestellt hatte, blieb das Gesundheitswesen durch die «Organisation des Mangels» gekennzeichnet. Dieses Manko hatte für die pharmazeutische Industrie den paradoxen Vorteil, dass sie sich, zumindest bis 1942, weitgehend an ihren eigenen Planzielen orientieren konnte.[30] Die bewährten Verkaufsschlager blieben weiterhin gefragt. Das Fabrikationsprogramm unterschied sich zunächst nicht wesentlich von der Vorkriegsproduktion, und Merck war zunächst auch noch kein Rüstungsbetrieb. Eine wertlose Bescheinigung der IHK Darmstadt vom 26. September 1939, «als wehrwirtschaftlich wichtiger Betrieb […] anerkannt» zu sein, hat sich Karl Merck vermutlich selbst ausstellen lassen.[31] Dieser Umstand erwies sich als gutes Argument, um nach 1945 behaupten zu können, man habe im Krieg die Produktionsstruktur als pharmazeutisches Unternehmen gewahrt.[32]

Die konfuse Wirtschaftsplanung ließ den Unternehmern manche Spielräume – insofern ist es ein Mythos, von einer totalen Wirtschaftskontrolle zu sprechen. Die chemisch-pharmazeutische Industrie blieb dennoch im bürokratischen Dschungel gefangen. Zu den Schattenseite gehörte, dass neue Arzneimittel erst nach langwierigen Genehmigungsverfahren der Behörden auf den Markt gebracht werden durften und die Produktion mittels einer Herstellungsanweisung («Hersta») lückenlos nachgewiesen werden musste, um Rohstoffe zugewiesen zu bekommen.[33] Seit 1943 war die Industrie nach «Lenkungsbereichen» und rund 140 Bewirtschaftungsstellen organisiert[34] und musste sich zudem mit dem Wehrkreisbeauftragten, Rüstungskommissionen, Parteiinstanzen, Rüstungsobleuten, Industrieabteilungen, Ausschüssen, Ringen und Wirtschaftsgruppen arrangieren. Giftstoffe für Rüstungszwecke wurden bei Merck nicht produziert.[35] Im Krieg sank die Zahl der Arzneimittelvarianten reichsweit von 37 000 auf 1200.[36] Bei Merck war es nicht viel anders. Zwar blieb die Firma ein «Tausendfüßler», aber Werbung wurde fast vollständig eingestellt, die Forschung stark zurückgefahren und die Zahl der vertriebenen Produkte ein weiteres Mal reduziert. Das Reichsernährungsministerium ordnete für die «Durchführung einer gesicherten Ernährung des deutschen Volkes» zwar die forcierte Herstellung von Schädlingsbekämpfungsmitteln an, vor allem das bewährte Kalkarsenat und das ebenso bewährte Cuprex, aber schon 1942 sah sich die Firma gezwungen, angesichts des Arbeitskräftemangels die Fabrikation von Schädlingsbekämpfungsmitteln aufzugeben.[37] Neben «Verwendungsverbote»[38] traten «Produktionsaufgaben», die weitgehend ohne zusätzliche Rohstofflieferungen erfüllt werden mussten.[39] Die allgegenwärtige Sorge vor Stilllegungen wich 1941 der Einschätzung, dass die Arzneimittelherstellung wohl kaum ganz oder «zu einem wesentlichen Teil» unterbunden werde. Bei den Vitaminpräparaten wurden die Sanitätsparks der Wehrmacht wichtige Kunden. Diese orderten allerdings auch bestimmte «freie» Merck-Präparate, ohne dass man in Darmstadt davon zunächst überhaupt erfuhr.[40] Zu den bedeutenden Produkten gehörte zudem das Beruhigungs- und Schmerzmittel Scophedal, eine Kombination von Scopolamin, Ephetonin und Eukodal, das im Zweiten Weltkrieg massenhaft von den Frontärzten zur Schmerzlinderung, Sedierung und Narkosevorbereitung bei verletzten und operierten Soldaten verwendet wurde. Merck lieferte von 1939 bis 1943 zwei Millionen Ampullen aus.[41]

Die Auftragsflut war für Merck finanziell erfreulich. Das Ergebnis der Halbjahresbilanz 1940 erschien sogar als «beinahe […] unangenehm gut».[42] Umsatzsteigerungen bei den Heereslieferungen führten zu einem Gewinn von 3,5 Millionen RM,[43] nur auf den ersten Blick eine Verschlechterung zum Vorjahr, wo 4,1 Millionen RM in den Büchern gestanden hatten, aber erhebliche Millionenbeträge für Rückstellungen und Pensionsverträge noch nicht herausgerechnet worden waren. Der niedrigere Gewinn hatte zudem den Vorteil, dass der Preiskommissar zufriedengestellt wurde, der sich bei Merck intensiv mit der «Abschöpfung überhöhter Gewinne» beschäftigte. Die Kehrseite der Medaille war insofern die vom Preiskommissar überwachte «Angemessenheit» der Preise auf der Basis von «Leitsätzen» für die «Leistungen für öffentliche Auftraggeber». Auch die Wehrmacht diktierte niedrige Preise[44] und verordnete mehrfach Preissenkungen, die bei Verkaufsschlagern wie Cebion, Betabion und Ephetonin bis zu 20 Prozent betragen konnten. Die Rabatte für «Spezialitäten» mussten hingegen von 35 auf 40 Prozent erhöht werden. Nachzahlungen konnten mehrere Hunderttausend RM betragen, was Louis Merck seufzen ließ, es gehe den staatlichen Stellen darum, «möglichst viel herauszuholen».[45] Die staatlichen Eingriffe erschienen allerdings angesichts der komfortablen Gewinne auch 1941 noch als «ohne weiteres tragbar».[46] Der Umsatz stieg seit Kriegsbeginn von 50 Millionen RM über 64 Millionen RM (1942) auf 69 Millionen RM an, um erst im Folgejahr wieder auf 57 Millionen RM zu sinken. Nach einer Angabe aus dem November 1944 war der Umsatz seit Beginn des Zweiten Weltkriegs um 47,2 Prozent gestiegen.[47] Der Gesamtumsatz in den Jahren des «Dritten Reiches» belief sich nach einer späteren Angabe von Karl Merck auf 577 Millionen RM.[48] Nach der Steuerbilanz 1944 betrug das Vermögen des Unternehmens 1944 rund 97 Millionen RM, nach der Handelsbilanz 74 Millionen RM.[49] Die Gewinne in der NS-Zeit, so lautete die Angabe nach Kriegsende, hätten sich im Vergleich mit denjenigen bei Aktiengesellschaften derselben Branche «durchaus im üblichen Rahmen» bewegt: Der Gewinn machte 1936 rund 12,5 Prozent des Grundkapitals aus, ein Prozentsatz, der im Jahr 1943 auf 6,8 Prozent zurückging. In diesem Jahr machte dies noch 3,5 Millionen RM aus.[50]

Am 17. Juni 1941 erhielt das Unternehmen eine Bescheinigung der Reichsstelle Chemie über «kriegsentscheidende Fertigung». Durch einen «Sonderausweis» vom 15. Januar 1942 wurde Merck OKW-Spezialbetrieb des Reichsministeriums für Bewaffnung und Munition für pharmazeutische Produkte und lieferte Schädlingsbekämpfungsmittel, Stearate für Kabelwerke, Mineralölwerke und Gummiwerke, Labor- und Analysepräparate für die eisenverarbeitende Industrie, Chlorverbindungen und Vorprodukte für die Sprengstoffindustrie.[51] Dennoch rangierte Merck damit «in der Hierarchie der Kriegswichtigkeit» nicht ganz oben. Manche Institute der TH Darmstadt hatten eine höhere Dringlichkeitsstufe.[52] Eine wichtige Umorientierung, die den Interessen Mercks entgegenkam, fand unter Albert Speer statt. Dieser wollte, nachdem er im Februar 1942 das Amt des Reichsministers für Bewaffnung und Munition übernommen hatte, die am effektivsten für den Krieg arbeitenden Unternehmen belohnen und verbesserte das Anreizsystem durch den Übergang von Selbstkosten- auf Festpreise und ein Standardpreissystem, das denjenigen Gewinne versprach, die kostengünstig produzierten. Doch trotz der propagierten «Selbstverantwortung der Industrie» blieb der Anspruch von Partei und Behörden bestehen, die unternehmerischen Entscheidungen maßgeblich zu lenken.[53] Merck profitierte davon, dass der Speer-Günstling Karl Brandt im Sommer 1942 zum Generalkommissar für das Sanitäts- und Gesundheitswesen ernannt wurde.[54] Dieser übernahm zahlreiche Kompetenzen des durchsetzungsschwachen Conti, reorganisierte mit Sonderbefugnissen die pharmazeutische Produktion und das Sanitätswesen und war zudem mit der medizinischen Forschung sowie der Medikamentenherstellung und -distribution betraut. Im August 1942 wurde die Merck-Produktion von der Reichsstelle Chemie in das «Chemische Rüstungsprogramm» einbezogen. Die Integration in den «Brandt-Plan» bedeutete eine gewisse Bevorzugung. 1942 erreichte Merck den «DE-Zugang», mit dem die pharmazeuti-

Abbildung 95 Merck wurde im «Dritten Reich» zum Lieferanten zahlreicher Behörden. Die Verquickung mit dem NS-Regime wird auf diesem Foto aus dem Jahr 1944, das den «Kriegsberufswettkampf» dokumentiert, besonders augenfällig.

sche Produktion in das «Brandt-Programm zur Sicherung und Steigerung der Arzneimittelerzeugung» aufgenommen wurde. Hierdurch erhielt Merck im Herbst 1942 ein Kontingent von 350 bis 400 zusätzlichen Arbeitern, und die Firma war fortan besser gegen Einberufungen geschützt. Ebenso willkommen war die Aufnahme als Lieferant für Aufträge der Dringlichkeits-Sonderstufen S und SS.[55]

Für das fundamental wichtige Auslandsgeschäft bedeutete der Krieg einen erneuten tiefen Einschnitt. Die Filiale in Spanien mit seiner inzwischen ausgebauten Fabrikation erlebte eine «starke Aufwärtsentwicklung»[56] und erwirtschaftete bis Kriegsende rund 3,5 Millionen RM.[57] Auch in Portugal entwickelte sich das Geschäft nach einem kurzen Einbruch zu Beginn des Krieges «nicht ungünstig».[58] Die Tochtergesellschaften auf der Iberischen Halbinsel blieben zunächst wichtige Lieferanten für den lateinamerikanischen Markt. In Frankreich hingegen, wo nach dem «Blitzkrieg» von 1940 zahlreiche deutsche Unternehmen gute Geschäfte witterten, liefen die Merck-Verkäufe schleppend, weil die französischen Stellen geschickt bürokratische Hürden aufrichteten, um die eigene Chemie- und Pharmaindustrie zu schützen. Selbst Versprechen über Aufträge, die

Abstimmung von Produktionsprogrammen, Lizenzen und Gebietsabsprachen verführten die französischen Unternehmen nicht zur Kooperation.[59]

Außerhalb Europas machte der Krieg die Exporterfolge fast überall wieder zunichte.[60] Für den Fall, dass man «von Darmstadt abgeschnitten» werde, wurde die Devise ausgegeben, den Betrieb und besonders das Geschäft mit den «Spezialitäten» auf eigene Faust aufrechtzuerhalten.[61] Zunächst wurde in komplizierten Aktien- und Devisenmanövern und häufig mittels der schweizerischen Holding-Konstruktion der Besitz so verschachtelt, dass die deutsche Eigentümerschaft nicht mehr erkennbar war – ein durchaus übliches Prozedere.[62] Im Kriegsfall, so lautete die Hoffnung, seien die Tochtergesellschaften «in Schweizer Besitz» sicherer als in deutschem.[63] Bei den Tochtergesellschaften in Südamerika wurden einheimische Strohmänner pro forma zu Aktieninhabern ernannt. Der Bezug von Rohstoffen und «Spezialitäten» aus Spanien wurde immer schwieriger, weil die Briten die unter fremder Flagge über Gibraltar in den Atlantik auslaufenden Schiffe streng kontrollierten. Merck-Ware erreichte Südamerika zunächst noch in einer vier bis fünf Wochen dauernden Reise über die Sowjetunion und Japan. Mit den Blockadebrechern «Lech» und «Hermes» gelang sogar noch das Kunststück, eine inzwischen nicht mehr benötigte Fabrikationsanlage der Filiale in Warschau nach Chile zu transportieren und dort wieder aufzubauen.[64] Ein Glück im Unglück war es, wenn Merck – wie in Chile und Brasilien – über eigene Fabrikationen und Chemikalienlager verfügte. Dies führte noch 1941 zu Rekorderlösen in Chile – und zur Meldung aus Brasilien am Jahresende 1940, dass «Hochbetrieb» herrsche.[65] Merck & Co. traute man nicht über den Weg und gewährte keinen Einblick in die Absatzzahlen. Erst nach dem Angriff auf die Sowjetunion und dem Eintritt der USA in den Zweiten Weltkrieg brach auch die pazifische Verbindung zusammen, und die Rohstoffe mussten auf dem Schwarzmarkt erstanden werden.

Seitdem die schweizerischen Holding-Gesellschaften Ende 1940 auf der «Black List» der Alliierten standen, drohte die Beschlagnahme der südamerikanischen Töchter.[66] In Darmstadt wurde für diesen Fall die Devise ausgegeben, «den Dingen ihren Lauf» zu lassen: Wenn der Krieg günstig ausgehe, werde eine Rückerstattung erfolgen, und andernfalls würden die «Rechte wahrscheinlich doch nicht [...] anerkannt werden, wie das Beispiel USA im letzten Krieg gezeigt hat».[67] Diese fatalistischen Annahmen bestätigten sich: Die mexikanische Tochtergesellschaft wurde 1942 – ebenso wie 43 weitere deutsche Unternehmen – beschlagnahmt und als Teil der Industria Nacional Químico-Farmacéutica weitergeführt. Immerhin durfte man wenigstens den Treuhänder noch selbst aussuchen.[68] Die brasilianische Tochtergesellschaft wurde im März/April 1942 unter Regierungsaufsicht gestellt und im Mai 1943 beschlagnahmt. Sie wurde zwar entgegen der Ankündigung nicht verkauft, blieb aber noch bis 1956 in brasilianischer Regierungsverantwortung.[69] Chile ernannte im Juli 1943 für die Merck-Filiale einen Liquidator, beschlagnahmte diese im Herbst 1944[70] und versteigerte sie kurz darauf. In Argentinien setzte die Regierung in fast alle deutschen Firmen Kontrolleure und Treuhänder ein. Die deutsche Merck-Tochter erlitt dieses Schicksal zwar erst im Januar 1945,[71] wurde dann aber im folgenden Herbst beschlagnahmt und liquidiert.[72] Ähnlich verlief die Entwicklung in Kolumbien.[73] Lediglich die Agentur in Uruguay blieb bestehen, weil keine kapitalmäßige Beteiligung bestand.[74] Auf dem indischen Subkontinent wurde die Repräsentanz bei Kriegsausbruch sequestriert und die deutschen Mitarbeiter interniert.[75] Im Fernen Osten profitierte Merck zunächst noch von der militärischen Dominanz Japans und der Vertretung der Firma in Tokio durch Schmidt Shoten Ltd.,[76] bis die Störung der Handelswege im Pazifikkrieg dieses Geschäft ebenfalls zum Erliegen brachte.

3.2. Antisemitismus und «Judenfrage»

Im protestantisch geprägten Unternehmen Merck hatten Katholiken und Juden schon immer einen schweren Stand gehabt. Das bedeutete jedoch nicht, dass Kontakte gemieden wurden: Die Familie ließ sich beispielsweise von dem renommierten jüdischen Mannheimer Rechtsanwalt Max Hachenburg, einem Experten für Gesellschaftsrecht, beraten.[77] Aber als sich Johann Heinrich Merck, ein Teilhaber, auf den später noch einzugehen sein wird, am 4. August 1933 angesichts zahlreicher Anfragen über die Möglichkeit der Schaffung einer Merck-Vertretung in Palästina erkundigte und es «rein menschlich» für seine Pflicht hielt, Bekannten und Freunden nach Möglichkeit zu helfen,[78] lehnte Louis Merck ab. Es bestehe bereits eine regionale Vertretung. Zudem seien «eine Reihe von Kunden Araber […], die von einem jüdischen Vertreter nichts wissen wollen».[79] Als sich der frühere DVP-Vorsitzende Eduard Dingeldey, Schwiegersohn von Willy und Mathilde Merck, 1935 erkundigte, ob es für einen befreundeten jüdischen Apotheker eine Beschäftigungsmöglichkeit gebe, gab ihm Louis Merck eine grundsätzliche Antwort: «Es wird Dir nicht unbekannt sein, dass seit Generationen die Firma Merck bestrebt ist, nur Arier in ihrem Werk zu beschäftigen. Ich weiss, dass dies der Familie verschiedentlich schon falsch ausgelegt wurde und wir teilweise als antisemitisch verschrien sind. Dies trifft aber wirklich in keinem Fall zu. – Du wirst nun aber auch verstehen, dass wir gerade in der heutigen Zeit dem alten Grundsatz erst recht treu bleiben und nach Möglichkeiten weiter darauf sehen wollen, dass tatsächlich kein Nicht-Arier in der Firma Anstellung findet. Ausnahmen sind selbstverständlich auch zulässig, doch müsste es in diesem Fall sich um Persönlichkeiten handeln, die besondere Qualitäten mitbringen und nicht so leicht gefunden werden können.»[80] Antisemitische Töne finden sich in einem Schreiben von Louis Merck an einen französischen Bekannten, der sich dem rechtsextremen «Croix de Feu» zurechnete: «Da ich gerade bei meiner letzten Reise nach Paris [...] wieder gesehen habe, welche falschen Artikel die Presse über Deutschland und gerade über die Person Hitlers bringt, so erachte ich es für ganz zweckmäßig, dass Du auch einmal diese Rede im Wortlaut liest, die in Eurer Presse vielleicht nur auszugsweise oder überhaupt nicht erschienen ist. Nach meiner Auffassung ist die Weltpresse, die leider beinahe 100 %ig in jüdischen – man kann wohl sagen kommunistischen Händen ist – der Grund, dass heute immer noch keine Verständigung unter den Völkern stattfinden konnte.»[81]

Wie überall in der exportorientierten pharmazeutischen Industrie ließen die den xenophoben Tönen der NS-Bewegung folgenden ausländischen Boykottaufrufe im Jahr 1933 in Darmstadt die Alarmglocken läuten. Beunruhigt schrieb George W. Merck: «I had also wanted to discuss the reaction in this country to the anti-Semitic developments in Germany, but I feel the subject quite beyond me. I am unable to understand the situation or to begin to separate the true from the untrue. [...] In the all-important relations between our two countries, let us hope for the best – that common-sense and mutual understanding will triumph in the end over hysteria and misunderstandings.»[82] Das Merck-Direktorium fürchtete die negative Wirkung des Boykotts auf ausländische Ärzte und Apotheker[83] und kritisierte gegenüber den Filialen und Niederlassungen die «jüdische Greuelpropaganda». Dadurch würde «worüber sich gerade auch die in Deutschland ansässigen Juden völlig einig sind – nicht nur den freundschaftlichen Beziehungen zwischen Deutschland und dem Ausland, sondern vor allem den in Deutschland ansässigen Juden selbst ein denkbar schlechter Dienst erwiesen».[84] Louis Merck befürchtete vor allem eine Beeinträchtigung der Umsätze: «Unternehmen kann man eigentlich nichts dagegen, sondern muss der Sache ihren Lauf lassen. Solche Boykott-Bestrebungen bestehen bereits schon in anderen Ländern; ich erinnere in erster Linie an Dänemark und speziell Litauen, das stark verjudet ist, und das einen Boykott mehr infolge der Judenfrage aufgezogen hat. Von vielen werden diese Boykott-Maßnahmen gering eingeschätzt, doch teile ich diese Auffassung nicht, denn wenn sie auch von offizieller Seite abgeblasen werden, so werden die Bestrebungen doch sicherlich im geheimen weitergehen.»[85] Als Karl Merck 1937 Vorsitzender des VdCh wurde, war in dessen Satzung bereits das Führerprinzip festgeschrieben. Für die jüdischen Mitglieder galten de facto die ausgrenzenden «Nürnberger Gesetze». In Karl Mercks Spruchkammerverfahren wurde nach 1945 behauptet, der VdCh habe den Ausschluss jüdischer Mitglieder nicht durchgeführt und stattdessen ein «freiwilliges Ausscheiden» vereinbart, was dazu beigetragen habe, dass Karl Mercks kommissarische Leitung nicht verlängert worden sei und er, um den Schein zu wahren, selbst um seine Entlassung habe nachsuchen müssen. In der Forschung ist diese Angabe aus guten Gründen mit Skepsis aufgenommen worden.[86] Auch die Deutsche Chemische Gesellschaft (DChG) schloss inzwischen jüdische Mitglieder aus. Karl Merck nahm im Dezember 1937 an der Beratung teil, auf der beschlossen wurde, bei den inländischen Mitgliedern «natürlich die möglichste Verringerung ihrer Zahl und ihr Verschwinden aus der Gesellschaft» anzustreben. Bei den ausländischen Mitgliedern einigte man sich angesichts der hohen Zahl namhafter jüdischer Chemiker, deren Entfernung große Aufmerksamkeit hervorgerufen hätte, hingegen darauf, «die Rassenfrage aus dem Spiel zu lassen».[87]

Die Darmstädter Juden wurden inzwischen systematisch ausgeschaltet und verfolgt.[88] Bei Merck bestimmten Parteifunktionäre die antisemitische Agitation. Die wenigen jüdischen Wissenschaftler wurden offenbar zunächst nicht zum Ausscheiden gezwungen.[89] Als z. B. die NSDAP im Jahr 1936 forderte, den «nichtarischen» Patentanwalt Dr. Kassler zu entlassen, beschloss die Geschäftsführung, diesen als «schwerkriegsbeschädigt» im Amt zu halten, sich aber zukünftig «nach einem geeigneten arischen Patentanwalt» umzusehen.[90] Kreisleiter Schilling forderte beim Betriebsjubiläum 1938 in der «Judenfrage» Konsequenzen. Wer noch bei Juden kaufe, scheide sich damit «von seinen anderen Volksgenossen» und müsse sich darüber im klaren sein, dass ein solches Verhalten für die NSDAP auf Dauer «untragbar» sei.[91] Im Juni 1939 wies der Vertrauensrat darauf hin, dass ins Ausland entsandte «Gefolgschaftsmitglieder» auch «unter charakterlichen und weltanschaulichen Gesichtspunkten besonders sorgfältig» auszusuchen seien. Die Entsendung von «Mischlingen» ins Ausland komme «sowieso in Zukunft nicht mehr in Frage […], da die Firma auch Vierteljuden grundsätzlich nicht mehr einstellt».[92] Bewährte Außendienstmitarbeiter, die in nationalsozialistischer Terminologie als «Mischlinge 1. Grades» galten, wurden vor 1938 nicht gekündigt, sondern an andere Stelle versetzt, allerdings mit Hinweis, dass «im Falle von Schwierigkeiten […] eine interne Beschäftigung in Darmstadt nicht in Frage kommen könne».[93] Die Firma entließ im Oktober 1941 nach Aufforderung durch die Kreisleitung den langjährigen Prokuristen und Personalchef Dr. Otto Henkel, dessen Frau Emmy Jüdin war. Henkel erhielt ein großzügiges Ruhestandsgehalt, aber seine Frau wurde trotz des begrenzten Schutzes, den eine «privilegierte Mischehe» zu bieten schien, Opfer der Vernichtungspolitik und wurde 1943 in Auschwitz ermordet.[94] Wilhelm Merck führte nach 1945 an, er habe noch versucht, den jüdischen Ingenieur Rudolf Engelmann im Unternehmen zu halten, der dann jedoch durch Kreisleiter Schilling zum Ausscheiden gezwungen wurde.[95] Die «nichtarischen» Angestellten Liesel Delp, Nelly Fankhaenel und Livia Wiegand wurden hingegen bis zum Herbst 1944 weiterbeschäftigt,[96] wobei nicht sicher ist, ob die Mercks hierüber überhaupt Kenntnis hatten.

In der Tschechoslowakei vertraute Merck seit 1921 auf die Dienste des Merck-Vertreters und Chemikers Dr.-Ing. Josef Patek.[97] Auf diesem mit der deutschen Chemieindustrie durch Kapitalbeteiligungen und Kartellvereinbarungen eng verflochtenen lukrativen Markt kontingentierte die Regierung seit 1932 die Einfuhr pharmazeutischer Produkte durch hohe Zölle und Auflagen.[98] Als in Prag nach der Machtübernahme der Nationalsozialisten zudem Boykottaufrufe ertönten, gründete Merck im Februar 1934 die Sanomedia GmbH, der das Alleinverkaufsrecht in der Tschechoslowakei eingeräumt wurde. Um bei einem eventuellen Besitzerwechsel den Übergang des Geschäfts in fremde Hände zu verhindern, wurde mit Patek ein Optionsvertrag geschlossen, der Merck für diesen Fall die Überlassung der Geschäftsanteile gegen eine angemessene Entschädigung zusicherte. Merck-Präparate wurden fortan nur noch als Großpackungen und in Form unverarbeiteter Rohstoffe nach Prag geschickt. Abfüllung und Verpackung erfolgte unter tschechoslowakischer Flagge. Nach dem Münchener Abkommen im Jahr 1938 und der Abtretung des Sudetenlandes[99] waren mehrere Hundert Apotheken in den jetzt «reichsdeutschen» sudetendeutschen Gebieten vom – drastisch verkleinerten – tschechischen Markt abgeschnitten. Bei der Sanomedia musste daher Ende 1938 die Arbeitszeit der inzwischen nur noch 20 Beschäftigten halbiert werden.[100]

Nachdem die Außenhandelsstelle für das Rhein-Main-Gebiet Merck im September 1938 mitgeteilt hatte, dass die Sanomedia eine «nichtarische Firma» sei (in Darmstadt war man bisher davon ausgegangen, Patek sei Katholik), stellten Louis und Karl Merck sowie Pfotenhauer diesem die Frage nach seiner «Rassezugehörigkeit».[101] Wenige Wochen später erfuhr Pateks Anwalt, dass eine Fortsetzung des Vertragsverhältnisses «nicht möglich» sei. Patek, der mit dieser Entwicklung bereits gerechnet hatte, erklärte sich mit einer «loyalen und freundschaftlichen Trennung» unter Wahrung seiner Vertragsrechte einverstanden. Auch in Darmstadt war man dazu bereit und wollte durch das 1934 vereinbarte Optionsrecht die Sanomedia übernehmen.[102] Nach dem «Griff nach Prag» am 15. März 1939 und der Annexion des in «Reichsprotektorat Böhmen und Mähren» umbenannten Teils der Tschechoslowakei[103] musste Merck die «Propaganda» von «national-tschechisch gesinnten Ärzten»[104] nicht mehr befürchten und trieb die Optionsausübung voran, zumal die Merck-Präparate unbesorgt in Originalverpackungen verkauft werden konnten. Nachdem Pateks Versuch, die Sanomedia in eine Aktiengesellschaft umzuwandeln, gescheitert war, reiste dieser im April 1939 nach Darmstadt, wo vereinbart wurde, Patek «krankheitshalber für einige Monate vom laufenden Geschäft» zu beurlauben. Zudem wurde vereinbart, Patek einen Betrag von 1,5 Millionen tschechischen Kronen auszuzahlen und Ende 1939 die Option auszuüben. Die Behörden wurden informiert, man wünsche angesichts des «außerordentliche[n] Erfolg[s]» Pateks eine Trennung, die «gütlich und so einfach wie möglich in genauer Erfüllung der seinerzeit abgeschlossenen Verträge» vollzogen werde.[105] Patek ging noch im Sommer 1939 über die Niederlande ins britische Exil.[106] Im August 1939 genehmigten Devisenstelle und Reichswirtschaftsministerium die Auszahlung des vereinbarten Betrags, der jeweils zur Hälfte in bar und als Kredit über die Böhmische Union-Bank in Prag ausgezahlt werden sollte.[107] Ein Revisionsbericht aus dem Dezember 1939 und eine «Schlussabrechnung» aus dem Juni 1940 sind die letzten Papierspuren der Transaktion.[108] Beauftragte von Merck und Knoll inspizierten die Firma, die angesichts der politischen Lage bereits erhebliche Einbußen erlitten hatte.[109] Nachdem man «den jüdischen Elementen»[110] die Leitung entzogen hatte und auch nicht mehr «gezwungen» war, «mit jüdischen Ärzten, Krankenhausvertretern und anderen Stellen zu verhandeln», ging die Sanomedia je zur Hälfte in den Besitz von Merck und Knoll über.[111] Weil angesichts der antideutschen Stimmung wohl nur ein «Deutscher mit möglichst guten tschechischen Sprachkenntnissen» als zukünftiger Leiter infrage kam, wurde im Oktober 1939 der bei einem Prager Pharmagroßhändler beschäftigte Prokurist Otto Essler eingestellt. Die Fabrikationsmaschinen wurde im Winter 1939/40 nach Darmstadt transportiert, von wo fortan Originalpräparate bezogen wurden.[112] Während Knoll die Firma zumindest für die Kriegsdauer bestehen lassen wollte, drängte Darmstadt auf die Schaffung einer nichtselbständigen «Abteilung Prag». Im Juni 1944 wurde beschlossen, die Sanomedia, die immer noch Gewinne nach Darmstadt überwies, aufgrund von «Interessenkollisionen» bei Fabrikation und Verkaufspolitik zu liquidieren.[113] Hierzu kam es nicht mehr. Die Sanomedia wurde bei Kriegsende beschlagnahmt. Essler, noch im Mai 1944 zum «Wehrwirtschaftsführer» ernannt, war nach Kriegsende eine Zeit lang in der Tschechoslowakei interniert und kehrte nach seiner Entlassung in leitende Funktionen zu Merck zurück.[114]

In Chile wurden die Merck-Produkte seit 1925 von der Firma Lobenstein & Schalscha in Santiago vertrieben.[115] Als 1938 die Vorschrift erlassen wurde, dass Vertreter keine Provisionen mehr erhalten durften, wenn sie nach den «Nürnberger Gesetzen» als «Volljuden» galten, und Merck über das deutsche Konsulat in Chile in Erfahrung gebracht hatte, dass dies auf Dr. Schalscha zutraf, bereitete man sich aus «sehr naheliegend[en]» Gründen auf dessen Ausscheiden vor.[116] Man erkundigte sich bei den deutschen Behörden, «ob ein Vertreterwechsel in Chile erforderlich sei». Die Antwort ließ trotz aller geschäftsmäßigen Floskeln erkennen, dass der Vorgang den Mercks unangenehm war: «Ich brauche wohl nicht besonders zu betonen, dass ich außerordentlich bedaure, auf diese Weise mein Verhältnis zu L. & Sch. lösen zu müssen. [...] L. & Sch. vertreten mich seit 14 Jahren und haben immer zu meiner vollsten Zufriedenheit für mich gearbeitet.»[117] Im November wurde Lobenstein & Schalscha fristgemäß zum 30. Juni 1939 gekündigt.[118] Ob ein materieller oder immaterieller Dank für die bisherige Zusammenarbeit erfolgte, geht aus den Akten nicht hervor. Angesichts der günstigen Geschäftsaussichten wurde der Aufbau einer eigenen Tochtergesellschaft vorangetrieben.

3.3. Zwangsarbeit

Die Grundlagen und Dimensionen der Fremd- und Zwangsarbeit während des Zweiten Weltkriegs sind inzwischen gut erforscht.[119] Der «Arbeitseinsatz» war durch eine «verwirrende Anzahl von Arbeitsverhältnissen» gekennzeichnet, die «zwischen den idealtypischen Extrempolen absoluter Freiwilligkeit und totalen Zwangs»[120] ein weites Spektrum einnahmen. Nicht nur die Beschäftigungsbeziehungen – Zivilarbeiter, Kriegsgefangene und KZ-Häftlinge – waren vielfältig. Zahlreiche Institutionen aus Wirtschaft, Verwaltung, Wehrmacht und Partei waren zudem mit der Administration der sich auftürmenden Probleme betraut, die seit den forcierten Einberufungen zur Wehrmacht bei Beginn des Zweiten Weltkriegs entstanden. Es wäre «eine weltfremde Vorstellung»[121] anzunehmen, dass sich Unternehmen der Beschäftigung von Zwangsarbeitern hätten entziehen können. Aber das sich etablierende System mit seinen unscharfen Konturen mündete schließlich in Arbeitsbeziehungen, bei denen nicht länger nach ethischen oder rechtlichen Grundsätzen gefragt wurde.[122] Über Umfang und Charakter der Zwangsarbeit bei Merck lässt sich aus den vorhandenen Personal- und Sozial-Unterlagen ein angemessenes Bild zeichnen,[123] obwohl Personalchef Dr. Walter Brügmann noch kurz vor Einmarsch der Amerikaner gezielt Akten vernichtete.[124]

Merck beschäftigte bei Kriegsausbruch etwa 4060 Mitarbeiter. Einberufungen zur Wehrmacht und Arbeitskräftemangel bereiteten «die größte Sorge».[125] Wie im Ersten Weltkrieg stieg der Anteil der beschäftigten Frauen signifikant. Von 1214 weiblichen Angestellten und Arbeitern bei Kriegsausbruch wuchs die Zahl bis zum Herbst 1942 auf 1600 rasant an. Merck war zu diesem Zeitpunkt eine Firma, in der fast schon so viele Frauen wie Männer arbeiteten,[126] zumal rund 40 «Reichsarbeitsdienst-Maiden», also junge deutsche Frauen, die eine Pflichtzeit zu absolvieren hatten, noch nicht hinzugerechnet sind. Von der Stammbelegschaft bei Kriegsausbruch war zu diesem Zeitpunkt schon fast die Hälfte nicht mehr im Werk. Zum 31. März 1941 stellten die ersten Abteilungen von der 48-Stunden-Woche auf die 53- bzw. 55-Stunden-Woche um. Im Juli 1942 wurden auch die bislang nicht betroffenen Abteilungen wie Kontor und Forschung an die längere Arbeitszeit angepasst.[127] Überstunden, die Einstellung von Pensionären sowie die abteilungsweise eingeführte Arbeit am Samstagnachmittag vermochten den Arbeitskräftemangel nicht dauerhaft zu kompensieren, zumal fortlaufend «Unabkömmlichkeitsstellungen» aufgehoben wurden. Allein im Herbst 1942 mussten 117 weitere Arbeitskräfte abgegeben werden. Der Vorschlag, noch mehr Frauen für die Fabrikarbeit zu gewinnen, stieß auf wenig Gegenliebe. Da es längst keinen freien Arbeitsmarkt mehr gab, machte Merck ständig Eingaben an das Arbeitsamt Darmstadt und das Landesarbeitsamt Frankfurt als zuständige Behörden. Diese genehmigten jedoch nur einen Bruchteil des gemeldeten Arbeitskräftebedarfs, weil Merck noch keine Einstufung als Rüstungsbetrieb besaß. Mitte 1943 wies das Reichsministerium für Beschaffung und Munition statt der angeforderten 139 Arbeitskräfte lediglich 30 männliche und 20 weibliche Arbeiter zu. Als das Arbeitsamt im August 1944 durch «Auskämmaktionen» weitere Arbeiter abziehen wollte, protestierte die Firma gegen die «Hartnäckigkeit» des Arbeitsamts und den Umstand, dass Merck offenbar als willkommenes «Reservoir» betrachtet werde.[128]

Die Betriebsführung von Merck hätte lieber die eigenen Chemiefacharbeiter gehalten. Gegenüber Besuchern der Firma Schering zeigte sie sich besonders stolz auf das «alte Stammpersonal, [...] weil mit diesem ein sicheres Arbeiten gewährleistet» sei.[129] Ein interner Bericht beklagte im Herbst 1942: «Die besten Kräfte sind eingezogen. Dazu sind eine beträchtliche Anzahl wertvollster Handwerker dienstverpflichtet. Der alte Stamm setzt sich zum größten Teil aus überalterten, in der Arbeitskraft geschwächten Leuten und aus solchen zusammen, die infolge einer Körperbehinderung nicht eingezogen werden konnten.»[130] Nicht anders als andere Chemiefirmen akzeptierte man notgedrungen das kostenträchtige System, das mit der Anwerbung, Unterbringung, Verpflegung und Überwachung der Zwangsarbeiter verbunden war.[131] Diese galten nicht als adäquater Ersatz, weil sie nach Einschätzung der Vorgesetzten aufgrund der mangelnden Ausbildung «fast restlos nur als Hilfskräfte» eingesetzt werden konnten. Zudem wurde der erhebliche Zeitaufwand beklagt, der durch das Anlernen entstehe.[132]

Fast achtzig Prozent der bei Merck beschäftigten Ausländer zählten zu den zivilen «Westarbeitern». Der überwiegende Teil stammte aus Belgien, gefolgt von Franzosen, Italienern und Niederländern.[133] Im Oktober 1942 zählten von den zu diesem Zeitpunkt beschäftigten 3960 Mitarbeitern 366 zur Gruppe der «Holländer, Flamen und Franzosen», 62 kamen aus dem mit Deutschland verbündeten Italien, und 96 gehörten zu diesem Zeitpunkt zur Gruppe der «Ostarbeiterinnen», die in den Quellen meist als «Russinnen» aufgeführt sind. Der Anteil der ausländischen Beschäftigten an der Gesamtbelegschaft betrug mit 566 rund 14 Prozent.[134] Diese Zahlen unterlagen allerdings gewissen Schwankungen und Unsicherheiten in der Berechnung. In einer anderen Aufstellung ist von 685 Personen die Rede, die zur Rubrik der Kriegsgefangenen, Zivil- und Zwangsarbeiter gehörten, sowie einer Quote von 16 Prozent der Gesamtbelegschaft. Welches Zahlenmaterial man auch heranzieht: Verglichen mit manchen Rüstungsbetrieben in der Region war diese Quote vergleichsweise niedrig, denn dort wurden 1944 in der Regel über 30 Prozent und in der Spitze sogar fast 60 Prozent der Belegschaft von ausländischen Arbeitskräften gestellt.[135] Einige junge Sinti-Frauen, die im Frühjahr 1943 an ihrem Arbeitsplatz verhaftet und zur Zwangsarbeit bei Merck verpflichtet wurden, waren allerdings überhaupt nicht verzeichnet.[136]

Nach Ende des «Blitzkriegs» gegen Frankreich trafen etwa 40 französische Kriegsgefangene ein, deren Beschäftigung allerdings die Ausnahme blieb. Die ersten «Westarbeiter» wurden im Jahr 1941 angeworben. Brügmann, ein «überzeugter Nationalsozialist der jüngeren Generation»,[137] reiste persönlich ins belgische Gent zur dortigen «Werbestelle», um – vor allem im ostflandrischen Ronse – «dienstverpflichtete» Vertragsarbeiter zu rekrutieren.[138] Hierdurch erklärt sich die ungewöhnlich hohe Zahl flämischer Arbeiter, die bald etwa die Hälfte der ausländischen Arbeitskräfte bei Merck stellten und intern als «die besten und intelligentesten» ausländischen Arbeiter bezeichnet wurden.[139] Im Frühjahr 1941 wurden italienische Zivilarbeiter angefordert, wobei man in Darmstadt davon ausging, dass diese als nicht sehr motiviert angesehenen italienischen Arbeiter «nicht ohne weiteres überall eingesetzt werden» konnten, eine Klage, die in den folgenden Jahren immer wieder zu hören war.[140] Im November 1941 wurden sowjetische Arbeiter angekündigt, die vornehmlich für «Erdarbeiten» eingesetzt werden sollten.[141] Stattdessen trafen im Herbst 1942 die erwähnten «Russinnen» ein. Die Zuweisung polnischer Arbeiter im Jahr 1944 wurde als «eine starke Zumutung» bezeichnet: «Von den 4 erwachsenen Polen ist nur 1 Mann arbeitsfähig. Der zweite Mann ist sehr schwächlich und tuberkulosekrank, sodass seine Beschäftigung in chemisch-pharmazeutischen Betrieben nicht möglich ist. Die eine Frau ist ebenfalls sehr schwächlich und kann nur für leichte Arbeit eingesetzt werden, die zweite Frau ist 68 Jahre alt, sodass sie ebenfalls kaum mehr arbeiten kann. Darüber hinaus bringt der eine einsatzfähige Mann 5 Kinder zwischen 4 und 12 Jahren mit, die wir ebenfalls aufnehmen müssen. Praktisch ist es also so, dass wir für einen einsatzfähigen Mann für 9 Personen Unterkunft zur Verfügung stellen und für 5 Kinder außerdem noch sorgen müssen.»[142] Mit der Arbeitsleistung der italienischen Zivilarbeiter zeigte man sich weiterhin unzufrieden: «Besonders hinsichtlich unserer Achsenbrüder haben wir recht betrübliche Erfahrungen gemacht, dass sie überhaupt nicht wissen, was arbeiten heißt. Deshalb mussten auch verschiedene wegen Arbeitsverweigerung wieder in ihre Heimat abgeschoben werden.»[143] Nach dem Übergang Italiens auf die Seite der Alliierten im Herbst 1943 wurden Merck rund 40 italienische «Militärinternierte» zugewiesen. Im Herbst 1944 versuchte die Personalabteilung sogar noch, italienische Strafgefangene mit dem Versprechen nach Deutschland zu locken, sie würden nach einem Jahr Arbeit die Freiheit erhalten – ein aussichtsloses Unterfangen, weil sich diese mit Händen und Füßen dagegen wehrten, nach Deutschland verschickt zu werden.[144]

Abbildung 96 Die Zwangsarbeit hielt auch bei Merck Einzug. Auf diesem Bild aus dem Jahr 1943, das die Messstation in einer Gärungsabteilung zeigt, sind der Vorarbeiter Heinrich Donges, die Arbeiterin Lina Fuß und eine «Ostarbeiterin» zu sehen, die nur mit dem Namen «Maria» aufgeführt wird.

Die Zivil- und Zwangsarbeiter wurden vielfältig eingesetzt: in den Vitamin-Abteilungen ebenso wie bei der Produktion der Schädlingsbekämpfungsmittel und, nach den Bombenangriffen 1944/45, zur Reparatur der Reichsbahnanlagen. Die «Ostarbeiterinnen» wurden für Verpackungs- und Abwiegearbeiten im Labor sowie für Dienste in Kantine, Wäscherei, Produktion und Transportwesen herangezogen. In den Laboratorien wurden zur Wehrmacht verpflichtete Arbeiter oder Laboranten, wie Forschungsleiter Otto Zima zu Protokoll gab, «durch russische Mädchen ersetzt [...]. Sie bewährten sich hervorragend, konnten nach wenigen Wochen selbständig titrieren, Analysen ausrechnen, ja zum Teil Laborjournale in deutscher Sprache führen.»[145]

Die meisten «Westarbeiter» und italienischen Fremdarbeiter waren in Arheilgen untergebracht, zum Teil in Wohnungen, aber auch in Räumen der Gasthäuser «Zum Weißen Schwan», «Zum Goldenen Löwen», «Zur Sonne» und «Zum Grünen Baum».[146] Zumindest anfangs brachten die Flamen nach ihren Urlauben sogar «Verwandte und Bekannte gleich mit» nach Darmstadt. Ihre vergleichsweise privilegierte Stellung büßten sie mit zunehmender Kriegsdauer ein.[147] Während sich die westlichen Fremdarbeiter weitgehend frei bewegen konnten, war für die Bewachung der «Ostarbeiter» der Werkschutz zuständig.

1933–1948: Forschungsstagnation und Rüstungsgeschäfte

Die meist jungen Zwangsarbeiterinnen wurden in umzäunten «Russenbaracken» außerhalb des Betriebsgeländes in der Maulbeerallee in Arheilgen untergebracht und trugen in der Regel Armbinden in ihren «Landesfarben».[148] Ob sie tatsächlich, wie es in einer früheren Merck-Darstellung heißt, «ihre Lage, den kriegsbedingten Gegebenheiten entsprechend, als erträglich empfunden» haben,[149] ist ebenso zweifelhaft wie die Angabe eines Merck-Wissenschaftlers, das Verhältnis zu diesen «Russenmädchen» sei «ein ausgezeichnetes» gewesen.[150]

Strafen wie der Entzug von Brotrationen wegen «Arbeitsbummelei» waren nicht selten.[151] Zwar spricht einiges dafür, dass die Propagandafotos der «gut genährte[n], adrett gekleidete[n] Frauen aus Russland und der Ukraine» durchaus die «Wahrhaftigkeit des Dargestellten» wiedergeben. Aber sie sind nur derjenige Teil der Facette, in denen sich die Absicht spiegelt, die Zwangsarbeit als «Zivilisations- und Entwicklungshilfe» zu verharmlosen. Manche der «humanitären» Überlegungen, die zu einer besseren Behandlung führten, besaßen «ihre betriebliche Logik, denn eine Fabrik für chemische und pharmazeutische Produkte brauchte hygienisch einwandfreies und präzise arbeitendes Personal».[152] In der Zwangsarbeiterhierarchie waren «Ostarbeiterinnen» unten angesiedelt. Eine Zeugin, die als Dolmetscherin für die Ukrainerinnen tätig war, gab 1948 an, deren Bezahlung sei «schlecht» und die Verpflegung «natürlich der Zeit entsprechend» gewesen.[153] Diese erhielten rund 75 Prozent des regulären Lohns, von denen aber Beträge für Unterkunft und Verpflegung abgezogen wurden, sodass unter dem Strich etwa 40 RM monatlich übrig blieben.[154] Einige Mitglieder der Werksfürsorge standen auf dem Standpunkt: «Wir dürfen sie lieben, wie wir die Tiere lieben!»[155] Käthe Kasten, eine Aufseherin des «Russenlagers», berichtete nach Kriegsende, sie habe dieses «in einem unerhörten Zustand übernommen», und auch nach ihrem Weggang seien die «Ostarbeiterinnen» schikaniert worden.[156] Wenn diese einmal die seltene Gelegenheit nutzten, in ein Darmstädter Café zu gehen, folgte prompt die Ermahnung, dann müsse aber das «Ostarbeiterabzeichen» getragen werden.[157] «Ostarbeiterinnen» wurden gelegentlich mit gespendeten Kleidungsstücken ausgestattet, um sie gegen die Kälte zu schützen, wobei diejenigen bevorzugt wurden, die sich «gut geführt» hatten.[158] Manche Sanktionen war reine Schikane: Eine «Ostarbeiterin», die 1943 einer in Heimaturlaub fahrenden Flämin 40 RM gab, damit ihr jene einen Rock besorge, wurde verwarnt.[159]

Die Werksleitung versuchte, persönliche Kontakte zu den Fremd- und Zwangsarbeitern zu verhindern. Die Betriebsleitung ermahnte schon beim Eintreffen der ersten Kriegsgefangenen zur Zurückhaltung: «Es erübrigt sich, darauf hinzuweisen, dass es unwürdig ist, den Gefangenen in irgendeiner Form Missachtung entgegenzubringen oder ihnen Kränkungen zuzufügen. Es ist anderseits eine Selbstverständlichkeit, dass jeder den notwendigen Abstand hält und jedes Wort, jedes Zeichen, wie überhaupt jede Art von Annäherung vermeidet.»[160]

Nachdem sich eine Merck-Mitarbeiterin in «pflicht- und ehrvergessener Weise» mit einem Kriegsgefangenen «eingelassen» hatte und zu eineinhalb Jahren Zuchthaus verurteilt worden war, wurde der Fall zur Abschreckung im «Merck-Blatt» geschildert.[161] Welche Folgen die Missachtung der strengen Regelungen haben konnte, zeigt eine Episode, die dem Chemiker und Opiate-Fachmann Dr. Karl Lange widerfuhr. Eine in seiner Abteilung beschäftigte Französin, die er zu einer seiner besten Arbeiterinnen zählte, wurde 1944 zu einer Haftstrafe wegen «Herumtreibens» verurteilt, weil sie abends zu spät zurückgekehrt war. Als Lange sie nach ihrer Haftentlassung auf offener Straße mit Handschlag begrüßte, wurde er denunziert und erhielt einen Verweis: «Die Geschäftsleitung erblickt in Ihrem Verhalten [...] einen Verstoß gegen die allgemeinen Anordnungen gegenüber Ausländern.»[162] Als Lange protestierte, wurde er entlassen: «Sie beweisen durch Ihre hartnäckige Verständnislosigkeit, dass Sie die Voraussetzungen nicht erfüllen, die an einen Angestellten in gehobener Stellung, insbesondere an einen zukünftigen Betriebsleiter, gestellt werden müssen.»[163] Lange kam anschließend bei einer Niederlassung von Boehringer Ingelheim unter[164] und bezeichnete Merck nach dem Kriegsende aufgrund der von ihm gemachten Erfahrungen als «übernazistisch».[165] Je länger der Krieg dauerte, umso gefährlicher wurde es für die Zwangsarbeiter. Die Baracken durften bei Bombenalarm nicht verlassen werden, und die Luftschutzeinrichtungen waren für sie nicht immer zugänglich. Als beim schweren Angriff vom 12. Dezember 1944 alle Baracken bis auf eine zerstört wurden, waren die Todesfälle unter den Zwangsarbeitern offenbar eine Folge dieser Bestimmungen.

Wie ist die Zwangsarbeit bei Merck abschließend zu beurteilen? Amerikanische Ermittler stellten nach Kriegsende fest: «While most of the workers from the Western countries probably came more or less voluntarily, the Russians (and later, the Italians) appear to have less choice in the matter.»[166] Diese Einschätzung trifft die Sache recht gut. Vor allem die «Westarbeiter» hatten ihre Behandlung später nicht in allzu schlechter Erinnerung. Viele der Flamen kamen 1948 zu Besuchen nach Darmstadt zurück. Es folgten in den 1950er-Jahren weitere Werks- und Gegenbesuche, bei denen sie unter anderem von Karl Merck empfangen wurden.[167] Aber gerade die Behandlung der italienischen Militärinternierten und der russischen und ukrainischen «Ostarbeiterinnen» zeigt, dass man es sich mit der Ansicht zu leicht macht, die Zwangsarbeiter bei Merck seien insgesamt «nicht so unmenschlich» behandelt worden wie in anderen Firmen.[168]

Die bundesdeutsche Wirtschaft[169] interessierte sich bis in die 1980er-Jahre kaum für die Zwangsarbeit im «Dritten Reich». Auch bei Merck führte erst die intensive öffentliche Diskussion um «Wiedergutmachung» und Entschädigung der Zwangsarbeiter, nicht zuletzt auch die Planungen zu einer von der Industrie getragenen Initiative, zum Umdenken. Merck beteiligte sich im Jahr 2000 im üblichen Rahmen an der Stiftungsinitiative der Deutschen Wirtschaft «Erinnerung, Verantwortung und Zukunft», zu der sich schließlich rund 6500 deutsche Unternehmen zusammenschlossen, und initiierte zusätzlich in den folgenden Jahren neben persönlichen Entschädigungszahlungen mehrere Apotheken-Projekte in Weißrussland.[170]

3.4. Die Palastrevolution des Jahres 1942

Bereits in den Weimarer Jahren hatte Bernhard Pfotenhauer den Wunsch, seine faktische Stellung als «eigentliche[r] Unternehmensleiter»[171] auch formell zu untermauern. 1930 wollte er sogar den Titel «Generaldirektor» führen, konnte von diesem Plan jedoch schließlich abgebracht werden, weil dies nach außen wie ein «Prestigeverlust für die Teilhaber» gewirkt hätte.[172] Finanziell hatte er keinen Anlass zur Klage. Bereits beim Eintritt in die Firma hatte er einen Gewinnbeteiligungsvertrag abgeschlossen und bezog eine jährliche Tantieme in Höhe von 3 Prozent – eine Quote, die ihn mit Abstand zum höchstbezahlten Angestellten der Firma machte. Allein 1944 bescherte ihm dies den stolzen Betrag von rund 373 000 RM[173] und macht verständlich, dass er im Betrieb als «Krösus» galt.[174]

Pfotenhauer, seit dem 1. Mai 1933 Parteimitglied, pflegte früh ein auskömmliches Verhältnis zu den neuen Machthabern. Selbst die örtlichen NS-Bonzen hatten Respekt. Als ein hessischer Parteifunktionär im Sommer 1934 Erkundigungen einholte, musste er feststellen, dass «niemand, der ihn aus seiner früheren Darmstädter Tätigkeit her kannte, mit einer wahren Charakteristik herausrücken resp. geradestehen wollte. Man fürchtet natürlich seine starke Stellung in Kreisen der Wirtschaft.»[175] Amerikanische Ermittler konstatierten im Herbst 1945: «Pfotenhauer was the person whose decisions counted. He often overrode the active partners and owners; he pursued policies unknown to them, and generally ran the firm as he wished.»[176] Zunächst noch opportunistisch, ideologisierte er sich zunehmend. Die Verbindung zu Gauleiter Sprenger, unter dem sich typische Symptome eines «wirtschaftlichen Gaupartikularismus» entwickelten,[177] nutzte er gezielt aus. Dieser mächtige Parteibonze war aus kleinbürgerlichen Verhältnissen in der Verwaltung der Post im Zuge der NS-Machtübernahme in seine Ämter gekommen, galt als Parvenü und bei den Mercks an und für sich als nicht satisfaktionsfähig.[178] Aber Pfotenhauer half 1935 dem von Sprenger eingesetzten «Treuhänder der Arbeit», Carl Lüer, einen lukrativen Sitz im Aufsichtsrat der Degussa zu ergattern.[179] Der Lohn ließ nicht lange auf sich warten. Pfotenhauer wurde am 30. Januar 1938 zum «Wehrwirtschaftsführer» ernannt, während Karl Merck diese «Ehrung» erst einige Monate später, am 5. Juli 1938, zuteil wurde.[180]

Abbildung 97 Eine der ganz seltenen Aufnahmen, auf denen der wichtigste Merck-Manager Bernhard Pfotenhauer abgebildet ist. In der vorderen Reihe von links nach rechts Wilhelm Merck, Bernhard Pfotenhauer, Marco Bracco und Prokurist Hammer, vermutlich 1927.

Pfotenhauer zeigte sich angesichts dieser Wertschätzung über die von Göring unterschriebene Urkunde «begreiflicherweise sehr erfreut».[181]

Pfotenhauer hatte immer wieder durchblicken lassen, dass er manche Familienmitglieder für «Schwächlinge» hielt.[182] Vor allem die Konstruktion als Familienunternehmen war ihm ein Dorn im Auge: Die 19 stillen Teilhaber hielten 70,4 Prozent, während die vier offenen Teilhaber den Rest unter sich aufteilten: Karl Merck 9,47 Prozent, Louis Merck 10,25 Prozent, Fritz Merck 8,36 Prozent und Wilhelm Merck 1,52 Prozent. Selbst bei den stillen Teilhabern gab es bekanntlich Überlegungen, Merck in eine Familien-Aktiengesellschaft und die Einlagen in unkündbares Aktienkapital umzuwandeln, um den Abzug von Betriebskapital zu einem ungeeigneten Augenblick zu verhindern. Der notorisch geldklamme Eduard Dingeldey, durch Heirat in die Familie gekommen, nahm beispielsweise ausgerechnet während der Weltwirtschaftskrise 1932/33 Geld heraus und ließ im Jahr 1941 weitere 100 000 RM aus seiner Einlage abziehen.[183] Der Verhinderung des ungezügelten Abflusses von Geldern diente schließlich ein langfristiger Kapitalbindungsvertrag mit den stillen Teilhabern.[184] Im April 1933 trat eine Neufassung des Gesellschaftervertrags in Kraft, bei der die stillen Teilhaber zusätzliche Mitbestimmungsrechte für den Fall einer Umwandlung oder Verschmelzung der Firma mit einem anderen Unternehmen erhielten. Hintergrund war ein sogar vor Gericht ausgetragener Konflikt zwischen den offenen Teilhabern und Johann Heinrich Merck (1891–1944). Dieser einzige Sohn von Johann Heinrich Emanuel Merck, dem Senior der jüngeren Darmstädter Linie, war in Würzburg mit einer – inhaltlich wenig beeindruckenden – staatswissenschaftlichen Arbeit über «Entwicklung und Stand der pharmazeutischen Großindustrie Deutschlands» promoviert worden. Der als Lebemann und Bohemien geltende Johann Heinrich Merck wollte offener Teilhaber werden. Nach Ansicht der Teilhaber wäre hierdurch aber die Gefahr weiterer Kapitalabschöpfungen größer geworden. Auch ihnen war bewusst, dass ein «Playboytyp […] mehr Schaden zufügen kann, als hundert Unternehmer gutmachen können».[185] Johann Heinrich Merck verzichtete schließlich auf seine Ambitionen. Im Gegenzug erhielten die stillen Teilhaber die erwähnten erweiterten Rechte. Für die offenen Gesellschafter, die bei vergleichsweise geringem Kapitaleinsatz eine Tantieme in Höhe von 10 Prozent des Gewinns einstrichen, war dies verkraftbar.[186]

Pfotenhauer gehörte zu denjenigen Experten, die sich als «Idealisten» verstanden, nach 1933 zu den Anhängern und Bewunderern Hitlers gehörten und die allgegenwärtige Korruption der «braunen Bewegung» ablehnten. Konsequent baute er seine Parteiverbindungen aus. Karl Merck erklärte sich dies später mit «Zweckmäßigkeitsgründen».[187] Einer der engsten Mitarbeiter Pfotenhauers bei Merck gab nach Kriegsende hingegen zu Protokoll, dieser habe sich seit 1938/39 gewandelt und neben Hitler nur noch Göring und Goebbels gelten lassen: «Es kann dies mit seinem zunehmenden Alter zusammenhängen. Er wurde starrer, seine Energie wandelte sich in Rücksichtslosigkeit und sein gesundes Geltungsbedürfnis in Ehrgeiz um.»[188] Ein anderer leitender Angestellter sprach davon, Pfotenhauer habe, als er in Berlin Hitler gesehen habe, den «Diktatorenwahn» bekommen.[189] So zutreffend die zahlreichen Hinweise auf Pfotenhauers Ehrgeiz sein mögen, erklären sie jedoch nicht allein dessen Energie und Erfolg. In seinem Weltbild verschmolzen die Arbeit für das Werk, für den Nationalsozialismus und für das «Großdeutschland» des NS-Regimes.

Im Zweiten Weltkrieg baute Pfotenhauer seine dominante Position weiter aus. Der spätere Merck-Treuhänder bezeichnete ihn sogar als «Himmler von Hessen», dessen Machtstellung so stark gewesen sei, dass es ihm leicht möglich gewesen wäre, mithilfe der NSDAP die Familie auszuschalten und sich zum Diktator der Firma aufzuschwingen.[190] Die stillen Gesellschafter beklagten nach 1945, Pfotenhauer habe durch eine geschickte Personalpolitik die meisten Schlüsselstellungen mit Leuten besetzt, die «nur ihm alleine ergeben waren». Auch Karl Merck habe die «eigentliche Macht» an Pfotenhauer abgeben müssen.[191] Sicherlich versuchten sie damit auch, von ihrem eigenen Handeln während des «Dritten Reiches» abzulenken, aber der Vorwurf hatte einen wahren Kern. In der Direktionssitzung vom 4. Dezember 1941 kam es zu heftigen Auseinandersetzungen, weil Louis Merck, mit dem Pfotenhauer immer wieder aneinandergeraten war, nicht auf die oberste Leitung der kaufmännischen Abteilungen verzichten wollte. Pfotenhauer hingegen erklärte sich unter Berufung auf seine «besondere Stellung» für «völlig außer Stande, die Teilhaber laufend und dazu noch einzeln über nebensächliche bezw. für die Firma nicht bedeutungsvolle Fragen zu unterrichten. [...] Im übrigen ergibt sich dies alles schon ganz zwangsläufig aus der Konstruktion der Firma, die zwar nach außen hin die Fiktion einer offenen Handelsgesellschaft aufrecht erhalten hat, in Wirklichkeit aber, einschließlich der Kapitalkonstruktion, völlig einer A. G. gleicht und praktisch seit Jahren von den Direktoren der einzelnen Ressorts bezw. dem aus den Direktoren gebildeten Direktorium, in dem ich der von meinen Kollegen rückhaltlose primus inter pares bin, geleitet wird. Die nach außen hin als Inhaber und Betriebsführer gekennzeichnete Stellung der Teilhaber gleicht intern der Stellung von Aufsichtsratsmitgliedern, deren Funktion nicht in dem Eingreifen in den laufenden normalen Geschäftsgang bestehen kann und darf.»[192]

Es war kein Zufall, dass der Konflikt gerade zu diesem Zeitpunkt ausbrach. In jenen Monaten wurde reichsweit eine Kampagne gegen jene Geschäftsleute entfesselt, denen von den NSDAP-Granden Defaitismus und «reaktionäres Denken» vorgeworfen wurde. Vormals mächtige Industriekapitäne wie Ernst Poensgen, Paul und Hermann Reusch wurden verdrängt, und andere wie Hermann Bücher und Albert Vögler sahen sich harten Attacken ausgesetzt.[193] Die konkreten Motive für den Machtkampf bei Merck erschließen sich aus einer Darstellung, die Pfotenhauer kurze Zeit später dem Krupp-Direktor Fritz Müller gab. Den Grund für die Spannungen erklärte er dadurch, dass bedauerlicherweise erhebliche Teile des Kapitals bei Merck immer noch in den Händen der stillen Gesellschafter seien: «Da, wie das bei einer erblichen Monarchie häufig der Fall ist, auch bei uns die Erben aus den verschiedenen Gründen nicht immer zur Erfüllung ihrer Aufgaben geeignet waren», sei er schließlich zum Handeln gezwungen gewesen.[194]

Nach dem heftigen Zusammenprall vom Dezember 1941 spitzte sich der Konflikt so sehr zu, dass Fritz Merck, seit 1939 bei der Wehrmacht und inzwischen in einer Stabsverwendung in Fontainebleau, nach Darmstadt zurückkehrte. Nach einem gescheiterten Schlichtungsversuch am 3./4. Januar 1942 folgte am 2. März im Direktorium ein scharfer Zusammenstoß zwischen Louis Merck und Pfotenhauer. Letzterer reichte entnervt seinen Rücktritt ein und verließ gemeinsam mit seinem Paladin Dr. Erich Siebert die Sitzung.[195] Der Grund war ein von Louis Merck gestelltes Ultimatum: Entweder verlasse Pfotenhauer das Unternehmen, oder er selbst werde zurücktreten. Wilhelm Merck stellte sich auf die Seite von Louis, während Karl und Fritz Merck für Pfotenhauer Partei ergriffen.[196] Louis Merck informierte Pfotenhauer zwei Tage später, er sei für eine angemessene Reaktion zunächst noch zu «erregt» gewesen: «Ich bin leider zur Auffassung gekommen, dass eine gedeihliche Zusammenarbeit zwischen uns nicht mehr möglich ist. Mit Wehmut denke ich an die Zeiten zurück, wo dies noch der Fall war, wo wir täglich die laufenden Dinge besprachen und Sie auch meine Ansicht würdigten und berücksichtigten. Das ist leider seit einem Jahr ganz anders geworden.» Für ein Ausscheiden sei er – er war 55 Jahre alt – noch zu jung «und zu sehr mit dem Werk meiner Väter verwachsen».[197]

Pfotenhauer schrieb am 4. März einen Brief an Karl Merck, der diesen «schwer erschüttert[e]».[198] Der Brief selbst ist zwar nicht erhalten, aber aus einer anderen Überlieferung ist bekannt, dass Pfotenhauer hierin Louis Merck als «Vollidioten» und «Obertrottel» bezeichnete. Karl Merck hat diese Wortwahl zwar später bestritten, aber zugegeben, dass die Charakterisierung seines Bruders durch Pfotenhauer «scharf und deutlich» gewesen sei.[199] Die familiäre Seniorität gab schließlich den Ausschlag für den Sieg Pfotenhauers im Machtkampf,[200] denn Karl Merck überredete Louis und Wilhelm Merck zum Rückzug, was beiden naturgemäß nicht leicht fiel.[201] Am 13. März informierte Karl Merck Pfotenhauer hierüber und sprach die Hoffnung aus, dass nach dieser Klärung «wir noch recht lange gemeinsam zum Wohle der Firma, das auch bei Ihnen für Ihre Entschlüsse immer ausschlaggebend war, zusammenarbeiten mögen».[202] Pfotenhauer akzeptierte sofort und entschuldigte sich bei Louis Merck, seine Gedanken «in einer unter wohlerzogenen Menschen sonst nicht üblichen Form» zum Ausdruck gebracht zu haben.[203] Nach seiner Niederlage wollte Louis seine UK-Stellung aufheben lassen und sich zur Wehrmacht melden. Am 18. März wurde der Rücktritt von Louis und Wilhelm Merck öffentlich bekannt gegeben und mit Gesundheitsrücksichten begründet.[204] In einem Brief an den Vertrauensrat führte Louis Merck aus: «Möge auch in den kommenden, so dunkel vor uns liegenden Zeiten die Firma sich weiter kraftvoll entwickeln. Im Vertrauen auf unseren Führer können wir zuversichtlich in die Zukunft blicken.»[205] Gegenüber Fritz jr., dem Sohn von Fritz Merck, war er offener und bezog sich auf dessen gelegentliche Bemerkung, die Firma Merck habe einen «Totenvogel» im Haus: «Dieser Totenvogel hat nun auch mich gewürgt und seit gestern bin ich nicht mehr offener Teilhaber der Firma. Du wirst Dir denken, dass ich Näheres nicht zu Papier bringen möchte. Alles hat sich so brutal abgespielt, dass es wohl sehr lange dauern wird, bis ich einigermaßen darüber weggekommen bin. [...] Die alte Tradition wird in der Firma langsam erlöschen, das ist mein Gefühl, und die heutige Zeit hat auch für Traditionen wenig Sinn.»[206]

Die Palastrevolution hatte aber noch ein Nachspiel. Der seit 1911 bei Merck tätige Prokurist Hans Hammer beklagte sich bei Karl Merck in einem acht Seiten langen Brief, der mit Angriffen auf Pfotenhauer nur so gespickt war. Hier war zwar auch von «einer gewissen Unfähigkeit» Louis Mercks die Rede, und Hammer behauptete, auf diesen gemünzt, dass sich ein Betriebsführer nicht «durch außerordentliche Klugheit» auszeichnen müsse. Aber im Wesentlichen kritisierte er die Machtfülle Pfotenhauers, der in Darmstadt als «Rasputin der Familie Merck» gelte: «Es wird der Tag kommen, an dem Ihnen Herr Pf. die Pistole auf die Brust setzt und erklärt: Wenn ich nicht sofort Teilhaber oder Generaldirektor werde (als absoluter Alleinherrscher!) lasse ich Sie im Stich. Nachdem Sie beide immer nachgegeben haben, werden und können Sie an jenem Tag nicht nein sagen, wo Sie jetzt der beiden Teilhaber beraubt sind.» Pfotenhauer sei «ein Herrenmensch, ein rücksichtsloser brutaler Egoist, der über Leichen zu seinem Erfolg geht und dem jedes Mittel, auch das der Hypnose, recht ist. Solche Menschen hatten vor 1933 auch in Deutschland die Möglichkeit, über gute und brave Menschen (und das sind die 4 Herren Betriebsführer) zu triumphieren; nach 1933 sollte dies nicht mehr möglich sein. [...] Ringen Sie sich zu einem letzten großen Entschluss durch. Schreiben Sie Herrn Pfotenhauer, dass Sie seine Einzelprokura auf dem Amtsgericht gelöscht haben und zahlen Sie ihm dann, wenn es sein muss, jede Summe, die er von Ihnen fordert. Herr Dr. Karl Merck, Sie müssen das tun, das sind Sie Ihrer Familie schuldig!»[207] Hammer brachte sich selbst als Übergangslösung für die kaufmännische Leitung ins Spiel, bis ein geeigneter Nachfolger gefunden sei.[208] Karl Merck hielt die Ausführungen Hammers, der bei vielen in der Führungsetage als schwierig und egozentrisch galt, für absurd und verschloss dessen Brief stillschweigend in seinem Schreibtisch.[209] Hammer hatte den Inhalt des mit Louis und Wilhelm Merck abgesprochenen Briefs allerdings bereits dem Oberingenieur Dr. Hanns Adrian mitgeteilt. Auch die Prokuristen Moosdorf und Henning erhielten am 9. April hierüber Kenntnis, d. h., die Vorwürfe gegen Pfotenhauer kursierten bereits in einem größeren Kreis. Als Pfotenhauer zwei Tage später über Karl Merck vom Inhalt des Briefes erfuhr, war er so erregt, dass er sich noch Monate später über den «Halunken» Hammer und die «Schäbigkeit des Charakters» von Wilhelm Merck ausließ.[210]

Wilhelm Merck ließ am 31. März in einem Rundschreiben die Prokuristen und Diplomingenieure wissen, dass nicht allein gesundheitliche Gründe, sondern die fehlende Vertrauensbasis für seinen Rücktritt verantwortlich gewesen seien.[211] Als er sich in der Vertrauensratssitzung vom 2. April ähnlich äußerte, kam es zum Bruch mit Fritz und Karl Merck.[212] Von Letzterem zur Rede gestellt, antwortete er: «Was willst Du! Es ist doch klar, der Kampf wird fortgesetzt!»[213] Pfotenhauers Reaktion erfolgte postwendend. Ein Rundschreiben an die Prokuristen vom 10. April schloss mit einer Drohung, er werde weiteren Versuchen, den Arbeitsfrieden in der Firma zu stören, mit «jedem Mittel entgegentreten». Ähnlich lautete es in einem Schreiben an Wilhelm Merck.[214] Pfotenhauer schaltete am 25. April 1942 Gauleiter

Sprenger ein. Er war mit diesem ein Zweckbündnis eingegangen und war bei der Deutschen Dunlop Gummi-Compagnie AG in Hanau 1940 als Verwalter eingesetzt worden.[215] Bei diesem wichtigen Gummiproduzenten verhinderte er die Versuche, die Gesellschaft mit dem in Hamburg-Harburg ansässigen Reifenhersteller Phönix zu fusionieren.[216] Weil dadurch in Hanau Arbeitsplätze erhalten blieben, konnte sich Pfotenhauer des Dankes Sprengers sicher sein.

Sprenger wiederum schaltete den Gauwirtschaftsberater Wilhelm Avieny ein, der «zu den besonders rüpelhaften Vertretern» der NSDAP zählte[217] und bereits von den Streitigkeiten bei Merck erfahren hatte. Pfotenhauer erwähnte ihm gegenüber, dass in Berlin die Absicht bestehe, einen Kommissar bei Merck einzusetzen – und Avieny, der nach 1945 die «persönliche Ambition» Pfotenhauers hervorhob, konnte sich denken, dass dieser diese Funktion am liebsten selbst ausüben wollte.[218] Ob, wie gelegentlich vermutet wurde, Pfotenhauer das Familienunternehmen Merck irgendwann der I. G. Farben anschließen wollte, muss offenbleiben. In den Quellen findet sich dazu nichts, und Pfotenhauer wäre auch nicht gut beraten gewesen, solche Überlegungen offen anzusprechen.

Die unüberbrückbaren «Differenzen»[219] waren inzwischen auch den stillen Teilhabern bekannt. Fritz Merck beruhigte seine Schwester Lisbet, die Sorge vor einem Untergang des Familienunternehmens und der Umwandlung in «B. Pfotenhauer früher E. Merck» sei unberechtigt. Pfotenhauer sei zwar «von gewaltigem Ehrgeiz besessen» und besitze «eine ausgesprochene Eitelkeit». Das freiwillige Ausscheiden von Louis sei zwar «bedauerlich», aber liege im Interesse der Firma. Louis sei schon immer eigensinnig und «sehr scharf in seinem Urteil» gewesen. Der «Geheime» – gemeint war Geheimrat Willy Merck – habe öfter mit ihm darüber gesprochen, «ob wir Mercks die Firma in der Zukunft noch selber führen können. Früher floss einem doch das Geld einfach in den Schoss. Er sah klar, wie trotz der Vergrößerung des Werkes u. seines gewaltigen Aufstiegs das Geschäft als solches doch immer schwieriger wurde. Oft sprach der Geheime, dass eines Tages doch die A. G. kommen würde und schloss jedes Mal diese Unterhaltung mit den Worten: ‹Hoffentlich erlebe ich das nicht mehr!›»[220]

Am 31. März 1942 wurde der Gesellschaftervertrag geändert. Louis und Wilhelm Merck wurden zu stillen Gesellschaftern degradiert, bezogen aber weiterhin ihr Teilhabergehalt und blieben an der Gewinnausschüttung beteiligt.[221] Ein «Zusatz zum Gesellschaftsvertrag» vom 25. April 1942 bestimmte, dass beim Ableben von Karl Merck an dessen Stelle sein Sohn Carl-Christoph und beim Tode von Fritz Merck dessen Sohn Fritz jr. treten sollten.[222] Eine Geheimklausel sah allerdings die Möglichkeit eines Wiedereintritts von Louis und Wilhelm Merck als offene Gesellschafter vor – ein Schritt, der die Einheit von Unternehmen und Familie über die Generation hinweg retten sollte. Diese Bestimmung war jedoch nicht im Sinn von Karl Merck. Mit Fritz Merck verständigte er sich darauf, einem

Wiedereintritt von Wilhelm und Louis Merck «keinesfalls» zuzustimmen.[223] Es sei, so schrieb er an Wilhelm – und in Kopie auch an seinen Bruder Louis – inzwischen eine «völlig untragbare Situation» entstanden: Die Mitarbeiter im Werk wüssten, dass das Ausscheiden Folge des Konflikts mit der Geschäftsleitung sei, mit der man aber «auf absehbare Zeit» zusammenzuarbeiten habe. «Gleichzeitig müssen sie damit rechnen, dass ihr beide eines Tages wiederkehrt, und dass dann – ich drücke es ganz primitiv aus – diejenigen belohnt werden, die in der Zwischenzeit euch beiden die Treue gehalten haben und umgekehrt. Damit werden unsere sämtlichen verantwortlichen Angestellten in die schwerste Versuchung geführt, ein Doppelspiel zu treiben, um es einerseits mit der gegenwärtigen Geschäftsleitung nicht zu verderben, andererseits aber auch nicht mit euch. Was hierdurch für Zustände im Werk entstehen müssen, welche Cliquenbildung, welche Fülle gegenseitigen Misstrauens, liegt auf der Hand.» Es gebe daher nur zwei Möglichkeiten: Entweder das gesamte Direktorium trete zurück – was für ihn und Fritz Merck aber nicht infrage komme –, oder Wilhelm und Louis verzichteten auf ihr in der Geheimklausel vorgesehenes Wiedereintrittsrecht. Karl Merck setzte eine Frist bis zum 4. Mai 1942 und schloss mit einer Drohung: «Ich will Dich auch darüber nicht im Zweifel lassen, dass wenn eure Stellungnahme negativ ausfallen sollte, wir nicht daran denken werden, nun einen vielleicht Jahre dauernden, meine Kräfte und die Kräfte der Gesellschaftsleitung verzehrenden, und die Familie und Firma Merck in alle Öffentlichkeit zerrenden Prozess vor den ordentlichen Gerichten zu führen, sondern dass ich in diesem Fall die mir sichere Unterstützung derjenigen Stellen in Anspruch nehmen werde, die für die Erhaltung des Arbeitsfriedens politisch verantwortlich und die in der Lage sind, die [...] notwendigen Maßnahmen ohne Formalien und ohne Verzug durchzuführen.»[224] Louis Merck war «aufs tiefste erschüttert»: Dass sein eigener Bruder sich gegen ihn stelle, habe er «nicht für möglich» gehalten. Eine eindeutige Antwort, ob er den «ultimativen Termin» einhalten werde, gab er nicht.[225] Als Wilhelm Merck, der in Bad Gastein zur Kur weilte, den gesetzten Termin verstreichen ließ, gewährte Karl Merck einen Aufschub bis zum 15. Mai. Falls bis dahin keine Zustimmungserklärung erfolge, werde er sich «am nächsten Tag beim Gauleiter anmelden».[226] Die beiden ausgeschlossenen offenen Teilhaber gaben jedoch nicht nach. Da alle Vorwürfe «konstruiert und an den Haaren herbeigezogen» seien,[227] zeigten sie sich lediglich zu weiteren Gesprächen bereit.[228]

Pfotenhauer hatte inzwischen Gauleiter Sprenger eingeschaltet. Vor allem gegen Wilhelm richtete sich seine Wut. Obwohl dieser an der Firma nur «in den niedrigsten Prozentsätzen» beteiligt sei, sei er derjenige, der «am meisten hetzt».[229] Karl Merck informierte den stellvertretenden Gauleiter und Staatssekretär Heinrich Reiner[230] und riet Sprenger, seinen «Einfluss bei den beiden Herren dahin geltend [zu] machen, dass sie die gewünschte Erklärung unterschreiben».[231] Am

18. Mai 1942 wurde Avieny beauftragt, von Louis und Wilhelm Merck die Verzichtserklärung zu erwirken. Er empfahl «mit Rücksicht auf die Bedeutung dieser Firma» eine direkte Besprechung.[232] Pfotenhauer setzte am 28. Mai Avieny, den er an und für sich wenig schätzte, «noch einmal genau ins Bild».[233] Karl und Wilhelm Merck wurden am 29. Mai 1942 ins Frankfurter Gauhaus bestellt und Pfotenhauer dazugeladen. Bei dieser nur 20 Minuten dauernden Begegnung legte Avieny Wilhelm, der seinem Vetter Louis sein Wort gegeben hatte, nicht nachzugeben, die Verzichtsvereinbarung zur Unterschrift vor. Der entscheidende Passus lautete: «Die Herren Louis Merck und Wilhelm Merck erklären, dass ihr Austritt aus der Firma ein endgültiger und unwiderruflicher ist.»[234] Wilhelm Merck unterschrieb «nur unter Protest», nachdem Avieny drohte, er wisse, was er zu erwarten habe, wenn er nicht unterschreibe.[235] In der Niederschrift des Gauwirtschaftsberaters las sich diese Erpressung wie folgt: «Nach einem Vortrag der streitenden Parteien über den Sachstand der Angelegenheit eröffnete der Gauwirtschaftsberater den Beteiligten, dass der Gauleiter im Interesse der Erhaltung des Betriebsfriedens und der ungestörten Fortführung der Produktion eine sofortige Bereinigung der Streitsache fordern muss, widrigenfalls er zu absichernden Maßnahmen schreiten müsse.»[236] In einer Notiz Pfotenhauers klang die Drohung noch deutlicher. Wenn bis zum 1. Juni keine Lösung gefunden sei, «würde ohne Verzögerung auf Vorschlag des Gauleiters durch das RWM ein Kommissar ernannt werden».[237] Louis Merck unterschrieb am 30. Mai 1942.

Inzwischen war der aufsässige Hammer beurlaubt und am 21. April mit der Begründung fristlos entlassen worden, er habe einen «Kampf» gegen die Geschäftsleitung geführt und den Arbeitsfrieden im Werk gefährdet.[238] Karl Merck meldete am 28. April dem Kreisleiter Schilling, Hammer habe «Behauptungen und Verdächtigungen» gegen Pfotenhauer verbreitet, die eine fristlose Entlastung nötig gemacht hätten.[239] Hammer klagte im Mai 1942 erfolglos vor dem Arbeitsgericht Darmstadt,[240] legte dagegen Einspruch ein und wurde daraufhin von der Gestapo im Juli 1942 festgenommen und erst wieder entlassen, nachdem er Ende August 1942 seinen Einspruch zurückgezogen hatte. Es spricht viel dafür, dass Pfotenhauer erneut seine Finger im Spiel hatte. Dieser pflegte eine enge Verbindung zum Leiter des SD-Abschnitts Darmstadt, SS-Obersturmführer Heinrich Schönhals, und verfügte über einen Kreis von international tätigen Informanten aus dem Dunstkreis militärischer Abwehrstellen.[241]

Am 21. Juni 1943 wurden in einer geänderten Geschäftsordnung zwischen den beiden offenen Teilhabern und dem Direktorium die Dinge im Sinne Pfotenhauers geregelt. Den vier Mitgliedern des Direktoriums wurde unter Beibehaltung der Eintragung als Einzelprokuristen eine Generalvollmacht erteilt. Pfotenhauer machte einem Vertrauten seine grundsätzliche Ablehnung einer offenen Handelsgesellschaft deutlich: «So wünschenswert es manchmal auch sein mag, aus repräsentativen und vielleicht aus ideellen innerbetrieblichen Gründen einen Namensträger» in einer bedeutenden Firma zu haben, «so unvereinbar scheint es mir aber mit nationalsozialistischen Grundsätzen zu sein, einer solchen Persönlichkeit, die ja immer nur Erbe ist und nicht auf Grund von Fähigkeiten zum Betriebsführer ausgewählt wird, eine uneingeschränkte Machtstellung einzuräumen. König sollte man auf Grund von gezeigten Leistungen und nachgewiesenen Fähigkeiten, nicht aber nur auf Grund von Geburt sein.»[242] Als eine Art Bestätigung des Kurses von Pfotenhauer erwies Gauleiter Sprenger dem Unternehmen die Ehre, am 9. Januar 1943 zum Merck-Betriebsappell nach Darmstadt zu kommen. Für diesen besonderen Anlass wurde die große Autohalle mit den Reichsfahnen drapiert; an der Stirnseite der mit Hakenkreuzen üppig geschmückten Halle prangte die Devise: «Mehrleistung hilft siegen!», und andere Fahnen versprachen: «Wir wollen der Front würdig sein.» Die Durchhalteparolen Sprengers blieben im Rahmen des Üblichen.[243]

Wie ist die Palastrevolution des Jahres 1942 abschließend zu beurteilen? Das Auseinanderfallen des Familienverbunds stellt das größte Risiko für das Großfamilienmodell dar.[244] Wenn starke Persönlichkeiten nicht zur Verfügung stehen, kann die Aufnahme familienfremder Experten das Überleben sichern. Um als Mehrgenerationen-Familienunternehmen erfolgreich zu bleiben, müssen viele Hürden überwinden werden: die Herausforderungen industrieller Veränderungen und politisch-wirtschaftlicher Krisen zu verstehen, Revolutionen zu bestehen und zu meistern, sich gegen Konkurrenten zur Wehr zu setzen und mit den Mitarbeitern ein einvernehmliches Verhältnis zu schaffen. Pfotenhauer nutzte die spezifischen Bedingungen einer Diktatur, um seine Chance zu ergreifen. Das «Dritte Reich» hatte, was oft vergessen wird, auch eine antikapitalistische Seite: Unter den Stichworten «Vetternwirtschaft» und «Unprofessionalität» wurden Eigentümer nicht nur als Ressource angesehen, sondern galten mitunter «gewissermaßen als Antipode zur strategiefähigen und rationalen Organisation».[245] Pfotenhauers Hinweis auf mangelnde Strategiefähigkeit und die «monarchische» Erbfolge bei den Mercks waren ein Angriff auf die Struktur eines Familienunternehmens, in dem sich die Teilhaber als «Cousinen» und «Vettern» ansprachen. Pfotenhauer glaubte sogar, im Interesse des Überlebens des Unternehmens zu handeln, weil manche Teilhaber, seiner Meinung nach egoistisch, in seiner Amtszeit ihre pekuniären Interessen über das Wohl des Unternehmens gestellt hatten. Karl Merck hat nach 1945 seine Überzeugung bekräftigt, dass Pfotenhauer kein Teilhaber habe werden wollen.[246] Dies war ein wenig überzeugender Versuch, die geplante Entmachtung und Ausschaltung der Familie, an der er selbst beteiligt gewesen war, im Nachhinein als unbedeutende Episode erscheinen zu lassen. Es muss offenbleiben, ob das Familienunternehmen Merck noch lange Bestand gehabt hätte, wenn nicht das «Dritte Reich» drei Jahre nach Pfotenhauers Palastrevolution sein Ende gefunden hätte. Der bereits einmal erwähnte tröstende Sinnspruch «Die Mercks werden immer die Mercks bleiben», der noch bei der Abtrennung von Merck & Co. bemüht worden war, hatte an Überzeugungskraft verloren. Selbst wenn das Familienunternehmen die Krise des Jahres 1942 überstand, war unmissverständlich klar geworden, dass es inzwischen nicht mehr ausreichte, sich auf den geradezu mythischen Gründungsakt von 1668 zu berufen, um als Familienunternehmen zu überleben.

3.5. Wasserstoffperoxid: Vom Desinfektionsmittel zum Raketentreibstoff

Vor allem mit einem vergleichsweise neuen Produkt begab sich Merck auf das lukrative Feld der Rüstungsproduktion: Zunächst als ziviles Produkt entwickelt und vermarktet, gehörte Wasserstoffperoxid zu den chemischen Stoffen, deren Anwendungswert sich erst nach langjährigen Forschungen und praktischen Anwendungen ergeben hatte. Merck investierte im Banne der Aufrüstung in diese Sparte viel Geld und Energie, weil man wusste, dass die Luftfahrtforschung das «Hätschelkind» des Regimes war.[247]

Obwohl die Herstellung von Wasserstoffperoxid seit Längerem möglich war, waren praktikable Verfahren erst in den 1870er-Jahren von Schering entwickelt worden. Der Anstoß war der Wunsch von Ärzten gewesen, diese Flüssigverbindung von Wasserstoff und Sauerstoff «in konzentrierter Form und von absoluter Reinheit herzustellen, um es bei Desinfektionszwecken bei chirurgischen Arbeiten» zu verwenden.[248] Merck gewann schnell einen Erfahrungsvorsprung und stellte schon vor dem Ersten Weltkrieg im Laborbetrieb fast 100-prozentiges Wasserstoffperoxid her. Die farb- und geruchslose Chemikalie diente in einer Verdünnung von 3 Prozent als bakterientötendes antiseptisches Mittel. In höherer Konzentration von 30 bis 40 Prozent wurde es als Bleichmittel für Textilien, Fette und Öle verwendet. An eine Großproduktion wurde angesichts einer fehlenden Nutzanwendung noch nicht gedacht. Merck hatte zwar ein Patent, ließ das Produkt aber in der Regel bei anderen Firmen herstellen. 1921 wurden weitere Bleichversuche bei so unterschiedlichen Produkten wie Tabak, Holz, Mehl und Pfeffer unternommen und in anderen Verfahren die Konservierung von Milch und Fisch getestet. Inzwischen wurden Konzentrationen von bis zu 60 Prozent erreicht. Noch im selben Jahr wurde die Firma E. Merck München zur Herstellung von Wasserstoffperoxid gegründet und die bisherige Produktion in Darmstadt eingestellt.[249] Das neue Werk entlastete von der Abhängigkeit vom wichtigsten Lieferanten, der in München ansässigen Elektro-Chemischen Werke München AG (EWM), mit der Beteiligungsversuche 1917 am Preis gescheitert waren.[250] Die

Abbildung 98 Die Elektro-Chemischen Werke München AG ermöglichten Merck den Zugang zur Wasserstoffperoxidforschung und zur Rüstungsindustrie. Das Foto mit den Inhabern entstand anlässlich der 25-Jahr-Feier im Jahr 1936.

führende Persönlichkeit der EWM war der Physiker und Ingenieur Albert Pietzsch, der gemeinsam mit seinem Schwager Dr. Gustav Adolph das Verfahren – in ständigen Patentstreitigkeiten mit der Degussa – weiterentwickelte.[251] Britische Ermittler haben nach 1945 Pietzsch neben Merck als «prime mover» für diese Entwicklung verantwortlich gemacht.[252] Im Juni 1928 beteiligte sich Merck mit Kapital an den EWM und brachte die eigene Wasserstoffperoxidexpertise ein, die fortan in einem neuen Werk in Höllriegelskreuth bei München genutzt wurde. Die Beteiligung an dem prosperierenden Unternehmen – schon im ersten Geschäftsjahr wurde eine Dividende von 8 Prozent genehmigt[253] – erfolgte aus steuerlichen Gründen zunächst über die Komet AG und seit 1930 über die Holding AG. An der nun in eine AG mit einem Kapital von 3 Millionen RM umgewandelten Gesellschaft hatte Merck über die schweizerische Holding mit 804 000 RM (rund 26,8 Prozent) den größten Anteil. Die Geschäftsführung der EWM lag zwar weiterhin bei Gustav Adolph, aber mit Karl Merck und Bernhard Pfotenhauer kamen zwei der vier Aufsichtsratsmitglieder von Merck,[254] die schließlich als Vorsitzender und Stellvertreter sogar an die Spitze des Gremiums traten.

Der lukrative und zunehmend umkämpfte Wasserstoffperoxidmarkt, an dem sich auch Schering und Riedel-de Haën beteiligten, wurde seit Januar 1920 über eine Wasserstoffperoxid-Konvention von den führenden Herstellern – EWM, Elektrochemische Fabrik W. Francke (Elfa) im schweizerischen Aarau, Österreichische Chemische Werke GmbH in Wien (einer Tochterfirma der Degussa, die ein Werk in Weißenstein betrieb) sowie Merck – abgewickelt.[255] Seit 1929 regelte zudem eine internationale Konvention,[256] deren geschäftsführende Stelle die Degussa war und an der sich schließlich ein Dutzend Firmen beteiligten, die Produktionsquoten, Preise und Standards. Die Produktgruppe entwickelte sich rasant: Im Vergleich zum letzten Vorkriegsjahr verfünfzehnfachte sich der entsprechende Absatz bei Merck bis Ende der 1920er-Jahre.[257] Querelen blieben wie üblich an der Tagesordnung. 1931 beklagte Merck, das «ganze H_2O_2-Geschäft» sehe «für die Zukunft überhaupt nicht gut aus», weil der Hauptkonkurrent Schering in einer Kooperation mit Riedel-de Haën durch den Aufbau einer gemeinsamen Fertigung bei der Alpinen Chemische AG im österreichischen Kufstein den Markt störe. Daher seien «weitere Preisrückgänge unvermeidlich»: «Es wird also, wie üblich, erst zu einem sinnlosen Kampf und zum Schluss dann doch zu einer Verständigung kommen.»[258] Die Wasserstoffperoxid-Konvention wurde am 6. Juni 1939 für zehn Jahre verlängert.[259] Die Mercksche Quote betrug danach 11,43 Prozent.

Im «Dritten Reich» dynamisierte sich das Wasserstoffperoxidgeschäft. Der zupackende Pietzsch war dabei eher «Führer» als «Verwalter».[260] Politisch gehörte er früh zum Dunstkreis der Förderer Hitlers und sammelte nach 1933 zahlreiche Posten in Wirtschaft und Verwaltung des NS-Staates.[261] Die Geschäftsfreundschaft zwischen Pietzsch und Karl Merck erwies sich als besonders hilfreich, als Pietzsch von Albert Speer zum «Sonderbeauftragten» für die Herstellung von Wasserstoffperoxid bestimmt wurde.[262] Die EWM zahlte selbst im Krieg noch eine üppige Dividende von 6 Prozent[263] und hatte 1945 sogar noch 6 Millionen RM in ihrer Kriegskasse.[264]

Pietzsch gründete mithilfe seiner schweizerischen Verbindungen[265] im Jahr 1925 gemeinsam mit europäischen Partnern die Buffalo Electro-Chemical Company (BECCO), um die gewinnversprechende Wasserstoffperoxidtechnik auch in den USA zu vermarkten. Darmstadt stieg ebenfalls finanziell in das hohe Summen verschlingende BECCO-Projekt ein, und Louis Merck besuchte 1926 das noch im Aufbau befindliche Werk in Buffalo.[266] Die Holding AG hielt rund 16 Prozent des Aktienbestands, weitere 33,6 Prozent waren im Besitz der EWM. Im Board of Directors der BECCO saßen neben drei deutschen Mitgliedern auch vier amerikanische Staatsbürger, aber die wichtigen Geschäftsentscheidungen wurden nur mit Zustimmung der Europäer getroffen.[267] In der Weltwirtschaftskrise riet Merck in der Hoffnung auf eine «nachherige Erholung» zum «Durchhalten» und zum weiteren Aufbau.[268] Nachdem die BECCO seit Mitte der 1930er-Jahre Wasserstoffperoxid bereits in 80-prozentiger Konzentration herstellen konnte, erreichte sie die Gewinnzone. Die ansehnlichen Gewinne wurden für Abschreibungen und Rückstellungen verwendet. Zwar wollte Merck bzw. ihre Holding «so viele shares als möglich» erwerben,[269] aber inzwischen dachten Pietzsch und der Pfotenhauer-Adlatus Aloys Steinhage bereits über die Frage der Sicherung der deutschen Majorität im Kriegsfall nach:[270] Der Schock über den Verlust des Auslandsgeschäfts knapp 20 Jahre zuvor saß noch tief. Wie berechtigt diese Überlegungen waren, zeigte sich, als die Devisenstelle der Reichsbank die EWM 1939 aufforderte, sich von ausländischem Wertpapierbesitz zu trennen, was bei Merck auf Ablehnung stieß. Als 1940 die Gefahr der Beschlagnahmung durch die US-Behörden größer wurde,[271] regte Pfotenhauer an, die Merck gehörenden Aktien vorübergehend in Schweizer Hände zu geben.[272] Diese Möglichkeit zerschlug sich jedoch, als im Juli 1942 die ersten Aktien der BECCO konfisziert wurden. Im September 1942 wurden durch eine weitere «Vesting Order» schließlich auch die übrigen im Besitz der Holding AG befindlichen Stammaktien durch den Alien Property Custodian beschlagnahmt. Als die Holding AG im Juli 1943 die Möglichkeiten einer schweizerischen Intervention sondierte, erfuhr man, dass sich Bern «weder offiziell noch offiziös verwenden» könne.[273]

Merck war zudem Mitgründer der 1930 geschaffenen und mit einem Kapital von zwölf Millionen FF ausgestatteten Aktiengesellschaft Société des Produits Peroxydés (Soproper) mit Sitz in Paris, die Wasserstoffperoxid sowie in einem 1940 errichteten Werk in Chalon-sur-Saône auch Percabonat herstellte. Hinter der Firma, deren Mehrheitsaktionär auf französischer Seite die Air Liquide war, stand ein Pool schweizerischer, österreichischer und deutscher Unternehmen, dem auch die EWM angehörte.[274] Merck besaß über die Holding AG Aktien in Höhe von nominell 863 000 FF. Die Gesellschaft zahlte in den späten 1930er-Jahren bis in die Kriegszeit eine stolze Dividende von 11 Prozent aus; Karl Merck saß bis 1935, Louis Merck und Kurt Pietzsch bis 1942 im Aufsichtsrat. Die beiden Letzteren schieden wahrscheinlich aus, um die Überweisung des Gegenwerts der Dividenden in SFR an die Holding AG zu erleichtern; die französische Devisenstelle hatte sich zuvor das eine oder andere Mal im Clearing-Verfahren quergestellt.[275]

Weil in technisch durchaus anspruchsvollen Verfahren inzwischen Konzentrationen von bis zu 85 Prozent möglich waren, gewann Wasserstoffperoxid jenseits der medizinischen Zwecke als Energiequelle Bedeutung und wurde als Antriebsstoff für Torpedos, Raketen und Strahlflugzeuge immer interessanter. Auch für Tauchfahrten von U-Booten ließ sich der für den Dieselmotor benötigte Sauerstoff aus dem Wasserstoffperoxid gewinnen. Der Ingenieur Hellmuth Walter (1900–1980), der sich seit 1930 mit technischen Entwicklungen für die Marine unter anderem bei der Germaniawerft in Kiel hervorgetan hatte,[276] erkannte das Potenzial von Wasserstoffperoxid als Sauerstoffträger und erhielt Ende

1933–1948: Forschungsstagnation und Rüstungsgeschäfte

1933 vom Oberkommando der Marine den Auftrag, Pläne für ein entsprechendes U-Boot zu entwickeln. Produkt und Verfahren firmierten aus Tarnungsgründen fortan meist als «T-Stoff» oder «Auxilin-Antrieb». Als Antriebsstoff sollte 80- bis 85-prozentiges Wasserstoffperoxid Verwendung finden. Dieses wurde auf elektrochemischen Weg hergestellt, und das Gas-Dampf-Gemisch zersetzte sich mittels eines Katalysators ohne sichtbare Verbrennung.[277] Um die neue Antriebstechnik und das «Kaltstrahlverfahren» weiterzuentwickeln, ging Walter 1934 auf Pietzsch zu. Dieser ließ sich schnell überzeugen und schoss gemeinsam mit Adolph und der Firma Merck einen Betrag von 400 000 RM als Starthilfe vor. Für Entwicklung und Vermarktung wurden drei Geheimgesellschaften gegründet: die Ingenieurbüro H. Walter KG, die Otto Schickert & Co. KG und die Chemische Fabrik Gersthofen von Transehe & Co. KG (CFG). Bei diesen Geheimbeteiligungen, die nicht ins Handelsregister eingetragen waren,[278] wurden die Merck-Konten auf Anweisung von Pfotenhauer unter Tarnnamen geführt: als «Präsident Pietzsch» und den Unterkonten «Konto W», «Konto Sch» sowie «Konto G».[279] Wasserstoffperoxid wurde zu einem der Hauptprodukte von Merck: 1938 trug dies zu 2,8 Prozent des Gesamtabsatzes bei.[280]

Das im Juli 1935 gegründete Ingenieurbüro H. Walter KG in Kiel-Wik wurde von Hellmuth Walter als persönlich haftendem Gesellschafter geleitet; Walters Kapitaleinlage als Komplementär erhöhte sich im Lauf der Zeit von zunächst 170 000 RM auf 1,2 Millionen RM. Kommanditisten waren Albert und Kurt Pietzsch sowie Gustav Adolph. Das 7,8 Millionen RM teure Werk, das Antriebe und die Ventiltechnik von U-Booten, Torpedos, Flugzeugen und der V2-Raketen entwickelte,[281] wurde im Auftrag des Reichsluftfahrtministeriums errichtet, das eine Beihilfe von 2 Millionen RM gewährte.[282] Hinzu kam seit 1939 ein im Verlauf des ersten Kriegsjahres fertiggestelltes großes Werk in Kiel-Tannenberg, das «in kürzester Zeit ohne Rücksicht auf entstehende Mehrkosten» errichtet und mittels des «Montan-Systems» von der Luftfahrtanlagen GmbH in Berlin gepachtet wurde. Daneben traten Zweigwerke in Ahrensburg und Eberswalde – in erster Linie als Torpedo-Versuchs- und Entwicklungswerke – sowie Außenstellen in Eckernförde, Hela und Bosau. 1943 wurde ein weiteres Werk in Beerberg gepachtet; dorthin wurden Teile der Kieler Luftwaffenfertigung verlagert. Im Frühjahr 1944 arbeiteten in Beerberg bereits 741 Beschäftigte. Weitere Verlagerungswerke wurden in Hartmannsdorf und im schlesischen Marklissa eingerichtet.[283] 1942 standen der H. Walter KG noch weitere Kredite der Bank der Deutschen Luftfahrt (Aerobank) und der Commerzbank über zusammen 3,7 Millionen RM zur Verfügung. Als im Dezember 1943 das Kapital von 800 000 RM auf 2,8 Millionen RM mehr als verdreifacht wurde, beteiligte sich Karl Merck als Kommanditist mit einem Barbetrag von 1,6 Millionen RM. Als später das Kapital auf 6 Millionen RM erhöht wurde, übernahm er weitere

400 000 RM, sodass sein Anteil mit 2 Millionen RM schließlich genau ein Drittel betrug.[284]

Ende 1941 zählte die H. Walter KG bereits 1747 Beschäftigte, von denen 1274 in Kiel arbeiteten, die Übrigen in Ahrensburg. In Kiel war die Zahl der Ingenieure und Techniker mit 250 und damit knapp einem Fünftel der Belegschaft besonders hoch. Schon im Folgejahr erhöhte sich die Zahl der Mitarbeiter beträchtlich auf 2309, vor allem durch das neue Werk Eberswalde, aber auch durch die erwähnte Expansion des Werkes in Kiel.[285] Ende 1943 betrug die Gesamtzahl der Beschäftigten bereits knapp 3000, von denen etwa 600 als «Ausländer» in den Unterlagen verzeichnet sind, von denen die meisten russische «Ostarbeiter» waren. Fast die Hälfte der Beschäftigten war «dienstverpflichtet»; viele der Arbeiter in Kiel lebten in einem Wohnlager bzw. einem benachbarten DAF-Lager oder wurden mit Omnibussen zur Arbeit gebracht. Das Werk Kiel wurde im Mai 1943 als «Kriegsmusterbetrieb» ausgezeichnet. Im Werk Eberswalde waren über die Hälfte der knapp 260 Beschäftigten Zwangsarbeiter, die im Barackenlager «Am Rosenberg» untergebracht waren.[286]

Der Umsatz stieg auf 55,1 Millionen RM bei Jahresende 1944, als die H. Walter KG bereits 5060 Beschäftigte zählte. Hauptauftraggeber blieben das Reichsluftfahrtministerium (RLM) mit fast 50 Prozent der Aufträge, gefolgt von der Torpedoversuchsanstalt mit etwa 25 Prozent und dem OKM mit weiteren 20 Prozent. Der Rest verteilte sich auf Auftraggeber der Privatindustrie. Der Gewinn, allein für das Jahr 1944 fast 1,5 Millionen RM, wurde nach einem festen Kapitalschlüssel verteilt; auf diese Weise erhielt Karl Merck 1944 knapp 150 000 RM. Ende 1943 betrug der Gesamtauftragsbestand des Kieler Unternehmens 62 Millionen RM.[287]

Während die H. Walter KG wesentlich für die Technik der neuen Antriebe verantwortlich war, war die zweite Geheimgesellschaft für die Raffinierung des als Betriebsstoff notwendigen hochkonzentrierten Wasserstoffperoxids zuständig. Die zunächst in München ansässige Firma Otto Schickert & Co. KG (Osco), eine Tochtergesellschaft der EWM, wurde von Otto Schickert (1905–1972), einem Schwiegersohn von Pietzsch, geleitet, der als Komplementär fungierte. Vom recht geringen Kapital in Höhe von 26 000 RM hielt Karl Merck als Kommanditist 6900 RM, also rund 26,5 Prozent, Gustav Adolph und Albert Pietzsch hielten jeweils 24 Prozent. Im Auftrag und auf Kosten des RLM (allein für die von der Firma gepachteten Gebäude wurden 70 Millionen RM investiert), wurde seit 1937/38 in kürzester Zeit ein Werk in Bad Lauterberg/Harz errichtet, weit entfernt von den Reichsgrenzen und damit vor Fliegerangriffen geschützt. Vorgesehen war die Produktion von monatlich 1200 Tonnen Wasserstoffperoxid mit einer Konzentration von 80 Prozent. Das für die Elektrolyse benötigte Wasser wurde aus der gerade fertiggestellten Odertalsperre bezogen. Das unter technischer Leitung des

Marinebaurats Dr. Werner Piening stehende Werk feierte Ende September 1940 Richtfest; der mit fünf großen Hallen und insgesamt 100 Gebäuden imposante Betrieb nahm seit 1941 die Herstellung des «T-Stoffs» auf, der von 35 Prozent auf schließlich 85 Prozent konzentriert wurde. Das Unternehmen beschäftigte 1944 über 1200 Arbeiter,[288] unter ihnen etwa 800 Fremdarbeiter: zunächst waren es noch überwiegend Italiener, Flamen und Holländer, schließlich russische und ukrainische Zwangsarbeiter, die nach zeitgenössischen Berichten «mehr tot als lebendig» nach Bad Lauterberg kamen.[289] Das Werk in Bad Lauterberg war mit einer zunächst geplanten Kapazität von 1200 Tonnen «T-Stoff» schließlich neben der EWM der einzige Lieferant im Reich und stellte dessen Produktion bald in den Schatten.[290] Ein seit April 1943 aufgebautes, aber niemals fertiggestelltes Zweigwerk in Rhumspringe sollte in der Endstufe sogar über 6000 Tonnen «T-Stoff» im Monat herstellen – was das Achtfache der damaligen Weltproduktion an Wasserstoffperoxid gewesen wäre.[291]

Das dritte mit Pietzsch als Kompagnon aufgezogene Gemeinschaftsunternehmen war die CFG im Norden von Augsburg. Zweck der Anlage war die «Herstellung einer Treibstoffkomponente für Raketenflugzeuge (Hydrazinhydrat)». Das Verfahren beruhte auf der partiellen Oxidation von Ammoniak mittels Natriumhypochlorit. Als «B-Stoff» wurde das Hydrazinhydrat in einer Konzentration von 92 Prozent bezeichnet. In einer anderen Zusammensetzung wurde «C-Stoff» hergestellt, eine Mischung von 31 Prozent Hydrazinhydrat, 55 bis 57 Prozent Methanol, 12 bis 14 Prozent Wasser und in geringen Mengen einem Kupferkatalysator.[292] In drei Gebäudekomplexen wurden seit 1943 rund 50 Tonnen «B-Stoff» und über 150 Tonnen «C-Stoff» hergestellt, die wegen ihrer Gefährlichkeit und Explosionsgefahr in großen Spezialtanks gelagert wurden. Im Vorfeld der Gründung hatte es seit Ende 1941 bereits Gespräche zwischen dem I. G. Farben-Werk Ludwigshafen und der EWM gegeben, in die seit Anfang 1942 aufgrund vorhandener Vorarbeiten auch das Werk Leverkusen eingebunden war. Auf der Grundlage dieser Absprachen unter Federführung von Dr. Carl Wurster und Albert Pietzsch, die im Einvernehmen mit Carl Krauch und dem RLM stattfanden, sollte die CFG die Vorprodukte Natriumhypochlorit, Chlor und Natronlauge sowie Strom und Wasser von einem in Gersthofen seit der Jahrhundertwende bestehenden Werk der I. G. Farben beziehen. Gersthofen war für die EWM wegen der Nähe zu Höllriegelskreuth als Standort günstig, Wurster vertraute auf günstige Lieferbedingungen für das I. G.-Werk in Gersthofen. Hermann Göring als Beauftragter für den Vierjahresplan ermächtigte schließlich im August 1942 die EWM mit der Durchführung des Transehe-Bauvorhabens,[293] das in die höchste Dringlichkeitsstufe des Generalbevollmächtigten für Sonderfragen der chemischen Erzeugung aufgenommen wurde.[294]

Die durch einen Gesellschaftsvertrag vom Dezember 1942/Januar 1943 gegründete CFG war fast komplett in der Hand von Merck. Vom Gesellschaftskapital in Höhe von zwei Millionen RM hielt Merck 1 960 000 RM und damit 98 Prozent. Der Chemiker Gert von Transehe-Roseneck, ein Schwiegersohn von Gustav Adolph, brachte als Komplementär und persönlich haftender Gesellschafter 20 000 RM ein, der Rest war Streubesitz in den Händen der Familien Pietzsch und Schickert.[295] Nach dem Gewinnverteilungsschlüssel entfielen 55 Prozent auf Merck. Die Finanzierung der CFG erfolgte durch einen Investitionskredit der Bank der Deutschen Luftfahrt (Aerobank) über 2 Millionen RM, durch einen Reichszuschuss des RLM über 1 250 000 RM und eine Beihilfe des OKH über weitere 750 000 RM für Reserveapparaturen, schließlich durch das Kommanditkapital in Höhe von 2 Millionen RM – zusammen also 6 Millionen RM. Der Verkauf von Herstellungslizenzen an das japanische Kriegsministerium brachte 1944 5,4 Millionen RM ein – offenbar hatte Pfotenhauer dieses Patent hinter dem Rücken der Mercks in Japan anmelden lassen.[296] Aus dem Erlös der Lizenzerträge wurde der Investitionskredit bei der Aerobank zurückgezahlt. Die Kosten übernahm das Reich: Mit diesem war vertraglich vereinbart worden, dass dieses einen Gewinnzuschlag sowie einen «Sondergewinn» zu zahlen hatte, wie der technische Leiter später zugab: «Nachgewiesenermaßen war bei Kriegsende die Finanzlage der Firma durchaus gesund. Sie musste ja gesund sein, da laut Vertrag mit dem Reich die Bezahlung sämtlicher Gestehkosten und ein ca. 11 %iger Gewinn garantiert waren. Dazu kam die Sondereinnahme von 5,4 Mill. RM für die Lizenzabgabe an Japan, die alleine schon ausreichte, die Anlage zu finanzieren.»[297]

Technischer Leiter und stellvertretender Betriebsführer war der EWM-Chemiker Dr. Edelbert Kesting. Den Baugrund, der sich als Enklave auf dem Gelände des I. G. Farben-Werks befand, erwarb Ende November 1943 die Lech-Elektrizitätswerke AG (Augsburg). Die I. G. Farben erhielt für alle Verkaufsfälle ein Vorkaufsrecht. Auf dem streng bewachten Gelände wurden sieben Gebäude errichtet: neben dem Verwaltungsgebäude drei Fabrikhallen, eine Werkstätte, ein Tanklager und ein Schuppen. Plangemäß sollte die Inbetriebnahme am 1. Januar 1944 erfolgen. Der Auftrag zum Bau einer Anlage für monatlich 100 Tonnen B-Stoff erfolgte im Spätherbst 1944. Die Planung sah sukzessive eine Verdopplung dieser Kapazität vor. Die Anlage war bei Kriegsende zwar montiert und arbeitete bis Ende April 1945, aber es kam nicht einmal mehr zum geplanten Apparaturenausbau. Beschäftigt waren Ende 1943 20 leitende Angestellte und 20 Arbeiter, Ende 1944 bereits 34 leitende Angestellte und 303 Arbeiter, die meisten offenkundig ausländische Zivilarbeiter, «Ostarbeiter» und italienische Militärinternierte, die in insgesamt sieben Baracken untergebracht waren. Es gab zahlreiche Gründe für die geringe Produktion von monatlich lediglich 20 bis 60 Tonnen: Anlaufschwierigkeiten, ungeschultes und unmotiviertes Personal, das meist durch

Zwangsarbeiter gestellt wurde, sowie die häufigen Unterbrechungen durch Fliegeralarm. Die Wasserstoffperoxidanlage der EWM wurde nach Kriegsende unter Treuhänderschaft gestellt und anschließend – bei reichlichen Reibereien zwischen der britischen und amerikanischen Militärverwaltung[298] – demontiert. Darmstadt versuchte daher, den Merck-Anteil von 28 Prozent aus der Holding AG herauszulösen und auf sich selbst zu übertragen, ohne auf die Besitzansprüche zu verzichten.[299]

Das Werk Kiel der H. Walther KG, das im September 1944 schwere Bombentreffer erhalten hatte, wurde bei Kriegsende ebenso wie die Zweig- und Verlagerungswerke besetzt. Die Briten installierten im November 1945 einen Treuhänder und übertrugen die Verwaltung der Royal Navy; einige Techniker und Ingenieure siedelten mit ihren Familien nach Großbritannien über und stellten ihre Kenntnisse den Briten zur Verfügung.[300] Das Vermögen blieb bis 1950 gesperrt, und die Produktionsstätten wurden als Werk der Rüstungskategorie I zum Teil gesprengt, zum Teil demontiert.[301] Die Liquidation des Unternehmens zog sich noch bis in die Mitte der 1950er-Jahre hin.[302] Das Werk der Otto Schickert & Co. KG stellte die Produktion Anfang April 1945 ein. Bei der seit Juli 1945 unter amerikanischer Militärverwaltung stehenden und als Rüstungsbetrieb klassifizierten CFG wurde Gert von Transehen im September 1945 verhaftet. Dr. Paul Heisel, eine langjährige Führungskraft des I. G.-Werkes Gersthofen, wurde im Februar 1946 zum Treuhänder bestellt, zum Ärger der Darmstädter, die hierfür Kesting vorgesehen hatten: Sie hatten gehofft, die weitgehend unzerstörte und «tadellose Anlage» für die Fertigung von Pharmazeutika oder Schädlingsbekämpfungsmitteln nutzen zu können, und wollten die Rechtsnachfolger der I. G. Farben nicht zum Zuge kommen lassen. Otto Dalmer fuhr zwar mehrfach nach Augsburg, um zu verhindern, dass das Werk der CFG von der Militärregierung «geschleift» wurde, aber die Hoffnung auf Wiedereröffnung zerschlug sich. Das überschuldete Unternehmen erwies sich deshalb noch Jahre nach Kriegsende als «Klotz am Merckschen Bein».[303]

Nach späteren Angaben eines der Beteiligten waren im Zweiten Weltkrieg 10 Millionen RM nach Meiningen, 10 Millionen RM nach Gersthofen, 10 Millionen RM nach Kiel und weitere 10 Millionen RM nach Lauterberg geflossen. Weil der «Endsieg» ausblieb, amortisierten sich die Investitionen jedoch nicht. Man hatte sich «zur Ruine verdient» mit Projekten, mit denen man eigentlich nichts zu tun hatte. Karl Merck vernichtete bei Kriegsende seine kompromittierende Korrespondenz zur EWM, und auch die Akten zu den Geheimgesellschaften fielen dem Reißwolf zum Opfer.[304] Die Merck-Buchhaltungsexperten empfanden die mehrere Jahre in Anspruch nehmende Liquidation der Firmen, die für das Rüstungsprodukt Wasserstoffperoxid gegründet worden waren, als «Trauerspiel».[305]

3.6. Niedergang, Kriegsende, Entnazifizierung und Neuanfang

Ende 1941 überwog noch die Hoffnung auf einen siegreichen Frieden. Louis Merck schrieb: «In der Firma fehlt es an Arbeit nicht, unser Produktionsprogramm hat sich sehr stark geweitet, doch fehlen uns leider sehr viele Mitarbeiter, doch wir werden es schaffen. [...] Große Voraussagen auf die Zukunft kann man nicht machen, aber eines ist sicher, Deutschland macht das Rennen.»[306] Die Bekanntmachungen verrieten bald jedoch Zweckoptimismus und gerieten immer stärker zu Durchhalteparolen. Die ungenügende Wartung der Apparaturen machte sich bemerkbar. Ende 1942 hieß es: «Die Vernachlässigung unserer technischen Anlagen muss sich früher oder später bitter rächen.»[307] Seit 1943/44 häuften sich die Luftalarme, und der Nachschub von Roh- und Hilfsstoffen stockte. In einem Rundbrief an die zur Wehrmacht Eingezogenen hieß es im Februar 1944: «Als Soldaten der Heimatfront fühlen wir uns auch, wenn wir an unseren Luftschutzabenden mit Spaten und Spitzhacke an den Bau unserer Splittergräben gehen. Da schippt der Direktor neben dem Betriebsarbeiter: die vollendete Arbeitsgemeinschaft!»[308] In die Korrespondenz schlich sich Endzeitstimmung ein, zumal von Wettbewerb immer weniger die Rede war. Geradezu versöhnlich hieß es in einem Brief Ernst Boehringers aus Ingelheim an Pfotenhauer im Juli 1944, die Zeiten seien vorbei, in denen es stürmisch herging und «mancher Strauß ausgefochten» worden sei.[309]

Im Betriebsalltag wurde bei Merck fast mechanisch das Bekannte und Vertraute weitergeführt. Wie nahezu überall wartete man im weiten Feld zwischen «Substanzsicherung und Nachkriegsorientierung»[310] erst einmal ab. Die Disziplin ließ inzwischen spürbar nach. Diebstähle häuften sich, nicht zuletzt beim besonders beliebten Vitamin C. In der Regel wurde in diesem Fall die fristlose Entlassung ausgesprochen. Der «Vertrauensrat» warnte 1943 vor den Folgen, wenn jemand «um eines so geringfügigen Gegenstands willen wie ein Fläschchen Alkohol oder Vigantol oder ein Pfund Traubenzucker oder eine Anzahl Briefbogen seinen ehrlichen Namen und seine Arbeitsstelle bei der Firma aufs Spiel setzt».[311]

Im August 1943 wurde behördlich angeordnet, Ausweichbetriebe gegen Bombenangriffe für die Fertigung u. a. von Compretten, Eupaverin, Ephetonin, Cuprex, aber auch Selen-Metalle für die Glasindustrie zu errichten.[312] Überstürzte Bemühungen, im «Generalgouvernement» und in der «Ostmark» geeignete Betriebe zu finden, scheiterten. Dafür lief im benachbarten Groß-Zimmern in umgebauten Räumlichkeiten zweier Fabriken im April 1944 die Ampullen- bzw. Tabletten-Produktion an. Seit Juni 1944 wurden in einer Kleiderfabrik in Stockstadt bei Aschaffenburg Dragees hergestellt. Für diese Lohnfabrikation lernten

Merck-Fachleute die dortigen Arbeiter an.[313] Mit noch größerem Aufwand wurde seit dem Frühjahr 1944 in einer beschlagnahmten Stoffdruckerei im oberelsässischen Wesserling eine Produktion hochgezogen. Neben «Ostarbeiterinnen»[314] wurden in einer «Auskämmungsaktion» rund 200 Elsässer dienstverpflichtet, die «nicht so gut auf uns zu sprechen waren», wie eine ehemalige Mitarbeiterin später berichtete.[315] Kaum war die Produktion angelaufen, breitete sich im September 1944 – inzwischen war wie im Ersten Weltkrieg die 60-Stunden-Woche eingeführt worden – Defaitismus aus. Mittlerweile waren nur noch 16 «Reichsdeutsche» tätig; die übrigen Beschäftigten, einschließlich der noch 16 verbliebenen «Ostarbeiterinnen», waren bereits wieder nach Darmstadt zurückgeschickt worden. Direktor Dr. Ernst Feske schrieb: «Wenn ich völlig frei in meinen Entschlüssen wäre, so könnte ich in Anbetracht der Lage zu dem Schluss kommen, Anweisung zum Abbau zu geben.» Die bald auf medizinische Kohle und Ephetonin beschränkte Produktion lief noch weiter, bis Wesserling am 23. November 1944 auf Anweisung des Rüstungskommandos aufgegeben wurde. Die «Nachhut» verließ zwei Tage später das Elsass.[316]

Ein schwerer Angriff in der Nacht vom 11. zum 12. September 1944 legte weite Teile Darmstadts in Schutt und Asche. Die Industriebetriebe am Stadtrand wie das Betriebsgelände von Merck erlitten vergleichsweise geringe Schäden, aber viele Merck-Mitarbeiter wurden ausgebombt, und die Verkehrsverbindungen waren häufig unterbrochen.[317] Manche Mitarbeiter erschienen eine Zeit lang gar nicht mehr am Arbeitsplatz. Totalausgebombte erhielten Sonderurlaub und kamen vorerst in den Ausländerbaracken unter. Am Wochenende ließen sie sich von flämischen Arbeitern bei der Reparatur ihrer Wohnungen helfen, und Merck rief zu gegenseitiger Unterstützung für die Kollegen auf, denen «unbedingt lebensnotwendige Gegenstände, wie z.B. Essgeschirr, Kamm, Rasierapparat, Nähutensilien usw. vernichtet wurden». Die Kantine beklagte einen rapiden Schwund ihrer Bestecke: «Jeder Essensteilnehmer muss sich sein Besteck selbst mitbringen. Essensteilnehmer, die wegen Fliegerschaden zur Zeit über kein Besteck verfügen, können eines von den Werksspeiseanstalten gegen Quittung geliehen erhalten, für dessen Rückgabe sie verantwortlich bleiben.» «Fliegergeschädigte» erhielten wahlweise ein Päckchen Waschpulver oder eine kleine Kerze. Zudem wurden Koffer, Taschentücher, Hosenträger, Gummiband, Wintermäntel, Stoffe und Schuhe an «Totalgeschädigte» verteilt. Auf die Bitte des DAF-Kreisobmanns hin verkauften Händler auf dem Firmengelände Rasierklingen, Streichhölzer und Lebensmittel, und ein Schuhhaus sowie ein Koffergeschäft richteten ebenfalls Verkaufsstellen ein. Seit dem 21. September 1944 durfte die Firma in Eigenregie Wohnraum für ausgebombte Werksangehörige suchen.[318] Die sich zunehmend verschlechternden Verkehrsverhältnisse, die fast zum Erliegen gekommene Rheinschifffahrt und ausbleibende Kohlenlieferungen führten dazu, dass Ende Oktober fünfzig Güterwagen mit Ware nicht ausgeliefert werden konnten. Pfotenhauer berichtete an Ernst Boehringer: «Nach Lage der Dinge muss man wirklich staunen, dass vorläufig noch alles, wenn auch etwas holprig, läuft.»[319]

Erst ein halbstündiger Angriff am Mittag des 12. Dezember 1944 zwang die Darmstädter Betriebe in die Knie. Allein bei Merck waren 55 Tote zu beklagen.[320] Fast 70 Prozent der Gebäude wurden ganz oder teilweise zerstört und etwa 70 bis 80 Prozent der Produktionskapazität vernichtet. Der größte Teil der Belegschaft – etwa 2292 Deutsche und 700 Ausländer – sicherte Warenbestände und Apparaturen.[321] Karl Merck berichtete: «Wenn auch nicht von einem Totalschaden gesprochen werden kann, so ist doch die Produktion auf Monate hinaus stillgelegt.»[322] Ein Merck-Arbeiter hat seinen Eindruck später in zwei Sätzen festgehalten: «Was sich damals zutrug, kann gar nicht alles aufgezeichnet werden. Die Fabrik war ein rauchender Trümmerhaufen.»[323] Der Angriff hatte Folgen weit über das Kriegsende hinaus. Während andere Unternehmen wie Boehringer Ingelheim, Hoechst, BASF und Bayer später über eine vergleichsweise gute Kapitalbasis verfügten, bedeuteten die Zerstörungen bei Merck noch jahrelang eine schwere finanzielle Hypothek. Wo es irgendwie möglich war, wurde die Fabrikation weitergeführt – in Räumen ohne Fenster und Heizung, teilweise auch unter freiem Himmel. Weil das Magazin und die zum Versand vorbereitete Ware zerstört war, wurden weitere Verlagerungsaktionen geplant, aber nicht mehr durchgeführt. Eine eigens eingerichtete «Schadenskommission» berechnete im Januar 1945 akribisch die Kosten einer Wiederaufnahme.[324] Pfotenhauer berichtete von Aufgaben, die «ungeheuer groß und schwierig zu lösen» seien. Er hielt es für völlig ausgeschlossen, auch nur einen Bruchteil des Rohmaterials wie Holz, Dachpappe oder Zement zu erhalten, zumal auch Fachkräfte für den Wiederaufbau fehlten: «Auf diese Weise leisten derartige Kommissionen usw. die Arbeit eines Eichhörnchens in der Trommel, bleiben dafür aber dem Zugriff von Arbeitsamt und Wehrmacht entzogen.»[325]

Im Februar 1945 wurden die pharmazeutische Fertigung, die Ampullenherstellung und die Tablettenproduktion, deren Gebäude vom Bombenhagel verschont geblieben waren, auf niedrigem Niveau schrittweise wieder hochgefahren. Allerdings ließen sich die Präparate des «Brandt-Plans» wie steriler Bolus, Calcium gluconicum, Choleval, Ephetonin sowie die Organpräparate kaum noch herstellen, die Produktion von Bariumsulfat, Betabion, Codein, Morphium, Cuprex, Ascorbinsäure und Traubenzucker, Optonicum, Eupaverin, Jodipin, Neobar und Oestromon, so lautete die Prognose, werde erst nach Instandsetzung der beschädigten Betriebe wieder möglich sein.[326] Die hierfür beantragte Hilfe des Reiches blieb aus. Der Beauftragte für den Vierjahresplan genehmigte für die «Wiederinstandsetzung» lediglich eine «Sofortmaßnahme» in Höhe von 300 000 RM, nur ein Viertel der beantragten Summe, die zudem an zahlreiche

1933–1948: Forschungsstagnation und Rüstungsgeschäfte 335

Abbildung 99 Zwei Luftangriffe im Jahr 1944 und weitere Bombenabwürfe im Frühjahr 1945 legten das Werk zum großen Teil in Schutt und Asche. Die Luftaufnahme der alliierten Aufklärung aus dem Jahr 1944 lässt die Schäden erahnen.

Auflagen wie etwa die Herstellung von Vitamin C und B und der im «Brandt-Plan» aufgelisteten pharmazeutischen Grundstoffe geknüpft war. Über einen weiteren Aufbau, so erfuhren die Darmstädter, sei noch nicht entschieden. Die Materialknappheit hatte inzwischen groteske Züge angenommen: Als Merck um Zuteilung von 10 Tonnen Sonnenblumenöl für pharmazeutische Zwecke bat, stellten die Behörden lediglich ein kleines Kontingent Rinderklauenöl in Aussicht.[327]

Seit dem Scheitern der Ardennen-Offensive ging es bei Merck vornehmlich darum, irgendwie den Krieg zu überstehen. Die Angriffe durch amerikanische Jagdflugzeuge machten den geregelten Straßen- und Eisenbahntransport inzwischen unmöglich. Als Hitler am 19. März den «Nero-Befehl» gab, hatten die westlichen Alliierten die linksrheinischen Gebiete bereits erobert. Am 7. März überschritten sie bei Remagen, wenig später auch bei Oppenheim den Rhein. Bei dieser Gelegenheit wurde Darmstadt zwar ein weiteres Mal bombardiert, aber das Werksgelände blieb jetzt verschont. Louis Merck hatte schon nach dem Bombenangriff vom September 1944 Darmstadt verlassen und sich in sein Ferienhaus bei Garmisch-Partenkirchen zurückgezogen,[328] wo er, seit Längerem schwer krank, am 2. Februar 1945 starb. Fritz Merck war in französische Kriegsgefangenschaft geraten.³²⁹ Carl Christoph Merck, der 1921 geborene älteste Sohn von Karl Merck und von diesem für die Nachfolge vorgesehen, war am 19. Januar 1945 als Bordfunker eines Jagdflugzeugs bei Nürnberg abgestürzt. Fritz Merck jr., der einzige Sohn von Fritz Merck, war an der Ostfront verschollen. Die Betriebsdisziplin in Darmstadt löste sich allmählich auf. Der Leiter der Personalabteilung, Dr. Walter Brügmann, und der Leiter des Magazins, Dr. Hansen, ein strammer Parteigenosse, setzten sich gemeinsam mit den Chemikern Dr. Fritz von Werder und Dr. Bischoff am 24. März mit dem Fahrrad ab.³³⁰ Dr. Erich Siebert kam am 25. März als Führer einer Volkssturmeinheit bei Groß-Zimmern ums Leben.

Karl Merck, der noch im Januar 1943 das Kriegsverdienstkreuz 1. Klasse erhalten hatte,³³¹ teilte Otto Dalmer am Morgen des 24. März 1945 mit, er werde mit seiner NSKK-Einheit die Stadt verlassen, plane aber, sobald wie möglich nach Darmstadt zurückzukehren.³³² Zu diesem Zeitpunkt wurde bekannt, dass Bernhard Pfotenhauer sich mit seiner Familie umgebracht hatte. Seine überlebende Tochter Ursula hat später berichtet, ihr Vater sei bereits im September 1944 ein «zerbrochener Mann» gewesen.³³³ Pfotenhauer wusste zweifellos, dass er als wichtige Stütze des NS-Regimes galt, und hatte schon in jenen Wochen angekündigt, dass er «keine Lust verspüre, sich von den kommenden Machthabern peinigen zu lassen».³³⁴ Gegenüber dem Forschungsleiter Otto Zima erklärte er im März 1945, er müsse jetzt abtreten, weil er es nicht fertigbrächte, «womöglich von morgen ab einem amerikanischen Juden die Schuhe putzen zu müssen».³³⁵ Er vergiftete am 23. März 1945 seine Frau Katharina, seine Töchter Felicitas und Margot und vier seiner Enkelkinder mit Luminal, das er sich aus dem Merck-Magazin besorgt hatte, und erschoss sich anschließend. Die Tochter Margot überlebte die Vergiftung.³³⁶

Zwei Tage später, am 25. März 1945, war der Krieg für die Firma Merck mit der Besetzung durch amerikanische Truppen beendet. Zuvor waren alle Hitlerbilder verbrannt und die Mitarbeiter nach Hause geschickt worden, zumeist in benachbarte Odenwaldgemeinden, da Darmstadt weitgehend zerstört war. Das von Theodor Heuss für die Deutschen so treffend beschriebene Gefühl, «erlöst und vernichtet in einem gewesen» zu sein,³³⁷ traf auch hier zu. Das zunächst einige Tage ganz stillliegende Werk unterstand wie alle anderen Betriebe der Region³³⁸ der Aufsicht eines ins Werk delegierten Besatzungsoffiziers. Es erwies sich als Glück im Unglück, dass dieser Captain Norbert Smith aus der pharmazeutischen Industrie stammte; an seine Seite trat später der Produktionsoffizier und Medical Supply Manager, Captain Byron M. Noon, im Zivilberuf bei der Pharmafirma Eli Lilly & Co. beschäftigt.

Der – politisch unbelastete – Hauptlaboratoriumsleiter Dalmer, der seit dem 14. März 1943 Generalvollmacht besaß, wurde am 23. März 1945 mit der alleinigen Geschäftsführung betraut. Dem wissenschaftlich angesehenen Senior, der mit den «Männern mit den Stiefeln» nichts zu tun gehabt hatte und als politisch «fleckenlos» eingeschätzt wurde,[339] stellten die Besatzungsbehörden sicherheitshalber den 1941 aus dem Unternehmen geworfenen Otto Henkel an die Seite.[340] Auch die «sozialpolitischen» Abteilungen wurden von ihm geführt; wenige Monate später wurde er zudem stellvertretender Werksleiter. Hans Toelcke wurde vorübergehend mit der Leitung der kaufmännischen Abteilungen betraut, ging aber schon wenige Monate später in Pension und übergab seine Aufgaben an Walter Leichsenring, seit 1943 Leiter der Einkaufsabteilung. Die Oberleitung der Fabrikbetriebe übernahm Dr. Ernst Feske, Oberingenieur Göschel oblagen die technischen Abteilungen. Otto Zima, der kein «Parteigenosse» geworden war, blieb Leiter der Forschung.[341] Die Leitung der Fabriken und der technischen Abteilungen übernahm im Oktober 1945 der Chemiker Dr. Justus Petersen, seit 1943 Hauptleiter aller Fabrikbetriebe.

Das Werk war nach Einschätzung der Geschäftsleitung zu 41 Prozent totalzerstört und zu weiteren 27 Prozent teilbeschädigt. Die Produktion war untersagt, und der gesamte Bestand an Rohstoffen, Halb- und Fertigfabrikaten wurde beschlagnahmt. Die Zeiten, in denen Merck ein weltweit operierendes Unternehmen war, schienen endgültig vorbei zu sein. Der größte Teil des Auslandsbesitzes musste als verloren angesehen werden. Im Zuge der Sperrung der deutschen Auslandsvermögen waren alle 70 ausländischen Firmenniederlassungen und Handelsstützpunkte beschlagnahmt, enteignet oder standen unter Zwangsverwaltung. Die AG für den Handel in Merck-Produkten stand schon seit dem 16. Dezember 1940 auf der britischen «Schwarzen Liste».[342] In der Schweiz war die Holding AG seit dem 16. Februar 1945 gesperrt und damit der Einfluss deutscher Aktionäre ausgeschaltet; sie sollte nach den Bestimmungen des Abkommens von Washington vom 25. Mai 1946 in «nicht-deutsche Hände» überführt werden. Ebenso dramatisch war die finanzielle Lage: Karl Merck und Pfotenhauer hatten Firmengelder in erheblichem Umfang in festverzinsliche Wertpapiere in Form von Reichsschatzanweisungen angelegt. Allein 7 Millionen RM des Vermögens der E. Merck-Altersfürsorge GmbH waren seit dem April 1940 in Reichsanleihen geflossen.[343] Verständlicherweise fürchtete die Geschäftsleitung eine «ungeheure Empörung»[344] bei der Belegschaft, weil diese Gelder komplett abgeschrieben werden mussten – wenig verwunderlich bei der massiven Gesamtverschuldung des Deutschen Reiches von mindestens 339 Milliarden Reichsmark.[345] Hinzu kamen die beträchtlichen Auslandsschulden. Allein an Hoffmann-La Roche waren rund 460 000 SFR aus Lizenzvereinbarungen fällig.[346] Die Belegschaft wurde am 29. Mai 1945 auf «schwere Zeiten» vorbereitet: Seit März waren Löhne, Gehälter und Pensionen nicht mehr gezahlt worden, und ab sofort wurde als «Notmaßnahme» ein umfassender Gehaltsverzicht angekündigt, der erst wieder außer Kraft treten sollte, wenn das Unternehmen Gewinn machte.[347]

Am 29. März begannen etwa 250 verbliebene Werksangehörige mit Aufräum- und Instandsetzungsarbeiten. Mitte April erschienen bereits wieder zwischen 800 und 900 Werksangehörige regelmäßig zur Arbeit.[348] «Regellose Requisitionen» und Plünderungen von Rohstoffen, Traubenzucker und Alkohol wurden beklagt.[349] Am 13. Mai 1945 wurden die «Russenbaracken» geräumt.[350] Ethanol, Methanol und die Opiate wurden unter besondere Bewachung gestellt, weil es im Chaos durch Missbrauch Tote gegeben hatte. Die Werkleitung wies alle Schuld von sich: «Wir betonten, dass wir bei Plünderungen durch Russen immer wieder auf die Gefahr der Vergiftung hingewiesen haben, soweit uns die Plünderer dazu Gelegenheit gegeben und uns nicht mit Schusswaffen bedroht hätten.»[351]

Durch glückliche Umstände waren die Waren-Abteilungen in Berlin, Hamburg, Hannover, Leipzig, München, Stuttgart und die Vertretung in Düsseldorf noch «arbeitsfähig».[352] Die zum Schutz vor Bombenangriffen in rund 30 Depots ausgelagerte Fabrikation der wichtigsten Tabletten, Dragées und Ampullen stand ebenso wieder zur Verfügung wie die beträchtlichen Warenvorräte aus dem Verkaufslager Schönebeck, die man nach Darmstadt zurückgeholt hatte, bevor die Rote Armee das Lager besetzte.[353] Im April 1945 wurde der Anteil der arbeitsfähigen Produktionseinrichtungen mit 25 bis 30 Prozent angegeben, weitere 40 Prozent sollten im Laufe der folgenden vier bis fünf Monate wieder einsatzbereit sein, der Rest im Frühjahr 1946. Vorrang hatte der pharmazeutische Betrieb, insbesondere die Alkaloidbetriebe und die Feinchemikalien, gefolgt vom Packmittelbetrieb und den Forschungslaboratorien. Als vorteilhaft erwies sich, dass die Zerstörungen im Pharmabereich weniger schwerwiegend waren als in den übrigen Abteilungen. Die «Herstellung der Substanzen einiger besonders wichtiger Spezialpräparate» sei sofort wieder möglich, «sodass der erhalten gebliebene Teil der Produktion wertmäßig besonders ins Gewicht fällt».[354] Auch die Herstellung von Vitamin C könne jederzeit «wieder aufgenommen werden».[355] Sogar Zweckoptimismus war spürbar: Eventuell könne man die Herstellung und den Verkauf von Arzneimitteln und teilweise auch von Chemikalien so lange sicherstellen, «bis die eigenen Fabrikanlagen einigermaßen wieder hergestellt sind und die Produktion wieder angelaufen ist».[356]

Unmittelbar nach der Besetzung wurde das Werk von einer großen Zahl amerikanischer Fachkommissionen inspiziert. Diese interessierten sich für das Produktionsprogramm, die Herstellungsverfahren, die Forschungsarbeiten und die Apparate: «Welchen Zwecken diese sehr eingehenden Überprüfungen dienten, war in den meisten Fällen nicht zu erkennen», berichtete der besorgte Dalmer.[357] Sein Misstrauen war berechtigt, denn die Amerikaner, nicht zuletzt einige Emissäre von Merck & Co., verfolgten handfeste eigene industrielle Interessen.[358] Eine systematische Durchleuchtung der Firma, wie dies bei anderen Chemie- und Pharmaunternehmen die Regel war, fand jedoch nicht statt, vielleicht auch, weil sie als zu unbedeutend eingeschätzt wurde: Als eine amerikanische Expertenkommission vom 7. bis 14. Juni 1945 das Werk besuchte, war sie erstaunt zu hören, dass das Forschungslabor wegen der Einberufungen zur Wehrmacht in den Kriegsjahren kaum Neuentwicklungen vorzuweisen hatte. Es sei Firmenpolitik gewesen, alle Anstrengungen auf die bewährten Produkte zu konzentrieren, erfuhren sie.[359]

Merck versuchte mit einer Doppelstrategie zu überleben. Erstens machte man die übertriebene Angabe, «zweifellos die bei weitem am schwersten getroffene Fabrik» der deutschen pharmazeutischen Großindustrie zu sein. Zweitens sollten die amerikanischen Besatzer von der «Wiederaufbaufähigkeit» und der «Bedeutung unserer Produktion» überzeugt werden.[360] Angesichts fehlender Arzneimittel und leergekaufter Apotheken lag es nahe, zur Bekämpfung von Krankheit und Seuchen die rasche Wiederaufnahme der Arzneimittelproduktion zu genehmigen.[361] Erleichtert registrierte die Werksleitung nach einer amerikanischen Inspektion am 25. April 1945, dass die Militärregierung diesem Vorschlag «positiv» gegenüberstand.[362] Am 30. April 1945 erhielt Merck die Erlaubnis zur Fabrikation pharmazeutischer Präparate, nicht anders übrigens als die Firma Boehringer Mannheim, die am selben Tag ihr erstes «Permit» ausgestellt bekam.[363] Die Erlaubnis war, wie man bei Merck sofort feststellte, «von allergrößter Bedeutung: einmal glauben wir aus der Erteilung der Erlaubnis schließen zu können, dass die Stellungnahme der amerikanischen Behörde (die Erlaubnis wurde erst nach Rückfrage im Hauptquartier erteilt) zur Firma Merck als Arzneimittel-Herstellerin eine grundsätzlich positive, mindestens nicht negative ist». Falls die Fabrikation, wenn auch nur im beschränkten Umfang, «wieder ins Laufen» komme, habe dies «eine größere psychologische Bedeutung nicht nur für die Stimmung unserer Arbeiter und Angestellten, sondern auch für den ganzen hiesigen Wirtschaftsbereich».[364] Am 26. Juni 1945 wurde die Herstellung von Schädlingsbekämpfungsmitteln, Konservierungsstoffen für Lebensmittel, Reagenzien und Feinchemikalien für Laboratoriumsbedarf, die traditionell einen erheblichen Anteil am Gesamtabsatz gehabt hatten, gestattet. Der Monatsumsatz betrug im Juli 1945 bereits wieder 1,4 Millionen RM, zugleich überschritt die Zahl der Mitarbeiter die Grenze von 2000 und betrug am Jahresende 2290.[365]

Die Beseitigung der Schäden des Kanalnetzes, der Versorgungsleitungen sowie der Vollbahn- und Kleinbahnstrecken hatte nun Priorität. Jetzt wurden die Fabrikbetriebe, die Magazine und das Kontrolllabor notdürftig instandgesetzt und erst danach mit dem Wiederaufbau der Forschungsabteilungen begonnen. Für das Bauprogramm wurden 150 eigene Handwerker und Hilfsarbeiter vorgesehen, zusätzlich weitere 50 von auswärtigen Firmen.[366] Da vor allem seit dem letzten Quartal 1945 immer neue Produktionsgenehmigungen erteilt wurden, seit Jahresanfang 1946 auch für Industriechemikalien,[367] stieg der Umsatz im ersten

Halbjahr 1946 auf 13 Millionen. Die Finanzen waren Anfang 1946 wieder so komfortabel, dass die zuvor eingeführten Gehaltskürzungen zurückgenommen wurden. Ein Umsatzrückgang auf 10,4 Millionen RM im ersten Halbjahr 1947 war hauptsächlich auf fehlende Roh- und Hilfsstoffe zurückzuführen.[368]

Die amerikanischen Besatzungsoffiziere hatten inzwischen die Daumenschrauben weiter angezogen. Am 19. September 1945 erfuhr die Geschäftsleitung, dass Firma und Vermögen auf der Grundlage des Gesetzes 52 beschlagnahmt waren.[369] Firmeninhaber und Geschäftsleitung verloren ihre Befugnisse; an ihre Stelle trat am 28. September 1945 Hugo Hildebrandt als «Custodian and director» mit weitreichenden Kompetenzen.[370] Dieser aus Siegen in Westfalen stammende «Treuhänder» der Firma firmierte als Regierungsdirektor a. D. und gab an, im KZ gesessen zu haben, war aber in Wirklichkeit bei der Reichsbahn sowie der «Organisation Todt» beschäftigt gewesen und war ein Hochstapler ersten Ranges, der wegen Unterschlagung und Urkundenfälschung mehrfach vorbestraft war.[371] Hildebrandt war es im Nachkriegschaos gelungen, sich vom amerikanischen Stadtkommandanten in Saarbrücken, Oberstleutnant Louis G. Kelly, zum Landrat ernennen zu lassen. Bis Mitte August 1945 war er zudem stellvertretender Regierungspräsident gewesen, ein Amt, das er «als Sinekure» betrachtet hatte.[372] Obwohl er aufgrund seines beeindruckenden Vorstrafenregisters in Saarbrücken entlassen worden war,[373] war es dem geborenen Blender gelungen, selbst die mit allen Wassern gewaschenen Offiziere des Commanding Office des Darmstadt MG Detachment davon zu überzeugen, er sei der richtige Mann für die Leitung eines großen Chemiewerks. Bei Merck war man von Anfang an misstrauisch und versuchte, etwas über «die genaue Vergangenheit» von Hildebrandt in Erfahrung zu bringen.[374] Anfang 1946 beantragte das Großhessische Staatsministerium die Entlassung Hildebrandts, weil diesem die «erforderlichen Charaktereigenschaften» fehlten.[375] Im Januar 1946 wurde Hildebrandt abgesetzt und von einem amerikanischen Militärgericht wenig später zu einer Haftstrafe von einem Jahr und 10 000 RM Geldstrafe verurteilt.[376] Danach versuchte er in Bayern erneut Treuhänder zu werden. Aufgrund von Schwarzmarktgeschäften wurde er zwar wieder verhaftet, was ihn aber nicht daran hinderte, Merck zur Herausgabe dreier ihm angeblich gehörender Fahrzeuge zu verklagen. Ein entnervter amerikanischer Offizier warnte noch 1948 vor Hildebrandts «little tricks», «dirty work» und der «regular routine of nefarious activities».[377] Damit war seine Karriere als Hochstapler allerdings noch lange nicht beendet: Es folgten Betrügereien als Geschäftsführer einer Schweizer Ölfirma und weitere Unterschlagungen. 1957 wurde er, inzwischen zehnmal vorbestraft, in Frankfurt erneut zu 15 Monaten Haft verurteilt.[378]

Hildebrandts Nachfolger, der am 30. Januar 1946 eingesetzte Dr. Karl Merlau, kam aus der Zuckerindustrie und war aus einem anderen Holz geschnitzt.

Mit diesem verstanden sich Familie und Firmenleitung zunächst recht gut, obwohl Karl Merck der Wiederaufbau «entsetzlich langsam» vorkam.[379] Das Augenmerk des Direktoriums lag auf den Hauptgeschäftszweigen. Die Wehrmacht und die Rüstungsindustrie waren als Kunden ausgeschieden. Die Arzneimittelsparte sollte wieder auf Vorkriegsniveau gebracht, die Forschungsabteilung ausgebaut und die Feinchemikalien- und Reagenziensparte gefördert werden. Den Konservierungsstoffen für die Lebensmittelindustrie sowie den Schädlingsbekämpfungsmitteln wurde eine aussichtsreiche Zukunft vorhergesagt.[380]

Obwohl ein Schering-Emissär noch im Frühjahr 1946 den Eindruck einer «stark zerstörten» Fabrik in Darmstadt hatte, wurde bereits wieder über eine zukünftige «Zusammenarbeit auf dem Laborchemikaliengebiet» gesprochen.[381] Trotz fehlenden Verpackungsmaterials, zerstörter Gleise und des improvisierten Tagesgeschäfts war der Blick auf die deutschen Rivalen gerichtet. Schering sei durch Bombenschäden und Demontagen schwer geschädigt und scheide «als Konkurrenzfaktor vorerst» aus, auch wenn die Leitung «außerordentlich rührig» sei und versuche, in den englischen und amerikanischen Zonen Produktionsstätten aufzubauen. Riedel-de Haën falle als Mitbewerber ebenso aus, Gleiches gelte für die in der sowjetischen Besatzungszone gelegene Chemische Fabrik v. Heyden, die wohl demontiert werde. Boehringer Ingelheim müsse als «ernster Konkurrent angesehen werden», ebenso die Knoll AG, während Boehringer Mannheim und Hoffmann-La Roche mit dem Werk in Grenzach als Konkurrenten kaum ins Gewicht fielen. Die I.G. Farbenindustrie Hoechst sei «in erhöhtem Maße als Konkurrent» anzusehen, was noch mehr für die I.G. Farbenindustrie in Leverkusen gelte, die ihre ohnehin schon führende Stellung im Arzneimittelsektor zu erweitern versuche.[382]

Weil die Produktion und Wiederzulassung zahlreicher Präparate nach dem Militärgesetz 56 untersagt war und die bisherigen internationalen Vertragsabsprachen und Konventionen ungültig geworden waren, war an Export noch nicht wieder zu denken: «Die früher bestehenden vier Auslandsabteilungen aufgelöst, das Personal in anderen Abteilungen untergebracht, die Büroausstattungen vernichtet oder von anderen Stellen des Hauses übernommen, die Räume neuen Verwendungszwecken zugeführt: das war gewissermaßen die Eröffnungsbilanz.»[383] Im Januar 1946 wurde allerdings eine Abteilung «Verkauf-Ausland» mit drei Mitarbeitern und einer Stenotypistin eingerichtet, die mit der Joint Export Import Agency (JEIA) als alliierter Behörde zur Regelung des deutschen Außenhandels zusammenarbeitete. Zunächst durften nur die Besatzungsmächte Ausfuhrverträge abschließen: Merck gab ein Angebot ab und lieferte, erfuhr aber weder den Namen des Empfängers noch die Höhe des Verkaufserlöses. Zahlreiche Bestimmungen, Anweisungen und Genehmigungsverfahren gestalteten den Export hochbürokratisch. Für die Ausführung eines einzigen Auftrags waren sechs verschiedene Formulare in je 22 Ausfertigungen notwendig.[384] Die Firma blieb über Jahre hinweg in einen Papierkrieg mit den verschiedenen Instanzen verwickelt: Property Control Branch, Finance Division, Economics Division, Decartelization and Industrial Deconcentration Group sowie das Hessische Staatsministerium waren mit Anträgen zur Herstellung von Medikamenten und Chemikalien befasst; häufig waren die deutschen Behörden, wie etwa beim Opiate-Vertrag, ähnlich skeptisch wie die US-Beamten.[385] Merck führte, beispielsweise beim Versuch, für die gemeinsam mit Bayer beantragte Herstellung von Vigantol eine Ausnahmeregelung zu erhalten, moralische Gründe ins Feld: Nur mit großen Kosten und Forschungsaufwand sei es möglich gewesen, die Präparate so billig zu verkaufen, dass sie «auch den ärmsten Klassen der Bevölkerung» zugänglich wurden: «Bayer und Merck können ohne Selbstüberhebung dieses Resultat ihrer gemeinsamen Anstrengungen als eine Tat für sich in Anspruch nehmen, durch die eine schreckliche Geißel der Menschheit, die Rachitis, besiegt wurde. Millionen von Kindern, die in der staub- und rußgeschwängerten Atmosphäre der Groß-Städte und Industriegebiete Gefahr laufen, dauernden Schaden an ihrer Gesundheit zu nehmen und zu Krüppeln zu werden, werden durch die gemeinschaftlichen Anstrengungen der beiden Firmen vor diesem grausamen Schicksal bewahrt.»[386]

Kompensationsgeschäfte und der Austausch beispielsweise von pflanzlichen Arzneidrogen gegen Nahrungsmittel in die außeramerikanische Zone waren verboten, und die Lieferung von Pharmazeutika unterlag strengen Auflagen.[387] Erst 1947 wurde deren Ausfuhr im Rahmen von Warenaustauschvereinbarungen wieder erlaubt. Hierfür lieferte man sogar in die Sowjetische Besatzungszone und bezog im Gegenzug Alkohol und andere chemische Vor- und Zwischenprodukte.[388] Der Umsatz betrug im zweiten Halbjahr 1947 13,5 Millionen RM und blieb auch in den folgenden sechs Monaten mit 13,7 Millionen RM nahezu konstant. Treuhänder und Werksleiter beurteilten die finanzielle Lage des Unternehmens inzwischen als «excellent».[389] Sorgen bereitete allerdings die Politik der SPD-geführten hessischen Regierung: «They are trying by all means to have the firm nationalized and to bring about a spectacular trial proving that for political and other reasons the Mercks should no longer be allowed to own the firm. The trustees feel that everything should be done to keep the firm as a private enterprise.»[390] Mitte 1947 genehmigte die Property Control Division die Auszahlung des Gewinns des Jahres 1944, während das Vermögen einiger Teilhaber vorerst noch gesperrt blieb.[391]

Welche Rolle die Familie Merck zukünftig spielen würde, war noch längere Zeit vollkommen unklar. Die Geschäftsleitung reagierte empfindlich, als einige stille Teilhaber bei Kriegsende versuchten, sich 250 000 RM auszahlen zu lassen. Aloys Steinhage, Chef der Finanzbuchhaltung, informierte den Repräsentanten dieser Teilhaber in deutlichen Worten, dass er nicht daran denke, diese Auszahlung vorzunehmen. Die stillen Gesellschafter «sollten sich wie alle anderen Leute einschränken, da die Firma das Geld brauche».[392] Von Familienzusammenhalt war wenig zu spüren. Die letzte Ausgabe der «Merckschen Familien-Zeitschrift» war 1941 erschienen, danach waren nur noch, Ende 1943 und im Februar 1945, zwei Familienrundbriefe sowie Kurznachrichten verschickt worden.[393] Angesichts der Abwesenheit von Fritz und Karl Merck brodelte die Gerüchteküche: Der ehemalige Prokurist Julius Chun, der zu Hoffmann-La Roche gewechselt war und Anfang Mai 1945 das Werk in Darmstadt besuchte, berichtete von dem Gerücht, Karl Merck habe Selbstmord begangen. Im Übrigen rechnete man damit, dass George W. Merck nach Darmstadt kommen werde, um die Verhandlungen wegen «eventueller Übernahme durch die amerikanische Firma» aufzunehmen.[394] Die stillen Gesellschafter fürchteten hingegen Verselbständigungstendenzen. Wilhelm Merck stattete den Merck-Steuerberater Dr. Hans Loos mit «Spezial-Vollmachten» aus, um gegen die «unberechtigte Verwaltungstätigkeit in der Firma» aufzutreten und «allen Eventualitäten, die scheinbar von unten geplant werden, Paroli [zu] bieten».[395] Die stillen Gesellschafter positionierten sich nun geschickt als «demokratische Opposition». Jetzt sollte, so ließen sie verlauten, «endlich [der] Nazi-Pfotenhauer-Gruppe ihre unberechtigte Vorherrschaft» genommen werden.[396] Am 6. Juni 1945 kamen Wilhelm Merck, Lisbet Pfarr (die Gattin des verstorbenen Werner Pfarr) und Fritz Groos (der Ehemann von Marei Merck) als Bevollmächtigte der stillen Teilhaber zur «Beratung ihrer Interessen» gegenüber der Geschäftsleitung der Firma zusammen. Der «Gesellschafterausschuss», der etwa 85 Prozent des gesamten Einlagenkapitals von Merck repräsentierte, sollte für die Geschäftsleitung die «letzten Endes maßgebliche Instanz» sein. Diese sollte nun vorübergehend ohne Rücksicht auf die formalen Strukturen handeln: «Andererseits muss der rechtlichen Konstruktion der Firma als offener Handelsgesellschaft mit der persönlichen Haftung ihrer offenen Teilhaber usw. soweit Rechnung getragen werden, dass nicht in die Rechte der abwesenden offenen Teilhaber unmittelbar eingegriffen wird und sich der Gesellschafterausschuss nicht gewissermaßen an deren Stelle setzt.»[397]

Wilhelm Merck als Sprecher dieses ad hoc-Gremiums beriet in den folgenden Tagen mit Dalmer Fragen des Etats, des Personals, der Gesamtgeschäftsleitung und des zukünftigen Produktionsprogramms.[398] Seine Stimmung war gedämpft, wie er an seine Schwester Elisabeth schrieb: «Dass es für mich keine sehr schöne Aufgabe ist, den vollkommen verfahrenen Karren jetzt aus dem Dreck ziehen zu müssen, wirst Du Dir denken können. Großer Dank ist dabei wohl auch nicht zu ernten.» Jetzt müssten zunächst diejenigen ausscheiden, die «im Fahrwasser Pf[otenhauers] 3 Jahre lang einen unsagbaren Saustall aus der Firma gemacht haben».[399] Das Verhältnis zu Karl Merck blieb noch jahrelang gespannt. Es war für diesen eine glückliche Fügung, dass er in allen wesentlichen Fragen von Pfotenhauer an die Seite gedrängt worden war, denn sonst hätte er nach 1945 wohl nicht wieder in der Firma Fuß fassen können. Dass Karl Merck den Schwarzen Peter für die Palastrevolution Pfotenhauers jedoch anderen zuschieben wollte,[400] hielt Wilhelm Merck für «ungeheuerlich [...]. Im Interesse der Firma will ich natürlich keinen Skandal heraufbeschwören, bin aber nicht gesonnen, alles einzustecken, nachdem ich sieben Jahre mich seelisch und körperlich wie ein Schwein habe behandeln lassen müssen. Wenn auch der Pfotenhauer sicherlich die Triebfeder gewesen ist, so hat ihn doch Karl in jeder Beziehung gedeckt.»[401]

Der kommissarische Vertreter der amerikanischen Militärregierung, Hauptmann Faber, informierte Wilhelm Merck am 21. Juni 1945, er gelte für die Leitung als ebenso «untragbar» wie Karl und Fritz Merck.[402] Um ein gefährliches Machtvakuum an der Unterspitze zu vermeiden, schlug der langjährige Geschäftsführer und Vorstandsvorsitzende der in Darmstadt ansässigen Maschinenfabrik Goebel AG, Wilhelm Köhler, der dem Regime ferngestanden hatte,[403] daher in seiner Eigenschaft als Präsident der IHK Darmstadt und Berater der hessischen Regierung Fritz Groos als Alternative vor. Dieser, ein mit Marei Merck verheirateter Arzt, der allerdings keine innere Kenntnis des Unternehmens hatte, schien ein akzeptabler Kompromisskandidat für die Leitung zu sein, zumal andere familieninterne Vorschläge – der in der Landwirtschaft tätige Hermann Kraft und der bereits erwähnte in die Familie eingeheiratete ehemalige Reichsfinanzminister Peter Reinhold – rasch wieder vom Tisch waren. Die Rolle Mercks bei der «Machtergreifung» beurteilte Köhler kritisch: Was Krupp 1933 für die deutsche Industrie gewesen sei, habe Merck für Darmstadt bedeutet. Der «Sprung der Firma Merck ins nationalsozialistische Lager» habe die gesamte Darmstädter Industrie «präjudiziert».[404] Das Unternehmen sei angesichts einer «Reihe unglückseliger Momente und schlimmer Zufälle» inzwischen nicht länger ein «festgefügter, wohlgeordneter Organismus».[405] Es sei unerlässlich, so legte Köhler eindringlich dar, dass die Familie Merck jemanden präsentiere, der «das Agreement aller Beteiligter finde». Groos sollte «das Opfer bringen», seinen Beruf wenigstens vorübergehend aufzugeben, um «Repräsentant» der Familie Merck in der Firmenleitung zu werden. Mit dieser Konstruktion «könne vermutlich der private Charakter der Firma gerettet werden».[406] Groos sprang als «kommissarischer Leiter» bzw. «Abwesenheitspfleger» ein, als sich herausstellte, dass er die Mehrheit der Gesellschafter hinter sich hatte.[407] Er übernahm im Auftrag des Landes Hessen und im Einverständnis mit der Militärregierung, die Interesse daran hatte, «dass der Betrieb möglichst voll arbeite»,[408] am 13. Juli 1945 bei Merck «sämtliche Rechte und Pflichten, die in einer Aktiengesellschaft der Aufsichtsrat in seiner Gesamtheit hat».[409] Zudem leitete er den Gesellschafterausschuss, der sich jedoch im September 1945 bereits wieder auflöste, als Groos eine «Sondervollmacht» für die Firma erhielt.

Das Überleben der Firma war damit aber noch keineswegs gesichert. Die USA wollten als unbestrittene Siegermacht ihre Position in politischer und moralischer Hinsicht auch in den Fragen des Umgangs mit der nationalsozialistischen Hinterlassenschaft unter Beweis stellen. Kartelle und Trusts waren zwar «clearly out of fashion».[410] Differenzen über den einzuschlagenden Kurs trugen jedoch dazu bei, die angestrebte Entkartellisierung und Entnazifizierung der deutschen Wirtschaft[411] in einer unübersichtlichen Gemengelage von Wünschen, Forderungen und Erwartungen zusammenzubinden, die – betrachtet man den Umfang des vorgeschlagenen Maßnahmenkatalogs – Enttäuschungen gleichsam vorprogrammierte und wesentlich zum weithin beklagten «Fiasco of Denazification»[412] beitrug.

Weil die amerikanischen Militärbehörden die Zerschlagung von «Monopolen» planten, löste eine im November 1945 vorgelegte und 61 Seiten umfassende investigative amerikanische Analyse in Darmstadt Alarm aus, denn hier wurde die Unternehmensspitze hart angegriffen: «The leading figures in E. Merck were all members of the NSDAP and most of them, it appears, supported the Party and the Reich wholeheartedly.» Zwar wurde Pfotenhauer als Hauptverantwortlicher ausgemacht, aber auch Karl Merck war im Visier: «Karl Merck has supported Pfotenhauer's policies almost one hundred per cent, sometimes reluctantly, but nevertheless going along with him in his management of the firm.»[413] Als Glück im Unglück erwies sich, dass Merck nicht Teil der I. G. Farben geworden war, gegen die sich vor allem die geradezu obsessive Anti-Kartellstimmung der späten New-Deal-Zeit richtete. Die amerikanische Vehemenz hatte wohl auch konkurrenzpolitische Gründe, denn man vertraute den eigenen Kräften noch nicht genug, obwohl die US-Firmen in ihrer rasanten Aufholjagd ebenbürtig geworden waren. Merck entging der Agitation gegen deutsche Chemieunternehmen[414] vor allem, weil die Firma den Amerikanern als zu unbedeutend galt, um sie zu zerschlagen, wie der Hardliner Johnston Avery, der Vizechef der Decartelization Branch, Anfang 1948 bemerkte.[415]

Karl Merck wurde Anfang September 1945 von der amerikanischen Militärregierung aus Berlin nach Frankfurt und von dort nach dreitägiger Haft nach Darmstadt gebracht.[416] Nach «Klärung gewisser Fragen» wurde er auf freien Fuß gesetzt, durfte das Werk aber vorerst nicht betreten. Im Sommer 1945 nahm sich eine zehn Mann starke kommissarische Betriebsvertretung unter dem Sozialdemokraten Kurt Ziegs der internen Entnazifizierung an. «Alte Kämpfer», so lautete auch die Devise der provisorischen Unternehmensleitung, sollten nicht wieder eingestellt werden, «um die Zahl der politisch ‹schwierigen› Fälle nicht zu vermehren».[417] Ansonsten plädierte Dalmer für eine «sorgfältige Prüfung aller Einzelfälle».[418] Diese betriebsinternen Vorgaben wurden hinfällig, als im Oktober 1945 auf Anweisung der Militärregierung alle Merck-Mitarbeiter entlassen wurden, die vor dem 30. Januar 1933 in die NSDAP eingetreten waren[419] oder sich «Denunziationen oder ähnliche Machenschaften» hatten zuschulden kommen lassen.[420] Parallel zu den alliierten Direktiven wurde bei den Wahlen zum Arbeitnehmerrat am 23. Oktober 1945 Philipp Ohlemüller, der schon bis 1933 dem Arbeiterrat vorgestanden hatte, mit 1267 Stimmen zum Vorsitzenden des neuen 15 Mitglieder starken Betriebsrats gewählt,[421] der ebenfalls die Entnazifizierung vorantrieb. Neben die «Reinigung des Betriebes vom Nazieinfluss» trat der Wunsch nach Wiederaufbau und geistigem Neubeginn: «Wenn diese in materieller und geistiger Hinsicht chaotische Zeit überwunden werden soll, dann kann dies nur durch Männer geschehen, die die innere Struktur der Republik kennen und wissen, welche Fehler begangen wurden, die dann die Ursache zu Hitlers Sieg über die Weimarer Republik waren. […] Wir wollen an unserer Stelle mithelfen, diese Uneinigkeit und Spaltung zu überwinden und eine neue gesellschaftliche und soziale Ordnung aufbauen.»[422] Recht demütig machte die Geschäftsführung jetzt auf das Betriebsratsgesetz von 1920 aufmerksam, an dessen Tradition es anzuknüpfen gelte. Es gehe nicht um «Steigerung des Unternehmergewinns», sondern darum, den Betrieb wieder «auf einen möglichst hohen Stand technischer und wirtschaftlicher Leistungsfähigkeit zu bringen».[423] Versuche, auch Arbeitervertreter in das Direktorium aufzunehmen, wurden vom Treuhänder jedoch abgeblockt: Man solle entsprechenden Gesetzesinitiativen nicht vorgreifen und lieber versuchen, «die Firma wieder hoch zu bringen».[424]

Die Protokolle der mehrmals wöchentlich stattfindenden Sitzungen und Sondersitzungen des Betriebsrats zeigen überwiegend intensive und auf den Einzelfall bezogene Beratungen zwischen Betriebsrat und Direktorium, die fast immer in einvernehmliche Entscheidungen mündeten. Von zehn leitenden Mitarbeitern durften nur zwei bleiben, weil sie für die Aufrechterhaltung der Produktion als unentbehrlich galten.[425] Personalchef Landmann war zwar 1944 aufgrund von Differenzen mit Pfotenhauer ausgeschieden, hatte sich als dessen rechte Hand aber so exponiert, dass er keine Chance auf Wiedereinstellung hatte. Die amerikanischen Ermittler hielten diesen direkt hinter Pfotenhauer für den «most active Nazi in the management».[426] Die Angestellten Castritius, Seidel und der bei den Arbeitern besonders verhasste Walter Brügmann hatten in der Firma auch keine Zukunft mehr.[427] Der Betriebsleiter und NSBO-Leiter Daniel Peters musste als «fanatischer Vorkämpfer des Nationalsozialismus» ebenfalls gehen. Es verstand sich fast von selbst, dass die ehemaligen NS-Betriebsobmänner Bohnsack, Sievers und Weber,[428] der Betriebsjugendwalter August Heil sowie der Zellenwalter Büttner nicht wieder eingestellt wurden.

Die Familie erhoffte mit einem «Amerika-Brief» auf die Unterstützung durch die amerikanischen Verwandten, obwohl in den Sternen stand, wie sich George W. Merck «zu dieser Sache stellen» würde.[429] Wilhelm Merck dämpfte jeglichen

Optimismus, zumal die persönlichen Beziehungen nur «ganz lose» seien.[430] Im August 1947 kam im Auftrag von George W. Merck der Vizepräsident von Merck & Co., Dr. Rudolf E. Gruber, nach Darmstadt. Dieser gehörte zwar zum weiteren Verwandtenkreis, konnte und wollte aber keine Versprechungen machen. In Rahway fürchtete man die unerbittliche amerikanische Anti-Trust-Stimmung. Eine «Sonderabmachung» mit der Regierung verpflichte zudem die Vettern dazu, «sich jeglicher engerer Beziehungen» zu Darmstadt zu enthalten.[431] Ende 1948 hatten sich alle Hoffnungen, Merck & Co. «könne sich mit größeren Mitteln an unserer Firma beteiligen, um so den kommenden Wiederaufbau zu finanzieren», als «illusorisch» herausgestellt.[432] Die Verbindungen nach Rahway bestanden jedoch weiter, in mancher Hinsicht sogar bis 1953, als Merck & Co. den in Philadelphia ansässigen Feinchemikalienhersteller Sharp & Dohme erwarb, wodurch sich der Charakter des Unternehmens entscheidend veränderte.[433]

Im Mai 1947 wurde der umstrittene Gesellschaftsvertrag vom Mai 1942 aufgehoben.[434] Die Beziehungen zwischen Wilhelm Merck und seinen Cousins Karl und Fritz standen begreiflicherweise immer noch nicht zum Besten. Als Fritz Ende 1947 aus französischer Kriegsgefangenschaft entlassen wurde, unkte Wilhelm, dieser werde «genau so albern und verständnislos sein wie am 19. 3. 42. [...] Sehr gealtert und stark verkalkt ist er doch noch das alte Kind geblieben und sein Wesen ist noch erfüllt von Commis und beschränktem Offiziersgebaren. [...] Vielleicht wird er lenkbar sein und damit momentan nicht gefährlich werden. Nur darf er nicht Leuten in die Hände fallen, die es verstehen, den ‹Einfältigen› so zu beeinflussen, dass unabsehbarer Schaden entsteht.»[435]

Inzwischen mussten sich die Mercks der deutschen Entnazifizierung unterziehen. Anders als vom öffentlichen Kläger gefordert, wurde Karl Merck in seinem Spruchkammerverfahren im Mai 1948 nicht in die Gruppe der «Aktivisten», sondern gegen eine Zahlung von 2000 RM in die Gruppe der «Mitläufer» eingereiht,[436] die gleiche Kategorie und Sühnemaßnahme, die auch Wilhelm im Juni 1948 erhielt.[437] Dieser betrachtete die «Rückkehr von Karl» an die Unternehmensspitze als «unerwünscht». Ein «Vertrauensrat der stillen Gesellschafter» sollte stattdessen die «Bildung einer Phalanx gegen Karl und das Direktorium»[438] ermöglichen. Wenn die Demission von Karl und Fritz Merck als offene Teilhaber durchgesetzt werden könne, sollte geprüft werden, ob Merck unter Einbeziehung ihrer stillen Teilhaber in eine Familien-Aktiengesellschaft umgewandelt werden könne. Anderenfalls wollte Wilhelm Merck an die Stelle des ausscheidenden offenen Teilhabers treten.[439] Dazu kam es jedoch nicht. Karl Merck war es inzwischen gelungen, die Mitarbeiter und die meisten stillen Teilhaber auf seine Seite zu ziehen. Als das Firmenvermögen am 1. September 1948 «entsperrt» wurde und damit auch die Treuhänderschaft ein Ende fand, verfügten die Teilhaber wieder über den als «Fonds» bezeichneten Gewinn des Jahres 1944 sowie Gelder eines

«Steuersonderkontos», was sich zusammen auf 7 Millionen RM summierte und nach der Währungsreform auf 7 Millionen DM umgestellt wurde.[440] Auf einer gut besuchten Gesellschafterversammlung am 3. November 1948 brachte sich Karl Merck in Position, um nach den «unerfreulichen Zeiten» die «Familienbande wieder fester zu knüpfen». Die «Zeiten unserer Väter, die sich mit Recht als 100%ige Herren im Hause» sahen und niemandem verantwortlich waren, seien endgültig vorbei. Es seien jetzt drei Kräfte am Werk: erstens die auf eine angemessene Verzinsung ihres Kapitals Wert legenden Gesellschafter als Kapitalgeber, zweitens die Belegschaft, für die soziale Belange im Vordergrund stünden, schließlich drittens die Firma selbst, die das Kapital in erster Linie für den Wiederaufbau nutzen wolle. Nach einigem höflichen Geplänkel Karl Mercks über die Entwicklung der stillen Gesellschafter kam man zur Sache: Im Ergebnis stand die Verabschiedung eines neuen Gesellschaftervertrags, der die Stellung der offenen Teilhaber stärkte und im folgenden Kapitel ausführlicher vorgestellt werden wird.

IV.
Vom Wirtschaftswunder zum Global Player (1948–2018)

Von Carsten Burhop
Unter Mitarbeit von Andreas Jüngling

1. Wiederaufbau im Wirtschaftswunder

1.1. Im Wirtschaftswunderland

Die Besatzungszeit zwischen 1945 und 1949 sowie die ersten Jahre der am 23. Mai 1949 auf dem Boden der amerikanischen, britischen und französischen Besatzungszone gegründeten Bundesrepublik Deutschland war eine Phase großer wirtschaftlicher Not. Die Durchschnittseinkommen waren seit 1943 stark gefallen und erreichten 1946 lediglich die Hälfte der Vorkriegszeit.[1] Ebenso wie die Einkommen war auch die Versorgung mit Lebensmitteln und Wohnraum katastrophal: Die verfügbare Nahrungsmittelmenge hatte sich halbiert, jede vierte Wohnung war unbewohnbar.[2] Erst allmählich stellte sich eine Besserung ein. 1951 lagen die Durchschnittseinkommen in der Bundesrepublik wieder oberhalb des Vorkriegsniveaus.[3] Danach ging es weiter aufwärts, und der Aufschwung hielt ohne Unterbrechung bis 1966 an. Jedes Jahr wuchsen sowohl das Sozialprodukt absolut als auch das Sozialprodukt pro Kopf.[4] Insbesondere Letzteres ist bemerkenswert, war doch durch Vertreibung aus den verlorenen Ostgebieten sowie durch Flucht aus der Sowjetischen Besatzungszone und der DDR die westdeutsche Bevölkerung von rund 39 Millionen Menschen im Jahr 1939 auf circa 59 Millionen Menschen im Jahr 1966 gestiegen.[5]

Dem anhaltenden Wachstum lag ein Ursachenbündel zugrunde. Wichtig waren sicherlich die von den Besatzungsmächten durchgeführte Währungsreform und die amerikanische Finanzhilfe im Rahmen des Marshall-Plans sowie die von Ludwig Erhard initiierte Preisreform. Da der Krieg im Wesentlichen durch die Notenpresse finanziert worden war, gab es 1945 riesige Reichsmark-

Abbildung 100 Flüssigkristalle werden seit rund 50 Jahren im industriellen Maßstab von Merck hergestellt, und sie finden sich seitdem in einer wachsenden Anzahl von Produkten – vom Taschenrechner bis zum Smartphone.

bestände, denen aber kaum ein Warenangebot gegenüberstand. Außerdem waren seit der Vorkriegs- und Kriegszeit viele Preise in Deutschland von der Regierung festgelegt worden, aber kaum jemand war bereit, zu diesen viel zu niedrigen Preisen Waren anzubieten – der Schwarzmarkt florierte. Hätte man die Preise freigegeben, dann wäre es wohl, wie nach dem Ersten Weltkrieg, zu einer Hyperinflation gekommen. Daher wurde am 20. Juni 1948 die Reichsmark (RM) durch die Deutsche Mark (DM) ersetzt und der Umlauf des neuen Geldes streng begrenzt. Letztlich erhielt man für 100 RM nur 6,50 DM.[6] Wenige Tage nach der Währungsreform wurden die Preise vieler Produkte freigegeben – Ausnahmen galten für Grundnahrungsmittel, Mieten, Kohle und andere wichtige Güter – und die Rationierungen aufgehoben.[7] Zwar waren von nun an die Schaufenster voll, aber es dauerte noch einige Zeit, bis die Marktwirtschaft ihr Gleichgewicht gefunden hatte. Zunächst zog die Inflation stark an, worauf die Bank deutscher Länder, der Vorläufer der 1957 gegründeten Bundesbank, mit einer drastischen Zinserhöhung reagierte, sodass der Wirtschaftsaufschwung zunächst stockte und die Arbeitslosigkeit bis zum Sommer 1950 deutlich auf fast 1,6 Millionen Menschen anstieg.[8] Der neben Währungs- und Preisreform dritte wichtige Faktor für den schnellen Aufschwung war das vom amerikanischen Außenminister George C. Marshall angeregte Europäische Wiederaufbauprogramm («Marshall-Plan»).[9] Da die europäische Wirtschaft wesentlich stärker vom Zweiten Weltkrieg in Mitleidenschaft gezogen worden war als die US-amerikanische Volkswirtschaft, hatte sich der Wettbewerbsnachteil der europäischen Firmen vergrößert. Sie konnten weder in die USA exportieren noch auf dem Weltmarkt mit amerikanischen Unternehmen konkurrieren. Ohne Exporte gab es jedoch keine US-Dollar, mit denen man wichtige Rohstoffe und Maschinen in den USA hätte kaufen können. Diesen Teufelskreis der «Dollarlücke» überwand der Marshall-Plan, der von 1948 bis 1952 in Kraft war und mit dessen Hilfe Investitionen und Außenhandel wieder in Schwung kamen.

Die langjährige Fortsetzung des Wirtschaftswachstums war natürlich kein Wunder. Die Rekonstruktion der im Krieg zerstörten Häuser und Fabriken, der Strukturwandel der Wirtschaft weg von der Landwirtschaft hin zum produktiveren Industrie- und Dienstleistungssektor, die Chancen des Technologieimports aus den USA, die unterbewertete DM und die Lohnzurückhaltung der Gewerkschaften beförderten den Aufschwung. Demgegenüber spielte ein spezifisch deutsches Produktionsregime oder die Schaffung der «Sozialen Marktwirtschaft» bestenfalls eine untergeordnete Rolle. Die positiven Faktoren traten zunächst geballt auf, um dann nach und nach zu verschwinden, sodass sich die Wachstumsraten normalisierten. Der Wiederaufbau der kriegszerstörten Wirtschaft dürfte 1960 abgeschlossen gewesen sein, der landwirtschaftliche Strukturwandel endete tendenziell Mitte der 1960er-Jahre, und der technologische Rückstand gegenüber den USA war Mitte der 1970er-Jahre weitestgehend aufgeholt.[10] Die realen Lohnstückkosten, die sowohl in der ersten als auch in der zweiten Hälfte der 1950er-Jahre gesunken waren, stagnierten während der 1960er-Jahre, d. h., Löhne und Produktivität wuchsen nun im Gleichschritt.[11] Dies rührte daher, dass die Zahl der offenen Stellen die Zahl der Arbeitslosen seit 1960 deutlich überstieg und die Arbeitnehmer leichter Lohnsteigerungen durchsetzen konnten. Auch die Zuwanderung von rund 1,2 Millionen «Gastarbeitern» innerhalb einer Dekade konnte diese Lücke nicht schließen. 1960 herrschte Vollbeschäftigung in Deutschland, und die Arbeitnehmer nahmen nun vollumfänglich am Produktivitätswachstum teil.[12] Die stärkeren Lohnsteigerungen führten auch zu einem Verlust an internationaler Wettbewerbsfähigkeit.[13] Die Rückkehr zur wirtschaftlichen Normallage, die zwischen der ersten Rezession 1966 und dem ersten Ölpreisschock 1973 eintrat, überrascht somit im Rückblick gar nicht, war aber für die Zeitgenossen ein tiefer Einschnitt.

Ein Blick auf die chemisch-pharmazeutische Industrie zeigt, dass sie sich im Trend der gesamten Industriewirtschaft bewegte. Die reale Wertschöpfung hatte sich 1948 gegenüber 1938 halbiert, aber 1950 wieder den Stand von 1938 erreicht und bis 1955 um nahezu 80 Prozent zugelegt.[14] Der Kapitalstock der chemischen Industrie hingegen, der während des Krieges um rund ein Drittel gewachsen war, stagnierte zunächst und wuchs anschließend bis Mitte der 1950er-Jahre lediglich um 15 Prozent.[15] Die Finanzierung von Erweiterungsinvestitionen war am Anfang der Wirtschaftswunderzeit zwar problematisch, aber auch nicht dringend notwendig, weil die Produktionskapazitäten zunächst nicht voll ausgelastet waren.[16] Dies änderte sich jedoch infolge des starken Produktions- und Beschäftigungswachstums in den folgenden Jahren: Zwischen 1955 und 1965 stieg der Umsatz der chemischen Industrie um circa 150 Prozent, die Anzahl der hier beschäftigten Arbeitnehmer um rund 50 Prozent. Während der Rezession 1966/67 verlangsamte sich auch in der chemischen Industrie das Wachstum, aber grundsätzlich ging es weiter bergauf: Zwischen 1965 und 1970 wuchs der Umsatz der deutschen chemischen Industrie um fast 50 Prozent, die Arbeitnehmerzahlen um etwas mehr als zehn Prozent. Das Unternehmen Merck bewegte sich also in einem besonders kräftig wachsenden Bereich einer stark aufstrebenden Wirtschaft.

1.2. Merck 1948

«Arbeiten und nicht verzweifeln!»[17] So lautete das Motto, das Karl Merck bei seiner am 1. September 1948 vor Führungskräften, langjährigen Mitarbeitern und Betriebsratsmitgliedern gehaltenen Rede anlässlich der Rückübertragung der Unternehmensführung an die Familie Merck ausgab. In seiner kurzen Ansprache bedankte er sich bei allen Anwesenden, darunter auch bei dem bisherigen Treuhänder Karl Merlau, für ihre Leistungen während der Übergangszeit. Es sei, so führte er aus, «hier nicht der Ort und die Zeit, ein großes Zukunftsprogramm zu entwickeln. Soviel aber sei gesagt, daß wir alles daran setzen werden, unserer Firma wieder in Deutschland und in der Welt ihren alten Platz zu erobern. Dazu gehört in erster Linie, daß sie ihre alten Ideale, die absolute Reinheit ihrer Präparate sowie Zuverlässigkeit und Sauberkeit auf allen Gebieten, wieder zur ersten Richtschnur ihres Handelns macht, dazu gehört aber auch, daß wir wieder alle lernen zu arbeiten, wie wir es früher getan haben. Wenn es mit der Arbeitsintensität in den letzten Jahren – nicht nur bei uns – nicht allzugut bestellt war, so sind die Gründe dafür mir nur allzu geläufig. Bei der völlig unzureichenden Ernährung konnte eine bessere Leistung wirklich kaum verlangt werden. Wir dürfen uns aber heute der Hoffnung hingeben, daß es in dieser Hinsicht wieder bergauf geht und damit müssen wir auch wieder zu den alten Leistungen, aber auch zu der alten Zuverlässigkeit, Pünktlichkeit und Ordnung kommen. Denn darüber müssen wir uns klar sein: Nur angestrengte Arbeit kann unser Volk aus der heutigen Not wieder aufwärts führen.»[18]

Zum Zeitpunkt dieser Rede lag schon viel Wiederaufbauarbeit hinter den Mitarbeitern. Vor Kriegsbeginn hatte die Firma über 200 Gebäude mit einer Fläche von rund 137 000 Quadratmetern verfügt. Davon waren bei Kriegsende rund 70 Prozent zerstört oder beschädigt.[19] Damit lag Merck mit Blick auf die Kriegszerstörungen im mittleren Bereich: Die Werke von Hoechst in Frankfurt, Bayer in Leverkusen und Boehringer in Ingelheim waren weitestgehend intakt geblieben, die Fabriken von Schering in Berlin hingegen zerstört oder demontiert und die Anlagen von Boehringer in Mannheim, Knoll und BASF in Ludwigshafen teilweise zerstört.[20] Wie im vorherigen Kapitel dargestellt, hatte man schon 1945 wieder begonnen, zerstörte Gebäude zu rekonstruieren. Dabei hatte das Augenmerk zunächst auf den Fabrik- und Magazinräumen gelegen, bevor ab 1946 auch Verwaltungsgebäude und ab 1948 Räume für die Forschungsabteilung hergerichtet worden waren. So beeindruckend diese Aufbauleistung auch klingt – selbst Anfang 1950 war man noch weit vom Vorkriegsstand entfernt.[21] Der Wiederaufbau verlief auch nicht so glatt wie geplant. Bis zur Währungsreform war die Anzahl der Bauarbeiter ebenso niedrig wie ihre Arbeitsmoral, und wenn es denn willige und fähige Arbeitskräfte gab, mangelte es an Baumaterial. Nach der Währungsreform hätte man zwar Baumaterial kaufen können, und auch die Arbeitskräfte waren wieder motiviert – jetzt konnten sie mit ihrem Lohn wieder einkaufen –, aber die nun prekäre Liquiditätssituation von Merck begrenzte die Baumaßnahmen. Belastend auf die Kassenlage wirkten sich die steigenden Preise für Stahl, Kohle und Holz sowie die höheren Löhne aus.[22] Gleichwohl sollte das Mercksche Aufbauprogramm fortgesetzt werden.[23]

Neben der physischen musste auch die familiäre Infrastruktur wieder aufgebaut werden. Nachdem die Familie am 1. September 1948 wieder die Kontrolle über ihr Eigentum erlangt hatte, übernahmen die Großcousins Karl, Fritz und Wilhelm Merck als offene Teilhaber die Führung der Geschäfte.[24] Problematisch war allerdings, dass sie angesichts der Geschehnisse im «Dritten Reich» nicht mehr über das uneingeschränkte Vertrauen der Familie verfügten und zudem keiner von ihnen als «Unternehmertyp» gelten konnte.[25] Am 3. November 1948 fand die erste Gesellschafterversammlung nach dem Krieg statt.[26] Eröffnet wurde die Sitzung mit einer kurzen Ansprache des Familienoberhaupts Karl Merck. Für ihn ging es bei diesem Treffen weniger um geschäftliche Belange, sondern darum, unter seiner Führung die Familienbande wieder fester zu knüpfen. Er wies darauf hin, dass er und die anderen offenen Teilhaber nun nicht mehr uneingeschränkt als Sachverwalter des Familienbetriebs agieren könnten, weil die Interessen der Gesellschafter als Kapitalgeber, die Anliegen der Belegschaft mit ihren Mitbestimmungsrechten und die Erfordernisse der Gesamtwirtschaft bei der Unternehmensführung beachtet werden müssten.[27] Die von Karl Merck angesprochene schwächere Stellung der offenen Teilhaber schlug sich auch im Entwurf eines neuen Gesellschaftsvertrags nieder. Fortan sollte es eine jährliche Zusammenkunft aller offenen und stillen Teilhaber in einer Gesellschafterversammlung geben, und die stillen Gesellschafter sollten ein Kontroll- und Aufsichtsgremium, den Gesellschafterrat, wählen.[28] Der von Karl Schaedel – ein Schwager von Fritz Merck – ausgearbeitete Vertrag wies jedoch Lücken auf und war in sich widersprüchlich, sodass er erst nach gründlicher und jahrelanger juristischer Bearbeitung in Kraft treten konnte.[29]

Abschließend ging Karl Merck kurz auf die geschäftliche Entwicklung und wichtige Ereignisse in der Firma ein. Zunächst führte er aus, dass weder eine – ohnehin wenig aussagekräftige – RM-Bilanz für das erste Halbjahr 1948 noch eine DM-Eröffnungsbilanz vorgelegt werden könne. Selbst ein guter Gewinn würde durch die «unvernünftig hohen» Steuern und den drohenden Lastenausgleich aufgezehrt werden, sodass den Gesellschaftern kaum Gewinne ausgeschüttet werden könnten. Immerhin habe sich der Umsatz nach der Währungsreform gut entwickelt, so der 62-jährige Familienpatriarch.[30] Außerdem musste er mitteilen, dass es inzwischen keine Hoffnung mehr auf Unterstützung von Merck & Co., der amerikanischen «Schwestergesellschaft», beim Neuaufbau der Firma gebe. Tatsächlich arbeitete Merck & Co. inzwischen bereits gegen die Darmstädter Firma. Die Amerikaner erteilten Hoechst im November 1948 eine wichtige Lizenz im Bereich der Penicillinfertigung.[31]

Die Gelder für den Wiederaufbau mussten also selbst erwirtschaftet oder als Kredit aufgenommen werden. Ein zentrales Problem war die hohe Unsicherheit – nicht nur hinsichtlich des Mittelbedarfs für den Aufbau, sondern auch in Bezug auf den Vermögensstatus des Unternehmens. Selbst im Frühjahr 1949 gab es noch keine Klarheit, ob das Unternehmen in der Zeit zwischen Kriegsende und Währungsreform mit Gewinn oder mit Verlust gearbeitet hatte.[32] Diese Unsicherheit setzte sich fort. Ende 1949 informierte die Geschäftsleitung die stillen Gesellschafter, dass die DM-Eröffnungsbilanz und die Bilanz für das Geschäftsjahr 1948/49 immer noch nicht erstellt werden konnten.[33] Ein Jahr später ließ man wissen, dass man von einem erheblichen Verlust ausgehen müsse. 1950 habe man wohl mit Gewinn gearbeitet, könne dies aber noch nicht genau ermitteln.[34]

Zur Klärung der Tatbestände hatte die Geschäftsleitung bereits 1948 die Wirtschaftsprüfer der Rheinischen Treuhand mit einem Sondergutachten betraut. Die Experten sollten feststellen, wie hoch das Vermögen von Merck nach der Währungsreform vermutlich sein würde, welche Gefahren aus dem Lastenausgleich drohten und ob eine Umwandlung in eine Aktiengesellschaft von Vorteil wäre. Nach den damals bekannten Plänen sollten im Zuge der Währungsreform alle geldwerten Forderungen und Verbindlichkeiten im Verhältnis 1:10 abgewertet werden. Das Sachvermögen, das davon nicht betroffen war, sollte mit einer Sondersteuer, dem sogenannten Lastenausgleich, belastet werden. Ausgehend von der RM-Bilanz zum 31. Dezember 1947 stellten die Wirtschaftsprüfer fest, dass sich der Wert des beweglichen und unbeweglichen Sachanlagevermögens, der Warenvorräte und der Beteiligungen auf rund 25,6 Mio. RM belief. Weitere erhebliche Aktivposten, u. a. Auslandsbesitz, Vermögen in der Sowjetischen Besatzungszone sowie Patent- und Markenrechte, mussten auf einen Erinnerungswert von 1 DM abgeschrieben werden, weil Merck den Zugriff auf diese Aktiva wohl für immer verloren hatte. Forderungen und Bankguthaben würden, so die Wirtschaftsprüfer, weitestgehend im Verhältnis 1:10 umgestellt, sodass der Bilanzansatz von 14,4 Millionen RM auf 1,75 Millionen DM zusammenschrumpfen würde. Ähnliches würde auf der Passivseite der Bilanz vorgenommen werden. Hier mussten RM-Verbindlichkeiten im Verhältnis 1:10, Pensionsrückstellungen und Fremdwährungsschulden demgegenüber im Verhältnis von 1:1 umgestellt werden. Die Verbindlichkeiten fielen somit von 46,6 Millionen RM auf 18,9 Millionen DM. Summa summarum kamen die Wirtschaftsprüfer zu dem niederschmetternden Ergebnis, dass das Eigenkapital der Gesellschaft von 48,5 Millionen RM auf 8,5 Millionen DM zusammenschrumpfen würde. Gefährdet war aber nicht nur die Solvenz, sondern auch die Liquidität, weil die Hälfte der Bankguthaben auf Sonderkonten «eingefroren» werden sollte, wodurch sich die frei verfügbaren Geldbestände auf 560 000 DM reduzieren würden. Das wäre gerade ausreichend, um den Umsatz einer Woche zu finanzieren.[35]

Als dieses Gutachten erstellt wurde, gab es mindestens zwei weitere Unsicherheitsfaktoren. Erstens sollte mit der Erstellung der DM-Eröffnungsbilanz das Prinzip der Bilanzkontinuität durchbrochen werden und das gesamte Sachanlagevermögen der Firma neu bewertet werden. Die Richtlinien für die Neubewertung des Anlagevermögens standen im Herbst 1948 aber noch nicht fest, denn das Eröffnungsbilanzgesetz wurde zu dieser Zeit zwar diskutiert, aber erst im August 1949 verkündet. Die Wirtschaftsprüfer erwarteten jedoch, dass sich der Wert des Sachanlagevermögens infolge der Neubewertung erhöhen würde, weil dann «stille Reserven» aufgedeckt würden. Zweitens war das Lastenausgleichsgesetz noch nicht beschlossen. Im Ergebnis mussten die Wirtschaftsprüfer daher einräumen, dass die Vermögenslage von Merck höchst unsicher war.[36]

Angesichts der niedrigen Eigenkapital- und Liquiditätsausstattung empfahl die Rheinische Treuhand die Umwandlung in eine Aktiengesellschaft, weil dann zumindest die Ertragssteuern niedriger wären und man aus dem Gewinn das Eigenkapital und die Liquidität leichter stärken könnte. Bei einer OHG wurden Gewinne nämlich letztlich mit 80 Prozent, bei einer AG nur mit 60, ab 1955 sogar nur noch mit 45 Prozent besteuert.[37] Die Stärkung des Eigenkapitals war zwingend notwendig: Investitionen konnten kaum durch Fremdkapital finanziert werden, weil für die Aufnahme von Krediten oder die Ausgabe von Anleihen Kreditsicherheiten fehlten. Außerdem würde jede Fremdfinanzierung mit festen Zins- und Tilgungszahlungen einhergehen, was aber aufgrund der angespannten Liquiditätslage als sehr riskant angesehen wurde.[38]

Die Wirtschaftsprüfer malten somit ein düsteres Bild an die Wand: Das Eigenkapital der Gesellschaft war fast erschöpft, die Liquidität knapp, und der Wiederaufbau konnte kaum aus den Gewinnen und keinesfalls aus Krediten finanziert werden. Tatsächlich stellte sich jedoch im Verlauf des Jahres 1950 heraus, dass zumindest die Eigenkapitaldecke der Gesellschaft nicht so dünn war, wie zunächst angenommen. Die nach zweieinhalb Jahren der Unsicherheit erstellte DM-Eröffnungsbilanz wies nämlich ein Eigenkapital von 37 635.394,72 DM aus, weil im Anlagevermögen hohe stille Reserven steckten, die durch die Neubewertung bekannt wurden.[39] Von einer entspannten Situation konnte gleichwohl nicht gesprochen werden. Die Finanzierung von Anlage- und Umlaufvermögen bereitete noch während der gesamten 1950er-Jahre erhebliche Schwierigkeiten.

1.3. Unternehmensverfassung, Unternehmensorganisation und die Familie

Die von den Wirtschaftsprüfern der Rheinischen Treuhand vorgeschlagene grundlegende unternehmensrechtliche Neuausrichtung der Firma wurde 1953 vorgenommen, als neben der bestehenden OHG eine Aktiengesellschaft geschaffen wurde. Damit verfolgte man zwei Ziele: niedrigere Steuern und eine stärkere Motivation der familienfremden geschäftsführenden Direktoren durch die Ernennung zu Vorständen der Aktiengesellschaft.⁴⁰ Allerdings wurde noch Jahrzehnte später darüber spekuliert, ob das eigentliche Ziel der Ausverkauf des Unternehmens gewesen sei, weil der Familie sowohl das Kapital als auch die jungen, zukunftsorientierten Unternehmertypen gefehlt hätten.⁴¹ Zur Gründung der AG versammelten sich am 22. Januar 1953 Fritz Merck, sein Schwager Karl Schaedel, seine Cousine Magda Baillou, Emanuel W. Merck, Peter Reinhold – ein Sohn und ein Schwager des kurz zuvor verstorbenen Wilhelm Merck – sowie Fritz Groos, ein Schwager von Karl Merck.⁴² Später, am 31. März 1953, traten Wilhelms Schwester und ein weiterer Schwager, Elisabeth «Lisbet» Merck und Karl Spannagel sowie Hermann Kraft, ein Schwiegersohn von Karl Merck, dem Kreis bei. Von den 20 000 Namensaktien der Gesellschaft, die jeweils einen Kapitalanteil von 1000 DM repräsentierten, übernahmen Emanuel W. Merck, Magda Baillou, Karl Schaedel und Fritz Groos jeweils eine Aktie. Die restlichen 19 996 Aktien gingen in den Besitz der OHG über.⁴³ Den ersten Aufsichtsrat der Aktiengesellschaft bildeten Peter Reinhold, Karl Schaedel, Magda Baillou, Fritz Groos, Lisbet Merck und Hermann Kraft.⁴⁴ Des Weiteren vereinbarte man, den Betrieb der OHG rückwirkend zum 1. Januar 1953 auf die AG zu übertragen.⁴⁵

Die Arbeitsteilung zwischen AG und OHG sah im Grunde so aus: Das operative Geschäft wurde in der AG als der Betriebsgesellschaft abgewickelt, während die strategischen Elemente in der OHG als der Besitzgesellschaft verblieben. Zwischen der OHG und der neu gegründeten AG wurde ein Pachtvertrag abgeschlossen. Dieser sah vor, dass die OHG die Grundstücke und Gebäude samt den dort befindlichen unbeweglichen und beweglichen Anlagen sowie alle Vorräte und die Nutzungsrechte an Patenten, Erfindungen und Warenzeichen zur Nutzung an die AG übertrug. Die Gegenleistung bestand in einer Pachtzahlung, die 1953 etwa sechs Millionen DM betrug, aber im Verlauf der zunächst zehnjährigen Vertragslaufzeit langsam sinken sollte und sich insgesamt auf circa 51,7 Millionen DM summierte.⁴⁶ Daneben hatte die OHG eine weitere wichtige Aufgabe: die Vermittlung von Fremdkapital. Da die AG anfangs über keine nennenswerten Vermögensgegenstände verfügte, war sie in Ermangelung von Kreditsicherheiten zunächst nicht in der Lage, sich langfristig zu verschulden. Damit Banken und andere Geldgeber jedoch bereit waren, der OHG umfangreiche langfristige Kredite zu gewähren, musste diese ein gewisses Maß an Stabilität und Transparenz gewähren. Der Gesellschaftervertrag der OHG wurde daher langfristig und in Laufzeitübereinstimmung mit dem Pachtvertrag geschlossen.⁴⁷ Diese Konstruktion erlaubte zwar die Kreditaufnahme, führte aber dazu, dass die Schulden bei der OHG anfielen, während nur ein kleiner Teil der bei der AG anfallenden Erträge in Form von Pachtzahlungen an die OHG flossen. Dadurch verlagerte sich im Zeitverlauf das wirtschaftliche Gewicht zunehmend von der Besitz- zur Betriebsgesellschaft. Eine günstige Entwicklung – vor allem, wenn man den Verkauf der AG beabsichtigte.⁴⁸

An der Spitze der Governance-Struktur stand der Gesellschafterrat, dessen Mitglieder von der Gesellschafterversammlung gewählt wurden. Die kapitalkräftigsten Teilhaber waren Mathilde Merck und Magdalene Merck, die Witwen der 1932 bzw. 1945 verstorbenen Teilhaber Willy und Louis Merck. Mathilde gehörten 11,7 Prozent, Magdalene 10,1 Prozent der Anteile. Damit überstiegen ihre Beteiligungen sogar die Anteile der beiden offenen Teilhaber Karl und Fritz Merck, denen 9,5 bzw. 8,5 Prozent der Firma gehörten. Große Anteilseigener waren zudem die Geschwister von Karl Merck, Marei Groos und Franz Merck mit 9,7 und 6,0 Prozent, sowie Lisbet Merck – die Schwester von Fritz Merck – mit 5,9 Prozent. Gemeinsam gehörten diesen sieben Personen 61,5 Prozent der Unternehmensanteile. 15 weitere Gesellschafter besaßen Beteiligungen in der Größenordnung zwischen 0,2 und 5,4 Prozent.[49] Die Zahl der Gesellschafter war somit überschaubar.[50]

Die Gesellschafter versammelten sich normalerweise jeden Sommer in Darmstadt für eine mehrtägige Veranstaltung – Gremiensitzungen, gemeinsame Abendessen und Werksbesichtigung standen üblicherweise auf dem Programm. Die erste Gesellschafterversammlung nach der Aufspaltung in AG und OHG fand am 30. Juni 1954 statt. Noch vor Einstieg in die Tagesordnung wurde der neue Gesellschaftervertrag unterschrieben, anschließend wählte man den Gesellschafterrat: Fritz Groos, Magda Baillou, Hermann Kraft, Karl Spannagel, Peter Reinhold jr. und Elisabeth Albrecht, die ältere Schwester von Wilhelm Merck, bildeten nun dieses Gremium.[51]

Das operative Geschäft oblag der Aktiengesellschaft. Um dieses mit Leben zu füllen, mussten die Leitungsgremien der AG besetzt werden. Daher wurde, wie es das Aktienrecht vorschrieb, auf der ersten Hauptversammlung nach der Gründung der Aufsichtsrat neu gewählt, ohne personelle Änderungen vorzunehmen. Anschließend verabschiedete der Aufsichtsrat seine Geschäftsordnung, wählte Peter Reinhold[52] zum Vorsitzenden und Fritz Groos zum stellvertretenden Vorsitzenden. Etwas später, nämlich im Mai 1954, wählte der Merckſche Betriebsrat seinen Vorsitzenden Philipp Ohlemüller sowie dessen Stellvertreter Karl Fleckenstein als Arbeitnehmervertreter in den Aufsichtsrat.[53] Infolge der Zuwahl von zwei Arbeitnehmervertretern schieden zwei Vertreter der Eigentümer, namentlich Magda Baillou und Hermann Kraft, im Juni 1954 aus.[54] Der Vorsitzende des Aufsichtsrats verfügte über eine hervorgehobene Stellung, weil seine Stimme im Falle eines Patts den Ausschlag gab. Der gesamte Vorstand oder einzelne Mitglieder konnten zu Sitzungen des Aufsichtsrats eingeladen werden, um dort zu berichten und Fragen zu beantworten. Der Aufsichtsrat sollte sich aber nicht nur über die Geschäfte informieren, sondern auch Beschlüsse fassen. Beispielsweise mussten alle Investitionen mit einem Volumen ab 100 000 DM, die Eröffnung von Niederlassungen oder die Einstellung von Mitarbeitern mit einem Jahresgehalt ab 15 000 DM vom Aufsichtsrat genehmigt werden.[55]

Abbildung 101 Gruppenfoto der Familie Merck vor dem Verwaltungsgebäude, 1950er-Jahre. Typischerweise trifft sich die Familie jährlich im Frühsommer zur Gesellschafterversammlung.

Unter dem Aufsichtsrat stand der Vorstand, dessen Mitglieder und Aufgabengebiete vom Aufsichtsrat bestimmt wurden. Die Position des Vorstandsvorsitzenden war so ausgestaltet, dass eine patriarchalische Unternehmensführung möglich war. Wenn nämlich der Vorstandsvorsitzende den Familiennamen Merck trug, dann entschied er im Falle von Meinungsverschiedenheiten im Vorstand alleine. Trug der Vorstandsvorsitzende nicht den Familiennamen, dann entschied seine Stimme lediglich bei Stimmengleichheit. Fehlte der Vorstandsvorsitzende bei einer Sitzung, dann gingen seine Rechte auf den Stellvertreter über.[56] Diese Regelung entsprach durchaus den damaligen Gepflogenheiten, die sich noch stark am 1937 im Aktiengesetz verankerten «Führerprinzip» orientierten, und sie wurde auch bei anderen Firmen in ähnlicher Weise umgesetzt.[57] Den Vorstand der AG bildeten zunächst Karl Merck als Vorsitzender, Fritz Merck als stellvertretender Vorsitzender und Hans Harms, Otto Dalmer, Justus Petersen sowie Georg Strickrodt als weitere Mitglieder.[58] Harms, Dalmer und Petersen waren etablierte «Merckser», die schon seit Jahrzehnten für das Unternehmen tätig waren, während Strickrodt erst nach dem Krieg engagiert wurde. Der promovierte Chemieingenieur Harms war 1933 in das Unternehmen eingetreten und hatte sich vor allem im Chinageschäft und bei der Leitung des gesamten Auslandsgeschäfts seine Meriten verdient. Im Oktober 1948 kehrte er aus der Kriegsgefangenschaft

Abbildung 102 Hans Harms, Karl Merck und der Geschäftspartner G. K. A. John auf dem Flughafen von Buenos Aires, 1958. Die Rückgewinnung der Niederlassungen in Lateinamerika stand auf dem Reiseprogramm.

zurück, trat wieder bei Merck ein und rückte 1950 in die Geschäftsleitung auf. Dalmer war bereits 1922 in die Wissenschaftliche Abteilung von Merck eingetreten und übernahm 1939 deren Leitung.[59] Petersen war ebenfalls 1922 in die Wissenschaftliche Abteilung eingetreten, leitete später die Fabrik in Brasilien, bevor er 1934 zum Oberleiter der Darmstädter Fabrikationsbetriebe ernannt wurde. Bereits seit 1946 verantwortete er auf Geschäftsleitungsebene das gesamte Fabrikationsressort. Strickrodt hatte vor seinem Eintritt als «Finanzvorstand» bei Merck im Jahre 1950 eine Karriere im öffentlichen Dienst, bei den Reichswerken Hermann Göring und als niedersächsischer Finanzminister gemacht.

Diese vielschichtige Organisationsgestaltung von Aktiengesellschaft, Offener Handelsgesellschaft und Familie führte zu einer mehrstufigen Entscheidungsstruktur, wie am Beispiel von Investitionen illustriert werden kann. Im Prinzip konnte der Vorstand der Aktiengesellschaft eigenverantwortlich über Projekte bis 100 000 DM entscheiden. Bei größeren Projekten in einem Umfang von bis zu 500 000 DM musste zusätzlich der Aufsichtsrat sein Placet geben. Vorhaben mit einem Volumen ab einer halben Million DM mussten außerdem durch die Teilhaber und damit Leiter der OHG bewilligt werden. Federführend bei Großinvestitionen waren somit der Vorstandsvorsitzende der AG und sein Stellvertreter, Karl und Fritz Merck, sowie der Aufsichtsratsvorsitzende Peter Reinhold. Diese waren zugleich offene Teilhaber und damit Leiter der OHG.⁶⁰ Fritz Groos als stellvertretender Vorsitzender des Aufsichtsrats und Karl Schaedel als Aufsichtsratsmitglied und Teilhaber der OHG dürften ebenfalls ein gewisses Gewicht bei Entscheidungen gehabt haben. Die beiden OHG-Teilhaber und Söhne von Wilhelm Merck, Emanuel W. Merck und Peter Merck, wurden langsam in diesen Kreis integriert.⁶¹ Die hier skizzierte Mächtekonstellation brach allerdings nach dem unerwarteten Tod von Peter Reinhold im Alter von 67 Jahren am 1. April 1955 schon wieder langsam auf.⁶² Neuer Aufsichtsratsvorsitzender wurde der bisherige Stellvertreter Fritz Groos; dessen vorherige Position fiel an Karl Schaedel. In dieser Zusammensetzung arbeiteten die Führungsgremien bis zum Jahresende 1958, als Fritz Merck im Alter von 69 Jahren und kurz vor seinem 40-jährigen Dienstjubiläum auf Drängen von Karl Merck aus dem Vorstand ausschied.⁶³

Ob die gewählte Unternehmensorganisation zweckmäßig war, um die Entscheidungen der Unternehmensspitze auf unteren Ebenen umzusetzen, war noch vor Gründung der AG auf Anregung von Peter Reinhold und Georg Strickrodt durch die Beratungsfirma Otto Bredt überprüft worden.⁶⁴ Hierbei war auf wesentliche Mängel verwiesen worden: Im Vorstand und in den oberen Leitungsebenen überschnitten sich die Aufgabenbereiche; die Leitungsebene war personell unzureichend besetzt. Zudem wurde das übermäßig administrative Denken kritisiert, das die in kaufmännischen Dingen notwendige Elastizität des Handelns be- oder sogar verhinderte.⁶⁵ Die Organisation des Unternehmens erschien Anfang der 1950er-Jahre ineffizient, undurchsichtig und war eigentlich nur aus dem Telefonverzeichnis ersichtlich; ein Geschäftsverteilungsplan lag nicht einmal auf der Ebene der Geschäftsleitung vor.⁶⁶ Kompetenzüberschneidungen sollten daher durch eine Veränderung der formalen Unternehmensorganisation beseitigt werden.⁶⁷ Insbesondere sollten die technischen Abteilungen und die Magazine dem Produktionsressort zugewiesen werden, weil diese Abteilungen die Funktionsfähigkeit der Warenerzeugung und – vom Rohstoff bis zur Fertigware – den Materialfluss sicherstellten. Solange diese Abteilungen unabhängig waren, entstand Doppelarbeit; teilweise wurde auch, insbesondere wenn die «persönlich-menschlichen Beziehungen zu wünschen übrig lassen», gegeneinander gearbeitet.⁶⁸ Außerdem hatten die Berater die Schaffung einer Zentralabteilung angeregt, weil dadurch die Duplizierung von bestimmten Funktionen in den Ressorts verhindert werden könnte und Nachwuchskräfte für die Leitungsebene in einer Zentralabteilung gut ausgebildet werden könnten. Planung, Statistik, Revision und Organisation wurden als Aufgaben für die Zentralabteilung identifiziert.⁶⁹

Umgesetzt wurden diese Empfehlungen jedoch nicht, wie ein Organigramm aus dem Jahr 1956 zeigt. Weder die von den Unternehmensberatern geforderte Zentralabteilung noch die Integration des kompletten Materialflusses und der technischen Abteilungen in die Produktionsabteilung waren realisiert worden.

Das Unternehmen war zu diesem Zeitpunkt funktional in fünf jeweils von einem Vorstandsmitglied geleitete Ressorts unterteilt. Auf der zweiten Führungsebene gab es Hauptleitungen, darunter eine Vielzahl von Oberleitungen und Abteilungen. Dem Vorstandsvorsitzenden Karl Merck unterstanden die Forschungsabteilung, die Wissenschaftliche Abteilung, das Kontrolllaboratorium, die Medizinisch-Pharmazeutische Abteilung, die Sozialpolitische Abteilung sowie die Personal-, Rechts- und Patentabteilung. Fritz Merck war für die technischen Betriebe, die Energieversorgung, das Bauwesen und den Transport zuständig. Hans Harms unterstand der kaufmännische Bereich, d. h., er verantwortete den Einkauf, den Verkauf und die Magazine. Justus Petersen leitete das Fabrikationsressort mit den drei Oberleitungen für die organische, anorganische und pharmazeutische Produktion. Das fünfte Vorstandsmitglied war Wilhelm Steiger, der seit April 1954 als Nachfolger von Georg Strickrodt das Finanz-, Rechnungs- und Steuerwesen leitete.[70] Im weiteren Verlauf der 1950er- und 1960er-Jahre blieb die Organisation mehr oder weniger gleich. Dies kann aber kaum überraschen, denn eine anhand betrieblicher Tätigkeiten aufgestellte funktionale Unternehmensorganisation war zumindest bis Ende der 1960er-Jahre der allgemein akzeptierte Standard in der deutschen chemisch-pharmazeutischen Industrie.[71]

Betrachtet man die Zusammenarbeit zwischen Vorstand und Aufsichtsrat der AG, dann lässt sich erkennen, dass bereits während der kurzen «Ära Reinhold» Eingriffe des Aufsichtsrats in das operative Geschäft üblich waren. Dabei war weniger der gesamte Aufsichtsrat als verschiedene Ausschüsse involviert. Beispielsweise waren Fritz Groos und Karl Schaedel für Verhandlungen mit externen Wissenschaftlern zuständig; Peter Reinhold und Karl Schaedel wurden im Falle von Finanz-, Betriebs- und Personalfragen in den Vorstand delegiert. Peter Reinhold war zudem für die Gestaltung der Arbeitsverträge der Vorstandsmitglieder zuständig.[72] Außerdem wurde er ab Sommer 1953 in den Vorstand delegiert, um dort Rationalisierungsfragen voranzutreiben.[73] Gemeinsam mit Fritz Groos bildete er den Personalausschuss.[74] Zudem wurden ein Sozialpolitischer Ausschuss und ein Ausschuss für Finanz- und Rationalisierungsfragen gebildet. Ersterem gehörten Fritz Groos, Lisbet Merck und der Betriebsrat Karl Fleckenstein an. Im anderen Ausschuss saßen Peter Reinhold, Karl Schaedel und der Betriebsrat Philipp Ohlemüller. Daneben wurde Karl Schaedel für allgemeine Fragen in den Vorstand entsandt.[75] Wenn man diese Struktur betrachtet, dann drängt sich der Eindruck auf, dass es die vom Aktiengesetz verlangte strikte Trennung zwischen Vorstand und Aufsichtsrat nicht gab. Vielmehr scheinen Karl und Fritz Merck sowie Peter Reinhold, Fritz Groos und Karl Schaedel die strategische Leitung der Firma innegehabt zu haben. Die anderen Vorstands- und Aufsichtsratsmitglieder waren eher begleitende und ausführende Nebengestalten. Die enge Kooperation zwischen den beiden Führungsgremien und die besondere Stellung von Karl und Fritz Merck kam darin zum Ausdruck, dass sie regelmäßig an den Sitzungen des Aufsichtsrats teilnahmen, wohingegen die anderen Vorstandsmitglieder nur hinzugezogen wurden, wenn Fragen ihrer Ressorts auf der Tagesordnung standen.[76] Generell fällt auf, dass die Eingriffe des Aufsichtsrats in das operative Geschäft deutlich zunahmen. Beispielsweise bestellte der Aufsichtsrat im Sommer 1958 den leitenden Betriebsingenieur Hanns Adrian ein, um sich umfassend über den Stand der Investitionsprojekte berichten zu lassen, was im Übrigen so überzeugend ausfiel, dass beschlossen wurde, sich künftig regelmäßig von Adrian informieren zu lassen.[77]

Die Dominierung des Vorstands durch den Aufsichtsrat und der Eingriff einzelner Aufsichtsratsmitglieder ins operative Geschäft führten zunehmend zu Verstimmungen. Beispielsweise hatte der stellvertretende Aufsichtsratsvorsitzende Karl Schaedel im Sommer und Herbst 1958 ohne Wissen des Aufsichtsratsvorsitzenden und des zuständigen Vorstandsmitglieds Wilhelm Steiger Gespräche mit dem amerikanischen Chemieunternehmen Stauffer über die Gründung einer Gemeinschaftsfirma in den Vereinigten Staaten geführt. Als Steiger zufällig von dem Vorgang erfuhr, informierte er den Aufsichtsratsvorsitzenden Fritz Groos, der sich überrascht zeigte und Schaedel maßregelte. Daraufhin kam es zum Streit im Aufsichtsrat.[78] Das Familienoberhaupt Karl Merck, zugleich Vorstandsvorsitzender, war zunehmend beunruhigt und bat Fritz Groos und Karl Schaedel, ihre Differenzen auszuräumen, weil sie die Zusammenarbeit zwischen Vorstand und Aufsichtsrat erschwerten und die Interessen des Unternehmens gefährdeten. Er ließ die beiden Kontrahenten aber auch wissen, dass sich der Vorstand aus dem Streit heraushalten werde.[79] Als Mittelsmann schaltete sich nun das Aufsichtsratsmitglied Hermann Kraft ein. Der Aufsichtsratsvorsitzende Groos erinnerte daran, dass die bei Merck seit Juli 1954 übliche Delegation von Aufsichtsratsmitgliedern in den Vorstand illegal sei. Karl Schaedel und Hermann Kraft begrüßten diese jedoch, weil anderenfalls der Vorstand nicht angemessen durch die Familie kontrolliert werden könne.[80] Eine Einigung war nicht möglich: Im Gegenteil, die Kontrahenten warfen sich, jeweils durch Rechtsgutachten unterstützt, gegenseitig Fehlverhalten vor.[81]

Neuwahlen zum Aufsichtsrat am 21. Mai 1959 sollten das Problem beseitigen. Karl Schaedel und Hermann Kraft schieden aus dem Gremium aus, Jean-Thomas Baillou, der Sohn von Magda Baillou, und Peter Berglar, der Schwiegersohn von Fritz Merck, traten ein. Noch am selben Tag bestätigte der neu konstituierte Aufsichtsrat Fritz Groos in seinem Amt als Vorsitzender; Berglar wurde sein Stellvertreter.[82] Die Krise zog sich jedoch weiter hin, weil Karl Merck das Heft des Handelns fest in die Hand bekommen wollte, während Baillou und Berglar Karl Merck entmachten wollten, aber keinen Nachfolgeplan hatten.[83] Über Fritz Groos ließ Karl Merck den Aufsichtsratsmitgliedern mitteilen, dass sie fortan, wenn sie einen Mitarbeiter des Unternehmens sprechen wollten, diesen Wunsch mit Nennung des Anliegens an das zuständige Vorstandsmitglied übermitteln müssten. Das Vorstandsmitglied würde dann gegebenenfalls dem Mitarbeiter eine entsprechende Anweisung erteilen. Zudem sollte der Mitarbeiter eine Gesprächsnotiz anfertigen, die dem Aufsichtsratsvorsitzenden und dem Vorstand zugehen musste.[84] Diese Machtverlagerung vom Aufsichtsrat in den Vorstand ist bemerkenswert, weil Karl Merck spätestens seit dem Frühjahr 1959 davon ausging, dass er bald aus dem Vorstand ausscheiden werde. Einen Verbleib im Amt hielt er angesichts seines Alters und im Hinblick auf die dann beim designierten Nachfolger Hans Harms eintretende Enttäuschung für unangebracht.[85] Wenige Wochen nach der Wahl des neuen Aufsichtsrats kündigte Karl Merck an, nach einer Beurlaubung ab dem 31. Juli 1959 zum Jahresende als Vorstandsvorsitzender auszuscheiden.[86]

Der Vorstand nahm die von Karl Merck initiierte Machtverlagerung sogleich in Anspruch und verweigerte einem Aufsichtsratsmitglied ein Gespräch mit einem Mitarbeiter. Der Aufsichtsrat beschloss daraufhin, dass er den Vorstand fortan über seine Wünsche unterrichten, aber nicht mehr auf dessen Zustimmung warten würde. Gleichfalls sollte der Vorstand das Thema solcher Gespräche nicht vorab erfahren. Die Stimmung zwischen Vorstand und Aufsichtsrat war also sogleich nach der Neuwahl des Aufsichtsgremiums am Nullpunkt angelangt.[87] Aber auch innerhalb des Aufsichtsrats gab es schnell Konflikte, als nämlich herauskam, dass Berglar und Baillou im Juni 1959, drei Wochen nach ihrer Wahl in den Aufsichtsrat, hinter dem Rücken des Aufsichtsratsvorsitzenden Gespräche mit dem jungen Chemiker Jan Thesing geführt und diesem die Position des Forschungsvorstands in Aussicht gestellt hatten.[88]

Die Spannungen zwischen Aufsichtsrat und Vorstand entzündeten sich 1960 erneut, diesmal an der «Affäre Inhoffen». Der an der TU Braunschweig tätige organische Chemiker Hans Herloff Inhoffen war 1954 als «zweite Wahl» in den Wissenschaftlichen Beirat von Merck berufen worden und fiel dort vor allem als Intrigant auf.[89] Vertrauliche Briefe, die er von Fritz Groos erhalten hatte, nutzte er zur Festigung seiner eigenen Position, als Merck das Beratungsverhältnis mit ihm kündigen wollte. Groos hatte sich zuvor über «taktische Ungeschicklichkeiten seiner jungen Aufsichtsratskollegen» Baillou und Berglar beklagt.[90] Die jungen Aufsichtsratsmitglieder Baillou und Berglar versuchten, am Vorstand vorbei strategische Entscheidungen zu treffen, und der Aufsichtsratsvorsitzende plauderte frank und frei über Interna. Diese Indiskretion gegenüber einem Fremden schwächte die Position von Groos nachhaltig. Im Kern ging es immer noch um das Machtverhältnis zwischen Aufsichtsrat und Vorstand. Dieser beschloss am 28. Oktober 1960 einstimmig, dass das vom Aktienrecht verlangte Vertrauen in die Zusammenarbeit mit dem Aufsichtsrat nicht mehr vorliege und regte an, dass Fritz Groos aus gesundheitlichen Gründen sofort vom Amt zurücktreten solle. Anschließend sollte auf einer außerordentlichen Hauptversammlung ein neuer

Aufsichtsrat gewählt werden.[91] Die jungen Aufsichtsräte waren zwar ihrerseits durchaus bereit, weiterhin Verantwortung zu übernehmen, sahen aber ein, dass einzig die Wahl von Karl Merck zum Aufsichtsratsvorsitzenden die Lage nachhaltig beruhigen konnte.[92]

Kurz darauf trafen sich Fritz Groos, der neue Vorstandsvorsitzende Hans Harms und sein Stellvertreter Wilhelm Steiger zu einem klärenden Gespräch. Groos legte dar, dass er dem Vorstand und insbesondere Harms und Steiger vertraue, dass diese aber den Rückhalt der Gesellschafter teilweise verlieren würden, wenn man ihn zum Rücktritt zwänge. Man müsse andere Mittel und Wege finden, die Führungskrise zu überwinden. Aus Sicht der beiden Vorstände waren dazu klare strategische Zielvorgaben des Aufsichtsrats notwendig. Dieser müsse dem Vorstand dann überlassen, auf welchen Wegen diese Ziele erreicht werden sollten. Diese Arbeitsteilung müsse in einer Geschäftsordnung geregelt werden. Des Weiteren müsse geklärt werden, ob Merck ein Familienunternehmen bleiben solle – dies wünschte der Vorstand ausdrücklich – oder ob familienfremde Partner aufgenommen werden sollten; für letztere Lösung war Fritz Groos durchaus zu haben. Obgleich die Probleme noch keinesfalls ausgeräumt waren, wurden Signale gesetzt, die das Ende der Krise symbolisieren sollten: Wilhelm Steiger zog sein kurz vor dem Gespräch eingereichtes Rücktrittsgesuch zurück, Fritz Groos blieb auf ausdrücklichen Wunsch des Vorstands Aufsichtsratsvorsitzender, und der Aufsichtsrat sollte dem Vorstand schriftlich sein Vertrauen aussprechen.[93]

Erneut war es aber nur zu einer Scheinlösung gekommen, denn nur einen Monat später warf der stellvertretende Aufsichtsratsvorsitzende Peter Berglar die Frage auf: «Wer ist Kapitän des Schiffes, der Vorstand oder der Aufsichtsrat?»[94] Auslöser war ein Schreiben des Vorstands: Dieser forderte, dass Aufsichtsratsmitglieder zwar mit Vorstandsmitgliedern, aber nicht mit anderen Mitarbeitern der Firma Sachfragen erörtern sollten, und der Aufsichtsrat sollte keine vom Vorstand unabhängigen Beiräte einrichten. Damit wäre beispielsweise eine direkte Unterrichtung über Investitionsvorhaben durch den leitenden Betriebsingenieur Adrian nicht mehr möglich gewesen. Außerdem müssten die in der Satzung der AG festgelegten Zustimmungsrechte des Aufsichtsrats begrenzt werden. Nach diesem Frontalangriff des Vorstands traf sich die Kapitalseite des Aufsichtsrats im Januar 1961 in Köln und legte das weitere Vorgehen fest. Zunächst teilte man dem Vorstand mit, dass es sich bei dem Gespräch im vergangenen November um ein Privatgespräch mit Fritz Groos gehandelt habe und dass sich der Aufsichtsrat nicht an die damals erzielten Ergebnisse gebunden fühle.[95] Zudem wollte man erst wieder Investitionen bewilligen, nachdem der Vorstand einen bis Ende 1963 laufenden Investitionsplan vorgelegt hatte.[96] Als Reaktion darauf teilte Finanzvorstand Steiger mit, dass man bereits in den 1950er-Jahren ohne Erfolg versucht habe, einen mehrjährigen Investitionsplan aufzustellen. Außerdem müsse man

Abbildung 103 Geschäftsleitung 1966: Hans Joachim Langmann, Hans Harms, Peter Merck, Jan Thesing (stehend), John Niemann, Emanuel W. Merck (sitzend).

bei Investitionen bedenken, dass die Finanzkraft einer Familiengesellschaft begrenzt sei und man daher über eine Änderung der Rechtsform und der Firmenorganisation nachdenken müsse. Zu diesem Sachverhalt wollte Steiger bis zum Herbst Pläne vorlegen.⁹⁷ Die angedachte Umwandlung in eine GmbH & Co. KG scheiterte aber an der hohen Grunderwerbsteuer, die im Falle einer Rechtsformänderung fällig geworden wäre.⁹⁸

Die Lage war und blieb verfahren. Erst nach einigen Monaten der Funkstille kam im Frühsommer 1961 Bewegung in die Sache. Zu dieser Zeit ließ Fritz Groos sein Amt bereits ruhen, und Karl Merck hatte wissen lassen, dass er nicht in einen unveränderten Aufsichtsrat eintreten würde. Daher erklärten Berglar und Baillou ihren Rücktritt.⁹⁹ Aus Altersgründen kandidierte Lisbet Merck, die zweite Frau von Wilhelm Merck, nicht mehr. Vier Aufsichtsratsmandate der Kapitalseite konnten also neu besetzt werden. Wiedergewählt wurde nur Jean-Thomas Baillou, neu gewählt wurden Karl Merck und Hans Wolfgang Kohlschütter, ein Schwiegersohn von Fritz Groos, sowie Hans Egert, der Leiter der sehr erfolgreichen spanischen Niederlassung. Damit wurden die Eigentümer erstmals auch durch eine nicht zur Familie gehörende Person repräsentiert. Den Vorsitz übernahm nun Karl Merck, Stellvertreter wurde Kohlschütter. Nach dem überraschend frühen

Abbildung 104 Offene Gesellschafter, 1968: Emanuel W. Merck, Peter Berglar, Barbara Groos, Hans Joachim Langmann, Victor Baillou, Peter Merck.

Tod von Egert im Januar 1963 wurde Hans Joachim Langmann, ein weiterer Schwiegersohn von Fritz Groos, in den Aufsichtsrat gewählt.[100] Nachdem Karl Merck, wie angekündigt, altersbedingt ausgeschieden war, wurde Kohlschütter am 30. Juni 1964 dessen Nachfolger als Aufsichtsratsvorsitzender, Langmann sein Stellvertreter. Damit war der Übergang zur zehnten Generation gelungen.

1.4. Die Belegschaft in der Zeit des Wirtschaftswunders

Am 1. Januar 1949 beschäftigte Merck in den Werken Darmstadt und Gernsheim 3432 Personen. Gliedert man die dort Beschäftigten nach sozioökonomischen Charakteristika, dann stellt man fest, dass 1196 Angestellte (davon 299 Frauen) und 2236 Arbeiter (davon 704 Frauen) beschäftigt waren. Außerhalb der beiden Werke waren 86 Angestellte und 32 Arbeiter tätig, sodass sich die Gesamtbelegschaft der Firma Anfang 1949 auf 3557 Personen belief.[101] Zehn Jahre später beschäftigte Merck im Inland bereits 6197 Mitarbeiter, Ende 1969 sogar 7476. Abgesehen von den Jahren 1960 und 1961 wuchs die Zahl der Angestellten durchweg, während die Arbeiterzahl mit 3634 bereits im Jahre 1959 ihren Höchstwert erreichte. 1968 überstieg die Zahl der Angestellten mit 3351 erstmals die Arbeiterzahl, die nur noch 3229 betrug.[102] Dieses «Ende der Maloche» stellte einen Strukturbruch dar, denn seit dieser Zeit liegt die Zahl der Angestellten stets höher als diejenige der Arbeiter. Dies bedeutet, dass Merck den Wandel zum modernen Dienstleistungsbetrieb schneller vollzog als andere Unternehmen, die dieser Tendenz oft erst im weiteren Verlauf der 1970er-Jahre folgten.[103] Die dritte Beschäftigtengruppe im Unternehmen bildeten die Lehrlinge, deren Zahl bis Mitte der 1950er-Jahre deutlich schneller wuchs als die Belegschaftszahl, nämlich von 38 (0,9 Prozent der Gesamtbelegschaft) Ende 1953 auf 243 (4,3 Prozent der Gesamtbelegschaft) Ende 1956. Anschließend fluktuierte der Lehrlingsanteil bis Mitte der 1960er-Jahre zwischen dreieinhalb und viereinhalb Prozent der inländischen Gesamtbelegschaft. In den Jahren 1966 bis 1972 gab es eine Ausbildungsoffensive, und der Anteil der Auszubildenden an der inländischen Gesamtbeschäftigung stieg 1968 auf 6,8 Prozent.

Seit den 1960er-Jahren verstärkte sich die Internationalisierung der Belegschaft in zweifacher Hinsicht. Erstens wurden im Inland vermehrt Ausländer («Gastarbeiter») beschäftigt, und zweitens erhöhte sich nach und nach die Zahl der bei den ausländischen Tochtergesellschaften beschäftigten Mitarbeiter.[104] Die von Merck für das Inland geführte Ausländerstatistik weist am 31. Januar 1960 nur zwölf in Darmstadt beschäftigte Ausländer aus.[105] Ende 1965 beschäftigte Merck bereits 389 Ausländer, am Jahresende 1970 waren es 583 und fünf Jahre später sogar 688. Der Anteil der Frauen unter den ausländischen Beschäftigten belief sich auf rund 35 Prozent. Vorreiter waren «Gastarbeiter» aus Italien, die bereits seit Frühjahr 1956 in Südhessen – zunächst allerdings nicht bei Merck – beschäftigt wurden.[106] Bis 1972 stellten Italiener und Spanier die größten Gruppen, dann übernahmen Portugiesen, die als besonders fleißig galten und von der Merck-Niederlassung in Portugal vermittelt wurden, die Spitzenposition.[107] Insgesamt arbeiteten im Jahr 1975 Menschen aus 19 Nationen bei Merck in Darmstadt. Zu diesem Zeitpunkt war der Gastarbeiterhöhepunkt bereits überschritten, denn nach dem vom Bundesarbeitsminister Walter Arendt im November 1973 verhängten «Anwerbestopp» für «Gastarbeiter» und während der Rezession der 1970er-Jahre ging die Zahl der ausländischen Arbeitnehmer, bei denen es sich fast ausschließlich um Arbeiter handelte, deutlich zurück.[108] Während der Anwerbephase hatte die deutsche Stammbelegschaft – wie sich herausstellte unbegründet – Angst, dass die Ausländer bevorzugt behandelt würden und höhere Löhne erhielten. Ausländer wurden stets in die niedrigste Lohngruppe eingestuft und nur in besonderen Fällen in höhere Lohngruppen aufgenommen.[109] Grundsätzlich war die Beschäftigung von «Gastarbeitern» notwendig, weil Merck zumindest zwischen 1962 und 1964 Hunderte von freien Stellen nicht besetzen konnte.[110] Die Lücke zwischen Bedarf und Bedarfserfüllung wäre noch größer gewesen, wenn nicht die Hälfte der neu eingestellten Kräfte aus dem Ausland gekommen wäre.[111] So warb die Geschäftsleitung bereits 1960 bei einer Italienreise 30 Arbeiter und 1964 50 Arbeiter in Portugal an.[112] Insgesamt entsprach die «Gastarbeiterpolitik» bei Merck durchaus der deutschen Industrienorm jener Jahre, die ähnlich auch bei der BASF zu beobachten war.[113]

Seit den späten 1940er-Jahren veränderte sich auch die Zahl der Stunden, die die Mitarbeiter im Betrieb verbrachten. Prinzipiell galt seit 1948 tarifvertraglich eine Sechstagewoche mit 48 Wochenarbeitsstunden.[114] Faktisch betrug aber die Arbeitszeit lediglich 41,25 Stunden, verteilt auf fünf Tage. Bei noch schwacher Auftragslage hatte man die Arbeitszeit aller Mitarbeiter reduziert, um Entlassungen möglichst zu vermeiden. Bis Herbst 1949 besserte sich die Situation. Karl Merck erläuterte dem Betriebsrat, dass die Aufträge von den vorhandenen Arbeitskräften in der bisherigen Arbeitszeit nicht mehr bewältigt werden könnten und man daher zur 45-Stunden-Woche übergehen müsse. Der Betriebsratsvorsitzende Philipp Ohlemüller hätte zwar lieber neue Arbeitskräfte eingestellt, anstatt die Arbeitszeit zu erhöhen, schloss sich aber dem Vorschlag letztlich an. Man blieb jedoch bei der Fünftagewoche.[115] Der 1954 von den Gewerkschaften begonnene Kampf um die Fünftagewoche («Samstags gehört Vati mir») war also bei Merck bereits zuvor zugunsten der Arbeitnehmer entschieden worden.[116] Strukturell bedeutender war jedoch die Umkehr der Arbeitszeitentwicklung. Die Arbeitsordnung von 1957 legte die regelmäßige wöchentliche Arbeitszeit von 44 Stunden fest, eine Regelung, die erst am 1. Juni 1960 in den Tarifvertrag der chemischen Industrie übernommen wurde.[117] Ab Oktober 1963 wurde noch weniger gearbeitet. Nun belief sich die tarifliche Wochenarbeitszeit auf nur noch 42,5 Stunden.[118] Diese Arbeitszeitverkürzungen führten jedoch nicht unmittelbar zu einem Freizeitgewinn für die Arbeitnehmer. Zum einen kamen die meisten Arbeitnehmer mit öffentlichen Verkehrsmitteln zur Arbeit, deren Fahrpläne nicht entsprechend den Anforderungen der Belegschaft synchronisiert werden konnten.[119] Zum anderen strebte die Geschäftsleitung längere Mittagspausen sowie die Verlagerung von Wasch- und Badezeiten außerhalb der Arbeitszeit an.[120] Ab dem 1. Januar 1967 wurde die Arbeitszeit für das gesamte Werk vereinheitlicht und besser mit den Fahrzeiten der öffentlichen Verkehrsmittel abgestimmt. Arbeitsbeginn war nun um 7:15 Uhr, Arbeitsende um 16:15 Uhr.[121]

Die wichtigste Gegenleistung, die Arbeitnehmer für ihre im Betrieb geleistete Arbeit erhalten, ist der Lohn bzw. das Gehalt. Im Jahre 1953 bezog der durchschnittliche «Merckser» ein Bruttogehalt von 5486 DM jährlich. Bis 1968 verdreifachte sich dieses Gehalt auf 15 416 DM. Somit stiegen die Nominallöhne im jährlichen Durchschnitt um 7,1 Prozent. Zieht man davon die durchschnittliche jährliche Steigerung der Lebenshaltungskosten von 2,1 Prozent ab, dann verbleibt ein durchschnittlicher jährlicher realer Lohnanstieg von fünf Prozent. Damit lagen die Einkommenszuwächse bei Merck durchweg im Trend der chemischen Industrie, aber das Einkommensniveau war bei Merck überdurchschnittlich hoch: Hier verdiente man, zumindest während der 1950er- und 1960er-Jahre,

Wiederaufbau im Wirtschaftswunder

Abbildung 105 Mitarbeiter beim Betreten des Werks durch das Haupttor, 1957.

zehn Prozent mehr als in der chemischen Industrie üblich. Gleichwohl lagen die Löhne und Gehälter bei Merck aber unter den Spitzenwerten der chemischen Industrie – bei der BASF konnte man deutlich mehr verdienen.[122]

Diese Durchschnittszahlen verdecken freilich die erhebliche Lohndifferenzierung zwischen Männern und Frauen, Angestellten und Arbeitern und innerhalb dieser Gruppen. Arbeiter erhielten neben dem Grundlohn zumeist Leistungs- oder Zeitzuschläge. Im Frühjahr 1969 belief sich beispielsweise der Tariflohn in der Lohngruppe 1 auf 3,69 DM je Stunde. Mitarbeiter mit Leistungslohnzulagen erhielten tatsächlich im Schnitt 5,33 DM je Stunde, Mitarbeiter im Zeitlohn immerhin 4,21 DM je Stunde. Arbeiter in der Lohngruppe 4 erhielten demgegenüber laut Tarif 4,45 DM je Stunde, faktisch aber 6,17 DM im Leistungslohn- bzw. 5,52 DM im Zeitlohnsystem.[123] Wenn man sich die Geschlechterproportionen in den einzelnen Lohn- und Gehaltsgruppen ansieht, dann stellt man fest, dass Frauen vornehmlich in schlecht bezahlten Berufen tätig waren. Ende 1968 arbeiteten in den Leichtlohngruppen 1 und 2 (Hilfsarbeiter) nur 15 Männer, aber 586 Frauen. Demgegenüber waren in der Lohngruppe 4 (Chemiehandwerker und gelernte Handwerker) nur sechs Frauen, aber 1118 Männer tätig. Bei den Angestellten zeigt sich ein ähnliches Bild: Nur 20 von 257 außertariflichen und 22 von 398 akademischen Angestellten waren weiblich.[124]

Auch bei den Tarifangestellten waren Frauen vornehmlich niedrig eingruppiert. In den beiden niedrigsten technischen und kaufmännischen Angestelltengruppen findet man beispielsweise 263 Frauen und 128 Männer, in den beiden höchsten Angestelltengruppen hingegen nur 180 Frauen, aber 952 Männer.[125]

Arbeitskräfte konnten ihr Gehalt nicht nur durch Überstunden und Akkordleistungen, sondern auch durch gute Ideen aufbessern, weil sie dann im Rahmen des 1958 eingeführten Betrieblichen Vorschlagswesens oder der Arbeitnehmer-Erfindervergütung Prämien erhielten.[126] Die Vorschläge wurden durch eine von Geschäftsleitung und Betriebsrat ernannte Kommission bewertet und gegebenenfalls prämiert. Im ersten Jahr wurden lediglich zwölf Verbesserungsvorschläge bearbeitet und Prämien in Höhe von 2673 DM ausbezahlt.[127] In den folgenden Jahren lief das Vorschlagswesen besser: 1959 wurden 205, 1960 sogar 247 Vorschläge eingereicht und in diesen beiden Jahren insgesamt über 32 000 DM an Prämien ausgeschüttet. Die realisierten Vorschläge reduzierten die Kosten der Firma um über 260 000 DM, was das Vorschlagswesen für Merck rentabel machte, den Betriebsrat befriedigte[128] und eine Praxis etablierte, die bis in die Gegenwart beibehalten wird. Bei der Erfindervergütung musste Merck allerdings das 1957 erlassene Gesetz über Arbeitnehmer-Erfindungen berücksichtigen. Traditionell wurden bis 1975 Merck-Mitarbeiter aus der Produktion und Produktentwicklung gegenüber denjenigen aus der Forschungsabteilung bei der Vergütung von Erfindungen bevorzugt. Seitdem erhielten alle Erfinder eine Beteiligung von zehn Prozent an den Lizenzeinnahmen oder Nettoumsätzen.[129]

Neben dem Arbeitsentgelt erhielt und erhält die Belegschaft von Merck traditionell eine Reihe von Sozialleistungen. In der Nachkriegszeit standen die Grundbedürfnisse im Vordergrund: Die Beschäftigten brauchten ein Dach über dem Kopf und Essen auf dem Tisch. In der ersten Dekade nach Kriegsende war die Wohnungssituation besonders kritisch. Ende 1948 suchten beispielsweise 75 Mitarbeiter eine Wohnung. 1950 Jahre waren, bei zunehmenden Einstellungen, sogar 189 Wohnungssuchende zu verzeichnen – fast fünf Prozent der Belegschaft.[130] Bemerkenswert ist, dass nicht nur einfache Arbeiter, sondern auch Führungskräfte von der Wohnungsnot betroffen waren. Beispielsweise musste der damalige Leiter der Steuerabteilung, Wilhelm Steiger, zunächst mit einer einfachen Schlafstelle vorliebnehmen. In den drei Jahren nach der Währungsreform, also zwischen Sommer 1948 und Sommer 1951, wurden durch die gemeinsam mit der Hessischen Elektrizitäts-Aktiengesellschaft (HEAG) gegründete Gemeinnützige Wohnbau GmbH 150 Wohnungen errichtet. Ihre Zuteilung erfolgte nach betrieblicher Notwendigkeit und in enger Abstimmung mit dem Betriebsrat: Arbeitnehmer, die im Notfall schnell im Werk sein mussten, oder Arbeitnehmer mit vielen Überstunden wurden vordringlich versorgt. Insbesondere Ingenieure, Monteure, Elektriker und Fahrer kamen so zu neuen Wohnungen. Ab dem zweiten Halbjahr 1951 berücksichtigte Merck weitere Faktoren, beispielsweise die Dauer der Wartezeit, die Länge der Werkszugehörigkeit, die Zahl der Kinder oder den Grad der Kriegsversehrtheit.[131] Bedacht wurden auch neu eingestellte Arbeitnehmer, denn oft war die Zuteilung einer Wohnung Bedingung für die Annahme des Arbeitsvertrags. Diese Erfahrung machten auch die Personalabteilungen von Bayer und der BASF. Dort ging man davon aus, dass man für hundert Neueinstellungen vierzig Wohnungen bereitstellen müsste.[132]

Die Wohnungen, die Merck in Eigenregie zur Verfügung stellte, waren für die damaligen Verhältnisse durchaus ansehnlich und gut ausgestattet. Gebaut wurden Ein- bis Vierzimmerwohnungen mit einer Wohnfläche zwischen 38 und 76 Quadratmetern in Wohnblöcken mit jeweils zwei Wohnungen pro Etage. Alle Wohnungen hatten eine abgeschlossene Küche, eine Loggia und eine Etagenheizung. Die Küche war zudem mit einem Elektroherd, Küche und Bad mit einem Warmwasserboiler und das Badezimmer mit Waschbecken und Badewanne ausgestattet. Außerdem gab es eine Gemeinschaftsantenne für den individuellen UKW-Empfang und für je 18 Wohnungen eine eingerichtete Waschküche. Die Kaltmiete betrug, je nach Größe, zwischen 45 und 88 DM monatlich.[133] Diese hohen Mieten – im Schnitt gaben deutsche Haushalte rund 40 DM für Miete aus – wurden vom Betriebsrat kritisiert, weil sich der einfache Arbeiter diese hochwertig ausgestatteten Wohnungen schlicht nicht leisten konnte.[134] Der Betriebsrat forderte daher, auf jedweden Luxus zu verzichten, und regte stärkere Eigenleistungen der Mieter an.[135] Jahre später beklagte sich der Betriebsrat immer noch darüber, dass für finanziell schwache Werksangehörige kaum Wohnraum zur Verfügung stehe.[136] Erst 1964 wurden zusätzlich drei einfach gehaltene Wohnblöcke in Arheilgen gebaut.[137]

Die Unterbringung von «Gastarbeitern» unterstützte man durch den Bau eines Wohnheims für 70 italienische Arbeiter ab Herbst 1960, also zu einem Zeitpunkt, zu dem lediglich 24 Italiener bei Merck tätig waren.[138] Wenige Jahre später sollte auch die Anwerbung und Unterbringung portugiesischer Arbeitskräfte durch den Bau eines Wohnheims erleichtert werden.[139] Die von der Firma errichteten Wohnheimplätze waren in der Regel erheblich subventioniert. Im Herbst 1973 ermittelte die Oberleitung Sozialwesen der Firma, dass Schlafplätze in den verschiedenen Ausländerwohnheimen Kosten in Höhe von 90 bis 146 DM verursachten, die Gastarbeiter aber nur 40 bis 75 DM Miete bezahlten.[140] Komfort und Wohnlichkeit der Ausländerwohnheime waren allerdings nicht sehr hoch: Man lebte in Mehrbettzimmern mit zunächst vier, später zwei Kollegen, was nur wenig Privatsphäre zuließ.[141] Um Ruhe in den Räumen zu haben, durfte Besuch nur mit Zustimmung aller Zimmergenossen empfangen werden, andernfalls musste man sich in den Gemeinschaftsräumen oder außerhalb des Wohnheims treffen.[142] Mit dem Rückgang der ausländischen Arbeitskräfte und der besseren

Abbildung 106 «Gastarbeiter» im Wohnraum, 1971. Seit den 1950er-Jahren hat Merck diese gezielt im Ausland angeworben und in Wohnheimen untergebracht.

Integration der in Deutschland verbleibenden Arbeitsmigranten ging die Nachfrage nach Wohnheimplätzen so weit zurück, dass das älteste «Italiener-Wohnheim» und auch das «Portugiesen-Wohnheim» Ende 1975 geschlossen wurde.[143]

Ein weiteres wichtiges soziales Anliegen der Werksangehörigen war die Nahrungsmittelversorgung. In den ersten Nachkriegsjahren versuchte die Geschäftsleitung, die größte Not bei den ärmsten Mitarbeitern zu lindern, indem sie allen Alleinverdienern mit weniger als 600 DM Einkommen einen Kartoffelvorschuss in Höhe von zwölf DM je Familienmitglied auszahlte.[144] Die Mitarbeiter konnten in der Werkskantine zum Preis von 35 Pfennig ein von der Firma subventioniertes Einheitsmahl einnehmen.[145] Nachdem die schlimmsten Notjahre überwunden waren, begannen die Debatten über die Frage, ob mehrere Essen angeboten werden sollten oder ob man – dies forderte der Betriebsrat – beim Einheitsessen bleiben sollte. Seit Ende 1959 hatten die Mitarbeiter die Auswahl zwischen einem preiswerten Essen (für 60 Pfennig) und einer gediegeneren Mahlzeit (für 1,20 DM) zu Vorzugspreisen, bei denen Merck durchschnittlich eine Mark je Essen zuschoss.[146] Angesichts der Finanznot in den späten 1950er- und frühen 1960er-Jahren wollte die Firma die üppigen Zuschüsse reduzieren,

Abbildung 107 Werkskantine mit Bedienung, 1958. Das Mittagessen wurde in mehreren Schichten an die Mitarbeiter ausgegeben.

biss dabei jedoch beim Betriebsrat auf Granit.[147] Dieser konnte sich auch auf einem anderen Feld durchsetzen: Am 1. Juli 1967 kehrte man zum Einheitsessen zurück. Statt einer Auswahl beim Menü hatte man nun eine Auswahl bei der Darreichung. Entschied sich der Mitarbeiter für Selbstbedienung, dann zahlte er 1 DM für die Mahlzeit, wählte er die Bedienung, dann musste er 1,20 DM bezahlen.

Inzwischen hatten sich nicht nur die Preise und die Qualität der Mahlzeiten, sondern auch die Kantinenatmosphäre verändert. Zunächst hatten die Mahlzeiten in einem Raum in drei Schichten eingenommen werden müssen. Anfang 1957 wurde mit dem Bau dezentraler Speisesäle begonnen. Mit der Rationalisierung des Küchenbetriebs Ende der 1960er-Jahre ging man vom Drei- zum Zweischichtessen über. Das Mittagessen konnte nämlich nun reibungslos ausgegeben werden, sodass viel mehr Mitarbeiter im kurzen Zeitfenster der Mittagspause bedient werden konnten.[148] Ein neuer Speisesaal im Gebäude A 22 wurde zudem in drei Bereiche unterteilt. Im separaten Direktionsspeisesaal wurde ein Essen gehobener Qualität für Führungskräfte und Gäste serviert. Die Geschäftsleitung wies bei Diskussion mit dem Betriebsrat darauf hin, dass nicht nur Gäste und Direktoren, sondern auch die insgesamt rund 1000 anspruchsvolleren Werksangehörigen die Mahlzeit in ruhiger Atmosphäre einnehmen wollten.[149]

Die Betriebsrente war eine weitere wichtige sozialpolitische Maßnahme. Nach dem Zweiten Weltkrieg galt zunächst ein recht einfaches Prinzip: Mitarbeiter, die mindestens zehn Jahre bei Merck gearbeitet hatten und das 65. Lebensjahr erreichten bzw. invalide wurden, erhielten eine Betriebsrente in Höhe von monatlich 10 DM. Wer mindestens 20 Jahre für das Unternehmen gearbeitet hatte, erhielt 20 DM monatlich, bei mindestens 30 Jahre waren es sogar 30 DM. Drei Sachverhalte verdienen besondere Beachtung: Erstens hingen die Renten nur von der Firmenzugehörigkeitsdauer und nicht vom Einkommen ab. Zweitens gab es keine Differenzierung zwischen Arbeitern und Angestellten, Frauen oder Männern. Drittens waren die Renten angesichts einer durchschnittlichen gesetzlichen Rente von lediglich 60 DM durchaus ansehnlich. Die Einführung der dynamisierten, bruttolohnbezogenen staatlichen Rente im Jahr 1957 löste bei Merck eine Diskussion über die Gestaltung der betrieblichen Altersvorsorge aus.[150] Leitend war die Idee, dass die Gesamtrente eines 45 Jahre bei Merck beschäftigten Arbeitnehmers 85 Prozent vom letzten Bruttogehalt betragen sollte.[151] Die substanzielle Erhöhung der Staatsrenten ging darum mit einer Erhöhung der Betriebsrenten einher. Ein «Eckrentner», der ein 45-jähriges Berufsleben bei Merck verbracht hatte, verfügte nun über 300 DM – davon 60 DM aus der Betriebsrente – statt über 180 DM – davon 30 DM aus der Betriebsrente –, weil die staatliche Eckrente um 60, die Betriebsrente in diesem Idealfall um 100 Prozent angehoben wurde.[152]

Zur Altersvorsorge der Mitarbeiter gehörte auch die Zahlung vermögenswirksamer Leistungen. Im Herbst 1965 schlossen Betriebsrat und Vorstand hierüber eine Betriebsvereinbarung ab. Auf Wunsch wandelte die Firma fortan einen Teil des Einkommens in derartige Leistungen um. Gesetzliche Grundlage war das 1. Vermögensbildungsgesetz («312-DM-Gesetz»), das im März 1961 erlassen worden war. Tatsächlich nahmen bald 80 Prozent der außertariflich beschäftigten Angestellten und Akademiker sowie 31 Prozent der Tarifangestellten, aber nur 11 Prozent der Arbeiter die Leistung in Anspruch. Trotz der geringen Beteiligung der Arbeiter sahen Gewerkschaften und Betriebsräte hierin einen Einstieg in die Vermögensbildung der Arbeitnehmerschaft. Das Unternehmen war dabei durchaus zur Unterstützung bereit. Personalchef Hermann Handrack bot beispielsweise an, einen Teil des Weihnachtsgeldes in die vermögenswirksamen Leistungen einfließen zu lassen.[153]

Anständige Gehälter, vorbildliche Sozialleistungen und ein kooperatives Verhältnis zwischen Geschäftsleitung und Betriebsrat waren gute Voraussetzungen für den Betriebsfrieden. Trotzdem: «Jedes Gemeinwesen bedarf einer Ordnung. Auch das betriebliche Leben muß geordnet sein, damit der Arbeitsablauf gesichert und der Arbeitsfrieden erhalten wird.» Diese beiden Sätze stehen am Anfang der 1957 erlassenen Arbeitsordnung von Merck. Sie regelte, wie man Mitglied der Betriebsgemeinschaft wurde (schriftlich und nur durch die Personalabteilung vollzogen)

Abbildung 108 Der Betriebsrat bei der Arbeit, 1953: Karl Fleckenstein, Philipp Ohlemüller, Wilhelm Dieter.

und aus welchen Gründen man aus dieser wieder ausgeschlossen werden konnte – wer wiederholt unentschuldigt fehlte, während der Arbeitszeit betrunken war oder sich politisch betätigte, konnte beispielsweise fristlos entlassen werden. Die Arbeitsordnung folgte dem Prinzip, dass Konflikte im Unternehmen, die den Betriebsfrieden stören könnten, durch fristlose Entlassungen vermieden werden könnten. Für Beschwerden sollte jedem Mitarbeiter der Weg zum Vorgesetzten oder zum Vorstand offenstehen. Die hier festgeschriebene Form der Personalführung atmete noch vielfach den Geist des paternalistisch geprägten Familienunternehmens. Die in der neueren Literatur mit Blick auf Merck gelobten modernen betriebspsychologischen Ansätze waren wohl nur eine kleine Episode.[154]

Im Großen und Ganzen herrschten gute Beziehungen zwischen der Geschäftsleitung, den Beschäftigten und den Arbeitnehmervertretern. Im September 1949 trafen sich Karl, Fritz und Wilhelm Merck mit dem Betriebsrat, und bei dieser Gelegenheit betonte Karl Merck, dass es ihm fern liege «[...] kapitalistisches Unternehmertum zu erstreben. Das Augenmerk der Inhaber sei vielmehr darauf gerichtet, sich von sozialen Gesichtspunkten leiten zu lassen und keine Aufhäufung von Gewinnkapital zu erstreben.»[155] Dies waren nicht nur leere Worte, wie der langjährige Betriebsratsvorsitzende Philipp Ohlemüller zehn Jahre später anlässlich des Ausscheidens von Karl Merck aus der Geschäftsleitung feststellte. Gelobt wurde nicht nur das große soziale Verständnis von Karl Merck, sondern auch die loyale Zusammenarbeit zwischen Geschäftsleitung und Betriebsrat.[156] Dieser kooperative Kapitalismus war aber durchaus ein Kennzeichen der Wirtschaftswunderzeit. Auch bei anderen Firmen, beispielsweise der BASF, prägten Sozialpartnerschaft und sozialer Frieden die Arbeitsbeziehungen der 1950er- und frühen 1960er-Jahre.[157] Erst im Zuge des Arbeitskräftemangels der 1960er-Jahre kam es in der chemischen Industrie zu tariflichen Auseinandersetzungen, die Ende des Jahrzehnts durch die «68er-Bewegung» zusätzlich politisch aufgeladen wurden.[158]

1.5. Die Produkte zwischen Kostendruck und Überalterung

1949 erzielte Merck einen Umsatz von 37,3 Millionen DM.[159] Im Vergleich zur Vorkriegszeit hatte sich das Geschäft deutlich von den Chemikalien zu den Arzneimitteln verschoben. Der Umsatz mit Pflanzenschutzmitteln hatte sich bemerkenswert, allerdings ausgehend von einer niedrigen Basis, gesteigert. Merck war daher 1950 faktisch in drei Bereiche gegliedert – Pharma, Chemie und Pflanzenschutz. Betrachtet man die wichtigsten Produkte und Produktarten, wurden 1950 rund 62 Prozent des Umsatzes mit jenen 66 Produkten erzielt, die jeweils mindestens 100 000 DM in die Kassen von Merck spülten. Allein mit acht Produkten wurde ein Umsatz von mehr als einer Million DM gemacht. Insgesamt entfiel ein Drittel des Jahresumsatzes auf diese Produkte: Ascorbinsäure (6,3 Millionen DM), das Entlausungsmittel Jacutin (3,1 Millionen DM), das bei Erkältungen und Asthma eingesetzte Ephetonin (2,7 Millionen DM), das Pflanzenschutzmittel Lindan (2,5 Millionen DM), die Vitaminprodukte Betabion (2,1 Millionen DM), Vigantol (1,9 Millionen DM) und Cebion (1,3 Millionen DM) sowie das Schlafmittel Phanodorm (1,1 Millionen DM). Bis Ende 1953 wurden drei neue Erfolgsprodukte eingeführt: das Vitaminkombinationspräparat Multibionta, das Herzmedikament Digimerck und das Vitamin-B-Präparat Polybion.[160] Ein Blick auf die besonders umsatzstarken Produkte zeigt, dass Merck nach dem Zweiten Weltkrieg vor allem im Bereich der Vitamine (Ascorbinsäure, Betabion, Vigantol, Cebion, Multibionta), der Insekten- und Schädlingsbekämpfung bei Pflanzen, Tier und Mensch (Jacutin, Lindan), aber auch bei Schlafmitteln (Phanodorm) und Erkältungs- und Asthmamitteln (Ephetonin) erfolgreich war.[161]

Bis 1960 steigerte sich der Gesamtumsatz auf 235 Millionen DM, bis 1970 sogar auf 525 Millionen DM. Im Jahresdurchschnitt erhöhte sich der Umsatz in den 1950er-Jahren also um fast 14 Prozent, in den 1960er-Jahren um rund acht

Abbildung 109 Jacutin war ein erfolgreiches Entlausungsmittel, das lange Zeit im Werk Gernsheim gefertigt wurde, 1967.

Prozent. Allerdings war Merck nach wie vor bei Weitem nicht das größte pharmazeutisch-chemische Unternehmen in Deutschland. 1970 belief sich beispielsweise der Umsatz bei Schering auf rund eine Milliarde DM, derjenige von BASF auf fast zehn Milliarden Mark.[162] Gleichwohl wuchs Merck in den 1950er-Jahren stärker als die bundesdeutsche chemisch-pharmazeutische Industrie, die ein durchschnittliches jährliches Wachstum von lediglich 9,5 Prozent verzeichnete. In 1960er-Jahren stieg der Merck-Umsatz dann im Gleichschritt mit der Branche. Berücksichtigen muss man bei Betrachtung dieser Wachstumsraten, dass sich die Preise für chemisch-pharmazeutische Produkte in diesem Zeitraum kaum erhöhten: In den 1950er-Jahren stiegen sie um insgesamt lediglich vier Prozent und in den 1960er-Jahren gar nicht. Dies bedeutete freilich, dass steigende Kosten kaum in Form von steigenden Preisen an die Kunden weitergegeben werden konnten. Folglich konnte Merck nur auf Basis rationeller Fertigung und innovativer Produkte Gewinne erzielen. Wie bei anderen Firmen, beispielsweise der BASF, wurde daher beständig über den besseren Einsatz von Menschen und Maschinen im Produktionsprozess nachgedacht.[163] Erste Diskussionen über ein Rationalisierungsprogramm gab es mit dem Betriebsrat bereits 1952. Dabei waren sich Karl Merck und der Betriebsratsvorsitzende Philipp Ohlemüller einig, dass die Rationalisierung nicht auf Kosten von Arbeitsplätzen und Mitarbeitern erfolgen dürfe.[164] Durch Erhöhung der Kapazitäten sollte die Firma konkurrenzfähiger werden und die Skalenerträge in der Produktion besser nutzen können[165] – ein bemerkenswerter Wandel, denn grundsätzlich standen deutsche Unternehmen dem Konzept der Skalenerträge bis in die 1970er-Jahre kritisch gegenüber und setzten eher auf eine höhere Kapazitätsauslastung.[166]

Der Anstoß für das Rationalisierungsprogramm kam zunächst aus dem Aufsichtsrat. Aus diesem Gremium wurde Peter Reinhold 1953 in den Vorstand delegiert, wo er mit Rationalisierungsfragen betraut war.[167] Nach dem Tod Reinholds übernahm der neue Aufsichtsratsvorsitzende Fritz Groos diese Rolle. Für diesen bedeutete Rationalisierung «geistige Aufgeschlossenheit für neue Wege, Unabhängigkeit gegenüber dem Althergebrachten und immer erneutes, unvoreingenommenes Durchdenken aller Arbeitsvorgänge durch alle diejenigen, die berufen sind, darauf Einfluß auszuüben».[168]

Ein neuer Weg bestand im Einsatz von Maschinen. Beispielsweise konnte 1954 durch die Anschaffung zusätzlicher Hollerithmaschinen die Personalausstattung der Preisabteilung reduziert werden, weil Rechnungen nun maschinell erstellt wurden. In der Personalabteilung wurden Gehalts- und Pensionsabrechnungen seit 1954 mithilfe von Lochkartenmaschinen abgewickelt.[169] Auch in der Forschungsabteilung wurden Menschen durch Maschinen ersetzt: An die Stelle von Laborhelferinnen traten zunehmend Maschinen.[170] Die Automatisierung und Mechanisierung der Arbeitsmethoden hatte selbst nach Ansicht des Betriebsrats insgesamt positive Auswirkungen auf die Entlohnung der Belegschaft.[171]

1961 wurden die Rationalisierungsfragen vom Aufsichtsrat in den Vorstand übertragen, wo Hans Harms und Emanuel W. Merck den dafür geschaffenen Lenkungsausschuss leiteten.[172] Zu diesem Zeitpunkt wurden im Vorstand drei zukünftige Wege zur Kostensenkung identifiziert: Erstens die Verbesserung der chemischen Verfahren, um Rohstoff-, Arbeits- und Energieeinsatz reduzieren zu können. Zweitens die Verbesserung der physikalisch-mechanischen Verfahren, z. B. durch größere Chargen, Mechanisierung des innerbetrieblichen Transports sowie den Übergang von der Chargenherstellung zur kontinuierlichen Produktion. Drittens wurde die kritische Sichtung des Sortiments in Aussicht genommen.[173] Ein großes Sortiment erforderte bekanntlich eine aufwendig organisierte Lagerhaltung, und in den Warenvorräten wurde viel Kapital gebunden.[174] Daher wurde immer wieder das Sortiment durchforstet, um schwache Produkte zu entfernen.[175] Rückblickend stellte die Geschäftsleitung jedoch nach einiger Zeit fest, dass Merck im Vergleich zu anderen Firmen der chemischen Industrie bei der Rationalisierung insgesamt sehr konservativ vorgegangen war und bis 1971 nur 1,5 Prozent des Personals eingespart hatte – im Vergleich zu rund fünf Prozent bei der BASF.[176]

Erst seit 1959 wurden regelmäßig wieder größere Projekte im Bereich Forschung und Entwicklung angestoßen, d. h., man begann von einer Rationalisierungs- zu einer Innovationsstrategie überzugehen – oder anders ausgedrückt: Nicht mehr die Preise, sondern der Innovationsgehalt der Produkte stand im Vordergrund.[177] Nachdem neue Produkte erfunden worden waren, mussten entsprechende Produktionskapazitäten aufgebaut werden, was verstärkt ab 1965 geschah.[178] Investitionen in andere Unternehmensbereiche wie Werbung und Vertrieb, Energieversorgung oder Umweltschutz wurden hingegen nur punktuell getätigt.[179]

Finanziert wurden die Investitionen durch laufende Gewinne, Abschreibungen, Pensionsrückstellungen und Kredite, weil Merck, im Gegensatz zu Unternehmen der Großchemie, den Weg an den Aktienmarkt scheute.[180] Die Abschreibungen wurden im Rahmen der gesetzlichen Möglichkeiten so gestaltet, dass möglichst viele Mittel im Unternehmen verblieben.[181] Gleiches galt auch für die Bildung von Pensionsrückstellungen, die nicht nur bei Merck, sondern auch bei anderen Firmen eine große Rolle zur Investitionsfinanzierung spielten.[182] Wichtig für die Investitionsfinanzierung waren anfangs zudem Gelder aus dem European Recovery Program (ERP, «Marshall-Plan»), die von der Kreditanstalt für Wiederaufbau (KfW) sowie durch Vermittlung von Geschäftsbanken an Merck flossen. Bereits 1950 strömten Mittel aus einem ersten mittelfristigen ERP-Kredit; 1954 folgte ein weiterer Kredit.[183] Selbstverständlich wurden auch kurz-, mittel- und langfristige Kredite auf dem freien Markt aufgenommen. Diese dienten der Exportfinanzierung sowie der Finanzierung des Umlauf- und Anlagevermögens. Dabei verhandelte Merck regelmäßig mit mehreren potenziellen Kreditgebern, und man verschuldete sich bei verschiedenen Finanzintermediären. Ende 1960 verbuchte die OHG beispielsweise Millionenkredite der Deutschen Bank, der Dresdner Bank, der Industriekreditbank und der Frankfurter Bank.[184] Des Weiteren verschuldete man sich regelmäßig im Umfang von mehreren Millionen DM bei der Allianz-Versicherung.[185]

Die genaue Entwicklung der Investitionen und des Sachkapitalbestands lässt sich für die Jahre 1953 bis 1968 aufgrund der unternehmensrechtlichen Gestaltung mit der OHG als Besitz- und der AG als Betriebsgesellschaft nicht präzise nachzeichnen. Es steht aber fest, dass die AG zunehmend zu einer Betriebs- und Besitzgesellschaft mutierte. Betrachtet man nämlich die Bilanzen der Merck AG, dann fällt auf, dass in der Eröffnungsbilanz am 1. Januar 1953 ein Anlagevermögen von rund 1,8 Millionen DM und in der Bilanz zum Zeitpunkt der faktischen Auflösung der AG am 31. Dezember 1968 ein Anlagevermögen von rund 129 Millionen DM verzeichnet ist. Rechnet man die Abschreibungen hinzu, dann ergibt sich ein von der AG getätigtes Investitionsvolumen von 282 Millionen DM in den Jahren 1953 bis 1968. Hinzu kommen Investitionen der OHG im Wert von rund 50 Millionen DM.[186] Erfreulich aus Merck-Perspektive war, dass sich Investitionen als sehr viel rentabler erwiesen als die von BASF, Hoechst oder Bayer durchgeführten Projekte.[187]

Allerdings gab es in einigen Jahren Deckungslücken bei der Investitionsfinanzierung. Insbesondere zwischen 1954 und 1959 zeigte sich ein Finanzierungsdefizit von insgesamt circa 11,4 Millionen DM. Diese Geldnot unterschied Merck ganz wesentlich von anderen Unternehmen wie beispielsweise Bayer und der BASF. Hier mangelte es nicht an Geld, sondern an Mitarbeitern für Bau und Betrieb neuer Anlagen.[188] Diese Phase der Liquiditätsnot schlug sich auch in zahlreichen Debatten in den Führungsgremien nieder. Noch 1953 stellte Karl Merck zufrieden fest, dass die günstige Finanzlage für Investitionen spreche.[189] Dementsprechend wurde ein großzügiger Investitionsplan über insgesamt 45 Millionen DM für die Jahre 1954 bis 1956 vorgelegt, davon mehr als die Hälfte für Fertigungskapazitäten für Arzneimittelgrundsubstanzen.[190] Bereits wenige Monate später stellte sich heraus, dass lediglich ein Drittel der vorgesehenen Investitionen aus internen Mitteln finanziert werden konnte und Merck daher Kredite aufnehmen musste.[191] Zur besseren Bewertung der Dringlichkeit einzelner Investitionsvorhaben und der Planbarkeit von Ein- und Auszahlungen beschloss der Aufsichtsrat daher im Sommer 1954 die Bildung eines Ausschusses für Finanzierungs- und Investitionsfragen, dem neben Peter Reinhold und Karl Schaedel auch der Arbeitnehmervertreter Philipp Ohlemüller angehörte.[192] Die Auszahlungen waren in den Jahren 1954 bis 1956 dennoch größer als die Einzahlungen, sodass weniger drängende Investitionen verschoben werden sollten.[193] Zwischenzeitlich hoffte man auf eine Entspannung der Finanzlage, aber bis 1959 blieb es bei Auszahlungsüberhängen.[194] Nun wollte man durch die Begrenzung der stark gewachsenen kleineren Investitionsprojekte die Lage in den Griff bekommen.[195] Glücklicherweise wirkten sich inzwischen die bereits erwähnten Rationalisierungsprogramme aus, sodass die Umsatz- und auch die Eigenkapitalrendite anstiegen.[196] Mit steigenden Gewinnen verbesserte sich die Liquiditätslage, sodass die Mercksche Liquiditätskrise spätestens 1963 als überwunden angesehen werden kann. Die erfolgreiche Generierung interner Mittel führte dazu, dass man 1967 mit Stolz feststellen konnte, dass «die Investitionen [...] aus internen Mitteln finanziert werden» konnten.[197]

Besonders hohe Investitionen erforderte der Erhalt der Wettbewerbsfähigkeit bei den Massenprodukten Vitamine und Pflanzenschutzmittel, weil sich Merck hier einem besonderen Preis- und Kostendruck ausgesetzt sah. 1950 erzielte Merck fast acht Prozent des Umsatzes mit Pflanzenschutzmitteln, 1969 sogar mehr als neun Prozent. In absoluten Zahlen bedeutete dies eine Umsatzsteigerung von rund fünf Millionen auf circa 43 Millionen DM. Allerdings wurde dieser Anstieg immer wieder durch – oft witterungsbedingte – Absatzkrisen unterbrochen. Zudem gab es zwei strukturelle Probleme: Die Herstellungskosten waren bei zentralen Standardprodukten höher als bei der Konkurrenz, und das vergleichsweise schmale Produktprogramm der Pflanzenschutzsparte enthielt keine innovativen, konkurrenzlosen und damit ertragreichen Produkte. Aus diesen beiden strukturellen Problemen folgte eine zentrale unternehmerische Herausforderung: Sollte eine Sparte, die seit Ende der 1950er-Jahre überwiegend negative Ergebnisse erwirtschaftete, fortgeführt werden?

Wichtigstes Produkt der Sparte war Lindan, ein als Insektizid eingesetzter Halogenkohlenwasserstoff (γ-Hexachlorcyclohexan, kurz γ-HCH). Die britische Firma Imperial Chemical Industries (ICI) hatte diesen 1942 als Pflanzenschutzmittel am Markt eingeführt; Merck übernahm ihn nach dem Krieg. In den 1960er-Jahren wurde das Produktportfolio insbesondere um das Fungizid Delan und das Unkrautvernichtungsmittel Aniten erweitert.[198] Um den Anschluss an die Innovationsführer zu erreichen, wurde am 1. April 1951 ein Pflanzenschutzlabor eingerichtet. Das erste Problem, das von den Chemikern gelöst werden musste, war die Resistenz von Fliegen gegen Lindan. Dies war umso wichtiger, als die Schweizer Chemiefirma Geigy mit Pyralon ein Produkt auf den Markt gebracht hatte, gegen das die Fliegen nicht resistent waren.[199] Im Mai 1953 konnten die Experten bei Merck einen Erfolg beim Kampf gegen die Fliegenresistenz melden.[200] Damit wurde der Abstand zu den Marktführern ICI und Geigy verringert, aber von einer Innovationsführerschaft war man in Darmstadt noch weit entfernt.

Wenn auf einem Markt mehrere Anbieter mit nahezu identischen Produkten um die Kunden konkurrieren, dann entscheidet in der Regel der Preis über den Erfolg. Dieser Preiswettbewerb führte zu einem bei Merck jahrelang beklagten Preisverfall bei HCH-Produkten.[201] Aus Sicht einer relativ kleinen Firma wie Merck war vor allem problematisch, dass die Herstellung dieser Produkte erhebliche Skalenerträge aufwies: Die Kosten je Produktionseinheit waren bei großen Herstellern niedriger als bei kleinen Herstellern. Kalkulationen aus der Preisabteilung von Merck indizieren, dass eine Ausweitung der Produktionsmenge um ein Prozent mit einem Anstieg der Gesamtkosten von lediglich 0,9 Prozent einherging.[202] Je größer die Ausbringungsmenge, desto geringer waren also die Stückkosten. Dies gab großen Herstellern natürlich einen ganz anderen Handlungsspielraum, als er bei Merck vorhanden war. Merck musste Kunden mit Rabatten anlocken und geriet damit immer näher an die Selbstkosten.[203]

Aufgrund dieser fundamentalen Probleme beschäftigten sich Vorstand und Aufsichtsrat regelmäßig mit der Frage, ob das Geschäft mit Pflanzenschutzmitteln fortgesetzt werden sollte. Bereits Ende 1953 stellte der Aufsichtsrat fest, dass es ohne die Aufnahme der HCH-Produktion nicht zum Aufschwung der Firma nach dem Krieg gekommen wäre. Seitdem habe sich der Wettbewerb zwar verschärft, man könne aber dank des wachsenden Umsatzes auch bei sinkender Umsatzrendite Gewinne verbuchen. Wenn man die Sparte hingegen aufgäbe, würde

Abbildung 110   Blick über das Werksgelände von Süden nach Norden, links im Vordergrund weiße Rückstände der Pflanzenschutzmittelproduktion, 1953/55.

Anlagevermögen nutzlos, und die Zukunft von 110 Mitarbeitern stehe auf dem Spiel. Daher müsse man sich Gedanken über Kostensenkungen machen. Konkret empfahl der Aufsichtsrat neben einer Exportoffensive den Bau einer Fotochlorierungsanlage.[204] Beide Ziele ließen sich durch eine enge Zusammenarbeit mit ICI erreichen. Merck erhielt eine Lizenz zum Bau einer entsprechenden Anlage und schloss einen Liefervertrag über zunächst 65 Tonnen Lindan ab.[205] Aus Gründen der Wasserversorgung und Abwasserentsorgung sowie zur Minimierung der Geruchsbelästigung in Darmstadt sollte die neue Anlage im nahe gelegenen Gernsheim am Rhein errichtet werden.[206] Neben dem Kaufpreis für das Grundstück, das Merck bereits 1948 gepachtet hatte, und den Ausgaben für die Fotochlorierungsanlage fielen weitere Investitionskosten an, sodass insgesamt circa 4,5 Millionen DM für das Pflanzenschutzgeschäft am Standort Gernsheim investiert wurden.[207]

In den Jahren 1960 und 1961 diskutierte die Geschäftsleitung erneut über die Fortsetzung des Geschäfts mit Schädlingsbekämpfungsmitteln.[208] Zwei miteinander im engen Zusammenhang stehende Probleme waren für die Misere verantwortlich: Die Produktionskosten waren nach wie vor höher als bei der Konkurrenz, und Kunden konnten nur durch Rabatte gehalten werden. Da sich die Produktionskosten nur bedingt senken ließen und neue Produkte nicht in Sicht waren, wurde ernsthaft über den Ausstieg aus dem Geschäftsfeld diskutiert. Ein weiteres Problem ergab sich daraus, dass man langfristige Lieferverpflichtungen gegenüber ICI hatte und die eigenen Produktionskapazitäten zur Vertragserfüllung unzureichend waren. Wenn die Grundsatzentscheidung also zugunsten der Pflanzenschutzsparte ausfiel, dann blieb kein anderer Weg als weitere Investitionen. Dies hing aber auch davon ab, ob und zu welchen Konditionen ICI den 1962 auslaufenden Vertrag verlängern würde, denn auf dessen Basis wurde rund ein Drittel des Umsatzes getätigt.[209] Letztlich wurde der Vertrag mit ICI verlängert und der Ausstieg aus dem Pflanzenschutzgeschäft vertagt.[210]

Neben dem Pflanzenschutzgeschäft war die Produktion von Vitaminen durch Skalenerträge und starke Weltmarktkonkurrenz geprägt. Mangels eigener Vitamin-Patente hatte man bereits in der Zwischenkriegszeit Forschungskooperationen mit Bayer vereinbart, die bis Ende der 1960er-Jahre Wirkungen entfalteten und den Austausch von Verfahren zur Herstellung der Provitamine bzw. Vitamine D_1, D_2 und D_3 sowie E ermöglichten.[211] Im Vitaminbereich wurden die Kapazitäten regelmäßig vergrößert.[212] Beispielsweise erweiterte man 1950 die Produktionskapazitäten für die Vitamine B_1, B_6 und D_2. 1953 folgte eine erneute Millioneninvestition in die Vitamin-B_1-Fertigung.[213] 1956 wurde ein Engpass in der Vitamin-B_6-Produktion beseitigt.[214] Zwei Jahre später folgte der Ausbau der Vitamin-A-Erzeugung und der Anlage zur Herstellung von Ascorbinsäure. Eine Erweiterung der Vitamin-B_6-Fertigung ließ sich zunächst nicht finanzieren und erfolgte daher erst 1959.[215] Die Kapazitätsausweitungen gingen regelmäßig mit fallenden Stückkosten einher. So berechnete man 1952, dass eine Verdoppelung der Vitamin-D_2-Produktion zu einer Senkung der Produktionskosten je Kilogramm um 20 Prozent führen würde.[216] Allerdings waren die Produktionskosten bei Merck trotz umfangreicher Investitionen oft höher als die Kosten bei der Konkurrenz. Dies war ein Grund für die Reduzierung und Einstellung der Vitamin-D_2-Produktion ab dem Jahre 1961.[217]

Produkte müssen nicht nur kostengünstig produziert, sondern auch verkauft werden. Bis Anfang der 1970er-Jahre war dafür Hans Harms federführend verantwortlich. Ihm unterstand die Hauptleitung für den Vertrieb im Inland und die beiden Hauptleitungen für den Auslandsvertrieb. Die für Deutschland zuständige Hauptleitung setzte sich ihrerseits aus drei Verkaufsabteilungen für Arzneimittel, Industriechemikalien und Pflanzenschutzmittel zusammen. Zudem bestand, allerdings angesiedelt im Vorstandsressort von Otto Dalmer, die Wissenschaftliche Verkaufsberatung.[218] Die Absatzwerbung, Beratung und Kundenpflege wurde hier parallel von Ärztebesuchern der Medizinisch-pharmazeutischen Abteilung und von den kaufmännischen Außenabteilungen erledigt.[219] Die

Pflanzenschutzsparte verkaufte sowohl direkt an landwirtschaftliche Endnutzer als auch an Großhändler und Genossenschaften.[220] Auch hier gab es duale Absatzstrukturen, weil im Außendienst sowohl diplomierte Landwirte als Fachberater, aber auch kaufmännische Angestellte als Verkäufer unterwegs waren.[221] Bei Arzneimitteln, Industriechemikalien und Pflanzenschutzmitteln oblag die Betreuung der inländischen Kunden den regionalen Niederlassungen in Düsseldorf, Stuttgart, München, Hamburg, Hannover und Berlin. Sehr frei agieren konnten die lokalen Verkaufsagenten bzw. Tochtergesellschaften bei der ausländischen Kundenpflege. Dies hatte zur Folge, so stellten Unternehmensberater zumindest fest, dass die in Darmstadt ansässige Verkaufsleitung weder Werbung noch Verkaufsanstrengungen unmittelbar beeinflussen konnte. Die Verkaufsabteilungen in der Firmenzentrale waren lediglich für die Auftragsabwicklung zuständig – dies erledigten sie aber «mit einer beispiellosen Schnelligkeit und Präzision».[222]

Behindert wurde der Verkauf durch die üblicherweise sehr starre Preisgestaltung: Die Verkaufsabteilung erstellte Preislisten, die Preisabteilung kontrollierte diese, und die Fabrikbuchhaltung prüfte, ob die Erlöse mit den abgesetzten Mengen und den vorgegebenen Preisen korrespondierten.[223] Das kaufmännische Ressort unter der Leitung von Hans Harms betrachtete die Preise von der Absatz-, das Ressort Finanz- und Rechnungswesen unter der Leitung von Wilhelm Steiger demgegenüber von der Kostenseite. Dabei ging die Preisabteilung von der Idee aus, möglichst viele Kostenblöcke dem einzelnen Produkt zuzurechnen und den so gebildeten Preis als unverrückbar anzusehen.[224] Dabei wurde dann missachtet, dass man manchmal mit «Kampfpreisen» Zugang zu einem Kunden findet oder den günstigen Verkauf eines Produkts mit dem teuren Verkauf eines anderen Produkts verbinden kann. Sprich: Bei der Preisabteilung stand zu sehr die Rentabilität des Einzelgeschäfts und nicht der langfristige Beitrag einer Kundenbeziehung zum Unternehmenserfolg im Vordergrund.[225] Die Lagerhaltung war ebenfalls ein zentrales Problem in der Absatzwirtschaft. Zahlreiche Kleinaufträge im Bereich Industriechemikalien, ständige Bevorratung aller denkbaren Medikamente und der saisonale Auf- und Abbau von Lagerbeständen in der Pflanzenschutzsparte führten zu einer hohen Komplexität der Magazinwirtschaft.[226]

1.6. Die Forschung im Wiederaufbau

Im Zweiten Weltkrieg hatte die deutsche chemisch-pharmazeutische Industrie den Anschluss an die Forschungsspitze verloren. Öl statt Kohle war nun der zentrale Rohstoff in der Großchemie; Antibiotika und Steroide waren die entscheidenden Innovationen in der Arzneimittelforschung.[227] An diesen Entwicklungen hatten sich die deutsche Industrie und besonders die I. G. Farben kaum beteiligt, weil die Arzneimittelindustrie keinen Schwerpunkt der NS-Wirtschaftspolitik gebildet hatte.[228] Infolgedessen war die deutsche Arzneimittelindustrie, die 1913 und 1938 noch Exportweltmeister gewesen war, nach dem Zweiten Weltkrieg auf Platz 4 zurückgefallen – hinter die USA, Großbritannien und die Schweiz.[229] Nach Kriegsende mussten viele Unternehmen Grundsatzentscheidungen für ihre Forschungsausrichtung treffen, mit durchaus unterschiedlichen Ergebnissen. Die BASF beschloss, auf den etablierten Pfaden weiterzugehen, während Hoechst versuchte, den Anschluss an die moderne Pharmaforschung zu finden, und dazu, allerdings nur vorübergehend, mit Merck & Co. kooperierte.[230] Bayer wiederum gab einige Bereiche auf. In anderen Feldern war der Rückstand zu groß, weshalb die Leverkusener lange Zeit nicht wussten, wie es weitergehen sollte. Die Vitaminforschung wurde eingestellt, Antibiotika wurden ohne großen kommerziellen Erfolg in Lizenz produziert, innovative Tropenmedikamente trafen auf keine kaufkräftige Nachfrage, etablierte Schlaf- und Schmerzmittel wurden von neuen amerikanischen Produkten verdrängt.[231] Boehringer Ingelheim fuhr zweigleisig, indem man einerseits die eigene Forschung Ende der 1940er-Jahre wieder aufnahm und Mitte der 1950er-Jahre erste Produkte einführte und andererseits Lizenzprodukte von Geigy und Pfizer abfüllte und vertrieb.[232] Einzig Schering konnte an die erfolgreiche Hormonforschung der 1930er-Jahre anknüpfen. Die Firma brachte im Verlauf der 1950er-Jahre zahlreiche neue Steroidpräparate auf den Markt und führte 1961 schließlich eine innovative und kommerziell äußerst erfolgreiche Antibabypille ein.[233] Die anderen großen deutschen Firmen konnten erst nach Forschungsoffensiven im Verlauf der 1960er- und 1970er-Jahre an die Weltspitze anschließen.[234]

Auch Merck musste sich nach 1945 im Bereich Forschung und Entwicklung neu orientieren. Ausgangspunkt der heute bestehenden weltweiten Forschungsaktivitäten war eine ganz kleine Basis, denn bei den schweren Bombenangriffen 1944/45 waren Hauptlaboratorium, die Biologische Forschungsabteilung und andere Forschungseinrichtungen zerstört und zahlreiche Forscher ums Leben gekommen.[235] Dabei waren wichtige Ergebnisse der Forschungsarbeiten auf dem Gebiet der Antibiotika verloren gegangen.[236] Nach der Besetzung Darmstadts durch amerikanische Truppen wurde jede Forschungstätigkeit zunächst unterbunden. Erst Anfang 1946 konnte in den noch bestehenden Laboratorien die Arbeit wieder aufgenommen werden. Die Kapazitäten waren allerdings personell und materiell sehr gering: Es bestanden lediglich drei organische und ein analytisches Labor.[237] An diesem Zustand marginaler Forschungskapazitäten änderte sich während der Besatzungszeit kaum etwas, sodass Merck Ende 1948 nur acht Forscher beschäftigte.[238] Zudem wirkte sich der eklatante Personalmangel in der zweiten Reihe aus, denn es gab kaum Laboranten und Laborfachwerker.[239]

Die ungünstigen Ausgangsbedingungen waren nicht Merck-spezifisch. Beispielsweise behinderten die Amerikaner die Forschung bei Hoechst sogar bis 1952.[240] Allerdings machte sich bereits in den ersten Jahren der Bundesrepublik bemerkbar, dass Merck ein vergleichsweise kleines Unternehmen mit begrenzten Ressourcen war. Hoechst beschäftigte alleine in der Pharmaforschung 1947/48 dreimal mehr Akademiker als Merck in seiner gesamten Forschungsabteilung. Zudem stockte Hoechst seine personellen Kapazitäten bis 1952 auf 57 Akademiker in der Pharmaforschung auf, während der entsprechende Personalbestand bei Merck stagnierte.[241]

Zwar wurden die Forschungskapazitäten langsam ausgebaut, so durch den Bau von acht chemisch-pharmazeutischen Laborplätzen bis 1953 und durch die Inbetriebnahme eines Labors für Pflanzenschutzmittel im April 1951. Sie blieben aber weit hinter dem notwendigen Maß zurück.[242] Der schleppende Wiederaufbau der Forschungslaboratorien in Verbindung mit dem überbordenden Bedarf an neuen Produkten führte zu einer schleichenden Verlagerung der Forschungstätigkeit in die Fabrikationsbetriebe, wodurch Konflikte zwischen den Betriebschemikern und den Forschungschemikern entstanden.[243] Erst durch den Aufbau einer Entwicklungsabteilung für die pharmakologische Forschung im Jahre 1956 und den Neubau für die Chemische Forschungsabteilung im Jahre 1961 entspannte sich die Lage.[244]

Insgesamt war die vertikale wie auch die horizontale Koordination der wissenschaftlichen Tätigkeit mangelhaft.[245] Das Ressort W (Wissenschaft und Forschung) betrieb eigene Forschung, kontrollierte die Qualität der Zwischen- und Endprodukte, sicherte Forschungsergebnisse durch Patente ab, sichtete Literatur und Patentschriften, führte Werbung und Verkaufsberatung von Arzneimitteln durch und war schließlich für die klinische Erprobung von Medikamenten sowie die Anwendungserprobung von Chemikalien zuständig. Parallel betrieb die kaufmännische Abteilung die Werbung und Verkaufsberatung und organisierte zudem Anwendungsversuche für Pflanzenschutzprodukte. Das Ressort W und die Fabrikbetriebe widmeten sich der Anwendungserprobung von Chemikalien und der Qualitätskontrolle von Zwischen- und Endprodukten.[246] In der Fabrikationsabteilung gab es neben einem zentralen für die Qualitätskontrolle von Rohstoffen zuständigen Betriebslabor drei Fabrikationslaboratorien in den organischen, anorganischen und pharmazeutischen Betrieben.[247] Infolgedessen wurden Prozessinnovationen direkt in der Fabrik ausgearbeitet und den Forschern im Ressort W nicht immer mitgeteilt, sodass im Wissenschaftlichen Hauptlabor zumindest teilweise auf Basis veralteter Informationen geforscht wurde. Dies hätte durch einen regelmäßigen und institutionalisierten Erfahrungsaustausch zwischen Fabrik und Wissenschaft überwunden werden können, aber dazu kam es nicht.[248] Die seltenen Erfolge in der Grundlagenforschung frustrierten die dort beschäftigten Wissenschaftler. Die Verlagerung der Prozessforschung in das Ressort W hätte die Motivation des dort beschäftigten Personals dank regelmäßiger Erfolgserlebnisse wahrscheinlich deutlich erhöht.[249]

Mit Blick auf das angestaubte Produktportfolio wäre eine bessere Zusammenarbeit zwischen den Ressorts sinnvoll gewesen. Die Verantwortung für die Erfindung neuer Produkte hatte Otto Dalmer, der im Vorstand für das Ressort Wissenschaft und Forschung zuständig war. Obwohl man ihn 1953 noch in den Vorstand berief, suchten sowohl Karl Merck als auch der Aufsichtsratsvorsitzende Peter Reinhold bereits nach einem Nachfolger, weil man nicht glaubte, dass Dalmer den neuen Aufgaben noch gewachsen sei.[250] Dieser galt sogar als eine charakterlich undurchsichtige Person, die unfaire Methoden anwende und schon seit Jahren in «geistiger Sterilität» verharre.[251] Eine von Dalmer im Vorstand angezettelte Intrige – die inhaltlich auf das ungeklärte Verhältnis zwischen Forschung und Produktion abzielte – führte schließlich im Juli 1955 zu seiner Entlassung «wegen grundsätzlicher Meinungsverschiedenheiten über seine Aufgaben als Vorstandsmitglied und Leiter des Ressorts W».[252]

Vor diesem Hintergrund beschloss der Aufsichtsrat nach einer Anregung von Fritz Groos 1953 die Einrichtung eines wissenschaftlichen Beirats.[253] Damit sollten Persönlichkeiten mit wissenschaftlicher und organisatorischer Erfahrung gewonnen werden, um die zweckgebundene Forschung bei Merck zu fördern und zu koordinieren. Zahlreiche Aufgaben sollten vom Forschungsrat wahrgenommen werden: Erstens sollte er diejenigen Verfahren und Präparate prüfen, die Merck von außen angeboten wurden. Zweitens sollten Gutachten über von Mitarbeitern vorgelegte Erfindungen verfasst werden. Drittens sollte er die Beziehungen zu Universitäten und Kliniken ausdehnen sowie viertens die reibungslose Zusammenarbeit von wissenschaftlicher Forschung, Forschungslaboratorien und Produktion fördern. Fünftens sollte fortlaufend beobachtet werden, welche Präparate und Substanzen neu erforscht oder vertrieben wurden.[254] Nach längerer Suche und einigen Absagen bildeten schließlich drei Professoren für Organische Chemie (Hans Herloff Inhoffen, TU Braunschweig; Clemens Schöpf, TU Darmstadt; Arthur Lüttringhaus, Universität Freiburg), ein Professor für Anorganische Chemie (Hans Wolfgang Kohlschütter, TU Darmstadt) und ein Medizinprofessor (Joseph Kimmig, Universität Hamburg) den Forschungsrat.[255] Aus diesem Kreis konnte nach Darlegungen von Karl Merck lediglich der Dermatologe Joseph Kimmig wichtige wissenschaftliche Impulse, allerdings nur bei der Kortikoid-Forschung, geben.[256]

Nach der Entlassung Dalmers übernahm Karl Merck zusätzlich zu seinen anderen Bereichen im Vorstand auch die Leitung des Ressorts Wissenschaft und Forschung. Dies war sicherlich keine ideale Lösung, weil er mit vielfältigen anderen Aufgaben belastet war und zudem selbst einräumte, dass seine «Chemie nicht mehr dafür ausreicht».[257] Karl Merck musste sich also auf die leitenden Angestellten des Ressorts, insbesondere auf den Leiter der Forschungsabteilung Otto Zima,[258] verlassen und auf die Unterstützung des wissenschaftlichen Beirats zählen. Einem Mitglied dieses Gremiums kam nun besondere Bedeutung zu: Im Herbst 1956 bot man Hans Herloff Inhoffen, der ebenso wie Dalmer ein Schüler des Göttinger Nobelpreisträgers Adolf Windaus war und dem 1959 die Totalsynthese von Vitamin D_3 gelingen sollte, die Forschungsleitung an. Dieser lehnte ab, obwohl er durch eine neunjährige Tätigkeit bei Schering durchaus über erhebliche Erfahrungen in der Industrieforschung verfügte.[259] Ausschlaggebend waren zwei Gründe: Er wollte weiterhin wissenschaftlichen Nachwuchs an der Universität ausbilden, aber ihn schreckten auch die knappen Ressourcen, die Merck für die Forschung zur Verfügung stellte.[260] Inhoffen nutzte aber die Gelegenheit, um seine kritische Sicht auf den Zustand der Forschung bei Merck ausführlich darzulegen. Zunächst beklagte er, dass lediglich 17 Chemiker in der Forschungsabteilung angestellt waren. Diese, so Inhoffen, waren überdurchschnittlich alt, sodass ihnen Fantasie und geistige Regsamkeit fehlten. Sie seien zwar zuverlässig, was sie zu idealen Betriebschemikern mache, aber es fehle am personellen Austausch zwischen Forschung und Produktion. Dieser Stillstand werde von Otto Zima noch gefördert, der seine Chemiker in «geistiger Isolation» halte und ihnen die Teilnahme an Kolloquien oder wissenschaftlichen Vortragsveranstaltungen verwehre. Zima unterdrücke zudem die selbständige Arbeit der Chemiker. Die alten Forscher müssten, so Inhoffen, durch junge Forscher mit selbständiger Verantwortung ersetzt werden,[261] außerdem die Nachfolge von Zima geklärt und die Forschungskapazitäten durch Neubauten für die pharmazeutische und chemische Forschung erweitert werden.[262] All das werde, so Inhoffen, fast ein Jahrzehnt in Anspruch nehmen.[263] Diese radikalen Vorstellungen führten bald zu erheblichen Konflikten zwischen Inhoffen und den Forschungschemikern,[264] und auch im Aufsichtsrat kamen Zweifel an den fachlichen und persönlichen Qualitäten von Inhoffen auf.[265] Die Zusammenarbeit mit ihm wurde 1958 eingestellt.[266] Dies änderte aber nichts am fundamentalen Problem, auf das Inhoffen zu Recht hingewiesen hatte: Merck investierte zu wenig Geld in die Forschung – in den Jahren 1956/57 etwa jeweils nur rund fünf Millionen DM bzw. knapp drei Prozent vom Umsatz.[267] Dies war, sowohl in absoluten Beträgen als auch bezogen auf den Umsatz, deutlich weniger als bei der Konkurrenz. Im Durchschnitt der Jahre 1957 bis 1959 gaben beispielsweise Bayer, Hoechst und BASF jeweils rund 100 Millionen DM jährlich für die Forschung aus – fast fünf Prozent vom Umsatz.[268]

Die Suche nach einem Nachfolger Zimas, der im Dezember 1958 altersbedingt ausschied, wurde fortgesetzt. Im Sommer 1959 führten die Aufsichtsratsmitglieder Peter Berglar und Jean-Thomas Baillou erste Gespräche mit Jan

Abbildung 111 Der Vorstandsvorsitzende Karl Merck und Forschungsvorstand Otto Dalmer, 1950.

Thesing.[269] Auch dieser nahm kein Blatt vor den Mund: Merck besitze weder in der chemischen noch in der pharmazeutischen Forschung Weltgeltung und sei vielmehr als ein – durchaus wichtiger – Verkäufer von Chemikalien und pharmazeutischen Substanzen anzusehen. Um den Anschluss an die Weltspitze herzustellen, so Thesing, müssten die Forschungsaufwendungen verfünffacht und die Ressourcen auf die Abwandlung bekannter Stoffe ausgerichtet werden. Die Suche nach einem «Schlager» solle man hingegen aufgeben, weil nicht einmal finanzstarke amerikanische Firmen mit dieser Strategie Erfolg hätten.[270] Geklärt werden müsse zudem eine zentrale Frage: «fremdes Kapital aufnehmen und Weltfirma werden oder die althergebrachten Weltranganspüche aufgeben». Zudem verwies Thesing darauf, wie risikoreich das Geschäft mit Pflanzenschutzmitteln sei. Dort konkurriere Merck mit großen und kapitalkräftigen Unternehmen und sei von seinem britischen Großabnehmer ICI abhängig, der den Preis diktiere. Baillou und Berglar waren von diesen Ausführungen derart begeistert, dass sie Thesing sofort den Vorstandsposten für Forschung in Aussicht stellten.[271] Tatsächlich trat Thesing am 1. Januar 1960 in den Vorstand von Merck ein. 1966 erfolgte die Beförderung zum stellvertretenden Vorsitzenden. Da allerdings Hans Joachim Langmann zur selben Zeit ebenfalls stellvertretender Vorstandsvorsit-

Abbildung 112 Jan Thesing, der neue Forschungsvorstand, beim Seminar für kaufmännische Lehrlinge in Eltville, 1962.

zender wurde, war für Thesing klar, dass sein kometenhafter Aufstieg in der Firma kaum weitergehen werde.[272]

Nach dem Eintritt von Thesing änderte sich die Lage rasch, denn er war intelligent, dynamisch und wollte Dinge bewegen.[273] Zwischen 1959 und 1963 entwickelte der Forschungsbereich eine ganze Reihe neuer Medikamente, die zügig marktreif gemacht werden konnten.[274] Bereits im Juni 1962 stellte Thesing bei seinem Vortrag auf der Hauptversammlung befriedigt fest, dass «die erste Durststrecke beim Aufbau der Forschung überwunden ist. Wir haben begründeten Anlass, aus dieser Forschung Neuentwicklungen erwarten zu dürfen, die der Größe und Geltung dieses Unternehmens entsprechen.»[275] Reorganisation und Erweiterung kamen der Forschung zugute: Neue Laborräume und die doppelte Belegung bestehender Labore gehörten ebenso zu diesem Wandel wie die Koordinierung der wachsenden Zahl der Forscher in Abteilungen, die als Teams gemeinsam ein Thema bearbeiteten.[276]

Die unter Thesing einsetzende Forschungsoffensive war dringend notwendig, weil ein Großteil des Spezialitätensortiments, insbesondere alle Arten von Vitaminpräparaten, nicht länger durch Patente geschützt und damit dem vollen Preiswettbewerb unterworfen war.[277] Insgesamt konnte Merck in Deutschland zwischen

1959 und 1969 30 neue Medikamente einführen. Davon waren 23 selbst entwickelt und lediglich sieben in Lizenz erworben worden. Von den Eigenentwicklungen waren 13 Medikamente ohne Konkurrenten auf dem Markt, während es für die anderen vergleichbare Produkte von Mitbewerbern gab.[278] Am bekanntesten ist heute vermutlich das 1961 auf den Markt gebrachte Schnupfenmittel Nasivin. Mit diesem gegenwärtig vornehmlich als Spray verwendeten Medikament konnte bereits im Jahr der Markteinführung ein Umsatz von einer Million DM erzielt werden. Andere ebenfalls in den Jahren 1960 und 1961 eingeführte Medikamente waren sogar noch erfolgreicher: das Vitaminpräparat Neurobion (2 Millionen DM Umsatz), das Muskelrelaxans Sanomacortin (1,5 Millionen DM Umsatz) und das Vitaminpräparat Aquo-Cytobion (1 Million DM Umsatz).[279] In Deutschland wurde 1963 unter dem Markennamen Encephabol ein Präparat zur Linderung von Hirnleistungsschwächen in den Handel gebracht, das die Niederlassung in Spanien – trotz damals noch fehlender Belege für die Wirksamkeit und gegen die Meinung der Forscher – bereits seit 1960 auf eigene Initiative verkaufte. Erst nach dem durchschlagenden Erfolg in Spanien erfolgte drei Jahre später die Übernahme ins deutsche Sortiment.[280] Eine ähnliche Entwicklung verzeichnete Merck beim Vitaminkombinationspräparat Neurobion, das 1960 in Spanien und erst 1961 in Deutschland eingeführt wurde.[281]

Im weiteren Verlauf der 1960er-Jahre konzentrierte man sich in Darmstadt auf die Erforschung von Kortikoiden und der Sexualhormone. Allerdings konnte man größtenteils lediglich bestehende Produkte weiter differenzieren oder Me-too-Präparate einführen, also Produkte, für die es bereits gut eingeführte Konkurrenzprodukte gab.[282] Hervorgehoben werden muss gleichwohl eine Neueinführung aus dem Jahr 1966, die auf einer Lizenz der amerikanischen Schering Corporation basierte: Refobacin, ein Antibiotikum, das zunächst zur Behandlung schwerer Verbrennungen eingesetzt wurde.[283] Bis Ende der 1960er-Jahre folgten weitere erwähnenswerte Produkte, insbesondere 1968 die auf Cortison basierende Hautcreme Decoderm. Neu angeboten wurde 1968 das selbst entwickelte Schilddrüsenmedikament Novothyral und 1969 das Herzmedikament Encordin.[284] Generell war die Forschungsoffensive der 1960er-Jahre kein Spezifikum von Merck, sondern war auch bei anderen Firmen zu beobachten. So intensivierte und internationalisierte Hoechst die Forschungsaktivitäten seit 1960 und konzentrierte sich auf die «Zivilisationskrankheitsforschung» (Herz- und Kreislauf- sowie Zuckererkrankungen).[285] In diese Richtung entwickelte sich ab 1963 auch die Forschung bei Bayer.[286]

Zieht man für die 1960er-Jahre Bilanz, dann stellt man fest, dass Merck 1967 immerhin 36 Spezialitäten mit einem Inlandsumsatz von mindestens jeweils 500 000 DM am Markt hatte. Die fünf Umsatzspitzenreiter waren Cebion (11,7 Millionen DM Umsatz), Multibionta (8 Millionen DM), Decortin (7,7 Millionen DM), Encephabol (7,5 Millionen DM) und Refobacin (4,4 Millionen DM).

Abbildung 113 Nasivin zeichnete sich nicht nur durch einen hohen Bekanntheitsgrad, sondern auch durch kreative Werbung aus, 1962.

Auf diese Präparate entfielen zusammen 39,3 Millionen DM bei einem Gesamtumsatz im inländischen Spezialitätengeschäft von 98,6 Millionen DM.[287] Innerhalb von zehn Jahren hatte sich der Inlandsumsatz im Geschäftsfeld der Spezialitäten-Pharmazeutika somit in etwa verdoppelt – er war also immerhin ebenso schnell wie der Gesamtumsatz der Firma gewachsen.[288] Man erkennt auch, dass Merck Ende der 1960er-Jahre in zwei Bereichen erfolgreich Medikamente vertreiben konnte: im klassischen Vitamingeschäft und im Cortison-Geschäft.

Der Ausbau der Forschungs- und Entwicklungsabteilungen ließ erwarten, dass auch in Zukunft der Anschluss an die Forschungsspitze möglich war. Ende 1969 beschäftigte Merck 184 Akademiker und 896 weitere Mitarbeiter in der Forschung und gab rund zehn Prozent des Weltumsatzes für Forschung und Entwicklung aus.[289] Allerdings war der Ressourceneinsatz bei anderen Unternehmen der chemisch-pharmazeutischen Industrie noch wesentlich größer und die Umsätze der Spitzenprodukte deutlich höher. Bei der BASF war beispielsweise bereits 1960 jeder siebte Mitarbeiter in der Forschung und Entwicklung tätig.[290] Hoechst steigerte die Mitarbeiterzahl in der Pharmaforschung zwischen 1964 und 1973

Wiederaufbau im Wirtschaftswunder

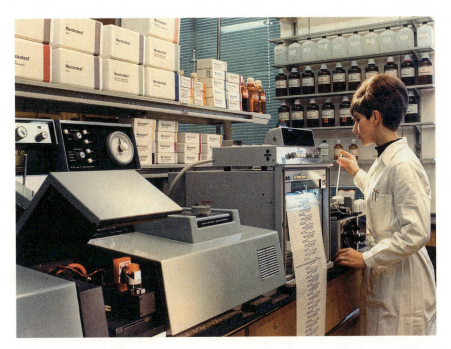

Abbildung 114 Mitarbeiterin im medizinisch-chemischen Laboratorium, um 1970.

von 839 auf 2000, bei Bayer waren es 1968 immerhin 1072.[291] Bayer hatte zu diesem Zeitpunkt seit mehr als einer Dekade Jahr für Jahr rund zehn Prozent des Umsatzes für Forschung und Entwicklung ausgegeben.[292] Hoechst verfünffachte die laufenden Forschungs- und Entwicklungsausgaben im Pharmabereich zwischen 1966 und 1975 auf mehr als eine Viertelmilliarde Mark.[293] Diese Forschungsoffensiven von Hoechst und Bayer zeigten deutliche Erfolge. Bereits 1966 hatte Hoechst sieben Produkte mit einem Umsatz von über 20 Millionen DM im Portfolio. Allein das erfolgreichste Produkt von Bayer – Aspirin – hatte einen Umsatz von fast 84 Millionen DM im Jahre 1968. Merck hingegen erreichte mit keinem seiner Produkte diese Dimension.[294]

1.7. Die Rückkehr auf den Weltmarkt

Sogar in den unmittelbaren Nachkriegsjahren verkaufte Merck Waren ins Ausland, wenn auch nur in geringem Umfang: Den Tiefststand erreichte das Exportgeschäft im Jahr 1946, als nur noch Produkte im Wert von 2717 RM ausgeführt wurden. Danach ging es wieder rasch aufwärts: 1947 hatten sich die Exporterlöse im Vergleich zum Vorjahr mehr als verhundertfacht.[295] 1949, im ersten vollen Kalenderjahr nach der Währungsreform, wurde ein Auslandsumsatz von mehr als sieben Millionen DM erzielt, also fast ein Fünftel des Gesamtumsatzes. Damit war Merck inzwischen im Ausland wesentlich erfolgreicher als konkurrierende inländische Unternehmen. Im Durchschnitt der chemisch-pharmazeutischen Industrie lag die Exportquote im zweiten Halbjahr 1949 nämlich bei nicht einmal vier Prozent.[296] Allerdings konnten auch andere Großunternehmen rasch und teilweise trotz widriger Umstände an die Exporterfolge der Zwischenkriegszeit anknüpfen. Die BASF exportierte bereits 1948 fast ein Fünftel der Produktion, ein Anteil, der bis 1951 auf 30 Prozent gesteigert werden konnte.[297] Bayer nahm die Exporte Ende 1946 wieder auf und steigerte den Anteil des Auslandsumsatzes am Gesamtumsatz bis 1953 auf 34 Prozent.[298] Mit 37,6 Prozent erreichte Merck 1950 nahezu die Exportquote von 1938 (38,8 Prozent) und übertraf sie anschließend durchweg.[299] Zwischen Mitte der 1950er- und Ende der 1960er-Jahre lag die Exportquote dann ziemlich stabil zwischen 45 und 50 Prozent. Damit befand sie sich durchaus in Dimensionen, die auch von anderen Großunternehmen der deutschen chemisch-pharmazeutischen Industrie in jenen Jahren erreicht wurden.[300]

Auch die von Merck bald wieder belieferten Märkte weisen zahlreiche Kontinuitäten zur Vorkriegszeit auf. Vergleicht man die Verteilung der Exporte auf die Weltregionen im Durchschnitt der Jahre 1949/50 mit der Verteilung von 1938, dann fällt auf, dass Europa mit 50 Prozent (1949/50) bzw. 55 Prozent (1938) der wichtigste Exportmarkt blieb, gefolgt von Lateinamerika mit 25 bzw. 29 Prozent. Demgegenüber gewann der Absatz in Nordamerika, wohin nun zwölf Prozent der Exporte gingen – im Vergleich zu lediglich zwei Prozent vor dem Krieg. In der restlichen Welt – Asien, Afrika, Australien – wurden, vergleichbar zur Vorkriegszeit, 14 Prozent der Exportumsätze getätigt.[301]

Anfänglich hatten die Siegermächte mit zahlreichen juristischen und wirtschaftspolitischen Einschränkungen im In- und Ausland die Rückkehr von Merck auf den Weltmarkt behindert.[302] Die Tochtergesellschaften der Schweizer Holding waren bekanntlich beschlagnahmt worden; auch die gemeinsam mit Elio Bracco in Italien gegründete Firma musste als verloren gelten. Gleiches galt für die Niederlassungen im Fernen Osten und zahlreiche weitere Tochterfirmen, die konfisziert, unter Treuhänderschaft gestellt oder enteignet worden waren. Erschwerend kam der Verlust der Patente, Markenrechte und Warenzeichen hinzu. Dies widersprach zwar, so die Auffassung der Patentabteilung von Merck, der 1907 vereinbarten Haager Landkriegsordnung sowie verschiedenen internationalen Abkommen über geistige Eigentumsrechte. Merck rechnete zunächst durchaus mit einer Rückgabe der Warenzeichen oder zumindest der Möglichkeit des

Rückerwerbs. Für eine gewisse Zeit, so lautete die Annahme, würden allerdings vor allem kleinere Konkurrenten die jeweiligen Markenrechte erwerben und billige, minderwertige Produkte unter dem wertvollen Zeichen verkaufen und damit die Marke Merck nachhaltig beschädigen.[303]

Tatsächlich verbesserte sich die vermögens-, patent- und markenrechtliche Situation nach und nach. Bereits 1949 war Merck in einigen Ländern – u. a. in Irland, Island, Italien, Japan, Österreich, Portugal, Thailand, der Schweiz und der Türkei – wieder im Besitz der Markenrechte.[304] Außerdem begann man rasch, Verbindungen zu den ehemaligen Tochtergesellschaften herzustellen und diese wieder in die Merck-Gruppe zu integrieren. Deutsche Firmen durften seit 1952, allerdings mit starken Einschränkungen, und ab 1957 mit wenigen Restriktionen Direktinvestitionen im Ausland tätigen,[305] was sich an den Zahlen ablesen ließ: Bis Ende 1957 investierten deutsche Unternehmen insgesamt 2,6 Mrd. DM im Ausland, in den Jahren 1958 und 1959 weitere 4,3 Mrd. DM. Der regionale Schwerpunkt lag auf Europa – hierhin flossen etwas mehr als ein Drittel der Investitionen –, gefolgt von Nord- und Südamerika mit jeweils rund einem Viertel der Gesamtinvestitionen.[306]

Für Merck begann der Neuaufbau von Geschäftsstrukturen im Ausland 1951 in Belgien. Damit war Merck kein Vorreiter, aber immerhin ein Mitläufer, denn in diesem Jahr begannen auch andere Firmen, wie die BASF in Italien, ihr internationales Niederlassungsnetzwerk neu aufzubauen.[307] Merck gründete am 23. August 1951 mit Belgamerck die erste Auslandsniederlassung der Nachkriegszeit.[308] Aus investitionsrechtlichen Gründen wurde die Niederlassung nicht direkt, sondern im Auftrag von Merck durch «Freunde der Gesellschaft» ins Leben gerufen und deren Beteiligung in die Obhut eines Treuhänders gegeben.[309] Erst 1956 befand sich das Kapital der Gesellschaft vollständig im Besitz der schweizerischen Holding-Gesellschaft für Merck Unternehmungen, die 1953 wieder in die Verfügungsgewalt der Darmstädter Muttergesellschaft gelangt war.[310] Zu diesem Zeitpunkt beschäftigte die seit der Gründung von Fritz Fischer geleitete Belgamerck, die keine eigene Produktions- oder Konfektionierungseinrichtung unterhielt, 15 Personen und erzielte einen Umsatz von umgerechnet rund 378 000 DM.[311] Die Umsätze dieser Tochter schwankten allerdings stark, und die Gesellschaft arbeitete anfangs mit Verlust, obwohl Darmstadt die «Spezialitäten» mit einem Preisnachlass von 40 Prozent lieferte. Zum Jahresabschluss 1958 stellte man sogar fest, dass der Verlust «auf legalem Wege nicht mehr ausgeglichen» werden könne und die Gesellschaft bereits mit mehr als 17 Millionen Francs in Darmstadt verschuldet sei.[312] Erst allmählich entwickelten sich die Geschäfte besser. 1969 beschäftigte die belgische Tochter bereits 50 Personen.[313]

Wesentlich wichtiger als der belgische waren der italienische Markt und damit die Beziehungen zu Elio Bracco sowie zu dessen Sohn Fulvio Bracco.[314] Nach

Ende des Zweiten Weltkriegs war Merck die Teilhabe an der italienischen Gesellschaft entglitten. Die Beziehungen mit Bracco gestalteten sich schwierig, weil Merck zu den rechtlich-geschäftlichen Verhältnissen der Jahre vor 1945 zurückkehren wollte, woran Bracco kein Interesse hatte, weil sich die Firma inzwischen vollständig in seinem Besitz befand.[315] Als beispielsweise Karl Merck 1954 anlässlich des 70. Geburtstags von Elio Bracco nach Mailand reiste, kam es dort zu einer «peinlichen» Befragung von Fulvio Bracco über dessen Ziele hinsichtlich der weiteren Kooperation mit Merck. Fulvio Bracco räumte dabei unverblümt ein, dass er keine Beteiligung von Merck wünsche. Elio Bracco war zwar ob dieser Erkenntnis «sehr gedrückt», aber, so Karl Merck, «man wird zäh daran arbeiten müssen, einen gangbaren Weg für die Zukunft zu finden».[316]

Die Zusammenarbeit blieb schwierig. Als Fulvio Bracco, Karl Merck und Hans Harms Anfang 1956 über die von Bracco vorgeschlagene gemeinsame Produktion des Lebensmittelzusatzstoffes Sorbit, der auch für die Produktion von Ascorbinsäure Verwendung findet, verhandelten, deren Produktionslizenz Merck nicht gewähren wollte, wurde es grundsätzlich: Karl Merck schlug vor, sich mit 30 Prozent an Braccos Firma zu beteiligen. Dieser unterstellte, Merck strebe eine Mehrheitsbeteiligung an, «um ihn an die Wand zu drücken». Karl Merck wies dies zurück und darauf hin, dass eine hälftige Beteiligung bei guter Partnerschaft angemessen sei. Daraufhin holte Bracco zum großen Schlag aus und schlug vor, dass man seine Firmen Italmerck und die Cilag[317] Italiano fusionieren und Merck sich daran beteiligten könne.[318] Zu dieser Fusion kam es aber nicht. Vielmehr erwarb Merck eine Beteiligung von zunächst 15, später 20 Prozent an Bracco. Die Mehrheit lag mit 60 Prozent bei Fulvio Bracco und zu 20 Prozent bei Tullio, einem seiner Brüder.[319] Erleichtert wurde diese Rückkehr nach Italien sicherlich durch die beginnende Liberalisierung des italienischen Außenwirtschaftsrechts im Jahre 1956 – erst seitdem war nämlich sichergestellt, dass Investitionen und ihre Erträge aus Italien überwiesen werden durften.[320]

Neben Italien war Spanien zunächst der wichtigste Markt für Merck in Europa, der während der Nachkriegszeit von den Beteiligungsgesellschaften Igoda und Novofarma bearbeitet wurde.[321] Auch in anderen europäischen Ländern eröffnete Merck Niederlassungen: in der Türkei (1955), in Österreich (1958), den Niederlanden (1965) und in Schweden (1969). Damit bewegte sich Merck durchaus im Trend anderer Unternehmen, die ebenfalls im Verlauf der 1950er- und 1960er-Jahre ihre Beteiligungsnetzwerke in Europa ausbauten. Die BASF eröffnete Niederlassungen in Italien (1951), der Türkei (1954) und in Spanien (1955).[322] Ebenfalls ähnlich der Gestaltung bei Merck verwaltete auch die BASF die Auslandsgesellschaften ab 1961 durch eine in der Schweiz ansässige Holding.[323] Auch Bayer kann in dieser Hinsicht als Beispiel dienen, denn die Leverkusener schufen im Dezember 1957 eine kanadische Tochtergesellschaft zur Finanzierung und

Verwaltung der neuen Auslandsgesellschaften.[324] Ähnlich verlief die Entwicklung bei Hoechst – hier begann die Re-Internationalisierung 1952 mit dem Erwerb von Beteiligungen in Österreich und Brasilien.[325]

Außerhalb Europas war Merck traditionell in Lateinamerika sehr gut vertreten gewesen. Dementsprechend stand die Rückgewinnung der wertvollen Niederlassungen, die überwiegend von Treuhändern und einheimischen Verwaltern betrieben wurden, bei der Rückkehr auf den Weltmarkt im Vordergrund.[326] Nach Rückgabe der Firma an die Familie im Jahre 1948 aktivierte man ehemalige Mitarbeiter vor Ort, um Fühlung mit den Fabrikleitungen aufzunehmen. Man wollte fortan durch die Bereitstellung von Substanzen, Werbematerial und technischem Wissen wieder Einfluss auf die vormaligen Niederlassungen gewinnen.[327] Noch 1953 war man sehr pessimistisch, denn man befürchtete, dass die südamerikanischen Regierungen neben den bereits vor dem Krieg geförderten Konfektionierungsbetrieben nun auch die Herstellung von Grundsubstanzen unterstützen wollten. Dies wäre dann «der Anfang vom Ende».[328] Bis Frühjahr 1957 wurden alleine zur Rückgewinnung der Gesellschaften in Mexiko, Brasilien und Chile mehr als fünf Millionen DM investiert.[329]

Vor dem Krieg war Brasilien der wichtigste Exportmarkt in Lateinamerika gewesen, und die dortige Niederlassung, die jetzt als Companhia Chimica Merck Brasil SA (CCMB) firmierte, hatte ein erhebliches Gewicht für die Firma besessen.[330] Bekanntlich war die brasilianische Tochtergesellschaft 1942 unter Regierungsaufsicht gestellt und 1943 beschlagnahmt worden.[331] Nach Kriegsende blieb sie in brasilianischer Regierungsverantwortung, wurde allerdings, unter Einschaltung des alten Leiters Bruno Rieckhoff, mit Grundstoffen versorgt. Auf brasilianischer Seite gab es zunächst noch keinen eindeutigen Ansprechpartner, sondern mehrere relevante staatliche und halbstaatliche Organisationen. Daher wurden in Darmstadt auch alternative Marktwiedereintrittsszenarien diskutiert. Bei einer Neuinvestition hätte man allerdings mit der ehemaligen Niederlassung konkurriert, was insbesondere hinsichtlich der Markenrechte für die Altprodukte als schwierig erachtet wurde. Da die Wettbewerbsintensität in Brasilien zunahm, wurden Markenrechte umso wichtiger. Außerdem förderte der Staat den Aufbau einer eigenen chemischen Grundstoffindustrie. Zudem erwogen andere ausländische Firmen – angeblich auch Merck & Co. – den Einstieg in den brasilianischen Markt.[332] Daher entschloss sich die Darmstädter Geschäftsleitung für eine kooperative Strategie, und im August 1950 wurde ein erstes Lizenzabkommen zwischen Merck und der in Staatsverwaltung stehenden ehemaligen CCMB abgeschlossen. Der Vertrag legte fest, dass die CCMB nur auf Basis technischer Informationen von Merck produzieren dürfe und dass ausschließlich die Merckschen Markenzeichen verwendet werden sollten. Im Gegenzug erhielt Merck eine vierteljährlich abzuführende Lizenzgebühr, die für bereits in Brasilien

Abbildung 115 Companhia Chimica Merck Brasil SA. Abfüllen flüssiger Arzneimittel, 1956. Außenhandelsbeschränkungen erforderten häufig eine Produktion vor Ort.

eingeführte Produkte fünf und für neue Produkte 7,5 Prozent vom Umsatz betrug.[333]

Bis 1956 folgten nun Verhandlungen zwischen der brasilianischen Regierung und einem deutschen Unternehmenskonsortium, dem neben Merck u. a. Bayer, Siemens, die AEG und Mannesmann angehörten. Im Gegenzug für eine erhebliche Zahlung erhielt das Konsortium den Vorkriegsbesitz zurück.[334] Anschließend gründete Merck im Spätsommer 1956 eine neue Gesellschaft mit dem alten Namen.[335] Damit ging der Besitz der alten CCMB aus dem Besitz der Banco do Brasil für zwei Millionen DM in das Eigentum der neuen CCMB über.[336] Das spätere Mitglied der Geschäftsleitung Erik von Davidson wurde Leiter der brasilianischen Niederlassung, die rund 420 Mitarbeiter beschäftigte und deren Produktionsstätte als «zeitgemäß» betrachtet wurde. Er konnte sich auf zahlreiche Mitarbeiter stützen, die bereits vor dem Krieg in Brasilien beschäftigt gewesen waren.[337]

In den folgenden Jahren liefen die Geschäfte, insbesondere der Absatz von Vitaminpräparaten, in Brasilien so gut, dass die Geschäftsleitung in Darmstadt im Mai 1959 einer Kapitalerhöhung zustimmte.[338] Die nominalen Umsätze waren von 100 Millionen Cruzeiro (1956) auf 255 Millionen Cruzeiro (1958), die Gewinne von 3,7 auf 14 Millionen Cruzeiro gestiegen.[339] Die Eigentümer in Europa partizipierten ebenfalls am geschäftlichen Erfolg in Brasilien. Kurz nachdem man die Beteiligung in Brasilien zurückerworben hatte, wurden die Beziehungen zwischen Merck und der CCMB mithilfe eines Lizenzvertrags neu justiert. Zunächst wurde vereinbart, dass die Merck OHG der CCMB – bei Wahrung strengster Vertraulichkeit – Verfahren und Erfahrungen bei der Herstellung und beim Vertrieb von Spezialitäten überließ. Außerdem unterstützte Merck die CCMB durch die Bereitstellung von Werbematerial und technischen Informationen. Zudem sagte die Merck AG die Lieferung von Rohstoffen an die CCMB zu. Die CCMB durfte den Vertrieb nur selbst und unter Verwendung der Merckschen Warenzeichen vornehmen. Sie durfte die Verfahren nicht verändern und musste sich stets an die aktuellen Produktionsvorschriften aus Darmstadt halten sowie Merck auf Verlangen Produktionsmuster zur Kontrolle zukommen lassen. Als Vergütung wurde zweimal jährlich die Lizenzgebühr in Höhe von elf Prozent der Umsatzerlöse an die Holding nach Zug abgeführt.[340]

Der tatsächliche Transfer der Lizenzzahlungen, die sich 1956 auf 4,9 und 1958 auf 15,2 Millionen Cruzeiro beliefen, wie auch der Gewinne gestaltete sich allerdings schwieriger als gedacht.[341] Ein internationaler Zahlungsverkehr in DM oder Cruzeiro war damals noch unmöglich, sodass man die Cruzeiro zunächst in US-Dollar umtauschen, diese zur Holding nach Zug überweisen und dort in Schweizer Franken umtauschen musste. US-Dollar bekam man aufgrund der Devisenknappheit in Brasilien aber nicht zum amtlichen Wechselkurs von 19,6 Cruzeiro je Dollar, sondern die Dollar mussten auf Auktionen bei der Banco do Brasil ersteigert werden. Bei diesen Auktionen bezahlte man bestenfalls nur das Doppelte des offiziellen Kurses.[342] Neben dem Transferproblem mussten auch steuerliche Gesichtspunkte beachtet werden. Aus dieser Warte war die Ausschüttung von Gewinnen wenig attraktiv, weil dann eine Steuer von 28 Prozent fällig wurde. Lizenzzahlungen wurden dagegen nur mit 25 Prozent und einbehaltene Gewinne nur mit 15 bis 20 Prozent besteuert.[343] Vordergründung erschien somit die Thesaurierung von Gewinnen in Brasilien vorteilhaft. Wenn allerdings die Gewinnrücklagen in Brasilien zu hoch wurden, mussten sie in Aktienkapital umgewandelt werden, und bei dieser Gelegenheit langte der Fiskus mit einer Aktienemissionssteuer erneut zu. Auf jeden Fall «muss es vermieden werden, dass auch nur ein Pfennig zu viel an die Steuerkassen oder sonstige unproduktive Kanäle abfliesst», so der damalige Leiter der CCMB, Erik von Davidson.[344]

Zu diesem Transferproblem gesellte sich ab 1960 eine schwere Wirtschaftskrise, die mit hohen Inflationsraten einherging. Des Weiteren bestand – zumindest bis zum Militärputsch im Jahre 1964 – die Gefahr der erneuten Verstaatlichung, diesmal durch die linksgerichtete Regierung unter Präsident João Goulart. Nach dem Putsch stabilisierte sich allerdings die wirtschaftliche Lage auch für die CCMB. Das Vertrauen in die bessere Wirtschaftsentwicklung schlug sich auch im Bau einer weiteren Fabrik im Jahre 1968 nieder. In dieser sollten vor allem pflanzliche Wirkstoffe gewonnen werden.[345]

In den anderen lateinamerikanischen Staaten sah man sich in den 1950er- und 1960er-Jahren ähnlichen Problemen und Entwicklungen gegenüber: Konkurrenz oder Kooperation mit den verstaatlichten alten Niederlassungen, Rückerwerb dieser Niederlassungen und Wachstum der Geschäfte sowie Transferprobleme bei Gewinnausschüttungen und Lizenzzahlungen. In Mexiko erwarb die Schweizer Holding am 9. November 1955 für 9,45 Millionen Pesos den alten Besitz von der mexikanischen Regierung zurück und brachte diesen in die am 10. Dezember 1955 errichtete neue Gesellschaft «Merck-Mexiko SA» ein.[346] Anschließend wurde ein Lizenzvertrag abgeschlossen, der sich am brasilianischen Vorbild orientierte und sich lediglich bei der Höhe und Berechnung der Lizenzgebühr geringfügig unterschied.[347] Umsatz und Kapital wuchsen in Mexiko, aber Gewinne erzielten der Niederlassungsleiter Gerhard Le Noir und seine 140 Mitarbeiter nicht.[348] Die örtliche Geschäftsleitung führte dies auf die außergewöhnlich hohen Preise zurück, die Darmstadt aus steuerlichen Gründen für Grundsubstanzen verlangte: Gewinne, die 15 Prozent des Eigenkapitals überstiegen, wurden in Mexiko sehr hoch besteuert. Da das eingezahlte Kapital in Mexiko sehr niedrig war, war man also an sehr niedrigen Gewinnen interessiert und nutzte die Verrechnungspreise zum unauffälligen Transfer von Erträgen.[349] In den folgenden Jahren liefen die Geschäfte in Mexiko verhältnismäßig gut. Daher plante Merck bereits 1964 den Bau eines großen, neuen Laboratoriums, das schließlich im September 1966 in Anwesenheit von Hans Harms und Hans Joachim Langmann eingeweiht wurde.[350] In dieser neuen Fabrik sowie in der dazugehörigen Verwaltung und den Vertriebseinrichtungen waren rund 350 Personen beschäftigt, darunter immerhin 25 Akademiker, aber nur sieben Ausländer. Der Ausbau der räumlichen und personellen Ausstattung ging mit wachsenden Umsätzen und einem zunehmenden Kapitaleinsatz einher. Zwischen 1956 und 1972 wuchs das Aktienkapital um den Faktor 21, der Umsatz um den Faktor 15.[351]

In Chile waren am Ende des Krieges auf US-amerikanischen Druck die Niederlassungen von Merck, Bayer und Hoechst zunächst unter staatliche Verwaltung gestellt worden, bevor sie nach Kriegsende verstaatlicht und in eine gemeinsame Firma übertragen worden waren.[352] 1951 wurden Verhandlungen mit der chilenischen Regierung über die Rückgabe der Markenzeichen und Fertigungsstätten aufgenommen – jahrelang allerdings ohne durchschlagenden Erfolg.[353] Erst am 3. Dezember 1954 wurde den drei deutschen Firmen ihr ehemaliges Eigentum verkauft, verbunden mit der Auflage, die Firma wieder in drei Teile aufzuspalten. Daher wurde die Merck Quimica Chilena (MQC) mit einem Kapital von 15 Millionen Pesos gegründet, die bereits 1953 gegründete Agencia Merck samt ihrem Kapital in Höhe von 1,5 Millionen Pesos in die MQC eingebracht und alle Aktien der MQC von der Holding in Zug übernommen.[354] Neben der Aufspaltung der Merck-Bayer-Hoechst-Staatsfirma in drei Einheiten bestand eine weitere Auflage der chilenischen Regierung im Bau einer neuen Fabrik, die am 1. Juli 1956 ihren Betrieb aufnahm.[355] Bis dahin hatte man, zunächst in sehr bescheidenem

Umfang, Rohstoffe von Darmstadt nach Chile exportiert, diese in einer Fabrik von Bayer in Fertigprodukte weiterverarbeitet und dann verkauft. In der neuen Fabrik waren 23 Arbeiter und acht Angestellte tätig. Geleitet wurde das Werk von Robert Utgenannt, der bereits seit 1937 für Merck in Chile tätig gewesen war.[356] Die Geschäfte in Chile liefen allerdings nicht sonderlich gut und vor allem sehr schwankend, weil die hohe Inflationsrate einen Wechselkursverfall verursachte. Zudem versuchte die Regierung, den Lebensstandard der Arbeiter durch dekreditierte Lohnerhöhungen aufrechtzuerhalten. Im Sommer 1958 arbeiteten daher nur noch zwölf Arbeiter und vier Angestellte bei MQC.[357] Anschließend stabilisierte und verbesserte sich die Lage jedoch soweit, dass die Fabrik im Verlauf der 1960er-Jahre zweimal erweitert werden konnte. Am Ende der 1960er-Jahre wurden in Chile neben den schon lange etablierten Vitaminpräparaten weitere «Spezialitäten» aus dem Pharmasortiment, Reagenzien und Industriechemikalien sowie Pflanzenschutzmittel vertrieben.[358]

Nachdem in Argentinien die deutsche Merck-Tochter Merck Quimica Argentina (MQA), nicht anders als die Beteiligungen der I. G. Farben und anderer deutscher Firmen, im Frühjahr 1945 verstaatlicht worden war, versuchten die Darmstädter durch Rohstofflieferungen an die ehemalige Tochter langsam wieder ins Geschäft zu kommen. Sie mussten aber feststellen, dass inzwischen Merck & Co. Rohstoffe und neue Produkte an MQA lieferte.[359] Außerdem war die wirtschaftspolitische Lage in Argentinien wesentlich schwieriger als in Brasilien, insbesondere mit Blick auf die Außenwirtschaftsbeziehungen.[360] Im August 1953 unternahmen Karl Merck, Hans Harms und Peter Merck, zweiter Sohn von Wilhelm Merck und Bruder von Emanuel W. Merck, eine längere Reise nach Argentinien, um über die Rückgabe der Firma zu verhandeln. Bei den Verhandlungen mit dem staatlichen Vermögensverwalter DINIE, deren Präsident zugleich argentinischer Industrie- und Handelsminister war, schlug die argentinische Regierung die Gründung eines Gemeinschaftsunternehmens vor. In Buenos Aires war man sogar mit einer Minderheitsbeteiligung einverstanden, wenn weitestgehend im Inland produziert und so Devisen gespart wurden. Die Technologie und das Produktionswissen für das Joint-Venture sollten aus dem Ausland, das Kapital – in Form der enteigneten Vermögensgegenstände – aus Argentinien kommen. Wenn sich Merck mit diesem Plan nicht einverstanden erklärte, dann wollte die argentinische Regierung mit Firmen aus anderen Ländern sprechen.[361] Die Vorzeichen änderten sich nach dem Sturz von Präsident Juan Perón im Jahre 1955. Mit der von 1955 bis 1958 im Amt befindlichen Militärregierung unter General Pedro Aramburu konnte Merck eine Einigung erzielen. Im März deponierte Merck ein Angebot für den Rückerwerb der Firma, und im Juni 1958 erfolgte der Zuschlag.[362] Auch über den Kaufpreis einigte man sich, sodass der Betrieb am 1. September 1958 wieder an Merck übergeben werden konnte.[363] Noch 1959 wurde eine wesentliche Erweiterung und Neuorganisation durchgeführt, und Merck investierte rund 400 000 DM.[364]

Zieht man am Ende der 1960er-Jahre Bilanz, dann ist zunächst festzustellen, dass die deutsche Pharmaindustrie 1968 wieder den größten Weltmarktanteil hatte. Die Position als «Apotheke der Welt», die man 1913 und 1938 eingenommen und erst durch den Zweiten Weltkrieg verloren hatte, war wieder zurückerobert.[365] Zudem errichteten alle Großunternehmen zahlreiche Produktions- und Vertriebsniederlassungen im Ausland. Dabei lag der geografische Fokus zunächst auf Westeuropa und Lateinamerika. Die USA und Japan folgten demgegenüber erst in den Jahren um 1970.[366] Merck nahm erfolgreich an dieser Entwicklung teil.

2. Die Ära Langmann

2.1. Zwischen Stagflation und Europäisierung

In den Jahren um 1970 endete das Wirtschaftswunder, und es begann die «Zeit nach dem Boom», die mit der langsamen Erosion einer wirtschaftlich und gesellschaftlich stabilen Nachkriegsordnung einherging.[1] Beispielsweise wurde in der Arbeitswelt die Tätigkeit im industriellen Fließbandkollektiv zunehmend durch individuell erbrachte Dienstleistungen abgelöst. Damit einher gingen die Flexibilisierung der Arbeitszeiten und Arbeitsverhältnisse sowie die Auflösung stabiler, durch das Arbeitsumfeld geprägter Sozialbeziehungen.[2] Aus wirtschaftlicher Sicht war die Epoche zunächst von der sogenannten Stagflation, also stagnierender Wirtschaftsleistung bei zugleich hoher Inflation, später von der Europäisierung und Globalisierung gekennzeichnet.[3] Das durchschnittliche jährliche reale Wirtschaftswachstum, das in den 1960er-Jahren noch 4,4 Prozent betragen hatte, fiel in den 1970er-Jahren auf 2,9 Prozent, in den 1980er-Jahren auf 2,3 Prozent und in den 1990er-Jahren – trotz des Wiedervereinigungsbooms – weiter auf 2,0 Prozent. In manchen Jahren – 1967, 1975, 1982 und 1993 – schrumpfte die deutsche Volkswirtschaft sogar.[4]

Eine erste Reaktion auf die fallenden Wachstumsraten war eine expansive Fiskalpolitik, die sich nicht zuletzt im Ausbau des Wohlfahrtsstaats niederschlug.[5] Die «Erweiterung des Staatskorridors»[6] und der Übergang vom «Steuerstaat zum Schuldenstaat»[7] begannen dementsprechend in den 1970er-Jahren. In Zahlen ausgedrückt, stieg der Anteil der Staatsausgaben am Sozialprodukt zwischen 1970 und 1980 von 38 auf 47 Prozent. Seither verharrt er auf diesem Niveau.[8] Die Staatsschuldenquote erhöhte sich derweil mit grundsätzlich gleichbleibender Geschwindigkeit und einem zusätzlichen Schub infolge der deutschen Einheit von 18 Prozent im Jahr 1970 auf 57 Prozent im Jahre 2000. Die Staatsausgaben stiegen also noch schneller als die Steuern und Abgaben.

Problematisch für die Unternehmen waren das stark steigende Preisniveau während der 1970er-Jahre und die als Reaktion daraufolgende Hochzinspolitik der Deutschen Bundesbank.[9] Hohe Lohnabschlüsse und die importierte Inflation, eine Begleiterscheinung der beiden Ölkrisen von 1973 und 1979, trugen zum für bundesdeutsche Verhältnisse bis dahin unbekannten Anstieg des Preisniveaus bei. Im Durchschnitt der 1960er- und 1980er-Jahre stiegen die Konsumentenpreise um 2,6 Prozent jährlich, während der 1970er-Jahre demgegenüber um 5,2 Prozent.[10] Als Reaktion auf Lohnabschlüsse, Währungsturbulenzen und Ölkrisen hob die Bundesbank ihren Leitzins, der in den 1950er- und 1960er-Jahren fast durchweg zwischen drei und vier Prozent geschwankt hatte, auf Werte von sieben oder mehr Prozent an.[11] Weder so hohe Zinsen noch so starke Schwankungen des Zinsniveaus hatte es zuvor gegeben.

Eine wichtige Folge des schwachen Wirtschaftswachstums war der permanente Anstieg der Arbeitslosigkeit, vor allem bei älteren Arbeitern und Ausländern.[12] Noch 1970 war das Jahr mit der niedrigsten Arbeitslosenzahl in der bundesdeutschen Geschichte gewesen; auf jeden Arbeitslosen kamen mehr als fünf offene Stellen. In den fünf darauffolgenden Jahren versiebenfachte sich die Arbeitslosenzahl auf über eine Million, und auf jede offene Stelle kamen nun vier Arbeitslose. 1983 überstieg die Zahl der Arbeitslosen die Marke von zwei Millionen. Dieser Stand wurde in Westdeutschland nur im Wiedervereinigungsboom der Jahre 1990 bis 1992 vorübergehend unterschritten. Grundsätzlich gab es aber in Westdeutschland seit 1983 für drei Jahrzehnte nahezu durchgehend mehr als zwei Millionen Arbeitslose. Hinzu trat ab Juli 1991 eine beachtliche Zahl von Arbeitslosen in Ostdeutschland. Bereits im ersten Jahr nach der Wiedervereinigung waren dort über eine Million Menschen arbeitslos – eine Marke, die erst im Jahre 2011 wieder nachhaltig unterschritten wurde.

Stagnierende Einkommen bei anhaltend hoher Inflation und Arbeitslosigkeit waren, neben innerparteilichen Streitigkeiten über Nachrüstung und Umweltpolitik, ein Grund für die Abwahl des sozialdemokratischen Bundeskanzlers Helmut Schmidt und den Übergang der Macht auf den neuen Regierungschef Helmut Kohl (CDU). Die von Kohl angekündigte wirtschaftspolitische Wende fiel in binnenwirtschaftlicher Sicht moderat aus. Wegweisend waren aber seine europapolitischen Weichenstellungen in Richtung auf einen gemeinsamen Markt und eine gemeinsame Währung. Das Projekt der europäischen Integration war nämlich an der Wende der 1960er- zu den 1970er-Jahren mit der Vollendung einer Zollunion zwischen Deutschland, Frankreich, Italien, den Niederlanden, Belgien und Luxemburg sowie dem Beitritt Großbritanniens, Dänemarks und Irlands zu dieser Zollunion 1973 zunächst zum Halten gekommen.[13] Insbesondere auf den Zusammenbruch des Weltwährungssystems von Bretton Woods im Jahre 1971 und die darauf folgende drastische Aufwertung der DM fand «Europa» keine Antwort.[14] In den 1970er-Jahren scheiterte die europäische Währungskooperation, und auch das 1979 von Helmut Schmidt initiierte Europäische Währungssystem zeichnete sich vor allem durch fortlaufende Krisen aus.[15] Gefördert wurden die Krisen durch asynchron verlaufende Konjunkturzyklen in den einzelnen europäischen Staaten sowie durch die in allen Ländern – aber in unterschiedlicher Intensität auftretenden – strukturellen Krisen in der Stahl-, Schiffbau- und Textilindustrie.[16] Das Wort von der «Eurosklerose» machte die Runde. Bundeskanzler Kohl, Staatspräsident Mitterrand und Kommissionspräsident Delors sahen die Lösung in der Errichtung eines europäischen Binnenmarkts mit freiem Personen-, Waren-, Dienstleistungs- und Kapitalverkehr sowie in der Schaffung einer gemeinsamen Währung.[17] Tatsächlich wurden der Binnenmarkt 1992 und die Einheitswährung Euro 1999 geschaffen.[18] Der Binnenmarkt, eine europäische «Liberalisierungsmaschine»,[19] erhöhte vor allem den Wettbewerbsdruck, weil jede europäische Firma in jedem Mitgliedsland der Europäischen Union unbeschränkt tätig werden konnte – sei es durch den Absatz von Waren oder durch Investitionen. Besonders profitierten die Konsumenten in den Ländern, in denen bisher nationale Monopolisten überhöhte Preise verlangen konnten, vor allem in Portugal, Griechenland und Irland. In Deutschland hatte das Binnenmarktprogramm weder kurz- noch langfristig nennenswerte gesamtwirtschaftliche Effekte.[20] Die Auswirkungen dieses Programms lassen sich aber nicht nur nach Ländern, sondern auch nach Branchen aufschlüsseln. Auch hier gilt: Je stärker eine Branche bisher geschützt gewesen war, umso größer waren die Nachteile für die Produzenten. Die Pharmaindustrie gehörte zu den am stärksten vom Binnenmarkt beeinflussten Branchen, denn hier gerieten die Absatzpreise auf den zuvor geschützten nationalen Märkten besonders unter Druck.[21] Freilich berührte nicht nur der europäische Binnenmarkt die Lage der Unternehmen. Höhere Staatsausgaben führten zu steigenden Steuer- und Abgabenlasten, höhere Staatsschulden bedeuteten vermehrte Sparzwänge, was sich auch stark im Gesundheitswesen auswirkte. Zudem hatte der Wegfall fester Wechselkurse den Export risikoreicher gemacht und die Produktion im Ausland gefördert – ein Internationalisierungsschub hatte im Verlauf der 1970er-Jahre eingesetzt. Ein zweiter Schub folgte in den 1990er-Jahre infolge des europäischen Binnenmarktprogramms.

2.2. Neujustierung von Unternehmensverfassung und Organisation

Vom Ende der 1960er-Jahre bis zur Jahrtausendwende lenkte Hans Joachim Langmann die Geschicke von Merck. Er war der Architekt der modernen Unternehmensverfassung, und seine Leistungen, die von Arbeitnehmern, Eignern und

Managern anerkannt und geschätzt werden, wirken bis in die Gegenwart. So stellte der ehemalige Betriebsratsvorsitzende Wolfgang Zimmermann lobend fest, dass es unter Langmann keine Entlassungen gegeben habe und dass «der Laden lief, solange er seine Finger drin hatte» – eine Auffassung, der sich Flavio Battisti, Zimmermanns Nachfolger als Betriebsratsvorsitzender, mit ähnlichen Worten anschloss: Für ihn war Langmann sogar eine «Lichtgestalt».[22] Führende Vertreter der Familie schätzen Langmann bis heute dafür, dass er die Familie in den schweren Jahren um 1960 zusammengehalten und Merck als Unternehmen für die Familie erhalten hat. Zudem werden von Familie und Management das in den 1990er-Jahren geschaffene Vertragsgeflecht zur Bewahrung stabiler Beziehungen innerhalb der Familie sowie zwischen Familie und Kommanditaktionären anerkannt.[23] Langmann gilt aufgrund dieser und anderer Leistungen bis heute als «lebendes Denkmal».[24]

Geboren wurde Langmann am 5. Oktober 1924 in Mecklenburg als Sohn des Pastors Otto Langmann.[25] Von 1928 bis 1933 und von 1937 bis 1942 lebte die Familie in Südamerika, wo sein Vater zuletzt deutscher Botschafter in Uruguay war. Nach dem Krieg wohnte Langmann zunächst bei den Eltern eines Wehrmachtskameraden in Seeheim, wo er Patient von Fritz Groos wurde. Noch während seines Physikstudiums lernte er seine zukünftige Frau, Marlis Groos, die Tochter des späteren Merck-Aufsichtsratsvorsitzenden Fritz Groos, kennen, die von ihm Spanischunterricht erhielt. Nach seiner Promotion an der Universität Heidelberg arbeitete Langmann bis 1965 ebendort und am Kernforschungszentrum Karlsruhe.

Im Verlauf der 1950er- und 1960er-Jahre wurde Langmann wie andere Schwiegersöhne aus dem Geschwisterkreis von Karl Merck – zu nennen wären die Aufsichtsratsmitglieder Hans Wolfgang Kohlschütter und Hermann Kraft sowie das spätere Mitglied der Geschäftsleitung Kurt von Kessel – nach und nach in die Leitung von Firma und Familie einbezogen. Während der Unternehmenskrise der späten 1950er- und frühen 1960er-Jahre gewann Langmann immer mehr Einfluss, insbesondere bei der Neujustierung der Gremien. Bereits wenige Monate nach seiner Hochzeit vertrat er seine erkrankte Frau auf der Gesellschafterversammlung Ende März 1953 und brachte dort einen von Karl Schaedel ausgearbeiteten neuen Gesellschaftervertrag zu Fall, indem er auf Widersprüche im Vertragswerk hinwies.[26] Im Verlauf der Liquiditätskrise der späten 1950er-Jahre beschaffte Langmann sich über seine Frau, die im Rechnungswesen arbeitete, Zahlenmaterial, um in Heimarbeit eine konsolidierte Gruppenrechnung sowie eine – wie man heute sagen würde – Cashflow-Rechnung zu erstellen. Dabei stellte er fest, dass Merck infolge der hohen Pensionsrückstellungen einen beträchtlichen Zahlungsmittelüberschuss aufwies und daher durchaus als Familiengesellschaft überlebensfähig war.[27] Dadurch stieg sein Ansehen in der Familie, sodass er 1961 in den Familienrat gewählt wurde und ausgehend von dieser Position die Struktur der Gruppe refor-

Abbildung 116 Hans Joachim Langmann erläutert die Geschäftsentwicklung, 1968.

mierte.[28] Folgerichtig wurde er 1964 nicht nur Vorsitzender des von ihm vorgeschlagenen und im Gesellschaftervertrag neu geschaffenen Gesellschafterrats, sondern auch Aufsichtsratsmitglied der AG und offener Gesellschafter der OHG. Bei der OHG verantwortete er zunächst die Beziehungen zur AG und verwaltete die Auslandsgesellschaften. Rasch gelang es ihm, seine Position auszubauen: Seit Sommer 1966 führte er die Geschäfte der OHG alleine.[29] Bereits im Herbst 1965 war entschieden worden, dass Langmann ab 1. Juli 1966 vom Aufsichtsrat in den Vorstand der AG wechseln und dort als Nachfolger des altersbedingt ausscheidenden Wilhelm Steiger für das Finanz- und Rechnungswesen, für Steuern, Betriebswirtschaft und die Auslandsgesellschaften zuständig sein sollte.[30] Im November 1968 übertrug ihm der Aufsichtsratsvorsitzende Hans Wolfgang Kohlschütter zudem die Verantwortung für die Nachfolgeplanung in der Geschäftsleitung, deren Mitglieder zu weiten Teilen das 60. Lebensjahr überschritten hatten – so auch der Vorstandsvorsitzende Hans Harms, dessen Nachfolge Langmann schließlich im Sommer 1972 antrat.[31]

Langmann war gerade noch rechtzeitig in eine leitende Funktion gekommen. Bereits in den 1950er-Jahren hatte der damalige Aufsichtsratsvorsitzende Peter Reinhold eruiert, ob sich die BASF am Kapital von Merck beteiligen wollte.

Bis in die 1960er-Jahre hielten Hans Harms – dem schon ein Posten bei der BASF in Aussicht gestellt worden war – und Jan Thesing dies durchaus für möglich. Unterstützt wurden sie dabei von Fritz Groos und Wilhelm Steiger, die einer Kapitalöffnung für familienfremde Aktionäre ebenfalls offen gegenüberstanden.[32] Spätestens seit 1958 gab es eine enge Zusammenarbeit mit der BASF im Vitamin- und im Pflanzenschutzgeschäft.[33] Diese Kooperation war für Merck durchaus interessant, denn die BASF entwickelte seit 1959 erfolgreiche Verfahren zur Herstellung von Vitamin A.[34] In Produktion und Vertrieb kooperierte die BASF seit 1961 mit Hoffmann-La Roche, stand aber einer Zusammenarbeit mit einem weniger dominanten Partner durchaus offen gegenüber.[35] 1964 fragte die BASF offiziell an, ob man sich eine 50:50-Zusammenarbeit im Vitamingeschäft vorstellen könne – Produktion und Vertrieb sollten in ein Gemeinschaftsunternehmen eingebracht werden, die Forschung sollte bei den Muttergesellschaften bleiben.[36] Ein Jahr später wurde auf Ebene der Forschungsleiter darüber gesprochen, dass die BASF in andere Bereiche expandieren wolle, weil die Ludwigshafener die Konkurrenz der großen Erdölkonzerne in der Petrochemie fürchteten. Daher habe die BASF auch mit der ebenfalls in Ludwigshafen ansässigen Arzneimittelfirma Knoll über einen Kauf gesprochen. Dieser war aber – zunächst – nicht zustande gekommen, sodass die BASF im Sommer 1965 immer noch auf der Suche nach einer zum Verkauf stehenden Arzneimittelfirma mit einem Umsatz von rund 100 Millionen DM war. Thesing notierte folglich: «Man bat darum, dass sich Merck an die BASF erinnere, wenn sich die Kapitalseite neu orientieren wolle.»[37] Auch auf höherer Ebene wurde über eine engere Zusammenarbeit gesprochen. Bernhard Timm, der 1965 Vorstandsvorsitzender der BASF geworden war, bot erneut eine zukünftige Zusammenarbeit im Vitamingeschäft an. Thesing und Langmann waren durchaus bereit, eine gemeinsame Vertriebsfirma zu gründen und die Vertriebsorganisation in diese Firma einzubringen. Allerdings forderte Merck, dass die Produktionsanlagen im Besitz der Mutterfirmen verbleiben sollten.[38] Timm war dies zu wenig lukrativ, wie er Hans Harms bei einem Treffen in Baden-Baden erläuterte: Die BASF wolle sich am Kapital von Merck beteiligen und auch in das Pharmageschäft eintreten. Harms signalisierte Bereitschaft, über eine umfassende Zusammenarbeit oder Beteiligung zu sprechen, räumte aber ein, dass Langmann für alle Fragen einer Kapitalbeteiligung zuständig sei.[39] Dieser hatte über seine Frau erfahren, dass Teile von Vorstand und Familie die Absicht hatten auszusteigen.[40] Zu diesem Zeitpunkt war aber bereits entschieden worden, dass die nachfolgende Generation Merck als Familienunternehmen erhalten wollte: Emanuel W. Merck, Jean-Thomas Baillou, Peter Berglar und Hans Joachim Langmann hatten dies mündlich vereinbart.[41] Die Kapitalbeteiligung von BASF war damit vom Tisch, und Merck blieb ein selbständiges Familienunternehmen.

Die Ära Langmann

Abbildung 117   Gruppenaufnahme der Gesellschafter, 1968.

Wenige Jahre später kam es zu einer organisatorischen und personellen Zäsur, weil kurz hintereinander Karl und Fritz Merck, die für das Unternehmen zentralen Familienmitglieder der neunten Generation, sowie Emanuel W. Merck, ein Hoffnungsträger der zehnten Generation, starben.[42] Außerdem wurde die 1953 erfolgte Spaltung in AG und OHG wieder aufgehoben, weil sie sich als wenig praktikabel erwiesen hatte und verschiedene Gesetzesänderungen die Umwandlung nun steuerlich attraktiver machten. Die Probleme waren so gravierend, dass sie sogar der Belegschaft seit mindestens zehn Jahren vertraut waren. Eine praktikable Lösung, wie man die Geschäftsabläufe einwandfrei zwischen AG und OHG trennen konnte, war nämlich nie gefunden worden.[43] Aus steuerlichen Gründen wäre dies aber notwendig gewesen. Insbesondere führte die damalige Rechtskonstruktion zu einer relativ hohen Belastung mit Vermögenssteuern, weil einerseits die Aktiengesellschaft diese Steuern auf ihr Vermögen zu zahlen hatte. Andererseits musste der Wert der Aktiengesellschaft als vermögenssteuerpflichtiger Besitz bei der OHG nochmals versteuert werden. Neben Ersparnissen bei der Vermögenssteuer könnte man, so Langmann, bei einer anderen Rechtskonstruktion auch die Ertragssteuerbelastung reduzieren. Fraglich war also nicht, ob, sondern nur wie die Spaltung rückgängig gemacht werden konnte. Aus zwei Gründen entschied man sich für die Zusammenführung unter dem Dach der OHG und nicht unter dem Dach der AG. Bei der AG befürchtete Hans Joachim Langmann nämlich die wachsende Beschränkung der unternehmerischen Freiheit durch Mitbestimmungsgesetze. Außerdem wurde die Umwandlung von Kapital- in Personengesellschaften erheblich begünstigt, weil dabei nur ein Drittel des Umwandlungsgewinns versteuert werden musste. Zusammenfassend stellte Langmann fest: «Es geht einfach darum, wie wir am besten aus der jetzigen recht unbefriedigenden Lage herauskommen, so herauskommen, daß wir einen dauernden wirtschaftlichen und wenn möglich steuerlichen Vorteil gewinnen und daß wir einer möglichen erweiterten Mitbestimmung besser ausweichen können. Hätten wir diese Vorschläge schon vor 5 oder 10 Jahren realisiert, würden wir besser dastehen.»[44] Nachdem zahlreiche handels- und steuerrechtliche Fragen im Detail geklärt worden waren, wurde 1969 in einem ersten Schritt die Merck AG in die Merck-Anlagen-GmbH umgewandelt. Auf diese wurde auch das Anlagevermögen der Emanuel Merck OHG übertragen. Das operative Geschäft, das bisher bei der Merck AG gelegen hatte, wurde nun der Emanuel Merck OHG übergeben.[45] Zum Jahresende 1970 wurde schließlich die Merck-Anlagen-GmbH wieder aufgelöst und zur Emanuel Merck OHG verschmolzen.[46]

Die juristische Reorganisation führte auch zu einer Neujustierung der Gremien. An die Stelle der Hauptversammlung der AG trat nun die Gesellschafterversammlung der OHG. Diese wählte einige Mitglieder des Gesellschafterrats, dessen weitere Mitglieder die persönlich haftenden Gesellschafter der OHG waren. Der Gesellschafterrat, der in gewisser Weise die Funktionen des Aufsichtsrats der AG übernahm, ernannte Teile der Geschäftsführung, entschied in Angelegenheiten von besonderer Bedeutung, legte die Gewinnverteilung fest, und sein Sprecher agierte als Repräsentant der Merck-Gruppe. Die Geschäftsführung, die dem Vorstand einer Aktiengesellschaft vergleichbar ist, bestand aus den unbeschränkt haftenden Gesellschaftern sowie aus einigen ernannten Personen.[47] Der Fixpunkt war Hans Joachim Langmann, der sowohl Vorsitzender des Gesellschafterrats als auch Mitglied und seit 1. Juli 1972 Vorsitzender der Geschäftsleitung war.

Jenseits der unternehmensrechtlichen Gegebenheiten kam es in jenen Jahren zu einer anderen wegweisenden Entscheidung – dem Übergang von der funktionalen zur divisionalen Organisation. Damit lag man im Trend der Zeit, denn auch Henkel, die BASF, Hoechst und Bayer gingen zwischen 1969 und 1971 zu dieser Organisationsform über.[48] Bereits 1968 favorisierte Langmann einen entsprechenden Umbau des Unternehmens, um Erfolge und Misserfolge besser einzelnen Mitarbeitern, Abteilungen oder Divisionen zuordnen zu können. Diese Überlegung wurde vom Vorstandsvorsitzenden Harms nicht mit Nachdruck behandelt. Er bevorzugte eine gemächliche Veränderung: Zunächst sollte der Pharmavertrieb im Inland, dann der im Ausland und anschließend weitere Bereiche des Unternehmens reformiert werden.[49]

Nach dem Wechsel an der Unternehmensspitze im Sommer 1972 wurde im April 1974 also etwas umgesetzt, das bereits seit mehreren Jahren diskutiert, aber erst nach dem Wechsel an der Spitze und nach der 1972 erfolgten Ausgliederung des Pflanzenschutzgeschäfts möglich geworden war.[50] Nun hatte Merck mit Pharma und Chemie zwei in etwa gleich starke Bereiche, die autonome operative Einheiten werden sollten und deren innere Organisation bis zur Ebene der Oberleiter einander angepasst werden konnte.[51] Die Verantwortlichen waren nun Jan Thesing und Erik von Davidson für den Unternehmensbereich Pharma sowie Ernst Jacobi, Kurt von Kessel und Sieghart von Arnim für den Unternehmensbereich Chemie. Unterstützt wurden die Unternehmensbereichsleiter durch fünf Zentralbereiche, die zunächst Hans Joachim Langmann, Otto Esser, Peter Merck, Victor Baillou und Kurt von Kessel leiteten.[52] Aus Sicht der Geschäftsleitung sollte die Verlagerung des operativen Geschäfts in die Unternehmensbereiche vor allem dazu führen, dass an der Spitze mehr Zeit für strategische Aufgaben war. Es ging darum, «durch das Schaffen relativ autonomer Führungsbereiche das Unternehmen im Ganzen schlagkräftiger zu machen».[53] Als man die Haupt- und Oberleiter am 16. Januar 1974 über die Reformpläne und die Kompetenzverteilung in der Geschäftsleitung informierte, wurde betont, dass eine faktisch bereits seit Jahren bestehende Ordnung nun auch formal umgesetzt werden sollte. Letztlich wollte die Geschäftsleitung «von untergeordneten Aufgaben und Tagesproblemen» entlastet werden und die Straffung und Modernisierung des Unternehmens vorantreiben, sodass eine «am Produkt und am Markt orientierte Geschäftspolitik» gestaltet werden konnte. Die Unternehmensbereichsleiter durften fortan beispielsweise über Investitionen im Umfang von bis zu 300 000 DM autonom entscheiden und konnten Personalentscheidungen bis zur Ebene der Abteilungsleiter treffen sowie Handlungsvollmacht erteilen.[54]

Auf dem Weg der divisionalen Organisation ging Merck, ähnlich wie Bayer und die BASF, noch einen Schritt weiter. Im Herbst 1981 wurde eine weitere Reform der Unternehmensorganisation vorbereitet.[55] Ziel des Projekts war es, Unternehmensstrategie, Marketingziele und kooperative Führungsstruktur zu einer effizienten Einheit zu verbinden. Außerdem sollte die Verlagerung operativer Tätigkeiten und Ergebnisverantwortlichkeiten in die innerhalb der Unternehmensbereiche neu zu schaffenden Sparten die Geschäftsleitung weiter entlasten und stärkere unternehmerische Anreize für die Mitarbeiter der zweiten und dritten Ebene schaffen.[56] Die Entscheidungsbefugnis wurde also, so Personalchef Wolfgang Hohmann auf einer Betriebsversammlung am 1. April 1985, auf die Stellen übertragen, «bei denen der höchste Sachverstand und Informationsstand» vorlag.[57]

Dabei stand zunächst die Reorganisation des Unternehmensbereichs Chemie im Vordergrund. Dieser sollte in zwei Bereiche – Chemie und Labor – und weiter in verschiedene Sparten unterteilt werden, die ihrerseits eigenständige funktionale Einheiten für Forschung, Produktion und Vertrieb erhalten sollten.[58] Diese Pläne, die Hans Joachim Langmann den anderen Mitgliedern der Geschäftsleitung vorstellte, trafen jedoch auf Widerspruch. So wiesen die neu in die Geschäftsleitung berufenen Wolfgang Hönn und Wolfgang Hohmann darauf hin, dass viele Geschäftsfelder zu klein für eine Spartenorganisation seien und insbesondere die Chemieproduktion zentralisiert werden müsste, weil nur dann kosteneffizient gearbeitet werden könne.[59] Ähnlich lautete die Kritik von Kurt von Kessel, der darauf hinwies, dass die Zersplitterung der Forschung zu Effizienzverlusten führen würde.[60] Langmann legte vor allem großen Wert auf eine Neuordnung der Geschäftsleitung und zwar mit der «egoistischen Absicht, einen Teil meiner Tagesarbeit auf die anderen Mitglieder der GL abzuwälzen». Wichtig war für Langmann auch, dass innerhalb der Sparten neue Geschäftsfelder erschlossen werden konnten – als Beispiele nannte er Projektgruppen für Flüssigkristalle, Lichtleitfasern und Fotolacke.[61]

Trotz dieser Bedenken folgte der Personalausschuss des Gesellschafterrats weitestgehend Langmanns Vorschlägen. An die Spitze der drei Geschäftsbereiche Pharma, Labor und Chemie traten Sieghart von Arnim, Wolfgang Hönn und Heinrich Müller, die beiden Zentralbereiche übernahmen Victor Baillou und Wolfgang Hohmann. Weitgehend entmachtet wurden Peter Merck und Jan Thesing, die zwar beide offene Gesellschafter blieben, aber die Geschäftsleitung verließen, um anschließend nur noch die Kommissionen der Geschäftsleitung für Sicherheit bzw. Forschung und Entwicklung zu leiten. Weniger entlastet als gedacht wurde Hans Joachim Langmann, der für Finanzen, Recht, Steuern, Unternehmensplanung, Controlling und die Auslandsbeteiligungen zuständig blieb.[62] Die Abgabe von Macht fiel aber nicht nur an der Spitze von Merck schwer, sondern war ein Kennzeichen vieler deutscher Unternehmen.[63]

Die Steigerung von Effizienz und Dynamik, die aus den Organisationsreformen resultieren sollten, war dringend notwendig, denn die Ertragskraft von Merck ließ in den 1970er- und 1980er-Jahren zu wünschen übrig: Daher wurde kurz nach der zweiten Reorganisation erstmals eine neue Finanzierungsquelle in Anspruch genommen. Die Merck AG Zug, die Holdinggesellschaft zur steueroptimierten Finanzierung und Verwaltung der Auslandsbeteiligungen, verkaufte Teile ihres Aktienkapitals an der Börse. Dies war laut Presseberichten notwendig, weil stark wachsende Investitionen nicht mehr aus dem Cashflow finanziert werden konnten.[64] Durch den Verkauf von Inhabervorzugsaktien im Sommer 1986 an den Börsen Zürich, Genf und Basel flossen dem Unternehmen 392 Millionen Franken (rund 470 Millionen DM) zu, die Eigenkapitalquote stieg auf über 50 Prozent.[65]

Der Börsengang der Holding in Zug kann als Symptom für die Schwäche von Merck gelten, die inzwischen sogar öffentlich diskutiert wurde: überholte Führungsstrukturen, veraltete Produkte, überaltertes Management – so lautet beispielsweise das niederschmetternde Fazit im «Manager Magazin». Auch die Fronten innerhalb der Familie wurden thematisiert: auf der einen Seite der alternde Familienpatriarch Hans Joachim Langmann, auf der andere Seite die «jungen Wilden» Christoph Berglar und Frank Stangenberg-Haverkamp, der im Gesellschafterrat eine knappe Mehrheit hinter sich versammeln konnte und so dafür sorgte, dass die Strategieberatungsgesellschaft McKinsey das Unternehmen durchleuchtete.[66]

Tatsächlich war Merck in eine Krise geraten: Zwischen 1984 und 1988 war der Umsatz nur unwesentlich gewachsen, und die vorgenommenen Investitionen trugen keine Früchte: Für jede DM, die in Sachanlagen, Forschung und Entwicklung investiert worden war, wuchs der Umsatz nur noch um 35 Pfennig; der Umsatz je Mitarbeiter stagnierte.[67] Bei der Beratung durch McKinsey bestätigte sich, dass die Rendite insgesamt unbefriedigend war und im Wesentlichen aus der Beteiligung an der italienischen Firma Bracco resultierte. In einige Geschäftsfelder – insbesondere bei den Flüssigkristallen – war zu wenig investiert worden, von vielen randständigen Geschäftseinheiten, so lautete die Empfehlung, müsse Merck sich trennen, um das Unternehmen auf die ertrag- und chancenreichen Gebiete zu fokussieren. Außerdem stellten die Berater fest, dass die in steuerlicher und handelsrechtlicher Sicht geniale Unternehmenskonstruktion die Steuerungsprozesse erschwere und den innerbetrieblichen Informationsfluss behindere. Es sehe so aus, so die Auffassung der Berater von McKinsey, als ob nur Hans Joachim Langmann einen Gesamtüberblick habe.[68] Strategischer Fokus und größere operative Kostendisziplin – so lässt sich der Ratschlag von McKinsey zusammenfassen. Insgesamt kam diese Erkenntnis für die Mitglieder der Geschäftsleitung nicht überraschend, ja man war sogar teilweise enttäuscht von der Qualität der Berater und der Beratung. Gleichwohl erteilte man McKinsey einen Anschlussauftrag mit 30 Strategie-, Reorganisations- und Effizienzsteigerungsprojekten.[69] Diese sollten konkretes Einsparpotenzial identifizieren und zu «mehr Initiative, mehr Begeisterung [...] mehr Schwung» bei Merck führen.[70]

Dem damaligen Stand der Strategieberatung entsprechend, führte McKinsey nun eine 7-S-Diagnose durch, also eine Untersuchung von Strategie, Stil, Stammpersonal, Spezialkenntnissen, Systemen, Strukturen und Selbstverständnis. Dabei stellte sich heraus, dass es zwar eine Sparten-, aber keine Gesamtgeschäftsstrategie gab. Das Unternehmen werde sehr bürokratisch und konservativ geführt, klare Anreize und Sanktionen fehlten, Verantwortung und Entscheidungskompetenz würden nicht delegiert, und es herrsche Zukunftsunsicherheit. Ferner fehle es an einer gezielten Führungskräfteentwicklung, einem weltweiten

EDV- und Controllingsystem, und die historisch gewachsene Organisation sei unübersichtlich und nicht an die Marktentwicklung angepasst.[71]

Die aus der Analyse abgeleiteten Änderungsvorschläge stießen aber bei Teilen der Geschäftsleitung sowie bei Gewerkschaften und Arbeitnehmervertretern auf Widerstand. Sie beurteilten den Einsatz der Berater negativ und berichteten über «Frust, Unruhe, verlorene Motivation und innere Kündigung bis in die Führungsebene».[72] Als durchsickerte, dass im Rahmen der Geschäfts- und Strukturanalyse als erste Maßnahme 82 Arbeitsplätze wegfallen und die deutschen Vertriebsniederlassungen geschlossen werden sollten, nahm die Unruhe erheblich zu.[73] Um die Ängste der Belegschaft zu dämpfen, griff die Geschäftsleitung zu einer Maßnahme, die den Handlungsspielraum der Berater erheblich einschränkte: Der Vorstand schloss größere Entlassungen aus und stellte vielmehr auf Frühpensionierung und innerbetriebliche Umsetzung ab.[74] Tatsächlich wurden bis Oktober 1990 lediglich 157 Stellen durch Entlassungen, Pensionierung und Fluktuation abgebaut.[75] Die große Reform war also ausgeblieben.

Die ausbleibende Kostensenkung führte nun dazu, dass der durch den Börsengang der Schweizer Holding gewonnene finanzielle Spielraum schon bald ausgeschöpft war. In der Presse wurde daher bereits nach wenigen Jahren über einen Börsengang des Darmstädter Mutterhauses spekuliert. Noch im Mai 1994 schloss Hans Joachim Langmann die Umwandlung der Darmstädter Merck OHG in eine börsennotierte AG für die nahe Zukunft allerdings aus.[76] Grundsätzlich stand er aber vor dem Problem, dass der Gesellschafterrat empfohlen hatte, innerhalb von vier bis fünf Jahren eine Eigenkapitalquote von 35 Prozent zu erreichen.[77] Dies bedeutete, dass fast eine Milliarde DM an zusätzlichem Eigenkapital lukriert werden musste – sei es durch Gewinne oder durch Kapitalmaßnahmen. Dies war wohl ein Grund dafür, weshalb Langmann Pläne für einen Börsengang vorlegte und im Herbst 1994 die Vorarbeiten für eine Rechtsformumwandlung der Merck OHG in eine Kommanditgesellschaft auf Aktien (KGaA) begannen.

Damit ging eine Neuordnung der vertraglichen Verhältnisse zwischen Firma und Familie einher. Der 1964 geschaffene Gesellschafterrat wurde in zwei Gremien aufgeteilt: in einen vornehmlich für Familienangelegenheiten zuständigen Familienrat und in einen für Geschäftsangelegenheiten verantwortlichen «neuen» Gesellschafterrat.[78] Außerdem wurden nun erstmals familienfremde Mitglieder in den Gesellschafterrat berufen: Der Finanzvorstand der Treuhandanstalt, Heinrich Hornef, der Industrielle Arend Oetker, der Maschinenbaufabrikant Gerhard Ziener und Wella-Chef Peter Zühlsdorff traten in den Gesellschafterrat ein. Bemerkenswert ist die Machtverteilung zwischen Gesellschafter- und Familienrat. Der Familienrat war nämlich für die Festlegung des unternehmerischen Willens der Familie zuständig. Seine Mitglieder wählten den Gesellschafterrat und mussten der Wahl des Vorsitzenden und stellvertretenden Vorsitzenden des

Gesellschafterrats wie auch der Bestellung von Mitgliedern der Geschäftsleitung zustimmen. Auch Entscheidungen über Gewinnverwendung, Rücklagenzuführung und Kapitalerhöhungen lagen beim Familienrat.[79] Zwar übernahm mit dem 1944 geborenen Jon Baumhauer ein Vertreter der elften Generation den Vorsitz im Gesellschafterrat, aber der Vorsitz im Familienrat fiel an Langmann, der auch Vorsitzender der Geschäftsleitung blieb. Da die Geschäftsleitung fortan für alle Geschäfte und nicht nur wie bisher für die gewöhnlichen zuständig war, zementierte Langmann seine Macht.[80]

Nun galt es, den gesellschaftsrechtlichen Umbau voranzutreiben. Dazu entwarf Hans Joachim Langmann im Juli 1994 einen Strukturvorschlag für die Neugliederung der Gesellschaft.[81] Gemäß seinem Plan sollte eine KGaA ein Kommanditkapital von 250 Millionen DM erhalten, unterteilt in fünf Millionen stimmberechtigte Aktien mit einem Nennwert von jeweils 50 DM. Die Merck OHG sollte sich mit einer Kapitaleinlage von 500 Millionen DM als Komplementär beteiligen – Langmann wollte also ursprünglich ein Drittel des Gesamtkapitals an die Börse bringen. Außerdem sollten die offenen Gesellschafter von Merck zugleich geschäftsführende Komplementäre (ohne Kapitalanteil) der KGaA werden. Des Weiteren sollte die KGaA den Aktionären der Merck AG Zug ein Übernahmeangebot machen, sodass alle wesentlichen operativen Einheiten der Merck-Gruppe zukünftig unter dem Dach der KGaA vereint wären.[82] Im Grundsatz wurde dieser Plan umgesetzt, allerdings erhielten die Aktien einen Nennwert von 5 DM, und es wurde nach einer Kapitalerhöhung durch die Gesellschafter um ein Drittel nur ein Viertel des Kapitals verkauft.

Nach vorbereitenden Arbeiten im zweiten Halbjahr 1994 und der Zustimmung der Geschäftsleitung im November 1994 musste im ersten Halbjahr 1995 auch die Familie von der Umwandlung überzeugt werden.[83] Dies geschah auf der außerordentlichen Gesellschafterversammlung am 8. April 1995. Bei diesem Anlass präsentierte Langmann das Vorhaben unter dem Titel «Merck bleibt ein selbständiges und eigenständiges Unternehmen der Familie Merck».[84] Zunächst legte er die großen Erfolge der Merck-Gruppe in den vergangenen Jahren dar: eine im Vergleich zur chemischen Industrie hohe Umsatzrendite, große Akquisitionen und damit einhergehende Umsatz- und Ertragssteigerungen. Er räumte ein, dass sich durch Unternehmenskäufe und Investitionen die Finanzschulden erhöht und die Eigenkapitalquote reduziert hatten. Schließlich erläuterte er die starke Stellung der Familie innerhalb der KGaA: «Die Familie übt ihren Einfluß über die persönlich haftenden Gesellschafter aus, deren Stellung in der KG sehr stark ist, und über den Gesellschafterrat, der das bestimmende Kontrollorgan der Gruppe ist.»[85] Zusammenfassend stellte Langmann die wesentlichen Vorteile der von ihm vorgeschlagenen neuen Rechtskonstruktion vor: Diese lägen in der stärkeren Kapitalbasis, im geringeren Risiko für die Gesellschafter, in der Zunahme des verteilbaren Gewinns, in der besseren Liquiditätssteuerung bei der Erbschaftsteuer, in den größeren unternehmerischen Handlungsspielräumen der Geschäftsleitung und in der Ausstiegschance der Familie. Dem stünden nur unwesentliche Nachteile gegenüber wie die höhere Vermögens- und Erbschaftsteuer sowie die stärkere Mitwirkung familienfremder Elemente.[86]

Nachdem die Gesellschafter dem Vorschlag des Familienoberhaupts gefolgt waren, konnten die Rechtsanwälte und Notare tätig werden. Die Merck OHG übertrug fast ihr gesamtes Vermögen, bestehende Arbeitsverhältnisse und Pensionszusagen sowie Arzneimittelzulassungen und Markenrechte rückwirkend zum 1. Januar 1995 auf die gleichzeitig gegründete Merck KGaA. Im Gegenzug erhielt die OHG Anteile an der KGaA und wurde mit einer Kapitaleinlage von 600 Millionen DM persönlich haftender Gesellschafter. Die meisten persönlich haftenden Gesellschafter der OHG wurden persönlich haftende Gesellschafter ohne Kapitalanteil und damit Geschäftsführer der KGaA. Nur der inzwischen 69-jährige Peter Merck wurde nicht in das neue Gremium berufen.[87] Außerdem wurde bereits zu diesem Zeitpunkt das Ausscheiden von Hans Joachim Langmann zum 31. Dezember 1999 aus dem operativen Geschäft beschlossen: Offene Gesellschafter, so war festgelegt worden, mussten in dem Quartal aus der Geschäftsleitung ausscheiden, in dem sie das 75. Lebensjahr vollendeten.[88]

Offen blieb zunächst, ob Investoren die Aktien auf dem freien Markt erwerben würden. Aber bereits am ersten Tag der Zeichnungsfrist, am 28. September 1995, registrierten die Banken eine Nachfrage von mehr als 53 Millionen Aktien zum vom Emittenten aufgerufenen Höchstpreis von 56 DM je Aktie. Bis zum 13. Oktober 1995, dem letzten Zeichnungstag, erhöhte sich die Nachfrage auf 129,2 Millionen Aktien.[89] Am 14. und 15. Oktober 1995 erfolgte die Zuteilung. Zunächst wurde den freien Aktionären der Merck AG Zug angeboten, 27 Kommanditaktien für jede Holding-Aktie zu erhalten.[90] Dieses Angebot nahmen 96,2 Prozent der freien Aktionäre an.[91] Weitere Kommanditaktien wurden nun an die Zeichner ausgegeben. Dabei entschied sich die Geschäftsleitung von Merck, den Aktionären einen fairen Preis zu bieten: 54 DM je Aktie. Am 20. Oktober 1995 wurde der Handel mit der Aktie im amtlichen Handel in Frankfurt und Zürich sowie im Londoner Freiverkehr aufgenommen.[92] In den folgenden Jahren stieg der Kurs tendenziell an. Aktionäre, die beim Börsengang 1995 Aktien erwarben, erzielten bis 2016 eine durchschnittliche jährliche Rendite von etwas über 10 Prozent. Im gleichen Zeitraum legte der deutsche Aktienindex DAX, in den Merck im Juni 2007 aufgenommen wurde, um lediglich 8,5 Prozent pro Jahr zu. Der Kauf von Merck-Aktien war also ein vergleichsweise gutes Geschäft![93]

Vor dem Börsengang war, wie oben bereits angedeutet, vereinbart worden, dass Hans Joachim Langmann spätestens Ende 1999 von seinen operativen Leitungsfunktionen zurücktreten würde. Damit wäre eine Diskussion beendet worden, die bereits seit über zehn Jahren inner- und außerhalb der Familie geführt wurde – schließlich hatte Langmann bereits im Oktober 1989 seinen 65. Geburtstag gefeiert. Auch deshalb forcierte er seit dieser Zeit die Einbindung von Jon Baumhauer in die Führungsgremien von Familie und Firma, um einen geeigneten Nachfolger aufzubauen.[94] Diese Lösung fand aber weder beim Kandidaten noch innerhalb der Familie den notwendigen Rückhalt, sodass auch über externe Manager nachgedacht wurde.[95] Dies blieb erfolglos, sodass Langmann Ende 1991 ankündigte, noch bis 1994 in der Geschäftsleitung zu bleiben.[96] Als dieser Zeitpunkt erreicht war, informierte Langmann die Geschäftsleitung, dass er Ende 1994 zwar aus dem Gesellschafterrat, aber nicht aus der Geschäftsleitung ausscheiden werde.[97]

Der Rückzug beschleunigte sich nach der Jahrtausendwende, obgleich Langmann sich selbst noch lange nicht im Rentenalter sah, wie er auf der Gesellschafterversammlung im Mai 2000 zu erkennen gab.[98] Selbst vier Jahre später bemerkte er: «Altersbedingte Gründe für ein Aufhören gibt es bei mir (noch) nicht, auch wenn mein Alter bei Unternehmen, die keine Familiengesellschaft sind, sicherlich eine weitere Tätigkeit – zum Beispiel in einem Aufsichtsrat – nicht zulassen würde.»[99] Inzwischen wartete hinter der nächsten bereits die übernächste Generation auf den Abtritt des Patriarchen und erhöhte nach und nach den Druck.[100] Schließlich lenkte Langmann ein und übergab am 22. Juni 2002 seine Position als Vorstandsvorsitzender der E. Merck KG, der Familienholding, die auch persönlich haftende Gesellschafterin der Merck KGaA ist, an den 58-jährigen Jon Baumhauer; Stellvertreter wurde der 53-jährige Frank Stangenberg-Haverkamp.[101]

Über die Nachfolge in der Geschäftsleitung der KGaA war die Öffentlichkeit bereits im Frühjahr 1999 informiert worden, als Merck bekannt gab, dass Langmann ausscheiden werde. Der bisherige Leiter des Pharmageschäfts, Bernhard Scheuble, sollte unter Beibehaltung seiner bisherigen Aufgabe sein Nachfolger werden. Der 1953 geborene Physiker Scheuble hatte als Doktorand am Fraunhofer-Institut für angewandte Festkörperphysik in Freiburg an optischen Effekten in Flüssigkristallen gearbeitet und war Anfang 1982 in die Dienste von Merck eingetreten, wo er zunächst weiter an Flüssigkristallen forschte. Zwischen 1986 und 1990 baute er ein Zentrum für Flüssigkristallforschung in Japan auf, anschließend übernahm er in Darmstadt die Leitung der neu geschaffenen Strategischen Geschäftseinheit Flüssigkristalle. Ab 1995 erweiterte er als Leiter der Hauptabteilung Pharma Marketing und Vertrieb Ausland sein Fertigkeitsspektrum. 1998 wurde er als persönlich haftender Gesellschafter in die Geschäftsleitung aufgenommen.[102] Am 30. März 1999 beschloss die Geschäftsleitung auf Vorschlag von Langmann einstimmig, dem Gesellschafterrat vorzuschlagen, Scheuble zum neuen Vorsitzenden zu ernennen, sobald er selbst aus dem Gremium ausscheiden würde.[103] Gemeinsam mit Scheuble wurde auch eine neue

Abbildung 118 Jon Baumhauer, Frank Stangenberg-Haverkamp und – von hinten – Peter Merck, 2003.

Nummer Zwei bestellt: Der 53-jährige Michael Römer, seit 1978 bei Merck und seit 1993 in der Geschäftsleitung, rückte auf. Er galt als Experte in der Flüssigkristallforschung und der chemischen Verfahrensentwicklung und hatte sich Meriten bei der amerikanischen Tochtergesellschaft und als Leiter der Industriechemikaliensparte erworben.[104]

Mit dem Wechsel an der Spitze ging die Erwartung eines Wandels der Unternehmensstrategie einher. Scheuble hatte immerhin als Leiter des Pharmageschäfts die Weichen in Richtung Krebsforschung und «Gesundheit der Frau» gestellt.[105] Außerdem galt er im Vergleich zu seinem Vorgänger als «ungeduldiger Antreiber». Sogar eine Aufgabe der bisherigen Zwei-Säulen-Strategie wurde Scheuble zugetraut.[106] Zudem konnte er sich als ehemaliger Leiter des ausländischen Pharmageschäfts durchaus vorstellen, das inländische Pharmageschäft aufzugeben.[107] Scheuble entwickelte große Pharma-Pläne. Die hierfür notwendigen Finanzmittel wollte er einerseits an der Börse einsammeln, wo die Merck-Aktie seit seinem Dienstantritt überdurchschnittlich stark zugelegt hatte, und andererseits aus dem Börsengang des Labordistributionsgeschäfts erzielen. Zudem sondierte Scheuble im Frühjahr 2004 Unternehmenskäufe im Generikageschäft.[108] Nach seiner Ansicht war die für Übernahmen zuständige Abteilung noch nie so stark beschäftigt wie im Jahre 2004.[109] Rückblickend kann man jedoch feststel-

Abbildung 119 Bundeskanzler a. D. Helmut Kohl gratuliert Hans Joachim Langmann 1999 im Staatstheater Darmstadt zu dessen 75. Geburtstag. Satzungsgemäß schied Langmann zum Jahresende aus der Geschäftsleitung der Merck KGaA aus.

len, dass es unter Scheuble weder zu eine Neuausrichtung des Pharmageschäfts noch zu großen Akquisitionen kam.

Bei seinen Überlegungen musste Scheuble freilich die Vorstellungen der Familie immer im Blick behalten. Dies bedeutete: Das Unternehmen sollte selbständig bleiben, und der Kapitalanteil der Familie durfte sich nicht wesentlich ändern. Merck sollte weiterhin eine duale Struktur aus Chemie- und Pharmageschäft aufweisen sowie auf Innovationen und auf den Standort Deutschland bauen.[110] Die am 1. Juli 2005 von der Geschäftsleitung vorgelegte Unternehmensstrategie für die Jahre 2006 bis 2010 berücksichtigte diese Leitlinien nur teilweise. Insbesondere das Geschäft mit forschungsintensiven Arzneimitteln war unzureichend, weil die Geschäftsleitung nicht bereit war, eine große Akquisition durchzuführen oder risikoreiche Forschungsprojekte anzugehen. Einen Ausweg sah die Unternehmensspitze in der Konzentration der Forschungsaktivitäten auf wenige Anwendungsgebiete (Krebs-, Herz- und Kreislaufmedikamente), der Schließung des Forschungsstandorts Lyon und einer Restrukturierung in Darmstadt.[111]

Den letzten großen öffentlichen Auftritt als Merck-Chef hatte Scheuble bei der Vorstellung des Quartalsergebnisses Ende Oktober 2005.[112] Wenige Wochen später, am 22. November 2005, wurde – nachdem die anderen Mitglieder der

Abbildung 120 Ernesto Bertarelli und Michael Römer, damals Vorsitzender der Geschäftsleitung, geben die Übernahme von Serono durch Merck bekannt, 2006.

Geschäftsleitung dies beantragt hatten – nach einstimmiger Entscheidung im Gesellschafterrat das Engagement beendet.[113] Nachfolger von Scheuble als Chef wurde sein bisheriger Stellvertreter, der «loyale und vertrauenswürdige» Michael Römer.[114] Zunächst hieß es zwar, die Trennung sei im gegenseitigen Einvernehmen erfolgt, aber schnell machten Gerüchte die Runde: Eine Version lautete, der Umbau zum Shareholdervalue-Unternehmen habe der Familie nicht gepasst, eine andere, Scheuble sei der Familie zu mächtig geworden. Nach außen zeigte sich ein differenziertes Bild: Baumhauer dankte Scheuble für den Wertzuwachs und die von ihm geschaffenen Arbeitsplätze.[115] Langmann hingegen bezeichnete das Ausscheiden von Scheuble als «gute Maßnahme»,[116] Stangenberg-Haverkamp zeigte sich zuversichtlich, dass «Römer das Unternehmen als Garant der Kontinuität leiten» werde.[117] In einer Pressemitteilung wurden die Leistungen von Scheuble ausdrücklich gewürdigt.[118]

2.3. Die Belegschaft

Zwischen 1970 und 1980 stagnierte die Zahl der bei Merck in Deutschland beschäftigten Arbeitnehmer bei rund 8000. Im folgenden Jahrzehnt wuchs sie um 20 Prozent, bis zur Jahrtausendwende stagnierte sie erneut, und erst ab 2005 setzte wieder ein nachhaltiges, wenn auch langsames Wachstum auf inzwischen circa 12 000 Mitarbeiter ein. Mehr als verdoppelt hat sich demgegenüber die Beschäftigtenzahl bei den Auslandsgesellschaften im Verlauf der 1970er-Jahre: von 4600 auf 11 300. Sie erhöhte sich in den 1980er-Jahren um weitere 2000 Mitarbeiter und verdoppelte sich beinahe erneut im Verlauf der 1990er-Jahre auf rund 24 000. In Anteile umgerechnet bedeutet dies, dass am Anfang der 1970er-Jahre rund zwei Drittel der Gruppenbelegschaft im Inland tätig waren, wohingegen es zur Jahrtausendwende nur noch ein Drittel war. Diese Tendenz setzte sich zu Beginn des 21. Jahrhunderts fort. Am 31. Dezember 2017 beschäftigte die Gruppe in 313 Gesellschaften, die in 64 Ländern mit Produktions-, Vertriebs- oder Forschungsstätten vertreten waren, 52 880 Mitarbeiter; lediglich 25 Prozent waren noch in Deutschland beschäftigt.[119]

Der Übergang vom Beschäftigungswachstum im Wirtschaftswunder zur Stagnation in den Jahren nach dem Boom sowie die gesellschaftspolitischen Umwälzungen der «68er» zeigten sich in den zunehmenden größeren und kleineren Konflikten in den Arbeitsbeziehungen. Den Auftakt markiert der große Chemiearbeiterstreik von 1971, der das Werk Darmstadt mehr oder weniger vollständig lahmlegte.[120] Das Jahr 1971 war generell durch eine außerordentlich große Streikaktivität gekennzeichnet, wobei neben den Streiks der IG Chemie auch Aktionen der IG Metall in der Automobilindustrie ins Gewicht fielen.[121] An 15 aufeinanderfolgenden Tagen wurde Merck in Darmstadt bestreikt. Die Heftigkeit und die Dauer des Streiks waren ungewöhnlich, denn die Industriegewerkschaft Chemie galt keinesfalls als klassenkämpferisch und setzte in diesem Fall eigentlich auf bundesweite, zeitlich begrenzte Streikaktionen. Der Gewerkschaftsvorsitzende Karl Hauenschild begründete diese innovative Taktik mit der guten Vorbereitung der Arbeitgeber, die sich für einen großen, konventionellen Arbeitskampf präpariert hätten. Tatsächlich hatten Arbeitgeberverbände zu gegenseitigen Hilfsleistungen für den Fall gewerkschaftlicher Aktionen aufgefordert.[122] Anders als die Gewerkschaftsbosse befürchtet hatten, konnte die Großindustrie jedoch nicht mit einer geschlossenen Verteidigungslinie aufwarten.

Grundsätzlich ging es auch in diesem Arbeitskampf ums Geld. Dieser hatte sich nach Auslaufen des Tarifvertrags am 31. März 1971 und nach diversen wilden Streiks unzufriedener Arbeitnehmer verschiedener Branchen in den Vorjahren bereits angekündigt.[123] Nach Tarifverhandlungen am 20. April 1971 konnte die

IG Chemie keinen Erfolg verkünden, weil die Arbeitgeber kein konkretes Verhandlungsangebot unterbreitet hatten.[124] Aber auch die Gewerkschafter waren nicht für einen raschen Abschluss zu gewinnen. Die negativen Erfahrungen, die sie mit der im Februar 1967 vom sozialdemokratischen Bundeswirtschaftsminister Karl Schiller initiierten sogenannten Konzertierten Aktion gemacht hatten, dürfte ein Grund für ihren fundamentalen Widerstand gegen einen gemäßigten Tarifabschluss gewesen sein.[125] 1968 waren sie noch der Empfehlung der Bundesregierung gefolgt und hatten langfristige Tarifverträge mit, wie sich rasch zeigte, viel zu moderaten Lohnerhöhungen vereinbart.[126] Die Bundesregierung empfahl für 1971 Lohnsteigerungen von sieben bis acht Prozent, aber weder die Arbeitgeber der chemischen Industrie, die fünf Prozent boten, noch die Gewerkschaften, die mindestens elf Prozent verlangten, nahmen die Empfehlung an.[127] Lediglich im Tarifbezirk Rheinland-Pfalz einigte man sich rasch auf einen Abschluss von 6,5 Prozent, einschließlich der Zusage, ein 13. Monatsgehalt im Tarifvertrag zu verankern. In anderen Tarifbezirken wurde dieser Abschluss aber nicht als Vorbild angesehen, und der Kampf ging weiter.[128]

Im Gegensatz zu punktuellen Aktionen bei anderen Firmen wurde dieser Kampf bei Merck als dauerhafter Streik geführt – der erste Streik bei Merck seit mehr als 40 Jahren. Er bedeutete «einen tiefen Einschnitt».[129] Für eine besonders nachdrückliche Aktion bei Merck sprachen, so eine nachträgliche Analyse der Hauptleitung Personal, aus Gewerkschaftssicht vier Gründe. Erstens schwelten Auseinandersetzungen zwischen Unternehmensleitung und Belegschaft im Zusammenhang mit der Rückwandlung der AG in die OHG, bei der die Arbeitnehmer ihre Mitbestimmungsrechte im Aufsichtsrat eingebüßt hatten. Zweitens wurde angeführt, dass Merck ein rückständiges Familienunternehmen sei. Drittens spielten Merck und seine Führungskräfte, insbesondere Personalchef Handrack, als Verhandlungsführer im Tarifbezirk eine exponierte Rolle bei den Tarifverhandlungen. Viertens schätzte die Gewerkschaft die Widerstandskraft von Merck schwach ein und erwartete ein Einlenken der Geschäftsleitung nach zwei bis drei Tagen.[130]

Der Streik bei Merck begann am Vormittag des 15. Juni 1971 mit einer Protestversammlung mit rund 1200 Teilnehmern, gefolgt von einer IG Chemie-Versammlung in der Darmstädter Stadthalle am Abend.[131] Am darauffolgenden Tag nahmen 4000 Mitarbeiter am Arbeitskampf teil, und es wurde eine 15-köpfige Streikleitung unter der Führung von Ludwig Kaufmann gewählt. Dieser organisierte am Donnerstag einen Marsch mit 3000 Teilnehmern vom Werksgelände in die Innenstadt. Zu Beginn der zweiten Streikwoche fand eine heiße Diskussionsveranstaltung statt, an der die gesamte Geschäftsleitung teilnahm und auf der die Belegschaft den Betriebsratsvorsitzenden Karl Fleckenstein drängte, sich hinter den Streik zu stellen. Nach Abschluss der innerbetrieblichen Diskussion und der Organisation

Die Ära Langmann 425

Abbildung 121 Während des großen Chemiearbeiterstreiks im Jahre 1971 konnten «Streikbrecher» das Werk nur durch die «Schandgasse» erreichen.

von Streikposten marschierten 5000 Arbeitnehmer zum Friedensplatz, um an einer Kundgebung teilzunehmen. Auf dieser rief der Darmstädter Gewerkschaftssekretär Heinz Günter Lang, ein linker Sozialdemokrat, den unbefristeten Arbeitskampf aus. Inzwischen war der Streik so gut organisiert, dass die Geschäftsleitung die Polizei anfordern musste, damit rund 1000 Streikbrecher – die meisten waren Angestellte – ungehindert ins Werk gelotst werden konnten. Auch an den drei darauffolgenden Tagen konnten Streikbrecher nur mithilfe der Polizei durch eine schmale Gasse der Streikenden auf das Werksgelände gelangen. Ab dem Beginn der dritten Streikwoche lief der Zugang zum Werk etwas gesitteter ab, weil nach gerichtlicher Anordnung ein mit weißen Strichen markierter Pfad – von den Streikenden als «Schandgasse» bezeichnet – angelegt worden war, um den rund 2000 Arbeitswilligen den Zugang zum Werk zu ermöglichen. Die Streikleitung reagierte ein paar Tage später, indem sie potenzielle Streikbrecher bereits 20 bis 30 Meter vor den Werkstoren aufhalten ließ. In der aufgeheizten Stimmung kam es am 1. Juli zu Rempeleien und einem erneuten Polizeieinsatz. Der Mercksche Betriebsarzt musste Prellungen, Schürf- und Stichwunden behandeln.[132] Schließlich solidarisierten sich Studenten der Technischen Hochschule Darmstadt mit den Arbeitnehmern; deren

Abbildung 122 Streik 1971: Die Streikenden blockieren das Haupttor, um Streikbruch zu verhindern.

Sitzblockade wurde allerdings rasch von der Polizei beendet. Im Nachhinein vermutete der spätere Betriebsratsvorsitzende und damalige Streikteilnehmer Wolfgang Zimmermann, dass die Studenten eine wesentliche Rolle bei der lang anhaltenden Blockade des Werks gespielt hätten und die Mitarbeiter dies alleine nicht geschafft hätten.[133]

Am 4. Juli 1971 änderte sich die Lage, weil am Vortag nach 21-stündigen Verhandlungen eine bundesweit gültige Schlichtung gelungen war. Diese orientierte sich am Pilotabschluss aus Rheinland-Pfalz und sah eine Lohnsteigerung von 7,8 Prozent vor. Damit düpierten die Tarifpartner die Streikenden, und der Hauptvorstand der IG Chemie nahm den Abschluss nur mit knapper Mehrheit an.[134] Über dieses Ergebnis des langen Arbeitskampfes waren die Streikenden in Darmstadt empört: Sie schickten ein Protestschreiben an die IG Chemie und beschlossen weiterzustreiken. Erst auf einer letzten Kundgebung mit 4000 Teilnehmern am 5. Juli wurde auch in Darmstadt ein Ende des Arbeitskampfs verkündet.

Diese im Sommer 1971 vereinbarte Anhebung der Tariflöhne veränderte freilich nicht den Tatbestand, dass die Lohndrift, das heißt der Überschuss der tatsächlichen Löhne über die Tariflöhne, inzwischen bei Merck vergleichsweise gering war. Beispielsweise verdienten Tarifangestellte bei Merck weniger als im Durchschnitt der hessischen chemischen Industrie. Daher wurden Ende 1974 die übertariflichen Zulagen um rund 20 Prozent erhöht.[135] Ein von Merck bisher zur Ausgestaltung der Lohndrift genutztes Instrument verschwand 1974 fast vollständig. Die Rede ist von der Jahresabschlussgratifikation, die bisher jedes Jahr von der Geschäftsleitung neu festgelegt worden war. Bei dieser Fixierung wurde sowohl die wirtschaftliche Lage des Unternehmens als auch die individuelle Leistung des Mitarbeiters berücksichtigt.[136] Ab 1974 gab es jedoch für alle Mitarbeiter ein 13. Monatsgehalt.[137] Allerdings zahlte Merck zusätzlich eine Alterszulage von zehn DM je Dienstjahr, wenn man mindestens fünf Jahre für die Firma gearbeitet hatte. Besonders eifrige Beschäftigte konnten ferner einen betrieblichen Zuschlag von bis zu zehn Prozent eines Monatsgehalts erhalten.[138]

Neben dem Arbeitsentgelt erhielt die Belegschaft von Merck traditionell eine Reihe freiwilliger Sozialleistungen. Allerdings sei ein betriebliches Sozialsystem, so Hans Joachim Langmann, «keine Einbahnstraße ins Schlaraffenland».[139] Urlaubs- und Weihnachtsgeld, Betriebsrenten und Belegschaftsaktien sowie die Versorgung mit Kindergartenplätzen, Parkplätzen und Wohnraum können hier ebenso angeführt werden wie die Versicherung in der Betriebskrankenkasse und das günstige Mahl in der Kantine.

Wie bei vielen anderen Firmen entwickelte sich auch bei Merck die Firmenrente aus demografischen wie aus rechtlichen Gründen zum Kostentreiber.[140] So hatte in den Jahren 1955, 1959 und 1965 das Bundesarbeitsgericht noch entschieden, dass eine automatische Anpassung von Betriebsrenten nicht erfolgen musste, aber 1973 änderten die Richter ihren Kurs.[141] Betriebsrentner mussten einen gewissen Inflationsausgleich erhalten. Verschärft wurde die Anpassungspflicht durch das Betriebsrentengesetz, das ab dem 1. Januar 1975 eine Anpassung an den Kaufkraftverlust im Abstand von drei Jahren vorschrieb. Ein Blick in die Vergangenheit zeigte, dass die Betriebsrentensteigerungen bei Merck den Kaufkraftverlust nicht ausgeglichen hatten.[142] Die veränderte Rechtslage ließ also eine höhere Kostenbelastung für die Zukunft erwarten.

Ein weiterer Faktor, der die Rentenzahlungen in die Höhe trieb, war der demografische Wandel in der Firma, weil die nach dem Krieg eingestellten Arbeitskräfte nach und nach ins Rentenalter kamen. Außerdem hatte sich die durchschnittliche Rentenbezugsdauer erhöht, weil die Arbeitnehmer im Schnitt etwas früher in Rente gingen.[143] Besonders bedeutsam war die 1972 im Gesetz verankerte Möglichkeit einer Frührente im Alter von 63 Jahren.[144] Vier Fünftel der Mitarbeiter gingen nun tatsächlich zum früheren Zeitpunkt in Rente.[145] Insgesamt war die finanzielle Belastung immens: Im Verlauf der 1970er-Jahre wandte Merck rund 350 Millionen DM für die Altersvorsorge seiner Mitarbeiter auf. Dem stand ein kumulierter Bilanzgewinn von nur 223 Millionen DM gegenüber.

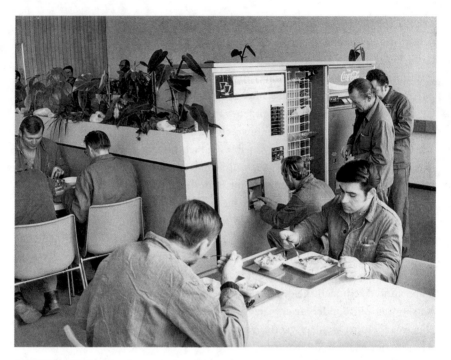

Abbildung 123 Kantine und Getränkeautomat, 1972. Die Arbeiter mussten sich nun selbst bedienen.

Ende 1975 wollte Langmann die Kostenexplosion bei der Betriebsrente stoppen und schlug vor, die Höchstrenten zu reduzieren und stärkere Abschläge bei der Frühverrentung einzuführen.[146] Daher nahm die Geschäftsleitung entsprechende Gespräche auf.[147] Rasch empfahl der Betriebsrat die Annahme des Geschäftsleitungsvorschlags, weil er für die Belegschaft sehr vorteilhaft war.[148]

Der Gesetzgeber sorgte bald dafür, dass weitere Anpassungen unumgänglich wurden, denn das 21. Rentenanpassungsgesetz vom 25. Juli 1978 führte zu wesentlichen Reduzierungen der gesetzlichen Renten.[149] Da die Firmenrente ein bestimmtes Gesamtversorgungsniveau sichern sollte, standen den staatlichen Rentensenkungen Erhöhungen der Betriebsrente gegenüber.[150] Langmann sah erneut die wirtschaftliche Basis des Unternehmens gefährdet und ordnete eine Reform des Systems an.[151] Die nun eingesetzte Firmenrentenkommission schloss sich der Auffassung des Geschäftsleitungsvorsitzenden an und stellte fest, dass «Merck für weite Teile seiner Belegschaft zum Ausfallbürgen bei der Altersversorgung» geworden sei. Diese Entwicklung müsse durch Abkopplung der Firmenrente von der gesetzlichen Rente gestoppt werden. Dadurch würde «ein wesentliches und unkalkulierbares Risiko für die betriebliche Altersversorgung bei Merck besei-

Die Ära Langmann **429**

Abbildung 124 Lehrlinge in der Werkstatt, 1967. Merck bildet seit Jahrzehnten Lehrlinge in zahlreichen technischen und kaufmännischen Berufen aus.

tigt».[152] Verhandlungen mit dem Gesamtbetriebsrat zogen sich fast ein Jahr hin und führten erst im Dezember 1984 zu einem Ergebnis.[153] Im Wesentlichen setzte sich die Geschäftsleitung durch. Die Firmenrenten wurden von der Entwicklung der gesetzlichen Rente abgekoppelt und hingen nur noch von der Anzahl der Dienstjahre in der Firma und vom Endgehalt ab.[154]

Kürzungen betrieblicher Sozialleistungen waren inzwischen leichter durchsetzbar, weil sich die hohe Arbeitslosigkeit in Deutschland verfestigt hatte. Zwischen 1973 und 1975 vervierfachte sich die Zahl der Arbeitslosen auf über eine Million, und auch die Zahl der jungen Menschen, denen kein Ausbildungsplatz angeboten werden konnte und denen Langzeitarbeitslosigkeit drohte, nahm deutlich zu.[155] In diesen Jahren bildete Merck aus gesellschaftspolitischen Gründen über den eigenen Bedarf hinaus aus und bot so jungen Leuten eine Perspektive. Am Ende der Ausbildungszeit konnten aber nicht alle Auszubildenden übernommen werden, woraus regelmäßig Auseinandersetzungen zwischen Jugendvertretung und Betriebsrat auf der einen und Geschäftsleitung auf der anderen Seite resultierten.[156] Trotz dieser Übernahmeproblematik forderte der Betriebsrat die Geschäftsleitung auf, die Zahl der Ausbildungsplätze wegen der anhaltenden Jugendarbeitslosigkeit zu erhöhen.[157] In den folgenden Jahren setzten Betriebsrat und Geschäftsleitung diese Politik fort.[158] Die steigende Zahl der Auszubildenden verschärfte freilich das Übernahmeproblem. Im Sommer 1976 konnten nur noch 51 von 81 fertigen Azubis übernommen werden, im Sommer 1978 sogar nur noch 62 von 106. Widerspruch regte sich nun beim Betriebsrat nicht mehr.[159] Erst im Sommer 1983 engagierte sich der Betriebsrat wieder wirksam für die Auszubildenden, und die Firma stockte die Anzahl der übernommenen Lehrlinge kurzfristig von 56 auf 71 auf, sodass nur 24 Auszubildende nach ihrer Lehre die Firma verlassen mussten.[160] Um den Anteil der übernommenen Auszubildenden wieder zu erhöhen, ging Merck 1983 dazu über, Ausbildungsabsolventen zunächst befristet oder in Teilzeit zu übernehmen. Außerdem informierte man gezielt ältere Arbeitnehmer über die neuen Altersteilzeitregelungen, um Arbeitsplätze für den Nachwuchs freizubekommen.[161]

In der Arbeitswelt nach dem Boom stieg nicht nur das Risiko der Arbeitslosigkeit. Den Arbeitnehmern wurde auch immer mehr abverlangt: Lebenslanges Lernen und Flexibilität wurden wichtiger.[162] Ein wesentlicher Schritt in die neue Arbeitswelt war die Abkehr von festen Arbeitszeiten, über die bei Merck seit Herbst 1970 verhandelt wurde. Gerade im Bürodienst waren starre Vorgaben überflüssig geworden. Die entsprechende Gleitzeitbetriebsvereinbarung trat am 1. Dezember 1974 in Kraft.[163] 1980 begannen Verhandlungen zwischen Geschäftsleitung und Betriebsrat über eine Modifikation der Vereinbarung. Der Betriebsrat stellte sich eine Kernarbeitszeit von 8 bis 15.15 Uhr vor, umgeben von Gleitzeitfenstern, die um 6.15 geöffnet und um 17 Uhr geschlossen werden sollten. Aus Sicherheitsgründen lehnte die Geschäftsleitung eine derartige Lösung für den Produktionsbereich ab. Hier stellte man sich vor, dass die Belegschaft wöchentlich maximal vier Stunden gleiten dürfe.[164] Beide Seiten einigten sich schließlich darauf, dass die Kernarbeitszeit um 7.30 Uhr begann, um 15.15 Uhr endete und Gleitzeiten am Ende des Arbeitstages genommen werden sollten.[165] Diese Regelung galt zunächst versuchsweise.[166] Im Pilotversuch wurde im Januar 1982 die Gleitzeit im Schichtbetrieb AF 6 eingeführt.[167] Die Gleitzeit in der Produktion bewährte sich, und ab 1987 galt sie in der ganzen chemischen Produktion.[168] 1996 ging man mit der Einführung von Jahresarbeitszeitkonten noch einen Flexibilisierungsschritt weiter.[169] Die Arbeitszeit sank derweil. Der Chemietarifvertrag von 1970 führte die 40-Stunden-Woche ein, 1993 folgte der Übergang zur 37,5-Stunden-Woche.[170]

Zunehmend unterstützte Merck das lebenslange Lernen. Selbst die Unternehmensspitze wurde davon nicht ausgenommen – in den 1970er-Jahren zogen sich auf Anregung von Langmann die Mitglieder der Geschäftsleitung regelmäßig zu

Wochenendseminaren zurück.[171] Ab dieser Zeit bot die Firma auch Fortbildungskurse für Mitarbeiter an. Es gab Grund- und Förderkurse in betrieblicher Chemie, Laboranten- und Sprachkurse sowie Kurse für Pharma-Kaufleute. Damit schloss Merck an Entwicklungen an, die bei anderen Firmen wie Bayer schon ein Jahrzehnt früher in Angriff genommen worden waren.[172] Eine besondere Innovation im kaufmännischen Bereich war die Schaffung des Fortbildungsberufs Pharmareferent. Nach zwölfmonatiger Fortbildung konnte der Vertreter sich so betiteln und professionell Medikamente an den Arzt vermitteln.[173] Eine Gesamtregelung für alle Fördermaßnahmen, wie der Betriebsrat sie forderte, gab es allerdings in den 1970er-Jahren branchenweit noch nicht.[174] Seit Ende der 1980er-Jahre bemühte sich Merck außerdem frühzeitig um den Zugriff auf hochqualifizierte Arbeitskräfte mit Hochschulabschluss in den Fächern Betriebswirtschaftslehre und Chemieingenieurwesen. Die Firma ermöglichte dafür die Teilnahme an berufsbegleitenden Studiengängen. Die ersten Absolventen verzeichnete man 1992.[175] Wenige Jahre später konnten sich Mitarbeiter im Rahmen von Studiengängen zum MBA (Master of Business Administration) weiterbilden – zunächst in Großbritannien, später auch in den USA, Deutschland und Hongkong.[176] Damit reagierte man auf Entwicklungen, die bei anderen größeren Unternehmen früher eingesetzt hatten. So hatten bei Bayer Wachstum, Internationalisierung und der Übergang von der funktionalen zur divisionalen Organisation bereits seit den 1960er-Jahren zu einem eklatanten Fachkräftemangel geführt.[177] Daher schickte der Leverkusener Konkurrent bereits seit den 1970er-Jahren potenzielle Nachwuchskräfte an die Harvard Business School.[178]

Ausbildung, Studium und Fortbildung waren eine wichtige Grundlage für Schritte auf der Karriereleiter. Der berufliche Aufstieg fand bei Merck lange Zeit – wie bei den meisten anderen deutschen Firmen – innerhalb des Unternehmens statt.[179] Karriereschritte wurden durch Titel (Sachbearbeiter, Hauptsachbearbeiter, Gruppenleiter, Hauptgruppenleiter, Abteilungsleiter, Hauptabteilungsleiter, Sparten- oder Werksleiter, Direktor) und Vollmachten, insbesondere Erteilung von Prokura, nach außen sichtbar gemacht. Derartige Titel sollten aber unbedingt sparsam vergeben werden, weil sie nur dann die Motivation von Mitarbeitern steigern könnten. Üblicherweise äußerten nämlich vor allem Mitarbeiter, die sich unterbezahlt oder unterfordert fühlten, den Wunsch nach einem Titel. Da Titelträger das Unternehmen nach innen und außen repräsentierten, sollten sie charakterlich und fachlich respektiert werden und als Vorbild gelten. Die fachliche Kompetenz musste in jedem Fall durch Fremdsprachenkenntnisse und Auslandserfahrung dokumentiert sein. Abteilungs- oder Betriebsdirektor konnte nur werden, wer direkt einem Geschäftsleitungsmitglied oder Direktor unterstellt war. Zudem mussten bei einem Mindestalter von 40 Jahren mindestens fünf Jahre lang in wesentlichen Funktionen hervorragende fachliche und persönliche Leistungen erbracht worden sein. Für die Beförderung zum Direktor oder die Erteilung von Prokura galten ähnliche Regeln. In besonderen Fällen wie speziell bei «Karrieresackgassen» konnte Prokura auch als persönliche Auszeichnung vergeben werden, wenn das Unternehmen langfristig am Mitarbeiter interessiert war.[180]

2.4. Forschung und Entwicklung

Nachdem Merck die Ausgaben für Forschung und Entwicklung von rund drei Prozent des Umsatzes Mitte der 1950er-Jahre auf zehn Prozent im Jahre 1970 gesteigert hatte, blieb der Anstieg der Ausgaben für Forschung und Entwicklung anschließend hinter dem Umsatzwachstum zurück. 1975 gab das Unternehmen nur noch 6,6 Prozent des Umsatzes dafür aus, 1980 lediglich 7,0 Prozent, 1985 wieder 7,4 Prozent und 1990 schließlich 9,4 Prozent. Erst nach der Jahrtausendwende wurde die Forschungsquote deutlich auf 15 Prozent gesteigert. Die Zahl der Beschäftigten im Bereich Forschung und Entwicklung fiel zwischen 1970 und 1975 leicht von 1174 auf 1159 Mitarbeiter. Anschließend wurde die Beschäftigung in diesem Bereich zunächst auf 1600 Mitarbeiter (1980) und weiter auf 2090 Mitarbeiter (1985) ausgebaut. Seit den 1990er-Jahren erfolgte ein langsamer, aber stetiger Aufbau von Arbeitsplätzen.[181]

Die Ausgaben für Forschung und Entwicklung materialisierten sich teilweise in größeren Bauten. Beispielsweise entstanden 1969/70 neue toxikologische Laboratorien und Ställe für Versuchstiere in Darmstadt sowie das «Institut für Experimentelle Arzneimittelforschung» in Grafing bei München.[182] 1972 wurde das «Zentrallaboratorium für Versuche und Automation» – hier wurde der Fertigungsprozess vom Labor- in den Fabrikmaßstab überführt – und 1974 das «Humanpharmakologische Zentrum» – hier wurden neue Medikamente an freiwilligen Probanden getestet – ausgebaut.[183] Zwischen 1978 und 1981 wurden Gebäude für die Pharma-Forschung neu errichtet und modernisiert.[184] Zudem schuf man nach und nach Forschungseinrichtungen im Ausland. Anfang der 1970er-Jahre wurde auch in Italien, Spanien und Großbritannien geforscht.[185] In der ersten Hälfte der 1980er-Jahre folgten Laboratorien in Japan und den USA, in der zweiten Hälfte der 1980er-Jahre kleinere Forschungsgruppen in Frankreich und der Schweiz.[186] Nach wie vor entfielen aber rund vier Fünftel der gesamten Forschungs- und Entwicklungsausgaben auf den Standort Darmstadt.[187] Auch die klinische Forschung wurde internationalisiert: Bereits 1990 führte das Unternehmen klinische Studien in Deutschland, Italien, Großbritannien und Japan durch.[188]

Der Forschungsschwerpunkt lag im Pharmabereich. Allerdings forschte Merck seit 1962 auch gezielt im Bereich der Industriechemikalien, mit durchaus nennenswerten Erfolgen. Insbesondere testete man systematisch die Zwischenprodukte pharmazeutischer Synthesen auf ihre Verwertbarkeit als Industriechemikalien.[189] 1962 wurde nach Abschluss eines Lizenz- und Vertriebsvertrags mit der amerikanischen Firma Ames mit der Forschung im Bereich der Schnellreagenzien und Diagnostika begonnen. Hier wurden beispielsweise Teststreifen entwickelt, mit denen Glucose, Eiweiß, Bakterien und andere Stoffe schnell nachgewiesen werden konnten.[190] Außerdem arbeiteten die Forscher bei Merck an Pigmenten für die Automobil- und Kosmetikindustrie, an ultrareinen Substanzen für die Elektroindustrie und ab 1967 an Flüssigkristallen.[191]

Der größte Erfolg der eigenen Forschung war in der Zeit nach dem Zweiten Weltkrieg sicherlich die Entwicklung von Flüssigkristallen, die dem Verbraucher gegenwärtig in Computermonitoren, Flachbildfernsehern oder Mobiltelefonen begegnen.[192] Das Phänomen des flüssigkristallinen Aggregatszustandes war 1888 vom habsburgischen Chemiker und Botaniker Friedrich Reinitzer bei der Untersuchung von Cholesterinderivaten entdeckt worden. Er arbeitete dabei drei wichtige Charakteristika flüssigkristalliner Substanzen heraus, die man gegenwärtig wie folgt beschreibt: den Unterschied zwischen Schmelzpunkt und Klärpunkt, die Reflexion von zirkular polarisiertem Licht und die Fähigkeit, die Reflexionsrichtung des Lichts zu drehen. Der von Reinitzer zu Rate gezogene deutsche Physiker Otto Lehmann dokumentierte in den folgenden beiden Jahrzehnten rund 100 Stoffe, die flüssigkristalline Eigenschaften aufwiesen. Das sind Stoffe, die bei einer bestimmten Temperatur eine milchig-viskose Form annehmen und erst bei einer höheren Temperatur zu einer klaren Flüssigkeit werden. Wissenschaftler stritten jahrzehntelang, ob es diesen vierten Zustand – neben fest, flüssig und gasförmig – tatsächlich gab.[193] Beim Existenzbeweis half Merck. Lehmann wandte sich an das Unternehmen, als er der Preisliste von 1904 entnahm, dass Substanzen mit flüssigkristalllinen Eigenschaften angeboten wurden. Mit diesem Produkt für die Grundlagenforschung verdienten die Darmstädter allerdings kein Geld. Erst die 1966 vorgelegten Ergebnisse des amerikanischen Elektroingenieurs George H. Heilmeier legten eine kommerzielle Nutzung dieser Produkte nahe. 1967 verdeutlichte Heilmeier das wirtschaftliche Potenzial seiner Entdeckung, indem er das weltweit erste Flüssigkristalldisplay baute.[194] Bereits Ende 1966 hatte Klaus Irmscher bei der wöchentlichen Wissenschaftlerrunde bei Merck auf die Ergebnisse von Heilmeier hingewiesen. Daraufhin war der gerade neu in die Firma eingetretene Ludwig Pohl mit diesem Thema betraut worden.[195] Nach einem Kongressbesuch in den USA bestätigte er das große kommerzielle Potenzial von Flüssigkristallen, und man entschied, die Forschung aufzunehmen. Noch Jahrzehnte später erinnerten sich die Wissenschaftler an ihre damalige «Untergrundtätigkeit» in einem Kellerlabor, die vom Leiter des Analytischen Zentrallaboratoriums zwar geduldet, aber nicht gefördert wurde. Glücklicherweise unterstützten aber bald Kurt von Kessel und später Hans Joachim Langmann das Projekt.[196] Schon 1969 vermeldete der Geschäftsbericht von Merck die Markteinführung der neuen Produktlinie unter dem Markennamen Licristal.[197]

Der große wirtschaftliche Durchbruch ließ aber noch auf sich warten, weil die von Heilmeier für das erste Display verwendeten Flüssigkristalle einen entscheidenden Nachteil hatten: Sie funktionierten nur bei einer Temperatur von 80 Grad Celsius.[198] Bekannt war aber, dass andere Flüssigkristalle bei niedrigeren Temperaturen reagieren. Binnen Kurzem gelang es der Merck-Forschung, die Einsatztemperatur durch Mischung von Flüssigkristallen zu optimieren. Die ersten Mischungen hatten allerdings den Nachteil, instabil auf UV-Strahlen zu reagieren.[199] An der Lösung dieser und anderer Probleme arbeiteten Mitte der 1970er-Jahre weltweit fast 50 Unternehmen.[200] Zu einem großen Konkurrenten wurde Hoffmann-La Roche, weil die dort beschäftigten Physiker Martin Schadt und Wolfgang Helfrich 1970 das erste Patent für eine sogenannte twisted nematic cell» (TN-Zelle) anmeldeten. Der große Vorteil ihres Verfahrens war deren geringer Energieverbrauch, der den Einsatz in tragbaren Geräten wie Armbanduhren und Taschenrechnern nahelegte. Ein weiterer Konkurrent war zunächst British Drug Houses (BDH), der dann allerdings 1973 von Merck übernommen wurde. Die erfolgreichen Forscher von BDH erhielten 1979 und 1992 den prestigeträchtigen «Queen's Award for Technological Achievement» sowie einen Entwicklungsauftrag vom britischen Militär. Aus sicherheitspolitischen Gründen erfolgte der Wissenstransfer zu Merck nur unzureichend.[201]

Bei Merck wurden in dieser Phase wegweisende Erfindungen gemacht. Insbesondere entwickelte Rudolf Eidenschink 1976 und 1978 die Phenylcyclohexane (PCHs), die neben einem niedrigen Schmelzpunkt und einer geringeren Viskosität auch eine schnelle Formveränderung aufwiesen, weshalb sie prinzipiell für dynamische Bilddarstellungen geeignet waren.[202] Tatsächlich verringerten sich Schaltzeiten und optische Eigenschaften. Die Cyclohexylcyclohexane (CCHs) konnten diese Parameter noch einmal optimieren: Schaltzeiten von mehreren Hundert konnten auf weniger als 50 Millisekunden reduziert werden.[203] Flüssigkristalle können im Prinzip zwischen zwei mit leitendem, aber durchsichtigem Material beschichteten Glasplatten eingeschlossen und ihre Ausrichtung durch Stromzufuhr verändert werden, was wiederum ihre Lichtdurchlässigkeit beeinflusst. Durch Beimischung von Farbstoffen lassen sich neben Hell-Dunkel-Unterscheidungen auch zahlreiche Farben darstellen. Außerdem dürfen sich bei der Bilddarstellung immer nur bestimmte Flüssigkristalle bewegen, weshalb die Ansteuerung der einzelnen Kristalle sehr präzise erfolgen muss. Es handelt sich also bei den TN-Zellen, den STN-Zellen oder dem TFT-LC-Display um technisch äußerst anspruchsvolle Produkte. Grundsätzlich war aber der Weg zum modernen Flachbildfernseher gefunden. Ein erster in Japan entwickelter Prototyp wurde 1984 vorgestellt.[204]

Abbildung 125 Flüssigkristalle in der Praxis, 1992. In einer wachsenden Zahl von Geräten werden Flüssigkristalle verwendet.

In der zweiten Hälfte der 1970er-Jahre wurde auch die Produktion von Flüssigkristallen professionalisiert. Noch 1975 bearbeitete das Labor selbst große Kundenaufträge. Erst 1978 siedelte die Flüssigkristallproduktion in einen unterausgelasteten Produktionsbetrieb über.[205] Dabei stellten die hohen Reinheitsanforderungen an die Produktion sowie die zahlreichen Fertigungsschritte, die in jedem Fall perfekt ausgeführt werden mussten, die Techniker vor besondere Herausforderungen. Bereits kleine Verunreinigungen auf einer Fertigungsstufe verursachten Fehlchargen und damit hohe Kosten.[206] Der Absatz von Flüssigkristallen lief zunächst ebenso wie die Produktion an der eigentlichen Organisationsstruktur vorbei, weil niemand im Vertrieb dieses Randprodukt übernehmen wollte, sodass die Forscher selbst potenzielle Kunden besuchten. Ein eigens für Flüssigkristalle zuständiger Vertriebsmitarbeiter wurde erst 1979 mit dem promovierten Chemiker Werner Becker eingestellt. Dieser bot das Produkt zunächst nur in Europa und ab 1981 auch in Asien und den USA an.[207] Zu dieser Zeit baute Merck die Flüssigkristallforschung langsam, aber stetig aus. Institutionell verankert wurde sie 1984 in der kleinen, von Bernhard Scheuble geleiteten Gruppe Angewandte Physik.[208] Die personelle Ausstattung dieses Bereichs wurde fortlaufend erweitert – Ende 1987 waren hier 80 Wissenschaftler und Techniker tätig.[209]

Zum wichtigsten Abnehmer von Flüssigkristallen entwickelte sich die japanische Elektronikindustrie. Daher schlug der Leiter von Merck Japan, Erhard

Reiber, 1980 vor, dass Merck dort im Alleingang das Geschäft ausbauen sollte,[210] woraufhin noch im selben Jahr ein Anwendungslabor für Flüssigkristallmischungen errichtet wurde.[211] Wichtig war vor allem der direkte Zugang zu den japanischen Endabnehmern. Bislang belieferte Merck in großem Umfang die japanische Firma Chisso und diese die japanischen Elektronikkonzerne. Da Chisso jedoch mit Unterstützung der japanischen Regierung selbst verstärkt forschte, drohte Merck seine Position als Lieferant von Chisso mittelfristig zu verlieren.[212] Als sich später herausstellte, dass wichtige Marktinformationen nicht mehr nach Darmstadt weitergegeben wurden, entsandte man häufiger Forscher nach Japan, um dort Kundenwünsche in Erfahrung zu bringen. Bernhard Scheuble ging Anfang 1987 selbst für ein paar Jahre nach Japan, um die dortige Forschungsabteilung auszubauen.[213]

Ausgehend von kleinen Beträgen steigerte sich der Umsatz mit Flüssigkristallen rasch. 1970 erzielte die Firma einen Umsatz von lediglich 8000 DM, 1979 bereits von 4,4 Millionen DM.[214] 1982 belief sich der konsolidierte Umsatz der Merck-Gruppe mit diesen Stoffen auf rund 20 Millionen DM, 1983 erreichte er 30 Millionen DM und 1986 fast 40 Millionen DM – nahezu 1,4 Prozent des Gruppenumsatzes.[215] Auf diesem Wachstumsmarkt agierte Merck aus einer starken Position heraus und produzierte fast die Hälfte der weltweit hergestellten Flüssigkristalle. Die wichtigsten Wettbewerber waren zu dieser Zeit die japanischen Firmen Chisso (Weltmarktanteil 20 Prozent), Dainippon Ink & Chemicals (16 Prozent) und Hoffmann-La Roche (fünf Prozent). Im Vergleich zur Konkurrenz galt Merck als Lieferant mit hoher Produktqualität, einer starken Forschung und einer daraus resultierenden sehr guten Patentposition. Im Unterschied zum weltweiten Geschäft von Merck agierten die beiden japanischen Konkurrenten nur auf dem Heimatmarkt. Der wichtigste europäische Konkurrent, Hoffmann-La Roche, hatte mithilfe beträchtlicher Forschungsanstrengungen ein beeindruckendes Patentportfolio aufgebaut und generierte daraus hohe Lizenzeinnahmen. Der eigene Absatz war aber relativ niedrig. Die Strategie von Merck zur Verteidigung der Marktführerschaft bestand nun aus zwei wesentlichen Komponenten: Die Produktion sollte stärker nach Japan verlegt und das Flüssigkristallgeschäft von Hoffmann-La Roche mittelfristig übernommen werden.[216] Tatsächlich erwarb Merck das Patentportfolio von Hoffmann-La Roche im Frühjahr 1995 für nur 14 Millionen DM.[217]

Eine weitere wegweisende Entscheidung traf der 1993 zum Leiter des Flüssigkristallgeschäfts beförderte Bernhard Scheuble: den Ausbau von Merck zu einem Komplettanbieter für Displaytechnologie.[218] Bereits 1990 hatte Scheuble festgestellt, dass Merck bis 1995 die Produktionskapazität verdoppeln müsse, wenn es den Marktanteil halten wolle. Dieser Ausbau sollte überwiegend in Japan erfolgen, weil der japanische Markt 70 Prozent des Weltmarkts ausmachte und japanische Firmen 90 Prozent der Weltmarktnachfrage generierten.[219] Neben Japan entstanden Standorte in Südkorea (1989), Taiwan (1995) und Hongkong (2002).[220] Auch in Deutschland – und hier insbesondere am Standort Gernsheim – wurde die Flüssigkristallproduktion erweitert.[221] Im Jahre 2008 verlagerte Merck allerdings die gesamte Produktion von Flüssigkristallmischungen nach Asien, weil dort die weitaus meisten Kunden ansässig waren.[222]

Die grundlegende Entscheidung, auf Flüssigkristalle zu setzen, erwies sich als goldrichtig. 1993 durchbrach der Umsatz erstmals die Marke von 100 Millionen DM, was einem Weltmarktanteil von rund 50 Prozent entsprach.[223] Anschließend sank der Umsatz zwar wieder unter diese Schwelle, aber 1996 wurde die 100-Millionen-DM-Grenze nachhaltig überwunden.[224] Bis 2000 stieg der Umsatz um den Faktor 4,5, und der Boom setzte sich auch danach fort. Im Jahre 2010 überschritt der Umsatz mit Flüssigkristallen erstmals die Euro-Milliarden-Grenze.

Die Erfolgsprodukte der Chemiesparte, vor allem Flüssigkristalle und Pigmente für die Automobil- und Kosmetikindustrie, lieferten seit den 1970er-Jahren oft die finanziellen Überschüsse, die Merck benötigte, um das phasenweise wenig erfolgreiche Arzneimittelgeschäft zu unterstützen. Insbesondere die 1970er-Jahre zeichneten sich durch eine Flaute in der Pharmaentwicklung aus. Lediglich einige «Lifestyleprodukte» wie das Diätmittel Bionorm (1976) und die Haarpflegeserie Plantur (1977) waren Neuprodukte, die nennenswerte Umsätze erzielten.[225] Neben diesen relativ einfachen Produkten brachte Merck auch anspruchsvollere Medikamente heraus, beispielsweise das Antidepressivum Gamonil, das Antibiotikum Refosprin und das Neuroleptikum Decentan. Der wirtschaftliche Erfolg dieser Produkte war aber gering.[226]

Neben kleinen Erfolgen verzeichnete die Pharmaforschung in dieser Zeit vor allem Fehlschläge. Den Anfang machte 1970 das Präparat Aconcen zur Empfängnisregelung und gynäkologischen Hormontherapie, das zehn Jahre nach der Patentierung des Wirkstoffs Chlormadinon und trotz ansehnlicher kommerzieller Erfolge 1971 zurückgezogen wurde, nachdem Berichte über schädliche Nebenwirkungen aus den Vereinigten Staaten bekannt geworden waren. Damit einher ging die Grundsatzentscheidung, das Forschungsfeld Kontrazeptiva zu verlassen.[227] Ein weiteres Problem trat 1980 auf, als das Bundesgesundheitsamt entschied, alle 25 in Deutschland zugelassenen Medikamente vom Markt zu nehmen, die den Wirkstoff Clofibrat enthielten. Dies betraf auch das von Merck vertriebene Cholesterinmedikament Liapten. Wenige Monate später revidierte das Bundesgesundheitsamt seine Entscheidung zwar, aber die verunsicherte Ärzteschaft verschrieb das Medikament so gut wie nicht mehr.[228] Zum dritten «Sorgenkind» entwickelte sich das 1982 zugelassene Alkoholentwöhnungsmittel Altimol. Im Sommer 1984 hob das Bundesgesundheitsamt die Zulassung für das

Medikament auf, weil eine größere Anzahl von schweren Nebenwirkungsfällen bekannt geworden war.[229]

Generell war der Patientenschutz im Verlauf der 1960er- und vor allem der 1970er-Jahre gestärkt worden. Bereits in seiner ersten Regierungserklärung vor dem Bundestag hatte Willy Brandt am 28. Oktober 1969 angekündigt, dass «im Arzneimittelwesen Staat und Hersteller verantwortlich zusammenwirken, um ein Maximum an Sicherheit zu gewährleisten».[230] Nach mehrjähriger gesetzgeberischer Arbeit trat am 1. Januar 1976 ein neues Arzneimittelgesetz in Kraft und löste damit das bisher geltende erste Arzneimittelgesetz von 1961 ab. Im Gesetz von 1961 war lediglich eine Registrierung neuer Arzneimittel beim Bundesgesundheitsamt vorgeschrieben worden, während eine amtliche Prüfung von Wirksamkeit und Sicherheit nicht vorgesehen war. Die Sicherheitsdefizite der traditionellen Arzneimittelprüfung werden derzeit vor allem anhand von Arzneimittelversuchen an Heimkindern diskutiert.[231] Erst mit einer Novelle im Jahr 1964 wurden, vor allem als Reaktion auf den Contergan-Skandal, vorklinische und klinische Prüfungen vorgeschrieben. Auslöser des Skandals waren Fehlbildungen an Kindern, deren Mütter während der Schwangerschaft das Schlafmittel Contergan der Arzneimittelfirma Grünenthal eingenommen hatten. Die von dem Mittel ausgehende Gefahr war falsch eingeschätzt worden, weil in Anzahl und Laufzeit unzureichende Tierversuche mit dem Wirkstoff durchgeführt worden waren.[232] Als unmittelbare Reaktion und mit großer Bedeutung für die exportorientierte deutsche Pharmaindustrie waren bereits 1962 in den USA die Zulassungsbedingungen für Arzneimittel drastisch verschärft worden.[233] In Deutschland reagierte man erst mit einiger Verzögerung, wobei die forschende Pharmaindustrie – zusammengeschlossen im sogenannten Freundeskreis – voranschritt und einheitliche Prüfstandards vereinbarte.[234] Auf Initiative von Bayer wurden im Februar 1970 Richtlinien für die klinisch-pharmakologische Prüfung, die klinische Prüfung und die Registrierung verabschiedet. In diesen wurde etwa festgehalten, dass die Toxizität von Stoffen mithilfe von Versuchen an mindestens zwei Tierarten (Ratten und Hunden) getestet werden sollte und erste Versuche am Menschen nur freiwillig und mit kleinen Dosen erfolgen durften. Die darauffolgende klinische Prüfung sollte die möglichen Anwendungsgebiete und Nebenwirkungen feststellen und die Zusatzwirkung des neuen Medikaments gegenüber Placebos und eingeführten Arzneimitteln im Doppelblindversuch ermitteln. Alle Ergebnisse der Testreihen sowie Informationen über die Tester sollten schließlich in den Registrierungsunterlagen genau dokumentiert werden.[235] 1971 folgte der Gesetzgeber mit einer Richtlinie, in der die pharmakologische, toxikologische und klinische Prüfung näher geregelt wurden. Zudem sollten ab sofort nur noch solche Arzneimittel registriert werden, die entsprechend der Richtlinie geprüft worden waren. Erst das Arzneimittelgesetz von 1976 schrieb vor, dass nur wirksame und unbedenkliche Medikamente zugelassen werden durften, nachdem dies in einem dreistufigen (pharmakologischen, toxikologischen und klinischen) Prüfverfahren nachgewiesen worden war.[236] Insbesondere die Anforderungen an die klinischen Prüfverfahren wurden später vor allem durch die 2. Novelle des Arzneimittelgesetzes von 1986 und durch die Umsetzung verschiedener Richtlinien der Europäischen Gemeinschaft bzw. der Europäischen Union verschärft. In Anlehnung an die US-amerikanischen Gegebenheiten werden klinischen Studien heute in vier Stufen unterteilt: Während der ersten beiden Stufen werden über mehrere Monate die Sicherheit und Verträglichkeit von Medikamenten sowie die optimale Dosis ermittelt. Anschließend muss in der dritten Stufe, die oft mehrere Jahre dauert, an einer großen Anzahl von Patienten ein Wirksamkeits- und Sicherheitsnachweis erbracht werden. Nach Abschluss von Phase III kann ein Antrag auf Zulassung gestellt werden. In den ersten Jahren nach der Zulassung werden unter den Bedingungen der täglichen ärztlichen Praxis weitere Patientendaten zur Ermittlung von Sicherheit, Verträglichkeit und Nebenwirkungshäufigkeiten gesammelt (Phase IV). Bereits die 1976 eingeführte Zulassungsprüfung neuer Medikamente durch das Bundesgesundheitsamt dauerte mehrere Jahre, weshalb sich der Zeitraum zwischen Markteinführung und Ablauf des Patentschutzes erheblich verringerte, wodurch die hohen Forschungskosten kaum gedeckt werden konnten.[237] Tatsächlich erfolgte die Markteinführung neuer Medikamente durchschnittlich erst zwölf bis 13 Jahre nach Erteilung des ersten Patents, weshalb das Produkt nur noch sieben bis acht Jahre vor Nachahmerpräparaten geschützt war.[238]

Angesichts der steigenden gesetzlichen Anforderungen und des am Anfang der 1980er-Jahre wieder veralteten Produktprogramms musste Merck dringend in Forschungs- und Entwicklungskapazitäten investieren. Lediglich im relativ kleinen Teilmarkt der Vitaminpräparate war Merck Mitte der 1970er-Jahre noch Marktführer in Deutschland.[239] 1980 engagierte Merck zwei Unternehmensberatungen, um die Forschungs- und Entwicklungsstrategie im Pharmabereich und die ungenügende Performanz genau unter die Lupe zu nehmen. Die Berater ermittelten, dass der Umsatz zwischen 1975 und 1980 stagniert hatte und bei mehr oder weniger 140 Millionen DM jährlich lag sowie der Marktanteil am inländischen Apothekenumsatz von 1,3 auf ein Prozent gefallen war.[240] Merck hatte mit rund 100 verschreibungspflichtigen Medikamenten ein sehr breites Produktportfolio, während die Konkurrenzfirmen lediglich 40 bis 60 Produkte führten. Mit vielen Merck-Produkten wurde zudem kaum Umsatz gemacht, und auch die Deckungsbeiträge waren sehr gering. Bei keinem der Top-10-Produkte erwartete die Firma eine günstige Entwicklung, vielmehr eher negative: den Ablauf von Patenten (Refobacin), deutlich preisgünstigere, aber gleichwertige Konkurrenzprodukte (Novothyral und Euthyrox) und Nebenwirkungsdiskussionen (Encephabol, Decortin, Decentan).[241]

Merck stand vor mindestens drei fundamentalen Problemen. Erstens waren die Produktionskosten deutlich höher als bei der Konkurrenz, sodass man durch billige Generika besonders gefährdet war. Zweitens dauerte es zehn bis 15 Jahre, bis Grundlagenforschung zu einem marktreifen Produkt führte. Drittens waren die Forschungsmittel wesentlich geringer als bei größeren Firmen und sie wurden wenig konzentriert eingesetzt. Man musste sich also entscheiden: entweder die Forschungsmittel auf wenige Gebiete zu konzentrieren, um ein forschendes Pharmaunternehmen zu bleiben; oder Abkehr von der Forschung und Umbau zu einem Generikahersteller. Forschende Pharmaunternehmen benötigen jedoch eine gut ausgebaute medizinische Forschung sowie Kapazitäten in der chemischen und klinischen Forschung, während reine Generikahersteller vor allem schnell agieren und günstig produzieren müssen. Die Geschäftsleitung von Merck hatte allerdings bereits entschieden, die Pharmaforschung zu stärken, in anspruchsvolle Indikationsgebiete vorzudringen und die Forschung auf wenige Schwerpunkte zu konzentrieren.[242]

Die Notwendigkeit der Schwerpunktbildung kann quantifiziert werden: Ende der 1970er-Jahre belief sich das Arzneimittelforschungsbudget von Merck auf rund 50 Millionen DM. Die großen Konkurrenten gaben deutlich mehr Geld aus: Hoffmann-La Roche (568 Millionen DM), Hoechst (415 Millionen DM), Ciba-Geigy (326 Millionen DM), Sandoz (294 Millionen DM), Merck & Co. (283 Millionen DM), Boehringer Ingelheim (200 Millionen DM) und Schering (149 Millionen DM) standen weit vor Merck. Da damals mit einem Mitteleinsatz von mindestens 30 Millionen DM Jahresbudget pro Forschungsschwerpunkt gerechnet werden musste, blieb eigentlich nur die Schlussfolgerung, dass Merck das Forschungsbudget auf 60 bis 70 Millionen DM steigern und sich auf zwei Schwerpunkte konzentrieren musste.[243]

Aber welche Schwerpunkte sollten dies sein? Diese Entscheidung hing im Wesentlichen von zwei Faktoren ab: Auf welchen Gebieten war Merck bisher tätig und hatte entsprechende Expertise, und auf welchen war die Konkurrenz nicht übermächtig? Merck musste sich im Rahmen seiner vorhandenen Forschungsexpertise auf Märkte mit einem relativ hohen Wachstum und relativ großem Inlandsmarkt konzentrieren, weil nur hier das Vertriebsnetz in der Lage war, neue Produkte umfassend einzuführen. Außerdem durfte auf diesem Markt noch kein etablierter Konkurrent agieren, und bei den potenziellen Wettbewerbern sollte es sich möglichst nicht um multinationale Großkonzerne handeln. Leider gab es diesen idealen Markt nicht.[244]

Aus der engen Finanzlage resultierten bei Merck räumliche und personelle Engpässe, die dazu führten, dass neue Forschungsansätze experimentell nur unzureichend erschlossen werden konnten und die Auswahl weiterzuführender Forschungsprojekte auf einer vergleichsweise schmalen statistischen Basis getroffen

Abbildung 126 Günther Häusler, hier 1993, trug wesentlich zur Modernisierung der Forschungsabteilung in den 1980er-Jahren bei.

werden musste.[245] Des Weiteren musste die Organisation von Forschungs- und Entwicklungsprozessen grundsätzlich reformiert werden. Bis 1980 hatten die Forscher bei Merck ausgehend von Stoffen nach pharmazeutischen Anwendungsmöglichkeiten gesucht. Fortan wollte man dem sogenannten kausalen Therapieansatz folgen und suchte nun ausgehend von einem bestimmten Krankheitsbild nach geeigneten Medikamenten. Dieser neue Ansatz erforderte vor allem intime Kenntnisse physiologischer Prozesse auf molekularer Ebene sowie biochemischer Reaktionen. Er verlangte auch, wie man wenige Jahre später bemerkte, erhebliche Investitionen in die biochemische Grundlagenforschung.[246]

Millioneninvestitionen waren somit dringend notwendig, um das Verkaufsprogramm zu modernisieren und zu erweitern sowie die produktbegleitende defensive Forschung zu verstärken.[247] Neben der Erhöhung des physischen Kapitals wollte man ab 1984 auch in Humankapital investieren und mehr als 250 neue Arbeitsplätze in der Forschung schaffen.[248] Die neue Forschungsstrategie wurde von Günther Häusler weiterentwickelt, der zuvor in der Forschungsabteilung von Hoffmann-La Roche gearbeitet hatte und den Langmann nach mehrjähriger Suche als Nachfolger von Jan Thesing für die Forschungsleitung verpflichten konnte.[249] Im August 1983 legte Häusler eine erste Analyse vor und unterbreitete der Geschäftsleitung einen strategischen Plan zur Überwindung der Forschungsschwäche.[250] Grundsätzlich könnte man, so Häusler, die beiden Hauptarbeitsge-

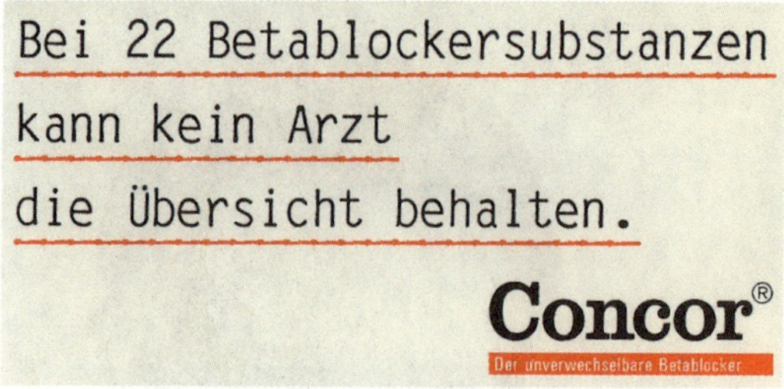

Bei 22 Betablockersubstanzen kann kein Arzt die Übersicht behalten.

Concor®
Der unverwechselbare Betablocker

Abbildung 127 Der Betablocker Concor war nicht der erste seiner Art, aber besonders einfach zu verwenden und daher kommerziell erfolgreich, 1988.

biete ausbauen, nämlich die Forschung an Herz-Kreislauf-Medikamenten und an Medikamenten zur Behandlung des Zentralnervensystems, weil man im einen Fall nur die Hälfte, im anderen Fall nur ein Sechstel der relevanten Teilmärkte mit eigener Forschung bearbeitete. Alternativ könnte man langfristig mit der Immunologie ein neues Forschungsgebiet betreten, wo es mit dem Vordringen der Gentechnologie seit Mitte der 1970er-Jahre große Fortschritte gegeben hatte.[251]

Die Veränderung der Forschungsstrategie schlug sich weder unmittelbar noch linear in mehr Innovationen nieder. Betrachtet man ab 1972 die Füllung der Forschungspipeline in Fünfjahresschritten, dann zeigt sich, dass die Anzahl der potenziellen Produkte zunächst von acht auf fünf zurückging, um anschließend erst einmal auf 14, später sogar auf 20 im Jahr 1987 anzusteigen, bevor wieder ein Rückgang auf 13 zu verzeichnen war. Von allen Produkten stammten fast 90 Prozent aus der eigenen Forschung, und lediglich bei einem kleinen Teil handelte es sich um Lizenzprodukte.[252] Die stärkeren Anstrengungen führten in den 1990er-Jahren zu einer dichteren Füllung der Produktpipeline. Ende 1995 waren bereits 15 Produkte in der klinischen Prüfung – davon sechs in der letzten Phase. Im Sommer 1999 war die klinische Pipeline auf 22 Produkte angewachsen; davon befanden sich neun Produkte in der entscheidenden dritten Phase.[253] Wirkliche Erfolge blieben allerdings aus, und die Produktentwicklung der Pharmasparte galt nach wie vor als schwach.[254]

Eine wichtige Ausnahme stellte sich bei den Medikamenten gegen Herz- und Kreislauf-Erkrankungen ein, die zu den am weitesten verbreiteten Krankheiten in der westlichen Welt gehören. Medikamente, die ihre Symptome oder Ursachen bekämpfen, gehören zu den meistverkauften Präparaten. Bereits 1949 führte Merck das pflanzliche Medikament Digimerck (Digitoxin), das aus dem hochgiftigen Fingerhut gewonnen wird, ein. Dieses Medikament wird zwar weiterhin verschrieben, aber die Erfindung «moderner» Herz-Kreislauf-Medikamente durch den britischen Mediziner James Whyte Black im Jahre 1964 verdrängte es bei bestimmten Indikationen nach und nach vom Markt. Der erste therapeutisch einsetzbare Betablocker Propanolol von ICI Pharmaceuticals hatte zwar noch zahlreiche Nebenwirkungen, aber mit der Erfindung selektiver Betablocker konnten diese verringert

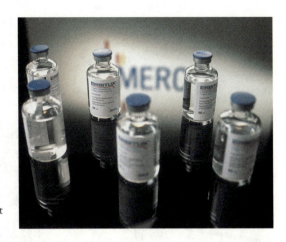

Abbildung 128 Das bisher erfolgreichste Krebsmedikament von Merck: Erbitux.

werden. Nach fünfjähriger klinischer Prüfung brachte auch Merck im April 1986 mit Bisoprolol unter dem Handelsnamen Concor einen selektiven Betablocker auf den deutschen Markt.[255] Der Beitrag dieses Medikaments lag weniger in einem hohen Innovationsgehalt, sondern eher in einer besseren Steuerung der Therapie. Im Gegensatz zu anderen damals auf dem Markt befindlichen Produkten musste Concor im Regelfall nur einmal täglich oral eingenommen werden, um eine 24-stündige angemessene Wirkstoffkonzentration im Körper zu erhalten.[256] Concor war in Deutschland sofort sehr erfolgreich und wurde ab 1987 in zahlreichen anderen europäischen Ländern vertrieben.[257] Die außereuropäischen Märkte erschloss Merck mithilfe von Lizenznehmern. 1991 führten Tanabe und American Cyanamid Concor in Japan und den Vereinigten Staaten ein.[258] Bis in die Gegenwart gehört es zu den umsatzstärksten Betablockern, und auch für Merck zählt Bisoprolol zu den wichtigsten Arzneimitteln.[259] So steigerte sich der Umsatz mit diesem Produkt von 115 Millionen DM (ca. 59 Millionen Euro) 1994 auf 290 Millionen Euro zehn Jahre später und auf 428 Millionen Euro bis 2014.[260]

Merck verstärkte Anfang der 1990er-Jahre die Forschungsaktivitäten nochmals und strebte eine engere Verzahnung mit der Lizenzierungstätigkeit an.[261] Außerdem richtete man die Forschungstätigkeit weiter auf wenige Therapiegebiete – insbesondere die Herz-Kreislauf-Forschung und die Immunologie – aus. Hier wollte Merck Forschungsführer werden und alle drei Jahre ein neues Medikament aus eigener Forschung auf den Markt bringen.[262] Bald deutete sich auf dem Feld der Krebsforschung ein Durchbruch an. Die ersten Produkte gelangten 1997 in die klinische Prüfung, und man erwartete, wenn die Ergebnisse positiv waren, eine Zulassung kurz nach der Jahrtausendwende sowie einen Umsatz von einer Milliarde Mark bis zum Jahre 2010.[263] Gestärkt wurde die Krebsforschung durch den Erwerb von Beteiligungen an den Firmen ImClone und Lexigen Ende

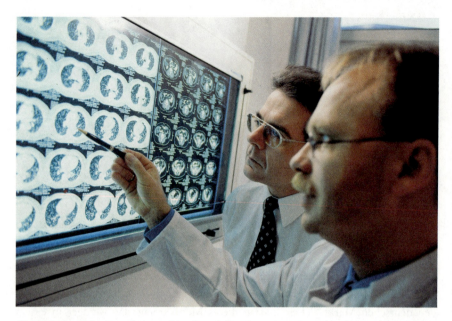

Abbildung 129 Forscher von Merck und der Universität Essen bei der gemeinsamen Krebsforschung, 2001.

1998. Dadurch hatte Merck nach eigener Einschätzung weltweit die zweitbeste Pipeline an Krebsmedikamenten.[264] Insbesondere investierte man 126 Millionen US-Dollar in eine Lizenz für einen monoklonalen Antikörper von Imclone. Das daraus entwickelte Medikament Erbitux wird sehr erfolgreich im Kampf gegen Darmkrebs und das Kopf-Hals-Karzinom eingesetzt.[265] Nach der Zulassung, die zunächst Ende 2003 in der Schweiz erfolgte, stiegen die Umsätze rasch an. 2005 erzielte Merck mit Erbitux einen Jahresumsatz von 218 Millionen, 2010 von 820 Millionen und 2015 von 899 Millionen Euro.[266]

2.5. Der langsame Abschied von der Massenware

Lange Zeit waren Vitamin- und Pflanzenschutzprodukte wichtige Umsatzträger von Merck. Die Produktion dieser Güter war einerseits durch Kostenvorteile bei der Massenherstellung und andererseits durch einen vergleichsweise geringen Innovationsgrad gekennzeichnet. Merck stand auf beiden Märkten im scharfen Wettbewerb mit finanzstarken Konkurrenten wie Bayer, BASF und Hoffmann-La Roche. Aus dieser Konstellation resultierte ein ständiger Kostendruck, dem man zunächst durch Wachstum und Kooperation standhalten wollte, der aber letztlich zum Ausstieg aus beiden Geschäftsfeldern führte.

Im Pflanzenschutzgeschäft beschleunigte das am 10. Mai 1968 von der Bundesregierung verkündete Pflanzenschutzgesetz den Weg zur Kooperation. Es schrieb eine Zulassungsprüfung für alle Pflanzenschutzmittel durch die Biologische Bundesanstalt für Land- und Forstwirtschaft vor, wobei diese Zulassung für höchstens zehn Jahre galt.[267] Dieses Gesetz sollte Pflanzen, Tiere und Menschen vor den Gefahren schützen, die aus der Anwendung von Pflanzenschutzmitteln resultieren können. Für die Hersteller bedeuteten die gesetzlichen Regelungen jedoch vor allem höhere Kosten und Risiken. Unterlagen für die Zulassungsprüfung mussten vorbereitet werden, durch die Prüfung verzögerte sich die Markteinführung, und die zeitliche Begrenzung der Zulassung limitierte die Marktbearbeitungszeit. Die dadurch bedingte Verschiebung der Kostenfunktion war neben den anhaltenden strukturellen Problemen ein Grund für die Fusion der Pflanzenschutzsparten von Merck und C. H. Boehringer Ingelheim zur Cela Merck GmbH & Co. KG (Celamerck) zum 1. Januar 1972.[268]

Seit Ende des Zweiten Weltkriegs war C. H. Boehringer Ingelheim ein direkter Konkurrent von Merck auf dem Pflanzenschutzgebiet, denn wie bei Merck bildete auch dort der Absatz von HCH bzw. Lindan das Kerngeschäft, seit die Ingelheimer Ende 1946 in dieses Segment eingestiegen waren.[269] Zudem war die Boehringer-Tochter Cela ein gefragter Vertriebspartner für die Produkte namhafter Firmen wie BASF, Union Carbide und Monsanto. 1970 erzielte Cela rund die Hälfte des Umsatzes mit Fremdprodukten.[270]

Anfang 1971 begannen die Gespräche über eine Zusammenarbeit auf dem Gebiet der Pflanzenschutzmittel zwischen Boehringer und Merck.[271] Es stellte sich schnell heraus, dass beide Firmen ähnliche Probleme hatten: hohe Forschungskosten, steigende Vertriebskosten, niedrige und tendenziell fallende Preise. Erich von Baumbach, Schwiegersohn des Firmenchefs Albert Boehringer und Geschäftsführer von Cela, schlug eine gleichberechtigte Fusion des Pflanzenschutzgeschäfts vor.[272] Dieses Angebot konnte durchaus als großzügig betrachtet werden, denn hinsichtlich Umsatz, Mitarbeiterzahl und Forschungsaufwand war Cela deutlich größer als das Pflanzenschutzgeschäft von Merck. Cela erzielte mit 800 Mitarbeitern einen Umsatz von 120 Millionen DM und steckte 13 Millionen DM in die Forschung. Merck erzielte mit 600 Mitarbeitern einen Umsatz von lediglich 70 Millionen DM und investierte nur knapp sieben Millionen DM in die Forschung. Im Vergleich zu den größeren Wettbewerbern waren Umsatz und Forschungsausgaben bei beiden Firmen verschwindend gering, und sie sahen daher nur gemeinsam eine Überlebenschance.[273]

Nachdem die beiden Partner im Frühjahr und Frühsommer 1971 die Vor- und Nachteile der Fusion abgewogen hatten, einigte man sich Ende August auf einen gleichberechtigten Zusammenschluss in einer neu zu gründenden Gemeinschaftsfirma.²⁷⁴ Nun mussten diverse unternehmens-, steuer- und patentrechtliche Fragen geklärt werden. Unter anderem musste man das Markenimage beider Mutterfirmen auf die neue Gesellschaft übertragen – daher entschied man sich letztlich für den Kombinationsnamen Celamerck. Das Mitspracherecht der Arbeitnehmer sollte möglichst gering sein. Daher wählte man als Rechtsform mit der GmbH & Co. KG eine Personengesellschaft ohne Mitbestimmungspflicht.²⁷⁵ Die Cela Merck GmbH & Co. KG wurde dementsprechend im April 1972 mit Wirkung zum 1. Januar 1972 mit einem Kapital von 10 Millionen DM gegründet.²⁷⁶ Zunächst wurde Erich von Baumbach Vorsitzender der Geschäftsleitung und Leiter der Aufgabengebiete Finanzen, Rechnungswesen und Verwaltung. Robert Dörr verantwortete den Vertrieb, Waldemar Madel die Forschung, und der ehemalige Leiter des Werkes Gernsheim und späteres Mitglied der Geschäftsleitung von Merck, Wolfgang Hohmann, übernahm die Produktionsleitung.²⁷⁷

Sogleich nach der Gründung geriet das junge Gemeinschaftsunternehmen in schweres Fahrwasser. Infolge der weltweiten Rezession sank die Nachfrage nach Pflanzenschutzmitteln, der Absatz in Entwicklungs- und Schwellenländern wurde durch deren Devisenmangel begrenzt, die hohen Wechselkursschwankungen und die zunehmende Konkurrenz aus Weichwährungsländern sowie die aus der hohen Inflation resultierenden Kalkulationsprobleme verschärften die Krise.²⁷⁸ «Die konsequente Durchführung aller nur möglichen Rationalisierungen, um die bereits aufgezeigte Erhöhung der Deckungsbeiträge zu sichern», stand daher im Vordergrund.²⁷⁹ Nachdem die Umstellungsschwierigkeiten im Zuge der Fusion überwunden worden waren, erzielte Celamerck im Geschäftsjahr 1973 einen Umsatz von 159 Millionen DM. Bis 1975 konnte er auf rund 230 Millionen DM gesteigert werden; auf diesem Niveau verharrte er dann.²⁸⁰ Damit war Celamerck nach wie vor ein vergleichsweise kleines Unternehmen. Bayer als Weltmarktführer im Pflanzenschutzgeschäft erzielte beispielsweise 1976 mit dieser Produktlinie einen Umsatz von 2,5 Milliarden DM. Der zweitgrößte Player am Weltmarkt war die Schweizer Firma Ciba-Geigy, die mit Pflanzenschutzmitteln rund 2,3 Milliarden DM umsetzte. Auch die BASF (750 Millionen DM Umsatz) und Schering (370 Millionen DM Umsatz) waren noch deutlich größer als Celamerck.²⁸¹ Ursache und Folge des vergleichsweise geringen Umsatzes waren fehlende Forschungsmittel bzw. das wenig innovative Produktportfolio. In den sechs Jahren zwischen 1973 und 1978 hatte Celamerck insgesamt rund 96 Millionen DM in die Forschung investiert.²⁸² Die BASF als Nummer sieben auf dem Weltmarkt investierte jährlich rund 75 Millionen DM in die Forschung. Bei führenden Herstellern wie Bayer und Ciba-Geigy waren die absoluten Beträge noch höher.²⁸³

Anfang der 1980er-Jahre stellte sich die Frage nach der Zukunft des Pflanzenschutzgeschäfts somit erneut. Einerseits erwartete man einen weiterhin wachsenden Weltmarkt. Andererseits ging man aber davon aus, dass man nur überleben könnte, wenn man auf den größten Märkten der Welt (USA und Kanada) vertreten wäre. Hier war aber der Konkurrenzdruck hoch, weshalb die dortigen Anbieter zunehmend auf den westeuropäischen Markt drängten. Auch japanische Chemiefirmen schwärmten nach Europa aus; außerdem diversifizierten sich Ölfirmen zunehmend in den Bereich der chemischen Industrie. Wenn man die Märkte nicht geografisch, sondern nach Anwendungsbereichen untersucht, dann war der Preiswettbewerb für Herbizide besonders ausgeprägt – also ausgerechnet auf jenem Teilmarkt, auf den Celamerck seine Forschung fokussiert hatte. Eine Umlenkung des Produktportfolios auf andere Gebiete war durch die stark gestiegenen Forschungskosten erheblich erschwert worden. Anfang der 1980er-Jahre taxierte Celamerck die Kosten, die bis zur Marktreife eines Produkts anfielen, auf 75 Millionen DM und die Forschungs- und Entwicklungszeit auf sieben bis zehn Jahre.[284]

Das mit Abstand wichtigste Produkt in Deutschland war mit einem Umsatzanteil von fast 50 Prozent nach wie vor das seit Jahrzehnten vertriebene Lindan, das allerdings aus umwelt- und gesundheitspolitischen Gründen zunehmend unter Druck geriet.[285] Mit wenig zeitgemäßen Produkten ließen sich selbstredend keine großen Gewinne erwirtschaften. Selbst im verhältnismäßig rentablen Inlandsgeschäft sank das Betriebsergebnis stetig: Zwischen 1975 und 1980 ging es von 13,1 Millionen DM auf 36 000 DM zurück. Das Exportgeschäft wies bereits seit 1977 ein negatives Ergebnis auf, die Auslandsgesellschaften waren 1976/78 defizitär und danach im Bereich der schwarzen Null.[286]

Fünf Wege aus der Krise wurden skizziert, und diese ähnelten den Strategien, die man zehn Jahre zuvor diskutiert hatte: mehr Geld für die Forschung, stärkere Fokussierung der Forschung, Rückbau zur reinen Vertriebsgesellschaft, Kooperation oder Fusion mit Wettbewerbern oder Firmenwachstum durch Akquisition. Im Ergebnis stellte man fest, dass alle Pläne zu teuer oder zu langwierig waren, und begann stattdessen mit der Sanierung und Konzentration des Geschäfts auf wenige Bereiche.[287] Ein schwerer Schlag war die zunächst vorläufige, später endgültige Schließung des aus dem Besitz von Boehringer stammenden Hamburger Werkes durch die Umweltbehörde, denn dadurch wurde Celamerck quasi zu einer reinen Vertriebsgesellschaft.[288] Diesen Restbestand konnte man glücklicherweise im Mai 1987 an die Deutsche Shell verkaufen, die damit die weltweite Diversifizierung von Royal Dutch Shell weiter vorantrieb.[289]

Aus dem zweiten Massengeschäft, dem Vitamingeschäft, stieg Merck erst nach der Jahrtausendwende aus, obwohl sich auch in diesem Bereich die Wettbewerbssituation seit den 1960er-Jahren nicht verbessert hatte. Wie bereits in der Nachkriegszeit konkurrierte Merck im europäischen Vitamingeschäft vor allem mit Hoffmann-La Roche und der BASF und konnte häufig nur auf Aktivitäten dieser Firmen reagieren. Als der Schweizer Chemiegigant Hoffmann-La Roche Anfang der 1970er-Jahre etwa ankündigte, die Produktion von Ascorbinsäure zu verdoppeln, musste Merck auch handeln, weil das Argument der Skalenerträge nach wie vor galt.[290] Abermals bestätigte das die Betriebsbuchhaltung von Merck, als sie die Auswirkungen einer 1973/74 vorgenommenen Kapazitätserweiterung analysierte. Der Ausbau der monatlichen Produktionskapazität für Ascorbinsäure von 200 auf 388 Tonnen hatte zu einem Rückgang der variablen Kosten von 9,93 DM auf 8,73 DM je Kilogramm geführt. Ob diese Erweiterung langfristig sinnvoll war, kann bezweifelt werden. Das von Merck beauftragte Stanford Research Institute kam jedenfalls zu dem Ergebnis, dass die weltweite Kapazitätsauslastung der Vitaminhersteller zwischen 1972 und 1980 von 93 auf 64 Prozent sinken würde, weil insbesondere amerikanische und japanische Unternehmen große Investitionen planten, der mengenmäßige Absatz aber nur um fünf Prozent jährlich wachsen würde.[291]

Trotz des enormen Wettbewerbsdrucks ging das Bundeskartellamt davon aus, dass Merck den deutschen Vitaminmarkt beherrschte und die Preise diktieren konnte.[292] Im Frühjahr 1974 schritt das Kartellamt wegen Marktmissbrauchs gemäß §22 Wettbewerbsgesetz ein. In der Auslegung dieses Paragraphen lag die weit über den Einzelfall hinausgehende Bedeutung dieses jahrelangen Rechtsstreits.

Seit 1958 gab es in Deutschland, das traditionell als «Land der Kartelle» galt, ein Gesetz gegen Wettbewerbsbeschränkungen (GWB oder «Kartellgesetz»).[293] Am 3. August 1973 wurde die zweite Novelle dieses Gesetzes verkündet, und kurz darauf wollte das Kartellamt am Fall Merck die Neuregelung des Marktmachtparagraphen (§ 22 GWB) testen.[294] In der ursprünglichen Gesetzesfassung galt ein Unternehmen als marktbeherrschend, wenn es keinen Konkurrenten hatte oder wenn die auf einem Markt aktiven Unternehmen die Konkurrenz einvernehmlich ausgeschlossen hatten. In der Neufassung vermutete der Gesetzgeber eine marktbeherrschende Stellung, wenn ein Unternehmen mit einem Gesamtumsatz von mindestens 250 Millionen DM auf irgendeinem Markt einen Marktanteil von mindestens einem Drittel hatte.

Bereits Ende September 1973 trat das Bundeskartellamt an Merck heran und bat um Informationen über das Geschäft mit Vitamin B_{12}.[295] Nach den von Merck übermittelten Zahlen ergab sich ein Marktanteil von mehr als einem Drittel.[296] Für die Rechtsabteilung von Merck war klar, dass es dem Kartellamt leichtfallen würde, auf Basis des neuen Gesetzes den Vorwurf einer vermeintlich marktbeherrschenden Stellung argumentativ zu stützen. Die erste Verteidigungslinie von Merck war die Feststellung, dass man in den vergangenen Jahren Marktanteile verloren und darauf nicht mit Preissenkungen reagiert habe, weil man kostendeckend arbeiten müsse: «Die Preispolitik von Merck erweist sich demnach nicht als Produkt fehlenden Wettbewerbs, sondern als das Ergebnis der Schwäche von Merck, die es nicht erlaubt, dem Verlust an Marktanteilen durch Senkung der Preise entgegenzutreten.»[297]

Das Kartellamt sah vor allem in der jahrelangen Preisstabilität ein Anzeichen für Marktmacht. Daher müsse Merck den Preis um 60 bis 70 Prozent für die Produkte Cytobion und Aqua-Cytobion senken, wobei sich das Kartellamt am Schweizer Preisniveau zuzüglich eines Forschungszuschlags orientierte.[298] Sogleich nach der Entscheidung des Kartellamts bereitete Merck vor dem Berliner Kammergericht einen Gegenangriff vor.[299] In der Verhandlung wurde geklärt, ob die vom Kartellamt angeordnete Preissenkung angemessen war. Strittig war vor allem die Abgrenzung des relevanten Marktes und ob sich die Marktanteile aus dem Umsatz oder den Absatzmengen ergeben. Zu klären war zudem, ob der Schweizer Markt, der deutsche Krankenhausmarkt oder das Angebot deutscher Konkurrenzfirmen als Vergleichsmaßstab für die Preisgestaltung von Merck herangezogen werden konnten.[300]

Im Urteil vom 19. März 1975 stellte das Kammergericht Berlin klar, dass die Missbrauchsaufsicht nach § 22 GWB zwar keine allgemeine Preisaufsicht, sehr wohl aber Preisentscheidungen in Einzelfällen zulasse.[301] Insbesondere wurde festgestellt, dass die Dreiteilung der Kaufentscheidung zwischen Arzt, Patient und Krankenkasse einen wirksamen Preiswettbewerb auf dem Arzneimittelmarkt verhindere. Das Kartellamt habe auch nicht, so das Gericht, generell in die unternehmerische Preisbildungsentscheidung eingegriffen, sondern nur im Einzelfall eine Preissenkung verordnet. Zur Festlegung eines angemessenen Preises wurde erneut auf den Schweizer Markt verwiesen.

Sowohl das Bundeskartellamt als auch Merck legten gegen die Entscheidung des Kammergerichts Rechtsbeschwerde beim Bundesgerichtshof ein.[302] In diesem Prozess wurden am 3. Juli 1976 die Entscheidung des Kartellamts und das Urteil des Kammergerichts aufgehoben. Grundsätzlich stellte der Bundesgerichtshof zwar fest, dass die missbräuchliche Ausnutzung einer Marktstellung zu einer Preiskontrolle durch das Kartellamt führen könne. Im Falle von Merck wurde jedoch festgestellt, dass das Kartellamt und das Kammergericht den relevanten Markt falsch abgegrenzt hätten, indem sie die funktionelle Austauschbarkeit mit anderen Produkten ausgeschlossen hätten. Die Verschreibungsgewohnheiten der Ärzte hätten also, wie von Merck gefordert, bei der Marktabgrenzung berücksichtigt werden müssen. Darüber hinaus konnte der Bundesgerichtshof, auch wenn er die Marktabgrenzungskriterien des Kammergerichts verwenden würde, keine marktbeherrschende Stellung von Merck feststellen.[303]

Im Gegensatz zu den deutschen Wettbewerbshütern wies die Europäische Kommission rund 20 Jahre später einen Verstoß gegen das Wettbewerbsrecht nach. Tatsächlich hatte sich Merck zwischen 1990 und 1994 an einem von Hoffmann-La Roche und BASF geführten weltweiten Vitaminkartell beteiligt.[304] Merck war allerdings ein vergleichsweise unwichtiges Kartellmitglied, weil man nach wie vor entscheidende Wettbewerbsnachteile gegenüber den Großproduzenten hatte. Auch nach dem Ausstieg aus dem Kartell versuchte Merck ähnlich wie im Pflanzenschutzgeschäft zwei Dekaden zuvor, die Wettbewerbsfähigkeit durch Kooperation zu erhöhen. 1997 verhandelte man monatelang, schließlich erfolgreich, mit BASF und Cerestar über die gemeinsame Produktion von Ascorbinsäure.[305] Kostensenkung durch Kooperation war dringend notwendig, denn die Stückkosten lagen bei Merck rund 20 Prozent über denjenigen der BASF.[306] Trotz daraus resultierender hoher Verluste von fast 100 Millionen DM in den Jahren 1996 bis 1998 hatte die Geschäftsleitung die Produktion nicht aufgegeben, weil man annahm, dass sie einen zentralen Beitrag zur Fixkostendeckung im Werk Darmstadt leistete.[307] Infolge der neuen Kooperation gelangte man nun an ein innovatives biotechnologisches Herstellungsverfahren, durch das die Kosten halbiert wurden.[308] Allerdings waren dazu Investitionen im Volumen von 50 bis 60 Millionen DM absehbar, wobei fast 30 Millionen DM bereits 1998 investiert wurden.[309] Die treibende Kraft hinter diesen umfangreichen Investitionen war Hans Joachim Langmann, der auf den positiven Deckungsbeitrag des Vitamingeschäfts hinwies.[310] Wenige Monate nachdem er die Geschäftsleitung verlassen hatte, beschloss die neue Geschäftsführung, die Vitaminproduktion einzustellen, weil die Kapitalrentabilität in diesem Bereich unterdurchschnittlich war.[311] Der Ausstieg aus dem Massengeschäft war vollzogen.

2.6. Auf dem Weg zum globalen Unternehmen

Zwischen 1970 und der Jahrtausendwende erhöhte sich der Anteil des im Ausland erzielten Umsatzes am Gesamtumsatz der Merck-Gruppe von 57 auf 89 Prozent. Der Anteil der im Ausland beschäftigten Mitarbeiter verdoppelte sich von 36 auf 72 Prozent, und die Anzahl der Länder, in denen Merck mit einer Tochtergesellschaft tätig war, steigerte sich von 26 auf 53. Merck wurde somit in diesen drei Dekaden zu einem globalen Unternehmen. Dieser Prozess vollzog sich in zwei Schüben während der 1970er- und 1990er-Jahre. Demgegenüber stagnierte die Globalisierung während der 1980er-Jahre. Dieser Befund gilt für alle drei Kennzahlen – Umsatz, Beschäftigung und Tochtergesellschaften.

Wirft man einen Blick auf die in den Weltregionen erzielten Umsatzanteile, dann ist festzustellen, dass Mitte der 1960er-Jahre noch 80 Prozent des Umsatzes in Europa (einschließlich der Bundesrepublik Deutschland) erzielt wurden. In den 1970er-, 1980er- und 1990er-Jahren schwankte dieser Anteil auf einem Niveau von rund 65 Prozent; seitdem lag er bei etwa 40 Prozent. Die Bedeutung von Lateinamerika mit Umsatzanteilen von 18 Prozent (1975), 13 Prozent (1985), sieben Prozent (1995) und acht Prozent (2005) nahm ebenfalls ab. Tendenziell stieg, wenn auch mit deutlichen Schwankungen, der auf Nordamerika entfallende Umsatzanteil – nämlich von drei Prozent (1975) auf 15 Prozent (2005). Ein stetiges, seit den 1990er-Jahren schneller werdendes Wachstum verzeichnete man in Asien. Der Umsatzanteil dieser Region erhöhte sich von acht Prozent (1975) auf 31 Prozent (2005).

Hinter diesen Zahlen stand einerseits der Auf- und Ausbau großer Tochtergesellschaften in Italien, Frankreich, Großbritannien, Japan und den USA an der Wende von den 1960er- zu den 1970er-Jahren. Andererseits kennzeichneten sie die kurz danach einsetzende krisenhafte Entwicklung mancher der neuen Tochtergesellschaften sowie der Niederlassungen in Lateinamerika, gefolgt von einem starken Wachstum, das sowohl durch das asiatische Wirtschaftswunder als auch durch zahlreiche Akquisitionen in Europa und Nordamerika angetrieben wurde.

Den Auftakt zur großen Internationalisierungswelle in den Jahren um 1970 markiert der Ausbau des Italien-Geschäfts. Hier erwarb Merck, anknüpfend an Beziehungen aus der Zwischenkriegszeit, wieder eine Beteiligung an der Bracco Spa. 1968 machte Merck einen Vorstoß, um die Mehrheit an Bracco zu erwerben. Aus Sicht von Merck war es ein Anachronismus, dass Bracco die Geschäftspolitik von Merck im wichtigen italienischen Mark bestimmte. Mit Zuckerbrot und Peitsche gedachte man ans Ziel zu kommen. Die Merck-Geschäftsleitung bot Fulvio Bracco die Präsidentschaft im Bracco-Verwaltungsrat an und drohte im Falle einer Zurückweisung des eigenen Vorschlags mit der Beendigung der Kooperation und Eröffnung einer eigenen Niederlassung in Italien.[312] Der Plan ging teilweise auf, und Merck konnte die Beteiligung auf 50 Prozent aufstocken. Zwischen 1976 und 1979 festigten beide Firmen die Beziehungen durch den Abschluss eines General- und Alleinvertretervertrags für den Vertrieb von Chemikalien und Laborprodukten in Italien, eines Joint-Venture-Vertrags zur Regelung der Beziehungen im Gemeinschaftsunternehmen Bracco Spa und eines Rahmenlizenzvertrags für Pharmaneuentwicklungen.[313] Bracco war geschäftlich allerdings weniger durch den Verkauf Merckscher Produkte in Italien erfolgreich, sondern durch das eigenständig entwickelte Röntgenkontrastmittel Iopamidol, das 1981 in Europa und 1986 in den USA eingeführt wurde.[314]

Parallel zur Expansion in Italien gründete Merck 1968 eine Tochterfirma in Frankreich.[315] Trotzdem blieb der französische Markt das größte «Sorgenkind» in Europa. Auch die Zusammenlegung der Pharma- und Chemieaktivitäten im Jahre 1977 in der Firma Merck-Clévenot führte zu keiner nachhaltigen Verbesserung, weil die Pharmasparte schwach blieb und dies nur teilweise durch ein florierendes Chemiegeschäft und gute Erlöse im Export ausgeglichen werden konnte.[316] In Großbritannien expandierte Merck vornehmlich durch die Übernahme der 1908 gegründeten British Drug Houses. Die 1972 erfolgte Akquisition dieses chemisch-pharmazeutischen «Gemischtwarenladens» brachte zwar zahlreiche Niederlassungen im ehemaligen British Empire, sodass Merck nun indirekt auch in Australien, Kanada, Indien und Südafrika vertreten war, aber leider keine großen Gewinne.

Ernüchterung setzte bald nach Gründung einer Tochtergesellschaft in den USA ein. Mit dieser wollte man einen Markt erobern, der nach dem Zweiten Weltkrieg zunächst nur aus Darmstadt mit Waren beliefert worden war. Seit Jahresbeginn 1969 wurde die Gründung einer Tochtergesellschaft in den Vereinigten Staaten von Amerika ins Auge gefasst, und 1971 wurde sie tatsächlich umgesetzt.[317] Hierbei musste man vor allem mögliche Konflikte mit Merck & Co. beachten, denn ein 1955 geschlossenes Namensabkommen sah vor, dass die Merck AG (Darmstadt) in den USA sowie in Kanada, auf Kuba und auf den Philippinen auf die Nutzung der Bezeichnung «Merck» zugunsten von Merck & Co. verzichtete.[318] Intern einigte man sich relativ schnell auf die Verwendung der Buchstabenkombination «EM» als Kürzel für Emanuel Merck. Am Ende fiel die Wahl auf EM Laboratories als Name für die nordamerikanische Tochtergesellschaft.[319]

Der amerikanische Markt war von wachsender Bedeutung.[320] Anfang der 1970er-Jahre entfiel rund ein Fünftel des weltweiten Arzneimittelumsatzes auf die USA. Der Anteil an den weltweit erzielten Gewinnen war vermutlich noch größer, weil die Vereinigten Staaten keine Preisregulierung für Arzneimittel kannten. Zwar gab es dort eine strikte Regulierung der Arzneimittelzulassung, aber die Aussichten waren nach der Ansicht von Merck günstig: Mit «Entwicklungen à la Betriebsverfassungsgesetz, Mitbestimmung etc. ist wohl auch in der Zukunft in USA nicht zu rechnen. Das Leistungsprinzip wird wohl noch lange in den USA vor dem Unkündbarkeitsprinzip rangieren.» Außerdem ließen sich Gewinne ohne Einschränkung aus den USA ins Ausland transferieren.[321] Diese Standortvorteile gewannen an Bedeutung, weil eine langfristig positive Geschäftsentwicklung in Entwicklungs- und Schwellenländern, in denen Merck traditionell sehr gut vertreten war, infolge von Währungsrisiken, Transferproblemen und Preisregulierungen ausgeschlossen wurde.[322] Daher versuchten auch andere deutsche Pharma- und Chemieunternehmen wie Hoechst und Bayer, einen Fuß auf den amerikanischen Markt zu setzen.[323]

Das Geschäft der in Elmsford (New York) ansässigen EM Laboratories verlief im ersten Jahrzehnt durchwachsen. Positiv war die Umsatzentwicklung, denn diese stieg von umgerechnet 32 Millionen DM im Geschäftsjahr 1974/75 auf fast 110 Millionen DM 1980. Bezogen auf den Weltumsatz der Merck-Gruppe war dies ein Anstieg von 2,5 auf 5,5 Prozent. Neben dem organischen Wachstum waren vor allem zahlreiche Akquisitionen und darauffolgende Investitionen für diesen Aufschwung verantwortlich. So übernahm man 1975 die Pigmentfirma

Rona Pearl in Bayonne (New Jersey) sowie 1977 Teile des Pigmentgeschäfts von DuPont und eröffnete 1979 die Perlglanzpigmentfabrikation in einer neu errichteten Fabrik in Savannah (Georgia). Hauptabnehmer war die nordamerikanische Automobilindustrie, die seit den 1970er-Jahren zunehmend glänzende Fahrzeuglackierungen verwendete. Ein zweiter Geschäftsschwerpunkt war das Reagenziengeschäft, das 1977 mit der Übernahme von Matheson, Coleman & Bell (Cincinnati) seinen Ausgang nahm.[324]

Trotz des Umsatzwachstums wurde die Geschäftsentwicklung als «mäßig» bis «unterplanmäßig» bezeichnet.[325] Ab 1980 verschlechterte sich die Lage in Nordamerika drastisch.[326] 1979 hatte EM Laboratories noch eine «rote Null» erzielt, aber in den Jahren 1980 bis 1982 liefen Verluste von über 40 Millionen DM auf. Berücksichtigt man neben dem Betriebsergebnis von EM Laboratories die Erlöse und Kosten des Darmstädter Exportgeschäfts in die USA sowie die bei der Merck AG in Zug anfallenden Finanzierungskosten für die nordamerikanische Tochtergesellschaft, dann ergab sich für die Merck-Gruppe ein kumulierter negativer Ergebnisbeitrag des Nordamerikageschäfts von 34,7 Millionen DM für die Jahre 1979 bis 1982.[327] Dementsprechend stellte Langmann fest, «dass für Merck die Verluste in den USA sehr hoch sind, und dass wir gut daran tun, darüber nicht öffentlich zu sprechen».[328] Die nordamerikanischen Gesellschaften hatten seit ihrer Gründung fast durchweg einen negativen Cashflow,[329] aber aus strategischer Sicht hielt Langmann den Ausbau des dortigen Geschäfts für richtig. Die notwendige Kostendisziplin zwinge aber, so Langmann, zu einer Begrenzung des Ausbaus, insbesondere mit Blick auf das Laborgeschäft.[330]

Parallel zu dieser Krisendebatte in der Geschäftsleitung führte die Pharmasparte eine Expansionsdebatte. Ausgangspunkt war das kaum wettbewerbsfähige Produktportfolio. Lediglich für den Betablocker Bisoprolol (Concor) sah man grundsätzlich Chancen, weil es auf dem großen und wachsenden US-Markt nur zwei Konkurrenzpräparate gab. Allerdings waren noch zahlreiche Tierversuche abzuschließen und die klinische Prüfung zu absolvieren, sodass mit einer Zulassung erst ab 1990 gerechnet wurde.[331] Der Aufbau einer eigenen Vertriebsorganisation oder der Kauf einer amerikanischen Firma mit bestehender Vertriebsorganisation galt als zu teuer und zu risikoreich, weil die Produktpipeline nur aus einem Produkt bestand.[332] Merck vergab daher 1991 eine Concor-Lizenz für die USA an American Cyanamid.[333]

Von Krisen war auch die Entwicklung in Lateinamerika gekennzeichnet. Seit circa 1970 verlor dieser Markt an Bedeutung, insbesondere aufgrund der wechselhaften wirtschaftlichen Expansion. Die meisten mittel- und südamerikanischen Länder zeichneten sich durch eine hohe politische und wirtschaftliche Instabilität aus, und diese Faktoren sowie das mäßig innovative Produktportfolio bestimmten das Geschäft von Merck. Verschärft wurde die Lage durch die lateinamerikanische Schuldenkrise, die 1982 einsetzte. Die anhaltend hohe Inflation führte zu einer Ergebnisverschlechterung bei der Pharmasparte, weil die Kosten im Gleichschritt mit der Inflation stiegen, die Erlöse aufgrund der staatlichen Arzneimittelpreisregulierung aber dahinter zurückblieben.[334] Noch konnte Merck zumindest im wichtigen brasilianischen Markt die Verluste der Pharmasparte durch die Gewinne der Chemiesparte auffangen, aber die Tendenz war eindeutig abwärts gerichtet.[335] Wenig Hoffnung machte nach eigener Einschätzung das Produktportfolio, weil man bestenfalls auf den Erfolg des Diätprodukts Bionorm setzen konnte.[336] Im Bereich der Antibiotika sah man sich mit Eli Lilly einem dominierenden Marktführer gegenüber, dem Merck mit Cefazolin als gleichwertigem, aber teurem Produkt gegenübertreten wollte. Außerdem mussten ausländische Unternehmen infolge von Zollbestimmungen in Brasilien, Mexiko und Argentinien lokal produzieren, obwohl selbst einfachste Vorprodukte dort nicht erhältlich waren.[337] Nicht ohne Grund bezeichnete man den Geschäftsverlauf in Lateinamerika 1987 als «katastrophal».[338] Erst Anfang der 1990er-Jahre baute Merck die Vertriebsorganisation wieder auf den Stand der späten 1970er-Jahre aus, um so die Produktionskapazitäten besser auszulasten. Gleichwohl mussten sie angepasst werden, insbesondere durch den Rückbau der unrentablen Feinchemikalienproduktion in Brasilien und Mexiko.[339]

Die wesentliche positive Ausnahme im internationalen Geschäft von Merck war die japanische Tochtergesellschaft. Nach Japan bestanden schon lange enge Kontakte – nicht zuletzt durch die Internierung von Karl Merck in den Jahren 1914 bis 1919. Nach dem Zweiten Weltkrieg exportierte Merck erstmals 1950 wieder Waren nach Japan, und Hans Harms besuchte 1952 das Land im Fernen Osten. 1954 und 1960 schickte Merck die beiden ersten Vertreter von Darmstadt nach Tokio: Gustav Schunk und Karl Ludwig Natho wurden in der Firma Schmidt Shoten eingesetzt, mit der man schon in der Zwischenkriegszeit zusammengearbeitet hatte. Nachdem Schunk 1962 zur japanischen Niederlassung der amerikanischen Firma Merck, Sharp & Dohme – der Firmenname, unter dem Produkte von Merck & Co. außerhalb der USA und Kanada vertrieben wurden – gewechselt war, trat das spätere Geschäftsleitungsmitglied Wolfgang Hönn seine Nachfolge an. In diesen Jahren baute Merck eine zweite Verbindungslinie nach Japan auf. Nun wurden Lizenzen für Arzneimittel an Chugai vergeben und auf diesem Weg Encephabol und Nasivin eingeführt. Wenig später löste man den Vertretervertrag mit Schmidt Shoten und gründete am 1. März 1968 die Merck Japan Ltd. Karl Ludwig Natho und Wolfgang Hönn wurden die ersten Geschäftsführer der neuen Landesgesellschaft. Bis 1970 bauten sie mit rund 30 Mitarbeitern und acht Ärztebesuchern den Vertrieb für Chemikalien, Reagenzien, Pflanzenschutzmitteln sowie Arzneimitteln auf und übernahmen wenig später den Japanvertrieb für Celamerck und BDH.[340] In den nachfolgenden Jahrzehn-

Abbildung 130 Mitarbeiter in Japan bei der Sortierung von Tabletten, 1970er-Jahre.

ten entwickelte sich das Geschäft insgesamt sehr positiv, insbesondere im Bereich der Elektrochemikalien, Pigmente und Flüssigkristalle.[341] Die lokale Fertigung von Flüssigkristallen nahm Merck ebenso wie die lokale Herstellung von Pigmenten für die Automobilindustrie bereits 1983/84 auf.[342] Den größten Umsatzanteil hatten dabei technisch anspruchsvolle Flüssigkristalle, man setzte aber auch einfache und technisch hochinnovative Produkte ab.[343] Bei einem mengen- und wertmäßig schrumpfenden Markt für wenig anspruchsvolle Flüssigkristalle, die beispielsweise in Taschenrechnern oder Uhren eingesetzt wurden, wurde die Mischung von Flüssigkristallen wie auch die Endfertigung dieser Geräte zunehmend von Japan nach Südostasien verlagert.[344]

Im Großen und Ganzen kann man also feststellen, dass Merck durch die Gründung zahlreicher neuer Tochtergesellschaften und durch die Übernahme von Firmen im Ausland das internationale Geschäft im Verlauf der 1970er-Jahre deutlich ausbaute. Zugleich zeigte sich aber, dass steigende Umsätze – von Ausnahmen abgesehen – nicht zu steigenden Gewinnen führten. Zu diesen Misserfolgen im operativen Geschäft gesellte sich ein strategisches Problem: Die Organisation in Darmstadt war der zunehmenden Komplexität des Auslandsgeschäfts nicht mehr gewachsen. So konnte Merck die Herstellungsverfahren nicht standardisieren, weil bestimmte Grund- und Zwischenstoffe in manchen Ländern nicht oder nicht in der notwendigen Qualität vorhanden waren. Dies betraf insbesondere ältere Produkte, bei denen sich die Herstellungsverfahren von Land zu Land unterschieden. Nur die seit 1972 neu eingeführten Artikel wurden weltweit einheitlich hergestellt; bei den älteren Produkten wurde die Vereinheitlichung seit Mitte der 1970er-Jahre forciert.[345]

Andere Schwierigkeiten resultieren aus den Beziehungen zwischen Spartenleitungen, Unternehmensleitung und Landesgesellschaften.[346] Diese Gemengelage hatte zwei wesentliche Ursachen. Erstens war das Auslandsgeschäft sehr lange Zeit auf die Person von Langmann ausgerichtet. Zweitens bestimmten steuer- und gesellschaftsrechtliche Überlegungen die Organisationsstruktur der Merck-Gruppe. Die Problemlage lässt sich an einem einfachen Beispiel festmachen: Die Spartenleitungen in Darmstadt waren für die strategischen Ziele ihrer Sparten zuständig – und zwar im weltweiten Geschäft. Die operativ verantwortlichen Landesgesellschaften berichteten jedoch nicht an die Spartenleitung, sondern an die Regionalleiter der Holding in Zug, und diese berichteten ihrerseits direkt an Langmann. So konnten die Spartenleitungen kaum herausfinden, ob und inwieweit ihre Strategie umgesetzt wurde.[347]

Zwar sollte bereits mit dem Übergang zur einheitlichen strategischen Planung im Jahre 1985 gewährleistet werden, dass Ressourcen dort eingesetzt wurden, wo man besser war als die Konkurrenz oder besser werden konnte, aber dies hatte gemischte Resultate.[348] Grundsätzlich begann der Planungsprozess bei der Spartenleitung in Darmstadt. Erst später wurden die individuellen Ländergesellschaften und die zwischengeschaltete Regionalleiterebene in den Prozess mit einbezogen. Als besonders konfliktreich erwies sich der Planungsprozess bei Geschäftseinheiten, die aus Sicht der Sparte sehr klein waren und bei denen nicht detailliert geplant werden musste, die aber aus Sicht einzelner Länder sehr groß waren und daher aus deren Sicht besonders genau geplant werden mussten.[349] Die Auslandsgesellschaften wiesen außerdem darauf hin, dass sie frühzeitig in die strategische Planung eingebunden werden wollten, weil in Darmstadt das Wissen über ferne Auslandsmärkte fehle. Außerdem orientiere sich die strategische Planung zu stark an Produkten und zu wenig an den Kunden, die schließlich vor Ort betreut werden mussten. Es sei eben ein Unterschied, ob ein Arzneimittel an niedergelassene Ärzte oder eine staatliche Gesundheitsbürokratie verkauft werden sollte.[350] Die Lösung bestand in einer Planungsmatrix, an deren Spitze die Geschäftsleitung in Darmstadt stand. Jedem Mitglied der Geschäftsleitung wurde ab 1990 neben der Verantwortung für eine bestimmte Sparte auch die für eine bestimmte Region übertragen. Es sollte dann für seine Region die Planungen von Sparten, Regionen und Landesgesellschaften aufeinander abstimmen.[351] Bei dieser Organisation war aber zunächst nicht bedacht worden, dass dann eine Abstimmung der Strategie mit der Geschäftsleitung der Merck AG in Zug unterblieb.[352] Ein weiteres wesentliches Problem tauchte im Planungsprozess auf. Das Rechnungswesen musste so umgestellt werden, dass man einzelne Sparten, Regionen oder Landesgesellschaften als «profit center» ausweisen konnte.[353] Man wusste also Ende der 1980er-Jahre noch gar nicht detailliert, mit welchen Produkten in welchem Land Geld verdient wurde. Dass Darmstadt insgesamt Gewinne im Ausland erzielte und aus welchen Regionen diese vermutlich stammten, war aber bekannt: Tendenziell verringerte sich das Auslandsgeschäft in Europa und Lateinamerika, während es in Asien und Nordamerika zunahm.[354]

Am Anfang der 1990er-Jahre standen im Auslandsgeschäft somit erhebliche Umbauarbeiten an. Erstens wurden erfolgreiche Auslandsgesellschaften weiterentwickelt und teilweise, wie insbesondere in Asien, neue Niederlassungen gegründet. Zweitens wurden defizitäre Auslandsgesellschaften restrukturiert. Drittens wurde Merck sowohl zum Käufer als auch zum Verkäufer auf dem Markt für Unternehmensbeteiligungen.

Die Expansion der japanischen Automobil- und Elektronikindustrie in die asiatischen Schwellenländer zog Investitionen von Merck in Korea, Malaysia, Taiwan und Thailand nach sich.[355] Beispielhaft kann die Merck-Kanto Advanced Chemicals Ltd. angeführt werden, die 1991 gemeinsam mit der japanischen Elektrochemikalienfirma Kanto – an der Merck mit 30 Prozent beteiligt war – gegründet wurde. Die neue Firma stellte seit 1992 in Taiwan Prozesschemikalien für die Elektronikindustrie her. Sie war bereits 1993 voll ausgelastet und musste erweitert werden.[356] Diese Investition ergänzte bestehende Beziehungen im Geschäft mit Reagenzien. Auf diesem Geschäftsfeld hatte Merck bereits 1974 die Astar Trading Company zum Vertreter in Taiwan ernannt. 1987 trat die Geschäftsleitung von Astar an Merck heran, um Unternehmensanteile zu veräußern.[357] Langmann war von der Idee angetan: Taiwan sei ein Trainingsfeld für China, und man könne dort «China-gängige Mitarbeiter hochziehen, seien es Chinesen, die an Merck gebunden werden, oder Merck-Mitarbeiter, die sich auf China vorbereiten».[358] Markt- und Unternehmensanalysen zeigten im Frühjahr 1988, dass Astar durch den Vertrieb von Merck-Produkten zum Marktführer bei Reagenzien geworden war.[359] Zur Vermeidung von Steuerrisiken wurde eine eigene Firma in Taiwan gegründet, und den Aktionären von Astar bot Merck 40 Prozent des Kapitals im Tausch gegen die Vermögenswerte von Astar an.[360] Astar wurde im November 1989 teilweise übernommen.[361] Im Jahr 2001 kaufte man auf dem Markt weitere Aktien, sodass Merck nun alleiniger Besitzer der Merck Taiwan Ltd. war.[362] Die Beteiligungen in Taiwan entwickelten sich, wie das Geschäft in Asien insgesamt, sehr dynamisch. 1990 erzielte man dort einen Umsatz von rund 280 Millionen DM. Davon entfiel fast die Hälfte auf Japan und knapp zehn Prozent auf Taiwan.[363] Im Verlauf der 1990er-Jahre versechsfachte sich der Umsatz der asiatischen Beteiligungsgesellschaften; besonders dynamisch wuchsen die Unternehmen in Taiwan.[364]

Im Gegensatz dazu standen in Europa während der 1980er- und 1990er-Jahre Umstrukturierungen auf der Tagesordnung. In Großbritannien fusionierte man 1990 die immer noch sehr eigenständig operierende BDH, die man bereits 1972 gekauft hatte, mit der E. Merck Ltd. zur Merck Ltd. und verkleinerte die Verwaltung. Außerdem schloss man acht regionale Verteilerdepots sowie die bisher in Poole durchgeführte Reagenzienabfüllung und verkaufte das Geschäft mit Einkristallen. Einher ging dies mit einem drastischen Personalabbau von 1666 auf 853 Mitarbeiter innerhalb von fünf Jahren.[365] Außerdem wurde die Marke BDH durch die Marke Merck ersetzt, und die Geschäftsleitung in Darmstadt unternahm Anstrengungen, um endlich die Identifikation des mittleren Managements von BDH mit Merck herzustellen.[366] Im Frühjahr 1997 wurde die Flüssigkristallproduktion in Großbritannien unter die Lupe genommen. Dabei stellte sich heraus, dass man eine konsequente Restrukturierung jahrelang verschlafen hatte und die seit Jahren defizitäre Anlage wahrscheinlich selbst nach hohen Investitionen unrentabel bleiben würde. Der Produktionsstandort war zudem so gut wie gar nicht in die Konzernstruktur eingebunden und die Kommunikation mit Darmstadt mangelhaft.[367] Ende 1997 beschloss die Geschäftsleitung daher das Ende der Flüssigkristallproduktion in Großbritannien.[368]

In Frankreich fielen Wachstum durch Akquisition und Restrukturierung bestehender Gesellschaften zusammen. Die große Wende war der 1991 und 1994 in zwei Schritten erfolgte Kauf der insbesondere in Frankreich, den USA und Großbritannien, aber auch in Deutschland, Belgien und Portugal tätigen Lipha (Société Lyonnaise Industrielle Pharmaceutique S. A.).[369] Mit dieser Transaktion stieg Merck zur Nummer 13 auf dem europäischen Arzneimittelmarkt auf und war fortan auf allen europäischen Hauptmärkten präsent, sodass man hoffte, attraktiver Partner für außereuropäische Lizenzgeber zu werden.[370] Zur Steigerung der Kosteneffizienz wurde die bestehende französische Tochtergesellschaft mit ihrem Umsatz von rund 200 Millionen DM in die Lipha integriert.[371] In den folgenden Jahren wurde das französische Geschäft durch weitere Käufe im Bereich Labor und Reagenzien sowie Biomaterialien gestärkt.[372] Lipha weitete den Umsatz zwischen 1990 und 1995 von umgerechnet fast 650 Millionen DM auf nahezu eine Milliarde DM aus. Die Umsatzrendite nach Steuern blieb dabei stabil bei rund zehn Prozent.[373] Aus Sicht von Merck war es zudem von großem Vorteil, dass es zwischen Merck und Lipha weder hinsichtlich der bearbeiteten Märkte noch der Produktpalette nennenswerte Überschneidungen gab.[374] Lipha erzielte 41 Prozent des Umsatzes mit Herz-Kreislauf-Medikamenten (insbesondere Praxilene), 25 Prozent mit Atemwegsmedikamenten und 19 Prozent mit Diabetes-II-Präparaten (insbesondere Glucophage). Weil Lipha zudem forschungsstark war, wurden drei Viertel des Umsatzes mit selbst entwickelten Medikamenten erzielt. Campral, als unterstützendes Medikament zum Alkoholentzug, wurde schließlich in ganz Europa eingeführt. Betrachtet man die regionale Verteilung, dann fallen die starke Position in Frankreich, wo 40 Prozent des Umsatzes erzielt wurden, aber auch die gute Stellung in den USA auf (23 Prozent des Umsatzes). Besondere Hoffnung für den nordamerikanischen Markt machte zudem die 1995 erfolgte Einführung von Glucophage. Dieses bereits seit 1958 in Frankreich erhältliche Medikament wurde nach der Zulassung in Nordamerika für sechs Jahre exklusiv durch den Lizenznehmer Bristol-Myers Squibb vertrieben.[375] Bis in die Gegenwart zählt Glucophage zu den fünf erfolgreichsten Medikamenten von Merck.[376]

In Italien führte der Verkauf der Bracco-Beteiligung in den späten 1990er-Jahren zu einem vorübergehenden Rückzug. Dieser Beteiligungsverkauf ist umso bemerkenswerter, als es sich um eine überlebenswichtige Komponente im Portfolio von Merck handelte: Von 1989 bis 1994 stammte mindestens die Hälfte des Unternehmensgewinns aus dem Anteil an der Mailänder Firma.[377] Der bereits erwähnte Erfolg des von Bracco selbst entwickelten Röntgenkontrastmittels Iopamidol und die zunehmende direkte Bearbeitung des italienischen Marktes durch andere Gesellschaften aus der Merck-Gruppe führten jedoch zu Spannungen. Ende der 1990er-Jahre entfielen immerhin 60 Prozent des Gesamtumsatzes von Bracco auf Röntgenkontrastmittel. Selbst die stärksten Produkte, die Bracco als Lizenznehmer von Merck verkaufte, trugen nur drei bis vier Prozent zum Umsatz bei.[378] Nicht ganz zu Unrecht stellte Diana Bracco, eine Tochter von Fulvio Bracco, daher fest, dass sie die Firma mit selbst entwickelten Röntgenkontrastmitteln zum Erfolg geführt hätte und Merck übermäßig von diesem erfolgreichen Geschäft profitierte.[379]

Inzwischen strebten andere Gesellschaften der Merck-Gruppe, namentlich Lipha und Merck Generics, auf den italienischen Arzneimittelmarkt, obwohl Bracco sich als Generalvertreter für alle Merck-Produkte in Italien betrachtete. Daher forderte Bracco die Schließung von Lipha Italien und reklamierte den exklusiven Vertrieb der Produkte.[380] Merck argumentierte allerdings, dass die französische Lipha – wie auch Merck Generics – nur teilweise im Eigentum von Merck seien und man somit keinen Einfluss auf deren italienische Strategie habe. Daher könne man nicht verhindern, dass Lipha mit Eli Lilly zusammenarbeite und dass Merck Generics selbst aktiv wurde.[381]

Im Frühjahr 1996 ging Bracco in die Offensive. Im Anschluss an die Generalversammlung der Aktionäre von Bracco wurde, ohne die Vertreter von Merck zu informieren, Diana Bracco zur Vorstandsvorsitzenden mit umfangreichen Kompetenzen ernannt.[382] Die Geschäftsleitung von Merck signalisierte zwar die grundsätzliche Bereitschaft zur weiteren Zusammenarbeit, gleichwohl schlug Langmann bereits im Oktober 1996 eine Trennung vor.[383] Allerdings räumte er im Sommer 1997 gegenüber dem Leiter des internationalen Pharmageschäfts, Bernhard Scheuble, ein, dass dies nicht einfach sei, weil Bracco «der einzige Teil der Gruppe im Bereich Pharma [sei], der in naher Zeit mit Innovationen aufwarten» könne.[384] Da Bracco jedoch auf eine Trennung hinarbeitete[385] und dies im Dezember publik wurde,[386] wurde zum 1. Januar 2000 die Scheidung vereinbart: für 1,7 Milliarden DM in bar und Überlassung der Chemie- und Laborsparte, die die Ausgangsbasis der neuen Merck-Gesellschaft in Italien bildete. Strategisch war dies ein Erfolg für Merck, weil die Firma dadurch freie Hand in Italien erhielt und die Pharmasparte mit dem Rückzug aus dem Kontrastmittelgeschäft weiter auf wenige Indikationsgebiete ausrichtete.[387]

2.7. Akquisitionen als Wachstumsstrategien

Käufe und Verkäufe von Unternehmen entwickelten sich seit 1990 zu einem zentralen Element der Unternehmensstrategie von Merck.[388] Damit unterschied Merck sich nicht von anderen Unternehmen der chemisch-pharmazeutischen Industrie. Besonders spektakulär waren lange Zeit nicht die Aktivitäten von Merck, sondern die Zusammenschlüsse von Ciba-Geigy und Sandoz zu Novartis (1997) sowie von Hoechst und Rhone-Poulenc zu Aventis (1999) und die Bildung von GlaxoSmithKline ein Jahr später.[389] Die von Merck gesetzten Meilensteine im Pharmageschäft waren im Vergleich dazu nur Katzensprünge, wie der Erwerb der französischen Lipha für 1,16 Milliarden DM und der Generikafirma Ampham für 234 Millionen DM zeigten. Auch der Ausbau des Laborhandelsgeschäfts in Europa und Nordamerika, etwa durch den Erwerb von Prolabo für 144 Millionen DM und VEL für 73 Millionen DM, fiel kaum in der breiteren Öffentlichkeit auf.[390]

Bei jeder Akquisition sollten, so Langmann, vier Grundsätze beachtet werden: Es sollte nicht primär um Umsatzsteigerungen, sondern um die Absicherung bestehender Geschäfte gehen – beispielsweise die geografische Ausdehnung des Laborgeschäfts durch den Kauf von Labordistributionsunternehmen in sechs Ländern oder den Kauf von Arzneimittelfirmen mit dem Ziel, in den größeren europäischen Ländern einen Marktanteil von zwei Prozent zu erreichen. Mit jeder Akquisition mussten strategische Vorteile realisiert werden – wie die Stärkung der Marktstellung oder des Forschungsportfolios im Falle von Lipha. Drittens mussten signifikante Synergien mit bestehenden Geschäften vorliegen. Viertens durfte die wirtschaftliche Struktur der Gruppe durch eine Übernahme nicht gefährdet werden, weshalb die Erträge einer neuen Beteiligung zumindest die Finanzierungskosten für den Kauf decken sollten.[391] Zudem versuchte Merck immer, die Führungskräfte der übernommenen Firma zu halten, damit sich die neue Tochter stabil weiterentwickeln konnte.[392]

Insbesondere stärkte Merck in den 1990er-Jahren durch Akquisitionen das Laborgeschäft und die Herstellung von Generika. Die erste strategische Weichenstellung kündigte Langmann 1994 auf der Gesellschafterversammlung an: Merck sollte zu einem Vollanbieter von Laborbedarfsgütern in Europa werden.[393] Dazu wurden zunächst die wichtigsten europäischen Aktivitäten in diesem Bereich in der Firma Merck Eurolab gebündelt.[394] Gleichzeitig wagte Merck einen großen Schritt auf den nordamerikanischen Markt, indem man eine Kooperation zwischen dem dort führenden Laboranbieter VWR und der seit Jahren Sorge bereitenden Merck-Tochter Bender & Hobein initiierte.[395] Reagenzien, Laborverbrauchsmittel und Laborgeräte sollten fortan gemeinsam vertrieben werden.[396] Ein Jahr später erwarb Merck über seine USA-Tochter EM Industries für 20 Millionen Dollar eine 15-prozentige Beteiligung an VWR. Im Gegenzug beteiligte sich VWR mit zehn Prozent an Bender & Hobein.[397] 1995/96 stockte Merck die Beteiligung an VWR in zwei Schritten auf 49,9 Prozent auf.[398] Im Sommer 1999 übernahmen die Darmstädter dann VWR vollständig, da sich die Beteiligung gut entwickelte, Merck zu einem weltweit führenden Anbieter im Laborsektor aufsteigen wollte und so den von VWR angestrebten Markteintritt in Europa verhindern konnte.[399] Allerdings wurde damals spekuliert, ob Langmann eine Sanierung der Sparte und einen anschließenden Börsengang anstrebe, weil die Rendite im Laborhandelsgeschäft bislang sehr niedrig gewesen war.[400] Merck begann ein Sanierungsprogramm. Als erste wichtige Maßnahme wurden die sieben in Europa bisher parallel bestehenden EDV-Systeme durch eine einheitliche Software abgelöst.[401] Anfang 2002 wurde eine Namenseinheit geschaffen, indem Merck Eurolab in «VWR International» umbenannt wurde. Zudem erklärte die inzwischen von Bernhard Scheuble geführte Geschäftsleitung, dass das Labordistributionsgeschäft nicht mehr zu den Kernbereichen von Merck gehöre und VWR an die New Yorker Börse gebracht werden solle.[402] Aus diesem Plan wurde aufgrund der mauen Börsenlage zunächst nichts, aber zwei Jahre später bekundete eine amerikanische Beteiligungsgesellschaft ihr Interesse, VWR für 1,5 Milliarden Dollar zu übernehmen.[403] Merck akzeptierte und war ein zwar umsatzstarkes, aber margenschwaches Geschäft los.[404]

Die zweite strategische Wende des Jahres 1994 war der Einstieg ins Generikageschäft. Ausgangspunkt hierfür war Dey, eine in den USA tätige Tochtergesellschaft von Lipha. Darüber hinaus und zeitlich etwa parallel zum Abschluss des Erwerbs von Lipha kaufte Merck 1994 eine zunächst 51-prozentige Beteiligung an der niederländischen Generikafirma Amerpharm. Bis 1996 übernahm man auch die anderen Anteile dieser Gesellschaft, die fortan unter dem Namen Merck Generics firmierte.[405] Bereits 1996 erzielte Merck mit Generika einen Umsatz von 620 Millionen DM, vor allem in den USA, in Frankreich, Großbritannien und Australien.[406] Bei rasantem Wachstum durchbrach der Generikaumsatz 1997 die Milliardenschwelle. Weiter gestärkt wurde das Geschäft durch diverse Zukäufe, zu denen 1998 die teilweise Akquisition der amerikanischen Firma Pharmaceutical Ressources (PAR) zählte.[407] Zur Jahrtausendwende gab Merck im Generikabereich einen langfristigen, strategischen Wachstumsplan bekannt: Von allen wichtigen Medikamenten sollte ein Generikum angeboten werden, und Merck wollte mittelfristig zu den drei größten Anbietern im Markt gehören.[408] Wenige Jahre später verabschiedete man sich jedoch ganz und gar und gegen Bedenken von Langmann aus dem durchaus rentablen Generikageschäft, weil man nicht mehr auf ein Geschäft mit großem Volumen und geringen Margen setzen wollte.[409] Nachdem Merck im Januar 2007 bekanntgegeben hatte, dass der Verkauf der Generikasparte eine strategische Option sei, ging es sehr schnell: Bereits im Oktober 2007 wurde Merck Generics für 4,9 Milliarden Euro an den amerikanischen Generikaspezialisten Mylan verkauft. Die Verkaufserlöse wurden hauptsächlich zur Finanzierung der Akquisition der schweizerischen Biotechnologiefirma Serono verwendet.[410]

Diese strategische Wende zurück zu den Geschäften mit hochinnovativen Arzneimitteln hatte sich bereits im Oktober 2005 mit der versuchten Übernahme von Schering angekündigt.[411] Diese Transaktion konnte zwar nicht mit dem gewünschten Ergebnis, aber in gewisser Weise doch erfolgreich abgeschlossen werden. Merck scheiterte mit der Übernahme, verdiente aber durch Kauf und Verkauf von Schering-Aktien erheblich. In einem Strategiepapier legte Langmann dar, dass die Übernahme von «Superb», so der Codename für die Schering-Übernahme, relativ risikoarm wäre und eine große Chance für Merck darstelle. Die Gründe, die für die Übernahme von Schering sprachen, waren vielfältig: Schering gab wesentlich mehr Geld für Forschung und Entwicklung aus, hatte im Gegensatz zu Merck zahlreiche umsatzstarke Arzneimittel, eine höhere Umsatzrendite und eine stärkere Marktposition in den USA. Dafür hatte Merck eine viel bessere Marktposition in Asien, eine höhere Bewertung an der Börse und ein florierendes Chemiegeschäft. Das wesentliche strategische Problem von Merck war die leere Arzneimittelpipeline. Dort hatte man mit dem Krebsmedikament Erbitux nur ein aussichtsreiches Produkt. Die Schlussfolgerung war klar: «Diese Schwäche von Merck ist unübersehbar. Sie gefährdet die mittelfristige Zukunft von Merck.»[412]

Langmann wies darauf hin, dass eine Übernahme in dieser Größenordnung zwar zu einer Verwässerung des Kapitalanteils der Familie führen würde, hielt aber als Fazit fest: «Ich meine, dass eine solche Transaktion einen ganz außergewöhnlichen Motivationsschub für die Mitarbeiter von Merck in aller Welt auslösen würde – und Geschäftsleitung und die Familie Merck würden in neuem Glanz gesehen werden.»[413] Die seinerzeit maßgeblichen Vertreter der Familie, Jon Baumhauer und Frank Stangenberg-Haverkamp, unterstützten und forcierten das Projekt, sodass schnell die grundsätzliche Entscheidung gefallen war und man sich Rat bei mehreren Investmentbanken und der Deutschen Bank holte. Am 20. Januar 2006 begann Merck, Schering-Aktien an der Börse zu kaufen.[414] Die Gespräche über einen einvernehmlichen Zusammenschluss, die Finanzvorstand Michael Becker und Stangenberg-Haverkamp mit dem Vorstandsvorsitzenden von Schering, Hubertus Erlen, führten, verliefen erfolglos. Daher gab Merck am 13. März 2006 ein feindliches Übernahmeangebot ab.[415] Man offerierte den Aktionären von Schering 77 Euro je Aktie, rund 15 Prozent über dem letzten Börsenkurs. Nur wenige Stunden später entwickelte sich das Geschäft anders, als von Merck erwartet. Zunächst unbemerkt, trat mit Bayer ein «weißer Ritter» auf, der Schering vor Merck retten wollte.[416] Derweil wurden die Vor- und Nachteile der Fusion in der Presse breit diskutiert. Grundsätzlich galten Merck und Schering in der Presse nicht als Traumpaar, sondern eher als Notlösung.[417] Zehn Tage nach dem Angebot von Merck trat Bayer aus der Deckung und bot 86 Euro je Schering-Aktie. Außerdem sollte die gemeinsame Pharmasparte der beiden Konzerne ihren Sitz in Berlin erhalten. Der Vorstand von Schering kündigte sogleich an, dieses Angebot zu unterstützen.[418] Merck ließ sich nicht auf den Bieterkampf ein, erwarb aber große Aktienpakete an der Börse und verkaufte diese wenig später mit erheblichem Gewinn an Bayer.[419]

2.8. Verkauf und Werbung

Am 1. Januar 1970 wurde eine wegweisende Entscheidung, die seit 1967/68 diskutiert worden war, umgesetzt: Die Wissenschaftliche Abteilung und die Verkaufsabteilung wurden in einem für Verkauf und Werbung zuständigen Vertriebsbereich zusammengelegt.[420] Nahezu zeitgleich endete auch eine Ära der personellen Kontinuität, weil die seit mindestens 15 Jahren für diese Bereiche verantwortlichen Personen in den Ruhestand verabschiedet wurden. Der Verkaufsleiter Peter Hanstein schied 1970 aus, der Leiter der Wissenschaftlichen Abteilung Karl Roth ging 1971 in Pension, und der auf Vorstandsebene zuständige Hans Harms trat 1972 ab. Neuer Hauptleiter für den Pharmavertrieb wurde Giorgio Hecht-Lucari, gefolgt von Horst Nötzelmann in der Zeit von 1983 bis 1990. Danach kam es in den 1990er-Jahren zu einem Personalkarussell mit vier Leitern in einer Dekade.[421]

Die Organisationsreform des Jahres 1970 war dringend notwendig, weil das Zusammenspiel zwischen Wissenschaftlicher Abteilung und dem kaufmänni-

Abbildung 131 Erster Computer im Außendienst, 1972.

schen Bereich nicht reibungslos war und weil man Markteingriffe durch das angekündigte Arzneimittelgesetz erwartete. Der kaufmännische Außendienst, dessen Mitarbeiter fachlich und disziplinarisch den im Bundesgebiet verstreuten Niederlassungsleitern unterstanden, war für die Akquisition von Aufträgen in Krankenhäusern sowie für den Vertrieb von Chemikalien und Laborprodukten zuständig. Der wissenschaftliche Außendienst, dessen akademisch geschulte Mitarbeiter disziplinarisch dem Niederlassungsleiter, fachlich aber dem Abteilungsleiter in Darmstadt unterstanden, beriet die Ärzte, ohne genügend Aufträge an Land zu ziehen.[422] Für beide Gruppen war es geübte Praxis, den Schwarzen Peter bei Fehlschlägen an die jeweils andere Gruppe weiterzureichen. Denn ob die schlechte wissenschaftliche Beratung oder der ungeschickte Kaufmann für den mangelhaften Absatz verantwortlich waren, ließ sich kaum feststellen.[423] 1970 wurde nun erstens die Leitung zusammengefasst, es wurden zweitens Produktteams zur Herstellung eines engen Kontakts zwischen Forschung und Vertrieb gebildet, und es wurde drittens eine stärkere Differenzierung des Außendienstes nach Kunden- und Produktgruppen vorgenommen.[424] Zudem wurden die eigenen Absatzdaten nun systematischer erfasst und mithilfe elektronischer Datenverarbeitung und unter Berücksichtigung regionaler Marktforschungsdaten ausgewertet.[425] Damit schloss man an die seinerzeit in vielen Unternehmen stattfindende Marketinginformationsrevolution an. Diese manifestierte sich in der Errichtung von Marktforschungsabteilungen, der verstärkten Nutzung elektronisch verarbeiteter Daten und der Schaffung von Produktgruppenmanagern. Insgesamt hinkte die deutsche Industrie freilich den führenden amerikanischen Konsumgüterherstellern rund vier Dekaden hinterher.[426]

Abbildung 132 Ein Außendienstfahrzeug, 1965.

Parallel zur Einrichtung einer integrierten Verkaufsabteilung bei der Muttergesellschaft in Darmstadt trennte man 1970 den Vertrieb verschreibungspflichtiger Medikamente vom Absatz anderer Produkte, die nun gebündelt von der Cascan GmbH gehandelt wurden. Diese war bereits 1955 gegründet worden, um chemische, pharmazeutische und kosmetische Produkte zur Selbstmedikation zu vertreiben.[427] Da man befürchtete, dass das Image von Merck bei Ärzten, Apothekern und Patienten leiden würde, wenn man mit «Billigprodukten» in Verbindung gebracht würde, hatte Merck bereits damals diese Produkte in eine Tochtergesellschaft ausgelagert. 1971 wurde zudem die seit dem Ersten Weltkrieg bestehende Vertragsgemeinschaft MBK mit Boehringer Mannheim und Knoll aufgelöst, u. a. weil es keinen Nachschub an Produkten gab.[428] Merck verlagerte den Vertrieb der MBK-Produkte ebenfalls in die Cascan GmbH. Dies trug zu einem explosionsartigen Umsatzanstieg bei der Cascan von gut drei auf fast 40 Millionen DM innerhalb weniger Jahre bei. Die steigenden Umsätze ermöglichten den Ausbau des Außendienstes, wodurch er auch für Lizenz- und Kooperationspartner interessant wurde. So erhielt Cascan beispielsweise 1980 vom japanischen Pharmaunternehmen Chugai eine Vertriebslizenz für das sehr erfolgreiche Magen-Darm-Präparat Ulcogant. 1981 brachte Merck Cascan in ein 50:50-Gemeinschaftsunternehmen mit der britischen Arzneimittelfirma Glaxo ein, die auf diesem Weg ihre Produkte in Deutschland absetzte.

Neben Cascan gründete Merck am 1. Januar 1970 die Merck Produkte Vertriebs GmbH (MEPRO), eine Spezialgesellschaft für den Vertrieb von freiverkäuflichen Arzneimitteln und Kosmetika an Apotheken und Drogerien.[429] Um einen hohen Umsatz zu erzielen, änderte Merck sogar die Zusammensetzung einiger Vitaminpräparate, damit sie nun – in neuer niedrigerer Dosierung – auch außerhalb von Apotheken angeboten werden konnten. Merck löste damit einen ungeahnten Sturm der Entrüstung bei den Apothekern aus, die erhebliche Umsatzeinbußen erwarteten. Daher gingen viele Apotheker mit drastischen Maßnahmen gegen Merck vor – Hausverbot für Mitarbeiter von Merck und Entfernung des Sortiments aus den Regalen waren dabei die Regel. Dieser Verlust wäre für Merck tragbar gewesen, wenn sich auf der anderen Seite ein gutes Geschäft entwickelt hätte. Dies war aber nicht der Fall, weil das Drogeriegeschäft zunehmend von den großen Ketten dominiert wurde und dadurch der Druck auf die Margen zunahm. Merck verlor also den Absatz mit hohen Margen in Apotheken und gewann wenig rentablen Umsatz in Drogerien hinzu. Millionenverluste waren die Folge. Auch der Aufbau einer Kosmetikserie (Concert) und der Vertrieb von Haarpflegemitteln (Plantur) sowie der Absatz von Diätmitteln (Bionorm) führten nicht zur nachhaltigen Besserung. Daher stellte Merck 1976 den Vertrieb über MEPRO an Drogerien ein und beschränkte sich auf den Verkauf von freiverkäuflichen Produkten in den Apotheken, organisiert durch eine neu geschaffene Abteilung. 1981 reaktivierte man MEPRO, die fortan für das Selbstmedikationsgeschäft von Merck verantwortlich war und 2001 im Geschäftsbereich Merck Consumer Health aufging.

Grundsätzlich war die um 1970 eingeleitete Verbesserung der Absatzorganisation dringend notwendig, weil das Produktportfolio noch immer nicht wettbewerbsfähig war. Zwar war auf Anweisung von Jan Thesing seit 1958 das gesamte Forschungsportfolio systematisch auf etwaige absatzfähige Produkte durchkämmt worden, sodass Merck im Verlauf der 1960er-Jahre zahlreiche Me-too-Präparate einführte. Außerdem wurde die 1955 begonnene Produktion von Vitaminkombinationspräparaten intensiviert. Abgesehen von Nasivin und den Schilddrüsenmedikamenten wurde aber kein wirklich innovativer «Kassenschlager» entwickelt.[430] Die Schilddrüsenmedikamente Novothyral und Euthyrox illustrieren plastisch die Probleme der Merckschen Organisation. Die Anregung, diese Produkte zu entwickeln, kam nicht aus der Forschungsabteilung, sondern sie wurde über den Wissenschaftlichen Außendienst aus einer Düsseldorfer Klinik weitergegeben. Nachdem die Produkte 1968 bzw. 1973 mit sehr großem und nachhaltigem Erfolg in Deutschland eingeführt worden waren, gelang es nicht, sie auch im Ausland großvolumig abzusetzen, weil sich die Auslandsgesellschaften schlicht verweigerten.[431] Ebenfalls nur im Inland erfolgreich war Refobacin, ein auf einem von der amerikanischen Schering Corp. für den deutschen Markt lizenzierten Wirkstoff (Gentamycin) beruhendes Medikament, das vor allem bei Knochen- und Gelenkoperationen eingesetzt wurde. Merck verhalf es, insbesondere in Form von Septopal-Ketten und Refobacin-Palacos-Knochenzement, zu einer starken Stellung im Krankenhausgeschäft.[432] Diese kleinen Erfolge konnten den anhaltenden Abstieg am Arzneimittelmarkt nicht aufhalten. Der Marktanteil von Merck am deutschen Arzneimittelmarkt sank im Verlauf der 1970er-Jahre von 2,9 auf 1,5 Prozent.[433] Merck rangierte 1980 nur noch auf Platz 14 des deutschen Arzneimittelmarkts, während man 1950 noch auf Rang vier und 1970 die Nummer Sieben gewesen war. Trotz einiger Anstrengungen änderte sich zwischen 1980 und der Jahrtausendwende an dieser Position kaum etwas.[434]

Der Positionsverlust von Merck resultierte aus dem schwachen Produktportfolio und der immer noch unzureichenden Marktbearbeitung. Die wesentlichen Konkurrenten hatten ihren Außendienst in den 1970er-Jahren nämlich erheblich ausgebaut, während die Kapazitäten bei Merck stagnierten.[435] Der Absatz litt des Weiteren unter komplexen Hierarchien und unklaren Verantwortungsbereichen. Vom Vertriebsmitarbeiter bis zum Vertriebsvorstand gab es bei Merck sieben Hierarchiestufen, beim wesentlich größeren Konkurrenten Hoechst waren es nur sechs. Die steile Hierarchie führte dazu, dass sich keiner mehr verantwortlich fühlte und Entscheidungen lieber delegiert wurden. Daher wurden Anfang der 1980er-Jahre die regionale Führungs- und Ergebnisverantwortung und die zentrale Ergebniskontrolle deutlich gestärkt, um den Pharmaabsatz anzustoßen.[436] Schließlich wurden die Niederlassungen komplett geschlossen und Anfang der 1990er-Jahre durch in Darmstadt ansässige Regionalleiter ersetzt. Im Zuge dieser Organisationsreform gingen jedoch viele persönliche Verbindungen in der Fläche und damit Zugang zum Kunden verloren.[437]

Eine zentralisierte, einheitliche Werbestrategie wäre besonders wichtig gewesen. Ein Vergleich mit 16 großen Arzneimittelfirmen zeigte, dass Merck einen sehr hohen Anteil des Umsatzes für Werbemaßnahmen aufwendete. Im Durchschnitt gab die Konkurrenz zehn Prozent vom Umsatz für Werbung aus, bei Merck waren es 14 Prozent.[438] Allerdings war die Werbung bei Merck wenig fokussiert, weil sehr viele Produkte beworben und jährlich rotierende Schwerpunktaktionen (Force-Programm) durchgeführt wurden. Die Konkurrenten bewarben dagegen lediglich Neueinführungen. Die große Anzahl der beworbenen Produkte führte dazu, dass die Werbeausgaben pro Produkt bei den großen Konkurrenten ca. 75 Prozent höher waren.[439] Zudem war das Image von Merck bei Ärzten und Apothekern schlecht.[440] Die Firma galt seit Langem als leistungsunfähig, antiquiert, forschungsschwach, innovationsfeindlich und praxisfern, sie machte als besonders schlecht geltende Werbung, brachte nur selten neue Produkte auf den Markt, und die Produkte stuften befragte Ärzte nur selten als hochwertig ein.[441] Fünfzehn Jahre später, Ende 1996, stellte sich die Situation ähnlich dar. Der Vertriebsleiter Pharma Deutschland bemerkte beispielsweise, dass Merck zu wenige innovative Produkte vorweisen könne, mehr Geld in die Werbung investieren müsse, aber das Produktportfolio aus eigener Kraft nicht verbessern könne, weil die Finanzmittel fehlten.[442] Die damaligen Hoffnungsträger, das

Diabetespräparat Glucophage und das Antialkoholismusmittel Campral, die man mit der Übernahme von Lipha ins Produktportfolio übernommen hatte, erfüllten die Erwartungen nur knapp bzw. blieben deutlich dahinter zurück.[443]

Neben diesen zahlreichen Schwächen bei Image, Produktportfolio, Werbung und Absatz trat ab 1976 ein weiteres Problem auf. Das neue deutsche Arzneimittelgesetz regelte von nun an nicht nur die Zulassung von Arzneimitteln, sondern erlaubte auch staatliche Eingriffe in das Preisgefüge. Diese Arzneimittelpreisverordnungen legen allerdings nicht den Absatzpreis der Pharmafirmen, sondern nur die Margen der Großhändler und Apotheker fest.[444] Der Gesetzgeber reagierte auf diese Lücke und leitete die stärkere Preisdisziplin 1977 mit dem Krankenkassenversicherungskostendämpfungsgesetz ein.[445] Seit Anfang der 1980er-Jahre übernahmen zudem die Krankenkassen nicht länger die Kosten für die Verschreibung von unwirksamen und unwirtschaftlichen Medikamenten und erhöhten die Zuzahlungen für Patienten.[446] Zwischen 1983 und der Jahrtausendwende griff der Gesetzgeber neunmal in den Arzneimittelmarkt ein. Für viele Produkte traten Preisobergrenzen in Kraft, für manche Medikamente wurden die Preise zwangsweise gesenkt, und es wurde ein mehrjähriger Preisstopp verhängt. Außerdem wurde die Kostenerstattung für innovative Medikamente, die noch nicht im Erstattungsregister der Krankenkassen standen, wesentlich erschwert. Weiterhin wurde ein Verschreibungsbudget für niedergelassene Ärzte festgelegt. Marktgröße und Marktwachstum wurden also auf dem Verwaltungsweg bestimmt.[447] Nach der Jahrtausendwende folgte mit dem Arzneimittelausgabenbegrenzungsgesetz ein weiterer Eingriff in die Preisgestaltungsfreiheit.

2.9. Der Schutz der Umwelt

Beschleunigt durch große Chemieunfälle in Seveso 1976, Bhopal 1984 und Basel 1986, die Gründung der Umweltpartei Die Grünen im Jahr 1980, Kampagnen gegen das Wald- und Fischsterben und die Atomkraft gewann der betriebliche Umweltschutz zunehmend an Bedeutung,[448] insbesondere in Hessen, wo nach den Landtagswahlen 1985 Die Grünen erstmals in eine Regierung eintraten und dort mit dem «Industrie-Schreck»[449] Joseph («Joschka») Fischer den Umweltminister stellten. Für Langmann kam damit jemand an die Macht, «der sich bisher in allen seinen Äußerungen wirtschafts- und industriefeindlich» gezeigt habe. Aber auch der Vorsitzende der IG Chemie, Hermann Rappe, befand, dass die neue Regierung auf Dauer für die Arbeitnehmer schädlich sei.[450] Die Befürchtungen schienen sich zu bestätigen, als sogleich eine Geländeüberprüfung bei Merck angekündigt wurde.[451]

Allerdings rannte die Umweltbewegung bei Merck offene Türen ein, denn Umweltschutz war seit jeher für die chemische Industrie selbstverständlich – zumindest aus Sicht von Ernst Jacobi, Mitglied der Geschäftsleitung von 1970 bis 1981.[452] Tatsächlich ging in der deutschen chemischen Industrie seit den späten 1970er-Jahren trotz Produktionswachstums der Schadstoffausstoß zurück.[453] Bei Merck lag die Emission von Staub, Kohlenmonoxid, Stickoxid und Schwefeldioxid bereits seit langer Zeit deutlich unter den strengen gesetzlichen Normen.[454] Dies war eine Folge der seit den 1960er-Jahren steigenden Investitionen in den Wasser- und Luftschutz sowie in die Abfallentsorgung.[455] Begleitet und forciert wurden die unternehmerischen Anstrengungen durch eine ganze Reihe gesetzgeberischer Maßnahmen.[456] Als Reaktion und in Vorbereitung auf neue Gesetze schuf Merck 1970 eine eigene Abteilung für Umweltschutz, die sich mit allen Fragen der Abwasserreinigung, Luftverschmutzung und Abfalldeponierung befasste.[457] Ergänzt wurde dies durch die Einrichtung eines innerbetrieblichen Umweltausschusses im Jahre 1972.[458] Damit stand Merck freilich nicht alleine. Bereits 1964 hatte Bayer eine Abteilung für alle Fragen des Luft- und Gewässerschutzes geschaffen, Henkel folgte 1971.[459]

Auch finanziell wurde im Bereich Umweltschutz seit den 1970er-Jahren erheblich aufgerüstet. Die laufenden Ausgaben für den Schutz von Wasser, Luft und Land erhöhten sich von rund fünf Millionen DM Anfang der 1970er-Jahre auf fast 23 Millionen DM im Jahr 1980 und auf rund 49 Millionen DM im Jahr 1990. Ausgedrückt in Prozent vom Umsatz stiegen die laufenden Umweltschutzausgaben zunächst von 0,6 (1973) auf 1,2 Prozent (1980) und weiter auf 1,4 Prozent (1990). Anschließend stabilisierten sie sich auf diesem Niveau.[460]

Darüber hinaus wurden immer wieder finanziell bedeutsame Investitionen vorgenommen. Deren Verteilung auf die einzelnen Umweltschutzbereiche ähnelte den laufenden Ausgaben: Von den Investitionen in den Umweltschutz in Höhe von fast 80 Millionen DM, die Merck zwischen 1960 und 1980 tätigte, entfielen drei Viertel auf den Gewässerschutz, ein Fünftel auf die Luftreinhaltung und circa fünf Prozent auf die Abfallentsorgung.[461] Die größten Einzelinvestitionen waren die Kläranlagen in den Werken Darmstadt und Gernsheim:[462] Die dortigen Abwässer wurden chemisch und biologisch geklärt, der Klärschlamm wurde anschließend verbrannt und die Asche deponiert.[463] Zunehmende Beschwerden aus der Bevölkerung über die Geruchsbelästigung erforderten Anfang der 1980er-Jahre einen wesentlichen Umbau der Kläranlage.[464] Trotz dieser Klagen kann Merck auf dem Feld des Gewässerschutzes durchaus als Vorreiter gelten, weil eine moderne Kläranlage in Darmstadt bereits 1965 in Dienst gestellt wurde, während beispielsweise die BASF erst 1972 mit dem Bau einer solchen Anlage begann.[465]

Die hohen laufenden Umweltschutzausgaben hingen auch vom Ressourcenverbrauch ab. Infolgedessen wurde der Verbrauch von Wasser und Energie möglichst gering gehalten. Am Anfang des Jahrtausends hätte der Wasser-, Strom- und Wärmeverbrauch des Darmstädter Werkes ausgereicht, um 50 000 Haushalte mit Strom, 14 000 Haushalte mit Wasser und 7000 Einfamilienhäuser mit Wärme zu versorgen.[466] Der Wasserverbrauch erreichte seinen Höhepunkt im Werk Darmstadt bereits 1970 mit rund 8,5 Millionen Kubikmetern – rund siebenmal mehr als 1948. In den folgenden Jahrzehnten stagnierte er bei sechs bis sieben Millionen Kubikmetern jährlich, bevor er in den 1990er-Jahren auf nur noch zwei Millionen Kubikmeter pro Jahr fiel.[467] Beim Verbrauch von Dampf gab es eine ähnliche Entwicklung. Der stieg von weniger als 100 000 Tonnen im Jahre 1948 auf fast 800 000 Tonnen Mitte der 1970er-Jahre an, verharrte anschließend auf diesem Niveau und ging seit dem Jahr 2000 auf nur noch 300 000 Tonnen zurück.[468] Lediglich beim Stromverbrauch war kein Rückgang zu verzeichnen, weil vor allem Computer und Klimaanlagen den Bedarf hochhielten.[469] Hier stieg der Konsum von weniger als zehn Millionen Kilowattstunden Ende der 1940er-Jahre auf rund 150 Millionen Kilowattstunden 1990. Seitdem stagnierte der Stromverbrauch auf diesem Niveau.[470] Die Klimabilanz verbesserte sich jedoch, weil seit 1993 der bereits 1970 eingeleitete Übergang von Braun- und Steinkohle zu Erdgas als Primärenergieträger forciert wurde. Der Ausstoß des «Klimakillers» Kohlenwasserstoff sank seit 1991 von rund 250 000 Tonnen auf nur noch 75 000 Tonnen.[471]

Trotz aller Anstrengungen war auch Merck von Umweltproblemen betroffen, insbesondere durch den sogenannten HCH-Skandal des Jahres 1979. Dieser hatte sich mit langem Vorlauf angekündigt, denn bereits seit September 1974 hatte das Nachrichtenmagazin «Der Spiegel» mehrfach darüber berichtet, dass rund 97 000 Tonnen giftiges Hexachlorcyclohexan (HCH) unter dem Firmenparkplatz, unter einer Fabrikhalle in Gernsheim sowie auf dem Werksgelände in Darmstadt vergraben worden waren.[472] Bei der Synthese des Stoffes durch Photochlorierung von Benzol entstehen vier Sereoisomere von Hexachlorcyclohexan. γ-HCH wurde als Pflanzenschutzmittel unter dem Namen Lindan vertrieben. Die Isomere α-, β-, und δ-HCH konnten zunächst gar nicht und später nur unzureichend genutzt werden. Unglücklicherweise entstanden bei der Synthese zu 87 Prozent diese Verbindungen. Mit Einverständnis der zuständigen Behörden wurden diese als Abfall größtenteils vergraben und bis 1952 teilweise zusammen mit Abwässern der Stadt Darmstadt verrieselt. Der Versuch, das übelriechende Material an Straßenbaufirmen zu verkaufen misslang, weil es bei der Verarbeitung zu Juckreiz bei den Bauarbeitern führte.[473]

Die langfristigen Folgen des Vergrabens und Verrieselns waren bis in die frühen 1970er-Jahre nicht aufgedeckt worden, weil es bis dahin technisch unmöglich war, den Verbleib geringer Mengen von HCH im Boden oder im Wasser nachzu-

Die Ära Langmann 471

Abbildung 133 Luftbild vom Werk Darmstadt, ca. 1965/70. Links: weiße Ablagerungen von Rückständen der HCH-Produktion.

weisen. Insbesondere β-HCH blieb lange im Boden, wurde von Pflanzen aufgenommen und gelangte von dort in die tierische Nahrungskette. In den Tieren, vor allem in Kühen, reicherte sich HCH im Fettgewebe an und wurde auch über die Milch ausgeschieden. Anfang der 1970er-Jahre wurde ein Verfahren entwickelt, das den Nachweis kleinster Mengen HCH erlaubte. Die Präzision dieses Verfahrens – und nicht toxikologische Untersuchungen – bildeten die Basis für die vom Land Hessen erlassene Höchstmengenverordnung im November 1973.

Wenig später stellten Lebensmittelchemiker der Landwirtschaftlichen Untersuchungsanstalt in Darmstadt fest, dass südhessische Milch unzulässig hohe Mengen an HCH aufwies; der Grenzwert wurde um den Faktor 32 übertroffen. Trotzdem lief der Milchverkauf bis Anfang 1979 weiter. Unklar war noch, ob die giftigen Stoffe bei Grabungen auf dem Merck-Gelände verweht worden waren und somit in den Futterkreislauf der Kühe geraten oder ob sie durch Ausgasung in die Umwelt gelangt waren. Die Hessische Landesanstalt für Umwelt hielt eine Übertragung durch Luft oder Wasser jedenfalls für unmöglich und favorisierte ebenso wie Merck die Verwehungshypothese. Damit bewegte man sich aber, so unabhängige Wissenschaftler von der Universität München, auf dem wissenschaftlichen Stand der Vorkriegszeit. Eine Langzeitstudie der Universität legte nahe, dass chlorierte Insektizide schon bei normalen Außentemperaturen verdampfen und in die Atmosphäre gelangen. Der unter dem Parkplatz in Gernsheim vergrabene Stoff sei zudem leicht in Wasser löslich.[474]

Im Januar und März 1979 wurde erneut bei Futtermitteln und bei Milch festgestellt, dass die HCH-Grenzwerte überschritten waren. Dies war im einen Fall auf die Verwehung von HCH-Abfällen aus dem Werk Gernsheim auf umliegende Felder, im anderen Fall auf die Verunreinigung des Bodens durch die Verrieselung von Abwässern durch Merck und die Stadt Darmstadt zurückzuführen. Insgesamt waren 100 Hektar landwirtschaftliche Nutzfläche stark und weitere 240 Hektar mittelmäßig kontaminiert. Diese Flächen wurden tiefgepflügt, sodass sich die Schadstoffbelastung stärker verteilen konnte. Außerdem lieferte Merck den betroffenen landwirtschaftlichen Betrieben unbelastetes Futtermittel und kaufte den Bauern belastete Milch ab, obwohl bereits im Mai 1979 eine Untersuchungskommission des Hessischen Landtages festgestellt hatte, dass die Milch für den Verbraucher unbedenklich war. Da die Halbwertszeit des gefährlichen β-HCH nur sieben bis acht Wochen betrug, konnten die Kühe durch den Einsatz sauberen Futters bis zum Herbst dekontaminiert werden. Insgesamt war der Skandal also schnell beendet, und die finanzielle Belastung hielt sich mit rund 1,8 Millionen DM in Grenzen.[475]

3. Eine Unternehmensgeschichte der Gegenwart

Wir leben nach wie vor in einer Epoche besonderer Herausforderungen, da Digitalisierung und Globalisierung den Wettbewerbsdruck verschärften und die Handlungsgeschwindigkeit erhöhten.[1] Krisen wie das Platzen der dot.com-Blase am Anfang des Jahrtausends, der seit den Anschlägen auf das World Trade Center am 11. September 2001 anhaltende Krieg gegen den Terror, die weltweite Banken- und Finanzmarktkrise der Jahre 2007/08[2] und die in Europa mittlerweile chronische Euro- und Staatsschuldenkrise prägen einen volatilen Markt.[3]

Die treibende Kraft bei Merck in den herausfordernden letzten Jahren war Karl-Ludwig Kley. Kley, der im April 2007 als Nachfolger von Michael Römer zum Vorsitzenden der Geschäftsleitung ernannt worden war, war nach Frank Stangenberg-Haverkamp «ein großer Glücksfall für Merck».[4] Der neue Vorsitzende wurde am 11. Juni 1951 in München geboren und stammt aus einer großbürgerlichen Familie – Großvater und Vater waren Vorstandsmitglieder bei Siemens. Nach einer Lehre zum Industriekaufmann bei Siemens studierte er Rechtswissenschaft in München und trat anschließend 1982 in die Dienste von Bayer ein. 1998 wechselte er den Arbeitgeber und wurde Finanzvorstand der Lufthansa.[5] Diese Kombination – ein Finanzfachmann, der etwas von Pharma und Chemie verstand, aber nicht bei einem direkten Konkurrenten arbeitete – wurde von der Familie Merck gesucht, als der bisherige Finanzfachmann Heinrich Hornef aus dem Gesellschafterrat ausschied. Der Familie gelang es, Kley 2004 für dieses Engagement bei Merck zu gewinnen. Überrascht wurde er dann im November 2005, als Jon Baumhauer und Frank Stangenberg-Haverkamp anfragten, ob er in die Geschäftsleitung von Merck eintreten und deren Leitung übernehmen wolle.[6] Im September 2006 wurde Kley Mitglied der Geschäftsleitung.[7] Als ihr stellvertretender Vorsitzender sollte er die Integration von Schering in den Merck-Konzern leiten. Nachdem diese Übernahme aber gescheitert war, wurde in der Presse sofort spekuliert, dass Kley bei Merck unterfordert sein könnte und nur kurz in Darmstadt bleiben würde.[8] Diesen Spekulationen wurde spätestens im Frühjahr 2007 der Boden entzogen, als Kley Vorsitzender der Geschäftsleitung wurde. Damit stand ein Manager an der Spitze, der weder zur Familie gehörte noch im Unternehmen groß geworden war.[9] Kley wollte Merck durch eine gezieltere und stärkere Akquisitionsstrategie transformieren, aber gleichzeitig die duale Struktur als Pharma- und Chemieunternehmen erhalten.[10] Damit bewegte er sich innerhalb der Leitplanken, die die Familie gezogen hatte: Die Zwei-Säulen-Struktur sollte unbedingt beibehalten werden, weil dies das Risiko der Familie diversifizierte. Gleichwohl war eine Schwerpunktbildung innerhalb der beiden großen Felder erwünscht. Das Geschäft sollte so weiterentwickelt werden, dass es an die kommende Generation weitergegeben werden konnte. Quartalsdenken spielte weder bei der Familie noch bei Kley oder seinem heutigen Nachfolger Stefan Oschmann eine entscheidende Rolle.[11] Nach einer Bestandsaufnahme entwickelte Kley einen Masterplan,[12] der die Grundlage für einen Transformationsprozess bildete, der 2007 unter den Schlagwörtern «Bewahren. Verändern. Wachsen.» eingeleitet wurde. Durch den Umbau des Konzernmanagements und des Geschäftsportfolios sowie ein Effizienzsteigerungsprogramm sollte das Familienunternehmen «Fit für 2018» werden.[13] Merck sollte sich zu einem Technologie- und Wissenschaftskonzern entwickeln, um auf den digitalisierten und globalisierten Märkten langfristig bestehen zu können. In einem Rückblick arbeitete Kley die Defizite der Firma im Jahr 2007 heraus. Erstens wies das Pharmageschäft, in dem fast die Hälfte des Umsatzes mit Generika erzielt wurde, eine niedrige Rendite auf, die Pipeline neuer Medikamente war quasi leer, und die Forschungs- und Entwicklungsressourcen waren unzureichend. In den Bereichen, die Merck mit erfolgreichen und etablierten Medikamenten bearbeitete – Concor im Herz-, Kreislauf-, Glucophage im Diabetesbereich –, gab es keine Nachfolgeprojekte. Zweitens fehlte dem Chemiebereich eine klare Strategie. Drittens war der Umsatz viel zu stark auf Europa konzentriert, während man in den Schwellenländern und Nordamerika zu schwach vertreten war. Viertens fehlte eine durchgreifende Steuerung des weltweiten Geschäfts – oder anders gesagt: Die Landesgesellschaften agierten unabhängig von der Konzernzentrale. Fünftens hatte das Unternehmen in der Vergangenheit zu wenig in die IT-Infrastruktur, die Personalentwicklung und die Marke «Merck» investiert. Sechstens herrschte immer noch die Selbstwahrnehmung vor, dass Merck lediglich ein mittelgroßes Darmstädter Unternehmen sei.[14] Auf der anderen Seite gab es positive Aspekte, die Mut für die Transformation von Merck machten: beispielsweise der üppige Cashflow aus dem Flüssigkristallgeschäft, die Investitionsbereitschaft der Familie und die traditionellen Unternehmenswerte.[15]

Neben der Familie als Mehrheitseigentümer musste auch die Belegschaft mitziehen, wenn der Wandel gelingen sollte. Ihr gegenüber wurden die Unternehmenswerte – Integrität, Respekt, Transparenz, Mut, Leistung und Verantwortung – betont, denn diese bildeten und bilden das Fundament für das Unternehmensleitbild «Wir bei Merck tun, was wir sagen».[16] Den Mitarbeitern wurde vermittelt, dass Kundennähe und Unternehmenswerte bewahrt werden sollten, das Geschäft aber globaler und moderner gestaltet werden müsse. Zudem sollten Innovationen vorangetrieben, Akquisitionen durchgeführt und neue Märkte erobert werden.[17] Ob diese Botschaften bei den Mitarbeitern ankamen, war umstritten: Die ehemaligen Betriebsratsvorsitzenden Wolfgang Zimmermann und Flavio Battisti bemängelten, dass sich Merck nach dem Ende der Ära Langmann zum Negativen verändert habe, dass die Stimmung im Werk Darmstadt nicht mehr so gut wie früher sei und dass es unter Kley erstmals zu einem größeren Personalabbau gekommen sei.[18]

Neben Akquisitionen und Effizienzsteigerung waren die Umgestaltung der zentralen Konzernfunktionen in Darmstadt und die Stärkung der Zentrale gegenüber den Landesgesellschaften sowie die Durchsetzung einer neuen Unternehmenskultur Schritte auf dem Weg zum Technologie- und Wissenschaftskonzern. Die neue Unternehmenskultur bestand aus sechs Facetten: der neuen Marke, dem neuen Innovationszentrum in Darmstadt, der neuen Führungsorganisation, Biopharma als neues Geschäftsmodell, einem global ausgerichteten Management mit globalen Prozessen sowie gedanklicher Vielfalt.[19] In der Praxis bedeutete dies beispielsweise, dass die Landesgesellschaften zwar eine gewisse Freiheit behalten sollten, um das Geschäft vor Ort voranzutreiben, aber sie sollten auch einer für alle Länder und Regionen einheitlichen Steuerung und Kontrolle durch die Konzernzentrale unterworfen werden.[20] Das Steuerungsproblem der Auslandsgesellschaften war zwar bereits Ende der 1980er-Jahre erkannt worden, aber die Versuche der Zentrale, dies zu beheben, waren bislang gescheitert.[21] Unter anderem mit den ab 2012 implementierten neuen Führungsprinzipien («New leadership organization») wurden die Stabsstellen und Konzernfunktionen in Darmstadt zentralisiert und das operative Geschäft dezentralisiert. Außerdem waren fortan die Geschäftsbereiche für ihren Gewinn und Verlust verantwortlich. Sie konnten im Rahmen der globalen Konzernstruktur ihr Geschäft organisieren, um Leistungen in Bezug auf Kunden, Märkte, Produkte, Wertschöpfung und Innovation zu optimieren.[22]

Ein weiteres Problem, das erst unter Kley konsequent angegangen wurde, war die Personalarbeit, insbesondere die Entwicklung des Führungskräftenachwuchses. In diesem Bereich wurden nun global einheitliche Strukturen und Bewertungssysteme eingeführt.[23] Die seit Langem bestehende Merck University wurde zur wahren Kaderschmiede umgebaut. Vor allem Mitarbeiter, die das Potenzial hatten, in den obersten Führungskreis aufzusteigen, sollten entsprechend fortgebildet werden, um rechtzeitig passenden Nachwuchs zu generieren.[24] Dies mündete 2015 in die Schaffung einer Gruppe «Talentförderung» in der Personal-

Abbildung 134 Luftbild der neuen Konzernzentrale, Darmstadt 2018.

abteilung, mit der im ganzen Unternehmen gezielt nach Mitarbeitern mit Potenzial gesucht wird.[25] Durch die im Herbst 2015 verabschiedete Charta der Gleichstellung wird eine bessere Stellung von Frauen im Unternehmen angestrebt. Zwar war mehr als jede vierte Führungskraft weiblich, aber der Anteil der Frauen in leitenden Positionen war nach wie vor geringer als der Frauenanteil in der Gesamtbelegschaft. Die Teilhabe von Frauen an unternehmerischen Führungsaufgaben war im Ausland zudem stärker als im Inland.[26]

Nach außen wurde die neue Unternehmenskultur durch den Ausbau von Darmstadt zu einer globalen Konzernzentrale einschließlich eines Innovationszentrums und durch ein neues Logo sichtbar.[27] Die Konzernzentrale wird fortan von einem neuen, offenen Campus dominiert.

Die Schaffung eines neuen Firmenlogos im Herbst 2015 ging einher mit einer Neupositionierung der Marke «Merck». Bis zum Herbst 2015 trat Merck nämlich unter zwei Unternehmensmarken (Merck, EMD), drei Businessmarken (Merck Serono, EMD Serono, Merck Millipore), zwei Produktgruppenmarken (Seven Seas, AZ) und zwölf Produktmarken auf. Dies führte sogar bei den Mitarbeitern zu Verwirrung.[28] Die Inspiration für das neue, farbenfroh-

Abbildung 135 Logo von 2001 bis 2015.

Abbildung 136 Neues Logo seit September 2015.

verspielte Logo war die Welt, die sich dem Forscher unter dem Mikroskop zeigt. «Bieder und farblos war gestern», urteilte die Presse zum neuen Markenauftritt. Die Präsentation des Branding erfolgte vor 350 Führungskräften in Berlin. Das Ziel der Übung war klar: jünger, emotionaler, besser von Wettbewerbern abgehoben, klare Unterscheidbarkeit von Merck & Co.[29] Es gab aber auch kritische Stimmen, die das neue Logo wahlweise als «potthässlich» oder «lächerlich» bezeichneten.[30]

Den zweiten Schwerpunkt des Kley'schen Wandels bildete der Umbau des Geschäftsportfolios durch Akquisitionen. Hierdurch sollten die Pharmasparte gestärkt und ein neues Standbein im Laborgeschäft («Life Science») aufgebaut werden.[31] Den Auftakt bildete der Kauf der schweizerischen Arzneimittelfirma Serono, der kurz nach der gescheiterten Schering-Übernahme verwirklicht wurde. Die Geschäftsleitung von Serono, einer in Genf ansässigen und zu drei Vierteln im Besitz der Familie Bertarelli stehenden mittelgroßen Biotechnologiefirma, versuchte seit November 2005 eine Übernahme der Firma durch GlaxoSmithKline zu arrangieren, scheiterte aber an den Preisvorstellungen des 40-jährigen Hauptaktionärs und Firmenerben Ernesto Bertarelli.[32] Durch die beabsichtigte Schering-Übernahme wurden Serono und internationale Investmentbanken auf Merck aufmerksam. Sie boten an, dass Merck in die ausgearbeiteten Verträge eintreten könne.[33] Aufseiten von Serono bestand vermutlich ein gewisser Verkaufsdruck: Der Umsatz stammte zur Hälfte aus dem Absatz des bei Multipler Sklerose eingesetzten Medikaments Rebif und zu einem Viertel aus dem Verkauf des Medikaments Gonal-f zur Fruchtbarkeitstherapie. Darüber hinaus gab es keine herausragenden Produkte, und es befanden sich keine aussichtsreichen Präparate in der letzten Entwicklungsphase. Die Firma galt daher als dauerhaft nicht überlebensfähig.[34] Für Merck brachte der Kauf neben Umsätzen und einem starken Cashflow auch strategische Vorteile mit sich, zu denen eine starke Marktstellung und ein gutes Vertriebsnetz in den USA, eine neue Position in der Biotechnologie sowie deutlich vergrößerte

Forschungs- und Entwicklungsressourcen zählten.³⁵ Die Börse überraschte der im September 2006 bekanntgegebene Kauf von Serono durch Merck für rund 10,6 Milliarden Euro gleichwohl, weil Serono noch im April das Ende aller Übernahmegespräche kundgetan hatte. Der Kaufpreis, der die Vorstellungen der Serono-Eigner nahezu erfüllte, galt in der Öffentlichkeit und bei den Arbeitnehmervertretern im Aufsichtsrat als überraschend hoch.³⁶ Finanziert wurde der Erwerb durch den Cashflow von Serono, den Verkauf des Merckschen Generikageschäfts für 4,9 Milliarden Euro im Jahre 2007 und eine Kapitalerhöhung über 2,1 Milliarden Euro im selben Jahr. Infolge dieser Übernahme erhöhten sich die Pharmaumsätze von Merck erheblich, weil Rebif und Gonal-f sofort die beiden umsatzstärksten Medikamente waren. Noch im Jahre 2015 ging die Hälfte des Pharmaumsatzes auf die Akquisition des Schweizer Biotechnologieunternehmens zurück. Allerdings löste der Kauf von Serono nicht alle Probleme von Merck – so blieb die Pipeline neuer Medikamente nach wie vor leer.³⁷

Die zweite große Akquisition folgte 2010. Diesmal erwarb Merck die amerikanische Laborchemikalienfirma Millipore für rund 5,3 Milliarden Euro und schuf auf dieser Basis – unter Einschluss des kleinen, von Merck betriebenen Geschäfts mit Reagenzien – die neue Life-Science-Sparte. Merck konnte durch diesen Kauf den Umsatz mit Laborchemikalien in etwa verdoppeln, und auch die Umsatzrendite war nach der Übernahme höher als davor. Zudem stärkte die Transaktion das Geschäft in den USA und brachte Merck zahlreiche neue Produkte sowie gute Forschungs- und Entwicklungskapazitäten. Der Absatz von Verbrauchsmaterialien und Instrumenten für die Biochemie und Biotechnologie wurde durch die Akquisition gesteigert. Für die Herstellung der zwei wichtigen eigenen Medikamente Rebif und Erbitux konnte Merck diese hochinnovativen biochemischen und biotechnischen Laborchemikalien gut gebrauchen. Außerdem wurde nun die gesamte Palette an Laborchemikalien für Kunden aus der Pharma- und Biopharmabranche angeboten. Derzeit gehen rund 60 Prozent des Spartenumsatzes auf diese Akquisition zurück. Auch aus strategischer Sicht war die Übernahme sinnvoll, denn damit verringerte Merck das Übergewicht der Pharmasparte in der Konzernstruktur und reduzierte die einseitige Abhängigkeit der Chemiesparte vom Flüssigkristallgeschäft.³⁸ Zudem wurde das Unternehmen auch organisatorisch globaler, weil die Spartenleitung von Darmstadt nach Boston verlegt und mit Udit Batra 2014 ein aus Indien stammender Amerikaner Spartenleiter und 2016 Geschäftsleitungsmitglied wurde.³⁹

Den nächsten großen Schritt machte Merck 2015 ebenfalls im Life-Science-Bereich: die Akquisition von Sigma-Aldrich für rund 13 Milliarden Euro.⁴⁰ Diese Firma hatte man schon lange im Blick, die Geschäftsleitung war aber 2009 mit einer Übernahmeanfrage gescheitert.⁴¹ Merck schloss mit diesem Kauf wichtige Lücken im Produktportfolio, indem etwa Antikörper als Forschungsreagenzien oder Zellkulturen für die Herstellung von Biopharmaka aufgenommen wurden.[42] Das starke Produktprogramm unterschied Sigma-Aldrich auch von der amerikanischen Laborhandelsfirma VWR, die Merck im Verlauf der 1990er-Jahre größtenteils erworben, nach der Jahrtausendwende aber wieder abgestoßen hatte. Während VWR fast ausschließlich ein Händler war, produzierte Sigma-Aldrich im erheblichen Umfang selbst. Gleichwohl hätte Merck nach dem Kauf von Sigma-Aldrich VWR gut gebrauchen können – dies war aber beim finanziell erfolgreichen Verkauf der Beteiligung nicht abzusehen.[43] Neben einer erheblichen Erweiterung der Produktpalette und einer weiteren Stärkung der Marktposition in den USA brachte die Akquisition von Sigma-Aldrich vor allem eine erfolgreiche E-Commerce-Plattform in die Hände von Merck: Sigma-Aldrich wickelte zum Zeitpunkt des Kaufs in vielen Ländern bereits mehr als vier Fünftel des Umsatzes über einen elektronischen Marktplatz ab, während es bei Merck nur ein Sechstel war.[44] Eine weitere Stärkung des Life-Science-Geschäfts ergibt sich aus der Zusammenführung von Sigma-Aldrich und Millipore – die eine Firma mit einem sehr starken Vertriebsnetz, die andere Firma mit einer starken Produktpalette.[45]

Summa summarum wurden durch den Portfolioumbau in einer Dekade rund 38 Milliarden Euro bewegt – Merck gab 31 Milliarden für Akquisitionen aus und nahm rund sieben Milliarden Euro durch Verkäufe ein.[46] Trotz dieses gigantischen Firmenumbaus wurde der Umsatz mehr als verdoppelt, die Rendite (bereinigte EBIT-Marge) erhöhte sich von rund 15 Prozent zu Beginn der Ära Kley auf rund 25 Prozent 2015.[47]

Ein Faktor hinter der Renditeerhöhung und die dritte Komponente des Kley'schen Transformationsprozesses war das 2012 angelaufene Effizienzsteigerungsprogramm im Rahmen von «Fit für 2018». Viele Prozesse bei Merck waren bisher noch wie in den 1980er-Jahren abgelaufen. Die Kosten stiegen, obwohl sich ein zurückgehender Cashflow aus dem Pharmageschäft abzeichnete.[48] Zur Sicherung der Wettbewerbsfähigkeit und damit von Arbeitsplätzen sollten die Effizienz erhöht, Kernkompetenzen gestärkt, das Produktprogramm fokussiert, die Produktivität gesteigert und die Führungsorganisation optimiert werden. Zudem sollten die Reaktionsgeschwindigkeit der Organisation verbessert und die ergebnisorientierte Forschung in zukunftsträchtigen Gebieten intensiviert werden. In beiden Geschäftsbereichen Chemie und Pharma sollten nur noch die Kernfunktionen Forschung, Entwicklung, Produktion, Marketing und Vertrieb durchgeführt werden. Die anderen betrieblichen Funktionen sollten in zentralen Serviceeinheiten in der neu ausgerichteten, für das weltweite Geschäft der Merck-Gruppe zuständigen Darmstädter Zentrale gebündelt werden. In Darmstadt sollte zudem ein Exzellenzzentrum für Forschung und Entwicklung entstehen. Die unzähligen Einzelmaßnahmen, die mit diesem Programm verbunden waren, sollten für die Mitarbeiter transparent und sozialverträglich durchgeführt werden. Für die in Deutschland beschäftigten Mitarbeiter wurde ein Interessenausgleich zwischen Betriebsrat und Geschäftsleitung vereinbart. Dieser sah insbesondere eine bedarfsorientierte Qualifizierung von Mitarbeitern für neue Aufgaben vor, sodass der Stellenabbau möglichst gering ausfallen würde.[49] Tatsächlich sah «Fit für 2018» verteilt über sechs Jahre den Abbau von 4208 Arbeitsplätzen durch Frühpensionierung, Altersteilzeit und Aufhebungsverträgen sowie eine Kostensenkung von 785 Millionen Euro vor.[50] Da es sich um das erste Sparprogramm seit 20 Jahren handelte, führte es innerhalb der Firma zu erheblichen Diskussionen und Konflikten.[51] Die Grundzüge des Programms wurden im März 2012 von Kley und dem Betriebsratsvorsitzenden Heiner Wilhelm auf einer Betriebsversammlung in Darmstadt vorgestellt, an der mehr als 4000 Beschäftigte teilnahmen. Dort verlautete auch, dass der Personalabbau sozialverträglich und ohne betriebsbedingten Kündigungen ablaufen sollte.[52] Besonders stark sparte man zunächst in Genf, wo der ehemalige Hauptsitz von Serono geschlossen wurde. 750 Mitarbeiter wurden nach Darmstadt, Boston und Peking versetzt, 580 Stellen gestrichen.[53] In Deutschland wurden die Pläne im Juni 2012 konkreter. Betriebsratschef Wilhelm rechnete damit, dass rund 900 Mitarbeiter Abfindungs- oder Altersteilzeitangebote annehmen und damit die Mitarbeiterzahl in Deutschland um fast zehn Prozent sinken werde.[54] Nach mehrmonatigen, harten Verhandlungen einigten sich Geschäftsleitung und Betriebsrat auf einen sozialverträglichen Personalabbau bis 2017 von 1100 Arbeitsplätzen in Deutschland, davon 750 in Darmstadt.[55] Alles in allem waren Ende 2014 über 80 Prozent der von Kley vorgesehenen Kosteneinsparungen und über 90 Prozent der Personalmaßnahmen umgesetzt.[56]

Die Zukunft wird der neue Vorsitzende der Geschäftsleitung Stefan Oschmann gestalten. Oschmann wurde am 25. Juli 1957 in Würzburg geboren, studierte Veterinärmedizin und trat nach der Promotion zunächst in den Dienst der Internationalen Atomenergiebehörde ein. Anschließend war er kurze Zeit bei einem Verband in Bonn tätig, bevor er 1989 in die Forschungsabteilung von MSD eintrat. Bei dieser Firma blieb er über 20 Jahre und stieg bis in den obersten Führungskreis auf. An die Unternehmensspitze gelangte er aber nicht, sodass er auf eigenen Wunsch ausschied.[57] Über einen Personalvermittler trat Merck wenig später an ihn heran, weil die Darmstädter ein neues Geschäftsleitungsmitglied für den Pharmabereich suchten. Frank Stangenberg-Haverkamp, Jon Baumhauer, Karl-Ludwig Kley und der Aufsichtsratsvorsitzende Rolf Krebs konnten Oschmann überzeugen, das Angebot von Merck anzunehmen.[58]

Schnell stellte Oschmann fest, dass Merck zwar eine gut ausgearbeitete Unternehmensstrategie hatte, die Organisation aber nicht stark genug war, um die Strategie umzusetzen.[59] Insbesondere in der Produktentwicklung gab es Schwierigkeiten, denn dem Onkologiepräparat Erbitux schlossen sich keine weiteren

Eine Unternehmensgeschichte der Gegenwart

Abbildung 137 Karl-Ludwig Kley, 2016.

Erfolge an. Klinische Studien waren schlecht vorbereitet, und eine kritische Überprüfung von Projekten fand kaum statt.[60] Dies schien aber kein Problem der durchaus guten Grundlagenforschung, sondern ein Managementproblem zu sein. Daher tauschte Oschmann innerhalb von vier Jahren rund vier Fünftel der Führungskräfte in der Pharmasparte aus.[61] Beim Besuch einer Forschergruppe in Boston entdeckte Oschmann das Potenzial der Immunonkologie, das aber bisher im Unternehmen nicht erkannt worden war.[62] Außerdem förderte er die Onkologie und sortierte teure Projekte mit wenig Erfolgsaussicht aus.[63] Nach diesen Aufräumarbeiten verbindet Merck große Hoffnungen mit einer Immunonkologie-Allianz, die man mit dem amerikanischen Arzneimittelriesen Pfizer eingegangen war, um das Krebsmedikament Avelumab zum Erfolg zu führen. Andere Hoffnungsträger waren das Krebsmedikament Evofosfamide und das wiederbelebte Multiple-Sklerose-Präparat Cladribin.[64] Dieses war zuvor wegen Krebsverdachts gescheitert, wurde jetzt aber reaktiviert und im August 2017 für erste Anwendungsbereiche in der EU zugelassen.[65] Zwischenzeitlich hatten aber die Firmen Biogen und Novartis entsprechende Medikamente auf den Markt gebracht, sodass Merck einen entscheidenden Zeitvorteil wieder verspielt hatte.[66] Anfang Dezember 2015 wurde zudem bekannt, dass das zuvor noch als Hoffnungsträger eingestufte Krebsmedikament Evofosfamide scheitern werde. Mehrere Studien hatten nämlich gezeigt, dass die erhoffte Wirkung bei der Behandlung von Bauch-

Abbildung 138   Stefan Oschmann, 2017.

speicheldrüsen- oder Weichteilkrebs ausblieb. Neben dem finanziellen Schaden in Höhe von rund 100 Millionen Euro entstand vor allem ein Imageschaden, denn Merck blieb den Nachweis weiter schuldig, dass man erfolgreich Medikamente entwickeln konnte.[67] Um künftig Erfolge zu erzielen, kündigte die Geschäftsleitung von Merck nunmehr eine Erhöhung des Forschungsetats an.[68] Sechs parallel laufende klinische Studien sollten die Erfolgserwartungen von Avelumab rasch bestätigen.[69] Hierzu war die Zusammenarbeit mit Pfizer geradezu zwingend notwendig, weil die Darmstädter anderenfalls fast die gesamten Entwicklungsressourcen in ein Produkt hätten stecken müssen.[70] Tatsächlich erfolgte im Frühjahr 2017 die Zulassung für einige Indikationen in den USA.[71] Aber auch im Bereich der Immunonkologie gab es inzwischen mindestens ebenso erfolgreiche Wettbewerber: Merck & Co., Hoffmann-La Roche und Bristol-Myers Squibb arbeiteten an Konkurrenzprodukten.[72]

Seit der Ernennung zum Geschäftsleitungsvorsitzenden musste Oschmann nicht nur die Pharmasparte voranbringen, sondern Strategien für den Gesamtkonzern entwickeln, die auf den Kley'schen Leistungen – neue Unternehmenskultur, stärkere Globalisierung, neues Portfolio – aufbauten.[73] Drei Ziele sollten erreicht werden: Erstens sollten bis 2020 ertragreiche neue Medikamente, speziell im Feld der Onkologie, eingeführt werden. Zweitens sollte die Marktführerschaft in der Displaytechnologie erhalten werden. Drittens sollte die Integration von

Sigma-Aldrich innerhalb von zwei Jahren abgeschlossen werden, um die technologischen Synergien zu nutzen.[74] Außerdem sollten aus einigen bereits laufenden Leuchtturmprojekten erfolgreiche Geschäftseinheiten werden. Ein Beispiel ist das «Labor der Zukunft», in dem Wissen und Technologie aus den Bereichen Performance Materials, Health Care und Life Science zusammenspielen, um einen neuen Markt zu erschaffen. In der Zukunft sollte nämlich jeder Gegenstand im Labor, jede Waage, jeder Behälter, jede Pipette, digital verbunden sein, sodass alle Messergebnisse und Daten direkt vom Gegenstand in eine Datenbank fließen, dort gespeichert und automatisch auf mögliche Relevanz ausgewertet werden können.[75] Ein weiteres Leuchtturmprojekt kündigte Oschmann im Januar 2017 an: die Zusammenarbeit mit Palantir, einer Firma, die sich der digitalen Auswertung großer Datenmengen («big data»), wie sie z. B. Satellitenbilder liefert, widmet. Dahinter steht die Idee, dass man histologische Schnitte, die in der Krebsforschung eine wichtige Rolle spielen, mit sehr ähnlichen Methoden untersuchen kann.[76] Nachdem die erste Herausforderung der Gegenwart, die Globalisierung, von Merck gemeistert worden war, will Oschmann mit derartigen Leuchtturmprojekten den «Megatrend» Digitalisierung noch stärker in das Geschäft von Merck integrieren.[77]

Schlussbetrachtung

Wie lautet das Fazit der 350-jährigen Geschichte des ältesten pharmazeutisch-chemischen Unternehmens der Welt? Welche Geheimnisse lassen das Familienunternehmen Merck, inzwischen in der gerade heranwachsenden 13. Generation, trotz aller Krisen und eines atemberaubenden Wandels von Produktionstechnik und Produkten, der Arbeitswelt und Unternehmenskulturen und nicht zuletzt überhaupt der weltpolitischen Verhältnisse noch heute ein erfolgreicher Global Player sein? Ein quellengestütztes, umfassendes, kritisches, differenziertes und wissenschaftlichen Ansprüchen gerecht werdendes Gesamtwerk zu Merck gab es bislang nicht, und vielfach tradierte «Meistererzählungen» zur Merck-Geschichte mussten für diese erste historische Gesamtdarstellung des Unternehmens überprüft werden.

Glück und Zufälle allein machen Unternehmen nicht langfristig erfolgreich. Notwendig war und ist eine ausreichende Ausstattung mit Kapital, um auch Krisenzeiten zu überstehen; die Fähigkeit, mit Geld sparsam umzugehen und dieses, was besonders bei Familienunternehmen gefährlich werden kann, nicht durch großzügige Ausschüttungen zu verlieren; für angemessenes Eigenkapital zu sorgen und nicht zu viel Fremdkapital aufzunehmen, um nicht die Unabhängigkeit aufs Spiel zu setzen; Produkte rechtzeitig zu diversifizieren, um nicht dem Strukturwandel zum Opfer zu fallen, wie dies zum Beispiel bei der gesamten deutschen Textil- und Lederindustrie im 20. Jahrhundert der Fall war.

Als Jacob Friedrich Merck nach Darmstadt kam und 1668 eine Apotheke übernahm, war sie eine von zwei zeitgemäß-bescheidenen Einrichtungen dieser Art in einer kleinen Residenzstadt des Alten Reiches. Die Landgrafschaft Hessen-Darmstadt war im Vergleich mit manch anderen Regionen des Reiches noch rückständig und galt bis weit in das 19. Jahrhundert als das Armenhaus Deutschlands. Die Apotheke wurde über manche Existenzgefährdungen hinweg – einschließlich der vom Landesherrn zur Sicherung des Bedarfs und gegen Laienheiler geförderten Konkurrenz – im Familienbesitz erhalten und fortentwickelt.

Nicht, weil sie besonderes innovatorisches Potenzial besaß, sondern weil sie über Generationen hinweg finanziell solide und umsichtig geführt wurde, konnte sie sich langfristig industriell entwickeln.

Die Familie Merck war schon seit Generationen wohlhabend, und die Sicherung dieser Lage war unter den Bedingungen der frühneuzeitlichen Wirtschaftsführung das Signum bürgerlicher Kreise: Kapital wurde sparsam verwaltet, Vermögen aus Erbschaften in der Familie bewahrt und der Wohlstand durch vorteilhaftes Heiratsverhalten weiterentwickelt. Hinzu kam die Partizipation an der sich entwickelnden Wissensgesellschaft, vor allem durch die begierige Aufnahme der sich ausbreitenden naturwissenschaftlichen Kenntnisse, an der schon Jacob Friedrich Merck großes Interesse zeigte.

Dass im 18. Jahrhundert durch den frühzeitigen Tod von Familienmitgliedern und prospektiven Nachfolgern mehrfach Gefahrenlagen für die Darmstädter Apotheke und die Familie entstanden, war nicht ungewöhnlich und entsprach den Lebensverhältnissen. Das von Beginn an bemerkenswerte Kreditgeschäft der Mercks wurde unter den üblichen Rahmenbedingungen abgewickelt, war aber doch begünstigt von der enormen Geldnot der Landgrafschaft, ihrer Stände und vieler Kommunen während des gesamten 17. und 18. Jahrhunderts. Die Geschäfte und der wachsende Wohlstand der Familie Merck ermöglichten ihren sozialen Aufstieg in der Residenzstadt, wie vor allem die Erfolge ihrer Heiratspolitik im 18. Jahrhundert unterstreichen. Johann Heinrich Merck erreichte sogar die Rangerhöhung zum hessischen wirklichen Kriegsrat; er gehörte somit zur einflussreichen Hofgesellschaft und verkehrte mit den Geistesgrößen seiner Zeit. Zwar war seine Bedeutung für die Entwicklung der Darmstädter Apotheke beschränkt, aber seine Förderung und sein Interesse an dieser institutionell wichtigen wirtschaftlichen Grundlage des Familienvermögens sind offenkundig. Als der Merck-Apotheker Johann Anton Merck schließlich Johann Heinrichs Tochter Adelheid heiratete, war dies nach allgemeiner Auffassung bereits die beste Partie, die in der Landgrafschaft zu dieser Zeit gemacht werden konnte. Diese pekuniäre Allianz half erneut, die Vermögen aus den Zweigen der Familie zusammenzuführen.

Apotheke und Familienvermögen hätten aber wohl kaum für eine gedeihliche Fortentwicklung ausgereicht, wenn nicht gerade im 18. Jahrhundert beachtliche Anstrengungen unternommen worden wären, den Familiennachwuchs systematisch in der besten damals denkbaren Weise auszubilden. Schon Johann Anton Merck absolvierte seine Lehrjahre bei den berühmtesten Lehrern der Pharmazie und Chemie seiner Zeit und entwickelte, was heute wohl als «forschender Habitus» bezeichnet würde. Erst recht gilt dies für seinen Sohn Emanuel Merck, der die naturwissenschaftlichen Größen seiner Zeit kennenlernte und obendrein seinen Vater überflügelte, weil er bei dem auf diesen Gebieten renommiertesten Lehrer, Johann Bartholomäus Trommsdorff, neben naturwissenschaftlicher Kompetenz auch die Denkweise des Kaufmanns erlernte. Dies befähigte ihn, Innovationen nicht nur nach ihrem wissenschaftlichen, sondern auch nach ihrem ökonomischen Potenzial zu beurteilen. Seine Ausbildung in Erfurt, Eisenach, Frankfurt, Straßburg, Berlin und Wien fand bereits in einem geografischen Rahmen statt, der weit über die Enge der heimischen Landgrafschaft hinausreichte – zeittypische Vorläufer dessen, was heute als die Internationalisierung von Wissens- und Kommunikationskulturen bezeichnet wird.

Das Rezeptbuch von Johann Anton Merck und die Ein- und Verkaufsunterlagen seines Sohnes Emanuel belegen, dass das wissenschaftliche Innovationspotenzial der Merckschen Apotheke im 18. Jahrhundert und noch bis zum Beginn der 1820er-Jahre beschränkt blieb. Johann Anton Merck experimentierte, erarbeitete und modifizierte Rezepturen, er erfand aber keine neuen pharmazeutischen Präparate, sondern notierte in seinem Rezeptbuch vornehmlich schädliche Nebenwirkungen. Emanuel Merck wiederum machte nach der Übernahme der Apotheke in deren Krisensituation Umsatz und Gewinn mit den herkömmlichen galenischen Präparaten und chemischen Grundstoffen einer Apotheke. Hinzu traten traditionelle Luxusprodukte, die üblicherweise zum Apothekensortiment gehörten. Auch hier wurden bei Ein- und Verkauf allerdings die Grenzen der Landgrafschaft gesprengt, wenngleich die Reichweite der Handelsbeziehungen, von Ausnahmen abgesehen, auf die Nachbarregionen beschränkt blieb.

Erst der grundlegende politische und gesellschaftliche Umbruch jener Sattelzeit an der Wende vom 18. zum 19. Jahrhundert schuf mit den gewaltigen Veränderungen im Gefolge der Französischen Revolution und der Napoleonischen Kriege neue Optionen auch in der dann zum Großherzogtum erhobenen Landgrafschaft Hessen(-Darmstadt). Die sich rasch wandelnden politischen und wirtschaftlichen Rahmenbedingungen boten fortan neue Voraussetzungen in der Gesundheitsversorgung und eine bessere wirtschaftspolitische Basis. Nicht zuletzt die Professionalisierung im Kreditgeschäft eröffnete einem gut ausgebildeten Pharmazeuten wie Emanuel Merck die Möglichkeit, das Familiengeschäft auf der gegebenen soliden finanziellen Basis weiterzuentwickeln. Worauf es in dieser Situation schließlich noch ankam, um einen Quantensprung im Zeitalter der aufziehenden Industrialisierung zu erreichen, war neben dem akkumulierten Wissen und Kapital auch unternehmerischer Mut – und diesen besaß der eigentliche Gründungsvater des nun erst entstehenden Industrieunternehmens Merck.

Emanuel Merck führte ab 1827 die zu diesem Zeitpunkt bereits traditionsreiche, über sechs Generationen und 169 Jahre im Familienbesitz befindliche handwerklich orientierte Apotheke auf den Weg zu einem forschungsbasierten Industrieunternehmen. Dessen «Take-off» fand in drei Schritten über einen Zeitraum von 16 Jahren statt: von der Ankündigung der Herstellung «im großen» und deren Realisierung bei wachsender Mitarbeiterzahl sowie in arbeitsteiliger Herstellung mit Merkmalen der unternehmerischen Institutionalisierung bis zur Installierung industrieller Antriebstechnik. Der damals 33-Jährige war in dreifacher Hinsicht ein dynamischer Unternehmer: Er schuf – substanziell und qualitativ – neue Produkte, entwickelte neue Produktionsmethoden und erschloss neue Absatzmärkte. Zudem engagierte er sich weit über die für Apotheker üblichen Nebentätigkeiten hinaus, auch durch diversifizierte Anlage des Familienvermögens. Die infrastrukturellen und handelspolitischen Rahmenbedingungen waren für sein Unterfangen zwar hilfreich, aber entscheidender waren sein pharmazeutisch-praktisches Geschick und sein klug gewähltes Angebot eines Sortiments von Grundstoffen, die seinen Kunden – Großhändlern, Fabrikanten und Apothekerkollegen – wichtige Substanzen für ein breites Spektrum pharmazeutisch-medizinischer Anwendungen boten. Nicht minder wichtig war seine Vernetzung sowohl mit der traditionellen pharmazeutischen Schule, die sein Lehrer Trommsdorff repräsentierte, als auch mit der sich neu entwickelnden pharmazeutisch-chemischen Wissenschaft, die Justus Liebig begründete. In dessen international weitgespanntem Wissensnetzwerk war Merck ein wichtiger Ankerpunkt, zumal die beiden Darmstädter sich von Herkunft und Erfahrungen her nahestanden und lebenslang auch familiär freundschaftlich verbunden blieben. Die Qualität von Merck-Alkaloiden fand früh hohe Anerkennung, und die Garantie für die Reinheit der Produkte wurde sehr bald gleichsam das Signum der Firma. Mercks Morphium galt schon zur Jahrhundertmitte weithin und noch Jahrzehnte als das Beste seiner Art; das Gleiche galt seit den 1880er-Jahren für Kokain.

Wie Emanuel Merck und seine Frau ihre drei Söhne zur Mitarbeit im Unternehmen erzogen und ausbilden ließen, entsprach den Gepflogenheiten der Zeit, bleibt jedoch in der gegebenen Konsequenz bemerkenswert und wurde richtungsweisend für folgende Merck-Generationen. Den Zeitpunkt für die Gründung der Familiensozietät im Jahre 1850 wählte Emanuel Merck lebenszyklisch klug, sowohl bezüglich des Alters der Söhne Carl und Georg als auch seines eigenen, da er mit Mitte 50 durchaus damit rechnen konnte, das Unternehmen noch weitere ein bis zwei Jahrzehnte zu leiten. Dass die beiden älteren Söhne nach seinem plötzlichen Tod volle Verantwortung übernehmen mussten, kam gänzlich unerwartet, scheint die Unternehmensentwicklung aber – zumindest äußerlich – nicht gestört zu haben. Denn E. Merck, wie die Firma seit der Gründung der Geschäftssozietät mit den Söhnen weiterhin hieß, war nicht nur wirtschaftlich glänzend positioniert, sondern von ihrem Gründer langfristig auf die Familie aufgebaut: Das Denken in Familienstämmen, die Priorität des Unternehmenskapitals gegenüber Erbansprüchen und die Festlegung auf männliche Nachfolger in der Unternehmensleitung rühren daher. Der intensiv gepflegte Familiensinn entsprach einer noch aus vorindustrieller Zeit übernommenen und im Apothekenwesen besonders lange gepflegten patriarchalischen Unternehmenskultur bei hoher Identität von familiären und betrieblichen Interessen; wesentliche institutionelle Formalisierungen wie Branchenverbote und Arbeitsverträge kamen hinzu.

Mit dem Ansehen von inzwischen zwei Jahrhunderten Merckscher Apothekentradition – doch räumlich in deren Hintergrund – entwickelte sich bis zur Mitte des 19. Jahrhunderts eine industrielle Produktion mit etwas über 50 Mitarbeitern, die in den folgenden drei Jahrzehnten ganz im Sinne von Emanuel Merck zu einem Drei-Fabriken-Betrieb mit in den 1880er-Jahren 3–400 Mitarbeitern ausgebaut wurde. Hinter dieser Fassade bemerkten die Anwohner in der heranrückenden Wohnbebauung als Erste die mit der Fabrik verbundenen Umweltbelastungen. Das Herz des Unternehmens, seine zentrale Verwaltung blieb bis Anfang des 20. Jahrhunderts im sogenannten Haus bei der Apotheke. Das Unternehmen wuchs, aber seine innere Entwicklung verlangsamte sich nach dem Tode von Emanuel Merck. Kontinuität dominierte gegenüber Neuerungen, und seit den 1870er-Jahren gingen mit zunehmend aufkommender Konkurrenz sogar Absatzmärkte verloren. Der immer größere Preisdruck offenbarte aus der Apothekentradition rührende Verwaltungsdefizite. Der frühe Tod von Georg Merck 1873, der in der Generation von Emanuels Söhnen die pharmazeutisch-chemische Forschungs- und Verfahrenskompetenz repräsentierte und enge Verbindung zum Liebig-Netzwerk gehalten hatte, bremste Produktentwicklung und Innovationsgeist zusätzlich, auch wenn die Firma nach wie vor hohes internationales Ansehen genoss. Dass die Gewinne kontinuierlich gesunken waren, blieb der Öffentlichkeit verborgen. Eine Familienunternehmen zugeschriebene paternalistische Unternehmenskultur lässt sich bei Merck besonders konsequent und bis zum Ende des Ersten Weltkriegs vor allem sozial- und gewerkschaftspolitisch verfolgen. Schon früh gewährte Sozialleistungen dienten vor allem einer Verminderung der Fluktuation der Arbeiter und waren – obwohl weitgehend vom Wohlwollen des Arbeitgebers abhängig – Wegbereiter der späteren staatlichen Sozialversicherungen.

Noch bevor die Generation von immerhin sieben Enkeln ins Unternehmen strebte, wurde im Jahr 1888 ein Gesellschaftsvertrag abgeschlossen, der in seinen Grundsätzen ganz den Intentionen Emanuel Mercks entsprach. In der Ausgestaltung trug er sowohl der Familienentwicklung als auch veränderten Zeitbedingungen Rechnung. Zu den vorsichtigen Schritten der betrieblichen Neuerung gehörte, dass erstmals Nicht-Familienmitglieder zu Prokuristen befördert und zunehmend Chemiker und Kaufleute eingestellt wurden; außerdem wurde die interne Organisation angepasst. Mit Trommsdorff in Erfurt übernahm Merck 1892 erstmals das Geschäft eines langjährigen Geschäftspartners und inzwischen vor allem Konkurrenten. Die 1880/90er-Jahre waren eine Phase des Umbruchs und der Familienkonflikte. Die Aufnahme von Bankkrediten lehnten die aktiven Teilhaber der Merck-Familie ab. Der Aufnahme eines stillen Teilhabers – zudem mit sehr geringer Beteiligung – wurde nur zugestimmt, weil dieser der Familie schon seit Langem vertrauensvoll verbunden war. Wegen unterschiedlicher strategischer Vorstellungen gegenüber der 1890 in New York als Merck & Co. gegründeten amerikanischen Niederlassung entzweiten sich die Enkel bis zum Austritt von zweien aus ihrer aktiven Teilhaberrolle. Da bei diesem Konflikt auch mentale, teils krankheitsbedingte Begleiterscheinungen eine Rolle spielten, wirkte die bleibende Solidarität der Familienmitglieder, auch Verständnis für gegebene Mentalitätsunterschiede letztlich verwandtschaftlich umso nachhaltiger, ganz abgesehen davon, dass auch die Austretenden – sehr im Sinne ihres Großvaters – ihre Einlagen im Unternehmen ließen.

Das Selbstbewusstsein des Familienunternehmens ging letztlich gestärkt aus dieser Krise hervor, Modernisierungen wurden nun zügiger realisiert. Unter ihnen am wichtigsten war der – lange fällige – Bau der neuen Fabrik, der 1905 mit dem Umzug abgeschlossen war. Der Neubau wurde zum Vorzeigeobjekt des Unternehmens und war eine Voraussetzung für die folgende rasante Expansion, die in den Jahren vor dem Ersten Weltkrieg wieder erhebliche Umsatzgewinne brachte. Diese Wachstumsentwicklung überrollte die Planungen geradezu, denn die Räumlichkeiten der neuen Fabrik reichten wenige Jahre nach ihrem Bezug kaum noch aus. Die Mitarbeiterzahlen explodierten seit der Jahrhundertwende geradezu und verdoppelten sich auf über 2000 (1913). Die Grundsatzentscheidung für den Neubau an dieser Stelle in Darmstadt sollte sich jedoch langfristig bewähren.

Die weltweite Bekanntheit der Qualität ihrer Produkte zog eine exponentielle Vermehrung der vor allem pharmazeutischen Angebotspalette von 800 auf 2425 in dem Vierteljahrhundert bis Anfang der 1880er-Jahre nach sich und setzte sich in den folgenden Jahrzehnten ungebremst fort, sodass bei Ausbruch des Ersten Weltkriegs rund 12 000 Produkte im Angebot waren. Diese bemerkenswerte Diversifizierung zum «Zehntausendfüßler» hatte Vor- und Nachteile. Sie machte Merck einerseits vom Einzelprodukt unabhängiger als andere Unternehmen. Selbst das inzwischen wichtigste Merck-Produkt, Kokain, trug bis zum Ersten Weltkrieg nicht mehr als rund sieben Prozent zum Jahresumsatz bei. Die seit einem Jahrzehnt zunehmend entwickelten, von großen Hoffnungen begleiteten insgesamt etwa 50 Fertigarzneimittel hatten einen Umsatzanteil von 12 bis 14 Prozent, unter ihnen wurde vor allem das Schlafmittel Veronal erfolgreich. Allerdings brachte die Produktvielfalt organisatorische Probleme und die Menge von pharmazeutischen Einzelherstellungen geringere Renditen mit sich.

Zunehmende Konkurrenz und Regulierungskämpfe führten seit den 1880/90er-Jahren zu vermehrten Absprachen unter den Herstellern, sodass es wirtschaftslogisch war, dass die am engsten verflochtenen bzw. konkurrierenden Pharmahersteller sich zu «Interessengemeinschaften» zusammenschlossen. Die ab 1904 mit großem Optimismus begonnene Pharma-IG (Boehringer in Mannheim-Waldhof, Knoll in Ludwigshafen, Gehe in Dresden, Riedel in Berlin) mit

Merck als größtem der fünf Partner hatte zwiespältige Auswirkungen: Zwar wurde die Konkurrenz eingedämmt, konnten Preise stabilisiert, Produktionen sowie Forschungen koordiniert und vielfältige Absprachen getroffen werden. Auch stiegen die Merck-Umsätze in Deutschland, doch die Gewinne hinkten hinterher. Das Misstrauen unter den verbündeten Mitbewerbern blieb groß. Darum war es konsequent, dass Merck als Familienunternehmen die in der IG mehrfach diskutierte Option der Umwandlung in eine Aktiengesellschaft ablehnte, um seine Eigenständigkeit zu wahren. Das Ansehen der neuen Vorzeigefabrik in Darmstadt, das boomende Auslandsgeschäft, vor allem auch die immer erfolgreicher werdende US-Tochter Merck & Co., stärkten das Selbstbewusstsein der Darmstädter. Obwohl in Darmstadt die Mängel der Geschäftspolitik der IG-Partner recht deutlich erkannt wurden, stand für Merck, den Primus inter Pares, bis zum Ersten Weltkrieg die Mitgliedschaft in der IG nie grundsätzlich zur Debatte.

Defizite der hauseigenen Forschung bei Merck wurden nicht erst seit der Jahrhundertwende erkennbar. Die Pharmaindustrie in Deutschland stützte sich überwiegend auf Entwicklungen in der Universitäts- bzw. Institutsforschung und maß der von Produktions- und Vermarktungsfragen losgelösten Forschung generell wenig Priorität bei. Die Übertragung von Erfindungen in industrielle Fertigungsverfahren war die wichtigste Aufgabe der Industriechemiker. Dass Merck im Jahrzehnt vor 1914 – entgegen mancher hausinterner Warnung – sich nicht den synthetischen Verfahren zuwandte, sondern weiterhin auf die klassische Naturstoff- und Alkaloidfabrikation konzentriert blieb, war allerdings auch eine Folge der Konzentration der Kompetenzen innerhalb der IG. Die Kooperationen, sei es in Form von Absprachen, Kartellen und «Interessengemeinschaften», zahlten sich aus: Sie verteilten die Forschungskosten auf viele Schultern und sorgten durch Quotenregelungen für verlässliche Erträge.

Merck agierte schon sehr früh international und war auch im Vergleich mit anderen deutschen Firmen ein globaler Verkaufspionier. Schon Anfang der 1840er-Jahre hatte die Firma fast 40 Prozent ihrer Abnehmer außerhalb deutscher Staaten. In der ersten Hälfte der 1850er-Jahre gingen bis zu 90 Prozent der Aufträge in Länder außerhalb des Deutschen Zollvereins, 1851 wurde erstmals aus Darmstadt direkt in die USA geliefert – die Teilnahme an der Weltausstellung in New York 1853 passt in das Bild dieses den Globus umspannenden Handels. Als multinationales Unternehmen gilt Merck seit der Errichtung einer ersten eigenen Produktionsstätte 1903 in Rahway/USA. Merck & Co. wurde seit 1908 an der New Yorker Börse notiert und agierte in Einzelfragen zunehmend selbständig. Mutter und Tochter traten dennoch bis zur kriegsbedingten Enteignung im Jahre 1917 nach außen geschlossen auf. Das Darmstädter Unternehmen blieb international ausgerichtet: Zur Jahrhundertwende kamen nur rund 23 Prozent aller

Aufträge aus Deutschland, 49 Prozent waren für den europäischen Markt bestimmt, 28 Prozent wurden ins außereuropäische Ausland verkauft. Bis zum Ersten Weltkrieg verschoben sich diese Relationen nur geringfügig. Merck war – wie es gelegentlich hieß – «besser im Ausland als in Darmstadt» bekannt. Allein mit seiner Darmstädter Fabrik und erst recht zusammen mit Merck & Co. war Merck – gemessen am Umsatz – weltweit der zweitgrößte Pharmahersteller.

Der 1914 ausbrechende Erste Weltkrieg bedeutete eine dramatische Zäsur, die in ihrer Bedeutung kaum zu überschätzen ist. Deutschland hatte bislang als «Apotheke der Welt» gegolten, eine Stellung, die nun fundamental infrage gestellt war. Die drei folgenden Jahrzehnte stellten für Merck eine Phase einer in der bisherigen Unternehmensgeschichte ungekannten politischen und wirtschaftlichen Instabilität dar. Kriegswirtschaft, Kriegsende, Besatzungszeit, Hyperinflation, Weltwirtschaftskrise, das «Dritte Reich», der Zweite Weltkrieg, verheerende Luftangriffe, schließlich die Kriegsniederlage und die drohende Demontage stellten Merck vor existenzielle Herausforderungen. Innerhalb diesen Rahmenbedingungen wurde das Wechselspiel politisch-wirtschaftlicher Kräfte mit den damit für Unternehmen verbundenen Unwägbarkeiten besonders deutlich: Für das traditionsreiche Familienunternehmen, das in seinen Kernbereichen Apotheke, Industriepharmazie und immer mehr auch Industriechemie erfolgreich gewesen war, stellte sich gleich mehrmals die Überlebensfrage.

Der dramatische Zusammenbruch des internationalen Marktes, der Verlust des eminent wichtigen Russlandgeschäfts, die 1917 erfolgte gewaltsame Abtrennung der amerikanischen Tochtergesellschaft Merck & Co., der Entzug wichtiger Patente durch die Siegermächte des Ersten Weltkriegs sowie der Aufbau einer eigenen Pharma- und Chemiebranche in vielen der Staaten, die bislang ohne Sorgen vor großer Konkurrenz beliefert worden waren, verursachten schwere Einbußen und den Ausfall von Deviseneinkünften. Als 1918 die Monarchie in Deutschland ihr Ende fand, ging mit der Abdankung des Großherzogs zudem ein jahrhundertelanger Ankerpunkt in Darmstadt verloren. Das bisherige Engagement der Familie Merck in branchenspezifischen Vereinen und Lobbyverbänden, der Gestus der «Honoratioren», aber auch die karitative Tätigkeit wurden auf eine harte Probe gestellt und in der Weimarer Republik nur teilweise fortgeführt, was auch die Beziehungen der Familie zur Belegschaft veränderte. In den Arbeitsbeziehungen und der betrieblichen Sozialpolitik ließen sich zwar noch die Residuen des paternalistischen Traditionsbewusstseins erkennen, das jedoch an Anziehungskraft verlor. Nach der Novemberrevolution und der gleichzeitigen Einführung des Achtstundentags gestaltete sich das bis dahin konsequent paternalistisch geprägte Verhältnis zwischen Firmenleitung und Belegschaft konfrontativer, zumal die Fluktuation der Arbeiter die innere Bindung an Werk und Familie zunehmend gelockert hatte.

Eine dezidierte Unternehmensstrategie lässt sich angesichts der durch mangelnde Liquidität charakterisierten Notsituation der ersten Jahre nach dem Ende des Ersten Weltkriegs nur begrenzt erkennen: Bei der Umstellung von der Kriegs- auf die Friedensproduktion zeigte sich, dass sämtliche Kreditlinien ausgereizt waren. Wenig hilfreich war die Tendenz mancher stiller Teilhaber, Gelder aus der Firma abzuziehen, was in den frühen 1930er-Jahren schließlich dazu führte, dass dieser schleichende Kapitalentzug durch restriktivere Regelungen in einer Neufassung des Gesellschaftervertrags begrenzt wurde. Die Unternehmenskrise wurde zudem durch den Wechsel von der achten auf die neunte Generation mitverursacht. Mit dem 1920 geschaffenen Direktorium, das mit altgedienten Mitarbeitern den Übergang begleiten und erleichtern sollte, deutete sich zwar bereits eine umfassende Neuordnung der Betriebsorganisation an. Aber diese zum Teil fehlbesetzte Führungsriege erfüllte die Erwartungen nicht. Karl und Louis Merck als den beiden wichtigsten Nachfolgern fehlte es zudem kriegsbedingt an der nötigen Kenntnis des Unternehmens. 1923/24 stand sogar die Umwandlung in eine Aktiengesellschaft als Gegenleistung für Bankkredite zur Debatte, was den Einfluss der Familie dramatisch beschränkt hätte. Noch in den 1930er-Jahren gab es Überlegungen, die seit Gründung der Geschäftssozietät zwischen Emanuel und seinen Söhnen bestehende Form der offenen Handelsgesellschaft aufzugeben und E. Merck in eine «Familienaktiengesellschaft» umzuwandeln. Erst die maßgeblich auf die junge Eigentümergeneration um Karl Merck zurückgehende Berufung des Bankfachmanns Bernhard Pfotenhauer im Jahr 1924 zum ersten familienfremden faktischen Unternehmenschef und der von ihm eingeleitete radikale personelle Austausch des Direktoriums leiteten eine finanzielle Wende ein und bahnten den Weg zu einer zeitgemäßen managerbasierten Organisationsform. Die offenen Teilhaber zogen sich aus eigenem Antrieb immer stärker zurück und überließen dem dynamischen und selbstbewussten Manager Pfotenhauer das Feld, der zunehmend eigene Experten und Gefolgsleute rekrutierte. Die Verdienste des zunächst heftig umstrittenen Reorganisators wurden bald anerkannt. Es war eine Ironie des Schicksals, dass ausgerechnet Pfotenhauer, der Retter des Familienunternehmens, im Jahr 1942 eine «Palastrevolution» anzettelte, die zum Ziel hatte, die Familie aus dem Unternehmen zu drängen. Wäre das «Tausendjährige Reich» nicht drei Jahre später in Schutt und Asche gefallen, wäre dies langfristig wahrscheinlich gelungen.

Das wirtschaftliche Fundament von Merck blieb in den Weimarer Jahren die traditionelle Produktpalette, auf deren anwendungsorientierte Grundlage besonderer Wert gelegt wurde. Der Anstoß zu Systematisierungen der Forschung erfolgte meist aus Eigeninitiative der Abteilungen. Wegen fehlender eigener Forschungsmittel blieb der Zukauf von Innovationen unerlässlich. Die Kooperation mit externen Wissenschaftlern und Mitbewerbern, mit denen Merck aus der Zeit der Kartelle bereits vertrauensvoll zusammengearbeitet hatte, boten Anknüpfungspunkte für umfassende, aber auch kostspielige Projekte wie die immer wichtiger werdende Vitaminforschung.

Auch das internationale Geschäft wurde nach 1918 schnell wieder in den Blick genommen. Spanien, Portugal und Lateinamerika wurden die wichtigsten ausländischen Regionen der Zwischenkriegszeit, denn die dort generierten Gewinne wurden als Liquiditätsreserven genutzt. Durch oftmals monatelange Geschäftsreisen, u. a. von Louis Merck vorbereitet, gelang die Wiederherstellung der Weltmarktstellung, bald ergänzt durch die damals branchenweit übliche Gründung von Holdinggesellschaften mit Sitz in der steuergünstigen Schweiz. Merck trennte sich zunehmend von unabhängigen Vertretern und baute systematisch eine Kette von Tochtergesellschaften auf, die sich von Darmstadt aus einfacher steuern ließen und, wie erhofft, auch profitabler waren.

Schon während des Ersten Weltkriegs hatten sich Merck, Boehringer Mannheim und Knoll zusammengetan, um unter der Schutzmarke MBK ein Sortiment häufig verordneter und besonders preisgünstiger Tabletten und Ampullen in den Handel zu bringen. Diese Produktreihe erwies sich als ebenso lukrativ wie andere als «Spezialitäten» bezeichnete Fertigpräparate. Die seit den späten 1920er-Jahren in rascher Folge auf den Markt gebrachten Vitaminprodukte und innovative Schädlingsbekämpfungsmittel ergänzten die Produktpalette. Die stabilen Erträge als Konsequenz der Pfotenhauer'schen Restrukturierungen führten dazu, dass Merck am Ende der 1920er-Jahre mit Blick auf die wesentlichen Kennzahlen eine Stellung einnahm, die mit der Vorkriegssituation vergleichbar war. Vor allem das Exportgeschäft brachte solide Umsätze, sodass Merck für Forderungen nach «Autarkie» nichts übrig hatte.

Als relativ kleines Unternehmen fiel Merck vor allem nach der Gründung des Chemie-Giganten I. G. Farben im Jahre 1925 bei der Forschung zurück und war auch für Wissenschaftler weniger attraktiv. Der mit Optimismus begonnene Aufbau eines großzügig geplanten Forschungslabors seit den späten 1920er-Jahren sollte diesen Tendenzen entgegensteuern. Aber selbst jetzt noch hielt Merck – erneut zeigte sich hier die Herkunft aus der Apothekentradition – zu lange am Hergebrachten fest und vollzog bei der wichtigen Vitaminsparte erst verspätet den Übergang zu den zukunftsträchtigen Syntheseverfahren, was sich Mitte der 1930er-Jahre als erheblicher Nachteil gegenüber Konkurrenten wie Hoffmann-La Roche erwies. Durch eine List des Schicksals erwies sich diese Schwäche allerdings langfristig gesehen als unerwarteter Vorteil, denn durch den Rückstand bei der Synthese war Merck – anders als etwa die I. G. Farben – weniger anfällig für die Forderungen der nationalsozialistischen Autarkiepolitik.

Die Weltwirtschaftskrise hatte seit 1930 das Bild des erstaunlichen Wiederaufstiegs verdunkelt. Umsatzrückgänge, Abteilungsstilllegungen, Kurzarbeit und Entlassungen prägten am Vorabend der nationalsozialistischen «Machtergreifung» die Lage in Darmstadt. Nach 1933 erfolgte die Anpassung an die Vorgaben des NS-Regimes schneller, als es nötig gewesen wäre, wobei die Grenzen zwischen nationalem Denken und nationalsozialistischer Gesinnung kaum noch zu erkennen waren. Die Firma schwamm im Strom der «braunen Revolution» mit: Bei Karl Merck war der Übergang von politischer Enthaltsamkeit zu stillschweigender und bald auch offener Sympathie zum Nationalsozialismus am deutlichsten. Er wurde Leiter der Fachgruppe Chemie im Nationalsozialistischen Bund Deutscher Techniker und Vorsitzender des Vereins Deutscher Chemiker. Bernhard Pfotenhauer wiederum trat, sei es aus Überzeugung, Geschäftssinn oder Opportunismus, mit fliegenden Fahnen in das nationalsozialistische Lager über und machte sich seine Beziehungen zu führenden Männern der Partei für die Interessen der Firma und sich selbst zunutze.

Der Betriebsalltag im «Dritten Reich» spiegelt die Entwicklungen, die in anderen deutschen Großunternehmen zwischen 1933 und 1945 ganz ähnlich zu beobachten waren. Ein latenter antisemitischer (und antikatholischer) Zug in der Geschäftsführung von Merck war vor dem Hintergrund des konfessionellen Milieus Darmstadts nicht ganz neu. Die von Karl Merck geleiteten halbstaatlichen Gremien schlossen ihre jüdischen Mitglieder aus und akzeptierten die Ausgrenzung der Juden aus der Wirtschaft. Anstrengungen, die wenigen in der Firma beschäftigten jüdischen Mitarbeiter vor Drangsalierung und Verfolgung zu schützen, blieben auf Einzelfälle beschränkt.

Die seit den späten 1920er-Jahren systematischer betriebene Forschung wurde zwar im «Dritten Reich» zunächst noch weiter ausgebaut, aber die Autarkie- und Kriegspolitik führte zu einer veränderten Ressourcenallokation und einem nachhaltigen Rückgang der eigenen Entwicklungsfähigkeiten, was sich selbst noch Jahrzehnte später nachteilig bemerkbar machte. In den Zahlen zeigte sich dieser Wandel in den sogenannten Friedensjahren des «Dritten Reiches» kaum. Die staatliche Ausfuhrförderung, der Erfolg der Vitaminpräparate und der «Spezialitäten» sorgten 1938 für einen neuen Rekord: Zum Gesamtumsatz in Höhe von 43,6 Millionen RM trug das Auslandsgeschäft 16,9 Millionen RM bei. Fast die Hälfte der gesamten Merck-Produktion ging in den Export. Bei Kriegsausbruch beschäftigte die Firma bereits mehr als 4000 Mitarbeiter.

Im Zweiten Weltkrieg profitierte Merck von Lieferungen an die Wehrmacht und staatliche Behörden, galt aber noch eine Zeit lang nicht als Rüstungsbetrieb und erhielt erst im Sommer 1941 die ersehnte Bestätigung als Lieferant für «kriegsentscheidende Fertigung». 1942 wurde zudem die pharmazeutische Produktion in das «Brandt-Programm zur Sicherung und Steigerung der Arzneimittelerzeugung» aufgenommen. Vor allem Standardprodukte und die etablierten Bestseller wie Vitaminpräparate und der Ephetonin-Hustensaft waren nachgefragt.

Die Herstellung von Wasserstoffperoxid, lange Zeit lediglich u. a. als Bleichmittel verwendet, wurde nun gewinnträchtig zur Herstellung von Raketentreibstoff eingesetzt. Diese bislang unbekannte Diversifizierung der Produktpalette führte dazu, dass Merck über verschiedene hierfür gegründete «Geheimgesellschaften» in den Kreis der Rüstungsindustrie Eingang fand. Hätten die Alliierten diese, der bisherigen Ausrichtung der Firma widersprechende Geschäftätigkeit Mercks nach 1945 etwas intensiver untersucht, wäre der Fortbestand der Firma wahrscheinlich gefährdet gewesen, denn in diesem Fall hätten vor allem die amerikanischen Behörden Argumente finden können, die Mercks in die Gruppe derjenigen einzureihen, die sie als «Kriegstreiber» klassifizierten. Einberufungen zur Wehrmacht und Arbeitskräftemangel führten zur «Anwerbung» von Fremdarbeitern, seit 1940 aber zunehmend auch zur Anforderung und zum Einsatz von Zwangsarbeitern. Der überwiegende Anteil stammte aus Belgien, gefolgt von «Ostarbeitern», Franzosen, Italienern und Niederländern. Die meisten «Ostarbeiterinnen» stammten aus der Ukraine und wurden vor allem in den Laboren eingesetzt.

Bei zwei schweren Bombenangriffen im Jahr 1944 wurden große Teile des Werks in Schutt und Asche gelegt. Nach der Besetzung durch amerikanische Truppen bei Kriegsende hing das Damoklesschwert der Demontage monatelang über der Fabrik. Die von den Alliierten im Herbst 1945 verhängte Treuhänderschaft und die Vermögenskontrolle wurden erst 1948 aufgehoben. Zu diesem Zeitpunkt waren die meisten Kriegsschäden bereits beseitigt und eine bescheidene Produktion wieder aufgenommen worden. Während Bernhard Pfotenhauer bei Kriegsende Selbstmord begangen hatte, nahm jetzt der – zunächst inhaftierte und unter den Teilhabern wegen seines Verhaltens in den Jahren 1933 bis 1945 stark umstrittene – Karl Merck das Heft wieder fest in die Hand.

Die Jahre seit Gründung der Bundesrepublik Deutschland erwiesen sich als Erfolgsgeschichte. Ohne Ausnahme wurden in den folgenden Jahrzehnten Bilanzgewinne ausgewiesen. Mitarbeiter- und Umsatzziffern wuchsen in der Regel ebenfalls durchgängig. In der longue durée erhöhte sich der Umsatz von 63 Millionen DM im Jahre 1949 auf rund 15 Milliarden Euro im Jahre 2015 – also um das 466-Fache. Bemerkenswert ist auch, dass der Umsatz, der 1949 zu über 90 Prozent in Deutschland erzielt wurde, heute zu über 90 Prozent mit im Ausland ansässigen Kunden erwirtschaftet wird. Ebenso beeindruckend ist die Zahl der Arbeitsplätze, die Merck in diesem Zeitraum geschaffen hat. Anfang 1949 beschäftigte Merck in Deutschland rund 3500 Mitarbeiter, im Jahr 2017 sind es circa 12 000; hinzu kommen fast 40 000 im Ausland.

Nach 1945 war bei Merck zunächst die Finanzierungsfrage dringend: Ohne Geld war Forschung nicht möglich. Jahrelang war noch unklar, wie viel Geld überhaupt in der Kasse war. Erst durch die Gründung einer AG, die im Jahr 1953 neben die althergebrachte OHG trat, entschärften sich die Probleme. Das Unternehmen musste sich aufgrund der mangelnden Innovationskräfte zunächst auf die Vitaminproduktion und den Pflanzenschutz beschränken, bevor der später so genannte Bereich Consumer Health größere Bedeutung erlangte. Bereits seit den späten 1950er-Jahren wurde das Produktportfolio gestrafft, um die knappen Ressourcen gezielt in den Bereichen Forschung und Internationalisierung einsetzen zu können. Der zentrale Durchbruch zur heutigen Größe gelang schließlich mit dem Auf- und Ausbau des Flüssigkristallgeschäfts, das seit den späten 1960er-Jahren rasch wuchs und seit den 1990er-Jahren die Mittel erwirtschaftete, mit denen vorübergehende Schwächen in anderen Bereichen ausgeglichen werden konnten.

Die Qualität der Produkte, auf die das Unternehmen traditionell immer hingewiesen hatte, blieb ein bewährtes Mittel des Marketings. Ebenso bemerkenswert ist die enorme Internationalisierung der letzten sieben Dekaden. Die im Zuge des Zweiten Weltkriegs verlorengegangenen Tochtergesellschaften im Ausland wurden im Verlauf der 1950er-Jahre in Lateinamerika und Westeuropa nach und nach zurückerworben. Wie bereits in der Zwischenkriegszeit nutzte Merck für deren Finanzierung und Verwaltung die Schweizer Holding, eine Praxis, die erst mit der Verschmelzung aller operativen Einheiten auf die heutige Merck KGaA im Jahre 1994 ein Ende fand. Ein zweiter Internationalisierungsschub setzte Ende der 1960er-Jahre ein. In diesen Jahren wurden Tochtergesellschaften in den USA, Frankreich und in Japan gegründet, in Großbritannien das Unternehmen British Drug Houses übernommen und eine Beteiligung an der Bracco Spa in Italien erworben. Diese letztgenannte Beteiligung erwies sich den 1980er- und 1990er-Jahren als wahre Goldgrube und trug wesentlich zum Prosperieren von Merck bei. Ein dritter Zug ins Ausland begann Anfang der 1990er-Jahre. In dieser Internationalisierungswelle setzte Merck vornehmlich auf Unternehmensübernahmen – von der französischen Lipha über den Erwerb des schweizerischen Pharmaunternehmens Serono bis zum Kauf von Sigma-Aldrich in den USA. Infolge all dieser Aktivitäten ist Merck derzeit in 66 Ländern mit Gesellschaften vertreten.

Die von Merck weltweit angebotene Produktpalette unterscheidet sich inzwischen wesentlich von der der Nachkriegszeit, obwohl so mancher «Klassiker», beispielsweise Cebion, noch im Sortiment ist. Grundsätzlich zog Merck sich zur Jahrtausendwende aus der Massenproduktion von Vitaminen und bereits in den 1980er-Jahren aus derjenigen von Pflanzenschutzmitteln zurück, weil diese von den Firmen der Großchemie viel günstiger produziert werden konnten. Merck konzentrierte sich auf chemische und pharmazeutische Präparate, die in kleinen Mengen, aber mit großen Margen produziert werden konnten. In der Sparte «Health Care» wurden, trotz durchaus zunehmender, aber lange hinter der in- und ausländischen Konkurrenz zurückbleibender Anstrengungen, nur vereinzelt erfolgreiche Produkte erforscht und entwickelt – Nasivin und Concor gehören dazu. Trotz mancher Rückschläge in der Produktentwicklung wurde in Darmstadt jedoch niemals ernsthaft an eine Aufgabe des Pharmabereichs gedacht. Vielmehr wurden immer wieder neue Anläufe unternommen, um die kostenintensive Forschung materiell entsprechend auszustatten. Durch Unternehmensübernahmen und Kooperationen wurden erfolgreiche Medikamente ins Produktportfolio aufgenommen, beispielsweise das Diabetespräparat Glucophage, das Krebsmedikament Erbitux und Rebif, das gegen Multiple Sklerose eingesetzt wird. Die Sparte «Performance Materials» lebt demgegenüber von den eigenen Erfolgen. Flüssigkristalle, an denen Merck seit den späten 1960er-Jahren intensiv forschte, entwickelten sich in den letzten beiden Jahrzehnten zu wahren Verkaufsschlagern, weil sie in vielen Produkten eingesetzt werden, die das Leben der Menschen einfacher und angenehmer machen – beispielsweise in Smartphones und Bildschirmen. Ebenfalls seit Jahrzehnten erfolgreich ist das Geschäft mit Pigmenten, die vor allem in der Automobil- und Kosmetikindustrie verwendet werden. Mittlerweile zeichnet sich nach langjähriger Forschung auch bei den organischen Leuchtdioden (OLED) ein betriebswirtschaftlicher Durchbruch ab. Die dritte Säule des Unternehmens Merck bildet das modernisierte Laborgeschäft («Life Science»). Diese – bei Merck ausgesprochen traditionsreiche Sparte – verkauft Tausende von Chemikalien, die hauptsächlich in der Erforschung, Entwicklung und Produktion von Arzneimitteln, aber auch in anderen Branchen, etwa der Nahrungsmittelindustrie, verwendet werden. Insbesondere die großen Übernahmen der letzten Jahre – Millipore und Sigma-Aldrich – verhalfen dem Laborgeschäft zu neuer Bedeutung.

Die Steuerung dieses vielseitigen, rasch wachsenden und inzwischen sehr großen Unternehmens erfordert heutzutage Managementkapazitäten, welche die Kompetenzen einer einzigen Familie übersteigen. Unmittelbar nach dem Zweiten Weltkrieg war dies noch nicht der Fall gewesen. Der Familie war, zunächst mit Karl Merck, später mit Hans Joachim Langmann an der Spitze, der Neuaufbau und der anschließende Ausbau des Unternehmens gelungen. Freilich gab es auch Perioden, in denen es nicht so leicht vorwärts- und manchmal sogar rückwärtsging. Insbesondere die späten 1950er- und frühen 1960er- sowie die späten 1980er- und frühen 1990er-Jahre waren herausfordernde Zeiten. In beiden Episoden ging die unbefriedigende Entwicklung der Umsatz- und Ertragsziffern mit einem mühsamen Umbruch an der Unternehmensspitze einher. Im Sommer 1959 trat Karl Merck vom Vorstandsvorsitz zurück, aber erst zwei Jahre später in den Aufsichtsrat ein. Selbst danach dauerte es noch ein paar Jahre, bis das Unternehmen unter der Leitung von Langmann zunächst stabilisiert und, trotz eines Übernahmegesuchs der BASF, später als selbständiges Familienunternehmen ausgebaut wurde. Kritisch wurde es erneut, als Langmann 1989 das 65. Lebensjahr erreichte und innerhalb der Familie vor dem Hintergrund einer schwächelnden Unternehmensentwicklung die Nachfolgefrage offen diskutiert wurde. Aber auch in dieser kritischen Lage fand die Familie eine Lösung: Durch die Umwandlung in eine Kommanditgesellschaft auf Aktien und den Verkauf von 25 Prozent des Kapitals an der Börse wurde der finanzielle Spielraum erweitert, sodass die Unternehmensleitung die Chancen von Europäisierung und Globalisierung ergreifen und Merck von einem deutschlandzentrierten zu einem noch stärker weltumspannenden Unternehmen umbauen konnte.

Die Familienmitglieder zogen sich hingegen allmählich aus der operativen Geschäftsleitung zurück. 1984 waren mit Hans Joachim Langmann, Peter Merck, Victor Baillou und Kurt von Kessel noch vier Familienmitglieder in der Geschäftsleitung. Sie schieden nach und nach aus dieser Position aus: Peter Merck Ende 1984, Kurt von Kessel Ende 1986, Victor Baillou Ende 1993 und Hans Joachim Langmann schließlich zur Jahrtausendwende. Seitdem ist Merck ein auch offiziell managergeführtes Unternehmen. Mit Stefan Oschmann, der im Frühjahr 2016 den Vorsitz der Geschäftsleitung vom langjährigen Konzernchef Karl-Ludwig Kley übernahm, lenkt bereits der vierte familienfremde Geschäftsleitungsvorsitzende in Folge die Geschicke von Merck.

Die Familie, deren Vermögen fast vollständig im Unternehmen investiert ist, hat sich freilich nicht in die Rolle eines passiven Großaktionärs zurückgezogen, sondern sie koordiniert ihre Interessen im Familien- und Gesellschafterrat. Sie mischt sich zwar nicht in das operative Tagesgeschäft ein, kommuniziert aber strategische Ziele gegenüber der Geschäftsleitung. Über die ganz im Familienbesitz befindliche E. Merck KG mit ihren Gremien – der Gesellschafterversammlung, dem zwölfköpfigen Familienrat sowie dem insgesamt fünf Familienmitglieder und vier externe Experten umfassenden Gesellschafterrat – hält sie heute 70 Prozent der Aktien der börsennotierten Merck KGaA, die übrigen 30 Prozent sind in der Hand freier Aktionäre. Der Gesellschafterrat gilt heute als wichtigstes nicht-operatives Organ der Gruppe, weil er – vergleichbar mit dem Aufsichtsrat einer Aktiengesellschaft – mit verschiedenen Ausschüssen die Geschäftsführung der Merck KGaA begleitet und auch der Strategie der Merck-Gruppe sowie den Investitionen, Akquisitionen und Devestitionen zustimmen muss. Der Familienrat hingegen legt den unternehmerischen Willen der Gesellschafter fest, beschließt über die Ausschüttung – ein ausdifferenziertes und ausbalanciertes Governance-System, das auf der strikten Trennung der operativen Führung der Geschäfte von den Eigentümern beruht. Die Abstimmung zwischen Familie und Geschäftsleitung funktioniert wohl auch deshalb, weil Familienmitglieder sich wohlweislich nicht auf angestammte Traditionen berufen und kein Anrecht auf eine Tätigkeit im Unternehmen oder in der Führung haben, was auch dadurch erleichtert wird, dass sie in der Regel reguläre Berufe haben. Sie sehen sich – bis heute ideell in der Tradition von vor allem Emanuel Merck – gleichsam als «Treuhänder» des Familienvermögens, das an die jeweils nächste Generation weitergegeben werden soll.

In der Mitte des 20. Jahrhunderts war es für die Familie noch relativ einfach, eine einheitliche Meinung in geschäftlichen Angelegenheiten zu entwickeln, weil es lediglich 21 Teilhaber gab, darunter nur wenige mit wirklichem Gewicht und herausgehobener Stellung als offene Teilhaber einer Personengesellschaft. Auch die restriktive Ausschüttungspolitik ließ sich bei einer überschaubaren Zahl an Teilhabern vergleichsweise gut durchsetzen. Nach Ende des Zweiten Weltkriegs kontrollierten die fünf größten Teilhaber noch nahezu die Hälfte des Gesellschaftskapitals, 1963 nur noch knapp 29 Prozent. 30 Jahre später gab es bereits 77 Gesellschafter, und die fünf größten vereinten nur noch 22,6 Prozent des Kapitals auf sich. Bis heute hat sich die Zahl der Gesellschafter erneut fast verdoppelt. Die früher übliche informelle Entscheidungsfindung unter den Teilhabern wurde deswegen zunehmend durch vertraglich geschaffene Institutionen geregelt. Diese Abmachungen werden regelmäßig an die Anforderungen der Gegenwart angepasst. Allerdings können die grundlegenden Verträge nur mit sehr langen Fristen gekündigt oder verändert werden und die Vertragspartner ihre Gesellschaftsanteile derzeit nur an andere Gesellschafter veräußern. Dies sichert die Fortexistenz von Merck als selbständiges Familienunternehmen und schafft die Voraussetzungen für eine auf langfristigen Erfolg ausgerichtete Geschäftspolitik. Zahlreiche Entscheidungskompetenzen werden an gewählte Vertreter der Familie delegiert und durch den Familien- und Gesellschafterrat wahrgenommen. Heute tragen nur noch rund ein Dutzend der Teilhaber den Namen Merck. Die jährlichen Familientreffen dienen dem Familienzusammenhalt und dem Dialog zwischen den Generationen, was auch deswegen wichtig ist, weil es angesichts der Ausweitung des Familien- und Teilhaberkreises inzwischen schwierig wird nachzuvollziehen, wer welchem Familienzweig entstammt. Die Familie lässt sich bei der Wahrnehmung der geschäftlichen Aufgaben seit rund zwei Jahrzehnten systematisch durch familienfremde Experten beraten, die Mitglieder im Gesellschafterrat werden.

350 Jahre nach der Übernahme der ersten Apotheke durch Merck in Darmstadt und rund 200 Jahre nach dem Start ins Industriezeitalter befindet sich der inzwischen auch bereits über ein Jahrhundert bewährte Firmensitz in steter Modernisierung. Innovativ und expansiv geht Merck in die Zukunft. Auch die traditionell von einem Familienmitglied geleitete Engel-Apotheke blüht weiter, zwar nicht mehr am Ursprungsort von 1668, aber immer noch am historischen Ort in der Darmstädter Innenstadt.

Die wohl einmalige Kombination eines Familienunternehmens mit seit 1995 börsennotierter Kapitalgesellschaft hat Merck – im Sinne des «Besten zweier

Welten» – trotz mancher Krisen den Weg ins 21. Jahrhundert ermöglicht. In dieser Studie sind die Erfolge, aber auch die Krisen und die Probleme ebenso skizziert und analysiert worden wie kluge Strategien, manche Fehlentscheidungen und ab und zu sogar glückliche Zufälle. Mit dieser Tradition geht das Familienunternehmen in die zweite Hälfte des vierten Jahrhunderts seines Bestehens. Gelten diese Bedingungen auch für die Zeit nach 2018? Hier endet die Kompetenz der Historiker, die keine Zukunftsforscher sind, sondern «rückwärtsgewandte Propheten». Ihre Stärke liegt in der Beschreibung und Erklärung der Entstehung und Entwicklung eines erstaunlichen Familienunternehmens mit 350-jähriger Geschichte.

Nachwort und Dank

Ein Traditionsunternehmen, zumal wenn es bis in die inzwischen heranwachsende 13. Generation im Familienbesitz ist, verfügt über ein langes Gedächtnis: Steht ein wichtiges Jubiläum an, planen die Verantwortlichen lange im Voraus. Im Jahr 2012 wurden die Autoren der vorliegenden Studie von den Gesellschaftern der Familie Merck darauf angesprochen, ob sie die 350 Jahre währende Geschichte des Familienunternehmens aktengestützt auf wissenschaftlicher Basis zu schreiben bereit seien. Die Grundlinien des Vorhabens kristallisierten sich bald heraus: Neben der eigentlichen Familien- und Unternehmensgeschichte mussten auch die Politik-, Wirtschafts-, Sozial- sowie die Wissenschaftsgeschichte der jeweiligen Perioden auf der Grundlage des neuesten Forschungsstandes behandelt werden. Auch die Entwicklungen in den Naturwissenschaften und der Medizin, der Pharmazie und der Chemie mussten Berücksichtigung finden, all das – 350 Jahre Geschichte einschließlich Bildteil, Anmerkungsapparat und Literaturverzeichnis am besten in einem einzelnen Band, der zudem nicht die Anmutung eines «Bilderbuchs», aber auch nicht den Charakter eines «Ziegelsteins» haben sollte – eine echte Herausforderung!

Die Spezifika der abzusteckenden Epochen legten es nahe, vier Hauptkapitel zu verfassen, um die jeweils zeittypischen Zusammenhänge anschaulich darzustellen. Dabei sollten Überschneidungen und Redundanzen vermieden werden, während die wissenschaftlichen Schwerpunkte und Tendenzen der Forschung durch Hinweise im Text und im Anmerkungsapparat nachvollziehbar bleiben sollten. Entstanden ist ein Gemeinschaftswerk, das in seinen verschiedenen Abschnitten, aber auch als Einzeldarstellung gelesen werden kann. Die Verfasser möchten sich nicht hinter der Ausrede verstecken, eine bestimmte Aussage oder Beurteilung stamme gar nicht von ihnen selbst, sondern beruhe auf den Recherchen und den wissenschaftlichen Ergebnissen eines anderen. Und dennoch: Die Autoren und die Hauptmitarbeiter verstanden sich, um die innere Geschlossenheit der Unternehmensgeschichte zu erreichen, trotz der sinnvollen Unabhängigkeit als ein Team.

Wir haben unsere Arbeitsschritte, Erfahrungen und Erkenntnisse regelmäßig ausgetauscht und diskutiert, um innerhalb des Gesamtkonzepts «rote Fäden» und eine gemeinsame Leitlinie des Familienunternehmens Merck ausfindig zu machen. Das Vorhaben wurde aus praktischen Erwägungen als Drittmittelprojekt am Lehrstuhl von Prof. Dr. Joachim Scholtyseck an der Universität Bonn angesiedelt, wo auch die organisatorischen Aufgaben koordiniert wurden.

Wie inzwischen bei unternehmensgeschichtlichen Darstellungen üblich, sicherte die Familie Merck zu, die wissenschaftlichen Ergebnisse der Recherchen ohne inhaltliche Eingriffe veröffentlichen zu können – ein Indiz, dass dieses Prozedere zumindest in Deutschland zum Standard zu werden scheint. Unsere wissenschaftlich begründeten Vorstellungen fanden bei der Familie Merck von Beginn an ein offenes Ohr. Wir möchten daher unseren Ansprechpartnern – Jon Baumhauer, Johannes Baillou, Dr. Frank Stangenberg-Haverkamp, Isabel De Paoli, Walter Huber, Dr. Karl-Ludwig Kley und Dr. Stefan Oschmann – an dieser Stelle ein Wort des Dankes abstatten: Wir erhielten in Darmstadt auf unsere Fragen immer hilfreiche Antworten und, was durchaus bemerkenswert ist, auch Hinweise auf kritische Aspekte der eigenen Familiengeschichte.

Ausgesprochen förderlich war es, dass das Familienunternehmen Merck über ein großes, vorbildlich und professionell geführtes Archiv verfügt. Unter der fachkundigen Leitung von Dr. Sabine Bernscheider-Reif ist es auf dem Werksgelände in Darmstadt angesiedelt, und die vielen Monate, die wir uns in die dortigen Bestände vergraben haben, um die Archivschätze zu heben, möchten die Verfasser angesichts der angenehmen Arbeitsatmosphäre nicht missen. Bei Fragen waren die Mitarbeiter immer für uns da: Stephan Böhm M.A., Peter Conradi M.A., Diplom-Historiker Bodo von Eberstein, Katja Glock M.A. und Timo Gruber M.A. In der Firmenzentrale in Darmstadt waren zudem Cornelia Nitsch und Aline Knoll eine große Hilfe, denn sie haben uns bei organisatorischen Fragen engagiert, zuverlässig und nachhaltig unterstützt.

Die vier Autoren konnten sich auf bewährte Mitstreiter verlassen: Die wissenschaftlichen Projektkoordinatorinnen Dr. Judith Michel und Nina Schnutz M.A. waren unersetzlich. Als Wissenschaftliche Mitarbeiter waren Patrick Bormann M.A., Dr. Andreas Jüngling, Nils Kleine M.A., PD Dr. Frank Kleinehagenbrock, Kevin Medau M.A., Prof. Dr. Ludolf Pelizaeus, Dr. Tania Rusca und PD Dr. Wolfgang Treue beteiligt. Als Wissenschaftliche Hilfskräfte waren Benjamin Behschnitt M.A., Uta Miersch und Simon Oelgemöller M.A. mit von der Partie. Zahlreiche studentische Hilfskräfte leisteten wichtige Dienste: Philipp Anzulewicz, Julia Henke, Holger Kohler, Violeta Leckebusch, Theresa Mürmann, Christoph Nitschke, Victoria Pieper, Charlotte Pissors, Inga Raspe, Franziska Richter und Valentin Wutke. Ihnen allen und jedem Einzelnen gilt unser besonderer Dank!

Beim Verlag C.H.Beck war Dr. Sebastian Ullrich unser professioneller Ansprechpartner, mit dem zusammenzuarbeiten eine Freude war. Dr. Angelika Königseder gab, wie bereits bei zahlreichen anderen Buchprojekten, als Lektorin wertvolle Hinweise. Der Verlag C.H.Beck gehört erfreulicherweise noch zu den Verlagen, die auf ein eigenes und professionelles Lektorat Wert legen. Beim Verlag in München hat erneut Carola Samlowsky M.A. einen großen Verdienst daran, dass aus Manuskript und Bildmaterial schließlich das vorliegende Buch wurde.

ANHANG

Anmerkungen

Einleitung

1 Herbrand/Röhrig (Hrsg.), Die Bedeutung der Tradition, S. III, S. 589 f., und mit vielen weiteren Beispielen.
2 Schäfer, Familienunternehmen und Unternehmerfamilien, S. 143–161.
3 Vgl. zu diesem Topos Priemel, Heldenepos und bürgerliches Trauerspiel, S. 108 f., sowie Schumann, Buddenbrooks Revisited, S. 223 f. Vgl. auch Paulsen, Das «Gesetz der dritten Generation». Zum Motto «Der Vater erstellt's, der Sohn erhält's, beim Enkel zerfällt's» vgl. Albach/Freund, Generationswechsel und Unternehmenskontinuität, S. 263.
4 Schäfer, Familienunternehmen und Unternehmerfamilien, S. 8. Zur These, Familienunternehmen seien eher ein «frühindustrielles Relikt» als ein Zukunftsmodell, vgl. ebd., S. 208; Kocka, Familie, Unternehmer und Kapitalismus; ders., Unternehmer in der deutschen Industrialisierung, S. 61–71, 86.
5 Chandler, Strategy and Structure; ders., The Visible Hand; ders., Managers, Families, and Financiers; ders., Scale and Scope.
6 Vgl. beispielsweise Berghoff, Moderne Unternehmensgeschichte, S. 71–82, 95, 103–105. Soweit das Unternehmen Merck in Chandlers Untersuchungen überhaupt Berücksichtigung findet, wird es allerdings eher in dessen Deutungsschema eingepasst als differenziert gewürdigt. Chandler, Scale and Scope, S. 164, 174, 279, 374; in der tabellarischen Übersicht (Appendix C.4, S. 726) der 200 umsatzstärksten deutschen Unternehmen führt Chandler Merck ohne – die vom Familienunternehmen nicht publizierten – Umsatzzahlen auf. Vgl. ders., Shaping the Industrial Century.
7 Schäfer, Familienunternehmen und Unternehmerfamilien, S. 14.
8 Runciman, Before the Mast, S. 225.
9 Plumpe, Die Unwahrscheinlichkeit des Jubiläums, S. 155.
10 Ebd., S. 234.
11 Zum Forschungsstand Köhler/Schulze, Resilienz, bes. S. 458–466; eher betriebswirtschaftlich Starr/Newfrock/Delurey, Enterprise Resilience.
12 Luhmann, Soziale Systeme, S. 152.
13 Schumpeter, Theorie der wirtschaftlichen Entwicklung.
14 Osterhammel, Die Verwandlung der Welt.
15 Abelshauser, BASF, S. 11.
16 Plumpe, Die Unwahrscheinlichkeit des Jubiläums, bes. S. 150–154, Zitat S. 153.

17 Luhmann, Die Wirtschaft der Gesellschaft, S. 31.
18 Gall, Krupp, Klappentext. Zum Verhältnis von Wirtschafts- und Unternehmensgeschichte vgl. die programmatischen Ausführungen bei Pohl, Betrachtungen zum wissenschaftlichen Standort von Wirtschafts- und Unternehmensgeschichte, S. 326–343. Daneben Berghahn, Elitenforschung und Unternehmensgeschichte, bes. S. 11 f.
19 Welskopp/Lauschke, Einführung: Mikropolitik im Unternehmen.
20 Wischermann/Nieberding, Die institutionelle Revolution.
21 Nieberding, Unternehmenskultur im Kaiserreich, S. 15.
22 Vgl. hierzu Plumpe, Die Wirtschaftsgeschichte in der Historischen Zeitschrift, S. 249, Anm. 108.
23 Luhmann, Organisation und Entscheidung, S. 83. Vgl. auch Plumpe, Die Geburt des «Homo oeconomicus», S. 320 f.
24 Frei, Die Wirtschaft des «Dritten Reiches», S. 15.
25 Vgl. Banken, Die Entstehung des modernen Unternehmens, S. 16; Pierenkemper, Was kann eine moderne Unternehmensgeschichtsschreibung leisten?, S. 218.
26 Friedrich/Müller-Jahncke, Geschichte der Pharmazie, Bd. II, S. 985; Wimmer, «Wir haben fast immer was Neues», S. 25 f.
27 Friedrich/Müller-Jahncke, Geschichte der Pharmazie, Bd. II, S. 985.
28 Zum Begriff und seine Problematik Osterhammel, Globalisierungen, S. 12–41.
29 Zur Einführung, in: Mercksche Familien-Zeitschrift 1 (1913), S. 1.
30 Seit 1913 war er Schriftleiter der Merckschen Familien-Zeitschrift, Bd. 1 bis 8, vgl. «Spieß, Karl», in: Hessische Biografie <http://www.lagis-hessen.de/pnd/1029748594> (Stand: 22. 1. 2018).
31 Zugleich auch Schriftleiter der Merckschen Familien-Zeitschrift, seit 1930 Direktor des Hessischen Staatsarchivs und Leiter des großherzoglichen Hausarchivs, vgl. Nachruf auf Fritz Hermann, in: Mercksche Familien-Zeitschrift 15 (1938), S. 65 f.; «Herrmann, Fritz», in: Hessische Biografie (Stand 22. 1. 2018).
32 In der Zeit des Nationalsozialismus führte Euler für die NSDAP eugenische Untersuchungen durch; seine genealogischen Karteien bildeten eine der Datengrundlagen zur Vorbereitung der «Nürnberger Gesetze». Zu seinem Wirken in der Zeit des Nationalsozialismus siehe Heiber, Walter Frank und sein Reichsinstitut, S. 128, 429, 439–441, 447–449, 474, und Weiss, Vorgeschichte und Folgen des arischen Ahnenpasses, S. 100–110, 346.
33 Salewski, Die Ranke-Gesellschaft, S. 140.
34 Vgl. Bernschneider-Reif/Huber/Possehl, «Was der Mensch thun kann …».
35 Zur Überlieferungssituation und den damit verbundenen Problemen bei der Verzeichnung im Firmenarchiv Merck – vor allem in Hinblick auf die Zeit ab etwa 1900 – vgl. Possehl, Erschließungsprobleme im Firmenarchiv Merck, S. 145–147; dies., Pharmazeutische Verfahrenstechnik, S. 248–250.
36 Vgl. Conzen, 29 Jahre im Dienst, S. 44; Scriba, Meine Tätigkeit, S. 172 f.; ähnlich ders., Die Opium-Alkaloide, Bd. 1, Merck-Archiv, F 6/8 (g), S. 12.
37 E. Merck an die «Herren des Wissenschaftlichen Laboratoriums» vom 10. September 1897, und E. Merck «an sämtliche Herren Betriebsführer» vom 11. September 1897, Merck-Archiv, F 3/1.
38 Possehl, Pharmazeutische Verfahrenstechnik, S. 249.
39 Karl Merck fünfzig Jahre in der Firma E. Merck tätig, in: Mercksche Familien-Zeitschrift 21 (1963), S. 158.

40 Mercksche Familien-Zeitschrift 22 (1966), S. 273–286.
41 Vgl. die verschiedenen Beiträge in Mercksche Familien-Zeitschrift 23 (1968).
42 Tuchman, Wann ereignet sich Geschichte?, S. 31.
43 Löw, Heinrich Emanuel Merck, S. 9–11, S. 218, auf der Grundlage des Merckschen-Familien-Archivs mit Bücherei, der Familien-Zeitschrift, der Bestände des Fabrikmuseums und der Hauptbücherei der Fabrik. Außerdem stand ihm ein Teil der Korrespondenz zwischen Emanuel Merck und Hermann Trommsdorff an Johann Bartholomäus Trommsdorff zur Verfügung, die inzwischen in einer vorzüglichen Edition vorliegt.
44 Löw, Chemische Fabrik.
45 Herrmann, Mercks Briefe an seinen Sohn Georg.
46 Vershoven, Anfänge der chemisch-pharmazeutischen Industrie (1949, 1952) und ders., Wirtschaftsgeschichte der chemisch-pharmazeutischen Industrie (1958).
47 Haber, The Chemical Industry during the Nineteenth Century, S. 46, 135, 179.
48 Vgl. aus der älteren Literatur Adlung/Urdang, Grundriß der Geschichte der deutschen Pharmazie, S. 161–165; daneben Friedrich/Müller-Jahncke, Geschichte der Pharmazie, Bd. II, S. 986–988.
49 Unter anderem Burhop, Pharmaceutical research in Wilhelmine Germany; Cramer, Der geborene Markenartikel; ders. Building the «world pharmacy»; Possehl (siehe Literaturverzeichnis); Dumitriu, Die wissenschaftliche Entwicklung der Alkaloid-Chemie; Dutzi, Heimat aus zweiter Hand; jüngst: Michael C. Schneider, Das wissenschaftliche Unternehmen.
50 Zu den wichtigsten zählen das 1927 erschienene Werk «E. Merck. Chemische Fabrik Darmstadt», die 1937 vorgelegte Studie von Wilhelm Michel in Zusammenarbeit mit den «beteiligten Stellen der Fabrik» E. Merck und das 1968 erschienene Werk von Fritz Ebner und Leopold Lerch, Von der Merckschen Engel-Apotheke zum pharmazeutisch-chemischen Großbetrieb 1668–1968.
51 Rede Karl Mercks anlässlich der Jubiläumsfeier vom 24. Dezember 1948, Merck-Archiv, B 36.
52 Possehl, Modern aus Tradition.
53 Bernschneider-Reif/Huber/Possehl, «Was der Mensch thun kann …».

I. Ursprünge und Ausgangslagen eines chemisch-pharmazeutischen Unternehmens

1. Anfänge

1 Maschinenschriftliche Familienbeschreibung, Merck-Archiv, A/1; Merckscher Stammbaum, Merck-Archiv, C/41. Daten nach Euler, 300 Jahre Merck, hier Stammtafelauszug, S. 32.
2 Merck-Archiv, A/1075 mit einer erst 2010 erworbenen Urkunde aus dem Jahr 1488. Vgl. zu den personenbezogenen Daten die Angaben bei Merz, Georg Horn, S. 453.
3 Stammbaum Jacob Merck, Merck-Archiv, C/41.
4 Jäger, Fürstentum Fulda, S. 72–81; Walther, Abt Balthasars Mission, S. 680–685; Daten nach Euler, 300 Jahre Merck, hier Stammtafelauszug S. 32; s. a. «Aus der Gedächtnisrede auf Johann Merck», S. 32–36.
5 Merck-Archiv, A/781.

6 Zu Johann Merck, seiner Frau und seiner Auswanderung siehe Merck-Archiv, A/83, Leichenpredigt für Anna Merck, Merck-Archiv, A/84; s. a. Herrmann, Johann Merck; Euler, Die Ahnen des Apothekers und Kammerassessors Johann Anton Merck, S. 27–41.
7 Merck-Archiv, A/781; A/83; Leichenpredigt für Anna Brehm, A/84; Daten nach Euler, Die Ahnen des Apothekers und Kammerassessors Johann Anton Merck, hier Ahnenkreis Merck, S. 28.
8 Aufzeichnungen Johann Mercks, Anno 1606 und Anno 1609, Merck-Archiv, A/781.
9 Merck-Archiv, A/781; Daten nach Euler, Die Ahnen des Apothekers und Kammerassessors Johann Anton Merck, Ahnenkreis Merck, S. 28; Böhm, Die Freie Reichsstadt, S. 89–111.
10 Extract aus des Hrn. Johann Merckens [...], Merck-Archiv, A/83; s. a. Euler, Die Ahnen des Apothekers und Kammerassessors Johann Anton Merck, S. 27 f.; Aufzeichnungen Johann Mercks, Anno 1613, Merck-Archiv, A/781; ferner: Saffert, Schweinfurter Gasthäuser, S. 47–66.
11 Bundschuh, Statistisch-Topographisches Lexikon, S. 664–780 (zu Schweinfurt), hier S. 719.
12 In der Forschung wird für solche Vorgänge mittlerweile auch der Begriff «Mikropolitik» verwendet. Zur Netzwerk- und Klientelforschung im problemorientierten Überblick vgl. Häberlein, Netzwerkanalyse und historische Elitenforschung, S. 315–328.
13 Löw, Heinrich Emanuel, S. 13.
14 Die Schreibweise der Vornamen Jacob Friedrich Mercks kommt in unterschiedlichen Formen vor. Im Taufbuch von St. Johannis in Schweinfurt wurde er unter dem Datum des 19. Februar 1621 mit «Jacobus Fridericus» eingetragen (Taufbuch Nr. 4, S. 109, Angaben durch Ev.-Luth. Dekanat Schweinfurt). Im Apothekerprivileg von 1668 wird er hingegen «Friedrich Jacob Merck» genannt. Beide Varianten finden sich in der Literatur. In diesem Buch wird auf die Variante des Taufbuchs zurückgegriffen.
15 Dazu im Überblick Friedrich/Müller-Jahncke, Geschichte der Pharmazie, S. 241–256.
16 Fischer-Mauch, Verhältnis Apotheker/Arzt, S. 32–34 und 37–40. Eine Ausnahme stellen die Mainzer Apotheken dar, die der Krämerzunft zugeordnet waren, s. Dadder, Das Apothekenwesen, S. 75–77.
17 Vgl. etwa Czeike, Wiener Apotheken, S. 66, 78, und Lürmann, 470 Jahre Apothekenwesen, S. 67 f.
18 Rausch, Das Medizinal- und Apothekenwesen, S. 154.
19 Euler, Die Ahnen des Apothekers und Kammerassessors Johann Anton Merck, S. 28; Quellen und Aufgaben der Merckschen Familiengeschichte, S. 38 f.; Löw, Heinrich Emanuel, S. 14; s. a. Rat v. Mühlhausen an Georg Merck vom 22. Februar 1644, Merck-Archiv, A/88.
20 Eintrag vom 10. November 1658, Stadtarchiv Schweinfurt, Reichsstädtisches Archiv, Ratsprotokolle 49, 1658–1660. Vgl. dazu auch die Edition sämtlicher die Familie Merck erwähnende Einträge in den Schweinfurter Ratsprotokollen: Herrmann, Schweinfurter Ratsprotokolle, S. 184. In Drygas, Aptekarstwo Gdanskie 1399–1939, findet Mercks Tätigkeit in Danzig keinen Niederschlag, auch archivalisch scheint er in Danzig nicht nachweisbar zu sein. Gemeint ist wohl die 1527 von König Sigismund privilegierte Ratsapotheke der Danziger Rechtstadt, vgl. dazu knapp Simson, Stadt Danzig, S. 182.
21 Vgl. die Akte Verordnungen des Rates (einschließlich Apotheken betreffend), 1567–1793, Archiwum Państwowe w Gdańsku 300, 93 Nr. 44. Darin u. a. Apothekerordnung «Dan-

I. 1. Anfänge

zik 16 Januari ao. 1579», und eine spätere, undatierte elaborierte Neufassung, pag. 51–74 sowie dazu Simson, Stadt Danzig, S. 382 f., 536 f.

22 Keyser, Danzigs Geschichte, S. 131; Loew, Danzig, S. 109–111.

23 Erste Kriegseinwirkungen sind bereits nachweisbar für das Jahr 1656: Diarium consilium Ampl. Senatus 1656, Archiwum Państwowe w Gdańsku 300, 31 Nr. 82a. Bereits in diesem Jahr gab es 771 mehr Sterbefälle als Taufen, allein 266 Tote sind in einer «Jahrzettel» betitelten Übersicht für das Pockenhaus verzeichnet. Wie sehr der Krieg alltagsprägend geworden war, spiegelt die entsprechende Tätigkeit des Rates vor allem im Jahr 1658 wider: Senatus Consulta/Schlüsse des Rates, 1657–1739, Archiwum Państwowe w Gdańsku 300,93 Nr. 13.

24 Löw, Heinrich Emanuel, S. 14 f.

25 Ohne dass dies mit Mercks Schicksal zusammenhängen muss, sei auf den Umstand verwiesen, dass im August 1658 ein neuer Apotheker eingestellt wurde, der das Amt erst antrat, nachdem ihm bei der Eidesformel Entgegenkommen gezeigt wurde (Senatus Consulta/Schlüsse des Rates, 1657–1739, 30. August 1658, 6. September 1658, 10. September 1658, Archiwum Państwowe w Gdańsku 300, 93 Nr. 13). Bereits im Sommer 1657 wurde trotz erheblicher Bedenken, «nachdem schon genug Apotheker seyn», dem Ansuchen eines Apothekers stattgegeben, eine weitere Apotheke – aber nicht zentral gelegen – einzurichten (Diarium consilium Ampl. Senatus 1657, 14. Juni 1657, Archiwum Państwowe w Gdańsku 300, 31 Nr. 83).

26 Die Matrikel der Universität Altdorf, S. 346, Eintrag für den 9. Februar 1665: «Friedrich Jacob Merck, Suinfurt, Francus».

27 Beyschlag, Die Immatrikulation Friedrich Jakob Mercks, S. 11–14.

28 Landesarchiv Schleswig-Holstein, Abt. 8.1, Nr. 794; s. dazu Jendreyczyk, Die ältesten Apotheken, S. 25–31; Habernoll, Die Entwicklung des Apothekenrechts, S. 83–86; Euler, 300 Jahre Merck, S. 18, datiert den Aufenthalt in Dithmarschen auf die Zeit nach 1665; das ehemalige Familienarchiv Merck wurde erst durch Zusendung der einschlägigen Seiten aus dem Werk von Habernoll darauf aufmerksam. Eine Aktennotiz vom 28. November 1951 geht von einem Aufenthalt dort vor 1658 aus (in Merck-Archiv, A/89).

29 Nach telefonischen Auskünften des Amtsarchivs Büsum-Wesselburen sowie der evangelischen Kirchengemeinde Wesselburen vom 1. Februar 2016 ist Wesselburen im Jahre 1736 durch ein Feuer größtenteils zerstört worden; der Brand bedeutete das Ende der bisherigen Wesselburener Apotheke. Sämtliche Akten zur Ortsgeschichte einschließlich der Kirchenbücher sind vernichtet worden; vgl. auch Erdmann, Stadt Wesselburen, S. 78: Für die an dieser Stelle gemachten Angaben fehlen folglich die Belege.

30 Merck-Archiv, A/91 über die Herkunft der Familie Hübner.

31 Merck-Archiv, A/91; s. a. Euler, 300 Jahre Merck, S. 13–18.

32 Euler, 300 Jahre Merck, S. 17.

33 Vgl. Die Beziehungen der Familie Merck, S. 54, Merck-Archiv, C/47.

34 Zu Justus Friedrich Schöner vgl. Der hessen-darmstädtische Rat, S. 135 f. Er war mit Jacob Friedrich über die Mutter seiner Ehefrau Anna verwandt.

35 Asche, Studienförderung und Stipendienwesen, S. 47–49.

36 Im Stadtarchiv Schweinfurt haben sich die Akten zur Stipendienvergabe in großer Dichte erhalten, die Stammbäume haben Eingang in das Firmenarchiv gefunden. Konzise Angaben zu den Stiftungen finden sich im Adreßbuch, S. 41, 49; s. ferner u. a. Stadtarchiv Schweinfurt, Reichsstädtisches Repertorium II, LX/1, Hauptregistratur Rep. I VII B 3/10, VII B 2/20, VII B 2/21, VII B 1/14 (bis ins 20. Jahrhundert hinein) und Merck-

Archiv, A/9. Die nach der Inflation der frühen 1920er-Jahre nur noch mit geringem Stiftungskapital existierenden Stiftungen wurden 1934 mit einer zusätzlichen Einlage von 1000 RM zur Merck-Rüfferstiftung vereinigt und wiederbelebt. Das Sparkonto bei der Städtischen Sparkasse Schweinfurt erlosch am 22. Dezember 1942 durch Ganzabhebung (Merck-Archiv, A/8).

37 Müller-Jahncke, Leichenpredigten, S. 482.
38 Rausch, Das Medizinal- und Apothekenwesen, S. 24–32 und 227–268.
39 Ramdohr, Darmstädter Apotheken, S. 13, 31; Rausch, Das Medizinal- und Apothekenwesen, S. 251. Zur Umrechnung der Münzen vgl. Anm. 235.
40 Rausch, Das Medizinal- und Apothekenwesen, S. 231 f. nach Kopie eines Edikts des Landgraf Georgs von Hessen, Darmstadt, 18. April 1657, HStAD, D8, 274/2.
41 Vgl. hierzu im Überblick Wolf, Darmstadt.
42 Zu den Umständen in der Gründungszeit der Merck-Apotheke vgl. auch Possehl, Modern aus Tradition, S. 6–12.
43 Vgl. dazu Rausch, Das Medizinal- und Apothekenwesen, S. 253–256, mit Verweis auf eine Abschrift des Privilegs in HStAD, G 21 A, 1910/2.
44 Merck-Archiv, A/89. Das Privileg ist als Faksimile E. Merck Darmstadt zwischen S. 16 und 17 beigefügt. Die Auswertung und die folgenden Zitate aus dieser Vorlage.
45 Rausch, Das Medizinal- und Apothekenwesen, S. 150–154.
46 Vgl. zu den Konkurrenzen generell Friedrich/Müller-Jahncke, Geschichte der Pharmazie, S. 221–235, und zu den Schwierigkeiten, die bei der Etablierung neuer Apotheken im 16. und 17. Jahrhundert auftreten konnten, ferner an thüringischen Beispielen Bernschneider-Reif, Laboranten, Destillatores, Balsamträger, S. 74–80.
47 StadtA Da, Ratsakten, XV 2 Abtlg. A, 1: 1668.
48 Landgräfliche Aufforderung an Bürgermeister und Rat der Stadt Darmstadt, Merck die gekaufte Apotheke und die Berufsausübung zu gestatten, Darmstadt 1669, Merck-Archiv, A/90.
49 Beginn 1644, Diener und Ämbter Bestellungen auff das Jahr 1668, 30. Dezember 1667, StadtA Da, Ratswahlakten (alt: XV, 2b1) XV 2 Abtlg. A,1.
50 Die hessen-darmstädtische Medizinalordnung sah eine Befreiung von bürgerlichen Lasten vor, weil die Apotheker eine dauerhafte Dienstbereitschaft sicherstellen mussten. Gleichwohl entstand wegen dieser Befreiung z. B. auch in Gießen häufig Streit mit dem Stadtrat. S. Lind, Gießener Apotheken, S. 31. Ein weiteres Beispiel aus Neubrandenburg: Lürmann, 470 Jahre Apothekenwesen, S. 77.
51 Knappe Überblicke bei Wolf, Krieg und Frieden, S. 212 f., 218 f., und Dölemeyer, Die Hugenotten, S. 107–109; ferner: Köhler, Die Waldenser-Privilegien, S. 181–234.
52 Dazu im Überblick: Philippi, Hessen, S. 358 f., und Franz, Das Haus Hessen, S. 88–115.
53 Wolf, Krieg und Frieden, S. 222–224.
54 S. ebd., S. 245.
55 Wolf, Hessen-Darmstadt, S. 124 f.; ders., Krieg und Frieden, S. 194–196.
56 Wolf, Hessen-Darmstadt, S. 127.
57 Dieterich, Landgraf Ernst Ludwig, S. 15–33.
58 Wolf, Joseph Süß Oppenheimer, S. 215–261.
59 Es ließ sich bislang kein Beleg dafür finden, ab wann die Apotheke Engel-Apotheke genannt wurde. Noch in einem Plan des Schlosses von 1754 (14. Dezember 1754, StadtA Da, P 11 135) wird die Apotheke lediglich als «Merckische Apotheke» bezeichnet. S. a. Löw, Heinrich Emanuel Merck, S. 22 f. Auch ist nicht geklärt, ob der spätere Name «En-

I. 1. Anfänge

gel-Apotheke» auf den Engelkopf, der in einer Ecknische des Hauses angebracht war, zurückgeführt werden kann.

60 Kayser, Seuchen in Darmstadt, S. 24.
61 Löw, Heinrich Emanuel, S. 17–19. Die Akten dieser Visitation sind vermutlich im HStAD während des Zweiten Weltkriegs verloren gegangen.
62 Über den zur Engel-Apotheke gehörenden Garten liegen kaum Angaben vor, lediglich sein Vorhandensein ist belegbar, etwa in Testamenten: Kopie der letztwilligen Verfügung der Anna Elisabeth Merck, geb. Storck Wwe. Georg Friedrich Merck, Darmstadt vom 1. Juli 1724, Merck-Archiv, A/103: «das [...] Ihme angeschlagene Hauß, sampt apothek und gartten».
63 Vgl. Groebner, Fleisch und Blut, S. 58–73; Wasilewski, Heilkunst, S. 115–120; Bernschneider-Reif, Mumia vera Aegyptiaca, S. 198–207.
64 Friedrich/Müller-Jahncke, Geschichte der Pharmazie, S. 413–415, für die Berliner Hofapotheke s. vergleichend dazu Kallinich, Schöne alte Apotheken, S. 100–105.
65 Hein, Die Deutsche Apotheke, S. 62, 118, 158.
66 Rausch, Das Medizinal- und Apothekenwesen, S. 112, 255 f.; s. a. Hospitals-Rechnung In Darmstadt De Anno 1684, S. 45V vom 19. Juni 1684, StadtA Da, St 12 119/61: «12 alb[us] dem Herrn Merck vor artzney bezahlt vor diese kranck Frau von H. Dr. Schleyermacher vorgeschrieben, den 19. Juni 1684».
67 Rausch, Das Medizinal- und Apothekenwesen, S. 256.
68 Ramdohr, Darmstädter Apotheken, S. 32; vgl. ferner Zeeden, Deutsche Kultur, S. 88; Van Dülmen, Kultur und Alltag, S. 16, 45 f., 61 f.
69 Rausch, Das Medizinal- und Apothekenwesen, S. 222.
70 Georg Friedrich Merck, Quittung von 1708, Merck-Archiv, A/103.
71 Zur Produktion: Warburg, Die Muskatnuß, S. 392–468.
72 Zedler, Universal-Lexikon, Bd. 22, Sp. 1000–1022; Beck, Monopol und Genozid, S. 71–91.
73 Arbeitszeugnis für den Lehrling Otto Balthasar Wagner aus Friedberg vom 9. April 1714, Merck-Archiv, A/663; Exzerpt bei Löw, Heinrich Emanuel, S. 18. Zur üblichen Ausgestaltung der Lehrbriefe s. Keller, Pharmazeutische Lehr- und Gehilfenbriefe, S. 60–111.
74 Letztwillige Verfügung der Anna Elisabetha Merck vom 1. Juli 1724, Merck-Archiv, A/103.
75 «Die Verwandtschaft des Geheimen Rath Hessen betr.», Merck-Archiv, A/104, im Merck-Archiv ferner Stammbaum der Familie Merck, Tafel C, Hessische Linie.
76 Johann Franz Merck, Ausbildungsbrief für Johann Burckhardt Caspari vom 30. Oktober 1720, Merck-Archiv, A/660.
77 Der Mörser befindet sich in den Sammlungen des Firmenarchivs. Zur Bedeutung von Mörsern s. im Überblick Launert, Der Mörser und Arnold/Koning, Bronzemörser.
78 Müller, Darmstadts Vergangenheit, S. 132.
79 Eckhardt, Politische Führungsschichten, S. 762–764.
80 Zum Aufwand für ein bis zum höchsten Grad betriebenes Universitätsstudium vgl. Weber, Geschichte der europäischen Universität, S. 90–101.
81 Müller, Medizinalgeschichte, S. 56; zum Rang von Hofmedicis s. Eckhardt, Politische Führungsschichten, S. 764.
82 Vormundschaftliche Schlußrechnung, Merck-Archiv, A/108; Heiratscontract im Original von Joh. Franz Merck und El. Cath. Kayser vom 13. September 1738, Merck-Archiv, A/105.
83 Die Textexzerpte, in: Aus hessischen Amts-Rechnungen, S. 133 f.

84 Exzerptensammlung Adolf Müllers, Chronologische Reihe, Dstdtr. Rentamtsrechn. 1720, StadtA Da. Vgl. Erwähnung bei Rausch, Das Medizinal- und Apothekenwesen, S. 256, sowie Den Aufbruch wagen, S. 8. Die Interpretation des Vorgangs ist umstritten. Einerseits deutet das Erlassen der Strafe aufgrund der «melancholie» der Frau darauf hin, dass Merck keine Schuld traf. Andererseits muss doch davon ausgegangen werden, dass ein Todesfall, der mit der Apotheke in Verbindung gebracht wurde, dem Ansehen der Merckschen Apotheke abträglich war.

85 Transkription bei Euler, Die Ahnen des Apothekers und Kammerassessors Johann Anton Merck, S. 22. Der Grabstein ist seit Langem Teil der Memorialkultur der Familie Merck: 1668–1918; 250 Jahre Merckschen Engelapotheke, S. 30–32.

86 Die frühneuzeitliche Sepulkralkultur ist schwerpunktmäßig in Hinblick auf Landesherrn und Adel untersucht worden, wobei der Aspekt der zielgerichteten Memoria in den Mittelpunkt gerückt wird: Gräf, Die Grablegen der Landgrafen, S. 57–82.

87 Den Aufbruch wagen, S. 8; s. a. Löw, Heinrich Emanuel, S. 30.

88 Abschrift eines Schreibens mit der Anrede «Durchleuchtigster Fürst, gnädigster Fürst und Herr!», o. Dat., o. Herkunftsangabe, Merck-Archiv, B 1a (unter Registerblatt S).

89 Rausch, Das Medizinal- und Apothekenwesen, S. 269.

90 S. Bernschneider-Reif, Laboranten, Destillatores, Balsamträger, S. 311–335 (mit Untersuchungsschwerpunkt in Thüringen); Nowosadtko, Scharfrichter und Abdecker, S. 162–178. Das Verbot des «Medizinierens» für den hessen-darmstädtischen Scharfrichter: Exzerptensammlung Adolf Müllers, Chronologische Reihe, StadtA Da, St 64, Hinweis auf Verordnung vom 31. August 1670, «daß die Scharfrichter sich des Medizinierens enthalten sollen».

91 Hartmann, Die politische und militärische Lage, S. 9–21.

92 Rausch, Das Medizinal- und Apothekenwesen, S. 231 f.

93 Hier benutzt: Sommerhoff, Lexicon pharmaceutico-chymicum Latino-Germanicum, ND 1977.

94 Vielheuer, Gründliche Beschreibung fremder Materialien.

95 Hagen, Lehrbuch der Apothekenkunst. Vgl. zur Apothekerausbildung in Brandenburg-Preußen generell Friedrich, Die pharmazeutische Ausbildung.

96 Müller, Darmstadts Vergangenheit, S. 161.

97 Zwelfer, Animadversiones. Das Werk trägt im Bestand Z/01 der Bibliothek des Merck-Archivs die Signatur JjPhaA. – Zu diesem Werk vgl. Friedrich/Müller-Jahncke, Geschichte der Pharmazie, S. 336–338, und Nell, Johann Schröder, S. 147 f. und Anhang S. 110–112.

98 Woyt, Gazophylacium medico-physicum, Das Werk ist im Bestand Z/01 der Bibliothek des Merck-Archivs unter der Signatur JmWoy verzeichnet. Offenbar wurde das Werk später verkauft, was ein weiteres Exlibris eines anderen Eigentümers aus dem Jahr 1858 belegt.

99 Jean Hermann an Johann Heinrich Merck vom 14. Oktober 1784, in: Leuschner, Briefwechsel, Nr. 707.

100 Zu den Verwandtschaftsverhältnissen der Familie Kayser vgl. Euler, Adelheid Merck, S. 36–42.

101 Rausch, Das Medizinal- und Apothekenwesen, S. 256–259.

102 Ebner, Johann Heinrich Merck, S. 20.

103 S. hierzu Holthöfer, Die Geschlechtervormundschaft, S. 390–451; Häberlein, Vormundschaft und Risiko, S. 139–158.

I. 2. 1758–1805: Pharmazie und Geldverleih **515**

104 Als männlicher Vormund ist Dr. Jungken zu greifen. An ihn erging auch das herrschaftliche Reskript vom 12. November 1754, in dem die Prüfung von Johann Justus Merck als Apotheker festgelegt wurde. Jungken firmiert darin als «Landphysikus und Hofmedicus» (in Merck-Archiv, A/107).
105 Heiratscontract von Joh. Franz Merck und El. Cath. Kayser vom 13. September 1738, Merck-Archiv, A/105.
106 Vgl. Vormundschaftliche Schluß-Rechnung über der 4ten Merckischen Tochter Annen Reginen, Herrn Lehns-Secretarii Hoffmanns Frau Ehe Consortin erblich angefallene Elterliche Vermögen, geführt und angelegt durch Endsunterschriebenen Obrigkeitlichen constituirten Vormundt, Merck-Archiv, A/108. Auch dieses Dokument trägt neben der Unterschrift von «E. Kays.» jene von «Jüngken».
107 C. Kayser an Hofrat Hoffmann vom 11. Februar 1765, Merck-Archiv, A/105.
108 Der private Kredit in der Frühen Neuzeit ist zwar aufgrund der schwierigen Quellenlage bislang nur in sehr geringem Maße erforscht worden, dennoch ist der Privatkredit als zentraler Bestandteil des frühneuzeitlichen Kreditwesens zu betrachten: Van der Wee, Geschichte des privaten Kredits, S. 215–219; Sturm, «wat ich schuldich war», S. 138.
109 Merck-Archiv, A/108.
110 Einnahmen und Ausgabenrechnung, Merck-Archiv, A/108.
111 Löw, Heinrich Emanuel, S. 30–35.
112 Originale, Merck-Archiv, A/107, Edition von Lehrbrief und Zeugnis in Merck, E[manuel] A[ugust], S. 6 f.; s. a. Löw, Heinrich Emanuel, S. 33; Rausch, Das Medizinal- und Apothekenwesen, S. 257. Als Vormünder fungierten zwei Onkel.
113 Medizinische Fakultät an Oberrat vom 31. Januar 1746, HStA Stuttgart, A/228, Bü 55.
114 Johann Justus Merck an Hofapotheker und Regierungsräte vom 12. November 1754, Landgraf Ludwig VIII. an Leibmedicus Dr. Schott und Landphysikus und Hof Medicus Dr. Jungkenn vom 12. November 1754, Merck-Archiv, A/107.
115 Merck-Archiv, A/108.
116 Eingabe von Anna Sophie Adolphine Merck an Landgraf Ludwig VIII. vom 16. Juni 1758, Merck-Archiv, A/107.
117 Merck-Archiv, A/108.

2. 1758–1805: Pharmazie und Geldverleih: Die Säulen des Merck-Geschäfts im Zeitalter der Aufklärung

1 Die Schuldenliste Hessen-Darmstadts, HHStA Wien, RK KIR HDa 170.
2 Zur Schuldensituation in Hessen-Darmstadt s. zusammenfassend Pons, Die Kunst der Loyalität, S. 55–65. Ludwig VIII. an Kaiserin Maria Theresia, Darmstadt vom 6. September 1766, Ludwig VIII. an Reichsvizekanzler Colloredo, Darmstadt vom 16. Oktober 1766, Reichsvizekanzler Colloredo an Landgraf Ludwig VIII, Wien vom 29. Oktober 1766, HHStA Wien, KIR HDa 169.
3 Im Merck-Archiv finden sich unter der Signatur A/547 und A/779 verstreute und unspezifische Hinweise auf diese Kontakte in verschiedenen Druckwerken; sie beziehen sich aber vor allem auf naturwissenschaftliche und mineralogische Fragen.
4 Institut für Stadtgeschichte Frankfurt a. M., Bethmannarchiv: Familienarchiv W 1–9: IV 63.

5 Alle zuvor gemachten Angaben nach Institut für Stadtgeschichte Frankfurt a. M., Bethmannarchiv: Familienarchiv W 1–9: IV 62 und 63.
6 Zu Landgraf Ludwig IX. ist kaum wissenschaftlich gearbeitet worden. Die ausführlichste Behandlung seiner Regentschaft findet sich bei Knodt, Regenten, S. 43–65.
7 Zum Hintergrund eines auf «Staatsanleihen» beruhenden Kapitalmarkts, vor allem in Frankfurt, vgl. Ullmann, Frankfurter Kapitalmarkt.
8 Wolf, Hessen-Darmstadt, S. 129 f.
9 Schulz, Herrschaft durch Verwaltung, S. 34.
10 Landgraf Ludwig IX. von Hessen-Darmstadt. Eine Gedenkausstellung zum 250. Geburtstag in Verbindung mit dem Großherzogl. Hess. Hausarchiv und dem Hessischen Staatsarchiv Darmstadt, Dezember 1969–15. Februar 1970, Einführung von Walter Gunzert, Dok. Nr. 49.
11 Loebell, Der Anti-Necker, Zitate hier S. 7 f.
12 Johann Heinrich Merck an Carl August vom 19. Juni 1780, in: Gräf (Hrsg.), Briefe, S. 52.
13 Zum Zusammenhang siehe Leuschner, Johann Heinrich Merck, S. 106–115.
14 Vgl. dazu HStAD, G 23B, 137.
15 Loebell, Der Anti-Necker, S. 29.
16 Johann Heinrich Merck an Carl August vom 18. September 1780, in: Gräf, Briefe, S. 66–68.
17 HStAD, G 23D, 187/1–2.
18 Zur Inflation im Siebenjährigen Krieg vgl. Carl, Okkupation, S. 338–342 (mit regionalem Schwerpunkt im Nordwesten).
19 Ehepakten von Anton Merck und Adelheid Merck, in: Mercksche Familien-Zeitschrift 8 (1922), S. 59–62.
20 Familie Merck, Handbuch über Capital und Interessen Ausstände, Merck-Archiv, A/543, fol. 1.
21 HStAD, F 29, 579. Die Akte endet mit einer Zahlungszusage bis Anfang Juli 1795. Der Ausgang der Angelegenheit bleibt offen.
22 Van der Wee, European Banking, S. 254–264.
23 Angaben nach den benannten, nicht mit Signaturen versehenen Unterlagen des Gemeindearchivs Wolfskehlen.
24 Warenlieferung Engel-Apotheke 1774, Merck-Archiv, A/1049.
25 Möglicherweise zeitgenössische Abschrift des Urteils vom 24. Oktober 1753, Merck-Archiv, A/105.
26 Im Merck-Archiv finden sich Unterlagen, die mit der Tätigkeit Hoffmanns zu tun haben. Ob es sich dabei um seine Handakten handelt, kann nur spekuliert werden. Darin befindet sich jedenfalls abschriftlich überlieferter Schriftverkehr, der im Zusammenhang mit den beschriebenen Wiener Verhandlungen über die hessen-darmstädtische Schuldenlage steht: S. Merck-Archiv, A/110 und A/111.
27 Merck-Archiv, A/112–114, A/116.
28 Von Müller, Johann Helfrich, Genealogische und biographische Nachrichten von dem Müllerischen Geschlecht, Kopie, Auszug zu einem zwischen 1811 und 1820 entstandenen Manuskript mit einigen persönlichen Angaben zu Friedrich Daniel Müller. Dieses Schriftstück wurde der Akte mit dem Ehevertrag von Johann Franz Merck und Elisabeth Catharina Kayser beigefügt, Merck-Archiv, A/105.
29 Merck-Archiv, A/543, Nr. 187.
30 Div. Liebesbriefe von Chr. Elwert, Merck-Archiv, A/544; s. auch A/543, wo in Position 2

I. 2. 1758–1805: Pharmazie und Geldverleih   **517**

genau 1000 Gulden aus dem Elwertschen Besitz aufgeführt werden, sowie A/544, wo ein Vermögen von 6500 Gulden aus Elwertschem Besitz nachgewiesen ist. Auch in A/538 sind Vermögensanteile auf Elwert zurückzuführen.

31 Wiegand, Wenk, Johann Martin, S. 709–711; Wenk, Wenk, Helferich Bernhard, S. 703–709.
32 Leuschner, Johann Heinrich Merck, S. 11; Fertig, «Es wäre der Mühe wert zu untersuchen […]», S. 9–11; s. a. Müller, Darmstadts Vergangenheit, S. 116, 132. Neben der Biografie von Ulrike Leuschner ist grundsätzlich ferner zu beachten: Prang, Johann Heinrich Merck.
33 Leuschner, Johann Heinrich Merck, S. 18–23.
34 Ebd., S. 12.
35 Bräuning-Oktavio, Luise Merck, S. 54, 56, 73 f., 110, 113, 186; Leuschner, Johann Heinrich Merck, S. 30 f.
36 S. Leuschner, Johann Heinrich Merck, S. 45–47.
37 Ebd., S. 54–71.
38 Bräuning-Oktavio, Luise Merck, S. 131.
39 Ebner, Vetter Goethes, S. 3–5.
40 Leuschner, Briefwechsel, Nr. 329: Johann Heinrich Merck an Christoph Martin Wieland vom 1. April 1779, Nr. 347: Johann Heinrich an Johann Anton Merck vom 3. September 1779, Nr. 390: Christoph Martin Wieland an Johann Heinrich Merck vom 29. März 1780, bes. S. 399, Anm. 9, Nr. 488: Georg Forster an Johann Heinrich Merck vom 3. November 1781, Nr. 512: Johann Karl Wilhelm Voigt an Johann Heinrich Merck vom 25. März 1782, Nr. 650: Johann Heinrich Merck an Christoph Martin Wieland vom 29. Dezember 1783, Nr. 692: Pieter Camper an Johann Heinrich Merck vom 6. Juli 1784.
41 Carl Heinrich Merck Tagebuch; s. a. Merck-Archiv, A/77, A/78, A/80, A/81; Jacobi, Carl Heinrich, zeigt keinerlei Berücksichtigung der Darmstädter Apotheke während seiner Forschungsreisen in Sibirien. Der gleiche Befund gilt für Ohlmann, Carl Heinrich Merck. Zu Johann Heinrich Mercks Hilfe bei der Herstellung von Kontakten nach Russland s. Leuschner, Briefwechsel, Nr. 735: Johann Heinrich Merck an Johann Peter Brinckmann vom 2. April 1785.
42 Bräuning-Oktavio, Luise Merck, S. 63; Loebell, Der Anti-Necker, S. 43.
43 Joh. H. Mercks Anzeige (an den Erbprinzen) über seine Bereitschaft, an der Gründung einer Kattunfabrik mitzuarbeiten, vom 28. März 1787, Merck-Archiv, A/500.
44 Zitat nach Merck-Archiv, A/500; ferner Leuschner, Briefwechsel, Nr. 892, Ludwig Erbprinz von Hessen-Darmstadt, 29. März 1787, Zusage des Erbprinzen, für den eventuell eintretenden Verlust einzustehen; s. a. ebd. Nr. 963, S. 553, Fn. 15: Der Johann Heinrich wirklich entstandene Schaden ist nicht zu beziffern. Ein echter Bankrott ist angesichts seiner raschen finanziellen Erholung nicht anzunehmen. S. Leuschner, Johann Heinrich Merck Briefwechsel, Nr. 967, Johann Heinrich Merck an Karl August von Sachsen-Weimar und Eisenach vom 28. März 1789, Fn. 13 sowie Nr. 974, Johann Heinrich Merck an Ernst Schleiermacher vom 26. September 1789, Fn. 6. S. a. Leuschner, Briefwechsel, Bd. 5, S. 60, 93, sowie Bräuning-Oktavio, Luise Merck, S. 220–229; Leuschner, Johann Heinrich Merck, S. 139–144.
45 Bohnengel, «Cette cruelle affaire», S. 32–39; dies., «Ein Freund von literarischen Speculationen?», S. 166–179.
46 Bräuning-Oktavio, Luise Merck, S. 199, 228.
47 Georg Forster an Johann Heinrich Merck vom 10. September 1786, in: Leuschner, Brief-

wechsel, Nr. 849, Fn. 3, Nr. 851; Johann Heinrich Merck an Anna Amalia von Sachsen-Weimar und Eisenach, 11. September 1786, Fn. 17.
48 Bräuning-Oktavio, Luise Merck, S. 125, 237 f., 251. S. a. Leuschner, Johann Heinrich Merck, S. 41, 130, 132.
49 HStAD, G 23B, 338. Zu dem verkauften Haus s. Von den Häusern, S. 16–18.
50 Ehepakten des Joh. Heinrich Merck und der Louise Franziska Charbonnier, in: Mercksche Familien-Zeitschrift 9 (1924), S. 108–109.
51 Merck-Archiv, A/537; Abdruck des Testaments in: Mercksche Familien-Zeitschrift 9 (1923), S. 37 f.
52 Zit. nach Bräuning-Oktavio, Luise Merck, S. 254.
53 Rausch, Das Medizinal- und Apothekenwesen, S. 256–258.
54 Henkel, Salzwedel, Peter, S. 239; s. a. Schulz, Apothekerfamilie Salzwedel, S. 58–64; Löw, Heinrich Emanuel, S. 38; das Zeugnis für Johann Anton Merck im Merck-Archiv unter A/659.
55 Grass, Leben und Werk, hier besonders die Zusammenfassung S. 217 f.
56 Merck-Archiv, A/116.
57 Löw, Heinrich Emanuel, S. 42.
58 Ebd., S. 77.
59 Merck, Tagebuch eines Naturforschers, hier S. 77 zur Einschätzung Mercks. S. a. Löw, Heinrich Emanuel, S. 41.
60 Merck, Tagebuch eines Naturforschers, S. 105–146.
61 Merck, Dissertatio de comparatione.
62 Das genaue Datum der Übernahme der Apotheke ist nicht bekannt. Rausch, Das Medizinal- und Apothekenwesen, S. 259, geht von 1782 aus.
63 Katalog der Mineraliensammlung des Johann Anton Merck, Merck-Archiv, A/547; vgl. ferner Löw, Die Chemische Fabrik, S. 12; ders., Heinrich Emanuel, S. 44.
64 Löw, Heinrich Emanuel, S. 44 f.; Wagner, Briefe, S. 308, 322, 486, 523.
65 Rausch, Das Medizinal- und Apothekenwesen, S. 259; Merck-Archiv, A/547.
66 Ebd., S. 235–237.
67 Ebd., S. 40 f.
68 Exzerptensammlung Adolf Müllers, Chronologische Reihe, 1771, Nr. 82, StadtA Da, St 64.
69 Exzerptensammlung Adolf Müllers, Chronologische Reihe, Darmstadt, 12. August 1774, Nr. 169, StadtA Da, St 64. Zum Hintergrund vgl. Beißwanger, Arzneimittelmarkt, hier bes. S. 159 f.
70 Rausch, Das Medizinal- und Apothekenwesen, S. 259. Wie wirtschaftlich relevant solche Lieferungen generell waren, betont am Beispiel der Stadt Mainz auch Dadder, Das Apothekenwesen, S. 79.
71 Zum Streit mit dem Armenarzt s. HStAD, R 21, C 3; zu dessen Funktionen und zur Besoldung HStAD, 8, Nr. 274/3; Die Preisverhandlungen nach Rausch, Das Medizinal- und Apothekenwesen, S. 206–212.
72 Rausch, Das Medizinal- und Apothekenwesen, S. 209.
73 Rechnungsbuch des Kammerassessors und Apothekers Johann Anton Merck von 1801, Merck-Archiv, A/549.
74 Ebd.
75 Rechnung für Hofrat Hoffmann 1826/27, Merck-Archiv, A/149.
76 Das Rezeptbuch ist ein ungebundenes Heft ohne Deckblatt mit alphabetischer Ordnung, Merck-Archiv, A/544.

I. 3. 1805–1827: Der Aufbruch in die Moderne   **519**

77 Zur Vielfalt der im 18. Jahrhundert bekannten und produzierten Balsame vgl. die einschlägigen Einträge in Zedler, Bd. 3, Sp. 247–285, mit der Basisdefinition «Balsamum» auf Sp. 251 f. Die Balsame dienten zur äußerlichen, manchmal auch zur inneren Anwendung.
78 S. Zedler, Einträge zu Barbetti Wund-Pflaster; ders., Bd. 3, Sp. 415, Bley-Pflaster; ders. Bd. 4, Sp. 146, Brod-Kind-Pflaster; ders., Bd. 4, Sp. 1454, etc.
79 S. «Miasma» in: Zedler, Bd. 21, Sp. 5.
80 Vgl. zum Versicherungswesen in der Frühen Neuzeit: Zwierlein, Der gezähmte Prometheus.
81 Johann Anton Merck, Rezeptbuch, Merck-Archiv, A/544.
82 S. «Laudanum» in: Zedler, Bd. 16, Sp. 981.
83 Eine allerdings erst spätere Auflage der «Borussica» trägt im Bestand Z/01 der Bibliothek des Merck-Archivs die Signatur Jj Pha. Pharmacopoea Borussica.
84 Rezeptbuch Johann Anton Mercks, Merck-Archiv, A/544.
85 Siehe etwa Namen auf Rechnungen in: Merck-Archiv, A/60a.
86 Fünf Rechnungen für Rechnungsrat Bojanus 1805–1811, Merck-Archiv, A/576. Zu Bojanus s. Ahnenkreis Bojanus, S. 74, und Bojanus, Johann Jakob.
87 Leuschner, Briefwechsel, Nr. 789, Johann Heinrich Merck an Ernst II. von Sachsen-Gotha und Altenburg vom 8. Oktober 1785, Fn. 6.
88 Vgl. die Geldausgaben für die Jahre 1800–1805 in Merck-Archiv, A/150.
89 Rausch, Das Medizinal- und Apothekenwesen, S. 260. S. a. die maschinenschriftlich vorliegende, aus Bleistiftaufzeichnungen der frühen 1970er-Jahre hervorgegangene Abhandlung «Die frühen Merckschen Vorfahren (bis ca. 1804) in einer Zusammenfassung von Barbara Groos», Merck-Archiv, A/1033, S. 17: Es soll auch ein Provisor Westphal in der Vakanzzeit in der Darmstädter Engel-Apotheke tätig gewesen sein. Detailliertere Nachrichten darüber liegen jedoch nicht vor. Laut Bettin, Der Briefwechsel, S. 170, Anm. 2, war Bonati (5. August 1770–13. August 1816) Italiener und kam aus Kirn a. d. Nahe. Über seine Geschäftsführung ist wenig bekannt.
90 Testament der Luise Merck geb. Charbonnier, Witwe des Kriegsrats Joh. Heinrich Merck, in: Mercksche Familien-Zeitschrift 9 (1923), S. 37–38. S. 37 f., Zitat S. 37.

3. 1805–1827: Der Aufbruch in die Moderne: Emanuel Merck und die «Sattelzeit» der Merckschen Apotheke

1 S. z. B. Merck-Archiv, A/108 und A/113.
2 Hausmanual, Merck-Archiv, A/150.
3 Belege dazu u. a. in Merck-Archiv, A/53, Advokatur 1815–1817, A/793, A/547.
4 Ein frühes Gedicht aus dem Jahr 1714, Merck-Archiv, A/98.
5 Löw, Heinrich Emanuel, S. 50.
6 Das legt die Vormundschaftsverwaltung und entsprechende Rechnungslegungen in Vakanzzeiten nahe: s. beispielhaft die Überlieferung in Merck-Archiv, A/108.
7 Vgl. handschriftlicher Lebenslauf wohl von Adelheid Merck, Skizze seines Lebens bis 1830, Merck-Archiv, A/38; s. a. Löw, Heinrich Emanuel, S. 54; zudem die einschlägigen Lexikonbeiträge von Wernher, Merck, Heinrich Emanuel, Possehl, Merck, Heinrich Emanuel und von Eberstein, Merck, Heinrich Emanuel.
8 S. Löw, Heinrich Emanuel, S. 54 f.
9 Götz, Leben und Werk.

10 Vorrede von J. B. Trommsdorff, in: Neues Journal der Pharmazie 27 (1834), S. V f. S. a. Abe, Trommsdorf, S. 8.
11 Abe, Trommsdorff, S. 7–10, Zitat S. 8.
12 Emanuel an Georg Merck vom 16. Mai 1842, Merck-Archiv, A/623, vgl. dazu Michel, E. Merck Darmstadt, S. 21.
13 Merck, Chemische Analyse, S. 168 f.
14 Johann Bartholomäus Trommsdorff an Wilhelm Christian Jacob Merck vom 24. Januar 1812, Merck-Archiv, A 558, Abdruck in: Bettin, Briefwechsel Trommsdorff, S. 191.
15 Das Zeugnis in Merck-Archiv, A/39, s. a. Bettin, Briefwechsel Trommsdorff, S. 192, Anm. 4.
16 Grass, Leben und Werk, S. 22 f.
17 Reinhard, Apotheken in Berlin, S. 71 f.
18 Vorlesungsmitschriften Emanuel Mercks, Merck-Archiv, A/7. s. a. Löw, Heinrich Emanuel, S. 75–77.
19 S. Zeugnisse in Merck-Archiv, A/39.
20 Großherzog Ludewig I. an Merck vom 12. September 1816, Merck-Archiv, A/72; Löw, Heinrich Emanuel, S. 52–82.
21 Emanuel Merck u. a. Skizze seines Lebens bis 1830, Merck-Archiv, A/38.
22 Hausmanual 1810–1819, Merck-Archiv, A/151.
23 Merck, Engelapotheke zu Darmstadt, S. 11; s. a. Bitte, die Belieferung des Chevaux-Legers-Regiments und der Hofkapelle unter dem Pächter Bonati fortsetzen zu dürfen, von Adelheid Merck aus den Jahren 1807 und 1810, Merck-Archiv, A/548. Bei der Beantragung der Liefergenehmigung für das Chevaux-Legers-Regiment 1807 rühmte Adelheid ihren Provisor noch einer guten Verwaltung der Apotheke.
24 Vgl. zu dem Vorgang HStAD, G 19A, 56.
25 Eingabe Adelheid Mercks an Großherzog Ludewig I. vom März 1811, Bestätigung des Großherzogs vom 21. März 1811, Merck-Archiv, A/578.
26 Untersuchung der Merckschen Apotheke im Jahr 1810 (als buchförmig, fest eingebundene Kopie aus den großherzoglich hessischen Hofgerichtsprotokollen), Merck-Archiv, V 4/4.
27 Löw, Heinrich Emanuel, S. 83.
28 HStAD, G 19A, 56.
29 Dabei ist folgender Umrechnungsschlüssel anzuwenden: 1 fl. = 30 Alben = 8 kr. Die nicht umgerechnete Summe aus der genannten Abrechnung ergibt 4 fl. und 4786 kr.
30 Wolf, Krieg und Frieden, S. 280.
31 Wolf, Hessen-Darmstadt, S. 132; Franz, Staat der Großherzöge, S. 481–484; Schulz, Herrschaft durch Verwaltung, S. 133, 139, 219.
32 Rieger, Landstände, S. 51, 72.
33 Schulz, Herrschaft durch Verwaltung, S. 144, 159, 162 und 165–170.
34 Uecker, Industrialisierung Darmstadts, S. 18, 23 f., 29.
35 Schulz, Herrschaft durch Verwaltung, S. 174–182.
36 Wolf, Krieg und Frieden, S. 284, 299.
37 Lind, Gießener Apotheken, S. 12–14.
38 Ebd., S. 15 und 94; Karenberg, Verwaltung in Hessen-Darmstadt, S. 143; Wolf, Krieg und Frieden, S. 316.
39 Bettin, Briefwechsel Trommsdorff, S. 172, Fn. 10 und 11.
40 Rausch, Das Medizinal- und Apothekenwesen, S. 118.
41 Vgl. Denkschrift an eine hochachtbare Ständeversammlung des Großherzogthums Hes-

I. 3. 1805–1827: Der Aufbruch in die Moderne

sen, den Antrag des Herrn Abgeordneten Wiener die Vermehrung der Apotheken in hiesiger Residenz betreffend, von E. Rube, F. P. Girsch, E. Merck, J. W. Ehrhardt vom 4. Dezember 1823, Merck-Archiv, A/52. Tatsächlich wurde erst 1852 eine neue Apotheke in Darmstadt zugelassen. Vgl. auch Rausch, Das Medizinal- und Apothekenwesen, S. 276–279.

42 Denkschrift an die Landstände des Großherzogtums Hessen betr. Vermehrung der Darmstädter Apotheken, 1823, Merck-Archiv, A/52.
43 Rausch, Das Medizinal- und Apothekenwesen, S. 205–215.
44 Gemeint ist Hufeland, Armen-Pharmakopoe; vgl. zur Zusammensetzung von Medikamenten auch Ritgen, Medicinalwesen, S. 422–437.
45 Rausch, Das Medizinal- und Apothekenwesen, S. 217 f.
46 Vgl. dazu im Überblick Müller, Festschrift, bes. S. 31–64 (mit Namensverzeichnis der Stifter auf S. 39).
47 Installationsfeier, 23. Oktober 1816, Merck-Archiv, A/42,; ebd. auch Ablehnungsbescheid betr. frühzeitige Erlangung des 2. Logengrades vom 22. Februar 1815. Zur Loge siehe Wolf, Krieg und Frieden, S. 303. Zum gesellschaftlichen Aufstieg der Familie Merck: Müller, Darmstadts Vergangenheit, S. 110.
48 Ratsprotokolle 1828, StadtA Da. Merck wird am 11. Juli 1828 zum ersten Mal in den Sitzungsprotokollen erwähnt.
49 Merck-Archiv, A/62.
50 Merck-Archiv, A/40.
51 Wolf, Krieg und Frieden, S. 305 f.
52 Leuschner, Johann Heinrich Merck, S. 149–151.
53 Merck-Archiv, S 1/170.
54 Huhle-Kreutzer, Apothekenlaboratorien, S. 121–130; vgl. auch Löw, Heinrich Emanuel, S. 140–144; der Vorgang wird auch bei Bettin, Briefwechsel Trommsdorff, S. 172–174, angesprochen: In einem Brief vom 10. Juli 1823 an seinen Lehrer Johann Bartholomäus Trommsdorff bemühte sich Emanuel Merck um fachlichen Rat in der Angelegenheit.
55 Bernschneider-Reif/Huber/Possehl, «Was der Mensch thun kann ...», S. 37; Bettin, Briefwechsel Trommsdorff, S. 177–180 erläutert; Huhle-Kreutzer, Apothekenlaboratorien, S. 129.
56 Vgl. Johann Anton Mercks Rezeptbuch, Merck-Archiv, A/544.
57 Magendie, Arzneymittel.
58 Zu Friedrich Wilhelm Sertürner vgl. Krömeke, Friedrich Wilh. Sertürner (mit Edition seiner Publikationen in Trommsdorffs Journal der Pharmacie, S. 29–60); zu den Forschungen Sertürners vgl. Kurzweil/Pittrow, Vom Schlafmohn, S. 56–63.
59 Kurzweil/Pittrow, Alkaloide des Schlafmohns, 47 (1995), S. 55–60, 48 (1996), S. 18–21, 50 (1998), S. 36–39; Müller-Jahncke/Friedrich, Arzneimitteltherapie, S. 75–81.
60 Vgl. die in Merck-Archiv, A/76 a, gesammelten Reaktionen auf Emanuel Mercks Veröffentlichungen.
61 Vgl. hierzu Johnson, Opiumpolitik, S. 656.
62 Zur Einordnung dieser Vorgänge: Possehl, Anfänge der Pharma-Industrie, S. 95–104; dies., Unternehmer und technischer Fortschritt, S. 265–282, hier bes. S. 271 f.
63 Schwedt, Liebig und seine Schüler, hier bes. S. 17–27.
64 Axt, Den Spuren, S. 32; Rausch, Das Medizinal- und Apothekenwesen, S. 262; s. a. Löw, Heinrich Emanuel, S. 93.

65 Zu der allmählichen Hinwendung zur fabrikmäßigen Produktion von den späten 1820er- bis in die 1840er-Jahre hinein vgl. auch E. Merck, Darmstadt, S. 22–28.
66 Löw, Heinrich Emanuel, S. 100.
67 Vgl. Kalkulation und Fabrikjournale aus den späten 1830er-Jahren, Merck-Archiv, A/1.
68 Merck-Archiv, A/56. Zu den Heiratsvereinbarungen siehe Emanuel Merck, Designation vom 24. Juli 1820, Heiratsvereinbarung, Merck-Archiv, A/38; vgl. Magdalena Merck, S. 21–63; Euler, Stammfolge Hoffmann, S. 64–90.
69 Auch aus den 1820er-Jahren sind einzelne Rechnungen für Apothekenleistungen an Privatpersonen vorhanden, die erahnen lassen, was mit dem Apothekengeschäft zu verdienen war: Sechs Medikamentenlieferungen an Demoiselle Plätzer brachten 1829 gerade einmal 2 fl., 16 x ein, sieben Lieferungen an Hofrat Hoffmann 2 fl., 34 x. Von solchen Einnahmen war kein Privathaushalt von annähernd 9000 Gulden im Jahr zu generieren.

II. Im Bann der Industrialisierung (1827–1914)

1. 1827–1850er-Jahre: Von der Apotheke zur Fabrik

1 Vgl. Pohl/Schaumann/Schönert-Röhlk, Die chemische Industrie, S. 1; Banken, Die Entstehung des modernen Unternehmens, S. 13 f., 21.
2 Im Folgenden immer so genannt, weil Heinrich Emanuel Merck mit «Emanuel Merck» unterschrieb und von seinem Vornamen «Heinrich» keinen Gebrauch machte.
3 «Pharmaceutisch-chemisches Novitäten-Cabinet» 1827, Merck-Archiv, QMerHE. Die kleinformatige, insgesamt 16 Seiten umfassende Druckschrift war «lange Zeit völlig vergessen», bis sie 1926 wiederentdeckt wurde, vgl. Löw, Heinrich Emanuel Merck, S. 212, Anm. 95. Im Einzelnen umfasste das Angebot: Morphin und seine Salze, Narcotin, Chinin und Cinchonin sowie deren schwefelsaure Salze, Lupulin, Pycrotoxin, Piperin, Emetin, Strychin und Brucin, Gentianin und Rharbarbarin. Der ersten Lieferung dieses Angebotskataloges folgte anscheinend keine zweite.
4 Zu den einzelnen von Merck hergestellten Alkaloiden und deren Anwendung unter Auswertung von vor allem Merck-Quellen siehe Dumitriu, Die wissenschaftliche Entwicklung der Alkaloid-Chemie, S. 28–95, 142–191, 199. Vgl. allgemein Spree, Quantitative Aspekte, S. 73 f.; Bleker, Die Krankheits- und Sterblichkeitsverhältnisse, S. 96–102; Schröder, Die pharmazeutisch-chemischen Produkte, S. 222 f. und Tabelle 7, S. 225; Fischer, Geschichte des deutschen Gesundheitswesens, S. 555–558.
5 Hickel, Arzneimittel-Standardisierung, S. 205 f.; Schneider, Geschichte der pharmazeutischen Chemie, S. 213; Possehl, Unternehmer und technischer Fortschritt, S. 276.
6 Friedrich/Müller-Jahncke, Geschichte der Pharmazie, Bd. II, S. 985.
7 Maaß, Die Frühindustrialisierung, S. 48.
8 Franz, Vom Biedermeier in die Katastrophe, S. 309, 327, 361; Uecker, Die Industrialisierung Darmstadts, S. 38, 78.
9 Der Apotheker Friedrich Koch, Oppenheim bei Mainz, bot seit 1824 vor allem Chinin an, vgl. Vershofen, Die Anfänge der chemisch-pharmazeutischen Industrie, Bd. I, S. 80, 85–115, vor allem S. 115. Friedrich Jobst, Stuttgart, nahm 1828 die Chininproduktion auf, vgl. Ziegler, Die Familie Jobst, S. 59.
10 Huhle-Kreutzer, Die Entwicklung arzneilicher Produktionsstätten, S. 131; Löw, Die Chemische Fabrik, S. 22.

II. 1. 1827–1850er-Jahre: Von der Apotheke zur Fabrik 523

11 Merck, Bemerkungen über das Opium, S. 147–169.
12 Vgl. auch Löw, Heinrich Emanuel Merck, S. 132; Huhle-Kreutzer, Die Entwicklung arzneilicher Produktionsstätten, S. 131.
13 Berzelius, Jahresbericht über die Fortschritte der physischen Wissenschaften, S. 233–235.
14 Liebig, Über einen neuen Apparat zur Analyse, S. 12.
15 Wofür allerdings einiges spricht, da Liebigs Vater ein pharmazie- und drogerienahes Materialien- und Farbenhändlergeschäft führte, Kohut, Justus von Liebig, S. 1. Zudem war Justus' älterer Bruder Ludwig Apotheker, vgl. Henrich, Aus Justus Liebigs Lehr- und Wanderjahren, S. 1174; Munday, Social climbing, S. 5, 13.
16 Brock, Justus von Liebig, S. 11, schreibt, sie hätten «in den Jahren ab 1820» zusammengearbeitet.
17 Vgl. Thomas, Die Pharmazie im Spannungsfeld, S. 319; Thomas, Philipp Lorenz Geiger und Justus Liebig, S. 23 f.
18 Liebig an Emanuel Merck vom 3. April 1831, Merck-Archiv, A 45.
19 Liebig an Emanuel Merck vom 30. April 1831, Merck-Archiv, A 45.
20 Thomas, Die Pharmazie im Spannungsfeld, S. 320 f.
21 Volhard, Justus von Liebig, Bd. 1, S. 151; vgl. mit ausdrücklichem Hinweis auf das Jahr 1831: Blunck, Justus von Liebig, S. 116; Munday, Social Climbing, S. 6.
22 Liebig selbst schrieb zwar 1831, «Merck […] hat sich auf meine Veranlassung entschlossen, die Darstellung der vegetabilischen Basen, so wie alle anderen Stoffe ähnlicher Art, im Grossen zu unternehmen», machte aber keine Jahresangabe zum Beginn dieser Fabrikation, Liebig, Über einen neuen Apparat zur Analyse, S. 15 f. Auch Liebigs Schüler und Biograf, Jakob Volhard, Justus von Liebig, Bd. 1, S. 151, erwähnt, dass Merck schon vor jeder Anregung Liebigs die Verarbeitung von Wurmsamen «in großem Maßstabe» betrieben habe; vgl. Löw, Heinrich Emanuel Merck, S. 123, 133; zu Liebigs Interesse an Fabriken vgl. Vershofen, Die Anfänge der chemisch-pharmazeutischen Industrie, Bd. I, S. 118, 123.
23 Hermann Trommsdorff an J. B. Trommsdorff vom 24. Juni 1832, Briefwechsel Trommsdorff, Brief Nr. 335.40, 10. Lfg., S. 197 f.; vgl. auch Löw, Heinrich Emanuel Merck, S. 154.
24 Wedekind, Vaterländische Berichte, S. 188 f.; vgl. auch Friedrich/Müller-Jahncke, Geschichte der Pharmazie, Bd. II, S. 987; Huhle-Kreutzer, Die Entwicklung arzneilicher Produktionsstätten, S. 139; Löw, Heinrich Emanuel Merck, S. 132. Neu waren u. a. zwei ätherische Öle, Codein, Elaterin, Emetin, Picrotoxin, Salicin, Santonin.
25 Rößler, Ausführlicher Bericht, S. 284 f.
26 Gelegentlich auch «Emanuel Merck», Löw, Heinrich Emanuel Merck, S. 133, 213 mit Anm. 140.
27 Wedekind, Vaterländische Berichte, S. 186.
28 Während der Rezeptarius die individuellen Rezepte bearbeitete, überwachte der Defectarius die Arbeiten der Stößer und Knechte sowie die Zubereitung auf Vorrat produzierter Medikamente, vgl. Buchner, Vollständiger Inbegriff der Pharmacie, S. 129–131.
29 Martius, Erinnerungen, S. 189; Friedrich/Müller-Jahncke, Geschichte der Pharmazie, Bd. II, S. 757.
30 J. B. Trommsdorff an seinen Sohn Hermann vom 10. September 1831, in: Briefwechsel Trommsdorff, Brief Nr. 335.33, 10. Lfg., S. 190.
31 Emanuel Merck an J. B. Trommsdorff vom 12. Mai 1833, in: Briefwechsel Trommsdorff, Brief Nr. 211.14, 7. Lfg., S. 183.
32 Vgl. Lauterbach, Christian Wilhelm Hermann Trommsdorff, S. 71, Anm. 38 und Abdruck der Quelle S. 315. Theodor Fontane berichtet, dass die Apotheke, in der er in Leip-

zig arbeitete, 1842 sechs Gehilfen und drei Lehrlinge hatte, s. Fontane, Von Zwanzig bis Dreissig, S. 123. Zur Chlorkalkproduktion S. 114 f.

33 Hermann Trommsdorff an Martha Trommsdorff vom 26. November 1832, zitiert nach Lauterbach, Christian Wilhelm Hermann Trommsdorff, S. 73.
34 Hermann Trommsdorff an J. B. Trommsdorff vom 20. Juli 1833, in: Briefwechsel Trommsdorff, Brief Nr. 335.53, 10. Lfg., S. 218; vgl. Lauterbach, Christian Wilhelm Hermann Trommsdorff, S. 73.
35 Löw, Heinrich Emanuel Merck, S. 135.
36 Emanuel Merck an Carl Merck vom 21. September 1841, Merck-Archiv, A 585; vgl. auch Herrmann (Hrsg.), Heinrich Emanuel Mercks Briefe, S. 17, 22, 31, Anm. 1.
37 Emanuel Merck an Carl Merck vom 21. September und 18. November 1841, Merck-Archiv, A 585.
38 Emanuel Merck an Carl Merck vom 7. Oktober 1838, Merck-Archiv, A 585. Zu Mercks Wertschätzung von wissenschaftlicher Literatur auch Emanuel Merck an Georg Merck vom 20. Dezember 1846, Merck-Archiv, A 623, abgedruckt in: Herrmann (Hrsg.), Heinrich Emanuel Mercks Briefe, Nr. LII, S. 43.
39 Emanuel Merck an Georg Merck vom 16. November 1845, Merck-Archiv, A 623, abgedruckt in: Herrmann (Hrsg.), Heinrich Emanuel Mercks Briefe, Nr. XLII, S. 31.
40 Emanuel Merck an Carl Merck vom 18. November 1841, Merck-Archiv, A 585.
41 Verträge aus den Jahren 1837 und 1841, vgl. Löw, Heinrich Emanuel Merck, S. 147.
42 Vgl. die Kontokorrentbücher, 1831–1844, Merck-Archiv, S 1/24; 1838–1847, Merck-Archiv, S 1/25; die Warenausgangsbücher, 1826–1829, Merck-Archiv, S 1/26; 1829–1837, Merck-Archiv, S 1/27, auch die Kontokorrentbücher, z. B. der Zuckerfabrik Gernsheim, 1837–1845, Merck-Archiv, S 1/28–34.
43 Banken, Die Entstehung des modernen Unternehmens, S. 16; ders., Handlung, Firma, Unternehmen, S. 132 f. Auch die nebenbei betriebene Stearinfabrik hatte seit 1839 einen eigenen Vertrieb und 1840 einen eigenen Buchhalter, vgl. Emanuel Merck an Carl Merck [undatiert, ca. 1840], Merck-Archiv, A 585 sowie Anzeige vom 8. März 1839, in: Darmstädter Frag- und Anzeigeblatt. Nr. 10 (9. März 1839), S. 193; vgl. allgemein Wischermann, Die institutionelle Revolution in Deutschland, S. 79–83.
44 Merck-Archiv, S 1/21; Löw, Die Chemische Fabrik, S. 26.
45 Berechnungen auf der Grundlage des Kontokorrentbuches für 1840, Merck-Archiv, S 1/21. Vershofen, Die Anfänge der chemisch-pharmazeutischen Industrie, Bd. II, S. 35 f. mit ähnlichen Ergebnissen.
46 Merck-Archiv, S 1/21. Zu den Preisen von 1827 Vershofen, Die Anfänge der chemisch-pharmazeutischen Industrie, Bd. II, S. 23, zu den Rabatten ders., Anfänge der chemisch-pharmazeutischen Industrie, Bd. I, S. 101.
47 Auswertung Kontokorrentbuch (Auswahl der Abnehmer über 500 Gulden) von 1840, Merck-Archiv, S 1/21; vgl. auch Vershofen, Die Anfänge der chemisch-pharmazeutischen Industrie, Bd. II, S. 26–30, S. 59, sowie ders., Anfänge der chemisch-pharmazeutischen Industrie, Bd. I, S. 148 f.
48 Vgl. Kontokorrentbuch, Merck-Archiv, S 1/24, fol. 32, 123, 124, 181; in den Jahren 1835–1837 wurden die Gewinne aus der Apotheke getrennt von den Zinsen ausgewiesen; vgl. auch ebd., Merck-Archiv, S 1/21. Zur Stearinfabrikation vgl. S. 115 f.
49 Berechnungen ausweislich des für diese Jahre vorhandenen Geschäftsbuches (ohne Stearin und sonstige Geschäfte), Merck-Archiv, S 1/21; vgl. auch Vershofen, Die Anfänge der chemisch-pharmazeutischen Industrie, Bd. II, S. 31 f. mit etwas niedrigeren Ergebnissen.

50 Rößler, Ausführlicher Bericht, S. 285.
51 In diesem – im Süden an die Lindenhof-Straße, im Osten an die Mühlstraße angrenzenden, später Fabrik I genannten, vom Darmbach durchflossenen – Areal hatte Emanuel Merck vermutlich bereits vorher zur Verkleinerung der Pflanzenrohstoffe eine wassergetriebene Mühle genutzt, wenn nicht sogar selbst installiert und (vielleicht in der zweiten Hälfte der 1840er-Jahre) anscheinend bereits vorhandene Gebäude als Laboratorium verwendet. Er ließ sie Mitte 1842 vergrößern, Löw, Heinrich Emanuel Merck, S. 147–149; Matthäus, Die «Alte Fabrik», S. 11 f.
52 Schümann/Friedrich, Apotheker als Fabrikanten, S. 39; Schümann, Der Anteil deutscher Apotheker, S. 321–325.
53 150 Jahre Riedel de-Haen, S. 40; Possehl, Pharmazeutische Verfahrenstechnik, S. 255, Anm. 19.
54 Schaumann, Technik, S. 240, 248 f., 281, 287; in den Jahren 1873 und 1875 sind bei Merck Beschaffungen von Dampfmaschinen mit sieben und acht PS nachgewiesen, Matthäus, Die «Alte Fabrik», S. 19 f.
55 Emanuel Merck an Carl Merck vom 13. Mai 1843, Merck-Archiv, A 585, und an Georg Merck vom 22. Mai 1843, Merck-Archiv, A 623, abgedruckt in: Herrmann (Hrsg.), Heinrich Emanuel Mercks Briefe, Nr. XXI, S. 15; vgl. auch Matthäus, Die «Alte Fabrik», S. 10.
56 Emanuel Merck an Georg Merck vom 25. Juni 1843, Merck-Archiv, A 623, abgedruckt in: Herrmann (Hrsg.), Heinrich Emanuel Mercks Briefe, Nr. XXII, S. 16.
57 Chandler, Shaping the Industrial Century, S. 7.
58 Vgl. Possehl, Unternehmer und technischer Fortschritt, S. 279; Schinzinger/Nagel, Zur Einführung, S. 18 f.; Burmeister, Die Vorstellungen Joseph Alois Schumpeters, S. 23–31. Vgl. auch Vershofen, Die Anfänge der chemisch-pharmazeutischen Industrie, Bd. II, S. 30.
59 Emanuel Merck an J. B. Trommsdorff vom 20. November 1829, in: Briefwechsel Trommsdorff, Brief Nr. 211.6, 7. Lfg., S. 175 mit Anm. 26 [Hervorhebung im Original].
60 Briefwechsel Trommsdorff, Brief Nr. 211.7, 7. Lfg., S. 176 f., veröffentlicht in: Trommsdorffs «Neues Journal der Pharmazie» 20 (1830), S. 134–164; s. dazu auch Löw, Heinrich Emanuel Merck, S. 117 f., 129.
61 Emanuel Merck an J. B. Trommsdorff vom 16. September 1831, Briefwechsel Trommsdorff, Brief Nr. 211.10, 7. Lfg., S. 179 [Schreibweise in den Originalen Herrmann].
62 Emanuel Merck an J. B. Trommsdorff vom 10. und 16. September sowie 17. Oktober 1831, Briefwechsel Trommsdorff, Briefe Nr. 211.9–11, 7. Lfg., S. 180 f.
63 Hermann Trommsdorff an J. B. Trommsdorff vom 5. August 1832, Briefwechsel Trommsdorff, Brief Nr. 335.42, 10. Lfg., S. 201; vgl. auch Ziegler, Die Familie Jobst, S. 62–64, 128.
64 Vgl. die Buchführungsunterlagen im Merck-Archiv zwischen 1838 und 1848, S 1/21, fol. 1; S 1/25, fol. 219, 462; S 1/34, fol. 225; S 1/37, fol. 5; S 1/38, fol. 623; zur Gründung in Frankfurt Rödel, Fabrikarchitektur, S. 58–63; vgl. Denkschrift der C. F. Boehringer & Soehne G.m.b.H., S. 39; zu Sell auch Briefwechsel Trommsdorff, 6. Lfg., S. 158, Anm. 73.
65 Siehe auch S. 160. Bei der Umwandlung des Unternehmens in eine GmbH 1893 hatte Merck einen Anteil von 22,1 Prozent, Ziegler, Die Familie Jobst, S. 132.
66 150 Jahre Riedel-de Haen, S. 21; Huhle-Kreutzer, Die Entwicklung arzneilicher Produktionsstätten, S. 81.
67 So Hermann Trommsdorff an J. B. Trommsdorff vom 16. Oktober 1831, Briefwechsel Trommsdorff, 10. Lfg., Brief Nr. 335.35, S. 193; ähnlich L. F. Bley an J. B. Trommsdorff vom 3. November 1831, Briefwechsel Trommsdorff, 1. Lfg., Brief 20.21, S. 79. Ob Zimmer & Sell anschließend – wie Koch, Oppenheim, schon 1828 Vershofen, Die Anfänge

der chemisch-pharmazeutischen Industrie, Bd. I, S. 99, 108, 112 – für Merck im Lohnwerk Chinin herstellten, bleibt offen; Fischer, Wissenschaft für den Markt, S. 54; Verkaufs-Anzeige, in: Außerordentliche Beilage zur Allgemeinen Zeitung 235 (1831), Merck-Archiv, A 53. Vgl. auch A. Buchner, Über die Heilkräfte des Salicins.

68 Vor allem von Zimmer, Riedel sowie Trommsdorff und später Boehringer Mannheim; vgl. Rechnungsbücher, Merck-Archiv, S 1/168 f.

69 Zur «Chinidin-Chinin-Verschwörung» Brock, Justus von Liebig, S. 109–112; ders., Justus von Liebig und August Wilhelm Hofmann, S. 14–17.

70 Liebig an Knapp vom 30. April 1846, in: Heuser/Zott (Hrsg.), Justus von Liebig und August Wilhelm Hofmann, Brief 19 b, S. 17; Liebig an Linde vom 18. Juli 1845 mit dem Hinweis, Merck wisse Adressen zum Ankauf von Chinoidin in Petersburg, in: Felschow/Heuser, Universität, Brief Nr. 167, S. 227.

71 Liebig an Linde vom 18. November 1845, in: Felschow/Heuser, Universität, Brief. Nr. 184, S. 247.

72 Liebig an Emanuel Merck vom 29. November 1845, Merck-Archiv, A 45. Vgl. auch Vershofen, Die Anfänge der chemisch-pharmazeutischen Industrie, Bd. II, S. 83.

73 Zu Kunden in London und Glasgow 1837, 1838, 1839 vgl. Kontokorrentbücher, Merk-Archiv, S 1/24, S. 197, 209 und S 1/25, S. 226, 258.

74 Zur regen Korrespondenz mit Roller Briefkopierbuch 1851/52, Merck-Archiv, E 1/16. Auch die zahlreichen Erwähnungen im Briefwechsel Liebig–Hofmann bei Brock, Justus von Liebig von Oktober 1845 bis Mai 1854.

75 Merck übernahm gelegentlich auch Rechnungs-Überweisungen für Liebig, die dieser dann erstattete, vgl. Liebig an Emanuel Merck vom 10. Mai 1852, 10. Oktober 1854, Merck-Archiv, A 45; vgl. auch Liebig an Knapp vom 30. April 1846 und Liebig an Linde vom 1. Mai 1846, in: Felschow/Heuser, Universität, Briefe Nr. 202 und 203, S. 265–267. Zu Liebigs Vertrauen in Merck: Liebig an Knapp vom 30. April 1846, in: Heuser/Zott (Hrsg.), Justus von Liebig und August Wilhelm Hofmann, S. 17. Georg Merck arbeitete in London unter anderem an einer Studie über das Mineralwasser von Bath, für die Merck auf Hofmanns Bitte auch Material sandte, August Wilhelm Hofmann an Emanuel Merck vom 6. Juni 1846, Merck-Archiv, A 47 b. Die Studie wurde publiziert, in: Merck/Galloway, Analyse der Thermalquelle von Bath (Kingsbath), in: Annalen der Chemie und Pharmacie 63/3 (1847), S. 318–332.

76 J. B. Trommsdorff an Hermann Trommsdorff vom 21. Juli 1832, Briefwechsel Trommsdorff, Brief 335.41, 10. Lfg., S. 200; vgl. auch Klenke, Zum Alltag der Apothekergehilfen, S. 420 f.

77 Vgl. unten S. 157 f.

78 Hermann Trommsdorff an J. B. Trommsdorff vom 5. August 1832, in: Briefwechsel Trommsdorff, Brief Nr. 335.42, 10. Lfg., S. 202; zu Brandes ebd., 1. Lfg., S. 109; vgl. auch Michael Engel, «Poggendorff, Johann Christian».

79 Hermann Trommsdorff an J. B. Trommsdorff vom 3. Oktober 1832, Briefwechsel Trommsdorff, Brief Nr. 335.45, 10. Lfg., S. 205; vgl. auch Fikentscher, «Fikentscher, Friedrich».

80 Emanuel Merck und Kastner an J. B. Trommsdorff vom 29. September 1834, in: Briefwechsel Trommsdorff, Briefe Nr. 211.17 und 211.17a, 7. Lfg., S. 186 f. mit Anm. 81 und 5. Lfg., S. 8, Brief Nr. 202.1, Anm. 8. Vgl. auch Brock, Justus von Liebig, S. 15 f.; Krätz, «Kastner, Karl Wilhelm Gottlob».

81 Hermann Trommsdorff an J. B. Trommsdorff vom 24. Juni 1832, in: Briefwechsel

II. 1. 1827–1850er-Jahre: Von der Apotheke zur Fabrik

Trommsdorff, Brief Nr. 335.40, 10. Lfg., S. 198; zu weiteren Kontakten vgl. auch Löw, Die Chemische Fabrik, S. 28.

82 Liebig an Emanuel Merck vom 31. Januar 1831, Merck-Archiv, A 45; Hermann Trommsdorff an J. B. Trommsdorff vom 11. Februar 1833, in: Briefwechsel Trommsdorff, Brief Nr. 335.48a, 10. Lfg., S. 211 f.; vgl. auch Merck-Archiv, A 45; Hofmann, Justus Liebig's und Friedrich Wöhler's Briefwechsel, I. Bd., S. 198 f., 225, 232 f.; Schwedt, Liebig, S. 27; Strecker an Emanuel Merck vom 26. Oktober und 10. November 1846, Merck-Archiv, A 47 b.

83 Wöhler an Liebig vom 15. März 1843, in: Hofmann, Justus Liebig's und Friedrich Wöhler's Briefwechsel, I. Bd., S. 225.

84 So Johann Christian Poggendorff im Juli/August 1832; Ludwig Franz Bley, Merck-Archiv, J 1/24, fol. 94; Karl Wilhelm Gottlob Kastner im März 1834; auch von Gesellschaften mit 80 und mehr Gästen ist in den Briefen an Georg die Rede, Merck-Archiv, A 623. Liebig war häufig bei seinen Eltern in Darmstadt; Pharmazeuten und Chemiker machten gerne Zwischenstation bei Merck, vgl. Volhard, Justus von Liebig, Bd. 1, S. 151; vgl. auch die fröhlich gemeinte Andeutung in der Gedichtzeile anlässlich seines 45. Geburtstages am 15. September 1839: «... / doch lebt' er stets in Saus und Braus, / ...», Merck-Archiv, A 62.

85 Hermann Trommsdorff an J. B. Trommsdorff vom 5. August 1832, Briefwechsel Trommsdorff, 10. Lfg., Brief Nr. 335.42, S. 201.

86 Emanuel Merck an Friedrich Mohr vom 2. August 1837, Merck-Archiv, A 64; Löw, Heinrich Emanuel Merck, S. 124, 213, Anm. 123; Löw, Die Chemische Fabrik, S. 22. Die Bände 17 bis 21 gaben Trommsdorff/Liebig/Merck, Band 22 Liebig/Merck, Bände 23 und 24 Liebig/Merck/Mohr heraus; Liebig dankte Merck und Mohr anlässlich ihres Ausscheidens zum 1. Januar 1838; vgl. Kahlbaum, Justus von Liebig und Friedrich Mohr in ihren Briefen, S. 53 mit Anm. 2 und S. 43, Anm. 4.

87 Merck hatte das Manuskript von Liebig erhalten, Hermann Trommsdorff reichte es am 11. Februar 1833 an seinen Vater weiter, Briefwechsel Trommsdorff, Brief Nr. 335.48a, 10. Lfg., S. 212; vgl. Hermann Trommsdorff an J. B. Trommsdorff vom 20. Juli 1833, abgedruckt in: Briefwechsel Trommsdorff, Brief Nr. 335.53, 10. Lfg., S. 219. Liebig legte auch Wert darauf, dass Merck die zweite Auflage seiner «Agrikulturchemie» umgehend vom Verleger erhielt, vgl. Liebig an Vieweg vom 18. Dezember 1840, in: Schneider/Schneider (Hrsg.), Justus von Liebig, S. 109.

88 Hermann Trommsdorff an J. B. Trommsdorff vom 11. Februar 1833, Briefwechsel Trommsdorff, Briefe Nr. 335.53, 335.48a, 335.51, 10. Lfg., S. 219, 210–213, 215–218.

89 Hermann Trommsdorff an J. B. Trommsdorff vom 18. November 1833, Briefwechsel Trommsdorff, Brief Nr. 335.58, 10. Lfg., S. 224. Liebig an Emanuel Merck mit Ratschlägen: am 15. Februar 1846, mit der Darstellung von Hippursäure fortzufahren, sowie am 6. Dezember 1854, für Fluornatrium bzw. Fluorsäure – einschließlich Herstellungsrezept – dies «*vor anderen* in den Handel zu bringen», wegen der Nachfrage für Fotografie und zum Ätzen auf Glas, Merck-Archiv, A 45 [Hervorhebung in Original]. Zur Besorgung einer «Extractabdampfrührmaschine» vgl. L. F. Bley an J. B. Trommsdorff vom 17. Juni 1832, Briefwechsel Trommsdorff, Brief Nr. 20.22, 1. Lfg., S. 81.

90 Hermann Trommsdorff an J. B. Trommsdorff vom 3. Oktober 1832, Briefwechsel Trommsdorff, Brief Nr. 335.45, 10. Lfg., S. 204.

91 Hermann Trommsdorff an J. B. Trommsdorff vom 20. Juli 1833, Briefwechsel Trommsdorff, Brief Nr. 335.53, 10. Lfg., S. 219.

92 Vgl. Brock, Justus von Liebig, S. 43 f., 51–56; vgl. Johnson, Hofmann's Role, S. 168, 178.

93 Liebig an Emanuel Merck vom 15. Februar 1846, Merck-Archiv, A 45. Eine frühe Sammlung mit 48 Alkaloid-Präparaten, die vermutlich um 1838 von Merck hergestellt wurde und als Geschenk an Liebig ging, ist erhalten und im Merck-Museum ausgestellt; Wolfes, Eine Präparatensammlung von Heinrich Emanuel Merck, in: Merck-Blatt 3 (1937), S. 9. Siehe oben Abb. 21, S. 100.

94 Hermann Trommsdorff an J. B. Trommsdorff vom 18. November 1833, Briefwechsel Trommsdorff, Brief Nr. 335.58, 10. Lfg., S. 224 f.

95 Liebig, Über einen neuen Apparat zur Analyse organischer Körper; Schneider/Schneider (Hrsg.), Justus von Liebig, S. XI.

96 Sell an Emanuel Merck vom 11. Dezember 1849, Merck-Archiv, A 47 b; Kontokorrentbuch Fabrik und Apotheke 1847–1853, Merck-Archiv, S 1/34, fol. 225. Vgl. auch Denkschrift der C. F. Boehringer & Soehne G.m.b.H, S. 39; Ziegler, Die Familie Jobst, S. 128.

97 Zu anderen Beispielen für bei Merck misslungenen Versuchen: Hermann Trommsdorff an J. B. Trommsdorff vom 11. Februar 1833, Briefwechsel Trommsdorf, Brief Nr. 335.48a, 10. Lfg., S. 212. Besonders ärgerlich waren Unachtsamkeiten der Mitarbeiter, bei denen zum Teil erhebliche Verluste entstanden, so über 500 Gulden in der Codeinherstellung, wie Emanuel Merck gegenüber Georg Merck am 2. November 1843 klagte, Merck-Archiv, A 623, abgedruckt in: Herrmann (Hrsg.), Heinrich Emanuel Mercks Briefe, Nr. XVII, S. 20.

98 Ursächlich für das Misslingen war vielleicht, dass die erforderliche Apparatur noch nicht vollständig eingetroffen war, vgl. Hermann Trommsdorff an J. B. Trommsdorff vom 18. November 1833, Briefwechsel Trommsdorff, Brief Nr. 335.58, 10. Lfg., S. 224.

99 Vershofen, Die Anfänge der chemisch-pharmazeutischen Industrie, Bd. I, S. 125.

100 Busse, Der Meister und seine Schüler, S. 235, vgl. auch ebd. S. 1 f., 30 f., 42; Meinel, Netzwerke, S. 5; allgemein: Richter, Netzwerke S. 122, 125 f.

101 Vgl. Maaß, Die Frühindustrialisierung, S. 58 f.; vgl. Uecker, Die Industrialisierung Darmstadts, S. 74 f.

102 Vgl. Hermann Trommsdorff an J. B. Trommsdorff vom 11. Februar, 10. Mai, 20. Juli 1833, Briefwechsel Trommsdorff, Briefe Nr. 335.53, 335.48a, 335.51, 10. Lfg., S. 219, 210–213, 215–218. Zur Liste der insgesamt 17 Publikationen von Merck siehe Löw, Heinrich Emanuel Merck, S. 129, von denen sich die meisten mit den Themen Opium und Morphium beschäftigen.

103 Scriba hat sich schon zu seiner Zeit bei Merck um statistische Zusammenstellungen von deren Mengen bemüht, Merck-Archiv, F 6/8 (g), S. 12 und F 6/8 (f), S. 43 f.; vgl. Löw, Heinrich Emanuel Merck, S. 158 f.; Vershofen, Die Anfänge der chemisch-pharmazeutischen Industrie, Bd. I, S. 80.

104 Merck-Archiv, S 1/24, S. 121.

105 Vgl. Herstellungshinweise zu Morphium [um 1830], Merck-Archiv, A 51 b. Aus Stuttgart vor allem von Friedrich Jobst und Louis Duvernoy, Kontokorrentbuch 1831–1844, Merck-Archiv, S 1/24 und 25 mit Hinweisen auf weitere Geschäftspartner für Opium.

106 Possehl, Die Arzneitaxe, S. 62, dies., Probleme der Arzneipreisgestaltung.

107 Fabrikations-Kalkulation, Merck-Archiv, A 51 b [Pf. = Pfund, f = Gulden, Unz. = Unzen].

108 Wie die wenigen überhaupt möglichen Vergleiche zeigen: Vershofen, Die Anfänge der chemisch-pharmazeutischen Industrie, Bd. II, S. 42.

109 Vgl. Dumitriu, Die wissenschaftliche Entwicklung der Alkaloid-Chemie, S. 172 f.; Sonnedecker, Die Opiumsucht, S. 899–903.

II. 1. 1827–1850er-Jahre: Von der Apotheke zur Fabrik   **529**

110 Anzahl der Verarbeitungen nach Löw, Heinrich Emanuel Merck, S. 158; Statistik zur Menge des verarbeiteten Opiums. Scriba, Opium-Alkaloide (1918), Merck-Archiv, F 6/8 (g), S. 12.
111 Mohr, Commentar zur Preußischen Pharmacopoe, Bd. 2, S. 150; Schwarz, «Mohr, Friedrich»; Possehl, Unternehmer und technischer Fortschritt, S. 277.
112 Schon 1841 beauftragte er ein Gutachten, weil er Ware mit einer Beanstandung zurückerhalten hatte, vgl. Emanuel Merck [an Ungenannten] vom 28. Juni 1841, Merck-Archiv, A 64.
113 Antwortschreiben Merck vom 15. Mai 1851 auf Beschwerde von Brandt & Tiemann, Hamburg, Briefkopierbuch 1851/52, Merck-Archiv, E 1/16, S. 319. Siehe Abb. 26, S. 113.
114 Possehl, Unternehmer und technischer Fortschritt, S. 273.
115 Vgl. Friedrich, Die gesellschaftliche Stellung des Apothekers, S. 68; Possehl, Die Arzneitaxe, S. 61; dies., Unternehmer und technischer Fortschritt, S. 273; Buchner, Vollständiger Inbegriff der Pharmazie, S. 38.
116 Großherzoglich Hessischer Landrath an Emanuel Merck vom 27. Juni 1828, Merck-Archiv, A 40. Übrigens betrieben alle Darmstädter Apotheker seit 1832 in der Neustadt gemeinsam eine Filialapotheke. Sie machte Merck zwar kaum Arbeit, warf aber praktisch auch keinen Gewinn ab, vgl. Kontokorrentbuch, Merck-Archiv, S 1/24, fol. 3. Mit Eröffnung der Adler-Apotheke 1843 wurde die Filialapotheke geschlossen.
117 Emanuel Merck an J. B. Trommsdorff vom 21. September 1830, Briefwechsel Trommsdorff, Brief Nr. 211.8, 7. Lfg., S. 177.
118 Vgl. Nolte-Schuster, Preußen im Kampf gegen die Cholera; Briefwechsel Trommsdorff, 7. Lfg., S. 177, Anm. 40; vgl. Götz, Die Cholera-Epidemie, S. 53–65.
119 Gesellschaftsvertrag zwischen Emanuel Merck und Friedrich Moldenhauer vom 1. Oktober 1830, Merck-Archiv, A 68. Zu Moldenhauer (1797–1866): Briefwechsel Trommsdorff, 7. Lfg., S. 177, Anm. 41.
120 Vgl. Vasold, Grippe, Pest und Cholera, S. 100, 105.
121 Emanuel Merck an J. B. Trommsdorff vom 16. September 1831, Briefwechsel Trommsdorff, Brief Nr. 211.10, 7. Lfg., S. 179 f.
122 Vgl. Emanuel Merck, Übersicht Chlorkalk-Lager, Eintragung vom 10. Oktober 1831, Merck-Archiv, A 57.
123 Hermann Trommsdorff an J. B. Trommsdorff vom 16. Oktober 1831, Briefwechsel Trommsdorff, Brief Nr. 335.35, 10. Lfg., S. 193.
124 Emanuel Merck an J. B. Trommsdorff vom 21. September 1830, Briefwechsel Trommsdorff, Brief Nr. 211.8, 7. Lfg., S. 177 f.
125 Emanuel Merck an J. B. Trommsdorff, 16. September 1831, Briefwechsel Trommsdorff, Brief Nr. 211.10, 7. Lfg., S. 179 f.; das Kontokorrentbuch weist jedenfalls Ende 1832 unter «Chlorkalkrechnung» letztmalig einen Rest-«Verlust» in Höhe von 139,40 Gulden aus, Merck-Archiv, S 1/24, S. 32; vgl. auch Wedekind, Vaterländische Berichte, S. 186–188.
126 Zu Mercks Einzahlungen zwischen 1837/38 Kontokorrentbuch 1831–1844, Merck-Archiv, S 1/24, fol. 195. Vgl. auch Schneider, Zur Geschichte des Zuckerrüben-Anbaus, S. 263–265.
127 Emanuel Merck an Carl Merck vom 18. November 1841, Merck-Archiv, A 585.
128 Anzeige vom 8. März 1839, in: Darmstädter Frag- und Anzeigblatt Nr. 10 (9. März 1839), S. 193.
129 Emanuel Merck an Carl Merck vom 7. Oktober 1838, 21. März, 2. Mai, 6. Oktober, 28. November 1839, Merck-Archiv, A 585; vgl. auch Löw, Heinrich Emanuel Merck, S. 145.
130 Emanuel Merck an Carl Merck vom 13. August 1841, Merck-Archiv, A 585.

131 Emanuel Merck an Carl Merck vom 21. September 1841 und 5. April 1842, Merck-Archiv, A 585; zum Verkaufserlös Kontokorrentbuch von 1841, Merck-Archiv, S 1/25, fol. 320, 335; vgl. auch Vershofen, Die Anfänge der chemisch-pharmazeutischen Industrie, Bd. II, S. 26.
132 Possehl, Wirtschafts- und sozialgeschichtliche Aspekte, Teil I, S. 677 f.
133 Zugleich Mitglied des Medizinalkollegs, Urkunde vom 11. April 1835, Merck-Archiv, A 40; zu den Entgelten Merck-Archiv, S 124, fol. 123, 181.
134 Emanuel Merck an J. B. Trommsdorff vom 15. Oktober 1835, Briefwechsel Trommsdorff, Brief Nr. 211.18, 7. Lfg., S. 187; Löw, Heinrich Emanuel Merck, S. 104 f.
135 Merck-Archiv, A 40; Löw, Heinrich Emanuel Merck, S. 102–104.
136 Emanuel Merck an Georg Merck vom 8. Februar 1844, Merck-Archiv, A 623, abgedruckt in: Herrmann (Hrsg.), Heinrich Emanuel Mercks Briefe, Nr. XXXI, S. 22.
137 Emanuel Merck an Georg Merck vom 28. Dezember 1845, Merck-Archiv, A 623, abgedruckt in: Herrmann (Hrsg.), Heinrich Emanuel Mercks Briefe, Nr. XLII, S. 32.
138 Liebig an Emanuel Merck vom 2. Mai 1852, Merck-Archiv, A 45; Liebig am 6. Mai 1852 in seinem Bericht dazu, vgl. Heuser/Zott (Hrsg.), Justus von Liebig und August Wilhelm Hofmann, Nr. 19 b, S. 24 f. mit Anm. 8.
139 Vgl. Löw, Heinrich Emanuel Merck, S. 104 f.
140 Emanuel Merck an Georg Merck vom 2. November 1847, Merck-Archiv, A 623, abgedruckt in: Herrmann (Hrsg.), Heinrich Emanuel Mercks Briefe, Nr. LXII, S. 51; jüngste literarisch-dokumentarische Darstellung: Rehbaum, Flammentod im Grafenhaus, dort Hinweise auf Kriminalrichter Hoffmann und Merck, S. 64, S. 75–77; zu Georg Philipp Hoffmann (1791–1869) Euler, Stammfolge Hoffmann, S. 81.
141 Gutachterunterlagen zum Fall Görlitz, Merck-Archiv, A 50; Brock, Justus von Liebig, S. 230 f.; «Görlitz, Franziska Wilhelmina *Emilie* Margarethe Sabine Gräfin von», in: Hessische Biografie; vgl. Emanuel Merck an Georg Merck vom 19. Februar 1848, Liebig an Emanuel Merck vom 8. Februar 1850, Merck-Archiv, A 45; zu einem weiteren Gerichtsgutachten 1841 wegen eines Giftmordes Merck-Archiv, A 665; vgl. Löw, Heinrich Emanuel Merck, S. 106.
142 Merck-Archiv, S 1/24, fol. 34, 35, 106, 123, 124, 195.
143 Vgl. Merck-Archiv, S 1/22–24, A 58; Emanuel Merck an Carl Merck vom 15. Juni 1841, Merck-Archiv, A 585.
144 Vgl. Merck-Archiv, S 1/21.
145 Vgl. die zahlreichen Hinweise – von «Amerikanische Stocks» bis «Conr. Zimmer Frankfurt» – im Zeitraum von 1850 bis fast 1880, Kapitalkonto, Merck-Archiv, S 1/23; vgl. auch Merck-Archiv, S 1/169 mit Hinweisen u. a. auf Badische Eisenbahn- sowie Bethmann-Obligationen ab 1843.
146 Vgl. dagegen Schümann, Der Anteil deutscher Apotheker, S. 321–325.
147 Schork, Tätigkeitsbericht vom 25. Januar 1927, Merck-Archiv, F 6/4, nennt ausdrücklich Effekten und Obligationen.
148 Hermann Trommsdorff an J. B. Trommsdorff vom 16. Oktober 1831, Briefwechsel Trommsdorff, Brief Nr. 335.35, Lfg. 10, S. 193; vgl. auch ebd., Lfg. 7, S. 179, Anm. 51.
149 Bettin/Friedrich, Forschungsbericht, S. 215.
150 J. B. Trommsdorff an Hermann Trommsdorff vom 10. September 1831, Briefwechsel Trommsdorff, Brief Nr. 335.33, Lfg. 10, S. 190; F. L. Bley an J. B. Trommsdorff vom 17. September 1831, Briefwechsel Trommsdorff, Brief Nr. 20.19, Lfg. 10, S. 77.
151 Zitiert nach Löw, Heinrich Emanuel Merck, S. 89, S. 98 f.

II. 1. 1827–1850er-Jahre: Von der Apotheke zur Fabrik

152 Franz, «Ludwig II»; vgl. Franz, Das Haus Hessen, S. 140.
153 So formulierten die Büchner-Brüder, vgl. Berglar, Der neue Hamlet, S. 210, 213.
154 Büchner, Die Familie Büchner, S. 18; vgl. Boehncke/Brunner/Sarkowicz, Die Büchners, S. 8 f.
155 Belege über die Medikamentenlieferungen an die Familie des Großherzogs im Warenausgangsbuch 1829–1837, Merck-Archiv, A 62, fol. 506–522.
156 Ernst Karl Büchner war seit November 1816 Stadt- und Amtschirurg, bald auch Mitglied des Medizinalkollegs, der obersten Gesundheitsbehörde des Großherzogtums, Hauschild, Georg Büchner, S. 76–78.
157 Hofmann/Kanning, Georg Büchner, S. 15–17, 91–93, 198.
158 Briefwechsel Trommsdorff, 7. Lfg., Vorwort, S. 8.
159 Emanuel Merck an Georg Merck vom 16. Mai 1842, Merck-Archiv, A 623, abgedruckt in: Herrmann (Hrsg.), Heinrich Emanuel Mercks Briefe, Nr. XIV, S. 11; vgl. auch Löw, Heinrich Emanuel Merck, S. 189.
160 Vgl. Löw, Heinrich Emanuel Merck, S. 89.
161 Hermann Trommsdorff an J. B. Trommsdorff vom 5. August 1832, Briefwechsel Trommsdorff, Brief Nr. 335.42, 10. Lfg., S. 201.
162 J. B. Trommsdorff an Hermann Trommsdorff vom 7. April 1833, Briefwechsel Trommsdorff, Brief Nr. 335.50, 10. Lfg., S. 213; Hermann Trommsdorff an J. B. Trommsdorff vom 6. September 1833, ebd., Brief Nr. 335.54, 10. Lfg., S. 220.
163 Klenke, Zum Alltag der Apothekergehilfen, S. 147; leider ist an keiner Stelle in Trommsdorffs Briefwechsel von Hermanns Entlohnung bei Merck die Rede.
164 Emanuel Merck an J. B. Trommsdorff vom 9. Dezember 1833, Briefwechsel Trommsdorff, Brief Nr. 211.16, 7. Lfg., S. 185.
165 So im Dezember 1844, als er im «Francfurter Journal» einen englisch- und französischsprachigen Mitarbeiter suchte, vgl. Emanuel Merck an Georg Merck vom 22. Dezember 1844, Merck-Archiv, A 623, abgedruckt bei Herrmann (Hrsg.), Heinrich Emanuel Mercks Briefe, Nr. XXXV, S. 25.
166 Emanuel Merck an J. B. Trommsdorff vom 17. Oktober 1831, «vor kurzem eine bedeutende Bestellung aus St. Petersburg», Briefwechsel Trommsdorff, Brief Nr. 211.11, 7. Lfg., S. 180; Hermann Trommsdorff an J. B. Trommsdorff vom 20. Juli 1833, ebd., Brief Nr. 335.53, 10. Lfg., S. 218; vgl. Emanuel Merck an Georg Merck vom 22. Dezember 1844, Merck-Archiv, A 623, abgedruckt in: Herrmann (Hrsg.), Heinrich Emanuel Mercks Briefe, Nr. XXXV, S. 25.
167 Emanuel Merck an J. B. Trommsdorff vom 12. Mai 1833, Briefwechsel Trommsdorff, Brief Nr. 211.14, 7. Lfg., S. 183; Emanuel Merck an J. B. Trommsdorff vom 29. November 1832, Brief Nr. 211.13, ebd., S. 182.
168 J. B. Trommsdorff an Hermann Trommsdorff vom 4. April 1833, Briefwechsel Trommsdorff, Brief Nr. 335.50, 10. Lfg., S. 214.
169 150 Jahre Riedel-de Haen, S. 38.
170 Ebd., S. 21; Kontokorrentbücher seit Oktober 1838, Merck-Archiv, S 1/24, fol. 167; S 1/25, fol. 298; J. D. Riedel an Merck vom 24. Juli 1847, Merck-Archiv, A 47 b.
171 Vgl. Emanuel Merck an Georg Merck vom 6. Oktober 1843, Merck-Archiv, A 623, abgedruckt in: Herrmann (Hrsg.), Heinrich Emanuel Mercks Briefe, Nr. XXVI, S. 19. Gustav Riedel an Emanuel Merck vom 24. Juli 1847 und 25. April 1848, Merck-Archiv, A 47 b. 1851 besuchte Merck Riedel in Berlin, Emanuel Merck an seine Ehefrau Magdalene Merck vom 17. Juni 1851, Merck-Archiv, A 44.

172 Franz Riedel (zweitältester Sohn von Gustav), Zeugnis für Louis Merck vom 30. September 1878, Merck-Archiv, A 19.
173 Briefwechsel Trommsdorff: Hermann Trommsdorff an J. B. Trommsdorff vom 3. April 1832, Brief Nr. 335.37, 10. Lfg., S. 194 f. und 26. November 1832, Brief Nr. 335.47, S. 208; Emanuel Merck an J. B. Trommsdorff vom 12. Mai 1833, Brief Nr. 211.14, 7. Lfg., S. 183; Emanuel Merck an J. B. Trommsdorff vom 29. November 1832, Brief Nr. 211.13, 7. Lfg., S. 182; vgl. auch Klenke, Zum Alltag der Apothekergehilfen, S. 252–254.
174 Emanuel Merck an J. B. Trommsdorff [undatiert, ca. Dezember/Januar 1829/30], Briefwechsel Trommsdorff, Brief Nr. 211.19, 7. Lfg., S. 188.
175 Vgl. Klenke, Zum Alltag der Apothekergehilfen, S. 314.
176 Vgl. die Korrespondenzen Merck-Archiv, A 585, 623, 628, siehe beispielsweise Herrmann, Heinrich Emanuels Briefe, S. 5, 7 f., 11 f., 17 f., 20, 22, 30, 34–36, 39, 42, 48, 52 f., 55, 57, 61, 63 f. und passim.
177 Kocka, Industrielles Management, S. 366, Anm. 156; zu den Begrifflichkeiten: Berghoff, Unternehmenskultur, S. 112, 167.
178 Merck an Apotheker Solbrig vom 20. Oktober 1878 sowie Merck an Bartel vom 26. November 1878, Merck-Archiv, V 4/3; vgl. auch Braun, Lebenslauf, über die Zeit um 1883, Merck-Archiv, F 6/1, S. 7.
179 Kocka, Industrielles Management, S. 366, Anm. 156; vgl. auch Geck, Die sozialen Arbeitsverhältnisse, S. 72–78, und Berghoff, Unternehmenskultur, S. 167–204.
180 Vgl. Amendt, Die inner- und ausserbetriebliche Lage der Arbeitnehmer, S. 299–301.
181 Hermann Trommsdorff an J. B. Trommsdorff vom 3. Oktober 1832, Briefwechsel Trommsdorff, Brief Nr. 335.45, 10. Lfg., S. 204.
182 Emanuel Merck, Bescheinigungen vom 27. Juli 1840 und 17. August 1841, Merck-Archiv, A 62. Der Gehilfe verließ Merck trotzdem, Emanuel Merck an Georg Merck vom 16. November 1845, Merck-Archiv, A 623, abgedruckt in: Herrmann (Hrsg.), Heinrich Emanuel Mercks Briefe, Nr. XLI, S. 31.
183 Vgl. Klenke, Zum Alltag der Apothekergehilfen, S. 148.
184 Kontokorrentbuch 1838–1847, Merck-Archiv, S 1/25, S. 270.
185 Vgl. Klenke, Zum Alltag der Apothekergehilfen, S. 115–121; Schelenz, Geschichte der Pharmazie, S. 788; Possehl, Wirtschafts- und sozialgeschichtliche Aspekte, Teil II, S. 1648 f.
186 Karl Zahn berichtete im Dezember 1840 an Carl Merck, dass von seinen 15 Gulden monatlich immer etwas übrig bleibe, Merck-Archiv, A 570. Zu den Ausgaben von Carl Merck vgl. Carl Merck an Emanuel Merck vom 31. Januar 1841, Merck-Archiv, A 566. Eugen Kuder, ein Pharmazeut aus dem Merck-Freundeskreis, erhielt 1843 als junger Gehilfe bei freier Kost und Wohnung 250 Gulden, vgl. Emanuel Merck an Georg Merck vom 25. Juni 1843, Merck-Archiv, A 623, abgedruckt in: Herrmann (Hrsg.), Heinrich Emanuel Mercks Briefe, Nr. XXII, S. 16.
187 Merck an einen Bewerber vom 13. Januar 1852, nach Vershofen, Die Anfänge der chemisch-pharmazeutischen Industrie, Bd. II, S. 100 f. Auch ein Gärtner erhielt hiernach bei Merck 192 Gulden jährlich.
188 Immerhin 390 und 318 Gulden, vgl. Kontokorrentbuch 1831–1844, Merck-Archiv, S 1/24, fol. 123, 181. Vgl. allgemein Klenke, Zum Alltag der Apothekergehilfen, S. 393 f.; Koch, Geschichte der Versicherungswirtschaft, S. 24 f.
189 Vgl. Schäfer, Familienunternehmen, S. 108.
190 Bei E. A. Thomas & Keller, davon je zwei Jahre im Laden sowie in Kontor und Magazin,

II. 1. 1827–1850er-Jahre: Von der Apotheke zur Fabrik

Herrmann (Hrsg.), Heinrich Emanuel Mercks Briefe, Vorwort S. III, Anm. 1. Sein Lehrgeld belief sich auf halbjährlich 300 Gulden, vgl. Merck-Archiv, S 1/24, fol. 181.

191 Vgl. Herrmann (Hrsg.), Heinrich Emanuel Mercks Briefe, S. III–VII; Georg Merck an seinen Onkel vom 27. Dezember 1840, Merck-Archiv, A 621. Der Lehrvertrag Georg Mercks, Merck-Archiv, A 628.

192 Emanuel Merck an Georg Merck vom 30. Juli, 16. November 1840, 16. August 1842, 26. Juli 1843, 20. Dezember 1846, Merck-Archiv, A 623, abgedruckt in: Herrmann (Hrsg.), Heinrich Emanuel Mercks Briefe, Briefe-Nr. IV, S. 4, XVI, S. 12, XXIII, S. 17, LII, S. 43. Vgl. auch ebd., Vorwort S. V.

193 Magdalene Merck an Carl Merck vom 1. Dezember 1840, Merck-Archiv, A 585; vgl. Emanuel Merck an Georg Merck vom 15. Oktober 1840, Merck-Archiv, A 623, abgedruckt in: Herrmann (Hrsg.), Heinrich Emanuel Mercks Briefe, Nr. V, S. 4.

194 Emanuel Merck an Carl Merck vom 14. Mai 1842, Merck-Archiv, A 585; Emanuel Merck an Georg Merck vom 16. Mai 1842, Merck-Archiv, A 623, abgedruckt in: Herrmann (Hrsg.), Heinrich Emanuel Mercks Briefe, Nr. XIV, S. 11, und Vorwort, S. VII.

195 Emanuel Merck an Carl Merck vom 16. August 1842, Merck-Archiv, A 585.

196 Herrmann (Hrsg.), Heinrich Emanuel Mercks Briefe, S. IV; Emanuel Merck an Georg Merck vom 17. November 1843, Merck-Archiv, A 623, abgedruckt in: Herrmann (Hrsg.), Heinrich Emanuel Mercks Briefe, Nr. XXIX, S. 21.

197 Emanuel Merck an Georg Merck vom März 1844, Merck-Archiv, A 623, abgedruckt in: Herrmann (Hrsg.), Heinrich Emanuel Mercks Briefe, Nr. XXXIII, S. 23 f.; Faksimile in: Michel, E. Merck, S. 26 f.

198 Das Merck-Blatt, Hauszeitung für alle Gefolgschaftsmitglieder der Firma E. Merck 3 (1935), S. 4.

199 Vgl. Schäfer, Familienunternehmen, S. 117; Schumacher, Auslandsreisen, S. 71–74, mit zahlreichen Beispielen.

200 Emanuel Merck an Georg Merck vom 7. August 1845, Merck-Archiv, A 623, abgedruckt in: Herrmann (Hrsg.), Heinrich Emanuel Mercks Briefe, Nr. XXXI, S. 28. Emanuel Merck an Georg Merck vom 28. Juni 1846, Merck-Archiv, A 623, abgedruckt in: ebd., Brief Nr. XLVIII, S. 36.

201 Carl Merck an Georg Merck vom 29. Juni 1846, Merck-Archiv, A 622.

202 Vgl. Schwedt, Liebig, S. 148–151.

203 Schumacher, Auslandsreisen, S. 49.

204 Die Reise war ursprünglich für Carl und Georg gemeinsam geplant, vgl. Emanuel Merck an Georg Merck vom 28. Juni 1846, Merck-Archiv, A 623, abgedruckt in: Herrmann (Hrsg.), Heinrich Emanuel Mercks Briefe, Nr. XLVIII, S. 36. Zu den Reiseplänen des Vaters: Emanuel Merck an Georg Merck vom 24. April, 12. und 31. August 1846, Merck-Archiv, A 623, abgedruckt in: Herrmann (Hrsg.), Heinrich Emanuel Mercks Briefe, Nr. XLVII, S. 35, IL, S. 39, L, S. 41.

205 Emanuel Merck an Carl Merck vom 6. Februar 1841, Nachschrift der Schwester [22. Februar 1841], Merck-Archiv, A 585.

206 Emanuel Merck an Georg Merck vom 9. Oktober, Merck-Archiv, A 623, abgedruckt in: Herrmann (Hrsg.), Heinrich Emanuel Mercks Briefe, Nr. LI, S. 42.

207 Liebig an Emanuel Merck vom 12. März 1848, Merck-Archiv, A 45.

208 Emanuel Merck an Georg Merck vom 11., 16., 21., 26., 29. März, 2. April 1848, Merck-Archiv, A 623, abgedruckt in: Herrmann (Hrsg.), Heinrich Emanuel Mercks Briefe, Nr. LXX–LXXV, S. 57–60.

209 Georg Merck, Vorläufige Notiz über eine neue organische Base im Opium, in: Liebigs Annalen der Chemie 66 (1848), S. 125–128. Über Papaverin, ebd., 73 (1850), S. 50–55; vgl. Issekutz, Die Geschichte der Arzneimittelforschung, S. 232.
210 Emanuel Merck an Georg Merck vom 26. März 1848, Merck-Archiv, A 623, abgedruckt in: Herrmann (Hrsg.), Heinrich Emanuel Mercks Briefe, Nr. LXXIII, S. 59.
211 Liebig galt als dominant, aufbrausend, auch beleidigend und als Sonderling, vgl. Briefwechsel Trommsdorff, 6. Lfg., S. 138; vgl. Brock, Justus von Liebig, S. 2.
212 Emanuel Merck an Georg Merck vom 31. Januar 1848, Merck-Archiv, A 623, abgedruckt in: Herrmann (Hrsg.), Heinrich Emanuel Mercks Briefe, Nr. LXXVIII, S. 56.
213 Liebig an Merck vom 12. März 1848, Merck-Archiv, A 45, abgedruckt in: Vershofen, Die Anfänge der chemisch-pharmazeutischen Industrie, Bd. I, S. 124 f.; Emanuel Merck an Georg Merck vom 11. März 1848, Merck-Archiv, A 623, abgedruckt in: Herrmann (Hrsg.), Heinrich Emanuel Mercks Briefe, Nr. LXX, S. 57; vgl. Strube, Justus Liebig, S. 180.
214 Vgl. Brock, Justus von Liebig, S. 255.
215 Liebig an Emanuel Merck vom 8. Februar und 14. Mai 1850, Merck-Archiv, A 45.
216 Liebig an Emanuel Merck vom 29. Juli 1850, Merck-Archiv, A 45; Liebig an Emanuel Merck vom 3. Mai 1851, Merck-Archiv, A 45; vgl. auch Löw, Heinrich Emanuel Merck, S. 95; Priesner, «Liebig, Justus Freiherr von».
217 Fleck, Die 1848/49er Ereignisse, S. 215 f.; Franz, «Einigkeit und Recht und Freiheit», S. 150 f.
218 So Carl 1839 über die Freilassung politischer Gefangener, vgl. Emanuel Merck an Carl Merck vom 14. Januar 1839, Merck-Archiv, A 585.
219 Franz, Vom Biedermeier in die Katastrophe, S. 343.
220 Emanuel Merck an Georg Merck vom 11. März 1848, Merck-Archiv, A 623, abgedruckt in: Herrmann (Hrsg.), Heinrich Emanuel Mercks Briefe, Nr. LXX, S. 57.
221 Emanuel Merck an Georg Merck vom 26. März 1848, Merck-Archiv, A 623, abgedruckt in: Herrmann (Hrsg.), Heinrich Emanuel Mercks Briefe, Nr. LXXIII, S. 59.
222 Emanuel Merck an Georg Merck vom 29. März 1848, Merck-Archiv, A 623, abgedruckt in: Herrmann (Hrsg.), Heinrich Emanuel Mercks Briefe, Nr. LXXIV, S. 60.
223 Emanuel Merck an Georg Merck vom 2. April 1848, Merck-Archiv, A 623, abgedruckt in: Herrmann (Hrsg.), Heinrich Emanuel Mercks Briefe, Nr. LXXV, S. 60.
224 Emanuel Merck an Georg Merck vom 21. Mai 1848, Merck-Archiv, A 623, abgedruckt in: Herrmann (Hrsg.), Heinrich Emanuel Mercks Briefe, Nr. LXXVI, S. 61; Merck dürfte den – gewählten – fast gleichaltrigen Wilhelm Schulz (Jg. 1797, seit 1847 Schulz-Bodmer) gekannt haben, vgl. Best/Weege, Biographisches Handbuch, S. 311 f.; vgl. Berding, «Schulz, Wilhelm Friedrich».
225 Vgl. Strube, Justus Liebig, S. 168 f.
226 Beispielsweise sympathisierte er mit dem von Gagern unterstützenden, nationalliberal, kleindeutsch orientierten Wilhelm Wernher (1802–1887), Weingutsbesitzer in Nierstein, vgl. Emanuel Merck an Georg Merck vom 21. Mai 1848, Merck-Archiv, A 623, abgedruckt in: Herrmann (Hrsg.), Heinrich Emanuel Mercks Briefe, Nr. LXXVI, S. 61; zu Wernher Best/Weege, Biographisches Handbuch, S. 357 f.
227 Emanuel Merck an Georg Merck vom 21. Mai 1848, Merck-Archiv, A 623, abgedruckt in: Herrmann (Hrsg.), Heinrich Emanuel Mercks Briefe, Nr. LXXVI, S. 61.
228 Georg studierte in Berlin bei dem mit seinem Vater befreundeten Heinrich Rose, einem Mineralogen und führenden Analytiker; Heinrich Rose an Emanuel Merck vom 14. Januar 1848 sowie dies. [o. Datum] und Gustav Riedel an Emanuel Merck vom 25. April 1848, Merck-Archiv, A 47 b. Lebenslauf von Emanuel Merck, o. D., Merck-Archiv, A 38.

II. 2. 1850er bis 1880/90er-Jahre: Sozietät   **535**

Bescheinigung der pharmazeutischen Gesellschaft Berlin vom 4. März 1816, dass er von Ostern 1815 bis Ostern 1816 deren Mitglied war und Vorlesungen hörte, Merck-Archiv, A 658.
229 Emanuel Merck an Georg Merck vom 19. Juni und 6. August 1848, Merck-Archiv, A 623, abgedruckt in: Herrmann (Hrsg.), Heinrich Emanuel Mercks Briefe, Nr. LXXVII, LXXVIII, S. 62 f.
230 Fast 100 Briefe an Carl (Merck-Archiv, A 585), rund 80 an Georg (ebd., A 623), Letztere ediert von Herrmann, Heinrich Emanuel Mercks Briefe.
231 Fiek, Pharmazeutische Erziehung, S. 217–219.
232 Herrmann (Hrsg.), Heinrich Emanuel Mercks Briefe, S. III–VII, Korrespondenz im Merck-Archiv, A 566, 569, 621, 622, 624.
233 Emanuel Merck an Carl Merck vom 6. September 1838, Merck-Archiv, A 585 [im Original unterstrichen].
234 Magdalene Merck an Carl Merck vom 22. Oktober 1842, Merck-Archiv, A 585; Emanuel Merck an Carl Merck vom 26. Februar 1843, Merck-Archiv, A 585.
235 Emanuel Merck an Carl Merck vom 6. Oktober 1839, Merck-Archiv, A 585.
236 Vgl. allgemein Gall, Bürgertum, S. 152–227; Lepsius, Zur Soziologie des Bürgertums, S. 79–100; Blackbourn, The German Bourgeoisie, S. 1–45.
237 Klenke, Zum Alltag der Apothekergehilfen, S. 422.
238 Schäfer, Familienunternehmen, S. 115 f.
239 Löw, Heinrich Emanuel Merck, S. 168; Georg Merck an seine Eltern vom 1. Juni 1840, Merck-Archiv, A 621. Zur Jahreswende 1844/45 war Carl in Wien, Emanuel Merck an Georg Merck vom 2. Januar 1845, Merck-Archiv, A 623, abgedruckt in: Herrmann (Hrsg.), Heinrich Emanuel Mercks Briefe, Brief Nr. XXXVI, S. 26.
240 «Urkundlich» verfasstes Schreiben von Emanuel Merck für Georg vom 20. Januar 1849, Merck-Archiv, A 628. Für Carl Merck scheint es nicht erhalten zu sein.
241 Marie Susanne Hoffmann aus Alsfeld (1824–1899), mit der er sieben Kinder hatte.
242 Ehevertrag zwischen Georg und Antoinette Wilhelmine Caroline, genannt Anna, Schenck von 1852, Merck-Archiv, A 628; er hatte mit ihr fünf Kinder.
243 Alwin Schenck, Jugenderinnerungen, Merck-Archiv, A 1054.

2. 1850er- bis 1880/90er-Jahre: Sozietät, langsamer Ausbau, erste Probleme

1 Niederschrift von Emanuel Merck über die Aufnahme seiner Söhne Carl und Georg, Geschäftssozietät [undatiert, 1850], Merck-Archiv, A 38.
2 Mobilien- & Gerätschaftenkonto, Fabrikutensilien- & Maschinenkonto, Merck-Archiv, S 7/1180.
3 Ebd., S 7/1180.
4 Carl an Georg Merck vom 31. August 1846, Emanuel Merck an Georg Merck vom 25. Juni 1847, Merck-Archiv, A 623, abgedruckt in: Herrmann (Hrsg.), Heinrich Emanuel Mercks Briefe, S. 41, 48.
5 Schäfer, Familienunternehmen, S. 80, 100.
6 Niederschrift von Emanuel Merck über die Aufnahme seiner Söhne Carl und Georg, Geschäftssozietät [undatiert, 1850], Merck-Archiv, A 38; vgl. J. B. Trommsdorff an Hermann Trommsdorff vom 12. April 1836, Briefwechsel Trommsdorff, Brief Nr. 335.74, 10.

Lfg., S. 248; Martius, Erinnerungen, S. 265; ähnlich Rausch, Medizinal- und Apothekenwesen, S. 192.
7 Schäfer, Familienunternehmen, S. 83–87.
8 Die Beispiele bei Schäfer, Familienunternehmen, S. 84, liegen überwiegend viel später.
9 Vgl. Schäfer, Familienunternehmen, S. 86.
10 Merck an verschiedene Kunden in Paris: Veron & Fontaine vom 7. März 1851, Briefkopierbuch 1851/52, Merck-Archiv, E 1/16, S. 130; an Wittmann vom 25. März 1851, ebd., S. 181; an Meunier & Cie. vom 13. März 1852, ebd., S. 1137; an Wittman & Poulence vom 8. Mai 1852, ebd., S. 1290 f.; an Dr. Schaeuffelen vom 27. Mai 1852, ebd., S. 1348.
11 Emanuel Merck an Georg Merck vom 25. Juni 1847, Merck-Archiv, A 623, abgedruckt in: Herrmann (Hrsg.), Heinrich Emanuel Mercks Briefe, Nr. LVII, S. 47 f.
12 Merck-Archiv, W 20/18 [Hervorhebung im Original]; in diesem Fall wurde die Unterzeichnung durch Georg Jordan am 21. Oktober 1851 noch an demselben Tag notariell beglaubigt.
13 Vgl. Heggen, Erfindungsschutz, S. 33, 52; Fischer, Der Staat und die Anfänge der Industrialisierung, S. 87; Mieck, Preussische Gewerbepolitik, S. 81, 83 f. Zur Bedeutung des Wissens auch Banken, Die Entstehung des modernen Unternehmens, S. 22.
14 Zu einem späteren Einzelbeispiel betriebsinterner Geheimhaltung bei Hoechst vgl. Wetzel, Industriearbeit, S. 106; vgl. Forberger, Die Manufaktur in Sachsen, S. 62, 214, 250.
15 Vgl. von Hippel, Auf dem Weg zum Weltunternehmen, S. 27 mit Beispiel aus den 1850er-Jahren sowie S. 107.
16 Urkunde vom Januar 1856, Merck-Archiv, A 38; siehe auch unten Anm. 52.
17 Schott, Die Provinz Starkenburg, S. 96; vgl. Uecker, Die Industrialisierung Darmstadts, S. 78, 135.
18 Burhop, Die Kreditbanken, S. 81 f.; vgl. Schott, Die Vernetzung der Stadt, S. 157 f.
19 Maaß, Die Frühindustrialisierung, S. 59.
20 Schott, Die Provinz Starkenburg, S. 84; Hahn, Der hessische Wirtschaftsraum, S. 393; Maaß, Die Frühindustrialisierung, S. 62, 70.
21 Kapitalkonto, Merck-Archiv, S 1/23, S. 82, 242, 246; Schott, Die Vernetzung der Stadt, S. 168; Hessische Volksblätter, 2. Dezember 1864; Carl Merck war bis 1864, Wilhelm danach bis zur Liquidation der Maschinenfabrik in deren Aufsichtsrat.
22 Friederike Merck, George Merck (1867–1926), zum Gedächtnis, in: Mercksche Familien-Zeitschrift 13, 1–2 (1933). S. 10–17, hier S. 10; ähnlich bei Trommsdorff in Erfurt, Lauterbach, Christian Wilhelm Hermann Trommsdorff, S. 130.
23 Damm, Landesaußenpolitik unter Waffen, S. 107–109, 129; Franz, Das Haus Hessen, S. 156 f.; Franz, «Ludwig III.».
24 Petition Emanuel Merck um diesbezügliche Steuerbefreiung vom 12. November 1851 und deren Ablehnungen 1851 und 1852, Merck-Archiv, A 73. Derartige Steuernachteile wurden auch in den folgenden Jahrzehnten beklagt, vgl. Jahresberichte der Handelskammer Darmstadt für 1862, S. 37, für 1864/66, S. 32; für 1876, S. 69; für 1878, S. 60; für 1879, S. 69; für 1880, S. 43; für 1881, S. 54.
25 Daten vom 21. Januar 1851 bis 28. Mai 1852 mit einem Gesamtauftragsvolumen dieser 16 Monate von 172 143 Gulden, nach dem einzig erhaltenen Briefkopierbuch aus dieser Zeit, Merck-Archiv, E 1/16.
26 Briefkopierbuch 1851/52, Merck-Archiv, E 1/16; Vershofen, Die Anfänge der chemisch-pharmazeutischen Industrie, Bd. II, S. 77.
27 Jahresberichte der Handelskammer Darmstadt für 1863, S. 36; für 1867/69, S. 92; für 1870/71, S. 72; für 1873, S. 59; für 1881, S. 53.

II. 2. 1850er bis 1880/90er-Jahre: Sozietät 537

28 Merck an Wm. Conrad in Paris vom 5. Juli 1851, Merck-Archiv, E 1/16, S. 462; Merck an die Kölner Spedition L. van Gansewinkel & Cie. vom 20. März 1851, E 1/16, S. 164. Vgl. auch Vershofen, Die Anfänge der chemisch-pharmazeutischen Industrie, Bd. II, S. 78.
29 Emanuel Merck an Carl Merck vom 22. August 1851, Briefkopierbuch 1851/52, Merck-Archiv, E 1/16, S. 597 f. Vgl. auch Vershofen, Die Anfänge der chemisch-pharmazeutischen Industrie, Bd. II, S. 81.
30 Emanuel Merck an Haskell, Merrick & Bull vom 14. Oktober 1851, Merck-Archiv, E 1/16, S. 749 f.
31 Urkunde, Merck-Archiv, W 06/78; Kroker, Die Weltausstellungen, S. 48, 190; vgl. Official Catalogue of the New York Exhibition of the Industry of All Nations, S. 120.
32 Jahresbericht der Handelskammer Darmstadt für 1862, S. 22; Franz, Vom Biedermeier in die Katastrophe, S. 361. Merck erhielt eine Preismedaille.
33 Im Einzelnen u. a. folgende internationale Ausstellungen: 1864 Straßburg (Merck-Archiv, W 645), 1867 Paris (W 6/14), 1873 Wien (W 6/52), 1879 Sydney (W 6/43), 1881 Melbourne (W 6/42), 1881 London (W 6/35), 1883 Wien (W 6/24), 1883 Amsterdam (W 6/36), 1885 Brüssel (Tagebuch Mathilde Merck, A 901), 1893 Chicago (Friederike Merck, George Merck (1867–1926), zum Gedächtnis, in: Mercksche Familien-Zeitschrift 13, 1–2 (1933), S. 10–17, hier S. 14 f.); vgl. auch Kabisch, Deutsches Kapital, S. 233 f.; 1894 Rom (W 6/49), 1895 Paris (W 6/47), 1900 Paris (W 6/37), 1901 Santiago de Chile (W 6/46), 1903 Japan (W 6/25), 1904 St. Louis/USA (W 6/39, W 6/40, B 6a), 1909 Bombay (W 6/26), außerdem 1876 Darmstadt (W 6/49). Zur Bedeutung der Ausstellungen für die Branche vgl. Vaupel, A. W. Hofmann und die Chemie auf den Weltausstellungen, S. 203 f. Zu einer Auswahl der Auszeichnungen bis 1889, vgl. Merck's Index of Fine Chemicals and Drugs for the Materia Medica and the Arts. A Guide for the Physician, Apothecary, Chemist and Dealer, hgg. by E. Merck, [New York] 1889, S. VIII, Merck-Archiv, Jj Ind 1.89e.
34 Nach der vermutlich ältesten im Originaldruck erhaltenen Preisliste: «Preise der chemischen Präparate E. Merck in Darmstadt (Monat April 1857)» [mit handschriftlichen Ergänzungen für den Monat Juni], Merck-Archiv, W 35/1227. Für 1860 wurden schon insgesamt 850 Artikel gezählt, vgl. Ludwig Sulzmann, Tätigkeitsbericht von April 1930, Merck-Archiv, F 6/4. Zum kontinuierlichen Rückgang der Preise vgl. Vershofen, Die Anfänge der chemisch-pharmazeutischen Industrie, Bd. II, S. 69 f., 83 f., 101, 114.
35 In der Korrespondenz zwischen Emanuel Merck und Georg seit März 1846 wiederholt erwähnt, Merck-Archiv, A 623, vgl. auch Herrmann (Hrsg.), Heinrich Emanuel Mercks Briefe, S. 33, 35, 39 f., 43–45; vgl. Briefkopierbuch 1851/52, Merck-Archiv, E 1/16, S. 19; Vershofen, Die Anfänge der chemisch-pharmazeutischen Industrie, Bd. II, S. 83.
36 Georg Merck an Emanuel Merck vom 10. Mai 1854, Merck-Archiv, A 621.
37 Carl Merck – ganz im anweisenden Duktus des Vaters und wahrscheinlich auf dessen Anweisung schreibend – an Georg Merck vom 11. und 13. Mai 1854, Merck-Archiv, A 589.
38 Hofmann an Liebig vom 22. Mai 1854, abgedruckt in: Brock, Justus von Liebig und August Wilhelm Hofmann in ihren Briefen, Brief Nr. 133, S. 176.
39 Aufgelistet bei Löw, Heinrich Emanuel Merck, S. 177 f.
40 Großherzoglich Hessische Ordenskanzlei an Emanuel Merck vom 18. Juni und Urkunde Ludwigs III. vom 9. Juni 1854, Merck-Archiv, A 4.
41 Emanuel Merck mehrfach an Pasteur vom Dezember 1851, April und Mai 1852, Briefkopierbuch 1851/52, S. 877, 882, 889, 1257, 1292, 1326, 1347, Merck-Archiv, E 1/16. Vgl. ferner Löw, Heinrich Emanuel Merck, S. 187.
42 Liebig an Emanuel Merck vom 16. November 1852, in: Heße/Heuser (Hrsg.), Justus von

Liebig und Julius Eugen Schloßberger, S. 21; Liebig an Emanuel Merck vom 16. August 1853, Merck-Archiv, A 45; im Herbst 1854 fand allerdings ein Besuch statt, vgl. Liebig an Emanuel Merck vom 10. Oktober 1854, Merck-Archiv, A 45.

43 Gedrucktes Gedicht zu Emanuel Mercks 45. Geburtstag, 2. Strophe: «Ein wilder, böser Junge war / Er stets und ach, mit rothem Haar, / Das leider jetzt nicht mehr zu seh'n, / seit fremde Haar' sein Haupt umweh'n», Merck-Archiv A 62; vgl. auch Mitteilung an seine Frau aus Ostende vom 8. September 1850, er bade oft ohne Perücke, Merck-Archiv, A 44; Löw, Heinrich Emanuel Merck, S. 198, 200.

44 Emanuel Merck an seine Frau Magdalene Merck vom 17. Juni 1851, Merck-Archiv, A 44.

45 Die Anzeige der Witwe spricht von elf-, die des Apothekervereins von dreitägiger Krankheit, Merck-Archiv, A 38; Nachrufe bei Löw, Heinrich Emanuel Merck, S. 203–205; die Allgemeine Zeitung vom 18. Februar 1855 nannte ein Nervenfieber als Todesursache, Merck-Archiv, A 62.

46 Louise von Wedekind an ihren Bruder vom 12. Februar 1855, Merck-Archiv, A 65: «Halb Darmstadt ist besorgt um seinen wohlthätigen Crösus …».

47 Schäfer, Familienunternehmen, S. 126.

48 Vgl. Alwin Schenck, Merck-Archiv, A 1054, S. 87–89; Merck Corporate History (Hrsg.), Schenck. Jungmädchentagebuch.

49 Fresenius, Geschichte des Chemischen Laboratoriums, S. 64.

50 Löwig war in Breslau Nachfolger von Robert Bunsen, hatte Merck 1849 kontaktiert und ihm 1854 angeboten, sich persönlich um Wilhelm während des Studiums zu kümmern, vgl. Carl Löwig an Emanuel Merck vom 22. Juli 1849 und 28. Juli 1854, Merck-Archiv, A 47 b.

51 Veröffentlicht unter dem Titel «Recherches sur l'acide Vératrique», in: Académie des Sciences XLVII (Juli 1858), Abdruck im Merck-Archiv, A 37; vgl. auch Sitzung vom 23. Januar 1899, Berichte der Deutschen chemischen Gesellschaft zu Berlin 1 (1899), S. 147; Busse, Der Meister und seine Schüler, S. 275.

52 Bis Wilhelm das Alter von 25 Jahren erreichte, blieb der Anteil am Reingewinn seiner Mutter vorbehalten, Urkunde vom Januar 1856, Merck-Archiv, A 38, Abschrift E 10/2286; vgl. auch Nekrolog «Wilhelm Merck †», in: Darmstädter Zeitung, 28. März 1899, Merck-Archiv, A 37.

53 Mobilien- & Gerätschaftenkonto, Fabrikutensilien & Maschinenkonto, Merck-Archiv, S 7/1180, S. 87 f.

54 Otto Freund (Einstellung 1851), ein Liebig-Schüler (Busse, Der Meister und seine Schüler, S. 268) und Wilhelm Klinger (Einstellung 1854), Personaldaten, Nr. 2 und 3, Merck-Archiv, J 1216.

55 Auswertung der Personaldaten, Merck-Archiv, J 1/216.

56 Euler, Stammfolge Hoffmann, S. 81–83. In Altenburg war übrigens Carl Heinrich Merck (1761–1799), der Sibirienforscher, aufgewachsen, vgl. Dahlmann/Friesen/Ordubadi, Carl Heinrich Merck, S. 31. Zur 1825 gegründeten Leinen-, Baumwoll- und Wollfabrik Kick & Hoffmann vgl. Euler, Stammfolge Hoffmann, S. 81 f.; vgl. auch «Hoffmann, Johann Karl Wilhelm», in: Hessische Biografie; Merck Corporate History (Hrsg.), Schenck. Jungmädchentagebuch, S. 17.

57 Die Firma E. Merck, Darmstadt, Rechtsform und Prokura, Merck-Archiv, R 1/2.

58 Euler, Stammfolge Hoffmann, S. 83.

59 Louis Hoffmann an Emanuel Merck vom 19. Juli 1840, 20. Januar und 27. September 1841, Merck-Archiv, A 48.

II. 2. 1850er bis 1880/90er-Jahre: Sozietät   **539**

60 Emanuel Merck an Georg Merck vom 19. April 1840, Merck-Archiv, A 623, abgedruckt in: Herrmann (Hrsg.), Heinrich Emanuel Mercks Briefe, Nr. I, S. 1, mit Anm. 2; vgl. auch Magdalene Merck an Carl Merck vom 1. September 1840; Emanuel Merck an Carl Merck vom 6. Oktober 1839; Magdalene Merck an Carl Merck vom 17. Juli 1841, Merck-Archiv, A 585; Louis Hoffmann an Georg Merck 1847, Merck-Archiv, A 624; Liebig an Merck vom 14. Mail 1850, Merck-Archiv, A 45.
61 Vgl. die Korrespondenz zwischen Carl und Georg mit Louis Hoffmann, Merck-Archiv, A 589.
62 Hessische Volksblätter, 2. Dezember 1864, mit Hinweis auf Gesundheitsgründe bei der Abgabe eines Aufsichtsratsmandats.
63 Wilhelm Seip, Tätigkeitsbericht vom 31. März 1924, S. 1f., Merck-Archiv, F 6/4, S. 2.
64 Vgl. Rödel, Fabrikarchitektur, S. 240 f.; Wetzel, Industriearbeit, S. 94 f. Vgl. auch Plumpe, Carl Duisberg, S. 129, 135; Löw, Die Chemische Fabrik, S. 32.
65 Matthäus, Die «Alte Fabrik», S. 17.
66 Adrian, Beitrag zur Chronik der Technischen Abteilung, Bd. I, S. 23; vgl. beispielsweise Bauänderungen 1861 und 1884, Merck-Archiv, O 1/14 f.
67 Georg Kräuter, Tätigkeitsbericht von Ende 1929, Merck-Archiv, F 6/3; Wetzel, Industriearbeit, S. 90–92. Adrian, Beitrag zur Chronik der Technischen Abteilung, Bd. I, S. 10.
68 Vgl. die Schilderung der vergleichbaren Schering-Betriebe durch deren Direktor, den Apotheker Paul Korn, Die ersten Betriebe, S. 14r. f., SchA S 22–27, vgl. auch Wlasich, Ernst Schering, S. 18; allgemein Rödel, Fabrikarchitektur, S. 240 f.
69 Abb.-Nr. 31. Plakat von ca. 1892, Druck Fried. Schoembs Offenbach, Merck-Archiv, Y 01/per 29–03, mit dem in verschiedensten Formaten auch Werbung gemacht wurde. Abgebildet in Matthäus, Die «Alte Fabrik», S. 28 f., 47. Ein Grundriss aus dem Jahre 1896 konkretisiert die Lage der einzelnen Gebäude, Merck-Archiv, W 1/3.2; vgl. auch Adrian, Beitrag zur Chronik der Technischen Abteilung, Bd. I, Anlage A 1/3.
70 Alwin Schenck, Jugenderinnerungen, Merck-Archiv, A 1054, S. 87–89, sowie ders., Lebensbeschreibung George Mercks in Briefform für dessen Enkel, Merck-Archiv, A 26.
71 Löw, Heinrich Emanuel Merck, S. 137.
72 Nachruf auf Georg Merck, Merck-Archiv, A 628; Löw, Heinrich Emanuel Merck, S. 173 f.
73 Nach dem Umzug in die neue Fabrik wurden die Häuser Rheinstraße 7 und 9 von dem renommierten Bensheimer Architekten Heinrich Metzendorf modernisiert, der auch für Bayer und Carl Duisberg baute, vgl. Lechler, «Ein künstlerisches Ereignis», S. 145–155; vgl. Mahlberg/Nußbaum, Heinrich Metzendorf, S. 196–271, 325–340; Albert Schumacher, Tätigkeitsbericht vom 29. September 1928, Merck-Archiv, F 6/12, S. 30.
74 Vgl. Löw, Die Chemische Fabrik, S. 34; Helmstädter/Hermann/Wolf, Leitfaden der Pharmaziegeschichte, S. 151.
75 Braun, Lebenslauf, Merck-Archiv, F 6/1, S. 8; Personaldaten, Merck-Archiv, J 1/216, Nr. 43.
76 Klenke, Zum Alltag der Apothekergehilfen, S. 18–20.
77 Braun, Lebenslauf, Merck-Archiv, F 6/1, S. 8. Zu den generellen Öffnungszeiten Klenke, Zum Alltag der Apothekergehilfen, S. 18.
78 Busse, Der Meister und seine Schüler, S. 158.
79 Carl Merck nach Georgs Tod in einem Postskriptum an einen «hochgeehrten Freund», Merck-Archiv, A 628.
80 Vgl. Schwedt, Liebig, S. 24 f.; A. W. v. Hofmann, Nachruf, in: Berichte der Deutschen

Chemischen Gesellschaft zu Berlin, 6 (1873), S. 1585, Merck-Archiv, A 628; Merck an H. Bartel vom 26. November 1878, Merck-Archiv, V 4/3.
81 Deren Erster war Apotheker A. Moldenhauer, gefolgt von H. Bartel, vgl. Zeugnis für Louis Merck vom 15. Oktober 1879, Merck-Archiv, A 19.
82 Braun, Lebenslauf, Merck-Archiv, F 6/1, S. 11.
83 Hans Braun (geb. 1855), Lebenslauf, Merck-Archiv, F 6/1, S. 13; Rede zu Brauns 25. Dienstjubiläum, Merck-Archiv, F 6/1; Durchschrift des Schreibens Emanuel Merck an W. Lorbach vom 24. Januar 1883, Kopierbuch 1878–1883, Merck-Archiv, V 4/3; vgl. auch Personaldaten, Nr. 41, Merck-Archiv, J 1/216.
84 Braun, Lebenslauf, Merck-Archiv, F 6/1, S. 12.
85 Übertragung der Konzession für die Engel-Apotheke auf E. A. Merck vom 16. November 1883, Merck-Archiv, A 13 und A 634.
86 Carl Scriba, Meine Tätigkeit, Merck-Archiv, F 6/8 (t), S. 198.
87 Zu Wilhelm Mercks Forschungen insbesondere im Anschluss an seine Dissertation zu Kokain Hoppe, Aus der Frühzeit der chemischen Konstitutionsforschung, S. 55–57, 69; weiterhin auch Dumitriu, Die wissenschaftliche Entwicklung der Alkaloid-Chemie.
88 Carl Scriba, Meine Tätigkeit, Merck-Archiv, F 6/8 (t), S. 8, 45. Zu Herrmann (1843–1882) vgl. auch Wankmüller, Apotheker Emil Herrmann, S. 110 f.; Possehl, Pharmazeutische Verfahrenstechnik, S. 247–256; Scriba, Entwicklung der Fabrik I, Merck-Archiv, F 6/8 (s), S. 2 f.
89 Carl Scriba, Meine Tätigkeit, Merck-Archiv, F 6/8 (t), S. 12, 39 (Zitat), 58, 61, 67, 70; ders., Entwicklung der Fabrik I, Merck-Archiv, F 6/8 (s), S. 2 f.; vgl. auch Possehl, Pharmazeutische Verfahrenstechnik S. 247 f., sowie Wetzel, Industriearbeit, S. 90.
90 Carl Scriba, Meine Tätigkeit, Merck-Archiv, F 6/8 (t), S. 171.
91 Paul Korn, Die ersten Betriebe, SchA S 22–27, S. 15v.
92 Carl Scriba, Meine Tätigkeit, Merck-Archiv, F 6/8 (t), S. 38 f. Laut Scriba, Entwicklung der Fabrik I, Merck-Archiv, F 6/8 (s), S. 3, vergiftete er sich. Vgl. auch Possehl, Pharmazeutische Verfahrenstechnik, S. 248, 255, Anm. 41, zu Lehrbüchern und Gerätschaften Stecher, Pharmazeutische Technik, S. 197, 205, 235–251.
93 Zur führenden Rolle von Merck vgl. die zahlreichen Hinweise auf Kunden, die fast ausschließlich bei Merck einkauften, bei Schering, Reisen, S. 11–13, 15 f., 34, 41 f., 48–50, 53, 56, häufig auch mit Hinweis auf Merck-Qualität, S. 37, 50. Zur sprunghaften Zunahme der Pharmahersteller Bernsmann, Arzneimittelforschung, Abb. 2, S. 528; Haber, Chemical Industry, S. 170, Fig. 2; Kobrak, National cultures and international competition, S. 13, 40; Vershofen, Wirtschaftsgeschichte der chemisch-pharmazeutischen Industrie, Bd. III, S. 38 f., 50 f., sowie zum Preisdruck ders., Die Anfänge der chemisch-pharmazeutischen Industrie, Bd. II, S. 101–104.
94 Paul Korn, Die ersten Betriebe, SchA S 22–27, S. 15v, 16r, sowie Holländer, Geschichte der Schering, S. 107.
95 Carl Scriba, Meine Tätigkeit, Merck-Archiv, F 6/8 (t), S. 17, 173; Jahresbericht der Handelskammer Darmstadt für 1872, S. 82. Vgl. auch Issekutz, Die Geschichte der Arzneimittelforschung, S. 563.
96 Scriba, Entwicklung der Fabrik I, Merck-Archiv, F 6/8 (s), S. 66.
97 Carl Scriba, Meine Tätigkeit, Merck-Archiv, F 6/8 (t), S. 17; vgl. zu diesen Frachtkosten Jahresberichte der Handelskammer Darmstadt für 1881, S. 54; für 1882, S. 60; für 1883, S. 58. Scriba, Entwicklung der Fabrik I, Merck-Archiv, F 6/8 (s), S. 66.

II. 2. 1850er bis 1880/90er-Jahre: Sozietät

98 Merck wurde auf diesem Gebiet für einige Jahrzehnte zum Zwischenhändler, vgl. Carl Scriba, Meine Tätigkeit, Merck-Archiv, F 6/8 (t), S. 17.
99 Carl Scriba, Entwicklung der Fabrik I, Merck-Archiv, F 6/8 (s), S. 66. Ders., Meine Tätigkeit, Merck-Archiv, F 6/8 (t), S. 16, 21, 25, 37 f., 45, 48 f., 52, 62, 66, 69, 71, 75, 77, 80, 84, 94 f., 96, 101, 105, 107, 119, 126, 130, 131, 133 f., 137 f., 139, 191, 196.
100 Carl Scriba, Meine Tätigkeit, Merck-Archiv, F 6/8 (t), S. 17; vgl. auch Wolffenstein, Die Pflanzenalkaloide, S. 250.
101 Carl Scriba, Meine Tätigkeit, Merck-Archiv, F 6/8 (t), S. 18, 45; vgl. auch Jahresberichte der Handelskammer Darmstadt für 1881, S. 54, und für 1882, S. 60.
102 Carl Scriba, Meine Tätigkeit, Merck-Archiv, F 6/8 (t), S. 18 f.; vgl. auch Wolffenstein, Die Pflanzenalkaloide, S. 174.
103 Carl Scriba, Meine Tätigkeit, Merck-Archiv, F 6/8 (t), S. 80 f., zu den «völlig veralteten Methoden» ebd., S. 85; vgl. auch Schering, Reisen, S. 15.
104 Reinhardt, Forschung in der chemischen Industrie, S. 250 f.; Kobrak, National cultures and international competition, S. 37.
105 Carl Scriba, Meine Tätigkeit, Merck-Archiv, F 6/8 (t), S. 17.
106 Jahresberichte der Handelskammer Darmstadt für 1873, S. 5, 59, und für 1879, S. 6, 69; vgl. auch Kobrak, National cultures and international competition, S. 23, 30, 35.
107 So C. F. Boehringer sen. gegenüber Ernst Schering im September 1878, vgl. Schering, Reisen, S. 15.
108 So die Bilanz einer Reise Scherings 1876, ebd., S. 18; vgl. auch Albrecht Schmidt, Erinnerungen, Bände II–IV, Berlin 1888–1898, S. 53 f. [1927], SchA, B1/84/1.
109 Bartmann, Zwischen Tradition und Fortschritt, S. 102.
110 Wilhelm Conzen, 29 Jahre im Dienst, Merck-Archiv, F 6/7, S. 7.
111 Albert Schumacher, Tätigkeitsbericht vom 29. September 1928, Merck-Archiv, F 6/12, S. 6.
112 Wilhelm Conzen, 29 Jahre im Dienst, Merck-Archiv, F 6/7, S. 5.
113 Albert Schumacher, Tätigkeitsbericht vom 29. September 1928, Merck-Archiv, F 6/12, S. 3–5.
114 Wilhelm Conzen, 29 Jahre im Dienst, Merck-Archiv, F 6/7, S. 15, 41; ähnlich Carl Scriba, Meine Tätigkeit, Merck-Archiv, F 6/8 (t), S. 175.
115 Karl Kistinger, Tätigkeitsbericht von 1937, Merck-Archiv, F 6/3.
116 Wilhelm Conzen, 29 Jahre im Dienst, Merck-Archiv, F 6/7, S. 28 f.
117 Vgl. Kocka, Industrielles Management, S. 340, 344. Zu vergleichbaren Defiziten bei Schering bis in die 1890er-Jahre vgl. Kobrak, National cultures and international competition, S. 12.
118 Albert Schumacher, Tätigkeitsbericht vom 29. September 1928, Merck-Archiv, F 6/12, S. 13.
119 Vgl. dazu Schäfer, Familienunternehmen, S. 102–105.
120 Übrigens wurde er von seinem Vater im Testament 1882 immer «Emanuel Merck» genannt – wie der Großvater, vgl. Merck-Archiv, E 10/2286.
121 Vgl. auch Schäfer, Familienunternehmen, S. 115.
122 Gehälter der Beamten 1873–1884, Merck-Archiv, J 1/22.
123 Albert Schumacher, Tätigkeitsbericht vom 29. September 1928, Merck-Archiv, F 6/12, S. 15; Personaldaten, Merck-Archiv, J 1/216, Nr. 15.
124 Lettermann (1836–1902), 1867 bei Merck eingetreten, Möser (1850–1912), 1871 eingetreten, Oeser (1842–1893), 1865 eingetreten, Personaldaten, Nr. 4, 15/18 und 9, Merck-Archiv, J 1/216. Vgl. auch Wilhelm Conzen, 29 Jahre im Dienst, Merck-Archiv, F 6/7, S. 10.

125 Albert Schumacher, Tätigkeitsbericht vom 29. September 1928, Merck-Archiv, F 6/12, S. 2. Zu den Gehältern Merck-Archiv, J 1/22. Vgl. auch Wilhelm Conzen, 29 Jahre im Dienst, Merck-Archiv, F 6/7, S. 10.
126 Wilhelm Conzen, 29 Jahre im Dienst, Merck-Archiv, F 6/7, S. 5.
127 A. W. Hofmann, Nachruf für Georg Merck, Merck-Archiv, A 628, der dessen Kontaktpflege mit jüngeren englischen Chemikern erwähnt, vgl. auch Wöhler an Liebig vom 30. März und 5. April 1870, in: Hofmann, Liebig-Wöhler-Briefwechsel, Bd. II, S. 283, 286.
128 Alwin Schenck, Bericht über Georg Merck für die Enkel [1926], Merck-Archiv, A 26; Nekrolog der Darmstädter Zeitung vom 28. März 1899, Merck-Archiv, A 37.
129 Schott, Die Provinz Starkenburg, S. 9; Franz, Vom Biedermeier in die Katastrophe, S. 411; «Wilhelm Merck †», in: Darmstädter Zeitung vom 28. März 1899, Merck-Archiv, A 37; Eisenbach, Zwischen wirtschaftlicher Interessenvertretung und öffentlich-rechtlichem Auftrag, S. 17, 95.
130 Schering hatte 1876 135 Arbeiter und 29 Angestellte (Kobrak, National cultures and international competition, S. 26, Anm. 59), Riedel Mitte der 1880er-Jahre eine Belegschaft von «164 Köpfen» (150 Jahre Riedel-de Haen, S. 77), C. F. Boehringer & Söhne beschäftigte Mitte der 1870er-Jahre «rund 35 Arbeiter» (Parzer, Friedrich Engelhorn, S. 68), Gehe in Dresden hatte 1869 insgesamt 48 Mitarbeiter (Vershofen, Die Anfänge der chemisch-pharmazeutischen Industrie, Bd. II, S. 94); Hoechst wuchs von Beginn 1863 (mit fünf Arbeitern, einem Chemiker und einem Kontoristen) bis 1874 auf 350 Arbeiter und 12 Chemiker, 1888 auf 1860 Arbeiter und 12 Chemiker (Reinhardt, Forschung in der chemischen Industrie, S. 247), Bayer hatte 1880 insgesamt 298 Arbeiter (Verg/Plumpe/Schultheis, Meilensteine, S. 63).
131 Während die Anzahl beamteter/angestellter Mitarbeiter sich von 1873 bis zu ersten systematischen Beschäftigungsstatistiken anhand der Gehaltslisten (Merck-Archiv, J 22–24) ermitteln lässt, gibt es nur Einzelhinweise zu den Arbeiterzahlen. Hiernach empfingen im Jahr 1873 insgesamt 45 Mitarbeiter Gehalt; von 1874–1880 jährlich rund 36; bis 1890 stieg deren Anzahl auf 90 (1890) und 113 (1894). Die Relation zwischen der Anzahl der beschäftigten Beamten/Angestellten und Arbeiter betrug – nach den gesichteten Quellen schätzungsweise – 1:4. Für das Jahr 1884 ist die Anzahl der in der Merck-Krankenkasse Versicherten überliefert mit insgesamt 328 Mitgliedern, vgl. Jahresbericht der Handelskammer Darmstadt für 1884, S. 21. Aus diesen Daten lässt sich schließen, dass die Gesamtzahl der Beschäftigten für den Zeitraum 1873–1879 zwischen 130 und 200 schwankte, von 1880 bis 1885 auf über 330 und bis 1890 auf 400 bis 500 anstieg. Siehe auch Anm. 321, S. 564.
132 Creter, Notiz vom 29. Mai 1906, Merck-Archiv, J 1/256 nennt für Juli 1881 253 Arbeiter, dementsprechend Rede W. Mercks zum 25-jährigen Jubiläum von Scriba vom 1. Juli 1906, Merck-Archiv, hinter Tätigkeitsbericht Ludwig Schwörer, F 6/4. An insgesamt 18 kaufmännische Angestellte in seinem Eintrittsjahr 1874 erinnert sich Wilhelm Seip, Tätigkeitsbericht vom 31. März 1924, Merck-Archiv, F 6/4, S. 2.
133 Vgl. Amendt, Die inner- und ausserbetriebliche Lage der Arbeitnehmer, S. 120; Pohl/Schaumann/Schönert-Röhlk, Die chemische Industrie, S. 115–126; Hromadka, Die Arbeitsordnung, S. 3; Wetzel, Industriearbeit, S. 121 f.
134 «Vertrag, welchen der unterzeichnete Arbeiter in der chemischen Fabrik von E. Merck mit seinem Brodherrn E. Merck und dessen Theilhaber freiwillig abgeschlossen hat» vom 31. Juli 1853, Merck-Archiv, W 20/18.
135 Aus den Paragraphen dieses Vertrages, ebd.; allgemein Pohl/Schaumann/Schönert-Röhlk, Die chemische Industrie, S. 134 f.; Decker, Die betriebliche Sozialordnung, S. 61.

II. 2. 1850er bis 1880/90er-Jahre: Soziatät **543**

136 Amendt, Die inner- und ausserbetriebliche Lage der Arbeitnehmer, S. 253 f.
137 Wie die Schilderung des Apothekenverwalters Braun, Lebenslauf, aus den 1880er-Jahren belegt, Merck-Archiv, F 6/1, S. 7.
138 Vgl. dazu allgemein Kocka, Unternehmensverwaltung, S. 148 f., 154 f.
139 Vgl. Kocka, Industrielles Management, S. 366, Anm. 156; Berghoff, Unternehmenskultur, S. 167–204; Plumpe, Carl Duisberg, S. 205 f.
140 Vgl. Berghoff, Zwischen Kleinstadt und Weltmarkt, S. 114.
141 Nachweisbar seit 1873 in Höhe von 15 bis 20 Gulden (seit 1875 20–40 M.), Gehälter der Beamten 1873–1884, Merck-Archiv, J 1/22.
142 Philipp Klinger, Tätigkeitsbericht vom 10. November 1939, Merck-Archiv, F 6/3, S. 6, und Heinrich Rindfrey, Tätigkeitsbericht vom 18. Januar 1924, Merck-Archiv, F 6/4, S. 6. Allgemein Berghoff, Zwischen Kleinstadt und Weltmarkt, S. 116; Kocka, Industrielles Management, S. 365.
143 Vertrag vom 31. Juli 1853, Merck-Archiv, W 20/18. Allgemein Pohl/Schaumann/Schönert-Röhlk, Die chemische Industrie, S. 137–139.
144 Zu Bayer vgl. Verg/Plumpe/Schultheis, Meilensteine, S. 30, 47.
145 Fabrik-Ordnung für die Arbeiter der Chemischen Fabrik von E. Merck in Darmstadt, Darmstadt 1884, Merck-Archiv, W 20/4.
146 Carl Merck an Louis Merck vom 17. Februar 1883, Merck-Archiv, A 21.
147 Die beiden «Platzmeister» Hochstätter (1879) und Goebel (1883), Personaldaten, Nr. 24 und 39, Merck-Archiv, J 1/216.
148 Vgl. Kocka, Industrielles Management, S. 367.
149 Personaldaten Nr. 13, Merck-Archiv, J 1/216. Tätigkeitsberichte Theuerjahr vom 1. Oktober 1935 und Notti, o. D., Merck-Archiv, F 6/4, sowie Philipp Klinger vom 10. November 1939, F 6/3.
150 Zahlen nach den Arbeiterbüchern (teilweise vorhanden für Juni 1861–1874), Merck-Archiv, J 1/228–238.
151 Vgl. Schomerus, Die Arbeiter der Maschinenfabrik Esslingen, S. 173 und für Hoechst Wetzel, Industriearbeit, S. 112.
152 Wie beispielsweise an das Monatsgehalt von Hauptmann Creter, Merck-Archiv, J 1/22.
153 Vgl. Schomerus, Die Arbeiter der Maschinenfabrik Esslingen, Tabelle 25, S. 296; Hentschel, Wirtschaftsgeschichte der Maschinenfabrik Esslingen, S. 71.
154 Vgl. die wenigen Lohnangaben bei Pohl/Schaumann/Schönert-Röhlk, Die chemische Industrie, S. 143.
155 Wetzel, Industriearbeit, S. 110–112.
156 Fast die Hälfte der Arbeiter erhielt 2,42 Gulden, vgl. die Neujahrszahlungen in den Arbeiterbüchern, Merck-Archiv, J 1/228–238.
157 Arbeiterbücher 1865, Merck-Archiv, J 1/228–238.
158 Gehälter der Beamten 1873–1884, Merck-Archiv, J 1/22.
159 Vgl. Merck-Archiv, J 1/25.
160 Gehälter der Beamten 1873–1884, Merck-Archiv, J 1/22.
161 Pohl/Schaumann/Schönert-Röhlk, Die chemische Industrie, S. 140; Wetzel, Industriearbeit, S. 115–120; Plumpe, Carl Duisberg, S. 190 f.
162 Vgl. Kocka, Unternehmensverwaltung, S. 82–92; Plumpe, Carl Duisberg, S. 183.
163 Im Todesfall fiel die Kaution an die Erben, Strafen wurden mit ihr verrechnet. Die «Strafkasse» diente der «Unterstützung für die allenfallsigen Wittwen» und wurde theoretisch zwar vom «ersten Arbeiter» verwaltet – «um dem Arbeiter die Meinung zu beneh-

men, als wolle man sich mit dem Strafgeld bereichern» –, doch stand sie de facto «unter der Controlle des Fabrikherrn», Auszahlungen erforderten seine Zustimmung, Vertrag vom 31. Juli 1853, Merck-Archiv, W 20/18.
164 Amendt, Die inner- und ausserbetriebliche Lage der Arbeitnehmer, S. 484, 486.
165 Vertrag vom 31. Juli 1853, Merck-Archiv, W 20/18. Es handelte sich um vom Unternehmen benannte, niedergelassene Ärzte.
166 Pohl/Schaumann/Schönert-Röhlk, Die chemische Industrie, S. 157.
167 Schwenger, Die deutschen Betriebskrankenkassen, S. 29; Pohl/Schaumann/Schönert-Röhlk, Die chemische Industrie, S. 154; Sachße/Tennstedt, Geschichte der Armenfürsorge, S. 263–266. Vgl. auch Kobrak, National cultures and international competition, S. 26 f.
168 Ebner, Merck und Darmstadt, o. S.
169 Bericht der Betriebs-Kranken-Kasse für 1897/98, Merck-Archiv, F 3/4, S. 8. Bei Hoechst waren Arbeiter und Beamte bereits seit 1863 versichert, Wetzel, Industriearbeit, S. 265.
170 Schott, Die Vernetzung der Stadt, S. 91, 93.
171 Dutzi, Heimat aus zweiter Hand, S. 91.
172 Ebd., S. 30; Merck erwarb 1866 drei Aktien, Kapitalkonto, Merck-Archiv, S 1/23, S. 256. Vgl. auch Wetzel, Industriearbeit, S. 249–253.
173 100 Jahre Bauverein für Arbeiterwohnungen in Darmstadt.
174 Franz, Vom Biedermeier in die Katastrophe, S. 369 f.
175 Laut Dutzi, Heimat aus zweiter Hand, S. 92, 194. 1903 sollen dort insgesamt 60 Familien gewohnt haben. Schering baute Arbeiterwohnungen 1886, Kobrak, National cultures and international competition, S. 27; Bayer 1895, Verg/Plumpe/Schultheis, Meilensteine, S. 117; BASF seit 1899, von Hippel, Auf dem Weg zum Weltunternehmen, S. 78, 109. Vgl. auch Bericht der Betriebs-Kranken-Kasse für 1897/98, Merck-Archiv, F 3/4, S. 14. Vgl. unten S. 194 f.
176 Vgl. Andersen, Historische Technikfolgenabschätzung, S. 6 f.; zur Lage der alten Fabrik bzw. der neuen Fabrik vgl. die Karten von Darmstadt 1870 und 1910 bei Schott, Die Vernetzung der Stadt, Anhang Abb. 3.3. und 4.8.
177 Antrag Merck 1855, Merck-Archiv, A 665.
178 Schott, Die Vernetzung der Stadt, S. 171; ders., Die Provinz Starkenburg, S. 97 f.
179 Adrian, Beitrag zur Chronik der Technischen Abteilung, Bd. I, S. 8 f.
180 Von dem aus Darmstadt stammenden Chemiker Albrecht Schmidt beschrieben als ein «Sammelsurium von Gerüchen, herrührend von Aether, Jod, Pflanzenextrakten u.s.w.», Albrecht Schmidt, Erinnerungen, SchA, B1/84/1, S. 19. Vgl. auch Albert Schumacher, Tätigkeitsbericht vom 29. September 1928, Merck-Archiv, F 6/12, S. 13.
181 Vgl. Andersen, Historische Technikfolgenabschätzung, S. 254 f., 276, 281, 295; Schaad, Chemische Stoffe, giftige Körper, S. 178; Schott, Die Vernetzung der Stadt, S. 173.
182 Peter Lannert, Tätigkeitsbericht von 1935, Merck-Archiv, F 6/3.
183 Adrian, Beitrag zur Chronik der Technischen Abteilung, Bd. I, A 1/10.
184 Scharf, Tätigkeitsbericht, Merck-Archiv, F 6/4; Adrian, Beitrag zur Chronik der Technischen Abteilung, Bd. I, S. 24 und Anlage 1, 7–3.
185 Die Relation Stadtbezug zu Eigenversorgung erhöhte sich von 1:4,7 (1898/99) auf 1:1 (1902/03), vgl. Adrian, ebd., Bd. I, S. 9.
186 Wolfes, Tätigkeitsbericht vom 29. September 1926, Merck-Archiv, F 6/5.
187 Andersen, Historische Technikfolgenabschätzung, S. 286.

3. 1880/90er-Jahre bis 1914: Konflikte, Modernisierung, Paternalismus, Expansion

1 Die Firma E. Merck, Darmstadt, Rechtsform und Prokura, Merck-Archiv, R 1/1 sowie R 1/2.
2 Carl Merck, «Mein letzter Wille», 1882, Merck-Archiv, E 10/2286. Carl Merck starb drei Jahre später «nach langem schweren Leiden», vgl. Todesanzeige Darmstädter Zeitung vom 3. März 1885.
3 Carl Merck an Louis Merck vom 17. Februar 1883, Merck-Archiv, A 21 [Hervorhebung im Original].
4 Zeugnisse etc., Merck-Archiv, A 13 und A 19.
5 Louis Merck, Beiträge zur Kenntniss des Pilocarpin's, phil. Diss. Freiburg 1883, Merck-Archiv, A 19; Emanuel August Merck, Über die blausauren Salze organischer Basen, vgl. Dr. Emanuel August Merck †, in: Mercksche Familien-Zeitschrift 9/1 (1923), S. 1 f.
6 Briefkopierbuch 1886–1898, Merck-Archiv, E 1/13, S. 7; Albert Schumacher, Tätigkeitsbericht vom 29. September 1928, Merck-Archiv, F 6/12, S. 14; Dr. Emanuel August Merck †, in: Mercksche Familien-Zeitschrift 9/1 (1923), S. 1 f.
7 Albert Schumacher, Tätigkeitsbericht vom 29. September 1928, Merck-Archiv, F 6/12, S. 3, 5, berichtet, dass sich beide das Büro teilten; Löw, Die Chemische Fabrik, S. 38. Carl (gen. «Ohm») Merck war als Schüler mehrfach schwer erkrankt, Merck Corporate History (Hrsg.), Schenck. Jungmädchentagebuch, S. 19; Carl Merck †, in: Mercksche Familien-Zeitschrift 14/3–4 (1936), S. 79–82. Carl Merck hatte für den Krankheitsfall seiner Söhne ausdrücklich testamentarische Vorsorge getroffen, «Mein letzter Wille», Merck-Archiv, E 10/2286.
8 Studienbuch und Zeugnisse, Promotionsurkunde vom 12. Mai 1886, Merck-Archiv, A 30.
9 Apothekerlehre in Offenbach (1880–1882), dann einjähriger Militärdienst, gefolgt vom Chemischen Laboratorium Fresenius in Wiesbaden, Vita Carl Merck in seiner gedruckten Dissertation, Merck-Archiv, A 640; Joseph Basting, Tätigkeitsbericht von Februar 1924, Merck-Archiv, F 6/1.
10 Willy Merck, Dissertation «Ueber Cocain» (1886); Carl Merck, Dissertation «Ueber Furfuräthenpyridin und ueber Cocain» (1888), Merck-Archiv, A 640. Den Zusammenhang dieser Studien mit Mercks unternehmerischen Interessen betont Hirschmüller, E. Merck und das Kokain, S. 126 f.
11 Seitdem stehen sie auf der Gehaltsliste, Gehälter der Beamten 1873–1884, Merck-Archiv, J 1/22.
12 Alwin Schenck, Bericht über Georg Merck für die Enkel [1926], Merck-Archiv, A 26.
13 W. Merck, Meine Reise um die Erde in Briefen an meine Mutter, Darmstadt 1891 [Exemplar Nr. 14, Merck-Archiv, Bb Mer 9]; vgl. auch Merck Corporate History (Hrsg.), Schenck. Jungmädchentagebuch, S. 8.
14 Löw, Die Chemische Fabrik, S. 39; Dr. Willy Merck †, in: Mercksche Familien-Zeitschrift 8/1–2 (1933), S. 1–2.
15 Georg Merck nahm 1902 als George Merck die amerikanische Staatsbürgerschaft an, sein Vorname wird in dieser Untersuchung (mit Ausnahme von Zitaten und bibliographischen Angaben) durchweg George geschrieben. Alwin Schenck, Bericht über Georg Merck für die Enkel [1926], Merck-Archiv, A 26, S. 42 f. 55, 59. Vgl. Friederike Merck, George Merck (1867–1926), zum Gedächtnis, in: Mercksche Familien-Zeitschrift 13, 1–2 (1933), S. 10–17; Gehaltszahlung laut Merck-Archiv, J 1/22. Siehe auch S. 159 f.

16 Alwin Schenck, Bericht über Georg Merck für die Enkel [1926], Merck-Archiv, A 26, S. 24.
17 Schäfer, Familienunternehmen, S. 115 f.; ders., Unternehmen und Familie, S. 203 f.
18 Bei Reduzierung seines Gehaltes ab 1886 auf ein Viertel, Merck-Archiv, J 1/22.
19 Gesellschaftsvertrag vom 1. Juli 1888, Merck-Archiv, R 1/12.
20 Vgl. dazu allgemein Pohl, Zur Geschichte von Organisation und Leitung deutscher Großunternehmen, S. 159; Schäfer, Familienunternehmen, S. 101–129, 225.
21 Reingewinn war der Bruttogewinn abzüglich Zinsen (für die Einlage) sowie Geschäftsunkosten, Auslagen und Remunerationen. Die Dauer bisheriger Geschäftsführungszeit wurde angerechnet.
22 Merck-Archiv, J 1/22–25.
23 Paragraph 2 des Gesellschaftsvertrages vom 1. Juli 1888, Merck-Archiv, R 1/12.
24 Vgl. Ochs, Zwischen Pflicht und Neigung, S. 237.
25 Innerhalb des jeweiligen Stammes war die Entscheidung über den Qualifiziertesten zu treffen, bei Dissens entschied bei gleicher Qualifikation das Alter, bei Gleichaltrigen das Los, und wenn auch dies keine Entscheidung brachte, hatte «das jeweils älteste Mitglied der Gesellschaft» zu entscheiden; der Rechtsweg war ausgeschlossen (§ 3).
26 Paragraphen 4, 5, 6, 8, 13, der Zinssatz unterschied sich wenig: 1850 waren vier, in Carls Testament 1882 4,5 Prozent, im Gesellschaftsvertrag der «jeweils übliche Zinsfuß» vorgesehen. Die Gesellschafter konnten früher auszahlen und nach fünf Jahren waren die Zahlungen nach halbjähriger Kündigung fällig.
27 Merck, Gesellschaftsvertrag vom 1. Juli 1888, Merck-Archiv, R 1/12.
28 Carl Merck, «Mein letzter Wille», § 9, Merck-Archiv, E 10/2286.
29 Fleischer, Patentgesetzgebung, S. 323; Wimmer, «Wir haben fast immer was Neues», S. 150 f.
30 Vgl. Hickel, Die industrielle Arzneimittelforschung, S. 137.
31 Vgl. Burhop, Pharmaceutical Research, S. 477; Cramer, Der geborene Markenartikel, S. 101–107; Dumitriu, Die wissenschaftliche Entwicklung der Alkaloid-Chemie, S. 192–195.
32 Carl Scriba, Meine Tätigkeit, Merck-Archiv, F 6/8 (t), S. 19.
33 Kondolenzschreiben von Merck, Merck-Archiv, J 1/10. Zur Bedeutung seiner umfangreichen Aufzeichnungen Possehl, Pharmazeutische Verfahrenstechnik, S. 250.
34 Schmitz, Ist Deutschland noch «die Apotheke der Welt?», S. 1601; vgl. Issekutz, Die Geschichte der Arzneimittelforschung, S. 132, 196; Nega, Das Coniin als Arzneimittel, S. 9.
35 Priesner, «Ladenburg, Albert»; Wolffenstein, Die Pflanzenalkaloide, S. 115, 125.
36 Vita Carl Emanuel in seiner Dissertation, Merck-Archiv, A 640; Dissertation Willy Merck (1886) «Ueber Cocain»; siehe auch S. 151. Das Fragment eines Briefes an Ladenburg vom 17. März 1880, Merck-Archiv, K 1/63, zeigt, dass Merck und Ladenburg über verschiedene Präparate korrespondierten.
37 Kaufvertrag vom 10. März 1894, Merck-Archiv, R 1/42, R 15/11; vgl. von Hippel, Auf dem Weg zum Weltunternehmen, S. 61 f.; Fleischer, Patentgesetzgebung, S. 305; Alexander Röttgen, Tätigkeitsbericht von März 1921, Merck-Archiv, F 6/4. Vgl. auch Reinhardt, Forschung in der chemischen Industrie, S. 146–158.
38 Dazu im Einzelnen Carl Scriba, Meine Tätigkeit, Merck-Archiv, F 6/8 (t), S. 12 f.
39 Zu Prozessen gegen Heyden wegen Patentrechtsverletzungen u. a. 1879–1881 vgl. Merck-Archiv, R 1/33–36; vgl. auch Schering, Reisen, S. 45.

II. 3. 1880/90er-Jahre bis 1914: Konflikte, Modernisierung **547**

40 Carl Scriba, Meine Tätigkeit, Merck-Archiv, F 6/8 (t), S. 25–27; Protokoll des Geheimen Geschäftsabends vom 17. Dezember 1894, Merck-Archiv, R 15/13 a.
41 Carl Merck an seinen Sohn Louis vom 17. Februar 1883, Merck-Archiv, A 21.
42 Meyer, Bender, Scriba, Krauch, Personaldaten, Merck-Archiv, J 1/216.
43 Personaldaten, Merck-Archiv, J 1/216, Nr. 40, 41, 55, 62, 64, 68, 69, 80, 88, 96.
44 Bernschneider-Reif/Huber/Possehl, «Was der Mensch thun kann ...», S. 58; Wankmüller, «Krauch, Carl».
45 Personaldaten, Merck-Archiv, J 1/216.
46 Wankmüller, «Krauch, Carl», S. 679; Albert Schumacher, Tätigkeitsbericht vom 29. September 1928, Merck-Archiv, F 6/12, S. 6, S. 48.
47 Krauch, Die Prüfung der chemischen Reagentien, Fußnote zur Einleitung S. 6. Vgl. auch die folgenden, jeweils aktualisierten Ausgaben für den deutsch-, französisch- (1892), spanischsprachigen (1892), den englischen (1902) und amerikanischen (1907) Markt.
48 Schneider, Geschichte der Pharmazeutischen Chemie, S. 304.
49 1880 stellte Merck 2425, 1890 4920 Produkte her, Ludwig Sulzmann, Tätigkeitsbericht von April 1930, mit Tabelle von 1860 bis 1930, Merck-Archiv, F 6/4; vgl. auch Preislisten, Merck-Archiv, W 35/1350.
50 Wilhelm Conzen, 29 Jahre im Dienst, Merck-Archiv, F 6/7, S. 24; allgemein zu dieser Praxis Vershofen, Die Anfänge der chemisch-pharmazeutischen Industrie, Bd. I, S. 99, 108; vgl. ebd., Bd. II, S. 59–61, 87, 106–108.
51 Zu einer juristischen Auseinandersetzung Mitte der 1890er-Jahre wegen der Merck-Lieferungen von Thorium an das Glashüttenwerk W. Hibbeln Merck-Archiv, K 1/465; vgl. auch Albert Schumacher, Tätigkeitsbericht vom 29. September 1928, Merck-Archiv, F 6/12, S. 3, 11.
52 Albert Schumacher, Tätigkeitsbericht vom 29. September 1928, Merck-Archiv, F 6/12, S. 13, vgl. auch Merck-Archiv, A 37. Vgl. auch S. 147 f.
53 Wiest, Stationen einer Residenzgesellschaft, S. 69, 74 f.; Schott, Die Provinz Starkenburg, S. 87 f.; ders., Die Vernetzung der Stadt, S. 256; Franz, Vom Biedermeier in die Katastrophe, S. 394 f., 400 f.
54 Vershofen, Die Anfänge der chemisch-pharmazeutischen Industrie, Bd. II, S. 71.
55 Emanuel Merck an Trommsdorff vom 3. Juni und 6. November 1851, Briefkopierbuch 1851/52, Merck-Archiv, E 1/16, S. 541 bzw. 808.
56 Emanuel Merck an Engelmann & Boehringer vom 23. Dezember 1851, Briefkopierbuch 1851/52, Merck-Archiv, E 1/16, S. 918. Vgl. auch Vershofen, Die Anfänge der chemisch-pharmazeutischen Industrie, Bd. II, S. 68–70.
57 Vershofen, Die Anfänge der chemisch-pharmazeutischen Industrie, Bd. II, S. 47; Schering, Reisen, S. 14.
58 Von Hippel, Auf dem Weg zum Weltunternehmen, S. 87, 94 f. Zur Definition Pohl, Kartelle und Kartellgesetzgebung, S. 12.
59 Jahresbericht der Abteilung Konventionen und Vertretungen 1902–03, Merck-Archiv, F 3/26, S. 1.
60 Vgl. Kobrak, National cultures and international competition, S. 27; Schröter, Kartellierung, S. 465; Pohl, Die Entwicklung der Kartelle in Deutschland, S. 222 f.
61 Wilhelm Conzen, 29 Jahre im Dienst, Merck-Archiv, F 6/7, S. 41.
62 Albert Schumacher, Tätigkeitsbericht vom 29. September 1928, Merck-Archiv, F 6/12, S. 9; Bericht über 1897 [o. S.], Merck-Archiv, F 3/3; Register der Konventionen [um 1910], Merck-Archiv, S 1/113; Jahresberichte der Abteilung Konventionen und Vertretungen

1901/02, Merck-Archiv, F 3/22, S. 9 und 1899/1900, F 3/11, S. 6 f.; Sitzung der Brompräparate-Konvention vom 30. September 1904, Merck-Archiv, H 1/53 a.

63 Kontokorrentbuch 1838–1847, Merck-Archiv, S 1/25, fol. 220; Warenausgang- und Eingangsbuch 1840/1841, Merck-Archiv, S 1/21, passim; vgl. Merck, Kontokorrentbuch vom September 1838 bis Januar 1847, Merck-Archiv, S 1/25, fol. 303; Lauterbach, Christian Wilhelm Hermann Trommsdorff, S. 111 f., 183.

64 Vgl. Korrespondenz, Merck-Archiv, A 634; Lauterbach, Christian Wilhelm Hermann Trommsdorff, S. 114, 150, 279, 354 f.

65 Kaufvertrag vom 23. April 1885 zwischen Trommsdorff-Erben und Käufern, mit Anlagen, Merck-Archiv, R 1/42; auch BArch, DO 3/1116. Vgl. auch Wilhelm Conzen, 29 Jahre im Dienst, Merck-Archiv, F 6/7, S. 31; Albert Schumacher, Tätigkeitsbericht vom 29. September 1928, Merck-Archiv, F 6/12, S. 11 f.; Carl Scriba, Meine Tätigkeit, Merck-Archiv, F 6/8 (t), S. 115–119; Lauterbach, Christian Wilhelm Hermann Trommsdorff, S. 219.

66 Der Gesamtpreis betrug 275 000 M., Kaufvertrag vom 29. Juli 1892 und 17. März 1893 mit Unterlagen über die Abwicklung, Merck-Archiv, R 1/42; vgl. auch BArch, DO 3/1116.

67 Merck, Rundschreiben vom 1. Juli 1893, Merck-Archiv, J 1/12; vgl. auch Vershofen, Die Anfänge der chemisch-pharmazeutischen Industrie, Bd. II, S. 55.

68 Carl Scriba, Meine Tätigkeit, Merck-Archiv, F 6/8 (t), S. 117 f.; Wilhelm Conzen, 29 Jahre im Dienst, Merck-Archiv, F 6/7, S. 31 f.; Albert Schumacher, Tätigkeitsbericht vom 29. September 1928, Merck-Archiv, F 6/12, S. 11 f.; Paul Schwanhäuser, Tätigkeitsbericht vom 25. April 1932, Merck-Archiv, F 6/4. Neben Ehrenberg wurden weitere fünf Chemiker aus Erfurt übernommen, Personaldaten, Merck-Archiv, J 1/216. Zu den Konkurrenzfirmen jener Jahre Wilhelm Conzen, 29 Jahre im Dienst, Merck-Archiv, F 6/7, S. 55, und Albert Schumacher, Tätigkeitsbericht vom 29. September 1928, Merck-Archiv, F 6/12, S. 9.

69 Wilhelm Conzen, 29 Jahre im Dienst, Merck-Archiv, F 6/7, S. 30. Ähnlich Albert Schumacher, Tätigkeitsbericht vom 29. September 1928, Merck-Archiv, F 6/12, S. 9–11.

70 Albert Schumacher, Tätigkeitsbericht vom 29. September 1928, Merck-Archiv, F 6/12, S. 9.

71 Braun, Lebenslauf, Merck-Archiv, F 6/1, S. 6.

72 Ebd., S. 12.

73 Wüllrich/Wehle, HAGEDA, S. 22.

74 Wilhelm Conzen, 29 Jahre im Dienst, Merck-Archiv, F 6/7, S. 43.

75 Bericht über den Geschäftsabschluss 1899/1900, Merck-Archiv, R 5/2, S. 16 f.

76 Bericht über das 1. Semester 1897/98, Merck-Archiv, F 3/3 [unpaginiert, S. 3].

77 Wilhelm Conzen, 29 Jahre im Dienst, Merck-Archiv, F 6/7, S. 16.

78 1895/96 betrug der Jahresumsatz 6,7 Mio. M. und als «Reingewinn» wurde im Jahresbericht 7,37 Prozent genannt, 1896/97: 7,1 Mio. M und 8,13 Prozent, 1897/98: 8,0 Mio. und 7,0 Prozent, vgl. Bericht über den Geschäfts-Abschluss 1898/99, Merck-Archiv, R 5/2, S. 1 f. Der Reingewinn 1894/95 lag jedenfalls in absoluten Zahlen noch unter dem von 1895/96, vgl. Protokolle der Geheimen Geschäftsabende vom 14. November 1895 und vom 2. Dezember 1898, Merck-Archiv, R 15/13 a.

79 Holländer, Geschichte der Schering, S. 107.

80 Beispielsweise BASF im Gesamtzeitraum 1873–1900 19 Prozent Nettogewinne, fünf Prozent waren garantierte Dividende plus eine variable, erheblich höhere Superdividende, von Hippel, Auf dem Weg zum Weltunternehmen, S. 102; Haber, Chemical Industry, S. 170, Fig. 2; Kobrak, National cultures and international competition, S. 40.

II. 3. 1880/90er-Jahre bis 1914: Konflikte, Modernisierung **549**

81 Verg/Plumpe/Schultheis, Meilensteine, S. 79; Plumpe, Carl Duisberg, S. 271.
82 Berechnet auf der Grundlage der in der Sitzung vom 14. November 1895 (Protokoll des Geheimen Geschäftsabends vom 14. November 1895, Merck-Archiv, R 15/13 a) vereinbarten Ausschüttung an die drei Stämme im Vergleich der schätzungsweise anzunehmenden Kapitalien nach Abschlussbuch, Merck-Archiv, S 1/15. Vgl. auch Kobrak, National cultures and international competition, S. 40.
83 Vgl. Vershofen, Die Anfänge der chemisch-pharmazeutischen Industrie, Bd. II, S. 69 f., 83 f., 95, 101, 114.
84 Auch Wilhelm Merck nahm bis Ende 1898 an vielen der Geheimen Geschäftsabende teil, Merck-Archiv, R 15/13a. Vgl. auch die Zahl der Empfänger von Teilhabergehältern, Kapitalkonten, Merck-Archiv, S 1/23–24.
85 Vom August 1894 bis zum Juni 1900 fanden 77 Sitzungen statt, Merck-Archiv, R 15/13 a.
86 Weicker (1861–1940) hatte 1878 eine Lehre bei Merck begonnen, verfügte über Erfahrungen in verschiedenen Auslandsvertretungen – unter anderem in Großbritannien, wo er 1883 am Vertragsabschluss mit Oppenheimer mitwirkte (siehe seine Unterschrift, Merck-Archiv, H 1/8) – und nannte sich später «Theodore». Weitere Details bei Sturchio/Galambos, The German Connection, S. 4 f.; Hayward, The Early History; Haynes, American Chemical Industry, S. 330. Ferner: Meleghy, Die Vermittlerrolle der Banken, S. 260.
87 So die Bezeichnung in Merck's Index, 1889, Merck-Archiv, Jj Ind 1.89 e.
88 Vertrag zwischen George Merck und Th. Weicker von November 1890, Merck-Archiv, H 1/46; vgl. auch Wilhelm Conzen, 29 Jahre im Dienst, Merck-Archiv, F 6/7, S. 34; Hayward, The Early History, Appendix III, S. 1. Siehe auch S. 151 f.
89 Dies formulierte Emanuel August am deutlichsten von allen Familienteilhabern, so Protokoll des Geheimen Geschäftsabends vom 29. August 1894, Merck-Archiv, R 15/13 a.
90 Protokoll des Geheimen Geschäftsabends vom 3. September 1894, Merck-Archiv, R 15/13 a.
91 Zwei Schreiben von George Merck an Louis Merck vom 31. Juli 1897, Merck-Archiv, H 1/47.
92 Protokoll des Geheimen Geschäftsabends vom 29. August 1896, Merck-Archiv, R 15/13 a.
93 Protokolle der Geheimen Geschäftsabende vom 9. März 1896, 22. Juni 1896, Merck-Archiv, R 15/13 a; Ziegler, Die Familie Jobst, S. 128 f., 132; zu den bei Zimmer in diesen Jahren erzielten 15- bis 30-prozentigen Gewinnen vgl. Berichte über den Geschäftsabschluss 1896/97 bis 1898/99, Merck-Archiv, R 15/13 b; zu den weiteren Anteilseignern Protokoll der ersten Versammlung der Gesellschafter der Vereinigten Chininfabriken Zimmer & Cie. vom 17. Juni 1893, Merck-Archiv, H 1/157.
94 Vgl. Protokoll des Geheimen Geschäftsabends vom 22. Juni, 25. August 1896, Merck-Archiv, R 15/13 a.
95 Letztmalig nahm er am 20. August 1898 an einem der Geheimen Geschäftsabende teil, Merck-Archiv, R 15/13 a. Am 20. September 1904 verstarb er an den Folgen eines Schlaganfalls, Albert Schumacher, Tätigkeitsbericht vom 29. September 1928, Merck-Archiv, F 6/12, S. 20. J. H. E. Merck war Epileptiker, vgl. Protokoll Hessisches Landgericht vom 23. Mai 1930, S. 2, 5, 7 sowie Anlage zum Protokoll, S. 1, Merck-Archiv, R 5/2; Todeszeugnis vom 21. September 1904, Merck-Archiv, R 5/2. Zur späteren juristischen Auseinandersetzung Merck-Archiv, E 10/24.
96 1930 bezeugte er, dass sein Austritt mit dem seines Bruders nichts zu tun hatte, vgl. Protokoll Hessisches Landgericht vom 23. Mai 1930, Anlage S. 6. Er lebte von 1899 bis 1908/09 in München, vgl. auch Carl Merck †, in: Mercksche Familien-Zeitschrift 14/3–4 (1936), S. 79–82.

97 Johann Heinrich Emanuel Merck an die Teilhaber der Firma Merck vom 10. Juli 1897, Merck-Archiv, R 5/2.
98 Louis Merck an George Merck vom 19. April 1897, Merck-Archiv, R 5/2.
99 George Merck an Louis Merck vom 31. Juli 1897, Merck-Archiv, H 1/47 [Hervorhebungen im Original].
100 Protokoll des Geheimen Geschäftsabends vom 28. Oktober 1896, Merck-Archiv, R 15/13 a.
101 Vgl. auch entsprechender Beschluss bei dem Geheimen Geschäftsabend vom 14. September 1898, Merck-Archiv, R 15/13 a.
102 Wilhelm Seip, Tätigkeitsbericht vom 31. März 1924, Merck-Archiv, F 6/4, S. 2.
103 Albert Schumacher, Tätigkeitsbericht vom 29. September 1928, Merck-Archiv, F 6/12, S. 15. Vgl. auch die späteren positiven Zeugnisse seiner kaufmännischen Fähigkeiten in den Aussagen von Willy und Karl Merck, Protokoll Hessisches Landgericht vom 23. Mai 1930, Merck-Archiv, R 5/2, S. 2, 5.
104 Wilhelm Conzen, 29 Jahre im Dienst, Merck-Archiv, F 6/7, S. 8.
105 Protokoll des Geheimen Geschäftsabends vom 13. April 1899, Merck-Archiv, R 15/13 a.
106 Bericht über den Geschäfts-Abschluss, 1898–1899, Merck-Archiv, R 15/13 b, S. 6 und R 5/2. Er war seit dessen Zeit in London vor allem mit George befreundet, Alwin Schenck, Bericht über Georg Merck für die Enkel [1926], Merck-Archiv, A 26, S. 43. Zu seinem Besuch bei Broicher: Willy Merck am 29. April 1887 an seine Mutter, Merck-Archiv, A 28.
107 Ausweislich des Berichts über den Geschäfts-Abschluss 1898/99 (abgefasst am 1. November 1899), Merck-Archiv, R 15/13 b, S. 24; vgl. Zusatz zum Gesellschaftsvertrag der Firma E. Merck zu Darmstadt vom 1. Juli 1899, Merck-Archiv, E 10/2286.
108 Letzteres war zunächst auf «Marg. Broicher, London» ausgestellt, seit 1909 auf «F. W. Broicher», vgl. Abschlussbücher, Merck-Archiv, S 1/15, 1903: S. 12, 83; 1904: S. 95, 160; 1905: S. 171, 235, 246; 1906: S. 307, 319; 1907: S. 381; 1908: S. 457, 470; 1909: S. 533, 547; S 1/16, 1910: S. 18, 32; 1911: S. 104, 116; 1912: S. 187; 1912: S. 273; 1913: S. 288; 1914: S. 361, 375. Zum Auslaufen der Teilhaberschaft, Merck-Archiv, S 5/109 b.
109 Protokolle der Geheimen Geschäftsabende vom 20. Juli 1897, 1. und 12. November 1898, Merck-Archiv, R 15/13 a.
110 Gesellschaftsvertrag vom 15. Juli 1899, § 1, Merck-Archiv, E 10/2286.
111 Die Nachfolge im «Mannesstamm» wurde ausdrücklich und «für alle Zeiten» bestätigt (§ 2), die Karenzzeiten blieben bei fünf Jahren, für stille Gesellschafter wurden sie auf drei Jahre festgelegt (§ 22); stille Teilhaber erhielten vier Prozent Zinsen sowie Dividenden vom Reingewinn (§ 13, 21), vgl. im Einzelnen den Gesellschaftsvertrag vom 15. Juli 1899, Merck-Archiv, R 1/12.
112 Abschlussbücher, Merck-Archiv, S 1/15, 1903: S. 12, 83; 1904: S. 95, 160; 1905: S. 171, 235, S. 246; 1906: S. 307, 319; 1907: S. 381, 456; 1908: S. 457, 470; 1909: S. 533, 547; S 1/16, 1910: S. 18, 32; 1911: S. 104, 116; 1912: S. 187, 200; 1912: S. 273; 1913: S. 288; 1914: S. 361, 375.
113 Er verstarb «an den Folgen einer tückischen Krankheit», Albert Schumacher, Tätigkeitsbericht vom 29. September 1928, Merck-Archiv, F 6/12, S. 27.
114 Abschlussbücher, Merck-Archiv, S 1/16, 1910: S. 18, 32; 1911: S. 104; 1912: S. 187.
115 Er verstarb «an den Folgen einer Magenblutung», Albert Schumacher, Tätigkeitsbericht vom 29. September 1928, Merck-Archiv, F 6/12, S. 33.
116 Abschlussbücher, Merck-Archiv, S 1/15, 1903: S. 12, 83; 1904: S. 95, 160; 1905: S. 171, 235,

II. 3. 1880/90er-Jahre bis 1914: Konflikte, Modernisierung

246; 1906: S. 307, 319; 1907: S. 381, 456; 1908: S. 457, 470; 1909: S. 533, 547; S 1/16, 1910: S. 18, 32; 1911: S. 104, 116; 1912: S. 187, 200; 1912: S. 273; 1913: S. 288; 1914: S. 361, 375; Jahreseinlagen der aktiven Teilhaber in 1904/05 über jeweils 100 000 bis 130 000 M. wurden nicht aufgenommen, ebenfalls nicht die vom Unternehmen verwalteten Einlagesummen für Versicherungskonto (25–60 000 M.), Arbeiterunterstützungskasse (170–440 000 M.), Beamtenpensions-, Witwen- und Waisenkasse (220–620 000 M.), Wilhelm-Merck-Stiftung (107–259 000 M.), Merck-Rieger-Stiftung (50–52 000 M.) etc. Vgl. auch Bilanzen 1899–1925, Merck-Archiv, S 5/109 b.

117 Wilhelm Conzen, 29 Jahre im Dienst, Merck-Archiv, F 6/7, S. 5 [Hervorhebung im Original].
118 Ebd., S. 5 f.
119 Wilhelm Merck hatte den 38-jährigen, aus Gießen stammenden, mit einer Darmstädterin verheirateten Kaufmann selbst in das Unternehmen geholt, nachdem er dessen Arbeit im Rahmen seiner Tätigkeit als Aufsichtsrat der Firma Verein chemischer Fabriken kennengelernt hatte, Wilhelm Conzen, 29 Jahre im Dienst, Merck-Archiv, F 6/7, S. 1–3; Personaldaten, Nr. 90, Merck-Archiv, J 1/216. Zu einem ähnlichen Beispiel Bongartz, Unternehmensleitung und Kostenkontrolle, S. 90 f.
120 Wilhelm Conzen, 29 Jahre im Dienst, Merck-Archiv, F 6/7, S. 29.
121 Von 0,617 Mio. M. auf 1,057 Mio. M., Bericht über den Geschäfts-Abschluss 1898/99 vom 30. November 1899, Merck-Archiv, R 5/2, S. 1.
122 Die Ziffer lautete 1.001.837,–, Postkarte vom 4. April 1900, Merck-Archiv, S 1/1; Albert Schumacher, Tätigkeitsbericht vom 29. September 1928, Merck-Archiv, F 6/12, S. 9, 17, 44 auch zu Conzens Leistung.
123 Wilhelm Conzen, 29 Jahre im Dienst, Merck-Archiv, F 6/7, S. 24; vgl. auch Kocka, Industrielles Management, S. 339, 347, 354.
124 Anderthalb Jahrzehnte bzw. ein Jahrfünft später als bei Krupp bzw. der Gutehoffnungshütte, vgl. Bongartz, Unternehmensleistung und Kostenkontrolle, S. 86, 101; Burhop, Wirtschaftsgeschichte, S. 150.
125 Vgl. von Hippel, Auf dem Weg zum Weltunternehmen, S. 93 f.
126 Lothar Brunck, Lebenserinnerungen, unveröffentlichtes Ms., BASF UA PB. W.1.3./230, S. 13.
127 Carl Glaser, Erlebnisse und Erinnerungen nach meinem Eintritt in die badische Anilin- und Soda-Fabrik im Jahre 1869 [1921], BASF UA PB. W 1.3./73, S. 11. Vgl. von Hippel, Auf dem Weg zum Weltunternehmen, S. 93 f.; K. Weiß, Der Verkauf (u. auch Einkauf) der BASF 1900 bis 1944. Entwicklung und persönliche Erinnerungen, BASF UA PB. T 001/12, S. 2; Lothar Brunck, Lebenserinnerungen, unveröffentlichtes Ms., BASF UA PB. W.1.3./230, S. 14; vgl. auch Kocka, Industrielles Management, S. 357.
128 Wilhelm Conzen, 29 Jahre im Dienst, Merck-Archiv, F 6/7, S. 12 f.; zum innerbetrieblichen Widerstand bei der Gutehoffnungshütte vgl. Bongartz, Unternehmensleistung und Kostenkontrolle, S. 101. Conzen galt bei Merck als der «Schöpfer der Fabrikbuchhaltung», Georg Kräuter, Tätigkeitsbericht von Ende 1929, Merck-Archiv, F 6/3, ebenso Ludwig Bauer, Tätigkeitsbericht vom 1. Oktober 1927, Merck-Archiv, F 6/1, S. 39.
129 Ludwig Bauer, Tätigkeitsbericht vom 1. Oktober 1927, passim, Merck-Archiv, F 6/1. Vgl. allgemein Kocka, Industrielles Management, S. 357.
130 Jg. 1852, hatte seit 1869 bei Merck gelernt, aber auch mehrjährige berufliche Erfahrungen in Schweinfurt und Berlin gesammelt, Personaldaten, Nr. 10, Merck-Archiv, J 1/216; Wilhelm Conzen, 29 Jahre im Dienst, Merck-Archiv, F 6/7, S. 9.

131 Jg. 1848, seit 1882 bei Merck, Personaldaten, Nr. 29, Merck-Archiv, J 1/216.
132 Beschluss im Protokoll des Geheimen Geschäftsabends vom 20. April 1896, Merck-Archiv, R 15/13 a; Wilhelm Conzen, 29 Jahre im Dienst, Merck-Archiv, F 6/7, S. 6, 9 f., 42; Wilhelm Seip, Tätigkeitsbericht vom 31. März 1924, Merck-Archiv, F 6/4, S. 2; Albert Schumacher, Tätigkeitsbericht vom 29. September 1928, Merck-Archiv, F 6/12, S. 2; Wilhelm Oeser war Anfang 1896 verstorben, Personaldaten, Nr. 4, Merck-Archiv, J 1/216.
133 Wilhelm Conzen, 29 Jahre im Dienst, Merck-Archiv, F 6/7, S. 29, formale Bestellung mit 1. April 1898, Merck-Archiv, R 1/2 und R 1/3; Albert Schumacher, Tätigkeitsbericht vom 29. September 1928, Merck-Archiv, F 6/12, S. 3, 17 f.
134 1898: Louis Hisserich, Karl Schneider, Wilhelm Conzen; 1903: Carl Scriba, Alexander Ehrenberg, Karl Schneider, Wilhelm Seip, Richard Bloedt, Hermann Deutsch; 1908 neu: August Offenbächer, Wilhelm Flimm, Albert Schumacher, Max Geissler; 1910 neu: Georg Bartcky, Friedrich Funck, Friedrich Rothhardt, Alfred Schnaller, Otto Hecht; 1913 neu: Walter Beckh, Carl Löw, Aufstellung aller Prokuristen, Merck-Archiv, R 1/2, Personaldaten, Merck-Archiv, J 1/216.
135 Adrian, Beitrag zur Chronik der Technischen Abteilung, Bd. IV, Anhang N 16, 4.
136 Vorschlag Willy Merck, ein Magazin in ein Laboratorium umzubauen und Platz für größere Trockenanlagen zu schaffen, sowie Prüfung der Feuersicherheit in der Rheinstraße, Protokoll des Geheimen Geschäftsabends vom 23. November 1894, Merck-Archiv, R 15/13 a.
137 Protokoll des Geheimen Geschäftsabends vom 13. August 1895, Merck-Archiv, R 15/13 a; Peter Lannert, Tätigkeitsbericht von 1935, Merck-Archiv, F 6/3; Jahresbericht der Abteilung Ammoniak-Fabrik vom 17. August 1898, Merck-Archiv, F 3/4, [Gesamtpaginierung] S. 66.
138 Protokoll des Geheimen Geschäftsabends vom 13. April 1899, Merck-Archiv, R 15/13 a.
139 Die Ersparnis an Kosten für Kohlen- und sonstigen Materialbezug durch eine Verlegung an den Rhein wurde als zu gering kalkuliert, Hamburg wurde wegen des billigeren Bezugs ausländischer Drogen erwogen, dort mussten aber höhere Löhne gezahlt werden; außerdem wollte man nicht auf seinen Arbeiterstamm verzichten, siehe Conzen, Tätigkeitsbericht vom 1. Mai 1921, Merck-Archiv, F 6/7, S. 45 f.
140 Löw, Die Chemische Fabrik, S. 49; Matthäus, Die «Neue Fabrik», S. 7.
141 Der Wert des Grundstücks der 10 000 qm großen Fabrik I wurde auf 240 000 M. veranschlagt, der Quadratmeterpreis der Hammelstrift betrug 1,40 M.
142 Inwieweit auch die vereinzelt vermutete (Klemp, Bauten der Industrie, S. 170) Nähe der Mercks zum großherzoglichen Hause eine Rolle spielte, ist nicht belegbar. Immerhin wurden die Teilhaber nach der Entscheidung über die Verlegung geehrt: Der Großherzog verlieh Louis und Ernst Emanuel im November 1900 die Titel «Kommerzienrath» bzw. «Medizinalrath», und Willy erhielt den kaiserlichen Roten Adlerorden IV. Klasse, vgl. Großherzoglich Hessisches Regierungsblatt vom 25. November 1900; vgl. auch Matthäus, Die «Neue Fabrik», S. 13; Wilhelm Conzen, 29 Jahre im Dienst, Merck-Archiv, F 6/7, S. 45 f.
143 Baugenehmigungen in Merck-Archiv, O 5/34–59; vgl. auch Peter Lannert, Tätigkeitsbericht von 1935, Merck-Archiv, F 6/3, und Amalie Born, Tätigkeitsbericht von November 1923, Merck-Archiv, F 6/1; Protokolle der Geheimen Geschäftsabende vom 18. Oktober 1899 und 15. Januar 1900, Merck-Archiv, R 15/13 a; Adrian, Beitrag zur Chronik der Technischen Abteilung, Bd. I, S. 64.

II. 3. 1880/90er-Jahre bis 1914: Konflikte, Modernisierung

144 Carl Scriba, Meine Tätigkeit, Merck-Archiv, F 6/8 (t), S. 142; Alexander Röttgen, Tätigkeitsbericht von März 1921, Merck-Archiv, F 6/4.
145 Die Kleinbahn verband alle Betriebe; bis August 1901 wurde auch ein normalspuriger Schienenanschluss zur Bahnstation Arheilgen verlegt; Matthäus, Die Merck'sche «Kleinbahn», S. 16, 20–23.
146 Der – ausführliche – Jahresbericht der «Abteilung des Betriebsingenieurs» (Ing. Dressel) für 1902/03 gibt viele Hinweise auf Einzelheiten, den Personalmangel und Arbeitsstau in dieser Zeit, vgl. Merck-Archiv, F 3/27, S. 156–188; vgl. auch Adrian, Beitrag zur Chronik der Technischen Abteilung, Bd. II, S. 75, S. 95; Hermann Wulf, Tätigkeitsberichte, Merck-Archiv, F 6/4; Albert Schumacher, Tätigkeitsbericht vom 29. September 1928, Merck-Archiv, F 6/12, S. 19.
147 Wilhelm Conzen, 29 Jahre im Dienst, Merck-Archiv, F 6/7, S. 46.
148 Vgl. die Denkschrift von Carl Duisburg zu Bayer, abgedruckt in: Duisberg, Abhandlungen, S. 387–409. Carl Scriba, Meine Tätigkeit, Merck-Archiv, F 6/8 (t), S. 142 f.; Baugenehmigungen, Merck-Archiv, O 5/8, Anträge mit Leistungsbeschreibungen etc. vom 30. April 1901, Genehmigung Kreisamt, 12. August 1901; vgl. auch Pläne bei Adrian, Beitrag zur Chronik der Technischen Abteilung, Bd. II, Anlagen N 4, 1–23.
149 Carl Scriba, Meine Tätigkeit, Merck-Archiv, F 6/8 (t), S. 210; Matthäus, Die Merck'sche «Kleinbahn», S. 19; Adrian, Beitrag zur Chronik der Technischen Abteilung, Bd. III, S. 143.
150 Vgl. allgemein Herzig, Von der Werkstattzentrale zur Verbundwirtschaft, S. 484; König, Erasmus Kittler, S. XXXVII, S. 9; Schott, Die Vernetzung der Stadt, S. 718; Wengenroth, Elektroenergie, S. 335.
151 A. Scharf, Tätigkeitsbericht, Merck-Archiv, F 6/4.
152 Pützer, seit 1897 Assistent, seit 1902 ordentlicher Professor und Denkmalpfleger, hatte Kontakt zum Großherzog und 1900 vom Magistrat der Stadt Darmstadt seinen ersten großen Auftrag erhalten, vgl. Klemp, Bauten der Industrie, S. 180 f., 289; vgl. auch Sabine Bernschneider-Reif, «Die Knäufe stören meinem Gefühl nach die Silhouette». Architekt Friedrich Pützer gibt der neuen Fabrik von E. Merck ein individuelles Gesicht, in: Mercksche Familiennachrichten (2014), S. 30–35.
153 Klemp, Bauten der Industrie, S. 295.
154 Ebd., S. 196.
155 Pützers Merck-Turm übertrug also zwei Jahrzehnte vor den ersten Hochhäusern den amerikanischen Hochhausgedanken nach Deutschland; das hier als frühestes Hochhaus geltende Wilhelm-Marx-Hochhaus in Düsseldorf entstand 1922/24 und war acht Meter höher (47,75 m).
156 Hermann Wulf, Tätigkeitsbericht von März 1927, Merck-Archiv, F 6/5; Jahresbericht 1902/03 des Betriebsingenieurs, Merck-Archiv, F 3/27, S. 187; Tätigkeitsberichte Wilhelm Adelberger vom 1. Oktober 1936 und Wilhelm Bauer vom 1. November 1938, Merck-Archiv, F 6/1.
157 Wilhelm Conzen, 29 Jahre im Dienst, Merck-Archiv, F 6/7, S. 46.
158 Das alte Fabrikgelände ging am 1. Oktober 1903 in städtischen Besitz über, brachte einen erheblichen Zuwachs an Baugrund für Wohnungen, wurde zunächst aber vor allem für die Errichtung des 1909 eröffneten Städtischen Schwimmbads genutzt, Wiest, Stationen einer Residenzgesellschaft, S. 75; Schott, Die Vernetzung der Stadt, S. 255.
159 Merck an George Merck vom 18. Mai 1908, Merck-Archiv, H 1/56.
160 Vgl. Fabrik-Neubau-Conto 1901/02 bis 1904/05, Bilanzen, Merck-Archiv, S 5/109 b.

161 Wilhelm Conzen, 29 Jahre im Dienst, Merck-Archiv, F 6/7, S. 46. [Zitat].
Umsatzentwicklung von 1895/96 bis 1914 (Mio. Mark)

1895/96	6,702	1900	10,450	1905	13,024	1910	18,479
1896/97	7,099	1901	10,429	1906	13,890	1911	20,694
1897/98	8,040	1902	10,730	1907	14,960	1912	22,958
1898/99	9,354	1903	11,910	1908	14,942	1913	26,160
1899/1900	10,973	1904	12,653	1909	16,920	1914	20,601

Quelle: Zusammenstellung bei Albert Schumacher, Tätigkeitsbericht 1928, Merck-Archiv, F 6/12, Anhang; Vgl. auch Jahresberichte, Merck-Archiv, F 3/D 4, 6, 11, 16, 22, 26, 31, 34, 37, 41, 45, 46, 50, 51, 55, 59-1, 59-2, 65, 71-01, 71-02, 77.

162 Berichte über die Geschäfts-Abschlüsse 1902/03 und 1903/04, S. 3, 11, Merck-Archiv, R 5/2.

163 Gewinn- und Verlustkonten gemäß Abschlussbüchern, Merck-Archiv, S 1/15, 1907: S. 381, 456; 1908: S. 457, 470; 1909: S. 533, 547; S 1/16, 1910: S. 18, 32; 1911: S. 104, 116; 1912: S. 187, 200; 1912: S. 273; 1913: S. 288; 1914: S. 361, 375. Zu den Dividenden in diesem Jahrzehnt beispielsweise bei Schering vgl. Kobrak, National cultures and international competition, S. 49.

164 Im Durchschnitt der Jahre 1907–1913 betrugen sie bei Merck 19 Prozent, die Schering-Dividenden 12,7 Prozent, vgl. Holländer, Geschichte der Schering, S. 107.

165 Aus Preisabsprachen ergaben sich gelegentlich mit zunehmender Formalisierung Konventionen, vgl. Jahresbericht 1899–1900, Abteilung Konventionen und Vertretungen, Merck-Archiv, F 3/11. Zu ihrem geringem Institutionalisierungsgrad auch Lübbers, Unternehmenskooperation, S. 160, der für 1903 bei Merck von 36 «kartellartigen Vereinigungen» schreibt (S. 149, Anm. 10). Vgl. auch oben S. 157.

166 Jahresbericht 1899–1900, Einkaufsabteilung, Merck-Archiv, F 3/11, S. 5.

167 Jahresbericht 1899–1900, Abteilung Konventionen und Vertretungen, Merck-Archiv, F 3/11, S. 8.

168 Jahresbericht 1907, Abteilung Konventionen 1907, Merck-Archiv, F 3/41, S. 5 f.

169 Zu Rezeptformeln, Indikationen und Dosierungen E. Merck's Medizinische Spezialpräparate, Handbuch für ihre Verordnung und Anwendung, Darmstadt 1916.

170 Ebenso wurden 1912 für die verwandten Schlafmittel Medinal (Bayer, vermarktet durch Schering), Luminal (Bayer), Konventionen geschlossen, vgl. Jahresbericht 1912, Abteilung Konventionen, Merck-Archiv, F 3/65. Vgl. zu Veronal auch S. 180 f.

171 Jahresbericht über Konventionen 1907, Merck-Archiv, F 3/4, S. 7 f.

172 Jahresbericht 1900/1901, Abteilung Konventionen und Vertretungen, Merck-Archiv, F 3/16, S. 8 f.

173 Jahresbericht 1899/1900, Einkaufsabteilung, Merck-Archiv, F 3/11, S. 4; Fischer, Wissenschaft für den Markt, S. 54.

174 Jahresbericht 1903/04, Einkaufsabteilung, Merck-Archiv, F 3/31, S. 7–9.

175 Jahresbericht 1899/1900, Einkaufsabteilung, Merck-Archiv, F 3/11, S. 6; vgl. Merck, Register der Konventionen [1910], Merck-Archiv, S 1/113.

176 Jahresbericht der Abteilung Konventionen und Vertretungen, 1901/02, Merck-Archiv, F 3/22, S. 6; Jahresbericht 1902/03, F 3/26, S. 5; Jahresbericht 1903/04, F 3/31, S. 4; Jahresbericht 1904/05, F 3/34, S. 3 f.; Jahresbericht 1906, Anlage 10, F 3/37; Jahresbericht 1907, F 3/41, S. 3 f.; Jahresbericht 1911, F 3/59, S. 1 f.; Jahresbericht 1912, F 3/65, S. 1; Jahresbericht 1913, F 3/71, S. 1; Jahresbericht 1914, F 3/77. S. 1 f. Seit der IG-Gründung im Jahr 1906 folgen die Jahresberichte dem auf das Kalenderjahr gelegten Geschäftsjahr, vgl. IG-Sitzung von Boehringer, Knoll und Merck vom 12. Dezember 1905, Merck-Archiv, R 15/16 b.

II. 3. 1880/90er-Jahre bis 1914: Konflikte, Modernisierung 555

177 Vgl. allgemein Wengenroth, Die Entwicklung der Kartellbewegung, S. 20–24.
178 Jahresbericht 1904/05, Abteilung Vertretungen und Konventionen, Merck-Archiv, F 3/34, S. 3 f.; vgl. auch Jahresbericht 1899/1900, Merck-Archiv, F 3/11, S. 2 f.
179 Vgl. Jahresberichte Abteilung Vertretungen und Konventionen 1903/04, Merck-Archiv, F 3/31, S. 4; 1906, Anlage 10, F 3/37; 1907, F 3/41, S. 9 f.; 1909, F 3/50, S. 9 f. Vgl. auch Protokolle der IG-Sitzungen vom 10. April, 14. und 20. Juni 1906, Merck-Archiv, R 15/16 c und Protokoll der IG-Sitzung vom 12. Dezember 1907, Merck-Archiv, R 15/17 a.
180 Jahresberichte Abteilung Konventionen 1908, Merck-Archiv, F 3/45, S. 5 f.; 1909, F 3/50, S. 9 f.; vgl. auch Protokoll der IG-Ratssitzung vom 11. Februar 1913, Merck-Archiv, H 5/35; Bericht über 1908, Abteilung Deutschland von Albert Schumacher, Merck-Archiv, F 3/45, S. 6, 9.
181 Protokoll der IG-Sitzung von Boehringer, Knoll und Merck vom 25. Februar 1908, Merck-Archiv, R 15/17 b; Protokoll der IG-Sitzung von Boehringer, Knoll, Merck, Gehe und Riedel vom 11. Februar und 11. Juni 1909, Merck-Archiv, R 15/17 b; Boehringer an die IG vom 4. März 1909; Riedel an die IG vom 5. März 1909; Gehe an die IG vom 5. März 1909, Merck-Archiv, H 5/9 b; Bericht über 1908, Abteilung Deutschland von Albert Schumacher, Merck-Archiv, F 3/45, S. 6, 9. Zur offensiveren Unternehmenspolitik von Roche Peyer, Roche, S. 27–63.
182 Riedel an die IG vom 22. März 1912, Knoll an die IG vom 25. März 1912, Boehringer an die IG vom 25. März 1912, Merck an die IG vom 26. März 1912, Merck-Archiv, H 5/32 a; Jahresberichte 1912, Abteilung Konventionen, S. 2–4, ebenso der Abteilung Deutschland I, S. 11 f., Merck-Archiv, F 3/65.
183 Vor dem ersten IG-Vertrag gehörten sie mindestens 15 bis 17 Konventionen gemeinsam an. Mit der Gründung der IG traten deren Mitglieder den meisten Konventionen der Partner bei, Register der Konventionen [1910], Merck-Archiv, S 1/113.
184 Vgl. Kontokorrentbuch 1831–1844, Merck-Archiv, S 1/24, fol. 159. Zur Geschichte des Unternehmens Vershofen, Wirtschaftsgeschichte der chemisch-pharmazeutischen Industrie, Bd. III, S. 42 f.; Schröter, Friedrich Engelhorn, S. 227; Leber, «Engelhorn, Friedrich»; Parzer, Friedrich Engelhorn, S. 129. Allein von 1900/01 bis zum Beginn der IG-Gespräche stiegen die Lieferungen an Boehringer um mehr als das Dreifache auf 176 000 M., vgl. [Jahresbericht] Abteilung Deutschland I [1903/04], Merck-Archiv, F 3/31, S. 2.
185 Zu den ersten Gesprächsvereinbarungen zwischen Boehringer, Merck und Landrat Simons vgl. Korrespondenz seit Februar 1903, Merck-Archiv, B 6 a.
186 Wilhelm Conzen, 29 Jahre im Dienst, Merck-Archiv, F 6/7, S. 47. Die Partner der Pharma-IG formulierten im ersten Satz ihres Vertrages, Merck-Archiv, R 15/99, dass die Entwicklung einen «Zusammenschluss der maßgebenden Faktoren» nahelege.
187 Zum politischen Einfluss der pharmazeutischen Industrie mit wenigen Hinweisen auch auf Merck Hickel, Das kaiserliche Gesundheitsamt, S. 68–71, 80; auch Hüntelmann, Hygiene, S. 258, 321, 328. Zur Rolle von Louis Merck im Reichsgesundheitsrat vgl. Wimmer, Tradition und Transformation, S. 190–192, 200; Holsten, Das Kaiserliche Gesundheitsamt, S. 241 f.
188 Plumpe, Die I. G. Farbenindustrie, S. 40–48; Plumpe, Carl Duisberg, S. 228–254; Duisberg, Meine Lebenserinnerungen, S. 88–97; Johnson, Die Macht der Synthese, S. 130–141.
189 Cramer, Der geborene Markenartikel, S. 106 f.; Vershofen, Wirtschaftsgeschichte der chemisch-pharmazeutischen Industrie, Bd. III, S. 137 f.; zur Geschichte der Handelsgesellschaft Wüllrich/Wehle, HAGEDA.

190 Vgl. Merck, Kontokorrentbuch 1831–1844, Merck-Archiv, S 1/24, fol. 206. Hisserich an Louis Merck, New York, vom 17. April 1905, Merck-Archiv, B 12 a; Protokolle der Sitzungen Merck, Boehringer, Knoll und Gehe vom 24. November 1905 und 19. März 1906, Merck-Archiv, R 15/16 b und R 15/16 c; vgl. Bericht über 1902/1903, Abteilung Deutschland, Merck-Archiv, F 3/26, S. 4.

191 IG-Vertrag vom 1. Dezember 1906, mit rückwirkender Geltung ab Januar 1906, Merck-Archiv, R 15/99.

192 Merck an George Merck vom 19. September 1905, Merck-Archiv, R 15/16 b.

193 Merck an Boehringer, Knoll und Gehe vom 8. August und 19. September 1907, Merck-Archiv, H 5/5; IG-Vertrag vom 31. Oktober 1907, Merck-Archiv, R 15/99.

194 Im Rückblick wurden beispielsweise die Hämostatika Stypticin und Styptol sowie die Antitussiva Codein und Dionin genannt, vgl. Besprechung zwischen Merck und Knoll über die Auflösung der IG vom 6. November 1924, Merck-Archiv, R 5/34.

195 George Merck an Merck vom 3. Juli 1905, Merck-Archiv, H 1/53 b; Merck & Co. an Knoll & Co. vom 19. Juli 1905, Merck-Archiv, H 5/24; Merck an George Merck vom 19. September 1905, Merck-Archiv, R 15/16 b; Merck an George Merck vom 15. März 1906, Merck-Archiv, H 1/54.

196 Vgl. Plumpe, Die I. G. Farbenindustrie, S. 45; Burhop, Wirtschaftsgeschichte, S. 165; Herrmann, Die Haltung der Nationalökonomie, S. 42–50.

197 Klemperer (Gehe) an Merck vom 7. Oktober 1913 und Merck an Klemperer vom 9. Oktober 1913, Merck-Archiv, B 24 b.

198 Sogar 50 Jahre waren erwogen worden, vgl. IG-Vertragsentwurf (ohne Datum) 1905, Merck-Archiv, R 15/16 b.

199 Protokoll der Sitzung zwischen Merck, Boehringer und Knoll vom 29. Juli 1905, Merck-Archiv, R 15/16 b. Das «IG-Geheimnis» wurde auch später immer wieder bekräftigt, so im Protokoll der Sitzung des IG-Rates vom 8. September 1910, Merck-Archiv, R 15/17 b.

200 Stimmenverteilung: Merck fünf, Boehringer und Riedel je drei, Gehe und Knoll je zwei; ebenso gemessen an den Kapitalien der Eingangsbilanz der IG: Merck 16,2 Mio., Boehringer 5,0 Mio., Gehe 4,3 Mio., Riedel 4,2 Mio., Knoll 1,3 Mio. M., vgl. IG-Vertrag vom 31. Oktober 1907, Merck-Archiv, R 15/99.

201 Riedel an Merck vom 26. November 1907 sowie Merck an Boehringer, Knoll, Gehe vom 19. August 1907, Merck-Archiv, H 5/5.

202 Riedel an die IG vom 24. Dezember 1908, Merck-Archiv, H 5/44.

203 Protokoll der Besprechung zwischen Riedel, Gehe, Boehringer, Knoll und Merck vom 16. November 1911, Merck-Archiv, R 15/17 c.

204 Korrespondenz zwischen den IG-Unternehmen im Dezember 1908, Merck-Archiv, H 5/44; Besprechung der IG über Umwandlung in eine AG vom 16. November 1911, Merck-Archiv, R 15/17 c. Vgl. auch Burkert, Die Deutsche «Pharmazeutische Interessengemeinschaft», S. 144.

205 Boehringer an die IG vom 28. Dezember 1908, Merck-Archiv, H 5/44.

206 Protokolle der Besprechung der IG über Umwandlung in eine AG vom 16. und 17. November 1911, Merck-Archiv, R 15/17 c.

207 Vgl. Wilhelm Conzen, 29 Jahre im Dienst, Merck-Archiv, F 6/7, S. 57; Albert Schumacher, Tätigkeitsbericht vom 29. September 1928, Merck-Archiv, F 6/12, S. 22–25; ähnlich Wilhelm Seip, Tätigkeitsbericht vom 31. März 1924, Merck-Archiv, F 6/4. Vgl. allgemein Schäfer, Familienunternehmen, S. 179 f.; Plumpe, Die I. G. Farbenindustrie, S. 136–147, hier S. 138.

II. 3. 1880/90er-Jahre bis 1914: Konflikte, Modernisierung

208 Wilhelm Conzen, 29 Jahre im Dienst, Merck-Archiv, F 6/7, S. 50; Ludwig Bauer, Tätigkeitsbericht vom 1. Oktober 1927, Merck-Archiv, F 6/1, S. 40.
209 Gehe an die IG vom 5. Dezember 1910, Merck-Archiv, H 5/52. Vgl. auch Wilhelm Conzen, 29 Jahre im Dienst, Merck-Archiv, F 6/7, S. 52 f.; Albert Schumacher, Tätigkeitsbericht vom 29. September 1928, Merck-Archiv, F 6/12, S. 23–25.
210 Protokolle der IG-Sitzungen vom 12. und 13. Oktober 1909, Merck-Archiv, R 15/17 c; vgl. auch Wilhelm Conzen, 29 Jahre im Dienst, Merck-Archiv, F 6/7, S. 59.
211 Vgl. Lübbers, Unternehmenskooperation, S. 153.
212 Vgl. beispielsweise Merck-Archiv, H 5/10 a, 10 b, 10 c, R 15/17 b, 17 c.
213 So Riedel an Merck vom 28. November 1910, Merck-Archiv, H 5/25.
214 Protokoll der IG-Ratssitzung vom 11. Februar 1913, Merck-Archiv, H 5/35.
215 Wilhelm Conzen, 29 Jahre im Dienst, Merck-Archiv, F 6/7, S. 54, 56; Albert Schumacher, Tätigkeitsbericht vom 29. September 1928, Merck-Archiv, F 6/12, S. 23 f.; in diesem Sinne auch Cramer, Der geborene Markenartikel, S. 281.
216 Die IG-Partner hatten folgende akribisch ausgehandelte Prozentanteile: Merck 48,537, Boehringer 17,657, Gehe 9,153, Riedel 15,5, Knoll 9,153 Prozent, vgl. IG-Vertrag vom 31. Oktober 1907, Merck-Archiv, R 15/99.
217 Wilhelm Conzen, 29 Jahre im Dienst, Merck-Archiv, F 6/7, S. 50.
218 Dazu kritisch Carl Scriba, Meine Tätigkeit, Merck-Archiv, F 6/8 (t), S. 147; Wilhelm Conzen, 29 Jahre im Dienst, Merck-Archiv, F 6/7, S. 54; Albert Schumacher, Tätigkeitsbericht vom 29. September 1928, Merck-Archiv, F 6/12, S. 23; vgl. auch Dumitriu, Die wissenschaftliche Entwicklung der Alkaloid-Chemie, S. 116 f.
219 Protokoll der Besprechung zwischen Merck und Knoll vom 6. November 1924, Merck-Archiv, R 5/34, sowie Riedel an die IG vom 28. November 1910, Merck-Archiv, H 5/52.
220 Vgl. Lübbers, Unternehmenskooperation, S. 153, Anm. 26, S. 158, 167.
221 Geschäftsbericht 1907, Merck-Archiv, F 3/41, S. 1.
222 Berechnet nach den IG-Hauptbilanzen bzw. IG-Gewinn- und Verlust-Konten 1907 bis 1913, Merck-Archiv, R 15/14 a. Die Anteile der einzelnen Jahre: 1907 61 Prozent, 1908 64 Prozent, 1909 64 Prozent, 1910 57 Prozent, 1911 55 Prozent, 1912 58 Prozent, 1913 54 Prozent. Der Gewinn aus der IG war also etwas höher als von Burkert, Die Deutsche «Pharmazeutische Interessengemeinschaft», S. 140 f., 181, angenommen.
223 Wie die Merck-Vertreter in der Sitzung im November 1913 hervorhoben, IG-Ratssitzung vom 20. November 1913, Merck-Archiv, R 15/17 b.
224 Personaldaten, Merck-Archiv, J 1/216. Seit der zweiten Hälfte der 1890er-Jahre konnte Merck auch Chemiker des 1895 eröffneten Chemischen Instituts der Technischen Hochschule Darmstadt rekrutieren, vgl. Zintl, Das Institut für Anorganische und Physikalische Chemie, S. 169.
225 Z. B. Scopolamin (Hyoscin), Carl Scriba, Meine Tätigkeit, Merck-Archiv, F 6/8 (t), S. 42, 68, 163 f.
226 Carl Scriba, Meine Tätigkeit, Merck-Archiv, F 6/8 (t), S. 40; zu seinen Umsatzanteilen Berichte über 1911 bzw. 1912, Anlage 15 bzw. 16, Merck-Archiv, F 3/59, F 3/65.
227 Carl Scriba, Meine Tätigkeit, Merck-Archiv, F 6/8 (t), S. 195 f.; vgl. Issekutz, Die Geschichte der Arzneimittelforschung, S. 285.
228 Dumitriu, Die wissenschaftliche Entwicklung der Alkaloid-Chemie, S. 124–132, nennt insgesamt 30 Alkaloide, davon elf Neuentdeckungen, an denen Merck beteiligt war; vgl. auch Carl Scriba, Meine Tätigkeit, Merck-Archiv, F 6/8 (t), S. 48 f., 62 f., 77 f.
229 Dumitriu, Die wissenschaftliche Entwicklung der Alkaloid-Chemie, S. 129 f.; Löw, Die

Chemische Fabrik, S. 33; Priesner, «Niemann, Albert Friedrich Emil», Issekutz, Die Geschichte der Arzneimittelforschung, S. 223.
230 Carl Scriba, Meine Tätigkeit, Merck-Archiv, F 6/8 (t), S. 96; zusammenfassend zu den Produktionsmengen bei Merck Hirschmüller, E. Merck und das Kokain, S. 119–121; vgl. auch Freud, Schriften über Kokain, S. 11–13, 25, Anm. 64, S. 59 f., Anm. 2; Albert Schumacher, Tätigkeitsbericht vom 29. September 1928, Merck-Archiv, F 6/12, S. 11.
231 Sigmund Freud, «Über Coca», wurde am 1. Juli 1884 im Centralblatt für die gesamte Therapie, Bd. 2, Juli, S. 289–314, veröffentlicht, jüngst in kommentierter Edition hgg. von Albrecht Hirschmüller, Sigmund Freud, Schriften über Kokain, S. 63; vgl. auch ebd., S. 21, 36. Dazu insgesamt gründlich Hirschmüller, E. Merck und das Kokain, S. 122–127.
232 Freud, Schriften über Kokain, S. 21, 26, 88.
233 Ebd., S. 27, vgl. auch S. 21, 25–27, 111 f.
234 E. Merck, Zur Kenntniß des Cocain [Offener Brief], in: Wiener med. Presse 26, Sp. 1373. Vgl. auch Hirschmüller, E. Merck und das Kokain, S. 130–132.
235 Friedrich/Müller-Jahncke, Geschichte der Pharmazie, Bd. II, S. 479; Freud, Schriften über Kokain, S. 19–21, und Issekutz, Die Geschichte der Arzneimittelforschung, S. 221; vgl. Müller-Jahncke/Friedrich/Meyer, Arzneimittelgeschichte, S. 148 f.
236 Dazu ausführlich Carl Scriba, Meine Tätigkeit, Merck-Archiv, F 6/8 (t), S. 96–100: von den Destillationsgefäßen (ebd., S. 20 f.) über die fraktionierte Schüttelung (ebd., S. 31, 109) bis zur Einführung von Benzol als Extraktionsmittel (S. 97 f.), die bei der Opiumverarbeitung ein so wichtiger Fortschritt war, dass Scriba sie für das Jahr 1898 rückblickend als «Markstein» (S. 89) und «Wendepunkt in der Alkaloidfabrikation» wertete (S. 98). Vgl. auch Scribas weitere Hinweise auf Apparate und Technologie (S. 105 f., 121, 187, 190, 198 f., 200 f.) sowie Possehl, Pharmazeutische Verfahrenstechnik, S. 251; vgl. auch Dumitriu, Die wissenschaftliche Entwicklung der Alkaloid-Chemie, S. 101–106.
237 Tabellarische Aufstellung der verarbeiteten Mengen von 1879/1880 bis 1899/1900 im Jahresbericht 1899–1900 der Fabrik-Abteilung Ia (Dürrkopf), Merck-Archiv, F 3/12, S. 1 f. Zusammenfassende Tabellen bei Hirschmüller, E. Merck und das Kokain, S. 120.
238 Bericht über die Tätigkeit des wissenschaftlichen Laboratoriums 1897/98, Merck-Archiv, F 3/5, S. 6; vgl. auch Carl Scriba, Meine Tätigkeit, Merck-Archiv, F 6/8 (t), S. 100. Zu Erweiterungen des Kokain-Betriebes 1912 Bericht über die im Jahre 1912 in den einzelnen Fabrikationsabteilungen vorgenommenen Neuanschaffungen an Maschinen und Apparaten und Verbesserungen an bestehenden Einrichtungen (Ingenieur Burkhard), Merck-Archiv, F 3/67, S. 1 (Betrieb I a, Dr. Dürrkopf). Weitere geplante Erweiterungen wurden vor allem infolge des Krieges obsolet.
239 «Maatschappy voor industriele Ondernemingen op Java», Merck-Archiv, B 7 b, B 12 a, R 1/42.
240 Löw, Die Chemische Fabrik, S. 33; Wolffenstein, Die Pflanzenalkaloide, S. 319.
241 Vgl. beispielsweise Jahresbericht Vertretung Hamburg 1912, Merck-Archiv, F 3/65.
242 Vgl. Berichte über 1911 bzw. 1912, Anlage 15 bzw. 16, Merck-Archiv, F 3/59, F 3/65; Verkauf verschiedener Artikel prozentual vom Gesamtumsatz 1913, Merck-Archiv, R 15/14 a (darin sind jeweils rund 74 Prozent aller Umsätze aufgelistet, sie entfallen auf rund 300 Präparate). 1897/98 wurde der «Bruttogewinn» durch Kokain mit 15 Prozent angegeben, Bericht über 1897–1898, Merck-Archiv, F 3/3, S. 5.
243 Ausführungen des Sachverständigen Dr. Merck 1930, S. 465; vgl. auch Hirschmüller, E. Merck und das Kokain, S. 132.

II. 3. 1880/90er-Jahre bis 1914: Konflikte, Modernisierung 559

244 Hoechst und Schering begannen 1892, vgl. Possehl, Impfstoffe, S. 191. Gradmann, Krankheit im Labor, S. 105 f., 151, 187, 196.
245 Gradmann, ebd., S. 166, 212 mit Anm. 173, 222. Vgl. auch Elkeles, Der «Tuberkulinrausch» von 1890, S. 1729–1732.
246 Gradmann, Krankheit im Labor, S. 221 f. mit Anm. 211 f.; Wimmer, «Wir haben fast immer was Neues», S. 157 f.
247 Possehl, Impfstoffe, S. 191 f.; Kobrak, National cultures and international competition, S. 43.
248 Jahresbericht Merck 1894, Darmstadt 1895, S. 96–99; Possehl, Impfstoffe, S. 189; Müller-Jahncke/Friedrich/Meyer, Arzneimittelgeschichte, S. 130.
249 Protokoll des Geheimen Geschäftsabends vom 23. November 1894, Merck-Archiv, R 15/13 a; Gradmann, Krankheit im Labor, S. 172, 297.
250 Landmann wurde seit 1895 nebenamtlich, ab 1900 vollamtlich beschäftigt, Personalakte Dr. Gustav Landmann (geb. 1861), Merck-Archiv, J 10/764; Verträge seit November 1895 ohne Honorar mit Gewinnbeteiligung, Merck-Archiv, R 10/612, 1899 und 1908, Merck-Archiv, J 10/660; Vertrag über Rechte vom 4. März 1899, Merck-Archiv, R 15/12. Kurzbiografie bei Kallmorgen, Siebenhundert Jahre Heilkunde, S. 334 f.; vgl. auch Possehl, Impfstoffe, S. 193. Dazu aus pharmaziegeschichtlicher Sicht Throm, Das Diptherieserum, S. 172–177.
251 Jahresbericht 1899/1900 der Bakteriologischen Abteilung [Zitat], S. 1 [unpaginiert], Merck-Archiv, F 3/12. Possehl, Impfstoffe, S. 193 f.; allgemein Condrau, Behandlung ohne Heilung, S. 74, 77. Vgl. auch Conzen/Hisserich an Louis Merck vom 24. Juli 1903, Merck-Archiv, B 6 a.
252 Vertrag von Georg Sobernheim mit Merck vom 10. Dezember 1901, Merck-Archiv, R 1/42; zu Sobernheims Leistung knapp Bernhard Möllers, Robert Koch, S. 476.
253 Im Herbst 1903 wurde der Tierarzt Dr. Wilhelm Burow als Leiter in Halle eingestellt, vgl. Jahresbericht 1903/04 der Bakteriologischen Abteilung, Merck-Archiv, F 3/32, S. 1 f. Personaldaten, Nr. 461, Merck-Archiv, J 1/216.
254 Merck an Prof. Ficker vom 26. Juni 1905, Merck-Archiv, K 1/336; vgl. auch Possehl, Impfstoffe, S. 200, Anm. 102.
255 Vgl. Bericht über 1900/1901 der Bakteriologischen Abteilung, Merck-Archiv, F 3/18, S. 3; Liste mit Präparaten 1900–1931, Merck-Archiv, S 6/44; Possehl, Impfstoffe, S. 193 f.
256 Possehl, Impfstoffe, S. 193 f., 201, Anm. 110; Jahresbericht 1899/1900 der Bakteriologischen Abteilung, Merck-Archiv, F 3/12 [unpaginiert]. Vgl. auch Marx, Die experimentelle Diagnostik, S. 209; Müller-Jahncke/Friedrich/Meyer, Arzneimittelgeschichte, S. 130. Vgl. auch zum allgemeinen Hintergrund Hüntelmann, Hygiene, S. 214–264; Gradmann, Krankheit im Labor, S. 27, 165 f.
257 Vgl. die Entscheidungen des IG-Rates, Merck-Archiv, R 15/17 a–c; Possehl, Impfstoffe, S. 194.
258 Dr. Landmann, Bericht, o. D., Merck-Archiv, A 13.
259 Ehrenberg hatte Pharmazie in Leipzig und Chemie in Dresden studiert, war 1882 bis 1888 Assistent am Physiologisch-Chemischen Institut in Tübingen, dann Chemiker und Direktor bei Trommsdorff in Erfurt, seit 1893 in Darmstadt, 1903 erhielt er Gesamt-, 1908 Einzelprokura bis 1923, vgl. Die Firma E. Merck, Darmstadt, Rechtsform und Prokura, Merck-Archiv, R 1/2; Kondolenzschreiben, Merck-Archiv, J 1/8.
260 Bayer hatte seit 1887 ein Hauptlabor mit neun Chemikern, vgl. Verg/Plumpe/Schultheis, Meilensteine, S. 79, und Duisberg, Meine Lebenserinnerungen, S. 58, 65–67. Bei Schering wurde 1888 ein Labor aufgebaut, dessen Merck wohl vergleichbare, bescheidene Einrich-

tung anschaulich geschildert wurde von Albrecht Schmidt, Erinnerungen, S. 23, SchA, B1/84/1; Boehringer richtete 1889 ein Zentrales Wissenschaftliches Forschungslaboratorium ein, vgl. Fischer, Wissenschaft für den Markt, S. 103, 109; zur Forschung bei Hoechst Wimmer, «Wir haben fast immer was Neues», S. 155.

261 Jahresbericht der Propagandaabteilung 1921 [mit Rückblick], Merck-Archiv, F 3/104, S. 2. Das Labor hatte 1896/97 hatte unter Leitung von Ernst Dürkopf drei Mitarbeiter; zu seinen Aufgaben: Wissenschaftliches Laboratorium, Bericht über das Jahr 1896/97, Merck-Archiv, F 3/2; vgl. auch Protokoll des Geheimen Geschäftsabends vom 23. November 1894, Merck-Archiv, R 15/13 a.

262 Es handelte sich zunächst um die synthetische Abteilung (1), die präparative und analytische Abteilung (2), die elektrochemische Abteilung (3) und das Reklame- und Patentbüro (4), vgl. Jahresbericht 1897/98, Merck-Archiv, F 3/2 c, S. 1. Sie wurden dann schließlich strukturiert als Betriebsabteilung (I.), Versuchsabteilung (II.), Elektrochemische Abteilung (III.) sowie Abteilung für Patente und Reklame (IV.), vgl. Jahresbericht 1896/97, «Bemerkungen zum Fabrikabschluss und zu den Specialberichten der Fabrik», Merck-Archiv, F 3/2 [handschriftlich, unpaginiert], sowie Bericht über die Tätigkeit des Wissenschaftlichen Laboratoriums 1897/98, Merck-Archiv, F 3/5, S. 1, 6. Für Patent- und Warenschutzthemen soll Ehrenberg sich besonders interessiert haben, vgl. Albert Schumacher, Tätigkeitsbericht vom 29. September 1928, Merck-Archiv, F 6/12, S. 27.

263 Protokolle der Geheimen Geschäftsabende vom 29. November und 2. Dezember 1898, Merck-Archiv, R 15/13 a. Gehälter der Beamten 1898–1905, Merck-Archiv, J 1/25.

264 Bericht über die Tätigkeit des Wissenschaftlichen Laboratoriums 1898/99, Merck-Archiv, F 3/8, S. 16; Jahresbericht des Wissenschaftlichen Laboratoriums für 1910 (Gesamtbericht, Dr. W. Beckh), Merck-Archiv, F 3/57, S. 1.

265 Merck an «sämtliche Herren Betriebsführer» vom 11. September 1897 sowie W. Merck an Ehrenberg vom 10. September 1897, Merck-Archiv, F 3/1; Bemerkungen zum Fabrikabschluss und zu den Specialberichten der Fabrik 1897/98, Merck-Archiv, F 3/2.

266 Bericht über die Tätigkeit des Wissenschaftlichen Laboratoriums 1901/02, Merck-Archiv, F 3/24, S. 1 f.

267 Wiederholt in den Jahresberichten hervorgehoben, vgl. beispielsweise Jahresbericht des Wissenschaftlichen Laboratoriums für 1905/06, S. 3, Merck-Archiv, F 3/39.

268 Darunter mit Ferdinand Klein Milchsäure (1888), mit Jakob Stilling Pyoktanin (1890), mit Rudolf Kobert Haemol (1892), mit Martin Freund Stypticin (1897), mit Joseph von Mering Tannoform (1895) und Dionin (1898), mit Carl Böttinger Zahncement (1898, gekündigt 1903) etc., Merck-Archiv, R 1/42; vgl. Burhop, Pharmaceutical Research, S. 490.

269 Mit dem Ankauf der Molkerei Eisenharz/Allgäu wurde die Herstellung nach dort verlegt; vgl. Scriba, Meine Tätigkeit, Merck-Archiv, F 6/8 (t), S. 10; Vertrag mit Dr. Klein 1888, Merck-Archiv, R 15/11; Molkerei Eisenharz an Merck vom 5. April 1893, Merck-Archiv, H 1/159; zur Pionierrolle namentlich gegenüber Boehringer Ingelheim vgl. Harald Metz, Hundert Jahre Biotechnologie bei Merck, 1890–1990, interne Publikation, Merck-Archiv 1991.

270 Patent Nr. 35.724 für ein «Verfahren zur Darstellung von Pepton aus Nucleoproteinen», Patentschrift Nr. 146.496 des Kaiserlichen Patentamtes vom 6. Oktober 1885, vgl. Löw, Die Chemische Fabrik, S. 47.

271 Verträge unter anderem mit Richard Wolffenstein für Perhydrol (1900) und Magnesium-Perhydrol (1903), mit Hugo Winternitz (1897) für Jodipin und Bromipin, mit F. Mendel

II. 3. 1880/90er-Jahre bis 1914: Konflikte, Modernisierung 561

für Fibrolysin (1904), A. Lindemann für Hydroqinone (1903), P. Römer für Jequirtol (1905), A. Ellinger für Zebromal (1912), vgl. Verzeichnis der Spezialitäten, über welche die Firma E. Merck, Darmstadt, mit Erfindern resp. Gewinnbeteiligten abzurechnen hat, Merck-Archiv, F 1/48. Vgl. Burhop, Pharmaceutical Research, S. 490.

272 Eintragung der Wappenmarke vom 8. Mai 1895, Warenzeichen Nr. 6211, Merck-Archiv, Y 01/08927; Löw, Die Chemische Fabrik, S. 47; Würth, Wappengeschichte der Familie Merck, S. 56. Vgl. allgemein Lill, Die pharmazeutisch-industrielle Werbung, S. 78–85. Vgl. auch S. 52 f.

273 Jahresbericht der Patentabteilung für 1909, Merck-Archiv, F 3/53, S. 236. Vgl. auch Burhop, Pharmaceutical Research, S. 485 f., Tabellen 1 und 2; Burhop, The Transfer of Patents, S. 921–939.

274 Auflistung der Patente nach Ländern in Jahresbericht der Patentabteilung für 1909, Merck-Archiv, F 3/53, S. 236: an zweiter Stelle Österreich 48 (Veronal 30), gefolgt von den Vereinigten Staaten 39 (18), England 26 (9), Frankreich 23 (13) etc. Vgl. auch Wolfes, Tätigkeitsbericht vom 29. September 1926, Merck-Archiv, F 6/5.

275 Burhop, Pharmaceutical Research, S. 489.

276 Vgl. Verzeichnis der Spezialitäten, über welche die Firma E. Merck, Darmstadt mit Erfindern resp. Gewinnbeteiligten abzurechnen hat, Merck-Archiv, F 1/48, S. 4. Zu den Gewinnausschüttungen Abrechnungen der Patent- und Spezialpräparate 1912–1925, Merck-Archiv, S 6/22, S. 67; vgl. Brocke, Die Kaiser-Wilhelm-Gesellschaft im Kaiserreich, S. 44; Stoltzenberg, Scientist and industrial Manager, S. 66 f.; vgl. auch Fischer/von Mering, Über eine neue Klasse von Schlafmitteln, S. 97–101.

277 Von den Veronal-Verkäufen entfielen auf Merck 60 und auf die Farbenfabriken 40 Prozent, Veronal-Konventionsvertrag zwischen den Firmen E. Merck und den Farbenfabriken vorm. Friedrich Bayer & Co. vom 29. Dezember 1903, Merck-Archiv, R 15/23 a, E 1/1a–c; Bayer-Archiv Leverkusen, BAL 019/A/530/001. Die Entstehungsgeschichte ist komplex: Wolfes, Tätigkeitsbericht vom 29. September 1926, Merck-Archiv, F 6/5, berichtet in diesem Zusammenhang von gegenseitigen Vorwürfen und einer Auseinandersetzung zwischen Fischer und Merck. Vgl. auch Carl Duisberg an Emil Fischer vom 22. November 1904, in: Stephan, Der Briefwechsel zwischen Carl Duisberg und Emil Fischer, S. 30 f. mit Anm. 45; Wimmer, «Wir haben fast immer was Neues», S. 142, 187 f. Zur Entstehungsgeschichte von Veronal aus späterer Merck-Sicht (1955) Historische Betrachtung über den Anteil der «Pharmazeutischen Spezialpräparate» im Rahmen des Merck-Geschäftes, Merck-Archiv, L 10/5, S. 3–5.

278 Burhop, Pharmaceutical Research, S. 487.

279 Jahresbericht 1902/03, Merck-Archiv, F 3/7 c, S. 5; einer von ihnen, Dr. Wolfes, war bis 1902 Privatassistent von Emil Fischer in Berlin gewesen, hatte an dessen Veronalversuchen teilgenommen und wurde deswegen von Merck angeworben, vgl. Fischer, Aus meinem Leben, S. 198. Der zweite, Dr. Klein, kam auf Empfehlung Fischers zu Merck, Wolfes, Tätigkeitsbericht vom 29. September 1926, Merck-Archiv, F 6/5.

280 Jahresbericht 1903/04, Merck-Archiv, F 3/8 c, S. 2.

281 Jahresbericht des Wissenschaftlichen Laboratoriums für 1904/1905 (Dr. W. Beckh), Merck-Archiv, F 3/36. Zur allgemeinen Bewertung vgl. auch Lübbers, Unternehmenskooperation, S. 155, 161, Anm. 55.

282 Vgl. Wetzel, Naturwissenschaften und chemische Industrie, S. 147–208.

283 Vgl. Burhop, Pharmaceutical Research, S. 491, 496. Vgl. allgemein Schneider, Das wissenschaftliche Unternehmen, S. 173–184.

284 Carl Scriba, Meine Tätigkeit, Merck-Archiv, F 6/8 (t), S. 38, 55.
285 Burhop, Pharmaceutical Research, S. 482; Reinhardt, Forschung in der chemischen Industrie, S. 286, 365 f.
286 Mercks Forschungsetat betrug – selbst unter Hinzurechnung der Ausgaben für Nutzungsentschädigungen an die Erfinder – kaum zwei Prozent (190 000 M.) des Jahresumsatzes, vgl. Angaben der Forschungsausgaben errechnet aus den Aufstellungen anlässlich der Revision der Bücher von Merck, Boehringer und Knoll vom 22., 30. und 31. März 1906, Merck-Archiv, H 5/43.
287 Wilhelm Conzen, 29 Jahre im Dienst, Merck-Archiv, F 6/7, S. 50.
288 Abteilung Deutschland I, Bericht für 1905, Merck-Archiv, F 3/37, S. 9.
289 1896/97 lassen sich allein 16 Chemiker und Apotheker in Leitungsfunktionen der verschiedenen Betriebe bzw. Abteilungen identifizieren, die Jahresberichte abzugeben hatten, vgl. Jahresberichte 1896/97, Merck-Archiv, F 3/1 und 2.
290 Vgl. Bericht über die Tätigkeit des Wissenschaftlichen Laboratoriums 1897/98, Merck-Archiv, F 3/5, S. 6; Der Leiter der Elektrochemie, Dr. Pip, wurde am 15. Januar 1898 eingestellt, Personaldaten, Merck-Archiv, J 1/216, Nr. 293. Vgl. auch A. Scharf, Tätigkeitsbericht, Merck-Archiv, F 6/4.
291 Dr. Pip, Bemerkungen zum Fabrikabschluss und zu den Spezialberichten der Fabrik [für 1897/98 unpaginiert], Merck-Archiv, F 3/2. Vgl. auch zahlreiche Versuche in den folgenden Jahren, Jahresberichte der elektrochemischen Abteilung, 1898/99, 1900/01, Merck-Archiv, F 3/9 und 20.
292 Jahresbericht des Wissenschaftlichen Laboratoriums, analytische Abteilung und Erden Betrieb für das Jahr 1900/1901 (Dr. Schnerr), Merck-Archiv, F 3/20, S. 1–3 (Gesamtpaginierung S. 252–254); vgl. Jahresbericht 1903/04 der Fabrik-Abteilung (Erden-Betrieb, Dr. Schnerr), Merck-Archiv, F 3/32, S. 1; Bartel, «Nernst, Walther».
293 Jahresbericht über 1913, Merck-Archiv, F 3/73; Neubauten Betrieb XV. Dr. Schnerr, Kostenplanung vom 10. Februar 1912 über fast 187 000 M., Merck-Archiv, F 3/67.
294 Jahresbericht der elektrochemischen Abteilung für 1912 (Dr. Pip), Allgemeiner Teil, Merck-Archiv, F 3/70, S. 1–7.
295 Jahresberichte der elektro-chemischen Abteilung für 1913, Merck-Archiv, F 3/75, S. 1–10 und 1914, F 3/80, S. 1–6. Zu Planungsdefiziten vgl. auch Ph. Jörges, Tätigkeitsbericht von 1945, Merck-Archiv, F 6/2.
296 Merck an Lehmann vom 17. Juni 1905, Merck-Archiv, K 1/197; Merck KGaA, Von Einfällen und Zufällen, S. 19; dies., 100 years of liquid crystals, S. 25.
297 Dumitriu, Die wissenschaftliche Entwicklung der Alkaloid-Chemie, S. 135 f.; Willstätter, Aus meinem Leben, S. 66, 100; Hoppe, Aus der Frühzeit der chemischen Konstitutionsforschung, S. 50, 52. Vgl. auch S. 110.
298 Vgl. beispielsweise Kobrak, National cultures and international competition, S. 35 f.
299 Jahresberichte des Wissenschaftlichen Laboratoriums 1898/99, 1904/05, 1907, 1908, 1909, 1912, Merck-Archiv, F 3/9, F 3/36, F 3/43, F 3/48, F 3/53, F 3/68.
300 Auch Riedel produzierte 1911 10 000 verschiedene Artikel, vgl. 150 Jahre Riedel de-Haen, S. 77. Schering stellte 20 Jahre nach der Gründung 1000 Produkte her, vgl. Kobrak, National cultures and international competition, S. 21.
301 Zu deren positiven Aspekten: Abteilung Deutschland I, Bericht über 1909, Merck-Archiv, F 3/50, S. 3. Die Anzahl der Artikel verdreifachte sich von 1857 bis 1880 (800 auf 2425), verdoppelte sich etwa in den folgenden Jahrzehnten (1890: 4920, 1900: 12 010) und sank kaum (1910: 11 975), vgl. Ludwig Sulzmann, Tätigkeitsbericht von April 1930, mit

II. 3. 1880/90er-Jahre bis 1914: Konflikte, Modernisierung **563**

Tabelle von 1860 bis 1930, Merck-Archiv, F 6/4. Noch Ende der 1920er-Jahre wurden 8000 verschiedene Artikel hergestellt, von denen «selbst die größten kaum 3 bis 5 % des Umsatzes» ausmachten, Ausführungen des Sachverständigen Dr. Merck, S. 456.

302 Zu den Anteilen einzelner Produkte am Jahresumsatz vgl. Berichte über 1911 bzw. 1912, Anlage 15 bzw. 16 (darin sind jeweils rund 74 Prozent aller Umsätze aufgelistet, sie entfallen auf rund 300 Präparate), Merck-Archiv, F 3/59, F 3/65; für 1913: Verkauf verschiedener Artikel prozentual vom Gesamtumsatz 1913, Merck-Archiv, R 15/14 a. Zu den Verkaufswerten, Erfinderanteilen, Gewinnen von Stypticin, Dionin, Veronal etc.: Abrechnungen der Patent- und Spezialpräparate 1912–1925, Merck-Archiv, S 6/21 und 22. Zu Codein vgl. Knoll AG (Hrsg.), 100 Jahre im Dienst der Gesundheit, S. 11 f.

303 Abrechnungen der Patent- und Spezialpräparate 1912–1925, Merck-Archiv, S 6/22, S. 67, vgl. auch Cramer, Der geborene Markenartikel, S. 272 f. Die Bruttogewinne bei Kokain wurden gegen Ende des Jahrhunderts mit ca. 15 Prozent angegeben, Bericht über das Geschäftsjahr 1897/98, Merck-Archiv, F 3/3, S. 5.

304 1,596 Mio. M. (6,1 Prozent) bzw. 0,384 Mio. M. (1,47 Prozent), vgl. Verkauf verschiedener Artikel prozentual vom Gesamtumsatz 1913, Merck-Archiv, R 15/14 a.

305 Cramer, Der geborene Markenartikel, S. 95–108, hier S. 98.

306 Jahresbericht des Wissenschaftlichen Laboratoriums für 1904/1905 (Dr. W. Beckh), Merck-Archiv, F 3/36, S. 7 f. Beckh war 1899 eingetreten, Personaldaten, Nr. 364, Merck-Archiv, J 1/216.

307 Jahresbericht des Wissenschaftlichen Laboratoriums für 1909 (Gesamtbericht), Merck-Archiv, F 3/53, S. 5 f. Plädoyer für die Aufnahme größerer, neuer Präparate auch schon im Jahresbericht des Wissenschaftlichen Laboratoriums für 1906, Merck-Archiv, F 3/31, S. 1 f. [Hervorhebung im Original]. Die vollsynthetische Herstellung von Kokain wurde firmenintern bis 1908 wohl erwogen, aber nicht weiterverfolgt, weil entsprechende Vorschläge sich als «Schwindel» erwiesen, vgl. Wolfes, Tätigkeitsbericht vom 29. September 1926, Merck-Archiv, F 6/5.

308 Vgl. die Würdigung durch Wolfes in seinem Jahresbericht 1918 (Gesamtbericht), Merck-Archiv, F 3/87, S. 1–3.

309 Ebd., S. 7; vgl. auch Merck-Archiv, K 1/204 bis 214, 289; Merck an Heinz vom 12. Januar 1924, Merck-Archiv, R 10/612.

310 Abteilung Deutschland I, Bericht über 1913, Merck-Archiv, F 3/71, S. 5 f.

311 Jahresbericht des Kontrolllaboratoriums über eigene Präparate (Heubach) 1897/98, Merck-Archiv, F 3/4; Horst Maeder, Tätigkeitsbericht vom 22. März 1938, Merck-Archiv, F 6/4.

312 Abteilung Deutschland I, Bericht über 1910, Merck-Archiv, F 3/55, S. 15.

313 So unter Bezug auf Schering und Hoechst: Albrecht Schmidt, Erinnerungen, SchA, B1/84/1, S. 27 und allgemein Bartmann, Zwischen Tradition und Fortschritt, S. 445.

314 Vgl. beispielsweise Korrespondenz mit Wolffenstein ab 1905, Merck-Archiv, K 1/133; vgl. ferner zahlreiche Korrespondenzen im Merck-Archiv, K 1/83–565. Auch das von Merck entwickelte Thyreoidin hatte – zusammen mit Hämogallol, Peronin und Stypticin als erste in Tablettenform hergestellt (vgl. Zentzis, Untersuchungen zur Entwicklung der Tablettenherstellung, S. 250) – 1912 erst einen Umsatzanteil von 0,16 Prozent, vgl. Bericht über 1911, Merck-Archiv, F 3/65.

315 Wie der Schering-Forschungsdirektor der Jahre 1888–1898 im Rückblick schrieb, Albrecht Schmidt, Erinnerungen, SchA, B1/84/1, S. 27 f. Vgl. dazu jüngst einschlägig Schneider, Das wissenschaftliche Unternehmen.

316 A. Scharf, Tätigkeitsbericht, Merck-Archiv, F 6/4; vgl. Zentzis, Untersuchungen zur Entwicklung der Tablettenherstellung, S. 248; Ablichtung der handschriftlichen Aufzeichnung eines Merck-Mitarbeiters um 1897, in: Adrian, Beitrag zur Chronik der Technischen Abteilung, Bd. III, Anlage N 10, O [hinter S. 107].
317 Walther Gruschwitz, Tätigkeitsbericht vom 12. Februar 1943, Merck-Archiv, F 6/2.
318 Vgl. Zentzis, Untersuchungen zur Entwicklung der Tablettenherstellung, S. 229, 231–236, 248 f., 271; Wimmer, Tradition und Transformation, S. 197–199; Cramer, Der geborene Markenartikel, S. 285 f., Nieberding, «Stillstand ist Rückschritt», S. 220–222.
319 Protokoll der IG-Sitzung vom 10. April 1906, Merck-Archiv, R 15/16 c. Vgl. auch die Protokolle der Sitzungen der technischen Kommission der IG seit 1907, Merck-Archiv, R 15/17 d.
320 Im Rahmen der IG stellte Merck 1911 mit 13 000 kg die größte Menge von Tabletten und Pillen her, Boehringer ließ bei Merck tablettieren und experimentierte mit der Gelatinierung von Wirkstoffen. Vgl. Sitzung der technischen Kommission der IG vom 29. Juni 1911, Merck-Archiv, R 15/17 d; IG-Sitzung vom 10. April 1907 wegen der Tablettenliste von Merck, Merck-Archiv, H 5/43.
321 Belegschaftsentwicklung 1895 bis 1914:

Jahr	Arbeiter	Beamte (Angestellte)	Gesamtzahl Beschäftigte	Jahr	Arbeiter	Beamte (Angestellte)	Gesamtzahl Beschäftigte
1895	595	119	714	1905	980	295	1275
1896	599	131	730	1906	1003	300	1303
1897	620	139	759	1907	1083	315	1398
1898	650	163	813	1908	1156	327	1483
1899	713	188	901	1909	1206	345	1551
1900	795	209	1004	1910	1270	354	1624
1901	800	224	1024	1911	1404	384	1788
1902	841	229	1070	1912	1476	403	1879
1903	1041	246	1287	1913	1642	440	2082
1904	1213	273	1486	1914	1199	314	1513

Zahlen 1895–1899 jeweils am 1. Juli des jeweiligen Jahres, vgl. Geschäftsbericht 1897/98, Merck-Archiv, F 3/3, Anlage 6. Zahlen 1900–1914: Zahl der Arbeiter und Angestellten der Firma E. Merck, Darmstadt, einschl. Apotheke und ausschl. Filialen, Merck-Archiv, J 10, Nr. 66; ebenso: Belegschaftsentwicklung innerhalb der letzten 50 Jahre, J 1/244; dort auch Zahlen der Arbeiterinnen ausgewiesen.
322 Zahlen für Schering: SchA/B1/520; für Boehringer: Denkschrift der C. F. Boehringer & Soehne GmbH; für Hoechst: Wetzel, Industriearbeit, S. 334; für die BASF: Von Hippel, Auf dem Weg zum Weltunternehmen, S. 165; für Bayer: Verg/Plumpe/Schultheis, Meilensteine, S. 117, 198.
323 Vgl. allgemein Berghoff, Unternehmenskultur, S. 172.
324 George Merck an Merck vom 2. Mai 1904, Merck-Archiv, H 1/50.
325 Berghoff, Unternehmenskultur, S. 176–178.
326 Vgl. Hromadka, Die Arbeitsordnung, S. 3–9.
327 Fabrik-Ordnung für die Arbeiter der Chemischen Fabrik von E. Merck in Darmstadt 1884, Merck-Archiv, W 20/4. Die 1880 bei Hoechst eingeführte erste Arbeitsordnung mit 19 (die von 1883 mit 24) Paragraphen gilt als eine der «modernsten ihrer Art», Hromadka, Die Arbeitsordnung, S. 6, 71–73; die von Merck (1884) war mit 25 Paragraphen erheblich ausführlicher und detaillierter.

328 Vgl. Pohl/Schaumann/Schönert-Röhlk, Die chemische Industrie, S. 134 f.; Höinghaus, Gewerbe-Ordnung für den Norddeutschen Bund.
329 Vgl. allgemein Reulecke, Vom blauen Montag zum Arbeiterurlaub, S. 214.
330 Erheblich detaillierter als bei Hoechst, wo erst 1890 (§ 14) einige Vorschriften zu Schutzmitteln bei den Arbeiten formuliert wurden, vgl. Hromadka, Die Arbeitsordnung, S. 78.
331 Vgl. Fabrik-Ordnung, 1884, Merck-Archiv, W 20/4.
332 Beispielsweise Verträge 1890 mit Ernst Dürkopf, 1892 Schwarze, 1896 Oskar Kassner, Merck-Archiv, R1/42; Merck an Jean Hilgers vom 5. April 1889, Merck-Archiv, S 5/107. Zu Karenz-Klauseln in den Verträgen bei Bayer nach der Jahrhundertwende Plumpe, Carl Duisberg, S. 165. Vgl. oben S. 126 f.
333 Vgl. zu Einzelheiten die Fabrik- bzw. Arbeits-Ordnungen 1884, 1892, 1899, 1906, 1910, 1913, Merck-Archiv, W 20/4; ferner Wilhelm Adelberger, Tätigkeitsbericht vom 1. Oktober 1936, Merck-Archiv, F 6/1; Bericht der Abteilung Betriebskrankenkassen 1897/98, Merck-Archiv, F 3/4, S. 10 f. Allgemein Pohl/Schaumann/Schönert-Röhlk, Die chemische Industrie, S. 139.
334 Dass die Arbeiter der Nachtschicht bei Merck 1886 Kaffee erhielten, fand der Fabrikinspektor immerhin bemerkenswert, vgl. Jahresbericht des Fabrikinspektors Hessen für 1886, S. 4.
335 Bayer führte bereits 1905 den Neun-Stunden-Arbeitstag ein, Verg/Plumpe/Schultheis, Meilensteine, S. 166, 185; von Hippel, Auf dem Weg zum Weltunternehmen, S. 112; Kocka, Unternehmensverwaltung, S. 336.
336 Merck an die IG vom 5. Juni 1909, Merck-Archiv, H 5/14; vgl. auch Karl Seeger, Tätigkeitsbericht von 1934, Merck-Archiv, F 6/4, S. 4.
337 Ausgenommen vor dem 14. September 1892 eingetretene Arbeiter.
338 Vgl. die Fabrik- bzw. Arbeits-Ordnungen 1884, 1892, 1899, 1906, 1910, 1913, Merck-Archiv, W 20/4. Zum relativ frühen Einsatz von Fabrikärzten in der chemischen Industrie Andersen, Historische Technikfolgenabschätzung, S. 323–357.
339 Unter dem Namen Krankenkasse der Chemischen Fabrik von E. Merck zu Darmstadt; seit 1903 umbenannt in Betriebs-Krankenkasse für die Chemische Fabrik der Firma E. Merck, vgl. § 1 der Statuten vom 21. September 1903; Statut der Krankenkasse der Fabrik E. Merck vom 1. Dezember 1884, Schlusswort, Merck-Archiv, W 20/2.
340 Willy und Louis wechselten sich im Vorsitz ab, bis Carl Emanuel Merck ihn ab September 1897 übernahm; vgl. Bericht der Betriebs-Kranken-Kasse für 1897/98, Merck-Archiv, F 3/4, S. 4 f.
341 Mehrverdiener (ausdrücklich auch Beamte) waren beitrittsberechtigt (§ 2), ihr Beitrag wurde nach der Höhe eines Tagesverdienstes von vier Mark berechnet, betrug also maximal 6 Pfennig/Tag (§ 14).
342 Als Arbeitnehmerbeitrag wurden zunächst 1,5 Prozent des Verdienstes einbehalten, vgl. Gesetz, betreffend die Krankenversicherung der Arbeiter vom 15. Juni 1883, in: Deutsches Reichsgesetzblatt, 1883, Nr. 9, S. 73–104, § 65. Merck zahlte einen «Zuschuß» in Höhe der «Hälfte der Beiträge sämmtlicher in der Fabrik beschäftigten Mitglieder». Die Möglichkeit zur Erhöhung der Beiträge auf maximal drei Prozent war von Anfang an vorgesehen, und tatsächlich waren es 1897/98 bereits 2,5 Prozent, Bericht der Abteilung Betriebskrankenkassen 1897/98, Merck-Archiv, F 3/4, S. 5–7, in den Statuten wurde dies dann 1903 verankert; seit 1913 wurden 3,75 Prozent erhoben, Satzung der Betriebs-Krankenkasse der Fabrik Merck vom 13. Dezember 1913, § 38, Merck-Archiv, W 20/2), anteilig wuchs der

Unternehmenszuschuss, Statut der Betriebs-Krankenkasse der Fabrik E. Merck vom 21. September 1903, § 20, Merck-Archiv, W 20/2.
343 Gesetz, betreffend die Krankenversicherung der Arbeiter vom 15. Juni 1883, in: Deutsches Reichsgesetzblatt, 1883, Nr. 9, S. 73–104, § 6.
344 Statut der Krankenkasse der Fabrik E. Merck vom 1. Dezember 1884, § 5.1; Satzung der Betriebs-Krankenkasse der Fabrik Merck vom 13. Dezember 1913, § 10.1.2, Merck-Archiv, W 20/2. Die Zahlungen waren mit einer Obergrenze von 2,40 M. (1903: 3 M.) «gedeckelt», was den durchschnittlichen Löhnen entsprach.
345 Sie wurde nach sechsmonatiger Beschäftigung gewährt, vgl. Arbeitsordnungen für die Arbeiter der Chemischen Fabrik von E. Merck in Darmstadt 1893, 1899, 1906, 1910, 1913, Merck-Archiv, W 20/4.
346 Statut der Krankenkasse der Fabrik E. Merck vom 1. Dezember 1884; Satzung der Betriebs-Krankenkasse für die Chemische Fabrik der Firma E. Merck in Darmstadt, Darmstadt 1913, § 10, Merck-Archiv, W 20/2.
347 Krankenstand pro Arbeiter (1892–1897) durchschnittlich sechs bis neun Tage, pro Arbeiterin fünf bis neun Tage (nur 1896 15 Tage); errechnet nach den Angaben im Bericht der Betriebs-Kranken-Kasse für 1897/98, Merck-Archiv, F 3/4, S. 25.
348 Statut der Krankenkasse der Fabrik E. Merck vom 1. Dezember 1884, § 25, Merck-Archiv, W 20/2.
349 Bericht der Betriebs-Kranken-Kasse für 1897/98, Merck-Archiv, F 3/4, S. 9 f. Der Jahresbericht der Gewerbeinspektoren Hessen für 1898, S. 28, nennt für das Kalenderjahr 1898 die Zahl von 185 Unfällen bei Merck. Zum tödlichen Unfall 1897 vgl. Jahresbericht der Gewerbeinspektoren für 1897, S. 28.
350 Vgl. Jahresbericht der Gewerbeinspektoren Hessen für 1898, S. 51.
351 Jahresberichte der Hessischen Gewerbeinspektionen für 1908, S. 63, und für 1913, S. 70.
352 Statut der Betriebs-Krankenkasse der Fabrik E. Merck vom 21. September 1903, § 18, Merck-Archiv, W 20/2.
353 Statut der Krankenkasse der Fabrik E. Merck vom 1. Dezember 1884, § 5.5; Satzung der Betriebs-Krankenkasse der Fabrik Merck vom 13. Dezember 1913, § 23, Merck-Archiv, W 20/2.
354 Bericht der Betriebs-Kranken-Kasse für 1897/98, Merck-Archiv, F 3/4, S. 3 f.; 1891 betrug die durchschnittliche Jahresrente rund 126 M., vgl. van der Borght, S. 411.
355 Vgl. zur Thematik allgemein Sachße/Tennstedt, Geschichte der Armenfürsorge, S. 262 f.
356 Bericht der Betriebs-Kranken-Kasse für 1897/98, Merck-Archiv, F 3/4, S. 18–20.
357 Vgl. Verfügung Merck vom 6. Juni 1893, Merck-Archiv, K 1/3.
358 Schriftlich fixiert als Anhang zur Arbeitsordnung 1892, Merck-Archiv, W 20/4. Zum Stand von 1909 vgl. Merck an die IG vom 5. Juni 1909, Merck-Archiv, H 5/14.
359 Bericht der Betriebs-Kranken-Kasse 1897/98, Merck-Archiv, F 3/4, S. 22 f.; vgl. auch Kocka, Unternehmensverwaltung, S. 543; allgemein Sachße/Tennstedt, Geschichte der Armenfürsorge, S. 257–266.
360 Arbeitsordnungen für die Arbeiter der Chemischen Fabrik von E. Merck in Darmstadt, Darmstadt 1892, 1899, 1906, 1910, 1913, Punkte I., 1.-7., Merck-Archiv, W 20/4.
361 Nach 25 Jahren 100 M. (seit 1912: 150 M), nach 40 Jahren 200 M (seit 1912: 300 M); die noch 1899 erwähnte Gratifikation in Höhe von 300 M für 50-jährige Zugehörigkeit wird 1913 nicht mehr erwähnt. Vgl. Arbeitsordnungen 1892, 1899, 1906, 1910, 1913, Merck-Archiv, W 20/4.

II. 3. 1880/90er-Jahre bis 1914: Konflikte, Modernisierung **567**

362 Zur Kapitalentwicklung Bericht über den Geschäfts-Abschluss 1903–1904, Merck-Archiv, F 3/31, S. 13; Verwaltungsbericht über die Wohlfahrtseinrichtungen der Firma Merck 1911, Merck-Archiv, F 3/61, S. 33 f.; Bericht Wohlfahrtseinrichtungen 1912, Merck-Archiv, J 216/256.
363 1902/03 beispielsweise wurde Invalidenrente an sieben Arbeiter gewährt, sie erhielten 10,50 bis 16,05 M. mtl. Altersrente bekamen zwei Arbeiter (je 16,05 M. mtl.), vgl. Jahresbericht der Abteilung Krankenkasse 1902/1903, Merck-Archiv, F 3/27, S. 2–4.
364 Arbeitsordnungen für die Arbeiter der Chemischen Fabrik von E. Merck in Darmstadt, Darmstadt 1892, 1899, 1906, 1910, 1913, Merck-Archiv, W 20/4.
365 So mit dieser Betonung in einem Anhang zur Arbeitsordnung für die Arbeiter der Chemischen Fabrik von E. Merck in Darmstadt, Darmstadt 1913, Merck-Archiv, W 20/4.
366 Zur Wilhelm-Merck-Stiftung Stiftungsurkunde vom 24. März 1899, Vertrag und Statuten vom 29. Juni 1899, Merck-Archiv, W 20/14; zur Beamten-, Pensions-, Witwen- und Waisen-Kasse, Bericht über den Geschäfts-Abschluss von 1898–1899, Merck-Archiv, R 15/13 b. Zum Stand der betrieblichen Sozialpolitik bei Merck 1899 vgl. auch Jahresbericht der Gewerbeinspektoren Hessen für 1898, S. 57–60.
367 Zur Kapitalentwicklung der Beamten-Stiftung vgl. Bericht über den Geschäftsabschluss von 1898–1899, Merck-Archiv, R 15/13 b; Jahresbericht über den Geschäftsabschluss 1899/1900, Merck-Archiv, F 3/11, S. 20. Zum Kapital der Wilhelm-Merck-Stiftung vgl. Jahresbericht der Abteilung Krankenkasse 1899/1900, Merck-Archiv, F 3/12, S. 31; Rechnungs-Ablage der Wilhelm-Merck-Stiftung 1901/1902, im Jahresbericht der Abteilung Krankenkasse 1901/1902, Merck-Archiv, F 3/23, S. 27; Rechenschaftsbericht der Wilhelm-Merck-Stiftung 1911, Merck-Archiv, F 3/61, S. 38.
368 Wilhelm-Merck-Stiftung, I. Nachtrag vom 12. Januar 1910, Merck-Archiv, W 20/14, S. 11.
369 Jahresberichte der Abteilung Krankenkasse 1899/1900, Merck-Archiv, F 3/12, S. 31; 1900/1901, Merck-Archiv, F 3/18, S. 17; 1901/1902, Merck-Archiv, F 3/23, S. 27; 1903/1904, Merck-Archiv, F 3/32, S. 2; Bericht über den Geschäfts-Abschluss 1903/1904, Merck-Archiv, F 3/31, S. 13 f.; Rechenschaftsbericht der Wilhelm Merck-Stiftung 1911, Merck-Archiv, F 3/61, S. 38; Bericht Wohlfahrtseinrichtungen 1912, Merck-Archiv, J 216/256.
370 Satzungen der Beamten-, Pensions-, Witwen- und Waisen-Kasse der Firma Merck vom Juni 1899, Merck-Archiv, W 20/1.
371 Das Kapital wurde 1918 von der Firma durch eine Jubiläumsgabe um 30 000 M. auf 80 000 M. aufgestockt, durch die Inflation 1923 vernichtet, aber vom Unternehmen wiederhergestellt, vgl. Unterlagen zur Neuerstellung der Stiftungsurkunde vom 28. Oktober 1932, HStAD, G 11, 64/16. Zur Familie Rieger: Merck Corporate History (Hrsg.), Schenck. Jungmädchentagebuch, S. 315.
372 Vgl. die Aufstellungen, Merck-Archiv, R 5/148 a und b.
373 Die «Bestimmungen über die mit der Heilanstalt Alice-Hospital verbundene Krippe für kränkliche und schwächliche Kinder ‹Karl [sic!] und Marie Merck-Stiftung›» datieren vom November 1903, vgl. Merck-Archiv, R 5/147 a. Die Stiftung wurde 1920 aufgelöst, vgl. Merck an Alice-Frauenverein vom 28. Februar 1920, Merck-Archiv, R 5/147 a.
374 Errechnet auf der Grundlage der Mitteilungen des Statistischen Amtes in Berlin (1910), vgl. Jahresbericht der Abteilung Krankenkasse 1911, Merck-Archiv, F 3/61, S. 30. Vgl. allgemein auch den Überblick des für die Betriebskrankenkasse zuständigen Friedrich Lang, Tätigkeitsbericht von Oktober 1940, Merck-Archiv, F 6/3, S. 34–37.
375 Der Vergleich der Sozialleistungen der fünf IG-Firmen untereinander zeigt einen bei Merck deutlich höheren Anteil, vgl. Merck an die IG vom 5. April 1911, Boehringer an die

IG vom 5. April 1911, Gehe an die IG vom 5. April 1911, Riedel an die IG vom 12. April 1911, Knoll an die IG vom 12. April 1911, Merck-Archiv, H 5/26 a.
376 Tätigkeitsberichte Eisenhauer vom 14. Oktober 1924, Merck-Archiv, F 6/1; Ganzenmüller von Mai 1939, Geiss vom 13. Februar 1939, F 6/2; Kräuter von Ende 1929, F 6/3; Old vom 26. November 1937, Christian Schäfer vom 1. Mai 1921, E. J. Schließmann vom 17. April 1937, F 6/4; vgl. auch den Einzelfall Buisson, Jahresbericht der Bakteriologischen Abteilung (Landmann) 1903/1904, Merck-Archiv, F 3/32, S. 1.
377 Tätigkeitsberichte Friedrich Freymann vom 19. Juli 1933, Merck-Archiv, F 6/1, Michael Müller von 1929, Camilla Silverio von August 1924, F 6/4; Albert Schumacher vom 29. September 1928, Merck-Archiv, F 6/12, S. 30.
378 Tätigkeitsberichte Friedrich Freymann vom 19. Juli 1933, Merck-Archiv, F 6/1, Hans Hammer, o. D., F 6/2, Hans Schieferdecker vom 1. November 1928, F 6/4, S. 2, Albert Schumacher vom 29. September 1928, F 6/12, S. 14.
379 Ludwig Rittershofer, Tätigkeitsbericht vom 1. Oktober 1935, Merck-Archiv, F 6/4.
380 Wilhelm Seip, Tätigkeitsbericht vom 31. März 1924, Merck-Archiv, F 6/4, S. 3.
381 Tischrede am Vorabend des Jubiläums 1906, Merck-Archiv, F 6/4.
382 Tätigkeitsberichte Wilhelm Göckel, o. D., Merck-Archiv, F 6/2, Ph. Jörges von 1945, F 6/2, Heinrich Rindfrey vom 18. Januar 1923, F 6/4, Wolfes vom 29. September 1926, F 6/5.
383 E. Eich, Tätigkeitsbericht vom September 1936, Merck-Archiv, F 6/1.
384 E. Nester, Tätigkeitsbericht vom 1. März 1925, Merck-Archiv, F 6/4.
385 Friedrich Freymann, Tätigkeitsbericht vom 19. Juli 1933, Merck-Archiv, F 6/1.
386 Goes, Tätigkeitsbericht vom 15. September 1938, Merck-Archiv, F 6/2.
387 Tätigkeitsberichte Daniel Jayme von März 1928, Merck-Archiv, F 6/2, Joh. Nützel von Dezember 1924, A. Hauf vom 1. Oktober 1929, Heinrich Rummel vom 10. März 1936, Schork vom 25. Januar 1927, Theuerjahr vom 1. Oktober 1935, Fr. Trautmann, F 6/4.
388 Wolfes, Tätigkeitsbericht vom 29. September 1926, Merck-Archiv, F 3/5.
389 Vgl. Berghoff, Unternehmenskultur, S. 188.
390 Tätigkeitsberichte Geiss vom 13. Februar 1939, Merck-Archiv, F 6/2, und Schliessmann vom 17. April 1937, F 6/4. Vgl. auch Jahresbericht der Bakteriologischen Abteilung (Landmann) 1903/1904, Merck-Archiv, F 3/32, S. 1. Vgl. beispielsweise die «Merckianer»-Tätigkeitsberichte: Bossel, Schumacher, Goebel, Göckel, Gümbel, Haase, Hönig, Jörges, Kistinger, Krebs, Krug, May, Old, Poth, Schliessmann, Schlösser, Seeger, Stork etc. (alle Merck-Archiv, F 6).
391 Unter über 250, die Zeit bis 1914 behandelnden Tätigkeitsberichten vgl. den ausführlichen Bericht des Fabrikbuchhalters Ludwig Bauer vom 1. Oktober 1927, Merck-Archiv, F 6/1, S. 41.
392 Beispielsweise mit 221 Jahren (Karl Dittmann, Tätigkeitsbericht vom 24. Juni 1940, Merck-Archiv, F 6/1), 166 Jahre (Jakob Huthmann, Tätigkeitsbericht vom 8. Februar 1941, Merck-Archiv, F 6/2), 128 Jahre (Heinrich Sommerkorn, Tätigkeitsbericht vom 10. Juni 1943, Merck-Archiv, F 6/4), 96 Jahre (Friedrich Schäfer, Tätigkeitsbericht, Merck-Archiv, F 6/4).
393 Seit 1910 wurde dies auch für die Begräbnisse von Ehefrauen über 25 Jahre Beschäftigter gewährt; vgl. Arbeitsordnungen für die Arbeiter der Chemischen Fabrik von E. Merck in Darmstadt 1892, 1899, 1906, 1910, 1913, III., 2., Merck-Archiv, W 20/4; vgl. allgemein Kocka, Unternehmensverwaltung, S. 150, 154 f.
394 Vgl. Personaldaten, Merck-Archiv, J 1/216, sowie die in den meisten Tätigkeitsberichten (F 6/1–4) immer besonders erwähnte «Verbeamtung».

II. 3. 1880/90er-Jahre bis 1914: Konflikte, Modernisierung

395 Stichproben jeweils Januar (ohne Zulagen etc.) anhand der Gehaltslisten in J 1/22–25.
396 Bericht über 1900/1901 mit Tabelle der Löhne im Anhang, Merck-Archiv, F 3/16, S. 47; vgl. auch Stenogramm einer firmeninternen «Konferenz zur Feststellung der Arbeitslohnverhältnisse» vom 14. November 1898, Merck-Archiv, J 1/256, S. 4.
397 Vgl. die Angaben für 1901–1903 im Jahresbericht 1902/03, Tabelle der Löhne, Merck-Archiv, F 3/26, für 1905/1906 im Jahresbericht der Abteilung Buchhaltung 1905/06, Merck-Archiv, F 3/37, S. 38.
398 Jahresbericht der Fabrik I a (Freund), 1898/99, S. 6 f.; Jahresbericht der Abteilung Flimm 1898/1899, S. 17, Merck-Archiv, F 3/7; Jahresbericht der Fabrik-Abteilung IX (Röttgen), 1899/1900, Merck-Archiv, F 3/12 [unpaginiert].
399 Regina Goebel, eine «Merckianer»-Tochter, wurde am 1. September 1897 als Erste eingestellt, vgl. ihren Tätigkeitsbericht vom 1. September 1922, Merck-Archiv, F 6/2. Ihr folgte im Oktober 1898 Amalie Born, Tätigkeitsbericht von November 1923, Merck-Archiv, F 6/1 und Camilla Silverio, Tätigkeitsbericht von August 1924, Merck-Archiv, F 6/4. Zur Zeit des Umzugs wurden vier Frauen in der Verwaltung beschäftigt, um 1910 waren es acht, vgl. A. Tuchorski, Tätigkeitsbericht vom 16. Dezember 1935, Merck-Archiv, F 6/4.
400 Im Januar 1905 erhielten Born 140 M., Goebel 110 M., Silverio 130 M. sowie die 1904 und 1905 eingestellten Antonie Polleit 110 M. und Franziska Litwin 110 M., vgl. Gehälter der Beamten 1898–1905, Merck-Archiv, J 1/25.
401 Zu den bisher dezentralen Versandmagazinen Eugenie Nagatz, Tätigkeitsbericht vom 1. April 1921, Merck-Archiv, F 6/4; vgl. auch Jahresbericht der Abteilungen Centrale, Magazine und Expeditionen 1897/98, Merck-Archiv, F 3/4, S. 1. Vgl. Albert Schumacher, Tätigkeitsbericht vom 29. September 1928, Merck-Archiv, F 6/12, S. 7.
402 1895 bis 1898 erhielten die weiblichen Niedriglöhner einen Tagelohn zwischen 1,06 und 1,16 M., die männlichen 2,30 bis 2,65 M., die Fabrikarbeiter zwischen 2,50 und 2,77 M.; Jahresbericht der Abteilung Centrale, Magazine und Expeditionen 1897/98, Merck-Archiv, F 3/4; Jahresbericht der Abteilung Buchhaltung 1905/1906, Merck-Archiv, F 3/37, S. 38.
403 Errechnet nach den Angaben in den Jahresberichten der Abteilung Magazin 1898/99, Merck-Archiv, F 3/6, S. 1–3; Jahresberichte der Abteilungen Centrale, Magazine und Expeditionen 1897/98, Merck-Archiv, F 3/4, S. 1, 5; 1909 F 3/52; 1912, Personalstatistik, F 3/62. Nach der allgemeinen Arbeiterzählung im Deutschen Reich (Oktober 1900) beschäftigte Merck sieben männliche und 30 weibliche Jugendliche im Alter von 14 bis 16 Jahren, Jahresbericht 1900/1901 der Abteilung Centrale, F 3/16, S. 1 f.
404 Eugenie Nagatz, eine vorherige Apothekenhelferin, wurde im August 1896 eingestellt und hatte 1898 ein Gehalt von 110 M., 1905 von 165 M., vgl. ihren Tätigkeitsbericht vom 1. April 1921, Merck-Archiv, F 6/4; Minna Döll wurde im Januar 1898 eingestellt (165 M.), es folgten 1904 und 1905 Martha Henckel und Emma Haas, die 110 bzw. 80 M. mtl. verdienten, vgl. auch Gehälter der Beamten 1898–1905, Merck-Archiv, J 1/25, und Personaldaten, J 1/216.
405 Errechnet nach den Angaben in den Jahresberichten 1909, Merck-Archiv, F 3/52, und 1912, Personalstatistik, F 3/62. Zu den Zahlen (1910–1912) bei Bayer und BASF vgl. Duisberg, Die Arbeiterschaft, S. 9 f.
406 Die Einrichtungen mussten 1910 vergrößert werden, vgl. Merck an die IG vom 5. Juni 1909, Merck-Archiv, H 5/14; Friedrich Schmunck, Tätigkeitsbericht, o. D., Merck-Archiv, F 3/4, Tätigkeitsberichte Seeger, Rindfrey, Theo Schäfer, F 6/4.

407 Vgl. Jahresberichte der Abteilung Zimmer 1897/98, Merck-Archiv, F 3/3; der Abteilung Beck 1897/98, F 3/3; der Abteilung Wetz 1897/98, F 3/3; der Abteilung Röttgen 1897/98, F 3/4; der Abteilung Flimm 1897/98, F 3/4, S. 14; der Abteilung Wetz 1897/98, F 3/3 [ohne Seitenangaben]. Seit 1899 wurde ein warmes Mittagessen angeboten, seit 1901 gab es Brausebäder für Arbeiterinnen, vgl. Jahresbericht der Gewerbeinspektion für 1901, Darmstadt 1902, S. 98.

408 Stenogramm einer firmeninternen «Konferenz zur Feststellung der Arbeitslohnverhältnisse» vom 14. November 1898, Merck-Archiv, J 1/256, S. 4; vgl. auch Dutzi, Heimat aus zweiter Hand, S. 88.

409 Vgl. Dutzi, Heimat aus zweiter Hand, S. 86 f., 191; «Gründung des Victoria-Melita-Vereins für Errichtung billiger Wohnungen, 7. Januar 1901», in: Zeitgeschichte in Hessen <http://www.lagis-hessen.de/de/subjects/idrec/sn/edb/id/260> (Stand: 16. 8. 2017).

410 Dutzi, Heimat aus zweiter Hand, S. 96–102.

411 Ebd., S. 107, 117; Kostenberechnung von 1906, Merck-Archiv, R 15/78; Pützer-Pläne von 1903, Merck-Archiv, O 5/84; Baugenehmigungen 1905, Merck-Archiv, O 5/32. Von 35 Wohnungen in 20 Häusern sowie einem Junggesellenheim berichtet der Jahresbericht der Gewerbeinspektionen für 1908, S. 83.

412 Dutzi, Heimat aus zweiter Hand, S. 182–186.

413 Ebd., S. 182, 193; Balthasar Cramer, sozialdemokratischer Reichstagsabgeordneter und Darmstädter Stadtverordneter, auch Gastwirt, war Hauptkritiker, zu ihm Eckhardt, Arbeiterbewegung, S. 426, Ebner, Kleinwohnungen, S. 223 f.

414 Stenogramm einer firmeninternen «Konferenz zur Feststellung der Arbeitslohnverhältnisse» vom 14. November 1898, Merck-Archiv, J 1/256; Dutzi, Heimat aus zweiter Hand, S. 86, 105–109.

415 Die bestehenden Häuser der Kolonie blieben bis zu ihrem Abriss 1965 bis 1972 von Merck-Mitarbeitern bewohnt, vgl. Dutzi, Heimat aus zweiter Hand, S. 115, 118. Anfang der 1920er-Jahre baute Merck im Stadtgebiet noch einige Mehrfamilienhäuser für Angestellte, seit den 1930er-Jahren war das Unternehmen zur Hälfte an der Gemeinnützigen Wohnbau GmbH Darmstadt beteiligt, 1984 besaß es etwa 800 firmeneigene Wohnungen, ebd., S. 194.

416 Von Hippel, Auf dem Weg zum Weltunternehmen, S. 111, 114; ähnlich für Darmstadt Franz, Vom Biedermeier in die Katastrophe, S. 414.

417 Ewald, «Mir komme von unne ruff und schaffe's uns selber», S. 19, 23, 39, 45; zur Entwicklung bis 1900 Eckhardt, Arbeiterbewegung, S. 455 f.

418 Die sozialdemokratischen Freien Gewerkschaften hatten um 14 Prozent auf rd. 2500 Mitglieder zugenommen, die liberalen um 17 Prozent auf rd. 700, sogar die christlichen – so hieß es – seien wieder «erwacht». Vgl. Jahresbericht der Hessischen Gewerbeinspektionen für das Jahr 1910, S. 38 f.

419 Vgl. Verg/Plumpe/Schultheis, Meilensteine, S. 165; Mattheier, Die Gelben, S. 337.

420 Vgl. Johnson, Die Macht der Synthese, S. 155. Vgl. auch Breunig, Soziale Verhältnisse der Arbeiterschaft, S. 446–501.

421 Satzung dieses Merckschen Arbeiter-Vereins vom 14. August 1907, mit Liste der Gründer, Merck-Archiv, W 20/14. Vgl. auch Darmstädter Zeitung, 12. August 1907, Stadtarchiv Darmstadt, ST Z 5, S. 1322 und Odenwälder Neueste Nachrichten, 15. August 1907, Merck-Archiv, J 40/1. Siehe ferner den Überblick bei Zimmermann, Belegschaftsvertretungen, S. 4–8.

422 Georg Schnellbächer, einer der Gründer und Vorsitzender, berichtet darüber in seinem

II. 3. 1880/90er-Jahre bis 1914: Konflikte, Modernisierung   **571**

Tätigkeitsbericht von März 1924, Merck-Archiv, F 6/4; Willy Merck an Emanuel August Merck vom 7. August 1913, Merck-Archiv, B 25 a.
423 Bekanntmachung vom 18. Juni 1913, abgedruckt in Ewald, «Mir komme von unne ruff und schaffe's uns selber», S. 46 f.
424 Bericht über 1913, Betrieb XII (Braun), Merck-Archiv, F 3/72, S. 15 f.; Adam Helmstädter, Tätigkeitsbericht vom 30. September 1928, Merck-Archiv, F 6/2; Johannes Huthmann, Tätigkeitsbericht vom 8. Februar 1941, Merck-Archiv, F 6/4.
425 Adam Helmstädter, Tätigkeitsbericht vom 30. September 1928, Merck-Archiv, F 6/2.
426 Willy Merck an Emanuel August Merck vom 7. August 1913, Merck-Archiv, B 25 a. Vermutlich stand er – ähnlich wie Duisberg – auf dem Standpunkt, es sei besser, die «Arbeiter koalieren überhaupt nicht», Plumpe, Carl Duisberg, S. 186.
427 Schnellbächer, Tätigkeitsbericht von März 1924, Merck-Archiv, F 6/4; Willy Merck an Emanuel August Merck vom 7. August 1913, Merck-Archiv, B 25 a; allgemein Berghoff, Zwischen Kleinstadt und Weltmarkt, S. 245–250; ders., Unternehmenskultur, S. 195 f.
428 Otto Röhm an Willy Merck vom 23. August 1913, Merck-Archiv, B 25 b; Röhm hatte entlassene Merck-Arbeiter eingestellt, die ihrerseits bald Ergebenheitsschreiben mit der Bitte um Wiedereinstellung an Willy Merck sandten, Heinrich Fischer an Willy Merck vom 14. Dezember 1913, Merck-Archiv, J 40/351; Willy Merck an Heinrich Fischer vom 15. Dezember 1913, Merck-Archiv, B 25 b.
429 Willy Merck an Otto Röhm vom 30. August 1913, Merck-Archiv, B 25 b.
430 Kocka, Unternehmensverwaltung, S. 353; vgl. auch Milert/Tschirbs, Die andere Demokratie, S. 82, 88.
431 Willy Merck an Emanuel August Merck vom 7. August 1913; die BASF zahlte pro Mitglied 25,– M., Merck-Archiv, B 25 b; vgl. Kocka, Unternehmensverwaltung, S. 361; Schäfer, Die «gelben Gewerkschaften», S. 55–58.
432 Wilhelm Deussinger, Tätigkeitsbericht, Merck-Archiv, F 6/1, und Adam Helmstädter, Tätigkeitsbericht vom 30. September 1928, Merck-Archiv, F 6/2; Protokolle der Vereinsversammlungen seit 1913, Merck-Archiv, J 40/1.
433 Adam Helmstädter, Tätigkeitsbericht vom 30. September 1928, Merck-Archiv, F 6/2.
434 Hinweise in Merckscher Arbeiterverein, Merck-Archiv, J 40/1.
435 Vgl. allgemein Kocka, Unternehmensverwaltung, S. 363; Milert/Tschirbs, Die andere Demokratie, S. 85.
436 Vgl. die Hinweise in Merckscher Arbeiterverein, Merck-Archiv, J 40/1, Personalakte Dr. Georg Gauss, Merck-Archiv, J 10/729, Sitzungsprotokoll, Merck-Archiv, J 40/2, vgl. auch Adam Helmstädter, Tätigkeitsbericht vom 30. September 1928, Merck-Archiv, F 6/2. Gauss publizierte u. a. «Die wirtschaftsfriedliche nationale Arbeiterbewegung», in: Schwäbischer Merkur, Nr. 126, 17. März 1914; Merck-Archiv, J 40/2.
437 Adam Helmstädter, Tätigkeitsbericht vom 30. September 1928, Merck-Archiv, F 6/2.
438 Vgl. Berghoff, Unternehmenskultur, S. 196.
439 Friedrich Luckhaupt, Tätigkeitsbericht vom Sommer 1935, Merck-Archiv, F 6/3; vgl. auch Albert Schumacher, Tätigkeitsbericht vom 29. September 1928, Merck-Archiv, F 6/12, S. 29, 31.
440 Vgl. Jahresberichte Deutschland für 1913 und 1914, Merck-Archiv, F 3/71 und F 3/77; 1900/1901, Anlage 4, F 3/16, und 1912, Anlage 2, F 3/65.
441 Frankreich (mit Belgien) hatte die älteste Auslandsabteilung und wurde fast ein halbes Jahrhundert kontinuierlich von 1848 bis 1891 von Carl Lamparter betreut, der 1891

im Alter von 71 Jahren pensioniert wurde, Personaldaten, Nr. 1, Merck-Archiv, J 1/216; vgl. auch Albert Schumacher, Tätigkeitsbericht vom 29. September 1928, Merck-Archiv, F 6/12, S. 2, 10, 16.

442 In Deutschland I (bis 1908 noch mit Dänemark) und Deutschland II (mit den anderen Staaten); vgl. die Jahresberichte der jeweiligen Abteilungen von 1898/99 bis 1914, Merck-Archiv, F 3/6, 26, 31, 37, 45, 50, 55, 59, 65, 71, 77.

443 Hans Schieferdecker, Tätigkeitsbericht vom 1. November 1928, Merck-Archiv, F 6/4, S. 1; Louis Merck an Gustav Heitmann vom 27. April 1903, Merck-Archiv, B 6 a.

444 Albert Schumacher, Tätigkeitsbericht vom 29. September 1928, Merck-Archiv, F 6/12, S. 31. Schering arbeitete durchgängig auch in Deutschland mit reisenden Vertretern, vgl. Kobrak, National cultures and international competition, S. 24, 34, 43.

445 Albert Schumacher, Tätigkeitsbericht vom 29. September 1928, Merck-Archiv, F 6/12, S. 18; Wilhelm Conzen, 29 Jahre im Dienst, Merck-Archiv, F 6/7, S. 39 f.

446 Neben Willy Mercks Weltreise ist besonders die siebenmonatige Reise von E. Kauder 1895 im Auftrag des Unternehmens erwähnenswert, die er ausführlich beschrieb, wenn auch ohne Einzelheiten zu Geschäftlichem. Er reiste u. a. nach Smyrna, um Opiumlieferungen zu vereinbaren. Vgl. Kauder, Reisebilder, S. 359.

447 Vorschlag zur Reisetätigkeit vom September 1903: Abteilung Deutschland I, Bericht über 1902/1903, S. 4; ebenso der Bericht dieser Abteilung für 1903/04, Merck-Archiv, F 3/31, S. 2; vgl. auch Wilhelm Conzen, 29 Jahre im Dienst, Merck-Archiv, F 6/7, S. 40; Albert Schumacher, Tätigkeitsbericht vom 29. September 1928, Merck-Archiv, F 6/12, S. 18. Zum Vergleich Kobrak, National cultures and international competition, S. 24 und Peyer, Roche, S. 65 f., sowie für andere Branchen Junggeburth, Stollwerck, S. 418.

448 Preisliste 1835 nach Wedekind, Vaterländische Berichte, S. 188 f.; die Preisliste von 1857 in Merck-Archiv, W 35/1227; zu 1862 und 1869 vgl. Vershofen, Die Anfänge der chemisch-pharmazeutischen Industrie, Bd. II, S. 101–104; vgl. auch Merck-Archiv, W 35/1056. Vgl. auch Schering, Reisen, S. 38 f., 44, 58; allgemein Ulrich, «Wirkungen, die an Wunder grenzen», S. 19.

449 Begleitwort zum 25. Jahrgang meiner Jahresberichte, in: E. Mercks Jahresbericht 55 (1912).

450 1888 gab es vier Preislisten (deutsch, französisch, italienisch, spanisch), seit 1896 eine russische und seit 1898 eine Orientliste; vgl. Wilhelm Conzen, 29 Jahre im Dienst, Merck-Archiv, F 6/7, S. 30.

451 E. Merck. Darmstadt, Dezember 1885 (40 S.), Merck-Archiv, Jn EMeo; im September 1886 in gleicher Form als «Ausstellungskatalog» zur 59. Versammlung Deutscher Naturforscher und Ärzte in Berlin (46 S.), im September 1887 zur deren 60. Versammlung schon ausdrücklich mit Hinweisen auch auf London und New York im Titel; seit 1895 wurden sie als «E. Merck. Darmstadt, Bericht über das [jeweilige] Jahr» veröffentlicht.

452 E. Merck's Jahresbericht über Neuerungen auf den Gebieten der Pharmakotherapie und Pharmazie. 1900 erschienen sie bereits in einer Auflage von insgesamt 30 000 Exemplaren (je 10 000 in deutscher und englischer, je 5000 in französischer und russischer Ausgabe), vgl. Jahresbericht über 1899, Vorwort vom Januar 1900; 1912 betrug die Gesamtauflage 60 000 Exemplare (deutsch, englisch, französisch und russisch). Wilhelm Conzen, 29 Jahre im Dienst, Merck-Archiv, F 6/7, S. 7; Dumitriu, Die wissenschaftliche Entwicklung der Alkaloid-Chemie, S. 133 f.

453 Vgl. Ulrich, «Wirkungen, die an Wunder grenzen», S. 48. Vgl. auch zu ihrer Entstehungsgeschichte: Begleitwort zum 25. Jahrgang meiner Jahresberichte, in: E. Mercks Jahresbe-

II. 3. 1880/90er-Jahre bis 1914: Konflikte, Modernisierung 573

richt 55 (1912). Vgl. allgemein zur Bedeutung der Merck-Berichte Nieberding, «Stillstand ist Rückschritt», S. 238 f.

454 Galambos/Sturchio, The German Connection, S. 5, seit 1889 in monatlicher Erscheinungsweise, vgl. E. Merck's Bulletin, A Periodical Record of New Discoveries, Introductions, or Applications of Medical Chemicals 2 (1889), Merck-Archiv, Jn Bul 89.

455 Merck's Index of Fine Chemicals and Drugs for the Materia Medica and the Arts. A Guide for the Physician, Apothecary, Chemist and Dealer, hgg. by E. Merck, [New York] 1889, S. VIII, Merck-Archiv, Jj Ind 1.89e.

456 Darin listete Merck «für die Bedürfnisse des Arztes, Apothekers und Medizinaldrogisten» seine «sämmtlichen Präparate, Drogen und Mineralien» auf. Die erste Auflage von 10000 Exemplaren (1897) war nach fünf Jahren vergriffen. Vgl. Vorworte zur 1. und 2. Aufl. 1902, Merck-Archiv, Jj Ind 2.2.1.

457 Dumitriu, Die wissenschaftliche Entwicklung der Alkaloid-Chemie, S. 120–123; 1911 wurde beispielsweise eine «Touristenpackung» eingeführt, die vor allem für Sportler geeignet sein sollte, vgl. Spitzmacher, Pharmamarketing, S. 41; Heinrich Bach, Tätigkeitsbericht von 1933, Merck-Archiv, F 6/1; Ulrich, «Wirkungen, die an Wunder grenzen», S. 15, 20, 37, 43, 151; vgl. auch Wimmer, «Wir haben fast immer was Neues», S. 92, und Lill, Die pharmazeutisch-industrielle Werbung, S. 148–151.

458 Kurzer Bericht über die Thätigkeit des Reclamebureaus 1897/98, Merck-Archiv, F 3/5; diesem Befund entsprechen die Beispiele im Merck-Archiv, W 38/208, 253, 330, 346. Vgl. Thoms, Fachmann oder Buhmann?, S. 201 f.; Lill, Die pharmazeutisch-industrielle Werbung, S. 148–151, 203, 288–291. Vgl. auch Nieberding «Stillstand ist Rückschritt», S. 232, 237, 249.

459 Vgl. Peyer, Roche, S. 56–59.

460 Bernschneider-Reif/Huber/Possehl, «Was der Mensch thun kann ...», S. 54.

461 Jahresbericht des Wissenschaftlichen Laboratoriums (Wissenschaftliche und Reklame-Abteilung) für 1903/04, Merck-Archiv, F 3/33, S. 6. Es handelte sich vor allem um die Präparate Veronal, Jodipin, Dionin, Stypticin etc. Zu diesen Werbeausgaben im Einzelnen: Abrechnungen der Patent- und Spezialpräparate 1912–1925, Merck-Archiv, S 6/21–22.

462 Vgl. die jeweiligen kritischen Beobachtungen zu den Ländern in den einzelnen Jahresberichten, beispielsweise Bericht über die Tätigkeit der Wissenschaftlichen Abteilung 1907, Merck-Archiv, F 3/42, S. 8–12.

463 Merck an Ficker vom 10. Juni 1905, Merck-Archiv, K 1/336; Jahresbericht [der Propaganda-Abteilung] 1913, Merck-Archiv, F 3/73, S. 7. Die Adressendatei bei Merck umfasste 1913 insgesamt 391000 Adressaten, davon 33 Prozent im deutschen Sprachgebiet. Vgl. allgemein, Lill Die pharmazeutisch-industrielle Werbung, S. 284, und Cramer, Der geborene Markenartikel, S. 266.

464 Im Jahresbericht 1913, Merck-Archiv, F 3/73, wird von 1,6 Mio. verschiedenen Drucksachen berichtet, die in 0,4 Mio. Sendungen zu weit über 90 Prozent an Ärzte gingen, ferner an Apotheker und Krankenhäuser. Vgl. auch Lill, Die pharmazeutisch-industrielle Werbung, S. 272 f., 283 f., 312 f., 319 f.

465 Vgl. Thoms, Fachmann oder Buhmann?, S. 204; Nieberding, «Stillstand ist Rückschritt», S. 233 f.

466 Jahresbericht der Propagandaabteilung 1921 [mit Rückblick], Merck-Archiv, F 3/104, S. 14; vgl. auch Jahresberichte der Propaganda-Abteilung 1910, F 3/55, S. 6; 1912, F 3/67, S. 10; 1913, F 3/73, S. 9 f.; 1914, F 3/79, S. 9 f.; vgl. Lill, Die pharmazeutisch-industrielle Werbung, S. 314–317.

467 Hoffmann-La Roche galt in dieser Hinsicht als Vorreiter, vgl. Peyer, Roche, S. 59 f. Vgl. Jahresberichte der Propaganda-Abteilung 1913, Merck-Archiv, F 3/73, S. 10; 1914, F 3/79, S. 10. Vgl. allgemein Thoms, Fachmann oder Buhmann?, S. 218 f.; vgl. auch Cramer, Der geborene Markenartikel, S. 247–259, und Lill, Die pharmazeutisch-industrielle Werbung, S. 315.

468 Vgl. Meyer, Das Kaiserin-Friedrich-Haus, S. 167 f.; Heine, Die Anfänge einer organisierten ärztlichen Fortbildung, S. 81, 86; Lill, Die pharmazeutisch-industrielle Werbung, S. 327.

469 Jahresberichte der Propaganda-Abteilung 1910, Merck-Archiv, F 3/55, S. 6; 1911, F 3/61, S. 10; 1912, F 3/67, S. 10; 1913, F 3/73, S. 9 f.; 1914, F 3/79, S 9 f.

470 Seit 1897 unter der Leitung von Dr. Rahn als «Reclamebureau» (Merck-Archiv, F 3/5, 3/9, 3/14, 3/20), seit 1901/02 unter «Wissenschaftliche und Reklame-Abteilung» (F 3/25, 3/33–2), dann als «Wissenschaftliche Abteilung» (F 3/42, 3/47), seit 1910 als «Propaganda-Abteilung» (F 3/55, 3/61, 3/67, 3/73, 3/79). Der gelernte Apotheker Carl Löw (1876–1952) wurde 1902 als wissenschaftlicher Mitarbeiter eingestellt, 1910 wurde er ihr Leiter, 1913 erhielt er Gesamt-, 1928 Einzelprokura; vgl. Carl Löw, Personalakte, Merck-Archiv, J 10/755.

471 Bericht des Wissenschaftlichen Laboratoriums, Reklame-Abteilung 1899/1900, Merck-Archiv, F 3/14, S. 17.

472 Bericht über die Tätigkeit der Wissenschaftlichen Abteilung 1907, Merck-Archiv, F 3/42, S. 19.

473 Jahresbericht [der Propaganda-Abteilung] 1914, Merck-Archiv, F 3/79, S. 13; siehe auch den Rückblick der Abteilung in ihrem Jahresbericht 1921, Merck-Archiv, F 3/104, S. 1–15.

474 Merck erhielt rund 25–30 Prozent des von der IG veranschlagten jährlichen Werbebudgets, vgl. die IG-Sitzungen vom 11. Februar 1909, 23./24. November 1910, 6./7. März 1911, 13./14. Juli 1911, 16./17. November 1911, 5./6. November 1912, 28. März 1913, 8. Mai 1913, 20. November 1913, 4. Juni 1914, Merck-Archiv, R 15/17 b.

475 Vgl. Hofmann, Die Pharmazeutische Verkaufsabteilung, S. 441.

476 Vgl. Cramer, Der geborene Markenartikel, S. 272 f.; Peyer, Roche, S. 56–59. Plumpe, Carl Duisberg, S. 211, hebt die Vorbildrolle der Pharmawerbung in den USA hervor. Vgl. allgemein Reinhardt, Von der Reklame zum Marketing, S. 24–31.

477 Bartmann, Zwischen Tradition und Fortschritt, S. 130.

478 Cramer, Der geborene Markenartikel, S. 119 f.

479 Abteilung Deutschland I, Bericht für das Geschäfts-Kalenderjahr 1906, Merck-Archiv, F 3/37, S. 1.

480 Abteilung Deutschland, Berichte über das Geschäfts-Kalenderjahr 1902/1903, Merck-Archiv, F 3/26, S. 4; 1903/04, F 3/31, S. 2; 1910, F 3/55, S. 11; 1911, F 3/59, S. 1, und 1912, F 3/65, S. 1.

481 Albert Schumacher, Tätigkeitsbericht vom 29. September 1928, Merck-Archiv, F 6/12, S. 24.

482 Volhard, Justus von Liebig, Bd. I, S. 324. Vgl. auch explizit aus der Sicht der Deutschland-Abteilung deren Jahresbericht 1913, Merck-Archiv, F 3/71, S. 6.

483 Vgl. Osterhammel, Die Verwandlung der Welt, S. 275 f., 290–294, 925, 977–980.

484 Merck an M. Brotzelder vom 29. Juni 1871, Merck-Archiv, H 1/8.

485 Vertrag zwischen Merck und Firma Oppenheimer Bros. & Co. vom 8. März 1883, Merck-Archiv, H 1/8.

486 Im 1889 erstmals in New York erschienenen Merck's Index wurde auf dem Titelblatt nicht nur auf den Hauptsitz Darmstadt und die New Yorker Niederlassung hingewiesen, son-

dern auch auf die in London (16, Jewry Street), vgl. Merck's Index of Fine Chemicals and Drugs for the Materia Medica and the Arts. A Guide for the Physician, Apothecary, Chemist and Dealer, hgg. by E. Merck [New York] 1889, Merck-Archiv, Jj Ind 1.89e. Bayer betrieb ab 1896 eine Filiale in London, vgl. Plumpe, Die I. G. Farbenindustrie, S. 60.

487 Anzeigen im British Medical Journal vom 31. August 1889, S. 474 f., und in der Chemiker-Zeitung 1889, S. 602, 1573; vgl. Cramer, Der geborene Markenartikel, S. 70, Anm. 467.

488 Vertrag vom 1. Juli 1893, Merck-Archiv, H 1/8. Ursprünglich hieß er Fritz Boehm und war ein Großhändler mit eigenem Unternehmen unter dem Namen Fredk. Boehm (später Fredk. Boehm Limited, London), vgl. Fredk. Boehm an Merck vom 29. Februar 1908, Merck-Archiv, H 1/9 a; weitere Vertretungen durften nur nach Zustimmung von Merck übernommen werden; Fredk. Boehm an Louis Merck vom 21. März 1904, Merck-Archiv, B 6c. vgl. auch Protokoll des Geheimen Geschäftsabends vom 29. November 1898, Merck-Archiv, R 15/13 a. Spätestens seit dem Vertrag zwischen E. Merck, Darmstadt, und Fredk. Boehm, London, vom 1. Oktober 1909 vertrat er Merck nicht mehr exklusiv, vgl. Merck an Fredk. Boehm vom 18. November 1909, Merck-Archiv, H 1/9 a. Vgl. Hagen, Deutsche Direktinvestitionen, S. 95 f.

489 Jahresberichte Abteilung England-Amerika, 1897/98, Merck-Archiv, F 3/4; 1902/03, F 3/26; 1903/04, F 3/31; 1904/05, F 3/34; Protokoll der Besprechung zwischen Louis Merck, W. Conzen, Offenbächer, Funck und Boehm vom 8. Dezember 1911, Merck-Archiv, H 1/9; Merck an F. Boehm vom 12. Juli 1912, Merck-Archiv, H 1/10 a. Vgl. zur allgemeinen Rechtslage Hagen, Deutsche Direktinvestitionen, S. 41–44.

490 Merck an F. Boehm vom 4. Juni und 12. Juli 1912, Merck-Archiv, H 1/10 a; Jahresbericht Abteilung England-Amerika 1908, Merck-Archiv, F 3/45.

491 Abteilung England-Amerika, Jahresbericht 1907, Merck-Archiv, F 3/41.

492 Merck, Protokoll einer Besprechung mit F. Boehm und F. Schaer in London vom 22. und 23. Januar 1912, Merck-Archiv, H 1/9 b; vgl. auch Hagen, Deutsche Direktinvestitionen, S. 96.

493 Abteilung England-Amerika, Jahresbericht 1901/1902, Merck-Archiv, F 3/22. Australien, Neuseeland, Japan, China, Java und Indien waren bereits 1897/98 im «Visier» von Darmstadt, vgl. Abteilung England-Amerika, Jahresbericht 1897/1898, Merck-Archiv, F 3/4. Für Indien, Ceylon, Birma, Singapur etc. wurde 1906 ein eigener Vertreter verpflichtet, Merck-Archiv, R 1/42.

494 Daniel Jayme, Tätigkeitsbericht von März 1928, Merck-Archiv, F 6/2.

495 Abteilung England-Amerika, Jahresbericht 1898/1899, Merck-Archiv, F 3/6.

496 Abteilung England-Amerika, Jahresbericht 1913, Merck-Archiv, F 3/71–1.

497 Jahresbericht 1914. Abteilung Englische Colonien, Merck-Archiv, F 3/77. Vgl. ferner Hagen, Deutsche Direktinvestitionen, S. 95–97.

498 Verkäufe nach den Vereinigten Staaten von Amerika, Merck-Archiv, R 15/15 a; Fink stand wohl schon 1860 in Deutschland in Geschäftsbeziehung mit Merck; vgl. Materialsammlung von Hayward, The Early History History, Appendix IV, S. 22.

499 Merck's Index of Fine Chemicals and Drugs for the Materia Medica and the Arts. A Guide for the Physician, Apothecary, Chemist and Dealer, hgg. by E. Merck [New York] 1889, Merck-Archiv, Jj Ind 1.89e. Vgl. auch Cowen, The Nineteenth Century German Immigrant and American Pharmacy, S. 13–28.

500 Willy Merck am 2. Juni 1887 an Emanuel Merck, Merck-Archiv, A 28, vgl. auch seine Briefe vom 18. und 27. Juni 1887, ebd. Vgl. ferner ders., Meine Reise um die Welt in Briefen an meine Mutter, Darmstadt 1891, S. 8, Merck-Archiv, Bb Mer9.

501 Vertrag zwischen E. Merck (Unterzeichnung am 19. November 1890 in Darmstadt) und George Merck (Unterzeichnung am 12. November 1890 in London); Kopie des Vertrages zwischen George Merck (Unterzeichnung 16. Oktober 1890 in London) und Theodor(e) Weicker (Unterzeichnung am 30. September 1890 in New York), Merck-Archiv, H 1/46. Vgl. Hayward, The Early History; ferner Kabisch, Deutsches Kapital, S. 168 f., 234 f.

502 Zu diesem Zeitpunkt wurden die Produkte für den amerikanischen Markt mit «E. Merck, Darmstadt – Merck & Co., New York» etikettiert, E. Merck, Rundschreiben, in: Oil, Paint, and Drug Reporter vom 17. Januar 1891, Merck-Archiv, H 1/III a. Da die Firmenbezeichnung E. Merck in den USA als – nicht erlaubte – Lizenz betrachtet wurde, wurde seit 1896/97 wohl nur noch «Merck und Co.» verwendet, Protokoll des Geheimen Geschäftsabends vom 7. Dezember 1896, Merck-Archiv, R 15/13 a.

503 Weicker erhielt ein Gehalt von jährlich 8000 Dollar, vgl. Verträge zwischen E. Merck und Weicker aus den Jahren 1890 und 1894, Merck-Archiv, H 1/46. George erhielt 6000 Dollar jährlich, die in den Berichten über die Geschäftsabschlüsse seit 1898/99 Repräsentationszuschuss genannt wurden, Merck, Berichte über die Geschäftsabschlüsse, Merck-Archiv, R 5/2.

504 Protokoll des Geheimen Geschäftsabends vom 25. August 1896, Merck-Archiv, R 15/13 a. Siehe dazu S. 160 f.

505 Protokoll des Geheimen Geschäftsabends vom 22. Juni 1896, Merck-Archiv, R 15/13 a.

506 The Merck Pharmacy. A Noteworthy Place, hgg. von Merck & Co., New York 1897, Kopie in Merck-Archiv, H 1/III a; vgl. ferner die Korrespondenz in Merck-Archiv, H 1/48; Präsentationsschreiben der Pharmacy vom 1. März 1897, Merck-Archiv, 1/47; Hayward, The Early History; Wilhelm Conzen, 29 Jahre im Dienst, Merck-Archiv, F 6/7, S. 35.

507 Wilhelm Conzen, 29 Jahre im Dienst, Merck-Archiv, F 6/7, S. 34. Vgl. auch Wilhelm Merck an George Merck vom 14. September 1889, in: Hayward, The Early History; Galambos/Sturchio, The German Connection, S. 7.

508 Aus dem Reservefonds wurden New Yorker Warenschulden überschrieben; Protokolle der Geheimen Geschäftsabende vom 25. und 29. August 1896, Merck-Archiv, R 15/13 a; Vertrag zwischen George Merck und Merck vom 3. Oktober 1896, Merck-Archiv, H 1/46. Vgl. auch Wilhelm Conzen, 29 Jahre im Dienst, Merck-Archiv, F 6/7, S. 35.

509 Zwei Schreiben von George Merck an Louis Merck vom 31. Juli 1897, Merck-Archiv, H 1/47.

510 Louis Merck und Wilhelm Conzen, Bericht aus New York vom 5. April 1897, Merck-Archiv, H 1/47.

511 Wilhelm Conzen, 29 Jahre im Dienst, Merck-Archiv, F 6/7, S. 36.

512 Louis Merck und Wilhelm Conzen, Bericht aus New York vom 5. April 1897, Merck-Archiv, H 1/47.

513 Protokoll des Geheimen Geschäftsabends vom 17. Januar 1899, Merck-Archiv, R 15/13 a. Zu Weickers Tantieme 1898 siehe Protokolle der Geheimen Geschäftsabende vom 2. und 27. Dezember 1898 und Georges Gehalt siehe Protokolle der Geheimen Geschäftsabende vom 5. und 24. Oktober 1899, Merck-Archiv, R 15/13 a.

514 1900/01 waren es 5,33 Prozent, schrittweise konnte auch der Zinssatz für das in New York investierte Kapital von vier auf sechs Prozent (1903/04) erhöht werden; 1906 war von «erfreulichen Fortschritten» die Rede; vgl. die Berichte über die Geschäftsabschlüsse, Merck-Archiv, R 5/2.

515 Zwei Schreiben von George Merck an Louis Merck vom 31. Juli 1897, Merck-Archiv, H 1/47; George Merck an Merck vom 1. April 1904, Merck-Archiv, H 1/50.

516 Vgl. Plumpe, Carl Duisberg, S. 209 f.; Kühlem, Carl Duisberg, S. 141, Anm. 4 und 5; Flechtner, Carl Duisberg, S. 156; Duisberg, Meine Lebenserinnerungen, S. 86.
517 Wilhelm Conzen, 29 Jahre im Dienst, Merck-Archiv, F 6/7, S. 37.
518 Protokoll des Geheimen Geschäftsabends vom 30. März 1899, Merck-Archiv, R 15/13 a; Willy Merck an Louis Merck vom 3. Juni 1899, Merck-Archiv, H 1/49.
519 Abschrift der Kaufverträge vom 2. Februar und 8. März 1902 sowie vom 9. August und 3. September 1901, in: Hayward, The Early History. Rahway liegt etwa 30 Kilometer südöstlich von New York City, verkehrsgünstig an der Eisenbahnlinie nach Philadelphia, George Merck an Louis Merck vom 25. Januar 1905, Merck-Archiv, B 12 a. Vgl. Protokolle der Geheimen Geschäftsabende vom 23. und 24. Januar sowie vom 5. und 13. Februar 1900, Merck-Archiv, R 15/13 a; Memorandum von Lukens an W. R. Graff zum Thema «Rahway Manufacturing History» vom 29. November 1951, abgedruckt in Hayward, The Early History.
520 George Merck an Herf & Frerichs Chemical Co. vom 26. Oktober 1904, Abschrift in: Hayward, The Early History; Brief George an Louis vom 25. Januar 1905, Merck-Archiv, B 12 a. 1907/08 übernahm Rahway auch die Produktion von St. Louis, das seitdem nur noch als Lager und Umschlagplatz für den Mittleren Westen diente. Vgl. Gortler, Merck in America, S. 2; Cramer, Der geborene Markenartikel, S. 227.
521 Aufzeichnung [vermutlich von Elizabeth G. Hayward 1953], Merck-Archiv, H 1/112 a.
522 Es kam auch weiterhin zu Auseinandersetzungen, vgl. Theodore Weicker and the Drug and Chemical Trade, and to the Pharmaceutical and Medical Professions in the United States vom 1. Juli 1904, in: Hayward, The Early History; vgl. z. B. Merck an Merck & Co. vom 5. August 1904 und vom 13. August 1904, sowie George Merck an Merck vom 18. August 1904, Merck-Archiv, H 1/50; Louis Hißerich an Louis Merck vom 3. April 1905, Merck-Archiv, B 55 b.
523 George Merck an Louis Merck vom 16. März 1902, Merck-Archiv, B 6 b, hier noch ähnliche Schreiben. Vgl. auch schon George Merck an Conzen vom 18. Oktober 1898, Merck-Archiv, H 1/47.
524 George Merck an Louis Merck vom 25. Januar 1905, Merck-Archiv, B 12 a.
525 Merck an Merck & Co. vom 5. und 13. August 1904 und George Merck an Merck vom 18. August 1904, Merck-Archiv, H 1/50.
526 Das Kapital setzte sich (Stand 1905) – bei fünfjähriger Kündigungsfrist – zusammen aus 300 000 Dollar von Louis Merck, 150 000 Dollar von Emanuel August Merck, 150 000 Dollar von Willy Merck, 150 000 Dollar von Carl Emanuel Merck und 150 000 Dollar von George Merck. Aufzeichnung über die Kapitalzusammensetzung von Merck & Co. [von 1905], Merck-Archiv, H 5/43. George Merck war zur Zahlung einer jährlichen Dividende von mindestens 4 Prozent verpflichtet sowie einer Superdividende, George Merck an Louis Merck vom 25. Januar 1905, Merck-Archiv, B 12 a. Vgl. auch Vertragsentwurf zwischen George und Louis, Emanuel August, Willy und Carl Emanuel Merck vom Dezember 1905, Merck-Archiv, R 15/13.
527 Von den 2500 Aktien hielt George 2498 und je eine sein Schwager Henry Schenck sowie der Chemiker Ernst Kauder, der 1900 von Darmstadt nach New York gewechselt war (Personaldaten, Nr. 80, Merck-Archiv, J 1/216); Galambos/Sturgio, Transnational Investment, S. 236 mit Anm. 36, und Vertrag vom 27. Oktober 1908, Merck-Archiv E 10/2286. Siehe auch die Satzung von Merck & Co., Merck-Archiv, H 1/69.
528 Vertragsentwurf zwischen George Merck und Louis Merck, Emanuel August Merck, Willy Merck und Carl Emanuel Merck von Dezember 1905, Merck-Archiv, R 15/13.

529 1910 auf 1911 wurde von einem Anstieg der «Gewinne» von 1,041 Mio. M. auf 1,187 Mio. M. berichtet, Jahresbericht 1911, S. 3, Merck-Archiv, F 3/59–1.
530 Vgl. Galambos/Sturchio, Transnational Investment, S. 228, 232.
531 Vgl. die umfangreiche Korrespondenz zwischen New York und Darmstadt 1904 bis 1912, Merck-Archiv, H 1/50, H 1/56, H 1/57; Galambos/Sturchio, Transnational Investment, S. 237. Zur IG siehe S. 172 f.
532 Z. B. George Merck an Merck vom 31. Januar 1908 und Merck an George Merck vom 18. Mai 1908, Merck-Archiv, H 1/56; Merck an George Merck vom 5. September 1907, Merck-Archiv, H 1/55.
533 George Merck an Louis Merck vom 10. August 1899, Merck-Archiv, H 1/49.
534 Jahresbericht 1897/98, Merck-Archiv, F 3/4, S. 254 f.; Protokoll des Geheimen Geschäftsabends vom 6. September 1898, Merck-Archiv, R 15/13 a; Memorandum betr. Merck in Canada vom 26. Mai 1898, Merck-Archiv, H 1/48. Bericht der Abteilung England – Amerika für 1902/03, Merck-Archiv, F 3/26, S. 100 f.
535 Vertrag mit Judd, Mason & Brother, Merck-Archiv, R 1/42; Berichte der Abteilung England – Amerika für 1901/02, Merck-Archiv, F 3/16, S. 136 f.; für 1901/02, F 6/26, S. 100 f.; für 1909, F 3/50, S. 192 f.; für 1910, F 3/55, S. 222.
536 Bericht der Abteilung England – Amerika für 1911, Merck-Archiv, F 3/59, S. 60 f.
537 Vgl. Schröter, Die Auslandsinvestitionen, S. 14.
538 Wilkins, German chemical firms, S. 294, 228–238. Vgl. auch Hayward, The Early History, Appendix III, S. zum Personal. Zum engen Briefaustausch zwischen Darmstadt und New York vgl. auch die Kopierbücher 1901 bis 1910, Merck-Archiv, H 1/51 und 52.
539 1907 waren von den IG-Partnern dort mit eigenen Vertretungen: Knoll, Gehe, Riedel (alle in New York), vgl. Merck-Archiv, H 5/10 c.
540 Jahresbericht 1902/03, Merck-Archiv, F 3/26, S. 96 f.; Alien Property Custodian Report, 1918–1919, New York 1977, S. 38.
541 Z. B. Aufstellung von Murray für Merck & Co. vom 30. April 1894, Merck-Archiv, R 15/15 a; George Merck an Merck vom 27. März 1908, Merck-Archiv, H 1/56.
542 Vgl. die Zahlen vor allem aus den Jahresberichten New York, Merck-Archiv, F 3, ferner H 5/24 und R 15/15 a, b, c.
543 Ausführlich Galambos/Sturchio, Transnational Investment, S. 227–243. Siehe unten S. 230 f.
544 Nach Auswertung der Jahresberichte Südamerika 1897/98 bis 1914, Merck-Archiv, F 3/4–77.
545 Vgl. auch den Vertrag mit Emil Becker vom 1. April 1905, Merck-Archiv, R 1/42. Vgl. S. 178.
546 Vgl. Schaeffer Conroy, In Health and in Sickness, S. 150 f.
547 Albert Schumacher, Tätigkeitsbericht vom 29. September 1928, Merck-Archiv, F 6/12, S. 32. 1888 begann die Semstwo in der Region Twer bei Merck zu ordern, der «best German firm», so nach zeitgenössischen Quellen Schaeffer Conroy, In Health and in Sickness, S. 71, 524 f., Anm. 158.
548 Jahresbericht Russland 1897/98, Merck-Archiv, F 3/4 (Umsatz ohne Petersburg).
549 Georg Bartcky (1858–1942), eingetreten 1889, pensioniert 1924, Gesamtprokura 1910, Merck-Archiv, J 10/702.
550 Paul Walch erhielt schon 1897 Provision vom russischen Umsatz, vgl. Jahresbericht Russland 1897/98, Merck-Archiv, F 3/4. Ihm folgte 1903 sein Bruder Otto und nach dessen Ausscheiden (1912/13) Hermann Sommer, vgl. Eduard Peiquert, Tätigkeitsbericht vom 31. Juli 1935, Merck-Archiv, F 6/4. Siehe auch Jahresbericht Russland 1913, Merck-Archiv, F 3/71–1, und Heinrich Weber, Tätigkeitsbericht vom 18. Juli 1935, Merck-Archiv, F 6/4.

II. 3. 1880/90er-Jahre bis 1914: Konflikte, Modernisierung **579**

551 Fritz Luckhaupt, Tätigkeitsbericht vom Sommer 1935, Merck-Archiv, F 6/3; Heinrich Weber, Tätigkeitsbericht vom 18. Juli 1935, Merck-Archiv, F 6/4.
552 Vertrag in Merck-Archiv, H 1/39. Vgl. Jahresbericht Russland 1902/1903, Merck-Archiv, F 3/26, S. 133 f.; Jahresbericht Russland 1904/05, Merck-Archiv, F 3/34.
553 Jahresbericht Russland 1907, Merck-Archiv, F 3/41.
554 Nur einige wenige chemische Präparate wurden aus Preisgründen vor Ort hergestellt bzw. abgefüllt; vgl. Heinrich Weber, Tätigkeitsbericht vom 18. Juli 1935, Merck-Archiv, F 6/4. Von der von Riedel in die IG eingebrachten Russischen Pharmakon AG erhoffte Merck sich Lizenzeinnahmen, wenn dort Merck-Präparate hergestellt würden. Vgl. Merck an Boehringer, Knoll und Gehe vom 19. September 1907, Merck-Archiv, H 5/5. Vgl. auch Cramer, Der geborene Markenartikel, S. 188 f., 230.
555 Jahresbericht 1913, Merck-Archiv, F 3/71, S. 84 f.
556 Ebd., S. 18; Jahresbericht 1912, Merck-Archiv, F 3/65, S. 223, 228; Otto Hecht an Franz Fasching vom 16. Dezember 1912, Merck-Archiv, H 1/80; siehe auch Franz Fasching, Geschichtliche Entwicklung des Merck-Geschäftes in Österreich, Merck-Archiv, H 1/1.
557 1910 umbenannt in Gehe & Co. GmbH. Vgl. auch Rosner, Chemie in Österreich, S. 303 f.; Cramer, Der geborene Markenartikel, S. 230.
558 Karl Lettenbaur, Tätigkeitsbericht von 1920, Merck-Archiv, F 6/3.
559 Errechnet aus den Jahresberichten, Merck-Archiv, F 3/3, F 3/4 und den folgenden.
560 Jahresberichte Frankreich 1897/98, Merck-Archiv, F 3/4, S. 273; 1898/99, F 3/6; 1899/1900, F 3/11; 1900/01, F 3/22.
561 Vgl. auch Chiny an Conzen vom 24. April 1913, Merck-Archiv, H 1/23 b.
562 Vgl. Schmitt, Die pharmazeutische Industrie, S. 123. Zum französischen Patentrecht siehe Seckelmann, Industrialisierung, S. 83 f.
563 Verträge vom 24. Dezember 1903, Merck-Archiv, H 1/11 und R 1/42. Es ging zunächst um den Vertrieb von Stypticin, Bromipin, Jodipin, Wasserstoffsuperoxyd, Veronal, Dionin und Tannin. Vgl. auch Merck an Salzer vom 16. Mai 1902, Merck-Archiv, H 1/16; Jahresbericht Frankreich 1902/03, Merck-Archiv, F 3/26.
564 Vgl. Salzer an Merck vom 11. und 20. Januar 1904; Merck an Arrou & Salzer vom 27. Januar 1904, Merck-Archiv, H 1/11; Jahresbericht Frankreich 1903/04, Merck-Archiv, F 3/31.
565 Jahresbericht Frankreich 1904/05, Merck-Archiv, F 3/34.
566 Chiny an Merck vom 22. November 1909, Merck-Archiv, H 1/14 sowie Schreiben vom 4., 14., 28., 31. Oktober 1910, Merck-Archiv, H 1/19; Hermann Wulf, Tätigkeitsbericht von März 1927, Merck-Archiv, F 6/5. Vgl. auch Jahresbericht Frankreich 1904/05, Merck-Archiv, F 3/34.
567 Knoll an die Theobromin-Konvention vom 31. Oktober 1910, Merck-Archiv, H 1/19; Berichte vom 16. November und 10. Dezember 1910, Merck-Archiv, H 1/20.
568 Merck an Engelhorn vom 28. Oktober 1910, Knoll an Merck vom 31. Oktober 1910, Berichte vom 16. November und 10. Dezember 1910, Merck-Archiv, H 1/19.
569 Merck an Gruschwitz vom 16. Oktober und 23. November 1912, Merck-Archiv, H 1/22.
570 Unter diesem Namen sollte das Werk «nicht als Filiale oder Zweigfabrik von E. Merck gelten, sondern als selbständige Fabrikationsstätte», Bericht über Montereau vom 6. März 1911, Merck-Archiv, H 1/24; vgl. auch Gruschwitz, Tätigkeitsbericht vom 13. Februar 1943, Merck-Archiv, F 6/2. Der deutsche Charakter des Unternehmens sollte im Hintergrund bleiben, das Personal von Montereau wurde überwiegend übernommen, die Buchhaltung in Darmstadt geführt; vgl. auch J. D. Riedel an Merck vom 27. März 1911, Merck-Archiv, H 1/24.

571 Unter der Leitung von Dr. Gruschwitz aus Darmstadt, der dafür Prokura erhielt. Bericht vom 7. Januar 1910, Merck-Archiv, H 1/20.
572 Bericht des Kontrolllaboratoriums in Darmstadt vom 16. November 1912, Merck-Archiv, H 1/25.
573 Außerdem wurden Spartein, Glycerinphosphate, Jodipin, Salol etc. produziert, Jahresbericht 1912, Merck-Archiv, F 3/65, S. 272 ff.; vgl. auch Tätigkeitsbericht Heinrich Bach, der in Darmstadt die Buchhaltung für Montereau besorgte, Merck-Archiv, F 6/1; Hermann Wulf, Tätigkeitsbericht von März 1927, Merck-Archiv, F 6/5.
574 Merck, Bericht über die Lage in Montereau vom 18. März 1913, Merck-Archiv, H 1/23 a.
575 Merck an Gruschwitz vom 16. April 1913, Merck-Archiv, H 1/23 b.
576 Dr. Müller, Bericht über einen Besuch der Fabrik in Montereau vom 25. April 1913, Merck-Archiv, H 1/23 b.
577 Ebd. und Merck, Bericht über die Lage in Montereau vom 18. März, Merck-Archiv, H 1/23 a.
578 Merck-Montereau an Merck vom 22. November 1913, Merck-Archiv, H 1/26. Vgl. Merck, verschiedene Schreiben und Gesprächsnotizen vom Februar und März 1914, Merck-Archiv, H 1/28; Merck an Bousquet vom 5. März 1914, Merck-Archiv, H 1/22.
579 Chiny an Merck vom 28. April 1913, Merck-Archiv, H 1/23 b; Merck an Gruschwitz vom 27. Mai 1914, Merck-Archiv, H 1/27.
580 Den Gesamtverlust schätzte Merck auf 880 000 M., Ludwig Bauer, Tätigkeitsbericht vom 1. Oktober 1927, Merck-Archiv, F 6/1. Vgl. auch Merck an die deutsche Reichsregierung vom 28. Oktober 1914, Merck-Archiv, H 1/27, und Merck an Gruschwitz vom 18. Februar 1915, Merck-Archiv, H 1/29. Vgl. ferner Poidevin, Les relations économiques et financières, S. 740. Vgl. auch S. 262.
581 Diese Linie zieht sich durch alle Jahresberichte seit 1897/98–1914, Merck-Archiv, F 3/4–81; siehe beispielsweise rückblickend im Jahresbericht 1910, Merck-Archiv, F 3/55, S. 14, 179 f. Vgl. auch Albert Schumacher, Tätigkeitsbericht vom 29. September 1928, Merck-Archiv, F 6/12, S. 28, 32; Wilhelm Conzen, 29 Jahre im Dienst, Merck-Archiv, F 6/7, S. 24 f.
582 Beispielsweise Jahresbericht 1901/02, Merck-Archiv, F 3/22.
583 Jahresbericht 1913, Merck-Archiv, F 3/71.
584 Jahresberichte Südamerika 1898/99, Merck-Archiv, F 3/6; 1904/05, F 3/34, S. 3–6; 1907, F 3/41, S. 2; 1913, F 3/71, S. 5; Jahresberichte Orient 1901/02, F 3/22, S. 3–9; 1907, F 3/41, S. 6–8; 1908, F 3/46, S. 6–8.
585 Jahresberichte Südamerika 1899/1900, Merck-Archiv, F 3/11, S. 3; 1907, F 3/41, S. 2; 1908, F 3/46, S. 9, 11 f.; 1910, F 3/55, S. 8 f.; 1911, F 3/51, S. 3, 9, 11–13. Vgl. auch Otto Hecht, Tätigkeitsbericht vom 8. Mai 1924, Merck-Archiv, F 6/2.
586 Jahresbericht Orient 1910, Merck-Archiv, F 3/55, S. 7–9; vgl. Liste der Vertretungen von Merck vom 1. November 1913, Merck-Archiv, H 1/76. Zur Rolle der Handelsvertreter auch Cramer, Der geborene Markenartikel, S. 197–208.
587 Zu weiteren Vertretungen (Palermo, Neapel, Rom, Genua, Florenz und vorübergehend in Livorno und Catania) vgl. die Jahresberichte Italien, Merck-Archiv, F 3/3, F 3/6, F 3/11, F 3/16, F 3/50, F 3/55; Hans Schieferdecker, Tätigkeitsbericht vom 1. November 1928, Merck-Archiv, F 6/4, S. 4. Louis Merck an Paul Rottenburg vom 10. Februar 1903, Merck-Archiv, B 6 a.
588 Risch firmierte als «E. Risch, Milano, Depositario e Rappresentante della casa E. Merck, Darmstadt» und nannte sich – italisiert – «Emilio Risch», vgl. Merck an Risch vom 1. Januar 1914, Merck-Archiv, J 1/12 und H 1/33; vgl. auch die Jahresberichte Italien 1908, Merck-Archiv, F 3/46; 1909, F 3/50; 1911, F 3/59; 1913, F 3/71; 1914, F 3/97; E. Merck an

II. 3. 1880/90er-Jahre bis 1914: Konflikte, Modernisierung   **581**

Risch vom 9. und 23. Dezember 1912; Bericht über den Besuch Louis Merck mit Conzen in Mailand vom 12. April 1913, Merck-Archiv, H 1/33; vgl. auch Hans Schieferdecker, Tätigkeitsbericht vom 1. November 1928, Merck-Archiv, F 6/4, S. 3–5; Wilhelm Conzen, 29 Jahre im Dienst, Merck-Archiv, F 6/7, S. 69; Funck-Bericht, Merck-Archiv, H 1/33.

589 Vgl. Peyer, Roche, S. 59–66.
590 Protokoll des Geheimen Geschäftsabends vom 26. Oktober 1897, Merck-Archiv, R 15/13 a.
591 Fredk. Boehm an Merck vom 2. März 1889, Merck-Archiv, H 1/8; Fredk. Boehm an Merck vom 14. Dezember 1911, Merck-Archiv, H 1/9.
592 F. Boehm an Merck vom 27. Februar 1912, Merck-Archiv, H 1/10 a. Der Ausbau des Lagers wurde weiter abgelehnt, vgl. Protokoll einer Besprechung mit F. Boehm und F. Schaer in London vom 22. und 23. Januar 1912, Merck-Archiv, H 1/9 b.
593 Chiny an Conzen vom 30. März 1912, Merck-Archiv, H 1/22.
594 Albert Schumacher, Tätigkeitsbericht vom 29. September 1928, Merck-Archiv, F 6/12; Karl Lettenbauer, Tätigkeitsbericht vom 14. August 1920, Merck-Archiv, F 6/3. Vgl. auch von Hippel, Auf dem Weg zum Weltunternehmen, S. 88 f.
595 Ernst Deutsch in seinem Jahresbericht für Südamerika 1902/03, Merck-Archiv, F 3/26, S. 6.
596 Einer der Ersten war der in Chile geborene Georg von Grundherr, Jahresberichte 1898/99 und 1899/1900, Merck-Archiv, F 3/6 und F 3/11. Ihm folgten Otto Hecht (siehe seinen anschaulichen Tätigkeitsbericht vom 8. Mai 1924, Merck-Archiv, F 6/2); Dresen, Emil Becker (Vertrag vom 1. April 1905, R 1/42, Merck-Archiv, B 7 a) und Heinrich Friedrich (Jahresbericht 1902/03, Merck-Archiv, F 3/26). Vgl. auch Cramer, Die Rückkehr ins Pharmageschäft, S. 7–16.
597 Jahresbericht Orient 1912, Merck-Archiv, F 3/65, S. 5.
598 Balbas, Ogint und Dr. Gallas; Fritz Luckhaupt, Tätigkeitsbericht vom Sommer 1935, Merck-Archiv, F 6/3; Jahresberichte Russland 1900/01, Merck-Archiv, F 3/16; 1910, F 3/55. Siehe auch die Reiseberichte des von Darmstadt aus reisenden Eduard Peiquert, Tätigkeitsbericht vom 31. Juli 1935, Merck-Archiv, F 6/4. Zu anderen Unternehmen vgl. beispielsweise von Hippel, Auf dem Weg zum Weltunternehmen, S. 88 f.; Junggeburth, Stollwerck, S. 418; Peyer, Roche, S. 59–66.
599 Vgl. Jahresbericht Abteilung Deutschland I, 1904/05, Merck-Archiv, F 3/34; 1901/02, F 3/22; 1911, F 3/59.
600 Merck an W. Gruschwitz vom 3. Dezember 1912, Merck-Archiv, H 1/22.
601 Vgl. die Definition bei Hertner/Jones (Hrsg.), Multinationals, S. 1.
602 Nach Merck-internen Berechnungen, vgl. Jahresbericht Deutschland für 1913 und 1914, Merck-Archiv, F 3/71–2 und F 3/77 und für die Exportanteile: Berichte 1900/1901, Anlage 4, Merck-Archiv, F 3/16, und 1912, Anlage 2, ebd., F 3/65. Cramer, Der geborene Markenartikel, S. 183, Tabelle 14 und Abb. 16, berechnet die Exportqote von Merck für 1913 sogar auf 83 Prozent. Vgl. auch Hertner, German multinational enterprise, S. 118.
603 Hoechst erzielte 1913 64 Prozent seines Umsatzes, Bartmann, Zwischen Tradition und Fortschritt, S. 71; Bayer 60 bis 80 Prozent im Ausland, Verg/Plumpe/Schultheis, Meilensteine, S. 198.
604 Halbjährliche Verkaufsübersicht über die 125 dem Werte nach bedeutendsten Präparate 1913–1924. Zur Beurteilung der verkauften Waren-Mengen! [sic!], Merck-Archiv, S 6/18, vgl. auch Ludwig Sulzmann, Tätigkeitsbericht von April 1930, Merck-Archiv, F 6/4.
605 Verkaufsübersicht der bedeutendsten Präparate, Merck-Archiv, S 6/18.
606 Die Jahresberichte weisen wenig Beanstandungen auf, vgl. beispielsweise jeweils Ru-

brik 6. Jahresbericht 1901/02, Merck-Archiv, F 3/22, [Gesamtpaginierung] S. 139–141, 157.
607 Cramer, Der geborene Markenartikel, S. 68, 314 f., ebenso ders., Building, S. 48; vgl. auch Schneider, Das wissenschaftliche Unternehmen, S. 172. Die größte Pharmafirma war Parke, Davis/USA, die pharmazeutische Sparte der Farbenfabriken Bayer rangierte an dritter, Schering an vierter Stelle.

III. Im Zeitalter der Weltkriege (1914–1948)

1. 1914–1923 – Das Familienunternehmen in der Krise

1 Glässing, Darmstadts Industrie, S. 6.
2 Bartmann, Zwischen Tradition und Fortschritt, S. 31.
3 Vgl. zuletzt Plumpe, Die Logik des modernen Krieges, S. 354 f.
4 Albert Schumacher, Tätigkeitsbericht vom 29. September 1928, Merck-Archiv, F 6/12.
5 Übersicht Belegschaftsentwicklung innerhalb der letzten 50 Jahre vom 13. Juni 1957, Merck-Archiv, J 1/244.
6 Die Berichte der verschiedenen Abteilungen zur Entwicklung des Unternehmens 1914 geben einen anschaulichen Eindruck, vgl. bspw. Jahresbericht 1914 der Abteilung II, Merck-Archiv, F 3, Jahresbericht 1914-II; Jahresbericht 1914, Speditions-Abteilung, Merck-Archiv, F 3, 1914, Jahresbericht I, S. 2.
7 Jahresbericht 1914, Abteilung Süd-Amerika, Merck-Archiv, F 3, S. 6.
8 Jahresbericht 1914, Abteilung Buchhaltung, Merck-Archiv, F 3, Anhang Bankumsätze.
9 Übersicht über den Umsatz 1909–1920, Merck-Archiv, S 6/131. Detailliert zu den vom Ersten Weltkrieg verursachten Umsatzverschiebungen Spitzmacher, Pharmamarketing, S. 44–47.
10 Meuschel an den Staatssekretär des Inneren vom 22. November 1914, Merck-Archiv, H 5/48 a; Oberreichsanwalt an die Polizeidirektion in Darmstadt vom 21. Dezember 1914, ebd.
11 Friedrich May, Tätigkeitsbericht vom 10. März 1941, Merck-Archiv, F 6/4, S. 1.
12 Jahresbericht 1918, Fabrikabteilung V, Merck-Archiv, F 3, S. 1; E. Merck an General Gall vom 17. Mai 1916, Merck-Archiv, F 15/47.
13 Spitzmacher, Pharmamarketing, S. 44; vgl. Jahresbericht 1914, Abteilung XIX, Merck-Archiv, F 3, S. 3.
14 Jahresbericht 1915, Abteilung Fabrik, Abteilung XII, Merck-Archiv, F 3, S. 1.
15 Thießen, Vom immunisierten Volkskörper zum «präventiven Selbst», S. 40.
16 Jahresbericht 1917, Fabrik-Abteilung III, Merck-Archiv, F 3, S. 3.
17 Jahresbericht 1915, Abteilung Vertretungen, Merck-Archiv, F 3, S. 3; Jahresbericht 1915, Abteilung Vertretungen Wien, Troppau, Budapest, Merck-Archiv, F 3, S. 11.
18 Toelcke, Tätigkeitsbericht, Merck-Archiv, F 6/11, S. 8.
19 Jahresbericht 1919, Fabrik-Abteilung III, Merck-Archiv, F 3, S. 6.
20 Toelcke, Tätigkeitsbericht, Merck-Archiv, F 6/11, S. 8.
21 Jahresbericht 1917 und 1918, Fabrikabteilung XV, Merck-Archiv, F 3, S. 12–14.
22 Vgl. Raasch, «Wir sind Bayer», S. 51–60; Bormann, Die Wirtschaft in Dormagen und Rommerskirchen, S. 129–131.
23 Übersicht über den Umsatz 1909–1920, Merck-Archiv, S 6/131.

24 Wilhelm Seip, Tätigkeitsbericht vom 31. März 1924, Merck-Archiv, F 6/4, S. 6.
25 Ludwig Bauer, Tätigkeitsbericht vom 1. Oktober 1927, Merck-Archiv, F 6/1.
26 Vgl. Merck (P.) an Direktor R. Bausch, Gehe & Co. A. G. vom 23. Mai 1916, Merck-Archiv, H 5/48 a; Bentmann, Tätigkeitsbericht vom 9. April 1932, Merck-Archiv, F 6/1, S. 3–9.
27 E. A. Merck an Carl Duisberg vom 15. Oktober 1918, Bayer-Archiv Leverkusen, Autographensammlung Duisberg.
28 Jahresbericht 1918, Abteilung Buchhaltung, Merck-Archiv, F 3, S. 13.
29 Wiest, Stationen einer Residenzgesellschaft, S. 59.
30 Vgl. Franz, Die Chronik Hessens, S. 330; Franz/Köhler (Hrsg.), Parlament im Kampf um die Demokratie, S. 16–18; vgl. auch Statistisches Handbuch für den Volksstaat Hessen, S. 7; Süß, Der Volksstaat Hessen, S. 358 f.
31 Louis Merck an H. K. Schmidt vom 12. Februar 1919, Merck-Archiv, B 13 a.
32 Albert Schumacher, Tätigkeitsbericht vom 29. September 1928, Merck-Archiv F 6/12, S. 46. Vgl. Bericht über die Konventionen im Jahre 1918, Merck-Archiv, F 3, S. 16.
33 Adrian, Beitrag zur Chronik der Technischen Abteilung, Bd. IV, S. 204.
34 Wilhelm Seip, Tätigkeitsbericht vom 31. März 1924, Merck-Archiv, F 6/4, S. 7.
35 Jahresbericht 1919, Fabrik-Abteilung Ib, Merck-Archiv, F 3, S. 1.
36 Zitiert nach Ludwig Bauer, Tätigkeitsbericht vom 1. Oktober 1927, Merck-Archiv, F 6/1.
37 Otto Hecht, Schilderung der Verhältnisse, die zu meinem Austritt aus der Firma Merck geführt haben [undatiert, 1928], Merck-Archiv, J 1/49.
38 Ebd.; Wilhelm Seip, Tätigkeitsbericht vom 31. März 1924, Merck-Archiv, F 6/4, S. 5.
39 Wilhelm Seip, Tätigkeitsbericht vom 31. März 1924, Merck-Archiv, F 6/4, S. 6.
40 Otto Hecht, Schilderung der Verhältnisse, die zu meinem Austritt aus der Firma Merck geführt haben [undatiert, 1928], Merck-Archiv, J 1/49.
41 Heinrich Bach, Tätigkeitsbericht, undatiert [nach 1. Juli 1933], Merck-Archiv, F 6/1; zudem Rudolf Remy, Tätigkeitsbericht vom 25. Mai 1936, Merck-Archiv, F 6/4.
42 Ausführungen des Sachverständigen Dr. Merck, S. 457.
43 Huhle-Kreutzer, Die Entwicklung arzneilicher Produktionsstätten.
44 Die 1952 neu errichtete Apotheke wurde verpachtet. Vgl. Fritz Merck, Einweihung des Merck-Hauses und der Engel-Apotheke, in: Mercksche Familien-Zeitschrift 18 (1952), S. 105–101. Heute wird sie wieder von einem Familienmitglied geleitet.
45 E. Merck, Was wir herstellen, S. 3.
46 Vgl. die Unterlagen in HHStAW 507 – 13657.
47 Der seit drei Generationen gültige Gesellschaftervertrag, der den veränderten Bedingungen immer wieder angepasst worden war, bestimmte weiterhin, dass lediglich die männlichen Mitglieder der Familie geschäftsberechtigt waren. Die Töchter konnten nur stille Teilhaber werden und sich auszahlen lassen. Allerdings wurde später, nach schlechten Erfahrungen während der Weltwirtschaftskrise, eine Auszahlung auf Raten festgelegt. Vgl. Louis Merck an Wilhelm Lang vom 2. September 1940, Merck-Archiv, B 31 c.
48 Berglar, Gedenken an Karl Merck, Fritz Merck, Emanuel Merck, S. 5.
49 Willy Merck an Fritz Merck vom 12. Juli 1915, Merck-Archiv, B 26 b.
50 Rede Karl Mercks anlässlich der Jubiläumsfeier am 29. Dezember 1922, Merck-Archiv, B 36.
51 Zu diesem auch bei anderen Familienunternehmen zu beobachtenden Prozess vgl. Lubinski, Crossroads of Family Business Research; dies., «Wo nachfolgende Generationen schaffende Arbeit verrichten», S. 159 f.

52 Vgl. Otto Zima, 1920–1958. Ein Bericht über Abteilung Xb bis Fo 1, 2 und 3, Merck-Archiv, F 6/10 a, S. 10.
53 Geschäftsordnung für das Direktorium der Firma E. Merck (ohne Datum), Merck-Archiv, E 5/1.
54 Vgl. Junggeburth, Stollwerck, S. 370 f.
55 Vgl. Meinzer, «Productive Collateral»; Knoll, 100 Jahre im Dienst, S. 70–72; Daniels, «Wirtschaftlicher Landesverrat».
56 Louis Merck an Karl Merck vom 28. September 1923, Merck-Archiv, B 28 a.
57 Louis Merck an Wilhelm Merck vom 8. Oktober 1923, Merck-Archiv, A 750.
58 Becherer, Tätigkeitsbericht vom 1. April 1932, Merck-Archiv, F 6/1; Adrian, Beitrag zur Chronik der Technischen Abteilung, Bd. IV, S. 202; Albert Schumacher, Tätigkeitsbericht vom 29. September 1928, Merck-Archiv F 6/12, S. 54 f.
59 Otto Moosdorf, Tätigkeitsbericht vom 23. Januar 1936, Merck-Archiv, F 6/4, S. 4. Zu den Preislisten Spitzmacher, Pharmamarketing, S. 52–54.
60 E. Merck, Bekanntmachung Nr. 80 vom 26. Oktober 1923, Merck-Archiv, F 4/3.
61 E. Merck, Bekanntmachung Nr. 72 vom 8. Oktober 1923, Merck-Archiv, F 4/3.
62 Andress an Louis Merck vom 20. November 1923, Merck-Archiv, B 28 a.
63 Louis Merck an Johann Heinrich Merck vom 7. Mai 1924, Merck-Archiv, B 28 a. Vgl. auch Karl Merck an Louis Merck vom 23. September 1924, ebd.
64 Chandler, Shaping the Industrial Century, S. 31–33, 178–180, 283–285.
65 Die entsprechenden Zahlen zu Gewinn, Bilanzsumme sowie Gewinn- und Verlustrechnungen finden sich im Merck-Archiv, H 5/24 und R 15/5 a–c. Vgl. mit leicht differierenden Zahlenangaben auch Return of Alien Property, S. 34.
66 Vgl. Liebenau, Medical Science; Chandler, Shaping the Industrial Century, S. 177–185.
67 Vgl. Haynes, American Chemical Industry, Bd. III, S. 483–491; Steen, Confiscated Commerce, S. 268–274; Alien Property Custodian Report, 1918–1919, Washington 1919, S. 61.
68 Wilkins, The History of Foreign Investment, S. 383. Vgl. auch dies., German chemical firms; Galambos/Sturchio, Transnational Investment, S. 240–243; dies., The German Connection; Haynes, American Chemical Industry, Bd. II, S. 26–29.
69 Wadlow, The Great Pharmaceutical Patent Robbery; zu den näheren Umständen auch Steen, German chemicals and American politics, bes. S. 326 f.
70 Return of Alien Property, S. 34.
71 Alien Property Custodian Report, 1918–1919, S. 59.
72 Report on Investigation of E. Merck, Darmstadt, NA, RG 260, M 1922, Records of the External Assets Investigation Section of the Property Division, S. 38 f.
73 Betr. Vorläufige Abrechnung über den Washington-Fonds vom 3. Januar 1929, NA, RG 260, OMGUS, Economics Division, Box 113–115; Aloys Steinhage, Holding AG für Merck-Unternehmungen, Zürich-Zug vom 2. August 1945, ebd.; E. Merck an die offenen und stillen Teilhaber der Firma E. Merck vom 18. August 1930, Merck-Archiv, S 5/109 a.
74 George Merck an Karl Merck vom 7. August 1923, NA, RG 260, OMGUS, Economics Division, Box 114. Vgl. Friederike Merck, George Merck (1867–1926), zum Gedächtnis, in: Merksche Familien-Zeitschrift 13, 1–2 (1933) S. 10–17, bes. S. 16.
75 Auszug aus dem Bericht der Buchprüfer Dr. A. G. Kraus und Dr. W. Geisler (1927), NA, RG 260, OMGUS, Economics Division, Box 113–115.
76 George Merck an Karl Merck vom 9. Mai 1923, NA, RG 260, OMGUS, Economics Division, Box 114.
77 George Merck an Karl Merck vom 7. August 1923, ebd.

III. 1. 1914–1923 – Das Familienunternehmen in der Krise   **585**

78 Auszug aus dem Bericht der Buchprüfer Dr. A. G. Kraus und Dr. W. Geisler (1927), NA, RG 260, OMGUS, Economics Division, Box 113–115.
79 Kümmel, Transnationale Wirtschaftskooperation, S. 141–202; Wilkins, German chemical firms, S. 301, 306.
80 Direktionssitzung am 21. Februar 1928, Merck-Archiv, E 3/1.
81 Vgl. Investigation Report, Office of Alien Property Custodian, NA, RG 131, Box 400, v. 5251.
82 Karl Merck an George W. Merck vom 25. April 1930, NA, RG 260, OMGUS, Economics Division, Box 113–115; Report on Investigation of E. Merck, Darmstadt, NA, RG 260, M 1922, Records of the External Assets Investigation Section of the Property Division, S. 40.
83 Louis Merck an Salzer vom 15. Juni 1920, Merck-Archiv, B 13 b.
84 Vgl. die Notiz von Karl Merck vom 14. September 1945, NA, RG 260, OMGUS, Economics Division, Box 113–115.
85 George W. Merck an Karl Merck vom 27. Juli 1932, ebd.
86 Office of Alien Property Custodian, Report of Examiner vom 28. Februar 1944, NA, RG 151, NC 3–151–80–3, Box 4, S. 11.
87 Vertrag mit Merck & Co., Inc. Rahway N. J. vom 17. November 1932, NA, RG 260, OMGUS, Economics Division, Box 113–115.
88 Karl Merck an Louis Merck vom 15. November 1930, Merck-Archiv, B 15 a.
89 Die Abkommen wurden erst durch das amerikanische Department of Justice im Oktober 1945 für erloschen erklärt. Vgl. Investigation Report, Office of Alien Property Custodian, NA, RG 131, Box 400, v. 5251. Das «vested interest» des Alien Property Custodian wurde am 20. April 1943 angemeldet.
90 Vgl. Lieberman/Montgomery, First Mover Advantage.
91 Chandler, Shaping the Industrial Century, S. 4–7.
92 Heinrich Cassel an Auskunftei W. Schimmelpfeng vom 29. November 1916, Bayer-Archiv Leverkusen, Nr. 166/4; Übersicht vom 11. Dezember 1916, ebd.
93 Carl Duisberg an E. A. Merck vom 23. Juli 1917, Bayer-Archiv Leverkusen, Autographensammlung Duisberg.
94 Denkschrift der IG über den Zusammenschluss von Farben-IG und IG, Waldhof, o. D. [Ende November 1917], Bayer-Archiv Leverkusen, Nr. 166/4.
95 Werner Pfarr an Mann vom 24. April 1920, ebd. Vgl. E. A. Merck an Carl Duisberg vom 27. April 1920, Bayer-Archiv Leverkusen, Autographensammlung Duisberg; Carl Duisberg an E. A. Merck vom 30. April 1920, ebd.
96 Werner Pfarr, Notiz vom 2. Juni 1920, Merck-Archiv, H 5/44.
97 Jahresbericht 1915, Abteilung Konventionen, Merck-Archiv, F 3, S. 17 f.; Otto Hecht, Schilderung der Verhältnisse, die zu meinem Austritt aus der Firma Merck geführt haben [undatiert, 1928], Merck-Archiv, J 1/49.
98 Hesse, Abkehr vom Kartelldenken?, S. 31. Vgl. Obermaier, Weichenstellungen, S. 59; Lübbers, Unternehmenskooperation.
99 Stoff, Wirkstoffe, S. 33.
100 Vgl. Pahlow, Das Patent als Waffe; Schröter, Cartelization and decartelization.
101 Einen Überblick bieten die jeweiligen Jahresberichte der Abteilung für Konventionen, Merck-Archiv, F 3.
102 E. Merck, Direktionssitzung vom 22. Februar 1928, Merck-Archiv, E 3/1.
103 Vgl. E. Merck, Direktionssitzung vom 14. September 1928, Merck-Archiv, E 3/1. Vgl. Stoff, Wirkstoffe, S. 31.

104 Niederschrift der IG-Ratssitzung am 14. November 1924 in Darmstadt, Merck-Archiv, R 5/34.
105 Preisliste «Gebrauchsfertige Arzneiformen deutscher Herstellung» 1915, Merck-Archiv, W 35/194.
106 Emanuel August Merck an Willy Merck vom 10. Oktober 1916, Merck-Archiv, B 26 b.
107 Jahresbericht 1919, Abteilung Orient, Merck-Archiv, F 3, S. 7.
108 Louis Merck an Karl Merck vom 24. März 1920, Merck-Archiv, B 13 a; Wilhelm Seip, Tätigkeitsbericht vom 31. März 1924, Merck-Archiv, F 6/4, S. 7 f.
109 E. Merck an Boehringer Mannheim und Knoll vom 2. Dezember 1925, Merck-Archiv, R 5/34.
110 Auszug aus dem Bericht der Buchprüfer Dr. A. G. Kraus und Dr. W. Geisler (1927), NA, RG 260, OMGUS, Economics Division, Box 113–115. Zum Verfahren ausführlich die Schreiben und Protokolle in Merck-Archiv, R 5/34.
111 E. Merck, Betr. MBK-Abkommen vom 20. September 1945, NA, RG 260, OMGUS, Economics Division, Box 113–115.
112 Bentmann, Tätigkeitsbericht vom 9. April 1932, Merck-Archiv, F 6/1, S. 6; Jahresberichte 1917 und 1918, Abteilung Einkauf, Merck-Archiv, F 3, S. 23, 36.
113 Klaus Mann, Tagebuch 1931–1933, Eintrag vom 16. Januar 1932, S. 221.
114 De Ridder, Heroin, S. 128.
115 Haverkamp, Rauschmittel im Nationalsozialismus, bes. S. 43–45.
116 Hoffmann-La Roche an die Chemischen Werke Grenzach vom 4. Juli 1925, HAR, LG.DE 101848a.
117 Kißener, Boehringer Ingelheim, S. 103.
118 Dr. R. Boehringer, Bericht über die Besprechung mit Herrn Direktor Pfotenhauer von der Firma E. Merck, Darmstadt am 30. August 1926, HAR, LG.EE 101848a.
119 Vermerk des Opiumreferenten von Breitfeld vom 10. März 1935, zitiert nach Holzer, Die Geburt der Drogenpolitik, S. 32.
120 E. Merck, Meldung auf Grund des Gesetzes Nr. 56 der amerikanischen Militärregierung vom 15. Mai 1947, NA, RG 260, OMGUS, Property Division, General Decartelization, Box 1238. Vgl. auch die entsprechenden Verträge seit 1930 in Merck-Archiv, R 15/22 a.
121 Merk, Die Absatzgestaltung, S. 27.
122 Vgl. E. Merck, Schlafmittelgruppe vom 4. September 1948, NA, RG 260, OMGUS, Property Division, General Decartelization, Box 1238. Vgl. Merk, Die Absatzgestaltung, S. 28.
123 Vgl. die Unterlagen in HHStAW 507–13657.
124 Jahresbericht 1924, Abteilung Konventionen, Merck-Archiv, F 3, S. 10 f. Vgl. Schneider, Das wissenschaftliche Unternehmen, S. 191.
125 Ebd., S. 25.
126 Bartmann, Zwischen Tradition und Fortschritt, S. 134.
127 Pfotenhauer an Andress vom 18. Mai 1928, Merck-Archiv, E 10/2160.
128 E. Merck, Direktionssitzung vom 3. September 1929, Merck-Archiv, E 3/1.
129 Jahresbericht 1915, Propaganda-Abteilung, Merck-Archiv, F 3, S. 1–16.
130 Wimmer, «Wir haben fast immer was Neues», S. 60 f.
131 Ausführungen des Sachverständigen Dr. Merck, S. 457.
132 Jahresbericht 1915, Abteilung Orient (Ausblick), Merck-Archiv, F 3, S. 9.
133 E. Merck an IG-Firmen vom 28. Juni 1915, Merck-Archiv, H 5/42 b.
134 Carl Löw, Ressort- und Organisationsfragen (1928), Merck-Archiv, E 1/10, S. 2.

III. 1. 1914–1923 – Das Familienunternehmen in der Krise **587**

135 Film E. Merck Chemische Fabrik Darmstadt 1921, Merck-Archiv, Y 2/157 a–e.
136 E. Merck, Direktionssitzung vom 2. Januar 1929, Merck-Archiv, E 3/1.
137 Franz Fasching, Geschichtliche Entwicklung des Merck-Geschäftes in Österreich, Merck-Archiv, H 1/1.
138 E. Merck, Direktionssitzung vom 9. Januar 1929, Merck-Archiv, E 3/1.
139 George W. Merck an Louis Merck vom 8. Oktober 1932, Merck-Archiv, E 10/2702 b; Louis Merck an George W. Merck vom 27. Dezember 1932, Merck-Archiv, V 15/532.
140 Vgl. Thoms, Fachmann oder Buhmann?, insb. S. 204–210; Spitzmacher, Pharmamarketing, S. 77 f.
141 Vgl. Thoms, Fachmann oder Buhmann?, S. 205–207.
142 Grabrede für Willy Merck zum 19. Dezember 1932, Merck-Archiv, A 27.
143 E. Merck, Bekanntmachung vom 6. August 1914, Merck-Archiv, F 15/4; Karl Faulhaber, Tätigkeitsbericht vom 24. Oktober 1942, Merck-Archiv, F 6/1.
144 E. Merck, Übersicht Belegschaftsentwicklung innerhalb der letzten 50 Jahre, Merck-Archiv, J 1/244.
145 Jahresbericht 1915, Abteilung Fabrik, Abteilung VI, Merck-Archiv, F 3, S. 1.
146 Jahresbericht 1914, Abteilung VIII, S. 8, Merck-Archiv, F 3.
147 Jahresbericht 1915, Abteilung Fabrik, Abteilung Ic, Merck-Archiv, F 3, S. 2.
148 Willy Merck an den Verband der Fabrikarbeiter Deutschlands, Gau XIII, vom 5. Dezember 1914, Merck-Archiv, B 25 b.
149 Verband der Fabrikarbeiter Deutschlands, Gau XIII, an Willy Merck vom 28. November 1914, Merck-Archiv, B 25 b.
150 Zitiert nach Milert/Tschirbs, Die andere Demokratie, S. 108.
151 Jahresbericht 1917, Fabrik-Abteilung XI, Merck-Archiv, F 3, S. 4.
152 E. A. Merck an Carl Duisberg vom 20. November 1918, Bayer-Archiv Leverkusen, Autographensammlung Duisberg. Vgl. Wilhelm Deussinger, Tätigkeitsbericht vom 18. November 1927, Merck-Archiv, F 6/1.
153 E. A. Merck an Carl Duisberg vom 13. November 1918, Bayer-Archiv Leverkusen, Autographensammlung Duisberg.
154 Feldman, German Business; ders./Steinisch, The Origins of the Stinnes-Legien-Agreement. Zusammenfassend Turner, Die Großunternehmer und der Aufstieg Hitlers, S. 28 f.
155 Ehrenberg an E. A. Merck vom 29. September 1919, Merck-Archiv, J 1/43 a. Vgl. auch Ehrenberg an den hessischen Ministerpräsidenten Ulrich vom 29. September 1919, Merck-Archiv, J 1/43 a.
156 Albert Schumacher, Tätigkeitsbericht vom 29. September 1928, Merck-Archiv F 6/12, S. 47; Rudolf Remy, Tätigkeitsbericht vom 25. Mai 1936, Merck-Archiv, F 6/4, S. 5.
157 Gerhard Boas, Tätigkeitsbericht vom 1. Oktober 1938, Merck-Archiv, F 6/1, S. 3; auch Schließmann, Tätigkeitsbericht vom 17. April 1937, Merck-Archiv, F 6/4, S. 4.
158 Leonhard Brunner, Tätigkeitsbericht vom 20. März 1931, Merck-Archiv, F 6/1.
159 Schäfer, Tätigkeitsbericht, ohne Datum [1. Mai 1936], Merck-Archiv, F 6/4, S. 3 f.
160 Ein 21 Jahre alter verheirateter Arbeiter erhielt 1,43 Mark pro Stunde, ein Handwerker unter gleichen Verhältnissen 1,75 Mark. E. Merck, Tarifvertrag vom 22. Mai 1919, Merck-Archiv, J 1/43 a; Adrian, Beitrag zur Chronik der Technischen Abteilung, Bd. IV, S. 234.
161 Heinrich Hess, Tätigkeitsbericht vom 23. November 1942, Merck-Archiv, F 6/2; Louis Merck an Ria Bendemann vom 29. März 1919, Merck-Archiv, B 13 a; zur Frauenarbeit im Ersten Weltkrieg vgl. Daniel, Arbeiterfrauen in der Kriegsgesellschaft.

162 E. Merck, Rundschreiben an die Betriebsführer vom 4. Februar 1919, Merck-Archiv, J 1/43 a.
163 E. A. Merck, Ansprache vom 17. März 1919, Merck-Archiv, J 1/43 a.
164 E. A. Merck an Carl Duisberg vom 22. März 1919, Bayer-Archiv Leverkusen, Autographensammlung Duisberg.
165 Karl Merck, Rede anlässlich der Jubiläumsfeier am 29. Dezember 1922, Merck-Archiv, B 36.
166 E. Merck, Erklärung vom 9. Juli 1924, Merck-Archiv, F 4/4.
167 E. Merck, Bekanntmachung vom 31. Januar 1925, Merck-Archiv, F 4/5. Vgl. Jakob Dieter, Tätigkeitsbericht vom März 1926, Merck-Archiv, F 6/1; E. Merck, Bekanntmachung vom 2. Februar 1925, Merck-Archiv, F 4/5.
168 E. Merck, Bekanntmachung vom 3. Februar 1925, Merck-Archiv, F 4/5. Streiks und Lohnbewegungen, in: Der Proletarier. Organ des Verbandes der Fabrikarbeiter Deutschlands, Nr. 8 vom 21. Februar 1925 (Jg. 34), S. 32.
169 Vgl. Hormann-Reckeweg, Ludwig Müller, S. 40–42.
170 Vgl. Großkampf in der chemischen Industrie Süddeutschlands, in: Der Proletarier. Organ des Verbandes der Fabrikarbeiter Deutschlands, Nr. 45 vom 7. November 1925 (Jg. 34), S. 189; E. Merck, Bekanntmachung vom 22. Oktober 1925, Merck-Archiv, F 4/5; E. Merck, Bekanntmachungen vom 24. und 30. Oktober sowie 26. November 1925, ebd. Vgl. Hormann-Reckeweg, Ludwig Müller, S. 41.
171 Adrian, Beitrag zur Chronik der Technischen Abteilung, Bd. IV, S. 213.
172 Vgl. Der Chemiekampf beendet, in: Der Proletarier. Organ des Verbandes der Fabrikarbeiter Deutschlands, Nr. 49 vom 5. Dezember 1925 (Jg. 34), S. 205.
173 E. Merck, Bekanntmachung vom 2. Dezember 1925, Merck-Archiv, F 4/5. Vgl. Hormann-Reckeweg, Ludwig Müller, S. 41.
174 Z. B. Friedrich Neubauer, Tätigkeitsbericht vom 9. Februar 1932, Merck-Archiv, F 6/4, S. 5.
175 Lengemann, MdL Hessen 1808–1997, S. 23 f.
176 Eine einzigartige u. schöne Feier, in: Südwestdeutsches Arbeiterblatt, Mannheim, vom 31. August 1918, Merck-Archiv, F 1/38 a; 250-Jahrfeier der Firma E. Merck in Darmstadt, in: Tierärztliche Rundschau vom 15. September 1918, ebd. Auf der Feier für die Mitarbeiter wurde eine Sondervorstellung des Propaganda-Dreiakters «Der Hias. Ein feldgraues Spiel» gegeben. E. Merck, Rundschreiben an Kontor, Fabrik und Magazin betr. Jubiläum vom 17. August 1918, Merck-Archiv, F 1/38 a.
177 Hermann Schelenz, E. Merck's Vierteljahrtausend-Jubelfest, in: Pharmazeutische Zentralhalle 37 (1918), S. 239–243, hier S. 242, Merck-Archiv, F 1/38 a.
178 Ansprache an die Mitarbeiter vom 26. August 1918, Merck-Archiv, F 1/38 a, S. 1 f. Es ist unklar, ob die Rede von Emanuel August oder von Willy Merck gehalten wurde.
179 E. A. Merck an Carl Duisberg vom 6. November 1918, Bayer-Archiv Leverkusen, Autographensammlung Duisberg. Vgl. Carl Duisberg an E. A. Merck vom 31. Oktober 1918, in: Kühlem, Carl Duisberg, S. 364.
180 Turner, Die Großunternehmer und der Aufstieg Hitlers, S. 30.
181 Burkert, Die deutsche «Pharmazeutische Interessengemeinschaft», S. 156; vgl. Engels, Die südhessische Wirtschaft, S. 111, sowie die Tabellen bei Dipper, Die südhessische Wirtschaft, S. 139.
182 Karl Merck, Rede anlässlich der Jubiläumsfeier am 23. Dezember 1931, Merck-Archiv, B 36.

III. 1. 1914–1923 – Das Familienunternehmen in der Krise

183 Bekanntmachung vom 13. Mai 1919, Merck-Archiv, F 4/1. Vgl. die Rede Louis Mercks anlässlich der Jubiläumsfeier am 29. Dezember 1927, Merck-Archiv, B 36.
184 Vgl. die Aufstellung der Jubiläumsfestreden vom 4. Januar 1944, Merck-Archiv, B 35.
185 Karl Merck, Rede anlässlich der Jubiläumsfeier am 29. Dezember 1922, Merck-Archiv, B 36.
186 Karl Merck, Rede anlässlich der Jubiläumsfeier am 29. Dezember 1923, ebd.
187 Louis Merck, Rede anlässlich der Jubiläumsfeier am 29. Dezember 1927, ebd.; vgl. auch Louis Merck, Rede anlässlich des 40. Dienstjubiläums von Albert Schumacher am 29. September 1928, ebd.
188 Siehe den unvollständigen Überblick über den Inhalt der Vitrinen des Museums in Merck-Archiv, V 15/532.
189 Rede Louis Merck vom 7. Februar 1926, ebd.
190 Vgl. zum Programm: Der erste Mercksche Familientag, in: Mercksche Familien-Zeitschrift 11 (1929), S. 1–6. Übersichten und Einladungen zudem in Merck-Archiv, B 33.
191 Würth, Wappengeschichte der Familie Merck, S. 67. Vgl. grundsätzlich Groth/Simon, 100 Jahre und älter, S. 22.
192 Caroline Reinhold an Elisabeth Wolff vom 8. April 1929, Merck-Archiv, D 1/222.
193 Das neue Hauptlaboratorium der Firma E. Merck, in: Darmstädter Tagblatt vom 6. Dezember 1931, S. 7 f.; Unser Hauptlaboratorium, in: Das Merck-Blatt 1938, Heft 6, S. 1–8.
194 Vgl. Ellerbrock, Geschichte der deutschen Nahrungs- und Genußmittelindustrie, S. 425; König, Kleine Geschichte der Konsumgesellschaft, S. 136–181; Schmidt, Konsumgesellschaft, S. 41–44; Ellerbrock, An der Schwelle zur Konsumgesellschaft.
195 Vgl. König, Kleine Geschichte der Konsumgesellschaft, bes. S. 96–121.
196 Vgl. Marschall, Im Schatten der chemischen Synthese, S. 300–302.
197 Vertrag zwischen G. Popp und E. Merck aus dem Jahr 1916, Merck-Archiv, K 1/98; Popp an Firma E. Merck vom 22. Dezember 1916, ebd.
198 Neue Fabrikation: Herstellung von Zitronensäure auf Kuba, Abschrift eines Schreibens von J. D. Riedel, Aktiengesellschaft vom 15. September 1915, Merck-Archiv, K 1/131.
199 Georg Merck an Patentanwalt Dr. R. von Rothenburg vom 21. Dezember 1924, Merck-Archiv, K 1/378.
200 Mitteilungen zur Bekämpfung von Pflanzenschädlingen von Dr. Muth, Oppenheim, Anlage des Schreibens von G. an Muth vom 21. Juli 1910, Merck-Archiv, K 1/354.
201 G. an Muth vom 6. Mai 1911, Merck-Archiv, K 1/354. Zudem Weingutsbesitzer Carl Sittmann an die Firma E. Merck vom 12. Mai 1911, ebd.; Beschreibung «Vitisan» im Schreiben vom 22. November 1911, ebd.; Bekanntmachung von Dr. Muths Nikotin-Schwefelkohlenstoff-Petroleumseifenemulsion zur Bekämpfung des Heu- und Sauerwurms, ebd.
202 Heinz Hahn, Geschichte des Pflanzenschutzes bei Merck seit 1945, Mai 1977, Merck-Archiv, K 1/569.
203 Vgl. Jansen, «Schädlinge», S. 13.
204 Abteilung für Pflanzenschutz und Schädlingsbekämpfung an die Herren Vertreter der Firma E. Merck vom 29. April 1922, Merck-Archiv, K 1/569.
205 Walter Wirtz, Betreff Beitrag über Geschichte und Aufgaben der Deutschen Industrieentomologie, in: Mitteilungen der Deutschen Gesellschaft für allgemeine und angewandte Entomologie vom 22. Januar 1981, Merck-Archiv, K 1/173.
206 Dr. Sturms Heu- und Sauerwurmmittel vom 27. Oktober 1921, Merck-Archiv, K 1/569. Vgl. Michel, E. Merck, Darmstadt, S. 60, 64.
207 Vgl. Heinz Schaffner an Hans Toelcke vom 29. Juni 1950, Merck-Archiv, F 6/95.

208 Versuch zur Bekämpfung der Obstmade mit Dr. Sturms Heu- und Sauerwurmmittel, 1922, Merck-Archiv, K 1/569.
209 Dr. Sturms Heu- und Sauerwurmmittel zur Bekämpfung von Obstbaumschädlingen, ebd.
210 Fabrikbuchhaltung an die Direktoren Schumacher und Toelcke vom 28. Oktober 1924, ebd.
211 Bericht über ein Gespräch mit Herrn Prof. Schaffnit in Frankfurt a. M. am 29. September 1924, ebd.
212 Dr. Sturms Heu- und Sauerwurmmittel zur Bekämpfung von Obstbaumschädlingen, ebd.
213 Mit Flugzeugen gegen Forstschädlinge, in: Das Merck Blatt 2 (1937), S. 9–12.
214 Junkers-Flugzeuge in der Forstwirtschaft, Merck-Archiv, K 1/569.
215 Cuprex. Ein neues Mittel zur einfachen Bekämpfung von Ungeziefer, Merck-Archiv, K 1/569.
216 Walter Wirtz, Betreff Beitrag über Geschichte und Aufgaben der Deutschen «Industrieentomologie» in: Mitteilungen der Deutschen Gesellschaft für allgemeine und angewandte Entomologie vom 22. Januar 1981, Merck-Archiv, K 1/173; Cuprex. Propaganda in Deutschland vom 23. Oktober 1923, Merck-Archiv, K 1/569.

2. 1924–1935: Wirtschaftliche Konsolidierung

1 Vgl. Louis Merck an Wilhelm Merck vom 2. Februar 1924, Merck-Archiv, B 28 a.
2 Interview mit Hermann Handrack, Merck-Archiv, Y 3/38 a/b.
3 Jahresbericht 1924, Abteilung Buchhaltung, Merck-Archiv, F 3, S. 17.
4 Karl Merck an Pfotenhauer vom 8. Mai 1942, Merck-Archiv, E 10/2084.
5 Harms wird zitiert im Interview mit Hermann Handrack, Merck-Archiv, Y 3/38 a/b.
6 Wilhelm Merck an Karl und Louis Merck vom 21. September 1923, Merck-Archiv, B 28 a.
7 Louis Merck an Wilhelm Merck vom 2. Februar 1924, Merck-Archiv, A 750.
8 Zitiert in: F. G., Karl Merck, in: Mercksche Familien-Zeitschrift 24 (1971), S. 7–10, hier S. 9.
9 Dr. Ernst Busemann (Henkel) an die Direktion der Scheide-Anstalt vom 22. Mai 1928, in: Evonik Industries AG, Konzernarchiv, GCH 5/18. Vgl. Hayes, From Cooperation to Complicity, S. 47.
10 Otto Hecht, Schilderung der Verhältnisse, die zu meinem Austritt aus der Firma Merck geführt haben [undatiert, 1928], Merck-Archiv, J 1/49.
11 E. Merck, Bericht von der Direktoriumssitzung vom 10. Januar 1924, Merck-Archiv, E 3/1.
12 Arthur Barth, Tätigkeitsbericht vom 30. Januar 1939, Merck-Archiv, F 6/1.
13 Otto Hecht, Schilderung der Verhältnisse, die zu meinem Austritt aus der Firma Merck geführt haben [undatiert, 1928], Merck-Archiv, J 1/49. Vgl. Dörge, 200 Jahre Conrad Hinrich Donner Bank, S. 97; Jahresbericht 1924, Abteilung Buchhaltung, Merck-Archiv, F 3, S. 14 f.
14 Ausführungen des Sachverständigen Dr. Merck, S. 460.
15 Albert Schumacher, Tätigkeitsbericht vom 29. September 1928, Merck-Archiv F 6/12, S. 56.
16 Übersicht Belegschaftsentwicklung innerhalb der letzten 50 Jahre vom 13. Juni 1957, Merck-Archiv, J 1/244.
17 E. Merck, Rundschreiben vom 9. Mai 1927, Merck-Archiv, F 4/7.
18 Vgl. Otto Hecht, Schilderung der Verhältnisse, die zu meinem Austritt aus der Firma

III. 2. 1924–1935: Wirtschaftliche Konsolidierung 591

Merck geführt haben [undatiert, 1928], Merck-Archiv, J 1/49; Willy Merck an Karl und Louis Merck vom 21. September 1923, Merck-Archiv, B 28 a.
19 Albert Schumacher, Tätigkeitsbericht vom 29. September 1928, Merck-Archiv F 6/12, S. 58.
20 Gauss an die Mitglieder des Direktoriums vom 22. Dezember 1926, Merck-Archiv, E 3/1; E. Merck, Niederschrift über eine Sitzung des Direktoriums am 29. Dezember 1926, ebd.; Jahresbericht 1924 der Abteilung Hamburg, Berlin, England, Nordamerika, Merck-Archiv, F 3, 1924, Jahresbericht I, S. 5, 8.
21 Rundschreiben vom 27. Februar 1928, Merck-Archiv, F 4/8; vgl. F. Freymann, Tätigkeitsbericht vom 19. Juli 1933, Merck-Archiv, F 6/1.
22 E. Merck, Rundschreiben vom 9. November 1926, Merck-Archiv, F 4/6.
23 Bentmann, Tätigkeitsbericht vom 9. April 1932, Merck-Archiv, F 6/1, S. 10 f.
24 Zitiert in Karl Merck an Pfotenhauer vom 8. Mai 1942, Merck-Archiv, E 10/2084.
25 Siehe die Kontoübersichten in Merck-Archiv, A 784 und A 792.
26 Louis Merck an Pfotenhauer vom 30. Dezember 1933, Merck-Archiv, E 10/839.
27 Aussage von Karl Merck im Spruchkammerverfahren gegen Aviny vom 31. August 1949, Merck-Archiv, E 10/2084.
28 Ludwig Bauer, Eidesstattliche Erklärung vom 8. März 1948, HStAD, Abt. 520/DSt – Dst II/430/48.
29 Interview mit Franz Wichmann, Merck-Archiv, Y 3/146 a–e.
30 Albert Schumacher, Tätigkeitsbericht vom 29. September 1928, Merck-Archiv F 6/12, Anhang; Adrian, Beitrag zur Chronik der Technischen Abteilung, Bd. IV, S. 205.
31 Aufzeichnung der Abteilung K vom 24. Juni 1931, Merck-Archiv, B 18 a; Louis Merck an Karl Andress vom 19. November 1931, Merck-Archiv, B 14 a.
32 E. Merck, Rundschreiben vom 13. Mai 1930, Merck-Archiv, F 4/10. Vgl. den Jahresbericht des Betriebs- und Arbeiterrates der Firma E. Merck für das Jahr 1929, Merck-Archiv, J 40/75.
33 Zahl der beschäftigten Angestellten 1929–1934, Merck-Archiv, J 10/13.
34 Louis Merck an Karl Merck vom 15. Oktober 1930, Merck-Archiv, B 15 a.
35 Louis Merck an Georg Pfordte vom 27. September 1931, Merck-Archiv, B 18 a.
36 Bekanntmachung Nr. 12 vom 11. September 1931, Merck-Archiv, F 4/11; Louis Merck an Karl Andress vom 19. November 1931, Merck-Archiv, B 14 a.
37 E. Merck, Notiz vom 2. Mai 1931, Merck-Archiv, J 10/744.
38 Siehe hierzu den Schriftwechsel vom Mai und Juni 1931 in Chronik Theodor Haas, Fabrikbuchhaltung, Merck-Archiv, F 6/9; Karl Merck an den Angestelltenrat vom 7. Mai 1931, Merck-Archiv, F 4/11.
39 Louis Merck an Otto Voigt vom 29. Dezember 1932, Merck-Archiv, B 29 c.
40 Tooze, Ökonomie der Zerstörung, S. 756 f. Vgl. Buchheim, Unternehmen in Deutschland, S. 356; Scherner, Anreiz statt Zwang.
41 Kolb/Schumann, Die Weimarer Republik, S. 130. Vgl. auch Scholtyseck, Die deutschen Eliten; Tooze, Ökonomie der Zerstörung, S. 166; Frei, Die Wirtschaft des «Dritten Reiches», S. 14 f.
42 Ausführungen des Sachverständigen Dr. Merck, S. 461.
43 Vgl. Burkert, Die deutsche «Pharmazeutische Interessengemeinschaft», S. 156.
44 Louis Merck an H. K. Schmidt vom 12. Februar 1919, Merck-Archiv, B 13 a.
45 Jahresbericht 1919 der Abteilung Berlin, Merck-Archiv, F 3; Jahresbericht 1919 der Abteilung Holland, Schweiz und Tschechoslowakei, ebd.
46 Holtfrerich, Die deutsche Inflation 1914–1923, S. 193.

47 Feldman, The Great Disorder, S. 218–235; Büttner, Weimar, S. 166–177; kritisch zur Inflationskonjunktur: Knortz, Wirtschaftsgeschichte der Weimarer Republik, S. 63–66.
48 Vermerk der Direktion Außenhandelsstelle beim Auswärtigen Amt vom 22. Mai 1919, Merck-Archiv, B 9 a.
49 Auszug aus der Geschäftsordnung für das Direktorium der Firma E. Merck, Merck-Archiv, E 3/1.
50 Jahresbericht 1924 der Abteilung Hamburg, Berlin, England, Nordamerika, Merck-Archiv, F 3, 1924, Jahresbericht I, S. 5, 8.
51 Merk, Die Absatzgestaltung, S. 93. Vgl. Ausschuss zur Untersuchung der Erzeugungs- und Absatzbedingungen der deutschen Wirtschaft, Die deutsche Chemische Industrie, S. 84.
52 Pfotenhauer an Pietzsch vom 7. August 1934, HStAD, Abt. 483, Nr. 10959.
53 Merk, Die Absatzgestaltung, S. 93.
54 Karl Merck auf dem Kameradschaftsabend 1938, in: Das Merck-Blatt 2 (1938), S. 2.
55 Stratmann, Chemische Industrie unter Zwang?, S. 51.
56 Andress an Louis Merck vom 20. November 1923, Merck-Archiv, B 28 a.
57 Vgl. Burkert, Die deutsche «Pharmazeutische Interessengemeinschaft», S. 153.
58 Jahresberichte 1938 der Abteilung Statistik, Merck-Archiv, F 3/217.
59 E. Merck an Companhia Chimica Merck Brasil vom 1. Dezember 1937, NA, RG 260, OMGUS, Economics Division, Box 113–115. Vgl. auch Otto Voigt an Louis Merck vom 22. Februar 1939, Merck-Archiv, B 31 d; Otto Hecht an E. Merck vom 21. März 1925, Merck-Archiv, J 1/49.
60 Vgl. Notiz vom 16. Januar 1924, Merck-Archiv, E 3/1.
61 Otto Hecht, Schilderung der Verhältnisse, die zu meinem Austritt aus der Firma Merck geführt haben [undatiert, 1928], Merck-Archiv, J 1/49.
62 König, Interhandel, S. 33.
63 Protokoll über die konstituierende Generalversammlung der Holding-Aktiengesellschaft für Merck-Unternehmungen vom 2. November 1929, NA, RG 260, OMGUS, Economics Division, Box 113–115; E. Merck an amerikanische Militärregierung vom 7. Mai 1945, NA, M 1922, Roll 34. Vgl. zur Gründung auch die Unterlagen in Merck-Archiv, R 15/49.
64 Report on Investigation of E. Merck, Darmstadt, NA, RG 260, M 1922, Records of the External Assets Investigation Section of the Property Division, S. 10. Vgl. die Unterlagen in Merck-Archiv, R 15/49.
65 Die Protokolle der Generalversammlungen finden sich in Merck-Archiv, R 15/50.
66 Karl Merck war durch Albert Vögler von den Vereinigten Stahlwerken auf den eidgenössischen Experten aufmerksam gemacht worden. Keller-Huguenin hatte über eine seiner anderen Finanzierungsgesellschaften, die Fides-Treuhand-Vereinigung, eine Vermittlerrolle bei den komplizierten Verhandlungen zwischen APC, Merck & Co. und E. Merck gespielt und sich dadurch empfohlen. Aloys Steinhage, Holding AG für Merck-Unternehmungen, Zürich-Zug vom 2. August 1945, NA, RG 260, OMGUS, Economics Division, Box 113–115. Zu den Überlegungen bei der Gründung der Holding AG: Keller-Huguenin an Zeime vom 2. November 1929, ebd. Zu Keller-Huguenin: Uhlig u. a., Tarnung, Transfer, Transit, S. 222. Vgl. daneben dessen Memoiren: Keller-Huguenin, Erinnerungen und Aufzeichnungen.
67 Aussage Ernst H. Becker vom 9. August 1946, NA, M 1922, Roll 34. Vgl. bereits Niederschrift der Besprechung vom 22. September 1930, Merck-Archiv, E 10/2160.
68 Karl Merck an George W. Merck vom 25. April 1940, NA, RG 260, OMGUS, Economics Division, Box 113–115.

III. 2. 1924–1935: Wirtschaftliche Konsolidierung **593**

69 Aloys Steinhage, Holding AG für Merck-Unternehmungen, Zürich-Zug vom 2. August 1945, ebd.
70 Die Verkaufsorganisation im Ausland der Firma E. Merck, Darmstadt, ebd.
71 Report on Investigation of E. Merck, Darmstadt, NA, RG 260, M 1922, Records of the External Assets Investigation Section of the Property Division, S. 17.
72 Vgl. grundsätzlich Leitz, Economic Relations, bes. S. 28–52.
73 Alexander Ehrenberg, IG-Rundschreiben vom 30. September 1918, Merck-Archiv, H 5/42 b.
74 Einen Eindruck von den chaotischen Geschäftsverhältnissen in diesen Jahren bietet der Tätigkeitsbericht von Eduard Peiquert vom 31. Juli 1935, Merck-Archiv, F 6/4.
75 Jahresbericht 1924, Abteilung Russland, Merck-Archiv, F 3, S. 4. Die «Russengeschäfte» wurden in der Weltwirtschaftskrise zum Rettungsanker mancher bedrohter deutscher Unternehmen. Vgl. Niemann, Die Russengeschäfte in der Ära Brüning; ferner Spaulding, Osthandel und Ostpolitik.
76 Eduard Peiquert, Tätigkeitsbericht vom 31. Juli 1935, Merck-Archiv, F 6/4, S. 12.
77 Louis Merck an H. R. Napp vom 20. Oktober 1931, Merck-Archiv, B 18 a.
78 Louis Merck an Nikolaus Schütt vom 25. September 1940, Merck-Archiv, B 31 d.
79 Bavendamm, Spionage und Verrat, S. 64, Anm. 180; Chauveau, Mobilization and Industrial Policy, S. 24.
80 Louis Merck an Wilhelm Merck vom 1. März 1924, Merck-Archiv, B 28 a; Jahresbericht 1924 der Abteilung Holland, Schweiz, Österreich, Ungarn und Tschechoslowakei, Merck-Archiv, F 3, S. 2 f.
81 Vgl. z. B. Louis Merck an Wilhelm Merck vom 1. März 1924, Merck-Archiv, B 28 a.
82 Wilhelm Stork an Louis Merck vom 26. August 1940, Merck-Archiv, B 31 d.
83 Jahresbericht 1924 der Abteilung Hamburg, Berlin, England, Nordamerika, Merck-Archiv, F 3, S. 9, 14.
84 E. Merck, Direktionssitzung am 3. September 1928, Merck-Archiv, E 3/1. Vgl. Hagen, Deutsche Direktinvestitionen, S. 95–97.
85 Caglioti, Nazionalismo economico e antigermanismo.
86 Schieferdecker, Tätigkeitsbericht vom 1. November 1928, Merck-Archiv, F 6/4, S. 6–8. Zum Italiengeschäft von Merck auch von Oswald, Die deutsche Industrie auf dem italienischen Markt, S. 109–111, 134–138.
87 Martinoli (Hrsg.), Da Neresine a Milano, S. 48 f.
88 Vertrag in Merck-Archiv, R 15/29 a. Vgl. von Oswald, Die deutsche Industrie, S. 138 f.
89 Vgl. Elio Bracco an Louis Merck vom 25. Februar 1935, Merck-Archiv, B 18 a; Direktions-Sitzung vom 30. Dezember 1935, Merck-Archiv, E 3/2.
90 Louis Merck an Karl Merck vom 25. Oktober 1930, Merck-Archiv, B 15 a.
91 Elio Bracco, Aktennotiz vom 18. Februar 1937, B 19 a. Vgl. grundsätzlich Petri, Zwischen Konkurrenz und Kooperation, bes. S. 270 f.
92 Martinoli (Hrsg.), Da Neresine a Milano, S. 95, und Jahresbericht 1943 des Betriebes F 12e, Merck-Archiv, F 3/253; Report on Investigation of E. Merck, Darmstadt, NA, RG 260, M 1922, Records of the External Assets Investigation Section of the Property Division, S. 17. Nach dem Übergang Italiens an die Seite der Alliierten blieb der glühende Faschist Bracco dem Regime treu und wurde im Mai 1944 sogar noch Vizebürgermeister von Mailand in der berüchtigten «Republik von Salò». Sein Plan, die Fabrikation angesichts des Vorrückens der Alliierten im Herbst 1944 nach Südtirol zu verlegen, ließ sich nicht mehr umsetzen. Vgl. den Briefwechsel zwischen Ernst Boehringer und Bernhard Pfo-

tenhauer vom Oktober bis Dezember 1944, in: Historisches Archiv C. H. Boehringer, Handakten Dr. Ernst Boehringer, AA 1.69. Korrespondenz Merck.
93 Abteilung Süd-Amerika-Spanien-Portugal. Bericht über die Verkäufe vom 1. Januar bis 31. Dezember 1922, Merck-Archiv, F 3/107.
94 Andress an Louis Merck vom 5. Juli 1932, Merck-Archiv, B 29 a. Vgl. Entrala Bueno, Vitaminas, S. 271–278. Vgl. auch die Unterlagen in Merck-Archiv, H 20/134 a.
95 Vgl. den Bericht aus Spanien vom 23. September 1936, Merck-Archiv, B 18 a. Die 25 Mitarbeiter kehrten im Sommer 1936 vorübergehend nach Deutschland zurück. Vgl. Louis Merck an Alwin Seidel vom 26. August 1936, Merck-Archiv, B 18 d.
96 Domínguez/González, La Industria químico-farmacéutica, S. 299 f.; Karl Krebs, Bericht Abteilung Ausland 3 über seine Tätigkeit vom 1. Juli 1927 bis 30. Juni 1942, Merck-Archiv, F 6/2; Andress, Endlich wieder in Barcelona, S. 9–12. Daneben Auslandskorrespondenz Barcelona (Spanien), Brasilien, Italien, Frankreich 1942, Merck-Archiv, H 22/285 bzw. der Schriftverkehr mit der Holding AG in Zug in BAR E2001D#1000/155#4548.
97 E. Merck an Holding AG vom 4. Februar 1934, NA, RG 260, OMGUS, Economics Division, Box 113–115; E. Merck an Bruno Rieckhoff vom 23. Februar 1934, ebd. Vgl. E. Merck an die amerikanische Militärregierung vom 7. Mai 1946, NA, M 1922, Roll 34; daneben die Unterlagen in Merck-Archiv, R 15/29 b.
98 Jahresbericht 1915, Abteilung Süd-Amerika, Merck-Archiv, F 3, S. 4.
99 Louis Merck an George W. Merck vom 25. August 1925, Merck-Archiv, B 28 a.
100 Rentabilitätsrechnung über Spezialpräparate vom 28. April 1939, Merck-Archiv, B 31 d.
101 Paul Klemme an Louis Merck vom 29. Januar 1941, Merck-Archiv, B 31 b.
102 Abteilung Süd-Amerika – Spanien-Portugal, Bericht über die Verkäufe vom 1. Januar bis 31. Dezember 1922, Merck-Archiv, F 3/107.
103 Vgl. Georg Pfordte an Louis Merck vom 17. Dezember 1933, Merck-Archiv, B 17 a.
104 E. Merck an das Reichswirtschaftsministerium vom 12. Dezember 1938, NA, RG 260, OMGUS, Economics Division, Box 113–115.; Oberfinanzpräsident Hessen an E. Merck vom 23. Februar 1939, ebd.
105 Vgl. die Unterlagen in Merck-Archiv, R 15/29 b; Auf Außenposten in Uruguay. Unterhaltung mit Herrn Walter Nier, in: Das Merck-Blatt 1953, Heft 6, S. 7 f. Vgl. Georg Pfordte an Louis Merck vom 17. Dezember 1933, Merck-Archiv, B 17 a.
106 Otto Moosdorf, Tätigkeitsbericht vom 23. Januar 1936, Merck-Archiv, F 6/4, S. 3.
107 E. Merck, Protokoll der Verhandlungen mit Sanitätsmajor Jungels vom 12. September 1917, Merck-Archiv, E 1/11.
108 Karl H. Fietje, Tätigkeitsbericht [o. D., 1939], Merck-Archiv, F 6/1.
109 Dr. Dorner an Louis Merck vom 5. Dezember 1930, Merck-Archiv, B 14 a.
110 Louis Merck an Otto Stader vom 23. April 1932, Merck-Archiv, B 29 c. In vielen überseeischen Märkten berechnete Merck die Preise in britischen Pfund.
111 Aufzeichnung von Aloys Steinhage vom 16. August 1945, NA RG 260, OMGUS, Economics Division, Box 113–115; Report on Investigation of E. Merck, Darmstadt, NA, RG 260, M 1922, Records of the External Assets Investigation Section of the Property Division; Revisionsbericht Aktiengesellschaft für den Handel in Merck-Produkten vom 4. März 1947, BAR E 7160–07#1968/54#1212. Vgl. auch Schmidt & Co. an Louis Merck vom 27. April 1936, Merck-Archiv, B 17 a. Daneben die Unterlagen im Merck-Archiv, R 15/29 b.
112 Vgl. Cramer, Die Rückkehr ins Pharmageschäft, S. 52–63.
113 Jahresberichte 1938 der Abteilung Statistik, Merck-Archiv, F 3/217.
114 Wirsching, Die Weimarer Republik, S. 38.

III. 2. 1924–1935: Wirtschaftliche Konsolidierung

115 Louis Merck an Mayor Evers vom 29. Dezember 1931, Merck-Archiv, B 14 a.
116 Franz/Köhler (Hrsg.), Parlament im Kampf um die Demokratie, S. 463 f.
117 Schulz, Inflationstrauma, S. 294.
118 Allerdings unterschrieb der Kaufmann Erwin Merck (1900–1947) die Industrielleneingabe vom 19. November 1932, in der die Ernennung Hitlers zum Reichskanzler gefordert wurde. Dieser Juniorteilhaber des Hamburger Bank- und Handelshauses H. J. Merck & Co. gehörte zur «Hamburger Linie» der Familie, hatte aber keine Geschäftsverbindung zum Darmstädter Unternehmen. Vgl. Helfferich, 1932–1946, S. 7.
119 Hildebrand, Das Dritte Reich, S. 214.
120 Vgl. Bracher, Die deutsche Diktatur, S. 367.
121 Vgl. Weigel, «Märzgefallene», bes. S. 92 f.; Dipper, Die südhessische Wirtschaft, S. 141.
122 Hayes, Die I. G. Farbenindustrie, S. 110. Zahlreiche Beispiele für den vorauseilenden Gehorsam in Deichmann, Flüchten, Mitmachen, Vergessen, bes. S. 70 f.
123 Vernehmung von Karl Merck am 27. Februar 1948, HStAD, Abt. 520/DSt – Dst II/430/48.
124 Scherner, Anreiz statt Zwang.
125 Rhein-Mainische Wirtschafts-Zeitung, 14. Jahrgang, Nr. 16, 2. Augusthälfte 1933, S. 147. Vgl. Dipper, Die südhessische Wirtschaft, S. 141.
126 Karl Merck, Lebenslauf vom 6. Oktober 1937, BArch, NS 5 VI/17669. Vgl. Maier, Chemiker im «Dritten Reich», S. 202 f.
127 Maier, Chemiker im «Dritten Reich», S. 201.
128 Ebd., S. 203.
129 Karl an Louis Merck vom 28. August 1941, Merck-Archiv, B 31 c.
130 Vgl. die Niederschrift über die Sitzung des Kleinen Rates des VdCh vom 5. August 1942, Bayer-Archiv Leverkusen, 046-001-004; Fünf Jahre Tätigkeit des VdCh (1942), ebd.
131 Berglar, Gedenken an Karl Merck, Fritz Merck, Emanuel Merck, S. 6.
132 F. W. E., Dr. Fritz Merck, in: Merksche Familien-Zeitschrift 24 (1971), S. 11–15.
133 Interview mit Fritz von Werder, Merck-Archiv, Y 3/148 a–e.
134 NS-Mitgliedschaften 1933–1945, Merck-Archiv, F 13/29. Nach Kriegsende wurde ihm von einem dem Regime fernstehenden Unternehmer ein «untadeliger Charakter» bescheinigt, weil er von der SS aus religiösen Gründen «scharf abgerückt» sei. Wilhelm Köhler, Besprechung mit Hauptmann Faber betr. E. Merck vom 23. Juni 1945, HWA Abt. 1, Nr. 358.
135 Undatierte Erklärung von Wilhelm Merck, Merck-Archiv, A 1052. Vgl. die Begründung der Spruchkammer Darmstadt-Stadt gegen Wilhelm Merck vom 16. Juni 1948, ebd.
136 Undatierte Erklärung von Wilhelm Merck, Merck-Archiv, A 1052.
137 Betriebsrat, Auskunft für die Spruchkammer Darmstadt vom 21. November 1947, Merck-Archiv, J 10/114 a.
138 Tagebücher Mathilde Merck vom 25. Januar 1917, Merck-Archiv, A 895. Vgl. auch die undatierten Einträge aus dem Februar und März 1917, ebd.
139 Heinrich Himmler an Mathilde Merck vom 12. Januar 1940, BArch, NS 21/99; Wolfram Sievers an Heinrich Himmler vom 18. Juni 1940, BArch, NS 21/229.
140 Emil Nebel an Louis Merck vom 20. Februar 1933, Merck-Archiv, B 17 a; Louis Merck an Emil Nebel vom 24. Februar 1933, ebd.
141 Louis Merck an Bernhard Pfotenhauer vom 30. Dezember 1933, Merck-Archiv, E 10/839.
142 Bracher, Stufen der Machtergreifung, S. 266.
143 Aufstellung über offizielle Spenden der Fa. E. Merck, in: Spruchkammerverfahren Karl

Merck, HStAD, Abt. 520/DSt – Dst II/430/48. Vgl. E. Merck an Richard von Basshuysen vom 10. November 1945, Merck-Archiv, J 10/744, sowie die Aufstellungen in Merck-Archiv, F 15/21.;

144 E. Merck, Bekanntmachung Nr. 2 vom 17. Februar 1933, Merck-Archiv, F 4/13.
145 E. Merck, Direktions-Sitzung vom 13. März 1933, Merck-Archiv, E 3/2.
146 Pingel, Das Jahr 1933, S. 133.
147 Sitzung des Arbeiterrats vom 4. April 1933, Merck-Archiv, J 40/74. In der konstituierenden Sitzung des neuen Arbeiterrats am 6. April 1933 wurde Ohlemüller mit acht gegen drei Stimmen für den Nationalsozialisten Ludwig Rothermel bestätigt.
148 Sitzung des Arbeiterrats vom 27. April 1933, Merck-Archiv, J 40/74 (handschriftliches Einlegeblatt).
149 E. Merck, Bekanntmachung Nr. 12 vom 27. April 1933, Merck-Archiv, F 4/13.
150 Programm für die Feier der Angehörigen der Firma E. Merck, Darmstadt, am 1. Mai 1933, in: Chronik 1926–1936, Merck-Archiv, F 6/9.
151 Sitzung des Arbeiterrats vom 3. Mai 1933, Merck-Archiv, J 40/74. Zum Ende der freien Gewerkschaften vgl. Potthoff, Freie Gewerkschaften, S. 303–323; Schumann, Nationalsozialismus und Gewerkschaftsbewegung, S. 61–75; Winkler, Der lange Weg nach Westen, Bd. 2, S. 926–929.
152 Bei insgesamt 2653 abgegebenen Stimmen waren 179 ungültig. Vgl. E. Merck, Bekanntmachung Nr. 18 vom 23. April 1934, Merck-Archiv, F 4/14.
153 Zur Vertrauensratswahl vom 9. April 1935, Merck-Archiv, J 1/43 b.
154 Karl Merck, Ansprache an die Block- und Zellenwalter vom 2. Juni 1936, Merck-Archiv, J 1/43 b.
155 Chronik 1926–1936, Merck-Archiv, F 6/9.
156 Interview mit Franz Wichmann, Merck-Archiv, Y 3/146 a–e.
157 E. Merck, Bekanntmachung Nr. 39 vom 28. November 1933, Merck-Archiv, F 4/13.
158 Chronik 1926–1936, Merck-Archiv, F 6/9.
159 E. Merck, Direktions-Sitzung vom 25. August 1933, Merck-Archiv, E 3/2.
160 Chronik Theodor Haas, Fabrikbuchhaltung, Fotos zum Eintrag vom 1. Mai 1933, Merck-Archiv, F 6/9.
161 Rückblick und Ausblick, in: Das Merck-Blatt 1938, Heft 2, S. 1–12, hier S. 9.
162 E. Merck, Direktions-Sitzung vom 13. April 1934, Merck-Archiv, E 3/2.
163 Karl Merck, Rede anlässlich der Jubiläumsfeier am 20. Dezember 1933, Merck-Archiv, B 36.
164 E. Merck, Programm der Mitarbeiter-Jubiläumsfeier vom 20. Dezember 1933, Merck-Archiv, B 36.
165 F. Freymann, Tätigkeitsbericht von Anfang 1948, Merck-Archiv, F 6/1.
166 Bernhard Pfotenhauer, Aktennotiz vom 12. Juli 1938, NA, RG 260, OMGUS, Property Control Branch, Box 801. Vgl. die Beurteilung von Wilhelm Köhler, Besprechung mit Hauptmann Faber betr. E. Merck vom 23. Juni 1945, HWA, Abt. 1, Nr. 358.
167 Karl Merck, Rede beim Betriebsappell am 16. Dezember 1936, Merck-Blatt 1936, Heft 6, S. 1 f.
168 Wilhelm Merck, Rede anlässlich der Jubiläumsfeier von 1935, Merck-Archiv, B 36.
169 Bernhard Pfotenhauer an Louis Merck vom 1. April 1935, Merck-Archiv, B 18 a.
170 Dr. E Barell, Bericht Nr. 839. Besprechung mit Herrn Direktor Pfotenhauer in Firma E. Merck, Darmstadt, vom 5. Februar 1935, Hotel Esplanade Berlin, HAR, PE.2.BAE-101053 d.

III. 2. 1924–1935: Wirtschaftliche Konsolidierung   **597**

171 Karl Merck an Louis Merck vom 24. September 1938, Merck-Archiv, B 19 b.
172 Zusammenfassend Milert/Tschirbs, Die andere Demokratie, S. 229–334.
173 Louis Merck, Rede anlässlich der Jubiläumsfeier von 1936, Merck-Archiv, B 36.
174 Einladung zur Feier des fünfundzwanzigjährigen Jubiläums der Herren Dr. Karl Merck und Louis Merck am 1. Oktober 1937, Merck-Archiv, B 35.
175 Die Werkschar, in: Das Merck-Blatt 1938, Heft 1, S. 13–15.
176 Bekanntmachung vom 15. September 1933, Merck-Archiv, F 4/13.
177 NSBO, Zelle E. Merck, Bekanntmachung Nr. 1, Merck-Archiv, F 4/14.
178 Dipper, Die südhessische Wirtschaft, S. 146.
179 E. Merck, Direktions-Sitzung vom 8. Februar 1934, Merck-Archiv, E 3/2.
180 Vgl. die Unterlagen im Hessischen Staatsarchiv, G 11, 64/15.
181 Der Betriebssport geht weiter!, in: Das Merck-Blatt 1939, Heft 6, S. 11.
182 Unterlagen in Merck-Archiv, B 18 a.
183 Zum Umlauf in allen Betrieben und Abteilungen vom 21. August 1934, Merck-Archiv, J 1/43 b.
184 Unsere Rheinfahrt am 13. August, in: Das Merck-Blatt 1939, Heft 5, S. 1–4.
185 Schneider, Unterm Hakenkreuz, S. 567; Hachtmann, Industriearbeit im «Dritten Reich», S. 268–275.
186 Die Leistungen unserer Betriebskrankenkasse, in: Das Merck-Blatt 1936, Heft 3, S. 8–10.
187 Karl Merck auf dem Kameradschaftsabend 1938, in: Das Merck-Archiv 1938, Heft 2, S. 7.
188 E. Merck an DAF vom 10. September 1938, Merck Archiv, J 10/558 b; Niederschrift über die Sitzung des Vertrauensrats am 12. Juni 1939, ebd.
189 Ley fordert nationalsozialistische Gemeinschaften, S. 656.
190 Reulecke, Die Fahne mit dem goldenen Zahnrad, bes. S. 251–260.
191 Leistungskampf der deutschen Betriebe, in: Das Merck-Blatt 1938, Heft 5, S. 2 f.; Betriebsappell am 23. 5. 1939, in: Das Merck-Blatt 1939, Heft 4, S. 1.
192 Betriebsappell am 9. Mai 1942, in: Das Merck-Blatt 1942, Heft 3, S. 35 f.
193 Heinz Landmann, Das Leistungsabzeichen für vorbildliche Sorge um die Volksgesundheit, in: Das Merck-Blatt 1943, Heft 3, S. 29–31.
194 Kriegsberufswettkampf 1944, in: Das Merck-Blatt 1944, Heft 2, S. 1 f.
195 Notiz vom 4. Oktober 1946, Merck-Archiv, J 10/114 b.
196 Vgl. Interview mit Franz Wichmann, Merck-Archiv, Y 3/146 a–e; ähnlich Interview mit Nelly Fankhaenel, Merck-Archiv, Y 3/25 a–b.
197 Anlage zum Schreiben des Führers des SD-Oberabschnitts Rhein an die SD-Hauptaußenstelle Darmstadt vom 11. Mai 1936, HStAD, G 12 B, Nr. 18/9, als Anlage zum Schreiben des Führers des SD-Oberabschnitts Rhein an die SD-Hauptaußenstelle Darmstadt vom 11. Mai 1936.
198 E. Merck, Direktionssitzung vom 13. August 1935, Merck-Archiv, E 3/2; E. Merck, Bekanntmachung vom 5. September 1939 und vom 1. November 1939, F 1/8.
199 Interview mit Gertrude Ott, Merck-Archiv, Y 3/104 a–c.
200 Karl Merck, Betr. Kündigungseinspruch Hammer vom 29. April 1942, Merck-Archiv, J 10/718; Friedhelm Sippel an Ingunn Possehl vom 2. Februar 2009, Merck-Archiv, unverzeichnet.
201 Schering, Bericht über die Besichtigung der Firmen Merck, Darmstadt, und Knoll, Ludwigshafen, am 6., 7. und 8. Mai 1942 vom 16. Mai 1942, Landesarchiv Berlin, A Rep. 229 Nr. 70.

202 Heinz Landmann, Kriegsgesetze und Kriegsmaßnahmen, in: Das Merck-Blatt 1939, Heft 6, S. 2–7, hier S. 5 f.
203 Wir stricken für unsere Feldgrauen, in: Das Merck-Blatt 1939, Heft 7, S. 11.
204 Wilhelm Merck, Rede anlässlich der Jubiläumsfeier von 1939, Merck-Archiv, B 36.
205 Prang, Johann Heinrich Merck, S. 2, 15.
206 Eckart, Medizin und Krieg, S. 13, 20.
207 Vgl. Bürgi, Pharmaforschung im 20. Jahrhundert, S. 11–24, 87; Bartmann, Zwischen Tradition und Forschung, S. 165–168.
208 Erker, Die Verwissenschaftlichung der Industrie. Vgl. mit Blick auf die Entwicklung bei Siemens, Telefunken, Osram, AEG und Philips ders., The Choice between Competition and Cooperation.
209 Marsch, Zwischen Wissenschaft und Wirtschaft, S. 25; Szöllösi-Janze, Wissensgesellschaft in Deutschland, bes. S. 301.
210 Vgl. Cramer, Building, S. 7; Chandler, Shaping the Industrial Century, S. 4.
211 Dr. Gtn./D. an Ernst Vahlen vom 28. Juni 1919, Merck-Archiv, K 1/140.
212 Cramer, Building, S. 28.
213 Denkschrift der IG über den Zusammenschluss von Farben-IG und IG, Waldhof, o. D. [Ende November 1917], Bayer-Archiv Leverkusen, Nr. 166/4, S. 7.
214 Otto Zima, 1920–1958. Ein Bericht über die Abteilung Xb bis Fo 1, 2 und 3, Merck-Archiv, F 6/10 a, S. 9.
215 Schneider, Das wissenschaftliche Unternehmen, bes. S. 163 f. und 184–203. Grundsätzlich Feldenkirchen, Industrieforschung, S. 82 f.
216 Vgl. am Beispiel Siemens ebd., S. 105 f.
217 Situation der Forschungsabteilungen (September 1952), Merck-Archiv, F 6/10 c.
218 Jahresbericht 1919, Abteilung Fabrik-Abteilung XII, Merck-Archiv, F 3, S. 1.
219 Carl Löw, Ressort- und Organisationsfragen (1928), Merck-Archiv, E 1/10, S. 1. Die Zuständigkeiten erschließen sich aus der Geschäftsordnung des Direktoriums von 1926, Merck-Archiv, E 5/2.
220 Vgl. die Unterlagen, HHStAW 507 – 13657.
221 A. Dillmann, Tätigkeitsbericht vom 31. Januar 1940, Merck-Archiv, F 6/1. Zur Vergütung auch Ehrenberg an Riedel vom 19. Oktober 1914, Merck-Archiv, H 5/42 a, sowie grundsätzlich Schneider, Das wissenschaftliche Unternehmen, S. 186 f.
222 Carl Löw, Ressort- und Organisationsfragen (1928), Merck-Archiv, E 1/10, S. 4.
223 Marsch, Zwischen Wissenschaft und Wirtschaft, S. 68–85, 192.
224 E. Merck, Protokoll über eine Sitzung des Direktoriums am 3. Dezember 1926, Merck-Archiv, E 3/1. Zur Sorge vor drohenden Forschungsdefiziten aufgrund von Rentabilitätserwägungen Schneider, Das wissenschaftliche Unternehmen, S. 188 f.
225 E. Merck, Protokoll über eine Sitzung des Direktoriums vom 2. März 1929, ebd.
226 Das neue Hauptlaboratorium der Firma E. Merck, in: Darmstädter Tagblatt vom 6. Dezember 1931, S. 7 f.; Unser Hauptlaboratorium, in: Das Merck-Blatt 1938, Heft 6, S. 1–8. Vgl. auch Schneider, Das wissenschaftliche Unternehmen, S. 186 f.
227 Pfotenhauer an Louis Merck vom 3. August 1938, Merck-Archiv, B 19 b. Allerdings gibt es auch Hinweise auf eine Entfremdung zwischen ihm und Pfotenhauer. Vgl. Karl an Louis Merck vom 21. Oktober 1941, Merck-Archiv, B 31 c.
228 Galambos/Sturchio, The German Connection, S. 11.
229 Bericht Dr. Dalmer, Buffalo vom 26. Oktober 1936, Merck-Archiv, E 1/3; E. Merck, Be-

III. 2. 1924–1935: Wirtschaftliche Konsolidierung **599**

richt des Herrn Crowell über die Organisation der Propaganda der Fa. Merck & Co., Rahway vom 20. September 1934, ebd.
230 Galambos/Sewell, Networks of Innovation, S. 184f.; Chandler, Shaping the Industrial Century, S. 184.
231 Stokes, Primat der Politik, S. 58.
232 Ambrosius, Von Kriegswirtschaft zu Kriegswirtschaft, S. 355. Grundsätzlich Stokes, Research and Development.
233 Stoff, Wirkstoffe, S. 24.
234 Jahresbericht des Experim. therap. u. bakteriol. Laboratoriums für das Jahr 1940, Merck-Archiv, F 3/221.
235 Sturchio, Chemistry in Action; Cowen, Wartime Industrial Development of Penicillin.
236 Pieroth, Penicillinherstellung, S. 49 f,. 90 f.
237 Ebd., S. 91. Vgl. auch E. Merck an das Reichsamt für Wirtschaftsausbau vom 24. Januar 1945, BAK R 25/162; Heinecke, Dokumente zu den Anfängen der Penicillin-Forschung.
238 E. Merck an Bayer IG Leverkusen vom 7. März 1944, Bayer-Archiv Leverkusen, 367–089. Vgl. Bartmann, Zwischen Tradition und Fortschritt, S. 183–187.
239 Pfotenhauer an Hansen vom 8. Mai 1944, NA, RG 260, OMGUS, Economics Division, Box 113–115.
240 Pieroth, Penicillinherstellung, S. 90.
241 E. Merck, Darmstadt Works, CIOS Target Report. Combined Intelligence Objectives Sub-Committee (CIOS), NA, RG 331, SHAEF, General Staff, G-2 Division, Box 98. Zur Einordnung der DDT-Projekte auch Chandler, Shaping the Industrial Century, S. 126; Otto Zima, 1920–1958. Ein Bericht über die Abteilung Xb bis Fo 1, 2 und 3, Merck-Archiv, F 6/10a, S. 40.
242 Situation der Forschungsabteilungen (September 1952), Merck-Archiv, F 6/10c.
243 Vgl. Meyer, «Etwa ein Molekül wie das Morphin», S. 353–355; Stoff, Wirkstoffe, S. 131, 239, sowie Ratmoko, Damit die Chemie stimmt.
244 Otto Zima, Jahresbericht 1940 für das Hauptlaboratorium, Merck-Archiv, F 3/222; Otto Zima, Jahresbericht 1941 des Hauptlaboratoriums, ebd., F 3/224.
245 Otto Zima, 1920–1958. Ein Bericht über die Abteilung Xb bis Fo 1, 2 und 3, Merck-Archiv, F 6/10a, S. 36.
246 Werner (Hrsg.), Vitamine als Mythos, bes. S. 15 f.
247 Vgl. Stoff, «Dann schon lieber Lebertran», S. 54. Vgl. auch ders., Wirkstoffe, S. 39 f., 61 f., sowie Schneider, Das wissenschaftliche Unternehmen, S. 165 f., 190–201.
248 Eichholz an Karl Merck vom 16. Februar 1927, Merck-Archiv, E 5/8c.
249 Vgl. Haas, Vigantol, S. 38 f.
250 Siehe hierzu die verschiedenen Berichte in Merck-Archiv, E 5/7.
251 Besprechung über Vigantol vom 2. Januar 1928, ebd.; Besprechung in der Fabrik vom 4. Januar 1928, ebd.
252 Besprechung zwischen der I. G. Farben und E. Merck vom 2. Juni 1928, ebd. Vgl. Schneider, Das wissenschaftliche Unternehmen, S. 196.
253 E. Merck, Meldung auf Grund des Gesetzes Nr. 56 der amerikanischen Militärregierung vom 15. Mai 1947, NA, RG 260, OMGUS, Property Division, General Decartelization, Box 1238; Memorandum Subject. Contract between I.G. Farben und E. Merck vom 31. Januar 1951, NA, RG 260, OMGUS, Economics Division, Box 71; E. Merck an das

Hessische Staatsministerium vom 21. April 1949, NA, RG 260, OMGUS, Property Division, General Decartelization, Box 1238.
254 Betrifft Entwicklung der Arbeitseinsatzlage in der Firma Merck vom 6. November 1942, Merck-Archiv, J 10/383 a.
255 Stoff, Wirkstoffe, S. 51.
256 Bächi, 1933. Mikrochemie der Macht, S. 115.
257 Werner (Hrsg.), Vitamine als Mythos, S. 17.
258 Marschall, Im Schatten der chemischen Synthese, S. 306.
259 Ebd., S. 303; Wintermeyer, Vitamin C, S. 41 f.; Michel, E. Merck Darmstadt, S. 31.
260 Szent-Györgyi an E. Merck vom 23. März 1933, Merck-Archiv, K 1.
261 Dalmer an Szent-Györgyi vom 27. November 1933, ebd.
262 Situation der Forschungsabteilungen (September 1952), Merck-Archiv, F 6/10 c.
263 E. Merck, Protokoll der Fabrikbesprechung vom 19. Dezember 1934, Merck-Archiv, K 26.
264 Veiel an Barell vom 15. Dezember 1934, HAR, LG.EE 101848s.
265 Besprechung betr. ein Abkommen über Ascorbinsäure zwischen Merck und Hoffmann-La Roche vom 4. September 1936, HAR, LG.EE 102653.
266 E. Merck, Direktionssitzung vom 24. Januar 1935, Merck-Archiv, E 3/2; vgl. Bächi, Vitamin C, S. 63.
267 Besprechung betr. ein Abkommen über Ascorbinsäure zwischen Merck und Hoffmann-La Roche vom 4. September 1936, HAR, LG.EE 102653; Bächi, Vitamin C, S. 67–69; Marschall, Im Schatten der chemischen Synthese, S. 310 f.
268 Bericht über eine Besprechung betr. Abkommen mit E. Merck, Darmstadt über Ascorbinsäure vom 9. Dezember 1936, HAR, LG.EE 102653.
269 E. Merck, Meldung auf Grund des Gesetzes Nr. 56 der amerikanischen Militärregierung vom 15. Mai 1947, NA, RG 260, OMGUS, Property Division, General Decartelization, Box 1238.
270 Protokoll der in Rahway vom 14.-18. Mai 1934 stattgefundenen Besprechungen, Merck-Archiv, E 1/3; Pfotenhauer an George W. Merck vom 7. Dezember 1937, NA, RG 260, OMGUS, Economics Division, Box 113–115; George W. Merck an E. Merck vom 4. Januar 1938, ebd.
271 Merck-Archiv, K 26/421, K 26/475 sowie K 25/337. Vgl. Marschall, Im Schatten der chemischen Synthese, S. 331.
272 Zitiert nach Marschall, Im Schatten der chemischen Synthese, S. 323.
273 Dr. G. E. Veiel, Besprechung mit Herrn Bernhard Pfotenhauer, Darmstadt am 13. November 1939 betr. Ascorbinsäure vom 16. November 1939, HAR, PE.2VEG – 102686a. Vgl. Vermerk Ascorbinsäure/Merck vom 19. Dezember 1939, HAR, LG.EE 102621.
274 Dr. Veiel, Bericht über die Rechtslage im Falle Ascorbinsäure Merck vom 27. November 1939, HAR, PE.2VEG – 102686a.
275 Vgl. Dr. Veiel, Besprechung in Grenzach mit den Herren Chun und Dr. Hellmich am 4. September 1940, ebd.
276 Bächi, Vitamin C, S. 74 f.
277 Vermerk Ascorbinsäure-Lizenz/Merck Darmstadt vom 21. Mai 1952, HAR, LG.EE-102653.
278 Marschall, Im Schatten der chemischen Synthese, S. 326–330; zu Krauch vgl. auch Flachowsky, Das Reichsamt für Wirtschaftsausbau.
279 Betrifft Entwicklung der Arbeitseinsatzlage in der Firma Merck vom 6. November 1942, Merck-Archiv, J 10/383 a.

280 Sicherstellung von Arbeitskräften zur Durchführung von Fertigungen mit kriegsentscheidender Bedeutung. Mangel an Arbeitskräften in der Firma E. Merck, Chemische Fabrik, Darmstadt vom 23. Oktober 1941, Merck-Archiv, J 10/383 a; Report on Investigation of E. Merck, Darmstadt, NA, RG 260, M 1922, Records of the External Assets Investigation Section of the Property Division.

281 Otto Zima, Jahresbericht 1940 für das Hauptlaboratorium, Merck-Archiv, F 3/222.

282 Der Aufschwung der Ascorbinsäurefabrikation im Kriege vom 16. Oktober 1942, Merck-Archiv, K 26; Entwicklung der Arbeitseinsatzlage in der Firma Merck vom 6. November 1942, Merck-Archiv, J 10/383 a.

283 Vgl. hierzu auch E. Merck an Gauarbeitsamt Frankfurt am Main vom 2. Februar 1944, Merck-Archiv, J 10/383 b.

284 Straumann/Wildmann, Schweizer Chemieunternehmen im «Dritten Reich», S. 221, 229–232.

285 Vgl. Carpenter, Beriberi, S. 111–115.

286 Besprechung mit Merck & Co., Rahway und New York vom 14. bis 23. Januar 1937, Merck-Archiv, E 1/3.

287 Dalmer an Löw vom 23. Oktober 1936, ebd.

288 Vortrag von Herrn Dir. Dr. Zima über die Entwicklung des Vitamins B_1 von 1957, Merck-Archiv, F 6/10 e.

289 Besprechung mit Merck & Co., Rahway und New York vom 14. bis 23. Januar 1937, Merck-Archiv, E 1/3.

290 Karl Merck auf dem Kameradschaftsabend 1938, in: Das Merck-Blatt 2 (1938), S. 3.

291 Hoffmann-La Roche an Pfotenhauer vom 24. März 1938, HAR, LG.EE 102653.

292 Karl Merck an Louis Merck vom 13. April 1938, Merck-Archiv, B 19 b; Pfotenhauer an Barell vom 2. April 1938, HAR, LG.EE 102653; Barell an Pfotenhauer vom 5. April 1938, ebd.; vgl. Situation der Forschungsabteilungen (September 1952), Merck-Archiv, F 6/10 c.

293 Jahresbericht des Experim. therap. u. bakteriol. Laboratoriums für das Jahr 1940, Merck-Archiv, F 3/221; daneben Otto Zima, Jahresbericht 1940 für das Hauptlaboratorium, Merck-Archiv, F 3/222.

294 IG W.-Elberfeld an E. Merck vom 14. April 1944, Bayer-Archiv Leverkusen, 367–089.

295 Otto Zima, Jahresbericht 1940 für das Hauptlaboratorium, Merck-Archiv, F 3/222.

296 Telefongespräch mit Herrn Dr. Dalmer (Merck Darmstadt) über das Vitamin E-Abkommen vom 16. Januar 1941, HAR, LG.EE 102653; Vitamin E-Patentpflege. Bericht über die Besprechung mit den Herren der Firma E. Merck am 14. Januar 1941 in Basel, ebd.

297 Otto Zima, Jahresbericht 1941 des Hauptlaboratoriums, Merck-Archiv, F 3/224.

3. 1933–1948: Forschungsstagnation und Rüstungsgeschäfte

1 Plumpe, Unternehmen im Nationalsozialismus, S. 252. Vgl. Vierhaus, Handlungsspielräume, bes. S. 35; Feldman, Das Problem der Handlungsspielräume; Schanetzky, Unternehmer; Buchheim, Unternehmen in Deutschland.

2 Scherner, Die Logik der Industriepolitik, S. 282 f.

3 Boelcke, Die Kosten von Hitlers Krieg, S. 50.

4 Vgl. Steiner, Der Reichskommissar für die Preisbildung, S. 57–69; ders., Von der Preisüberwachung zur staatlichen Preisbildung, S. 50–58.

5 Tooze, Ökonomie der Zerstörung, S. 137 f. Hervorhebung im Original.

6 Louis Merck an Pfotenhauer vom 22. August 1933, Merck-Archiv, B 17 a.
7 Louis Merck an Karl Andress vom 15. April 1936, Merck-Archiv, B 18 a.
8 E. Merck, Direktions-Sitzung vom 6. November 1933, Merck-Archiv, E 3/2.
9 Kahn, Die Steuerung der Wirtschaft, S. 224.
10 Eckert, Die Leiter und Geschäftsführer der Reichsgruppe Industrie, S. 206.
11 Pfotenhauer an Graf von der Goltz vom 17. Juli 1934, Merck-Archiv, J 10/744; Pfotenhauer an Karl und Louis Merck vom 18. Juli 1934, ebd.; Pfotenhauer an Karl Merck vom 24. Juli 1934, ebd.; Pfotenhauer an Karl und Louis Merck vom 26. Juli 1934, ebd.; Pfotenhauer an Pietzsch vom 27. Juli 1934, ebd. Vgl. grundsätzlich auch Hayes, Industry and Ideology, S. 126.
12 Labisch/Tennstedt, Gesundheitsamt oder Amt für Volksgesundheit?, S. 43.
13 Schröder, Die «Wiedergeburt» der Pharmazie, S. 171.
14 Kißener, Boehringer Ingelheim, S. 94.
15 Friedrich/Müller-Jahncke, Geschichte der Pharmazie, Bd. 2, S. 940.
16 Vgl. Barthel, Tätigkeit und Wirkung, bes. S. 19–29, 129.
17 Zu Ungewitter vgl. Kißener, Boehringer Ingelheim, S. 96–98.
18 Erbe, Die nationalsozialistische Wirtschaftspolitik, S. 71.
19 H. Engel, Tätigkeitsbericht vom 1. März 1941, Merck-Archiv, F 6/1.
20 Rückblick und Ausblick, in: Das Merck-Archiv 1938, Heft 2, S. 1–8, hier S. 3.
21 Fritz Merck, Hundert Tage Kampf dem Verderb!, in: Das Merck-Blatt 1937, Heft 1, S. 2–5.
22 Denkschrift Hitlers über die Aufgaben eines Vierjahresplans, S. 204–210.
23 Zitiert nach Flachowsky, Das Reichsamt für Wirtschaftsausbau, S. 198, vgl. auch S. 202.
24 Hayes, Die I. G. Farbenindustrie, S. 112.
25 Schering, Bericht über die Besichtigung der Firmen Merck, Darmstadt, und Knoll, Ludwigshafen, am 6., 7. und 8. Mai 1942 vom 16. Mai 1942, Landesarchiv Berlin, A Rep. 229, Nr. 70.
26 Die Kameradschaftsabende, in: Das Merck-Blatt 1939, Heft 2, S. 4.
27 Ebd., S. 2; daneben Statistische Notizen über die Chemische Fabrik Merck (Vorkriegsstand) vom 4. April 1945, Merck-Archiv, F 15/11 a.
28 Jahresberichte 1938 der Abteilung Statistik, Merck-Archiv, F 3/217. Vgl. Jahresbericht 1943 des Fabrik-Laboratoriums I, Merck-Archiv, F 3/253.
29 Pfotenhauer an Louis Merck vom 14. Juni 1939, Merck-Archiv, B 31 c.
30 Süß, Der «Volkskörper» im Krieg, S. 184 f.
31 Vgl. Dipper, Die südhessische Wirtschaft, S. 161.
32 E. Merck an das Hessische Wirtschaftsministerium vom 28. Februar 1947, HHStAW, 507–13657.
33 Hierzu umfassend Kißener, Boehringer Ingelheim, S. 118–123; Wlasich, Die Schering AG, S. 119 f.
34 Vgl. Pflüger, Die Fachgruppe als Bewirtungsstelle, S. 1543.
35 E. Merck an das Hessische Wirtschaftsministerium vom 28. Februar 1947, HHStAW, 507–13657.
36 Süß, Der «Volkskörper» im Krieg, S. 187.
37 Entwicklung der Arbeitseinsatzlage in der Firma Merck vom 6. November 1942, Merck-Archiv, J 10/383 a. Vgl. Tew, Pest Control.
38 Vgl. exemplarisch Jahresbericht 1939–1940 des Betriebs F. 9, Merck-Archiv, F 3/220.
39 Conrad, Die pharmazeutische Industrie, S. 1–3.
40 Karl Merck an Fritz Merck vom 21. März 1941, Merck-Archiv, B 31 c.

III. 3. 1933–1948: Forschungsstagnation und Rüstungsgeschäfte **603**

41 Delfalque, Scophedal, S. 12–14; Jahresbericht 1943 des Fabrik-Laboratoriums I, Merck-Archiv, F 3/253.
42 Louis Merck an Fritz Merck vom 27. August 1940, Merck-Archiv, B 31 c.
43 Karl Merck an Louis Merck vom 22. März 1941, ebd.
44 Vgl. Kißener, Boehringer Ingelheim, S. 102; Bartmann, Zwischen Tradition und Fortschritt, S. 179.
45 Louis Merck an Pfotenhauer vom 19. Juli 1940, Merck-Archiv, B 31 c.
46 Karl Merck an Fritz Merck vom 21. März 1941, ebd.
47 E. Merck an Reichsminister für Rüstung und Kriegsproduktion vom 15. November 1944, Merck-Archiv, Merck-Archiv, J 10/393.
48 Begründung zur Klageschrift (1947), Merck-Archiv, F 15/21, S. 3.
49 E. Merck, Bilanz per 31. Dezember 1944 vom 25. Februar 1947, HHStAW, 507–13657.
50 E. Merck an das Hessische Wirtschaftsministerium vom 28. Februar 1947, ebd.
51 Betrifft: Entwicklung der Arbeitseinsatzlage in der Firma Merck vom 6. November 1942, Merck-Archiv, J 10/383 a.
52 Dipper, Die südhessische Wirtschaft, S. 162.
53 Scherner, Die Logik der Industriepolitik; ders./Jochen Streb, Das Ende eines Mythos?; vgl. Tooze, Ökonomie der Zerstörung, S. 649 f.
54 Vgl. Eckart, Medizin in der NS-Diktatur, bes. S. 136–140; Süß, Der «Volkskörper» im Krieg, S. 76–83, 161–167, 187. Zu Brandt vgl. ders., Der beinahe unaufhaltsame Aufstieg des Karl Brandt.
55 E. Merck, Sicherstellung von Arbeitskräften vom 7. November 1942, Merck-Archiv, J 10/201; E. Merck, Direktions-Protokoll vom 25. November 1943, Merck-Archiv, J 10/383 b; vgl. die Notiz vom 10. Juni 1943 zum Schutz von Gefolgschaftsmitgliedern vor Kündigung oder Dienstverpflichtung, wenn diese in die «Brandt-Aktion» aufgenommen waren, Merck-Archiv, J 10/347; Vermerk vom 11. Dezember 1942, Merck Archiv, F 15/9.
56 Jahresbericht 1943 des Betriebes F 12e, Merck-Archiv, F 3/253.
57 Report on Investigation of E. Merck, Darmstadt, NA, RG 260, M 1922, Records of the External Assets Investigation Section of the Property Division, S. 14. Die Enteignung der deutschen Chemiefirmen in Spanien erfolgte erst 1948 auf Druck der Westalliierten. Vgl. Schweizerische Verrechnungsstelle an Minister Stucki vom 26. August 1948, BAR E 2801#1968/84#2841. Grundsätzlich Domínguez/González, La Industria químico-farmaceútica, S. 306.
58 Karl Laufkoetter an Louis Merck vom 26. April 1941, Merck-Archiv, B 31 c.
59 Wilhelm Stork an Louis Merck vom 26. November 1940, Merck-Archiv, B 31 d.
60 Vgl. Schmitt, Unser Export, bes. S. 19 f.
61 E. Merck an Robert Utgenannt vom 19. August 1939, NA, RG 260, OMGUS, Economics Division, Box 113–115.
62 Wilkins, German chemical firms, S. 289.
63 Karl Merck an George W. Merck vom 25. April 1940, NA, RG 260, OMGUS, Economics Division, Box 113–115.
64 Betr. Fabrikation in Santiago vom 6. Dezember 1940, Merck-Archiv, B 31 b; E. Merck an Oberfinanzpräsident Hessen vom 21. April 1941, NA, RG 260, OMGUS, Economics Division, Box 113–115; daneben die Unterlagen in Merck-Archiv, R 15/29 b.
65 Bruno Rieckhoff an Louis Merck vom 27. November 1940, Merck-Archiv, B 31 d.
66 Schweizerische Verrechnungsstelle an Eidgenössisches Politisches Departement vom 11. März 1941, BAR E 2801#1968/84#2841.

67 E. Merck, Direktions-Protokoll vom 9. März 1942, Merck-Archiv, H 22/622.
68 Abteilung Ausland 3, Aktennotiz betr. Mexiko vom 28. Mai 1942, NA, RG 260, OMGUS, Economics Division, Box 113–115; Report on Investigation of E. Merck, Darmstadt, NA, RG 260, M 1922, Records of the External Assets Investigation Section of the Property Division, S. 25–27; vgl. Paz, Strategy, Security, and Spies, S. 45.
69 Report on Investigation of E. Merck, Darmstadt, NA, RG 260, M 1922, Records of the External Assets Investigation Section of the Property Division, S. 24 f.
70 Reichsstelle für den Außenhandel an E. Merck vom 9. November 1944, NA, RG 260, OMGUS, Economics Division, Box 113–115.
71 Schweizerische Gesandtschaft an das Außenministerium vom 23. März 1945, BAR E 2001D#1000/1551#4584; Newton, The «Nazi Menace in Argentina», S. 239.
72 Schönwald, Deutschland und Argentinien, S. 123–125; Newton, Nazi Menace, S. 366 f.
73 Report on Investigation of E. Merck, Darmstadt, NA, RG 260, M 1922, Records of the External Assets Investigation Section of the Property Division, S. 28. Vgl. die Unterlagen in BAR, E 2220.93–01#1000/706#74 und BAR E 2801#1968/84#2841, sowie die Aufzeichnung von Aloys Steinhage vom 16. August 1945, NA RG 260, OMGUS, Economics Division, Box 113–115.
74 Vgl. die Unterlagen in Merck-Archiv, R 15/29 b. Daneben: Auf Außenposten in Uruguay. Unterhaltung mit Herrn Walter Nier, in: Das Merck-Blatt 1953, H. 6, S. 7 f.
75 Louis Merck an Wilhelm Stork vom 26. Januar 1940, Merck-Archiv, B 31 d; G. K. A. John an Louis Merck vom 9. April 1940, Merck-Archiv, B 31 b.
76 Vgl. Louis Merck an Wilhelm Suhren vom 21. August 1940, Merck-Archiv, B 31 d.
77 Jörg Schadt (Hrsg.), Lebenserinnerungen eines Rechtsanwalts und Briefe aus der Emigration, Stuttgart u. a. 1978; Roger William Harrison, Max Hachenburg. Lebensabend eines Rechtsanwalts in der Emigration. Hrsg. und bearb. v. Jörg Schadt, Mannheim 2001, bes. S. 11–16.
78 Johann Heinrich Merck an Karl Merck vom 4. August 1933, Merck-Archiv, B 17 a.
79 Louis Merck an Johann Heinrich Merck vom 7. August 1933, ebd.
80 Louis Merck an Eduard Dingeldey vom 6. Juli 1935, Merck-Archiv, B 18 a.
81 Louis Merck an Bernd Guersent vom 16. April 1935, Merck-Archiv, B 18 b.
82 George W. Merck an Louis Merck vom 4. August 1933, Merck-Archiv, B 17 a.
83 E. Merck, Direktions-Sitzung vom 12. April 1933, Merck-Archiv, E 3/2. In Deutschland führte der Auslandsboykott zu Solidarisierungseffekten. Vgl. Friedländer, Das Dritte Reich und die Juden, Bd. 1, S. 31–36; Barkai, Vom Boykott zur «Entjudung», S. 27; Longerich, «Davon haben wir nichts gewusst!», S. 55–74.
84 E. Merck, Bekanntmachung vom 30. März 1933, Merck-Archiv, F 4/13.
85 Louis Merck an Franz Fasching vom 30. November 1933, Merck-Archiv, B 16 a.
86 Maier, Chemiker im «Dritten Reich», S. 229.
87 Ruske, 100 Jahre Deutsche Chemische Gesellschaft, S. 162–167, Zitat S. 167. Vgl. Maier, Chemiker im «Dritten Reich», S. 228 f.
88 Franz/Pingel-Rollmann, Hakenkreuz und Judenstern.
89 Vgl. Löffelholz/Trendelenburg (Hrsg.), Verfolgte deutschsprachige Pharmakologen.
90 E. Merck, Direktions-Sitzung vom 27. November 1936, Merck-Archiv, E 3/2.
91 Rückblick und Ausblick, in: Das Merck-Blatt 1938, Heft 2, S. 1–12, hier S. 11.
92 Niederschrift über die Sitzung des Vertrauensrats am 12. Juni 1939, Merck Archiv, J 10/558 b.
93 E. Merck, Direktions-Sitzung vom 26. August 1938, Merck-Archiv, E 3/2.

III. 3. 1933–1948: Forschungsstagnation und Rüstungsgeschäfte **605**

94 Aussage Dr. Otto Henkel im Spruchkammerverfahren gegen den toten Pfotenhauer vom 16. November 1948, Entnazifizierung 1948–50, Merck-Archiv, F 15/20: Einzelheiten zur Ruhestandssetzung «aus gesundheitlichen Gründen» auch in Merck-Archiv, J 10/704. Daneben Franz/Pingel-Rollmann, Hakenkreuz und Judenstern, S. 187 f.; Dipper, Die südhessische Wirtschaft, S. 144 f.
95 Undatierte Erklärung von Wilhelm Merck, Merck-Archiv, A 1052.
96 Besprechung mit Herrn Ziegs am 24. April 1945, Merck-Archiv, J 40/44, sowie Interview mit Nelly Fankhaenel, Merck-Archiv, Y 3/25 a–b.
97 Vgl. die Verträge in Merck-Archiv, R 15/52. Grundsätzlich Pátek, Tschechoslowakisch-deutsche Kapital- und Kartellbeziehungen. Zu Patek ebd., S. 102.
98 Vgl. E. Merck, Direktions-Sitzung vom 25. Januar 1932, Merck-Archiv, E 3/2.
99 Teichova/Waller, Der tschechoslowakische Unternehmer, S. 295.
100 Patek an E. Merck vom 9. Dezember 1938, Merck-Archiv, R 15/57.
101 E. Merck an Patek vom 12. Oktober 1938, ebd.
102 E. Merck, Aktennotiz vom 1. November 1938, NA, RG 260, OMGUS, Economics Division, Box 113–115.
103 Benecke, Die Entfesselung des Krieges; Voráček (Hrsg.), The Disintegration of Czechoslovakia; Volkmann, Die Eingliederung der Sudetengebiete, S. 188 f.
104 Betr. Besuch von Dr. Patek am 24. April 1939 vom 25. April 1939, Merck-Archiv, R 15/56.
105 E. Merck an den Oberfinanzpräsidenten Hessen vom 8. Mai 1939, NA, RG 260, OMGUS, Economics Division, Box 113–115.
106 Vgl. Provisionsansprüche Dr. Josef Patek, Prag, vom 27. Januar 1940, Merck-Archiv, R 15/56.
107 Genehmigungsbescheid des Oberfinanzpräsidenten Hessen vom 30. August 1939, NA, RG 260, OMGUS, Economics Division, Box 113–115. Vgl. E. Merck an den Oberfinanzpräsidenten Hessen vom 8. Mai 1939, ebd.; Betr. Besuch von Dr. Patek am 24. April 1939 vom 25. April 1939, Merck-Archiv, R 15/56.
108 Bericht über die in der Zeit vom 21. November bis 1. Dezember 1939 durchgeführte Revision bei der Sanomedia GmbH, Prag vom 4. Dezember 1939, Merck-Archiv, R 15/56. Vgl. Schlussabrechnung mit Frau Dr. Patek, Prag vom 26. Juni 1940, ebd. Vgl. E. Merck an Sanomedia vom 9. Juni 1939, ebd.
109 Vgl. Hans Ott an Louis Merck vom 12. November 1938, Merck-Archiv, B 19 b; Louis Merck an Hans Ott vom 25. November 1938, ebd.
110 Aufzeichnung Robert Laue, Betr. Ihren Bericht über die Revision bei der Sanomedia GmbH vom 2. Januar 1940, Merck-Archiv, R 15/56.
111 Vgl. Merck an den Reichsprotektor für das Protektorat Böhmen und Mähren vom 24. Juli 1939, NA, RG 260, OMGUS, Economics Division, Box 113–115.
112 Knoll an Nungesser vom 7. Juli 1939, Merck-Archiv, R 15/56, und die Unterlagen in Merck-Archiv, K 16/30.
113 Report on Investigation of E. Merck, Darmstadt, NA, RG 260, M 1922, Records of the External Assets Investigation Section of the Property Division, S. 33, und die Unterlagen in Merck-Archiv, R 15/57.
114 Vgl. die Unterlagen in Merck-Archiv, R 15/54, J 10/503 und J 10/504; Personalnachrichten, in: Das Merck-Blatt 1959, Heft 4, S. 18.
115 Vgl. den Vertrag in Merck-Archiv, H 22/622 und R 15/52; daneben Otto Hecht an E. Merck vom 12. Februar 1925, Merck-Archiv, J 1/49.

116 E. Merck an Utgenannt vom 27. Mai 1938, Merck-Archiv, B 19 c.
117 E. Merck an Utgenannt vom 9. November 1938, Merck-Archiv, H 22/622.
118 E. Merck an Lobenstein & Schalscha vom 23. November 1938, Merck-Archiv, H 22/622.
119 Spoerer, Zwangsarbeit unter dem Hakenkreuz; daneben immer noch Herbert, Fremdarbeiter.
120 Spoerer, Zwangsarbeit unter dem Hakenkreuz, S. 12.
121 Frei u. a., Flick, S. 327.
122 Ebd., S. 223.
123 «Personal-Karten Russen, Ukrainer, Volksdeutsche 1942–1945», Merck-Archiv, J 1/215; Meldungen über die «Zahl der Ausländer im Werk Darmstadt» vom Dezember 1943 sowie Lohnlisten vom November 1944 bis März 1945, Merck-Archiv, J 10/393; E. Merck an Polizeipräsidium Darmstadt betreffend Nachforschungen seitens deutscher Behörden pp. nach Angehörigen der Vereinten Nationen, anderen Ausländern und deutschen Juden vom 25. August 1947, StadtA Da, ST 23/26, Nr. 1/29, Formular F.
124 Besprechung zwischen den Herren Dr. Dalmer, Dr. Landmann und Ziegs vom 9. Mai 1945, Merck-Archiv, J 40/4.
125 Karl Merck an Fritz Merck vom 21. März 1941, Merck-Archiv, B 31 c.
126 «Betrifft: Entwicklung der Arbeitseinsatzlage in der Firma Merck» vom Oktober 1942, Merck-Archiv, J 10/393.
127 Aus der Arbeit des Vertrauensrats, in: Das Merck-Blatt 1942, Heft 4, S. 47.
128 Siebert an Wirtschaftsgruppe Chemische Industrie vom 19. August 1944, Merck-Archiv, J 10/383 b.
129 Bericht über die Besichtigung der Firmen Merck, Darmstadt, und Knoll, Ludwigshafen, am 6., 7. und 8. Mai 1942 vom 16. Mai 1942, Landesarchiv Berlin, A Rep. 229, Nr. 70.
130 Entwicklung der Arbeitseinsatzlage in der Firma Merck vom 6. November 1942, Merck-Archiv, J 10/383 a.
131 Hayes, Industry and Ideology, S. 346–349; grundsätzlich Spoerer, Profitierten Unternehmen von KZ-Arbeit?
132 Entwicklung der Arbeitseinsatzlage in der Firma Merck vom 6. November 1942, Merck-Archiv, J 10/383 a.
133 «Zahl der Ausländer im Werk Darmstadt» vom Februar 1944, Merck-Archiv, J 10/393.
134 Betrifft: Entwicklung der Arbeitseinsatzlage in der Firma Merck vom 6. Oktober 1942, Merck-Archiv, J 10/393.
135 Zahlen bei Peter, Rüstungspolitik in Baden, S. 337.
136 Heimatgeschichtlicher Wegweiser, S. 59.
137 Interview mit Franz Wichmann, Merck-Archiv, Y 3/146 a–e.
138 Report on Investigation of E. Merck, Darmstadt, NA, RG 260, M 1922, Records of the External Assets Investigation Section of the Property Division, S. 48. Brügmann sprach im Mai 1942 erneut bei der «Deutschen Werbestelle» in Gent vor, Merck-Archiv, J 10/383 a und weitere Unterlagen in Merck-Archiv, J 10/383 b.
139 Louis Merck an Theodor Goldmann vom 21. November 1941, Merck-Archiv, B 31 b.
140 Karl Merck an Louis Merck vom 17. März 1941, Merck-Archiv, B 31 c. Vgl. allgemein Bierod, Das Anlernen von Kriegsgefangenen.
141 Louis Merck an Hans Haase vom 4. November 1941, Merck-Archiv, F 6/153.
142 Siebert an Wirtschaftsgruppe Chemische Industrie vom 19. August 1944, Merck-Archiv, J 10/383 b.

III. 3. 1933–1948: Forschungsstagnation und Rüstungsgeschäfte

143 Louis Merck an Theodor Goldmann vom 21. November 1941, Merck-Archiv, B 31 b.
144 Report on Investigation of E. Merck, Darmstadt, NA, RG 260, M 1922, Records of the External Assets Investigation Section of the Property Division, S. 49; Notiz vom 27. Juli 1944, Merck-Archiv, J 10/383 b; Pfotenhauer an Ernst Boehringer vom 10. Oktober 1944, Historisches Archiv C. H. Boehringer, Handakten Dr. Ernst Boehringer, AA 1.69, Korrespondenz Merck.
145 Otto Zima, 1920–1958. Ein Bericht über die Abteilungen Xb bis Fo 1, 2 und 3, Merck-Archiv, F 6/10 a, S. 36.
146 Heimatgeschichtlicher Wegweiser, S. 61.
147 Betr. Arbeitskräfte aus Ronse vom 21. Oktober 1943, Merck-Archiv, J 10/383 b. Vgl. auch Feldmann, Werkschutzbegleitung, S. 124.
148 Bericht über die Besichtigung der Firmen Merck, Darmstadt, und Knoll, Ludwigshafen, am 6., 7. und 8. Mai 1942 vom 16. Mai 1942, Landesarchiv Berlin, A Rep. 229 Nr. 70.
149 Possehl, Modern aus Tradition, S. 94.
150 Otto Zima, 1920–1958. Ein Bericht über die Abteilungen Xb bis Fo 1, 2 und 3, Merck-Archiv, F 6/10 a, S. 36.
151 Personal-Karten Russen, Ukrainer, Volksdeutsche 1942–1945, Merck-Archiv, J 1/215.
152 Dipper, Die südhessische Wirtschaft, S. 166. Vgl. die Unterlagen in Merck-Archiv, F 15/18 u. 19.
153 Aussage von Olga Schrager, in: Spruchkammerverfahren Karl Merck, HStAD, Abt. 520/DSt – Dst II/430/48.
154 Bernschneider-Reif, Zwangsarbeit, S. 35.
155 Käthe Kasten an den Treuhänder Hildebrandt vom 15. November 1945, Merck-Archiv, J 40/15.
156 Therese Edenweger an den Arbeitnehmerrat von E. Merck vom 1. März 1946, ebd.
157 Bernschneider-Reif, Zwangsarbeit, S. 36. Vgl. Entwicklung der Arbeitslage in der Firma Merck vom 6. November 1942, Jahresbericht 1943 im Betrieb F 14, Merck-Archiv, J 10/383 a.
158 E. Merck, Protokoll der Besprechung vom 13. Oktober 1942, Merck-Archiv, J 10/387.
159 Feldmann, Werkschutzbegleitung, S. 128.
160 Ein Wort an alle, in: Das Merck-Blatt 1941, Heft 6, S. 72.
161 Ebd.
162 Siebert an Lange vom 8. Februar 1944, Staatsarchiv Hamburg, I (C) 755, Akte 221–11.
163 Siebert an Lange vom 19. Februar 1944, ebd.
164 Kißener, Boehringer Ingelheim, S. 79.
165 Lange an das Landeswirtschaftsamt Hamburg vom 2. Juli 1946, Staatsarchiv Hamburg, I (C) 755, Akte 221–11.
166 Report on Investigation of E. Merck, Darmstadt, NA, RG 260, M 1922, Records of the External Assets Investigation Section of the Property Division, S. 48.
167 Flämische Arbeiter besuchten uns, in: Das Merck-Blatt 1954, Heft 4, S. 18; «Urlaub in Flandern». Besuch bei unseren ehemaligen ausländischen Arbeitern, in: Das Merck-Blatt 1955, Heft 6, S. 6 f.
168 Feldmann, Werkschutzbegleitung, S. 134.
169 Vgl. Goschler, Vertrauenskapital, S. 157.
170 Vgl. Bernschneider-Reif, Zwangsarbeit; Seifert, Compensation for Forced Labour; Reininghaus/Reimann (Hrsg.), Zwangsarbeit in Deutschland; Borggräfe, Deutsche Unternehmen, S. 363–390. Zusammenfassend zur Genese der Einrichtung Hense, Entstehung

und Konzeption der Stiftung «Erinnerung, Verantwortung und Zukunft»; Spiliotis, Verantwortung und Rechtsfrieden.
171 Dipper, Die südhessische Wirtschaft, S. 144.
172 Karl Merck an Pfotenhauer vom 8. Mai 1942, Merck-Archiv, E 10/2084.
173 E. Merck an Richard von Basshuysen vom 10. November 1945, Merck-Archiv, J 10/744.
174 Sitzung des Betriebsrats vom 21. Februar 1946, Merck-Archiv, J 40/4.
175 Schlie an das Gau-Personalamt der NSDAP vom 14. Juli 1934, HStAD, Abt. 483, Nr. 10959.
176 Report on Investigation of E. Merck, Darmstadt, NA, RG 260, M 1922, Records of the External Assets Investigation Section of the Property Division, S. 51.
177 Rebentisch, Verfassungswandel und Verwaltungsstaat, S. 258. Vgl. auch Ruck, Die deutsche Verwaltung.
178 Interview mit Franz Wichmann, Merck-Archiv, Y 3/146 a–e.
179 Hayes, Die Degussa, S. 73. Vgl. Zibell, Jakob Sprenger, S. 242.
180 Liste der im Geschäftsbereich des Reichswirtschaftsministeriums ernannten Wehrwirtschaftsführer vom 25. November 1938, BArch, R 3101 34786.
181 Pfotenhauer an Louis Merck vom 4. Februar 1938, Merck-Archiv, B 19 b.
182 Eidesstattliche Erklärung von Ludwig Bauer vom 8. März 1948, HStAD, Abt. 520/DSt – Dst II/430/48.
183 Karl an Louis Merck vom 28. August 1941, Merck-Archiv, B 31 c.
184 Vgl. Karl Merck an Pfotenhauer vom 8. Mai 1942, Merck-Archiv, E 10/2084.
185 Pentzlin, Die Zukunft des Familienunternehmens, S. 37.
186 Vgl. E. Merck, Protokoll über die Versammlung der Gesellschafter der Firma E. Merck am 3. November 1948, Merck-Archiv, E 10/24.
187 Aussage von Karl Merck, Protokoll der öffentlichen Sitzung am 16. November 1948, Spruchkammerverfahren Pfotenhauer, HStAD, Abt. 520/DSt, DZ 514861.
188 Protokoll der öffentlichen Sitzung am 16. November 1948, ebd.
189 Aussage von Otto Henkel, ebd.
190 Rudolf E. Gruber an George W. Merck vom 4. August 1947, Merck-Archiv, A 148.
191 Vgl. zu dieser Interpretation Hans Loos, Betr. E. Merck, chemical works, Darmstadt vom 6. August 1945, Merck-Archiv, A 540.
192 Pfotenhauer an Louis Merck vom 27. Dezember 1941, Merck-Archiv, A 1052. Auch Karl Merck wurde hiervon «vorsorglich» in Kenntnis gesetzt. Bernhard Pfotenhauer an Karl Merck vom 24. Dezember 1941, Merck-Archiv, E 10/839.
193 Hayes, Industry and Ideology, S. 323.
194 Pfotenhauer an Fritz Müller vom 26. Oktober 1943, Merck-Archiv, A 1052.
195 Rechtsanwalt Göbel an Arbeitsgericht Darmstadt vom 11. Mai 1942, Merck-Archiv, J 10/718.
196 Rudolf E. Gruber an George W. Merck vom 4. August 1947, Merck-Archiv, A 148.
197 Louis Merck an Pfotenhauer vom 4. März 1942, Merck-Archiv, E 10/2084.
198 Vgl. Karl Merck an Pfotenhauer vom 13. März 1942, ebd.
199 Rechtsanwalt Göbel an Arbeitsgericht Darmstadt vom 11. Mai 1942, Merck-Archiv, J 10/718; Karl Merck, Betr. Kündigungseinspruch Hammer vom 29. April 1942, ebd.
200 Rudolf E. Gruber an George W. Merck vom 4. August 1947, Merck-Archiv, A 148.
201 E. Merck, Niederschrift über die Prokura-Besprechung am 18. März 1942, Merck-Archiv, E 10/2084.
202 Karl Merck an Pfotenhauer vom 13. März 1942, ebd.

III. 3. 1933–1948: Forschungsstagnation und Rüstungsgeschäfte **609**

203 Pfotenhauer an Karl Merck vom 13. März 1942, ebd.; Pfotenhauer an Louis Merck vom 13. März 1942, ebd.
204 Bekanntmachung Nr. 18 vom 18. März 1942, ebd.
205 Louis Merck an die Mitglieder des Vertrauensrats vom 18. März 1942, ebd.
206 Louis Merck an Fritz Merck vom 20. März 1942, Merck-Archiv, B 293.
207 Hammer an Karl Merck vom 25. März 1942, Merck-Archiv, J 10/718.
208 Zitiert nach Hammer an das Arbeitsgericht Darmstadt vom 25. Mai 1942, ebd.
209 Karl Merck, Aktennotiz von April/Mai 1942, Merck-Archiv, E 10/2084; Karl Merck, Abschrift vom 17. April 1942, ebd.
210 Pfotenhauer an Fritz Müller vom 26. Oktober 1943, Merck-Archiv, A 1052.
211 Rundschreiben von Wilhelm Merck vom 31. März 1942, Merck-Archiv, F 6/95.
212 Undatierte Aufzeichnung von Wilhelm Merck, Merck-Archiv, A 1052.
213 Karl Merck, Aktennotiz vom 21. April 1942, Merck-Archiv, E 10/2084.
214 E. Merck, Rundschreiben an sämtliche Herren Prokuristen und Diplom-Ingenieure der T. A. der Firma E. Merck vom 10. April 1942; Pfotenhauer an Wilhelm Merck vom 10. April 1942, ebd.
215 Details in Lindner, Das Reichskommissariat, S. 68 f.
216 Vgl. Hans Sammet an die Zentralspruchkammer Hessen vom 7. Juli 1950, Spruchkammerverfahren Pfotenhauer, HStAD, Abt. 520/DSt, DZ 514861.
217 Hayes, Die Degussa, S. 73. Zu Avieny James, Verbandspolitik, S. 184–187.
218 Aussage im Spruchkammer-Verfahren Avieny vom 15. August 1949, Merck-Archiv, E 10/2084. Vgl. auch die Befragungen der Interrogation Branch der Evidence Division des «Chief of Counsel for War Crimes», NA, M-1019, Roll 3.
219 Karl Merck an Lisbet Pfarr vom 19. März 1942, Merck-Archiv, A 1052.
220 Fritz Merck an Lisbet Pfarr vom 26. April 1942, ebd.
221 E. Merck, Vereinbarung zwischen den derzeitigen Teilhabern der Firma E. Merck vom 31. März 1942, Merck-Archiv, E 10/2086.
222 E. Merck, Zusatz zum Gesellschaftsvertrag vom 13. April 1933 vom 25. April 1942, ebd.
223 Vgl. Merck-Archiv, E 10/2084.
224 Karl Merck an Wilhelm Merck vom 25. April 1942, ebd.
225 Louis an Karl Merck vom 29. April 1942, ebd.
226 Karl an Wilhelm Merck vom 12. Mai 1942, ebd.
227 Louis an Karl Merck vom 13. Mai 1942, ebd.
228 Wilhelm Merck an Pfotenhauer vom 8. Mai 1942, ebd.
229 Pfotenhauer, Aktennotiz vom 1. Juni 1942, Spruchkammerverfahren Pfotenhauer, HStAD, Abt. 520/DSt, DZ 514861.
230 Pfotenhauer an Sprenger vom 7. Mai 1942, Merck-Archiv, E 10/2084; Karl Merck an Heinrich Reiner vom 7. Mai 1942, ebd.
231 Karl Merck an Sprenger vom 19. Mai 1942, Merck-Archiv, E 10/2084.
232 Pfotenhauer, Aktennotiz vom 1. Juni 1942, Spruchkammerverfahren Pfotenhauer, HStAD, Abt. 520/DSt, DZ 514861; Avieny an Sprenger vom 19. Mai 1942, Merck-Archiv, E 10/2084; Avieny an Pfotenhauer vom 19. Mai 1942, HStAD, Abt. 483, Nr. 11117.
233 Pfotenhauer, Aktennotiz vom 1. Juni 1942, Spruchkammerverfahren Pfotenhauer, HStAD, Abt. 520/DSt, DZ 514861.
234 Vereinbarung vom 29. Mai 1942, Merck-Archiv, E 10/2084.
235 Wilhelm Merck an den Öffentlichen Kläger der Spruchkammer Frankfurt am Main vom 10. August 1949, Merck-Archiv, A 1052.

236 Niederschrift zur Verhandlung am 29. Mai 1942 im Amte des Gauwirtschaftsberaters/ Gauleitung vom 30. Mai 1942, HStAD, Abt. 483, Nr. 11117.
237 Pfotenhauer, Aktennotiz vom 1. Juni 1942, Spruchkammerverfahren Pfotenhauer, HStAD, Abt. 520/DSt, DZ 514861.
238 Bernhard Pfotenhauer an Karl Merck vom 18. April 1942, Merck-Archiv, E 10/2084; E. Merck an Hans Hammer vom 20. April 1942, ebd. Vgl. das Urteil vom 28. Mai 1942, Merck-Archiv, J 10/718.
239 Karl Merck an die Kreisleitung der NSDAP Darmstadt vom 28. April 1942, Merck-Archiv, J 10/718.
240 Vgl. das Urteil vom 28. Mai 1942, ebd., sowie Landesarbeitsgerichtsprozess Prokurist Hans Hammer gegen Firma Merck, Merck-Archiv, R 1/41.
241 Aussage von Heinz Landmann im Protokoll der öffentlichen Sitzung am 16. November 1948, Spruchkammerverfahren Pfotenhauer, HStAD, Abt. 520/DSt, DZ 514861; vgl. auch NA, RG 260, OMGUS, Property Control Branch, Box 801; Report on Investigation of E. Merck, Darmstadt, NA, RG 260, M 1922, Records of the External Assets Investigation Section of the Property Division, S. 53–61.
242 Bernhard Pfotenhauer an Fritz Müller vom 26. Oktober 1943, Merck-Archiv, A 1052.
243 Der Gauleiter sprach zu uns, in: Das Merck-Blatt 1943, Heft 1, S. 2 f.
244 Groth/Simon, 100 Jahre und älter, S. 23, 31.
245 Plate/Groth/von Schlippe, Unternehmensstrategien, S. 509.
246 Aussage von Karl Merck im Spruchkammerverfahren gegen Avieny vom 31. August 1949, Merck-Archiv, E 10/2084.
247 Maier, «Stiefkind» oder «Hätschelkind»?, S. 108.
248 Dr. Ernst Mennel, Bericht des Wissenschaftlichen Laboratoriums, 1898/99, Merck-Archiv, F 3/3 c, S. 3 f.
249 Vgl. Schubert, Wasserstoffperoxid, S. 21, S. 70–74, 108–136.
250 E. Merck, Sitzungsprotokoll vom 20. September 1917, Merck-Archiv, E 1/11. Die Verhandlungen für Merck führte Otto Hecht.
251 Vgl. die Unterlagen in Evonik Industries AG, Konzernarchiv, Degussa GCH 5/19, sowie CIOS Trip No. 215 (17th May to 12 June 1945), Washington, D. C. 1945.
252 BIOS, BIOS Trip No. 1301, Hydrogen Peroxide Works of Otto Schickert & Co., at Bad Lauterberg and Rhumspringe, S. 2.
253 Berliner Börsenzeitung vom 28. März 1929.
254 Vgl. den Vertrag vom 11. Juni 1928, IfZ, ED 458, Bd. 12, und die Unterlagen in Merck-Archiv, R 15/35.
255 Schubert, Wasserstoffperoxid, S. 100–104. Zu den Motiven auch Pietzsch an Karl Merck vom 5. Mai 1926, Merck-Archiv, J 1/49.
256 Ein Exemplar der am 15. Oktober 1929 geschlossenen Konvention in Bayer-Archiv Leverkusen, 019-A-546–004.
257 Ausführungen des Sachverständigen Dr. Merck, S. 462.
258 Pfotenhauer an Louis Merck vom 11. März 1931, Merck-Archiv, B 18 a.
259 Vgl. den Vertrag vom Oktober 1940 und weitere Unterlagen in Bayer-Archiv Leverkusen, 019-A-546–006.
260 Hayes, Die Degussa, S. 68.
261 Blaich, Die bayerische Industrie, S. 241–243, 246 f. Noch nach 1945 machte er aus seiner Bewunderung für Hitler keinen Hehl. Vgl. NA, M-1019, Roll 53.
262 Albert Pietzsch, Zu Frage 96, NA, OMGUS, Finance Division, Box 188.

III. 3. 1933–1948: Forschungsstagnation und Rüstungsgeschäfte **611**

263 BIOS, BIOS Trip No. 1301, Hydrogen Peroxide Works of Otto Schickert & Co., at Bad Lauterberg and Rhumspringe, S. 1.
264 Lotte Werner, Bericht von 1985, Merck-Archiv, F 6/17.
265 Umfangreiche Unterlagen zur EWM und BECCO finden sich in IfZ, ED 458, Bde. 12–20; daneben das reichhaltige Material in NA, OMGUS, Finance Division, Box 188. Zu den Beziehungen zu Merck daneben auch der Report on Investigation of E. Merck, Darmstadt, NA, RG 260, M 1922, Records of the External Assets Investigation Section of the Property Division.
266 Louis Merck an Charles Buerk vom 21. Januar 1935, Merck-Archiv, B 18 a.
267 Pietzsch an Karl Merck vom 8. August 1938, IfZ, ED 458, Bd. 17.
268 Franke (Aarau) an E. Merck vom 13. Juli 1933, IfZ, ED 458, Bd. 16.
269 Karl Merck an Louis Merck vom 1. November 1936, Merck-Archiv, B 18 c.
270 Vgl. den Report Uses of Hydrogen and its Importance, NA, RG 260, OMGUS, Finance Division, Box 188.
271 R. von Falkenstein an Charles Buerk vom 19. Juli 1940, IfZ, ED 458, Bd. 17.
272 Pfotenhauer an Pietzsch vom 28. September 1939, Merck-Archiv, J 10/744. Vgl. Sitzung der BECCO vom 7. November 1939, IfZ, ED 458, Bd. 15.
273 Vgl. die Unterlagen in Holding AG für Merck-Unternehmungen, BAR E 2001D#1000/1551#4584.
274 Vgl. den Poolvertrag und weitere Unterlagen in Evonik Industries AG, Konzernarchiv, AW 28.2/1.
275 Unterlagen in Merck-Archiv, R 15/96.
276 Strecker, Vom Walter-U-Boot zum Waffelautomaten, S. 9 f.
277 Zu den technischen Details der Antriebe ebd., S. 15–60; daneben Hillegeist, Die Schickert-Werke, S. 150 f.
278 Vgl. hierzu den Schriftverkehr in BArch, 3001/24 191.
279 Wenige Unterlagen finden sich in Merck-Archiv, E 10/298.
280 E. Merck. Meldung auf Grund des Gesetzes Nr. 56 der amerikanischen Militärregierung vom 15. Mai 1947, NA, RG 260, OMGUS, Property Division, General Decartelization, Box 1238.
281 Hillegeist, Die Schickert-Werke, S. 150 f.
282 Bericht über die im Januar 1949 durchgeführten Prüfungen bei der H. Walter KG, Merck-Archiv, H 1/172 b.
283 Bericht über die Prüfung des Jahresabschlusses zum 31. Dezember 1943 der Firma H. Walter KG, Merck-Archiv, H 1/172 a.
284 Die übrigen Kommanditisten waren Albert Pietzsch (320 000 RM), Gustav Adolph (320 000 RM) und Kurt Pietzsch (160 000 RM). E. Merck, Gesellschaftervertrag vom 19. Oktober/8. November 1943, Merck-Archiv, R 15/28; Bericht über die Prüfung des Jahresabschlusses der Firma H. Walter KG zum 31. Dezember 1944, H 1/172 b; daneben Bericht über die Prüfung des Jahresabschlusses zum 31. Dezember 1943 der Firma H. Walter KG, Merck-Archiv, H 1/172 a.
285 Bericht über die Prüfung des Jahresabschlusses zum 31. Dezember 1941 der Firma H. Walter KG, Merck-Archiv, H 1/172 a; Bericht über die Prüfung des Jahresabschlusses zum 31. Dezember 1942 der Firma H. Walter KG, ebd.
286 H. Walter KG, Jahresabschluss 1942, Merck-Archiv, H 1/166.
287 H. Walter KG, Jahresabschluss und Geschäftsbericht 1943, Merck-Archiv, H 1/168.

288 Details bei Hillegeist, Die Schickert-Werke, S. 160–166. Daneben Gattermann, Der Ausländereinsatz, S. 47, Anm. 93.
289 Hillegeist, Die Schickert-Werke, S. 166.
290 BIOS, BIOS Trip No. 1301, Hydrogen Peroxide Works of Otto Schickert & Co., at Bad Lauterberg and Rhumspringe, S. 5 f.
291 Vgl. Hillegeist, Die Schickert-Werke, S. 151–153.
292 Die folgenden Angaben nach den Unterlagen im Hoechst-Archiv (Sanofi-Aventis), H 0070336, bes. Schwäbische Treuhand-Aktiengesellschaft, Bericht über die bei der Chemischen Fabrik Gersthofen von Transehe & C. KG vorgenommene Prüfung der Jahresabschlüsse zum 31. Dezember 1943 und 31. Dezember 1944 vom Juni 1947.
293 Vgl. Besuchs-Bericht vom 9. September 1942, Hoechst-Archiv, H 0070337; IG Werk Gersthofen, Neuanlage in Gersthofen vom 3. September 1942, ebd. Vgl. auch NA London, AVIA 49/126, sowie das Interview mit Fritz Jung, Merck-Archiv, Y 3/61 a–c.
294 Vgl. die Unterlagen in BArch, RW 7/1627.
295 Albert Pietzsch 5000 RM, Renate v. Petersdorff geb. Pietzsch (Tochter) 5000 RM, Irene Pietzsch (Tochter) 5000 RM, Dorothea Schickert 2500 RM, Franziska Schickert 2500 RM. Vgl. auch die Unterlagen in IfZ, ED 458, Bd. 14.
296 Interview mit Fritz Jung, Merck-Archiv, Y 3/61 a–c.
297 Kersting an CFG vom 12. Juni 1947, Hoechst-Archiv, H 0070337. Vgl. Cejka (RLM) an CFG vom 16. April 1943, ebd.
298 Vgl. die Unterlagen in NA London, AVIA 49/126.
299 Vgl. die Unterlagen in Merck-Archiv, R 15/38.
300 Unterlagen in Merck-Archiv, H 1/173 b.
301 Unterlagen in Merck-Archiv, H 1/173 a.
302 Hierfür waren nicht zuletzt Erbstreitigkeiten verantwortlich, weil Kurt Pietzsch 1947, Gustaf Adolph 1953 und Albert Pietzsch 1957 starben.
303 Interview mit Gertrude Ott, Merck-Archiv, Y 3/104 a-c.
304 Karl Merck an Rudolf E. Gruber vom 8. Februar 1946, Merck-Archiv, R 15/28. Vgl. den Bericht von Lotte Werner von 1985, Merck-Archiv, F 6/17.
305 Wilhelm Schmall, Meine Tätigkeit bei E. Merck in den Jahren 1932 bis 1965, Merck-Archiv, F 6/13.
306 Louis Merck an Bruno Rieckhoff vom 27. November 1941, Merck-Archiv, B 31 d.
307 Betrifft: Entwicklung der Arbeitseinsatzlage in der Firma Merck vom 6. November 1942, Merck-Archiv, J 10/383 a.
308 E. Merck, Rundbrief Nr. 19 vom 15. November 1944, Merck-Archiv, F 6/153.
309 Ernst Boehringer an Bernhard Pfotenhauer vom 17. Juli 1944, Historisches Archiv C. H. Boehringer, Handakten Dr. Ernst Boehringer, AA 1.69, Korrespondenz Merck.
310 Weyres-von Levetzow, Die Deutsche Rüstungswirtschaft, S. 449.
311 Aus der Arbeit des Vertrauensrats, in: Das Merck-Blatt 1943, Heft 4, S. 41.
312 Vgl. Generalkommissar des Führers für das Sanitäts- und Gesundheitswesen an Merck vom 20. April 1944, Merck-Archiv, K 26/49.
313 Unterlagen in Merck-Archiv, J 10/505.
314 Aktennotiz über die Sitzung in der Stoffdruckerei Wesseling vom 4. Mai 1944, Merck-Archiv, K 26/49.
315 Interview mit Helene Plotz, Merck-Archiv, Y 3/113.
316 Feske an Merck vom 6. September 1944, Merck-Archiv, K 26/49; Feske an Merck vom 4. November 1944, ebd. Vgl. Chun an IG Bayer Leverkusen vom 12. Mai 1945, Bayer-

III. 3. 1933–1948: Forschungsstagnation und Rüstungsgeschäfte **613**

Archiv Leverkusen, 167-013-005. Vgl. Betr. Produktion in Wesseling vom 12. Februar 1945, Merck-Archiv, K 26/49.
317 Luftangriffe 1944, Merck-Archiv, F 15/10.
318 Vgl. Dipper, Die südhessische Wirtschaft, S. 170.
319 Pfotenhauer an Ernst Boehringer vom 10. Oktober 1944, Historisches Archiv C. H. Boehringer, Handakten Dr. Ernst Boehringer, AA 1.69, Korrespondenz Merck.
320 Die Namensliste der Toten, in: Das Merck-Blatt 1944, Heft 4, S. 28. Vgl. Luftangriffe 1944, Schadensbericht zum Fliegerangriff vom 12. Dezember 1944; Merck an die Reichsstelle Chemie vom 27. Dezember 1944, Merck-Archiv, F 15/10; E. Merck an die Wirtschaftsgruppe Chemische Industrie vom 13. Dezember 1944, BArch, R 13-XII/181, fol. 186–187. Zu den Vorgängen in der Stadt vgl. Dipper, Die südhessische Wirtschaft, S. 170.
321 Vgl. E. Merck, Geschäftsbericht für das Kalenderjahr 1945, Merck-Archiv, F 15/11 a.
322 Karl Merck an die stillen Teilhaber vom 16. Dezember 1944, Merck-Archiv, A 1052.
323 Heinrich Fleck, Bericht über meine 40-jährige Tätigkeit im Hause E. Merck, Chem. Fabrik Darmstadt von 1955, Merck-Archiv, F 6/1.
324 Ausführliche Dokumentation in Merck-Archiv, F 15/11 a.
325 Vgl. den Geschäftsbericht für das Kalenderjahr 1945, ebd.; Bernhard Pfotenhauer an Ernst Boehringer vom 24. Januar 1945, Historisches Archiv C. H. Boehringer, Handakten Dr. Ernst Boehringer, AA 1.69, Korrespondenz Merck.
326 E. Merck an den Arbeitsstab Prof. Dr. Brandt vom 19. Februar 1945, Merck-Archiv, F 15/11 a.
327 Merck an Technisches Büro des Produktionsausschusses der Fachgruppe Pharmazeutische Industrie vom 21. Februar 1945; Technisches Büro des Produktionsausschusses der Fachgruppe Pharmazeutische Industrie an Merck vom 1. März 1945, BArch, R 13-XII/520.
328 Louis Merck, In memoriam vom 11./12. September 1944, Merck-Archiv, A 750.
329 Wilhelm Merck an Caroline Reinhold vom 21. Oktober 1945, Merck-Archiv, B 237.
330 Otto Dalmer, An die stillen Teilhaber der Firma E. Merck vom 18. April 1845, Merck-Archiv, F 15/11 a.
331 Karl Merck an Sprenger vom 29. Oktober 1943, Merck-Archiv, J 10/744; Karl Merck, Arbeitskameraden!, in: Das Merck-Blatt 1943, Heft 1, S. 1. Pfotenhauer erhielt 1941 das Kriegsverdienstkreuz 2. Klasse und wurde von Karl Merck im Jahr 1943 für das Kriegsverdienstkreuz 1. Klasse vorgeschlagen. Vgl. Karl Merck an Sprenger vom 29. Oktober 1943, Merck-Archiv, J 10/744; Reichswirtschaftsministerium an Karl Merck vom 14. April 1944, ebd.
332 Otto Dalmer, An die stillen Teilhaber der Firma E. Merck vom 30. April 1945, Merck-Archiv, B 237. Kritisch zu dieser Darstellung Wilhelm Merck an Caroline Reinhold vom 21. Oktober 1945, ebd.
333 Protokoll der öffentlichen Sitzung am 16. November 1948, Spruchkammerverfahren Pfotenhauer, HStAD, Abt. 520/DSt, DZ 514861.
334 Vgl. Erklärung des Herrn Dr. Harms über Begebenheiten während seiner Tätigkeit in Zusammenarbeit mit Herrn Dir. Pfotenhauer vom 7. Februar 1947, Merck-Archiv, J 40/15.
335 Otto Zima, 1920–1958. Ein Bericht über die Abteilung Xb bis Fo 1, 2 und 3, Merck-Archiv, F 6/10 a, S. 38.
336 Die verheiratete Tochter Ursula war zu diesem Zeitpunkt nicht in Darmstadt. Zum erweiterten Selbstmord vgl. E. Merck, An die stillen Teilhaber der Firma E. Merck vom

18. April 1945, Merck-Archiv, F 15/11 a; Report on Investigation of E. Merck, Darmstadt, NA, RG 260, M 1922, Records of the External Assets Investigation Section of the Property Division, S. 51; Interview mit Fritz Jung, Merck-Archiv, Y 3/61 a–c.
337 Parlamentarischer Rat, Stenographische Berichte über die Plenarsitzungen 1948/49, S. 210. Vgl. auch Hirschfeld/Renz (Hrsg.), Besiegt und befreit.
338 Vgl. Hardach, Kontinuität und Wandel, S. 13–19; ders., Vom Wiederaufbau zum Wirtschaftswachstum, bes. S. 176.
339 Interview mit Franz Wichmann, Merck-Archiv, Y 03–146 a–e.
340 Protokoll über die am Donnerstag, den 21. Juni 1945 nachm. 3 Uhr stattgefundene Besprechung, Merck-Archiv, B 237; Interview mit Franz Wichmann, Merck-Archiv, Y 3/146 a–e.
341 E. Merck an die stillen Teilhaber der Firma E. Merck vom 18. April 1845, Merck-Archiv, F 15/11 a. Vgl. E. Merck, Geschäftsbericht für das Kalenderjahr 1945, ebd.
342 Vgl. Holding AG für den Handel in Merck-Produkten, BAR E 2001D#1000/1551#4584.
343 Aktennotiz betr. Angelegenheit Pfotenhauer vom 9. November 1945, Merck-Archiv, J 10/774; Heinz Landmann, Betr. Anlagen der Altersfürsorge GmbH vom 23. Juni 1945, HWA, Abt. 1, Nr. 779.
344 Köhler, Notiz vom 22. Juni 1945, HWA, Abt. 1, Nr. 779.
345 Ullmann, Der deutsche Steuerstaat, S. 173.
346 E. Merck, Protokoll der Direktionssitzung vom 19. April 1945, Merck-Archiv, E 3/2; Otto Dalmer, An die stillen Teilhaber der Firma E. Merck vom 30. April 1945, Merck-Archiv, B 237.
347 Bekanntmachung vom 29. Mai 1945, Merck-Archiv, J 10/206.
348 Otto Dalmer, An die stillen Teilhaber der Firma E. Merck vom 18. April 1845, Merck-Archiv, F 15/11 a. Zu den amerikanischen Einschätzungen vgl. Pharmaceutical Targets in Germany, Combined Intelligence Objectives Sub-Committee (CIOS), NA, RG 331, SHAEF, General Staff, G-2 Division, Box 95.
349 Otto Dalmer, An die stillen Teilhaber der Firma E. Merck vom 30. April 1945, Merck-Archiv, B 237.
350 Vgl. Tagebucheintragungen Dr. Ernst Feske, Merck-Archiv, F 6/70.
351 Vermerk Besuch von Amerikanern in der Fabrik am 17. Mai 1945, Merck-Archiv, F 15/11 a.
352 E. Merck, Geschäftsbericht für das Kalenderjahr 1945, ebd.
353 E. Merck, Aktennotiz über die Besprechung mit den kaufmännischen Abteilungen am 4. Juli 1945, Merck-Archiv, E 3/2. 1947 wurden für Schönebeck zudem Vorkehrungen für «den Fall einer wirtschaftlichen Abtrennung der russisch besetzten Zone» getroffen. Vgl. die Aktennotiz über die Direktionssitzung am 29. September 1947, Merck-Archiv, E 3/3.
354 Otto Dalmer, An die stillen Teilhaber der Firma E. Merck vom 18. April 1845, Merck-Archiv, F 15/11 a.
355 Hauptingenieurbüro an Toelcke vom 4. April 1945, Merck-Archiv, F 15/11 a.
356 Otto Dalmer, An die stillen Teilhaber der Firma E. Merck vom 30. April 1945, Merck-Archiv, B 237.
357 Ebd.
358 Gimbel, Science, Technology, and Reparations, S. 16 f., 76–79, 84.
359 E. Merck, Darmstadt Works, CIOS Target Report. Combined Intelligence Objectives Sub-Committee (CIOS), NA, RG 331, SHAEF, General Staff, G-2 Division, Box 98.
360 Otto Dalmer, An die stillen Teilhaber der Firma E. Merck vom 18. April 1945, Merck-Archiv, F 15/11 a.
361 Eckart, Medizin in der NS-Diktatur, S. 351.

III. 3. 1933–1948: Forschungsstagnation und Rüstungsgeschäfte **615**

362 E. Merck, Protokoll über die Besprechung mit den kaufmännischen Abteilungen vom 25. April 1945, Merck-Archiv, F 15/11 a.
363 Fischer, Wissenschaft für den Markt, S. 154.
364 Otto Dalmer, An die stillen Teilhaber der Firma E. Merck vom 30. April 1945, Merck-Archiv, B 237.
365 E. Merck, Geschäftsbericht für das Kalenderjahr 1945, Merck-Archiv, F 15/11 a.
366 Vermerk der Gruppe Bauwesen vom 16. Februar 1946, ebd.
367 Umfangreiches Material in HHStAW, 507–13657.
368 Sitzung des Betriebsrats vom 21. Februar 1946, Merck-Archiv, J 40/4.
369 Aktennotiz über die Besprechung der kaufmännischen Abteilungen am Mittwoch vom 19. September 1945, Merck-Archiv, E 3/2.
370 E. Merck, Bekanntmachung vom 28. September 1945, Merck-Archiv, J 40/15; vgl. die Unterlagen in HStAD, Q 4, 8/58–1/17.
371 Vgl. den Strafregisterauszug der Staatsanwaltschaft Siegen vom 4. August 1945, HHStAW, 507–13657.
372 Kreisverwaltung Saarbrücken (Hrsg.), Grenze als Schicksal, S. 102.
373 Möhler, Entnazifizierung in Rheinland-Pfalz, S. 61.
374 Besprechung bei Reg. Dir. Ahl mit Herrn Dr. Groos vom 1. Oktober 1945, HWA, Abt. 1, Nr. 779779; vgl. auch Wilhelm Merck an Caroline Reinhold vom 21. Oktober 1945, Merck-Archiv, B 237.
375 Großhessisches Staatsministerium an Military Government Wiesbaden vom 8. Januar 1946, HHStAW 507–13657. An Hildebrandts Stelle sollte Peter Reinhold treten.
376 Darmstädter Echo vom 23. Februar 1946.
377 Vgl. Special Report on Property E. Merck, Darmstadt vom 25. März 1948, NA, OMGUS, Property Division, Box 135.
378 «Er lebte von Titeln und Schwindel. In jedem Beruf gescheitert», in: Darmstädter Tagblatt vom 7. Juni 1957. Vgl. auch die Dokumente in Merck-Archiv, F 15/60.
379 Karl Merck an Fritz Engelhorn vom 4. August 1946, Merck-Archiv, E 10/2185.
380 Geschäftsbericht für das Kalenderjahr 1945, Merck-Archiv, F 15/11 a.
381 Aktennotiz von Dr. Schmidt (Schering) über die Reise nach Süddeutschland vom 25. April bis 4. Mai 1946 vom 7. Mai 1946, SchA, B 5–102/2.
382 E. Merck, Geschäftsbericht für das Kalenderjahr 1945, Merck-Archiv, F 15/11 a.
383 Müller, Kontor, S. 22.
384 Vgl. Schmitt, Unser Export, S. 20.
385 Hessisches Staatsministerium, Bericht über den deutschen Opiate-Vertrag vom 11. September 1947, NA, OMGUS, Property Control Branch, Box 801.
386 Stellungnahme der Wirtschaftspolitischen Abteilung vom 4. September 1949, NA, RG 260, OMGUS, Property Division, General Decartelization, Box 1238.
387 Leitung K, Tausch- und Kompensationsgeschäfte mit außeramerikanischen Zonen, 6. September 1945, Merck-Archiv, J 10/206; Memorandum des Headquarters G-5 Division vom 17. September 1945, HStAD, Q 4, 8–58–1/17; Procedures to be followed by E. Merck vom 24. Dezember 1945, ebd.
388 Frankfurter Neue Presse vom 20. Oktober 1947.
389 Rudolf E. Gruber an George W. Merck vom 4. August 1947, Merck-Archiv, A 148.
390 Ebd.
391 Vgl. Karl Merlau an Magdalena Merck vom 20. Juni 1947, Merck-Archiv, E 10/311; Rudolf E. Gruber an George W. Merck vom 4. August 1947, Merck-Archiv, A 148.

392 Hans Loos, Aktennotiz vom 30. Mai 1945, Merck-Archiv, B 237.
393 Fritz Merck, Zum neuen Beginn, S. 65.
394 Chun an IG Bayer Leverkusen vom 12. Mai 1945, Bayer-Archiv Leverkusen, 167-013-005.
395 Wilhelm Merck an Hans Loos vom 2. Juni 1945, Merck-Archiv, B 237.
396 Hans Loos, Betr. E. Merck, chemical works, Darmstadt vom 6. August 1945, Merck-Archiv, A 540.
397 E. Merck, Besprechung mit dem Gesellschafterausschuss am 11. Juni 1945, 15 Uhr, Merck-Archiv, B 237.
398 Loss an Dalmer vom 15. Juni 1945, ebd.
399 Wilhelm Merck an Elisabeth Wolff vom 16. Juni 1945, ebd.
400 Rechtsanwalt Löhlein an Wilhelm Merck vom 9. August 1949, Merck-Archiv, A 1052.
401 Wilhelm Merck an Heinrich von Brentano vom 21. Juli 1949, ebd.
402 E. Merck, Protokoll über die am Donnerstag, den 21. Juni 1945 nachm. 3 Uhr stattgefundene Besprechung, Merck-Archiv, B 237. Zu dieser Einschätzung vgl. auch die Notiz von Köhler vom 22. Juni 1945, HWA, Abt. 1, Nr. 779.
403 Vgl. Köhler (Hrsg.), Vom Stift zum Handelsherrn, S. 11–17.
404 Wilhelm Köhler, Besprechung mit Hauptmann Faber betr. E. Merck vom 23. Juni 1945, HWA, Abt. 1, Nr. 779.
405 Wilhelm Köhler an Fritz Groos, vom 26. Juni 1945, ebd.
406 Wilhelm Köhler, Besprechung mit Dr. Groos vom 27. Juni 1945, ebd.
407 Wilhelm Köhler, Besprechung mit Hauptmann Faber betr. E. Merck vom 23. Juni 1945, ebd; Besprechung mit Herrn Dr. Groos vom 6. Juli 1945, ebd.; Landmann an Wilhelm Merck vom 6. Juli 1945, ebd.
408 Aktennotiz der IHK vom 18. Juli 1945, ebd.
409 Beschluss der Deutschen Regierung des Landes Hessen vom 13. Juli 1945, ebd.
410 Chandler, Shaping the Industrial Century, S. 126. Vgl. Taylor, The Rise and Fall.
411 Vgl. grundsätzlich Smith, The Road to Nuremberg; Gimbel, The American Occupation of Germany; Peterson, The American Occupation; Schwarz, Vom Reich zur Bundesrepublik; Moltmann, Zur Formulierung der amerikanischen Besatzungspolitik.
412 Herz, The Fiasco of Denazification.
413 Report on Investigation of E. Merck, Darmstadt, NA, RG 260, M 1922, Records of the External Assets Investigation Section of the Property Division, S. 50, 52.
414 Wilkins, German chemical firms, S. 316–318.
415 Memorandum Subject: E. Merck, Darmstadt vom 26. Februar 1948, NA, RG 260, OMGUS, Property Control Branch, Box 801.
416 Karl Merck an Ernst Harte vom 20. Dezember 1945, Merck-Archiv, E 10/2158.
417 Besprechung zwischen den Herren Dr. Dalmer, Dr. Landmann, Dr. Petersen und Ziegs am 16. Juli 1945, Merck-Archiv, J 40/44. Vgl. E. Merck an Heinrich Hess vom 1. April 1946, Merck-Archiv, J 40/15.
418 Besprechung mit der Betriebsvertretung am 2. Juni 1945, Merck-Archiv, F 40/44.
419 Arbeitnehmerrat E. Merck an den Prüfungsausschuss für Vorstellungsverfahren nach Gesetz Nr. 8 vom 14. Januar 1946, Merck-Archiv, J 40/15.
420 E. Merck, Geschäftsbericht für das Kalenderjahr 1945, Merck-Archiv, F 15/11 a.
421 Bekanntmachung der Betriebsvertretung vom 1. November 1945, Merck-Archiv, J 40/15.
422 E. Merck, An die Belegschaft! vom 6. November 1945, Merck-Archiv, J 40/4.
423 E. Merck, Ansprache vom 1. November 1945, Merck-Archiv, J 10/505.
424 Sitzung des Betriebsrats vom 21. Februar 1946, Merck-Archiv, J 40/4.

425 Politische Bereinigung der Fa. E. Merck, Darmstadt vom 20. September 1945, Merck-Archiv, F 15/26.
426 Report on Investigation of E. Merck, Darmstadt, NA, RG 260, M 1922, Records of the External Assets Investigation Section of the Property Division, S. 51. Vgl. dagegen die positivere Einschätzung Landmanns in der Notiz von Köhler vom 22. Juni 1945, HWA, Abt. 1, Nr. 779.
427 Besprechung zwischen den Herren Dr. Dalmer, Dr. Landmann und Ziegs vom 9. Mai 1945, Merck-Archiv, J 40/4; Besprechung mit der Betriebsvertretung vom 15. Mai 1945, Merck-Archiv, F 40/45.
428 Feske an die Betriebsvertretung vom 17. Oktober 1947, Merck-Archiv, F 40/45; vgl. Louis Merck an Bernhard Pfotenhauer vom 30. Dezember 1933, Merck-Archiv, J 10/114 b. Vgl. auch Interview mit Franz Wichmann, Merck-Archiv, Y 3/146 a–e.
429 Wilhelm Merck an Lisbet Pfarr vom 6. August 1945, Merck-Archiv, B 237.
430 Wilhelm Merck an Hans Loos vom 2. Juni 1945, ebd.
431 Vgl. Protokoll über die Versammlung der Gesellschafter der Firma E. Merck am 3. November 1948, Merck-Archiv, E 10/24.
432 Ebd.
433 Galambos/Sturchio, The German Connection, S. 12.
434 Vgl. Wilhelm Merck an Karl Merck vom 30. März, 5. April und 5. Juni 1948, Merck-Archiv, A 1052.
435 Wilhelm Merck vom 5. Dezember 1947, ebd.
436 Akten der Spruchkammer Darmstadt (Stadt), Verfahren gegen Dr. Karl Merck, in: HStAD, Abt. 520/DSt – Dst II/430/48. Vgl. auch Dr. Karl Merck in Gruppe IV, in: Darmstädter Echo vom 1. Juni 1948.
437 Spruchkammerentscheid über Karl Merck vom 16. Juni 1948, Merck-Archiv, A 1052.
438 Spruchkammerentscheid über Wilhelm Merck vom 16. März 1948, ebd.
439 «Fünfte Ergänzung zum Gesellschaftsvertrag vom 13. April 1942» vom 26. Mai/7. Juni 1948, Merck-Archiv, E 10/2086.
440 E. Merck an die stillen Gesellschafter der Fa. E. Merck vom 1. September 1948, Merck-Archiv, E 10/311; Protokoll über die Versammlung der Gesellschafter der Firma E. Merck am 3. November 1948, Merck-Archiv, E 10/24. Vgl. auch die Unterlagen in Merck-Archiv, J 40/15. Merlaus Versuch, bei Merck beschäftigt zu bleiben, scheiterte, weil er sich als von außen eingesetzter Manager sowohl bei der Familie als auch den Angestellten und Arbeitern alle Sympathien verspielt hatte.

IV. Vom Wirtschaftswunder zum Global Player: Merck (1948–2018)

1. Wiederaufbau im Wirtschaftswunder

1 Ritschl/Spoerer, Bruttosozialprodukt, S. 52.
2 Spoerer/Streb, Wirtschaftsgeschichte, S. 212 f.; Schulz, Wiederaufbau, S. 33.
3 Ritschl/Spoerer, Bruttosozialprodukt, S. 53.
4 Gemäß den Zahlen von Ritschl/Spoerer, Bruttosozialprodukt, S. 53, belief sich das durchschnittliche jährliche reale Wirtschaftswachstum absolut auf 7,3 Prozent und je Kopf auf 5,7 Prozent.

5 Ebd., S. 53; Spoerer/Streb, Wirtschaftsgeschichte, S. 210.
6 Buchheim, Währungsreform.
7 Zündorf, Preis der Marktwirtschaft.
8 Giersch/Paqué/Schmieding, Miracle, S. 42 f., 46–51 und 127.
9 Abelshauser, Wirtschaftsgeschichte, S. 130–154; Giersch/Paqué/Schmieding, Miracle, S. 95–105; Spoerer/Streb, Wirtschaftsgeschichte, S. 215 f.
10 Temin, Golden Age, S. 14; Vonyo, Reconstruction, S. 234.
11 Giersch/Paqué/Schmieding, Miracle, S. 72, 132.
12 Ebd., S. 127.
13 Burhop/Becker/Bank, Weltwährungssystem, S. 205.
14 Vonyo, Wartime origins, S. 133.
15 Ebd., S. 134.
16 Ebd., S. 141.
17 Karl Merck, Redemanuskript vom 1. September 1948, Merck-Archiv, F 15/11 b.
18 Ebd.
19 Bericht der Gruppe Bauwesen vom 9. Januar 1946, Merck-Archiv, F 15/11 a.
20 Bartmann, Zwischen Tradition und Fortschritt, S. 229, 300, 395, 405; Stokes, BASF, S. 335; Kleedehn, Rückkehr, S. 92; Kißener, Boehringer Ingelheim, S. 171.
21 Stokes, BASF, S. 336.
22 Baubericht für das Jahr 1948 der Gruppe Bauwesen vom April 1949, Merck-Archiv, F 15/11 b.
23 Mitteilung der Leitung F an die E. Merck-Geschäftsleitung vom 26. November 1948, ebd.
24 Amt für Vermögenskontrolle an E. Merck vom 1. September 1948, ebd.
25 Interview mit Hans Joachim Langmann am 15. April 2014, Merck-Archiv, Y 3/D00078, Minute 9.
26 Protokoll über die Gesellschafterversammlung E. Merck vom 3. November 1948, Merck-Archiv, E 10/24. Anwesend waren die offenen Teilhaber Fritz, Karl und Wilhelm Merck, 16 stille Gesellschafter (Elisabeth Albrecht, Hildegard Dingeldey, Fritz Groos, Marei Groos, Alexandra Merck, Annemarie Merck, Dorothea Merck, Gertrud Merck, Gretel Merck, Julia Merck, Elisabeth Merck, Marietta Merck, Mathilde Merck, Eleanor Monnard-Merck, Lukas Reinhold und Karl Schaedel) und die Protokollführerin, Marlis Groos.
27 Ebd., S. 1.
28 Ebd., S. 3–5.
29 Interview mit Hans Joachim Langmann am 15. April 2014, Merck-Archiv, Y 3/D00078, Minute 1–2, 12.
30 Protokoll über die Gesellschafterversammlung am 3. November 1948, Merck-Archiv, E 10/24, S. 5–7.
31 Bartmann, Zwischen Tradition und Fortschritt, S. 243.
32 Geschäftsführung E. Merck OHG an die stillen Gesellschafter vom 4. April 1949, Merck-Archiv, E 10/311.
33 Geschäftsleitung E. Merck OHG an die stillen Gesellschafter vom 28. Dezember 1949, ebd.
34 Geschäftsleitung E. Merck OHG an die stillen Gesellschafter vom 15. Dezember 1950, ebd.
35 Diese Angaben finden sich im Konzeptentwurf der Rheinischen Treuhand Gesellschaft

AG, «Untersuchungen über die Kapitalausstattung und den Finanzbedarf der E. Merck Chemischen Fabrik, Darmstadt, nach der Währungsreform und dem Lastenausgleich», Merck-Archiv, R 15/130.

36 Konzeptentwurf der Rheinischen Treuhand Gesellschaft AG, «Untersuchungen über die Kapitalausstattung und den Finanzbedarf der E. Merck Chemischen Fabrik, Darmstadt, nach der Währungsreform und dem Lastenausgleich», Merck-Archiv, R 15/130, S. 25, 27.

37 Ebd., S. 31; Abelshauser, BASF, S. 398.

38 Konzeptentwurf der Rheinischen Treuhand Gesellschaft AG, «Untersuchungen über die Kapitalausstattung und den Finanzbedarf der E. Merck Chemischen Fabrik, Darmstadt, nach der Währungsreform und dem Lastenausgleich», Merck-Archiv, R 15/130, S. 33 f.; vgl. zur Kapitalmarktfinanzierung nach dem Krieg Beckers, Kapitalmarktpolitik.

39 Bericht der Rheinischen Treuhand, «Die Entwicklung der eigenen Mittel unter Einbeziehung der Gesellschafterkonten für die Zeit vom 21. Juni 1948 bis 31. Dezember 1950 der Firma E. Merck, Chemische Fabrik, Darmstadt», Anlage 1, Merck-Archiv, R 15/130.

40 Hans Joachim Langmann, Vortrag «40 Jahre Gesellschafterrat» vom 26. Juni 2004, Merck-Archiv, E 10/336.

41 Interview mit Hans Joachim Langmann am 15. April 2014, Merck-Archiv, Y 3/D00078, Minute 19, 25–28.

42 Gründungsprotokoll der Merck AG des Notars Erwin Löhlein vom 22. Januar 1953, Merck-Archiv, R 15/131.

43 Zur Gründung einer AG waren gemäß § 2 des Aktiengesetzes von 1937 fünf Gründer notwendig.

44 Gutachten der Rheinischen Treuhand, «Die Besetzung des Aufsichtsrates einer Kapitalgesellschaft und Formulierung entsprechender Satzungsbestimmungen unter Berücksichtigung der sich aus dem Betriebsverfassungsgesetz ergebenden Änderungen» vom 11. März 1953, Merck-Archiv, R 15/132.

45 Gründungsprotokoll der Merck AG des Notars Erwin Löhlein vom 31. März 1953, Merck-Archiv, R 15/131.

46 7. Entwurf des Pachtvertrags zwischen der OHG und der AG vom 23. März 1953, Merck-Archiv, E 10/298.

47 Notiz zur Frage der Merck-Unternehmensorganisation vom 13. November 1951, Merck-Archiv, E 10/297.

48 Interview mit Hans Joachim Langmann am 15. April 2014, Merck-Archiv, Y 3/D00078, Minute 25–28.

49 Stand der Kapitalkonten zum 31. Dezember 1950, Anlage 2, Merck-Archiv, R 15/130.

50 Merck-Archiv, Y 01/00506.

51 Protokoll der Gesellschafterversammlung vom 30. Juni 1954, S. 4, Merck-Archiv, E 10/2083.

52 Vgl. zur Biografie Fröhlich, Reinhold.

53 Protokoll des Merck-Betriebsrats vom 14. Mai 1954, Merck-Archiv, J 40/45. Laut dem am 14. November 1952 in Kraft getretenen Betriebsverfassungsgesetz musste ein Drittel der Aufsichtsratsmandate mit Arbeitnehmervertretern besetzt werden.

54 Protokoll der Gesellschafterversammlung vom 30. Juni 1954, Merck-Archiv, E 10/2083, S. 2.

55 Dritter Entwurf der Satzung der Merck AG vom 25. März 1953, Merck-Archiv, E 10/298.

56 Ebd.

57 Beispielsweise waren bei der BASF nur der Vorsitzende und sein Stellvertreter für die Belange des gesamten Unternehmens verantwortlich, während die anderen Vorstandsmitglieder nur ihr jeweiliges Ressort verantworteten. Abelshauser, BASF, S. 377, 385.
58 Protokoll der Aufsichtsratssitzung vom 8. Mai 1953, Merck-Archiv, E 10/385.
59 Lebenslauf Dr. Dalmer und Rede von Karl Merck zum 60. Geburtstag von Dalmer am 4. August 1954, Merck-Archiv, E 10/2164, S. 2; Haas, Vigantol, S. 354.
60 Protokoll der Gesellschafterversammlung vom 14. Oktober 1953, Merck-Archiv, E 10/2083.
61 Protokoll der Aufsichtsratssitzung vom 11. Februar 1958, Merck-Archiv, E 10/385. Die OHG wurde 1953 in Emanuel Merck OHG umbenannt. Offene Gesellschafter mit einer Einzelvollmacht für Geschäfte bis 50 000 DM waren Karl Merck, Fritz Merck, Emanuel W. Merck, Peter Merck, Peter Reinhold und Karl Schaedel. Protokoll der Gesellschafterversammlung vom 30. März 1953, Merck-Archiv, E 10/2083, S. 4.
62 Geschäftsbericht Merck AG 1955, S. 3.
63 Sonderprotokoll der Merck-Aufsichtsratssitzung vom 8. Dezember 1958, Merck-Archiv, E 10/385.
64 Beratungsfirma Otto Bredt, Organisationsprüfung 1953, Hauptbericht, Merck-Archiv, E 10/2077, S. 10 f.
65 Ebd., S. 21–23, 150 f.
66 Ebd., S. 82.
67 Ebd., S. 17.
68 Ebd., S. 50 f., 86.
69 Ebd., S. 96–99.
70 E. Merck, Organigramm vom 25. Februar 1956, Merck-Archiv, F 1/3.
71 Vgl. Abelshauser, BASF, S. 572; Bartmann, Zwischen Tradition und Fortschritt, S. 278, 284, 348.
72 Protokoll der Aufsichtsratssitzung vom 31. März 1953, Merck-Archiv, E 10/385.
73 Protokoll der Aufsichtsratssitzung vom 11. August 1953, ebd.
74 Ab Sommer 1954 wurden fast alle Ausschüsse um einen Arbeitnehmervertreter als drittes Mitglied erweitert. Protokoll der Aufsichtsratssitzung vom 25. Juni 1954, ebd.
75 Ebd.
76 Protokoll der Aufsichtsratssitzung vom 8. Mai 1953, ebd.
77 Protokolle der Aufsichtsratssitzungen vom 28. Juni 1958 und 1. Juli 1958, ebd.
78 Fritz Groos an Karl Schaedel vom 3. November 1958, ebd.
79 Karl Merck an Fritz Groos Karl Schaedel vom 9. Februar 1959, ebd.
80 Aktenvermerk über das Gespräch von Hermann Kraft mit Karl Schaedel am 5. März 1959 und das Schreiben von Fritz Groos an Hermann Kraft vom 7. März 1959, ebd.
81 Rechtsanwalt Carl Hans Barz an Karl Schaedel vom 13. März 1959 und Karl Schaedel an Hermann Kraft vom 14. März 1959, ebd.
82 Protokoll der Aufsichtsratssitzung vom 21. Mai 1959, ebd.
83 Interview mit Hans Joachim Langmann am 15. April 2014, Merck-Archiv, Y 3/D00078, Minute 40, 42–43.
84 Karl Merck an Fritz Groos vom 10. Juni 1959, Merck-Archiv, E 10/385.
85 Aktenvermerk von Karl Merck zur anstehenden Aufsichtsratwahl vom 19. April 1959 mit Nachtrag vom 22. April 1959, ebd.
86 Aktennotiz über die Besprechung der Merck-Aufsichtsratsmitglieder Groos, Berglar, Lisbet Merck, Baillou vom 10. Juni 1959, ebd.

IV. 1. Wiederaufbau im Wirtschaftswunder

87 Entwurf eines Antwortschreibens des Aufsichtsrats an den Vorstand, o. D., ebd.
88 Berglar, Aktennotiz über ein Gespräch von ihm und Baillou mit Thesing am 10. Juni 1959 und Aktennotiz über die Besprechung der Merck-Aufsichtsratsmitglieder Groos, Berglar, Lisbet Merck, Baillou vom 10. Juni 1959, ebd. Vgl. dazu unten S. 390–392.
89 Protokoll der Aufsichtsratssitzung vom 16. Dezember 1953; Berglar an Lisbet Merck vom 1. September 1960, ebd. Vgl. dazu unten S. 389.
90 Peter Berglar an Fritz Groos vom 28. Oktober 1960, ebd.
91 Peter Berglar an Jean-Thomas Baillou vom 30. Oktober 1960, ebd.
92 Peter Berglar an Fritz Groos vom 28. Oktober 1960; Peter Berglar an Jean-Thomas Baillou vom 30. Oktober 1960, ebd.
93 Protokolle über die Gespräche von Groos, Harms, Steiger am 8./9. November 1960, ebd. Der Aufsichtsrat sprach dem Vorstand am 9. November 1960 schriftlich das Vertrauen aus und teilte mit, dass Merck als unabhängiges Unternehmen weitergeführt werden sollte.
94 Berglar an Fritz Groos, Lisbet Merck, Jean-Thomas Baillou vom 28. Dezember 1960, ebd.
95 Merck-Aufsichtsrat an Merck-Vorstand vom 18. Januar 1961, ebd.
96 Merck-Aufsichtsrat an Merck-Vorstand vom 20. Januar 1961, ebd.
97 Protokoll zur Besprechung von Groos, Berglar, Harms, Steiger am 2. Februar 1961, ebd.
98 Interview mit Hans Joachim Langmann am 15. April 2014, Merck-Archiv, Y 3/D00078, Minute 30–31.
99 Peter Berglar an Lisbet Merck vom 28. Mai 1961 und Jean-Thomas Baillou an Lisbet Merck vom 2. Juni 1961, Merck-Archiv, E 10/385.
100 Hans Joachim Langmann, Vortrag «40 Jahre Gesellschafterrat» vom 26. Juni 2004, Merck-Archiv, E 10/336.
101 Mitteilung der Personalabteilung an Karl Merck vom 5. April 1950, Merck-Archiv, J 10/69 a.
102 Merck-Archiv, J 1/244, enthält Angaben über die Anzahl der Arbeiter und Angestellten für die Jahre 1950 bis 1959. Strauß, Materialsammlung, S. 652 f., enthält Daten für die Jahre 1953 bis 1963 für Arbeiter, Angestellte und Lehrlinge. Ab 1964 enthalten die Geschäftsberichte der E. Merck AG entsprechende Angaben. Erst ab 1971 werden in den Geschäftsberichten Beschäftigungszahlen für die Merck-Gruppe publiziert.
103 Raphael, Flexible Anpassungen, S. 51; Abelshauser, BASF, S. 413.
104 Vgl. allgemein Herbert, Ausländerpolitik.
105 Ausländerstatistik 1960–1975, Merck-Archiv, J 40/384.
106 Sonnenberger, Gastarbeit, S. 82.
107 Interview mit Flavio Battisti am 11. November 2015, Minute 21.
108 Geschäftsbericht Merck OHG 1973, S. 19; Geschäftsbericht Merck OHG 1984, S. 17.
109 Protokoll der Betriebsratssitzung vom 5. Mai 1960, Merck-Archiv, J 40/52.
110 Protokoll der Betriebsratssitzung vom 18. Juli 1962, Merck-Archiv, J 40/53; Protokoll der Betriebsratssitzung vom 26. Juni 1964, Merck-Archiv, J 40/54.
111 Protokoll der Betriebsratssitzung vom 20. August 1964, Merck-Archiv, J 40/54.
112 Protokoll der Betriebsratssitzung vom 13. April 1960, Merck-Archiv, J 40/52; Protokoll der Betriebsratssitzung vom 20. Mai 1964, Merck-Archiv, J 40/54.
113 Abelshauser, BASF, S. 412.
114 Protokoll der gemeinsamen Sitzung von Geschäftsleitung und Betriebsrat am 15. September 1949, Merck-Archiv, J 10/44.
115 Protokoll der gemeinsamen Sitzung von Geschäftsleitung und Betriebsrat am 23. November 1949, ebd.

116 Spoerer/Streb, Leben, S. 121.
117 Bericht Emanuel W. Merck auf der Gesellschafterversammlung am 6. September 1961, Merck-Archiv, E 10/2266.
118 Protokoll der Betriebsratssitzung vom 17. Januar 1963, Merck-Archiv, J 40/53.
119 Protokoll der Betriebsratssitzung vom 27. Juni 1963, ebd.
120 Protokoll der Betriebsratssitzung vom 17. Januar 1963, ebd.
121 Protokoll der Betriebsratssitzung vom 7. Dezember 1966, Merck-Archiv, J 40/56.
122 Abelshauser, BASF, S. 411.
123 Protokoll der Betriebsratssitzung vom 9. Mai 1969, Merck-Archiv, J 40/160 a.
124 Protokoll der Betriebsratssitzung vom 15. Januar 1969, ebd.
125 Protokoll der Betriebsratssitzung vom 8. Juli 1970, Merck-Archiv, J 40/160 b.
126 Interne Richtlinie für die Berechnung der Arbeitnehmer-Erfindervergütungen vom 21. März 1974, Merck-Archiv, E 10/1253 a.
127 Protokoll der Betriebsratssitzung vom 11. Februar 1959, Merck-Archiv, J 40/47.
128 Protokoll der Betriebsratssitzung vom 18. Januar 1961, Merck-Archiv, J 40/52.
129 Vorlage für die Geschäftsleitung mit anliegender Richtlinie für die Berechnung von Arbeitnehmer-Erfindervergütungen vom 4. August 1975, Merck-Archiv, E 10/1254 a.
130 Entwicklung des sozialen Wohnungsbaus seit der Währungsreform bei der Fa. E. Merck Darmstadt, Mitteilung der Sozialpolitischen Abteilung an die Werksleitung vom 21. Juni 1951, Merck-Archiv, J 1/245, S. 1 f.
131 Ebd., S. 2.
132 Abelshauser, BASF, S. 423; Reuber, Weg, S. 168.
133 Entwicklung des sozialen Wohnungsbaus seit der Währungsreform bei der Fa. E. Merck Darmstadt, Mitteilung der Sozialpolitischen Abteilung an die Werksleitung vom 21. Juni 1951, Merck-Archiv, J 1/245, S. 5 f.
134 Protokoll der Betriebsratssitzung vom 30. September 1948, Merck-Archiv, J 40/5; Reckendrees, Konsummuster, S. 41 und 46.
135 Protokoll der Betriebsratssitzung vom 2. Mai 1950, Merck-Archiv, J 40/7.
136 Protokoll der Betriebsratssitzung vom 20. Dezember 1957, Merck-Archiv, J 40/48.
137 Protokoll der Betriebsratssitzung vom 23. Juli 1964, Merck-Archiv, J 40/54; Vorträge von Emanuel W. Merck auf den Gesellschafterversammlungen am 6. September 1961 und 7. Juni 1962; Mitteilung der Sozialpolitischen Abteilung an Emanuel W. Merck vom 5. Juni 1962, Merck-Archiv, E 10/2266; Aktennotiz vom 7. Oktober 1959 zu einer Besprechung von Steiger, E. Merck, Gross, Berglar, Baillou, Merck-Archiv, E 10/385.
138 Protokoll der Betriebsratssitzung vom 7. September 1960, Merck-Archiv, J 40/52.
139 Protokoll der Betriebsratssitzung vom 23. Juli 1964, Merck-Archiv, J 40/53.
140 Protokolle der Betriebsratssitzungen vom 29. August und 12. September 1973, Merck-Archiv, J 40/161 c.
141 Protokoll der Betriebsratssitzung vom 20. August 1964, Merck-Archiv, J 40/53; Interview mit Flavio Battisti am 11. November 2015, Teil 1, Minute 24.
142 Protokoll der Betriebsratssitzung vom 27. Februar 1975, Merck-Archiv, J 40/162 b.
143 Protokoll der Betriebsratssitzung vom 12. November 1975, Merck-Archiv, J 40/163 a.
144 Protokoll der Sitzung der Geschäftsleitung mit dem Betriebsausschuss vom 5. Oktober 1949, Merck-Archiv, J 40/44.
145 Protokoll der gemeinsamen Sitzung von Betriebsrat und Geschäftsleitung am 2. März 1950, ebd.
146 Bericht Emanuel W. Merck auf der Gesellschafterversammlung am 6. September 1961;

Emanuel W. Merck, Vortrag auf der Gesellschafterversammlung am 7. Juni 1962, Merck-Archiv, E 10/2266.
147 Protokolle der Betriebsratssitzungen vom 13. Januar 1955, 21. Januar 1955 und 2. Februar 1955, Merck-Archiv, J 10/45.
148 Protokoll der Betriebsratssitzung vom 7. Dezember 1966, Merck-Archiv, J 40/56.
149 Protokoll der Betriebsratssitzung vom 28. Januar 1959, Merck-Archiv, J 40/47.
150 Abelshauser, Wirtschaftsgeschichte, S. 194–199.
151 Protokoll der Betriebsratssitzung vom 16. Dezember 1959, Merck-Archiv, J 40/47.
152 Hauptleitung Sozialpolitik an Hans Harms vom 25. November 1959, Merck-Archiv, E 10/385.
153 Protokolle der Betriebsratssitzung vom 22. Oktober und 25. November 1964, Merck-Archiv, J 40/53.
154 Rosenberger, Humankapital, S. 298–319.
155 Protokoll der Betriebsratssitzung vom 8. September 1949, Merck-Archiv, J 40/5.
156 Protokoll der Betriebsratssitzung vom 29. Juni 1959, Merck-Archiv, J 40/47.
157 Stokes, BASF, S. 355.
158 Abelshauser, BASF, S. 410f.
159 Berichtszahlen zum Geschäftsjahr 1950 mit Vergleichs- und Verhältniszahlen, Merck-Archiv, E 10/298, S. 5.
160 Protokoll der Gesellschafterversammlung vom 30. Juni 1954, Merck-Archiv, E 10/2083, S. 2f.
161 Protokoll der Gesellschafterversammlung vom 30. März 1953, Merck-Archiv, ebd.
162 Bartmann, Zwischen Tradition und Fortschritt, S. 415; Abelshauser, BASF, S. 643.
163 Abelshauser, BASF, S. 375.
164 Merck-Direktionsprotokoll vom 24. Februar 1958, Merck-Archiv, R 5/57; Hans Harms, Vortrag vor den Gesellschaftern am 13. August 1961, Merck-Archiv, E 10/2266, S. 10.
165 Protokoll der gemeinsamen Sitzung von Betriebsrat und Geschäftsleitung am 12. März 1952, Merck-Archiv, J 40/44; Protokoll der Betriebsratssitzung vom 18. März 1952, Merck-Archiv, J 40/9; Protokolle der Betriebsratssitzungen vom 12. März 1953 und 28. Mai 1953, Merck-Archiv, J 40/10.
166 Hilger, Amerikanisierung, S. 174.
167 Protokoll der Aufsichtsratssitzung vom 11. August 1953, Merck-Archiv, E 10/385.
168 Protokoll der Aufsichtsratssitzung vom 12. Juni 1957, ebd.
169 Bericht der Abteilung Finanz- und Rechnungswesen zum Geschäftsjahr 1954, Merck-Archiv, E 10/298, S. 3, 19.
170 Thesing, Vortrag auf der Hauptversammlung am 6. September 1961, Merck-Archiv, E 10/2266.
171 Protokoll der Betriebsratssitzung vom 27. November 1958, Merck-Archiv, J 40/49.
172 Ansprache Peter Berglar auf der Gesellschafterversammlung am 6. September 1961, Merck-Archiv, E 10/2266.
173 Niemann, Vortrag vor der Gesellschafterversammlung am 6. September 1961, ebd., S. 2.
174 Protokoll der Aufsichtsratssitzung vom 25. Januar 1957, Merck-Archiv, E 10/385; Direktionsprotokoll vom 16. Oktober 1957, Merck-Archiv, R 5/57.
175 Beispielsweise wurde das Sortiment 1957 um 196 und 1960/61 um 382 Produkte bereinigt. Direktionsprotokoll vom 16. Oktober 1957, Merck-Archiv, R 5/57; Hans Harms, Vortrag vor den Gesellschaftern am 13. August 1961, Merck-Archiv, E 10/2266, S. 11.

176 Protokoll der Betriebsratssitzung vom 15. Mai 1972, Merck-Archiv, J 40/160 c.
177 Geschäftsbericht E. Merck AG 1959, S. 3 f.; Geschäftsbericht E. Merck AG 1960, S. 4; Geschäftsbericht E. Merck AG 1961, S. 3; Geschäftsbericht E. Merck AG 1962, S. 4; Geschäftsbericht E. Merck AG 1963, S. 6; Geschäftsbericht E. Merck AG 1964, S 6; Geschäftsbericht E. Merck AG 1968, S. 17.
178 Geschäftsbericht E. Merck AG 1965, S. 16; Geschäftsbericht E. Merck AG 1966, S. 7.
179 Geschäftsbericht E. Merck AG 1961, S. 3; Geschäftsbericht E. Merck AG 1962, S. 4; Geschäftsbericht E. Merck AG 1963, S. 11; Geschäftsbericht E. Merck AG 1964, S. 7; Geschäftsbericht E. Merck AG 1966, S. 7.
180 Beispielsweise erhöhte die BASF ihr Kapital 1955 um rund 200 Millionen DM, um daraus größere Investitionen zu finanzieren. Abelshauser, BASF, S. 391.
181 Geschäftsbericht E. Merck AG 1954, S. 10; Geschäftsbericht E. Merck AG 1967, S. 29.
182 Geschäftsbericht E. Merck AG 1956, S. 4–6; Geschäftsbericht E. Merck AG 1957, S. 5; Geschäftsbericht E. Merck AG 1965, S. 17; Geschäftsbericht E. Merck AG 1966, S. 19; Abelshauser, BASF, S. 388.
183 Protokoll der gemeinsamen Sitzung von Betriebsrat und Geschäftsleitung am 2. März 1950, Merck-Archiv, J 40/44; Protokoll der Aufsichtsratssitzung vom 3. Juli 1953, Merck-Archiv, E 10/385; Bericht der Abteilung Finanz- und Rechnungswesen zum Geschäftsjahr 1954, Merck-Archiv, E 10/298, S. 8.
184 Bilanz der Emanuel Merck OHG für 1960, Merck-Archiv, E 10/2266.
185 Protokoll der Aufsichtsratssitzung vom 3. Juli 1953, Merck-Archiv, E 10/385; Vorlage für den Vorstand vom 24. März 1955, Merck-Archiv, R 5/57; Protokoll der Aufsichtsratssitzung vom 11. Februar 1958, Merck-Archiv, E 10/385.
186 Die Geschäftsberichte der E. Merck AG 1954 bis 1958, 1963 und 1966 nennen konkrete Zahlen zu Sachanlageinvestitionen der OHG. In diesen Jahren wurden 26,8 Mio. DM investiert. Strauß, Materialsammlung, S. 743–749, enthält die Bilanzen der OHG für die Jahre 1956–1965.
187 Zwischen 1953 und 1962 betrug der Investitionskoeffizient, d. h. die Umsatzsteigerung je DM Investitionsvolumen, bei der BASF 0,64, bei Bayer 0,76, bei Hoechst 0,86. Abelshauser, BASF, S. 480. Bei Merck errechnet sich ein Koeffizient von 1,0.
188 Abelshauser, BASF, S. 383; Kleedehn, Rückkehr, S. 99–103.
189 Protokoll der Aufsichtsratssitzung vom 3. Juli 1953, Merck-Archiv, E 10/385.
190 Merck an Hessisches Ministerium für Arbeit, Wirtschaft und Verkehr vom 10. Dezember 1954, Merck-Archiv, F 15/11 b.
191 Protokoll der Aufsichtsratssitzung vom 30. März 1954, Merck-Archiv, E 10/385.
192 Protokoll der Aufsichtsratssitzung vom 1. Juli 1954, ebd.
193 Bericht der Abteilung Finanz- und Rechnungswesen zum Geschäftsjahr 1954, Merck-Archiv, E 10/298, S. 1; Direktionsprotokoll Leitung S vom 24. Februar 1955, Merck-Archiv, R 5/57; Protokolle der Aufsichtsratssitzung vom 25. Januar 1957 und 21. Februar 1957, Merck-Archiv, E 10/385.
194 Protokolle der Aufsichtsratssitzungen vom 22. Januar 1958 und 4. November 1959, Merck-Archiv, E 10/385.
195 Protokoll der Aufsichtsratssitzung vom 10. Juni 1959, ebd.; Direktionsprotokoll vom 29. April 1959, Merck-Archiv, R 5/57.
196 Niemann, Vortrag auf der Gesellschafterversammlung am 7. Juni 1962, Merck-Archiv, E 10/2266, S. 2.
197 Geschäftsbericht E. Merck AG 1967, S. 23.

198 Feske, Aktennotiz vom 8. August 1961; Erdmann, Aktennotizen vom 21. und 24. Juli 1961, Merck-Archiv, E 10/67 a.
199 Bericht der Merck-Forschungslaboratorien vom 15. September 1952, Merck-Archiv, E 10/94.
200 Bericht der Merck-Forschungslaboratorien vom 6. Mai 1953, ebd.
201 Sitzung Betriebsrat mit der Geschäftsleitung am 12. März 1952, Merck-Archiv, J 40/44; Protokoll der Aufsichtsratssitzung vom 3. Juli 1953, Merck-Archiv, E 10/385; Direktionsprotokoll vom 10. Juni 1953, Merck-Archiv, R 5/57; Protokolle der Aufsichtsratssitzung vom 12. und 28. Juni 1957, 1. Juli 1958 und 11. Mai 1959, Merck-Archiv, E 10/385.
202 Kalkulatorische Ertragsrechnung der Preisabteilung für Lindan vom 12. April 1961, Merck-Archiv, E 10/434.
203 Direktionsprotokoll vom 10. Juni 1953, Merck-Archiv, R 5/57.
204 Aufsichtsratsvorlage vom 7. Dezember 1953, Merck-Archiv, E 10/298.
205 Protokoll der Aufsichtsratssitzung vom 3. Juli 1953, Merck-Archiv, E 10/385; Direktionsprotokoll vom 10. Juni 1953, Merck-Archiv, R 5/57.
206 Aufsichtsratsvorlage vom 7. Dezember 1953, Merck-Archiv, E 10/298.
207 Protokoll der gemeinsamen Sitzung von Betriebsrat und Geschäftsleitung am 1. Dezember 1948, Merck-Archiv, J 40/44; Protokoll der Aufsichtsratssitzung vom 5. Februar 1954, Merck-Archiv, E 10/385; Karl Merck an Fritz Groos vom 12. März 1954, Merck-Archiv, E 10/313; Protokoll der Gesellschafterversammlung vom 30. Juni 1954, Merck-Archiv, E 10/2083.
208 Harms, Aktennotiz über die Besprechung mit dem Aufsichtsrat über Lindan-Geschäft, vermutlich April 1961, Merck-Archiv, E 10/434.
209 Hans Harms, Aktennotiz über die Besprechung über das Pflanzenschutzgeschäft am 16. Mai 1960, Merck-Archiv, E 10/434.
210 Berglar, Ansprache bei der Gesellschafterversammlung der OHG am 6. September 1961, Merck-Archiv, E 10/2266.
211 Haas, Vigantol, S. 38 f., 58, 63 f., 76–78, 83, 122–154.
212 Protokoll der Aufsichtsratssitzung vom 3. Juli 1953, Merck-Archiv, E 10/385.
213 Protokoll der gemeinsamen Sitzung von Betriebsrat und Geschäftsleitung am 2. März 1950, Merck-Archiv, J 40/44; Protokoll der Aufsichtsratssitzung vom 16. Dezember 1953, Merck-Archiv, E 10/385.
214 Protokoll der Aufsichtsratssitzung vom 21. Februar 1957, Merck-Archiv, E 10/385.
215 Protokolle der Aufsichtsratssitzungen vom 11. Februar 1958, 8. Dezember 1958 und 4. November 1959, Merck-Archiv, E 10/385.
216 Direktionsprotokoll Leitung S vom 9. Dezember 1952, Merck-Archiv, R 5/57.
217 Haas, Vigantol, S. 232 f.
218 Beratungsfirma Otto Bredt, Organisationsprüfung 1953, Hauptbericht, Merck-Archiv, E 10/2077, S. 120.
219 Ebd., S. 68.
220 Ebd., S. 69.
221 Ebd., S. 70.
222 Ebd., S. 123.
223 Ebd., S. 125.
224 Ebd., S. 144.
225 Ebd., S. 145 f.
226 Ebd., S. 149.

227 Bartmann, Zwischen Tradition und Fortschritt, S. 217; Chandler, Shaping the Industrial century, S. 179, 183,236–238.
228 Bartmann, Zwischen Tradition und Fortschritt, S. 225; Kleedehn, Rückkehr, S. 152.
229 Bartmann, Zwischen Tradition und Fortschritt, S. 316; Kleedehn, Rückkehr, S. 156 f.
230 Abelshauser, BASF, S. 432; Bartmann, Zwischen Tradition und Fortschritt, S. 239, 243.
231 Bartmann, Zwischen Tradition und Fortschritt, S. 298, 309, 311, 320 f.
232 Kißener, Boehringer Ingelheim, S. 213.
233 Bartmann, Zwischen Tradition und Fortschritt, S. 393, 408, 419–421.
234 Abelshauser, BASF, S. 432, S. 612; Bartmann, Zwischen Tradition und Fortschritt, S. 250–253, 262, 307, 321,339–341.
235 Strauß, Materialsammlung, S. 151.
236 Karl Merck, Geburtstagsrede für Dalmer am 4. August 1954, Merck-Archiv, E 10/2164, S. 2; Marschall, Schatten, S. 324, 332.
237 Strauß, Materialsammlung, S. 151.
238 Ebd., S. 152.
239 Bernschneider-Reif/Huber/Possehl, «Was der Mensch thun kann», S. 135.
240 Bartmann, Zwischen Tradition und Fortschritt, S. 232.
241 Ebd., S. 232 f. Bayer beschäftigte 1954 bereits 55 Akademiker in der Pharmaforschung. Bartmann, Tradition, S. 300.
242 Strauß, Materialsammlung, S. 255–257.
243 Ebd., S. 256.
244 Bernschneider-Reif/Huber/Possehl, «Was der Mensch thun kann …», S. 135.
245 Beratungsfirma Otto Bredt, Organisationsprüfung 1953, Hauptbericht, Merck-Archiv, E 10/2077, S. 111.
246 Ebd., S. 104–108.
247 Ebd., S. 117.
248 Ebd., S. 10 f.
249 Ebd., S. 112.
250 Heinrich Hörlein an Karl Merck vom 23. September 1953, Merck-Archiv, E 10/2614; Protokoll der Gesellschafterversammlung vom 15. Juli 1955, Merck-Archiv, E 10/2083, S. 8.
251 Karl Schaedel, Aktenvermerk vom 11. August 1955, Merck-Archiv, E 10/2614, S. 16.
252 Bekanntmachung Nr. 20 vom 21. Juli 1955, Merck-Archiv, E 10/2164.
253 Protokoll der Aufsichtsratssitzung vom 31. März 1953, Merck-Archiv, E 10/385.
254 Fritz Groos, Ausarbeitung zum Forschungsrat vom 6. Februar 1953, Merck-Archiv, E 10/833.
255 Protokoll der Aufsichtsratssitzung vom 22. Januar 1958, Merck-Archiv, E 10/385.
256 In diesem Bereich kam es zudem zu einem engen Austausch und zur Lizenzierung von Wirkstoffen mit der amerikanischen Schering Corporation, sodass 1955 das neue Medikament Decortin eingeführt werden konnte. Strauß, Materialsammlung, S. 606–608.
257 Karl Merck an Fritz Merck vom 12. April 1956, Merck-Archiv, E 10/313.
258 Vgl. zu Otto Zima (1893–1971) Maier, Chemiker, S. 201.
259 Vgl. dazu Bartmann, Zwischen Tradition und Fortschritt, S. 390 f.; Haas, Vigantol, S. 351.
260 Inhoffen an Karl Merck vom 19. November 1956, Merck-Archiv, E 10/2162, S. 3, 5.
261 Inhoffen an Karl Merck, Fritz Groos, Karl Schaedel vom 26. November 1956, ebd.
262 Inhoffen an Karl Merck vom 19. November 1956, ebd.
263 Inhoffen an Karl Merck, Fritz Groos, Karl Schaedel vom 26. November 1956, ebd.

264 Strauß, Materialsammlung, S. 600 f.
265 Peter Berglar an Karl Merck vom 1. September 1960, Merck-Archiv, E 10/313.
266 Die Verträge konnten aber erst nach längeren juristischen Auseinandersetzungen 1960 gelöst werden. Strauß, Materialsammlung S. 600 f.; Peter Berglar an Karl Merck vom 1. September 1960, Merck-Archiv, E 10/313.
267 Inhoffen an Karl Merck, Fritz Groos, Karl Schaedel vom 26. November 1956, Merck-Archiv, E 10/2612, S. 1.
268 Kleedehn, Rückkehr, S. 116.
269 Protokoll der Aufsichtsratssitzung vom 22. Januar 1958, Merck-Archiv, E 10/385; Direktionsprotokoll vom 3. Dezember 1958, Merck-Archiv, E 3/3.
270 Berglar, Aktennotiz über das Gespräch mit Jan Thesing am 10. Juni 1959, Merck-Archiv, E 10/385.
271 Protokoll der Aufsichtsratssitzung vom 22. Januar 1958, ebd.
272 Interview mit Hans Joachim Langmann am 15. April 2014, Merck-Archiv, Y 3/D00078, Minute 65.
273 Ebd., Minute 63–64.
274 Strauß, Materialsammlung, S. 611.
275 Thesing, Vortrag auf der Hauptversammlung am 7. Juni 1962, Merck-Archiv, E 10/2266, S. 9.
276 Thesing, Vortrag auf der Hauptversammlung am 6. September 1961, ebd., S. 1.
277 Thesing, Vortrag auf der Hauptversammlung am 7. Juni 1962, ebd., S. 2.
278 Strauß, Materialsammlung, S. 612–614.
279 Thesing, Vortrag auf der Hauptversammlung am 7. Juni 1962, Merck-Archiv, E 10/2266, S. 3.
280 Strauß, Materialsammlung, S. 615.
281 Ebd., S. 616.
282 Strauß, Materialsammlung, S. 618–620.
283 Ebd., S. 620.
284 Geschäftsbericht E. Merck AG 1968; Thesing an Kohlschütter vom 1. Juli 1968, Merck-Archiv, E 10/2508 a.
285 Bartmann, Zwischen Tradition und Fortschritt, S. 250 f., 259, 267–269.
286 Ebd., S. 339.
287 Hans Harms an Hans Joachim Langmann vom 1. März 1968, Merck-Archiv, E 10/434.
288 Ebd.
289 Geschäftsbericht E. Merck AG 1969, S. 14; Geschäftsbericht E. Merck AG 1970, S. 21.
290 Abelshauser, BASF, S. 428.
291 Bartmann, Zwischen Tradition und Fortschritt, S. 281, 337.
292 Ebd., S. 327, 338.
293 Ebd., S. 270.
294 Ebd., S. 258, 333.
295 Berichtszahlen zum Geschäftsjahr 1950 mit Vergleichs- und Verhältniszahlen, Merck-Archiv, E 10/298, S. 5.
296 Kleedehn, Rückkehr, S. 91.
297 Stokes, BASF, S. 351.
298 Kleedehn, Rückkehr, S. 85, 90.
299 Gesamtumsatz aufgeteilt nach Präparategruppen, Merck-Archiv, E 10/298, S. 12 f.
300 Bartmann, Zwischen Tradition und Fortschritt, S. 249, 254, 304, 331, 427. Die Exportquote war bei Merck zunächst etwas höher als bei Hoechst und etwas niedriger als bei

Bayer. Anfang der 1970er-Jahre übertrafen die beiden Großunternehmen Merck jedoch deutlich, weil Bayer und Hoechst ihre Exportquote auf zwei Drittel steigern konnten, während diejenige von Merck stagnierte.

301 Gesamtumsatz nach Ländern, Merck-Archiv, E 10/298, S. 6 f.
302 Bartmann, Zwischen Tradition und Fortschritt, S. 215; Kleedehn, Rückkehr S. 69–74, 84–92.
303 Bericht der Patentabteilung über die Warenzeichenlage im Ausland vom 3. März 1947, Merck-Archiv, H 1/127.
304 Patentabteilung, «Übersicht über den Stand unserer im Ausland eingetragenen Marken und über die Möglichkeit der Anmeldung neuer Warenzeichen» vom 14. Februar 1949; Mitteilung vom 14. Februar 1950, Merck-Archiv, E 10/2263.
305 Geschäftsbuchhaltung, Aktennotiz vom 5. September 1957, Merck-Archiv, E 10/380 a; Civale, Direktinvestitionen, S. 151.
306 Kleedehn, Rückkehr, S. 170 f.
307 Stokes, BASF, S. 352. Schering folgte 1952 mit der ersten Niederlassung in Italien; vgl. Bartmann, Zwischen Tradition und Fortschritt, S. 427.
308 Belgamerck an E. Merck vom 23. April 1970, Merck-Archiv, H 1/1.
309 Dokument zu den Auslandsgesellschaften, o. D., Merck-Archiv, E 10/381 b.
310 Abteilung Ausländische Niederlassungen und Beteiligungen, Bericht für das Geschäftsjahr 1956 vom 6. Juni 1957, Merck-Archiv, E 10/313, S. 5; Strauß, Materialsammlung, S. 1106–1109.
311 Abteilung Ausländische Niederlassungen und Beteiligungen, Bericht für das Geschäftsjahr 1956 vom 6. Juni 1957, Merck-Archiv, E 10/313, S. 5.
312 Dokument zu den Auslandsgesellschaften, o. D., Merck-Archiv, E 10/381 b.
313 Belgamerck an E. Merck vom 23. April 1970, Merck-Archiv, H 1/1.
314 Hans Harms, Aktennotiz über die Besprechung mit Fulvio Bracco am 3. Mai 1961, Merck-Archiv, E 10/434; Geschäftsbericht E. Merck AG für 1960.
315 Karl Merck an Fritz Merck vom 12. März 1954, Merck-Archiv, E 10/313.
316 Karl Merck an Fritz Merck vom 23. März 1954 und Hans Harms an Fritz Merck vom 10. April 1956, ebd.
317 Bei der Cilag handelt es sich um die Chemisches industrielles Laboratorium AG mit Sitz in Schaffhausen/Schweiz.
318 Peter Merck, Aktennotiz zur Besprechung am 9. Februar 1957, Merck-Archiv, E 10/380 a.
319 Hans Harms, Aktennotiz über die Besprechung mit Elio und Tullio Bracco am 3. Mai 1961, Merck-Archiv, E 10/434.
320 Civale, Direktinvestitionen, S. 160.
321 Hans Joachim Langmann, Aktennotiz zu den Besitzverhältnissen in Spanien, 13. Dezember 1963, Merck-Archiv, E 10/685.
322 Stokes, BASF, S. 352; Abelshauser, BASF, S. 462 f.
323 Abelshauser, BASF, S. 585.
324 Kleedehn, Rückkehr, S. 104.
325 Bartmann, Zwischen Tradition und Fortschritt, S. 249.
326 Aktennotiz vom 2. Oktober 1947 über die Besprechung von Dalmer, Petersen, Leichsenring, Stein am 26. September 1947; Protokoll zur Besprechung von Dalmer, Petersen, Handschumacher, Müller, Möller am 12. Januar 1948, Merck-Archiv, H 1/127.
327 Protokoll zur Besprechung von Fritz Merck, Dalmer, v. Heider, Petersen, Leichsenring, Harms am 3. November 1948, ebd.

IV. 1. Wiederaufbau im Wirtschaftswunder

328 Besprechung über die früheren südamerikanischen Niederlassungen, o. D. [ca. erstes Halbjahr 1953], Merck-Archiv, E 10/313, S. 1.
329 Peter Merck, Aufstellung «Kosten für den Rückerwerb unserer ausländischen Niederlassungen» vom 18. April 1957, Merck-Archiv, E 10/381 b.
330 Vgl. allgemein zur Lage der deutschen chemisch-pharmazeutischen Industrie in Brasilien Kleedehn, Rückkehr, S. 216–223, 226–231.
331 Auszug aus dem Protokoll der Generalversammlung der CCMB vom 17. September 1956, Merck-Archiv, E 10/380 a.
332 Besprechung über die früheren südamerikanischen Niederlassungen, o. D. [ca. erstes Halbjahr 1953], Merck-Archiv, E 10/313, S. 2 f.
333 Lizenzabkommen zwischen Merck und der CCMB vom 22. August 1950 mit Ergänzung vom 9. Juli 1953, Merck-Archiv, E 10/380 c.
334 Peter Merck, Memorandum zur CCMB, o. D., Merck-Archiv, E 10/385.
335 Auszug aus dem Protokoll der Generalversammlung der CCMB vom 17. September 1956, Merck-Archiv, E 10/380 a.
336 Aktennotiz zur Besprechung über Brasilien am 27. Juni 1956; Dokument zur CCMB, o. D. [ca. April 1959], ebd.
337 Abteilung Ausländische Niederlassungen und Beteiligungen, Bericht für das Geschäftsjahr 1956 vom 6. Juni 1957, Merck-Archiv, E 10/313, S. 2 f.; Peter Merck, Memorandum zur CCMB, o. D., Merck-Archiv, E 10/385.
338 CCMB an Merck OHG vom 18. Mai 1959, Merck-Archiv, E 10/380 b.
339 Dokument zur CCMB, o. D. [ca. April 1959], Merck-Archiv, E 10/380 a.
340 Lizenzvertrag zwischen Merck OHG und CCMB vom Oktober 1957; CCMB an Merck OHG vom 21. Februar 1957, ebd.
341 Dokument zur CCMB, o. D. [ca. April 1959], ebd.
342 Gemäß dem Jahresbericht 1960 der Bank für Internationalen Zahlungsausgleich schwankte der Wechselkurs 1958 zwischen 37 und 105 Cruzeiro je Dollar. Im Jahr 1959 schwankten die Kurse zwischen 60 und 141.
343 Peter Merck, Bericht über die Reise nach Brasilien vom 8. bis 16. Dezember 1957, Merck-Archiv, E 10/381 b.
344 Abrechnung der CCMB vom 24. März 1959 auf Basis der Bilanz von 1958, Merck-Archiv, E 10/380 b.
345 Merck Brasil an E. Merck vom 1. September 1970, Merck-Archiv, H 1/1, S. 7 f.
346 Dokument zu den Auslandsgesellschaften. Der Wechselkurs belief sich seinerzeit auf rund 2,75 Peso je DM, o. D., Merck-Archiv, E 10/381 a.
347 Lizenzvertrag zwischen der Merck OHG und Merck-Mexiko vom Oktober 1956, Merck-Archiv, E 10/380 a.
348 Dokument zu den Auslandsgesellschaften, o. D., Merck-Archiv, E 10/381 b; Abteilung Ausländische Niederlassungen und Beteiligungen, Bericht für das Geschäftsjahr 1956 vom 6. Juni 1957, Merck-Archiv, E 10/313, S. 2.
349 Peter Merck, Bericht über die Reise nach Mexiko vom 13. bis 21. Februar 1957, Merck-Archiv, E 10/381 a.
350 Merck-Mexiko an E. Merck vom 18. November 1969, Merck-Archiv, H 1/1, S. 3.
351 Merck Mexiko an E. Merck vom 27. Juli 1973, ebd.
352 Peter Merck, Memorandum zur MQC, o. D., Merck-Archiv, E 10/385; Merck Quimica Chilena an E. Merck, o. D. [ca. 1969], Merck-Archiv, H 1/1.

353 Besprechung über die früheren südamerikanischen Niederlassungen, o. D. [ca. erstes Halbjahr 1953], Merck-Archiv, E 10/313, S. 3.
354 Peter Merck, Memorandum zur MQC, Merck-Archiv, o. D., E 10/385; Abteilung Ausländische Niederlassungen und Beteiligungen, Bericht für das Geschäftsjahr 1956 vom 6. Juni 1957, Merck-Archiv, E 10/313, S. 1.
355 Peter Merck, Memorandum zur MQC, o. D., Merck-Archiv, E 10/385.
356 Abteilung Ausländische Niederlassungen und Beteiligungen, Bericht für das Geschäftsjahr 1956 vom 6. Juni 1957, Merck-Archiv, E 10/313, S. 1.
357 Peter Merck, Bericht über die Reise von Peter Merck nach Chile vom 4. bis 9. Juli 1958, Merck-Archiv, E 10/381 a; Peter Merck, Memorandum zur MQC, o. D., Merck-Archiv, E 10/385.
358 Merck Quimica Chilena an E. Merck, o. D. [ca. 1969], Merck-Archiv, H 1/1.
359 Besprechung über die früheren südamerikanischen Niederlassungen, o. D. [ca. erstes Halbjahr 1953], Merck-Archiv, E 10/313, S. 3; vgl. allgemein zu den deutsch-argentinischen Verhandlungen Kleedehn, Rückkehr, S. 180–192.
360 Kleedehn, Rückkehr, S. 172–177.
361 Aktennotiz über Besuch von Karl Merck und Hans Harms vom 4. August 1953; weitere Aktennotizen vom 26. und 27. August 1953, Merck-Archiv, E 10/313.
362 Abteilung Revision, Bericht vom 12. März 1959, Merck-Archiv, H 1/97.
363 Ebd.
364 MQA an Peter Merck (OHG) vom 8. Mai 1959, 4. Juni 1959, Merck-Archiv, E 10/381 a. Neben den bedeutsamen Niederlassungen in Brasilien, Mexiko, Argentinien und Chile eröffnete Merck auch in anderen lateinamerikanischen Staaten Niederlassungen, beispielsweise in Venezuela, Kolumbien, Ecuador, Peru und El Salvador.
365 Bartmann, Zwischen Tradition und Fortschritt, S. 214.
366 Vgl. ebd., S. 263 f., 273, 318, 335–337, 351, 427 f.

2. Die Ära Langmann

1 Doering-Manteuffel/Raphael, Boom, S. 26, 33–38.
2 Ebd., S. 27, 39, 59 f.
3 Vgl. Giersch/Paqué/Schmieding, Miracle, S. 126–139; Schenk, International, S. 76–120.
4 Da die Einwohnerzahl in Westdeutschland zwischen 1970 mit 61 Millionen und 1988 mit 61,7 Millionen stabil war, sehen die Wachstumszahlen pro Kopf sehr ähnlich aus. Zwischen 1988 und 2014 erhöhte sich die gesamtdeutsche Bevölkerung von 78,4 auf 81,2 Millionen. Dies ist ausschließlich auf Zuwanderung von rund drei Millionen Personen, vor allem in den Jahren 1989 bis 1995, zurückzuführen.
5 Giersch/Paqué/Schmieding, Miracle, S. 150–163; Doering-Manteuffel/Raphael, Boom, S. 47; Kaelble, Sozialgeschichte, S. 340–349.
6 Ullmann, Steuerstaat, S. 195–204.
7 Streeck, Gekaufte Zeit, S. 109–113.
8 1990 waren es 44 Prozent, zehn Jahre später 45 Prozent und 2015 erneut 44 Prozent.
9 Doering-Manteuffel/Raphael, Boom, S. 49.
10 In den 1990er-Jahren betrug die durchschnittliche Inflationsrate 1,7 Prozent, nach der Jahrtausendwende 1,3 Prozent.

IV: 2. Die Ära Langmann **631**

11 Hochzinsphasen gab es von März bis Oktober 1970, von Juni 1973 bis September 1974, von Februar 1980 bis September 1982 und von August 1991 bis Juni 1993.
12 Doering-Manteuffel/Raphael, Boom, S. 55.
13 Eichengreen, European economy, S. 163–176, 182–187, 195–197; Loth, Einigung, S. 170–186.
14 Eichengreen, European economy, S. 242–251; Loth, Einigung, S. 186–194.
15 Eichengreen, European economy, S. 282–290, 357–366; Burhop u. a., Weltwährungssystem, S. 228–237; Loth, Einigung, S. 218–230.
16 Doering-Manteuffel/Raphael, Boom, S. 53.
17 Loth, Einigung, S. 269–288, 310–323.
18 Eichengreen, European economy, S. 336–357, 366–376.
19 Streeck, Gekaufte Zeit, S. 148.
20 Allen u. a., Single market, S. 468.
21 Ebd., S. 453.
22 Interview mit Wolfgang Zimmermann am 28. Oktober 2015, Minute 5; Interview mit Flavio Battisti am 11. November 2015, Teil 2, Minute 4.
23 Interview mit Frank Stangenberg-Haverkamp am 16. Dezember 2015, Merck-Archiv, Y 3/D00079, Minute 3, 26; Interview mit Karl-Ludwig Kley am 17. Dezember 2015, Merck-Archiv, Y 3/D00077, Minute 2.
24 Interview mit Stefan Oschmann am 21. April 2016, Merck-Archiv, Y 3/D00080, Minute 3.
25 Vgl. zu Otto Langmann das Personenlexikon zum deutschen Protestantismus 1919–1949, S. 153. Hans Joachim Langmann, in: Wirtschaftswoche, 11. Januar 1985, S. 27; Hans-Joachim Langmann 80, in: Börsenzeitung, 2. Oktober 2004, S. 7; Hans Joachim Langmann 75, in: Börsenzeitung, 5. Oktober 1999, S. 14; Hans Joachim Langmann. Die Sagengestalt, in: Manager Magazin 6 (2007); Informationen zum Börsengang, Merck-Archiv, E 10/916; Interview mit Hans Joachim Langmann am 15. April 2014, Merck-Archiv, Y 3/D00078, Minute 4, 11.
26 Interview mit Hans Joachim Langmann am 15. April 2014, Merck-Archiv, Y 3/D00078, Minute 1–2.
27 Ebd., Minute 15, 25, 33–34.
28 Ebd., Minute 45.
29 Memoranden Langmann, «Die vertraglichen Grundlagen meiner Tätigkeit bei E. Merck» und «Die vertraglichen Grundlagen meiner Vergütung und deren Entwicklung seit 1990» vom 24. Februar 2003, Merck-Archiv, E 10/2091.
30 Kohlschütter an Harms vom 15. November 1966, Merck-Archiv, E 10/2508 a.
31 Ebd.
32 Interview mit Hans Joachim Langmann am 15. April 2014, Merck-Archiv, Y 3/D00078, Minute 77–78.
33 Thesing an Karl Merck, «Über die Bedeutung unserer Beziehungen zur BASF» vom 12. Februar 1959, Merck-Archiv, E 10/67 a.
34 Abelshauser, BASF, S. 612 f.
35 Ebd., S. 612.
36 Thesing an Harms vom 20. April 1964, Merck-Archiv, E 10/67 a.
37 Thesing, Aktennotiz über ein Gespräch mit Direktor H. Pommer vom Hauptlaboratorium der BASF am 17. Mai 1965 vom 24. Mai 1965, ebd.
38 Thesing und Langmann an Timm vom 16. September 1966, Merck-Archiv, E 10/2451 a.

39 Entwurf Schreiben Vorstand Merck AG an BASF vom 3. November 1966, ebd.
40 Interview mit Hans Joachim Langmann am 15. April 2014, Merck-Archiv, Y 3/D00078, Minute 77–78.
41 Ebd., Minute 54–56.
42 Geschäftsbericht E. Merck AG 1968, S. 2.
43 Protokoll der Betriebsratssitzung am 25. Juni 1959, Merck-Archiv, J 40/47.
44 Langmann, Memorandum «Beendigung des derzeitigen Pachtverhältnisses zwischen der Emanuel Merck OHG als Verpächterin und der E. Merck AG als Pächterin und Übertragung des Geschäftsbetriebs auf die OHG» vom 25. August 1969, Merck-Archiv, E 10/425.
45 Geschäftsbericht E. Merck OHG 1969, S. 9.
46 Geschäftsbericht E. Merck OHG 1970, S. 7.
47 Geschäftsbericht E. Merck OHG 1969, S. 9.
48 Abelshauser, BASF, S. 574 f.; Bartmann, Zwischen Tradition und Fortschritt, S. 278, 284 und 348; Reuber, Der lange Weg, S. 178 f. und 193–196; Hilger, Amerikanisierung, S. 221; Marx, Aufstieg, S. 204–208.
49 Langmann an Harms, 9. Februar 1968, Merck-Archiv, E 10/435.
50 Vgl. zur Ausgliederung des Pflanzenschutzgeschäfts S. 445 f.
51 Langmann, Memorandum «Bemerkungen zur möglichen Einführung einer Spartengliederung» vom 20. September 1972, Merck-Archiv, E 10/393.
52 Geschäftsbericht E. Merck OHG 1974, S. 7, 10. Die genauen Aufgabengebiete waren: Personal- und Sozialwesen, Ausbildung und Mitarbeiterförderung, Organisationsplanung, Öffentlichkeitsarbeit, Werksarzt (Zentralbereich I, Esser); Finanz- und Rechnungswesen, Steuern, Recht (Zentralbereich II, Langmann); Lager, Versand, Transport, Werksicherheit, Umweltschutz (Zentralbereich III, Merck); Einkauf, Revision, Auslandsbeteiligungen (Zentralbereich IV, Baillou); Technik (Zentralbereich V, von Kessel).
53 Langmann, Memorandum «Änderung der Führungsstruktur» vom 5. Dezember 1973, Merck-Archiv, E 10/393.
54 Langmann, «Arbeitsunterlage für die Besprechung mit den Hauptleitern, selbständigen Oberleitern und den der Geschäftsleitung direkt unterstellten Abteilungsleitern» vom 16. Januar 1974, ebd.
55 Abelshauser, BASF, S. 581 f.; Reuber, Der lange Weg, S. 221–223.
56 Langmann, Aktennotiz für die Hauptleiter und die Geschäftsleitung vom 16. Mai 1983, Merck-Archiv, E 10/1915 b.
57 Hohmann, Vortrag in den Betriebsversammlungen in Darmstadt und Gernsheim zum Thema «Kooperative Führung». Verschickt an die Führungskräfte am 1. April 1985, ebd.
58 Langmann, Memorandum «Änderung der Organisationsstruktur im GB Chemie» vom 20. Oktober 1981, ebd.; TASA Consulting Partners, Herr Rüegger, an Langmann, Hohmann, Hönn, von Kessel, Müller vom 13. November 1981, ebd.
59 Hönn, Memorandum «Überlegungen zur organisatorischen Neuordnung des Chemikalien-Geschäfts» vom 11. Februar 1982; Konzept Hohmann, «Organisationsfragen Sparte Chemikalien» vom 23. Januar 1982, ebd.
60 Kurt von Kessel an Langmann, Hönn, Müller vom 23. August 1982, ebd.
61 Langmann an Hönn, Hohmann vom 17. August 1982, ebd.
62 Langmann an die Mitglieder der Geschäftsleitung vom 29. März 1983, ebd.
63 Hilger, Amerikanisierung, S. 222.

64 Merck-Gruppe. Schweizer Merck AG geht an die Börse, in: Handelsblatt, 26. Juni 1986, S. 14.
65 Merck-Gruppe. Schweizer Merck AG geht an die Börse, in: Handelsblatt, 26. Juni 1986, S. 14; Aktienplatzierung der Schweizer Merck AG, in: Handelsblatt, 19. Februar 1987, S. 13; Merck-Male, in: Wirtschaftswoche, 12. Juni 1987, S. 101; Merck AG. Auch für 1988 zuversichtlich gestimmt, in: Handelsblatt, 3. Dezember 1987, S. 14; Langmann an Stangenberg-Haverkamp und Gesellschafterrat vom 9. Oktober 1992, Merck-Archiv, E 10/682.
66 Der große Cunctator, in: Manager Magazin 12 (1988), S. 36–49; Interview mit Frank Stangenberg-Haverkamp am 16. Dezember 2015, Merck-Archiv, Y 3/D00079, Minute 9.
67 Information des Direktoriums über Projektarbeiten 1989/90 vom 16. März 1989, Merck-Archiv, E 10/623 a.
68 Besprechung Gruber, Dr. Vetter und McKinsey mit Betriebsrat und IG Chemie am 13. Februar 1989, Merck-Archiv, E 10/623 b.
69 Langmann an die Mitglieder der Geschäftsleitung vom 24. Februar 1989, Merck-Archiv, E 10/2109 b; Projektplanung. Workshop mit der Geschäftsleitung am 7. März 1989, Merck-Archiv, E 10/623 a.
70 Gruber an die Merck-Führungskräfte vom 28. Februar 1989, Merck-Archiv, E 10/2109 b.
71 Präsentation von McKinsey vor der Geschäftsleitung am 4. Mai 1990, ebd.
72 Der Gewerkschafter [IG Chemie Papier Keramik], 28. September 1989, ebd.
73 Neues vom Betriebsrat, 18. Mai 1989, Merck-Archiv, E 10/623 a.
74 Gruber an die Mitglieder der Geschäftsleitung vom 31. Oktober 1989, Merck-Archiv, E 10/2109 b; Langmann, Aktennotiz vom 27. Juni 1989, Merck-Archiv, E 10/623 a.
75 Bericht des Personalteams. Stand der personellen Umsetzung aus den McKinsey-Projekten. Information für die Geschäftsleitung vom 4. Dezember 1990, Merck-Archiv, E 10/2109 b.
76 Merck AG. Darmstädter Holding wird vorerst keine AG. Schweizer Tochter soll für frisches Kapital sorgen, in: Handelsblatt, 27. Mai 1994, S. 20.
77 Langmann, Notiz zur Beratung an Geschäftsleitung und Antwort an Gesellschafterrat vom 11. Januar 1994, Merck-Archiv, E 10/1874 b.
78 Geschäftsbericht Merck OHG 1994, S. 9.
79 Langmann an die Mitglieder der Geschäftsleitung vom 8. Februar 1994, Merck-Archiv, E 10/1885 a.
80 Vgl. dazu Christian Flämig, «Stellungnahme zu der Frage einer Überführung von Merck auf eine Kommanditgesellschaft auf Aktien, 1. Entwurf» vom 29. November 1994, Merck-Archiv, E 10/702, S. 14–18; Flämig an Langmann vom 30. November 1994, ebd.
81 Vgl. dazu die Zusammenfassung und Kommentierung von Christian Flämig, «Stellungnahme zu der Frage einer Überführung von Merck auf eine Kommanditgesellschaft auf Aktien, 1. Entwurf» vom 29. November 1994, ebd., S. 8–13.
82 Aus steuerlichen Gründen verblieb die Beteiligung an der Lipha bei der OHG.
83 Protokoll der Geschäftsleitungssitzung vom 21. November 1994, Merck-Archiv, E 10/1876.
84 Langmann, Vortrag auf der Gesellschafterversammlung am 8. April 1995, Merck-Archiv, E 10/1017.
85 Ebd., Folie 31.
86 Ebd., Folie 61.
87 Urkunde des Notars Dr. Wolfgang Ebner vom 6. Juli 1995, Merck-Archiv, E 10/22.

88 § 20 des Gesellschaftsvertrags der offenen Handelsgesellschaft E. Merck in der Fassung vom 24. Juni 1995, ebd.
89 Vgl. die Auswertung der Zeichnungsunterlagen in Merck-Archiv, E 10/916.
90 Unter Berücksichtigung der zwischenzeitlichen Dividendenzahlungen erzielten Aktionäre, die im Sommer 1986 Aktien der Merck AG zum Ausgabepreis erworben hatten und im Oktober 1995 in Kommanditanteile der Merck KGaA umtauschten, eine jährliche Rendite von fast zehn Prozent. Vgl. Angebot an die freien Aktionäre der Merck AG, in: Handelsblatt, 1. April 1995, S. 19; Merck Aktionäre fordern faires Angebot, in: Handelsblatt, 16. Mai 1995, S. 17; Merck AG. Kurs ausgesetzt. Abfindung angeboten, in: Handelsblatt, 26. September 1995, S. 13; Schweizer Merck verlässt Börse Zürich, in: Handelsblatt, 15. November 1995, S. 48.
91 Aufstellung vom 14. Oktober 1995, Merck-Archiv, E 10/916.
92 Geschäftsbericht Merck KGaA 1995, S. 16 f.
93 Seit dem Börsengang im Oktober 1995 erhöhte die Merck KGaA mehrfach ihr Kapital: durch eine kleine Kapitalerhöhung im Juli 2003, eine große Kapitalerhöhung im Januar 2007 und durch ein im Jahre 2000 beschlossenes und in den Jahren 2004 bis 2008 fällig werdendes Aktienoptionsprogramm für Führungskräfte. Daher betrug die Zahl der ausgegebenen Kommanditaktien am Jahresende 2008 64.621.126. Diese wurden am 30. Juni 2014 im Verhältnis 2:1 geteilt, sodass nun 129.242.252 Kommanditaktien im Umlauf waren. Zu der Zeit entfielen 29,7 Prozent des Gesamtkapitals der Firma auf die Kommanditaktionäre und 70,3 Prozent auf den Komplementär, also auf die Familie.
94 Victor Baillou an die Mitglieder des Gesellschafterrats vom 8. August 1988, Merck-Archiv, E 10/2091.
95 Stangenberg-Haverkamp, Memorandum «Der Generationenwechsel bei Merck» vom 31. Dezember 1991, Merck-Archiv, E 10/2091.
96 Stangenberg-Haverkamp an Peter Meck, Kurt von Kessel, Victor Baillou vom 2. Januar 1992, Merck-Archiv, E 10/2093.
97 Protokoll der Geschäftsleitungssitzung vom 1. Juni 1994, Merck-Archiv, E 10/1874 a.
98 Bericht Langmann als Vorsitzender des Familienrates auf der Gesellschafterversammlung am 20. Mai 2000, Merck-Archiv, E 10/1461.
99 Langmann an die Familienmitglieder vom 9. Juni 2004, ebd.
100 Baumhauer und Stangenberg-Haverkamp an die Familienmitglieder am 17. Juni 2004, ebd.
101 Führungswechsel bei E. Merck, in: Börsenzeitung, 6. August 2002, S. 7.
102 Scheuble folgt Langmann bei Merck KGaA, in: Börsenzeitung, 14. April 1999, S. 6; Vorlage für Hohmann und von Kessel zur Neugliederung Forschung Chemie vom 7. März 1984, Merck-Archiv, E 10/397; Protokoll der Geschäftsleitungssitzung vom 18. Oktober 1994, Merck-Archiv, E 10/1876.
103 Protokoll der Geschäftsleitungssitzung vom 30. März 1999, Merck-Archiv, E 10/1882; Interview mit Frank Stangenberg-Haverkamp am 16. Dezember 2015, Merck-Archiv, Y 3/D00079, Minute 16.
104 Römer wird Vize in der Merck-Geschäftsleitung, in: Börsenzeitung, 12. Mai 2000, S. 8.
105 Generationswechsel bei Merck, in: Börsenzeitung, 30. Juni 2000, S. 10.
106 Ungeduldiger Antreiber, in: Handelsblatt, 3. Juli 2000, S. 32.
107 Protokoll der Geschäftsleitungssitzung vom 14. November 2000, Merck-Archiv, E 10/1369.
108 Merck geht auf Einkaufstour, in: Börsenzeitung, 27. März 2004, S. 13.

IV: 2. Die Ära Langmann

109 Flüssigkristalle bringen Merck zum Strahlen, in: Börsenzeitung, 18. Februar 2005, S. 9.
110 Langmann, Memorandum «Grundsätzliche Aussagen des Familienrates zur Strategie von Merck aus Sicht der Gesellschafter», o. D. [Juni 2004], Merck-Archiv, E 10/1461.
111 Merck Corporate Strategy 2006 to 2010 vom 1. Juli 2005, Merck-Archiv, E 10/1419.
112 Merck signalisiert höhere Dividende, in: Börsenzeitung, 26. Oktober 2005, S. 10.
113 Große Verunsicherung über Chef-Wechsel bei Merck, in: Börsenzeitung, 24. November 2005, S. 9; Interview mit Frank Stangenberg-Haverkamp am 16. Dezember 2015, Merck-Archiv, Y 3/D00079, Minute 42.
114 Interview mit Frank Stangenberg-Haverkamp am 16. Dezember 2015, Merck-Archiv, Y 3/D00079, Minute 43.
115 Merck Chef Scheuble geht, in: Darmstädter Echo, 23. November 2005.
116 Große Verunsicherung über Chef-Wechsel bei Merck, in: Börsenzeitung, 24. November 2005, S. 9.
117 Merck Chef Scheuble geht, in: Darmstädter Echo, 23. November 2005.
118 Kein Streit in Darmstadt, in: Börsenzeitung, 25. November 2005, S. 9.
119 Geschäftsbericht Merck KGaA 2015, S. 85.
120 Geschäftsbericht Merck OHG 1971, S. 9.
121 Statistisches Bundesamt, Statistisches Jahrbuch für die Bundesrepublik Deutschland für das Jahr 1972, S. 133; ebd. 1973, S. 148; Abelshauser, BASF, S. 414 f.
122 Stellungswechsel bei Nacht. Sie prügeln uns und meinen Bonn, in: Der Spiegel 27 (1971), S. 70–73.
123 Angst vor roten Zahlen, in: Die Zeit 27 (1971), S. 26; Testorf, Bruch.
124 Gerüstet für den Streik, in: Die Zeit 17 (1971), S. 31.
125 Schanetzky, Sachverständiger Rat, S. 317–322; Schroeder/Greef, Gewerkschaften, S. 264–266.
126 Gewerkschaften an die Kette?, in: Die Zeit 13 (1971), S. 26.
127 Lohnverhandlungen. Zittern vor der neuen Runde, in: Die Zeit 11 (1971), S. 36.
128 Stellungswechsel bei Nacht, in: Der Spiegel 27 (1971), S. 72.
129 Interview mit Hans Joachim Langmann am 15. April 2014, Merck-Archiv, Y 3/D00078, Minute 73.
130 Vietsch (HL Personal), Aktennotiz «Streng vertrauliche Analyse zu den Gründen und Streikwertungen bei Merck 1971» vom 4. August 1971, Merck-Archiv, E 10/782 a.
131 Für Peter Merck wurde eine «Chronologie der Streikereignisse bei Merck» angefertigt. Aus dieser können die Ereignisse in groben Zügen rekonstruiert werden, Merck-Archiv, E 10/640 a.
132 Stellungswechsel bei Nacht, in: Der Spiegel 27 (1971), S. 71.
133 Interview mit Wolfgang Zimmermann am 28. Oktober 2015, Minute 78.
134 Kompromiß in letzter Stunde, in: Die Zeit 28 (1971), S. 25.
135 Vorlage für die Geschäftsleitung vom 5. August 1974, Merck-Archiv, E 10/1253 a.
136 Protokolle der Betriebsratssitzungen vom 8. Mai 1972 und 15. Mai 1972, Merck-Archiv, J 40/160 b.
137 Protokolle der Betriebsratssitzungen vom 4. und 9. November 1970, ebd.; Protokoll der Betriebsratssitzung vom 24. Oktober 1974, Merck-Archiv, J 40/162 b.
138 Vorlage der Geschäftsleitung vom 21. Oktober 1974, Merck-Archiv, E 10/1253 a.
139 Langmann, Ansprache zum 100jährigen Bestehen der Betriebskrankenkasse im Oktober 1984, Merck-Archiv, R 5/226.
140 Vgl. Abelshauser, BASF, S. 418, für einen anderen Fall.

141 Schmähl, Sicherung, Bd. 4, S. 347–351; ders., Sicherung, Bd. 5, S. 478–480.
142 Ziethen an Kremer (HL R) vom 2. Dezember 1977, Merck-Archiv, E 10/659 b; Ziethen (Sozialabteilung) an Esser vom 17. Januar 1977, Merck-Archiv, E 10/659 a.
143 Ziethen (Sozialabteilung) an Langmann vom 28. November 1978; Statistische Angaben zur Firmenrente, Merck-Archiv, E 10/659 a.
144 Geschäftsbericht Merck OHG 1974, S. 25; Geschäftsbericht Merck OHG 1975, S. 35.
145 Geschäftsbericht Merck OHG 1975, S. 25.
146 Langmann an v. Vietsch, Dr. Röckel, Bischoff vom 6. Oktober 1975, Merck-Archiv, E 10/659 a.
147 Esser an Langmann vom 10. November 1975, ebd.
148 Protokolle der Betriebsratssitzungen vom 1. und 9. Juni 1976, Merck-Archiv, J 40/163 b.
149 Heissmann an Schmied (Steuerabteilung) vom 10. Juni 1981, Merck-Archiv, E 10/659 a; Bundesgesetzblatt 1978, Teil I, S. 1089–1104.
150 Langmann an Esser vom 11. Mai 1981, Merck-Archiv, E 10/659 a.
151 Denkschrift Langmann an Hohmann, Röckel, Zwirner vom 19. Januar 1983, Merck-Archiv, E 10/660 b.
152 Ziethen (Firmenrentenkommission) an Langmann vom 30. Mai 1983, Merck-Archiv, E 10/660 a.
153 Protokolle der Betriebsratssitzungen vom 3. September und 17. Oktober 1984, Merck-Archiv, J 40/171 a.
154 Vorlage Hohmann für die Geschäftsleitung vom 16. November 1984, Merck-Archiv, E 10/660 a.
155 Schmuhl, Arbeitsmarktpolitik, S. 501–504; Andresen, Berufsausbildung.
156 Protokoll der Betriebsratssitzung vom 30. März 1973, Merck-Archiv, J 40/161 a.
157 Protokoll der Betriebsratssitzung vom 5. Februar 1975, Merck-Archiv, J 40/162 b; Protokoll der Betriebsratssitzung vom 12. Juni 1978, Merck-Archiv, J 40/165 a.
158 Protokoll der Betriebsratssitzung vom 19. März 1979, Merck-Archiv, J 40/165 d.
159 Protokoll der Betriebsratssitzung vom 9. Juni 1976, Merck-Archiv, J 40/163 a.
160 Protokolle der Betriebsratssitzung vom 22. März und 16. Mai 1983, Merck-Archiv, J 40/169 c.
161 Keil (OL P) an Betriebsrat vom 3. Mai 1983, Merck-Archiv, J 40/169 a.
162 Süß, Sieg, S. 111–115.
163 Protokoll der Betriebsratssitzung vom 4. Dezember 1974, Merck-Archiv, J 40/162 b.
164 Protokolle der Betriebsratssitzung vom 7. Juli und 18. August 1980, Merck-Archiv, J 40/167 a.
165 Protokoll der Betriebsratssitzung vom 3. November 1980, Merck-Archiv, J 40/167 b.
166 Protokoll der Betriebsratssitzung vom 23. Februar 1981, Merck-Archiv, J 40/167 c.
167 Protokoll der Betriebsratssitzung vom 22. Februar 1982, Merck-Archiv, J 40/168 c.
168 Protokoll der Betriebsratssitzung vom 17. Februar 1986, Merck-Archiv, J 40/172 a.
169 Geschäftsbericht Merck OHG 1993, S. 30; Geschäftsbericht Merck OHG 1996, S. 34.
170 Geschäftsbericht Merck OHG 1993, S. 30.
171 Interview mit Hans Joachim Langmann am 15. April 2014, Merck-Archiv, Y 3/D00078, Minute 66.
172 Reuber, Der lange Weg, S. 174.
173 Protokoll der Betriebsratssitzung vom 25. Februar 1976, Merck-Archiv, J 40/163 a.
174 Protokoll der Betriebsratssitzung vom 12. November 1973, Merck-Archiv, J 40/161 c; vgl. Abelshauser, BASF, S. 580, für einen Vergleichsfall.
175 Geschäftsbericht Merck OHG 1992, S. 26 f.; Geschäftsbericht Merck OHG 1993, S. 31.

176 Protokoll der Geschäftsleitungssitzung am 18. Mai 1999, Merck-Archiv, E 10/1882; Geschäftsbericht Merck KGaA 1997, S. 66; Geschäftsbericht Merck KGaA 1999, S. 57.
177 Reuber, Der lange Weg, S. 181.
178 Ebd., S. 193.
179 Plumpe/Reuber, Unternehmen.
180 Vorlage von Hohmann für die Merck-Geschäftsleitung vom 5. September 1984, Merck-Archiv, E 10/336.
181 Zusammengestellt nach Geschäftsbericht Merck OHG 1970, S. 21; Geschäftsbericht Merck OHG 1975, S. 9; Geschäftsbericht Merck OHG 1980, S. 17, S. 23; Geschäftsbericht Merck OHG 1985, S. 11; Geschäftsbericht Merck OHG 1990, S. 16; Geschäftsbericht Merck KGaA 1995, S. 14; Geschäftsbericht Merck KGaA 2005, S. 26, S. 29.
182 Geschäftsbericht Merck OHG 1969, S. 13; Geschäftsbericht Merck OHG 1970, S. 15.
183 Geschäftsbericht Merck OHG 1972, S. 15; Geschäftsbericht Merck OHG 1974, S. 19.
184 Geschäftsbericht Merck OHG 1978, S. 12; Geschäftsbericht Merck OHG 1981, S. 19.
185 Geschäftsbericht Merck OHG 1980, S. 17.
186 Geschäftsbericht Merck OHG 1986, S. 11; Geschäftsbericht Merck OHG 1990, S. 16.
187 Geschäftsbericht Merck OHG 1986, S. 11.
188 Geschäftsbericht Merck OHG 1990, S. 19.
189 Thesing, Vortrag auf der Hauptversammlung am 7. Juni 1962, Merck – Archiv E 10/2266, S. 6 f.
190 Strauß, Materialsammlung, S. 627.
191 Geschäftsbericht E. Merck AG 1968.
192 Vgl. zur Geschichte des Flüssigkristallgeschäfts bei Merck die beiden umfangreichen Firmenpublikationen: Merck KGaA, Von Einfällen und Zufällen,; dies., 100 years of liquid cristals.
193 Vgl. dazu Otto Lehmann, Flüssige Kristalle, Engelmann, Leipzig 1904; Merck KGaA, Von Einfällen und Zufällen, S. 19; Merck KGaA, The history of the future, S. 19–27.
194 Merck KGaA, The history of the future, S. 26.
195 Ebd.
196 Merck KGaA, Von Einfällen und Zufällen, S. 7, 29, 31, 33.
197 Merck KGaA, The history of the future, S. 35.
198 Merck KGaA, The history of the future, S. 37.
199 Ebd., S. 38 f.
200 Merck KGaA, Von Einfällen und Zufällen, S. 63.
201 Ebd., S. 42 f. und 45.
202 Dr. Erdmann, 20 Jahre flüssige Kristallforschung bei Merck, 15. Januar 1988, Merck-Archiv, E 10/319 a.
203 Ebd., S. 64. Am Anfang des 21. Jahrhunderts betrug die Schaltzeit nur noch acht Millisekunden.
204 Ebd., S. 48.
205 Merck KGaA, Von Einfällen und Zufällen, S. 77.
206 Borck (OL OI) an Jacobi (HL F Chemie), o. D., Merck-Archiv, E 10/319 a.
207 Merck KGaA, Von Einfällen und Zufällen, S. 59.
208 Vorlage für Hohmann und von Kessel zur Neugliederung Forschung Chemie vom 7. März 1984, Merck-Archiv, E 10/397.
209 Erdmann, 20 Jahre flüssige Kristallforschung bei Merck, 15. Januar 1988, S. 7, Merck-Archiv, E 319 b.

210 Hajek (OL Vertrieb Chemikalien), Aktennotiz vom 14. Oktober 1980, ebd.
211 Merck KGaA, History of the future, S. 50.
212 Bartling, Ergebnis einer internen Besprechung über Phenyldioxane/Chisso am 11. Juli 1983, Merck-Archiv, E 10/319 b.
213 Besprechung Spartenleitung IC über Flüssigkristallgeschäft am 17. Januar 1986, ebd.
214 Merck KGaA, Von Einfällen und Zufällen, S. 35, 53.
215 Konsolidierte Ergebnisrechnung für Flüssigkristalle 1982–1986, Merck-Archiv, E 10/319 a.
216 Zwirner (L RC), Industriechemikalien Strategische Planung 1988–1992, Beschluss vom 7. Juli 1987, ebd.
217 Protokoll der Geschäftsleitungssitzung vom 16. Mai 1995, Merck-Archiv, E 10/1877; Merck KGaA, Von Einfällen und Zufällen, S. 79.
218 Merck KGaA, History of the future, S. 57.
219 Stahl, Scheuble, Rüth, Memorandum zum Flüssigkristallgeschäft, o. D. [ca. Ende 1989/Anfang 1990], Merck-Archiv, E 10/319 a.
220 Merck KGaA, Von Einfällen und Zufällen, S. 69.
221 Manufacturing strategy for liquid crystals of the Merck group vom 6. November 1989, Merck-Archiv, E 10/319 a.
222 Merck KGaA, Von Einfällen und Zufällen, S. 69.
223 Geschäftsbericht Merck OHG 1993, S. 43 f.; Geschäftsbericht Merck Holding Zug 1993, S. 18.
224 Protokoll der Geschäftsleitungssitzung vom 18. Februar 1997, Merck-Archiv, E 10/1366.
225 Geschäftsbericht Merck OHG 1976, S. 31; Geschäftsbericht Merck OHG 1977, S. 27; Geschäftsbericht Merck OHG 1978, S. 27; Geschäftsbericht Merck OHG 1979, S. 25; Geschäftsbericht Merck OHG 1980, S. 27; Geschäftsbericht Merck OHG 1982, S. 19; Geschäftsbericht Merck OHG 1986, S. 13; Geschäftsbericht Merck OHG 1987, S. 13.
226 Geschäftsbericht Merck OHG 1977, S. 25, 27.
227 Geschäftsbericht Merck OHG 1970, S. 11.
228 Geschäftsbericht Merck OHG 1979, S. 25; Tödliche Kosmetik, in: Der Spiegel 52 (1978), S. 144–148; Halb so schlimm, in: Der Spiegel 46 (1980), S. 248–254.
229 Geschäftsbericht Merck OHG 1980, S. 29; Geschäftsbericht Merck OHG 1981, S. 27; Geschäftsbericht Merck OHG 1982, S. 21; Geschäftsbericht Merck OHG 1983, S. 16; Geschäftsbericht Merck OHG 1984, S. 19.
230 Willy Brandt, Abgabe einer Erklärung der Bundesregierung am 28. Oktober 1969, Stenographischer Bericht, Deutscher Bundestag, 6. Wahlperiode, 5. Sitzung, S. 29.
231 Vgl. Wagner, Heimgeschichte, S. 93–98. «Die Tabletten Kinder», in: Frankfurter Allgemeine Zeitung, 19. November 2016, S. 3; «Betäubt und benutzt – die Heimkinder von Essen», in: Die Welt, 2. Dezember 2016, S. 8.
232 Bartmann, Zwischen Tradition und Fortschritt, S. 222.
233 Ebd., S. 226.
234 Zunächst waren neben Merck nur Bayer, Boehringer Ingelheim, Hoechst und Schering Mitglied dieses Kreises, 1970 traten Boehringer Mannheim und Knoll bei. Langmann an Thesing vom 20. April 1970, Merck-Archiv, E 10/153.
235 Richtlinien, verteilt von Bayer bei der Freundeskreissitzung am 20. Februar 1970, ebd.
236 Gesetzentwurf der Bundesregierung, Entwurf eines Gesetzes zur Neuordnung des Arzneimittelrechts, 7. Januar 1975, Deutscher Bundestag, 7. Wahlperiode, Drucksache 7/3060, S. 43; Geschäftsbericht Merck OHG 1978, S. 25.
237 Geschäftsbericht Merck OHG 1973, S. 13; Geschäftsbericht Merck OHG 1977, S. 25.

238 Geschäftsbericht Merck OHG 1988, S. 14.
239 Die ehrenwerte Familie. Die Macht der Pharma-Industrie (III): Marktherrschaft bei wichtigen Wirkstoffgruppen, in: Der Spiegel 40 (1976), S. 166–185, hier S. 170.
240 Lindemann (Marktforschung Merck) an Hecht-Lucari vom 22. Juli 1980, Merck-Archiv, E 10/1308.
241 Nötzelmann an v. Arnim, Entwurf einer Konzeption für das ethische Pharmageschäft Inland, vom 10. Mai 1979, Merck-Archiv, E 10/1310.
242 Boston Consulting Group, Pharmasparte Forschungsvorschlag, vom 27. Juni 1980, Merck-Archiv, E 10/1308, S. 4.
243 Ebd., S. 143–149.
244 Ebd., S. 223, 225, 229, 239.
245 Irmscher an Thesing vom 14. Februar 1983, Merck-Archiv, E 10/395. 1991 ging Merck als eine der ersten Firmen zum automatisierten, computerisierten Massenscreening über. Radunz an Schreckenbach, 24. Februar 1994, Merck-Archiv, E 10/316.
246 Geschäftsbericht Merck OHG 1980, S. 29; Geschäftsbericht Merck OHG 1983, S. 13; Bartmann, Zwischen Tradition und Fortschritt, S. 220 f.; Chandler, Shaping the Industrial century, S. 260–279.
247 Thesing an die Mitglieder der Merck-Geschäftsleitung vom 24. Juni 1983, Merck-Archiv, E 10/395.
248 Thesing an die Mitglieder der Merck-Geschäftsleitung vom 31. August 1983, ebd.
249 Interview mit Hans Joachim Langmann am 15. April 2014, Merck-Archiv, Y 3/D00078, Minute 70–71.
250 Häusler, Vorlage an die Geschäftsleitung, vom 22. August 1983, Merck-Archiv, E 10/395.
251 Ebd.
252 Tischvorlage zum Vortrag Langmann auf der Gesellschafterversammlung am 26. Juni 1992, Merck-Archiv, E 10/1885 b.
253 Langmann, Vortrag auf der Gesellschafterversammlung am 26. Juni 1999, Merck-Archiv, E 10/1885 a.
254 Langmann, Ansprache zur Prokurafeier am 22. Dezember 1999, Merck-Archiv, E 10/336.
255 Geschäftsbericht Merck OHG 1981, S. 27; Geschäftsbericht Merck OHG 1984, S. 19; Geschäftsbericht Merck OHG 1985, S. 20.
256 Produkte aus der Merck-Forschung zur Behandlung des hohen Blutdrucks, in: Geschäftsbericht Merck OHG 1985, S. 54 f.
257 Geschäftsbericht Merck OHG 1986, S. 23; Geschäftsbericht Merck OHG 1987, S. 13; Geschäftsbericht Merck Holding Zug 1990, S. 19.
258 Geschäftsbericht Merck Holding Zug 1990, S. 19; Geschäftsbericht Merck OHG 1993, S. 17.
259 Geschäftsbericht Merck OHG 1989, S. 16.
260 Geschäftsbericht Merck KGaA 1995, S. 42; Geschäftsbericht Merck KGaA 2004, S. 35; Geschäftsbericht Merck KGaA 2014, S. 100.
261 Strategische Arbeitstagung am 2./3. September 1991. Vertrauliche Unterlagen der Sparte Pharma, Merck-Archiv, E 10/675 b; Protokoll Präsentation, Strategische Planung UB Pharma, vom 23. Oktober 1990, Merck-Archiv, E 10/772 a.
262 Strategische Arbeitstagung am 2./3. September 1991. Vertrauliche Unterlagen der Sparte Pharma, Merck-Archiv, E 10/675 b.
263 Protokoll der Geschäftsleitungssitzung vom 14. Oktober 1997, Merck-Archiv, E 10/1879.

264 Protokoll der Geschäftsleitungssitzung vom 14. Dezember 1998, Merck-Archiv, E 10/1881.
265 Protokoll der Geschäftsleitungssitzung vom 1. Dezember 1998, Merck-Archiv, E 10/1367.
266 Geschäftsbericht Merck KGaA 2003, S. 4; Geschäftsbericht Merck KGaA 2005, S. 41; Geschäftsbericht Merck KGaA 2010, S. 47; Geschäftsbericht Merck KGaA 2015, S. 105.
267 §§ 7–9 Pflanzenschutzgesetz, Bundesgesetzblatt 1968, Teil I, S. 352–357.
268 Günther Hoffmann, Chronologischer Abriss der Firmengeschichte Cela/Merck/Celamerck/Shell Agrar, 21. Dezember 1993, Merck-Archiv, E 10/2199.
269 Vgl. zu den Anfängen des Pflanzenschutzgeschäfts bei Boehringer Kißener, Boehringer Ingelheim, S. 178.
270 Günther Hoffmann, Chronologischer Abriss der Firmengeschichte Cela/Merck/Celamerck/Shell Agrar, 21. Dezember 1993, Merck-Archiv, E 10/2199.
271 Notiz einer Besprechung zwischen der HL Vertrieb Pflanzenschutz und dem Geschäftsführer der Cela GmbH, Erich von Baumbach, am 9. Februar 1971, Merck-Archiv, E 10/468 b.
272 Aktennotiz einer Besprechung der Leitung Pflanzenschutz von Merck mit v. Baumbach am 9. Februar 1971, ebd.
273 Aktennotiz einer Besprechung auf Vorstandsebene bei Boehringer am 8. März 1971 vom 22. März 1971; Bellstadt (Boehringer) an Langmann vom 28. Oktober 1971, ebd.
274 Schriftliche Willensvereinbarung zwischen Merck und C. H. Boehringer vom 26. August 1971, ebd.
275 Langmann, Überlegungen zum schrittweisen Zusammenlegen des Pflanzenschutzgeschäftes von C. H. Boehringer Sohn und E. Merck vom 27. August 1971, ebd.
276 Gesellschaftervertrag der Cela Merck GmbH & Co. KG vom 12. April 1972 und 19. April 1972, Merck-Archiv, E 10/468 a.
277 Vorläufige Geschäftsordnung für Celamerck GmbH & Co. KG vom 9. Dezember 1971, Merck-Archiv, E 10/468 b.
278 Geschäftsbericht Merck OHG 1975, S. 13; Geschäftsbericht Merck OHG 1978, S. 35.
279 Gemeinsames Protokoll über die Besprechung Merck und C. H. Boehringer Sohn/Cela am 17. August 1971 in Ingelheim vom 31. August 1971, Merck-Archiv, E 10/468 b.
280 Fragebogen Punkt 25 vom 2. Mai 1978, Merck-Archiv, E 10/456 b.
281 Bericht Brückner für Langmann, «Status und Verbesserungsmöglichkeiten der Celamerck-Forschung», Anlage A 4 vom 29. Juni 1978, Merck-Archiv, E 10/456 a.
282 Bericht Brückner für Langmann, «Status und Verbesserungsmöglichkeiten der Celamerck-Forschung», Anlage CM Forschungskosten vom 29. Juni 1978, ebd.
283 Bericht Brückner für Langmann, «Status und Verbesserungsmöglichkeiten der Celamerck-Forschung» vom 29. Juni 1978, ebd., S. 8.
284 Dieter Bartling, Untersuchungen über mögliche Alternativen für die langfristige Entwicklung von Celamerck, Teil 1, Merck-Archiv, E 10/524 a.
285 Vgl. zum Umweltschutz S. 468–472.
286 Dieter Bartling, Untersuchung über mögliche Alternativen für die langfristige Entwicklung von Celamerck, Teil 2, Merck-Archiv, E 10/524 b.
287 Günther Hoffmann, Chronologischer Abriss der Firmengeschichte Cela/Merck/Celamerck/Shell Agrar vom 21. Dezember 1993, Merck-Archiv, E 10/2199.
288 Ein Exempel an der Elbe, in: Die Zeit 27 (1984), S. 3; Ruhigstellung veranlasst, in: Der Spiegel 1 (1985), S. 54–56.

289 Deutsche Shell übernahm Celamerck, in: Handelsblatt, 25. Mai 1987, S. 13.
290 OL Vertrieb Chemikalien an Erik von Davidson vom 13. Februar 1974, Merck-Archiv, E 10/1253 b; Vorlage für die Geschäftsleitung vom 18. Februar 1974, ebd.
291 Vorlage für die Geschäftsleitung vom 25. Februar 1975, Merck-Archiv, E 10/1254 a.
292 Kurzlechner, Fusionen, S. 178.
293 Vgl. Schröter, Kartellierung, S. 457, 484–491.
294 Zweites Gesetz zur Änderung des Gesetzes gegen Wettbewerbsbeschränkungen, Bundesgesetzblatt, Teil 1 vom 4. August 1973, S. 917–930.
295 Bundeskartellamt an Merck vom 26. September 1973, Merck-Archiv, E 10/271 b.
296 Merck an Bundeskartellamt vom 31. Oktober 1973, ebd.
297 Rechtsabteilung Röckel an Langmann u. a. vom 11. März 1974, ebd.
298 OL Vertrieb Pharma an Geschäftsleitung Merck vom 20. März 1974, ebd.
299 Röckel (Rechtsabteilung), Aktennotiz vom 27. März 1974; Protokoll der erweiterten GBL Pharma Sitzung am 6. Mai 1974, Merck-Archiv, E 10/271 a; Thesing, Memorandum «Geschichte der Entwicklung von Vitamin B 12», an Röckel (Rechtsabteilung), vom 19. Juni 1974, ebd.; Koppe, Aufstellung Forschungs- und Entwicklungskosten von Cytobion 1950–1974, ebd.
300 Bericht Stüssi (Sandoz) an Röckel (Rechtsabteilung) vom 25. November 1974, ebd.
301 Bericht des Bundeskartellamtes über seine Tätigkeit im Jahre 1974 sowie über die Lage und Entwicklung auf seinem Aufgabengebiet, Bundestagsdrucksache 7/3791, S. 2.
302 Bericht des Bundeskartellamtes über seine Tätigkeit im Jahre 1975 sowie über die Lage und Entwicklung auf seinem Aufgabengebiet, Bundestagsdrucksache 7/5390, S. 2–4, 7 f.
303 Bericht des Bundeskartellamtes über seine Tätigkeit im Jahre 1976 sowie über die Lage und Entwicklung auf seinem Aufgabengebiet, Bundestagsdrucksache 8/704, S. 2, 8–10.
304 Commission imposes fines on vitamin cartels, Pressemitteilung der Europäischen Kommission vom 21. November 2001, IP/01/1625.
305 Protokoll der Geschäftsleitungssitzung vom 9. September 1997, Merck-Archiv, E 10/1878.
306 Protokoll der Geschäftsleitungssitzung vom 2. Dezember 1997, Merck-Archiv, E 10/1366.
307 Langmann, Vortrag auf der Gesellschafterversammlung am 28. Juni 1997, Merck-Archiv, E 10/1885 b; Protokoll 19/97 der Spartenbesprechung SFC vom 17. November 1997, Merck-Archiv, R 5/227.
308 Protokoll der Geschäftsleitungssitzung vom 13. Mai 1997, Merck-Archiv, E 10/1878.
309 Protokoll der Geschäftsleitungssitzung vom 13. Juni 1997, ebd.; Protokoll der Geschäftsleitungssitzung vom 18. März 1998, Merck-Archiv, E 10/1879.
310 Protokoll der Geschäftsleitungssitzung vom 18. Dezember 1997, Merck-Archiv, E 10/1366.
311 Protokolle der Geschäftsleitungssitzungen vom 19. September und 17. Oktober 2000, Merck-Archiv, E 10/1369.
312 Harms, Aktennotiz über Besprechung mit Fulvio Bracco am 29. Oktober 1968, Merck-Archiv, E 10/434.
313 Brandis (Rechtsabteilung) an Langmann vom 19. August 1996; Flämig an Langmann vom 2. Oktober 1996, Merck-Archiv, E 10/480 a.
314 Roberts an Langmann vom 5. November 1998, Merck-Archiv, E 10/480 b.
315 In diesem Jahr verstärkte auch Hoechst durch den Erwerb einer großen Minderheitsbeteiligung an Roussel Uclaf sein Engagement in Frankreich erheblich. Bartmann, Zwischen Tradition und Fortschritt, S. 273.
316 Langmann, Memorandum «Wirtschaftliche Entwicklung der Merck-Gruppe 1979–1982.

Auswirkungen des Engagements in Nordamerika» vom 15. Juli 1983, Merck-Archiv, E 10/422, S. 9–11.
317 Bartling an Werner A. Schmidt (Director Medical Research Internationale Division E. Merck AG) vom 23. Januar 1969 und Antwort vom 1. Februar 1969, Merck-Archiv, E 1/4.
318 Hauptleitung V Chem, Memorandum vom 8. Februar 1971, ebd. Ähnliche Probleme mit dem Markennamen hatten auch Bayer und Schering. Vgl. Bartmann, Zwischen Tradition und Fortschritt, S. 318 f., 335, 397.
319 Bartling an Langmann vom 19. Februar 1969; Bartling an Schmidt vom 21. März 1969; HL V Chem, Memorandum vom 8. Februar 1971, Merck-Archiv, E 1/4.
320 Kleedehn, Rückkehr, S. 256; Memorandum, «Bedeutung des Pharmamarktes USA» vom 8. Juli 1974, Merck-Archiv, E 10/1253 a.
321 Memorandum, «Bedeutung des Pharmamarktes USA» vom 8. Juli 1974, Merck-Archiv, E 10/1253 a.
322 Vorlage für die Geschäftsleitung vom 11. November 1975, Merck-Archiv, E 10/1254 a.
323 Bartmann, Zwischen Tradition und Fortschritt, S. 251, 264, 337, 351.
324 Geschäftsbericht Merck OHG 1977, S. 15; Geschäftsbericht Merck OHG 1979, S. 13; Geschäftsbericht Merck OHG 1984, S. 20.
325 Jahresbericht Merck AG Zug, 1973/74, S. 8; Jahresbericht Merck AG Zug 1974/75, S. 10; Jahresbericht Merck AG Zug 1977, S. 11; Jahresbericht Merck AG Zug 1979, S. 15; Jahresbericht Merck AG Zug 1980, S. 13.
326 Langmann, Memorandum «Wirtschaftliche Entwicklung der Merck-Gruppe 1979–1982. Auswirkungen des Engagements in Nordamerika» vom 15. Juli 1983, Merck-Archiv, E 10/422, S. 1.
327 Ebd., S. 6.
328 Ebd., S. 4, 9, 13.
329 Ebd., S. 18–20. Der Cashflow war nur 1979 positiv.
330 Ebd., S. 22 f.
331 Bartling, Frohberg, Hecht-Lucari, Irmscher, Memorandum «US-Pharma-Engagement von EMD» vom 20. April 1983, Merck-Archiv, E 10/1143, S. 2, 5, 12.
332 Ebd., S. 13.
333 Ebd., S. 36–41; Geschäftsbericht Merck OHG 1993, S. 17.
334 Protokoll der Regionalleitertagung vom 11.–15. Oktober 1976, Merck-Archiv, E 10/187 a.
335 Dieter Schuldt an Langmann vom 11. August 1980, Merck-Archiv, E 10/187 b.
336 Arnim, Bericht über Besprechungen in Brasilien vom 6.–8. Juni 1979, ebd.
337 Pharma-Lateinamerikatagung in Lima vom 22.–25. März 1977, Merck-Archiv, E 10/187 a.
338 Hajek an Schuldt (Regionalleiter Lateinamerika) vom 3. März 1987, Merck-Archiv, E 10/1989 b.
339 Schuldt, Regionalstrategie Lateinamerika, vom 24. Oktober 1990, Merck-Archiv, E 10/772 a.
340 Karl Ludwig Natho, Geschichte unseres Japan-Geschäfts aus meiner Erinnerung, Merck-Archiv, H 1/84.
341 Hahn (ANB) an Dr. Müller vom 25. März 1982, Merck-Archiv, E 10/422.
342 Geschäftsbericht Merck OHG 1983, S. 36.
343 Strategic Plan Merck Japan Ltd. IC Division 1986–1992, August 1987, Merck-Archiv, E 10/1989 b, S. 3.
344 Ebd., S. 8 f.

IV: 2. Die Ära Langmann

345 Rosenberg und Hecht-Lucari an die Gesellschaften der Merck-Gruppe vom 8. März 1976, Merck-Archiv, E 10/187 a.
346 Protokoll der Besprechung über die Einbeziehung der Länder und Regionen in die Strategische Planung vom 1. April 1987, Merck-Archiv, E 10/1989 b.
347 Steuerung des internationalen Geschäfts. Diskussionspapier von McKinsey & Company zum Gespräch mit der Geschäftsleitung am 12. Mai 1989, Merck-Archiv, E 10/624 b.
348 Leitfaden für die Strategische Planung Merck vom Februar 1987, Merck-Archiv, E 10/1989 b.
349 Hartlep (ZV Chem) an Hönn vom 27. Oktober 1987; Protokoll 8/87 der Spartenleitersitzung IC am 9. März 1987. Ergebnisprotokoll der Strategiesitzung IC am 30. April 1987, ebd.
350 Erhard Reiber (Merck Japan) an Hönn vom 16. März 1987, ebd.
351 Hönn, Präsentationsunterlage «Regionale Zuständigkeiten» vom 23. Februar 1990, Merck-Archiv, E 10/1989 a.
352 Hönn an Engelhardt, Hajek, Koch, May, Römer, Schreckenbach vom 14. November 1990, ebd.
353 Ebd.
354 Protokoll der Sitzung Strategische Planung am 2. September 1991, Merck-Archiv, E 10/675 a.
355 Geschäftsbericht Merck Holding Zug 1990, S. 7–9.
356 Ebd., S. 16; Geschäftsbericht Merck Holding, Zug 1991, S. 17, 48; Geschäftsbericht Merck OHG 1993, S. 53.
357 Schmitt, Telefax an Hönn vom 11. November 1987, Merck-Archiv, E 10/769.
358 Langmann an Hönn, Reiber vom 16. November 1987, ebd.
359 Memorandum, «Taiwan. Verhandlungen mit Herrn Symeon Woo über die Beteiligung von Merck an der Astar Trading Ltd., Taipei» vom 6. April 1988, ebd.
360 Protokoll der Geschäftsleitung vom 13. Juni 1989, ebd.
361 M. J. Walser, Telefax an Hönn vom 17. November 1989, ebd.
362 E-Mail Breddels an Langmann vom 30. Mai 2001 und Antwort von Langmann vom 30. Mai 2001, ebd.
363 Geschäftsbericht Merck 1990, S. 44.
364 Geschäftsbericht Merck KGaA 2000, S. 74.
365 Protokoll Sitzung Strategische Planung am 2. September 1991, Bericht Hönn über Großbritannien, Merck-Archiv, E 10/675 a.
366 Bericht Hönn über die Regionalstrategie Großbritannien, o. D. [Oktober 1990], Merck-Archiv, E 10/772 a.
367 Protokoll der Geschäftsleitungssitzung vom 18. Juli 1997, Merck-Archiv, E 10/1366.
368 Protokoll der Geschäftsleitungssitzung vom 18. November 1997, ebd.
369 Geschäftsbericht Merck OHG 1991, S. 40; Geschäftsbericht Merck OHG 1994, S. 10.
370 Merck AG. Chemiesparte im Jahresverlauf gut erholt. Steigende Tendenz im Nordamerikageschäft, in: Handelsblatt, 22. November 1991, S. 23.
371 Merck AG. Impulse vom Geschäft mit freiverkäuflichen Medikamenten erwartet. Arbeitsplatzabbau bei britischer Tochter, in: Handelsblatt, 14. Juni 1993, S. 17; Treilles (Präsident von Merck-Lipha) an die Geschäftsleitung von Merck vom 29. September 1998, Merck-Archiv, E 10/1719.
372 1992 erwarb man die Laborfirma Biotrol, die Reagenzienfirma Prolabo und den Biomaterialienproduzenten Impact. Vgl. Geschäftsbericht Merck OHG 1992, S. 18 f. Hinzu trat

1994 der Kauf von Polylabo International S. A., einer Laborhandelsfirma mit Schwerpunkt Molekularbiologie. Langmann an die Mitglieder der Geschäftsleitung vom 18. November 1994, Merck-Archiv, E 10/1719.
373 Lipha S. A. Kaufpreis liegt zwischen 2,4 und 2,8 Mrd. FF. Merck will Mehrheit erwerben, in: Handelsblatt, 26. September 1991, S. 20; Merck-Tochter Lipha stark gewachsen, in: Handelsblatt, 19. März 1997, S. 16.
374 E. Merck. Kaufpreis für Lipha wird nicht genannt. Mit neuer Beteiligung für den Binnenmarkt gerüstet, in: Handelsblatt, 2. Oktober 1991, S. 24; Merck Aktionär was nun?, in: Handelsblatt, 12. Juni 1992, S. 22.
375 Lipha setzt auf Diabetes- und Alkoholpräparat, in: Börsenzeitung, 2. November 1995, S. 7.
376 Geschäftsbericht Merck KGaA 2014, S. 100.
377 Aufstellung Gewinn Merck-Gruppe und Bracco (50 Prozent), Merck-Archiv, E 10/679 a; Aufstellung über die Jahresgewinne von Bracco in den Jahren 1983 bis 1995, vom 11. Juli 1996; FAX Merck AG Zug an Sekretariat Langmann vom 11. Juli 1996, Merck-Archiv, E 10/480 a.
378 J. Henry Schroder & Co. Ltd., Preliminary valuation on Bracco's Group's Pharmaceutical and Chemical Business vom 25. Februar 1999, Merck-Archiv, E 10/679 a.
379 Diana Bracco an Langmann vom 7. Dezember 1998 und Langmann an Mitglieder der Geschäftsleitung von Merck vom 9. Dezember 1998, Merck-Archiv, E 10/480 b.
380 Diana Bracco, Telefax an Roberts vom 10. Dezember 1996, Merck-Archiv, E 10/480 a.
381 Brandis (Rechtsabteilung) an Langmann vom 22. Juli 1996; Diana Bracco an Edward Roberts vom 4. Juli 1996; Charpentier (Leiter von Lipha) an Roberts vom 25. Juni 1996, ebd.
382 Flämig an Peter Gronen (Rechtsanwalt in Mailand) vom 30. Oktober 1996; Handelsregisterauszug der Handelskammer Mailand vom 31. Oktober 1996, ebd.
383 Langmann an Mitglieder der Geschäftsleitung von Merck vom 2. Oktober 1996, ebd.
384 Langmann an Scheuble vom 28. Juli 1998, Merck-Archiv, E 10/480 b.
385 Langmann an Diana Bracco vom 26. Juni 1998; J. Henry Schroder & Co. Ltd., Preliminary valuation of Bracco Group, vom Juli 1998, Merck-Archiv, E 10/679 a.
386 Bracco will Bande zu Merck auflösen, in: Handelsblatt, 11. Juni 1999, S. 23.
387 Merck-Gruppe beschleunigt den Umbau, in: Handelsblatt, 15. Dezember 1999, S. 16.
388 Langmann, Memorandum «Die Zukunft von Merck als Familiengesellschaft» vom 16. Juni 2001, Merck-Archiv, E 10/1461.
389 Chandler, Shaping the Industrial Century, S. 240 f., 250.
390 Langmann, Vortrag auf der außerordentlichen Gesellschafterversammlung am 8. April 1995, Merck-Archiv, E 10/1017, S. 9–11.
391 Ebd., S. 12.
392 Langmann, Vortrag auf der Gesellschafterversammlung am 25. Juni 1994, Merck-Archiv, E 10/1441.
393 Der Labormarkt wurde weltweit von den drei Anbietern Merck, Thermo Fisher und VWR beherrscht. Merck war Ende der 1990er-Jahre Marktführer in Europa und Lateinamerika und versuchte, auch in Nordamerika eine starke Position aufzubauen. Information für die Mitglieder der Geschäftsleitung über Vortrag Langmann auf der Gesellschafterversammlung am 19. Juni 1998, ebd.
394 Langmann, Vortrag auf der Gesellschafterversammlung am 25. Juni 1994, Merck-Archiv, E 10/1885.
395 Protokoll der Merck-Geschäftsleitungssitzung vom 16. März 1995, Merck-Archiv, E 10/1877.

396 Merck. Joint-venture im Laborfachhandel, in: Handelsblatt, 24. September 1993, S. 30.
397 Merck AG. Einstieg bei der amerikanischen VWR, in: Handelsblatt, 2. März 1995, S. 15.
398 Merck Einstieg bei VWR nunmehr rechtskräftig, in: Handelsblatt, 19. September 1995, S. 21.
399 Protokoll der Geschäftsleitungssitzung vom 14. Dezember 1998, Merck-Archiv, E 10/1881; Protokoll der Geschäftsleitungssitzung vom 18. Mai 1999, Merck-Archiv, E 10/1882; Protokoll der Geschäftsleitungssitzung vom 17. Februar 1998, Merck-Archiv, E 10/1367; Merck mit US-Beteiligung VWR sehr zufrieden, in: Börsenzeitung, 3. März 1998, S. 7; Merck will VWR voll übernehmen, in: Börsenzeitung, 10. Juni 1999, S. 8.
400 Merck will VWR ganz übernehmen, in: Handelsblatt, 10. Juni 1999, S. 25.
401 Protokoll der Merck-Geschäftsleitungssitzung vom 1. Februar 2000, Merck-Archiv, E 10/1883.
402 Merck-Laborhandel unter einem Namen, in: Börsenzeitung, 22. November 2001, S. 11; Merck beendet das Jahr mit Ertragseinbruch, in: Börsenzeitung, 15. Februar 2002, S. 10.
403 Merck trennt sich vom Laborgeschäft, in: Handelsblatt, 16. Februar 2004, S. 9.
404 Merck KGaA will kräftig in die Pharmasparte investieren, in: Handelsblatt, 17. Februar 2004, S. 14.
405 Merck AG. Erwerb der Amerpharm-Mehrheit folgt vielleicht eine Kapitalerhöhung, in: Handelsblatt, 19. Mai 1994, S. 25; Geschäftsbericht Merck KGaA 1995, S. 14, S. 46; Geschäftsbericht Merck KGaA 1996, S. 10.
406 Geschäftsbericht Merck KGaA 1996, S. 50.
407 Geschäftsbericht Merck KGaA 1997, S. 5; Geschäftsbericht Merck KGaA 1998, S. 30.
408 Geschäftsbericht Merck KGaA 1999, S. 26; Geschäftsbericht Merck KGaA 2003, S. 33.
409 Interview mit Frank Stangenberg-Haverkamp am 16. Dezember 2015, Merck-Archiv, Y 3/D00079, Minute 33.
410 Geschäftsbericht Merck KGaA 2006, S. 30; Geschäftsbericht Merck KGaA 2007, S. 18; Merck besiegelt Mylan-Verkauf, in: Börsenzeitung, 4. Oktober 2007, S. 9.
411 Wie die Heuschrecken, in: Handelsblatt, 22. Dezember 2006, S. 31; Völlig unterschätzt, in: Wirtschaftswoche, 19. Juni 2006, S. 76; Schering Poker beschert Merck kräftiges Gewinnwachstum, in: Die Welt, 27. Juli 2006, S. 12.
412 Langmann, Ausarbeitung «Merck – Superb» vom 10. Oktober 2005, Merck-Archiv, E 10/2632 a, S. 10; Langmann an Scheuble, Ausarbeitung «Bemerkungen zum Erwerb einer größeren Beteiligung» vom 20. Juli 2004, Merck-Archiv, E 10/824 a.
413 Langmann, Ausarbeitung «Merck – Superb» vom 10. Oktober 2005, Merck-Archiv, E 10/2632 a, S. 23.
414 Präsentation Deutsche Bank, «Project superb», 13. Januar 2006, ebd.; Merck kann bei Schering nachlegen, in: Handelsblatt, 22. März 2006, S. 11; Interview mit Frank Stangenberg-Haverkamp am 16. Dezember 2015, Merck-Archiv, Y 3/D00079, Minute 39.
415 Interview mit Frank Stangenberg-Haverkamp am 16. Dezember 2015, Merck-Archiv, Y 3/D00079, Minute 37.
416 Wie die Heuschrecken, in: Handelsblatt, 22. Dezember 2006, S. 31.
417 Beute gefunden, in: Die Zeit 12 (2006); Kein Schering-Retter in Sicht, in: Handelsblatt, 16. März 2006, S. 15; Familienaffäre, in: Handelsblatt, 16. März 2006, S. 8.
418 Bayer kämpft um Schering, in: Handelsblatt, 24. März 2006, S. 1.
419 Merck muss neue Optionen prüfen, in: Handelsblatt, 27. März 2006, S. 16; Völlig unterschätzt, in: Wirtschaftswoche, 19. Juni 2006, S. 76; Schering Poker beschert Merck kräftiges Gewinnwachstum, in: Die Welt, 27. Juli 2006, S. 12; Merck stört Hochzeit von Bayer-Schering, in: Handelsblatt, 9. Juni 2006, S. 19; Offener Kampf um Schering, in:

Handelsblatt, 12. Juni 2006, S. 1; Bayer kauft sich Weg zu Schering frei, in: Handelsblatt, 16. Juni 2006, S. 13.
420 Strauß, Vertrieb, S. 47, 60.
421 Ebd., S. 98 f.
422 Ebd., S. 105 f.
423 Ebd., S. 117.
424 Ebd., S. 89, 112–115.
425 Ebd., S. 118.
426 Bartmann, Zwischen Tradition und Fortschritt, S. 254, 346, 429; Braun/Kleinschmidt, Marketingstrategien; Hilger, Amerikanisierung, S. 186 f.
427 Vgl. Strauß, Materialsammlung, S. 1049–1056.
428 Vgl. hierzu ebd., S. 1040–1079.
429 Vgl. ebd., S. 1063–1074.
430 Strauß, Vertrieb, S. 36–39.
431 Ebd., S. 45 f.
432 Ebd., S. 44.
433 Ebd., S. 51.
434 Ebd., S. 144–146.
435 Nötzelmann an v. Arnim, Entwurf einer Konzeption für das ethische Pharmageschäft Inland vom 10. Mai 1979, Merck-Archiv, E 10/1310.
436 Wirtschaftsberatung Bredt, Organigramm vom 1. Oktober 1981; Vorlage an die Geschäftsleitung von Nötzelmann (Projektgruppenleiter OL V Pha D) vom 2. November 1981; Wirtschaftsberatung Bredt, «Die Neustrukturierung der V Pha D-Organisation» vom 9. Oktober 1981, ebd.
437 Strauß, Vertrieb, S. 119.
438 Marktforschung an Hecht-Lucari vom 15. Juli 1980, Merck-Archiv, E 10/1308.
439 V. Oetinger (BCG) an Bartling vom 11. Juli 1980; Boston Consulting Group, Pharmasparte Forschungsvorschlag vom 27. Juni 1980, ebd., S. 29 f.
440 Boston Consulting Group, Pharmasparte Forschungsvorschlag vom 27. Juni 1980, ebd., S. 26, 32.
441 Ebd., S. 34.
442 Strauß, Vertrieb, S. 58.
443 Ebd., S. 59.
444 Bundesgesetzblatt 1977, Nr. 32, S. 789–792.
445 Geschäftsbericht Merck OHG 1975, S. 17; Geschäftsbericht Merck OHG 1977, S. 27; Geschäftsbericht Merck OHG 1979, S. 18.
446 Geschäftsbericht Merck OHG 1982, S. 18.
447 Geschäftsbericht Merck OHG 1991, S. 44; Geschäftsbericht Merck OHG 1992, S. 33; Geschäftsbericht Merck OHG 1993, S. 7, 34; Strauß, Vertrieb, S. 237–239.
448 Vgl. Uekötter, Umweltgeschichte, S. 28–35; Jungkind, Risikokultur, S. 247–255.
449 So die Titelüberschrift, in: Der Spiegel 45 (1985).
450 Hessen-Koalition. Wie Willy wollte, in: Der Spiegel 45 (1985), S. 24–31.
451 Joschka Fischer sucht Giftmüll bei Merck, in: Der Spiegel 4 (1986), S. 96.
452 Ernst Jacobi, Vortrag «Umweltschutz» vor der Gesellschafterversammlung am 27. Juni 1980, Merck-Archiv, E 10/2144, S. 1.
453 Jungkind, Risikokultur, S. 238.
454 Matthäus, Die «Neue Fabrik», S. 36.

455 Ernst Jacobi, Vortrag «Umweltschutz» vor der Gesellschafterversammlung am 27. Juni 1980, Merck-Archiv, E 10/2144, S. 8 f. Vgl. auch Abelshauser, BASF, S. 515–517.
456 Zu den Gesetzesmaßnahmen zählten: Wasserhaushaltsgesetz (1957), reformierte Gewerbeordnung (1959), Abfallbeseitigungsgesetz (1972), Immissionsschutzgesetz (1974), Abwasserabgabengesetz (1976), Chemikaliengesetz (1980). Ernst Jacobi, Vortrag «Umweltschutz» vor der Gesellschafterversammlung am 27. Juni 1980, Merck-Archiv, E 10/2144, S. 5 f.; Jungkind, Risikokultur, S. 72.
457 Geschäftsbericht Merck OHG 1970, S. 15.
458 Beschluss der Geschäftsleitung auf Vorschlag der Rechtsabteilung am 19. Juli 1972, Merck-Archiv, E 10/2143 b.
459 Jungkind, Risikokultur, S. 121 f., 221.
460 Geschäftsbericht Merck OHG 1981, S. 23.
461 Ebd.; Ernst Jacobi, Vortrag «Umweltschutz» vor der Gesellschafterversammlung, am 27. Juni 1980, Merck-Archiv, E 10/2144, S. 11.
462 Die Anlage in Darmstadt wurde 1965 in Betrieb genommen, diejenige in Gernsheim folgte 1976. Der Bau der Kläranlage in Gernsheim kostete mehr als 10 Millionen DM, die umfangreiche Modernisierung der Darmstädter Kläranlage am Ende der 1980er-Jahre rund 26 Millionen DM. Vgl. Geschäftsbericht Merck OHG 1973, S. 17; Geschäftsbericht Merck OHG 1976, S. 25; Geschäftsbericht Merck OHG 1989, S. 25; Geschäftsbericht Merck OHG 1990, S. 24.
463 Ernst Jacobi, Vortrag «Umweltschutz» vor der Gesellschafterversammlung, am 27. Juni 1980, Merck-Archiv, E 10/2144, S. 9.
464 Ebd., S. 14.
465 Die BASF nahm die Anlage Ende 1974 in Betrieb. Abelshauser, BASF, S. 516.
466 Matthäus, Die «Neue Fabrik», S. 36.
467 Ebd., S. 75.
468 Ebd., S. 64.
469 Ebd., S. 23.
470 Ebd., S. 64.
471 Ebd., S. 16, 25.
472 Gift unter dem Parkplatz, in: Der Spiegel 36 (1974), S. 14; Stinkender Eisberg, in: Der Spiegel 38 (1974), S. 49 f.
473 Gift unter dem Parkplatz, in: Der Spiegel 36 (1974), S. 14; Stinkender Eisberg, in: Der Spiegel 38 (1974), S. 49 f.
474 Wind von gestern, in: Der Spiegel 5 (1979), S. 60–62.
475 Jacobi an Langmann vom 10. April 1980, Merck-Archiv, E 10/2144. Kleinere Zahlungen folgten bis Mitte der 1980er-Jahre. Sitzungsprotokolle des Umweltausschusses vom 17. September 1984 und 8. März 1985, Merck-Archiv, E 10/2143 a.

3. Eine Unternehmensgeschichte der Gegenwart

1 Rödder, Gegenwart, Kapitel 1, 2, 5, 6, 7; Schenk, International, S. 76–90, 97–107.
2 Bähr/Rudolf, Finanzkrisen, S. 180–218.
3 Schenk, International, S. 121–132; Konrad/Zschäpitz, Schulden, S. 47–62, 175–186, 191–211.
4 Interview mit Frank Stangenberg-Haverkamp am 16. Dezember 2015, Merck-Archiv, Y 3/D00079, Minute 44.

5 Kley überlässt Lauer das Feld, in: Börsenzeitung, 14. März 2006, S. 10; Am Ende überragend – Der kleine Kley, in: Manager Magazin 1 (2016), S. 46–50.
6 Interview mit Karl-Ludwig Kley am 17. Dezember 2015, Merck-Archiv, Y 3/D00077, Minute 8–9.
7 Schach mit Kley als König, in: Handelsblatt, 14. März 2006, S. 3.
8 Unterfordert, in: Börsenzeitung, 25. März 2006, S. 10.
9 Karl-Ludwig Kley rückt im April an die Merck-Spitze, in: Börsenzeitung, 22. Februar 2007, S. 7; Der Kronprinz übernimmt, in: Handelsblatt, 22. Februar 2007, S. 13.
10 Merck will Position bei Flüssigkristallen verteidigen, in: Börsenzeitung, 25. Oktober 2007, S. 9; Merck Chef verlangt mehr Mut zum Risiko, in: Börsenzeitung, 29. März 2008, S. 11.
11 Interview mit Frank Stangenberg-Haverkamp am 16. Dezember 2015, Merck-Archiv, Y 3/D00079, Minute 56; Interview mit Karl-Ludwig Kley am 17. Dezember 2015, Merck-Archiv, Y 3/D00077, Minute 19–20, 22–23; Interview mit Stefan Oschmann am 21. April 2016, Merck-Archiv, Y 3/D00080, Minute 23.
12 Interview mit Karl-Ludwig Kley am 17. Dezember 2015, Merck-Archiv, Y 3/D00077, Minute 56.
13 Ebd., Minute 67, 72.
14 Kley, Vortrag «Wandel und Wechsel liebt, wer lebt» vom 20. Juni 2015, Folie 31, Merck-Archiv, F 6/166; Interview mit Karl-Ludwig Kley am 17. Dezember 2015, Merck-Archiv, Y 3/D00077, Minute 26, 61–62.
15 Kley, Vortrag «Wandel und Wechsel liebt, wer lebt» vom 20. Juni 2015, Folie 32, Merck-Archiv, F 6/166.
16 Broschüre «Change» bzw. «Verändern», Merck KGaA, Human Resources, Darmstadt 2007.
17 Kley, Vortrag «Wandel und Wechsel liebt, wer lebt» vom 20. Juni 2015, Folie 35, Merck-Archiv, F 6/166.
18 Interview mit Wolfgang Zimmermann am 28. Oktober 2015, Minute 5; Interview mit Flavio Battisti am 11. November 2015, Teil 1, Minute 33, 59; Teil 2, Minute 36, 65.
19 Kley, «The Merck Journey 2007–2015», o. D., Folie 11, Merck-Archiv, F 6/166.
20 Kley, Vortrag «Wandel und Wechsel liebt, wer lebt» vom 20. Juni 2015, Folie 38, ebd.
21 Interview mit Karl-Ludwig Kley am 17. Dezember 2015, Merck-Archiv, Y 3/D00077, Minute 3–4.
22 Kley, Vortrag «Wandel und Wechsel liebt, wer lebt» vom 20. Juni 2015, Folie 68, Merck-Archiv, F 6/166.
23 Ebd., Folie 39.
24 Interview mit Karl-Ludwig Kley am 17. Dezember 2015, Merck-Archiv, Y 3/D00077, Minute 92–94.
25 Interview mit Stefan Oschmann am 21. April 2016, Merck-Archiv, Y 3/D00080, Minute 52–53.
26 Die Mischung macht's, in: Börsenzeitung vom 10. November 2015, S. 13.
27 Kley, Vortrag «Wandel und Wechsel liebt, wer lebt» vom 20. Juni 2015, Folie 96, Merck-Archiv, F 6/166; Interview mit Karl-Ludwig Kley am 17. Dezember 2015, Merck-Archiv, Y 3/D00077, Minute 104.
28 Kley, Vortrag «Wandel und Wechsel liebt, wer lebt» vom 20. Juni 2015, Folien 109, 113, 115 f., 120, Merck-Archiv, F 6/166.
29 Merck springt in den Farbtopf, in: Börsenzeitung vom 15. Oktober 2015, S. 13.

30 Interview mit Flavio Battisti am 11. November 2015, Minute 42.
31 Interview mit Karl-Ludwig Kley am 17. Dezember 2015, Merck-Archiv, Y 3/D00077, Minute 58.
32 Serono-Eigner gesprächsbereit, in: Börsenzeitung, 31. Januar 2006, S. 14; Weitermachen, Bertarelli, in: Börsenzeitung, 7. Februar 2006, S. 8; Serono wird nicht verkauft, in: Börsenzeitung, 11. April 2006, S. 1; Seronos Hauptaktionär beendet Verkaufsgespräche, in: Börsenzeitung, 11. April 2006, S. 13.
33 Interview mit Frank Stangenberg-Haverkamp am 16. Dezember 2015, Merck-Archiv, Y 3/D00079, Minute 49.
34 Es gibt keinen halben Bertarelli, in: Börsenzeitung, 21. April 2006, S. 10.
35 Serono wählt erneut das kleinere Risiko, in: Börsenzeitung, 22. September 2006, S. 11; Merck übernimmt Biotech-Firma Serono, in: Börsenzeitung, 22. September 2006, S. 11; Interview mit Karl-Ludwig Kley am 17. Dezember 2015, Merck-Archiv, Y 3/D00077, Minute 31, 62–63.
36 Merck zahlt 10,6 Mrd. Euro für Serono, in: Börsenzeitung, 22. September 2006, S. 1; Interview mit Flavio Battisti am 11. November 2015, Teil 1, Minute 3; Teil 2, Minute 55.
37 Drei Hoffnungswerte, in: Manager Magazin 12 (2011), S. 68.
38 Merck stärkt Chemiegeschäft in den USA, in: Börsenzeitung, 2. März 2010, S. 9; Merck expandiert in der Biochemie, in: Handelsblatt, 2. März 2010, S. 22.
39 Kley, Vortrag «Wandel und Wechsel liebt, wer lebt» vom 20. Juni 2015, Folien 52–54, Merck-Archiv, F 6/166; Interview mit Frank Stangenberg-Haverkamp am 16. Dezember 2015, Merck-Archiv, Y 3/D00079, Minute 55.
40 Pressemitteilung der Merck KGaA vom 10. November 2015.
41 Interview mit Frank Stangenberg-Haverkamp am 16. Dezember 2015, Merck-Archiv, Y 3/D00079, Minute 35; Interview mit Karl-Ludwig Kley am 17. Dezember 2015, Merck-Archiv, Y 3/D00077, Minute 57.
42 Bernd Reckmann nach Dauerlauf am Ziel, in: Börsenzeitung, 19. November 2015, S. 12.
43 Interview mit Frank Stangenberg-Haverkamp am 16. Dezember 2015, Merck-Archiv, Y 3/D00079, Minute 34.
44 Wenn schon, denn schon, in: Börsenzeitung, 23. September 2014, S. 1; Kley, «Wandel und Wechsel liebt, wer lebt» vom 20. Juni 2015, Folie 58, Merck-Archiv, F 6/166; Interview mit Frank Stangenberg-Haverkamp am 16. Dezember 2015, Merck-Archiv, Y 3/D00079, Minute 35.
45 Merck schlägt für 17 Mrd. Dollar in den USA zu, in: Börsenzeitung, 23. September 2014, S. 9.
46 Kley, Vortrag «Wandel und Wechsel liebt, wer lebt» vom 20. Juni 2015, Folie 59, Merck-Archiv, F 6/166.
47 Ebd., Folie 60.
48 Interview mit Karl-Ludwig Kley am 17. Dezember 2015, Merck-Archiv, Y 3/D00077, Minute 71–72, 102.
49 Rahmenvereinbarung/Leitplankenpapier zur Zukunftssicherung Fit für 2018 vom 3. September 2012; Merck prüft Stellenabbau in allen Sparten, in: Börsenzeitung, 25. Februar 2012, S. 9.
50 Geschäftsbericht Merck KGaA 2014, S. 50, 196; Kley, Vortrag «Wandel und Wechsel liebt, wer lebt» vom 20. Juni 2015, Folie 64.
51 Merck spart für neues Wachstum, in: Handelsblatt, 7. März 2012, S. 22.
52 Merck legt Sparprogramm noch nicht offen, in: Börsenzeitung, 22. März 2012, S. 11.

53 Merck startet Stellenabbau in der Schweiz, in: Börsenzeitung, 25. April 2012, S. 9; Merck macht Serono in der Schweiz dicht, in: Handelsblatt, 25. April 2012, S. 20.
54 Merck-Stellenabbau nimmt Form an, in: Börsenzeitung, 5. Juni 2012, S. 9.
55 Merck streicht in Deutschland 1100 Jobs, in: Die Welt, 5. September 2012, S. 13.
56 Geschäftsbericht Merck KGaA 2014, S. 50 und 196; Kley, Vortrag «Wandel und Wechsel liebt, wer lebt» vom 20. Juni 2015, Folie 64, Merck-Archiv, F 6/166.
57 Interview mit Stefan Oschmann am 21. April 2016, Merck-Archiv, Y 3/D00080, Minute 2–7.
58 Ebd., Minute 15.
59 Ebd., Minute 8.
60 Ebd., Minute 13.
61 Interview mit Frank Stangenberg-Haverkamp am 15. Dezember 2015, Merck-Archiv, Y 3/D00079, Minute 63.
62 Jenseits von Afrika, in: Wirtschaftswoche, 1. April 2016, S. 72.
63 Kley, Vortrag «Wandel und Wechsel liebt, wer lebt» vom 20. Juni 2015, Folie 67, Merck-Archiv, F 6/166.
64 Ebd., Folie 85–88; Interview mit Karl-Ludwig Kley am 17. Dezember 2015, Merck-Archiv, Y 3/D00077, Minute 36–37.
65 Pressemitteilung Merck KGaA vom 25. August 2017.
66 Merck. Hoffen auf die Wunderpille, in: Wirtschaftswoche, 27. November 2015, S. 42.
67 Merck – Krebsmittel floppt, in: Börsenzeitung, 8. Dezember 2015, S. 7.
68 Merck pflegt die Pharma, in: Börsenzeitung, 11. Dezember 2015, S. 11.
69 Merck muss erst einmal verschnaufen, in: Börsenzeitung, 9. März 2016, S. 9.
70 Interview mit Karl-Ludwig Kley am 17. Dezember 2015, Merck-Archiv, Y 3/D00077, Minute 34–35.
71 Pressemitteilung Merck KGaA vom 21. Juli 2017.
72 Merck. Hoffen auf die Wunderpille, in: Wirtschaftswoche, 27. November 2015, S. 42.
73 Interview mit Stefan Oschmann am 21. April 2016, Merck-Archiv, Y 3/D00080, Minute 39.
74 Ebd., Minute 75–77.
75 Ebd., Minute 77–81.
76 CIA-Start-up soll beim Kampf gegen Krebs helfen, in: Die Welt, 16. Januar 2017, S. 10.
77 Interview mit Stefan Oschmann am 21. April 2016, Merck-Archiv, Y 3/D00080, Minute 66.

Stammbäume

Der Übersichtlichkeit halber sind in diesem Stammbaum nur die im Text erwähnten Familienangehörigen mit ihren Ehepartnern aufgenommen worden. Funktionsträger im Unternehmen sind rot markiert, der jeweilige Rufname ist unterstrichen.

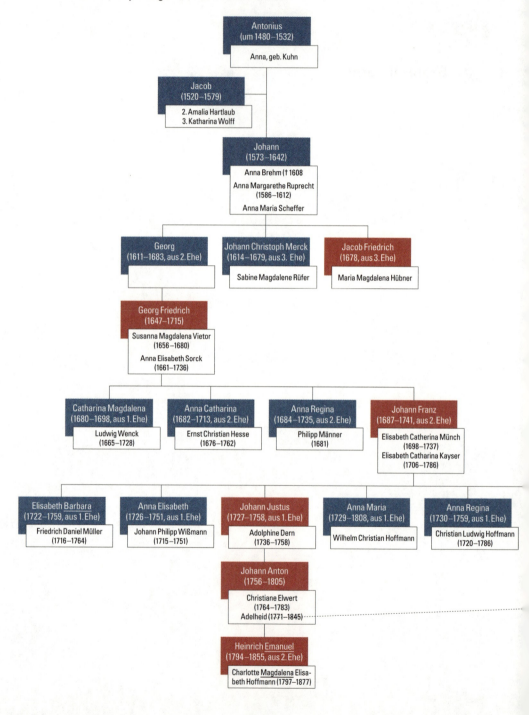

Stammbäume 653

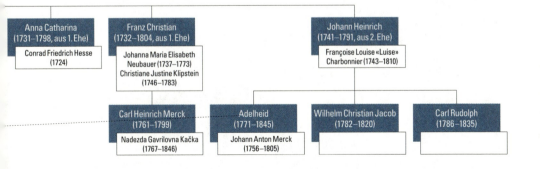

Der Übersichtlichkeit halber sind in diesem Stammbaum nur die im Text erwähnten Familienangehörigen mit ihren Ehepartnern aufgenommen worden. Funktionsträger im Unternehmen sind rot markiert, der jeweilige Rufname ist unterstrichen.

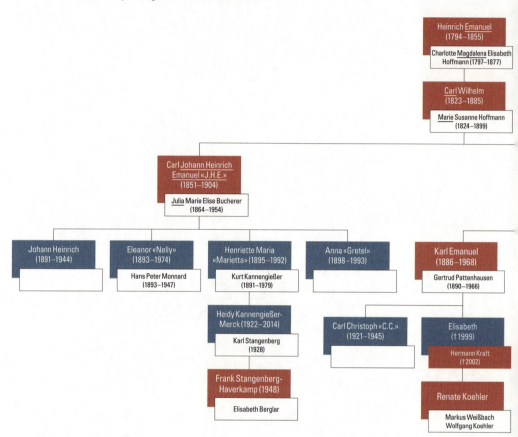

Stammbäume

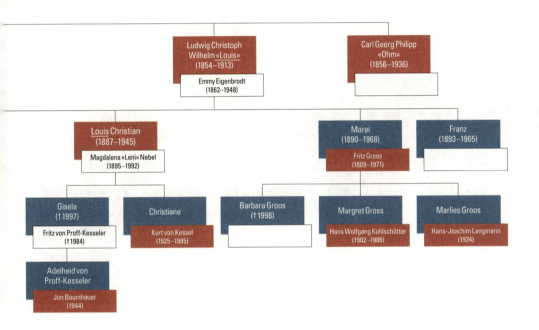

Der Übersichtlichkeit halber sind in diesem Stammbaum nur die im Text erwähnten Familienangehörigen mit ihren Ehepartnern aufgenommen worden. Funktionsträger im Unternehmen sind rot markiert, der jeweilige Rufname ist unterstrichen.

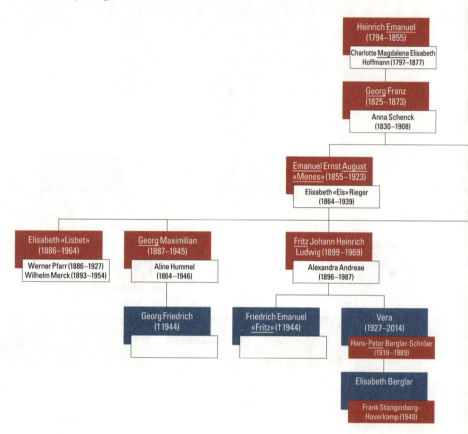

Stammbäume **657**

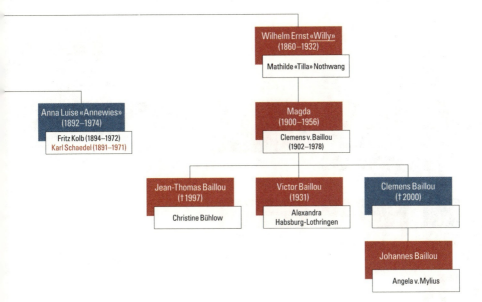

Der Übersichtlichkeit halber sind in diesem Stammbaum nur die im Text erwähnten Familienangehörigen mit ihren Ehepartnern aufgenommen worden. Funktionsträger im Unternehmen sind rot markiert, der jeweilige Rufname ist unterstrichen.

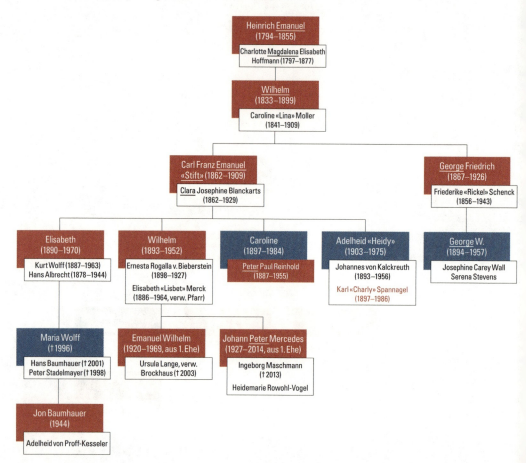

Abkürzungsverzeichnis

AA	Auswärtiges Amt
AEG	Allgemeine Elektricitäts-Gesellschaft
Aerobank	Bank der Deutschen Luftfahrt AG
AG	Aktiengesellschaft
Agfa	Actien-Gesellschaft für Anilin-Fabrication
APC	Alien Property Custodian
BAR	Schweizerisches Bundesarchiv, Bern
BArch	Bundesarchiv
BASF	Badische Anilin- & Soda-Fabrik
BASF UA	Unternehmensarchiv der BASF
BAL	Bayer-Archiv Leverkusen
BCG	Boston Consulting Group
BDH	British Drug Houses Ltd.
BECCO	Buffalo Electro-Chemical Company
BIOS	British Intelligence Objectives Subcommittee
Bros.	Brothers
CCHs	Cyclohexylcyclohexane
CCMB	Companhia Chimica Merck Brasil SA
CDU	Christlich Demokratische Union Deutschlands
Cepha	Verband der chemisch-pharmazeutischen Großindustrie
CFG	Chemische Fabrik Gersthofen von Transehe & Co. KG
Cie.	Compagnie
Cilag	Chemisches industrielles Laboratorium AG
Co.	Compagnie
Corp.	Corporation
DAF	Deutsche Arbeitsfront
Danat	Darmstädter und Nationalbank
DChG	Deutsche Chemische Gesellschaft zu Berlin
DDR	Deutsche Demokratische Republik
DDT	Dichlordiphenyltrichlorethan
Degussa	Deutsche Gold- und Silber-Scheide-Anstalt
DM	Deutsche Mark

DVP	Deutsche Volkspartei
EBIT	Earnings Before Interest and Taxes («Gewinn vor Zinsen und Steuern»)
EDV	Elektronische Datenverarbeitung
Elfa	Elektrochemische Fabrik W. Francke
EMD	Emanuel Merck Darmstadt
ERP	European Recovery Program
EVZ	Stiftung Erinnerung, Verantwortung und Zukunft
EWM	Elektro-Chemische Werke München AG
FF	Franc Français
fl.	Gulden
GB	Geschäftsbereich
GBL	Generalbetriebsleitung
Geh. Rat	Geheimer Rat
Gestapo	Geheime Staatspolizei
GHH	Gutehoffnungshütte
GmbH	Gesellschaft mit beschränkter Haftung
GWB	Gesetz gegen Wettbewerbsbeschränkungen («Kartellgesetz»)
Hageda	Handelsgesellschaft deutscher Apotheker
HAR	Historisches Archiv Roche
HCH	Hexachlorcyclohexan
HEAG	Hessische Elektrizitäts-Aktiengesellschaft
Hersta	Herstellungsanweisung
HISMA	Compañía Hispano-Marroquí de Transportes Limitada
HHStA Wien	Haus-, Hof- und Staatsarchiv Wien
HHStAW	Hessisches Hauptstaatsarchiv Wiesbaden
HStAD	Hessisches Staatsarchiv Darmstadt
HStA	Hauptstaatsarchiv
HWA	Hessisches Wirtschaftsarchiv
I. G. Farben	I. G. Farbenindustrie AG
ICI	Imperial Chemical Industries
IfZ	Institut für Zeitgeschichte
IG	Interessengemeinschaft
IHK	Industrie- und Handelskammer
JEIA	Joint Export Import Agency
KdF	NS-Gemeinschaft «Kraft durch Freude»
KfW	Kreditanstalt für Wiederaufbau
KG	Kommanditgesellschaft
KGaA	Kommanditgesellschaft auf Aktien
kr.	Kreuzer
KZ	Konzentrationslager
L. & Sch.	Lobenstein & Schalscha
Lipha	Société Lyonnaise Industrielle Pharmaceutique S. A.
Ltd.	Limited
Ltda.	Limitada
M	Mark
MBA	Master of Business Administration

MBK	Merck, Boehringer Mannheim, Knoll
MEPRO	Merck Produkte Vertriebs GmbH
MQA	Merck Quimica Argentina
MQC	Merck Quimica Chilena
NA	The National Archives Washington
NA London	The National Archives London
ND	Neudruck
NDB	Neue Deutsche Biographie
NF	Neue Folge
NS	Nationalsozialismus, nationalsozialistisch
NSBDT	NS-Bund Deutscher Technik
NSBO	Nationalsozialistische Betriebszellenorganisation
NSDAP	Nationalsozialistische Deutsche Arbeiterpartei
NSKK	Nationalsozialistisches Kraftfahrkorps
OHG	Offene Handelsgesellschaft
OKH	Oberkommando des Heeres
OKM	Oberkommando der Marine
OKW	Oberkommando der Wehrmacht
OL	Organisationsleitung
OLED	Organische Leuchtdioden
OMGUS	Office of Military Government for Germany, United States
Osco	Otto Schickert & Co. KG
PAR	Pharmaceutical Ressources (Unternehmen)
PCHs	Phenylcyclohexane
PQF	Productos Quimico-Farmacéuticos SA
Reipha	Reichsfachschaft der pharmazeutischen Chemie
RGO	Revolutionäre Gewerkschaftsopposition
RLM	Reichsluftfahrtministerium
RM	Reichsmark
ROWAK	Rohstoff-Waren-Kompensations-Handelsgesellschaft
RWM	Reichswirtschaftsministerium
S.p.A.	Società per Azioni
SA	Sturmabteilung; aber auch Rechtsform für Aktiengesellschaften: Sociedad Anónima in verschiedenen spanischsprachigen Ländern, Sociedade Anônima in portugiesischsprachigen Ländern, Societé anonyme in verschiedenen französischsprachigen Ländern
SchA	Schering Archiv
SD	Sicherheitsdienst des Reichsführers SS
SFR	Schweizer Franken
Soc.	Sociedad
Soproper	Société des Produits Peroxydés
SPD	Sozialdemokratische Partei Deutschlands
SS	Schutzstaffel
StadtA DA	Stadtarchiv Darmstadt
TFT-LC-Display	Thin-Film-Transistor Liquid-Crystal Display

TU	Technische Universität
UK-Stellung	Unabkömmlichstellung
US/USA	United States of America
VdCh	Verein Deutscher Chemiker
VWR	VWR Corporation

Archivverzeichnis

Amtsarchiv Büsum-Wesselburen
Archiwum Państwowe w Gdańsku
BASF SE, Unternehmensarchiv
 (BASF UA PB)
Bayer-Archiv Leverkusen (BAL)
Bundesarchiv (BArch)
Evonik Industries AG, Konzernarchiv
Hauptstaatsarchiv Stuttgart
 (HStA Stuttgart)
Haus-, Hof- und Staatsarchiv Wien
 (HHStA Wien)
Hessisches Hauptstaatsarchiv Wiesbaden
 (HHStAW)
Hessisches Staatsarchiv Darmstadt
 (HStAD)
Hessisches Wirtschaftsarchiv (HWA)
Historisches Archiv C. H. Boehringer
Historisches Archiv Roche (HAR)
Hoechst-Archiv
Institut für Stadtgeschichte Frankfurt am
 Main
Landesarchiv Berlin
Landesarchiv Schleswig-Holstein
Merck Corporate History
 (Merck-Archiv)
National Archives London (NA London)
National Archives Washington (NA)
Schering Archiv (SchA)
Schweizerisches Bundesarchiv (BAR)
Staatsarchiv Hamburg
Stadtarchiv Darmstadt (StadtA Da)
Stadtarchiv Schweinfurt

Literaturverzeichnis

Artikel aus folgenden Periodika wurden nicht ins Literaturverzeichnis übernommen, sie finden sich – jeweils bibliographisch vollständig zitiert – in den Fußnoten:
Börsenzeitung
Darmstädter Echo
Darmstädter Tagblatt
Das Merck-Blatt
Der Proletarier. Organ des Verbandes der Fabrikarbeiter Deutschlands
Der Spiegel
Deutsche Apotheker-Zeitung
Die Welt
Die Zeit
Frankfurter Allgemeine Zeitung
Handelsblatt
Manager Magazin
Mercksche Familien-Zeitschrift
Schwäbischer Merkur
Wirtschaftswoche
Wochenbeilage zur Darmstädter Zeitung

Abe, Horst Rudolf, Johann Bartholomäus Trommsdorff (1770–1837), in: Der Briefwechsel von Johann Bartholomäus Trommsdorff (1770–1837) Lieferung 1, bearb. von Wolfgang Götz, Halle 1987, S. 7–10.
Abelshauser, Werner (Hrsg.), Die BASF. Eine Unternehmensgeschichte, München ²2003.
Ders., Deutsche Wirtschaftsgeschichte seit 1945, München 2004.
Adlung, Alfred/Urdang, Georg, Grundriß der Geschichte der deutschen Pharmazie, Berlin 1935.
Adreßbuch für die königlich bayerische Stadt Schweinfurt. Nach amtlichen Quellen zusammengesetzt, Schweinfurt 1904.
Adrian, Hanns, Beitrag zur Chronik der Technischen Abteilung, Bd. 1: Alte Fabrik, [Darmstadt] 1970.
Ders., Beitrag zur Chronik der Technischen Abteilung, Bd. 2: Neue Fabrik, 1. Teil, [Darmstadt] 1970.
Ders., Beitrag zur Chronik der Technischen Abteilung, Bd. 3: Neue Fabrik, 2. Teil, Unerwartet rasche Entwicklungen zwischen 1905 und 1914, [Darmstadt] 1970.
Ders., Beitrag zur Chronik der Technischen Abteilung, Bd. 4: Neue Fabrik, 3. Teil, [Darmstadt] 1970.
Alien Property Custodian Report, 1918–1919, Washington 1919.
Albach, Horst/Freund, Werner, Generationswechsel und Unternehmenskontinuität. Chan-

cen, Risiken, Maßnahmen. Eine empirische Untersuchung bei Mittel- und Großunternehmen gefördert von der Bertelsmann-Stiftung, Gütersloh 1989.

Allen, Chris/Gasiorek, Michael/Smith, Alasdair, The competition effects of the single market in Europe, in: Economic Policy 13 (1998), S. 439–486.

Ambrosius, Gerold, Von Kriegswirtschaft zu Kriegswirtschaft (1914–1945), in: Michael North (Hrsg.), Deutsche Wirtschaftsgeschichte. Ein Jahrtausend im Überblick, München ²2005, S. 287–355.

Amendt, Hans, Die inner- und ausserbetriebliche Lage der Arbeitnehmer in der Glas-, Papier-, Zucker- und chemischen Industrie der Regierungsbezirke Köln, Düsseldorf und Aachen zur Zeit der frühen Industrialisierung (ca. 1800–1875), Diss. Bonn 1975.

Andersen, Arne, Historische Technikfolgenabschätzung am Beispiel des Metallhüttenwesens und der Chemieindustrie 1850–1933, Stuttgart 1990.

Andresen, Knud, Strukturbruch in der Berufsausbildung? Wandlungen des Berufseinstiegs von Jugendlichen zwischen den 1960er- und den 1980er-Jahren, in: Ders. (Hrsg.), Nach dem Strukturbruch? Kontinuität und Wandel von Arbeitsbeziehungen und Arbeitswelt(en) seit den 1970er-Jahren, Bonn 2011, S. 159–180.

Asche, Matthias, Studienförderung und Stipendienwesen an deutschen Universitäten der Frühen Neuzeit, in: Jahrbuch für Universitätsgeschichte 15 (2012), S. 37–105.

Ausführungen des Sachverständigen Dr. Merck über die Produktions- und Absatzverhältnisse der E. Merck chemische Fabrik, Darmstadt, eingereicht: 20. Dezember 1928. Nachgeprüft und ergänzt: 15. April 1930, in: Ausschuß zur Untersuchung der Erzeugungs- und Absatzbedingungen der deutschen Wirtschaft, Die deutsche Chemische Industrie. Verhandlungen und Berichte des Unterausschusses für Gewerbe, Industrie, Handel und Handwerk (III. Unterausschuß), Berlin 1930, S. 456–467.

Axt, Joachim u. a., Den Spuren auf der Spur. 100 Jahre Reagenzien garantierter Reinheit, Darmstadt 1988.

Bächi, Beat, Vitamin C für alle! Pharmazeutische Produktion, Vermarktung und Gesundheitspolitik (1933–1953), Zürich 2009.

Ders., 1933. Mikrochemie der Macht. Vitamin C und der Wandel von Körpermetaphern, in: Nicholas Eschenbruch u. a. (Hrsg.), Arzneimittel des 20. Jahrhunderts. Historische Skizzen von Lebertran bis Contergan, Bielefeld 2009, S. 103–121.

Bähr, Johannes/Rudolf, Bernd, Finanzkrisen. 1931, 2008, München 2011.

Banken, Ralf, Die Entstehung des modernen Unternehmens. Einführende Bemerkungen, in: Jahrbuch für Wirtschaftsgeschichte 53/2 (2012), S. 9–24.

Ders., Handlung, Firma, Unternehmen. Zur Institutionalisierung der modernen Unternehmung im 19. Jahrhundert, in: Jahrbuch für Wirtschaftsgeschichte 53/2 (2012), S. 113–136.

Barkai, Avrahan, Vom Boykott zur «Entjudung». Der wirtschaftliche Existenzkampf der Juden im Dritten Reich 1933–1943, Frankfurt am Main 1988.

Bartel, Hans-Georg, «Nernst, Walther», in: Neue Deutsche Biographie 19 (1999), S. 66–68.

Barthel, Johannes, Tätigkeit und Wirkung der Überwachungsstellen, Berlin 1939.

Bartmann, Wilhelm, Zwischen Tradition und Fortschritt. Aus der Geschichte der Pharmabereiche von Bayer, Hoechst und Schering von 1935–1975, Stuttgart 2003.

Baum, Marie, Drei Klassen von Lohnarbeiterinnen in Industrie und Handel der Stadt Karlsruhe. Bericht, erstattet an das Großherzogliche Ministerium des Innern, Karlsruhe 1906.

100 Jahre Bauverein für Arbeiterwohnungen in Darmstadt, Darmstadt 1964.

Bavendamm, Gundula, Spionage und Verrat. Konspirative Kriegserzählungen und französische Innenpolitik, 1914–1917, Essen 2004.

Beck, Thomas, Monopol und Genozid. Die Muskatnußproduktion der VOC im 17. Jahrhundert, in: Markus A. Denzel (Hrsg.), Gewürze. Produktion, Handel und Konsum in der Frühen Neuzeit. Beiträge zum 2. Ernährungshistorischen Kolloquium im Landkreis Kulmbach 1999, St. Katharinen 1999, S. 71–91.

Beckers, Thorsten, Kapitalmarktpolitik im Wiederaufbau. Der westdeutsche Wertpapiermarkt zwischen Staat und Wirtschaft 1945–1957, Stuttgart 2014, zugl. Diss. Bonn 2012.

Beißwanger, Gabriele, Der Arzneimittelmarkt um 1800. Arzneimittel zwischen Gesundheits-, Berufs- und Gewerbepolitik, in: Bettina Wahring/Werner Sohn (Hrsg.), Zwischen Aufklärung, Policey und Verwaltung. Zur Genese des Medizinalwesens 1750–1850, Wiesbaden 2003, S. 147–161.

Benecke, Werner, Die Entfesselung des Krieges. Von «München» zum Hitler-Stalin-Pakt, in: Osteuropa 59 (2009), S. 33–46.

Berding, Helmut, «Schulz, Wilhelm Friedrich», in: Neue Deutsche Biographie 23 (2007), S. 717 f.

Berghahn, Volker R., Elitenforschung und Unternehmensgeschichte. Rückblick und Ausblick, in: ders./Stefan Unger/Dieter Ziegler (Hrsg.), Die deutsche Wirtschaftselite im 20. Jahrhundert. Kontinuität und Mentalität, Essen 2003, S. 11–29.

Berghoff, Hartmut, Unternehmenskultur und Herrschaftstechnik. Zur Deutung des industriellen Paternalismus bei Hohner, 1900 bis 1914, in: Geschichte und Gesellschaft 23 (1997), S. 167–204.

Ders., Zwischen Kleinstadt und Weltmarkt. Hohner und die Harmonika 1857–1961. Unternehmensgeschichte als Gesellschaftsgeschichte, Paderborn u. a. 1997.

Ders., Moderne Unternehmensgeschichte. Eine themen- und theorieorientierte Einführung, Paderborn u. a. 2004.

Berglar, Peter, Der neue Hamlet. Ludwig Büchner in seiner Zeit, in: Archiv für Kulturgeschichte 58 (1976), S. 204–226.

Bernschneider-Reif, Sabine, Laboranten, Destillatores, Balsamträger. Das laienpharmazeutische Olitätenwesen im Thüringer Wald vom 17. bis zum 19. Jahrhundert, Frankfurt am Main 2001.

Dies., Mumia vera Aegyptiaca. A Western Apothecary›s Remedy, in: Alfried Wieczorek/Wilfried Rosendahl (Hrsg.), Mummies of the World, München u. a. 2010, S. 198–207.

Dies. u. a., «Was der Mensch thun kann …». Geschichte des pharmazeutisch-chemischen Unternehmens Merck, Darmstadt ł2002.

Bernsmann, Willy, Arzneimittelforschung und -entwicklung in Deutschland in der zweiten Hälfte des 19. Jahrhunderts, in: Die Pharmazeutische Industrie 29/7 (1967), S. 525–529.

Berzelius, Jacob, Jahres-Bericht über die Fortschritte der physischen Wissenschaften. Eingereicht an die schwedische Akademie der Wissenschaften, den 31. März 1831. Aus dem Schwedischen übersetzt von Friedrich Wöhler, 11. Jg., Tübingen 1832, S. 233–235.

Best, Heinrich/Weege, Wilhelm, Biographisches Handbuch der Abgeordneten der Frankfurter Nationalversammlung 1848/49, Düsseldorf 1996.

Bettin, Hartmut/Friedrich, Christoph, Forschungsbericht und Spezialbiographien, in: Berichte zur Wissenschaftsgeschichte 25 (2002), S. 213–227.

Bierod, Ralf, Das Anlernen von Kriegsgefangenen und zivilen Zwangsarbeitern in den deutschen Betrieben während des Zweiten Weltkrieges. Unternehmerische Initiative oder planwirtschaftliches Programm? Analyse eines Instruments der Kriegswirtschaft, Stuttgart 2009.

Blackbourn, David, The German Bourgeoisie. An Introduction, in: Ders./Richard J. Evans

(Hrsg.), The German Bourgeoisie. Essays on the social history of the German middle class from the late eighteenth to the early twentieth century, London/New York 1991, S. 1–45.

Blaich, Fritz, Die bayerische Industrie. Elemente von Gleichschaltung, Konformismus und Selbstbehauptung, in: Martin Broszat/Elke Fröhlich (Hrsg.), Bayern in der NS-Zeit, Bd. 2, München/Wien 1979, S. 237–280.

Bleker, Johanna, Die Krankheits- und Sterblichkeitsverhältnisse am Juliusspital 1821–1829, in: Johanna Bleker/Eva Bringschulte/Pascal Grosse (Hrsg.), Kranke und Krankheiten im Juliusspital zu Würzburg 1819–1829. Zur frühen Geschichte des allgemeinen Krankenhauses in Deutschland, Husum 1995, S. 92–124.

Blunck, Richard, Justus von Liebig. Die Lebensgeschichte eines Chemikers, Hamburg 1946.

Böhm, Wilhelm, Die Freie Reichsstadt und die evangelischen Glaubensflüchtlinge im Zeitalter der Gegenreformation, in: Johannes Strauß/Kathi Petersen (Hrsg.), Streiflichter auf die Kirchengeschichte in Schweinfurt, Schweinfurt 1992, S. 89–111.

Boehncke, Heiner/Brunner, Peter/Sarkowicz, Hans, Die Büchners oder der Wunsch, die Welt zu verändern, Frankfurt am Main 2008.

Boelcke, Willi A., Die Kosten von Hitlers Krieg. Kriegsfinanzierung und finanzielles Kriegserbe in Deutschland 1933–1948, Paderborn 1985.

Bohnengel, Julia, «Cette cruelle affaire». Johann Heinrich Mercks Buchhandelsprojekt und die Societé typographique de Neuchâtel. Mit dem Briefwechsel zwischen Merck und der STN (1782–88), Hannover-Laatzen 2006.

Dies., «Ein Freund von literarischen Speculationen?» Johann Heinrich Mercks Buchhandelsprojekt mit der Societé typographique de Neuchâtel, in: Christine Haug u. a. (Hrsg.), Geheimliteratur und Geheimbuchhandel in Europa im 18. Jahrhundert, Wiesbaden 2011, S. 157–184.

Bongartz, Wolfram, Unternehmensleitung und Kostenkontrolle in der Rheinischen Montanindustrie vor 1914. Dargestellt am Beispiel der Firmen Krupp und Gutehoffnungshütte, Teil 1 u. 2, in: Zeitschrift für Unternehmensgeschichte 29 (1984), S. 33–55, 73–113.

Borggräfe, Henning, Deutsche Unternehmen und das Erbe der NS-Zwangsarbeit. Verlauf und Folgen des Streits um Entschädigung seit den 1990er Jahren, in: Jörg Osterloh/Harald Wixforth (Hrsg.), Unternehmer und NS-Verbrechen. Wirtschaftseliten im «Dritten Reich» und in der Bundesrepublik Deutschland, Frankfurt am Main 2014, S. 363–390.

Bormann, Patrick, Die Wirtschaft in Dormagen und Rommerskirchen während des Ersten Weltkrieges, in: Stephen Schröder (Hrsg.), «Heute schon ist man ein Kriegsmensch geworden». Dormagen und Rommerskirchen in der Ära des Ersten Weltkriegs, Neuss 2015, S. 112–141.

Bracher, Karl Dietrich, Stufen der Machtergreifung, Köln/Opladen 1960.

Ders., Die deutsche Diktatur. Entstehung, Struktur, Folgen des Nationalsozialismus, Köln 1969.

Bräuning-Oktavio, Hermann, Luise Merck 1743–1810. Geschichte einer Ehe, Darmstadt 1982.

Braun, Hannelore/Grünzinger, Gertraud, Das Personenlexikon zum deutschen Protestantismus 1919–1949, Göttingen 2006.

Breunig, Willi, Soziale Verhältnisse der Arbeiterschaft und sozialistische Arbeiterbewegung in Ludwigshafen am Rhein 1869–1914, Ludwigshafen 1976.

Brock, William Hodson (Hrsg.), Justus von Liebig und August Wilhelm Hofmann in ihren Briefen (1841–1873), Weinheim u. a. 1984.

Ders., Justus von Liebig. Eine Biographie des großen Naturwissenschaftlers und Europäers, Braunschweig/Wiesbaden 1999.

Brocke, Bernhard vom, Die Kaiser-Wilhelm-Gesellschaft im Kaiserreich. Vorgeschichte, Gründung und Entwicklung bis zum Ausbruch des Ersten Weltkrieges, in: Rudolf Vierhaus/Bernhard vom Brocke (Hrsg.), Forschung im Spannungsfeld von Politik und Gesellschaft. Geschichte und Struktur der Kaiser-Wilhelm-/Max-Planck-Gesellschaft, Stuttgart 1990, S. 17–162.

Buchhandelsprojekt mit der Societé typographique de Neuchâtel, in: Christine Haug u. a. (Hrsg.), Geheimliteratur und Geheimbuchhandel in Europa im 18. Jahrhundert, Wiesbaden 2011, S. 157–184.

Buchheim, Christoph, Die Währungsreform 1948 in Westdeutschland, in: Peter Hampe (Hrsg.), Währungsreform und soziale Marktwirtschaft. Rückblicke und Ausblicke, München 1989.

Ders., Unternehmen in Deutschland und NS-Regime 1933–1945. Versuch einer Synthese, in: Historische Zeitschrift 282 (2006), S. 351–390.

Buchner, Johann Andreas, Vollständiger Inbegriff der Pharmacie in ihren Grundlehren und praktischen Theilen. Ein Handbuch für Aerzte und Apotheker, Bd. 1: Einleitung in die Pharmacie, Nürnberg ²1822.

Ders., Über die Heilkräfte des Salicin, in: Repertorium für die Pharmacie 39 (1831), S. 433–455.

Büchner, Anton, Die Familie Büchner. Georg Büchners Vorfahren, Eltern und Geschwister, Darmstadt 1963.

Bürgi, Michael, Pharmaforschung im 20. Jahrhundert. Arbeit an der Grenze zwischen Hochschule und Industrie, Zürich 2011.

Büttner, Ursula, Weimar. Die überforderte Republik 1918–1933. Leistung und Versagen in Staat, Gesellschaft, Wirtschaft und Kultur, Stuttgart 2008.

Bundschuh, Johann Kaspar, Geographisches Statistisch-Topographisches Lexikon von Franken […], Ulm 1802.

Burhop, Carsten/Becker, Julian/Bank, Max, Deutschland im Weltwährungssystem von Bretton Woods, in: Geschichte und Gesellschaft 39 (2013), S. 197–239.

Burhop, Carsten, Die Kreditbanken in der Gründerzeit, Stuttgart 2004.

Ders., Pharmaceutical Research in Wilhelmine Germany. The Case of E. Merck, in: The Business History Review 83/3 (2009), S. 475–503.

Ders., The Transfer of Patents in Imperial Germany, in: The Journal of Economic History 70/4 (2010), S. 921–939.

Ders., Wirtschaftsgeschichte des Kaiserreichs 1871–1918, Göttingen 2011.

Burkert, Klaus, Die Deutsche «Pharmazeutische Interessengemeinschaft» (1906–1918). Ein Beitrag zur Firmenpolitik der pharmazeutisch-chemischen Industrie bis zum Ende des Ersten Weltkrieges, Stuttgart 1990.

Burmeister, Kerstin, Die Vorstellungen Joseph Alois Schumpeters vom dynamischen Unternehmer, in: Francesca Schinzinger (Hrsg.), Unternehmer und technischer Fortschritt, München 1996, S. 23–31.

Busse, Neill, Der Meister und seine Schüler. Das Netzwerk Justus Liebigs und seiner Schüler, Hildesheim/Zürich/New York 2015.

Caglioti, Daniela L., Nazionalismo economico e antigermanismo. La campagna contro i farmaci tedeschi durante la prima guerra mondiale in Italia, in: Contemporanea 13 (2010), S. 681–691.

Carl, Horst, Okkupation und Regionalismus. Die Preußischen Westprovinzen im Siebenjährigen Krieg, Mainz 1993.

Carpenter, Kenneth J., Beriberi, White Rice and Vitamin B. A Disease, a Cause, and a Cure, Berkeley/Los Angeles/London 2000.

Chandler, Alfred D., Strategy and Structure. Chapters in the history of the industrial enterprise, New York 1966.

Ders., The Visible Hand. The Managerial Revolution in American Business, Cambridge, Mass./London 1977.

Ders., Managers, Families, and Financiers, in: Kesaji Kobayashi/Hidemosa Marikawa (Hrsg.), The Development of Managerial Enterprise, Tokio 1986, S. 35–63.

Ders., Scale and Scope. The Dynamics of Industrial Capitalism, Cambridge, Mass./London 1990.

Ders., Shaping the industrial century. The remarkable story of the evolution of the modern chemical and pharmaceutical industries, Cambridge Mass./London 2009.

Chauveau, Sophie, Mobilization and Industrial Policy. Chemical and Pharmaceuticals in the French War Effort, in: Roy Macleod/Jeffrey Allan Johnson (Hrsg.), Frontline and Factory. Comparative Perspectives on the Chemical Industry at War, 1914–1924, Dordrecht 2006, S. 21–30.

Civale, Anna, Deutsche Direktinvestitionen in Italien in den Fünfziger und Sechziger Jahren des 20. Jahrhunderts, in: Jahrbuch für Wirtschaftsgeschichte 45/2 (2004), S. 151–166.

Condrau, Flurin, Behandlung ohne Heilung. Zur sozialen Konstruktion des Behandlungserfolgs bei Tuberkulose im frühen 20. Jahrhundert, in: Medizin, Gesellschaft und Geschichte 19/2000 (2001), S. 71–93.

Conrad, Ludwig, Die pharmazeutische Industrie im zweiten Kriegsjahr, in: Die Pharmazeutische Industrie 9 (1942), S. 1–3.

Cowen, David L., Wartime Industrial Development of Penicillin in the United States, in: John Parascandola (Hrsg.), A History of Antibiotics, Madison 1980, S. 31–56.

Ders., The Nineteenth Century German Immigrant and American Pharmacy, in: Peter Dilg (Hrsg.), Perspektiven der Pharmaziegeschichte. Festschrift für Rudolf Schmitz zum 65. Geburtstag, Graz 1983, S. 13–28.

Cramer, Tobias, Die Rückkehr ins Pharmageschäft. Marktstrategien der Farbenfabriken vorm. Friedr. Bayer & Co. in Lateinamerika nach dem Ersten Weltkrieg, Berlin 2010.

Ders., Der geborene Markenartikel. Eine komparative Unternehmensgeschichte des Arzneimittelmarketings und dessen Regulierung in Deutschland vor dem Zweiten Weltkrieg, Berlin 2014.

Ders., Building the «World's Pharmacy». The rise of the German pharmaceutical industry 1871–1914, in: Business History Review 89 (2015), S. 43–73.

Czeike, Felix, Geschichte der Wiener Apotheken. Stadtgeschichte im Spiegel eines Berufsstandes, Innsbruck 2008.

Dadder, Hans, Das Apothekenwesen von Stadt- und Erzstift Mainz, Frankfurt am Main 1961.

Dahlmann, Dittmar/Friesen, Anna/Ordubadi, Diana (Hrsg.), Carl Heinrich Merck. Das sibirisch-amerikanische Tagebuch aus den Jahren 1788–1791, Göttingen 2009.

Damm, Sebastian, Landesaußenpolitik unter Waffen in: Holger Berwinkel/Martin Kröger (Red.) unter Mitarbeit von Janne Preuß, Die Außenpolitik der deutschen Länder im Kaiserreich. Geschichte, Akteure und archivische Überlieferung (1871–1918). Beiträge des wissenschaftlichen Kolloquiums zum 90. Gründungstag des Politischen Archivs des Auswärtigen Amtes am 3. August 2010, hrsg. vom Auswärtigen Amt, München 2012, S. 103–130.

Daniel, Ute, Arbeiterfrauen in der Kriegsgesellschaft. Beruf, Familie und Politik im Ersten Weltkrieg, Göttingen 1989.

Daniels, Mario, «Wirtschaftlicher Landesverrat» im «Wirtschaftskampf gegen Deutschland». Die deutsche Chemieindustrie und die Bekämpfung ausländischer Industriespionage in den 1920er Jahren, in: Historische Zeitschrift 299 (2014), S. 352–383.

Decker, Franz, Die betriebliche Sozialordnung der Dürener Industrie im 19. Jahrhundert, Köln 1965.

Deichmann, Ute, Flüchten, Mitmachen, Vergessen. Chemiker und Biochemiker in der NS-Zeit, Weinheim u. a. 2001.

Delfalque, Ray, Scophedal (SEE). Was it a Fad or a Miracle Drug?, in: Bulletin of Anesthesia History 21 (2003), S. 12–14.

Denkschrift der C. F. Boehringer & Soehne G.m.b.H., Mannheim-Waldhof anlässlich ihres 75jährigen Bestehens 1859–1934, o. O., o. J. [1934].

Denkschrift Hitlers über die Aufgaben eines Vierjahresplans, in: Vierteljahrshefte für Zeitgeschichte 3 (1955), S. 204–210.

Deuter, Franziska, Schulden und Privatkredit im 18. Jahrhundert am Beispiel des Bamberger Heinrichviertels, in: Mark Häberlein/Michaela Schmölz-Häberlein (Hrsg.), Stiftungen, Fürsorge und Kreditwesen im frühneuzeitlichen Bamberg, Bamberg 2015, S. 137–183.

Dieterich, Julius Bernhard, Landgraf Ernst Ludwig und die Goldmacher, in: Hessische Heimat 1 (1919), S. 15–33.

Dipper, Christof, Die südhessische Wirtschaft in der NS-Zeit und im Zweiten Weltkrieg (1939–1945), in: Ulrich Eisenbach (Hrsg.), Von den Anfängen der Industrialisierung zur Engineering Region. 150 Jahre IHK Darmstadt-Rhein-Main-Neckar, Darmstadt 2012, S. 137–172.

Dölemeyer, Barbara, Die Hugenotten, Stuttgart 2006.

Dörge, Kristina, 200 Jahre Conrad Hinrich Donner Bank, 1798–1998, Hamburg 1997.

Doering-Manteuffel, Anselm/Raphael, Lutz, Nach dem Boom. Perspektiven auf die Zeitgeschichte seit 1970, 3. ergänzte Auflage Göttingen 2012.

Doering-Manteuffel, Anselm/Raphael, Lutz/Schlemmer, Thomas (Hrsg.), Vorgeschichte der Gegenwart. Dimensionen des Strukturbruchs nach dem Boom, Göttingen 2016.

Domínguez Vilaplana, Rafaela/González Bueno, Antonio, La Industria químico-farmacéutica alemana en España (1880–1949), in: Llull 32 (2009), S. 295–316.

Duisberg, Carl, Abhandlungen, Vorträge und Reden aus den Jahren 1882–1921, hrsg. zu seinem 60. Geburtstage vom Aufsichtsrat und Direktorium der Farbenfabriken vorm. Friedr. Bayer & Co, Berlin/Leipzig 1923.

Ders., Meine Lebenserinnerungen, hrsg. auf Grund von Aufzeichnungen, Briefen und Dokumenten von Jesco von Puttkamer, Leipzig 1933.

Duisberg, Curt, Die Arbeiterschaft der chemischen Großindustrie. Darstellung ihrer sozialen Lage, Berlin 1921.

Dumitriu, Helene, Die wissenschaftliche Entwicklung der Alkaloid-Chemie am Beispiel der Firma Merck in den Jahren 1886–1920, Diss. Heidelberg 1993.

Dutzi, Claudia, Heimat aus zweiter Hand. Die Arbeitersiedlung Merck in Darmstadt und ihr Architekt Friedrich Pützer, Darmstadt/Marburg 1990.

Drygas, Aleksander, Aptekarstwo Gdanksie 1399–1939, Wroclaw 1983.

Eberstein, Bodo von, Merck, Heinrich Emanuel, in: Historischer Verein für Hessen (Hrsg.), Stadtlexikon Darmstadt, red. von Roland Dotzert/Peter Engels/Anke Leonhardt, Stuttgart 2006, S. 627.

E. Merck, Chemische Fabrik Darmstadt, 1927.

E. Merck's Medizinische Spezialpräparate, Handbuch für ihre Verordnung und Anwendung, Darmstadt 1916.

Ebner, Fritz, Ein Vetter Goethes in der Merckschen Engel-Apotheke, Darmstadt 1963.

Ders., Merck und Darmstadt im Spiegel der Generationen, hrsg. von E. Merck, Darmstadt, Abt. Öffentlichkeitsarbeit, Darmstadt [1977].

Ders., Die Kleinwohnungen der Hessischen Landesausstellung von 1908 und die Mercksche Arbeiterwohnkolonie von 1904, in: Gerhard Bott (Hrsg.), Von Morris zum Bauhaus. Eine Kunst gegründet auf Einfachheit, Würzburg 1977, S. 217–224.

Ders. (Hrsg.), Johann Heinrich Merck (1741–1791). Ein Leben für Freiheit und Toleranz. Zum 250. Geburtstag und zum 200. Todestag von Johann Heinrich Merck, 11. April 1741–27. Juni 1791, Darmstadt 1991.

Ders./Leopold Lerch, Von der Merckschen Engel-Apotheke zum pharmazeutisch-chemischen Großbetrieb 1668–1968, Darmstadt 1968.

Eckart, Wolfgang Uwe, Medizin in der NS-Diktatur. Ideologie, Praxis, Folgen, Wien/Köln/Weimar 2012.

Ders., Medizin und Krieg. Deutschland 1914–1924, Paderborn 2014.

Eckert, Rainer, Die Leiter und Geschäftsführer der Reichsgruppe Industrie, ihrer Haupt- und Wirtschaftsgruppen (II). Dokumentation über ihre Stellung in Monopolen, monopolistischen Verbänden und bei der staatsmonopolistischen Wirtschaftsregulierung, in: Jahrbuch für Wirtschaftsgeschichte 1980, Teil I, S. 177–232.

Eckhardt, Albrecht, Beamte und Diener der Zentral- und Hofverwaltung Hessen-Darmstadt 1704–1728, in: Hessische Familienkunde 9/1 (1968), S. 30–44.

Ders., Politische Führungsschichten in Hessen, in: Genealogie 22 (1973), S. 761–771.

Ders., Arbeiterbewegung und Sozialdemokratie im Großherzogtum Hessen 1860–1900, in: Archiv für hessische Geschichte und Altertumskunde NF 34 (1976), S. 171–493.

Eichengreen, Barry, The European economy since 1945. Coordinated capitalism and beyond, Princeton 2007.

Eisenbach, Ulrich, Zwischen wirtschaftlicher Interessenvertretung und öffentlich-rechtlichem Auftrag. Zur Geschichte der IHK Darmstadt, in: Ders. (Hrsg.), Von den Anfängen der Industrialisierung zur Engineering Region. 150 Jahre IHK Darmstadt-Rhein-Main-Neckar, Darmstadt 2012, S. 13–42.

Elkeles, Barbara, Der «Tuberkulinrausch» von 1890, in: Deutsche Medizinische Wochenschrift 115 (1990), S. 1729–1732.

Ellerbrock, Karl-Peter, Geschichte der deutschen Nahrungs- und Genußmittelindustrie 1750–1914, Stuttgart 1993.

Ders., An der Schwelle zur Konsumgesellschaft. Traditionelle Nahrungswirtschaft und die Anfänge der industriellen Nahrungsmittelproduktion in Preußen im ausgehenden 18. und 19. Jahrhundert, in: Michael Prinz (Hrsg.), Der lange Weg in den Überfluss. Anfänge und Entwicklungen der Konsumgesellschaft seit der Vormoderne, Paderborn/München/Wien 2003, S. 273–289.

Engel, Michael, «Poggendorff, Johann Christian», in: Neue Deutsche Biographie 20 (2001), S. 579 f.

Engels, Peter, Die südhessische Wirtschaft im Ersten Weltkrieg und in der Weimarer Republik (1914–1933), in: Ulrich Eisenbach (Hrsg.), Von den Anfängen der Industrialisierung zur Engineering Region. 150 Jahre IHK Darmstadt-Rhein-Main-Neckar, Darmstadt 2012, S. 103–136.

Entrala Bueno, Alfredo, Vitaminas. Aspectos prácticos en medicina, Madrid 1995.

Erbe, René, Die nationalsozialistische Wirtschaftspolitik 1933–1939 im Lichte der modernen Theorie, Zürich 1958.
Erdmann, Reimer, Kleine Geschichte der Stadt Wesselburen, Heide 1998.
Erker, Paul, Die Verwissenschaftlichung der Industrie. Zur Geschichte der Industrieforschung in den europäischen und amerikanischen Elektrokonzernen 1890–1930, in: Zeitschrift für Unternehmensgeschichte 35 (1990), S. 73–94.
Ders., The Choice between Competition and Cooperation. Research and Development in the Electrical Industry in Germany and the Netherlands, 1920–1936, in: François Caron/Paul Erker/Wolfram Fischer (Hrsg.), Innovations in the European Economy between the Wars, Berlin 1995, S. 231–253.
Ewald, Lutz W., «Mir komme von unne ruff und schaffe's uns selber». Zur Geschichte der Gewerkschaften in Darmstadt von ihren Anfängen bis zur Gegenwart 1835–1985, hrsg. vom DGB/Kreis Starkenburg, Darmstadt 1986.
Feldenkirchen, Wilfried, Industrieforschung in der deutschen Elektroindustrie. Das Beispiel Siemens (1919–1936), in: Bankhistorisches Archiv 34 (2008), S. 82–107.
Feldman, Gerald D., German Business between War and Revolution. The Origins of the Stinnes-Legien-Agreement, in: Gerhard A. Ritter (Hrsg.), Entstehung und Wandel der modernen Gesellschaft. Festschrift für Hans Rosenberg zum 65. Geburtstag, Berlin 1970, S. 312–341.
Ders., The Great Disorder. Politics, Economics and Society in the German Inflation 1914–1924, New York, Oxford 1993.
Ders., Das Problem der Handlungsspielräume deutscher beziehungsweise österreichischer Finanzgrößen im Nationalsozialismus. Die Bankiers Hermann Josef Abs und Josef Joham, in: Jürgen Lillteicher (Hrsg.), Profiteure des NS-Systems? Deutsche Unternehmen und das «Dritte Reich», Berlin 2006, S. 108–117.
Ders./Steinisch, Irmgard, The Origins of the Stinnes-Legien-Agreement. A Documentation, in: Internationale Wissenschaftliche Korrespondenz zur Geschichte der deutschen Arbeiterbewegung 19/20 (Dezember 1973), S. 45–103.
Feldmann, Gerlinde, Mit Werkschutzbegleitung zum Arbeitsplatz. Zwangsarbeit bei der chemisch-pharmazeutischen Firma E. Merck in Darmstadt, in: Fred Dorn/Klaus Heuer (Hrsg.), «Ich war immer gut zu meiner Russin». Zur Struktur und Praxis des Zwangsarbeitersystems im Zweiten Weltkrieg in der Region Südhessen, Pfaffenweiler 1991, S. 119–135.
Felschow, Eva-Marie/Heuser, Emil (Bearb.), Universität und Ministerium im Vormärz. Justus Liebigs Briefwechsel mit Justin von Linde, Gießen 1992.
Fertig, Ludwig, «Es wäre der Mühe wert zu untersuchen …». Wenck, Merck, Lichtenberg und die Pädagogik der Aufklärung, Darmstadt 2008.
Fiek, Hanns R., Pharmazeutische Erziehung vor 100 Jahren, in: Pharmazeutische Zeitung 82/17 (1937), S. 217–219.
Fikentscher, Heinrich, «Fikentscher, Friedrich», in: Neue Deutsche Biographie 5 (1961), S. 144 f.
Fischer, Alfons, Geschichte des deutschen Gesundheitswesens, Bd. 2: Von den Anfängen der hygienischen Ortsbeschreibungen bis zur Gründung des Reichsgesundheitsamtes. Das 18. und 19. Jahrhundert, Hildesheim 1965, Reprographischer Nachdruck der Ausgabe Berlin 1933.
Fischer, Emil/Mering, Joseph von, Über eine neue Klasse von Schlafmitteln, in: Die Therapie der Gegenwart. Medicinisch-Chirurgische Rundschau für praktische Ärzte 44 (1903), S. 97–101.

Fischer, Ernst Peter, Wissenschaft für den Markt. Die Geschichte des forschenden Unternehmens Boehringer Mannheim, München/Zürich 1991.

Fischer, Wolfram, Der Staat und die Anfänge der Industrialisierung in Baden 1800–1850, Bd. 1: Die staatliche Gewerbepolitik, Berlin 1962.

Fischer-Mauch, Ute, Zum Verhältnis Apotheker/Arzt in Hessen. Bemühungen in Gießen um eine Novellierung der rechtlichen Grundlagen (um 1700), Stuttgart 1995.

Flachowsky, Sören, Das Reichsamt für Wirtschaftsausbau als Forschungsbehörde, in: Technikgeschichte 82 (2015), S. 185–224.

Flechtner, Hans-Joachim, Carl Duisberg. Eine Biographie, Düsseldorf 1981.

Fleck, Peter, Die 1848/49er Ereignisse und ihre Vorgeschichte in Hessen-Darmstadt, in: Klaus Böhme/Bernd Heidenreich (Hrsg.), «Einigkeit und Recht und Freiheit». Die Revolution von 1848/49 im Bundesland Hessen, Opladen/Wiesbaden 1999, S. 199–220.

Fleischer, Arndt, Patentgesetzgebung und chemisch-pharmazeutische Industrie im deutschen Kaiserreich (1870–1918), Stuttgart 1984.

Flüssigkristalle bringen Merck zum Strahlen, in: Börsenzeitung, 18. Februar 2005, S. 9.

Fontane, Theodor, Von Zwanzig bis Dreissig. Autobiographisches. Nebst anderen selbstbiographischen Zeugnissen, hrsg. von Kurt Schreinert und Jutta Neuendorff-Fürstenau, München 1967.

Forberger, Rudolf, Die Manufaktur in Sachsen vom Ende des 16. bis zum Anfang des 19. Jahrhunderts, Berlin 1958.

Franz, Eckhart G., Vom Biedermeier in die Katastrophe des Feuersturms, in: Ders. (Gesamtred.)/Friedrich Battenberg u. a., Darmstadts Geschichte. Fürstenresidenz und Bürgerstadt im Wandel der Jahrhunderte, Darmstadt 1984.

Ders., Der Staat der Großherzöge von Hessen und bei Rhein 1806–1918, in: Walter Heinemeyer (Hrsg.), Das Werden Hessens, Marburg 1986, S. 481–515.

Ders., «Ludwig II.», in: Neue Deutsche Biographie 15 (1987), S. 397.

Ders., «Ludwig III.», in: Neue Deutsche Biographie 15 (1987), S. 397 f.

Ders., «Ludwig IV.», in: Neue Deutsche Biographie 15 (1987), S. 398–400.

Ders., Die Chronik Hessens, Dortmund 1991.

Ders., «Einigkeit und Recht und Freiheit». Forderungen und «Errungenschaften» der 48er Revolution in Hessen, in: Klaus Böhme/Bernd Heidenreich (Hrsg.), «Einigkeit und Recht und Freiheit». Die Revolution von 1848/49 im Bundesland Hessen, Opladen/Wiesbaden 1999, S. 9–34.

Ders., Das Haus Hessen. Eine europäische Familie, Stuttgart 2005.

Ders./Pingel-Rollmann, Heinrich, Hakenkreuz und Judenstern. Das Schicksal der Darmstädter Juden unter der Terror-Herrschaft des NS-Regimes, in: Eckhart G. Franz (Hrsg.), Juden als Darmstädter Bürger, Darmstadt 1984, S. 159–189.

Ders./Köhler, Manfred (Hrsg.), Parlament im Kampf um die Demokratie. Der Landtag des Volksstaates Hessen 1919–1933, Darmstadt 1991.

Frei, Norbert, Die Wirtschaft des «Dritten Reiches». Überlegungen zu einem Perspektivenwechsel, in: Ders./Tim Schanetzky (Hrsg.), Unternehmen im Nationalsozialismus. Zur Historisierung einer Forschungskonjunktur, Göttingen 2010, S. 9–24.

Ders. u. a., Flick. Der Konzern, die Familie, die Macht, München 2009.

Fresenius, Remigius, Geschichte des Chemischen Laboratoriums zu Wiesbaden. Zur Feier des 25jährigen Bestehens der Anstalt, Wiesbaden 1873.

Freud, Sigmund, Über Coca, in: Zentralblatt für die gesamte Therapie 2 (1884), S. 289–314.

Ders., Schriften über Kokain, hrsg. und eingeleitet von Albrecht Hirschmüller, Frankfurt am Main ⁴2013.
Friedländer, Saul, Das Dritte Reich und die Juden, Bd. 1: Die Jahre der Verfolgung 1933–1939, München 1998.
Friedrich, Christoph, Die gesellschaftliche Stellung des Apothekers im Wandel der Zeit, in: Deutsche Apotheker Zeitung 134/42 (1994), S. 60–73.
Ders., Die pharmazeutische Ausbildung in Preußen, in: Christoph Friedrich/Wolf-Dieter Müller-Jahncke (Hrsg.), Preußen und die Pharmazie. Die Vorträge der Pharmaziehistorischen Biennale in Potsdam vom 23. bis 25. April 2004, Stuttgart 2005, S. 35–52.
Ders./Müller-Jahncke, Wolf-Dieter, Geschichte der Pharmazie, Bd. 2: Von der Frühen Neuzeit bis zur Gegenwart, Eschborn 2005.
Galambos, Louis/Sewell, Jane Eliot, Networks of Innovation. Vaccine Development at Merck, Sharpe & Dohme, and Mulford, 1895–1995, New York 1995.
Galambos, Louis/Sturchio, Jeffrey L., Transnational Investment. The Merck Experience, 1891–1925, in: Hans Pohl (Hrsg.), Transnational Investment from the 19th Century to the Present, Stuttgart 1994, S. 227–243.
Dies., The German Connection. Merck and the Flow of Knowledge from Germany to the United States, 1880–1930, in: Business and Economic History 9 (2011), S. 1–14.
Gall, Lothar, Bürgertum in Deutschland, Berlin 1989.
Ders., Krupp. Der Aufstieg eines Industrieimperiums, Berlin ²2001.
Gattermann, Claus Heinrich, Der Ausländereinsatz im Landkreis Osterrode 1939–1945, Berlin 2010.
Geck, L. H. Adolf, Die sozialen Arbeitsverhältnisse im Wandel der Zeit. Eine geschichtliche Einführung in die Betriebssoziologie, Berlin 1931.
Giersch, Herbert/Paqué, Karl-Heinz/Schmieding, Holger, The fading miracle. Four decades of market economy in Germany, Cambridge 1992.
Gimbel, John, The American Occupation of Germany, Stanford 1968.
Ders., Science, Technology, and Reparations. Exploitation and Plunder in Postwar Germany, Stanford 1990.
Glässing, Wilhelm, Darmstadts Industrie, Handel und Gewerbe, Darmstadt 1914.
Götz, Wolfgang, Zu Leben und Werk von Johann Bartholomäus Trommsdorff (1770–1837). Darstellung anhand bisher unveröffentlichten Archivmaterials, Würzburg 1977.
Ders., Die Cholera-Epidemie in Deutschland 1831/32. Auswirkungen auf die Arzneimittelversorgung im Spiegel der Korrespondenz von Johann Bartholomäus Trommsdorff (1770–1837), in: Klaus Meyer/Wolf-Dieter Müller-Jahncke (Hrsg.), Apotheke und Arzneiversorgung in Notzeiten, Stuttgart 1999, S. 53–65.
Gortler, Leon, Merck in America. The First 70 Years from Fine Chemicals to Pharmaceutical Giant, in: Bulletin for the History of Chemistry 25/1 (2000), S. 1–9.
Goschler, Constantin, Vertrauenskapital und Vergangenheitspolitik. Die Auseinandersetzung der deutschen Wirtschaft mit «Arisierung» und Zwangsarbeit, in: Jürgen Lillteicher (Hrsg.), Profiteure des NS-Systems? Deutsche Unternehmen und das «Dritte Reich», Berlin 2006, S. 154–173.
Gradmann, Christoph, Krankheit im Labor. Robert Koch und die medizinische Bakteriologie, Göttingen ²2010.
Gräf, Hans Gerhard (Hrsg.), Johann Heinrich Mercks Briefe an die Herzogin-Mutter Anna Amalia und an den Herzog Carl August von Sachsen-Weimar, Leipzig 1911.
Gräf, Holger Thomas, Die Grablegen der Landgrafen von Hessen. Der Einfluß von Reforma-

tion und Territorialisierung auf die landesherrliche Sepulkralpolitik, in: Hessisches Jahrbuch für Landesgeschichte 62 (2012), S. 57–82.

Grass, Ulrich, Zu Leben und Werk von Jakob Reinbold Spielmann (1722–1783), Stuttgart 1983.

Groebner, Valentin, Fleisch und Blut, Haut und Haar. Vermarktete Körperteile historisch, in: Mittelweg 36. Zeitschrift des Hamburger Instituts für Sozialforschung 16/6 (2007), S. 58–73.

Groth, Torsten/Simon, Fritz B., 100 Jahre und älter. Die Leitung und Entwicklungsschritte von Mehrgenerationen-Familienunternehmen, in: Markus Plate u. a. (Hrsg.), Große deutsche Familienunternehmen. Generationenfolge, Familienstrategie und Unternehmensentwicklung, Göttingen 2011, S. 18–42.

Haas, Jochen, Vigantol. Adolf Windaus und die Geschichte des Vitamin D, Stuttgart 2007.

Haber, Ludwig Fritz, The Chemical Industry during the Nineteenth Century. A study of the economic aspect of applied chemistry in Europe and North America, Oxford 1958, Reprint 1969.

Habernoll, Arnold, Die Entwicklung des Apothekenrechts und der privilegierten Apotheken in Schleswig-Holstein, Eutin 1951.

Hachtmann, Rüdiger, Industriearbeit im «Dritten Reich». Untersuchungen zu den Lohn- und Arbeitsbedingungen in Deutschland 1933–1945, Göttingen 1989.

Häberlein, Mark, Netzwerkanalyse und historische Elitenforschung. Probleme, Erfahrungen und Ergebnisse am Beispiel der Reichsstadt Augsburg, in: Regina von Dauser u. a. (Hrsg.), Wissen im Netz. Botanik und Pflanzentransfer in europäischen Korrespondenznetzen des 18. Jahrhunderts, Berlin 2008, S. 315–328.

Ders., Zwischen Vormundschaft und Risiko. Ökonomische Handlungsspielräume und Investitionen Augsburger Patrizier- und Kaufmannsfrauen des 16. und frühen 17. Jahrhunderts, in: Gabriela Signori (Hrsg.), Prekäre Ökonomien. Schulden in Spätmittelalter und Früher Neuzeit, München 2014, S. 139–158.

Hagen, Antje, Deutsche Direktinvestitionen in Großbritannien, 1871–1918, Stuttgart 1997.

Hagen, Karl Gottfried, Lehrbuch der Apothekenkunst, Königsberg/Leipzig 1778.

Hahn, Hans-Werner, Der hessische Wirtschaftsraum im 19. Jahrhundert, in: Walter Heinemeyer (Hrsg.), Das Werden Hessens, Marburg 1986, S. 389–429.

Handbuch der deutschen Aktiengesellschaften, verschiedene Jahrgänge, Berlin/Leipzig 1906–1914.

Hardach, Gerd, Kontinuität und Wandel. Hessens Wirtschaft seit 1945, Darmstadt 2007.

Ders., Vom Wiederaufbau zum Wirtschaftswachstum, in: Ulrich Eisenbach (Hrsg.), Von den Anfängen der Industrialisierung zur Engineering Region. 150 Jahre IHK Darmstadt-Rhein-Main-Neckar, Darmstadt 2012, S. 173–199.

Hartmann, Peter Claus, Die politische und militärische Lage in Europa um 1743, in: Hans Bernd Spies/Helmut Winter (Hrsg.), Die Schlacht bei Dettingen 1743. Beiträge zum 250. Jahrestag, Aschaffenburg 1993, S. 9–21.

Hauschild, Jan-Christoph, Georg Büchner. Mit Selbstzeugnissen und Bilddokumenten, Hamburg 1992.

Haverkamp, Jan, Rauschmittel im Nationalsozialismus. Die gesetzliche und therapeutische Entwicklung 1933–1939, in: Sozial.Geschichte Online 7 (2012), S. 40–71

Hayes, Peter, Die I. G. Farbenindustrie, in: Lothar Gall/Manfred Pohl (Hrsg.), Unternehmen im Nationalsozialismus, München 1998, S. 107–116.

Ders., Industry and Ideology. IG Farben in the Nazi Era, Cambridge ²2001.

Ders., Die Degussa im Dritten Reich. Von der Zusammenarbeit zur Mittäterschaft, München ²2005.
Ders., From Cooperation to Complicity. Degussa in the Third Reich, Cambridge u. a. 2006.
Haynes, William, American Chemical Industry, Bd. 1: Background and beginnings 1609–1911, New York 1945.
Ders., American Chemical Industry, Bd. 2: The World War I Period 1912–1922, New York 1945.
Ders., American Chemical Industry, Bd. 3: The World War I Period 1912–1922, New York 1945.
Hayward, Elisabeth G., The Early History of Merck in America, 1887–1908, [Rahway] 1953.
Heggen, Alfred, Erfindungsschutz und Industrialisierung in Preußen 1793–1877, Göttingen 1975.
Heiber, Helmut, Walter Frank und sein Reichsinstitut für Geschichte des neuen Deutschlands, Stuttgart 1966.
Hein, Wolfgang-Hagen, Die Deutsche Apotheke. Bilder aus ihrer Geschichte, Stuttgart 1960.
Heine, Eva, Die Anfänge einer organisierten ärztlichen Fortbildung im Deutschen Reich, Gräfelfing 1985.
Heinecke, Horst, Dokumente zu den Anfängen der Penicillin-Forschung in Deutschland, Erfurt 2000.
Helfferich, Emil, 1932–1946. Tatsachen. Ein Beitrag zur Wahrheitsfindung, Jever 1968.
Helmstädter, Axel/Hermann, Jutta/Wolf, Evemarie, Leitfaden der Pharmaziegeschichte, Eschborn ²2011.
Henkel, Christopher, «Salzwedel, Peter», in: Wolfgang Klötzer (Hrsg.), Frankfurter Biographie, Bd. 2, Frankfurt am Main 1996.
Henrich, Ferdinand, Aus Justus Liebigs Lehr- und Wanderjahren (nach den neuaufgefundenen Briefen aus der Jugendzeit des großen Chemikers), in: Zeitschrift für angewandte Chemie 42 (1929), S. 1173–1176.
Hense, Anja, Entstehung und Konzeption der Stiftung «Erinnerung, Verantwortung und Zukunft» für die Opfer von Zwangsarbeit und «Arisierung», in: Helmut Kramer/Karsten Uhl/Jens-Christian Wagner (Hrsg.), Zwangsarbeit im Nationalsozialismus und die Rolle der Justiz. Täterschaft, Nachkriegsprozesse und die Auseinandersetzung um Entschädigungsleistungen, Nordhausen 2007, S. 103–118.
Hentschel, Volker, Wirtschaftsgeschichte der Maschinenfabrik Esslingen AG 1846–1918. Eine historisch-betriebswirtschaftliche Analyse, Stuttgart 1977.
Herbert, Ulrich, Fremdarbeiter. Politik und Praxis des «Ausländer-Einsatzes» in der Kriegswirtschaft des Dritten Reiches, Essen 1985.
Ders., Geschichte der Ausländerpolitik in Deutschland. Saisonarbeiter, Zwangsarbeiter, Gastarbeiter, Flüchtlinge, Bonn 2003.
Herbrand, Nicolai Oliver/Röhrig, Stefan (Hrsg.), Die Bedeutung der Tradition für die Markenkommunikation. Konzepte und Instrumente zur ganzheitlichen Ausschöpfung des Erfolgspotenzials Markenhistorie, Stuttgart 2006.
Herrmann, Fritz, Johann Merck. Reichsvogt in Schweinfurt. Vortrag gehalten auf dem ersten Merckschen Familientag am 6. April 1919 in Darmstadt, Darmstadt 1929.
Ders. (Hrsg.), Heinrich Emanuel Mercks Briefe an seinen Sohn Georg während dessen Lehrzeit 1840–1849, nebst 3 Briefen von Prof. A. W. Hofmann in London an Heinrich Emanuel Merck, Darmstadt 1936.
Herrmann, Klaus, Die Haltung der Nationalökonomie zu den Kartellen bis 1914, in: Hans

Pohl (Hrsg.), Kartelle und Kartellgesetzgebung in Praxis und Rechtsprechung vom 19. Jahrhundert bis zur Gegenwart, Stuttgart/Wiesbaden 1985, S. 42–48.

Hertner, Peter, German multinational enterprise before 1914. Some case studies, in: Peter Hertner/Geoffrey Jones (Hrsg.), Multinationals. Theory and History, Aldershot 1986, S. 113–134.

Herz, John, The Fiasco of Denazification in Germany, in: Political Science Quarterly 63 (1948), S. 569–594.

Herzig, Thomas, Von der Werkstattzentrale zur Verbundwirtschaft, in: Ulrich Wengenroth (Hrsg.), Technik und Wirtschaft, Düsseldorf 1993, S. 483–505.

Heße, Fritz/Heuser, Emil (Hrsg.), Justus von Liebig und Julius Eugen Schloßberger in ihren Briefen von 1844–1860, Mannheim 1988.

Hesse, Jan-Otmar, Abkehr vom Kartelldenken? Das Gesetz gegen Wettbewerbsbeschränkungen als ordnungspolitische und wirtschaftstheoretische Zäsur der Ära Adenauer, in: Hans Günter Hockerts/Günther Schulz (Hrsg.), Der «Rheinische Kapitalismus» in der Ära Adenauer, Paderborn 2016, S. 29–49.

Heuser, Emil/Zott, Regine (Hrsg.), Justus von Liebig und August Wilhelm Hofmann in ihren Briefen. Nachträge 1845–1869, Mannheim 1988.

Hickel, Erika, Arzneimittel-Standardisierung im 19. Jahrhundert in den Pharmakopöen Deutschlands, Frankreichs, Großbritanniens und der Vereinigten Staaten von Amerika, Stuttgart 1973.

Dies., Das Kaiserliche Gesundheitsamt und die chemische Industrie im Zweiten Kaiserreich (1871–1914). Partner oder Kontrahenten?, in: Gunter Mann/Rolf Winau (Hrsg.), Medizin, Naturwissenschaft, Technik und das Zweite Kaiserreich, Göttingen 1977, S. 64–86.

Dies., Die industrielle Arzneimittelforschung am Ende des 19. Jahrhunderts und die Durchsetzung einer reduktionistischen Biologie, in: Klaus Bonik u. a., Materialistische Wissenschaftsgeschichte. Naturtheorie und Entwicklungsdenken, Berlin 1981, S. 132–154.

Hildebrand, Klaus, Das Dritte Reich, München ^{6}2009.

Hilger, Susanne, «Amerikanisierung» deutscher Unternehmen. Wettbewerbsstrategien und Unternehmenspolitik bei Henkel, Siemens und Daimler-Benz (1945/49–1975), Wiesbaden 2004.

Hillegeist, Hans-Heinrich, Die Schickert-Werke in Bad Lauterburg und Rhumspringe. Eines der bestgehüteten Geheimnisse des 2. Weltkrieges, in: Arbeitsgemeinschaft Südniedersächsischer Heimatfreunde e. V. (Hrsg.,) Rüstungsindustrie in Südniedersachsen während der NS-Zeit, Mannheim 1993, S. 142–247.

Hippel, Wolfgang von, Auf dem Weg zum Weltunternehmen (1865–1900), in: Werner Abelshauser (Hrsg.), Die BASF. Eine Unternehmensgeschichte, München ^{2}2002, S. 17–116.

Hirschfeld, Gerhard/Renz, Irina (Hrsg.), Besiegt und befreit. Stimmen zum Kriegsende 1945, Gerlingen 1945.

Hirschmüller, Albrecht, E. Merck und das Kokain. Zu Sigmund Freuds Kokainstudien und ihren Beziehungen zu der Darmstädter Firma, in: Gesnerus 52 (1995), S. 116–132.

Höinghaus, Richard, Gewerbe-Ordnung für den Norddeutschen Bund für den praktischen Gebrauch ausführlich ergänzt und erläutert durch die amtlichen Motive, die Erklärungen der Bundes-Kommissare und die Verhandlungen des Reichstages; nebst den amtlichen Übersichten der bisherigen Gesetzgebung sämmtlicher Bundesstaaten über die stehenden Gewerbe, welche einer besonderen Genehmigung bedürfen und über den Gewerbebetrieb im Umherziehen, Berlin 1869.

«Hoffmann, Johann Karl Wilhelm», in: Hessische Biografie, online: http://www.lagis-hessen.de/de/subjects/idrec/sn/bio/id/2958 [letzter Abruf 10. November 2016].

Hofmann, August Wilhelm von (Hrsg.), Aus Justus Liebig's und Friedrich Wöhler's Briefwechsel in den Jahren 1829–1873, Bd. 1, Braunschweig 1888.

Ders., Georg Merck, in: Berichte der Deutschen Chemischen Gesellschaft zu Berlin 6/Juli-Dezember (1873), S. 1582–1585.

Hofmann, Felix, Die Pharmazeutische Verkaufsabteilung, in: Geschichte und Entwicklung der Farbenfabriken vorm. Friedr. Bayer & Co. Elberfeld in den ersten 50 Jahren, München 1918, S. 439–442.

Hofmann, Michael/Kanning, Julian, Georg Büchner. Epoche, Werk, Wirkung, München 2013.

Holländer, Hans, Geschichte der Schering Aktiengesellschaft, Berlin 1955.

Holtfrerich, Carl-Ludwig, Die deutsche Inflation 1914–1923, Ursachen und Folgen in internationaler Perspektive, Berlin 1980.

Holthöfer, Ernst, Die Geschlechtervormundschaft. Ein Überblick von der Antike bis ins 19. Jahrhundert, in: Ute Gerhard (Hrsg.), Frauen in der Geschichte des Rechts. Von der Frühen Neuzeit bis zur Gegenwart, München 1997, S. 390–451.

Holsten, Jürgen, Das Kaiserliche Gesundheitsamt und die Pharmazie, dargestellt an der Entstehung des Deutschen Arzneibuches, fünfte Ausgabe, Diss. Berlin 1978.

Holzer, Tilmann, Die Geburt der Drogenpolitik aus dem Geist der Rassenhygiene. Deutsche Drogenpolitik von 1933 bis 1972, Diss. Mannheim 2006.

Hoppe, Brigitte, Aus der Frühzeit der chemischen Konstitutionsforschung. Die Tropenalkaloide Atropin und Cocain in Wissenschaft und Wirtschaft, in: Deutsches Museum. Abhandlungen und Berichte 47/3 (1979), München 1979.

Hormann-Reckeweg, Birgit, Ludwig Müller. Aus dem Leben eines Gewerkschafters. Ein Beitrag zur Geschichte der IG Papier-Chemie-Keramik, Köln 1986.

Hromadka, Wolfgang, Die Arbeitsordnung im Wandel der Zeit am Beispiel der Hoechst AG, Frankfurt am Main 1979.

Hüntelmann, Axel C., Hygiene im Namen des Staates. Das Reichsgesundheitsamt 1876–1933, Göttingen 2008.

Hufeland, Christoph Wilhelm von, Armen-Pharmakopoe entworfen für Berlin nebst der Nachricht von der daselbst errichteten Krankenanstalt für Arme in ihren Wohnungen, Berlin 1818.

Huhle-Kreutzer, Gabriele, Die Entwicklung arzneilicher Produktionsstätten aus Apothekenlaboratorien. Dargestellt an ausgewählten Beispielen, Stuttgart 1989.

Issekutz, Béla, Die Geschichte der Arzneimittelforschung, Budapest 1971.

Jacobi, Arnold (Bearb.), Carl Heinrich Mercks ethnographische Beobachtungen über die Völker des Beringmeers 1789–91, Berlin 1937.

Jäger, Berthold, Das geistliche Fürstentum Fulda in der Frühen Neuzeit. Landesherrschaft, Landstände und fürstliche Verwaltung. Ein Beitrag zur Verfassungs- und Verwaltungsgeschichte kleiner Territorien des Alten Reiches, Marburg 1986.

Jahresbericht des Fabrik-Inspektors für das Großherzogtum Hessen für 1886, Darmstadt 1887.

Jahresbericht der Gewerbeinspektoren für das Großherzogtum Hessen umfassend die Bezirke Darmstadt, Mainz, Gießen und Offenbach für das Jahr 1897, Darmstadt 1898.

Jahresbericht der Gewerbeinspektoren für das Großherzogtum Hessen umfassend die Bezirke Darmstadt, Mainz, Gießen und Offenbach für das Jahr 1898, Darmstadt 1899.

Jahresbericht der Gewerbeinspektion für 1901, Darmstadt 1902.

Jahresbericht der Groß. Hessischen Gewerbeinspektionen für das Jahr 1908, hgg. im Auftrage des Großh. Ministeriums des Innern, Darmstadt 1909.

Jahresbericht der Groß. Hessischen Gewerbeinspektionen für das Jahr 1910, hgg. im Auftrage des Großh. Ministeriums des Innern, Darmstadt 1911.

Jahresbericht der Groß. Hessischen Gewerbeinspektionen für das Jahr 1913, hgg. im Auftrage des Großh. Ministeriums des Innern, Darmstadt 1914.

Jahresberichte der Großherzoglich Hessischen Handelskammer zu Darmstadt (ab 1903: Bericht der Großherzoglichen Handelskammer zu Darmstadt; ab 1905: Bericht der Großherzoglichen Handelskammer zu Darmstadt für die Kreise Bensheim, Darmstadt, Erbach, Groß-Gerau und Heppenheim).

James, Harold, Verbandspolitik im Nationalsozialismus, München 2001.

Jansen, Sarah, «Schädlinge». Geschichte eines wissenschaftlichen und politischen Konstrukts 1840–1920, Frankfurt am Main/New York 2003.

Jendreyczyk, Ernst, Die ältesten Apotheken in Norderdithmarschen, Wesselburen 1910.

Johnson, Bruce D., Die englische und amerikanische Opiumpolitik im 19. und 20. Jahrhundert. Konflikte, Unterschiede und Gemeinsamkeiten, in: Gisela Völger (Hrsg.), Rausch und Realität. Drogen im Kulturvergleich, Köln 1981, S. 656–661.

Johnson, Jeffrey Allan, Hofmann's Role in Reshaping the Academic-Industrial Alliance in German Chemistry, in: Christoph Meinel/Hartmut Scholz (Hrsg.), Die Allianz von Wissenschaft und Industrie. August Wilhelm Hofmann (1818–1892). Zeit, Werk, Wirkung, Weinheim u. a. 1992, S. 167–182.

Ders., Die Macht der Synthese (1900–1925), in: Werner Abelshauser (Hrsg.), Die BASF. Eine Unternehmensgeschichte, München 2002, S. 117–219.

Junggeburth, Tanja, Stollwerck 1839–1932. Unternehmerfamilie und Familienunternehmen, Stuttgart 2014.

Jungkind, Thilo, Risikokultur und Störfallverhalten der chemischen Industrie. Gesellschaftliche Einflüsse auf das unternehmerische Handeln von Bayer und Henkel seit der zweiten Hälfte des 20. Jahrhunderts, Stuttgart 2013, zugl. Diss. Konstanz 2011.

Kabisch, Thomas R., Deutsches Kapital in den USA. Von der Reichsgründung bis zur Sequestrierung (1917) und Freigabe, Stuttgart 1982, zugl. Diss. Erlangen/Nürnberg 1982.

Kaelble, Hartmut, Sozialgeschichte Europas. 1945 bis zur Gegenwart, Bonn 2007.

Kahlbaum, Georg W. A. (Hrsg.), Justus von Liebig und Friedrich Mohr in ihren Briefen von 1834–1870. Ein Zeitbild. Herausgegeben und mit Glossen, Hinweisen und Erläuterungen versehen in Gemeinschaft mit Otto Merckens und W. I. Baragiola, Leipzig 1904.

Kahn, Daniela, Die Steuerung der Wirtschaft durch Recht im nationalsozialistischen Deutschland. Das Beispiel der Reichsgruppe Industrie, Frankfurt am Main 2006.

Kallinich, Günter, Schöne alte Apotheken, München 1975.

Kallmorgen, Wilhelm, Siebenhundert Jahre Heilkunde in Frankfurt am Main, Frankfurt am Main 1936.

Karenberg, Dagobert, Die Entwicklung der Verwaltung in Hessen-Darmstadt unter Ludewig I (1790–1830), Diss. Mainz 1964.

Kauder, E., Reisebilder aus Persien, Turkestan und der Türkei, Breslau 1900.

Kayser, Erich, Medizingeschichtliche Betrachtungen der Seuchen in Darmstadt in Verbindung mit einer Hospitalchronik, Diss. Frankfurt am Main 1950.

Keller, Susanne, Pharmazeutische Lehr- und Gehilfenbriefe aus dem 17. Jahrhundert, Frankfurt am Main 2004.

Keller-Huguenin, Eugen, Erinnerungen und Aufzeichnungen aus meinem Leben, Zürich 1944.
Keyser, Erich, Danzigs Geschichte, Danzig ²1928, ND Hamburg o. J.
Kißener, Michael, Boehringer Ingelheim im Nationalsozialismus. Studien zur Geschichte eines mittelständischen chemisch-pharmazeutischen Unternehmens, Stuttgart 2015.
Kleedehn, Patrick, Die Rückkehr auf den Weltmarkt. Die Internationalisierung der Bayer AG Leverkusen nach dem Zweiten Weltkrieg bis zum Jahre 1961, Stuttgart 2007.
Klemp, Klaus, Bauten der Industrie im späten Kaiserreich. Studien zur Entstehungsvoraussetzung, Baugestalt und Programmatik des Industriebaus zwischen 1900 und 1918 an Beispielen des Rhein-Main-Gebietes, Diss. Marburg 1989.
Klenke, Nicole, Zum Alltag der Apothekergehilfen vom 18. bis Anfang des 20. Jahrhunderts, Stuttgart 2009.
Knodt, Manfred, Die Regenten von Hessen-Darmstadt, Darmstadt ⁴1989.
Knoll AG (Hrsg.), 100 Jahre im Dienst der Gesundheit 1886–1896, Darmstadt 1986.
Knortz, Heike, Wirtschaftsgeschichte der Weimarer Republik. Eine Einführung in Ökonomie und Gesellschaft der ersten Deutschen Republik, Göttingen 2010.
Kobrak, Christopher, National cultures and international competition. The experience of Schering AG 1851–1950, Cambridge u. a. 2002.
Koch, Peter, Geschichte der Versicherungswirtschaft in Deutschland, Karlsruhe 2012.
Kocka, Jürgen, Unternehmensverwaltung und Angestelltenschaft am Beispiel Siemens 1847–1914. Zum Verhältnis von Kapitalismus und Bürokratie in der deutschen Industrialisierung, Stuttgart 1969.
Ders., Industrielles Management. Konzeptionen und Modelle in Deutschland vor 1914, in: Vierteljahrschrift für Sozial- und Wirtschaftsgeschichte 56 (1969), S. 332–372.
Ders., Familie, Unternehmer und Kapitalismus. An Beispielen aus der frühen deutschen Industrialisierung, in: Zeitschrift für Unternehmensgeschichte 24 (1979), S. 99–135.
Ders., Unternehmer in der deutschen Industrialisierung, Göttingen 1975.
Köhler, Brigitte, Die Waldenser-Privilegien des Landgrafen Ernst-Ludwig von Hessen-Darmstadt, in: Archiv für Hessische Geschichte und Altertumskunde NF 38 (1980), S. 181–234.
Köhler, Lotte (Hrsg.), Vom Stift zum Handelsherrn und andere autobiographische Schriften von Dr. med. Wilhelm Köhler (1897–1962), Darmstadt 2009.
Köhler, Ingo/Schulze, Benjamin, Resilienz. Unternehmenshistorische Dimensionen der Krisenrobustheit am Beispiel deutscher Brauereien in den 1970er Jahren, in: Jahrbuch für Wirtschaftsgeschichte 57 (2016), S. 455–491.
König, Mario, Interhandel. Die schweizerische Holding der IG Farben und ihre Metamorphosen. Eine Affäre um Eigentum und Interessen (1910–1999), Zürich 2001.
König, Wolfgang, Erasmus Kittler und die Frühzeit der Elektrotechnik. Einleitung, in: Erasmus Kittler, Handbuch der Elektrotechnik in zwei Bänden, Bd. 1, Nachdruck der Ausgabe von 1890, Düsseldorf 1986, S. XV–XLII.
Ders., Hochschullehrer und Elektrifizierungsberater Erasmus Kittler, das «Darmstädter Modell» und die frühe Elektrifizierung im Spiegel seiner Briefe aus den Jahren 1888/89, in: Technikgeschichte 54 (1987), S. 1–14.
Ders., Geschichte der Konsumgesellschaft, Stuttgart 2000.
Ders., Kleine Geschichte der Konsumgesellschaft. Konsum als Lebensform der Moderne, Stuttgart 2008.

Kohut, Adolph, Justus von Liebig. Sein Leben und Wirken. Auf Grund der besten und zuverlässigsten Quellen geschildert, Volksauflage Gießen 1905.
Kolb, Eberhard/Schumann, Dirk, Die Weimarer Republik, 8. aktualisierte und erweiterte Auflage Berlin 2013.
Konrad, Kai A./Zschäpitz, Holger, Schulden ohne Sühne? Warum der Absturz der Staatsfinanzen uns alle trifft, München 2010.
Krätz, Otto, «Kastner, Karl Wilhelm Gottlob», in: Neue Deutsche Biographie 11 (1977), S. 324.
Krauch, Carl, Die Prüfung der chemischen Reagentien auf Reinheit, Darmstadt 1888.
Krause-Schmitt, Ursula/Freyberg, Jutta von, Heimatgeschichtlicher Wegweiser zu Stätten des Widerstandes und der Verfolgung 1933–1945, Bd. 1/1: Hessen I. Regierungsbezirk Darmstadt, hrsg. vom Studienkreis zur Erforschung und Vermittlung der Geschichte des Widerstandes 1933–1945, Frankfurt am Main 1995.
Kreisverwaltung Saarbrücken (Hrsg.), Grenze als Schicksal. 150 Jahre Landkreis Saarbrücken, Saarbrücken 1966.
Krömeke, Franz, Friedrich Wilhelm Sertürner, der Entdecker des Morphiums. Lebensbild und Neudruck der Original-Morphiumarbeiten, Jena 1925, ND Berlin u. a. 1983.
Kroker, Evelyn, Die Weltausstellungen im 19. Jahrhundert. Industrieller Leistungsnachweis, Konkurrenzverhalten und Kommunikationsfunktion unter Berücksichtigung der Montanindustrie des Ruhrgebietes zwischen 1851 und 1880, Göttingen 1975.
Kruedener, Jürgen von, Hätte Brünings Deflationspolitik erfolgreich sein können?, in: Christoph Buchheim/Michael Hutter/Harold James (Hrsg.), Zerrissene Zwischenkriegszeit. Wirtschaftshistorische Beiträge. Knut Borchardt zum 65. Geburtstag, Baden-Baden 1994, S. 289–306.
Kube, Helga, Die Industrieansiedlung in Ludwigshafen am Rhein bis 1892 (Chemie und Metallverarbeitung), Diss. Heidelberg 1962.
Kühlem, Kordula (Bearb.), Carl Duisberg (1861–1935). Briefe eines Industriellen, München 2012.
Kümmel, Gerhard, Transnationale Wirtschaftskooperation und der Nationalstaat. Deutschamerikanische Unternehmensbeziehungen in den dreißiger Jahren, Stuttgart 1995.
Kurzlechner, Werner, Fusionen, Kartelle, Skandale. Das Bundeskartellamt als Wettbewerbshüter und Verbraucheranwalt, München 2008.
Kurzweil, Peter/Pittrow, Lothar, Vom Schlafmohn zu den synthetischen Opiaten, Aachen 1994.
Dies., Die Alkaloide des Schlafmohns (Papaver somniferum) im Licht der Pharmaziegeschichte, in: Geschichte der Pharmazie 47 (1995), S. 55–60, 48 (1996), S. 18–21, 50 (1998), S. 36–39.
Labisch, Alfons/Tennstedt, Florian, Gesundheitsamt oder Amt für Volksgesundheit? Zur Entwicklung des öffentlichen Gesundheitsdienstes seit 1933, in: Norbert Frei (Hrsg.), Medizin und Gesundheitspolitik in der NS-Zeit, München 1991, S. 35–66.
Launert, Edmund, Der Mörser. Geschichte und Erscheinungsbild eines Apothekengerätes. Materialien, Formen, Typen, München 1990.
Lauterbach, Irene R., Christian Wilhelm Hermann Trommsdorff (1811–1884). Zu Leben und Werk eines pharmazeutischen Unternehmers, Stuttgart 2000.
Leber, Adolf, «Engelhorn, Friedrich», in: Neue Deutsche Biographie 4 (1959), S. 514 f.
Lechler, Nicole, «Ein künstlerisches Ereignis». Heinrich Metzendorfs Umbau der ‹Engel-Apotheke› am Darmstädter Luisenplatz für Emanuel August Merck, in: Dominic Eric Delarue/Thomas Kaffenberger (Hrsg.), Lebensräume gestalten. Heinrich Metzendorf und die Reformarchitektur an der Bergstraße, Worms 2013, S. 145–155.

Lehmann, Otto, Flüssige Kristalle sowie Plastizität von Kristallen im Allgemeinen, molekulare Umlagerungen und Aggregatzustandsänderungen, Leipzig 1904.
Leitz, Christian, Economic Relations Between Nazi Germany and Franco's Spain 1936–1945, Oxford 1996.
Lengemann, Jochen, MdL Hessen 1808–1997. Biographischer Index, unter Mitarbeit von Andrea Mitteldorf und Roland Schmidt, Marburg 1996.
Lepsius, M. Rainer, Zur Soziologie des Bürgertums und der Bürgerlichkeit, in: Jürgen Kocka (Hrsg.), Bürger und Bürgerlichkeit im 19. Jahrhundert, Göttingen 1987, S. 79–100.
Leuschner, Ulrike, Johann Heinrich Merck, Erlangen 2010.
Ley fordert nationalsozialistische Gemeinschaften in den Wirtschaftsbetrieben. Aus einem Aufruf vom 9. Dezember 1934, in: Ernst Schraepler/Herbert Michaelis (Hrsg.), Ursachen und Folgen. Vom deutschen Zusammenbruch 1918 und 1945 bis zur staatlichen Neuordnung Deutschlands in der Gegenwart. Eine Urkunden- und Dokumentensammlung zur Zeitgeschichte, Bd. 9: Das Dritte Reich. Zertrümmerung des Parteienstaates und die Grundlegung der Diktatur, Berlin 1964, S. 656.
Liebenau, Jonathan, Medical Science and Medical Industry. The Formation of the American Pharmaceutical Industry, Baltimore 1987.
Lieberman, Marvin B./Montgomery, David B., First Mover Advantage, in: Strategic Management Journal 9 (1988), S. 41–58.
Liebig, Justus, Über einen neuen Apparat zur Analyse organischer Körper und über die Zusammensetzung einiger organischer Substanzen, in: Annalen der Physik und Chemie 97/1 (1831), S. 1–43.
Lill, Ursula, Die pharmazeutisch-industrielle Werbung in der ersten Hälfte des 20. Jahrhunderts, Stuttgart 1990.
Lind, Carsten, Gießener Apotheken. Frühneuzeitliches Apothekenwesen im Spannungsfeld von Stadt, Universität und landesherrlichen Behörden, Gießen 1998.
Lindner, Stephan H., Das Reichskommissariat für die Behandlung feindlichen Vermögens im Zweiten Weltkrieg, Stuttgart 1991.
Loebell, Richard, Der Anti-Necker J. H. Mercks und der Minister Fr. K. v. Moser. Ein Beitrag zur Beurteilung J. H. Mercks, Darmstadt 1896.
Löffelholz, Konrad/Trendelenburg, Ulrich (Hrsg.), Verfolgte deutschsprachige Pharmakologen 1933–1945, Frechen ²2008.
Löw, Carl, Heinrich Emanuel Merck, Darmstadt 1951.
Ders., Die Chemische Fabrik E. Merck Darmstadt. Ein Rückblick auf die Geschichte der Firma in Wort und Bild, Darmstadt 1952.
Loew, Peter Oliver, Danzig. Biographie einer Stadt, Minden 2004.
Longerich, Peter, «Davon haben wir nichts gewusst!» Die Deutschen und die Judenverfolgung 1933–1945, München 2006.
Loscertales, Javier, Deutsche Investitionen in Spanien 1870–1920, Stuttgart 2002.
Loth, Wilfried, Europas Einigung. Eine unvollendete Geschichte, Frankfurt am Main u. a. 2014.
Lubinski, Christina, «Wo nachfolgende Generationen schaffende Arbeit verrichten». Generationenerzählungen in mehrgenerationalen deutschen Familienunternehmen von ca. 1950 bis 2005, in: Björn Bohnenkamp/Till Manning/Eva-Maria Silies (Hrsg.), Generation als Erzählung. Neue Perspektiven auf ein kulturelles Deutungsmuster, Göttingen 2009.
Dies., Crossroads of Family Business Research and Firm Demography. A Critical Assessment

of Family Business Survival Rates, in: Journal of Family Business Strategy 2 (2011), S. 117–127.
Lübbers, Thorsten, Unternehmenskooperation auf dem Gebiet gewerblicher Schutzrechte in der chemischen, pharmazeutischen und elektrotechnischen Industrie, 1880–1914, in: Vierteljahrschrift für Sozial- und Wirtschaftsgeschichte 96 (2009), S. 147–172.
Lürmann, H. G., 470 Jahre Apothekenwesen in Neubrandenburg. Zur Geschichte der Neubrandenburger Apotheken, [Teterow 2001].
Luhmann, Niklas, Die Wirtschaft der Gesellschaft, Frankfurt am Main ^{2}1996.
Ders., Organisation und Entscheidung, Opladen/Wiesbaden 2000.
Ders., Soziale Systeme. Grundriß einer allgemeinen Theorie, Frankfurt am Main ^{16}2015.
Maaß, Rainer, Die Frühindustrialisierung in Darmstadt und der Provinz Starkenburg (1806–1871), in: Ulrich Eisenbach (Hrsg.), Von den Anfängen der Industrialisierung zur Engineering Region. 150 Jahre IHK Darmstadt-Rhein-Main-Neckar, Darmstadt 2012, S. 43–70.
Magendie, François, Vorschriften zur Bereitung und Anwendung einiger neuen Arzneymittel als: der Brechnuss, der Morphinsalze […], Leipzig 1821.
Mahlberg, Hermann J./Nußbaum, Hella, Heinrich Metzendorf und seine Villen im Rheinland. Das verschwundene Schloß im Briller Viertel und ein wiederentdeckter Architekt, Wuppertal 2016.
Maier, Helmut, Chemiker im «Dritten Reich». Die Deutsche Chemische Gesellschaft und der Verein Deutscher Chemiker im NS-Herrschaftsapparat, Weinheim 2015.
Ders., «Stiefkind» oder «Hätschelkind»? Rüstungsforschung und Mobilisierung der Wissenschaften bis 1945, in: Christoph Jahr (Hrsg.), Die Berliner Universität in der NS-Zeit, Band 1: Strukturen und Personen, Stuttgart 2005, S. 99–114.
Mann, Klaus, Tagebücher 1931 bis 1933, München ^{2}1989.
Marsch, Ulrich, Zwischen Wissenschaft und Wirtschaft. Industrieforschung in Deutschland und Großbritannien 1880–1936, Paderborn u. a. 2000.
Marschall, Luitgard, Im Schatten der chemischen Synthese. Industrielle Biotechnologie in Deutschland (1900–1970), Frankfurt am Main/New York 2000, zugl. Diss. München 1997/98.
Martinoli, Giovanna (Hrsg.), Da Neresine a Milano. Memorie dell'imprenditore Fulvio Bracco, Lissone 2012.
Martius, Ernst Wilhelm, Erinnerungen aus meinem neunzigjährigen Leben, Neudruck der Ausgabe von 1847, Berlin 1932.
Marx, Christian, Der Aufstieg multinationaler Konzerne. Umstrukturierungen und Standortkonkurrenz in der westeuropäischen Chemieindustrie, in: Anselm Doering-Manteuffel/Lutz Raphael/Thomas Schlemmer (Hrsg.), Vorgeschichte der Gegenwart. Dimensionen des Strukturbruchs nach dem Boom, Göttingen 2016, S. 197–216.
Marx, Ernst, Die experimentelle Diagnostik, Serumtherapie und Prophylaxe der Infektionskrankheiten, Berlin/Heidelberg ^{3}1914.
Matthäus, Berthold, Die «Alte Fabrik». Reichlich Dampf & wenig Strom. Energieversorgung bei E. Merck Darmstadt 1840–1905, Mühltal 2010.
Ders., Die «Neue Fabrik». Wasser, Dampf & Strom. Die Energieversorgung bei E. Merck Darmstadt 1900–1955, Mühltal 2013.
Ders., Die Merck'sche «Kleinbahn». Auf schmaler Spur in der chemischen Fabrik 1901–1960, Mühltal 2002.

Mattheier, Klaus, Die Gelben. Nationale Arbeiter zwischen Wirtschaftsfrieden und Streik, Düsseldorf 1973.
Meinel, Christoph, Netzwerke des Wissens. Justus von Liebig und die Chemie des 19. Jahrhunderts, in: Akademie-Journal 1 (2003), S. 2–7.
Meinzer, Lothar, «Productive Collateral» or «Economic Sense»? BASF under French Occupation, 1919–1923, in: Anthony S. Travis u. a. (Hrsg.), Determinants in the Evolution of the European Chemical Industry 1900–1939. New Technologies, Political Frameworks, Markets and Companies, Dordrecht u. a. 2010, S. 51–63.
Meleghy, Gyula, Die Vermittlerrolle der Banken bei deutschen Investitionen in Nord- und Mittelamerika bis zum Ersten Weltkrieg, Diss. Köln 1983.
Merck, Carl Heinrich, «Beschreibung der Tschucktschi, von ihren Gebräuchen und Lebensart» sowie weitere Berichte und Materialien, hrsg. von Dietmar Ohlmann u. a., Göttingen 2014.
Merck, Emanuel, Chemische Analyse des gemeinen Erdrauchs (Fumaria officinalis Linn.), in: (Trommsdorffs) Journal der Pharmacie 20 (1811), S. 16–28.
Ders., Bemerkungen über das Opium und dessen Bestandtheile, in: Magazin für Pharmacie 15 (1826), S. 147–169.
Ders., Zur Kenntniß des Cocain, [Offener Brief], in: Wiener Medizinische Presse 26, Sp. 1373.
Merck, Emanuel August, Über die blausauren Salze organischer Basen, Diss. Freiburg 1883.
Merck, E[manuel] A[ugust], Geschichte der Merck'schen Engelapotheke zu Darmstadt, Darmstadt 1905.
Merk, Fritz, Die Absatzgestaltung der Erzeugnisse der deutschen chemisch-pharmazeutischen Industrie, Düsseldorf 1939.
Merck, Georg/Galloway, Robert, Analyse der Thermalquelle von Bath (Kingsbath), in: Annalen der Chemie und Pharmacie 63/3 (1847), S. 318–332.
Merck, Georg, Vorläufige Notiz über eine neue organische Base im Opium, in: Annalen der Chemie und Pharmacie 66/1 (1848), S. 125–128.
Ders., Ueber Papaverin, in: Annalen der Chemie und Pharmacie 73/1 (1850), S. 50–55.
Merck, Johann Anton, Auszug aus dem Tagebuch eines Naturforschers, auf einer Reise durch die Schweiz und einen Theil Italiens. Nebst einem Brief von Carl Heinrich Köstlin an Merck, Faksimile der Ausgaben in Wielands Teutschem Merkus von 1779 mit einem Nachwort von Kai Torsten Kanz, Marburg 1995.
Ders., Dissertatio de comparatione plantarum et animalium ab erudito Doct. Feldmanno, olim Lugduni edita sed novis postea accessionibus, et commentatione de analogia partus et mortis humanae ex ipsis defunctis schedis msstis, aucta et post ejus obitum denuo recusa cura J. A. Merck Hasso-Darmstadiensis, Berlin 1780.
Merck, Johann Heinrich, Briefe an Johann Heinrich Merck von Goethe, Herder, Wieland und andern bedeutenden Zeitgenossen, mit Merck's biographischer Skizze, hrsg. von Karl Wagner, Darmstadt 1835.
Ders., Johann Heinrich Merck. Briefwechsel, 5 Bde., hrsg. von Ulrike Leuschner u. a., Göttingen 2007–2012.
Merck, Willy, Meine Reise um die Erde in Briefen an meine Mutter, Darmstadt 1891.
Merck Corporate History (Hrsg.), Friederike Schenck 1887. Ein Jungmädchentagebuch, Darmstadt 2010.
Merck KGaA (Hrsg.), 100 years of liquid crystals at Merck. The history of the future, Darmstadt 2004.
Dies. (Hrsg.), Broschüre «Change» bzw. «Verändern», Darmstadt 2007.

Dies. (Hrsg.), Von Einfällen und Zufällen 1968–2008. 40 Jahre Flüssigkristallforschung bei Merck, Darmstadt 2008.

Dies., Den Aufbruch wagen. Merck von 1668 bis heute, Darmstadt 2013.

Merz, Johannes, Georg Horn (1542–1603) und seine Historia über die Reformation in Hammelburg, Neustadt/Aisch 1992.

Metz, Harald, Hundert Jahre Biotechnologie bei Merck 1890–1990, interne Publikation, Merck-Archiv 1991.

Meyer, Bernhard, Das Kaiserin-Friedrich-Haus, in: Berlinische Monatsschrift 7,2 (2001), S. 164–170.

Meyer, Ulrich, «Etwa ein Molekül wie das Morphin». Die Geschichte der Östrogene, in: Pharmazie unserer Zeit 33 (2004), S. 352–356.

Michel, Wilhelm, E. Merck, Darmstadt, Darmstadt 1937.

Mieck, Ilja, Preussische Gewerbepolitik in Berlin 1806–1844. Staatshilfe und Privatinitiative zwischen Merkantilismus und Liberalismus, Berlin 1965.

Milert, Werner/Tschirbs, Rudolf, Die andere Demokratie. Betriebliche Interessenvertretung in Deutschland, 1848 bis 2008, Essen 2012.

Möhler, Rainer, Entnazifizierung in Rheinland-Pfalz und im Saarland unter französischer Besatzung von 1945–1952, Mainz 1992.

Möllers, Bernhard, Robert Koch. Persönlichkeit und Lebenswerk 1843–1910, Hannover 1950.

Mohr, Friedrich, Commentar zur Preußischen Pharmacopoe nebst Uebersetzung des Textes. Für Apotheker, Aerzte und Medicinal-Beamte, nach der sechsten Auflage der Pharmacopoea Borussica bearbeitet, Bd. 2, Braunschweig 1849.

Moltmann, Günter, Zur Formulierung der amerikanischen Besatzungspolitik in Deutschland am Ende des Zweiten Weltkrieges, in: Vierteljahrshefte für Zeitgeschichte 15 (1967), S. 299–322.

Müller, Adolf, Beiträge zu einer hessischen Medizinalgeschichte des 15.-18. Jahrhunderts, Darmstadt 1929.

Ders., Aus Darmstadts Vergangenheit, Darmstadt 1930.

Ders., Darmstädter Stadtgeschichte in Zahlen, Sonderdruck aus dem Darmstädter Adreßbuch 1932-33, Darmstadt 1933.

Müller, Hermann (Red.), Festschrift zum 175jährigen Bestehen der Loge «Johannes der Evangelist zur Eintracht» im Orient Darmstadt, Darmstadt 1991.

Müller-Jahncke, Wolf-Dieter, Leichenpredigten als pharmazeutische Quellen, in: Rudolf Lenz (Hrsg.), Leichenpredigten als Quelle historischer Wissenschaften, Köln/Wien 1975, S. 470–491.

Ders., Wolf-Dieter/Friedrich, Christoph, Geschichte der Arzneimitteltherapie, Stuttgart 1996.

Ders./Friedrich, Christoph/Meyer, Ulrich, Arzneimittelgeschichte, Stuttgart 2004.

Munday, Pat, Social Climbing Through Chemistry: Justus Liebig's Rise From The Niederer Mittelstand to the Bildungsbürgertum, in: Ambix 37 (1990), S. 3–19.

Nega, Julius, Das Coniin als Arzneimittel, in: Schmidt's Jahrbücher der in- und ausländischen gesammten Medicin 66 (1850), S. 164 f.

Nell, Michael, Johann Schröder (1600–1664) und Johann Zwelfer (1618–1668). Leben und Werk, ein Vergleich, Diss. Heidelberg 2004.

Newton, Ronald C., The «Nazi Menace in Argentina», 1931–1947, Stanford 1992.

Nieberding, Anne, «Stillstand ist Rückschritt.» Kundenkommunikation in der Pharma-Industrie um 1900 am Beispiel der Farbenfabriken vorm. Friedr. Bayer & Co., in: Clemens Wischermann (Hrsg.) unter Mitarbeit von Anne Nieberding und Britta Stücker, Unternehmenskommunikation deutscher Mittel- und Großunternehmen. Theorie und Praxis in historischer Perspektive, Dortmund 2003, S. 214–255.

Nieberding, Anne, Unternehmenskultur im Kaiserreich. J. M. Voith und die Farbenfabriken vorm Friedr. Bayer & Co., München 2003.

Niemann, Hans-Werner, Die Russengeschäfte in der Ära Brüning, in: Vierteljahrschrift für Sozial- und Wirtschaftsgeschichte 72 (1985), S. 153–174.

Nolte-Schuster, Birgit, Preußen im Kampf gegen die Cholera, in: Deutsches Ärzteblatt 38 (2007), online: https://www.aerzteblatt.de/archiv/56970/Medizingeschichte-Preussen-im-Kampf-gegen-die-Cholera [letzter Abruf: 9. März 2018].

Nowosadtko, Jutta, Scharfrichter und Abdecker. Der Alltag zweier «unehrlicher Berufe» in der frühen Neuzeit, Paderborn 1994.

Obermaier, Robert, Weichenstellungen. Umstrukturierungen in Bereichen der deutschen Wirtschaft gegen Ende der Weimarer Republik als Wegbereiter für die nationalsozialistische Wirtschaftspolitik, Regensburg 2002.

Ochs, Eva, Zwischen Pflicht und Neigung. Arbeitsethos und Nachfolgefrage in Familienunternehmen im 19. Jahrhundert am Beispiel der Unternehmerfamilie Siemens, in: BIOS 27 (2014), S. 225–241.

Osterhammel, Jürgen, Die Verwandlung der Welt. Eine Geschichte des 19. Jahrhunderts, München 2009.

Ders., Globalisierungen, in: Ders., Die Flughöhe der Adler. Historische Essays zur globalen Gegenwart, München 2017, S. 12–41.

Oswald, Anne von, Die deutsche Industrie auf dem italienischen Markt 1882 bis 1945. Außenwirtschaftliche Strategien am Beispiel Mailands und seiner Umgebung, Frankfurt am Main 1996, zugl. Diss. Berlin 1994.

Pahlow, Louis, Das Patent als Waffe im Wirtschaftskampf. Patentrechte und Kartellrecht in der Weimarer Republik, in: Martin Otto/Diethelm Klippel (Hrsg.), Geschichte des deutschen Patentrechts, Tübingen 2015, S. 109–127.

Parlamentarischer Rat. Stenographische Berichte über die Plenarsitzungen 1948/49, Bonn 1949, Neudruck 1969.

Parzer, Sebastian, Friedrich Engelhorn. BASF-Gründer – Unternehmer – Investor 1865–1902, Worms 2014.

Pátek, Jaroslav, Tschechoslowakisch-deutsche Kapital- und Kartellbeziehungen in der Chemieindustrie der Zwischenkriegszeit 1918–1938, in: Boris Barth u. a. (Hrsg.), Konkurrenzpartnerschaft. Die deutsche und die tschechoslowakische Wirtschaft in der Zwischenkriegszeit, Essen 1998, S. 94–111.

Paulsen, Andreas, Das «Gesetz der dritten Generation». Erhaltung und Untergang von Familienunternehmungen, in: Der praktische Betriebswirt 21 (1941), S. 271–280.

Paz, María Emilia, Strategy, Security, and Spies. Mexico and the U. S. as Allies in World War II, University Park 1997.

Pelizaeus, Ludolf, Nemo potest duobus dominis servire. Hessen-Darmstadt im Spannungsfeld zwischen Kaiser und Frankreich im Umfeld des hanauischen Erbfalls 1717–1748, Darmstadt 2001.

Pentzlin, Kurt, Die Zukunft des Familienunternehmens, Düsseldorf/Wien 1976.

Peter, Roland, Rüstungspolitik in Baden. Kriegswirtschaft und Arbeitseinsatz in einer Grenzregion im Zweiten Weltkrieg, München 1995, zugl. Diss. Freiburg 1992.

Peterson, Edward N., The American Occupation of Germany. Retreat to Victory, Detroit 1977.

Petri, Rolf, Zwischen Konkurrenz und Kooperation. Die deutsche Chemieindustrie und das technologische Aufholen Italiens, in: Ders. (Hrsg.), Technologietransfer aus der deutschen Chemieindustrie 1925–1960, Berlin 2004, S. 253–290.

Petzina, Dietmar, Autarkiepolitik im Dritten Reich. Der nationalsozialistische Vierjahresplan, Stuttgart 1968.

Ders./Plumpe, Werner, Unternehmensethik – Unternehmenskultur. Herausforderungen für die Unternehmensgeschichtsschreibung?, in: Jahrbuch für Wirtschaftsgeschichte 2 (1993), S. 9–19.

Peyer, Hans Conrad, Roche. Geschichte eines Unternehmens 1896–1996, Basel 1996.

Pflüger, J. C., Die Fachgruppe als Bewirtungsstelle, in: Die pharmazeutische Industrie 10 (1943), S. 1543.

Pharmacopoea Borussica oder Preussische Pharmacopoe. Aus dem Lateinischen übersetzt, und mit Anmerkungen und Zusätzen begleitet von Dr. Carl Wilhelm Juch. Beigebunden: Neu Arzney-Taxe zur Pharmacopöa Borussica oder dem preussischen Apothekerubhe, neue Auflage Nürnberg 1808 bzw. 1805.

Pharmacopoea Wirtenbergica [...], Ed. Nova revisa aucta et emendata, Stuttgart 1771.

Philippi, Hans, Hessen vom Barock zum Klassizismus 1648–1806, in: Walter Heinemeyer (Hrsg.), Das Werden Hessens, Marburg 1986, S. 349–385.

Pierenkemper, Toni, Was kann eine moderne Unternehmensgeschichtsschreibung leisten? Und was sollte sie tunlichst vermeiden, in: Zeitschrift für Unternehmensgeschichte 44 (1999), S. 15–31.

Pieroth, Ingrid, Penicillinherstellung. Von den Anfängen bis zur Großproduktion, Stuttgart 1992.

Pingel, Henner, Das Jahr 1933. NSDAP-Machtergreifung in Darmstadt und im Volksstaat Hessen, Darmstadt ²1979.

Plate, Markus/Groth, Torsten/Schlippe, Arist von, Unternehmensstrategien langfristig erfolgreicher Familienunternehmen, in: Markus Plate u. a. (Hrsg.), Große deutsche Familienunternehmen. Generationenfolge, Familienstrategie und Unternehmensentwicklung, Göttingen 2011, S. 505–521.

Plumpe, Gottfried, Die I. G. Farbenindustrie AG. Wirtschaft, Technik und Politik 1904–1945, Berlin 1990.

Plumpe, Werner, Unternehmen im Nationalsozialismus. Eine Zwischenbilanz, in: Werner Abelshauser/Jan-Otmar Hesse/Ders. (Hrsg.), Wirtschaftsordnung, Staat und Unternehmen. Neue Forschungen zur Wirtschaftsgeschichte des Nationalsozialismus. Festschrift für Dieter Petzina zum 65. Geburtstag, Essen 2003, S. 243–266.

Ders., Die Unwahrscheinlichkeit des Jubiläums – oder: warum Unternehmen nur historisch erklärt werden können, in: Jahrbuch für Wirtschaftsgeschichte 1 (2003), S. 143–156.

Ders., Die Geburt des «Homo oeconomicus». Historische Überlegungen zur Entstehung und Bedeutung des Handlungsmodels der modernen Wirtschaft, in: Wolfgang Reinhard/Justin Stagl (Hrsg.), Menschen und Märkte. Studien zur historischen Wirtschaftsanthropologie, Wien/Köln/Weimar 2007, S. 319–352.

Ders., Die Wirtschaftsgeschichte in der Historischen Zeitschrift. Ein Überblick, in: Historische Zeitschrift 289 (2009), S. 223–251.

Ders., Die Logik des modernen Krieges und die Unternehmen. Überlegungen zum Ersten Weltkrieg, in: Jahrbuch für Wirtschaftsgeschichte 56/2 (2015), S. 325–357.

Ders., Carl Duisberg 1861–1935. Anatomie eines Industriellen, München 2016.

Ders./Reuber, Christian, Unternehmen und Wirtschaftsbürgertum im 20. Jahrhundert, in:

Gunilla Budde u. a. (Hrsg.), Bürgertum nach dem bürgerlichen Zeitalter. Leitbilder und Praxis seit 1945, Göttingen 2010, S. 151–164.

Pohl, Hans, Die Entwicklung der Kartelle in Deutschland und die Diskussionen im Verein für Socialpolitik, in: Helmut Coing/Walter Wilhelm (Hrsg.), Wissenschaft und Kodifikation des Privatrechts im 19. Jahrhundert, Bd. 4: Eigentum und industrielle Entwicklung, Wettbewerbsordnung und Wettbewerbsrecht, Frankfurt am Main 1979, S. 206–235.

Ders., Zur Geschichte von Organisation und Leitung deutscher Großunternehmen seit dem 19. Jahrhundert, in: Zeitschrift für Unternehmensgeschichte 26 (1981), S. 143–178.

Ders., Betrachtungen zum wissenschaftlichen Standort von Wirtschafts- und Unternehmensgeschichte, in: Vierteljahrsschrift für Sozial- und Wirtschaftsgeschichte 78 (1991), S. 326–343.

Ders./Schaumann, Ralf/Schönert-Röhlk, Frauke, Die chemische Industrie in den Rheinlanden während der industriellen Revolution, Bd. 1: Die Farbenindustrie, Wiesbaden 1983.

Poidevin, Raymond, Les relations économiques et financières entre la France et l'Allemagne de 1898 à 1914, Paris 1969.

Pons, Rouven, Die Kunst der Loyalität. Ludwig VIII. von Hessen-Darmstadt (1691–1728) und der Wiener Kaiserhof, Marburg 2009.

Possehl, Ingunn, Probleme der Arzneipreisgestaltung im 19. Jahrhundert, in: Medizinhistorisches Journal 16 (1981), S. 358–390.

Dies., Wirtschafts- und sozialgeschichtliche Aspekte des preußischen Apothekenwesens im 19. Jahrhundert. Die Apotheken als Arbeitskräftereservoir für naturwissenschaftliche Berufe, in: Pharmazeutische Zeitung 126 (1981), Teil 1: S. 673–680, Teil 2: S. 1646–1654.

Dies., Impfstoffe, Sera, Diagnostika. Resultate bakteriologischer und immunologischer Forschung, in: Erika Hickel/Gerald Schröder (Hrsg.), Neue Beiträge zur Arzneimittelgeschichte. Festschrift für Wolfgang Schneider zum 70. Geburtstag, Stuttgart 1982, S. 185–203.

Dies., Erschließungsprobleme im Firmenarchiv Merck, in: Archiv und Wirtschaft 20,4 (1987), S. 145–147.

Dies., Pharmazeutische Verfahrenstechnik im Übergang vom Apothekenlabor zur industriellen Fertigung im 19. Jahrhundert, in: Pharmazeutische Zeitung 134 (1989), S. 247–256.

Dies., Seit 100 Jahren Mercks Reagenzien «pro analysi», in: Pharmazeutische Zeitung 134 (1989), S. 542–644.

Dies., «Merck, Heinrich Emanuel», in: Neue Deutsche Biographie 17 (1994), S. 120 f.

Dies., Modern aus Tradition. Geschichte der chemisch-pharmazeutischen Fabrik E. Merck Darmstadt, 2. erweiterte Auflage Darmstadt 1994.

Dies., Unternehmer und technischer Fortschritt zu Beginn der Feinchemikalienindustrie, in: Francesca Schinzinger (Hrsg.), Unternehmer und technischer Fortschritt. Büdinger Forschungen zur Sozialgeschichte 1994 und 1995, München 1996, S. 265–282.

Dies., Anfänge der Pharma-Industrie, in: Werner Kroker (Hrsg.), Naturwissenschaften und Industrie um 1900. Vorträge der Jahrestagung der Georg-Agricola-Gesellschaft 1996 in Berlin, Bochum 1997, S. 95–104.

Potthoff, Heinrich, Freie Gewerkschaften 1918–1933. Der Allgemeine Deutsche Gewerkschaftsbund in der Weimarer Republik, Düsseldorf 1987.

Prang, Helmut, Johann Heinrich Merck. Ein Leben für andere, Wiesbaden 1949.

Priemel, Kim Christian, Heldenepos und bürgerliches Trauerspiel. Unternehmensgeschichte im generationellen Paradigma, in: Björn Bohnenkamp/Till Manning/Eva-Maria Silies

(Hrsg.), Generation als Erzählung. Neue Perspektiven auf ein kulturelles Deutungsmuster, Göttingen 2009, S. 107–128.

Priesner, Claus, «Ladenburg, Albert», in: Neue Deutsche Biographie 13 (1982), S. 390 f.

Ders, «Liebig, Justus Freiherr von», in: Neue Deutsche Biographie 14 (1985), S. 497–501.

Ders., «Niemann, Albert», in: Neue Deutsche Biographie 19 (1999), S. 231 f.

Raasch, Markus, «Wir sind Bayer». Eine Mentalitätsgeschichte der deutschen Industriegesellschaft am Beispiel des rheinischen Dormagen (1917–1997), Essen 2007.

Ramdohr, Paul, Geschichte der Darmstädter Apotheken, Darmstadt 1908.

Raphael, Lutz, Flexible Anpassungen und prekäre Sicherheiten. Industriearbeit(er) nach dem Boom, in: Morten Reitmayer/Thomas Schlemmer (Hrsg.), Die Anfänge der Gegenwart. Umbrüche in Westeuropa nach dem Boom, München 2014, S. 51–64.

Ratmoko, Christina, Damit die Chemie stimmt. Die Anfänge der industriellen Herstellung von weiblichen und männlichen Sexualhormonen 1914–1938, Zürich 2010.

Rausch, Ute, Das Medizinal- und Apothekenwesen der Landgrafschaft Hessen-Darmstadt und des Großherzogtums Hessen unter besonderer Berücksichtigung der Provinz Starkenburg, Darmstadt/Marburg 1978.

Rebentisch, Dieter, Verfassungswandel und Verwaltungsstaat vor und nach der nationalsozialistischen Machtergreifung, in: Jürgen Heideking u. a. (Hrsg.), Wege in die Zeitgeschichte. Festschrift zum 65. Geburtstag von Gerhard Schulz, Berlin/New York 1989, S. 123–150.

Reckendrees, Alfred, Konsummuster im Wandel. Haushaltsbudgets und Privater Verbrauch in der Bundesrepublik 1952–98, in: Jahrbuch für Wirtschaftsgeschichte 2 (2007), S. 29–61.

Rehbaum, Aide, Flammentod im Grafenhaus. Ein Indizienprozess als kulturhistorische Quelle, Marburg 2011.

Reiner, Georges F., Vom Apothekergehilfen zum Privatbeamten. Die Entwicklung der Angestelltenschaft in der chemisch-pharmazeutischen Industrie von 1850–1913 am Beispiel E. Merck, Darmstadt, Darmstadt 2001 [Ms. Merck Archiv].

Reinhard, Friedhelm, Apotheken in Berlin. Von den Anfängen bis zur Niederlassungsfreiheit 1957, Eschborn 1998.

Reinhardt, Carsten, Forschung in der chemischen Industrie. Die Entwicklung synthetischer Farbstoffe bei BASF und Hoechst, 1863 bis 1914, Freiberg 1997.

Reinhardt, Dirk, Von der Reklame zum Marketing. Geschichte der Wirtschaftswerbung in Deutschland, Berlin 1993, zugl. Diss. Münster 1991.

Reininghaus, Wilfried/Reimann, Norbert (Hrsg.), Zwangsarbeit in Deutschland 1939–1945. Archiv und Sammlungsgut, Topographie und Erschließungsstrategien, Bielefeld 2001.

Return of Alien Property. Hearings before a Subcommittee of the Committee on Ways and Means sitting in conjunction of the Committee on Interstate and Foreign Commerce, House of Representatives, Washington 1926.

Reuber, Christian, Der lange Weg an die Spitze. Karrieren von Führungskräften deutscher Großunternehmen im 20. Jahrhundert, Frankfurt am Main u. a. 2012.

Reulecke, Jürgen, Vom blauen Montag zum Arbeiterurlaub. Vorgeschichte und Entstehung des Erholungsurlaubs für Arbeiter vor dem Ersten Weltkrieg, in: Archiv für Sozialgeschichte 16 (1976), S. 205–248.

Ders., Die Fahne mit dem goldenen Zahnrad. Der «Leistungskampf der deutschen Betriebe» 1937–1939, in: Ders./Detlev Peuckert, Die Reihen fest geschlossen. Beiträge zur Geschichte des Alltags unterm Nationalsozialismus, Wuppertal 1981, S. 245–269.

Richter, Ralf, Netzwerke und ihre Innovationskraft im internationalen Vergleich. Die Cluster der Werkzeugmaschinenbau-Industrie in Chemnitz (Deutschland) und Cincinnati

(USA), 1870–1930, in: Rudolf Boch u. a. (Hrsg.), Unternehmensgeschichte heute. Theorieangebote, Quellen, Forschungstrends. Beiträge des 4. unternehmensgeschichtlichen Kolloquiums, Leipzig 2005, S. 119–132.

Ridder, Michael de, Heroin. Vom Arzneimittel zur Droge, Frankfurt am Main/New York 2000, zugl. Diss. Berlin 1991.

Riedel-de Haën AG (Hrsg.), 150 Jahre Riedel-de Haën. Die Geschichte eines deutschen Unternehmens, hrsg. anlässlich ihres 150-jährigen Firmenjubiläums, Seelze 1964.

Rieger, Bernhard, Die hessen-darmstädtischen Landstände und der Absolutismus, Diss. Gießen/Darmstadt 1894.

Ritgen, Ferd[inand] Aug[ust] Max, Das Medicinalwesen des Großherzogtums Hessen in seinen gesetzlichen Bestimmungen dargestellt, Bd. 2, Darmstadt 1842.

Ritschl, Albrecht/Spoerer, Mark, Das Bruttosozialprodukt in Deutschland nach den amtlichen Volkseinkommens- und Sozialproduktstatistiken 1901–1995, Stuttgart 1997.

Rödder, Andreas, 21.0. Eine kurze Geschichte der Gegenwart, München 2015.

Rödel, Volker, Fabrikarchitektur in Frankfurt am Main 1774–1924. Die Geschichte der Industrialisierung im 19. Jahrhundert, Frankfurt am Main 1984.

Rößler, Hektor, Ausführlicher Bericht über die von dem Gewerbeverein für das Großherzogthum Hessen im Jahre 1842 veranstaltete Allgemeine deutsche Industrie-Ausstellung zu Mainz, Darmstadt 1843.

Rosenberger, Ruth, Experten für Humankapital. Die Entdeckung des Personalmanagements in der Bundesrepublik Deutschland, München 2008.

Rosner, Robert W., Chemie in Österreich 1740–1914. Lehre, Forschung, Industrie, Wien/Köln/Weimar 2004.

Ruck, Michael, Die deutsche Verwaltung im totalitären Führerstaat 1933–1945, in: Jahrbuch für Europäische Verwaltungsgeschichte 10 (1998), S. 1–48.

Runciman, Walter, Before the Mast and after. The autobiography of a sailor and shipowner, London 1924.

Ruske, Walter, 100 Jahre Deutsche Chemische Gesellschaft, Weinheim 1967.

Sachße, Christoph/Tennstedt, Florian, Geschichte der Armenfürsorge in Deutschland, Bd. 1: Vom Spätmittelalter bis zum 1. Weltkrieg, 2. überarbeitete und erweiterte Auflage, Stuttgart 1998.

Saffert, Erich, Aus der Geschichte der Schweinfurter Gasthäuser und der Lebensgeschichte ihrer Wirte, in: 75 Jahre Kreisstelle Schweinfurt im Landesverband des Bayerischen Hotel- und Gaststättengewerbes e. V., Schweinfurt 1964, S. 47–66.

Salewski, Michael, Die Ranke-Gesellschaft und ein halbes Jahrhundert, in: Jürgen Elvert/Susanne Krauß (Hrsg.), Historische Debatten und Kontroversen im 19. und 20. Jahrhundert. Jubiläumstagung der Ranke-Gesellschaft in Essen, 2001, Stuttgart 2003, S. 124–142.

Schaad, Nicole, Chemische Stoffe, giftige Körper. Gesundheitsrisiken in der Basler Chemie, 1860–1930, Zürich 2003.

Schäfer, Hermann, Die «gelben Gewerkschaften» am Beispiel des Unterstützungsvereins der Siemens-Werke Berlin, in: Vierteljahrschrift für Sozial- und Wirtschaftsgeschichte 59 (1972), S. 41–76.

Schäfer, Michael, Familienunternehmen und Unternehmerfamilien. Zur Sozial- und Wirtschaftsgeschichte der sächsischen Unternehmer 1850–1940, München 2007.

Ders., Unternehmen und Familie. Zur Genese von Familienunternehmen im Industriezeitalter. Sachsen 1850–1940, in: Jahrbuch für Wirtschaftsgeschichte 49/2 (2008), S. 197–214.

Schaeffer Conroy, Mary, In Health and in Sickness. Pharmacy, Pharmacists, and the Pharmaceutical Industry in Late Imperial, Early Soviet Russia, New York 1994.
Schanetzky, Tim, Unternehmer. Profiteure des Unrechts, in: Norbert Frei (Hrsg.), Karrieren im Zwielicht. Hitlers Eliten nach 1945. 2. durchgesehene Auflage Frankfurt am Main/New York 2002, S. 73–129.
Ders., Sachverständiger Rat und Konzertierte Aktion. Staat, Gesellschaft und wissenschaftliche Expertise in der bundesrepublikanischen Wirtschaftspolitik, in: Vierteljahrschrift für Sozial- und Wirtschaftsgeschichte 91 (2004), S. 310–331.
Schaumann, Ralf, Technik und technischer Fortschritt im Industrialisierungsprozeß. Dargestellt am Beispiel der Papier-, Zucker- und chemischen Industrie der nördlichen Rheinlande (1800–1875), Bonn 1977.
Schelenz, Hermann, Geschichte der Pharmazie, Berlin 1904.
Schering, Ernst, Reisen 1876–1878. Tagebücher, Berlin 2001.
Scherner, Jonas, Die Logik der Industriepolitik im Dritten Reich. Die Investitionen in die Autarkie- und Rüstungsindustrie und ihre staatliche Förderung, Stuttgart 2008.
Ders., Anreiz statt Zwang. Wirtschaftsordnung und Kriegswirtschaft im «Dritten Reich», in: Norbert Frei/Tim Schanetzky (Hrsg.), Unternehmen im Nationalsozialismus. Zur Historisierung einer Forschungskonjunktur, Göttingen 2010, S. 140–155.
Scherner, Jonas/Streb, Jochen, Das Ende eines Mythos? Albert Speer und das sogenannte Rüstungswunder, in: Vierteljahrschrift für Sozial- und Wirtschaftsgeschichte 93 (2006), S. 172–196.
Schinzinger, Francesca/Nagel, Bernd, Zur Einführung, in: Schinzinger, Francesca (Hrsg.), Unternehmer und technischer Fortschritt, München 1996, S. 13–22.
Schmähl, Winfried, Sicherung bei Alter, Invalidität und für Hinterbliebene, in: Michael Ruck (Hrsg.), Geschichte der Sozialpolitik in Deutschland seit 1945, Bd. 4: 1957–1966. Bundesrepublik Deutschland. Sozialpolitik im Zeichen des erreichten Wohlstandes, Baden-Baden 2007, S. 297–372.
Ders., Sicherung bei Alter, Invalidität und für Hinterbliebene, in: Hans Günter Hockerts (Hrsg.), Geschichte der Sozialpolitik in Deutschland seit 1945, Bd. 5: 1966–1974. Bundesrepublik Deutschland. Eine Zeit vielfältigen Aufbruchs, Baden-Baden 2006, S. 407–482.
Schmidt, Christian, Konsumgesellschaft, Göttingen 2008.
Schmitt, Robert, Die pharmazeutische Industrie und ihre Stellung in der Weltwirtschaft, Diss. Frankfurt am Main 1932.
Schmitz, Rudolf, Ist Deutschland noch «die Apotheke der Welt»?, in: Pharmazeutische Zeitung 123 (1978), S. 1599–1604.
Schmuhl, Hans-Walter, Arbeitsmarktpolitik und Arbeitsverwaltung in Deutschland 1871–2002. Zwischen Fürsorge, Hoheit und Markt, Nürnberg 2003.
Schneider, Ernst, Zur Geschichte des Zuckerrüben-Anbaus und der Zuckerfabrikation in Hessen. Gründung und Stillegung der Zuckerfabrik Rube in Pfungstadt, in: Archiv für hessische Geschichte und Altertumskunde 42 (1984), S. 259–266.
Schneider, Margarete/Schneider, Wolfgang (Hrsg.), Justus von Liebig. Briefe an Vieweg, Braunschweig/Wiesbaden 1986.
Schneider, Michael, Unterm Hakenkreuz. Arbeiter und Arbeiterbewegung 1933 bis 1939, Bonn 1999.
Schneider, Michael C., Das wissenschaftliche Unternehmen. Zur chemisch-pharmazeu-

tischen Forschung bei E. Merck, Darmstadt, ca. 1900 bis 1930, in: Zeitschrift für Unternehmensgeschichte 62 (2017), S. 163–203.

Schneider, Wolfgang, Geschichte der pharmazeutischen Chemie, Weinheim 1972.

Schönwald, Matthias, Deutschland und Argentinien nach dem Zweiten Weltkrieg. Politische und wirtschaftliche Beziehungen und deutsche Auswanderung 1945–1955, Paderborn u. a. 1998.

Scholtyseck, Joachim, Die deutschen Eliten im Jahr 1933. War Widerstand möglich?, in: Andreas Wirsching (Hrsg.), Das Jahr 1933. Die nationalsozialistische Machteroberung und die deutsche Gesellschaft, Göttingen 2009, S. 110–131.

Schomerus, Heilwig, Die Arbeiter der Maschinenfabrik Esslingen. Forschungen zur Lage der Arbeiterschaft im 19. Jahrhundert, Stuttgart 1977.

Schott, Dieter, Die Vernetzung der Stadt. Kommunale Energiepolitik, öffentlicher Nahverkehr und die «Produktion» der modernen Stadt. Darmstadt, Mannheim, Mainz 1880–1918, Darmstadt 1999.

Ders., Die Provinz Starkenburg im Zeitalter der Hochindustrialisierung (1871–1914), in: Ulrich Eisenbach (Hrsg.), Von den Anfängen der Industrialisierung zur Engineering Region. 150 Jahre IHK Darmstadt-Rhein-Main-Neckar, Darmstadt 2012, S. 71–102.

Schröder, Gerald, Die «Wiedergeburt» der Pharmazie 1933 bis 1934, in: Herbert Mehrtens/Steffen Richter (Hrsg.), Naturwissenschaft, Technik und NS-Ideologie. Beiträge zur Wissenschaftsgeschichte des Dritten Reichs, Frankfurt am Main 1980, S. 166–188.

Schröder, Winfried, Die pharmazeutisch-chemischen Produkte deutscher Apotheker zu Beginn des naturwissenschaftlich-industriellen Zeitalters, Diss. Braunschweig 1960.

Schroeder, Wolfgang/Greef, Samuel, Gewerkschaften und Arbeitsbeziehungen nach dem Boom, in: Anselm Doering-Manteuffel/Lutz Raphael/Thomas Schlemmer (Hrsg.), Vorgeschichte der Gegenwart. Dimensionen des Strukturbruchs nach dem Boom, Göttingen 2016, S. 245–270.

Schröter, Hans, Friedrich Engelhorn. Ein Unternehmer-Porträt des 19. Jahrhunderts, Landau 1991.

Schröter, Harm G., Die Auslandsinvestitionen der deutschen chemischen Industrie 1870 bis 1930, in: Zeitschrift für Unternehmensgeschichte 35/1 (1990), S. 1–22.

Ders., Kartellierung und Dekartellierung 1890–1990, in: Vierteljahrschrift für Sozial- und Wirtschaftsgeschichte 81 (1994), S. 457–493.

Ders., Cartelization and decartelization in Europe, 1870–1995. Rise and decline of an economic institution, in: Journal of European Economic History 25 (1996), S. 129–153.

Schubert, Alexandra, Wasserstoffperoxid. Zur Biographie eines Desinfektionsmittels, Diss. Heidelberg 2006.

Schümann, Christoph, Der Anteil deutscher Apotheker an der Entwicklung der technischen Chemie zwischen 1750 und 1850, Frankfurt am Main u. a. 1997.

Ders./Friedrich, Christoph, Apotheker als Fabrikanten. Johann G. Dingler, in: Pharmazeutische Zeitschrift 139/21 (1994), S. 36–41.

Schulz, Andreas, Herrschaft durch Verwaltung. Die Rheinbundreformen in Hessen-Darmstadt unter Napoleon (1803–1815), Stuttgart 1991.

Schulz, Gerhard, Inflationstrauma, Finanzpolitik und Krisenbekämpfung in den Jahren der Wirtschaftskrise, 1930–1933, in: Gerald D. Feldman (Hrsg.), Die Nachwirkungen der Inflation auf die deutsche Geschichte 1924–1933, München 1985, S. 261–296.

Schulz, Otto, Die Frankfurter Apothekerfamilie Salzwedel, in: Frankfurter Beiträge, Arthur Richel gewidmet, Frankfurt am Main 1933, S. 58–64.

Schumacher, Martin, Auslandsreisen deutscher Unternehmer 1750–1851 unter besonderer Berücksichtigung von Rheinland und Westfalen, Köln 1968.

Schumann, Hans-Gerd, Nationalsozialismus und Gewerkschaftsbewegung. Die Vernichtung der Deutschen Gewerkschaften und der Aufbau der «Deutschen Arbeitsfront», Marburg 1958.

Schumann, Dirk, Buddenbrooks Revisited. The firm and the entrepreneurial family in Germany during the nineteenth and early twentieth centuries, in: Paul L. Robertson (Hrsg.), Authority and Control in Modern Industry. Theoretical and Empirical Perspectives, London u. a. 1999, S. 221–239.

Schumpeter, Joseph A., Theorie der wirtschaftlichen Entwicklung. Eine Untersuchung über Unternehmergewinn, Kapital, Kredit, Zins und den Konjunkturzyklus, Nachdruck der 1. Auflage von 1912, Berlin 2006.

Schwarz, Hans-Peter, Vom Reich zur Bundesrepublik. Deutschland im Widerstreit der außenpolitischen Konzeptionen in den Jahren der Besatzungsherrschaft 1945–1949, Neuwied 1966.

Schwarz, Holm-Dietmar, «Mohr, Friedrich», in: Neue Deutsche Biographie 17 (1994), S. 708 f.

Schwedt, Georg, Liebig und seine Schüler. Die neue Schule der Chemie, Berlin u. a. 2002.

Schwenger, Rudolf, Die deutschen Betriebskrankenkassen, München/Leipzig 1934.

Seckelmann, Margit, Industrialisierung, Internationalisierung und Patentrecht im Deutschen Reich, 1871–1914, Frankfurt am Main 2006.

Seifert, Achim, Compensation for Forced Labour during World War II in Germany, in: Peer Zumbansen (Hrsg.), Zwangsarbeit im Dritten Reich. Erinnerung und Verantwortung. Juristische und zeithistorische Betrachtungen, Baden-Baden 2002, S. 319–332.

Simson, Paul, Geschichte der Stadt Danzig bis 1626, Bd. 2: Von 1517–1626 mit Anhang: Danzig und Gustav Adolf, Danzig 1918, Neudruck Aalen 1967.

Sitzung vom 23. Januar 1899, in: Berichte der Deutschen chemischen Gesellschaft 32/1 (1899), S. 147–297.

Smith, Bradley F., The Road to Nuremberg, New York 1981.

Sommerhoff, Johann Christoph, Lexicon pharmaceutico-chymicum Latino-Germanicum et Germanico-Latinum, Nürnberg 1713, Nachdruck mit einem Nachwort von Rudolf Schmitz, Hildesheim u. a. 1977.

Sonnedecker, Glenn, Die Opiumsucht. Wandlung des Begriffs in historischer Sicht, in: Pharmazeutische Zeitung 108 (1963), S. 835–840, 899–903.

Sonnenberger, Barbara, Gastarbeit oder Einwanderung? Migrationsprozesse in den Fünfziger- und Sechzigerjahren am Beispiel Südhessen, in: Archiv für Sozialgeschichte 42 (2002), S. 81–104.

Spaulding, Robert Mark, Osthandel and Ostpolitik. German foreign trade policies in Eastern Europe from Bismarck to Adenauer, Providence 1997.

Spiliotis, Susanne-Sophia, Verantwortung und Rechtsfrieden. Die Stiftungsinitiative der deutschen Wirtschaft, Frankfurt am Main 2003.

Spitzmacher, Sylvia, Pharmamarketing vor dem Zweiten Weltkrieg am Beispiel Mercks, unveröffentlichte Diplomarbeit im Fach Unternehmensgeschichte an der Wiso-Fakultät der Universität Köln (Prof. Dr. Carsten Burhop), Köln 2013 [Ms. Merck-Archiv].

Spoerer, Mark, Profitierten Unternehmen von KZ-Arbeit?, in: Historische Zeitschrift 268 (1999), S. 61–95.

Ders., Zwangsarbeit unter dem Hakenkreuz. Ausländische Zivilarbeiter, Kriegsgefangene und Häftlinge im Deutschen Reich und im besetzten Europa 1939–1945, Stuttgart/München 2001.

Ders./Streb, Jochen, Leben, um zu arbeiten, oder arbeiten, um zu leben? Warum uns der Rückgang der Arbeitszeit in den letzten 125 Jahren nicht beunruhigen sollte, in: Geschichte und Gesellschaft 34 (2008), S. 116–128.

Dies., Neue deutsche Wirtschaftsgeschichte des 20. Jahrhunderts, München 2013.

Spree, Reinhard, Quantitative Aspekte der Entwicklung des Krankenhauswesens im 19. und 20. Jahrhundert. Ein Bild innerer und äußerer Verhältnisse, in: Alfons Labisch/Reinhard Spree (Hrsg.) unter Mitarbeit von Ulrich Koppitz und Norbert Paul, «Einem jeden Kranken in einem Hospitale sein eigenes Bett». Zur Sozialgeschichte des Allgemeinen Krankenhauses in Deutschland im 19. Jahrhundert, Frankfurt am Main/New York 1996, S. 51–90.

Starr, Randy/Newfrock, Jim/Delurey, Michael, Enterprise Resilience. Managing Risk in the Networked Economy, in: Strategy + Business 30 (2003).

Statistisches Bundesamt (Hrsg.), Statistisches Jahrbuch für die Bundesrepublik Deutschland für das Jahr 1972, Stuttgart/Mainz 1972.

Statistisches Bundesamt (Hrsg.), Statistisches Jahrbuch für die Bundesrepublik Deutschland für das Jahr 1973, Stuttgart/Mainz 1973.

Statistisches Handbuch für den Volksstaat Hessen, Darmstadt 1924.

Stecher, Eberhard, Pharmazeutische Technik. Beiträge zu ihrer Entwicklung als pharmazeutische Disziplin, Diss. Marburg 1972.

Steen, Kathryn, Confiscated Commerce. American importers of German synthetic organic chemicals, 1914–1929, in: History and Technology 12 (1995), S. 261–284.

Dies., German chemicals and American politics, 1919–1922, in: John E. Lesch (Hrsg.), The German Chemical Industry in the Twentieth Century, Dordrecht 2010, S. 323–346.

Steiner, André, Der Reichskommissar für die Preisbildung – «eine Art wirtschaftlicher Reichskanzler»?, in: Rüdiger Hachtmann (Hrsg.), Hitlers Kommissare. Sondergewalten in der nationalsozialistischen Diktatur, Göttingen 2006, S. 93–115.

Ders., Von der Preisüberwachung zur staatlichen Preisbildung. Verbraucherpreispolitik und ihre Konsequenzen für den Lebensstandard unter dem Nationalsozialismus in der Vorkriegszeit, in: Ders. (Hrsg.), Preispolitik und Lebensstandard. Nationalsozialismus, DDR und Bundesrepublik im Vergleich, Köln u. a. 2006, S. 23–85.

Steinmeyer, Elias von (Hrsg.), Die Matrikel der Universität Altdorf, Würzburg 1912.

Stephan, Michael, Der Briefwechsel zwischen Carl Duisberg und Emil Fischer in der Zeit von 1895 bis 1914. Ein Zeugnis der Beziehungen zwischen chemischer Industrie und chemischer Wissenschaft in Deutschland zu Beginn des 20. Jahrhunderts, Marburg 1999, zugl. Diss. Halle 1999.

Stoff, Heiko, Wirkstoffe. Eine Wissenschaftsgeschichte der Hormone, Vitamine und Enzyme, 1920–1970, Stuttgart 2012.

Ders., «Dann schon lieber Lebertran». Staatliche Rachitisprophylaxe und das wohl entwickelte Kind, in: Nicholas Eschenbruch u. a. (Hrsg.), Arzneimittel des 20. Jahrhunderts. Historische Skizzen von Lebertran bis Contergan, Bielefeld 2009, S. 53–76.

Stokes, Raymond G., Von der I. G. Farbenindustrie AG bis zur Neugründung der BASF (1925–1952), in: Werner Abelshauser (Hrsg.), Die BASF. Eine Unternehmensgeschichte, München ²2003, S. 221–358.

Ders., Primat der Politik – Primat der Technik. Das Verhältnis von Industrie und Staat im nationalsozialistischen Deutschland am Beispiel der IG Farbenindustrie AG, in: Jürgen

Lillteicher (Hrsg.), Profiteure des NS-Systems? Deutsche Unternehmen und das «Dritte Reich», Berlin 2006, S. 44–59.
Ders., Research and Development in German Industry in the Nazi Period. Motivations and Incentives, Directions, Outcomes, in: Christoph Buchheim (Hrsg.), German Industry in the Nazi Period, Stuttgart 2008, S. 199–211.
Stoltzenberg, Dietrich, Scientist and industrial Manager. Emil Fischer and Carl Duisberg, in: John E. Lesch (Hrsg.), The German chemical industry in the twentieth century, Dordrecht u. a. 2000, S. 57–89.
Stratmann, Friedrich, Chemische Industrie unter Zwang? Staatliche Einflussnahme am Beispiel der chemischen Industrie Deutschlands 1933–1949, Stuttgart 1985.
Straumann, Lukas/Wildmann, Daniel, Schweizer Chemieunternehmen im «Dritten Reich», Zürich 2001.
Strauß, Rolf, Strukturen und Entwicklung Merck-Vertrieb Pharma (Deutschland) 1950–2000, Darmstadt 2009.
Ders., Materialsammlung für eine Darstellung der Geschichte E. Merck 1945–1975, Bd. 1: Vorgeschichte. Zerstörung des Werkes Darmstadt 1944, Treuhandschaft 1945–1948 und Neubeginn 1945–1952, Darmstadt 2013.
Ders., Materialsammlung für eine Darstellung der Geschichte E. Merck 1945–1975, Bd. 2: Die E. Merck AG und das Entstehen der Merck-Gruppe 1953–1969, Darmstadt 2013.
Ders., Materialsammlung für eine Darstellung der Geschichte E. Merck 1945–1975, Bd. 3: Merck-Gruppe einschließlich Töchter und Beteiligungen 1970–1975, Darmstadt 2013.
Strecker, Karl Günther, Vom Walter-U-Boot zum Waffelautomaten. Die Geschichte eines großen deutschen Ingenieurs und der erfolgreichen Konversion seiner Rüstungsfirma, Berlin 2001.
Streeck, Wolfgang, Gekaufte Zeit. Die vertagte Krise des demokratischen Kapitalismus, Berlin ^{4}2013.
Strube, Wilhelm, Justus Liebig. Eine Biographie, Beucha ^{2}2005.
Sturchio, Jeffrey L., Chemistry in Action. Penicillin Production in World War II, in: Today's Chemist 1 (1988), S. 20–36.
Sturchio, Jeffrey L./Galambos, Louis, The German Connection. Merck and the Flow of Knowledge from Germany to the United States, 1880–1930, in: Business and Economic History On-Line 9 (2011), S. 1–14, online: http://www.thebhc.org/sites/default/files/sturchioandgalambos.pdf [letzter Abruf 25. 11. 2016].
Sturm, Beate, «wat ich schuldich war». Privatkredit im frühneuzeitlichen Hannover (1550–1750), Stuttgart 2009.
Süß, Dietmar, Der Sieg der grauen Herren? Flexibilisierung und der Kampf um Zeit in den 1970er und 1980er Jahren, in: Anselm Doering-Manteuffel/Lutz Raphael/Thomas Schlemmer (Hrsg.), Vorgeschichte der Gegenwart. Dimensionen des Strukturbruchs nach dem Boom, Göttingen 2016, S. 109–127.
Süß, Martin, Der Volksstaat Hessen und die französische Rheinlandbesetzung 1918–1924, in: Archiv für hessische Geschichte NF 47 (1989), S. 357–381.
Süß, Winfried, Der beinahe unaufhaltsame Aufstieg des Karl Brandt. Zur Stellung des «Reichskommissars für das Sanitär- und Gesundheitswesen» im gesundheitspolitischen Machtgefüge des «Dritten Reiches», Berlin 2002.
Ders., Der «Volkskörper» im Krieg. Gesundheitspolitik, Gesundheitsverhältnisse und Krankenmord im nationalsozialistischen Deutschland 1939–1945, München 2003.
Szöllösi-Janze, Margit, Wissensgesellschaft in Deutschland. Überlegungen zur Neubestim-

mung der deutschen Zeitgeschichte über Verwissenschaftlichungsprozesse, in: Geschichte und Gesellschaft 30 (2004), S. 276–313.

Taylor, Graham D., The Rise and Fall of Antitrust in Occupied Germany, 1945–48, in: Prologue 11 (1979), S. 23–39.

Teichova, Alice/Waller, Robert, Der tschechoslowakische Unternehmer am Vorabend und zu Beginn des Zweiten Weltkriegs, in: Waclaw Dlugoborski (Hrsg.), Zweiter Weltkrieg und sozialer Wandel. Achsenmächte und besetzte Länder, Göttingen 1981, S. 288–302.

Teltz, Heinz-Peter, «Knoll, Albert» in: Neue Deutsche Biographie 12 (1979), S. 207 f.

Temin, Peter, The Golden Age of European growth reconsidered, in: European Review of Economic History 6 (2002), S. 3–22.

Testorf, Christian, Welcher Bruch? Lohnpolitik zwischen den Krisen. Gewerkschaftliche Tarifpolitik von 1966 bis 1974, in: Knud Andresen (Hrsg.), Nach dem Strukturbruch? Kontinuität und Wandel von Arbeitsbeziehungen und Arbeitswelt(en) seit den 1970er Jahren, Bonn 2011, S. 293–315.

Tew, R. P., Pest Control in Germany during the period 1939–1945, in: BIOS Report 32, London 1951.

Thomas, Ulrike, Die Pharmazie im Spannungsfeld der Neuorientierung. Philipp Lorenz Geiger (1785–1836). Leben, Werk und Wirken. Eine Biographie, Stuttgart 1985.

Dies., Philipp Lorenz Geiger und Justus Liebig: «... alles um des verdammten Geldes wegen»? Berührungspunkte, Zusammenarbeit und Freundschaft, Entwicklungslinien, in: Gießener Universitätsblätter 20/1 (1987), S. 13–31.

Thoms, Ulrike, Fachmann oder Buhmann? Der Pharmareferent als Marketinginstrument im 20. Jahrhundert, in: Zeitschrift für Unternehmensgeschichte 59 (2014), S. 196–219.

Throm, Carola, Das Diptherieserum. Ein neues Therapieprinzip, seine Entwicklung und Markteinführung, Stuttgart 1995.

Trommsdorff, Johann Bartholomäus, Der Briefwechsel von Johann Bartholomäus Trommsdorff (1770–1837), bearbeitet und kommentiert von Wolfgang Götz; mit einer biographischen Einleitung von Horst R. Abe, Lfg. 1: Abildgaard-Brandes, Halle an der Saale 1987.

Ders., Der Briefwechsel von Johann Bartholomäus Trommsdorff (1770–1837), bearbeitet und kommentiert von Hartmut Bettin, Christoph Friedrich, Wolfgang Götz, Lfg. 5: Her(r)mann-Klaproth, Halle an der Saale 2000.

Ders., Der Briefwechsel von Johann Bartholomäus Trommsdorff (1770–1837), bearbeitet und kommentiert von Hartmut Bettin, Christoph Friedrich, Wolfgang Götz, Lfg. 6: Klauer-Liebig, Halle an der Saale 2002.

Ders., Der Briefwechsel von Johann Bartholomäus Trommsdorff (1770–1837), bearbeitet und kommentiert von Hartmut Bettin, Christoph Friedrich, Wolfgang Götz, Lfg. 7: Lindes-Merck, Halle an der Saale 2002.

Ders., Der Briefwechsel von Johann Bartholomäus Trommsdorff (1770–1837), bearbeitet und kommentiert von Hartmut Bettin, Christoph Friedrich, Wolfgang Götz, unter Mitarbeit von Irene R. Lauterbach, Lfg. 10: Sieber-H. Trommsdorff, Halle an der Saale 2007.

Tooze, Adam, Ökonomie der Zerstörung. Die Geschichte der Wirtschaft im Nationalsozialismus, München 2007.

Tuchman, Barbara, Wann ereignet sich Geschichte?, in: Dies., Geschichte denken. Essays, Düsseldorf 1982, S. 31–39.

Turner, Henry Ashby, Die Großunternehmer und der Aufstieg Hitlers, Berlin 1985.

Uecker, Arthur, Die Industrialisierung Darmstadts im 19. Jahrhundert, Darmstadt 1928.

Uekötter, Frank, Umweltgeschichte im 19. und 20. Jahrhundert, München 2007.

Uhlig, Christiane u. a., Tarnung, Transfer, Transit. Die Schweiz als Drehscheibe verdeckter deutscher Operationen (1939–1952), Zürich 2001.

Ullmann, Hans-Peter, Der Frankfurter Kapitalmarkt um 1800. Entstehung, Struktur und Wirken einer modernen Finanzierungssituation, in: Vierteljahrschrift für Sozial- und Wirtschaftsgeschichte 77 (1990), S. 75–92.

Ders., Der deutsche Steuerstaat. Geschichte der öffentlichen Finanzen vom 18. Jahrhundert bis heute, München 2005.

Ulrich, Gerd, «Wirkungen, die an Wunder grenzen». Arzneimittelwerbung in Deutschland (1830–1930), Norderstedt ²2009.

Van der Borght, R., Zur Reform der deutschen Arbeiterversicherung, in: Jahrbücher für Nationalökonomie und Statistik, 3. Folge, 13/3 (1897), S. 404–421.

Van der Wee, Herman, Forschungen zur Geschichte des privaten Kredits. Ein methodologischer Überblick, in: Michael North (Hrsg.), Kredit im spätmittelalterlichen und frühneuzeitlichen Europa, Köln/Wien 1991, S. 215–219.

Ders., European Banking in the Middle Ages and Early Modern Times (476–1789), in: Raymont Bogart u. a. (Hrsg.), A History of European Banking, Antwerpen 1994, S. 71–261.

Van Dülmen, Richard, Kultur und Alltag in der Frühen Neuzeit, Bd. 1: Das Haus und seine Menschen, München 1999.

Vasold, Manfred, Grippe, Pest und Cholera. Eine Geschichte der Seuchen in Europa, Stuttgart 2008.

Vaupel, Elisabeth Christine, A. W. Hofmann und die Chemie auf den Weltausstellungen, in: Christoph Meinel/Hartmut Scholz (Hrsg.), Die Allianz von Wissenschaft und Industrie. August Wilhelm Hofmann (1818–1892). Zeit, Werk, Wirkung, Weinheim u. a. 1992, S. 183–209.

Verg, Erik/Plumpe, Gottfried/Schultheis, Heinz, Meilensteine. 125 Jahre Bayer 1863–1988, hrsg. von der Bayer AG, Leverkusen 1988.

Vershofen, Wilhelm, Die Anfänge der chemisch-pharmazeutischen Industrie. Eine wirtschaftshistorische Studie, Bd. 1, Berlin/Stuttgart 1949.

Ders., Die Anfänge der chemisch-pharmazeutischen Industrie. Eine wirtschaftshistorische Studie, Bd. 2, Aulendorf 1952.

Ders., Wirtschaftsgeschichte der chemisch-pharmazeutischen Industrie 1870–1914. Eine wirtschaftshistorische Studie, Bd. 3, Aulendorf 1958.

Vielheuer, Christoph, Gründliche Beschreibung fremder Materialien und Specereyen Ursprung, Wachstum, Herkommen und derselben Natur und Eigenschaften. Allen der Artzney Liebhabern zum besten aufgesetzt, Leipzig 1676.

Vierhaus, Rudolf, Handlungsspielräume. Zur Rekonstruktion historischer Prozesse, in: Ders., Vergangenheit als Geschichte. Studien zum 19. und 20. Jahrhundert, hg. von Hans Erich Bödeker, Benigna von Krusenstjern, Michael Matthiesen, Göttingen 2003, S. 30–48.

Volhard, Jacob, Justus von Liebig, 2 Bde., Leipzig 1909.

Vonyó, Tamás, Post-war reconstruction and the Golden Age of economic growth, in: European review of economic history 12 (2008), S. 221–241.

Ders., The wartime origins of the Wirtschaftswunder. The growth of West German industry, 1938–55, in: Jahrbuch für Wirtschaftsgeschichte 2 (2014), S. 129–158.

Voráček, Emil (Hrsg.), The Disintegration of Czechoslovakia in the End of 1930s. Policy in the Central Europe, Prag 2009.

Wadlow, Christopher, The Great Pharmaceutical Patent Robbery, and the Curious Case of the Chemical Foundation, in: Intellectual Property Quarterly (2010), S. 236–252.

Wagner, Sylvia, Ein unterdrücktes und verdrängtes Kapitel der Heimgeschichte. Arzneimittelstudien an Heimkindern, in: Sozial. Geschichte online 19 (2016), S. 61–113.
Walther, Gerrit, Abt Balthasars Mission. Politische Mentalitäten, Gegenreformation und eine Adelsverschwörung im Hochstift Fulda, Göttingen 2002, S. 680–685.
Wankmüller, Armin, «Krauch, Carl», in: Neue Deutsche Biographie 12 (1979), S. 679.
Ders., Apotheker Emil Herrmann von Mergentheim in Darmstadt, Württ. Apotheker außerhalb des Landes, Folge XLIV, in: Beiträge zur Württembergischen Apothekengeschichte 18/4 (1994), S. 110–111.
Warburg, Otto, Die Muskatnuß. Ihre Geschichte, Botanik, Kultur, Handel und Verwerthung sowie ihre Verfälschungen und Surrogate. Zugleich ein Beitrag zur Kulturgeschichte der Banda-Inseln, Leipzig 1897.
Wasilewski, Andreas, Heilkunst im Spiegel von Apothekenstandgefäßen und ihren Signaturen. Eine historische Betrachtung, Blaustein 1991.
Weber, Wolfgang E. J., Geschichte der europäischen Universität, Stuttgart 2002.
Wedekind, G. W. von (Hrsg.), Vaterländische Berichte für das Großherzogtum Hessen und die übrigen Staaten des deutschen Handelsvereins, Bd. 1, Darmstadt 1835.
Weigel, Björn, «Märzgefallene» und Aufnahmestopp im Frühjahr 1933. Eine Studie über den Opportunismus, in: Wolfgang Benz (Hrsg.), Wie wurde man Parteigenosse? Die NSDAP und ihre Mitglieder, Frankfurt am Main 2009, S. 91–109.
Weiss, Volkmar, Vorgeschichte und Folgen des arischen Ahnenpasses. Zur Geschichte der Genealogie im 20. Jahrhundert, Neustadt an der Orla 2013.
Welskopp, Thomas/Lauschke, Karl, Einführung: Mikropolitik im Unternehmen. Chancen und Voraussetzungen beziehungsanalytischer Ansätze in der Industrie- und Arbeitergeschichte, in: Dies. (Hrsg.), Mikropolitik im Unternehmen. Arbeitsbeziehungen und Machtstrukturen in industriellen Großbetrieben des 20. Jahrhunderts, Essen 1994, S. 7–15.
Wenck, Karl, «Wenck, Johann Martin», in: Allgemeine Deutsche Biographie 41 (1896), S. 709–711.
Ders., «Wenck, Helferich Bernhard», in: Allgemeine Deutsche Biographie 41 (1896), S. 703–709.
Wengenroth, Ulrich, Die Entwicklung der Kartellbewegung bis 1914, in: Hans Pohl (Hrsg.), Kartelle und Kartellgesetzgebung in Praxis und Rechtsprechung vom 19. Jahrhundert bis zur Gegenwart, Stuttgart 1985, S. 15–27.
Ders., Elektroenergie, in: Ders. (Hrsg.) Technik und Wirtschaft, Düsseldorf 1993, S. 325–345.
Werner, Petra (Hrsg.), Vitamine als Mythos. Dokumente zur Geschichte der Vitaminforschung, Berlin 1998.
Wernher, Carl, Merck, Heinrich Emanuel, in: Hermann Haupt (Hrsg.), Hessische Biographien, Bd. 2, Darmstadt 1927, S. 369–371.
Wettengel, Michael, Frankfurt und die Rhein-Main-Region, in: Christoph Dipper/Ulrich Speck (Hrsg.), 1848. Revolution in Deutschland, Frankfurt am Main u. a. 1998, S. 130–151.
Wetzel, Walter, Naturwissenschaften und chemische Industrie in Deutschland. Voraussetzungen und Mechanismen ihres Aufstiegs im 19. Jahrhundert, Stuttgart 1991.
Ders., Industriearbeit, Arbeiterleben und betriebliche Sozialpolitik im 19. Jahrhundert. Eine Untersuchung der Lebens- und Arbeitsbedingungen von Industriearbeitern am Beispiel der chemischen Industrie in der Region Untermain, Diss. Mainz 1998.
Weyres-von Levetzow, Hans-Joachim, Die Deutsche Rüstungswirtschaft von 1942 bis zum Ende des Krieges, München 1975.

Wiest, Ekkehard, Stationen einer Residenzgesellschaft. Darmstadts soziale Entwicklung vom Wiener Kongreß bis zum Zweiten Weltkrieg (1815–1939), Darmstadt 1978.

Wilkins, Mira, German chemical firms in the United States from the late 19th century to post-World War II, in: John E. Lesch (Hrsg.), The German Chemical Industry in the Twentieth Century, Dordrecht/Boston/London 2010, S. 285–321.

Willstätter, Richard, Aus meinem Leben. Von Arbeit, Muße und Freunden, Weinheim 1949.

Wimmer, Wolfgang, Tradition und Transformation. Die Pharmazeutische Industrie in einem ständisch geprägten Markt, in: Zeitschrift für Unternehmensgeschichte 36 (1991), S. 179–203.

Ders., «Wir haben fast immer was Neues». Gesundheitswesen und Innovationen der Pharma-Industrie in Deutschland, 1880–1935, Berlin 1994.

Ders., Innovation in the German pharmaceutical industry, 1880 to 1920, in: Ernst Homburg/Anthony S. Travis/Harm G. Schröter (Hrsg.), The Chemical industry in Europe, 1850–1914. Chemists and Chemistry, Dordrecht 1998, S. 281–292.

Winkler, Heinrich A., Der lange Weg nach Westen. Band 2: Deutsche Geschichte vom «Dritten Reich» bis zur Wiedervereinigung, Bonn 2000.

Wintermeyer, Ursula, Vitamin C, Stuttgart 1981.

Wirsching, Andreas, Die Weimarer Republik. Politik und Gesellschaft, München 2000.

Ders., Gehören Markt und Moral zusammen? Über ein historisches Dilemma des Liberalismus, in: Anselm Doering-Manteuffel/Jörn Leonhard (Hrsg.), Liberalismus im 20. Jahrhundert, Stuttgart 2015, S. 35–53.

Wischermann, Clemens, Die institutionelle Revolution in Deutschland (1800–1870), in: Ders./Anne Nieberding, Die institutionelle Revolution. Eine Einführung in die deutsche Wirtschaftsgeschichte des 19. und frühen 20. Jahrhunderts, Stuttgart 2004, S. 51–153.

Wischermann, Clemens/Nieberding, Anne, Die institutionelle Revolution. Eine Einführung in die deutsche Wirtschaftsgeschichte des 19. und frühen 20. Jahrhunderts, Stuttgart 2004.

Wittop Koning, Arnold Dirk, Bronzemörser, Frankfurt am Main 1975.

Wlasich, Gert J., Die Schering AG in der Zeit des Nationalsozialismus. Beiträge zur Unternehmenskultur in einem Berliner Konzern, Berlin 2011.

Ders., Ernst Schering. Eine Biografie, Berlin 2012.

Wolf, Jürgen Rainer, Darmstadt – Fürstenresidenz und Bürgerstadt, in: Darmstadt in der Zeit des Barock und Rokoko, red. von Eva Huber, [Darmstadt 1980], S. 278–282.

Ders., Zwei Jahrhunderte Krieg und Frieden, in: Eckhart G. Franz (Hrsg.), Darmstadts Geschichte. Fürstenresidenz und Bürgerstadt im Wandel der Jahrhunderte, Darmstadt 1980, S. 129–288.

Ders., Hessen-Darmstadt und seine Landgrafen in der Zeit des Barock, Absolutismus und Aufklärung (1650–1803), in: Uwe Schulz (Hrsg.), Die Geschichte Hessens, Stuttgart 1983, S. 121–132.

Ders., Joseph Süß Oppenheimer («Jud Süß») und die Darmstädter Goldmünze. Ein Beitrag zur hessen-darmstädtischen Finanzpolitik unter Landgraf Ernst Ludwig, in: Christiane Heinemann (Hrsg.), Neunhundert Jahre Geschichte der Juden in Hessen. Beiträge zum politischen, wirtschaftlichen und kulturellen Leben, Wiesbaden 1983, S. 215–261.

Wolffenstein, Richard, Die Pflanzenalkaloide, Berlin ^{3}1922.

Woyt, Johann Jacob, Gazophylacium medico-physicum oder Schatz-Kammer medicinisch- u. Natürlicher Dinge, In welcher alle Medicinische. Kunst-Wörter, inn- u. äusserliche Kranckheiten, nebst dererselben Genes-Mitteln, alle Mineralien, Metalle, Erzte, Erden, zur Medicin gehörige fremde u. einheimische Thiere, Kräuter, Blumen, Saamen, Säffte, Oele, Hartze, u.. alle rare Specereyen u. Materialien, und viel curiose zur Mechanic gehörige Kunst-Griffe, in einer richtigen lateinischen Alphabet-Ordnung auf das deutlichste erkläret, vorgestellet, und mit einem nöthigen Reg. versehen worden, Leipzig ^{8}1734.

Wüllrich, Susanne/Wehle, Christian, HAGEDA. Ihre Geschichte von 1902 bis 1922, Lübeck 1988.

Würth, Viktor, Wappengeschichte der Familie Merck, Darmstadt 1921.

Zedler, Johann Heinrich (Hrsg.), Grosses vollständiges Universal-Lexikon, Bde. 3–22, Nachdruck, Graz 1961.

Zeeden, Ernst Walter, Deutsche Kultur in der Frühen Neuzeit, Frankfurt am Main 1968.

Zentzis, Kurt, Untersuchungen zur Entwicklung der Tablettenherstellung unter pharmazie- und technikgeschichtlichen Gesichtspunkten, Diss. München, 1985.

Zibell, Stephanie, Jakob Sprenger (1884–1945). NS-Gauleiter und Reichsstatthalter in Hessen, Darmstadt 1999.

Ziegler, Volker, Die Familie Jobst und das Chinin. Materialwarenhandel und Alkaloidproduktion in Stuttgart 1806–1927, Berlin/Diepholz 2003.

Zimmermann, Wolfgang, Belegschaftsvertretungen bei Merck von 1913 bis 1972. Versuch einer Rekonstruktion, Darmstadt 2015.

Zintl, Eduard, Das Institut für Anorganische und Physikalische Chemie, in: Wilhelm Schlink (Hrsg.), Die Technische Hochschule Darmstadt 1836 bis 1936. Ein Bild ihres Werdens und Wirkens, Darmstadt 1936, S. 169–184.

Zündorf, Irmgard, Der Preis der Marktwirtschaft. Staatliche Preispolitik und Lebensstandard in Westdeutschland 1948 bis 1963, Stuttgart 2006.

Zwelfer, Johannes, Animadversiones In Pharmacopoeiam Augustanam et Annexam Ejus Mantissam [...], Nürnberg 1675.

Zwierlein, Cornel, Der gezähmte Prometheus. Feuer und Sicherheit zwischen Früher Neuzeit und Moderne, Göttingen 2011.

Bildnachweis

S. 32   Stadtarchiv Schweinfurt
S. 41   Hessisches Staatsarchiv Darmstadt
S. 43   Hessische Hausstiftung, Kronberg/Ts.
S. 46   Staatliche Schlösser und Gärten Hessen
S. 47   Universitätsbibliothek der Universität Frankfurt am Main
S. 48   Germanisches Nationalmuseum Nürnberg
S. 66   Markus Naser, Würzburg
S. 476 Tobi Bohn
S. 482 Steven Gregory Photography

Soweit nicht anders angegeben, stammen alle anderen Abbildungen aus dem Merck-Archiv.
Leider ist es nicht immer gelungen, den jeweiligen Fotografen auszuweisen. Die ermittelten Fotografen der Bilder aus dem Merck-Archiv sind:
Eva Speith (S. 49, 53, 54, 76, 80, 103, 113, 125, 127, 269, 481); Timo Gruber (S. 30); Katja Glock (S. 218); Foto Erb, Schloß Ziegenberg (S. 350); Freie Presse, Argentinien (S. 361); Ludwig Windstosser (S. 368, 379, 395); Cartharius, Darmstadt (S. 375); Cekade Luftbild (S. 384); Hoßfeld (S. 392); Gerhard Weitkamp (S. 428).

Personenverzeichnis

Lebensdaten und der weibliche Geburtsname werden nur aufgeführt, wenn bei namensgleichen Personen Verwechslungsgefahr droht.

Adolph, Gustav 324, 327 f., 330, 611 f.
Adrian, Hanns 318, 364, 366
Albrecht, Elisabeth 359, 618
Alice, Prinzessin von Großbritannien und Irland 128
Allemer 81
Arnim, Sieghart von 413 f.
Aßmuth 141
Avieny, Wilhelm 319, 321

Bader, Heinrich Ludwig Leonhard 78, 81
Baillou, Jean-Thomas 364 f., 367, 390 f., 410, 632
Baillou, Johannes 502
Baillou, Magda 358 f., 364
Baillou, Victor 368, 413 f., 498
Barell, Emil C. 288 f.
Bartcky, Georg 552, 578
Batra, Udit 478
Battisti, Flavio 408, 475
Baumbach, Erich von 445 f.
Baumhauer, Jon 417, 419 f., 422, 463, 473, 480, 502
Becke, von der 155
Becker, Emil 578, 581
Becker, Michael 463
Becker, Werner 435
Beckh, Walter 183 f., 563
Beethoven, Ludwig van 274
Berglar, Christoph 415

Berglar, Peter 364–368, 390 f., 410
Bertarelli, Ernesto 422, 477
Berzelius, Jöns Jakob 103
Bibra, Heinrich Wilhelm von 69
Bischoff 336
Black, James Whyte 442
Bley, Ludwig Franz 110
Bloedt, Richard 141, 552
Böckler, Samuel 37–40, 42
Boehm, Frederick 203 f., 575
Boehringer, Albert 445
Boehringer, Ernst 332, 334, 555 f.
Bohnsack, Ernst 270, 346
Bojanus, Johann Jakob 81, 519
Bonati, Louis 82, 87–89, 519 f.
Born, Amalie 552, 569
Böttinger, Carl 560
Bracco, Diana 459
Bracco, Elio 254, 262, 396–398, 593
Bracco, Fulvio 397 f., 451, 459
Bracco, Marco 314
Bracco, Tullio 398
Brandes, Rudolf 110
Brandt, Karl 283, 299 f., 334 f., 494
Braun, Hans 141, 540
Brehm, Jakob 33
Broicher, Friedrich 161 f., 203, 550
Broicher, Marg. 550
Brügmann, Walter 307, 309, 336, 346, 606
Bücher, Hermann 316

Büchner, Ernst Karl 118, 531
Büchner, Georg 117 f.
Büchner, Wilhelm 118
Büdinger, Adam 270
Büttner 346
Buisson, Otto 568

Carl August, Herzog von Sachsen-Weimar-Eisenach 62 f.
Caspari, Johann Burckhardt 50
Castritius 346
Chandler, Alfred D. 9, 108, 507
Charbonnier, Jean Emanuel 69, 73
Charbonnier, Marie Antoinette 69, 73
Christian, Prinz von Hessen-Darmstadt 92
Cobius 46
Colloredo, Rudolf Joseph Graf von 61
Conzen, Wilhelm 160, 163–165, 174, 207, 228, 551 f., 575
Creter 141, 144
Crispinus, Werner 33
Dalmer, Otto 282, 331, 336, 338, 343, 345, 360 f., 385, 389–391
Davidson, Erik von 400 f., 413
Delp, Liesel 304
Dernbach, Balthasar von 33
Derosne, Charles Louis 95
Deutsch, Hermann 165
Dieter, Wilhelm 377
Dietz, Johann Ludwig 54
Dingeldey, Eduard 302, 314
Dingeldey, Hildegard 618
Döll, Minna 569
Dörner 141
Dörr, Robert 446
Donges, Heinrich 310
Dressel 189, 553
Duisberg, Carl 148, 180, 207, 234, 245, 247, 539, 571
Duvernoy, Louis 528

Eberhard, Johann Wilhelm 91
Ebner, Fritz 23, 509
Echter, Julius 33
Egert, Hans 367 f.
Ehrenberg, Alexander 158, 164 f., 178, 183, 228, 255 f., 548, 552, 559 f.

Ehrhardt 77
Eichholz, Wilhelm 256
Eidenschink, Rudolf 434
Elisabeth Dorothea, Landgräfin von Hessen-Darmstadt 43, 45
Ellinger, A. 561
Engel 81
Engelmann, Rudolf 304
Erlen, Hubertus 463
Ernst Ludwig (1667–1739), Landgraf von Hessen-Darmstadt 42–45, 60
Ernst Ludwig (1868–1937), Großherzog von Hessen und bei Rhein 157
Esser, Otto 413
Essler, Otto 306
Euler, Friedrich Wilhelm 23, 508

Fankhaenel, Nelly 304
Feske, Ernst 333, 337
Fikentscher, Friedrich 110
Fischer, Emil 179 f., 561
Fischer, Fritz 397
Fischer, Joseph/Joschka 468
Flachsland, Caroline 70
Fleckenstein, Karl 359, 363, 377, 424
Fleming, Alexander 283
Flimm, Wilhelm 165, 228, 256, 552
Fontane, Theodor 523 f.
Forster, Georg 71, 76
Fosse, Remy de la 42
Fresenius, Carl Remigius 132
Freud, Sigmund 175 f.
Freund, Martin 155
Friedrich II., König von Preußen 61
Friedrich, Prinz von Hessen-Darmstadt 73
Friedrich, Heinrich 581
Frölich 141
Fuß, Lina 310

Gagern, Heinrich von 122, 534
Gallas, Max 210, 581
Gauß, Georg 228
Geiger, Philipp Lorenz 103 f., 110
Geißler, Max 165, 228
Gellert, Christian Fürchtegott 69
Glässing, Wilhelm 219, 246

Personenverzeichnis

Gleim, Johann Wilhelm Ludwig 70
Gmelin, Friedrich Ludwig 58
Goebbels, Joseph 315
Goebel 543, 568
Goebel, Regina 569
Goes 155
Goethe, Johann Wolfgang von 16, 50, 62, 70 f., 73, 75, 78
Goldschmidt, Jakob 253
Goltz, Rüdiger Graf von der 295
Göring, Hermann 314 f., 329, 361
Görlitz, Franziska Wilhelmina Emilie Margarethe Sabine, Gräfin von 116
Göschel 337
Götz, Th. E. 105
Goulart, João 401
Grafenried, von 70
Graeve 155
Groos, Barbara 368
Groos, Fritz 23, 343 f., 358 f., 362–368, 380, 389, 408, 410, 618, 621
Groos, Marei 359, 618
Groos, Marlis 408, 618
Grosse 141
Gruber, Rudolf E. 347
Grundherr, Georg von 581
Gruschwitz, Walther 580

Haas, Emma 569
Hachenburg, Max 302
Hagen, Karl Gottfried 56
Hammer, Hans 314, 317 f., 321
Handrack, Hermann 376, 424, 590
Hansen 336
Hanstein, Peter 463
Harms, Hans 254, 360 f., 363, 365–367, 380, 385 f., 398, 402 f., 409 f., 412, 454, 463, 621
Hartlaub, Johann 31
Hauenschild, Karl 423
Häusler, Günther 441
Hayne, Friedrich Gottlob 87
Hecht, Otto 224, 228, 255, 552, 581
Hecht-Lucari, Giorgio 463
Heil, August 346
Heilmeier, George H. 433 f.
Heinz, Robert 281

Heisel, Paul 331
Helfrich, Wolfgang 434
Henckel, Martha 569
Henkel, Emmy 304
Henkel, Otto 304, 337, 590, 605
Henning 318
Henriette Caroline, Landgräfin von Hessen-Darmstadt 61, 70
Herder, Johann Gottfried 70
Hermann, Jean 56
Hermbstädt, Sigismund Friedrich 87
Herrmann, Emil 137
Herrmann, Fritz 23, 28, 248
Hesse, Andreas Peter von 70
Hesse, Anna Catharina (1682–1713) 49
Hesse, Anna Catharina (1731–1798) 50
Hesse, Conrad Friedrich 50
Hesse, Ernst Christian 49
Heusel 141
Heuss, Theodor 336
Hildebrandt, Hugo 340, 615
Himmler, Heinrich 268, 315
Hindenburg, Paul von 222, 244, 270
Hisgen 141
Hisserich, Louis 141, 164 f., 552
Hitler, Adolf 261, 267, 269–271, 296, 303, 315, 325, 335 f., 346, 595, 610
Hochstätter 543
Hochsteder 155
Hoffmann 79, 81, 522
Hoffmann, Anna Maria 50
Hoffmann, Anna Regina 50 f., 63, 68
Hoffmann, Christian Ludwig 51, 68
Hoffmann, Georg Philipp 116, 530
Hoffmann, Karl 133
Hoffmann, Louis 25, 133, 141 f., 145, 149, 516
Hoffmann, Wilhelm Christian 50
Hofmann, August Wilhelm 109, 120 f., 130, 132, 142, 203, 526
Hohmann, Wolfgang 413 f., 446
Hollerbach 141
Holzmeister 141
Hombergk, Friedrich von 246
Hönn, Wolfgang 414, 454, 632
Hornef, Heinrich 416, 473
Humbert, Jacques 262

Inhoffen, Hans Herloff 365, 389 f.
Isaac, Bär Löw 58

Jacobi, Ernst 413, 469
Jobst, Friedrich 109, 528
John, G. K. A. 361
Jordan, Georg 127, 536
Joseph II., Kaiser des Hl. Römischen Reiches, Kaiser der Habsburgermonarchie 60 f.
Jungken 57, 515

Kassler 304
Kastner, Karl Wilhelm Gottlob 110, 527
Kauder, E. 572, 577
Kayser, Johann Andreas 57
Keller-Huguenin, Eugen 260, 592
Kelly, Louis G. 340
Kessel, Kurt von 408, 413 f., 434, 498, 632
Kesting, Edelbert 330 f.
Kiesling 78
Kilian, Wolfgang 45, 47
Kimmig, Joseph 389
Klaproth, Martin Heinrich 75, 86
Klein, Ferdinand 560 f.
Kley, Karl-Ludwig 473–475, 477, 479–482, 498, 502
Klippstein, G. R. 81
Klipstein, Jakob Christian 61
Kobert, Rudolf 560
Koch, Friedrich 522, 525
Koch, Robert 176–178
Kohl, Helmut 406 f., 421
Köhler, Wilhelm 344
Kohlschütter, Hans Wolfgang 367 f., 389, 408 f.
Kolbe, Hermann 154
Kölreuter, Carl August 94
Kottler 141
Kraft, Hermann 344, 358 f., 364, 408
Kräuter, Georg 189
Krauch, Carl 155, 200, 290, 296, 329
Kuhtz, Erich 279

Ladenburg, Albert 154, 546
Ladenburg, Karl 151
Lamparter, Carl 141, 145, 571

Landmann, Gustav 177, 187, 559
Landmann, Heinz 273, 346, 617
Lang, Heinz Günter 425
Lange, Karl 312
Langmann, Hans Joachim 20, 367 f., 391, 402, 405, 407–419, 421 f., 425, 427 f., 430, 434, 441, 450, 453, 456 f., 460–462, 468, 475, 497 f., 630
Langmann, Otto 408
Laun 155
Laux 141
Lavoisier, Antoine Laurent de 87
Le Noir, Gerhard 402
Lehmann, Otto 182, 433
Leichsenring, Walter 337
Lettermann, Ernst 141 f., 145, 164, 541
Leuchsenring, Johann Wilhelm von 70
Ley, Robert 267
Liebig, Johann Georg 92
Liebig, Justus 92, 95 f., 103 f., 109–111, 116, 121 f., 130, 132, 136, 142, 182, 203, 487 f., 523, 526–528, 534, 538
Lindemann, A. 561
Litwin, Franziska 569
Loos, Hans 343
Löw, Carl 28, 240, 274, 279 f., 574
Löwig, Carl 132
Ludendorff, Erich 247
Ludwig VI., Landgraf von Hessen-Darmstadt 40–42
Ludwig VIII., Landgraf von Hessen-Darmstadt 60 f.
Ludwig IX., Landgraf von Hessen-Darmstadt 51, 61 f., 68, 72, 77, 88 f., 146, 516 f.
Ludwig I., Großherzog von Hessen und bei Rhein 89 f., 92, 117
Ludwig II., Großherzog von Hessen und bei Rhein 117
Ludwig III., Großherzog von Hessen und bei Rhein 121, 128
Ludwig IV., Großherzog von Hessen und bei Rhein 128
Lüer, Carl 313
Lüttringhaus, Arthur 389

Madel, Waldemar 446
Magendie, Franèois 95

Mann, Klaus 238 f.
Männer, Anna Regina 49
Männer, Philipp 49
Maria Theresia, Erzherzogin von Österreich, Königin von Ungarn und Böhmen 60
Marshall, George C. 351 f., 381
Matthai, Albert 274
Matthäus 57
Megerlin, Amadeus Christian 54
Meixner, Christoph 45, 48
Melber, Georg 71, 78
Mendel, F. 560
Merck, Adelheid 16, 63 f., 67, 71, 73 f., 82, 84, 86–88, 520
Merck, Adolphine 515
Merck, Alexandra 618
Merck, Amalia 31
Merck, Anna (geb. Brehm) 33
Merck, Anna (geb. Kuhn) 31
Merck, Anna (1830–1908, geb. Schenck) 136
Merck, Anna Elisabeth (geb. Storck) 48 f., 513
Merck, Anna Margarethe (geb. Ruprecht) 34
Merck, Anna Maria (geb. Scheffer) 34 f.
Merck, Annemarie 618
Merck, Antonius 31
Merck, Carl (1823–1885) 119 f., 122–124, 130–133, 141 f., 145, 149, 152 f., 158, 162, 190, 487, 532–537, 545 f.
Merck, Carl (1856–1913) 143, 150, 160
Merck, Carl Christoph 319, 336
Merck, Carl Emanuel 150 f., 154, 162, 189, 195, 227, 565, 577
Merck, Carl Heinrich 71 f., 538
Merck, Carl Rudolph 70
Merck, Wilhelm Christian Jacob 85
Merck, Christiane 68
Merck, Dorothea 618
Merck, Elisabeth «Lisbet» 228, 319, 343, 358 f., 363, 367
Merck, Elisabeth Catharina (geb. Kayser) 50, 56–59, 62–64, 67, 69 f., 74, 516
Merck, Elisabeth Catherina (geb. Münch) 50, 57
Merck, Emanuel (1794–1855) 9, 11, 16–18, 24, 28, 73–75, 82–85, 87, 89–97, 101, 105, 108 f., 113 f., 117–120, 122, 124–128, 130 f., 133, 149, 152 f., 155, 159, 161, 175, 182, 185, 203, 248, 452, 485–488, 492, 499, 509, 521, 524 f., 537
Merck, Emanuel August 137, 149 f., 152, 165 f., 190, 210, 222, 224, 226, 228, 234, 236, 244–248, 253, 549, 577
Merck, Emanuel W. 358, 362, 367 f., 380, 403, 410 f.
Merck, Françoise Louise/Luise 63, 69–71, 73 f., 518 f.
Merck, Franz Christian 51, 56, 75
Merck, Fritz (1889–1969) 23, 26, 226 f., 248, 267 f., 273, 314, 316–320, 335 f., 343 f., 347, 355, 358–364, 377, 411, 618, 628
Merck, Fritz jr. 317, 319, 336
Merck, Georg (1611–1683) 34, 36, 44
Merck, Georg (1825–1873) 109, 119–124, 126, 130–133, 136 f., 142, 145 f., 149, 152, 162, 487 f., 526, 528, 533 f., 537
Merck, Georg (1887–1945) 224 f.
Merck, Georg Friedrich (1647–1715) 37, 44–50, 56, 67
Merck, Georg Friedrich (†1945) 225
Merck, George (1867–1926) 151 f., 160–162, 185, 205 f., 208, 220, 231 f., 545, 550, 576 f.
Merck, George W. 232, 254, 303, 343, 346 f.
Merck, Gertrud 618
Merck, Gretel 618
Merck, Heinrich Emanuel → Merck, Emanuel
Merck, Jacob 31
Merck, Jacob Friedrich 15, 21, 24, 32, 34–41, 43 f., 484 f., 510
Merck, Johann 31, 33–35, 249, 510
Merck, Johann Anton 13, 16, 56 f., 63–65, 67 f., 71, 74–82, 84, 87 f., 95, 485 f.
Merck, Johann Christoph 37
Merck, Johann Franz 50–53, 55–57, 62 f., 67–69, 72, 76, 516
Merck, Johann Heinrich (1741–1791) 16, 24, 50 f., 56 f., 62–64, 69–73, 75, 84, 92, 485, 517
Merck, Johann Heinrich (1891–1944) 278, 302, 315

Merck, Johann Heinrich Emanuel (1851–1904) 140–142, 145, 149 f., 160–162, 315, 549
Merck, Johann Justus 56–58, 63, 67 f., 74, 76, 515
Merck, Julia 618
Merck, Karl (1886–1968) 19 f., 26, 226–228, 245, 247, 254–256, 259 f., 267–270, 272–274, 276 f., 279, 296 f., 299, 303–305, 312–315, 317–322, 324–328, 331, 334, 336 f., 340 f., 343–345, 347 f., 353, 355, 358–368, 370, 377–379, 382, 389–391, 398, 403, 408, 411, 454, 492, 494 f., 497, 592, 608
Merck, Katharina 31
Merck, Louis sen. (1854–1913) 119, 133, 149 f., 160–162, 164, 170, 173, 197, 207, 226, 228, 552, 555, 565, 577
Merck, Louis (1887–1945) 162, 226 f., 229, 232, 246–248, 254–259, 261–263, 266, 268, 273–275, 294, 298, 302 f., 305, 314, 316–321, 325 f., 332, 335, 359, 492 f.
Merck, Magdalena 96
Merck, Magdalene 359
Merck, Maria Magdalena 37, 44
Merck, Marie 190, 535
Merck, Marietta 618
Merck, Mathilde 268, 302, 359, 537, 618
Merck, Peter 362, 367 f., 403, 413 f., 418, 420, 498, 620, 635
Merck, Sabine Magdalene 37
Merck, Susanna Magdalena 49
Merck, Wilhelm (1833–1899) 123, 128, 131 f., 137, 141–145, 149, 152 f., 159, 161–163, 190, 536, 538, 540, 549, 551
Merck, Wilhelm (1893–1952) 227, 254, 256, 259, 262, 267 f., 273, 277, 304, 314, 316–321, 343 f., 346 f., 355, 358 f., 362, 367, 377, 403, 618
Merck, Willy (1860–1932) 150–152, 154, 166, 197, 205, 207, 222, 224, 226–228, 242, 244, 246 f., 253, 268, 302, 319, 359, 552, 565, 571, 588
Mering, Joseph von 179, 560
Merlau, Karl 340, 354, 617
Meyer, Gotthold Christian 58
Meyer, Reinhold 284

Miltenberg 81
Moldenhauer, A. 540
Moldenhauer, Friedrich 94, 114, 529
Moll, Theodor 283 f., 289
Moller, Georg 92
Monnard-Merck, Eleanor 618
Moosdorf 318
Moser, Friedrich Karl von 61–63, 73
Möser, Wilhelm 141 f., 164 f., 541
Müller 81
Müller, Elisabeth Barbara 50, 68
Müller, Friedrich Daniel 50, 68, 516
Müller, Fritz 316
Müller, Heinrich 414

Nagatz, Eugenie 569
Napoleon I. 15, 88, 486
Natho, Karl Ludwig 454
Nernst, Walther 182
Niemann, Albert 175
Niemann, John 367
Noon, Byron M. 336
Nötzelmann, Horst 463

Oeser, Wilhelm 141 f., 145, 155, 164, 541, 552
Oetker, Arend 416
Offenbächer, August 165, 249, 552
Ohlemüller, Philipp 270, 346, 359, 363, 370, 377, 379, 382, 596
Ohlenschlager 141
Oppenheimer, Joseph Süß 44
Oschmann, Stefan 474, 480–483, 498, 502
Oyen, Heinrich von 70

Pabst, Georg Friedrich 115 f.
Palmer, J. Mitchell 230
Pasteur, Louis 130
Patek, Josef 305 f.
Paulsen 36
Péron, Juan 403
Peters, Daniel 346
Petersdorff, Renate von 612
Petersen, Justus 337, 360 f., 363
Pfarr, Werner 165, 228, 343
Pfersdorf 155
Pfister, Hans 33
Pfotenhauer, Bernhard 19, 25 f., 224, 228,

253–257, 259 f., 262, 268, 273, 280, 285, 288 f., 294 f., 297, 305, 313–322, 324, 326 f., 330, 332, 334, 336 f., 343–346, 492–495
Pfotenhauer, Felicitas 336
Pfotenhauer, Katharina 336
Pfotenhauer, Margot 336
Pfotenhauer, Ursula 336, 613
Piening, Werner 329
Pietzsch, Albert 27, 267, 294 f., 324–330, 611 f.
Pietzsch, Irene 612
Pietzsch, Kurt 326 f., 611 f.
Plätzer 81, 522
Poensgen, Ernst 316
Poggendorff, Johann Christian 110, 527
Pohl 155
Pohl, Ludwig 433
Polleit, Antonie 569
Praetorius, Otfried 23, 248
Prang, Helmut 278
Pützer, Friedrich 166 f., 195, 553

Rahn 141, 574
Rappe, Hermann 468
Ravanel, Margarethe Katharina 70, 81
Reiber, Erhard 435 f.
Reiner, Heinrich 320
Reinhold, Caroline 249
Reinhold, Lukas 618
Reinhold, Peter 256, 344, 358 f., 361–363, 380, 382, 389, 409, 615, 620
Reinhold, Peter jr. 359
Reinitzer, Friedrich 182, 433
Reusch, Hermann 316
Reusch, Paul 316
Rieckhoff, Bruno 399
Riedel, Franz 532
Riedel, Gustav 119
Riedel, Johann Daniel 118
Risch, Emil(io) 213, 262, 580
Rodingh, Jan Pieter 43
Roller, F. W. 109, 130, 230, 526
Romanzow, Nikolaus von 81
Römer, Michael 420, 422, 473
Römer, P. 561
Roenius 141

Rose (Apothekerfamilie) 75
Rose, Heinrich 534
Roth, Karl 463
Rothhardt, Fritz 158, 552
Ruoff 141
Rouge 141
Rube, Ernst Ludwig 110
Rube, Ernst Ludwig sen. 91
Runciman, Walter 10
Ruprecht, Johann 34

Salzwedel, Johann Jacob 75
Schacht, Hjalmar 295
Schadt, Martin 434
Schaedel, Karl 355, 358, 362–364, 382, 408, 618, 620
Schaller 255
Schalscha, Hans 306
Scheffer, Johann Hartmann 34
Schenk, Emil 267
Scheuble, Bernhard 419–422, 435 f., 460 f.
Schickert, Dorothea 612
Schickert, Franziska 612
Schickert, Otto 328, 330, 441
Schieber, Walther 268
Schiller, Karl 424
Schilling 304, 321
Schlapp 155
Schleiermacher, Ernst 81
Schmidt, Helmut 406 f.
Schmoll, Friedrich 72
Schnaller, Alfred 552
Schneider, Karl 141, 164 f.
Schöner, Anna 511
Schöner, Justus Friedrich 37, 511
Schönhals, Heinrich 321
Schoor, Albert van 284, 291
Schöpf, Clemens 389
Schuh 141
Schultz 67
Schumacher, Albert 165, 228, 552, 568
Schumpeter, Joseph A. 13, 108
Schunk, Gustav 454
Schwarze 565
Scriba, Carl 154 f., 164 f., 191, 228, 255, 528, 542, 552, 558
Seip, Wilhelm 141, 164 f., 228, 255, 552

Sell, Ernst Carl 109, 111
Sertürner, Friedrich Wilhelm Adam 95
Seyfried 57
Siebert, Erich 277, 316, 336
Sievers, Joachim 274, 276, 346
Sigismund I. 87, 510
Silverio, Camilla 568 f.
Simon 141, 555
Simson, Georg von 223 f.
Smith, Norbert 336
Sommer, Hermann 578
Sommerhoff, Johann Christoph 55
Spalanzani, Lazarro 75
Spamer 141
Spannagel, Karl 358 f.
Speer, Albert 268, 299, 325
Spengler 141
Spielmann, Jakob Reinbold 75, 86
Spielmann, Karl Friedrich 86
Spieß, Karl 23
Sprenger, Jakob 313, 319 f., 322
Stamm 155
Stangenberg-Haverkamp, Frank 415, 419 f., 422, 463, 473, 480, 502
Steenbock, Harry 285
Steiger, Wilhelm 363 f., 366 f., 372, 386, 409 f.
Stein 141
Steinhage, Aloys 326, 342
Stilling, Jakob 560
Strecker 155
Strickrodt, Georg 360–363
Stübler, Johann Simon 53
Szent-Györgyi, Albert 286 f.

Thesing, Jan 365, 367, 391 f., 410, 413 f., 441, 466
Timm, Bernhard 410
Todt, Fritz 267
Toelcke, Hans 280, 337
Tonn 155
Transehe-Roseneck, Gert von 330 f.
Trommsdorff, Christian Wilhelm Hermann 105, 108–111, 117 f., 157 f., 175, 203, 509
Trommsdorff, Johann Bartholomäus 17, 24, 84–86, 91, 95 f., 108, 114, 118, 157, 485, 487 f., 509, 521

Tuchman, Barbara 26

Ungewitter, Claus 295
Utgenannt, Robert 403

Vershofen, Wilhelm 28
Victoria, Königin der Vereinigten Königreiche von Großbritannien und Irland, Kaiserin von Indien 129
Vielheuer, Christoph 55
Vietor, Johann Heinrich 37
Vögler, Albert 316, 592
Voigt, Georg 255
Voigt, Johann Karl Wilhelm 76, 517
Volta, Alessandro 75

Wagner, Otto Balthasar 513
Wagner, Richard 274
Walch, Otto 578
Walch, Paul 210, 578
Waldeck 78
Walter, Hellmuth 326 f.
Weber 346
Wedekind, Georg 92
Weger, August 72
Weicker, Theodor(e) 159 f., 205–208, 549, 576
Weiß, Christian Samuel 87
Weissein, Anna Katharina 52
Wenck, Catharina Magdalena 49
Wenck, Helfrich Bernhard 69
Wenck, Johann Martin 69
Wenck, Ludwig 49
Werder, Fritz von 336
Wernher, Wilhelm 534
Westphal 519
Wetzhausen, Hans Eitel Truchsess von 33 f.
Wiedhaus 59
Wiegand, Livia 304
Wieland, Christoph Martin 70, 517
Wilhelm, Heiner 480
Windaus, Adolf 283, 285, 390
Winkler 81
Winternitz, Hugo 560
Wißmann, Anna Elisabeth 50
Wißmann, Johann Philipp 50, 68
Wöhler, Friedrich 110

Wolffenstein, Richard 560, 563
Woyt, Johann Jakob 56
Wurster, Carl 329
Wurtz, Charles Adolphe 132

Zahn, Karl 532
Zentner, Johann Leonhard 26

Ziegs, Kurt 345
Ziener, Gerhard 416
Zima, Otto 279, 284, 310, 336 f., 390
Zimmer, Carl Christian Conrad 109 f., 549
Zimmermann, Wolfgang 408, 426, 475
Zühlsdorff, Peter 416
Zwelfer, Johannes 56

Firmenverzeichnis

Bezeichnung und Organisationsform haben sich im Laufe der Jahrhunderte vielfach geändert. Aus pragmatischen Gründen wird das Unternehmen unter dem Namen aufgeführt, unter dem es im vorliegenden Werk am häufigsten genannt wird.

Das Unternehmen Merck sowie dessen Tochterfirmen werden aufgrund der häufigen Nennungen nicht gesondert aufgeführt.

Actien-Gesellschaft für Anilin-Fabrication (Agfa AG) 172, 234
Adler-Apotheke, Darmstadt 529
AG für den Handel in Merck-Produkten 260, 337
Agencia Merck 402
Air Liquide S. A. 326
Allgemeine Elektricitäts-Gesellschaft (AEG Aktiengesellschaft) 182, 400, 598
Allianz Versicherungs-AG 381, 481, 485
Alpine Chemische AG 325
American Cyanamid Company 453
Amerpharm 461
Ames 433
Apotheke des württembergischen Hofapothekers Friedrich Ludwig Gmelin in Stuttgart 58
Apotheke von Gotthold Christian Meyer in Dresden 58
Apotheke von Georg Friedrich Walz in Speyer 120
Apotheke zum Schwarzen Adler 119
Apotheke zum weißen Schwan 75, 310
Arrou & Salzer 211 f.
Astar Trading Company 457
Aventis (jetzt: Sanofi-Aventis Deutschland GmbH) 460

Badische Anilin- & Soda-Fabrik (BASF) 20, 27, 154, 159, 164, 172 f., 181, 185, 194, 196, 228, 234, 334, 354, 370 f., 373, 378–380, 382, 387, 390, 394, 396–398, 409 f., 412 f., 444–447, 450, 469, 497, 544, 548, 571, 620, 624, 647
Banco do Brasil 400 f.
Bank der Deutschen Luftfahrt AG («Aerobank») 327, 330
Bank deutscher Länder 352
Bankhaus Gebrüder Bethmann, Frankfurt (Bethmann Bank AG) 62
Bank- und Handelshaus H. J. Merck & Co. 595
Bayer AG/Farbenfabriken vorm. Friedr. Bayer & Co. 27, 139, 144, 154, 159, 166, 170, 172 f., 180 f., 185, 194, 196, 207, 222, 230, 234, 238, 240, 285, 292, 334, 341 f., 354, 373, 382, 385, 387, 390, 393, 395 f., 398, 400, 402 f., 412 f., 431, 438, 444, 446, 452, 463, 469, 473, 539, 542, 554, 559, 565, 569, 575, 582, 624, 626, 628, 638, 642
Beick, Felix & Co. 264
Belgamerck 397
Bender & Hobein 461
Beratungsfirma Otto Bredt 362

Berliner Hofapotheke 45
Böhmische Union-Bank 306
Bracco → Società Italiana Prodotti
 E. Merck
Bracco Spa 451, 496
Brandt & Tiemann 529
Bristol-Myers Squibb Company 459, 482
British Drug Houses Ltd. (BDH) 434, 452,
 454, 458, 496
Buffalo Electro-Chemical Company (BEC-
 CO) 325 f., 611
Burroughs Welcome & Co. 235

C. F. Boehringer & Soehne GmbH. (später:
 Boehringer Mannheim) 170–174, 181,
 185, 224, 228, 231, 234–240, 263, 339, 341,
 354, 465, 489, 493, 555–557, 560, 564, 638
C. H. Boehringer Ingelheim 171, 238 f., 249,
 312, 334, 341, 354, 387, 440, 445, 560
Cascan GmbH 465
Cassella → Farbwerke Leopold Cassella &
 Co.
Cela 445
Cela Merck GmbH & Co. KG (Celamerck)
 445–447, 454
Cerestar 450
Chemische Fabrik Gersthofen von Transe-
 he & Co. KG 327, 329–331
Chemische Fabrik Kalle & Co. (ab 1904
 Kalle & Co. AG) 173, 234
Chemische Fabrik Schönpriesen 210
Chemische Fabriken vorm. Weiler-ter Meer
 234
Chemische Produktenfabrik 109
Chemisches industrielles Laboratorium AG
 (Cilag) 398, 628
Chemisches Laboratorium Fresenius 150 f.,
 545
Chisso Corporation 436
Chugai Pharmaceutical Co., Ltd. 454, 465
Ciba-Geigy AG 440, 446, 460
Cilag → Chemisches industrielles Labora-
 torium AG
Commerzbank AG 327
Companhia Chimica Merck Brasil SA
 (CCMB) 263 f., 301, 399 f.
Conrad Hinrich Donner Bank 255

Dainippon Ink & Chemicals 436
Darmstädter Bank für Handel und Indus-
 trie 128
Darmstädter Maschinenfabrik und Eisen-
 gießerei 128
Darmstädter und Nationalbank (Danat)
 253, 257
Degussa AG (Deutsche Gold- und Silber-
 scheideanstalt vormals Roessler AG) 313,
 324 f.
Deutsche Bank AG 223 f., 253, 255, 381,
 463
Deutsche Bundesbank 352, 406
Deutsche Dunlop Gummi-Compagnie AG
 319
Deutsche Überseeische Bank 261
Dey 461
DINIE 403
Dr. Gallas & Mahr 210
Dr. Karl Thomä & Cie. 239
Drägerwerke 222
Dresdner Bank AG 381
Drogen- und Materialwarenhandlung
 Engelmann & Boehringer 157
DuPont de Nemours & Co. 453

E. A. Thomas & Keller 532
E. Merck-Altersfürsorge GmbH 337
E. Merck Chemical Trading Products Co.
 Ltd. 265 f.
E. Merck Ltd. 458
E. Merck München 323
Einhornapotheke, Darmstadt 52, 78
Elektrochemische Fabrik W. Francke (Elfa)
 325
Elektro-Chemische Werke München AG
 (EWM) 323–326, 328–331, 611
Eli Lilly & Co. AG 336, 454, 459
EM Industries Inc. 461
EM Laboratories Inc. 452 f.
EMD 476
EMD Serono 476
Engel-Apotheke, Darmstadt 15–17, 24, 37,
 39, 42, 44 f., 49, 54, 56, 71, 78 f., 81, 83 f.,
 88, 91, 93, 95 f., 103, 117, 136 f., 150, 158,
 187, 194, 224, 486, 499, 512–514, 519
Engelmann & Boehringer → Drogen- und

Materialwarenhandlung Engelmann & Boehringer
F. Hoffmann-La Roche AG 27, 171, 200, 202, 213, 239, 282, 287–292, 337, 341, 343, 410, 434, 436, 440 f., 444, 447 f., 450, 482, 493, 574

Farbwerke Leopold Cassella & Co. 172, 234
Frankfurter Bank 381
Fredk. Boehm (später: Fredk. Boehm Limited, London) 203 f., 575
Fried. Krupp AG 287, 316, 344, 551
Darmstädter Actiengesellschaft für Gasbeleuchtung 128

Gehe & Co. AG 171–174, 210, 224, 231, 234, 236, 489, 542, 556 f., 568. 578
Gemeinnützige Wohnbau GmbH 372, 570
Germaniawerft 326
Gesellschaft für Zuckerfabrikation im Großherzogtum Hessen 115
GlaxoSmithKline plc. 460, 465, 477
Goebel AG 344
Großherzoglich Hessisch konzessionierte Chemische Fabrik Neuschloß 115
Grünenthal GmbH 438
Gutehoffnungshütte (GHH) 551

Haskell, Merrick & Bull 129
H. R. Napp 262
H. Trommsdorff Chemische Fabrik, Erfurt 157 f., 203, 488, 526, 548, 559
H. Walter KG 327 f.
Helvetia Konservenfabrik 250
Henkel AG & Co. KGaA 412, 469
Herf & Frerichs Chemical Co. 208
Hessische Elektrizitäts-Aktiengesellschaft (HEAG) 372
Hirschapotheke, Straßburg 75
Hirschapotheke, Darmstadt 53, 78, 82, 86, 91, 110
Hoechst AG, zuvor Farbwerke Hoechst AG, vorm. Meister Lucius & Brüning 139, 145, 154, 172 f., 176, 180 f., 185, 230, 234 f., 284, 334, 341, 354 f., 382, 387 f., 390, 393–395, 399, 402, 412, 440, 452, 460, 467, 536, 542–544, 559 f., 563–565, 581, 624, 628, 638, 641

Hofapotheke, Darmstadt 39, 44, 54, 58, 78
Hoffmann-La Roche → F. Hoffmann-La Roche
Holding-Aktiengesellschaft für Merck-Unternehmungen (Holding AG) 20, 27, 260–262, 301, 324–326, 331, 337, 396–398, 401 f., 414–416, 418, 456, 493, 496

I. G. Farbenindustrie AG 19, 234 f., 238, 240, 262, 280, 284 f., 288–292, 296, 319, 329–331, 341, 345, 387, 403, 493
Igoda 398
Industriekreditbank AG 381
Ingenieurbüro H. Walter KG 327 f.
Imperial Chemical Industries (ICI) 383–385, 391, 442
Industria Nacional Químico-Farmacéutica 301
Italmerck → Società Italiana Prodotti E. Merck

J. D. Riedel 118 f., 171–174, 224, 231, 234, 236 f., 264, 489, 526, 556 f., 562, 579
J. R. Geigy AG 94, 284, 383, 387
J. Henry Schröder & Co. 255
Jelmoli & Blatt 166
Jobst 109, 522
Judd, Mason & Brother 578
Junkers-Flugzeugwerk AG 250 f.

Kanto 457
Kick & Hoffmann 538
Knoll & Co. (später: Knoll AG) 171–173, 211, 224, 228, 231, 234–240, 264, 306, 341, 354, 410, 465, 489, 493, 556 f., 578 f., 638
Komet AG 260, 262, 324
Kreditanstalt für Wiederaufbau (KfW) 381

Laboratoires Sanomedia 262
Lehn & Fink 205
Lech-Elektrizitätswerke AG (Augsburg) 330
Lobenstein & Schalscha 306

Luftfahrtanlagen GmbH 327
L. van Gansewinkel & Cie. 537

Mandataria AG 260
Mannesmann AG 400
Martin & Harris Ltd. 265
Maschinenfabrik Goebel AG 344
Maschinenfabrik und Eisengießerei Darmstadt AG 128
Matheson, Coleman & Bell 453
McKinsey & Co. 415, 633
Merck & Co. 151, 160, 162, 172, 205–209, 215 f., 231–233, 237, 243, 246, 282 f., 288, 291, 301, 323, 338, 347, 355, 387, 399, 403, 440, 452, 454, 477, 482, 489–491, 577
Merck, Sharp & Dohme 347, 454
Millipore Corporation 20, 478 f., 497
Molkerei Eisenharz/Allgäu 560
Monsanto Company 445
Montecatini 262
Mylan 462

Noord Nederlandsche Exploitatie en Financiële Maatschappij 255
Novartis AG 460, 481
Novofarma 398

Osram GmbH & Co. KG 598
Österreichische Chemische Werke GmbH 325
Oppenheimer Bros. & Co. Ltd. 203 f.
Otto Schickert & Co. KG (Osco) 327 f., 331

Parke, Davis & Co. 175, 582
Pharmaceutical Ressources (PAR) 462
Pharmakon AG 579
Philips 598
Phönix AG 319
Productos Merck Ltda. 263
Productos Quimicos Farmacéuticos SA (PQF) 263
Prolabo 460, 643

Quimica Farmaceutica Ltda. 263

Ratsapotheke, Danzig 36, 510

Ratsapotheke, Schweinfurt 32, 34 f.
Reichswerke Hermann Göring 361
Rheinische Treuhand Gesellschaft AG 356 f., 618 f.
Rheinpfälzische Maschinen- und Metallwarenfabrik Carl Platz 250
Rhône-Poulenc S. A. 460
Riedel → J. D. Riedel
Riedel-de Haën Aktiengesellschaft 234, 324 f., 341
Röhm & Haas 230, 246, 571
Rohstoff-Waren-Kompensations-Handelsgesellschaft (ROWAK) 261
Rona Pearl 453
Royal Dutch Shell 447
Rube'sche Runkelrübenzuckerfabrik 110

Salicylsäure-Fabrik Dr. F. von Heyden (ab 1896 GmbH, ab 1899 AG) 154, 230, 234, 341
Sandoz GmbH 440, 460
Sanomedia GmbH 305 f.
Schering (Chemische Fabrik auf Actien, vormals E. Schering); ab 1927 Schering-Kahlbaum AG; ab 1937 Schering AG 27, 159, 169, 172, 177, 185, 234, 284, 296, 308, 323–325, 341, 354, 379, 387, 390, 440, 446, 462 f., 473, 477, 541 f., 544, 554, 559, 562 f., 572, 582, 628, 638
Schering Corporation 393, 466, 626
Schmidt & Co. 265
Schmidt Shoten Ltd. 302, 454
Schwan-Apotheke, Erfurt 58, 84, 109
Schwanen-Apotheke, Frankfurt 75
Serono GmbH 422, 462, 477 f., 480
Sharp & Dohme 347
Siemens AG 400, 473, 598
Sigma-Aldrich 20, 478 f., 483, 496 f.
Sociedad Hispano-Marroquí de Transportes Limitada (HISMA) 261
Società Italiana Prodotti E. Merck, ab 1930 Italmerck S.p.A, ab 1936 Società Bracco già Italmerck SA, dann Bracco Spa 254, 262, 398, 451, 496
Société des Produits Peroxydés («Soproper») 326
Société Lyonnaise Industrielle Pharmaceu-

tique S. A. (Lipha) 20, 458–461, 468, 496, 633
Stauffer Chemical Company 364

Tanabe 443
Telefunken 598
Thermo Fisher 644
Trommsdorff → H. Trommsdorff Chemische Fabrik, Erfurt

Union Carbide Corporation 445

VEL 460
Vereinigte Chininfabriken Zimmer & Co. 160, 237
Verkaufskontor der deutschen Opiate-Hersteller GmbH 239
VWR 461, 479, 644
VWR International 461
Wittman & Poulence 536
Wm. Conrad, Paris 129
Zimmer & Sell 525
Zuckerfabrik Gernsheim 524